omnibus

Le roman des PÔLES

Fridtjof Nansen
Vers le pôle

Roald Amundsen
De l'Atlantique au Pacifique par les glaces arctiques

Au pôle Sud

Jean-Baptiste Charcot
Le "Français" au pôle Sud

Textes réunis et présentés par Dominique Le Brun
Avant-propos de Jean-Louis Etienne

omnibus

Illustrations et cartes de François Le Guern

ISBN : 978-2-258-07698-3 N° Editeur : 493
Dépôt légal : mars 2008

Sommaire

Avant-propos

Sur le calendrier de la découverte du monde, les régions polaires figurent parmi les dernières à avoir été conquises. On peut parler de conquête à propos des pôles, tellement l'approche de ces terres inhospitalières est jalonnée de naufrage, de disparitions, d'agonies, d'aventures meurtrières. La majorité des hommes partis explorer les univers glacés de notre planète ne sont jamais revenus. Ceux qui ont survécu au froid, à la famine, à l'angoisse de l'incertitude du lendemain, nous ont ramené les plus belles pages de l'héroïsme, jusque-là insoupçonné, de la nature humaine.

Longtemps restés Terra Incognita sur les mappemondes, les contours géographiques de ces contrées inaccessibles ont été dessinés par des hommes d'exception. Nansen, Amundsen et Charcot sont tous les trois des pionniers magnifiques.

Les récits qui nous sont proposés dans ce livre sont parmi les plus forts et les plus révélateurs de ce que l'engagement humain veut dire ; ils nous ont appris qu'on ne repousse pas ses limites, mais qu'on les découvre.

Ces êtres courageux possédaient, au-delà d'un désir d'aventure ancré au plus profond d'eux-mêmes, une vision, une inspiration, un charisme, des capacités à convaincre, à entraîner une équipe, à faire des choix, à tenir dans l'adversité..., des qualités indispensables qui ont sculpté à tous jamais leur buste au Panthéon des glaces.

Au-delà de leur fascination pour les régions polaires, ces hommes avaient en commun une qualité essentielle à la réussite de toute entreprise : la persévérance. Il faut suivre la voie de ses rêves, même si le chemin est difficile.

Jean-Louis ÉTIENNE

Présentation

par Dominique Le Brun

« D'où vient donc cette étrange attirance de ces régions polaires, si puissante, si tenace qu'après en être revenu, on oublie les fatigues morales et physiques pour ne songer qu'à retourner vers elles ? »

Jean-Baptiste CHARCOT

« Les régions polaires exercent sur ceux qui y ont combattu une empreinte dont les hommes qui ne sont jamais sortis du monde civilisé peuvent difficilement s'expliquer la puissance. »

Ernest SHACKLETON

On n'échappe pas à la fascination des pôles

15 janvier 1894 à bord du *Fram*. Voici maintenant quatre mois que Fridtjof Nansen a volontairement laissé son navire s'enfermer dans la banquise arctique pour se laisser dériver avec les glaces. Le but du Norvégien est d'explorer les parages du pôle, mais pas d'accéder à ce point en particulier. Comme il l'écrira par la suite : « Seule l'étude de ces déserts a été le but de mon voyage. A mon avis la recherche du point mathématique qui forme le pôle n'offre qu'un intérêt minime. » Mais Nansen est un sportif passionné autant qu'un scientifique rigoureux. N'a-t-il pas déjà accompli une magnifique traversée du Groenland à ski ? C'est pourquoi, au fil du lent voyage, une idée germe doucement. Le 15 janvier, dans son journal, il avoue : « Plus j'examine cette banquise et plus mûrit dans ma tête un projet auquel j'ai depuis longtemps déjà souvent réfléchi. Sur une telle glace il serait possible d'atteindre le pôle avec des traîneaux et des chiens, en laissant le navire poursuivre sa route... » Comment résister à la tentation ? La suite de l'aventure figure dans cette anthologie sous le titre *Vers le pôle* et nous le rappelons tout de suite au lecteur : l'explorateur n'atteindra pas son but. Mais cela importe peu car le raid accompli par Nansen et son compagnon Johansen figure parmi les plus belles randonnées polaires jamais accomplies. Avec leurs skis, leurs traîneaux, leurs kayaks, plusieurs mois durant, ils ont affronté les glaces chaotiques et les mauvaises mers, les ours blancs et autres rencontres potentiellement mortelles, pour revenir sains et saufs à la civilisation. Sans avoir jamais commis d'erreur de jugement ou de technique, et avec une égalité d'humeur confondante.

Si l'histoire de la conquête des pôles se découvre comme un haletant roman d'aventure, elle n'en montre pas moins une gratuité totale qui rappelle l'alpinisme et la course aux sommets

Le *Fram* avait été conçu pour résister à la pression des glaces : ceci explique la hauteur et les rondeurs de sa coque

du monde. C'est dans ces situations que la grandeur humaine atteint sa plus belle dimension. Nansen, Amundsen, Shackleton, Scott, Peary, Cook, de Gerlache, Charcot... — pour ne citer que les plus emblématiques d'entre eux — sont des géants ! Et les textes sélectionnés pour composer *Le roman des pôles*, choisis parmi une douzaine de récits majeurs, ont pour caractéristique de mettre en avant la profonde humanité de leurs auteurs : Amundsen, Charcot et Nansen dont nous nous empressons de préciser qu'ils sont cités ici par ordre alphabétique.

L'amour du sport n'explique pas à lui seul les énergies déployées et les compétences mises en œuvre pour atteindre les pôles ; les découvertes de l'Arctique et de l'Antarctique n'ont d'ailleurs pas procédé des mêmes motivations.

Trouver une nouvelle route vers la Chine...

Tout commence avec Christophe Colomb qui pensait avoir trouvé un court chemin vers la Chine en mettant le cap à l'Ouest depuis l'Espagne. Une fois qu'il fut admis que le continent sur lequel il avait fait terre n'était pas la Chine, il ne resta plus qu'à chercher à contourner ce nouveau monde par le Nord ou par le Sud. Au passage du XVe au XVIe siècle, cette quête répondait à deux motivations.

En premier lieu venait une raison géographique : on imaginait alors la planète Terre plus petite qu'elle ne l'est en réalité. La route la plus courte pour accéder aux richesses de la mystérieuse Chine consistait à trouver un détroit permettant de passer de l'océan Atlantique au Pacifique.

La seconde raison relevait de la politique internationale et de la religion. En effet, pour suivre le message de l'Evangile, les souverains des nations chrétiennes étaient supposés ne pas ménager leurs efforts pour amener à Dieu tous les habitants de la planète. Ce faisant, rien ne les empêchait d'en profiter pour constituer des empires. Afin que cela se réalisât en bonne intelligence entre les puissants de ce bas monde, le pape Alexandre VI Borgia stipula que l'Espagne et le Portugal se partageraient la découverte de la planète. Aux termes de la Bulle Inter Caetera du 4 mai 1493, une ligne Nord-Sud était tracée à travers l'Atlantique, passant à 100 lieues dans l'Ouest des Açores et du Cap-Vert. Ce qui se trouvait à l'Ouest de cette ligne revenait à l'Espagne et ce qui se trouvait à l'Est au Portugal. Ainsi s'expliquent le voyage de Magellan cherchant à rejoindre le Pacifique par le Sud de l'Amérique, et celui de Vasco de Gama prolongeant la route de ses prédécesseurs portugais par l'Afrique.

En vérité, ni la bulle papale, ni le traité de Tordesillas conclu par la suite entre l'Espagne et le Portugal pour en aménager le contenu, ne constitueront un obstacle aux expéditions d'autres pays : l'Angleterre et la France notamment.

Par le Nord-Ouest ou par le Nord-Est ? Par le Sud !

D'abord, on commença par chercher un passage par le Nord du continent américain : les Anglais entamèrent ainsi l'exploration du passage du Nord-Ouest. Puis on songea qu'il était envisageable aussi de passer par le Nord de l'Europe : ce serait le passage du Nord-Est. Mais vint le temps des renoncements devant une tâche qui paraissait impossible. Par le Nord-Ouest, c'est William Baffin qui, au retour de son voyage de 1616, affirme que ses observations des phénomènes de marée lui font penser qu'il n'existe pas de passage entre l'Atlantique et le Pacifique. L'amirauté britannique acceptera son discours et on oubliera les régions arctiques. Quant au passage du Nord-Est, les résultats ne sont pas encourageants : il paraît impossible de profiter du temps d'un été pour franchir les zones qui, avec l'hiver, sont prises par la banquise. Au Sud de l'Amérique en revanche, on trouve le cap Horn : le corsaire anglais Francis Drake le repère en 1578 puis les Hollandais Wilhem Schouten et Jacob Lemaire le reconnaissent en 1616.

Un nouvel intérêt pour le Nord-Ouest

A la fin des XVIIIe et XIXe siècles, trouver une route nouvelle pour la Chine ne présente plus vraiment d'intérêt dans la mesure où la puissance politique de l'Espagne et du Portugal s'est effondrée, tandis que l'Angleterre règne sur les mers. Cependant, à cette même époque, les Anglais explorent le Canada par l'intérieur et découvrent que le Grand Nord est riche en métaux précieux ainsi qu'en animaux à fourrures de valeur. Dans ce contexte sont découverts deux fleuves qui coulent vers le Nord pour se jeter dans un océan glacial. Le prospecteur Samuel Hearne descend ainsi le fleuve Coppermine, et Alexander Mackenzie, voyageant pour le compte de négociants en fourrure, découvre le fleuve auquel il donne son nom. La découverte de richesses à exploiter dans le Grand Nord donne une utilité commerciale au passage du Nord-Ouest : s'il existe du minerai, on le transportera par bateau ! Ceci conduit à songer au peu de cas fait par la France du Canada, Voltaire raillant les « misérables arpents de neige... » ainsi d'ailleurs que l'expédition de Maupertuis en Laponie. Mais qu'importe la faible ouverture d'esprit de notre philosophe, cette exploration systématique du Grand Nord américain ne s'achèvera qu'avec la découverte du pôle Nord.

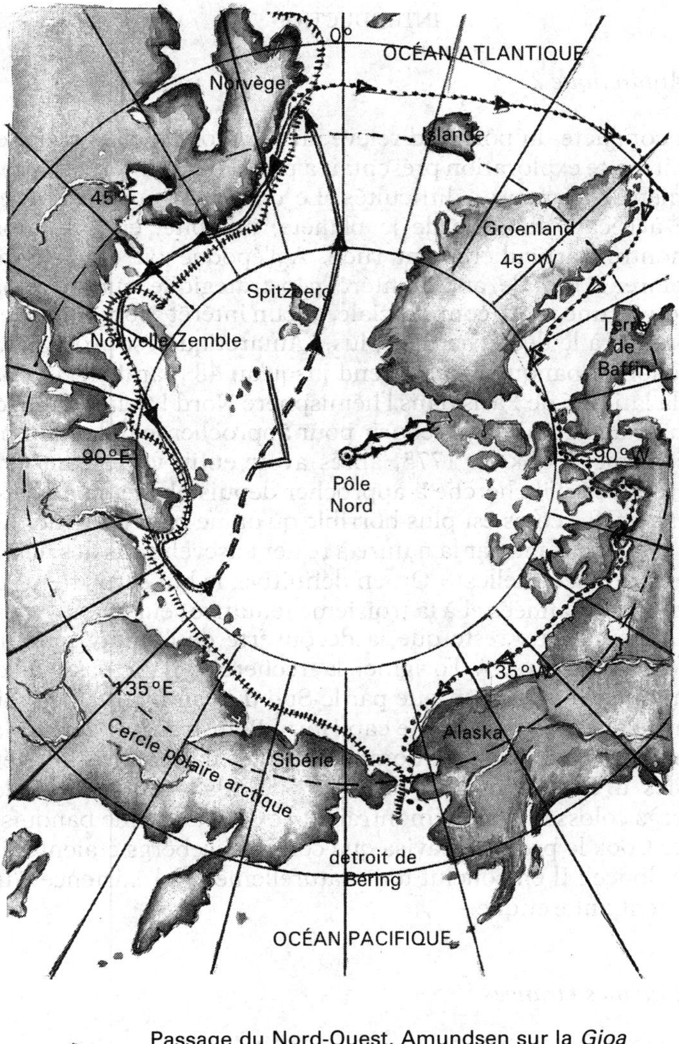

Passage du Nord-Ouest, Amundsen sur la *Gjoa* 1903-1906

Passage du Nord-Est, Nordenskjold sur la *Véga* 1878-1879

Raid de Robert Peary au Pôle Nord, 1909

Dérive et navigation du *Fram*, de Nansen, 1893-1896

Raid de Nansen et Johansen à partir du *Fram* 1895-1896

Et l'Antarctique ?

La conquête du pôle Sud relève du paradoxe le plus complet. De fait, cette exploration présentait a priori peu d'intérêt et apparemment d'immenses difficultés. Le continent antarctique est situé à l'écart du reste de la planète, inhabité, et son climat se montre particulièrement rude. A l'époque où on achevait d'explorer le monde, aucun intérêt géostratégique, aucun besoin de trouver une route commerciale, aucun intérêt économique n'a encouragé à le découvrir. De plus, l'Antarctique est protégé par une énorme banquise qui s'étend jusqu'au 48e parallèle, c'est-à-dire la latitude de Paris dans l'hémisphère Nord ! Cela permet de mesurer la distance à parcourir pour approcher le pôle. Comme l'écrit James Cook en 1775, après avoir enfin vu le continent Antarctique qu'il cherche à approcher depuis plusieurs années : « L'aspect des côtes est plus horrible qu'on ne peut imaginer. Ce pays est condamné par la nature à rester enseveli sous des neiges et des glaces éternelles. » Or, en définitive, le but sera atteint en une dizaine d'années et à la troisième tentative seulement.

Le plus curieux reste que la découverte de l'Antarctique n'a pas été volontaire. A l'origine, la recherche d'un passage de l'Atlantique vers le Pacifique par le Sud du continent américain a amené à trouver d'abord le cap Horn. Pour franchir ce dernier contre les vents d'ouest dominants, des navigateurs ont été amenés à descendre loin dans le Sud. Ils y ont trouvé des icebergs colossaux qui démontraient l'existence d'une banquise. James Cook le premier s'avisa que certains icebergs étaient faits d'eau douce ! Il en conclut tout naturellement à l'existence d'un continent antarctique.

Deux mythes étranges

Au Nord comme au Sud se sont développées deux croyances invraisemblables mais qui se sont pourtant imposées pour longtemps. On a ainsi cru à l'existence d'une mer libre en Arctique, située au-delà de la banquise et couvrant de ce fait le pôle Nord. Il s'est dit aussi que le continent Antarctique bénéficiait d'un climat rêvé qui en faisait un véritable Eden !

Aussi fou que cela puisse paraître, à la fin du XIXe siècle lorsque Nansen part avec le *Fram* en dérive sur la banquise, certains croient encore à cette théorie de la « Mer libre du pôle ». Elle est

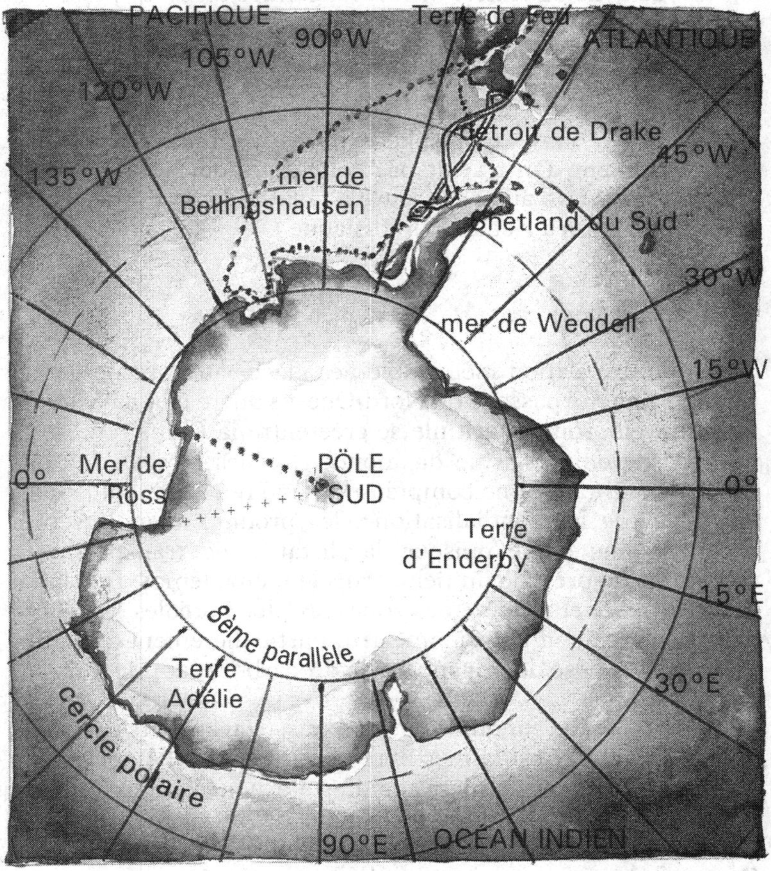

Expédition du *Français* (1903-1905)

Expédition du *Pourquoi-Pas ?* (1908-1910)

Route d'Amundsen vers le Pôle (1911-1912)

++++ Route de Scott ves le Pôle (1911-1912)

ardemment soutenue par l'Allemand Petermann qui se fonde sur les récits de baleiniers depuis longtemps disparus puisqu'ils remontent à l'époque de William Baffin.

Quant à l'Eden en Antarctique : l'idée semble s'être développée à la cour du roi Louis XV que vers le 45e parallèle sud se trouvait un vaste continent où, à une latitude équivalente à celle de Bordeaux dans l'hémisphère nord, le climat ne pouvait qu'être clément. On n'avait pas songé que dans l'hémisphère nord, Terre-Neuve aussi se trouve à la latitude de Bordeaux. Et que son climat n'a rien de paradisiaque !

Deux réalités pour demain

Avec la disparition inéluctable des glaces au nord de l'Amérique, le fameux passage du Nord-Ouest s'ouvre à la navigation. Une nouvelle route maritime se crée entre la Chine qui est en train de devenir « l'usine du monde », et les pays de la zone Atlantique. Il faut donc compter avec une nouvelle donne dans le dossier de la mondialisation : les produits chinois seront encore moins chers puisque la distance de transport sera raccourcie de presque un tiers. Dans le même temps, l'exploitation pétrolière et minière des zones les plus boréales des continents américain et eurasien devient particulièrement attractive puisqu'il sera aisé de transporter hydrocarbures et minerais par voie maritime.

La fonte de la banquise signifie aussi qu'au lieu de glaces infréquentables, c'est la mer libre qui va séparer l'Amérique de la Russie. Or cette dernière manifeste à nouveau des velléités de puissance qui se traduisent par un renouvellement impressionnant de sa flotte de guerre. Aujourd'hui, une nouvelle Guerre froide se profile autour de deux antagonismes. D'abord le contrôle du nouveau passage du Nord-Ouest, qui devient un enjeu stratégique majeur. Et ensuite le fait que la Russie affirme désormais des prétentions sur les fonds sous-marins polaires.

En hommage à Charles Rabot,
traducteur et explorateur

Les récits publiés par Amundsen et Nansen au retour de leurs expéditions ont tous été traduits en français par le même homme : Charles Rabot. Dans les revues *L'Illustration* et *Journal des Voyages — Aventures de terre et de Mer*, c'est sous sa signature que parurent tous les grands articles qui tenaient la chronique de l'aventure polaire. Aujourd'hui au Spitzberg, la base scientifique franco-allemande de Ny Ålesund porte son nom. Mais en dehors de cet hommage, qui en France connaît encore Charles Rabot ? Un article publié dans le bulletin de la Société de Géographie apparaît comme la seule biographie existante : *Un demi-siècle au service de la Société de Géographie : Charles Rabot (1856-1944)* [1]. Cet homme aurait pourtant mérité de donner son nom à des établissements scolaires et des navires...

Né en 1856 à Nantes, Charles Rabot souhaitait faire une carrière militaire et prépara le concours d'entrée à l'école des officiers de Saint-Cyr. Malheureusement, une santé déficiente l'obligea à renoncer à l'armée. Il fit donc son droit, puis il voyagea. Au vu de ses itinéraires, on peut se demander pour quelles raisons l'armée le refusa. Car après avoir compté parmi les pionniers de l'alpinisme en France, il se consacra à des montagnes plus lointaines : celles de Norvège. Ayant intégré la prestigieuse Société de Géographie (créée en 1821, bien avant celles de Berlin et de Londres), il obtint des bourses du ministère de l'Instruction publique pour des voyages qui tenaient plus de l'exploration que de l'excursionnisme, comme on disait alors. Entre 1882 et 1892, il a mené dix expéditions à travers les contrées scandinaves et nordiques : des glaciers de Norvège aux plaines de Laponie, du Spitzberg à l'Islande et au Groenland en passant par les îles Féroe et Jan Mayen... Il profita de ces occasions pour corriger les cartes existantes et dresser celles qui faisaient défaut, mettant à profit la formation reçue au collège Sainte-Barbe quand il se destinait à l'armée. Ces voyages paraissent d'autant plus remarquables qu'à l'époque, les contrées boréales intéressaient peu de monde.

C'est ainsi que Charles Rabot devint le spécialiste incontournable auquel les éditeurs commandèrent les traductions des récits publiés en anglais et en norvégien par les explorateurs et découvreurs des régions polaires. La presse d'information lui commanda aussi des articles relatant notamment les exploits d'Amundsen au pôle Sud ou entre le Spitzberg et l'Alaska via le pôle Nord en dirigeable. Dans ces publications, on apprécie comme le souci de pédagogie l'emporte sur les facilités du sensa-

1. Par Charles Daney, n° 103 de septembre 1995.

tionnel. Etant entré au conseil d'administration de la Société de Géographie en 1898, il s'occupa de la publication de *La Géographie — Bulletin de la Société de Géographie*, et se passionna durant de nombreuses années pour ce travail éditorial. Charles Rabot est décédé en 1944.

A l'assaut des pôles : une question de technique

Il paraît aujourd'hui évident que fréquenter les régions boréales exige un savoir-faire qui ne s'improvise pas. Dans l'histoire de l'exploration polaire, nombre d'épisodes montrent pourtant que l'héroïsme a souvent remplacé la compétence. On peut même se demander si la Royal Navy qui lança tant d'expéditions vers le passage du Nord-Ouest et les pôles, s'était même seulement posé la question. Le désastre de l'expédition Franklin (voir *La découverte des régions polaires : repères chronologiques*, p. 973) en est un premier exemple : de lourds bâtiments armés par des centaines d'hommes avaient-ils une chance de trouver un passage forcément sinueux tout en supportant plusieurs hivernages ? On peut en douter. Le fait est que la victoire fut acquise par un petit voilier mené par une poignée d'hommes.

Second exemple : est-il logique d'avoir confié l'assaut du pôle Sud à un officier de marine et des militaires qui n'avaient reçu aucune formation sur les déplacements en montagne glaciaire ? Scott et ses compagnons en sont morts. Mais sans doute peut-on noter aussi une forme d'orgueil très britannique : parce qu'ils n'ont pas su maîtriser les chiens d'attelage, les expéditions anglaises se sont obstinées à utiliser des chevaux. Dans leurs possessions du Grand Nord canadien, les Anglais avaient pourtant des centaines de spécialistes à leur disposition.

Qu'il s'agisse d'Amundsen (à la fois vainqueur du passage du Nord-Ouest et du pôle Sud) ou de Peary et de Cook dans leurs raids vers le pôle Nord, ces hommes étaient des civils pragmatiques qui avaient commencé par acquérir les compétences nécessaires avant d'organiser leurs voyages en ne laissant rien au hasard. Ils firent d'ailleurs preuve d'une modernité qui peut sembler aujourd'hui étonnante : c'est tout simplement que leur exemple fut vite oublié ! Ainsi, quand après la seconde Guerre mondiale furent menés les assauts définitifs vers les sommets de plus de 8 000 mètres de l'Himalaya, on continua de monter des expéditions très lourdes organisées sur un mode militaire.

Il fallut plusieurs années pour que les himalaystes redécouvrent le concept des expéditions légères. Celui d'Amundsen !

Un entraînement spécifique

Peut-être parce qu'ils étaient nés dans une contrée où une montagne difficile tombe à pic dans une mer dangereuse, les Norvégiens Nansen et Amundsen avaient plus que d'autres conscience du vaste savoir-faire qu'il leur fallait acquérir avant de se lancer dans leurs expéditions. Si Nansen et son compagnon Johansen ont pu accomplir leur extraordinaire randonnée dans les parages du pôle Nord, c'est parce qu'ils connaissaient tout de la vie dans le Grand Nord : du ski à la navigation en kayak en passant par la chasse à l'ours blanc. Si le raid d'Amundsen au pôle Sud se déroule si bien, c'est parce que lui et ses compagnons maîtrisent parfaitement le déplacement en terrain glaciaire où la première crevasse est mortelle pour qui ne sait pas la repérer avant que la neige s'effondre sous ses skis.

Savoir choisir l'équipement le mieux adapté

C'est la première chose que dicte l'expérience ! De ce point de vue, les commentateurs des réussites et échecs des explorateurs polaires ont souvent manqué de clairvoyance. Ainsi, juger la découverte du passage du Nord-Ouest d'autant plus admirable qu'Amundsen ne disposait que d'une « coquille de noix » est absurde. D'abord, la *Gjoa* était un voilier assez important déjà : d'un tonnage bien plus élevé que les petits voiliers qui à l'époque ont, par exemple, fait le tour du monde, ainsi le *Joshua* du capitaine Slocum, en 1895. Et c'est précisément parce qu'il a choisi un petit bateau qu'Amundsen a réussi, parvenant à franchir les passages interdits à des navires plus gros.

Les irremplaçables chiens

Amundsen s'est interrogé sur le choix fait par les Anglais de faire tirer leurs traîneaux par des poneys de Mandchourie :

il faut emporter leur nourriture ; ils ne sont pas aptes à se déplacer en montagne ; on ne peut pas les porter au-dessus d'un obstacle ; ils ne sont pas anthropophages. Certes, ce dernier élément ne peut laisser personne indifférent mais les faits sont là. Plus l'expédition avance, moins elle a de vivres à porter. Elle a donc besoin de moins de chiens. D'autant moins que les bêtes inutiles, blessées ou épuisées ayant été abattues, leurs dépouilles sont dévorées par les autres bêtes ou par les hommes. Amundsen pense que les Anglais n'ont pas su établir la relation adéquate avec les chiens d'attelage, qui sont effectivement des fauves mais dont l'homme peut se faire obéir à la condition de savoir s'y prendre. Abattre les chiens peut paraître barbare, mais Amundsen nous livre à ce propos des réflexions poignantes. Pour donner une idée de la différence du ravitaillement nécessaire entre les chiens et les poneys, quand il appareille pour sa tentative au pôle Sud, Shackleton mesure que pour les poneys, il lui faut : « 20 tonnes de maïs, 10 tonnes de fourrage compressé et 500 kilos de comprimés. » Pour les chiens, ajoute-t-il, « il suffit d'une tonne et demie de biscuits ».

Traîneau à chiens utilisé par Amundsen : les hommes vont à ski.
La roue entraîne un compteur mesurant la distance parcourue

Traîneau comme ceux de Scott : une fois les poneys hors service, les hommes s'attelaient et allaient à pied, sans skis

Les skis

Il paraît inimaginable que les Anglais aient choisi de s'épuiser à patauger dans la neige jusqu'au-dessus des genoux plutôt que de glisser sur sa surface au moyen de skis. Il est vrai que cette technique exige un certain apprentissage ; mais avant sa dernière expédition en Antarctique, Scott avait rendu visite à Nansen, grand skieur s'il en était ! On notera que les skis utilisés en Antarctique étaient longs : 2,4 m. Ce qui leur donnait une grande portance et un appui sur une portée importante : un facteur de sécurité considérable pour passer au-dessus des crevasses. Encore un choix dicté par l'expérience !

Les vêtements en plusieurs couches fines

Quand on fait des mouvements ou quand on exerce le moindre effort par des températures de loin inférieures à zéro, on a vite chaud ! Le danger à éviter absolument est de transpirer, car cette humidité se transformera instantanément en glace dès que l'effort cessera ! Le vent est aussi un ennemi redoutable car il accentue de manière exponentielle les effets du froid. Un coupe-vent léger, porté sur des vêtements légers et chauds, portés en plusieurs couches, est indispensable. Celui des expéditions polaires évoqué dans ces récits était taillé en Burberry (le tissu des très chics imperméables...).

Les réchauds Primus et Nansen

Sans ces réchauds fonctionnant au pétrole sous pression (système Primus), aucune expédition polaire n'aurait réussi. Ils fournissent une très forte chaleur pour une consommation très faible. Le réchaud Nansen en est une extrapolation : il consiste à adjoindre au réchaud un réservoir en forme de couronne qui entoure la flamme. On le remplit de neige afin de profiter de la cuisson des aliments pour obtenir de l'eau.

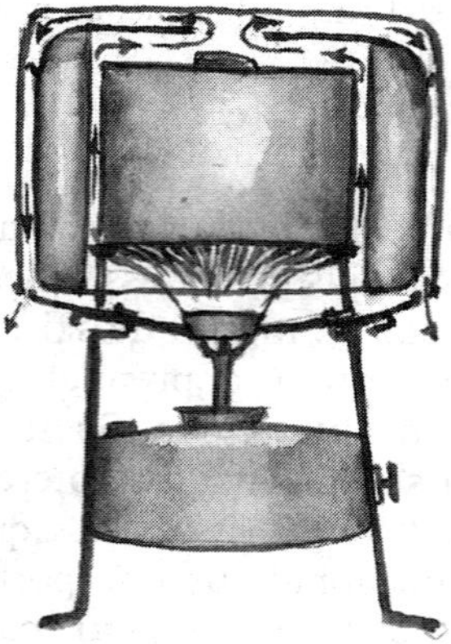

Réchaud à pétrole vaporisé sous pression,
avec dispositif pour faire fondre la neige

Les tentes

Elles étaient d'un modèle à mât central, de telle sorte qu'un homme seul puisse la dresser. Le vent violent l'écrasait au sol au lieu de l'emporter. Le long manchon de tissu qui la faisait communiquer avec l'extérieur empêchait que la neige entre. Jusqu'à l'invention récente de la tente igloo dressée sur une armature démontable flexible, on n'a rien trouvé de mieux !

Bivouac en Antarctique avec des tentes pyramidales

• Les deux méthodes stratégiques

Deux techniques ont été mises en œuvre pour conquérir les pôles : celle des échelons de progression, et celle des dépôts de vivres.

La technique des échelons de progression : c'est celle que Peary a mise en œuvre pour s'attaquer au pôle Nord. Le 22 février 1909, 24 hommes et 15 traîneaux tirés par 133 chiens prennent la route du pôle. L'expédition est partagée en six échelons, chacun d'entre eux faisant route pendant 5 jours au delà du but de l'échelon précédent. De la sorte, quand une de ces équipes de tête se replie, elle égalise la glace et dame la neige pour l'équipe suivante. Et elle lui remet les chiens valides, le ravitaillement et les équipements restants pour continuer. Ainsi, quand le groupe final avec à sa tête Peary se met finalement en route pour le pôle Nord, il a accompli l'essentiel du chemin en randonnée tranquille !

La technique des dépôts de vivres : c'est la méthode mise en œuvre par Amundsen comme par Scott pour atteindre le pôle Sud. Il s'agit, depuis un camp de base, d'aller déposer en plusieurs raids de la nourriture, voire des équipements de rechange, à des distances à chaque fois plus éloignées. De la sorte, le point réel de départ de la véritable expédition se trouve poussé plus près du but, et chacun des raids poussés pour établir le dépôt a constitué un excellent entraînement.

L'orientation

Les compas à alcool peuvent geler et la forte distance entre pôles magnétique et géographique peut entraîner des erreurs. Pour ces raisons, la navigation dans les régions boréales pose problème lorsque le soleil ne permet pas de contrôler les indications de la boussole. Pour ses raids en avion, Amundsen avait mis au point un compas solaire qui utilisait l'ombre portée par l'astre sur un cadran gradué et entraîné par un mouvement d'horlogerie (afin de compenser la course du soleil dans le ciel). Ce matériel, perfectionné ensuite par Jean-Louis-Etienne, ne fonctionne bien sûr que si le soleil reste visible.

Le sextant permet de déterminer la latitude, à la condition d'emporter un horizon artificiel (pour remplacer l'horizon marin) et un baromètre-altimètre permettant d'intégrer l'altitude dans le calcul astronomique.

Le facteur humain

Les deux citations suivantes permettent d'apprécier le problème. La première est de Roald Amundsen et concerne le voyage de la *Gjoa* par le passage du Nord-Ouest : « A bord, point de hiérarchie : chacun garde son indépendance dans un régime de liberté et d'égalité absolues. Sur des hommes équilibrés et sages, cette confiance a les plus heureux résultats ; elle fait naître spontanément une discipline qui, étant librement consentie, est singulièrement plus puissante que celle imposée par les règlements. »

La seconde citation est de Jean-Baptiste Charcot, à propos de sa première expédition en Antarctique avec le *Français*. Comme le navire quitte Ushuaia à destination du Sud, il réunit l'équipage : « Mes garçons, à partir de maintenant, je vous préviens que si vous vous conduisez mal, ça sera de la lâcheté de votre part, car je n'ai pas de moyen pour vous punir ; je ne peux pas vous mettre aux fers, vous savez qu'il n'y en a pas à bord et l'équipage est trop réduit pour cela. Je ne peux pas vous priver de votre quart de vin, vous en aurez besoin pour votre santé, je ne peux pas vous retrancher sur vos gages, vous vous en fichez. Je m'adresse donc simplement à votre conscience, et je compte que vous ferez votre devoir, un peu par affection pour moi, beaucoup pour la mission dont nous sommes chargés... »

Ces deux discours nous mettent à mille lieues de la machine disciplinaire bornée qui est toujours apparue comme le support caractéristique de la Royal Navy ! Mais en ce qui concerne la motivation et la volonté sans faille dont firent toujours preuve les explorateurs polaires, le patriotisme compta sûrement beaucoup. Charcot y fait souvent référence lors de ses expéditions antérieures à la Première Guerre mondiale : la France n'est pas encore remise du désastre de 1870. Quant à Nansen et Amundsen, ils ont à cœur de mettre en valeur la nation norvégienne dont il ne faut pas oublier qu'elle ne s'est émancipée de la Suède qu'en 1905.

La question du scorbut

Toutes les grandes expéditions de découverte du monde ont été confrontées à cette redoutable affection provoquée par une carence en vitamines : celle qu'on trouve dans les vivres frais. Amundsen a fait remarquer fièrement qu'aucune des quatre expéditions norvégiennes (les trois voyages du *Fram* et celui de la *Gjoa*) n'y a été confrontée, et ceci grâce au soin apporté à l'avitaillement. Sur le *Français* de Charcot passera le spectre du redoutable mal, mais il n'est pas évident qu'il s'agissait bien du scorbut.

L'exploration polaire

Repères chronologiques

IVe siècle av. J.-C.

IVe siècle av. J.-C. — Pythéas, mathématicien et marin de Massalia, monte jusqu'aux Shetlands et sans doute jusqu'à l'Islande. Le fait est qu'il connaît les latitudes où le soleil ne se couche pas en été ; qu'il voit des icebergs ; qu'il rapporte le témoignage des insulaires qui lui ont affirmé que s'il prolongeait sa route vers le Nord, il trouverait la mer gelée.

VIe siècle de notre ère — Saint Brendan, moine irlandais (485-578), mène un équipage d'évangélisateurs d'Irlande en Ecosse puis aux îles Féroé, en Islande, au Groenland et enfin au Labrador. Du voyage de Brendan, il reste un document écrit : la *Navigatio Brendani*. Partant de ce texte, en 1976-1977, l'universitaire américain Tim Severin a reconstitué un coracle médiéval et accompli lui-même la traversée, mettant en évidence le savoir-faire de Brendan et les qualités marines de son embarcation.

Xe siècle — Parti d'Islande, cap à l'Ouest, le Viking Erik Le Rouge fait terre au Groenland où, à l'époque, le climat est clément (*groenland* signifie « terre verte »). Il crée une colonie, mais au XVe siècle, la peste noire touche le Groenland et toute sa population blanche disparaît. Terre polaire d'accès difficile, le Groenland ne sera redécouvert qu'en 1721 par le missionnaire danois Hans Egede.

1492 — La découverte par Christophe Colomb d'un nouveau continent qui n'est pas la Chine, ainsi qu'il l'avait d'abord supposé, amène à chercher le moyen de contourner cette terre, par le nord et par le sud.

1497 — Jean Cabot (Giovanni Caboto), Vénitien au service de l'Angleterre, atteint Terre-Neuve et le Labrador.

1517 (Passage du Nord-Ouest) — Sébastien Cabot, fils de Jean, remonte les côtes du Labrador qu'il trouve libres de glaces alors que son père y avait été bloqué. Il atteint semble-t-il ce qui sera plus tard baptisé baie d'Hudson.

1534 (Passage du Nord-Ouest) — Jacques Cartier fait un premier voyage en quête du passage du Nord-Ouest. Il contourne Terre-Neuve par le nord, emprunte le détroit de Belle-Isle, passe par l'archipel de la Madeleine, touche l'île du Prince-Edouard, explore la baie des Chaleurs puis celle de Gaspé. Satisfait de cette première approche, Cartier revient en France dès la fin de l'été afin de préparer une expédition plus ambitieuse.

1535 (Passage du Nord-Ouest) — Jacques Cartier repart avec trois bâtiments et des vivres permettant un hivernage sur place. Avant l'hiver, il remonte le bras de mer jusqu'à une importante agglomération que les Indiens appellent Hochelaga et qu'il espère être la fabuleuse Cambaluc chinoise des récits de Marco Polo. Ce sera le site de la future Montréal, mais elle n'a rien à voir avec la grande cité chinoise que Cartier espérait trouver. Après un hivernage difficile (le scorbut a sévi), Cartier revient en France, avec pour idée de repartir en amont de Hochelaga.

1541 (Passage du Nord-Ouest) — Jacques Cartier repart pour une mission de colonisation. François Ier lui impose pour chef Jean-François de La Rocque, seigneur de Roberval. L'installation d'une colonie sera un échec, et en naviguant au-delà de Hochelaga, Cartier rencontre bientôt des rapides. Il sait maintenant qu'il remonte un fleuve et non pas un bras de mer qui aurait pu le conduire en Chine.

1553 — On tente d'atteindre la Chine en contournant le nord de l'Europe : c'est le **Passage du Nord-Est**. Willoughby, anglais, est pris par les glaces au nord de la Laponie et meurt avec ses cinquante hommes.

1554 (Passage du Nord-Est) — Chancelor, anglais, atteint la mer Blanche et l'estuaire de la Dwina (où se trouve l'actuelle ville d'Arkhangelsk).

1556 (Passage du Nord-Est) — Burrough, anglais, touche la Nouvelle-Zemble qu'il ne parvient pas à doubler par le sud.

1585 (Passage du Nord-Ouest) — John Davis, anglais, donne son nom au passage entre le Groenland et le Labrador.

1594 (Passage du Nord-Est) — Guillaume Barentz, hollandais, quitte les Pays-Bas avec quatre navires chargés de marchandises à négocier en Chine. Il cherche un passage au Nord de la Nouvelle-Zemble et doit renoncer.

1595 (Passage du Nord-Est) — Guillaume Barentz repart avec seize navires, eux aussi chargés de marchandises. Il atteint l'île des Etats où l'hiver approchant l'oblige à rebrousser chemin.

1596 (Passage du Nord-Est) — Guillaume Barentz repart, seul. Son navire est la *Discovery* avec un équipage de dix-sept hommes seulement. Il choisit une route plus au nord, ce qui l'amène à découvrir l'île des Ours et le Spitzberg (qu'il baptise ainsi à cause de ses montagnes pointues). Il parvient ainsi à dépasser la Nouvelle-Zemble par le nord, mais il se fait ensuite prendre par les glaces. La *Discovery* hiverne et l'expédition reviendra en Hollande, malheureusement sans Barentz, mort d'épuisement pendant le voyage de retour.

1597 (Passage du Nord-Ouest) — L'Anglais Martin Frobisher rapporte du Canada un minerai qui pourrait être de l'or. En réalité, il ne s'agissait que de mica — Jacques Cartier avait connu la même mésaventure — mais cette découverte encourage cependant à explorer les régions boréales d'Amérique.

1607 (Passage du Nord-Ouest) — Henry Hudson, anglais, est financé par des négociants de la City pour chercher le passage du Nord-Ouest. Il part sur le *Hopewell*, une chaloupe pontée, avec un équipage de douze hommes. Il atteint d'une traite 80°23' de latitude par la côte orientale du Groenland.

1608 (Passage du Nord-Ouest) — Henry Hudson tente de trouver le passage par le littoral norvégien. Il rentre quatre mois après son départ, ayant échoué.

1609 (Passage du Nord-Ouest) — Nouveau voyage de Henry Hudson, cette fois commandité par des Hollandais. Il tente le passage par l'Ouest du Groenland, mais son équipage se mutine et l'oblige à faire demi-tour. C'est ainsi qu'il découvre l'estuaire de l'Hudson où un jour naîtra New York.

1610 (Passage du Nord-Ouest) — Quatrième expédition de Henry Hudson, à nouveau commanditée par des Hollandais. Il a baptisé son navire *Discovery* en hommage à Barentz. Il passe le Labrador et dans les immenses baies qui s'appellent aujourd'hui d'Hudson et James, il croit avoir trouvé le Pacifique. Il y est bloqué par les glaces, et en définitive, se trouve de nouveau confronté à une mutinerie. Abandonné sur une embarcation avec quelques fidèles, il disparaît.

1616 (Passage du Nord-Ouest) — L'Anglais William Baffin découvre la terre et la mer qu'il baptise de son nom. Lors de cette expédition, il constate que, plus il gagne dans le Nord-Ouest, plus la marée faiblit. Il en conclut que les mers boréales ne sont sans doute soumises qu'à la marée de l'Atlantique, et que c'est parce qu'il s'en éloigne que le phénomène s'amortit. Si le Pacifique était en liaison avec les eaux boréales, on sentirait leur influence sous forme de marée. Le raisonnement paraît aujourd'hui étrange : et s'il existait, entre les océans Atlantique et Pacifique, une zone faisant tampon ? Le fait est que Baffin réussit à imposer sa théorie à l'Amirauté qui, dès lors, se désintéresse de la recherche d'un passage. Des années qui suivent l'expédition de Baffin date un mythe dont on reparlera encore à la fin du XIXe siècle : celui de l'existence d'une mer libre autour du pôle Nord. Il se répand chez les baleiniers qui fréquentent les parages du Spitzberg : une fois qu'on aurait franchi une barrière de banquise mouvante, on trouverait derrière une mer libre sous un climat clément.

1739 — Jean-Baptiste Bouvet de Lozier repère une terre en Atlantique Sud. Il pense que c'est un continent antarctique. Il baptise le point cap de la Circoncision (c'est la fête religieuse du jour).

1772 — Une riche année de découvertes dans les mers du Sud ! Marc Marion-Dufresne découvre les îles du Prince-Edouard, Marion et Crozet (Julien-Marie Crozet était le second de Marion-Dufresne). Yves Kerguelen de Trémarec découvre les îles Kerguelen, qu'il prétend être l'Antarctique.

1773 — James Cook, sur la *Resolution,* cherche le cap de la Circoncision repéré par Bouvet. Il ne le trouve pas mais se fait bloquer par la banquise sur le parallèle 67°10'S.

1774 — James Cook cherche à toucher l'Antarctique en partant du continent sud-américain. Il atteint 71°15'S par 110°W avant d'être bloqué. Mais il n'a toujours pas vu le continent !

1775 (Antarctique) — James Cook repère les montagnes de la Géorgie du Sud et les sommets de la Terre de Sandwich.

1800-1815 — Les guerres napoléoniennes et le blocus continental accaparent tous les moyens de la Royal Navy. Mais la fin du conflit coïncide avec un phénomène climatologique : en 1816-1817, d'immenses champs de glace arctiques partent à la dérive : jusqu'à 40° de latitude nord, on croise des icebergs ! Sur les côtes du Groenland, les baleiniers trouvent l'eau libre jusqu'à 75° de latitude. La Grande-Bretagne décide de lancer une grande mission d'exploration en Arctique.

1806 (Antarctique) — Le baleinier Abraham Bristol découvre les îles Auckland.

1818 — La Grande-Bretagne lance deux missions d'exploration polaire simultanées. Vers le **passage du Nord-Ouest** : l'*Isabelle,* commandée par John Ross et l'*Alexander,* commandée par Edward Parry. Ross est chef de l'expédition.Vers le **pôle Nord** : *Dorothée,* commandée par David Buchan, et la *Trent,* commandée par John Franklin. Buchan est chef de l'expédition. Ces deux expéditions vont connaître l'échec dans des contextes comparables. **Passage du Nord-Ouest** : l'*Isabelle* reprend le sillage de William Baffin 200 ans plus tôt et entre dans le détroit de Lancaster, libre de glaces. Une chaîne montagneuse étant apparue à l'horizon — qu'ils baptisent Monts Croker —, Ross estime que le passage s'achève en cul-de-sac. Refusant d'aller voir de plus près si c'est bien le cas, il ordonne de faire demi-tour. Parry, sur l'*Alexander,* pense quant à lui que cette chaîne peut très bien border le détroit sans pour autant le fermer. Il insiste auprès de son chef mais rien n'y fait : Ross fait demi-tour et abandonne la recherche du passage du Nord-Ouest. **Pôle Nord** : la tentative est menée depuis le Spitzberg, mais aucun passage n'apparaît. Les deux navires font alors une tentative en longeant le Groenland où ils subissent une tempête parmi les glaces. La *Dorothée* est victime d'une voie d'eau et son capitaine décide d'abandonner ; mais il n'autorise pas son lieutenant, dont le bâtiment est intact, à continuer la recherche.

1819 — De nouvelles missions sont motivées par les rapports accusateurs des deux lieutenants, à qui l'Amirauté décide de laisser leur chance en organisant une expédition audacieuse et complexe. Edward Parry retourne dans le détroit de Lancaster. John Franklin a pour mission de reconnaître les rivages polaires de l'Amérique : il descendra la Coppermine River et longera la côte vers l'Est avec pour but idéal de rejoindre l'expédition de Parry. **L'expédition de Parry** : il dispose de deux petites unités, l'*Hecla* et le *Griper*. Glace, brume et vents fous s'opposent à sa progression, mais il finit par atteindre la fameuse barrière montagneuse qu'il longe. Il progresse bien dans l'Ouest et passe le 110° W. Mais septembre est là, avec des calmes. Il décide donc de faire demi-tour. Bloqué, il doit hiverner sur l'île Melville. Le traitement anti-scorbutique étant efficace, l'hivernage se passe bien : dans l'histoire de l'exploration polaire, c'est le second hivernage réussi, après celui de Barentz. Avec l'été 1820, il remet cap à l'Ouest mais la banquise le stoppe. Ne disposant pas de vivres suffisants pour un second hivernage, il rentre en Angleterre. Il y est accueilli avec tous les honneurs car il a accompli une remarquable mission géographique et scientifique. **L'expédition de Franklin** : un navire de la Compagnie de la Baie d'Hudson dépose Franklin à la factorerie d'York, sur la rive ouest de la baie. Avec une vingtaine d'hommes, il atteint le Grand Lac des Esclaves d'où il passe sur la Coppermine River. Le chef indien qui les guide les abandonne là où commence le domaine des populations inuit, craignant d'être attaqué, mais s'engage à approvisionner un dépôt de vivres pour le cas où Franklin ne retrouverait pas les navires de Parry. Franklin se met en route et, à pied et en canot d'écorce, fait route pendant 5 semaines. Ils doivent alors faire demi-tour, faute d'avoir pu compléter leurs vivres : les Esquimaux qui pourraient les aider se cachent ! Le retour sera affreux car l'Indien qui devait établir un dépôt de vivres n'a pas tenu parole : ils ne reviennent qu'à 7 survivants !

1819 (Antarctique) — Le capitaine marchand Smith repère les Shetlands du Sud, et le capitaine Palmer découvre la terre de Palmer.

1821 (Antarctique) — Le Russe Bellingshausen baptise l'île Pierre Ier et la terre Alexandre Ier.

1821-1823 — Edward Parry mène deux voyages d'exploration dans le nord du Canada, aux confins du continent et de la banquise.

1823 (Antarctique) — James Weddel, capitaine d'un phoquier anglais, descend jusqu'au 73e parallèle au sud des îles Orcades. Les circonstances météorologiques rares dont il a bénéficié laissent penser que l'accès au pôle Sud est peut-être plus facile qu'on ne le pensait. La France (Dumont d'Urville), l'Amérique (Charles Wilkes) et la Grande-Bretagne (James Clarke Ross) organiseront des expéditions dans les années qui suivent.

1825 (Arctique) — Nouvelle expédition de John Franklin. Entre l'exploration de la côte entre l'estuaire de la Coppermine River et Prudoe Bay en mer de Beaufort, le voyage dure 2 ans.

1827 — Edward Parry tente un raid vers le pôle Nord en bateau-traîneau. La glace chaotique n'autorise pas cette navigation, mais il poursuit sa tentative à pied. Au terme d'une marche de 30 jours, il atteint 82°47'N. Il faudra attendre cinquante ans pour qu'on aille plus au nord !

1829 (Arctique) — Expédition de John Ross qui, ridiculisé par son demi-tour prématuré de 1818, veut se rattraper par une réussite éclatante. Il se fait financer par le distillateur de whisky Felix Booth, organisant ainsi le premier voyage commercialement sponsorisé de l'histoire. Il dispose d'un navire à vapeur : le *Victory* ; et il se fait accompagner par un voilier commandé par son neveu : James Clarke Ross, qui avait été lieutenant sous les ordres de Parry. Cette expédition de 4 ans se révélera très profitable. James Clarke Ross atteint le pôle Nord magnétique. John Ross confirme un contact positif avec les populations esquimaudes. Il échappe cependant de peu au drame : à la fin du troisième hivernage, il a fallu abandonner le *Victory* et tenter de joindre les eaux libres avec les embarcations. Lui et son équipage ne parviennent pas à traverser la banquise et doivent affronter un quatrième hivernage dans une mauvaise cabane de planches. En juillet 1833, John Ross atteint la baie de Baffin où un baleinier les recueille. Stupeur : ce bâtiment n'est autre que son *Isabelle* de la première expédition manquée en 1818 !

1838 (Antarctique) — Charles Wilkes cherche à approcher l'Antarctique entre 120° et 140° E, sans résultat notable.

1838-1839 (Antarctique) — En deux tentatives, Jules Dumont d'Urville repère la Terre-Louis-Philippe et la Terre-Joinville ; puis débarque en Terre-Adélie.

1841-1842 (Antarctique) — James Clarke Ross atteint 78° S avec ses deux navires l'*Erebus* et la *Terror* avant d'être bloqué par une muraille de glace haute de 60 mètres et longue de 500 kilomètres. Un point plus bas laisse voir une plaine orientée vers le sud. C'est la Grande Barrière de Ross, la future voie d'accès au pôle sud puisque le fond de la baie qu'il a découverte se trouve à 1 200 kilomètres du pôle, tandis que les autres points du littoral Antarctique en sont éloignés de 2 500 voire plus.

1845 (Arctique) — La possibilité d'accès à l'Antarctique mise en évidence par James Clarke Ross décide le Royaume-Uni à frapper un grand coup pour forcer le passage du Nord-Ouest, avant de se consacrer au nouveau continent à explorer. L'*Erebus* et le *Terror* sont donc réarmés sous le commandement de John Franklin, et c'est une expédition très lourde qui part avec des vivres pour quatre ans : 168 hommes ! Les deux navires sont vus dans la baie de Melville puis dans le détroit de Lancaster. Ensuite, pendant deux ans, plus aucune nouvelle !

1847 — L'Amirauté britannique s'alarme de la disparition de John Franklin et déclenche d'énormes recherches : James Clarke Ross (avec ses officiers Mac Clintock et Mac Clure) fouille les détroits de Prince Regent et de Barrow. Ils capturent des renards auxquels ils posent des colliers avec plaques gravées indiquant la position de dépôts de vivres. John Richardson, le médecin de la première expédition de Franklin, patrouille sur la côte entre les estuaires du Mackenzie (qu'il a descendu) et de la Coppermine. Les Esquimaux rencontrés ne lui apportent aucune information. Il dresse de nombreuses balises avec des flèches indiquant la position de dépôts de vivres.

1850 — 14 navires se consacrent à la recherche de l'*Erebus* et du *Terror*. Lady Franklin dépense sa fortune à armer des navires de secours. Le premier en sera le schooner *Prince-Albert,* commandé par un jeune officier de marine français : Joseph Bellot (1826-1853). Celui-ci fera une seconde expédition de recherche sur l'*Isabelle,* et se noiera accidentellement. C'est le premier explorateur français de l'Arctique.

1850 — Mac Clure prend le commandement de l'*Investigator* pour mener une recherche à partir du détroit de Béring : peut-être Franklin est-il allé plus loin qu'on ne l'avait supposé ? En 1851, l'*Investigator* ayant été pris dans les glaces entre l'île Banks et la Terre du Prince-Albert, Mac Clure lance un raid sur la banquise pour repérer le détroit passage. Il arrive ainsi en vue d'une autre terre et découvre qu'il se trouve sur la côte dont Parry avait exécuté le relevé en 1819, depuis l'île Melville qu'il avait atteinte par l'Est. Mac Clure vient de démontrer que le passage du Nord-Ouest existe !

1852 — L'été ne permet pas encore à l'*Investigator* de rejoindre l'eau libre. Le troisième hivernage est terrible. Au printemps, Mac Clure décide d'abandonner le navire quand des secours arrivent : c'est la *Résolute,* arrivée par l'Ouest.

1853 — La disparition de Franklin provoque un notable regain d'intérêt pour les zones arctiques. Le prince Napoléon fait une expédition au Groenland sur la corvette en fer *Reine-Hortense* ; les Autrichiens Payer et Karl Weyprecht, sur le *Tegethoff*, reconnaissent le nord de la Nouvelle-Zemble et l'archipel François-Joseph.

1854 — On cherche toujours l'expédition de John Franklin : chez les Esquimaux sont trouvés des pièces d'argenterie et des équipements provenant du *Terror*.

1857 — Mac Clintock, commandant un navire financé par le reste de la fortune de lady Franklin, trouve sur l'île du Roi-Guillaume les restes d'un campement et, dans un cairn, une boîte métallique contenant une note relatant les premiers événements du voyage. Le *Terror* et l'*Erebus* ont été pris par les glaces le 12 septembre 1846. Franklin est mort le 11 juin 1847. 9 officiers et 15 hommes ont également perdu la vie. Mais aucune précision n'est donnée quant aux causes du décès, et tout laisse penser à une maladie mystérieuse. Les navires ont été abandonnés le 22 avril 1848. Le 26, les survivants se mettent en route vers la Rivière des Poissons. Tous mourront en route. On trouvera des restes plus tard. Et beaucoup de questions se poseront alors, par exemple : pourquoi ont-ils transporté des pièces d'argenterie alors qu'ils étaient épuisés ? Si on n'a jamais rien retrouvé des deux navires, on sait aujourd'hui que la mystérieuse maladie était un empoisonnement provoqué par la soudure des boîtes de conserve emportées par l'expédition.

1871 — L'Américain Charles-Francis Hall atteint 82°20'N avec le *Polaris* : jamais un bateau n'est monté aussi haut. Mais l'explorateur décède durant l'hivernage, sans quoi il aurait battu le record de Parry (82°47'N en 1827).

1873 — (Antarctique) L'Allemand Dallmann reconnaît la côte occidentale de la terre de Palmer et l'archipel Kaiser-Wilhem.

1875 — Expédition anglaise vers le pôle Nord avec le *Challenger*, commandé par George Strong Nares.

1876 (12 mai) — Depuis le *Challenger*, le lieutenant Markham atteint 83°20'.

1878 (Passage du Nord-Est) — Le 21 juillet, le baron suédois Eric Adolph Nordenskjold quitte Tromsoe sur le trois-mâts barque à machine auxiliaire *Véga*, suivi de la *Léna* (goélette à machine auxiliaire). La *Léna* sert de tender et explorera le cours de la léna. La *Véga* va tenter le passage du Nord-Est. Depuis Barentz, plus personne n'avait essayé ! L'expédition est aussi un beau voyage d'étude ethnologique. Alors que la *Véga* est parvenue sans problème à 120 milles nautiques du détroit de Béring (soit 20 heures de route à 6 nœuds !), l'hiver précoce oblige à hiverner.

La *Véga* qui permit à Nordenskjold de franchir le Passage du Nord-Est

1879 (18 juillet) — Appareillage de la *Véga* ; le 20, le détroit est franchi et la *Véga* fait route vers le Japon, entamant un long voyage de retour pour retrouver l'Europe.

1879 (été) — Le magnat de la presse américaine Gordon Bennett, qui avait déjà envoyé Stanley en Afrique pour y retrouver Livingstone, veut rééditer ce « coup journalistique » en envoyant la *Jeannette*, commandée par le lieutenant de l'US Navy De Long, « sauver » Nordenskjold. Elle atteint le détroit de Béring au moment où la *Véga* y arrive. Bennett commande alors de pousser vers le pôle Nord : en septembre, la *Jeannette* est prise dans les glaces et subit des voies d'eau sérieuses.

1879 (1er octobre) — A Hambourg se tient la première Conférence Internationale Polaire, à l'initiative de Karl Weyprecht (qui en 1853 a découvert l'archipel François-Joseph). Il y prône l'arrêt des aventures individuelles coûteuses et stériles pour la science, au profit de l'installation de 12 stations d'études circumpolaires.

1880 (été) — Dans le nord du détroit de Béring, la *Jeannette* ne parvient pas à se dégager des glaces.

1881 — Pendant l'hiver, la *Jeannette* est écrasée ; le 13 juin, l'équipage l'abandonne et part avec trois embarcations qu'ils tirent sur la glace. Ils parviennent à trouver l'eau libre et à mettre à l'eau leurs bateaux. Le mauvais temps les sépare rapidement, et chacune connaît un destin différent. Le cutter du lieutenant Chipp coule avec ses huit hommes. La baleinière de l'ingénieur Melville fait terre dans l'estuaire de la Léna où les naufragés sont recueillis par des exilés russes. Le capitaine De Long fait terre quelque part sur la côte sibérienne : avec ses 13 hommes, il a 5 jours de vivres. L'option est prise de se démunir pour équiper au mieux les deux marins les plus valides du groupe (Nindemann et Noros) qui partiront chercher du secours. Ils arrivent en effet dans un village où ils ne parviennent malheureusement pas à se faire comprendre. On les conduit à un village plus important (Boulcour), où ils tombent sur Melville. Ce dernier repart avec Nindemann : ils trouveront le cadavre de De Long avec le journal des derniers jours.

1882-1883 — Première année polaire, née de la conférence de Hambourg (1879) à laquelle la France ne participait pas. Sont représentés : Etats-Unis, Grande-Bretagne, Allemagne, Danemark, Autriche, Suède, Norvège, Finlande, Russie et Hollande. La France, au dernier moment, cherche à montrer quelque intérêt en montant une expédition en Patagonie où elle accomplit d'ailleurs un beau travail d'hydrographie.

1882 — Le lieutenant américain Lockwood, parti de la base polaire de la terre de Grinnel (nord-ouest du Groenland) créée suite à la conférence de Hambourg tenue en 1879, atteint 83°24'N.

1884 — Des Esquimaux du Groenland trouvent des restes de la *Jeannette,* disparue en 1881au Nord du détroit de Béring. On sait désormais que la banquise se déplace rapidement : 3 000 milles ont été parcourus en 3 ans ! Cette découverte est à l'origine de l'expédition de Nansen sur le *Fram* (1893-1896).

1886 et 1891 — L'ingénieur américain Robert Peary effectue deux traversées du Groenland en guise d'entraînement à une future expédition vers le pôle Nord. Lors de la seconde, il se casse la jambe et a la vie sauvée par son compagnon médecin, un certain Frederic Cook.

1892 (Antarctique) — Le Norvégien Larsen découvre sur l'île Joinville des fossiles d'arbres et de fougères, qui prouvent que le continent Antarctique n'a pas toujours connu un climat polaire.

1893 (Antarctique) — Le Suédois Larsen découvre la Terre du Roi-Oscar.

1893-1896 (Arctique) — Sur le *Fram,* voilier spécialement conçu, le Norvégien Fridtjof Nansen se laisse prendre dans les glaces au Nord du détroit de Béring, afin d'étudier la dérive de la banquise arctique.

1895 (8 avril) — Ayant quitté leur navire le *Fram,* Nansen et Johansen atteignent 86°13'6"N avant de renoncer à atteindre le pôle.

1895 (Antarctique) — Le Norvégien Borchegrevink se fait déposer par le baleinier *Antarctic* vers le cap Adare et l'île de la Possession : il y découvre du lichen.

1896 (15 août) — L'aéronaute suédois Andrée veut se laisser pousser jusqu'au pôle Nord depuis le Spitzberg, par un vent permanent de Sud qui aurait été signalé par Nordenskjold. Il se prépare à décoller de l'île des Danois (pointe N.W. du Spitzberg) quand survient le *Fram,* de retour de sa dérive polaire : le capitaine lui affirme qu'après trois ans passés sur la banquise, il est en mesure de lui garantir que ce vent de Sud n'existe pas ! Andrée abandonne momentanément.

1897-1899 (Antarctique) — Expédition de la *Belgica* (un trois-mâts à machine auxiliaire) en Antarctique, sous le commandement d'Adrien de Gerlache. Le navire réalise le premier hivernage jamais vécu en Antarctique. Le médecin Frederic Cook (le compagnon de Peary dans la traversée du Groenland) et le lieutenant Roald Amundsen sauvent l'équipage du scorbut en chassant le phoque.

1897 (11 juillet) (Arctique) — Andrée tente tout de même d'atteindre le pôle en ballon et, par fort vent de Sud, s'envole de l'île des Danois sur le *Œrn*. Le 15 juillet, l'un de ses pigeons voyageurs est abattu, alors qu'il était porteur d'un message optimiste. On n'aura plus aucune nouvelle par la suite.

1898 (Antarctique) — Borchegrevink est déposé au cap Adare par le *Southern Cross*. Il y installe une base à terre où il hiverne avec neuf compagnons.

1898 (juillet) (Arctique) — Première tentative de Robert Peary vers le pôle Nord : il appareille avec le *Windward* pour la baie de Melville où il embarque des familles d'Esquimaux qui l'accompagneront. L'expédition est un échec et il revient avec les orteils gelés.

1899 (Antarctique) — Lors d'un congrès tenu à Berlin, la communauté scientifique internationale affirme la nécessité d'atteindre le pôle Sud afin de déterminer si l'Antarctique est un continent ou un archipel.

1899 et 1900 — On retrouve des bouées provenant du ballon d'Andrée : l'une en Islande, l'autre en Norvège. C'est seulement en 1930 que l'on saura la vérité...

1900 (15 avril) — Le duc des Abruzzes lance une expédition vers le pôle Nord sur le *Stella Polaris* : partant de la terre François-Joseph, le capitaine Umberto Cagni atteint 86°40' (le record de Nansen est battu). C'est lui qui, le premier, met en œuvre la méthode des échelons successifs d'attaque : celle adoptée par Peary par la suite.

1900 (Antarctique) — Le Norvégien Borchegrevink escalade la Grande Barrière de Ross : la route du pôle Sud est ouverte.

1901 et 1902 — Nouvelles tentatives de Robert Peary vers le pôle Nord. Il ne dépasse pas la latitude atteinte par Nansen en 1895.

1902 (Antarctique) — La Conférence Internationale Polaire décide une approche du pôle Sud depuis différents secteurs, dans le même esprit que celui de l'installation des 12 stations circumpolaires en 1879. Les Anglais tenteront un raid depuis la Grande Barrière de Ross (mission confiée à Robert Falcon Scott). Les Allemands partiront du secteur situé au sud des Kerguelen (mission du Pr. von Drygolski). Les Suédois Nordenskjold (le neveu du découvreur du passage du Nord-Est) et Larsen, ainsi que l'Ecossais Bruce feront une tentative depuis l'Antarctide américaine (nom de la partie du continent Antarctique située dans le prolongement de l'Amérique).

1902-1903 — A bord de la *Discovery*, l'expédition de Scott longe la Grande Barrière de Scott et découvre à son extrémité orientale la baie des Baleines. Le navire y hiverne et, fin 1902, un premier raid est tenté. Scott, Shackleton et Wilson gravissent la Grande Barrière et parcourent 450 kilomètres vers le sud. Ayant découvert une surface de neige lisse entaillée de crevasses profondes et striée de sastrugi, ils atteignent 82°17'S. Shackleton atteint de scorbut revient en fort mauvais état de cette expédition et est renvoyé en Grande-Bretagne par Scott. Cette première expédition relève de l'exploit car ses membres étaient totalement novices en matière de progression en terrain glaciaire. Ils se sont d'ailleurs montrés incapables de mener leurs attelages de chiens. En 1903, Scott conduit plusieurs expéditions sur la chaîne montagneuse de la terre Victoria où il atteint l'altitude de 2 640 mètres.

1902-1903 — L'*Antarctic* dépose Nordenskjold avec 35 hommes sur Snow-Hill, une île-glacier. Ils s'en servent de base pour lancer un raid vers la Terre du Roi-Oscar. Commandé par

Larsen, le navire part explorer les Falklands et la Géorgie du Sud. L'*Antarctic* est bloqué par les glaces qui l'écrasent, l'expédition étant sauvée par une succession de hasards heureux.

1902 — A bord de la *Scotia*, l'expédition écossaise espérait explorer la partie orientale de la mer de Weddell, mais la banquise en interdit l'approche. Le navire se rend aux Orcades du Sud où il se consacre à des études météorologiques.

1902-1903 — Sur le *Gauss*, le Pr. von Drygolski dépose aux Kerguelen une équipe chargée de travaux météo, puis part à la recherche de la Terre Termination, signalée par l'Américain Charles Wilkes en 1838. Ils ne trouvent rien mais découvrent plus loin la Terre Guillaume-II.

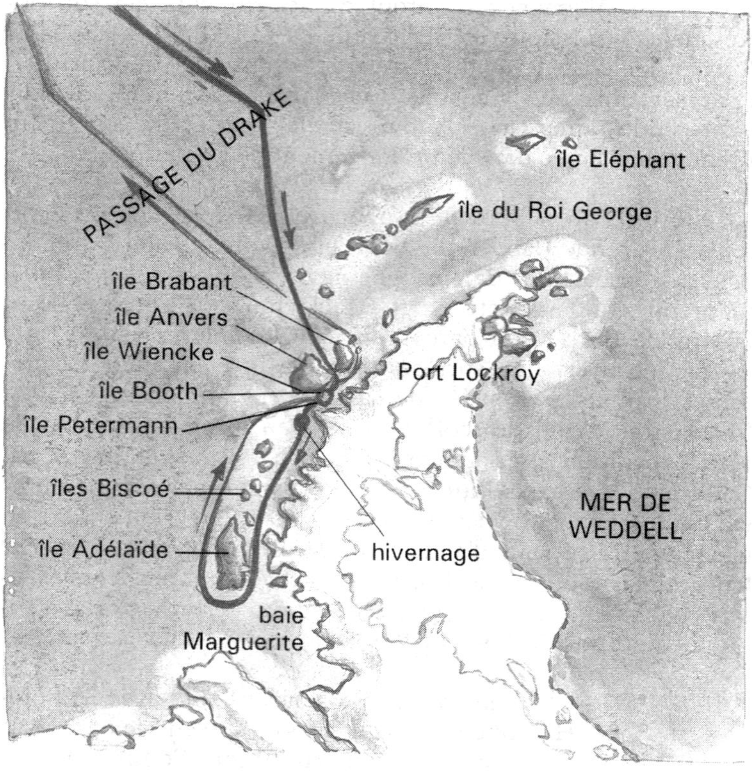

1904-1905 (Antarctique) — Jean-Baptiste Charcot effectue sa première croisière d'exploration en Antarctique avec le trois-mâts goélette à machine auxiliaire *Français*. En faisant construire ce navire, il avait d'abord songé à travailler en Arctique, mais la multiplication des expéditions de toutes nationalités en Antarctique lui fait changer d'avis. Adrien de Gerlache, qui avait commandé la *Belgica* en 1897, est pressenti pour accompagner l'expédition, mais il débarque à Buenos Aires.

Le *Français* était un trois-mâts goélette inspiré des terre-neuviers de Saint-Malo

1903-1906 (Passage du Nord-Ouest) — A bord de la *Gjoa*, un cotre de faible tonnage, le Norvégien Roald Amundsen réussit à passer de l'Atlantique au Pacifique. Le passage du Nord-Ouest est vaincu, mais le fait qu'il ait fallu y consacrer trois ans et deux hivernages enlève tout espoir d'en faire une route maritime commerciale.

1906 (21 avril) (Arctique) — Nouvelle tentative vers le pôle Nord de Peary, à partir du *Roosevelt*. Il atteint 87°06'N

La *Gjoa* était un petit cotre conçu pour chasser le phoque

en mettant lui aussi en œuvre, comme Umberto Cagni, un système d'échelons.

1907-1909 (Antarctique) — Ernest H. Shackleton, mortifié par son rapatriement forcé en 1902-1903, organise sa propre expédition vers le pôle Sud. Le *Nimrod* le dépose au pied de l'Erébus (dont il fera l'ascension). Pour cette tentative, il a prévu un équipement très moderne dont un véhicule automobile qui se montrera peu efficace. Quatre hommes, avec autant de traîneaux chacun tirés par un poney de Mandchourie, se mettent en route le 28 octobre 1908. Le mauvais souvenir laissé par les chiens lors de l'expédition précédente explique ce choix, peu rationnel dans la mesure où la volumineuse nourriture des poneys doit être transportée. Le point atteint en 1902 est dépassé sans difficulté. Mais ils doivent abattre trois poneys tandis que le dernier disparaît dans une crevasse. Les hommes s'attellent et continuent de progresser : le jour de Noël, ils ont atteint 85°55'S à une altitude de 2 850 mètres. C'est seulement là, après avoir traversé le glacier

Beardmore, qu'ils trouvent la plaine de neige autorisant une progression plus rapide, et dont l'existence était supposée depuis le raid de Scott en 1903. Le 9 janvier 1909, alors que les rations alimentaires ont été réduites au strict minimum, à la latitude de 88°23'S c'est-à-dire moins de 180 kilomètres du pôle, la décision est prise de faire demi-tour. Shackleton sait qu'en continuant, ils atteindraient vraisemblablement le pôle Sud, mais n'en reviendraient sûrement pas ! On peut tenir pour certain que si elle avait utilisé des chiens de traîneaux, l'expédition de Shackleton aurait vaincu le pôle Sud quelques mois avant que Peary n'atteigne le pôle Nord !

1908-1910 (Antarctique) — Seconde croisière d'exploration de Charcot en Antarctique, cette fois à bord du *Pourquoi-Pas ?*, un trois-mâts barque à machine auxiliaire.

1908 (Arctique) — Nouvelle expédition de Peary avec le *Roosevelt*. Son point de départ sera le cap Columbia, sur la Terre de Grant.

Le *Pourquoi-Pas ?* était gréé en trois-mâts barque et sa machine auxiliaire manquait de puissance

1908 — Frederic Cook débarque à Copenhague, arrivant du Groenland. Il affirme avoir atteint le pôle Nord le 21 avril 1908 après être parti du Groenland, seul avec deux Esquimaux. Il a repéré au passage une terre inconnue qu'il a baptisée Terre Bradley, du nom de son sponsor. Les journaux de son raid ne seront jamais fournis et la terre découverte ne sera jamais vue par personne.

1909 (6 avril) — Accompagné de 4 Esquimaux et de son domestique noir Henson, Robert Peary atteint un point qu'il estime être le pôle Nord. C'est à son retour qu'il apprend que Frederic Cook revendique également le pôle Nord. Chez les Américains et en Europe, l'absence de « Blanc crédible » (sic !) dans l'expédition laisse place à un doute renforcé par l'inexistence de relevés astronomiques. Finalement, c'est le Congrès américain qui tranchera, acceptant le rapport de Peary et réfutant les assertions de Cook. On estime aujourd'hui que Robert Peary est sûrement allé très près du pôle (de l'ordre de quelques milles), mais l'étude photogrammétrique de ses clichés prouve qu'il ne l'a pas vraiment atteint.

1909 (Antarctique) — En octobre 1909, alors qu'il prépare une opération de dérive arctique sur le *Fram* que Nansen lui a confié, Roald Amundsen assiste à une conférence à Oslo : Ernest Shackleton raconte comment il a été si près d'atteindre le pôle Sud. Le Norvégien sait aussi que Peary a atteint le pôle Nord en avril. Il décide donc de changer ses plans pour lancer son propre raid sur le pôle Sud. Mais afin de déjouer la concurrence éventuelle de Scott, il fait croire qu'il part vers le Nord.

1910 (6 juin) — Le *Fram* quitte Oslo avec pour destination officielle le détroit de Béring via le cap Horn. C'est seulement à Funchal (île Madère) qu'Amundsen prévient son équipage et rend officielle sa décision d'attaquer le pôle Sud.

1910 (14 juin) — Le *Terra Nova*, affrété par Scott qui veut reprendre la route de Shackleton, quitte le Royaume-Uni pour l'Antarctique. Ils ignorent encore qu'ils ont un concurrent. L'expédition a de nouveau opté pour des poneys et des véhicules automobiles...

1911 (4 janvier) — Scott est déposé au pied de l'Erébus.

1911 (14 janvier) — L'expédition d'Amundsen est déposée en baie des Baleines.

1911 (2 février) — Le *Terra Nova* de Scott, sur le chemin du retour, rend visite au *Fram*. Les Norvégiens connaissent maintenant la présence de l'expédition anglaise. Amundsen consacre son temps à abattre de nombreux phoques afin d'établir des dépôts de nourriture par 80, 81 et 82° de latitude.

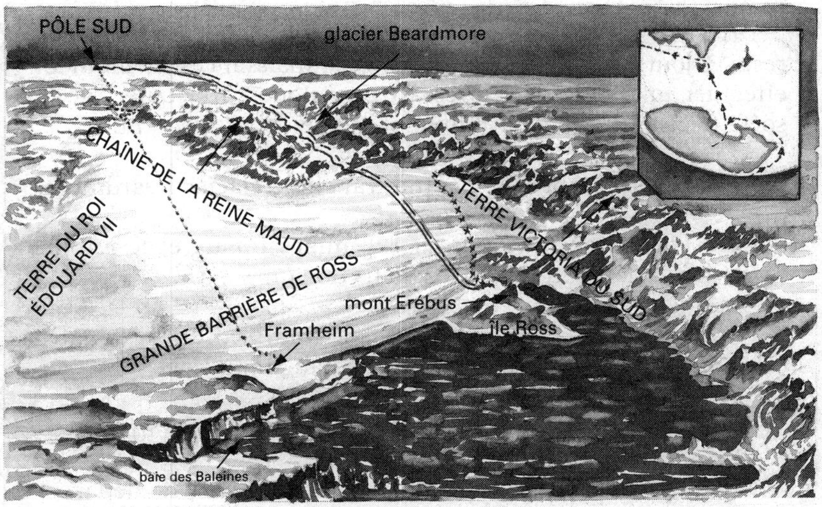

En cartouche :
le long voyage du *Fram* arrivé par le cap Horn
et repartant vers l'Europe par la Tasmanie

---- Amundsen (1911-1912)
—— Scott (1911-1912)
– – – Shackleton (1908-1909)
xxxx Scott et Shackleton (1902)

1911 (17 février) — Le *Terra Nova* prévient l'expédition anglaise de la présence des Norvégiens.

1911 (8 septembre) — Amundsen et ses compagnons Bjaaland, Helmer Hansen, Hassel et Wisting lancent leur raid vers le pôle mais font demi-tour : les températures sont encore trop basses.

1911 (19 octobre) — Vrai départ d'Amundsen, qui ignore tout de ce que fait Scott.

1911 (24 octobre) — Départ des chenillettes de Scott, qui vont établir des dépôts de vivres. Les Anglais ne savent rien de leurs concurrents.

1911 (1er novembre) — Amundsen a dépassé la latitude atteinte par Shackleton.

1911 (7 décembre) — Départ de Scott, avec ses compagnons Wilson, Oates, Bowers et Evans.

1911 (14 décembre) — Amundsen atteint le pôle Sud et y reste 3 jours afin de pousser des reconnaissances alentour et effectuer une série de relevés astronomiques. Il acquiert de la sorte la certitude d'avoir atteint et même dépassé son but.

1911 (22 décembre) — Scott a franchi le glacier Beardmore.

1912 (4 janvier) — Pour les 128 milles finaux et le retour, l'expédition de Scott ne dispose plus de poneys.

1912 (16 janvier) — Arrivés au pôle Sud, Scott et ses quatre compagnons trouvent la tente laissée par Amundsen.

1912 (18 janvier) — Scott prend le chemin du retour.

1912 (25 janvier) — Amundsen retrouve sa base de départ.

1912 (19 mars) — Scott et ses compagnons, épuisés, établissent un dernier campement à 11 milles d'un de leurs dépôts de vivres.

1912 (30 mars) — Scott et ses quatre compagnons sont morts de faim, de froid, d'épuisement.

1912 (Antarctique) — L'Australien Mawson conduit une exploration de la terre George-V.

1914 — Traumatisée par le drame survenu à l'expédition de Scott, la Grande-Bretagne est aussi désireuse de prendre une revanche sur la Norvège. Alors même que la Première Guerre mondiale est déclarée, Shackleton reçoit pour mission de traverser le continent Antarctique de la mer de Weddell à la mer de Ross. C'est la seule façon de « faire mieux » qu'Amundsen. Mais le navire l'*Endurance* est pris dans les glaces et n'y survit pas. L'équipage abandonne l'épave et remorque les trois embarcations du bord sur la banquise jusqu'à la mer libre. Ils parviennent ainsi à atteindre l'île Eléphant, une terre déserte située au large de la péninsule Antarctique. Pour obtenir des secours, la seule solution consiste dès lors à rejoindre la Géorgie du Sud, île sur laquelle se trouve une base de baleiniers. Mais il faut pour cela accomplir une traversée de 800 milles nautiques, en affrontant les tempêtes. Si l'embarcation manque la Géorgie du Sud, l'inévitable sanction sera la mort puisque la plus proche terre sera alors... l'Afrique. Shackleton prend le commandement du *James Caird*, une baleinière de sept mètres où ils embarquent à six hommes. 17 jours plus tard, après avoir failli faire naufrage à plusieurs reprises, ils touchent la Géorgie d'où un baleinier appareille pour recueillir le reste des marins de l'*Endurance*. D'une expédition qui aurait logiquement dû tourner au désastre, Ernest Shackleton ramène tous ses hommes : cet exploit peut être considéré comme la plus belle de toutes les aventures polaires.

1918-1921 — A bord de la *Maud*, Amundsen étudie la dérive polaire en dérivant pendant trois ans sur la banquise Arctique.

1925 — Roald Amundsen tente un raid en avion vers le pôle Nord.

1926 — A bord du dirigeable *Norge* piloté par l'italien Nobile, Roald Amundsen effectue un vol entre le Spitzberg et l'Alaska. Ce survol du pôle permet de vérifier définitivement l'absence de terre dans ces contrées (on songeait toujours à la pseudo Terre Bradley de Frederic Cook !).

1926 — Le futur amiral américain Byrd mène un raid aérien au pôle avec un trimoteur de type Fokker.

1928 — Nobile et son dirigeable *Italia* sont portés disparus en Antarctique. Le gouvernement français dépêche un hydravion Latham-20 piloté par Guilbaud (un des héros de l'Aéropostale), avec à son bord Roald Amundsen. Ils disparaissent à leur tour. Le *Pourquoi-Pas ?* du commandant Charcot participe aux recherches. On finira par retrouver un morceau de l'hydravion...

1930 — Le navire d'exploration polaire *Bratvaag* peut accoster l'île Blanche, rarement accessible. Il y trouve les restes du ballon *Œrn* avec le journal de l'aéronaute Andrée, des plaques photographiques... Ainsi donc, en 1897, le ballon avait touché le sol tout près de son point de départ.

1931 — Tentative du sous-marin américain *Nautilus* (à ne pas confondre avec celui de la traversée Pearl Harbor-Portland en 1958) d'atteindre le pôle Nord en navigant sous la banquise.

1932-1933 — La seconde Année polaire internationale (50 ans après la première) réunit 26 nations.

1936 (16 septembre) — Le *Pourquoi-Pas ?* de Jean-Baptiste Charcot fait naufrage en Islande. Pris dans un véritable ouragan survenu brutalement, le trois-mâts se trouve piégé dans la baie Faxa, au large de Reykjavik. La mâture et le gréement sont mis en pièces tandis que la machine ne permet pas d'étaler la dérive. Une forte marée contribue de plus à pousser le navire sur les récifs situés à l'entrée du Borgarfjord. Il n'y aura qu'un survivant et la France recevra la funeste nouvelle comme une catastrophe nationale.

1937-1938 — Le Soviétique Ivan Papanine, parti de l'archipel François-Joseph, pose son avion à 89°43'N et établit une base sur la banquise. Elle dérive pendant 9 mois jusqu'à la mer du Groenland.

1957-1958 — Troisième Année polaire internationale : en pleine guerre froide, elle vient rappeler que la recherche scientifique fondamentale reste en dehors des clivages politiques. Elle permettra de grandes avancées dans le domaine de la climatologie.

1958 — Le premier sous-marin à propulsion nucléaire, l'américain *Nautilus,* traverse l'océan Arctique et passe sous le pôle Nord le 3 août. Effectuée en pleine guerre froide, cette jonction entre une base américaine du Pacifique et un port de Grande-Bretagne démontre à l'URSS que les Etats-Unis contrôlent le monde.

1961 — Le 17 mars, le sous-marin nucléaire américain *Skate* fait surface à 90°N. Nouvel épisode de la guerre froide : les USA montrent leur capacité d'approcher l'URSS pour lancer un missile.

1968-1969 — Le Britannique Wally Herbert relie Point Barrow (Alaska, le 21 février 1968) au Spitzberg (le 29 mai 1969) en passant par le pôle en traîneau. Robert Peary n'ayant vraisemblablement pas atteint le pôle Nord en 1909, ce serait donc le premier homme à l'avoir atteint par voie « terrestre ».

1986 — Raid en solitaire de Jean-Louis Etienne qui atteint le pôle Nord en partant de la terre Ellesmere (800 kilomètres).

1989-1990 — Traversée intégrale du continent Antarctique par une expédition internationale organisée par Jean-Louis Etienne. Victor Boyarsky (URSS), Qin Dabo (Chine), Jean-Louis Etienne (France), Keizo Funatsu (Japon), Geoff Somers (Royaume-Uni), Will Steger (USA) relient le Shetland du Sud et la base soviétique de Mirny avec des traîneaux à chiens.

2002 — Jean-Louis Etienne dérive dans une capsule d'observation scientifique entre le 11 avril et le 4 juillet depuis le pôle Nord.

2006 — Le 3 septembre, la goélette *Tara* se laisse prendre par les glaces pour rééditer la dérive du *Fram* entre 1893 et 1896. En un an, elle a dépassé la distance qu'il avait fallu deux ans et demi au *Fram* pour parcourir ! Ses observations montrent que la banquise Arctique fond bien plus rapidement que ce que craignaient les scientifiques les plus pessimistes.

2007-2008 — Quatrième Année polaire internationale. Elle marque le 125ᵉ anniversaire de la première, le 75ᵉ de la seconde et le cinquantenaire de la troisième. Au moment où le dérèglement climatique s'emballe, elle paraît plus importante encore que la première, tenue à l'époque où l'homme n'avait pas encore atteint les pôles.

2007 — Le 2 août, un bathyscaphe plante un drapeau russe sur les fonds marins du pôle Nord et en remonte des échantillons. Cette plongée à 4 200 mètres de profondeur est motivée par une revendication des sous-sols polaires, qui pourraient recéler pétrole, gaz, diamants, plomb et argent.

2007 (décembre) — Le ministère canadien de l'Environnement fait savoir qu'en septembre de cette même année la banquise ne recouvrait plus que 4 millions de kilomètres carrés de l'océan Arctique, soit 23 % de moins que les 5,3 millions de kilomètres carrés mesurés en 2005 !

2008 (2 janvier) — La goélette *Tara* retrouve la mer libre. Au lieu de trois ans, la dérive de la goélette dans la banquise Arctique a duré 16 mois !.

Glossaire maritime et polaire

Banquise : Etendue de glace épaisse née de la congélation de l'eau de mer.

Bas-fond : On dit aussi haut-fond pour désigner une zone où la mer est peu profonde.

Cairn : Pyramide de pierres, de blocs de neige ou de glace... dressée pour former un repère visible de loin.

Ciel d'eau : Coloration sombre du ciel due à la réflexion de vastes étendues d'eau libre.

Crabier : mammifère marin proche du phoque, se nourrissant de crustacés.

Drift-ice : Banquise morcelée

Floe, ice-floe : Morceaux détachés de glace de mer de dimensions assez grandes.

Hummock : Monticule de glace formé par les mouvements de la banquise.

Iceberg : Masse considérable de glace flottante, détachée d'un glacier.

Iceblink : Reflet blanc apparaissant sur de vastes étendues de neige ou de glace.

Iceblock : Petit iceberg ou petite masse de glace détachée d'un glacier ou d'un iceberg.

Kammik : mocassins montants que les esquimaux fabriquent en peau de phoque.

Nunatak : Roche ou amas de roches faisant saillie au-dessus d'un glacier ou d'un névé.

Pack, pack-ice : Couche de glace sur la mer, mais assez fine et ménageant des chenaux.

Pampero : Coup de vent subit extrêmement violent survenant au large des côtes argentines.

Pemmican : Nourriture de longue conservation mise au point par les populations boréales, à base de viande séchée.

Rockerie de pingouins : colonie rassemblant des milliers d'individus.

Sastrogi : amas de neige glacée formé par le vent (congère).

Snorekjoring : Consiste à se faire remorquer à ski par une bête de trait ou un traîneau.

Sound : Zone de mouillage abritée entre deux îles.

Toross : Amoncellement de glace produit par les pressions auxquelles sont soumises les banquises.

Vêlage d'un glacier : Quand un glacier rejoint la mer, son extrémité se débite en icebergs.

Fridtjof Nansen

VERS LE PÔLE

Fridtjof Nansen
1861-1930

L'expédition menée par Nansen à bord du *Fram* entre 1893 et 1896 révolutionna les méthodes d'exploration polaire. Ce jeune chercheur avait appris la découverte au Groenland de l'épave d'un navire détruit par la banquise, trois ans auparavant, dans les parages du détroit de Béring. Une conclusion s'imposait : la banquise arctique dérivait en permanence et il y avait là un large champ d'investigations scientifiques. Nansen eut alors l'idée de se laisser volontairement prendre par la banquise à bord d'un navire. A l'époque, le pôle Nord n'avait pas encore été atteint : la dérive à laquelle il s'abandonnerait le conduirait peut-être à proximité de ce point mythique où, en pivotant simplement sur soi-même, on « fait le tour du monde ».

Spécialement conçu par le célèbre architecte naval Colin Archer, le *Fram* se laissa saisir par la banquise et dériva pendant trois ans. Son équipage accumula des observations scientifiques en tout genre avant que Nansen et l'un de ses compagnons s'élancent sur la banquise pour tenter de joindre le pôle Nord. C'est le récit du plus beau des raids arctiques que nous offre *Vers le pôle*.

Après un retour triomphal en Norvège, Nansen partagea son temps entre l'exploitation scientifique de son expédition, l'enseignement à l'université de Christiania (aujourd'hui Oslo) et des fonctions politiques. En effet, la Norvège n'obtint de la Suède son indépendance qu'en 1905, et Fridtjof Nansen y joua un rôle actif ! En 1911, quand Roald Amundsen voulut tenter un raid vers le pôle Sud, Nansen n'hésita pas à lui confier son navire : il permit ainsi à un autre Norvégien d'accomplir cet exploit magnifique. Nansen n'agit d'ailleurs pas seulement par patriotisme mais aussi par générosité. Qualité dont témoigne d'ailleurs son action au lendemain de la Première Guerre mondiale, quand il créa un passeport international destiné aux apatrides, ce qui lui valut de recevoir en 1922 le prix Nobel de la Paix.

Introduction

Nos ancêtres, les anciens Normands, ont été les premiers navigateurs qui aient affronté les glaces polaires. Dès le VIIIe siècle, tandis que les marins des autres pays n'osaient quitter le voisinage des côtes, eux se lançaient déjà bravement en pleine mer et découvraient l'Islande, puis le Groenland. Autour de ces terres ils rencontrèrent des banquises et apprirent bientôt à connaître leurs dangers. Un document du XIIIe siècle, le *Kongespeil* (le Miroir des rois), renferme une description très exacte de ces nappes cristallines, absolument remarquable pour cette époque, où les phénomènes naturels n'étaient guère observés.

Aux Normands succédèrent, quelques siècles plus tard, dans la lutte contre les glaces, les Anglais, puis les Hollandais.

Croyant à l'existence d'une mer libre au nord des continents, les navigateurs de l'Europe septentrionale cherchèrent longtemps dans cette direction un passage conduisant aux Indes et en Chine. Partout ils trouvèrent la route fermée, mais, loin d'être découragés par ces insuccès, ils n'en persistèrent pas moins pendant longtemps dans leurs tentatives. Si la mer se trouvait encombrée de glaces à une latitude relativement méridionale, autour des côtes sud du Groenland, du Spitzberg et de la Nouvelle-Zemble, très certainement elle devait être libre plus au nord, croyaient ces marins, et courageusement ils essayèrent de se frayer un passage vers le pôle.

Si erronée que fût cette hypothèse, elle a été cependant utile au développement de la connaissance du globe. Toutes ces expéditions ont, en effet, rapporté de précieuses observations et rétréci le domaine de l'inconnu.

Par bien des routes différentes et à l'aide de moyens très divers, les explorateurs anciens et modernes ont tenté de pénétrer vers les mystérieuses régions du pôle. Les premières tentatives furent faites par des navires peu appropriés à de telles entreprises. Les faibles barques non pontées des Normands et les anciennes caravelles hollandaises ou anglaises ne possédaient ni la rapidité ni la résistance nécessaires pour triompher des glaces. Mais, peu à peu, l'art de la construction navale fit des progrès ; les navires devinrent plus appropriés au but auquel ils étaient employés ; en même temps, avec une ardeur de plus en plus grande, l'homme se lançait à l'assaut des banquises polaires.

Longtemps avant le début des expéditions arctiques, les tribus de l'Asie et de l'Amérique boréales se servaient de traîneaux tirés par des chiens pour parcourir les déserts glacés qu'elles habitaient. Ce mode de locomotion fut employé en Sibérie pour la première fois par des explorateurs. Dès les XVIIe et XVIIIe siècles les Russes entreprirent de longs voyages en traîneau pour relever la côte septentrionale de l'Asie, depuis la frontière d'Europe jusqu'au détroit de Bering. Sur ces véhicules ils traversèrent même une large banquise pour atteindre les îles de la Nouvelle-Sibérie, situées au nord du continent.

En Amérique, les explorateurs anglais firent également usage, à une date relativement ancienne, de traîneaux pour reconnaître les côtes de l'océan Arctique. Dans ces expéditions ces véhicules étaient le plus souvent halés par des hommes. C'est en avançant ainsi, à travers la banquise, qu'en 1876 Albert Markham accomplit la pointe la plus audacieuse qui ait été faite jusqu'à cette date pour pénétrer dans le bassin polaire.

Parry mit le premier en œuvre un troisième mode de locomotion, consistant dans l'emploi combiné de traîneaux et d'embarcations. Abandonnant son navire sur la côte septentrionale du Spitzberg, cet officier s'engagea sur la glace avec des canots halés sur des traîneaux et parvint ainsi à la plus haute latitude (82° 45') atteinte jusque-là. Le courant entraînant vers le sud la banquise sur laquelle il cheminait péniblement dans la direction du nord, il dut finalement battre en retraite.

Au moyen de ces différents modes de locomotion, les explorateurs ont essayé de pénétrer dans le bassin polaire par quatre routes différentes : par le détroit de Smith, par les deux rives du large bras de mer compris entre le Groenland et la terre François-Joseph, enfin par le détroit de Bering.

La route du détroit de Smith a été la plus fréquemment tentée dans ces derniers temps. Les Américains ayant affirmé — un peu légèrement — l'existence dans ce bras de mer de vastes bassins d'eau libre s'étendant très loin vers le nord, les explorateurs choisirent naturellement cette voie de préférence aux autres ; malheureusement toute différente était la véritable situation. A travers ce goulet ouvert entre le Groenland et l'Amérique boréale, d'énormes banquises sont emportées vers le sud sous l'impulsion d'un courant, et devant ces nappes de glace en dérive tous les navires ont dû s'arrêter et chercher un refuge sur les côtes. La tentative la plus importante entreprise dans cette direction est celle de Nares (1875-1876). Au prix d'efforts inouïs, un officier de cette expédition, le commandant Markham, atteignit le 83° 20', la plus haute latitude à laquelle on soit alors parvenu. Après cette expérience, de l'avis de Nares, l'impossibilité d'arriver au pôle par cette route était évidente.

Pendant le séjour de la mission Greely dans ces parages (1881-1884), le lieutenant Lockwood dépassa seulement de quatre minutes la latitude atteinte par Markham. Jusqu'à l'époque de notre voyage, cet Américain a ainsi « détenu le record du monde » dans la marche vers le nord.

Dans le large bras de mer ouvert entre le Groenland et le Spitzberg, les navigateurs ont dû s'arrêter à des latitudes beaucoup plus méridionales. En 1869-1870, l'expédition allemande de Koldewey n'a pu dépasser le 77° de lat., au moyen de traîneaux, le long de la côte orientale du Groenland. Cette côte est baignée par un courant polaire qui entraîne vers le sud une énorme masse de glace ; par suite, une marche vers le nord n'offre aucune chance de succès dans cette direction. Du côté du Spitzberg les conditions sont plus favorables. Le courant chaud qui porte au nord le long de la côte occidentale de cet archipel dégage la mer jusque au-delà du 80° ; nulle part ailleurs il n'est possible d'atteindre aussi facilement une latitude plus septentrionale dans des eaux libres.

Plus à l'est, l'état des glaces est moins favorable ; par suite, un très petit nombre d'expéditions se sont dirigées de ce côté. La principale tentative effectuée au nord de la Nouvelle-Zemble est celle de Weyprecht et de Payer (1872-1874). Bloqué à hauteur de l'extrémité septentrionale de cette terre, le navire austro-hongrois fut entraîné au nord par un courant, et finalement découvrit la terre de François-Joseph. Poursuivant sa route dans la direction du pôle, Payer atteignit le 82° 5'. Depuis, cet archipel n'a été visité que par Leigh Smith et par la mission anglaise Jackson-Harmsworth, qui s'y trouve actuellement.

La première tentative faite par le détroit de Bering est celle de Cook en 1776 ; la dernière, la malheureuse expédition de la *Jeannette*. Emprisonnée dans la banquise le 6 septembre 1879, au S.-E. de la terre de Wrangel, la *Jeannette*, après une dérive de deux ans vers l'ouest-nord-ouest avec l'étau de glace qui l'enserrait, fut brisée dans le nord des îles de la Nouvelle-Sibérie.

Ainsi donc, dans toutes les directions jusque-là suivies, la banquise avait arrêté les efforts de l'homme.

Pour vaincre la résistance des glaces, il était donc nécessaire d'imaginer un nouveau moyen de pénétration dans le bassin polaire, et de choisir une nouvelle route.

En 1881, la *Jeannette* était, comme je viens de le raconter, écrasée au nord de l'archipel de la Nouvelle-Sibérie, après une dérive de deux ans à travers l'océan Glacial de Sibérie. Trois ans plus tard, des épaves authentiques de ce bâtiment étaient découvertes sur un glaçon, près de Julianehaab, dans le voisinage de l'extrémité sud-ouest du Groenland.

Très certainement le bloc chargé de ces débris n'avait pu arriver dans cette localité qu'en traversant le bassin polaire. Mais par quelle route ? Evidemment il n'avait pas descendu le détroit de Smith. Dans ce goulet le courant polaire côtoie la terre de Baffin et le Labrador, entraînant les banquises sur la côte américaine et non point du côté du Groenland. Le glaçon en question ne pouvait être arrivé à Julianehaab que charrié par le grand courant polaire qui descend vers le sud, le long de la côte orientale du Groenland, et qui, après avoir doublé le cap Farvel, remonte ensuite au nord dans le détroit de Davis. Sur ce point aucun doute n'était permis. Restait maintenant à débrouiller la voie suivie par ce bloc, des îles de la Nouvelle-Sibérie au Groenland oriental. Suivant toute vraisemblance, après le naufrage, les épaves avaient dérivé vers le nord-ouest, poussées à travers l'océan Glacial de Sibérie par le courant qui porte dans cette direction, puis, après avoir passé au nord de la terre François-Joseph et du Spitzberg, probablement dans le voisinage du pôle, étaient parvenues dans les eaux du Groenland oriental et avaient été entraînées ensuite au sud par le courant polaire de cette région. Dans l'état actuel de nos connaissances hydrographiques, c'est, du moins, le seul itinéraire plausible. Des îles de la Nouvelle-Sibérie à Julianehaab, la distance, par l'itinéraire indiqué plus haut, est de 2,900 milles marins[1]. Ce trajet, l'épave l'avait effectué en 1 100 jours, soit à la vitesse de 2,6 milles par vingt-quatre heures, chiffre qui concorde avec les vitesses de dérive déjà connues.

D'autres cas de flottage moins frappants que celui des débris de la *Jeannette* prouvent également l'afflux des eaux sibériennes vers le Groenland oriental. On a, par exemple, recueilli sur les côtes de cette terre un levier pour lancer des flèches, comme en fabriquent les Eskimos habitant le détroit de Bering. De plus, la majorité des bois flottés recueillis au Groenland proviennent de la partie nord du continent asiatique. Sur vingt-cinq échantillons récoltés par l'expédition arctique allemande de Koldewey, dix-sept ont été reconnus comme étant des mélèzes de Sibérie. Je rappellerai également à ce propos que, d'après Grisebach, la flore du Groenland renferme des espèces de Sibérie ; évidemment ces plantes ne peuvent avoir été transportées aussi loin de leur habitat primitif que par un courant marin unissant les deux pays. Ce n'est pas tout. L'examen des boues que j'ai recueillies, en 1888, sur la banquise du Groenland oriental a révélé des faits absolument significatifs. Ces boues ne renferment pas moins de vingt espèces minérales différentes. Une telle variété de composition fait supposer au Dr Törnebohm, de Stockholm, qu'elles proviennent d'un pays très étendu, probablement de Sibérie. Enfin, au milieu de ces dépôts, le Dr Cleve a découvert des diatomées très curieuses qui, parmi des milliers d'échantillons examinés par lui, ne se rapportent qu'à des espèces recueillies par l'expédition de la *Véga* près du détroit de Bering.

Toutes ces observations semblent donc fournir une preuve indubitable de l'existence d'un grand courant qui, partant de l'océan Glacial de Sibérie, aboutit à la côte orientale du Groenland, en passant par le bassin polaire.

La théorie corrobore, du reste, l'existence de ce courant. A l'est du Spitzberg méridional et de l'extrémité sud de la terre François-Joseph existe, sur l'océan Glacial, un centre de dépression barométrique. En vertu de la loi de Buys-Ballot, les vents, dans la partie nord de cette zone de minimum, soufflent de l'est à l'ouest et doivent, par suite, déterminer une dérive des eaux dans cette dernière direction, c'est-à-dire vers le bassin polaire et vers le Groenland.

Si la plupart des expéditions entreprises jusqu'ici avaient

1. Le mille marin vaut 1 852 mètres *(N. d. T.)*.

échoué, c'est qu'elles avaient été dirigées dans des mers où le courant porte vers le sud. A mesure que le navire avançait dans la direction du nord, les glaces en débâcle devenaient de plus en plus nombreuses, puis finalement bloquaient le navire et l'entraînaient en arrière. Si l'on avançait avec des traîneaux sur la banquise, les explorateurs s'épuisaient en efforts inutiles. Au prix de terribles fatigues ils marchaient vers le nord, et, pendant ce temps la lente dérive des eaux repoussait vers le sud la banquise sur laquelle ils croyaient avancer. Pour atteindre le bassin polaire, il fallait, au contraire, suivre un courant portant au nord, en un mot accomplir sur un navire le voyage des épaves de la *Jeannette*.

Atteindre les îles de la Nouvelle-Sibérie, de là avancer aussi loin que possible vers le nord, en se frayant un passage à travers les glaces, puis, une fois toute issue fermée dans cette direction, se laisser entraîner vers le nord-ouest par la lente dérive qui porte les eaux de l'océan Glacial de Sibérie vers le Groenland, tel était le plan de voyage que j'élaborais.

Que le courant de la *Jeannette* passât par le pôle ou entre ce point et la terre François-Joseph, la question était pour moi de peu d'importance. Je me proposais, en effet, comme je l'écrivais en 1891 dans le premier exposé de mes projets devant la Société de géographie de Christiania, non pas d'atteindre l'axe septentrional de notre sphéroïde, mais d'explorer, au point de vue scientifique, les immenses espaces encore inconnus qui l'entourent. Seule l'étude de ces déserts a été le but de mon voyage. A mon avis la recherche du point mathématique qui forme le pôle n'offre qu'un intérêt minime.

Mon projet, je dois le confesser, fut loin de réunir les suffrages des explorateurs arctiques. Il s'écartait trop évidemment des idées jusqu'ici admises.

Grands seraient, à coup sûr, les dangers d'une pareille entreprise, mais grâce aux soins apportés à l'équipement et au recrutement des membres de l'expédition, non moins que par une direction judicieuse du voyage, j'espérais en triompher.

Une fois le plan de l'exploration bien établi, restait à en assurer l'exécution. Le gouvernement et le parlement norvégiens m'accordèrent, avec enthousiasme, une subvention de 392 000 francs. Le surplus des dépenses, qui s'élevèrent au chiffre total de 622 000 francs, fut couvert par le roi de Norvège et par de généreux concitoyens.

J'avais besoin, avant tout, d'un navire d'une solidité exceptionnelle, capable de résister aux assauts des glaces qui, à coup sûr, seraient terribles pendant l'emprisonnement au milieu de la banquise. La construction du bâtiment fut donc entourée de soins particuliers. L'ingénieur norvégien, Colin Archer, auquel je confiai cette mission, en comprit l'importance et apporta à son exécution toute sa science et toute sa vigilance. A ce collaborateur je dois en partie le succès de mon entreprise.

La plupart des expéditions antérieures n'avaient pas eu à leur disposition de navires construits spécialement pour la navigation au milieu des glaces. Cette négligence paraît d'autant plus étonnante que plusieurs de ces voyages ont entraîné des dépenses considérables. Généralement, les expéditions une fois décidées, les chefs de mission ont eu une telle hâte de prendre la mer que le temps de soigner leur équipement leur a fait défaut. Dans bien des cas les préparatifs ont été commencés seulement quelques mois avant le départ. Notre expédition ne pouvait être prête aussi vite ; son organisation a exigé trois ans, et neuf ans avant son exécution le plan en était déjà conçu et arrêté.

La forme adoptée pour notre navire, après de longs tâtonnements, n'était pas précisément élégante ; mais l'essentiel était de lui donner des lignes telles que, lors des pressions des glaces, il fût soulevé en l'air au lieu d'être broyé.

Le *Fram* fut construit, non pas pour être un fin marcheur, mais pour constituer un refuge solide et confortable pendant notre dérive à travers l'océan Polaire. Je désirais un navire aussi petit que possible et pensais qu'un bâtiment de 170 tonnes nettes serait suffisant ; le *Fram* fut cependant beaucoup plus grand (402 tonneaux bruts, 307 nets). Il me fallait un navire court pour qu'il pût facilement évoluer à travers les glaces et qu'il pût en même temps offrir une plus grande résistance. La longueur de la coque est une cause de faiblesse au milieu des banquises. Il était, d'autre part, essentiel que les flancs fussent aussi lisses que possible, sans saillie extérieure, en évitant les surfaces planes dans le voisinage des parties vulnérables. Mais, pour qu'un tel bâtiment dont les murailles devaient, en outre, être très en pente, pût posséder les capacités voulues de chargement, il était nécessaire de lui donner une grande largeur. Par suite le *Fram* eut une largeur égale au tiers de sa longueur. La coque, l'avant, l'arrière et la quille reçurent une forme bien arrondie, afin que, nulle part, la glace ne pût trouver prise. Dans le même but, la quille fut en partie recouverte par le bordé, ne laissant qu'une saillie de 0,075 m dont les bords furent arrondis. En un mot, le navire présentait partout des surfaces unies, de manière à pouvoir glisser, comme une anguille, hors de la glace, lorsque les blocs l'enserreraient avec force.

La coque fut effilée à l'avant et à l'arrière, comme celle d'un bateau-pilote, sauf pour la quille et les virures de bordage.

Les deux extrémités furent particulièrement renforcées. L'étrave était formée de trois forts cabrions en chêne, l'un placé en dedans des deux autres, le tout constituant une masse compacte, épaisse de 1,25 m. En dedans de l'étrave étaient assujetties de solides guirlandes en chêne et en fer, servant à relier les deux côtés du navire, et de ces guirlandes aboutissaient des entretoises aux traversins des bittes. De plus, l'avant était protégé par un taille-mer en fer, auquel étaient fixés des barrots qui s'étendaient un peu en arrière sur chaque côté.

L'arrière avait une construction toute spéciale. De chaque côté des étambots du gouvernail et de l'hélice, ayant chacun 0,65 m de côté, fut fixée une forte allonge de poupe, s'élevant le long de la courbure de l'arrière jusqu'au pont supérieur et formant pour ainsi dire un double étambot. Le bordé recouvrait ces pièces et extérieurement de fortes plaques en fer protégeaient en outre l'arrière. Deux puits ménagés entre les deux étambots permettaient de hisser sur le pont l'hélice et le gouvernail. A bord des baleiniers une installation permet de remplacer le propulseur, lorsqu'il vient à être enlevé par les glaces ; mais sur ces navires il n'existe aucun puits pour relever le gouvernail. La disposition adoptée sur le *Fram* nous permettait, malgré la faiblesse de l'équipage, de remonter le gouvernail sur le pont en quelques minutes à l'aide du cabestan, alors que, sur les baleiniers, plusieurs heures et même souvent toute une journée sont nécessaires à un équipage de soixante hommes pour mettre en place un nouveau gouvernail.

L'arrière est le talon d'Achille pour les navires qui naviguent au milieu des banquises. La glace peut facilement y causer de dangereuses avaries, notamment briser le gouvernail. Pour parer à ce danger, le nôtre était placé si bas qu'il était à peine visible au-dessus de l'eau. Si un gros bloc venait à heurter cette partie du navire, le choc serait paré par l'allonge de poupe et ne pourrait guère atteindre le gouvernail. Quelque violentes que furent les pressions, nous ne subîmes de ce côté aucune avarie.

Tous les efforts du constructeur tendirent à rendre les flancs du navire aussi solides que possible. La membrure fut faite de bois de chêne primitivement destiné à la marine norvégienne et qui avait été tenu sous un abri pendant plus de trente ans. Les couples furent formés de deux parties travaillées ensemble et reliées par des chevilles dont quelques-unes étaient rivées. Sur chaque joint étaient placées des bandes plates de fer. Ces couples, larges d'environ 0,56 m, n'étaient séparés que par un intervalle de 2 à 3 centimètres, rempli d'un mélange de craie et de sciure de bois depuis la quille jusqu'au-dessus de la flottaison. Cette disposition avait pour but de maintenir le navire à peu près étanche, même dans le cas où le bordé aurait été enlevé.

Le bordé extérieur était composé de trois couches : celle de l'intérieur, en chêne, était épaisse de 0,075 m, fixée par des clous et soigneusement calfatée ; la seconde, épaisse d'un décimètre, était maintenue par des chevilles et également calfatée ; en dehors se trouvait le bordé en *Greenheart* contre la glace, qui, comme les autres, descendait jusqu'à la quille. Son épaisseur de 0,15 m à la flottaison diminuait graduellement vers le fond jusqu'à 0,075 m. Il était fixé par des clous et par des boulons à crochet et non par des chevilles traversant le tout ; grâce à cette disposition, si le bordé extérieur (ou chemise de glace) eût été enlevé, la coque du navire n'eût pas subi grand dommage. Le vaigrage intérieur était en bois de pin d'une épaisseur variant de 0,10 m à 0,20 m. Il fut également calfaté avec soin une fois ou deux.

L'épaisseur totale des murailles du navire était donc de 70 à 80 centimètres. Une telle muraille, avec ses formes arrondies, devait présenter une très grande résistance à la glace. Pour la rendre encore plus solide, l'intérieur fut accoré dans tous les sens, si bien que la cale ressemblait à une toile d'araignée formée d'épontilles, de cabrions et d'arcs-boutants. En premier lieu, il y avait deux lancées de baux : le pont supérieur et l'entrepont, principalement en chêne, mais aussi en bois de pin dans quelques parties. Toutes ces parties étaient, en outre, solidement liées l'une avec l'autre et avec les flancs du navire par de nombreux supports. Les entretoises obliques avaient été, bien entendu, placées aussi normalement que possible aux côtés du navire, de façon à les renforcer contre les pressions extérieures et à mieux répartir les efforts de ces pressions. Les épontilles entre les deux rangées de baux et entre les baux intérieurs et la carlingue étaient parfaitement établies pour satisfaire à cette dernière condition. Toutes les pièces se trouvaient reliées à l'aide de fortes courbes et de chevilles pour que l'ensemble formât une même masse. Sur les navires des précédentes expéditions on avait simplement renforcé un couple de baux de la maîtresse partie ; à bord du *Fram*, au contraire, tous les baux étaient consolidés de la manière qui vient d'être indiquée. Dans la chambre de la machine où la place faisait défaut pour les supports, on avait établi des entretoises latérales. Les baux du pont inférieur étaient placés un peu au-dessous de la ligne de flottaison, c'est-à-dire dans la partie où la pression des glaces était le plus à craindre ; mais, dans l'arrière-cale, ils avaient dû être surélevés pour ménager l'emplacement de la machine. Le pont supérieur, à l'arrière, était donc un peu plus haut que le pont lui-même ; le navire avait ainsi une lunette renfermant les cabines des membres de l'expédition ainsi que la coquerie. De fortes porques en fer régnaient sur toute la longueur du *Fram*, dans les espaces compris entre les baux, s'étendant de la banquière du pont presque jusqu'à la carlingue. Celle-ci était formée de deux parties et avait une hauteur d'environ 0,80 m, sauf dans la chambre des machines, où sa hauteur était réduite à celle de la partie inférieure. La quille se composait de deux lourds blocs d'orme d'Amérique de 0,35 m, et, comme je l'ai dit plus haut, ne laissait passer hors bordée qu'une épaisseur de 0,075 m. Les côtés de la coque étaient arrondis en dessous jusqu'à la quille de telle sorte que la section latérale au maître-couple ressemblait à celle de la moitié d'une noix de coco. Pour éviter une bande trop forte dans le cas où le bâtiment serait soulevé très haut par les pressions de la glace, les fonds étaient plats : une excellente disposition, comme le prouva l'expérience.

Principales dimensions du navire :

Longueur sur quille	31,00 m
Longueur à la flottaison	34,50 m
Longueur sur le pont	39,00 m

Plus grande largeur	11,00 m
Largeur à la flottaison en dehors de la chemise de glace	10,40 m
Profondeur	5,20 m
Tirant d'eau avec faible chargement	3,81 m
Déplacement avec faible chargement	530 t
Tirant d'eau avec fort chargement	4,58 m
Déplacement avec fort chargement	800 t

Le gréement devait être tout à la fois simple et résistant, et en même temps établi de manière à donner le moins de prise possible au vent, lorsque le navire marcherait à la vapeur. En second lieu, notre équipage étant peu nombreux, il était nécessaire qu'il fût facile à manœuvrer du pont. Pour cette raison, le *Fram* fut gréé en trois-mâts goélette. Sa voilure avait une superficie de 600 mètres carrés.

La machine était à triple expansion. Des avaries pouvant se produire dans un cylindre, chacun d'eux fut installé de manière à pouvoir être fermé et à agir indépendamment des autres. Par la simple manœuvre d'un robinet la machine pouvait être ainsi transformée en compound à haute ou à basse pression. Elle était d'une force de 220 chevaux et, par temps calme, donnait une vitesse de 6 à 7 milles à l'heure. Nous emportâmes deux hélices et un gouvernail de rechange. Mais, heureusement, nous n'eûmes pas à nous en servir.

Le logement fut établi à l'arrière, sous la dunette. Autour du salon étaient groupées quatre cabines à une couchette et deux à quatre couchettes. Cette installation avait pour but de protéger la pièce centrale contre le froid extérieur. Le plafond, les murs et le plancher du carré furent recouverts d'une épaisse couche de matières non conductrices de la chaleur, et derrière ces parois fut partout cloué du linoléum pour empêcher l'introduction de l'air chaud et humide dans les cabines, où sa condensation aurait formé des dépôts de glace. Le revêtement des parois du navire était formé d'une couche de feutre, d'un matelas de liège, d'un panneau de sapin, d'une seconde couche de feutre, puis de linoléum et d'un second panneau de bois. En dessous du pont et au-dessus du salon et des cabines existait un revêtement du même genre de près de 0,38 m. Le plancher était formé d'une nappe de liège recouverte de bois et de linoléum.

Grâce à ces précautions, lorsque le feu fut allumé dans le salon, jamais il n'y eut d'humidité, même dans les cabines.

Pour assurer la sécurité du navire en cas d'une ouverture de voie d'eau, la cale fut divisée en trois compartiments étanches.

Le *Fram* était éclairé à l'électricité, à l'aide d'une dynamo actionnée par la machine, lorsque nous marchions. Plus tard, quand nous serions immobiles, la force nécessaire à la production de l'électricité serait obtenue à l'aide d'un moulin à vent installé sur le pont.

Notre navire était muni de huit embarcations, dont deux très grandes capables de recevoir l'équipage entier et des approvisionnements pour plusieurs mois. Au cas où le navire aurait été brisé, j'avais l'intention de nous établir dans ces canots pendant que nous continuerions à dériver. J'emportai une vedette à vapeur munie d'un brûleur à pétrole ; mais cette machine fut pour nous une source de déboires.

Afin d'éviter le scorbut, j'apportai tous mes soins aux approvisionnements et les choisis en vue de nous procurer une nourriture tout à la fois saine et variée. Avant d'être adopté par l'expédition, chaque article fut soumis à l'analyse chimique. L'emballage fut également l'objet de soins minutieux ; même les légumes secs et le biscuit furent enfermés dans des boîtes en zinc. Il est, en effet, inutile d'emporter une quantité considérable de vivres, si les plus minutieuses précautions ne sont pas prises pour en assurer la conservation. La plus petite négligence peut, de ce côté, entraîner les plus terribles conséquences.

L'expédition emporta naturellement un nombreux matériel pour les observations scientifiques. De concert avec plusieurs savants, qui voulurent bien me prêter leur collaboration dans ce travail, je pris surtout des instruments pratiques et très bien construits. Outre des thermomètres, des baromètres, des psychromètres, des anémomètres, j'emportai des instruments enregistreurs, un grand théodolite pour les observations astronomiques, deux plus petits pour les expéditions en traîneau. Plusieurs sextants de différentes dimensions, quatre chronomètres de navire, des chronomètres de poche ; enfin les instruments nécessaires à la mesure de la déclinaison, de l'inclinaison et de l'intensité magnétique. Cette énumération montre l'importance de notre équipement scientifique ; toutes les mesures furent prises pour nous permettre de recueillir une riche moisson d'observations.

Il était de la plus haute importance pour le succès de l'expédition de posséder de vigoureux chiens pour tirer les traîneaux. Le baron de Toll, le célèbre explorateur russe de la Sibérie septentrionale, m'offrit de nous procurer les meutes désirées, au cours du nouveau voyage qu'il allait entreprendre dans l'Asie arctique. A son passage à Tioumen, en janvier 1893, il chargea le nommé Alexandre Ivanovitch Trontheim d'acheter trente chiens ostiaks et de les conduire à Kabarova, village samoyède situé sur les bords du Yougo Char, à l'entrée de la mer de Kara. Cela fait, M. de Toll ne considéra pas sa mission comme terminée. Comme les chiens de la Sibérie orientale sont de meilleures bêtes de trait que ceux de la Sibérie occidentale, il confia à un Norvégien établi dans le pays le soin de nous conduire une troupe nombreuse de ces animaux à l'embouchure de l'Olonek, sur la côte nord d'Asie. Au printemps 1893, cet explorateur russe visita les îles de la Nouvelle-Sibérie et, à notre intention, y établit plusieurs dépôts de vivres, pour le cas où un accident serait arrivé à notre expédition.

L'équipage du *Fram* se composait de treize personnes. Après l'heureux succès de cette expédition, l'ancienne et puérile superstition attachée à ce chiffre n'a plus sa raison d'être.

Voici la liste de mes compagnons :

Otto Neumann Sverdrup, commandant du *Fram*, né en 1855. Marié et père d'un enfant. Dès qu'il connut mes projets de voyage, il m'offrit ses services, que je m'empressai d'accepter. La direction du navire ne pouvait être placée en de meilleures mains. Sverdrup m'avait accompagné dans ma précédente expédition au Groenland.

Sigurd Scott-Hansen, premier lieutenant de la marine royale, né en 1868. Il eut à bord la charge des observations météorologiques, astronomiques et magnétiques.

Henrik Greve Blessing, docteur et botaniste, né en 1866.

Théodore-Claudius Jacobsen, second du *Fram*, né en 1855. Depuis l'âge de 15 ans, il avait navigué. De 1886 à 1890, il avait fait, chaque été, une campagne de chasse et de pêche dans l'océan Glacial. Marié et père d'un enfant.

Anton Amundsen, premier mécanicien. Au service de la marine royale depuis vingt-cinq ans. Marié et père de sept enfants.

Adolf Juell, cuisinier et commis aux vivres. Il avait le brevet de maître au cabotage et pendant plusieurs années avait commandé un bâtiment. Né en 1860. Marié et père de quatre enfants.

Lars Peterson, second mécanicien. Excellent forgeron et ouvrier. Au service dans la marine royale depuis plusieurs années. Né en 1860. Marié et père de quatre enfants.

Fredrik Hjalmar Johansen, lieutenant de réserve dans l'armée. Né en 1867. Il avait un tel désir de prendre part à l'expédition qu'il accepta les fonctions de chauffeur, aucun autre poste ne se trouvant libre lors de son admission. Pendant le cours du voyage, il remplit le plus souvent les fonctions d'aide-météorologiste.

Peter Leonard Henriksen. Né en 1859. Harponneur. Quatorze campagnes dans l'océan Glacial. Marié et père de quatre enfants.

Bernhard Nordahl. Né en 1862. Il avait navigué pendant quatorze ans dans la marine royale, puis, après avoir été agent de police, était devenu électricien. A bord, il remplissait naturellement les fonctions de son état, jointes à celle de chauffeur et parfois de météorologiste. Marié et père de cinq enfants.

Ivar Otto Irgens Mogstad. Né en 1856. D'abord garde forestier, puis gardien-chef d'un asile d'aliénés. Sachant tous les métiers, depuis celui d'horloger jusqu'à celui de valet de meute, il nous rendit les services les plus variés.

Bernt Bentzen. Né en 1860. Maître breveté au cabotage. Il fut engagé au dernier moment. A huit heures du soir, il vint me trouver, et à dix heures nous quittions Tromsö, notre avant-dernière station.

1

Le départ — Kabarova — La mer de Kara — Le cap Tchéliouskine — L'entrée dans la banquise

Le 24 juin 1893, en Norvège, le jour de la fête de l'été. Pour nous, il arrive plein de tristesse. C'est le moment du départ. Je quitte ma maison, et seul je descends à travers le jardin vers la grève où m'attend la vedette du *Fram*. Derrière moi je laisse tout ce que j'ai de plus cher au monde. Maintenant quand les reverrai-je, ces êtres adorés ? Ma petite Liv est là, assise à la fenêtre, elle bat des mains. Pauvre enfant, elle ignore encore heureusement les vicissitudes de la vie !

Le canot file comme une flèche sur la nappe unie du fjord et accoste bientôt le *Fram*. Tout est paré à bord. Aussitôt le navire lève l'ancre, salué par la population de Christiania massée sur les quais, et lentement descend le fjord... Encore un dernier salut aux miens et à ma petite maison située là-bas sur cette presqu'île... Ce jour du départ a été le plus triste du voyage.

De Christiania nous longeâmes la Norvège jusqu'à Vardö. Sur presque toute leur étendue, les côtes de notre pays sont protégées par un large archipel ; en quelques points seulement cet abri fait défaut, par exemple au cap Stat et au Lindesnæs, et devant ces promontoires la mer est toujours très forte. Au Lindesnæs nous eûmes la mauvaise chance de rencontrer une grosse houle qui faillit causer de sérieuses avaries à notre navire lourdement chargé. Le *Fram* roulait comme une futaille vide et embarquait d'énormes paquets d'eau qui brisaient tout sur le pont. Sous les chocs répétés des vagues, les bers des grosses embarcations menacèrent d'être brisés. Si pareil accident était arrivé, non seulement les embarcations auraient été enlevées, mais encore une partie de la mâture serait venue en bas. Devant le Lindesnæs nous passâmes un mauvais quart d'heure.

Le 12 juillet seulement, nous mouillons devant Tromsö, le petit Paris du Nord. Là nous sommes salués par une tourmente de neige. Tout le pays est encore enfoui sous un épais linceul. Nous sommes arrivés au seuil du domaine du froid.

A Vardö, après avoir pris congé du monde civilisé, nous levons l'ancre dans le calme du matin pour commencer notre voyage. Un triste début : pendant quatre jours nous naviguons dans un épais brouillard. Dans la matinée du 25 juillet, lorsque je monte sur le pont, un clair soleil illumine le ciel bleu, et la mer, doucement bercée par une légère houle, luit dans un chatoiement de lumière éclatante. Après les longues journées tristes de brume, ce rayonnement de la nature nous met au cœur la joie et l'espérance. Dans l'après-midi, la Nouvelle-Zemble est en vue. Immédiatement les fusils et les cartouches sont préparés, et déjà nous nous réjouissons à la pensée de nous régaler de gibier. Sur ces entrefaites le brouillard arrive de nouveau et couvre rapidement la mer de sa nappe grise ; nous voilà encore isolés et séparés du monde !

Le 27 juillet, tout à coup la brume blanchit : les premières glaces sont en vue ! Nous les traversons facilement, mais le lendemain matin elles sont beaucoup plus compactes. La navigation au milieu d'une banquise, par un « temps bouché », n'est pas précisément facile, comme cela se conçoit aisément ; on risque en effet d'être « pincé » avant de savoir où l'on se trouve. La présence de cette glace dans une mer ordinairement complètement libre à cette époque de l'année était un indice de mauvais augure. A Tromsö et à Vardö, du reste, les nouvelles que l'on nous avait données n'avaient pas été encourageantes. Quelques jours seulement avant notre arrivée, la mer Blanche avait été débloquée et un navire, parti comme nous pour le Yougor Char, avait été arrêté par la glace. Dans la mer de Kara quelle serait la situation ? Nous n'osions trop y penser.

Le 29, nous faisons route vers le Yougor Char. Nous avançons pendant plusieurs heures sans pouvoir découvrir les terres qui enserrent le détroit. Enfin, après une longue attente, on distingue comme une ombre à la surface de la mer, c'est Vaïgatch ; une autre tache plus au sud marque la côte russe. Une terre toute basse, tout unie ; pas le moindre accident de terrain, et elle s'étend ainsi infinie vers le nord comme vers le sud. Nous sommes au seuil des immenses plaines de l'Asie septentrionale. La vigie cherche la position de Kabarova, où nous attend Trontheim avec sa meute. Sur la côte sud du détroit apparaît un mât de pavillon avec un drapeau rouge. Kabarova doit être là par-derrière. Bientôt, en effet, nous découvrons quelques baraques entourées de tentes coniques. Une barque se détache du rivage et accoste le navire. Un homme de taille moyenne, qui a l'air d'un Scandinave, monte à bord, suivi d'une bande de Samoyèdes, vêtus de larges robes en peau de renne traînant jusqu'à terre. C'est Trontheim, il nous amène trente-quatre chiens en parfait état.

Après le souper, escortés par une troupe de Russes et de Samoyèdes qui nous contemplent avec la plus vive curiosité, nous allons visiter les monuments de Kabarova ; deux églises en bois, l'une très ancienne, de forme oblongue et rectangulaire ; l'autre toute neuve, une construction octogonale qui ressemble à un pavillon de jardin. Un peu plus loin se trouve un monastère. Les six moines qui l'habitaient sont morts du scorbut, disent les indigènes. Vraisemblablement l'œuvre de la maladie a été singulièrement facilitée par l'alcool.

Nous fîmes à Kabarova une relâche de plusieurs jours, nécessitée par le nettoyage de la chaudière et des cylindres. J'en profitai pour aller reconnaître l'état des glaces de l'autre côté du Yougor Char. Au cours de cette expédition notre canot à pétrole nous donna quelque souci et finalement nous dûmes revenir à la rame. Longeant d'abord la côte de Vaïgatch, nous traversons ensuite le détroit. Au milieu du chenal nous découvrons un banc recouvert seulement de 30 à 50 centimètres d'eau et balayé par un courant très rapide. Les hauts-fonds sont extrêmement nombreux dans cette passe, notamment le long de la côte méridionale ; la navigation dans ce détroit exige donc de grandes précautions.

Sur le continent nous allâmes gravir des mamelons dominant un vaste panorama. A perte de vue s'étendait la *toundra*. Combien différent était l'aspect de ce désert de l'idée que l'on s'en fait généralement. Loin de présenter l'image d'une affreuse désolation, la vaste plaine était partout couverte d'une nappe de verdure foncée, parsemée de fleurs d'une rare beauté. Pendant tout le long hiver de Sibérie, ces immenses solitudes dorment enfouies sous une épaisse couche de neige ; mais, dès que le soleil brille, la nappe blanche disparaît, découvrant de merveilleux tapis de frêles et délicates fleurs. En face de cette verdure, lorsqu'un beau ciel bleu et transparent rayonne au-dessus de vous, on en vient presque à douter de la position septentrionale du pays. Les *toundras* sont le séjour des Samoyèdes. Au milieu de ces déserts sans fin ils mènent une libre vie errante, dressant leur tente où il leur plaît, puis repartant plus loin quand bon leur semble. Point de soucis, point de tracas ; dans ces solitudes, l'existence s'écoule douce et facile, toujours pareille, et j'en viens presque à envier la vie de ces simples.

De notre observatoire nous apercevons sur la mer de Kara une banquise s'étendant jusqu'à l'horizon. Elle paraît relativement compacte et massive ; heureusement, entre la glace et la côte s'étend un chenal libre. Il sera donc possible d'avancer facilement dans cette direction.

Le lendemain, avec l'aide d'Amundsen, je remets en état la machine du canot à pétrole ; mais, par ce travail, je crains bien d'avoir perdu pour longtemps l'estime des habitants de Kabarova. Pendant cette opération plusieurs Russes et Samoyèdes qui se trouvaient à bord me virent peiner comme un manœuvre, les mains et le visage pleins d'huile et de cambouis. Lorsqu'ils revinrent à terre, ils interpellèrent Trontheim et lui déclarèrent que, très certainement, je n'étais pas le grand personnage qu'il s'était plu à leur représenter. A bord je travaillais comme un simple matelot, et j'étais plus sale que le plus pauvre mendiant. Trontheim, ignorant ce qui s'était passé, ne put malheureusement me disculper dans l'esprit des indigènes.

Le soir, nous procédons à l'essai des chiens. Trontheim en attelle dix à un traîneau samoyède ; à peine ai-je pris place sur le véhicule, que la meute part d'un bond à la poursuite d'un malheureux chien qui est venu rôder dans le voisinage. Au premier moment je suis abasourdi par cette course folle et par les hurlements des animaux ; enfin, je parviens à sauter à terre, tombe sur les plus acharnés, et réussis à arrêter la poursuite. Après avoir remis l'ordre dans l'attelage, Trontheim s'assied à côté de moi et fait claquer son fouet, en poussant une sorte de hennissement que l'on peut traduire par *Pr-r-r-r, pr-r-r-r*. Aussitôt toute la bande fuit dans une course folle à travers la plaine herbeuse, nous entraînant vers une lagune. J'essaye d'enrayer, Trontheim hurle : « *Sass, sass* » ; nous ne réussissons à arrêter l'attelage que lorsque les chiens de tête sont déjà entrés dans l'eau. Nous nous remettons en route dans une autre direction ; aussitôt la meute prend une telle allure que j'ai toutes les peines du monde à me maintenir sur le traîneau. Je revins à bord très satisfait de cette expérience ; les chiens devaient, en effet, avoir une très grande force pour pouvoir traîner deux hommes à une pareille vitesse sur un semblable terrain.

Le harnachement des chiens sibériens est très simple. Une corde ou un morceau de toile à voile, passé autour du ventre, fixé au collier par une autre corde. Les traits attachés sous le ventre des animaux passent entre leurs jambes.

Le lendemain, 1er août, c'est la Saint-Elie, la grande fête religieuse de Kabarova. De tous côtés arrivent des troupes de Samoyèdes, dans leurs traîneaux attelés de rennes. Ils viennent assister aux cérémonies religieuses, et, en même temps, se proposent de rendre hommage au saint par de copieuses libations.

Dans l'après-midi, il ne fut pas facile de trouver les travailleurs dont j'avais besoin pour faire de l'eau. Trontheim décida cependant quelques pauvres hères à nous aider, par la promesse d'un salaire qui leur permettrait de se payer l'ivresse traditionnelle en ce jour de fête.

Dès le matin, les femmes avaient revêtu leurs plus beaux atours, chamarrés d'étoffes voyantes, de volants de peau de diverses couleurs, et de vieille ferraille. Partout, c'était des groupes pittoresques et amusants. Voici, par exemple, un vieux Samoyède et une jeune fille qui viennent offrir un renne fort maigre à l'ancienne église, le temple des vieux croyants. — La neuve est affectée au culte orthodoxe. — Jusque dans cette contrée lointaine des divergences religieuses divisent les hommes ! La fête fut célébrée dans les deux sanctuaires. Tous les indigènes entraient d'abord dans l'église neuve, et en ressortaient presque aussitôt après pour se diriger vers la vieille chapelle. Aucun prêtre de la secte des vieux croyants ne se trouvant à Kabarova, les Samoyèdes offrirent au pope orthodoxe la somme de deux roubles pour célébrer le service dans leur église. Après un instant de réflexion, il se décida à accepter la proposition et se rendit en grande pompe à l'ancien sanctuaire. Dans l'intérieur, rempli d'une foule crasseuse vêtue de pelleteries, l'air était absolument irrespirable, et, après un séjour de deux minutes, je dus sortir en toute hâte.

Dans l'après-midi, lorsque la fête battit son plein, le tumulte devient indescriptible. Des Samoyèdes parcouraient à toute vitesse la plaine dans leurs traîneaux attelés de rennes. Complètement ivres, ils roulaient à chaque instant par terre et étaient ensuite traînés sur le sol. C'étaient alors des hurlements de bêtes fauves et un sabbat infernal. Un jeune indigène attira surtout notre attention par sa fantasia désordonnée. Une fois monté dans son véhicule, il pique ses bêtes et les lance droit à travers les tentes, renversant tout sur son paysage. Tout à coup, il culbute et est ensuite roulé sur une grande distance. Pendant ce temps les spectateurs, hommes et femmes, se gorgeaient d'alcool et tombaient ivres morts. Le bon saint Elie devait être flatté d'un tel hommage. Le matin seulement le tumulte diminua ; peu à peu, un silence de sommeil s'étendit sur tous ces ivrognes.

Un voilier norvégien devait nous apporter à Kabarova du charbon pour remplacer le combustible brûlé depuis le départ de Vardö. Ce tender n'étant pas encore arrivé, je résolus de ne pas l'attendre plus longtemps. Le 3 août, les chiens furent embarqués et logés à l'avant, où ils nous gratifièrent aussitôt d'une sérénade terriblement bruyante et discordante. Tout était prêt maintenant pour le départ ; après avoir remis nos dernières lettres à mon secrétaire qui devait attendre l'arrivée du charbonnier, je donnai l'ordre de lever l'ancre.

Le 4 août, de grand matin, le *Fram* entrait dans la mer de Kara. Maintenant le sort de l'expédition va se décider. Si nous réussissons à traverser cette mer et à doubler le cap Tchéliouskine, nous aurons surmonté les plus grandes difficultés du voyage. Aujourd'hui, les apparences ne sont pas mauvaises ; entre la terre et la banquise qui couvre la pleine mer, un chenal libre s'étend vers l'est à perte de vue. Cette ouverture nous permet de gagner facilement la côte ouest de la longue presqu'île de Ialmal, mais bientôt la glace nous oblige à mouiller. Une morne solitude, cette terre de Ialmal ; une immense plaine sablonneuse, parsemée de touffes de fleurs, percée de petites flaques d'eau circulaires, d'une régularité parfaite. D'après mes observations astronomiques, cette partie de la côte se trouve portée sur les cartes à 36 ou 38 minutes trop à l'ouest.

Le 13 août, le *Fram* doublait l'extrémité nord de Ialmal et l'île Blanche (Béli-Ostrov). Aucune glace ne se trouvant en vue, je pris la résolution d'abandonner la côte et de marcher au nord, vers l'île de la Solitude, afin d'abréger la distance qui nous sépare encore du cap Tchéliouskine. Bientôt, dans cette direction, une banquise compacte nous arrête. Nous changeons alors de cap pour faire route vers l'est et le sud-est. De ce côté nous découvrons une île à laquelle nous donnons le nom de

Sverdrup, notre vaillant capitaine, qui, le premier, a signalé cette terre. Plus loin, la côte de Sibérie est en vue vers l'embouchure de l'Ienisseï, un peu plus haute ici qu'à Ialmal, parsemée de larges traînées de neige qui s'étendent jusqu'au rivage. Le 19 août apparaissent les Kamenni-Ostrov (îles des Pierres), remarquables par la netteté de leurs anciennes lignes de rivage. Dans cette région comme dans le nord scandinave, un changement s'est produit dans les niveaux respectifs de l'océan et des terres, depuis l'époque glaciaire.

20 août. — Temps admirable. La mer est bleue et le soleil éclatant. Impossible de se croire à une aussi haute latitude. Dans l'après-midi les îles Kjellman sont signalées ; plus au sud, nous apercevons un archipel qui ne se trouve pas marqué sur les cartes. Partout les rochers présentent des surfaces polies et arrondies, indice certain que ces terres ont été recouvertes par des glaciers quaternaires.

Pour permettre aux mécaniciens de nettoyer la chaudière, nous relâchons devant la plus grande de ces îles. Du haut du *nid de corbeau* [1], la vigie annonce la présence de plusieurs rennes en train de paître tranquillement près du rivage. Aussitôt émoi général ; nous sautons sur nos fusils et de suite nous mettons en quête du gibier. Pendant vingt-quatre heures, sans une minute de repos, nous battons le terrain. Deux rennes et deux ours, tel fut le butin de cette chasse acharnée.

La sortie de l'archipel fut particulièrement pénible ; partout de petits fonds ; avec cela, un courant très rapide et un vent contraire, très frais, soufflant par moments en tempête. A chaque instant le *Fram* risquait de s'échouer. Le 24 août seulement, nous sortîmes de cette situation dangereuse. Ensuite, c'est toujours la même navigation monotone entre la côte et la banquise. La mer est très profonde : de tous côtés des bancs et des groupes d'îles inconnues. La terre se trouve précédée par un archipel dont l'existence a jusqu'ici échappé à l'attention des précédents explorateurs derrière le rideau des brumes endémiques dans ces parages. A coup sûr, une expédition qui se proposerait d'exécuter l'hydrographie de la côte septentrionale de Sibérie ferait d'intéressantes découvertes, mais le but de notre voyage est tout différent. Pour nous, avant tout, il s'agit de

1. Tonne vide placée au sommet du grand mât, servant d'observatoire *(N. d. T.)*.

doubler le plus rapidement possible le cap Tchéliouskine et la saison avance. L'hiver approche. Le 23, une abondante chute de neige s'est déjà produite.

27 août. — Mon livre de bord renferme à chaque page la même mention : « Toujours des îles nouvelles et des bas-fonds. » Dans l'après-midi, le continent est en vue, une terre peu élevée, mollement ondulée, découpée par les fjords. Déjà, à plusieurs reprises, j'ai aperçu de profonds goulets pénétrant à une grande distance dans l'intérieur. Sur cette côte de Sibérie, relativement basse, la formation fjordienne me paraît très développée.

En vue de l'île de Taïmyr la situation devient critique. Au milieu des îles qui apparaissent de tous côtés, impossible de nous reconnaître. Je prends alors le parti de gagner la pleine mer et de passer au large des îles d'Almqvist, situées au nord-ouest de l'île de Taïmyr. Tout à coup, voici que, à travers la brume, une terre se découvre droit devant nous. Nous venons immédiatement dans l'ouest pour la doubler et reprendre ensuite notre route vers le nord. Dans cette direction nous distinguons un archipel très étendu (archipel Nordenskiöld), qui nous empêche de poursuivre notre route. Pendant l'après-midi nous atteignons enfin l'extrémité septentrionale de cette chaîne d'îles ; là, à notre grand désappointement, une banquise compacte nous barre la route. Y engager le *Fram* serait risquer de se faire « pincer » définitivement pour l'hiver. Dans ces conditions, il faut revenir en arrière et essayer de passer entre ces îles et Taïmyr.

Le 30 août nous nous engageons dans ce chenal. Le *Fram* avance rapidement ; nous allons donc enfin pouvoir sortir de ce dédale, lorsque, subitement, le détroit se trouve complètement barré par une épaisse nappe de glace. Au-delà, la mer est probablement libre ; mais il nous est absolument impossible de nous frayer de vive force un chemin à travers cette nappe cristalline. A coup sûr, une telle masse de glace ne pourra fondre avant l'hiver. Notre situation devient par suite très critique. Peut-être, il est vrai, le détroit de Taïmyr entre l'île du même nom et le continent est-il libre ? mais, d'après Nordenskiöld, les fonds y sont trop petits pour permettre le passage d'un bâtiment, même de faible tonnage. Dans ces conditions, nous n'avons qu'à attendre. Notre salut ne peut venir que d'une tempête du sud-ouest qui disloquera cette banquise et nous ouvrira la route. En attendant, le bâtiment est mouillé et les mécaniciens procèdent à un nettoyage complet de la chaudière, tandis que nous allons donner la chasse aux nombreuses troupes de phoques qui s'ébattent sur la glace. Ces animaux sont ici aussi abondants que sur la côte occidentale du Groenland. Si, en 1878, Nordenshiöld ne rencontra dans ces parages qu'un très petit nombre de ces amphibies, c'est que, cette année-là, les glaces qui constituent leur milieu d'élection étaient rares dans la mer de Kara.

Une fois la machine remise en état, je résolus de tenter le passage par le détroit de Taïmyr. De ce côté la route se trouvant également fermée par la glace, le cap est mis au sud pour essayer de trouver une ouverture dans cette direction. Bien que le temps soit très clair, impossible de savoir où nous nous trouvons ; nous n'apercevons pas des îles marquées sur la carte, et, par contre, nous en distinguons d'autres que ce document n'indique pas... Finalement découvrant un chenal droit, nous nous y engageons. Bientôt nous reconnaissons que la terre qui s'étend au nord et que nous pensions être le continent est une île et que la passe se prolonge encore plus loin dans l'intérieur des terres. Le mystère devient de plus en plus impénétrable. Peut-être après tout sommes-nous dans le détroit de Taïmyr ? Apercevant quelques flaques de glace, je donne l'ordre d'ancrer dans un mouillage abrité. Le lendemain, partant en canot, je réussis à avancer très loin, dans un goulet suffisamment profond pour le *Fram ;* cependant le soir, nous trouvons de nouveau la glace. Le temps est froid ; la nuit dernière il a neigé abondamment ; à vouloir nous engager au milieu de cette banquise, nous risquons d'être faits prisonniers.

5 septembre. — Voilà déjà neuf jours perdus. Aujourd'hui encore il neige et la bise est très fraîche. Dans la soirée, poussées par le vent, des masses de glace arrivent sur nous. Peut-être allons-nous être bloqués pour l'hiver avant qu'un chenal se soit ouvert dans cette banquise diabolique. Si l'expédition est détenue dans ces parages pendant de longs mois, elle y trouvera, il est vrai, un emploi utile de son activité. Toute cette côte de Sibérie est très peu connue, et l'intérieur du pays n'a jamais été exploré. Mais non, je ne puis m'habituer à cette idée d'un hivernage prématuré. Ensuite, c'est par séries d'années que la glace est abondante ; si, à cette époque-ci, nous sommes bloqués en 1893, peut-être la saison prochaine ne serons-nous pas plus heureux.

Le 6 septembre est l'anniversaire de ma naissance. J'avoue ma superstition ; en me réveillant, je suis convaincu que, si un changement doit survenir dans l'état des glaces, c'est aujourd'hui qu'il se produira. Je monte donc en toute hâte sur le pont. Le vent a diminué et le soleil brille ; dans cette radieuse clarté l'avenir me semble moins sombre. Le chenal qui s'ouvre à l'est est couvert d'un solide embâcle. Si le *Fram* n'avait pas abandonné le détroit, il serait maintenant prisonnier, pour Dieu sait combien de temps. Par contre, la passe située au nord du mouillage a été débloquée par la tempête. Peut-être les glaces qui, il y a dix jours, nous ont barré la route au-delà de l'archipel situé au nord de Taïmyr, ont-elles également été disloquées par la bourrasque. Essayons donc de passer de ce côté. Je suis sûr qu'aujourd'hui la chance me sera favorable. En effet, le lendemain, à six heures du matin, nous doublons le cap Laptef, la pointe nord de l'île de Taïmyr.

Mais nous n'en avons pas fini avec les difficultés. De l'autre côté de ce passage redoutable, voici de nouveau la glace. Nous nous frayons un chemin à la vapeur, mais au-delà la mer est très peu profonde : 15, 13, 14 mètres. On avance lentement, la sonde à la main. L'eau est bourbeuse, et un courant très violent porte dans le nord-est. Plus loin la mer devient bleue et transparente ; en même temps, la profondeur augmente. En passant, notons que la séparation entre les eaux bleues et argileuses était marquée par une ligne absolument nette.

Une fois hors de cette zone difficile, nous poursuivons notre route en serrant la côte de près. Toujours des plaines basses s'élevant à peine au-dessus de la mer, constituées, semble-t-il, par des couches de sable et d'argile. Dans ces parages, je découvre une vaste nappe d'eau paraissant s'étendre à une grande distance vers l'est, dans l'intérieur des terres. Probablement une large rivière qui s'épanche en lac avant de se jeter dans l'océan, comme nombre d'autres cours d'eau de Sibérie.

Le 9 septembre, le baromètre est très bas : 733 mm ; le vent souffle de terre en rafales terribles, soulevant d'épais nuages de sable. Peut-être, étant donné le mauvais temps, serait-il prudent de rester au mouillage, mais la tempête a chassé les glaces ; profitons donc de l'occasion. Couvert de toile, le *Fram* file huit nœuds, avec l'aide de l'hélice. Jamais auparavant sa marche n'avait été aussi rapide ; notre navire semble avoir conscience de notre situation et vouloir rattraper le temps que les glaces nous ont fait perdre autour de Taïmyr. Les caps succèdent aux caps, les fjords aux fjords, et vers le soir, dans un lointain vaporeux, nous distinguons, à l'aide de la lunette, des montagnes. Le cap de Tchéliouskine, l'extrémité septentrionale de l'Ancien Monde, n'est pas bien loin.

La côte est toujours basse, mais à une certaine distance dans l'intérieur des terres s'élèvent des chaînes de montagnes campaniformes, très escarpées, qui paraissent formées de couches sédimentaires horizontales. Les plus éloignées sont entièrement couvertes de neige. Sur un point, ce relief semble revêtu d'une carapace de glace ou de neige descendant en larges franges sur les pentes. Nous approchons du cap Tchéliouskine. Lorsque nous aurons doublé ce promontoire, une des principales difficultés du voyage sera vaincue. Je monte dans le « nid de corbeau » pour examiner l'horizon. Depuis longtemps le soleil a disparu, laissant dans le ciel une longue traînée jaune, une lumière de rêve, une lueur irréelle. Une seule étoile scintille au-dessus de ce cap redouté, comme un phare céleste qui nous promet l'espérance. Et, dans la mélancolie de cette belle nuit claire, le *Fram* avance lentement vers le nord, sans bruit, comme le Vaisseau fantôme.

Le 10 septembre, à quatre heures du matin, le cap Tchéliouskine est doublé ; en l'honneur de cet heureux événement les « couleurs » sont hissées, aux acclamations de l'équipage.

Après avoir échappé aux dangers d'un hivernage dans la mer de Kara, devant nous la route s'ouvre maintenant libre vers la banquise des îles de la Nouvelle-Sibérie, qui doit nous entraîner à travers l'inconnu glacé du bassin polaire.

Un peu plus tard, nouvelle alerte. Une nappe de glace nous ferme le passage entre le continent et quelques îlots situés à l'est du cap Tchéliouskine. Après une courte reconnaissance à terre, nous réussissons cependant à doubler ces îles ; toute la nuit, nous avançons rapidement vers le sud le long de la côte. Par moments, notre vitesse atteint neuf milles.

11 septembre. — Dans la matinée, une terre, hérissée de hauts sommets et découpée de profondes vallées, est en vue. Depuis Vardö, nous n'avons pas contemplé un paysage aussi accidenté ; habitués aux plaines basses de Sibérie, nos yeux s'arrêtent avec plaisir sur ce panorama pittoresque.

Mettant le cap vers l'est, nous voyons disparaître la côte dans l'après-midi ; plus tard, en vain, nous cherchons à apercevoir les îles Saint-Pierre et Saint-Paul ; les cartes leur assignent pourtant une position très voisine de notre route.

12 septembre. — « Des morses sont couchés sur un glaçon tout près du navire ! » crie à ma porte Henriksen. En deux minutes je m'habille ; les harpons et les fusils sont prêts, et aussitôt je pousse du bord avec Henriksen et Juell. Une légère brise souffle du sud ; pour nous placer à contre vent, nous nous dirigeons vers la pointe nord du glaçon, tout en prenant nos dispositions de combat. Henriksen se tient à l'avant, un harpon à la main ; je me place derrière lui, pendant que Juell continue à ramer très doucement. Un morse, chargé, sans doute, de la garde du troupeau, lève la tête ; aussitôt nous nous arrêtons, puis continuons notre marche, dès qu'il ne regarde plus de notre côté. Entassés les uns contre les autres sur une petite plaque de glace, tous ces animaux forment un énorme monceau de chair. « Quel tas de bonne nourriture ! » fait observer Juell, le cuisinier du bord. De temps à autre, une des dames de la société s'évente de ses nageoires, puis, après cet exercice, s'assoupit de nouveau. Au moment d'aborder le glaçon, Henriksen ajuste un morse et lance son harpon. Malheureusement il a visé trop haut ; l'arme glisse sur la tête de l'animal et rebondit sur son dos. Aussitôt, avec une agilité absolument extraordinaire, ces monstrueuses bêtes se jettent à l'eau et se tournent vers nous, la tête haute. J'envoie une balle à une des plus grosses, elle chancelle, puis disparaît ; maintenant à une autre et celle-là, non moins gravement blessée, enfonce immédiatement. Toute la bande plonge pour revenir bientôt après, plus menaçante. Dressés à moitié hors de l'eau, les morses se précipitent vers le canot en poussant des hurlements terribles, puis de nouveau s'enfoncent, en battant l'eau furieusement pour reparaître à la surface aussitôt après. Leur exaspération est indescriptible ; d'un instant à l'autre, je m'attends à voir un de ces monstres s'accrocher au bordage du canot et le faire chavirer. Les blessés, quoique perdant des flots de sang par le nez et la bouche, se montrent aussi acharnés que les autres. Au milieu de la bagarre, je parviens à leur envoyer de nouvelles balles. Touchés cette fois-ci à mort, ils flottent bientôt inertes à la surface de la mer. Pour les empêcher de couler, Henriksen les harponne. Nous tuons un troisième morse, mais le harpon avec lequel nous l'avions saisi, trop faible, lâche prise, et l'animal coule à pic. Pendant que nous remorquons notre gibier vers un glaçon, le reste de la bande nous suit, toujours menaçant et hurlant ; inutile de leur envoyer des balles, nous n'avons aucun moyen de ramener à bord un butin plus considérable. Bientôt le *Fram* vient à notre rencontre, et, après avoir embarqué nos deux morses, poursuit sa route. Dans cette région, ces amphibies sont très abondants ; si nous en avions eu le temps, il eût été facile d'en tuer un grand nombre.

Passé l'embouchure de la Khatanga, nous avons à vaincre un fort courant contraire. — La partie orientale de la presqu'île de Taïmyr constitue une région montagneuse relativement haute, précédée, le long de la mer, par une zone de terres basses.

La mer paraissant assez dégagée, j'essaie de faire route dans l'est directement vers l'embouchure de l'Olonek ; malheureusement, la glace nous arrête et nous oblige à rentrer dans le chenal côtier.

A l'est de la Khatanga, la mer est trop peu profonde. Un moment, dans la nuit du 13 au 14, la sonde indique seulement 7,20 m. Le 15, les fonds ne dépassent pas 12 à 13 mètres. Le bruissement des vagues indique la mer libre dans l'est. La couleur foncée de l'eau, sa faible salinité comme sa teneur en sédiments annoncent l'approche de l'embouchure de la Léna.

Ce serait folie que d'essayer de remonter l'Olonek à une époque aussi avancée de la saison. D'abord, il n'est pas certain que nous puissions entrer dans le fleuve ; en second lieu, si, par malheur, nous nous mettions au plein, cela serait une terrible aventure. Je serais certes très heureux de renforcer ma meute [1], mais je risquerais un hivernage dans cette région. Ce serait une année de perdue ; le jeu n'en vaut pas la chandelle. En avant donc vers les îles de la Nouvelle-Sibérie !

16 septembre. — Route au N.-O. (du compas) à travers une mer libre. Aucune glace en vue ; plus au nord, la couleur foncée du ciel indique également l'absence de banquise. Temps doux ; température de la mer + 1,64 °C. Courant contraire qui nous porte dans l'ouest ; par suite de cette dérive, nous nous trouvons toujours à l'ouest de notre point estimé. Plusieurs vols d'eiders.

18 septembre. — Route au nord dans l'ouest de l'île Bietkov. Mer libre, bon vent d'ouest, temps clair ; le *Fram* avance rapidement. Maintenant le moment décisif approche. Si la théorie sur laquelle repose toute l'expédition est exacte, nous devons

1. On l'a vu, des chiens de la Sibérie orientale destinés à l'expédition avaient été menés à l'embouchure de l'Olonek par les soins d'un négociant sibérien (cf. p. 18).

prochainement rencontrer un courant portant dans le nord. Nous sommes par 75° 30′ lat. N. ; pas trace de banquise ! Dans la soirée, j'aperçois à la surface de la mer des taches blanches très régulières, peut-être les îles Bielkov et Kotelnoï, qui doivent être couvertes de neige. Malgré mon désir de visiter ces terres si intéressantes et d'inspecter les dépôts laissés à notre intention par le baron de Toll, je poursuis ma route. Les heures sont si précieuses !

Que nous apportera demain : l'espérance ou la désillusion ? Si tout tourne bien, nous pouvons atteindre l'île Sannikov, une terre inconnue ! Quelle joie de voguer ainsi vers des régions mystérieuses sur une mer que n'a jamais sillonnée aucun navire. — L'air est si doux que nous pourrions nous croire à des centaines de milles plus au sud.

19 septembre. — Jamais je n'ai vu plus belle navigation. Poussé par le vent et par l'hélice, le *Fram* avance toujours, et toujours la mer libre ! Combien cela durera-t-il ? Instinctivement l'œil se tourne vers le nord. C'est regarder dans l'avenir. La même tache sombre, indice de l'absence des glaces, persiste à l'horizon. Depuis le 6 septembre, la fortune nous est favorable. On ne se doute guère, en Norvège, qu'à ce moment nous faisons route droit vers le pôle à travers une mer libre, et que nous nous trouvons aussi loin au nord. Si, il y a deux jours seulement, on m'avait prédit pareille chance, j'aurais refusé d'y croire. Toute la journée nous marchons à vitesse réduite, de crainte de donner inopinément sur quelque chose — terre ou glace. Nous sommes maintenant par 77° lat. N. — Jusqu'où irons-nous ainsi ? J'ai toujours dit que je serais satisfait, si nous arrivions au 78° lat. N. ; mais Sverdrup est plus difficile, il parle du 80°, même du 84° et du 85°. Il croit sérieusement à l'existence de la fameuse mer libre du pôle, rêve des géographes en chambre dont il a lu les ouvrages, et il y revient sans cesse en dépit de mes railleries. Je me demande si véritablement je ne suis pas le jouet d'une illusion, si je ne rêve pas.

20 septembre. — Ce matin, je suis brutalement tiré de mon rêve. Tandis que, penché sur mes cartes, je songeais à la prochaine réalisation de mes espérances — nous étions près du 78° lat. N. —, le *Fram* éprouve tout à coup un choc. D'un bond je suis sur le pont, et que vois-je devant moi, à travers la brume ? une large et compacte nappe de glace. Juste à ce moment, le soleil perce les nuages, vite le sextant ! L'observation nous place par 77° 44' lat. N.

Dans la pensée de pouvoir avancer encore plus loin, je fais route au nord-ouest, le long de la banquise. Toute la journée brume : impossible de reconnaître si une terre se trouve dans ces parages, comme semble l'indiquer la présence de vols de petits échassiers.

21 septembre. — Bien que le temps soit plus clair, nous n'apercevons rien de plus. Nous nous trouvons cependant à la même longitude, mais plus au nord, que la côte méridionale de la terre Sannikov, telle qu'elle est portée sur la carte du baron de Toll. Selon toute vraisemblance, cette île est donc de petites dimensions et ne doit pas avoir une grande extension vers le nord.

Dans l'après-midi, temps « bouché ». Nous restons immobiles, dans l'attente d'une éclaircie. L'estime nous place par 78° 30'. Sondé : pas de fond ! Nous découvrons la présence de punaises à bord, des passagères dont il sera nécessaire de nous débarrasser.

22 septembre. — Nous sommes dans une baie formant, nous semble-t-il, l'extrême limite de l'eau libre. Devant nous la glace est compacte, et vers le nord la teinte blanchâtre de l'horizon indique l'extension de la banquise.

Les anciens explorateurs arctiques croyaient nécessaire à la sécurité de leur navire de prendre leurs quartiers d'hiver près de la côte. C'était précisément ce que je voulais éviter. Tout mon désir était de faire entrer le *Fram* dans une banquise en dérive et de le tenir éloigné de toute terre. En conséquence, j'amarrai le bâtiment à un gros bloc. Le navire flotte encore librement, entouré de quelques larges *floe* [1], mais j'ai le pressentiment que cette glace sera notre havre d'hivernage.

Aujourd'hui guerre aux punaises. Nous faisons passer un jet de vapeur à travers les matelas, les coussins des canapés, bref à travers tous les repaires supposés de nos ennemies. Après cela, les vêtements, enfermés dans un baril soigneusement clos, sont soumis au même traitement. Espérons que nous serons débarrassés de ces désagréables compagnons.

24 septembre. — Le *Fram* est complètement entouré par la

1. Glaçon d'une certaine étendue, généralement très compact *(N. d. T.)*.

glace. Entre les *floe* s'étend déjà de la *slush ice* [1] qui sera bientôt très solide. Dans le nord existe encore un petit bassin d'eau libre et du « nid de corbeau » la mer apparaît dégagée dans le sud. Un phoque *(Phoca fœtida)*, des pistes d'ours vieilles de plusieurs jours, sont les seules traces de vie relevées dans cette solitude.

25 septembre. — La glace épaissit de jour en jour. Temps clair et beau. La nuit dernière – 13 °C. L'hiver approche à grands pas !

2

Le premier hivernage

Toutes les apparences indiquent que maintenant nous sommes définitivement pris dans la banquise, et je ne m'attends plus à voir le *Fram* hors de la glace que lorsqu'il sera arrivé de l'autre côté du pôle, dans le voisinage de l'Atlantique.

De jour en jour le soleil décline sur l'horizon et la température s'abaisse ; la longue nuit si redoutée de l'hiver arctique approche.

Donc, nous faisons nos préparatifs en vue de cette longue détention. Convertir le navire en confortables quartiers d'hiver, prendre toutes les précautions pour le protéger contre le froid, la glace et les pressions, en un mot contre toutes les forces terribles de la nature, auxquelles les prophètes de mauvais augure ont prédit que nous succomberions, telles sont tout d'abord nos occupations. Pour soustraire le gouvernail aux attaques des glaces, nous le relevons ; l'hélice est, au contraire, laissée en place, sa cage contribuant à renforcer l'arrière. Amundsen démonte la machine, et après avoir nettoyé et huilé soigneusement toutes les pièces, les range dans le plus grand ordre. Notre mécanicien a pour notre moteur les soins d'un père pour son enfant. Pendant les trois ans que dura le voyage, pas une journée ne se passa sans qu'il descendît dans la chaufferie, ne

1. Agrégat de petits disques de glace de formation nouvelle *(N. d. T.)*.

fût-ce que pour regarder et pour caresser quelque organe de sa chère machine.

La menuiserie est établie dans la cale, l'atelier du mécanicien dans la chambre de la machine et celui du ferblantier dans le kiosque des cartes. La forge, installée d'abord sur le pont, fut transportée plus tard sur la glace. Les cordonniers et les ouvriers chargés des menus travaux élisent domicile dans le carré. Plus tard, lorsque nous eûmes besoin de très longues lignes de sonde, une corderie fut établie sur la glace. Tous les instruments, depuis les plus délicats jusqu'aux plus grossiers, pouvaient être fabriqués à bord.

Dès les premiers jours de notre détention, le moulin à vent destiné à actionner la dynamo et à produire la lumière électrique fut dressé à bâbord, dans la partie avant du navire.

Nos journées étaient très remplies. Nous avions à entretenir en bon état toutes les parties du bâtiment, ensuite les corvées. Il fallait, par exemple, monter les vivres de la cale, et aller chercher de la glace d'eau douce pour obtenir, par fusion, la quantité d'eau nécessaire à tous les besoins du bord, etc. De plus, dans les différents ateliers la besogne ne manquait pas. Le forgeron Lars avait un jour à redresser les pistolets des embarcations tordus par les vagues de la mer de Kara, un autre jour à fabriquer un couteau, un hameçon ou un piège à ours ; le mécanicien Amundsen quelque instrument à réparer ; Mogtad, horloger à ses heures, un ressort de montre à remplacer ou un thermographe à nettoyer ; le voilier, des harnais pour les chiens. Chacun était, en outre, son propre cordonnier et se confectionnait des chaussures en grosse toile, garnies de chaudes et épaisses semelles en bois, d'après un modèle créé par Sverdrup. Le moulin à vent nous donnait, en outre, du travail. Nous avions à surveiller sa marche, à l'orienter dans la direction du vent, et, lorsque la brise fraîchissait, à grimper aux ailes pour prendre les ris, un travail peu agréable par les froids terribles, qui, le plus souvent, entraînait quelques morsures de gelée aux doigts ou au nez. Enfin, de temps à autre, il était nécessaire de manœuvrer les pompes. A mesure que la température s'abaissa, cette opération devint de plus en plus rarement nécessaire et même, de décembre 1893 à juillet 1895, complètement inutile. Pendant cette période une seule voie d'eau se produisit, insignifiante pour ainsi dire.

A toutes ces occupations venaient s'ajouter les travaux scientifiques. Les plus absorbants étaient les observations météorologiques. Nuit et jour elles furent effectuées toutes les quatre heures et même tous les deux heures pendant un certain temps. Elles incombaient à Scott-Hansen, assisté de Johansen jusqu'en mars 1895, et, après cette date, de Nordahl. Les observations de nuit étaient faites par l'homme de quart. Tous les deux jours, lorsque le temps était clair, Scott-Hansen et son adjoint déterminaient astronomiquement la position du navire. Pendant que notre camarade effectuait ses calculs, tout l'équipage se pressait à la porte de sa cabine, attendant avec impatience leur proclamation. La dérive avait-elle porté vers le nord ou vers le sud, et de combien ? C'était, pour nous, une question capitale. Du résultat de l'observation dépendait en grande partie notre état d'esprit pendant la journée.

Scott-Hansen avait, en outre, à déterminer les éléments magnétiques. Ces observations furent, au début, effectuées dans une tente construite à cet effet et dressée sur la glace, ultérieurement dans une hutte en neige beaucoup plus confortable. Le docteur était beaucoup moins occupé ; après avoir vainement attendu les malades, en désespoir de cause, il donna ses soins aux chiens. Une fois par mois, il procédait à la pesée de chaque membre de l'expédition, et à la détermination sur chaque sujet du nombre de globules rouges et de la proportion d'hémoglobine. Le résultat de ces recherches était également attendu avec impatience, nos hommes pensant devoir en déduire leur immunité contre le scorbut pendant un certain laps de temps.

Les observations de la température de la mer et de sa salinité à différentes profondeurs, l'examen de la faune marine, l'étude de la formation de la glace et la détermination de sa température dans ses différentes couches, enfin celle des courants marins, constituaient mon département scientifique. J'observais de plus régulièrement les aurores boréales ; après mon départ, le Dr Blessing se chargea de ce travail. Des sondages et des dragages à de grandes profondeurs furent en outre exécutés pendant toute la durée du voyage.

Les jours se suivaient et se ressemblaient, et en donnant l'emploi de notre temps pour une journée le lecteur pourra se représenter notre vie.

A huit heures, lever. Aussitôt après, déjeuner composé de pain sec, de fromage, de *corned beef* ou de mouton conservé, de jambon, de langue de Chicago ou de lard, de caviar de morue, d'anchois, de biscuits de farine d'avoine ou de biscuits de mer anglais, enfin de marmelade d'orange ou de compote. Trois fois par semaine du pain frais. Comme boisson, du thé, du café ou du chocolat.

Le repas achevé nous allions donner la pitance aux chiens — la moitié d'une morue sèche ou quelques biscuits par tête —, après quoi, nous les détachions, puis la petite colonie se dispersait pour vaquer à ses occupations. A tour de rôle, chacun de nous avait sa semaine comme aide-cuisinier et maître d'hôtel. Le « coq » faisait ses comptes pour le dîner, et immédiatement après se remettait à ses fourneaux. Pendant ce temps, quelques-uns d'entre nous se réunissaient sur la banquise pour examiner son état.

A une heure, tout le monde était de nouveau réuni dans le carré pour le dîner. Le menu était généralement composé de trois plats : soupe, viande et dessert ; souvent le dessert ou la soupe étaient remplacés par du poisson. La viande était toujours accompagnée de pommes de terre, ou de légumes verts, ou encore de macaroni.

Le dîner achevé, les fumeurs faisaient cercle dans la cuisine, les pipes, cigares et cigarettes étant formellement interdits dans les logements, excepté les jours de fête. Après une petite sieste, on se remettait au travail jusqu'au souper, à six heures du soir. Le menu de ce troisième repas était le même que celui du déjeuner. La soirée se passait à fumer dans la cuisine ou à lire et à jouer aux cartes dans le carré, pendant que l'un de nous faisait fonctionner l'orgue ou que Johansen exécutait sur son accordéon ses morceaux fameux : *Oh ! Suzanne* et la *Marche de Napoléon en canot à travers les Alpes*.

A minuit, on allait se coucher sauf l'homme de veille. Le quart de nuit ne durait qu'une heure et était pris à tour de rôle par chacun de nous. Cette garde était le plus souvent employée à écrire les journaux, et ce travail n'était guère interrompu que par les aboiements des chiens, lorsqu'ils flairaient quelque ours dans le voisinage. Toutes les quatre heures, et, pendant une période, toutes les deux heures, l'homme de veille devait aller noter les observations météorologiques.

Grâce à la régularité de notre existence, le temps s'écoula fort agréablement et avec la plus grande rapidité.

Mes notes prises au jour le jour donnent l'impression de la monotonie de notre vie. Elles ne rapportent guère d'événements importants ; par leur indigence même, elles présentent un tableau exact de notre existence à bord du *Fram*.

26 septembre. — La température s'abaisse à – 14,5 °C dans la soirée. L'observation n'indique aucune dérive dans la direction du nord ; nous sommes toujours immobiles par 78° 50'. Dans la soirée, je me promène sur la banquise. Il n'existe rien de plus merveilleusement beau que cette nuit arctique. C'est le pays des rêves, coloré des teintes les plus délicates qu'on puisse imaginer : c'est la couleur irréelle ! Les nuances se fondent les unes dans les autres dans une merveilleuse harmonie. Toute la beauté de la vie n'est-elle pas haute, délicate et pure comme cette nuit ? Le ciel est une immense coupole bleue au zénith, passant vers l'horizon au vert, puis au lilas et au violet. Sur les champs de glace apparaissent de froides ombres bleu foncé, et, çà et là, les hautes arêtes de la banquise s'allument de lueurs roses, derniers reflets du jour mourant. En haut brillent les étoiles, éternels symboles de la paix.

Au sud se lève une grande lueur rougeâtre, cerclée de nuages d'or jaune, flottant sur le fond bleu. En même temps, l'aurore boréale étend sa draperie changeante, tantôt argentée, tantôt jaune, verte ou rouge. A chaque moment, sa forme varie ; un instant, le météore s'étale, un autre il se contracte, puis se déchire en cercles d'argent hérissés de rayons flamboyants, et, finalement, s'éteint subitement comme une mystérieuse apparition. Un instant après, des langues de feu flambent au zénith, et, de l'horizon, monte une raie brillante qui vient se confondre dans la clarté lunaire. Pendant des heures, le phénomène lumineux s'irradie en clartés étranges au-dessus du grand désert glacé, laissant une impression de vague et d'inexistence, qui vous fait un instant douter de la réalité. Et le silence est profond, impressionnant comme la symphonie de l'espace. Non, jamais je ne pourrai croire que ce monde puisse finir dans la désolation et dans le néant. Pourquoi, alors, toute cette beauté, s'il n'existe plus aucune créature pour en jouir ?

Je commence maintenant à deviner ce secret : voici la terre promise qui unit la beauté à la mort. Mais dans quel but ? Ah ! quelle est la destinée finale de toutes ces sphères ? Lisez la réponse, si vous le pouvez, dans ce ciel bleu constellé d'étoiles.

28 septembre. — Chute de neige et vent. Aujourd'hui nous lâchons les chiens. Depuis notre départ de Kabarova, la vie a été triste pour ces malheureux, enchaînés sur le pont, sous la pluie continuelle des embruns et des paquets de mer. Ils se sont à moitié étranglés dans leurs laisses ; ils ont eu le mal de mer, et, par le beau comme par le mauvais temps, ils ont dû rester là où ils étaient attachés. Vous qui serez peut-être notre dernière ressource à l'heure suprême, nous vous avons bien mal traités. En revanche, lorsque arrivera le moment de la lutte à outrance, vous serez à l'honneur. En attendant ayez la liberté ! C'est alors une joie folle ; tous se roulent dans la neige et gambadent sur la glace en aboyant à nous rompre le tympan. La banquise, jusque-là si triste et si morne, est maintenant bruyante et animée. Le silence séculaire est rompu.

29 septembre. — L'anniversaire de Blessing. En son honneur une grande fête est organisée, la première de toutes celles que nous donnerons à bord. Nous avons d'ailleurs un autre motif de nous réjouir ; l'observation de midi nous place au 79° 5' ; un nouveau degré de latitude gagné vers le pôle ! La fête consiste en un dîner-concert. Au menu cinq plats, au programme vingt morceaux.

30 septembre. — La position du *Fram* ne me paraît pas offrir toutes les conditions désirables de sûreté. Le grand glaçon situé à bâbord, auquel nous sommes amarrés, projette vers le centre du navire une forte saillie qui pourrait produire un choc dangereux dans cette partie de la coque, en cas de pression des glaces. Aussi commençons-nous aujourd'hui à déhaler le *Fram* pour prendre un mouillage plus sûr ; un travail qui ne laisse pas que d'être pénible. Il faut d'abord casser une épaisse couche de glace, puis, à l'aide du cabestan, faire lentement avancer le navire à travers le passage que nous lui avons frayé.

Le soir, température – 12,6 °C. Magnifique coucher de soleil.

2 octobre. — Halé le navire jusqu'au milieu du bassin couvert de « jeune glace [1] », situé en arrière. Nous avons à bâbord le grand *floe*, sur lequel les chiens sont installés, très plat et sans saillie menaçante de ce côté, et, à tribord, de la glace également basse ; entre ces plaques et le navire s'étend une nappe de « jeune glace ». En amenant le *Fram* dans son nouvel ancrage, une partie de la glace qui l'entourait a été refoulée et pressée en dessous de la surface de l'eau contre la coque, de telle sorte que le bâtiment se trouve maintenant dans un excellent lit de glace.

L'après-midi, Sverdrup, Juell et moi étions occupés dans le

1. Glace nouvellement formée *(N. d. T.)*.

kiosque des cartes à épisser des cordes pour la ligne de sonde, lorsque, tout à coup, Henriksen signale l'approche d'un ours.

De suite je saute sur mon fusil.

« Où est-il, cet ours ?

— Là, sur tribord, près de la tente, il se dirige droit vers l'observatoire. »

J'aperçois, en effet, dans cette direction un ours énorme poursuivant Hansen, Blessing et Johansen qui se sauvent à toutes jambes vers le navire. A ma vue, il s'arrête étonné ; évidemment, il se demande quel est l'insecte qui se trouve maintenant devant lui. Dès qu'il tourne la tête, je lui envoie une balle dans le cou ; le projectile frappe juste et l'énorme bête s'affaisse sans mouvement. Pour les habituer à cette chasse, quelques chiens sont aussitôt lâchés, mais leur attitude est absolument lamentable ; Kvik, dont je comptais me servir en pareille occasion, s'approche du cadavre, pas à pas, le poil tout hérissé, la queue entre les jambes ; un spectacle absolument décourageant.

Très amusante avait été la rencontre de nos trois compagnons avec l'ours. Blessing et Johansen étaient allés aider Hansen à dresser, sur la glace, sa tente pour les observations magnétiques ; pendant qu'ils étaient occupés à ce travail survint l'animal.

Sur l'avis de Hansen, pour ne pas effrayer l'ours et ne pas l'attirer de leur côté, ils s'accroupissent tous les trois les uns contre les autres.

Après un instant d'attente, Blessing émet l'avis d'essayer de gagner le bord et de donner l'alarme.

« Parfaitement », répond Hansen.

Et Blessing s'achemine vers le navire sur la pointe des pieds, toujours pour ne pas effrayer l'ours. Entre-temps maître Martin découvrant les camarades se dirige vers eux, puis, apercevant Blessing, se met à sa poursuite. Notre bon docteur s'arrête alors, incertain de la conduite qu'il doit tenir ; finalement, pensant qu'il est plus amusant d'être trois que de rester tout seul en tête-à-tête avec l'ennemi, il rejoint rapidement Hansen et Johansen. Notre astronome essaie alors d'un stratagème recommandé dans les livres. Il se lève, agite furieusement les bras, et, avec le concours des autres, se met à pousser des hurlements terribles ; la bête continue toujours à avancer... En présence de cette situation critique chacun prend les armes qu'il a à sa disposition : Hansen un bâton ferré, Johansen une hache ; quant à Blessing, il n'a rien du tout. Tous poussent en chœur un cri terrible : « Un ours, un ours ! » et s'acheminent à toute vitesse sur le navire. L'animal, au lieu de leur donner la chasse, trotte vers la tente, et, pendant qu'il en examine le contenu, nos camarades rentrent à bord.

Après cette aventure, les membres de l'expédition ne sortent plus qu'armés jusqu'aux dents.

4 octobre. — Toute la journée : sondages. Profondeur maxima : 1 440 mètres. Le fond est formé par une couche d'argile grise, épaisse de 10 à 11 centimètres, reposant sur de l'argile brune. La température dans la nappe d'eau inférieure s'élève à + 0,18 °C, tandis qu'à 135 mètres elle est de – 0,4 °C. Une étrange découverte qui réduit à néant la théorie d'un bassin polaire, peu profond, rempli par des eaux très fraîches.

Dans l'après-midi, brusquement une crevasse s'ouvre près de l'arrière du *Fram*, et en quelques minutes devient très large. Le soir, les blocs de la banquise sont pressés les uns contre les autres, et plusieurs autres ouvertures se forment.

De jour en jour le froid devient plus vif. Le 15, 18 °C sous zéro. Entre-temps, une nouvelle chasse à l'ours également heureuse.

Enchaînés sur la glace, les chiens courent le risque de geler sur place, aussi prenons-nous le parti de les lâcher. Nous verrons si ce régime peut être maintenu. Cette ère de liberté est inaugurée par plusieurs batailles terribles qui se terminent pour quelques-uns non sans perte de sang.

7 octobre. — Depuis plusieurs jours, vent de nord persistant. Sous son influence nous dérivons au sud.

Toujours les mêmes crépuscules d'une beauté si triste et si profondément émouvante ! En Norvège, ils sont également d'une grave mélancolie. Aussi bien, tous ces couchers de soleil évoquent-ils en moi de doux souvenirs et en même temps aggravent-ils mes tristesses.

8 octobre. — Excursion à *ski*[1] à l'ouest du navire. Du sommet

---

1. Les patins norvégiens, les *ski*, nom sous lequel nous les désignerons désormais, sont de longues et étroites lamelles de bois, permettant d'avancer rapidement sans enfoncer sur neige. Dimensions des *ski* : longueur 2,30 m à 3 m ; largeur 0,09 m.

Les *ski* ne doivent pas être confondus avec les raquettes en usage dans les Alpes et dans l'Amérique du Nord et qui ont principalement pour but d'empêcher d'enfoncer dans la neige pulvérulente *(N. d. T.)*.

d'un *hummock* [1], que j'escalade au terme de notre promenade, la vue embrasse la plaine neigeuse, infinie et solitaire ; dans toutes les directions, à perte de vue, rien que de la neige.

L'observation de midi nous réserve une désagréable surprise ; nous nous trouvons maintenant par 78° 35', juste un demi-degré perdu en neuf jours. Cette dérive est facile à expliquer, mais elle n'en est pas moins ennuyeuse. La mer se trouvant encore libre dans le sud, notre banquise, poussée par les vents persistants de nord et de nord-ouest, a rétrogradé. Lorsque la nappe d'eau voisine de la côte sibérienne sera prise à son tour, nous dériverons certainement vers le nord.

9 octobre. — Première pression des glaces. Pendant que nous causions dans le carré, un bruit effroyable se fait tout à coup entendre, et le bâtiment branle dans toutes ses parties. Immédiatement nous grimpons sur le pont. Le *Fram*, comme je l'avais espéré, se comporte admirablement. La glace, toujours poussée en avant, avance contre le navire, mais, rencontrant les surfaces rondes de la coque, glisse en dessous du bâtiment sans y mordre et en nous soulevant lentement. Ces pressions se reproduisirent dans l'après-midi. A différentes reprises, leur poussée éleva le *Fram* de plusieurs pieds ; incapable du supporter un pareil poids, la glace se brisait bientôt sous le navire. Le soir, la banquise se détend et autour de nous se forme un bassin d'eau libre. Il faut alors amarrer le *Fram* à notre vieux *floe* pour l'empêcher de dériver. La banquise a dû subir une violente convulsion. Du reste, de sourdes détonations produites par le choc des glaces ont été entendues dans le voisinage.

11 octobre. — Job, un de nos meilleurs chiens, a été mis en pièces par ses compagnons. Le malheureux gît inanimé, veillé par le vieux Suggen qui empêche les autres de venir profaner son cadavre. Quels monstres que ces animaux, pas un jour ne se passe sans combat. Dans la crainte de nouvelles batailles, le pauvre Barrabas reste à bord, n'osant plus s'aventurer sur la glace au milieu de ses congénères.

Aujourd'hui encore de nouvelles pressions. Cela commence par un léger craquement et par un gémissement sur les flancs du navire. Le bruit augmente ensuite graduellement en passant

---

1. Monticule de glace accidentant la banquise, formé généralement par le soulèvement d'un bloc dans la rencontre de deux glaçons lors d'une pression *(N. d. T.)*.

par toute la gamme ; successivement c'est une plainte d'un ton très élevé, puis un grognement suivi d'un grondement. Le tapage redouble ; on dirait le fracas produit par le jeu simultané de tous les tuyaux d'un orgue. Le navire tremble et tressaute, soulevé tantôt doucement, tantôt par saccades. Certains de la résistance du *Fram*, nous éprouvons une sensation agréable à regarder cette scène terrible. Tout autre bâtiment aurait été broyé depuis longtemps. Contre les murailles du navire les glaçons s'écrasent, puis s'enfoncent pour s'entasser sous sa coque invulnérable en un lit cristallin. Aussitôt que la rumeur des glaces en travail s'affaiblit, le *Fram* reprend sa position première... Maintenant l'assaut est terminé, la plaine blanche redevient silencieuse, hérissée de quelques nouveaux amoncellements de glaçons[1], seuls vestiges de la lutte. Vers le soir, la banquise se détend et le *Fram* se trouve de nouveau dans un large bassin d'eau libre.

12 octobre. — Hier matin nous étions étroitement bloqués, aujourd'hui le *floe* auquel nous sommes amarrés flotte dans un large et long chenal, et vers le nord s'ouvre une vaste nappe d'eau libre dont nous n'apercevons pas la fin. En présence de ce changement extraordinaire, peut-être allons-nous pouvoir nous remettre en marche.

Un ciel clair et ensoleillé, un magnifique temps d'hiver plein d'une douce poésie ! La sonde indique des fonds de 90 mètres. Pêche aujourd'hui avec un filet de Murray[2], à une profondeur de 50 mètres ; excellente récolte : des ostracodes, des copépodes, des amphipodes et une *spadella*. La manœuvre de cet engin est très difficile. A peine est-il immergé à travers un trou de la banquise que les glaçons, se rapprochant rapidement, menacent de fermer l'ouverture. En toute hâte il faut relever l'appareil pour ne pas le perdre. Le soir tous les bassins d'eau libre, même les plus petits, scintillent de lueurs phosphorescentes[3]. La faune n'est donc pas aussi pauvre qu'on pourrait le supposer.

---

1. Le vocabulaire arctique donne à ces amoncellements de glaçons brisés par les pressions le nom de *toross*, emprunté à la langue russe *(N. d. T.)*.

2. Ce filet en soie est destiné aux dragages à différentes profondeurs effectués de l'arrière soit d'un navire, soit d'une embarcation. Pendant notre dérive nous en avons fait un fréquent usage en l'introduisant sous la glace ; souvent les récoltes ont été très abondantes.

3. La phosphorescence de la mer est produite principalement par deux petits crustacés lumineux appartenant au genre des copépodes.

13 octobre. — Nous voici exposés en plein à ces terribles pressions auxquelles les prophètes de mauvais augure ont prédit que nous succomberions. Autour du navire la glace se presse, s'entasse et s'amoncelle en monticules menaçants. De hautes murailles de blocs se dressent jusqu'au-dessus des bastingages, enserrant le *Fram* comme pour l'embrasser dans une suprême étreinte. Confiants dans la solidité de notre bâtiment, ce nouvel assaut nous laisse indifférents ; nul ne songe à se déranger pour surveiller l'attaque. Ni les chocs, ni les détonations de la banquise n'arrêtent même les conversations et les rires dans le carré.

La nuit dernière, le *floe* sur lequel les chiens sont installés a reçu un violent assaut. Les glaçons, après avoir été soulevés, ont ensuite dégringolé sur sa surface, ensevelissant notre ancre à glace d'arrière et une partie de son câble d'acier. Des planches et des traîneaux laissés sur la banquise ont été également enfouis ; les chiens auraient même été écrasés sous les avalanches, si l'homme de veille ne les avait lâchés à temps. Finalement, attaqué et pressé de tous côtés, le *floe* s'est fendu en deux. Ce matin, éclairée par un soleil brillant, cette scène de destruction laisse une impression de navrante tristesse. Le *Fram* se trouvait à la limite de l'effort de glace. Nous nous tirons de cette nouvelle attaque avec la perte d'une ancre à glace, d'un bout de câble d'acier, de quelques planches et de la moitié d'un traîneau samoyède ; encore tout cela aurait-il pu être sauvé si les hommes avaient pris à temps leurs précautions. Ils sont devenus si absolument indifférents aux pressions que même le plus formidable grondement ne les attire plus sur le pont.

Ce matin comme hier, à la suite de la pression, détente de la banquise et formation d'une large nappe d'eau autour du navire. La teinte foncée de l'horizon indique toujours l'existence d'une vaste étendue de mer libre dans le nord. En conséquence, je donne l'ordre de remonter la machine et de la tenir prête à être remise en marche. Il faut faire route vers le nord et reconnaître la situation de ce côté. Peut-être cette tache foncée marque-t-elle la limite entre la banquise où était bloquée la *Jeannette* et celle où nous sommes en dérive vers le sud, ou bien peut-être est-ce une terre ?

Dans l'après-midi, changement de mouillage. Nous abandonnons notre vieux *floe*, maintenant tout disloqué, pour aller ancrer un peu plus en arrière. Le soir, un assaut très violent s'étant produit autour des débris de ce glaçon, nous nous félicitons d'avoir quitté son voisinage.

Les pressions, affectant une étendue importante de la banquise, sont dans une étroite relation avec le phénomène des marées. Deux fois par jour la banquise subit une détente, puis une compression. La compression se produit de quatre à six heures du matin, et à pareille heure le soir ; dans l'intervalle la détente donne naissance à des plaques d'eau libre. L'attaque terrible qui vient de se produire a été probablement déterminée par la marée de syzygie. La lune a commencé le 9 et précisément ce jour-là, vers midi, a eu lieu la première convulsion. Depuis, chaque jour, l'agitation de la glace commence à une heure de plus en plus tardive ; aujourd'hui elle survient à huit heures.

Les pressions se produisent particulièrement aux époques de syzygie et se montrent plus violentes à la nouvelle lune qu'à la pleine lune. Durant les périodes intermédiaires, elles sont faibles ou même nulles. Ce phénomène ne se manifesta pas pendant toute la durée de notre dérive ; il fut particulièrement terrible le premier automne, dans le voisinage de la nappe libre, située au nord de la côte sibérienne, et la dernière année aux approches de l'Atlantique. Pendant notre traversée du bassin polaire, il fut moins fréquent et plus irrégulier. Dans cette région, les pressions sont principalement dues à l'action du vent sur les banquises. Lorsque les énormes masses de glace de cette zone, entraînées par la dérive, rencontrent d'autres champs chassés par une brise ayant une direction différente de celle qui pousse les premières, les collisions, comme on le comprend, doivent être terribles.

Cette lutte des glaces les unes contre les autres est à coup sûr un spectacle extraordinaire. On se sent en présence de forces titanesques. Au début d'une grande pression, il semble que tout le globe doive être ébranlé par ces chocs. C'est d'abord comme un roulement de tremblement de terre très lointain, puis le bruit se rapproche et éclate en même temps sur différents points.

Les échos du grand désert neigeux, jusque-là silencieux, répètent ce mugissement en fracas de tonnerre... ; les géants de la nature se préparent au combat. Partout la glace craque, se brise et s'empile en *toross*, et soudain vous vous trouvez au milieu de cette lutte effroyable. Tout grince et mugit, la glace frémit sous vos pas..., de tous côtés d'effroyables convulsions.

A travers une demi-obscurité, vous voyez les blocs monter en hautes crêtes et approcher en vagues menaçantes. Dans les collisions, des quartiers épais de 4 ou 5 mètres sont projetés en l'air, montent les uns au-dessus des autres ou tombent pulvérisés... Maintenant, de tous côtés vous êtes enveloppé par des masses de glace mouvante prêtes à débouler sur vous. Pour échapper à leur étreinte mortelle, vous vous disposez à fuir, mais juste devant vous la glace cède ; un trou noir s'ouvre béant et l'eau affluant par l'ouverture s'épanche à flots. Voulez-vous vous sauver dans une autre direction ? A travers l'obscurité, vous distinguez une nouvelle crête de blocs en marche sur vous. Vous cherchez un autre passage, toute issue est fermée. Un fracas de tonnerre roule sans discontinuer, pareil au grondement de quelque puissante cascade traversé par le fracas d'une canonnade. Ce mugissement formidable approche de plus en plus ; le *floe* sur lequel vous vous êtes réfugié, serré et heurté comme à coups de bélier, s'effrite, l'eau afflue de tous côtés. Pour vous sauver vous n'avez d'autres ressources que d'escalader une de ces arêtes de glaces mouvantes afin d'atteindre une autre région de la banquise... Maintenant, peu à peu, le calme se fait, le bruit diminue et lentement s'éteint dans un grand silence de mort.

Les mois succèdent aux mois, les années aux années, jamais cette lutte effroyable ne prend fin. Partout la banquise est découpée de crevasses et hérissée d'arêtes produites par ces bouleversements. Si, d'un seul coup d'œil, on pouvait embrasser l'immensité de ce désert blanc, il apparaîtrait quadrillé par un réseau de crêtes *(toross)*. Cette vue nous rappelait l'aspect des campagnes de Norvège, couvertes de neige, avec leurs brusques protubérances formées par les murettes séparant les champs. A première vue, ces crêtes semblaient affecter le plus complet désordre, un examen plus attentif de la banquise montrait cependant leur tendance à prendre certaines directions, notamment une orientation perpendiculaire à la ligne des pressions qui leur avaient donné naissance. Les explorateurs ont souvent évalué à 18 mètres la hauteur des *toross* et des *hummocks*. Ces chiffres sont exagérés. Pendant notre dérive et notre voyage à travers la banquise de l'extrême nord, l'*hummock* le plus élevé que j'aie vu ne dépassait pas, à vue d'œil, 10 mètres. — Je n'avais malheureusement pas les moyens de le mesurer. Les *hummocks* les plus saillants dont j'ai déterminé les dimensions atteignaient une hauteur de 6 m à 7,50 m ; ceux-là étaient nombreux. Les entassements de glace de mer ayant une hauteur de 8,50 m sont très rares.

14 octobre. — Un chenal reste toujours ouvert dans la direction du nord, et au-delà la mer apparaît libre à perte de vue. La machine est remontée ; demain nous serons parés pour le départ. Dans la soirée, violente pression. A plusieurs reprises, les blocs empilés sur bâbord menacent de culbuter sur le pont par-dessus le bastingage. Cette glace, peu épaisse, ne peut causer grand dommage, mais sa force d'impulsion est énorme. Sans une minute d'arrêt, elle arrive en vagues qui, de prime abord, paraissent irrésistibles, puis lentement, mais sûrement, elle vient mourir contre la solide coque du *Fram*.

15 octobre. — Maintenant que nous sommes prêts à partir, la banquise reste absolument fermée. Dans la matinée, aux premiers indices de détente de la glace, je donne l'ordre d'allumer les feux. Entre-temps, je me mets à la recherche d'un ours que les hommes ont blessé la nuit dernière et qui ne doit pas être loin du navire. A mon retour, la glace n'a pas bougé.

16 et 17 octobre. — La banquise demeure absolument compacte. Violente pression dans la nuit.

18 octobre. — Le matin, Johansen tue, du pont, un ours qui est venu rôder tout contre le navire. L'après-midi, Henriksen en abat un second.

Temps très clair. Du haut du « nid de corbeau », aucune terre en vue. L'ouverture, qui s'étendait les jours précédents vers le nord, est complètement fermée ; en revanche, durant la nuit, une nouvelle nappe s'est formée tout près du *Fram*.

21 octobre. — Profondeur : 135 mètres. Nous arrivons au-dessus d'une fosse marine. La ligne de sonde indique une dérive vers le sud-ouest. Je ne comprends rien à ce recul constant, d'autant que, ces jours derniers, la brise a été faible. Quelle peut bien être la raison de cette retraite vers le sud ? Dans cette région, le courant devrait porter dans le nord. Comment expliquer autrement l'existence de la large étendue de mer libre que nous avons traversée et celle de la baie où nous avons été arrêtés au point culminant de notre marche ? Ces ouvertures n'ont pu être formées que par un mouvement des eaux vers le nord. La seule objection contre ma théorie est fournie par l'existence du courant se dirigeant vers l'ouest que nous avons observé pendant tout notre trajet de Kabarova à l'Olenek. Mais non, jamais nous ne serons ramenés au sud des îles de la Nouvelle-

Sibérie, puis à l'ouest, vers la côte de Sibérie, et ensuite au nord dans la direction du cap Tchéliouskine.

23 octobre. — Profondeur : 117 mètres, 12 mètres de moins qu'hier. La ligne de sonde indique maintenant une dérive vers le nord-est. Le 12 octobre, nous avons été ramenés jusqu'au 78° 5' ; d'après les observations du 19, nous nous trouvons à 10 milles plus au nord. Enfin, maintenant que le vent est tombé, le courant commence à porter dans la bonne direction.

24 octobre. — Entre quatre et cinq heures du matin, une violente pression a soulevé légèrement le *Fram*. L'assaut des glaces semble devoir se renouveler. Demain, en effet, nous avons une marée de pleine lune. Dans la matinée, la banquise s'ouvre tout contre le navire, puis se referme. Vers onze heures du matin, une attaque assez forte se produit ; après cela un temps d'arrêt, puis, nouvelles pressions dans l'après-midi, particulièrement violentes entre quatre heures et quatre heures et demie.

25 octobre. — La nuit dernière, la banquise a éprouvé une convulsion. Réveillé en sursaut, j'ai senti le *Fram* soulevé, secoué et remué en tous sens ; en même temps, j'ai entendu la glace s'écraser contre sa coque. Après avoir écouté un instant, je me suis rendormi, en pensant qu'il faisait bon être à bord du *Fram*. Ce serait véritablement terrible d'être obligé de quitter le navire à la moindre pression et de fuir avec tous nos bagages sur le dos, comme les gens du *Tegetthoff*.

La brise souffle aujourd'hui du sud-ouest. Le moulin, prêt depuis plusieurs jours, fonctionne pour la première fois. L'essai est particulièrement heureux ; quoique la brise soit faible (5 à 8 mètres à la seconde), notre éclairage est cependant très intense. La lumière exerce une puissante influence sur le moral de l'homme. Au dîner, la gaieté est générale. La lumière agit sur nos esprits comme un verre de bon vin. Le carré a un air de fête.

26 octobre. — L'anniversaire du lancement du navire est célébré en grande pompe. La fête débute par un tir à la cible. Le vainqueur reçoit la grande croix en bois de l'ordre du *Fram*. Au dîner, quatre plats, et, après le repas, permission de fumer dans le carré.

Mes pensées se reportent involontairement à la scène du lancement. Je revois ma chère femme projetant la bouteille de champagne contre l'étrave en s'écriant : « Que *Fram* soit ton nom » ; en même temps, le solide bâtiment, glissant doucement sur son berceau, prenait possession de son élément... Je serrai violemment sa main dans la mienne, et les larmes me vinrent aux yeux ; ni l'un ni l'autre ne fûmes capables de dire un mot ! Maintenant, nous sommes séparés par la mer et par la glace. Pour combien de temps ? A coup sûr, ce sera très long. Je veux m'arracher à cette triste pensée.

Aujourd'hui, le soleil nous fait ses adieux ; la nuit d'hiver va commencer. Où serons-nous quand reparaîtra l'astre de la vie ? Pour nous consoler de son départ, la lune brille d'un éclat absolument extraordinaire.

D'après les observations, nous nous trouvons aujourd'hui trois minutes plus au nord, et un peu plus à l'ouest que le 19. Nous devons être dans un remous où la glace tourne sur elle-même sans avancer. Si seulement un vent de sud se levait et nous poussait dans le nord, le découragement ferait promptement place à l'espoir !

Le 27 octobre, dans l'après-midi, un météore lumineux traverse le ciel, puis disparaît près de l'est de la constellation du Cygne, le second que nous apercevons depuis notre arrivée dans ces parages. Le lendemain nous tuons un renard blanc. Déjà à plusieurs reprises nous avions vu ses pistes autour du navire. Que diable ces animaux peuvent-ils faire aussi loin de terre ? Après tout, cela ne doit pas nous étonner, n'a-t-on pas trouvé des traces de renards sur la banquise entre Jan-Mayen et le Spitzberg ?

5 novembre. — Le temps se traîne. Je travaille, je lis, je m'absorbe dans des réflexions et dans des rêveries ; après quoi je joue de l'orgue, puis me promène sur la glace dans la nuit obscure. Très bas sur l'horizon, dans le sud-ouest, il y a encore un faible afflux de lumière, une lueur rouge foncé comme une tache de sang, passant à l'orange, au vert, au bleu pâle, enfin au bleu foncé tout piqué d'étoiles. Dans le nord vacillent des fusées d'aurore boréale toujours changeantes et mobiles, jamais en repos, absolument comme l'âme humaine. Et, sans y prendre garde, mes pensées reviennent toujours à mes chers adorés... Je songe au retour ; notre tâche est maintenant accomplie, le *Fram* remonte à toute vitesse le fjord. La terre aimée de la patrie nous sourit dans un gai soleil, et... les souffrances poignantes, les longues angoisses sont oubliées dans un moment d'inexprimable joie. Oh ! non, c'est trop pénible ! A grands pas je me promène pour chasser cette hantise déprimante.

De plus en plus décourageant paraît le résultat des observations. Nous sommes aujourd'hui par 77° 43' et 138° 8' de longitude est. Jamais encore nous n'avions rétrogradé aussi loin. Depuis le 29 septembre nous avons été repoussés de 83 milles vers le sud. Toute la théorie dont la vérité me paraissait indiscutable s'écroule comme un château de cartes détruit par la plus légère brise. Imaginez les plus ingénieuses hypothèses, bientôt les faits les auront réduites à néant. Suis-je véritablement sincère en écrivant ces tristes réflexions ? Oui, sur le moment, car elles sont le résultat de l'amertume de mon découragement. Après tout, si nous sommes dans une mauvaise voie, à quoi cela aboutira-t-il ? A la déception d'espérances humaines, tout simplement. Et si nous périssons dans cette entreprise, quelle influence cela aura-t-il sur les cycles infinis de l'éternité ?

9 novembre. — Pris dans la journée une série de températures et d'échantillons d'eau de 10 en 10 mètres, depuis la surface jusqu'au fond, situé à une profondeur de 53 mètres. Partout la mer a une température uniforme de – 1,5 °C, la même température que j'ai observée à une latitude plus méridionale. Il n'y a donc ici que de l'eau originaire du bassin polaire. La salure est très faible. L'apport des fleuves sibériens fait sentir son influence jusqu'ici.

11 novembre. — La « jeune glace » autour du navire atteint une épaisseur de 0,39 m. Dure à la surface, elle devient en dessous poreuse et friable. Cette couche date de quinze jours. Dès la première nuit, elle a atteint une épaisseur de 0,078 m ; les deux nuits suivantes, elle a seulement augmenté de 0,0052 et, pendant les douze nuits suivantes, de 0,26. L'accroissement d'une couche de la glace se ralentit donc à mesure que son épaisseur augmente, et cesse même complètement lorsqu'elle a atteint une certaine hauteur.

19 novembre. — Toujours la même vie monotone. Depuis une semaine, vent du sud ; aujourd'hui, par exception, brise légère de nord-nord-ouest. La banquise reste calme, hermétiquement fermée autour du navire. Depuis la dernière pression violente, le *Fram* a certainement sous sa quille une épaisseur de glace de 3 à 7 mètres [1]. A notre grande joie, l'observation d'hier constate un gain de 44 milles vers le nord depuis le 8. Nous avons égale-

1. Plus tard nous creusâmes la glace jusqu'à une profondeur de 10 mètres sans réussir à atteindre l'eau.

ment fait un pas considérable vers l'est. Que seulement la dérive nous porte dans cette direction !

Le *Fram* constitue au milieu de la banquise un abri chaud et confortable. Même par un froid de – 30 °C le poêle n'est pas allumé. Une lampe suffit à rendre la température très agréable dans le carré. Mes compagnons, du reste, ne s'aperçoivent pas du froid. Alors que le thermomètre marque 30 °C sous zéro, Bentsen va en chemise lire sur le pont les thermomètres. Presque nulle part trace d'humidité ; partout excellente ventilation, grâce à la manche à air qui répand dans tout le navire des flots d'air froid et vivifiant.

27 novembre. — La température de l'air se maintient sans grande variation entre – 25 °C et – 30 °C. Dans la cale du navire elle descend à – 11 °C.

A différentes reprises, les rayons de l'aurore boréale me semblent prendre une orientation parallèle à la direction du vent. Dans la matinée du 23, ce phénomène se montrant dans le sud-est, j'annonce à mes compagnons que la brise qui, en ce moment, souffle du nord-est, descendra au sud-est ; quelques heures plus tard cette prédiction se réalise.

Ce matin, à neuf heures, une forte pression ; dans la soirée, la glace gémit bruyamment aux environs. Le *Fram* ne se trouve plus, semble-t-il, au centre des convulsions. Probablement le dernier assaut violent a comprimé autour de nous toute la glace en une masse très résistante que le froid a solidifiée, tandis que, plus loin, la banquise, moins compacte, peut s'ouvrir et par suite être soumise à des pressions.

3 décembre. — Dérive au nord-est, terriblement lente. Depuis le 28 novembre, nous avons avancé seulement de cinq milles.

5 décembre. — –35,7 °C, la plus basse température éprouvée jusqu'ici. Nous sommes par 78° 50', à 6 milles plus au nord que le 2 ; la vitesse de dérive serait de 2 milles par jour. — Dans l'après-midi, magnifique aurore boréale ; de l'est à l'ouest, le ciel est illuminé par une arcade flamboyante. Un peu plus tard, le temps devient couvert ; une seule étoile est visible, l'étoile du foyer. Comme je l'aime, ce petit point lumineux ! Chaque fois que je monte sur le pont, je la cherche, cette étoile, et toujours elle est là, brillante dans son impassibilité radieuse. Elle me semble notre protectrice.

8 décembre. — De 7 à 8 heures du matin, encore une pression. L'après-midi je dessinais dans le carré, lorsque subitement un choc violent, suivi d'un craquement formidable, se fait entendre juste au-dessus de ma tête, comme si de gros blocs de glace tombaient de la mâture sur le pont. En un clin d'œil, tous les hommes sont debout ; les paresseux qui faisaient la sieste à ce moment passent en hâte un vêtement et accourent dans le carré. Kvik, effrayé par la violence de la détonation, a même quitté ses quartiers d'hiver. Qu'est-ce qui a bien pu se passer ? Impossible de découvrir la cause de ce fracas épouvantable. La glace est en mouvement et paraît en train de s'écarter du navire. Ce bruit a été probablement causé par une pression inopinée qui a déterminé le décollement de la glace sur toute la longueur du bâtiment. On n'entend aucun craquement dans les œuvres du navire ; le *Fram* n'a donc pas éprouvé d'avarie. Dehors, il fait très froid, le mieux est de rentrer.

A six heures du soir, nouvelle pression d'une durée de vingt minutes. La banquise grince et détone à l'arrière ; dans le carré, le bruit est tel que toute conversation devient impossible à moins de hurler à tue-tête. Pendant ce sabbat, l'orgue fait entendre des phrases de la mélodie de Kjerulf : « Le chant des rossignols m'empêche de dormir. »

10 décembre. — Aujourd'hui, grand événement dans la vie monotone du bord : apparition d'un journal, le *Framsjaa*, la *Vigie du Fram ;* directeur, notre excellent docteur. Le premier numéro, lu le soir à haute voix dans le carré, excite une gaieté générale. Dans notre situation, l'entrain est un remède préventif contre la maladie ; par son amusante initiative, Blessing contribue ainsi à fortifier notre excellent état sanitaire.

13 décembre. — Depuis hier soir, sans une minute de repos, les chiens aboient furieusement ! A plusieurs reprises, les hommes de garde ont fouillé et exploré les environs ; en dépit de leurs recherches, impossible de découvrir la cause de cet émoi. Ce matin on constate la disparition de trois chiens. Après le déjeuner, Mogstad et Peter vont examiner la neige autour du navire, espérant découvrir la piste des fugitifs. « Vous feriez bien de prendre un fusil », leur dit Jacobsen. « Oh ! non, nous n'en avons pas besoin », réplique Peter. En bas de l'échelle, il y a pourtant des traces d'ours et de sang. Nos deux gaillards ne s'acheminent pas moins sur la banquise, armés seulement d'une lanterne et escortés par toute la meute. A quelques centaines de pas du navire surgit tout à coup de l'obscurité un ours énorme. A cette vue, nos hommes prennent aussitôt leur galop vers le bord. Mogstad, chaussé de légers mocassins, s'esquive rapidement, mais Peter, empêtré dans ses lourdes bottes à semelle en bois, n'avance que très lentement. Notre homme a beau faire diligence, jamais il n'aperçoit le navire. Dans la confusion de la retraite, le malheureux s'est trompé de route ! Heureusement l'ours ne le suit plus ; le voilà donc tranquille, lorsque, à deux pas de là, le pauvre Peter glisse et roule au milieu des *hummocks*. Enfin, il arrive sur la glace plate qui entoure le navire ; encore quelques pas, et il sera en sûreté quand soudain quelque chose bouge tout près de lui. Un chien, suppose-t-il ; avant qu'il ait eu le temps d'élucider la question, l'ours arrive sur lui et le mord au côté. Notre homme empoigne alors sa lanterne et en assène un coup si violent sur le museau de l'animal que le verre se brise bruyamment en mille morceaux. La bête effrayée recule, et, profitant de son effarement, l'ami Pierre a le temps de grimper lestement à bord. A la nouvelle de cette attaque, nous sautons sur nos fusils ; quelques minutes après, l'assaillant tombait mort.

Après cet incident, nous partons à la recherche des bêtes disparues, et découvrons bientôt leurs cadavres éventrés. Sans éveiller notre attention, l'ours a pu grimper à bord par l'échelle, enlever les chiens à sa portée et redescendre ensuite aussi tranquillement qu'il était venu.

Kvik met au monde treize enfants, un précieux renfort pour la meute réduite maintenant à un effectif de vingt-six bêtes. Elle ne peut en nourrir que huit, il faut donc nous décider à noyer les autres.

Position d'hier : 79° 8' lat. N. Un gain de 8 milles en trois jours !

Depuis le début de notre dérive, pas une chute de neige ne s'est produite. Noël approche pourtant, et il n'y a pas de vrai Noël sans d'épais flocons. Oh ! la belle chose que la neige silencieuse, adoucissant de sa nappe virginale tous les contours brusques. Cette banquise de glace vive est comme une vie sans amour ; rien ne l'adoucit. L'amour, c'est la neige de la vie. Il ferme les blessures reçues dans le combat de l'existence et resplendit plus pure que la neige. Qu'est-ce qu'une vie sans amour ? Elle est pareille à ce champ de glace, une chose froide et rugueuse errant à la dérive des vents, sans rien pour couvrir les gouffres qui la déchirent, pour amortir le choc des collisions et pour arrondir les angles saillants de ses blocs brisés. Oui, une telle vie est semblable à cette glace flottante nue et pleine d'aspérités.

21 décembre. — Le temps passe avec une rapidité extraordinaire. Voici déjà le jour le plus court de l'année, si je puis m'exprimer ainsi, puisque nous n'avons plus de jour. Maintenant nous irons vers le retour du soleil et vers l'été. Aujourd'hui sondage ; à 2 100 mètres, pas de fond ! Qui aurait pu s'attendre à trouver ici une pareille profondeur ?

22 décembre. — Dans la nuit, nouvelle visite d'ours. L'animal se dirige d'abord vers le navire, puis, apercevant le piège dressé par Sverdrup et Lars, s'achemine immédiatement vers l'instrument. A cette vue, le cœur bat à notre capitaine ; d'une minute à l'autre il s'attend à entendre le bruit produit par le déclenchement de l'appareil. Mais maître Martin est très prudent ; il examine soigneusement la machine, et, se levant sur les pattes de derrière, s'appuie juste à côté de la trappe pour contempler un instant le délicieux morceau de graisse qui constitue l'appât ; après un moment d'hésitation, il redescend à terre. Evidemment cette grande chose plantée là au milieu de la glace ne lui dit rien qui vaille. Il flaire le support, tourne tout autour, et, après avoir de nouveau contemplé le piège, s'en va en hochant la tête. Il semble dire : « Ces mauvais gars ont fort bien arrangé la chose à mon intention, mais je ne suis pas si bête pour m'y laisser prendre. » Décidément, malgré toute l'ingéniosité de Sverdrup, le fusil est encore plus sûr. Arrivé à soixante pas du navire, l'ours, reçu par une salve nourrie, tombe mort. Une seule balle l'avait frappé ; comme d'habitude en pareil cas, chacun des quatre tireurs s'attribua l'honneur du coup.

24 décembre. — Un radieux clair de lune illumine la silencieuse nuit arctique... A l'approche du grand jour de la Noël, notre petit monde est de plus en plus gai. Chacun songe évidemment aux absents, mais personne ne laisse deviner ses soucis. — Le carré et les cabines sont brillamment illuminés et le menu du repas particulièrement soigné. Faire bombance, c'est pour nous la seule manière de fêter les solennités. Le dîner est excellent et le souper non moins exquis. Après cela on sert les gâteaux traditionnels, auxquels Juell travaille depuis des semaines. Le « clou » de la fête est l'arrivée de deux boîtes contenant les cadeaux de Noël, présents de la mère et de la fiancée de Hansen. C'est avec une véritable joie d'enfant que chacun reçoit son petit souvenir : une pipe, un couteau ou une autre bagatelle de ce genre. Il semble que ces caisses soient un message de tous les chers absents. Après cela, une série de toasts et de discours, puis lecture d'un nouveau numéro du *Framsjaa* accompagné d'un supplément illustré dû au crayon du célèbre artiste polaire Huttetu.

25 décembre. — Là-bas, au pays, très certainement ils songent aujourd'hui à nous et s'attristent à la pensée des souffrances que nous devons endurer, supposent-ils, au milieu du grand désert glacé de l'océan Arctique. Que ne peuvent-ils nous voir gais et bien portants ! A coup sûr notre vie n'est pas plus pénible que la leur. Jamais je n'ai mené une existence aussi douce et jamais je n'ai autant redouté l'embonpoint. Voyez, par exemple, le menu du dîner. Pas moins de cinq plats. Une soupe à l'*oxtail*, un pudding de poisson, un rôti de renne avec des petits pois, des pommes de terre, de la confiture d'airelle, de la confiture de baies de marais [1] avec de la crème et des galettes. Tout le monde fait si bien honneur au repas que personne n'a faim au souper. Dans la soirée on sert le café avec accompagnement d'ananas, de macarons, de gâteaux au gingembre et de mendiants. Pour vous donner une idée de notre ordinaire, n'oublions pas le déjeuner composé de café, de pain frais, de langue, de *corned beef*, de fromage et de marmelade. A l'exception des gâteaux, notre menu quotidien n'est pas différent. Avec cela, nous habitons une bonne et solide maison, bien éclairée par de grandes lampes à pétrole ou par l'électricité ; nous avons toute espèce de jeux pour nous distraire et toute une bibliothèque pour nous instruire. Que peut-on demander de plus ?

26 décembre. — Aujourd'hui et hier – 38 °C, la plus basse température observée depuis le commencement de l'hivernage. Dans la journée, en me promenant sur la banquise, j'arrive sur le bord d'un grand lac, couvert de « jeune glace » coupée par une large crevasse. Les rayons de la lune jouent sur la surface noire de l'eau et cette vue me rappelle soudain les scènes du pays des fjords. A perte de vue, du haut d'un monticule de glace, la nappe d'eau bleue s'étend dans la direction du nord.

28 décembre. — En avant du *Fram*, dans une direction perpendiculaire à celle de son gisement, s'est ouvert un chenal ; la glace formée à sa surface la nuit dernière porte des traces de pression. Nous ne prêtons pas la moindre attention à tous ces mouve-

1. Baie de marais ou ronce faux-mûrier *(Rubus chamæmorus)*.

ments de la banquise qui ont causé tant d'émois à nos prédécesseurs. Aucun préparatif n'a été fait à bord en vue d'un accident. Nous n'avons sur le pont ni vivres, ni tente, ni équipement prêts à être débarqués. Et ce n'est pas par négligence ; mais nous n'avons pas lieu de craindre les convulsions de la glace. Nous avons pu apprécier la résistance de notre bâtiment, et notre confiance en lui est absolue. Contre sa coque inébranlable, les blocs les plus durs viennent s'aplatir et perdre leur force d'impulsion.

De l'avis de tous les explorateurs, la longue nuit de l'hiver arctique exercerait l'influence la plus pernicieuse sur l'organisme et déterminerait fatalement l'éclosion du scorbut parmi les équipages. Un marin anglais avec lequel je m'entretins de cette question avant mon départ fut particulièrement pessimiste. « Non, jamais, assurait-il, une expédition polaire ne pourrait échapper au scorbut ; c'était là un mal inévitable ; tous les chefs de mission qui prétendaient en avoir été indemnes avaient simplement donné un autre nom à la terrible maladie. » Maintenant, je suis en mesure de réfuter cette opinion par notre expérience. La nuit polaire n'a eu aucune influence débilitante ou déprimante sur moi ; tout au contraire, pendant cet hivernage, j'ai l'impression de rajeunir. Cette vie régulière me convient parfaitement ; jamais je ne me souviens d'avoir été en meilleure santé. Bien plus, je recommanderai les régions arctiques comme un excellent sanatorium pour les personnes affaiblies ou atteintes d'affections nerveuses.

J'en viens même à avoir honte de nous ; ces terribles souffrances de la longue nuit de l'hiver polaire, décrites en termes si dramatiques par nos prédécesseurs, nous n'en éprouvons aucune. Elles sont pourtant bien nécessaires pour donner de l'intérêt à une réunion d'expédition arctique ! Si cela continue ainsi, qu'aurons-nous à raconter au retour ? Tous mes compagnons sont également gros et gras ; aucun d'eux n'a la mine pâle et les joues caves traditionnelles des hiverneurs polaires, et chez eux pas trace d'abattement. Ecoutez seulement dans le carré l'agitation des conversations et les éclats de rire. Cet excellent état sanitaire et moral, nous le devons à la qualité et à la variété de notre ordinaire, à la bonne ventilation du navire, à nos fréquentes promenades en plein air, à l'absence de tout surmenage physique, enfin aux quotidiennes distractions que nous apportent la lecture et les jeux. Notre système de vie en commun, sans aucune inégalité de traitement entre les divers membres de l'expédition, a également exercé la plus heureuse influence.

Plusieurs de mes camarades se plaignent d'insomnie. Le manque de sommeil est aussi, dit-on, une conséquence inévitable de l'obscurité de l'hiver arctique. Pour mon compte je n'en ai jamais souffert ; je ne fais pas, il est vrai, la sieste dans l'après-midi, comme la plupart de mes compagnons. Après avoir dormi plusieurs heures dans la journée, mes camarades ne pouvaient s'attendre à ronfler ensuite toute la nuit. « L'homme ne peut toujours dormir », disait justement Sverdrup.

31 décembre. — Voici le dernier jour de l'année. Une longue année, qui nous a apporté et beaucoup de bien et beaucoup de mal. Elle a débuté par le bien, par la naissance de la petite Liv, un bonheur si étrange que d'abord j'y pouvais à peine croire. Ensuite est venue l'heure triste du départ. Nulle année n'a apporté une peine plus lourde que celle-là. Depuis, ma vie n'est qu'une longue attente. Comme l'a dit le poète : « Veux-tu ignorer les peines et les soucis, n'aime jamais. »

L'attente ! il y a des maux pires !

Vieille année, tu m'as apporté la déception ; tu ne m'as pas conduit aussi loin vers le nord que je l'avais espéré. Après tout, tu aurais pu me traiter encore plus mal. Mes calculs ne se sont-ils pas réalisés en partie ? Le *Fram* n'a-t-il pas été poussé dans la direction désirée ? Une seule chose me contrarie : la multiplicité des zigzags de la dérive.

Une nuit magnifique termine l'année. Au-dessus de la grande étendue blanche, le ciel d'une incomparable pureté n'est qu'un scintillement d'étoiles, illuminé par le flamboiement silencieux de l'aurore boréale, et sur ce fond de paillettes brillantes, le *Fram* détache en vigueur sa masse noire argentée de givre.

Tout naturellement, grande réjouissance dans la soirée. A minuit, j'adresse à mes compagnons une courte allocution de circonstance, les remerciant de leur bon esprit de camaraderie et de leur confiance. Ensuite chants et lecture de poésies.

3 janvier 1894. — La température varie entre – 39 °C et – 40 °C ! Par un pareil froid, la lecture des instruments de météorologie n'est pas précisément agréable, surtout celle des thermomètres à maximum et à minimum placés dans le « nid de corbeau ». Plus pénibles encore sont les observations astronomiques exécutées tous les deux jours. Pour manier les petites vis très délicates des instruments, naturellement Hansen et son aide doivent être dégantés, d'où de fréquentes congélations aux mains. Souvent le froid est tellement pénétrant que les observateurs doivent interrompre leur travail pour battre la semelle et pour se frapper les bras. Et cependant, jamais ils ne veulent avouer leurs souffrances. « Hansen, il ne fait pas chaud là-haut, lui demandons-nous, lorsqu'il rentre au carré. — Ma foi non, cependant la température est, je vous assure, très supportable. — Soit, mais vous avez les pieds gelés. — Non, en vérité, je ne puis le dire, j'ai seulement un peu froid aux doigts. » En effet... deux de ses doigts sont « mordus », et il s'obstine à refuser les gants en peau de loup que je lui offre. Aujourd'hui, le temps est trop doux pour une telle précaution, affirme-t-il.

Un jour, par 40 °C sous zéro, Hansen monta sur le pont en chemise et en caleçon pour une lecture d'instrument. Et des explorateurs ont affirmé l'impossibilité d'exécuter des observations par de pareilles températures !

4 janvier. — L'aube me semble plus claire, mais, peut-être est-ce par un effet de mon imagination ? Je suis de très belle humeur, bien que nous dérivions encore vers le sud. Après tout, qu'importe ? Peut-être dans cette direction notre expédition ne sera-t-elle pas moins fructueuse pour la science ? En attendant, je connais maintenant la nature du bassin polaire. La mer profonde à travers laquelle nous dérivons est un prolongement des grandes fosses atlantiques. Mes prévisions se trouveraient vérifiées complètement, si seulement nous avions un vent favorable. Bien d'autres, avant nous, n'ont-ils pas attendu une bonne brise ! Au fond, ce désir d'atteindre le pôle est une suggestion du démon de la vanité.

La vanité ? n'est-ce pas une maladie d'enfant qui devient plus aiguë avec les années et qui pourtant devrait disparaître ?

Tous mes calculs, à l'exception d'un seul, se sont trouvés justes. Nous avons suivi notre route le long de la côte de Sibérie, en dépit de toutes les prédictions défavorables ; nous sommes parvenus au nord plus loin que je n'avais osé l'espérer et juste à la longitude que je souhaitais atteindre ; comme je le désirais, nous avons été pris dans les glaces, et le *Fram* a supporté sans la moindre avarie toutes les pressions, alors que les explorateurs les plus expérimentés avaient affirmé sa perte certaine. Enfin, notre hivernage sur cette banquise en dérive est bien moins pénible que celui des précédentes expéditions. Notre vie ressemble à celle que nous mènerions en Norvège. Tous réunis dans une même pièce, nous formons comme un petit coin de la patrie.

Le seul point sur lequel mes calculs se sont trouvés en défaut est, je ne puis le cacher, d'une très haute importance. Le plus grand fond rencontré par la *Jeannette* n'était que de 164 mètres ; je croyais donc l'océan Polaire peu profond et supposais par suite l'action des courants très sensible dans cette mer et l'apport des fleuves sibériens capable de repousser la banquise très loin vers le nord. Aussi, grand a été mon étonnement de trouver dans cet océan des abîmes atteignant 1 800 mètres au moins et peut-être même le double. Au milieu d'une pareille masse d'eau un courant, s'il existe, doit être très faible. Mon seul espoir maintenant est dans les vents. Christophe Colomb a découvert l'Amérique par suite d'un faux calcul, dont il n'était pas d'ailleurs responsable. Seul le ciel sait où nous conduira mon erreur. Mais, en vérité, je le dis : le bois flotté de provenance sibérienne qui se rencontre sur les côtes du Groenland ne peut mentir ; nous devons donc suivre le même chemin que lui.

8 janvier. — La petite Liv a aujourd'hui 1 an. A la maison c'est grande fête. Que ne donnerai-je pour te voir aujourd'hui, cher petit être ? Tu m'as sans doute oublié depuis longtemps et tu ne sais plus ce que c'est qu'un père ? Tu le sauras un jour de nouveau.

Dans l'après-midi, Vénus apparaît pour la première fois au-dessus de l'horizon. Entourée d'une auréole rouge, elle éclaire le grand désert glacé comme un phare puissant... C'est l'étoile de Liv, comme Jupiter est l'étoile du foyer. Un pareil jour ne peut nous apporter que joie et bonheur. En effet, nous dérivons vers le nord ; nous sommes certainement au-delà du 79°.

15 janvier. — Un bon pas vers le nord. Hier nous étions par 79° 19' et 137° 31' long. E. — Dans la journée je fais une longue excursion à pied. La glace est unie, excellente pour le traînage ; à mesure que j'avance, elle devient de plus en plus plane. Plus j'examine cette banquise et plus mûrit dans ma tête un projet auquel j'ai depuis longtemps déjà souvent réfléchi. Sur une telle glace il serait possible d'atteindre le pôle avec des traîneaux et des chiens, en laissant le navire poursuivre sa route vers la terre François-Joseph, le Spitzberg ou le Groenland. Ce serait une entreprise facile pour deux hommes... En tout cas, il serait prématuré de partir au printemps prochain. Je dois d'abord connaître les résultats de la dérive pendant l'été. En second lieu est-il juste d'abandonner les autres ? Si je réussissais à revenir en Norvège et que mes compagnons périssent avec le *Fram !* Mais, d'autre part, n'est-ce pas pour explorer le bassin polaire que l'expédition est partie, et n'est-ce pas dans ce but que le peuple norvégien a libéralement donné son argent ? Mon devoir est de faire tous les efforts possibles pour arriver au but... Pour le moment il faut attendre les événements.

18 janvier. — Vent de S.-S-E., de S.-E., et d'E.-S.-E. Vitesse de 5 à 6 mètres par seconde. Ces grandes brises déterminent presque toujours une hausse du thermomètre ; aujourd'hui il monte à – 25 °C. Moins violents, les vents du sud produisent un refroidissement de l'air, tandis que ceux de la partie nord, lorsqu'ils sont faibles, amènent une élévation de température. Payer attribue l'échauffement des couches d'air observées, par les brises fraîches, à leur passage au-dessus de nappes d'eau libre. Cette explication ne me semble pas exacte, surtout dans cette région où il existe peu ou point d'ouvertures dans la banquise. A mon avis, cette hausse de température serait déterminée par l'arrivée, à la surface de la terre, de nappes d'air provenant des hautes régions de l'atmosphère. L'air des régions supérieures doit, en effet, avoir une température plus élevée que celle des nappes ambiantes à notre globe, refroidies par la radiation des neiges et des glaces. En second lieu, en descendant, l'air subit un échauffement en raison de l'augmentation de pression qu'il éprouve.

23 janvier. — Ce matin, lorsque je monte sur le pont, Caïaphas aboie furieusement dans la direction de l'est. Il doit y avoir quelque animal de ce côté. Muni seulement d'un revolver, je pars à la découverte, accompagné de Sverdrup. Aussitôt le chien file devant nous, toujours en donnant de la voix. J'examine soigneusement les environs ; impossible de rien distinguer. Caïaphas aboie toujours et pointe les oreilles. D'une seconde à l'autre je m'attends à voir surgir un ours. Nous voici sur le bord de l'ouverture voisine du navire ; notre chien avance lentement et avec précaution, puis s'arrête en grognant sourdement. Evidemment nous approchons du gibier. Je grimpe sur un *hummock*, et devant moi j'aperçois quelque chose de sombre qui semble remuer. « Un chien noir, dis-je à Sverdrup. — Mais non, répond-il, c'est un ours. » Ce que j'ai pris tout d'abord pour un chien est seulement la tête de la bête ; sa démarche est bien celle de l'ours, mais cet ours blanc est terriblement noir. Je m'avance vers lui, le revolver à la main, prêt à lui envoyer mes six balles dans le museau, lorsque je vois l'animal se lever, et du coup je reconnais un morse. L'énorme bête se jette aussitôt à l'eau et plonge, puis après être revenue à la surface et s'être ébrouée, reste à nous regarder. Inutile d'envoyer des balles de revolver à un pareil monstre ; autant essayer de prendre une oie sauvage en lui déposant le fameux grain de sel sur la queue. Quel dommage que nous n'ayons pas un harpon ! Nous revenons en toute hâte à bord chercher les armes nécessaires ; le temps de les préparer, le gibier a disparu. Jamais auparavant, que je sache, on n'avait rencontré un morse sur la banquise en pleine mer.

Bonne dérive vers le nord. 79° 41' lat. N. 135° 29' long. E.

25 janvier. — En me promenant j'atteins la fin de l'ouverture située à l'est du *Fram ;* elle ne fait pas moins de 11 kilomètres de long. Au retour de cette excursion, la banquise commence à s'agiter. La jeune glace qui couvre le chenal se brise sous mes pas et s'amoncelle en deux hautes murailles avec des bruits étranges. Tantôt on croit entendre un gémissement de chien, tantôt un fracas de puissante chute d'eau. A différentes reprises le passage m'est fermé, soit par la brusque ouverture d'une nappe d'eau, soit par le soulèvement d'un monticule de blocs. La partie de la banquise où est enfermé le *Fram*, située au sud de nous, paraît être poussée vers l'est, à moins que ce ne soit la portion du *pack* [1] sur laquelle nous nous trouvons qui dérive dans l'ouest.

27 janvier. — Le jour augmente sensiblement. A midi on peut lire les caractères d'un journal. Le soir, pendant deux heures, très violentes pressions. Les glaces craquent et se brisent dans des heurts terribles, et leurs débris s'empilent en hautes murailles le long des rives du lac. On entend venir le grondement... il approche de plus en plus... le navire éprouve des chocs violents ; il semble qu'il soit soulevé par des vagues de glace arrivant par l'arrière. Les *hummocks* à tribord grincent, le bruit devient assourdissant. Une accalmie se produit et je regagne le carré. A peine me suis-je remis au travail que les pressions reprennent de plus en plus violentes.

A bâbord le vieil *hummock* est lentement soulevé, tandis que

1. Banquise *(N. d. T.)*.

se déchire la grande flaque située dans son voisinage. Le fracas et la violence des chocs augmentent de minute en minute ; le navire frémit, et cela dure ainsi jusqu'à dix heures et demie. A minuit moins le quart, nouvelle attaque de la glace, plus faible ; puis, tout rentre dans le calme. L'assaut a été particulièrement violent à l'arrière. Un monticule formé de blocs empilés dépasse six mètres[1] ; des glaçons épais de trois mètres environ ont été brisés et entassés les uns au-dessus des autres.

La lune est à son dernier quartier ; la production de cette forte pression à cette époque ne concorde donc pas avec nos observations antérieures. Peut-être est-elle due au voisinage d'une terre.

30 janvier. — Depuis avant-hier, calme plat, néanmoins légère dérive au sud-est. Lorsque le vent a, pendant quelque temps, soufflé d'un point du compas, la banquise éprouve une compression dans cette direction, puis, dès que la brise tombe, subit une détente et s'étend en sens contraire. A cette réaction sont dus, je crois, le recul d'un mille constaté depuis le 27, et l'attaque de ce jour-là. Depuis cette date, la glace est calme. Les pressions se produisent probablement lors du changement de direction de la dérive.

2 février. — 82° 10' lat. N. et 132° 10' long. E. En l'honneur du passage du 80°, grande fête à bord.

6 février. — Le thermomètre oscille entre – 47 °C et – 48 °C. Dans le salon il s'élève à + 22 °C. Lorsque l'on sort, la différence de température est donc de 69 °C à 70 °C. Néanmoins, fût-on même légèrement vêtu et tête nue, on n'éprouve pas une impression de froid.

L'air est calme et remarquablement clair. L'horizon, dans le sud, resplendit d'une lueur jaune très intense passant au vert et au bleu. Le ciel d'Italie n'est pas d'un bleu plus intense. Cette puissante coloration se produit toujours par les grands froids. Le lendemain, le thermomètre descend à – 49,6 °C.

Depuis le mois dernier, tous les membres de notre petite colonie ont pris du poids ; pour quelques-uns, l'accroissement atteint deux kilogrammes. Sverdrup, Blessing et Juell tiennent le « record » avec 86,2 kg.

15 février. — Longue excursion en traîneau. Sur la glace unie, quatre chiens peuvent traîner deux hommes. J'étudie l'impor-

1. Il reçut le nom de *Grand Hummock* et suivit le *Fram* pendant toute sa dérive.

tante question de la marche sur la banquise en vue des plans d'avenir.

Combien exagérées sont les craintes qu'inspirent les basses températures arctiques ! Certainement il ne fait pas chaud par – 40 °C et – 42 °C ; mais un tel froid ne cause aucune souffrance. Hier, dans une promenade à *ski*, j'étais vêtu d'une chemise ordinaire et de deux blouses en peau ; aux jambes, caleçon, pantalon, jambières en drap, et je suais à grosses gouttes.

Aujourd'hui, pour la promenade en traîneau, je porte une chemise de flanelle, un gilet, un jersey en laine, une veste en vadmel[1] et une blouse en peau de phoque. Avec cet accoutrement, la température me semble très agréable ; comme hier, je transpire à plusieurs reprises. Sur la figure, je porte un masque de flanelle, mais cet appareil me tient beaucoup trop chaud ; je ne le mets que lorsqu'une brise très fraîche me souffle dans le nez.

16 février. — Après une dérive dans le sud, les jours précédents, nous voici de nouveau au nord, au 80° 1' ; pourtant, depuis le 12, le vent a toujours soufflé du nord.

A midi, grand émoi ! Après une absence de cent douze jours, le soleil, ou du moins son image réfractée, apparaît à l'horizon. Un long trait de feu brille d'abord, puis deux autres superposés et séparés par un intervalle sombre. Du haut de la mâture j'aperçois quatre, puis cinq raies horizontales, toutes d'égale longueur. L'ensemble forme un soleil rectangulaire, d'un rouge pâle, traversé de bandes horizontales sombres. A midi, d'après une observation, l'astre se trouvait encore à 2° 22' au-dessous de l'horizon. Le 20 février seulement, le soleil devait se trouver au-dessus de l'horizon. Cet événement fut, bien entendu, l'occasion d'une fête.

22 février. — Depuis trois jours, vent de sud ; cependant nous ne sommes qu'au 80° 11'. En septembre, nous étions par 79° ; depuis, nous n'avons guère gagné plus d'un degré. A cette vitesse, il nous faudra encore quarante-cinq mois pour atteindre le pôle, quatre-vingts ou cent mois pour regagner, de l'autre côté, le 80° de latitude, ensuite un ou deux mois pour revenir en Norvège. En admettant que la dérive se poursuive toujours dans les mêmes conditions de vitesse, nous ne reviendrons que dans huit ans !

---

1. Drap tissé par les paysans norvégiens, très épais et très chaud.

Avant mon départ, lorsque je plantais de petits arbustes et de jeunes arbres dans le jardin pour les générations futures, Brogger écrivait avec juste raison : « Personne ne peut savoir la longueur de leur ombre lorsqu'il sera de retour. » Ils sont maintenant sous la neige ; mais au printemps ils recommenceront à bourgeonner et à grandir. Combien de fois avant mon retour ? Pourvu que leur ombre ne soit pas trop longue !

Cette inactivité est absolument énervante ; j'éprouve un impérieux besoin d'exercice violent. Qu'un ouragan n'arrive-t-il et ne secoue-t-il cette banquise en hautes vagues ! Qu'au moins nous puissions lutter et faire quelque chose ! Cette inaction est bien la vie la plus misérable. Pour se laisser ainsi conduire vers le but par les forces aveugles de la nature sans jamais pouvoir intervenir, il faut à coup sûr dix fois plus d'énergie que pour le combat.

Le 19, forages dans la glace. A bâbord, son épaisseur est de 1,875 m et à l'avant de 2,08 m ; elle n'est donc pas très grande, si l'on songe qu'elle est « vieille » d'un mois, et que pendant ce mois la température est descendue à – 50 °C. La plaque sur laquelle se trouve installé le piège à ours atteint une profondeur de 3,45 m ; de plus, quelques glaçons adhèrent à sa face immergée. Elle présente une sorte de stratification rappelant celle d'un glacier, rendue apparente par des dépôts de matières noires colorées d'organismes rougeâtres, qui se trouvent à la surface de chaque couche. En différents endroits les strates sont plissées et même brisées comme dans une coupe géologique ; plissements et fractures proviennent évidemment des pressions exercées latéralement dans les chocs des glaçons. Cette disposition était particulièrement frappante près d'un grand *toross* formé par la dernière convulsion de la banquise. La plaque, épaisse de plus de 8 mètres, avait été plissée sans se briser, notamment au pied du monticule amoncelé à sa surface. Sous le poids de cette surcharge, la surface du glaçon était, en certains endroits, descendue jusqu'au niveau de la mer, tandis qu'ailleurs, pressé par des blocs qui avaient été poussés sous elle, cette flaque s'élevait à 0,50 m au-dessus de l'eau. En dépit du froid, cette glace est donc très plastique. A cette époque, la température de la banquise, à une très petite profondeur, devait varier de – 30 °C à – 20 °C.

4 mars. — Toujours les mêmes alternatives de progrès et de recul. Le 24 février, après vingt-quatre heures seulement de vent de sud, nous sommes repoussés au 79° 54' ; nous dérivons ensuite dans l'est, puis au nord-est. Le 27, nous atteignons le 80° 10' ; maintenant nous sommes de nouveau repoussés par un vent de sud-est.

Hier et aujourd'hui, le thermomètre descend à – 37 °C et à – 38 °C. Actuellement, le vent du nord détermine un abaissement de température, et celui du sud une hausse du thermomètre. Au commencement de l'hiver, c'était le contraire.

12 mars. — Toujours en dérive vers le sud. Je commence à être découragé. N'en ai-je pas le droit ? L'une après l'autre, toutes mes espérances s'évanouissent. Et pendant ce temps, indifférente à tous nos sentiments, la nature poursuit, impassible, son cycle.

Temps très froid ; le 8 au soir, le thermomètre descend à – 48 °C, le 11 à – 50 °C, et dans la soirée à – 51,2 °C. Néanmoins, chaque jour nous faisons des excursions. Quoique nous ne soyons pas plus couverts que d'habitude[1], nous ne sommes nullement incommodés par cette basse température. Tout au contraire, elle nous semble très agréable. Nous avons seulement froid au ventre et aux jambes ; mais il suffit de battre la semelle pour se réchauffer. Très certainement on pourrait supporter une température encore plus basse, de 10 °C, 20 °C et même 30 °C. Les sensations éprouvent des modifications très curieuses. En Norvège, j'ose à peine mettre le nez dehors par une température de – 20 °C, alors même que l'air est calme ; ici, par un froid de – 50 °C et avec du vent, je n'hésite pas à sortir.

13 mars. — Nouvelle visite d'un morse. Les chiens l'aperçoivent du pont du navire, à une distance d'au moins 1 000 mètres, bien qu'il ne fasse pas très clair. Ces animaux ont une vue extraordinairement perçante.

16 mars. — Essai de marche à la voile avec les traîneaux. L'expérience réussit parfaitement. Une légère brise suffit à pousser rapidement les véhicules.

21 mars. — Enfin ! Vent de sud-est et dérive vers le nord. L'équinoxe de printemps est passé, et nous sommes à la même latitude qu'en automne. Où serons-nous en septembre prochain ? Si nous nous trouvons plus au sud, la victoire sera incertaine ; si, au contraire, nous avons avancé vers le nord, la

1. Les uns étaient vêtus d'une chemise et d'une peau de loup, les autres d'une jaquette de laine et d'une blouse légère en peau de phoque.

bataille est gagnée ; mais cela sera peut-être long. Je place maintenant mes espérances dans l'été. La large étendue d'eau libre, qui, en septembre, s'étendait jusqu'au 70°, n'avait certainement pas été produite par la fusion de la banquise, et avait été formée par les vents et les courants. Pour qu'elle se reforme l'été prochain, la glace devra donc être repoussée vers le nord, et, par suite, nous entraînera dans la direction désirée.

26 mars. — Le 23, nous sommes de nouveau au 80°. En quatre jours, nous avons regagné le terrain perdu en trois semaines. Le thermomètre moral remonte ; cette hausse est de courte durée ; le 26, la dérive s'arrête.

Le soleil monte et illumine de sa joyeuse clarté le grand désert glacé. Le printemps arrive, mais il n'apporte guère la joie. Il est triste et froid. Sept ans d'une pareille vie, mettons même quatre, après une telle épreuve, dans quel étal moral serons-nous ? Et elle ? Je n'ose y penser.

Cette inaction et cette monotonie brisent tous les ressorts de l'homme. Pas la moindre lutte ! Tout est calme et mort, enseveli sous une carapace de glace ! Cela fait passer des frissons jusque dans l'âme. Que ne donnerais-je pas pour batailler un jour contre les éléments, pour être seulement exposé à un danger quelconque ?... Il faut s'armer de patience et attendre le résultat de la lente dérive. Suit-elle une mauvaise direction, je romprai alors tous les ponts et nous partirons vers le nord à pied à travers la banquise ; j'y suis bien résolu. Il n'y a point d'autre parti à prendre. Ce sera une entreprise bien téméraire, la lutte pour la vie ou pour la mort. Je n'ai pas à choisir. Il est indigne d'un homme d'assumer une tâche, puis de l'abandonner une fois qu'elle est commencée. Une seule direction nous est ouverte ; celle du nord. En avant[1] !

Mes yeux s'arrêtent sur le tableau d'Eilif Pettersen suspendu dans le carré : *Une forêt de sapins en Norvège* ; et j'ai l'impression de me retrouver au milieu de ces bois aimés. Solennelles forêts, vous avez été les confidentes de mon enfance. Au milieu de vous, j'ai appris à sentir les grandes impressions de la nature, sa sauvage majesté et sa mélancolie. Pour la vie vous avez donné à mon âme une impression indélébile... Seul, au milieu des grands bois, assis devant un feu, sur les bords d'une mare soli-

---

1. Le navire du Dr Nansen portait le nom d'*En avant* (en norvégien *Fram)*.

taire, sous le ciel étoilé, combien j'étais heureux dans cette magnifique harmonie de la nature !

A bord, tout le monde est très affairé. On coupe des voiles pour les canots, pour les traîneaux, pour le moulin ; on forge des couteaux, des épieux pour les ours ; on fabrique des chaussures à semelles de bois et des clous. Le docteur, toujours en vacances faute de malades, s'établit relieur, tandis qu'avec l'aide d'Amundsen je refais les cartons de musique usés par l'humidité. Je les découpe dans des feuilles de zinc ; l'essai donne d'excellents résultats, et maintenant, en avant la manivelle ! « Des flots d'harmonie sacrée et profane » remplissent le navire ; les valses surtout ont du succès. Cette musique entraînante donne comme un regain de vie aux habitants du *Fram*.

6 avril. — Aujourd'hui, grand événement. Une éclipse de soleil doit se produire. D'après les calculs de Hansen, elle aura lieu à midi cinquante-six minutes. Il s'agit de prendre une bonne observation afin de contrôler la marche de nos chronomètres. A l'avance, la grande lunette et le théodolite sont disposés sur la glace, et, pendant deux heures Hansen, Johansen et moi nous nous relayons de cinq en cinq minutes aux instruments. Enfin, le moment décisif approche. Hansen, installé à la grande lunette, surveille le soleil, tandis que Johansen observe le chronomètre. Une ombre paraît sur le bord de l'astre. « Top ! » crie notre astronome. « Top ! » répond Johansen. Le chronomètre marque exactement 12 h 56' 7", 5 ; seulement sept secondes cinq dixièmes plus tard que Hansen ne l'avait calculé, un résultat excellent qui prouve la marche régulière de nos instruments.

7 *avril*. — Dans la matinée, je suis tout à coup tiré de ma rêverie par un bruit de pas précipités sur la dunette. Evidemment des hommes courent ; un ours s'est sans doute montré aux alentours. N'entendant le bruit d'aucune décharge, je retombe dans mes pensées, lorsque j'entends tout à coup la voix de Johansen. Mogstad et lui ont tué deux ours, du moins ils le croient, et reviennent chercher des cartouches. Tout le monde monte alors sur le pont. Immédiatement je m'habille, chausse mes *ski*, et bientôt rencontre la bande des chasseurs revenant bredouille. Les ours, soi-disant morts sur le coup, se sont relevés et sont loin. Néanmoins, je me mets à leur poursuite. La dimension des pistes indique le passage d'une ourse et d'un ourson. La mère a dû être gravement blessée ; les empreintes laissées sur la neige indiquent qu'elle est tombée à plusieurs reprises. Il

sera donc possible de la rejoindre ; dans cet espoir, je continue ma poursuite. Sur ces entrefaites survient un épais brouillard. Le *Fram* est depuis longtemps hors de vue ; je n'en marche pas moins pendant quelque temps encore. Enfin je m'arrête, je me sens une faim terrible. Dans ma hâte, je n'ai pas déjeuné et seulement, à cinq heures et demie du soir, je rentre à bord. Pendant mon absence, quelques hommes, partis à ma rencontre avec un traîneau pour rapporter mon gibier, ont aperçu deux autres ours. Johansen leur a immédiatement donné la chasse, sans plus de résultat que moi. Quatre ours en un jour, après être resté trois mois sans en voir un seul. Cela signifie quelque chose. Peut-être approchons-nous d'une terre. Nous sommes aujourd'hui par 80° 15' ; jamais nous n'avons atteint une aussi haute altitude.

30 avril. — Nous atteignons le 80° 44' 30" et le vent souffle toujours du sud et du sud-est. Un temps clair et rayonnant de printemps, bien que le thermomètre affirme le contraire. On a commencé la toilette du navire. La neige et la glace qui recouvraient le pont et les murailles du *Fram* ont été enlevées ; et le gréement nettoyé ; maintenant la mâture dresse sa silhouette noire sur le ciel bleu.

Nous nous chauffons au soleil, suivant des yeux les brumes blanches qui flottent dans l'air diaphane ; dans ce repos nous songeons au printemps de Norvège, à l'éclosion des bourgeons et des fleurs. Ici rien de pareil. Dans toutes les directions, la grande blancheur déserte pèse comme un poids de mort sur la mer animée.

3

Le printemps et l'été au milieu de la banquise

Enfin, elle est arrivée, cette saison qu'en Norvège nous appelons le printemps, la saison de la joie et de la vie, le réveil de la nature après le long assoupissement hivernal. Ici elle n'a apporté aucun changement. C'est toujours la même plaine de glace.

Suivant que la dérive nous porte dans le nord ou dans le sud, nous sommes pleins d'espoir ou découragés, et, comme toujours dans ces alternatives, je fais des plans d'avenir. Un jour, il me semble que mon plan se réalisera. Le 17 avril, comme nous sommes poussés dans le nord, je suis persuadé de l'existence d'un courant à travers le bassin polaire. Vingt-quatre heures de vent du nord nous ont fait gagner 9 milles. Nous en avons fini, sans doute, avec cette énervante dérive vers le sud. La présence de couches d'eau ayant une température relativement élevée en est à mes yeux un indice favorable.

Pendant le printemps, nos progrès furent plus satisfaisants que durant l'hiver. Le 1er mai, nous étions presque au 81°, et le 18 juin nous touchions au 83°, puis en juillet et en août nous revînmes en arrière. Le 1er septembre nous avions rétrogradé au 81° 14'. Somme toute, c'était toujours le même genre de locomotion ; le *Fram* avançait à la façon d'un crabe. Chaque fois qu'il avait fait un pas vers le nord, il reculait ensuite. C'était, comme le disait l'un de nous, politicien ardent, une lutte constante entre la droite et la gauche, entre les progressistes et les réactionnaires. Toujours après une période de vent progressiste et de dérive encourageante vers le nord, l'extrême droite l'emportait de nouveau ; le navire restait alors immobile, ou même était ramené en arrière, au grand désespoir d'Amundsen.

Pendant toute la dérive, l'avant du *Fram* fut tourné vers le sud, généralement vers le S. — 1/4 S.-O., et le navire ne dévia que très peu de cette direction. Il marchait vers le nord, qui était son but, le nez toujours dirigé vers le sud. Il se refusait, semble-t-il, à augmenter la distance entre lui et le monde habité, paraissant soupirer après les rivages méridionaux, tandis qu'une puissance invisible l'entraînait vers l'inconnu.

Pendant le printemps, en vue de préparer mon excursion projetée vers le nord, j'étudiais les conditions de viabilité de la banquise dans des excursions journalières, soit sur les *ski*, soit en traîneau.

En avril, la glace devint très praticable pour les chiens. Sous l'action des rayons solaires, les monticules produits par la pression avaient été en partie nivelés, et les crevasses s'étaient fermées. Pendant des milles, on pouvait cheminer sans rencontrer de grands obstacles. En mai, la situation devint moins bonne par suite de l'ouverture de nombreux canaux dans toutes les directions, autant de larges fossés qui, à chaque instant, arrêtaient la marche. Dans les premiers jours du mois, les froids étant encore très vifs, ces nappes d'eau étaient rapidement recouvertes par une couche cristalline, suffisamment épaisse pour résister au poids d'une caravane ; plus tard, par suite de l'élévation de la température la formation de la glace devint beaucoup plus lente et même s'arrêta complètement. A la fin de mai et au commencement de juin, on n'aurait pu avancer que très lentement à travers le réseau inextricable de canaux et de lacs qui, à cette époque, morcelaient la banquise.

En juin, le *pack* devint absolument impraticable ; de larges bassins couvraient les *floe* ; à chaque pas, l'on enfonçait dans l'eau ou dans une bouillie glaciaire. Sur un pareil terrain, la marche eût été presque impossible.

Nous sommes absolument bloqués dans une banquise en décomposition. Aucun de mes camarades n'est alarmé par la gravité de la situation ; tous sont, au contraire, joyeux de notre dérive vers l'extrême nord, de nos progrès de plus en plus rapides à travers l'inconnu. Tous pourtant savent que c'est une question de vie ou de mort. Si, ainsi qu'on nous l'a prédit, le *Fram* est brisé et coulé, comme la *Jeannette*, avant que nous ayons eu le temps de sauver des approvisionnements suffisants pour pouvoir continuer notre dérive vers le nord sur un glaçon, la retraite au sud deviendra nécessaire et son issue sera, à coup sûr, fatale au milieu de cette banquise disloquée. Terribles furent, en effet, les souffrances de l'expédition américaine. Elle ne se trouvait pourtant qu'au 77° de latitude. La distance qui nous sépare de la terre la plus proche est double de celle qu'elle eut à parcourir pour atteindre la côte de Sibérie. Nous sommes éloignés de plus de deux cent quatre-vingts milles du cap Tchéliouskine, et, de ce promontoire aux premières localités habitées de Sibérie, le trajet est effrayant.

Mais le *Fram* ne sera pas brisé : personne ici ne croit à la possibilité d'une pareille catastrophe. Nous sommes comme le rameur en kayak ; il sait qu'un faux coup de pagaie suffirait à le faire chavirer et à l'envoyer dans l'éternité ; pourtant il va droit son chemin en toute sécurité, persuadé qu'il ne donnera pas un faux coup de pagaie.

En juillet, la banquise devint encore plus mauvaise. Tous les *floe* étaient couverts de nappes d'eau sur lesquelles s'étendait une mince couche de glace. Dès que vous mettiez le pied sur cette pellicule, elle cédait, et vous barbotiez dans une eau glacée. Les amas de neige molle entassés entre les *hummocks* et au pied des *toross* ne portaient pas, fût-on même chaussé de *ski*. Plus tard, après la fusion complète de la neige, le *pack* devenait accessible.

A la surface des *floe* se formèrent bientôt de larges bassins. Le 8 et le 9 juillet, le *Fram* se trouvait dans un lac d'eau douce, et nous dûmes construire un pont pour pouvoir gagner à pied sec la rive. Plusieurs de ces nappes étaient très étendues et très profondes. Une d'elles, située à tribord, était suffisamment grande pour y organiser des parties de canotage. Ce fut le divertissement de nos soirées pour plusieurs d'entre nous. Chaque embarcation avait un état-major complet : capitaine, second, lieutenant, mais point de matelots. Pendant que le canot courait des bordées, les autres camarades restés sur les rives s'amusaient à bombarder les navigateurs de boules de neige.

Ces parties eurent un résultat pratique ; un jour, nous fîmes un exercice d'embarquement et reconnûmes que tous les treize nous pouvions prendre place dans une seule embarcation. Lorsque les chiens nous virent quitter le *Fram* et nous diriger vers l'étang, ils manifestèrent le plus grand émoi, puis, quand ils nous virent prendre place dans le canot, pensant que nous les abandonnions, ils entamèrent un concert de lamentations épouvantables. Quelques-uns se jetèrent à la nage pour nous suivre, tandis que deux autres, plus malins, contournaient le lac et allaient à notre rencontre de l'autre côté. Quelques jours plus tard, nous eûmes la tristesse de trouver notre étang à sec, une fissure s'était ouverte au fond de son lit de glace et toute la masse d'eau douce s'était écoulée par cette ouverture.

Pendant l'été, outre ces nappes, s'étendaient dans toutes les directions des réseaux de canaux. Ces chenaux n'atteignaient pas une grande largeur et pouvaient être traversés facilement d'un bond à l'endroit le plus étroit ou en sautant de glaçon en glaçon.

La banquise, quelque découpée et couverte de lacs qu'elle fût, était encore trop compacte pour que nous pussions espérer la délivrance. D'ailleurs, le *Fram* eût-il été rendu à la liberté qu'il n'aurait pu avancer que de quelques encablures vers le nord. A plusieurs reprises, du « nid de corbeau » de larges étendues d'eau libre furent visibles dans notre voisinage ; même si nous avions pu les atteindre, elles ne nous auraient pas conduits loin. Avant la fin de l'été, le *Fram* sera à coup sûr libre, et nous pourrons faire route au nord, ne cessait de répéter Jacobsen ; cette espérance était partagée par tous, sauf par Sverdrup et par moi.

Tous les explorateurs qui ont été prisonniers dans les banquises attendaient avec impatience la débâcle estivale ; moi, au contraire, je désire voir la glace conserver sa cohésion et poursuivre sa débâcle vers le nord. Ici-bas, tout dépend du point de vue auquel on se place. Le navigateur parti avec l'illusion de pouvoir faire voile en eau libre jusqu'au pôle se lamente d'être bloqué, tandis qu'un autre, décidé à se faire prendre dans la glace, ne se plaint pas, même s'il trouve de l'eau libre. Dans cette vie, qui veut le plus demande souvent le moins.

Toutes ces ouvertures de la banquise sont produites, comme les pressions et les tassements du *pack*, par les vents et les marées qui poussent les glaces tantôt dans une direction, tantôt dans une autre. La surface du bassin polaire est couverte de *floe* en perpétuel mouvement, tantôt cohérents, tantôt détachés et poussés les uns contre les autres.

Durant toute la dérive du *Fram*, des observations furent constamment prises à l'effet d'étudier la formation des glaçons. Pendant l'hiver et pendant le printemps, l'épaisseur de la glace augmenta constamment ; mais, comme cela ressort du tableau suivant, son accroissement est de plus en plus lent, à mesure que sa puissance devient plus grande.

Date	Epaisseur de la glace
10 avril	2,31 m
21 avril	3,41 m
5 mai	2,45 m
31 mai	2,52 m
9 juin	2,58 m
20 juin	*Id.*
4 juillet	2,57 m
10 juillet	2,76 m

L'augmentation des glaçons pendant l'été me sembla tout d'abord fort extraordinaire. Par suite des diverses ablations que leur tranche superficielle éprouvait chaque jour et dont la somme pouvait être évaluée à plusieurs centimètres, leur volume aurait dû décroître. Des études attentives me révélèrent la cause de cette anomalie. L'eau douce provenant de la fusion de la neige formait, à la surface de la mer, une nappe d'environ 3 mètres, et, au contact de l'eau salée beaucoup plus froide[1], subissait un abaissement de température et même une congélation. C'est cette couche de glace d'eau douce qui, en s'agglutinant à la partie immergée des *floe*, augmentait leur épaisseur. Des forages me révélèrent en effet la présence sous les vieux *floe* d'une nappe de glace peu cohérente. Dans le courant de l'été, la puissance de la banquise diminua, cependant, par suite de l'importance de la fusion superficielle comme l'indiquent les observations suivantes :

Date	Epaisseur de la vieille glace	Epaisseur totale du bloc. La différence avec le chiffre précédent indique l'accroissement de la tranche de glace d'eau douce sous-jacente
23 juillet 1894	2,33 m	2,49 m
10 août 1894	1,94 m	2,17 m
22 août 1894	1,86 m	2,06 m
3 septembre 1894		2,02 m

Date	Epaisseur de la vieille glace	Epaisseur totale du bloc. La différence avec le chiffre précédent indique l'accroissement de la tranche de glace d'eau douce sous-jacente
20 sept. 1894		1,98 m
3 octobre 1894	1,75 m	1,98 m
12 octobre 1894	1,80 m	2,08 m
10 novembre 1894	*Id.*	*Id.* (avec légère tendance à l'accroissement)
11 décembre 1894		2,11 m
3 janvier 1895		2,32 m
18 janvier 1895		2,48 m
6 février 1895		2,59 m

1. Sa température était d'environ – 1,5 °C.

Les blocs et les *floe* d'une très grande puissance sont le produit, non de la congélation de l'eau, mais de l'entassement de la glace sous l'action des pressions. Souvent, dans ces convulsions de la banquise, d'énormes fragments glissent les uns par-dessus les autres ; une fois solidifié par le froid, cet agrégat prend l'aspect d'une masse absolument homogène. C'est ainsi que, sous le *Fram*, l'amoncellement des glaçons dépassait une puissance de 10 mètres.

La température de la glace, à la surface du *pack*, voisine du point de fusion pendant l'été, s'abaisse rapidement à mesure que les froids de l'hiver deviennent plus intenses. Elle diminue, au contraire, lentement dans les couches profondes ; à la partie inférieure des glaçons baignés par la mer elle se trouve sensiblement égale à celle de l'eau ambiante.

En mars et au commencement d'avril, j'ai observé la plus basse température. A une profondeur de 1,20 m et de 0,80 m, elle était respectivement de – 16 °C et de – 20 °C. A partir des premiers jours d'avril se manifesta une hausse très lente.

Par les grands froids, la glace est dure et cassante ; les chocs la rompent donc facilement. En été, elle est, au contraire, molle et plastique et, par suite, ne peut être aussi aisément brisée. Cette modification dans l'état de la banquise se manifeste d'une façon très particulière. En été, la glace, étant très plastique, peut être entassée et comprimée sans le moindre bruit, tandis qu'en hiver ce phénomène est accompagné de craquements formidables. En juin et juillet, des pressions purent survenir tout près de nous sans que le moindre bruit nous en avertît.

Pendant l'été, nous poursuivîmes nos études scientifiques. Durant l'hiver, nous avions fait une ligne de 4 000 à 5 000 mètres ; avec cet engin nous réussîmes à atteindre le fond de l'océan sur lequel nous dérivions. La profondeur variait de 3 300 à 3 900 mètres : une intéressante découverte qui renversait toutes les idées reçues sur la nature du bassin polaire.

Outre ces sondages, nous fîmes des observations de température de la mer à différentes profondeurs. Ces séries thermométriques révèlent toutes les mêmes oscillations ; d'un mois à l'autre les variations de température des différentes couches ne dépassaient pas quelques centièmes de degré. A titre d'exemple, voici les résultats d'un sondage thermométrique exécuté du 13 au 17 août.

Profondeur en mètres	Température	Profondeur en mètres	Température	Profondeur en mètres	Température
Surface	+ 1,02 °C	240 m	+ 0,20 °C	1 000 m	– 0,10 °C
2 mètres	– 1,32 °C	260 m	+ 0,34 °C	1 200 m	– 0,28 °C
20 mètres	– 1,33 °C	280 m	+0,42 °C	1 400 m	– 0,34 °C
40 mètres	– 1,50 °C	300 m	+ 0,34 °C	1 600 m	– 0,46 °C
60 mètres	– 1,50 °C	350 m	+ 0,44 °C	1 800 m	– 0,60 °C
80 mètres	– 1,50 °C	400 m	+ 0,35 °C	2 000 m	– 0,66 °C
100 mètres	– 1,40 °C	450 m	+ 0,36 °C	2 600 m	– 0,74 °C
120 mètres	– 1,24 °C	500 m	+ 0,34 °C	2 900 m	– 0,76 °C
140 mètres	– 0,97 °C	600 m	+ 0,26 °C	3 000 m	– 0,73 °C
160 mètres	– 0,58 °C	700 m	+ 0,14 °C	3 400 m	– 0,69 °C
180 mètres	– 0,31 °C	800 m	+ 0,07 °C	3 700 m	– 0,65 °C
200 mètres	– 0,03 °C	900 m	– 0,04 °C	3 800 m	– 0,64 °C
220 mètres	+ 0,19 °C				

La figure précédente met en évidence la présence d'une strate d'eau relativement chaude entre deux couches d'eau froide. Après s'être abaissée de la surface à la profondeur de 80 mètres, la température s'élève ensuite jusqu'à 280 mètres, et, après une nouvelle baisse à 300 mètres, se relève de nouveau. Au-delà de 450 mètres, on constate une diminution de température régulière jusqu'à 2 900 mètres, et suivie d'un troisième relèvement qui persiste jusqu'au fond.

Parfois, la couche d'eau chaude a atteint une température supérieure à celle indiquée dans le tableau précédent. Ainsi le 17 octobre, à 300 mètres le thermomètre marquait + 0,85 °C, à 350 mètres + 0,76 °C, à 400 mètres + 0,78 °C et à 500 mètres + 0,62 °C. A partir de cette profondeur il s'abaissait régulièrement pour remonter ensuite aux approches du fond.

Au milieu de cette banquise, nous ne nous attendions guère à rencontrer une faune ailée abondante. Aussi, grande fut notre surprise, le 13 mai, le jour de la Pentecôte, à la vue d'une mouette. A partir de cette date, quelques oiseaux viennent tous les jours voler autour de notre radeau de glace. Des pagophiles blanches *(Larus eburneus)*, des mouettes tridactyles *(Larus tridactylus)*, des pétrels arctiques *(Procillarica glacialis)*, parfois des mouettes bourgmestres *(Larus glaucus)*, des mouettes argentées *(Larus argentatus)*, des guillemots *(Uria grylle)*. Une ou deux fois, nous aperçûmes des stercoraires *(Lestris parasitica)*, et, le 31 juillet, un bruant des neiges.

Le 3 août, nous eûmes la visite de mouettes de Ross *(Rhodostethia rosea)* et j'eus la bonne fortune de tuer trois jeunes exemplaires de cet oiseau rarissime. Ce mystérieux habitant de l'extrême nord, nul ne sait où il va, ni d'où il vient.

Depuis que nous sommes dans ces parages, je l'ai toujours guetté ; le voici qui arrive juste au moment où je m'y attendais le moins.

Le corps des trois mouettes de Ross que j'ai tuées mesurait une longueur de 0,32 m. Elles avaient le dos et les ailes gris, le ventre et les côtés blancs, légèrement teintés d'orange, et autour du cou un collier gris. Un peu plus tard ce plumage change. Le dos devient bleu, le ventre rose et le collier noir.

Maintenant que ma résolution est prise de pousser une pointe vers l'extrême nord, toutes mes espérances sont concentrées sur les chiens. Je veille toujours sur eux de crainte de quelque accident et de quelque maladie, et non sans raison ! Le 5 mai, un des petits de Kvik a une espèce d'attaque de folie furieuse. Il court en aboyant terriblement et mord tout ce qu'il rencontre. Après l'avoir enfermé pendant quelque temps, il redevient calme. C'est le quatrième cas de ce genre que nous observons. Quelle peut être la cause de ces accidents ? A coup sûr, ce n'est pas l'hydrophobie ; peut-être quelque attaque épileptiforme ? Quoi qu'il en soit, plusieurs de mes tireurs ont déjà succombé à cette étrange maladie. Le 24 juin, Ulenka, un de mes meilleurs chiens, est également atteint ; il reste étendu sur le pont comme paralysé, incapable de se tenir sur ses pattes. Nous l'installons dans une caisse, et lui donnons une nourriture soignée. Après quelques jours de ce traitement, l'animal paraît éprouver un mieux sensible ! mais de longtemps il ne put recouvrer l'usage des jambes. Evidemment, pour déterminer ainsi la paralysie, ces attaques doivent affecter la colonne vertébrale. Le 3 juin, un des enfants de Kvik succombe à son tour...

Les chiens ne paraissent pas goûter les charmes de la belle saison ; la glace est à leur gré trop humide, et... trop chaude, bien que la température ne s'élève guère au-dessus du point de congélation.

L'été comme l'hiver nous célébrons ponctuellement toutes

les solennités avec la pompe que nous permettent nos moyens. La fête nationale[1] du 17 mai donna lieu à de grandes réjouissances : réveil au son de l'orgue, puis déjeuner de saumon fumé et de langue de bœuf. Tous les membres de l'expédition portent à la boutonnière des flots de ruban ; même le vieux Suggen en a un au bout de la queue. Au grand mât flotte le pavillon national.

A onze heures, la colonie du *Fram* s'assemble sur la banquise et se forme en cortège, bannière déployée. Je marche en tête, tenant le drapeau norvégien « pur[2] », suivi par Sverdrup qui brandit la flamme du *Fram*. Derrière, un traîneau conduit par Mogstad porte l'orchestre, composé de Johansen et de son accordéon. A la suite avancent Jacobsen et Henriksen armés de fusils et de harpons, puis Amundsen et Nordahl, porteurs de grandes bannières rouges ; enfin le docteur avec une bannière de manifestant, réclamant la fixation d'une journée de travail normale. Elle consistait en un jersey de laine portant brodées sur la poitrine les deux lettres *N. A.*[3] Hissée au bout d'un long bâton, l'enseigne était d'un effet imposant. Le cortège était fermé par Juell, notre cuisinier, le dos couvert de ses casseroles, et par la bande des météorologistes avec un large écusson en fer-blanc, traversé par une bande rouge décorée des lettres *Al. St., almindelig stemmeret,* signifiant en norvégien : suffrage universel. Les chiens suivaient gravement la procession, comme s'ils n'avaient jamais fait autre chose de la vie.

Au son d'une marche imposante composée pour la circonstance, le cortège fit deux fois le tour du navire, en grande solennité, pour se diriger vers le grand *hummock,* où elle fut photographiée. Cette opération terminée, un hourra fut poussé en l'honneur du *Fram* qui nous avait conduit aussi loin vers le nord, et qui, nous n'en doutions pas, nous ramènerait tous sains et saufs en Norvège. Au moment de rentrer à bord, le photographe adressa à la foule un discours rappelant la solennité du jour. Sa péroraison fut saluée par une décharge de six coups, qui eut pour effet de mettre en fuite quelques chiens. La manifestation terminée, l'équipage se rendit dans le carré décoré

1. L'anniversaire de la Constitution norvégienne.
2. Drapeau sans le rectangle aux couleurs suédoises, indiquant l'*Union* de la Norvège avec la Suède.
3. *Normal arbedsdag :* journée de travail normale.

pour la circonstance de drapeaux. Une valse entraînante inaugura cette partie de la fête ; après quoi commença le banquet avec accompagnement de musique entre chaque service. Dans la soirée, le violoniste Mogstad fit entendre son répertoire. Ce fut, en un mot, un 17 mai très réussi, surtout par le 81° de lat. N.

28 mai. — Un doux mois de mai. Dans ces derniers jours, à différentes reprises, la température s'est élevée de plusieurs degrés au-dessus de zéro. On peut se promener avec l'agréable illusion de se croire au pays. Rarement le thermomètre descend au-dessous du point de congélation. En revanche, voici les brouillards d'été. Le ciel, couvert de nuages lumineux, donne une sensation de pays du sud.

A bord, l'élévation de la température est très sensible. Il n'est plus nécessaire d'allumer le poêle du carré, et la glace et le givre qui couvrent les parois du magasin commencent à fondre.

9 juin. — J'ai transporté mon atelier dans le roof. Assis à la fenêtre, baigné par une lumière éclatante, j'ai la sensation que je vis sur terre au grand jour et non plus dans une caverne éclairée par une lampe. Aussi longtemps que la température ne deviendra pas très basse, j'ai l'intention de rester ici. Cette installation est si agréable et si pleine de calme !

J'éprouve une impression d'été. Je puis me promener au soleil et rêver sur le pont ; tout en fumant la pipe, mes yeux errent sur l'infinie nappe blanche. Partout, maintenant, la neige est détrempée, et des nappes d'eau commencent à se former à la surface de la banquise. Dès qu'on creuse un trou dans la glace, immédiatement il se remplit d'eau. Sous l'influence de la chaleur, les particules de sel incluses dans les glaçons fondent les grains de glace qui les enveloppent ; par suite, il se forme une quantité de plus en plus notable d'eau saturée de sel qui ne peut geler qu'à une température de beaucoup inférieure à celle régnant actuellement.

La température de la glace s'est élevée notablement. A la profondeur de 1,20 m elle est de – 3,8 °C, et à 1,60 m elle atteint – 3,1 °C.

10 juin. — A l'exception du docteur, aucun de nous ne souffre d'ophtalmie. C'est là un fait, très rare dans les annales des expéditions arctiques, qui mérite d'être signalé. Il y a quatre ou cinq jours, après une partie de balle sur la glace, Blessing a été atteint de cette affection. Pendant quelque temps, ses yeux pleurèrent abondamment ; mais, avec un peu de soin, il fut bientôt rétabli. Il est véritablement humiliant pour le docteur d'avoir été le premier malade. Dans le courant de l'été, à la suite de plusieurs autres cas bénins d'ophtalmie dus à des imprudences, les malades eurent ordre de ne sortir que les yeux abrités par des conserves.

11 juin. — Je fais aujourd'hui une agréable découverte. Je croyais avoir entamé ma dernière boîte de cigares ; dans cette pensée, j'avais calculé qu'à raison d'un londrès par jour, ma provision pouvait durer encore un mois, lorsque, dans mon caisson, je déniche une nouvelle provision. Cela me permettra de tuer le temps pendant plusieurs autres mois. Quand elle sera finie, où serons-nous ? Tuer le temps est une idée qui ne m'était jamais venue à l'esprit. Toujours jusqu'ici, je regrettais la rapidité avec laquelle il s'envolait ; maintenant il ne marche pas assez vite à mon gré.

La veille de la Saint-Jean, nous pensions faire le feu de joie traditionnel, mais le temps ne paraît guère devoir permettre cette réjouissance.

23 juin. — Vent de nord avec giboulées de neige. Temps abominablement triste. Toujours en dérive vers le sud. En cinq jours nous avons perdu 9 milles.

J'ai vu bien des veilles de Saint-Jean sous des latitudes très différentes, jamais d'aussi lamentables que celle-ci. Si loin de tous les nôtres ! Je songe à la gaieté qui règne autour des feux, là-bas, au pays ; j'entends les grincements des violons, les éclats de rire, les décharges des fusils répétées par les échos. Ici, à perte de vue une infinie plaine blanche enveloppée de brumes sur laquelle siffle un vent âpre. En vérité, rien du spectacle gai et heureux qu'éveille dans notre esprit cette date. Le plein été est passé ; la longue nuit d'hiver approche de nouveau.

Cet après-midi, j'étais occupé à mesurer la salinité d'un échantillon d'eau de mer, lorsque Mogstad est venu m'annoncer la présence d'un ours dans le voisinage. En retournant à leur travail après le dîner, les hommes occupés à creuser, près du grand *hummock*, une cave pour notre provision de viande fraîche[1], ont trouvé des traces toutes récentes de l'animal. Je

1. La chair des ours et des morses tués pendant l'été précédent fut employée à l'alimentation des chiens. Durant l'hiver, cette provision avait été laissée dans la cale, où elle s'était maintenue en parfait état de conserva-

chausse mes *ski* et me mets de suite en quête du gibier. Le terrain est exécrable ; la neige molle ne porte pas ; à chaque pas les *ski* enfoncent profondément. L'ours est venu de l'ouest, et, après avoir inspecté le travail en cours, et fait un détour considérable, s'est acheminé vers l'est, sans prêter plus d'attention au navire. Il a soigneusement visité tous les trous et tous les coins où il supposait avoir chance de trouver un morceau, et fouillé la neige dans l'espoir de découvrir quelque détritus échappé à la voracité des chiens. Il a ensuite examiné soigneusement tous les canaux voisins, pensant y attraper quelque phoque, puis a pris sa course à travers les *hummocks* et les *floe*, sans se soucier de la bouillie glaciaire et de l'eau qui les couvrent. Si l'état de la banquise avait été meilleur, nul doute que je n'eusse rejoint maître Martin.

Un paysage désespérant, tout blanc et tout gris. Aucune ombre, rien que des formes « floues », noyées dans la brume et dans la neige fondante. Tout est dans un état complet de désagrégation ; à chaque instant le sol manque sous vos pieds. Un terrain très difficile pour un pauvre skieur parti à la poursuite d'un ours qui, sans le moindre effort, passe partout. La marche est très lente et très pénible ; les *ski* enfoncent ; souvent l'eau vous monte jusqu'à la cheville ; sans eux il serait impossible de faire un pas.

Çà et là, la monotone plaine, blanche et grise, est mouchetée de taches foncées formées par les lacs et les canaux qui s'étendent au milieu des *hummocks*. Sur leur surface sombre, des glaçons immaculés flottent, pareils à des blocs de marbre blanc posés sur un fond noir. Parfois s'ouvre une large nappe d'eau, ridée de petites vagues qui viennent battre contre les parois du bassin en bruissant gaiement, le seul signe de vie au milieu de ce désert. Un vieil ami aimé, le bruit de ces lames joyeuses. Un instant, on pourrait véritablement se croire à une latitude plus méridionale. Mais l'illusion est de courte durée. Partout de la glace, découpée en figures fantastiques d'une variété infinie, se détachant en vigueur sur l'eau noire. Infinie est la diversité de

tion. Elle fut ensuite déposée dans le trou creusé à cet effet dans la banquise jusqu'à ce qu'elle fût épuisée, ce qui arriva dans le courant de l'été. Dans ces régions, la viande se conserve pendant une très longue période. Ainsi, le 28 juin, nous eûmes à dîner un rôti de renne provenant d'un animal tué sur la côte de Sibérie, au mois de septembre précédent.

tous ces morceaux de marbre, et toute cette merveilleuse sculpture sera détruite sans qu'un œil humain ait pu la contempler !

24 juin. — L'anniversaire de notre départ. Vent de nord, encore en dérive au sud !

Depuis le jour où nous quittions le fjord de Christiania, une longue année s'est écoulée. Dans cet intervalle nous avons accompli une bonne partie de la tâche entreprise, bien que cependant nous ne soyons pas parvenus aussi loin vers le nord que je l'espérais.

Assis à la fenêtre, je regarde passer les tourbillons de neige. Une étrange Saint-Jean. Ne croyez pas que je sois fatigué de cette monotonie de glace et de neige ; non, en vérité, je ne puis le dire. Je ne soupire pas après la verdure et les bois ; tout au contraire... Pendant des heures, je rêve à de nouveaux projets de voyage au milieu des banquises, lorsque celui-ci sera terminé. Je sais les résultats déjà obtenus et à peu près ceux que nous obtiendrons ensuite. Cela suffit pour que je fasse de nouveaux plans d'avenir. Mais les êtres chéris restés là-bas ?...

11 juillet. — lat. 81° 18' 8". De nouveau le vent de sud. Pour le moment notre mouvement de recul se trouve encore une fois arrêté.

Maintenant je désire presque le retour de la nuit polaire avec son monde féerique d'étoiles, ses fantastiques aurores boréales et sa lune lumineuse poursuivant sa course paisible dans le grand silence de la nature endormie. C'est comme un rêve, comme une échappée dans le domaine de la fantaisie et de l'imagination. Il n'y a plus aucune forme, aucune réalité, rien qu'une vision d'un ruissellement d'argent et de violet planant au-dessus de la terre.

Ce jour sans fin avec son activité continuelle me fatigue. La vie est un tracas perpétuel. Les jours succèdent aux jours, les semaines aux semaines, jamais ni les labeurs ni les pensées ne s'arrêtent... Souvent nous ne quittons notre travail qu'à minuit passé... Et toujours cette obsédante attente et cette sensation pénible de vide.

Les saints, assure-t-on, trouvent dans le désert la paix de la vie. Ici, c'est bien un désert, mais la paix je ne la trouve pas. La sainteté me manque sans doute.

18 juillet. — Excursion avec Blessing pour recueillir des échantillons de « glace et neige brunes », et pour récolter des algues et des diatomées dans les nappes d'eau. La surface de presque tous les glaçons présente une coloration brune formée par des dépôts de particules minérales, mélangés de diatomées et d'organismes comme ceux que j'ai recueillis sur la côte est du Groenland[1]. Il faut poursuivre nos recherches et nous assurer si cette substance brune se compose principalement de dépôts minéraux et présente une origine continentale.

Tous les canaux, même les plus petits, renferment une énorme quantité d'algues. Sur les parois des glaçons baignées par la mer, on observe également une coloration brune, produite par la présence d'une algue vivant sur la glace. D'autre part, dans l'eau, on remarque des vésicules blanches ou jaune foncé, formées d'agrégats de diatomées et d'organismes cellulaires rouges d'un aspect très caractéristique.

Ces amas de diatomées, extrêmement abondants dans de petits canaux, se rencontrent tous à une profondeur d'un mètre environ, à la limite séparative entre la couche d'eau douce superficielle et la nappe d'eau salée. Les algues flottent également à la même profondeur, mais se rencontrent parfois jusqu'à la surface.

Pendant de longues journées, je m'acharne à l'étude microscopique de cette florule. Au milieu de ces végétaux, je découvre des êtres organisés : des infusoires, des flagellifères et même des bactéries. Des recherches du plus haut intérêt, à coup sûr. Combien plus cependant il me plairait de lutter contre la glace, dans une marche vers le nord !

En attendant, nous nous préparons pour la bataille. Nos dispositions pourront servir aussi bien pour l'offensive que pour la retraite, si jamais elle devient nécessaire. Tous les traîneaux à main sont visités et réparés, six traîneaux à chiens commencés. Demain on entreprendra la construction des kayaks, en peau de phoque ou en toile à voile. Chacune de ces embarcations pourra

1. La poussière que l'on observe en été sur presque tous les glaçons polaires sans distinction d'âge provient, en très grande partie, des hautes régions de l'atmosphère. Elle tombe probablement à la surface de la terre avec la neige, et, lors de sa fusion en été, s'accumule graduellement en une mince couche sur les glaçons. On observe également sur la banquise, et en grande quantité, des sédiments à peu près de même couleur que les premiers, mais, qui, sans aucun doute, ont une origine terrestre directe. Ils se rencontrent, en effet, sur des blocs qui primitivement se trouvaient dans le voisinage immédiat de la terre.

contenir deux hommes ; elles seront longues de 3 mètres, larges de 0,80 m et profondes de 0,40 m. Il nous en faudra six. Nous aurons ainsi un équipement complet pour une retraite brillante. Par moments, je désirerais presque une défaite décisive pour montrer quelles ressources sont en nous et pour sortir de cette inaction énervante.

Les kayaks répondent complètement à nos desiderata. Ne pesant que 30,5 kg, ils peuvent être halés sans difficulté, et, sur mer, portent facilement deux hommes avec cent jours de vivres.

5 août. — lat. 82° 7′ 3″. Magnifique journée d'été. Etendu au soleil, je m'imagine que je suis de retour au pays aimé, au milieu de ses hautes montagnes et de ses fjords. Le rayonnement de cette belle lumière rend l'illusion possible. Ici comme là-bas, des nuages légers flottent très haut, et une étincelante coupole bleue s'étend au-dessus du paysage. C'est une féerie d'idéale blancheur au-dessus de l'étendue bleuâtre de la glace.

La température est si douce que la table de jeu est installée sur le pont. C'est, en effet, l'été !

12 août. — Une soirée superbe. Tout est calme et silencieux. On n'entend que le murmure de l'eau tombant goutte à goutte des glaçons ou le bruissement étouffé de la neige qui glisse du sommet des *hummocks*.

Le soleil est maintenant très bas sur l'horizon, enveloppé de nuées d'or qui, peu à peu, s'éteignent dans le bleu léger d'un ciel immaculé.

21 août. — lat. 81° 4′ 2″. Nous restons pour ainsi dire immobiles. Un jour, la dérive nous porte dans le nord, puis nous ramène vers le sud. Néanmoins, je pense, comme j'en ai toujours été persuadé, que notre voyage ne peut durer plus de trois ans, ou plutôt trois hivers et quatre étés. Dans deux ans à partir de cette époque nous serons de retour[1]. L'hiver prochain, à coup sûr, nous serons entraînés vers le nord, et il approche rapidement, l'hiver.

L'été semble fini maintenant. La température varie entre – 4 °C et – 6 °C. Tous les lacs et tous les canaux sont déjà couverts d'une couche de glace, assez épaisse pour supporter le poids d'un homme.

Le matin et l'après-midi je fais une excursion en patins. La

---

1. Cette prédiction devait se réaliser de point en point. Deux ans plus tard, le 22 août, le *Fram* arrivait en effet sur la côte de Norvège.

surface de la banquise est excellente, recouverte d'une nappe moelleuse de neige fraîche. Plusieurs canaux se sont ouverts récemment près du navire. Sur quelques-unes de ces ouvertures, dont les rives ont subi une légère compression, la glace ploie d'une façon très désagréable sous les *ski*. Je parviens cependant à les traverser sans encombre, tandis qu'à plusieurs reprises les chiens percent cette mince croûte. Si la banquise reste dans cet état, elle offrira l'hiver prochain un excellent terrain pour le patinage.

27 août. — Blessing, son quart de nuit terminé, allait redescendre dans sa cabine, lorsqu'il aperçoit quelque chose de blanc remuer sur la neige, à une petite distance de nous. Sur ces entrefaites, Johansen monte sur le pont pour relayer le docteur et tous deux surveillent attentivement les abords du bâtiment. Bientôt aucun doute n'est plus possible, la forme blanche qui se meut là-bas est évidemment un ours. Aussitôt, les deux amis prennent chacun un fusil et s'installent à l'avant pour épier les mouvements de l'animal. Maître Martin avance prudemment, en aspirant longuement les bouffées de la brise, comme pour flairer à distance la grande chose noire qui se trouve devant lui. Notre moulin à vent marche à toute vitesse, mais le tournoiement de ses ailes, bien loin de paraître l'effrayer, semble tout au contraire l'attirer. Finalement, l'ours arrive sur les bords de la crevasse ouverte à l'avant ; l'occasion est excellente, Blessing et Johansen tirent et l'animal tombe raide. Nous voici maintenant à la tête d'une bonne provision de viande fraîche. C'est le premier ours tué cette année.

Aujourd'hui, véritable temps d'hiver. Toute la journée une effroyable tourmente de neige.

29 août. — Tourmente de neige. Une jolie journée d'août ! Qu'importe, le vent nous porte dans le nord ; c'est pour nous l'essentiel. Hier nous étions remontés au 80° 53'.

Ce soir, j'étais occupé à la construction de mon kayak en bambou et Peterson était venu me donner un coup de main. Tout en travaillant, nous causions, nous parlions du *Fram* et de sa solidité : « Depuis longtemps, tout autre bâtiment eût été broyé. Après tout, ajoutait Peterson, je n'éprouverais nulle crainte, si les circonstances nous obligeaient à abandonner cet excellent navire, et à me confier à ces kayaks qui me paraissent de merveilleuses embarcations. » Aucune expédition précédente, disait-il, n'avait été aussi bien équipée que la nôtre en vue de toutes les éventualités possibles ; néanmoins il préférait rentrer en Norvège sur le *Fram*. Nous parlâmes ensuite du retour, de ce que nous ferions une fois rentrés au pays.

« Vous, me dit Peterson, pour sûr vous irez au pôle Sud.

— Et vous ? reprendrez-vous votre ancien métier ?

— Oui. Mais auparavant je prendrai une semaine de congé. Après un tel voyage, j'en aurai besoin avant de me remettre à l'enclume. »

4

Le second automne dans la banquise

L'été est passé et notre second hivernage commence.

Habitués maintenant aux vicissitudes de la dérive, le temps nous semble moins long. Pour ma part je suis absorbé par l'élaboration de nouveaux projets.

Pendant l'été, nous avions pris nos dispositions pour le cas où une retraite à travers la banquise serait devenue nécessaire. En vue de cette éventualité des kayaks avaient été construits, les traîneaux remis en état et les approvisionnements préparés. En même temps, je me suis occupé de l'expédition méditée vers le nord ; dans ce but, j'ai construit un kayak en bambou. A personne, sauf à Sverdrup, je n'ai soufflé mot de cette idée. Avant de parler, je dois connaître d'abord les résultats de la dérive pendant l'hiver. Tandis que je m'absorbe dans mes pensées et dans mes plans, le train de vie habituel continue à bord.

6 septembre. — lat. 81° 13' 7". L'anniversaire de mon mariage. Il y a déjà cinq ans !... A pareille époque, l'an dernier, c'était jour de victoire. Nous triomphions des glaces à l'île de Taïmyr ; aujourd'hui, au contraire, nous n'avons pas lieu d'être satisfaits. La dérive ne nous a pas portés aussi loin vers le nord que je l'espérais, et le vent du nord-ouest s'est levé, nous repoussant encore une fois vers le sud. L'avenir, cependant, ne me semble pas devoir nous réserver d'aussi pénibles attentes et d'aussi grands découragements que cette première année dans les glaces.

Le 6 septembre prochain..., peut-être serons-nous réunis tous les deux et parlerons-nous de ce séjour dans la banquise et de ses vicissitudes, comme d'une chose passée et qui ne reviendra plus... La longue nuit, la terrible nuit s'est écoulée, l'aurore paraît, devant nous se lève radieux un jour plein de promesses... Pourquoi n'aurions-nous pas cette grande joie dans un an ? Le *Fram* ne pourrait-il pas être entraîné cet hiver dans l'ouest, au nord de la terre de François-Joseph ? Alors, ce serait le moment de partir en avant vers le pôle. A cette pensée mon cœur bondit de joie ; nous allons nous préparer en vue de cette expédition, et le temps passera vite.

J'ai déjà réfléchi au plan de cette exploration, et songe au matériel que nous devrons emporter et à son transport. Plus j'examine la situation, plus je crois à la possibilité du succès d'une telle entreprise, à condition que le *Fram* arrive, dès les premiers jours du printemps, à une haute latitude. S'il parvient au 84° ou au 85°, je partirai à la fin de février ou au commencement de mars, aussitôt le retour du soleil. A cette époque la marche sera facile. Encore quatre ou cinq mois d'inaction, puis le moment d'agir arrivera. Quelle joie ce sera alors ! Mes nerfs, contractés par cette vie calme et tranquille, pourront à la fin se détendre dans une activité féconde. Cela peut sembler une folie de partir ainsi en avant au lieu de rester à bord pour poursuivre d'autres travaux plus importants. Erreur ! en mon absence les observations seront poursuivies avec le même zèle.

J'ai célébré l'anniversaire de mon mariage en arrangeant pour l'hiver mon atelier. J'y ai placé un poêle à pétrole ; plus tard, je l'entourerai de murs et d'un toit de neige. Grâce à ces dispositions, même par les froids les plus intenses, la température y sera douce. Si cet abri peut être utilisé pendant tout l'hiver, on pourrait y faire deux fois plus de travail que dans la cale.

9 septembre. — Latitude 81° 4'. Depuis plusieurs jours, le soleil se couche à dix heures du soir, ne laissant derrière lui qu'une immense gloire céleste planant au-dessus de l'éternelle blancheur.

Dans l'après-midi, excursion à *ski*. Plusieurs canaux sont déjà couverts de glace, et les glaçons portent des traces de compression, Je rencontre toutefois un chenal, large, par endroits, de 350 à 450 mètres, s'étendant à perte de vue dans le nord comme dans le sud. La glace est excellente pour le *ski*. Sur sa surface, les *ski* glissent rapidement sans le moindre effort, surtout lorsqu'on marche dans la même direction que le vent.

12 septembre. — Des chenils ont été construits à bâbord, de magnifiques huttes en glace divisées en compartiments pouvant contenir quatre chiens, de beaux et chauds quartiers d'hiver. Seuls, les petits de Kvik restent à bord où leurs ébats font notre joie.

La vie continue toujours régulière, aussi uniforme que la banquise qui nous entoure.

L'équinoxe est arrivé. Les nuits maintenant sont obscures, à midi le soleil n'est plus qu'à 9° au-dessus de l'horizon.

Je passe tout mon temps à l'atelier ; souvent j'y ai l'illusion de me croire chez moi, dans ma chambre de travail. Sans la pénible séparation des êtres qui nous sont chers, la vie ne serait nulle part aussi agréable qu'ici, dans ce calme infini. Parfois j'oublie que je me trouve au milieu de la banquise. Le soir, lorsque, absorbé dans mes études et dans mes réflexions, j'entends les chiens aboyer, je me lève en me demandant quel est l'ami qui arrive maintenant. Et alors soudain je reviens au sentiment de la réalité, je me rappelle que je ne suis plus dans ce cher petit Godthaab[1], mais au milieu des glaces polaires, au début de mon second hivernage dans cette zone morte de la terre.

23 septembre. — Il y a juste un an que nous sommes prisonniers au milieu de la banquise. A cette occasion, Hansen commence une carte de notre dérive. Le chemin parcouru n'est, certes, pas considérable ; la direction suivie est, il est vrai, précisément celle que j'avais prédite.

Depuis le 22 septembre 1893, jour où nous sommes entrés dans la banquise, jusqu'au 22 septembre 1894, nous avons gagné vers le nord 189 milles. — Entre le point le plus méridional atteint au cours de la dérive (le 7 novembre 1893) et le point le plus septentrional (16 juillet 1894), la différence est de 305 milles. — Nous avons ainsi progressé de 4° de latitude, du 77° 43' au 81° 53'. La direction moyenne de notre trajectoire est le N. – 36° O., elle est donc un peu plus septentrionale que celle de la *Jeannette*. Si nous continuons à être poussés suivant la

1. Ville située au sud-ouest du Groenland *(N. d. E.)*.

même ligne, nous aboutirons vers les îles au nord-est du Spitzberg, après avoir atteint notre plus haute latitude sous le 84° par 75° de longitude E., au N. -N.-E. de la terre François-Joseph. Du point où nous nous trouvons actuellement à la terre du Nord-Est, par cette route la distance est de 827 milles. A raison de 189 milles par an, il nous faudrait quatre ans et quatre mois pour y parvenir. Mais, si la dérive s'élève, comme je l'espère, à 305 milles par an, nous arriverons à destination dans deux ans et sept mois. Une pareille vitesse de déplacement est maintenant très vraisemblable ; n'ayant plus dans le sud une nappe d'eau libre très étendue et devant nous une masse compacte de glaces, nous ne serons plus exposés à revenir en arrière, comme cela est arrivé l'automne dernier.

Le régime de la dérive pendant l'été me porte à croire que nous en avons fini avec ces alternances si décourageantes de progrès et de recul. La glace, me semble-t-il, n'a plus actuellement une grande propension à rétrograder vers le sud ; elle manifeste, au contraire, une tendance à filer au nord-ouest, à la moindre brise du sud et même d'est. De plus, à mesure que nous avancerons vers le nord-ouest, le mouvement de translation deviendra de plus en plus rapide. La trajectoire du *Fram* est plus septentrionale que celle de la *Jeannette*, et, au-delà de la terre François-Joseph, la glace doit être repoussée par cette barrière d'îles dans la direction du nord ; je pense donc que nous arriverons à une latitude plus haute que semble l'indiquer la direction de notre dérive. J'espère parvenir au 85°.

27 septembre. — A partir d'aujourd'hui, tous les hommes devront skier deux heures par jour, de onze heures à une heure. Quelques-uns d'entre nous n'ont pas une grande pratique des *ski* ; en cas de retraite, leur inhabileté dans ce genre de sport serait pour tous une cause de graves dangers. Quelques jours après, exercice de halage des traîneaux. Un véhicule chargé de 120 kilogrammes sert à l'expérience. Amundsen qui, tout d'abord, croit que le halage n'était qu'un jeu, s'arrête bientôt épuisé. « Non, en vérité, s'il fallait traîner longtemps un pareil poids, autant vaudrait se coucher sur la neige et attendre la mort », raconte-t-il à ses camarades. Il faut donc exercer mon monde à cette manœuvre. Par contre, trois chiens attelés à ce véhicule l'entraînent comme une plume.

4 octobre. — La banquise constitue un excellent terrain pour la marche ; seulement dans quelques zones peu étendues, les monticules et les crevasses la rendent impraticable. La piste est également bonne. Les chiens y enfoncent bien un peu ; lorsque les tempêtes auront rendu la neige plus compacte, cet inconvénient disparaîtra.

A la veille de notre seconde nuit polaire, la plus longue et la plus froide qu'une expédition arctique ait jusqu'ici subie, notre état moral est excellent. De jour en jour la lumière du jour décroît, bientôt elle aura complètement disparu ; notre courage n'en décline pas pour autant. La bonne humeur et l'entrain sont maintenant plus constants ; il n'y a plus ces alternances de découragement et d'espérance qui ont mis nos caractères à si rude épreuve. Cet état d'esprit est dû sans doute à l'accoutumance au milieu et au bien-être de notre vie. Nous avançons vers le but lentement mais sûrement, entourés de tout le confort de la civilisation. Et l'hiver prochain s'annonce encore plus agréable que le précédent.

Notre atelier établi sur le pont est une pièce très chaude et très gaie. Un fourneau que j'ai installé pour utiliser à la cuisine notre provision d'huile de graissage rayonne dans la chambre de travail une partie de sa chaleur. Parfois, la température est si élevée que je sue à grosses gouttes et que je dois ouvrir la fenêtre pour laisser passer un peu d'air à 25 ou 30 °C sous zéro.

Quelle que soit la durée de l'expédition, nulle crainte de manquer de luminaire et de combustible. Notre provision de pétrole est suffisante pour nous éclairer pendant dix ans, en admettant que les lampes brûlent trois cents jours par an. D'un autre côté, nous avons encore cent tonnes de charbon. Avec un tel approvisionnement on n'aura pas besoin d'économiser le combustible dans les poêles ; on pourra faire du feu à discrétion dans le salon pendant l'hiver. Enfin, pour mieux nous protéger contre le froid, j'ai fait étendre une tente au-dessus du pont jusqu'à la passerelle. L'arrière reste complètement dégagé pour pouvoir observer les environs du navire.

10 octobre. — J'ai aujourd'hui 33 ans. Que dire à ce sujet, sinon que la vie s'en va et ne revient jamais sur ses pas ? En mon honneur, grande fête. Le carré est décoré de pavillons, et le navire pavoisé.

Dans la matinée, course sur les *ski* par un temps très froid. Le soir, le thermomètre descend à – 31 °C. Jamais je n'ai eu un temps aussi froid à mon anniversaire. Comme d'habitude en pareille circonstance, le cuisinier a préparé un véritable festin.

16 octobre. — Depuis quatre jours souffle un ouragan horrible. Soulevée par le vent, la neige emplit le ciel d'épais tourbillons. Malgré cela, l'excursion habituelle à *ski* n'est pas annulée.

A midi le soleil apparaît à l'horizon comme une boule rouge de forme ellipsoïdale. C'est la dernière fois que nous l'apercevons. Adieu ! cher soleil vivifiant !

Nous dérivons rapidement vers le nord. Le 14, l'observation nous place au 81° 32' 8" ; le 17, au 81° 47' ; le 21, au 82° par 114° 9' de long. E.

Pour fêter le passage du 82° de latitude, gala annoncé par une affiche en vers placardée dans le carré. Après le souper, concert. Parmi les exécutants Bentzen se distingue particulièrement. Ses récents exercices avec la manivelle de la ligne de sonde lui ont donné une expérience précieuse pour le maniement de l'orgue. Tantôt il ralentit le mouvement, la musique traîne comme si elle remontait d'un abîme de 2 000 à 3 000 mètres ; tantôt il l'accélère, comme si elle parvenait tout près de la surface. A la fin, l'enthousiasme est tel que Pettersen et moi nous ne pouvons résister à l'entraînement. Nous valsons, nous polkons, nous exécutons même quelques pas de deux absolument remarquables. Amundsen se laisse gagner à son tour, et les danses continuent avec plus d'entrain que jamais, tandis que les joueurs restent obstinément à leur table. Entre-temps circulent des rafraîchissements : des conserves de pêches et des bananes sèches. Ainsi, nous avançons toujours gais vers notre but. Nous sommes maintenant à mi-chemin des îles de la Nouvelle-Sibérie et de la terre de François-Joseph.

Les jours succèdent aux jours sans apporter aucun changement dans notre existence. Pour nous distraire, nous observons les splendeurs de l'aurore boréale plus magnifique que jamais. En fait d'incidents dignes de remarque, mon journal mentionne à la date du 4 novembre une heureuse chasse à l'ours. Dans la matinée, j'étais allé faire un tour, lorsqu'en rentrant j'aperçois Sverdrup, Johansen, Mogstad et Henriksen accourant tous le fusil à la main. Aussitôt après éclate une salve, puis un tir à volonté très nourri, suivi d'un feu de peloton. Après être resté d'abord immobile, l'un des chasseurs fait quelques pas en avant et tire un coup de feu, tandis qu'un autre décharge son arme dans une direction opposée. Que signifie cette école de tirailleurs ? J'avance rapidement... quelle n'est pas ma joie d'apercevoir trois ours gisant sur la glace, une femelle et ses deux petits.

La température est très basse. Le 22 octobre au soir, le thermomètre descend à – 36 °C. Par un pareil froid il ne fait pas bon toucher le fer. Un de nos jeunes chiens, ayant eu l'idée de lécher un anneau, en fit l'expérience à ses dépens. La langue de la pauvre bête resta collée au morceau de métal, comme prise à la glu. Heureusement, au moment de l'accident, Bentzen se trouvait sur le pont. Attrapant l'animal par le cou, pour l'empêcher de s'arracher la langue dans les bonds qu'il faisait pour se dégager, il échauffe le fer avec ses mains garnies de moufles et réussit à rendre la liberté au chien.

13 novembre. — Le thermomètre est à – 39 °C. Dans la journée, pressions dans différentes parties de la banquise. Leur bruit strident annonce la basse température de la glace, un bruit très singulier qui semblerait surnaturel, si on en ignorait la cause.

Une course à *ski* par un clair de lune magnifique. Non, en vérité, notre vie n'est pas une souffrance constante comme on doit le croire là-bas. Est-ce, par exemple, une pénible épreuve que de glisser, rapide comme une flèche, sur la glace sans fin, par un beau froid, sous un ciel constellé d'étoiles ? Tout autour s'étend la nappe de la banquise argentée par le clair de lune, mouchetée de grandes taches sombres produites par l'ombre des *hummocks*, et, tout là-bas, une raie claire marque l'horizon de la glace. Très bas dans le sud, une lueur émerge, rougeâtre, plus haut jaune, puis verte, se fondant insensiblement dans l'immense coupole bleue. Une indescriptible harmonie que la musique, seule, pourrait traduire !

C'est plus qu'il n'est permis d'attendre de la vie ; c'est une féerie de l'autre monde, une vision de la vie future. Et, au retour, lorsqu'on s'assied dans la paisible salle de travail, les pieds au feu, la pipe allumée, et qu'on reste là abîmé dans une rêverie, est-ce là une souffrance ?

16 novembre. — Au cours d'une promenade à *ski*, je confie à Sverdrup mes projets d'excursion vers le nord ; dans la soirée, je lui expose plus amplement mon plan qu'il approuve complètement. L'entreprise doit être tentée dans tous les cas, même si, en mars, nous n'avons pas atteint le 85°.

C'est, en effet, le seul moyen de pénétrer dans des régions que nous ne pourrons atteindre autrement. Si nous n'arrivons au pôle, eh bien, nous battrons en retraite. Comme je ne saurais trop le rappeler, le but de notre expédition n'est pas de parvenir à ce point mathématique, mais d'explorer les parties inconnues du bassin polaire.

Que l'on ne m'objecte pas que, pendant que le *Fram* continuera sa dérive, je pourrais faire autant d'observations importantes qu'au cours de cette marche vers le nord. D'abord, notre départ ne suspendra pas les travaux scientifiques à bord ; en second lieu, les études auxquelles nous nous livrerons pendant notre reconnaissance projetée compléteront celles poursuivies sur le *Fram* et apporteront à la science une précieuse contribution.

L'entreprise que je médite doit donc être tentée.

Ce point résolu, une grave question se présente. A quelle époque faudra-t-il partir ? Assurément au printemps, en mars au plus tard. Mais quelle année, en 1895 ou en 1896 ? Mettons les choses au pis. Admettons qu'en mars prochain nous soyons seulement par 83° et 110° de long. E. ; même dans ce cas, nous devrons nous mettre en route immédiatement. Si, en effet, nous attendons l'année suivante, nous risquons d'avoir dépassé le point d'où l'expédition peut être entreprise dans les conditions le plus favorables.

Du point d'où je suppose que nous partirons, au cap Fligely, sur l'île la plus septentrionale de la terre François-Joseph, la distance est de 400 milles, soit légèrement supérieure à celle que j'ai parcourue sur les glaciers, dans ma traversée du Groenland. Un pareil trajet pourra être effectué sans trop de difficulté, même si, aux approches des côtes, la banquise devient très accidentée. Une fois sur la terre ferme, nous tirerons notre subsistance des produits de la chasse. A cette distance de 400 milles il faut ajouter celle que nous aurons parcourue dans la direction du pôle. Quelle que soit la latitude que nous réussissions à atteindre, avec l'aide des chiens nous sommes assurés de pouvoir effectuer le retour.

Etudions maintenant les conditions du voyage. L'expédition, composée de deux hommes et de vingt-huit chiens, aura à traîner un poids de 1 050 kilogrammes.

Du 83° au pôle la distance est de 420 milles ou de 777 kilomètres. Aidés de deux hommes, les chiens pourront avancer à raison de 15 kilomètres par jour, chacun d'eux tirant un poids de 37,5 kg pendant les premiers temps du voyage. Pour cela, la glace devra présenter une surface unie comme la banquise qui nous entoure, et nous n'avons pas lieu de douter qu'il en soit ainsi. Donc, cinquante jours après avoir quitté le *Fram*, nous arriverons au pôle. En soixante-cinq jours, au Groenland, nous avons parcouru 345 milles à travers des glaciers atteignant l'altitude de 2 700 mètres, sans l'aide de chiens.

Après notre marche vers le nord, la consommation des provisions aura réduit le poids des traîneaux à 250 kilogrammes, un poids insignifiant pour vingt-huit bêtes. Dans ces conditions, le retour pourra être très rapide ; supposons qu'il dure cinquante jours comme l'aller. D'après les circonstances, nous mettrons le cap, soit sur les Sept-Iles au Spitzberg, situées à la distance de 540 milles, soit sur le cap Fligely, à la terre François-Joseph. Supposons que nous choisissions cette dernière route.

Le 1er mars, nous avons quitté le *Fram ;* le 20 avril, nous sommes au pôle. A cette date, il nous reste 100 kilogrammes de provisions, soit des vivres pour cinquante jours, mais aucune provision pour les chiens. Nous devons alors nous résoudre à abattre successivement nos tireurs pour alimenter les autres ou pour nous nourrir nous-mêmes, si nous préférons leur donner des conserves. Vingt-trois chiens fourniront certainement des vivres pour quarante et un jours, et il nous restera encore cinq bêtes de trait. A cette date, c'est-à-dire le 1er juin, nous devrons être au sud du cap Fligely, en admettant pour cette partie du trajet une vitesse quotidienne de 12 milles. Il nous restera alors cinq chiens et neuf jours de vivres.

La situation ne sera pas pour cela désespérée. D'abord, selon toute probabilité, bien avant cette époque, nous aurons atteint la terre, et en cette saison le gibier doit être abondant dans ces parages.

Dès le commencement d'avril, Payer a rencontré près du cap Fligely des nappes d'eau libre peuplées d'oiseaux ; enfin, il serait bien extraordinaire si, avant cette date, nous ne trouvions pas sur notre route, soit un ours, soit un phoque, soit quelque oiseau.

Une fois au cap Fligely, nous aurons le choix entre deux itinéraires : la route du Spitzberg par la côte nord-ouest de la terre François-Joseph et la terre de Gillies — si les circonstances sont favorables, je choisirai certainement cette direction —, ou la route de la terre François-Joseph par le détroit d'Autriche, puis, par la côte sud de cet archipel, soit vers la Nouvelle-Zemble, soit vers le Spitzberg, à moins que nous ne trouvions l'expédition anglaise de la terre François-Joseph.

Examinons maintenant toutes les éventualités susceptibles d'arrêter notre marche.

Plus au nord, la banquise peut être plus accidentée que dans les parages où nous nous trouvons actuellement. Cela n'est guère probable, à moins qu'une terre n'existe dans cette direction. S'il en est ainsi, il faudra s'accommoder des circonstances. En tout cas, quel que soit l'état de la glace, nous pourrons avancer ; l'effort sera seulement plus ou moins grand. Même avec un équipage affaibli par le scorbut, Markham réussit à pousser en avant, sur un terrain très difficile. L'existence d'une terre dans ces parages pourrait même faciliter nos progrès, cela dépend de son étendue et de sa direction. D'après la profondeur de l'océan et la dérive de la banquise, il n'est guère vraisemblable qu'une île d'une certaine dimension se rencontre plus au nord.

Les chiens peuvent nous manquer, mais, à coup sûr, pas tous en même temps. Jusqu'ici ils ont vécu dehors, sans paraître incommodés par le froid. Même en admettant la perte de toute notre meute, nous pourrons, à nous seuls, traîner une bonne partie des bagages.

Terrible, à coup sûr, serait notre situation si nous étions atteints par le scorbut. En dépit de l'excellent état sanitaire de l'expédition, un semblable accident peut, en effet, survenir. N'est-ce pas précisément au printemps, au moment du départ pour les excursions en traîneau, que l'expédition anglaise de Nares éprouva les premiers symptômes de la terrible maladie ? Cette grave éventualité ne me paraît cependant pas à craindre. Grâce à notre ordinaire plus varié et de meilleure qualité que celui des expéditions précédentes, notre équipage a joui jusqu'ici d'une santé parfaite. Je ne puis donc croire que nous puissions emporter du *Fram* les germes du scorbut. Pour notre marche projetée vers le nord, les vivres ont été choisis aussi nutritifs que possible ; aussi ai-je peine à penser qu'ils détermineront l'éclosion de cette redoutable affection. Mais on doit toujours courir un risque. Lorsque toutes les précautions ont été prises, le devoir est de marcher en avant.

Reste un dernier point à examiner. Notre départ ne mettra-t-il pas en danger ceux qui resteront à bord ? A coup sûr, l'absence de deux hommes n'affaiblit pas l'équipage ; onze hommes peuvent très bien manœuvrer le navire. Par contre, le départ de tous les chiens à l'exception des sept petits de Kvik est chose d'importance. Mes compagnons conservent, à la vérité, un nombre de traîneaux plus que suffisant et des approvisionnements considérables pour une retraite. Si un accident arrivait au *Fram*, il serait inconcevable qu'ils ne puissent, avec de pareilles ressources, atteindre la terre François-Joseph ou le Spitzberg. Une catastrophe, si elle se produisait, surviendrait vraisemblablement au sud du 85°. Prenons, comme base de nos calculs, le 85°, sous le méridien de la terre François-Joseph. De là au cap Fligely la distance est de 180 milles, et aux Sept-Iles de 240 milles. Je ne puis croire qu'avec notre équipement les camarades ne puissent effectuer ce trajet. Une telle éventualité me paraît impossible. Le *Fram* traversera le bassin polaire et entrera de l'autre côté dans la mer libre sans avarie. Donc, en admettant même la possibilité d'un accident, l'équipage, j'en suis certain, sortira sain et sauf de l'aventure, pourvu qu'il observe les précautions nécessaires. Donc, aucune raison ne s'oppose au départ d'une expédition vers le pôle, et le gain scientifique d'une telle exploration nous fait un devoir de l'entreprendre.

Maintenant, autre question. Qui de nous partira pour le nord ? Sverdrup et moi avons déjà fait l'épreuve de nos forces et de nos caractères dans une semblable entreprise[1], et elle a parfaitement réussi. De plus, nous seuls possédons l'expérience d'une pareille exploration. Tous les deux, nous ne pouvons abandonner le *Fram*, cela est clair comme le jour. L'un de nous doit rester à bord pour ramener le navire et l'équipage à bon port, et l'autre doit prendre la direction de l'expédition en traîneau. Sverdrup brûle du désir de marcher en avant ; mais je ne puis me décider à le laisser partir. A coup sûr, la marche vers le pôle sera beaucoup plus périlleuse que la continuation de la dérive à bord du *Fram*. Si donc je confie à Sverdrup la mission de pousser au nord, je lui donnerai la tâche la plus difficile, gardant pour moi la plus facile. S'il périt, jamais je ne me pardonnerai de l'avoir laissé aller. D'ailleurs, il est mon aîné de neuf ans, et la direction du navire lui incombe spécialement. Dans ces conditions, mon parti est pris ; je partirai et Sverdrup aura la tâche de ramener l'expédition en Norvège.

1. Dans la traversée du Groenland, en 1888.

Comme compagnon, j'ai fait choix de Johansen. Pour une telle entreprise, il réunit toutes les qualités désirées. C'est un skieur de première force et un solide gaillard, en même temps qu'un caractère ferme et agréable. Bientôt je l'avertirai de ma décision, pour qu'il ait le temps de se préparer. En principe, l'expédition est décidée. Si la lumière est suffisante, je partirai en février.

Nous sommes des êtres singuliers. Un jour nous sommes confiants dans nos entreprises et fermes dans nos résolutions ; le lendemain, découragés et agités par le doute. Un jour, je m'illusionne dans des rêves agréables, je me figure que j'ai remporté la victoire, que je suis de retour au pays et, le lendemain, je suis en proie à l'incertitude et au scepticisme sur les résultats que nous apportera l'avenir.

18 novembre. — Assis à ma table de travail, j'entends le bruissement du moulin au-dessus de ma tête et, en même temps, les pas de Peter occupé à donner leur pitance quotidienne aux enfants de Kvik, puis tout à coup je songe que cette roue qui tourne là-haut peut être bien dangereuse pour nos élèves.

Dix minutes après j'entends un long aboiement plaintif comme un cri de souffrance et de détresse ; presque aussitôt après le moulin s'arrête. En toute hâte je monte sur le pont. Hélas ! mes craintes n'étaient que trop justifiées.

Un de nos jeunes chiens, saisi par la roue, tournoie piteusement en l'air, geignant lamentablement. Je suis tellement ému par ses lamentations qu'au premier moment je songe à abattre toute la machine d'un coup de hache pour délivrer la pauvre petite bête.

Aidé de Mogstad et de Bentzen, je parviens à arrêter le moulin et à saisir le malheureux animal. Il est heureusement encore en vie, et, bien qu'ayant reçu nombre de contusions, ne paraît pas avoir trop souffert de son voyage aérien. Tout étonné de se retrouver sur ses quatre pattes, il demeure d'abord un instant immobile, puis rapidement il reprend conscience du sol et s'enfuit en gambadant.

Une étrange vie que celle de ces jeunes chiens, toujours dans l'obscurité de la froide nuit polaire. Dès que l'un de nous monte sur le pont avec une lanterne, immédiatement ils arrivent en folâtrant vers la lumière, comme des enfants autour d'un arbre de Noël.

Pauvres êtres, jusqu'ici ils n'ont vécu que sur ce pont de navire tout noir, jamais encore ils n'ont entrevu le beau ciel bleu !

19 novembre. — Dans la matinée, j'ai fait connaître mes projets à Johansen. Je lui ai exposé les terribles dangers de l'entreprise ; c'est une affaire de vie ou de mort. Avant de prendre une résolution, il doit donc réfléchir un jour ou deux.

« Non, répondit-il, je n'ai pas besoin de réflexion ; dès maintenant, je suis prêt à vous suivre. Depuis longtemps, j'ai mûrement songé à cette entreprise, et toujours mon plus grand désir a été de vous suivre. Que vous acceptiez ma réponse dès aujourd'hui ou dans plusieurs jours, jamais elle ne variera. Ma résolution est inébranlable.

— Soit, si vous avez déjà réfléchi aux dangers et aux souffrances d'une telle expédition, si vous avez envisagé la perspective probable de la mort dans cette entreprise, je n'insiste pas pour attendre plus longtemps votre décision.

— Parfaitement, répondit Johansen, je suis prêt à vous suivre où et quand vous voudrez.

— Affaire conclue, demain nous commencerons nos préparatifs. »

20 novembre. — Ce soir, j'ai annoncé à l'équipage mes projets. Tous naturellement n'auraient pas demandé mieux que de m'accompagner. Aussi, pour adoucir leurs regrets, je m'efforce de relever, à leurs yeux, l'importance de leur mission. Si une expédition vers le nord peut devenir glorieuse, il n'est certes pas moins honorable d'accomplir la traversée du bassin polaire et de ramener ensuite l'expédition saine et sauve en Norvège.

Dès le lendemain, nous commençons les préparatifs. Tout d'abord, nous construisons deux kayaks, longs de 3,70 m, larges de 0,70 m dans leur partie médiane, profonds, l'un de 0,30 m, l'autre de 0,38 m. Comme on le sait, ces longues périssoires en peau ne portent qu'un seul homme, assis au milieu dans un trou ménagé sur le pont entièrement fermé d'autre part. Afin que l'eau ne puisse pénétrer dans l'intérieur du canot, le rameur est vêtu d'une jaquette en peau de phoque absolument imperméable, s'adaptant, comme un tablier, sur un cercle en bois garnissant l'ouverture. L'homme fait ainsi corps avec le canot. Ces kayaks peuvent contenir chacun trois mois de conserves et une certaine quantité de vivres pour les chiens. Ces embarcations nous seront absolument nécessaires pour la traversée des canaux qui découpent la banquise et pour faire ensuite le trajet de la terre François-Joseph au Spitzberg ou à la Nouvelle-Zemble.

Je fais construire plusieurs traîneaux tout spécialement en vue de notre expédition, réunissant toutes les conditions désirables de souplesse et de résistance pour qu'ils puissent supporter, sans faiblesse, les chocs et les secousses auxquels ils seront exposés. Deux de ces véhicules mesuraient une longueur égale à celle des kayaks, c'est-à-dire 3,70 m.

Après cela, je me livre à de nombreuses expériences pour me guider dans le choix des provisions. Nos rations, comme celles des chiens, doivent être tout à la fois aussi nutritives et aussi légères que possible. Je dois, en outre, examiner minutieusement sur le terrain tous les instruments que nous emporterons pour m'assurer qu'ils répondront parfaitement à nos désirs. De toutes ces précautions dépend dans une large mesure le succès final.

Une grosse question était le choix des vêtements ; aussi, avant de la résoudre, fis-je plusieurs excursions avec notre vestiaire habituel en peau de loup. Par une température de – 37,6 °C et même de – 41 °C, je sue à grosses gouttes, dès que je me donne un peu de mouvement. Evidemment le temps ne sera jamais assez froid pour qu'il soit utile d'emporter ces vêtements. Il faudra en prendre de plus légers.

Nous éprouvons également notre matériel de campement. Nous dressons notre tente en soie et allumons à l'intérieur le fourneau fabriqué en vue de l'expédition en traîneau. En une heure et demie l'appareil fournit trois litres d'eau bouillante et cinq litres d'eau produits par la fusion de la glace renfermée dans un second compartiment de l'appareil. La température de la glace employée est de – 35 °C. La consommation de pétrole n'est que de 100 grammes. L'expérience répétée à plusieurs reprises donne toujours les mêmes résultats satisfaisants. Voici un gros souci de moins.

Pendant que je me livre à ces essais pratiques, mes compagnons sont occupés à d'autres besognes non moins utiles. Mogstad prépare les traîneaux, Sverdrup confectionne des sacs de couchage, Juell, promu tailleur des chiens, emploie tous les loisirs que lui laisse la cuisine à prendre les mesures de ses clients, à coudre des harnais et à les essayer. Blessing prépare la pharmacie de voyage, Hansen les tables nécessaires aux observations astronomiques et les courbes des chronomètres, tandis qu'un homme copie sur papier mince le double de tous les journaux de bord et de toutes les observations que je veux emporter avec moi.

Pendant ce temps, jamais les observations scientifiques ne sont interrompues. Durant l'automne, Hansen et Johansen ont installé leurs instruments dans une hutte en neige, où ils peuvent les manier sans être incommodés par le vent et sans gants. A l'intérieur de cet observatoire, la température n'est pas précisément chaude : 20 à 25 °C sous zéro ; notre astronome et notre météorologiste ne paraissent pas s'en apercevoir.

5

Le second hiver dans la banquise

Dans les premiers jours de décembre, pour la première fois, nous avons la tristesse de compter un malade à bord. Sverdrup souffre d'un catarrhe intestinal, pour s'être, probablement, laissé saisir par le froid.

Le 12 décembre, le *Fram* atteint le 82° 30'. Jamais auparavant un navire n'était parvenu à une aussi haute latitude. La distance qui nous sépare du pôle n'est plus que de 833 kilomètres, la distance de Paris à Marseille à 30 kilomètres près. Le lendemain, pour fêter cette victoire, grande fête. Banquet, musique, pas de cavalier seul dansé par Lars. La joie serait complète si Sverdrup n'était encore souffrant. Au milieu de la bombance générale, c'est pour lui une véritable affliction d'être condamné à une diète sévère. Si on ne le surveillait, il mangerait de tout ; c'est un véritable enfant.

23 décembre. — Depuis deux jours, terrible tempête du sud-est. En moyenne, la vitesse du vent atteint 13 à 14 mètres à la seconde. Des tourbillons de neige obscurcissent le ciel et s'amoncellent sur le pont en épais monceaux à l'abri de la muraille des gaillards. Un véritable tableau d'hiver.

Le baromètre, tombé à 726, commence à se relever lentement. Comme toujours, le thermomètre a suivi une marche inverse.

Dans l'après-midi, il s'est élevé à – 21,3 °C. Cette bourrasque nous a portés au 83°, peut-être même plus loin.

Entre-temps, la banquise, depuis si longtemps tranquille, manifeste quelques symptômes d'agitation. Dans la nuit du 22, le *Fram* reçoit un choc terrible, et le mugissement des pressions se fait entendre tout près de nous. Douze heures plus tard, nouvelle secousse encore plus violente. Dans la nuit du 23 au 24, la glace s'ouvre entre le trou de sondage et l'observatoire météorologique. En toute hâte, il faut sauver d'un désastre possible les instruments le plus précieux. Nos nerfs, qui depuis longtemps n'étaient plus habitués à ces chocs, sont maintenant péniblement affectés par les secousses.

27 décembre. — Encore un Noël passé loin des nôtres. Dans cette épreuve, je suis soutenu par l'espérance. Après de longs jours d'incertitude, j'entrevois le succès, la fin de cette nuit noire.

Si la vie de l'explorateur est pénible et faite de désappointements, elle a aussi de belles heures, lorsque par une volonté inébranlable il réussit à triompher de tous les obstacles, et lorsque sa persévérance lui permet d'apercevoir le triomphe final.

La veille de la Noël a été célébrée en grande pompe. Pour la circonstance, avec la collaboration de Blessing, j'ai fabriqué un nouveau cru, « le champagne du 83° de latitude nord », produit du jus généreux de la ronce faux-mûrier, le noble fruit des régions boréales et arctiques[1].

Le lendemain, festin, et, après le souper, grand bal, dans lequel Hansen et moi avons l'honneur de représenter le beau sexe absent. L'orchestre composé du violon de Mogstad doit jouer jusqu'à complet épuisement pour satisfaire l'entrain des danseurs, notamment de Peterson.

Et, pendant ce temps, souffle toujours le bon vent. Nous avons probablement dépassé le 83°. Jusqu'ici la tourmente nous a empêchés de vérifier notre position. Dans la journée, une étoile apparaît, Hansen accourt aussitôt. Nous sommes au nord du 83° 20' ; cette nouvelle augmente encore l'allégresse générale.

28 décembre. — Hier, le *Fram* a reçu plusieurs chocs. La crevasse ouverte à bâbord s'est élargie et forme maintenant un chenal. A partir de neuf heures et demie du soir, d'heure en

1. *Rubus chamæmorus*.

heure, se succèdent de nouvelles secousses de plus en plus violentes. La glace doit évidemment être en travail quelque part, tout près de nous.

Je me levais pour aller examiner la situation, lorsque Mogstad arrive annoncer la formation près de l'avant d'un *toross* très élevé. Aussitôt nous accourons sur le pont armés de lanternes. A une distance de cinquante-six pas de l'étrave s'élève, parallèlement au chenal ouvert à bâbord, un entassement de blocs autour duquel la pression s'exerce avec une force terrible. La glace craque et grince ; un instant de silence se produit, puis le crépitement reprend plus violent pour s'affaiblir ensuite de nouveau. Tous ces bruits étranges semblent rythmés. Le *toross* avance lentement dans la direction du navire, tandis que le *floe* dans lequel le *Fram* est emprisonné est entamé. D'un moment à l'autre, la situation peut devenir très critique. En conséquence, je donne l'ordre à l'homme de garde de veiller attentivement et de m'appeler si le *toross* progresse ou si la glace se brise autour du bâtiment. Probablement la pression va peu à peu perdre de son intensité ; en attendant, je retourne dormir dans ma cabine.

2 janvier 1895 — Jamais je n'ai éprouvé des sentiments aussi étranges, au début de la nouvelle année. Celle-ci sera très certainement une des plus importantes de mon existence ; elle m'apportera la victoire et la vie, ou la défaite et la mort.

Dans ce monde de glace, les années passent sans laisser de trace derrière elles, et nous ne savons pas plus ce qu'elles donnent à l'humanité que nous ne connaissons l'avenir. Dans cette nature silencieuse il n'y a pas d'événements. A travers l'obscurité profonde qui enveloppe ce monde muet, on ne voit que le scintillement des étoiles et les flammes de l'aurore boréale.

Le dernier jour de l'année a été l'occasion d'une nouvelle réjouissance. A minuit sonnant, Blessing entre dans le carré avec une bouteille d'aquavit[1] de la Ligne et nous saluons de toasts chaleureux l'arrivée de 1895. Sverdrup m'adresse les vœux de tous pour le succès de l'expédition que je vais entreprendre avec Johansen et, à mon tour, je bois à la santé de ceux qui resteront à bord et à leur heureux retour en Norvège.

Cette nouvelle année nous trouve au seuil d'une région

1. Eau-de-vie de grain distillée en Norvège.

complètement inconnue. Le vent qui fait en ce moment rage dans la mâture nous entraîne vers des latitudes que l'homme n'a jamais encore atteintes. A coup sûr, 1895 marquera le point culminant de cette marche vers le nord, si aucun événement ne vient renverser nos espérances.

3 janvier 1895. — Une journée d'inquiétude mortelle. Hier nous faisions des plans d'avenir ; aujourd'hui peu s'en est fallu que nous ne fussions sur la banquise sans un toit sur la tête.

A quatre heures ce matin, la glace, agitée déjà depuis quelques jours, est entrée en convulsion. Le mouvement est d'abord peu important, mais à huit heures, lorsque je me réveille, de tous côtés ce ne sont que des craquements et des grincements. A trente pas du *Fram*, le long du chenal ouvert à bâbord, s'élève un haut *toross*, et de ce côté les crevasses avancent jusqu'à dix-huit pas du navire. Je fais rentrer à bord tous les objets épars sur la banquise, notamment les planches et les solives ayant servi l'été dernier à la construction de l'observatoire météorologique. La ligne de sonde laissée dans le puits ne peut malheureusement être sauvée. A midi, lorsque ce travail est achevé, la violence de la pression augmente tout à coup. Le *toross* de bâbord approche de plus en plus ; en même temps la glace s'ouvre, menaçant d'engloutir l'appareil de sondage. En toute hâte quelques hommes s'élancent et parviennent à arracher le précieux engin aux convulsions de la banquise. La situation devient très critique. Le chaos de blocs avance rapidement ; s'il nous atteint avant que le navire n'ait sauté de son berceau de glace, un grave accident peut se produire.

Dans l'après-midi, les préparatifs sont faits pour quitter le *Fram*, au cas où la catastrophe redoutée surviendrait. Les traîneaux, les kayaks et dix récipients contenant cent litres de pétrole sont placés sur le pont. Vingt-cinq caisses de biscuits pour les chiens, dix-neuf de pain et quatre bonbonnes de pétrole sont déposées sur la glace, à tribord et à l'avant.

Pendant le souper, les grondements de la glace se rapprochent, et, tout à coup, un craquement terrible se fait entendre juste au-dessous de nous. D'un bond je suis sur le pont. Maintenant un nouvel assaut se prépare d'un autre côté. A tribord, la banquise, jusque-là tranquille, commence également à s'agiter. Dans cette région une crevasse vient de s'ouvrir jusqu'à l'arrière du *Fram*, mettant en péril nos dépôts. Quelques instants après, le danger devient très pressant à bâbord. La glace craque ; en même temps un flot envahit les chenils. Il n'y a pas une minute à perdre pour sauver les chiens. Peter se met courageusement à l'eau et lâche la meute. Quelques bêtes effrayées refusent de sortir et se tiennent étroitement blotties dans les coins. Il faut les tirer de force pour les empêcher d'être noyées.

Dans l'après-midi, afin de parer à toute éventualité, un dépôt de vivres pour deux cents jours est établi à tribord sur le grand *hummock,* avec les tentes, le fourneau et tout le matériel nécessaire pour la retraite. Ce glaçon, très solide, pourra résister aux chocs les plus violents.

Pendant la nuit, les hommes de quart reçoivent l'ordre de surveiller attentivement les mouvements de la glace, surtout près du dépôt, et de m'avertir à la moindre alerte.

Tandis que j'écris mon journal, la banquise grince et gémit sans cesse ; l'attaque continue toujours... Malgré les dangers de la situation, tout le monde est très gai ; dans la soirée, comme d'habitude, les amateurs du jeu d'échecs ont fait leur partie. Nous considérons ce terrible assaut comme un intermède amusant dans la monotonie de notre vie.

4 janvier. — Après une nuit calme, la glace recommence à s'agiter dans la journée. A partir de neuf heures du soir la pression reprend. Des fissures s'ouvrent à travers notre berceau de glace, en même temps les *toross* montent de plus en plus, menaçant de culbuter sur le pont.

Toutes les dispositions sont prises pour la retraite. Les hommes dorment habillés, prêts à sauter sur le pont au premier ordre avec leurs sacs.

Au-dessus de cette scène de désolation, la lune brille éclatante, nous permettant de suivre les progrès de l'attaque.

5 janvier. — A cinq heures du matin, Sverdrup m'annonce que le *toross* s'est avancé tout contre le *Fram* et va crouler sur le pont.

Le fracas est épouvantable, le tonnerre roule sans discontinuer, c'est à croire que le jour du Jugement dernier est arrivé... D'un moment à l'autre, la catastrophe peut survenir. Ordre est donné de porter sur la glace tous les approvisionnements restés dans la cale et de monter sur le pont les fourrures et les effets d'habillement ; on les jettera sur la banquise au dernier moment. Le canot à pétrole est ensuite amené et transporté au dépôt sur le grand *hummock*.

A huit heures du soir, après une accalmie dans la journée,

l'assaut reprend plus terrible que jamais. Le *toross* de bâbord penche de plus en plus sur nous et déverse sur le pont d'énormes glaçons et des paquets de neige. Peter, saisissant aussitôt une bêche, se met à piocher avec rage dans la marée de glace qui nous envahit, et veut essayer de la rejeter par-dessus bord. Je le suis afin d'examiner la situation..., il n'est pas nécessaire de regarder longtemps pour me rendre compte du danger. Il est inutile de lutter avec une bêche contre un pareil ennemi. Je rappelle Peter et l'engage à employer ses forces à un autre travail. J'avais à peine parlé qu'une nouvelle pression se produit, accompagnée de formidables détonations et de craquements terrifiants. « J'ai cru que j'étais envoyé au diable avec ma bêche ! » hurle Peter. Je recule vers la dunette et arrête Mogstad qui accourait, lui aussi, avec une bêche pour suivre l'exemple de son camarade.

Sous le poids des blocs qui arrivent en quantité de plus en plus grande par-dessus le plat-bord, la tente plie et menace de s'effondrer. Si elle s'abat, nous sommes ensevelis sous l'avalanche. Immédiatement je descends dans le carré et appelle tout le monde sur le pont, en recommandant de sortir non pas par la porte de bâbord, mais par le kiosque des cartes. Les ouvertures de bâbord peuvent livrer passage dans l'intérieur du navire à la glace qui tombe sur le pont. Les passages intérieurs se trouveraient ainsi bloqués et nous serions enfermés comme des souris dans une trappe. Pour parer à ce danger, la porte de la machine donnant accès dans les logements est ouverte. Son étroitesse rendrait la sortie des bagages très lente. Je remonte ensuite lâcher les chiens enfermés sur le pont. Après avoir échappé à la noyade, les pauvres bêtes risquent maintenant d'être écrasées sous les chutes des glaçons. D'un coup de couteau je coupe les laisses, et toute la bande se précipite vers tribord.

Pendant ce temps, on monte les effets d'habillement. Inutile de presser les hommes ; les grincements de la glace contre les flancs du navire stimulent suffisamment leur ardeur. C'est un terrible brouhaha dans une nuit obscure. Pour comble de malheur, Jacobsen n'a-t-il pas laissé les lanternes s'éteindre. Au milieu de ce branle-bas, je songe tout à coup à mes mocassins qui sèchent dans la cuisine ; au galop je cours à leur recherche. A ce moment, la pression atteint son paroxysme. Sous la poussée formidable de la glace, les poutres de l'entrepont craquent ; d'une minute à l'autre, je m'attends à les voir se briser et s'effondrer sur moi.

Une fois tous les bagages sortis du navire, nous nous acheminons vers le dépôt. Le fracas des blocs qui s'écrasent contre le navire est tel que nous pouvons à peine nous entendre parler.

C'est le dernier effort de la banquise. Peu à peu, la violence de la pression diminue, le bruit s'affaiblit, et bientôt tout redevient silencieux.

Mais quel spectacle ! La partie bâbord du *Fram* disparaît presque entièrement sous un entassement de neige et de glace !

Au milieu du danger le plus pressant, des incidents comiques avaient excité une gaieté générale. Sverdrup, toujours impassible, n'avait-il pas choisi ce moment périlleux pour prendre un bain ! Lorsque je donnai l'ordre de porter en toute hâte les sacs sur le pont, il était nu comme un ver. Je vous laisse à penser s'il fut long à se rhabiller. Amundsen avait eu, de son côté, une aventure. Dans la confusion du branle-bas, il n'avait pas entendu ma recommandation de sortir par tribord et s'était précipité vers bâbord. A peine sur le pont, il avait culbuté. Quel ne fut pas son effroi de sentir la tente chargée de glaçons s'abaisser sur lui comme pour l'enserrer dans un linceul. Notre camarade avait cru sa dernière heure venue... Enfin, il parvint à se remettre sur pied et à échapper à l'étau qui menaçait de l'enserrer.

Il est solide, notre *Fram*, pour avoir résisté à un pareil assaut. La masse de glace qui le pressait à bâbord est absolument colossale. Après avoir donné une bande de 7°, le navire s'est un peu relevé ; il doit donc être dégagé de son berceau et par suite se trouve maintenant hors de danger. Beaucoup de bruit pour rien, tel est, en somme, le seul résultat de cette convulsion de la banquise.

6 janvier. — Une journée de repos particulièrement agréable après l'émoi d'hier. Tout l'après-midi est employé à dégager le pont des glaçons qui l'ont envahi. Des blocs énormes sont tombés sur la tente ; c'est miracle qu'elle n'ait pas cédé sous un pareil poids.

A midi Hansen annonce que nous avons atteint le 83° 40', soit 13 milles de parcourus depuis le 31 décembre. Nous filons définitivement vers le haut nord. Pour fêter le passage de cette latitude, on sert le soir un bol de punch, accompagné de fruits conservés et de gâteaux.

Hier, nous travaillions péniblement pour défendre notre vie contre les assauts de la banquise ; aujourd'hui, nous sommes tout à la joie, buvant gaiement du punch et bavardant bruyamment. Ne sont-ce pas là les vicissitudes de la vie humaine ? Peut-être est-ce pour célébrer par une canonnade grandiose notre arrivée à cette haute latitude que la banquise a lancé les terribles détonations de ces jours derniers ? S'il en est ainsi, le salut a été vraiment royal.

7 janvier. — Quelques grincements, puis tout redevient calme. Nous continuons à déblayer le *Fram*.

Ce matin, accompagné de Sverdrup, je fais une petite promenade aux environs. A une faible distance du navire, nous constatons que la glace ne porte aucune trace de fracture et est absolument unie. La pression a donc été limitée à une zone peu étendue, et le *Fram* s'est trouvé juste à l'endroit où s'est porté l'effort le plus violent.

8 janvier. — Encore quelques mouvements dans la banquise, sans importance d'ailleurs.

Liv a aujourd'hui 2 ans !

C'est une grande fille. La reconnaîtrai-je ? Ils célèbrent là-bas ce joyeux anniversaire et comblent de présents le petit être aimé. Pendant ce temps nous restons bloqués dans la glace, entraînés vers des latitudes inconnues, enveloppés dans l'obscure nuit polaire.

Dans l'après-midi, j'essaie de photographier le *Fram* au clair de lune. Les résultats sont excellents. Le sommet du monticule de glace qui a failli défoncer le navire a déjà été en partie abattu ; le cliché ne donne pas par suite une représentation exacte de ses dimensions et de sa position menaçante.

La banquise est redevenue calme ; maintenant débarrassé de tout souci de ce côté, je me remets à mes préparatifs de départ.

Le 3 février, nous atteignons le 83° 43' ; quelques jours plus tard nous rétrogradons de 11 milles dans le sud. Toujours ces alternances de recul et de progrès. Mais 10 à 12 milles de plus ou de moins ne comptent pas dans une expédition comme celle que nous allons entreprendre.

10 février. — Le jour commence à poindre. A une heure de l'après-midi en me tournant du côté de la lumière, je puis lire un journal.

Dans la journée, excursion en traîneau tiré par des chiens. La banquise est plane ; sur sa surface unie nous filons bon train.

Avec une pareille vitesse nous pourrons faire de longues étapes et arriver au but plus tôt que nous ne l'avions primitivement pensé. Un long et terrible voyage que cette marche vers le pôle ! Jamais pareille entreprise n'a été tentée. Nous n'avons aucun point de retraite, pas même une terre désolée. Pendant que nous avancerons vers le nord, le *Fram* continuera sa dérive ; jamais ensuite nous ne pourrons le rejoindre. Nous n'aurons d'autre ressource que de marcher en avant ; tous les obstacles, quelque terribles qu'ils soient, nous devrons les vaincre pour sortir de cet étau de glace.

26 février. — Il est enfin arrivé le grand jour du départ ! Depuis une semaine, tout le monde travaille sans relâche aux préparatifs. Du matin au soir, pas une minute de repos ; il faut songer à tout, veiller à tout ; le plus petit oubli pourrait être fatal. Mes nerfs sont dans un état de tension absolument fatigant. Je la connais bien, cette surexcitation, pour l'avoir éprouvée chaque fois que j'allais partir pour l'inconnu et couper les ponts derrière moi. Tous ces jours derniers, jamais je n'ai pu me coucher avant trois ou quatre heures du matin.

Hier soir, nous avons eu le banquet des adieux. Avant de quitter le navire, le souvenir de tous les événements dont il a été le théâtre me revient à la mémoire avec une précision extraordinaire ; je revis toute notre vie depuis le départ de Norvège, traversée de tant d'espoirs et de désillusions.

J'écris à ma femme et à tous les miens une dernière lettre, que je confie à Sverdrup.

Les quatre traîneaux chargés des bagages et des provisions sont attelés... Au bruit d'une décharge de mousqueterie, le signal du départ est donné. Les chiens aboient furieusement et nos camarades poussent des hourras. Quand les reverrons-nous ? Les reverrons-nous même jamais ?

Au début, la marche est lente. La glace présente une déclivité assez rapide. Devant un escarpement les efforts de tous les hommes sont nécessaires pour faire avancer les traîneaux pardessus l'obstacle. Heureusement Sverdrup, Hansen, Blessing, Henriksen et Mogstad ont tenu à nous accompagner le premier jour et nous apportent dans ce pénible travail le concours de leurs forces. Plus loin, en terrain plat, les chiens filent comme le vent ; même avec les *ski*, on les suit difficilement. Sur ces entrefaites, nous nous apercevons qu'un des traîneaux a éprouvé une avarie, sans doute dans un heurt contre quelque bloc de glace. Il faut revenir à bord faire la réparation nécessaire ! Un pareil accident survenant au cours du voyage aurait de graves conséquences. Il est donc prudent de profiter de notre retour pour renforcer tous les véhicules. Les charges sont évidemment trop lourdes, aussi suis-je résolu à emmener six traîneaux au lieu de quatre.

Pendant que nous sommes occupés à ces réparations, le vent du sud-est souffle et nous porte dans le nord. Hier nous étions par 83° 47', aujourd'hui nous devons être par 83° 50'.

Le 28 février nouveau départ. Le convoi avance lentement ; pour faciliter la marche, je prends le parti d'alléger les véhicules de plusieurs sacs de vivres destinés aux chiens. A quatre heures du soir le campement est installé. Distance parcourue dans la journée : 4 milles [1]. Soirée très agréable et très joyeuse sous la tente en compagnie de plusieurs de nos camarades du *Fram*. Un bol de punch est servi et des toasts chaleureux sont portés en l'honneur de ceux qui partent et de ceux qui restent. A onze heures seulement, nous nous décidons à entrer dans nos sacs de couchage.

Là-bas au milieu de la banquise, le *Fram* resplendit de lumière. Sverdrup a donné l'ordre de hisser, au sommet du grand mât, la lampe à arc et d'allumer des torches et des feux de Bengale sur les voisins. Une bonne précaution pour assurer le retour des autres en cas de mauvais temps.

Le lendemain, nos camarades nous suivent pendant une heure. Au moment de nous quitter, Sverdrup me prend à part : « J'ai une faveur à vous demander, me dit-il ; si vous revenez avant nous en Norvège, et que vous songiez à partir pour le pôle Sud, soyez assez bon pour m'attendre ; je tiens à vous accompagner là-bas... »

Nous voici seuls maintenant, Johansen et moi, au milieu de la grande banquise polaire. Sans l'aide de nos amis, la marche devient très difficile ; la glace est accidentée et le halage des six traîneaux par-dessus les aspérités de la banquise est aussi laborieux que lent. Le 2 mars, nos progrès ne sont guère plus rapides. Nous pourrions peut-être continuer à avancer ainsi ; de jour en jour, le poids des provisions diminuera, et, dans quelque

---

1. La distance parcourue était mesurée à l'aide d'un compteur, fabriqué à bord avec les mouvements d'un vieil anémomètre. Il se trouvait attaché à l'arrière du dernier traîneau.

temps, notre marche pourra être sensiblement plus accélérée. Mais les chiens seront peut-être épuisés par cet effort ? D'autre part, ces animaux ont souffert du froid, la nuit dernière. Je prends donc la décision de revenir encore une fois à bord, d'alléger nos bagages et d'attendre que la température soit un peu moins basse. A mon retour, je suis salué par l'heureuse nouvelle que nous avons atteint le 84° de lat. N.

Les jours suivants sont consacrés à apporter aux traîneaux les perfectionnements suggérés par les deux expériences que nous venons de faire, et aux bagages les réductions nécessaires.

Avant de raconter notre voyage à travers la banquise polaire, une rapide description de notre équipement me paraît nécessaire ; elle permettra au lecteur de se faire une idée complète de notre vie dans ce terrible désert.

Nous emportons deux kayaks et trois traîneaux construits sur le mode de ceux que j'ai employés au Groenland. Le matériel du campement comprend un sac de couchage composé d'une double enveloppe en peau de renne, une tente en soie pesant un kilogramme, et un fourneau au pétrole avec une provision de combustible de seize litres.

Dans l'équipement d'une expédition sur la banquise, le fourneau est un des appareils les plus importants. De sa bonne construction et des résultats qu'il donne dépend, en grande partie, le bien-être relatif de la caravane, et, par suite, dans une certaine mesure, le succès de l'exploration. Le nôtre se composait d'un récipient central destiné à la cuisson des mets et de deux compartiments latéraux que l'on remplissait de neige et de glace pour obtenir de l'eau potable. Un quatrième réservoir, placé au sommet, avait le même usage. Grâce à la disposition adoptée, une proportion de 90 à 93 % de la chaleur produite par la combustion du pétrole était employée à un effet utile.

L'appareil construit en métal blanc et en aluminium ne pesait que 4 kilogrammes.

Comme armes, j'ai choisi des fusils à deux coups, avec un canon rayé pour le gros gibier et un autre lisse pour les oiseaux. Nos munitions consistent en 180 cartouches à balle et 150 à plomb. En fait d'instruments, nous avons un petit théodolite construit spécialement en vue de cette expédition, un sextant de poche, un horizon artificiel à glace, plusieurs compas, des baromètres anéroïdes, trois thermomètres fronde à mercure, deux thermomètres minima à alcool, une lunette et un appareil photographique.

Nos approvisionnements consistent principalement en viande et en poisson séché et pulvérisé, afin de faciliter la digestion, en biscuit et en pain de gluten, enfin en 39 kilogrammes de beurre.

Comme vêtements nous portons deux chemises de laine, un veston en poil de chameau et un épais jersey, deux caleçons de laine, des *knickerbockers*, des guêtres en vadmel, et, par-dessus, un surtout en grosse toile destiné à nous protéger contre la neige pulvérulente. En fait de chaussures, des mocassins lapons, comme coiffure des chapeaux de feutre doublés à l'intérieur de deux épaisses couches de drap.

Le poids total des bagages, véhicules compris, s'élevait à 663 kilogrammes, répartis à peu près également sur les trois traîneaux.

6

A travers la banquise

Le 14 mars, à midi, nous quittons définitivement le *Fram*, au bruit des hourras. Quelques-uns de nos camarades nous font un bout de conduite pour aider au halage des traîneaux lourdement chargés... Bientôt Sverdrup nous fait ses adieux ; il doit revenir à bord présider le dîner à une heure. Sur le sommet d'un monticule de glace, nous nous serrons cordialement la main une dernière fois. Le cœur gros, je regarde s'éloigner cet excellent ami, l'homme bon et dévoué dont la collaboration m'a été si précieuse. Ce n'est pas sans un secret sentiment d'envie que je le vois regagner le *Fram*. De longs mois s'écouleront avant que nous retrouvions un abri aussi confortable. Jusque-là que de privations terribles à supporter ? Quelle que soit sa résolution, l'homme ne quitte jamais le bien-être sans regret. Hansen, Henriksen et Peterson nous suivirent jusqu'au lendemain.

La glace, d'abord plane et unie, devient bientôt accidentée de chaînes de monticules formés par les pressions. Pour traverser ces protubérances, il est nécessaire de porter les traîneaux sur une assez grande distance ; un rude travail qui met nos forces et notre patience à une terrible épreuve. Néanmoins nous n'avons pas lieu de nous plaindre ; l'étape est de 7 milles.

Notre petite tente est tout juste assez grande pour nous contenir tous les cinq ; néanmoins combien elle nous paraît agréable après le dur labeur de la journée. Assis devant une tasse de chocolat bouillant, tenant d'une main un biscuit, de l'autre un gros morceau de beurre, Peterson s'écrie dans un transport de joie enfantine : « Maintenant me voici installé comme un prince ! » Ce brave garçon m'avait supplié de l'emmener, s'offrant à remplir toutes les fonctions dont je le chargerais ; à mon grand regret, j'ai été obligé de renoncer à ses services. Mes compagnons, qui n'ont pas de sacs de couchage, dorment dans une hutte en neige enveloppés de leurs fourrures. Le lendemain matin, lorsque je me réveille, Peterson est déjà debout, se promenant de long en large pour se réchauffer. Jamais, auparavant, il n'avait cru possible de dormir sur la neige ; cependant, la nuit n'a pas été trop mauvaise, affirme-t-il. Il me fut impossible de lui faire avouer qu'il avait souffert du froid.

Après un déjeuner gai et plein d'entrain, les chiens sont attelés, puis je donne l'ordre du départ. Un dernier et chaleureux adieu à nos excellents camarades, et nous nous enfonçons dans le grand désert glacé où désormais, pendant de longs mois, nous vivrons solitaires, isolés de tout secours. Un peu plus loin, en me retournant, j'aperçois Peter posté sur le sommet d'un monticule, suivant avec attention les progrès de notre petite caravane. Très certainement il est persuadé qu'il ne nous reverra jamais.

Nous avançons d'abord très rapidement sur de larges plaines de glace unie. Plus loin, des amoncellements de *toross* et d'*hummocks* nous obligent au lent et pénible portage des traîneaux. Fatigués par ce rude labeur, nous faisons halte à six heures du soir. Longueur de l'étape : 9 milles.

Les jours suivants, la glace est absolument plane ; souvent nos étapes dépassent 14 milles. Parfois, malheureusement, un accident nous fait perdre du temps. Un jour, par exemple, une aiguille de glace perce le sac contenant la farine de poisson, et la précieuse provision s'écoule par la déchirure. Il nous faut près d'une heure pour tout ramasser et pour recoudre le sac.

Dans certaines parties la banquise, extraordinairement massive et hérissée de monticules élevés, présente l'aspect d'un pays ondulé couvert de neige. Très certainement cette glace est très vieille et a été soumise à de terribles pressions dans sa longue dérive à travers le bassin polaire de l'océan sibérien vers la côte orientale du Groenland. Les *hummocks* et les mamelons formés dans les chocs éprouvés par les glaçons, après avoir subi une fusion partielle pendant l'été, ont été recouverts, l'hiver suivant, d'une nouvelle et épaisse couche de neige ; par suite, ces amoncellements ressemblent plus à des collines de glace qu'à des *toross*.

20 mars. — Soleil radieux. Temps magnifique mais très froid, surtout la nuit. Température : 41 °C et 42 °C sous zéro.

Plus nous avançons, plus la banquise devient unie ; par endroits, elle présente une surface aussi plane que celle de l'*inlandsis* du Groenland que nous avons traversé, il y a sept ans déjà. Si cela continue, nous aurons bientôt accompli notre tâche.

L'autre jour, nous avons perdu notre compteur enregistreur des distances parcourues. Pour le retrouver, il eût été nécessaire de revenir en arrière et peut-être de perdre plusieurs heures ; j'ai donc pris le parti de l'abandonner. Désormais, nous ne pourrons évaluer la longueur des étapes qu'à l'estime. Dans la même journée, autre incident désagréable. Un de nos chiens tombe subitement si malade qu'il ne peut plus être attelé. Nous étions déjà en marche depuis longtemps lorsque je m'aperçois qu'il ne nous a pas suivis. Aussitôt, je pars à sa recherche et le retrouve seulement au campement de ce matin. De là, une perte de plusieurs heures précieuses.

21 mars. — A neuf heures, ce matin, température – 42 °C. Minimum de cette nuit – 44 °C. Temps toujours très clair. Par un pareil froid, il n'est pas précisément agréable de rapiécer ses mocassins !

22 mars. — De onze heures et demie du matin à huit heures et demie du soir, nous parcourons environ 21 milles. Nous avons dépassé le 85° de latitude nord.

Le ciel est rayonnant et par suite le froid terrible. Aujourd'hui le froid est rendu encore plus pénible par une fraîche bise du nord-est. La nuit, le thermomètre tombe à 42 °C sous zéro. Pendant la journée, nos vêtements se couvrent d'une cuirasse de glace ; le soir, à la chaleur des sacs de couchage, cette croûte, en fondant, nous imprègne d'humidité.

Avant de camper, nous traversons un large bassin, pareil à un lac inclus dans la banquise. La glace qui le recouvre est très mince, par suite, de date récente. La formation d'une nappe d'eau en cette saison et à cette latitude est absolument extraordinaire.

23 mars. — Le temps de faire des observations scientifiques, de charger les traîneaux, de mettre tout en bon état et en ordre, il est trois heures de l'après-midi. A neuf heures du soir, nous nous arrêtons devant une série de monticules comme nous en rencontrâmes au début du voyage. Jusque-là, la partie de la banquise parcourue était relativement plane, aussi avons-nous pu parcourir environ 14 milles.

Maintenant, nous sommes arrivés à la fin de cette nappe de glace unie sur laquelle nous glissions comme des flèches. Désormais à chaque pas ce seront de nouvelles difficultés.

24 mars. — La glace devient très accidentée. A chaque pas des chaînes de monticules par-dessus lesquelles nous devons porter les traîneaux. Un long et dangereux travail ; avec ces lourdes charges nous risquons à tout instant de culbuter et de nous casser bras ou jambes... Nous tuons un chien malade qui ne peut plus suivre et en jetons le cadavre démembré à ses camarades. Aujourd'hui ceux-ci font les dégoûtés ; plusieurs, plutôt que de toucher à leur semblable, s'endorment sans manger. Laissons-les ; bientôt la faim triomphera de leur répugnance. Dans quelques semaines, les malheureuses bêtes affamées se jetteront avec fureur sur les cadavres de leurs congénères que la nécessité nous obligera à sacrifier ; en un clin d'œil elles avaleront tout avec gloutonnerie, même les poils.

25 mars. — Toujours des chaînes de *hummocks*. Nous sommes exténués par le transport des traîneaux par-dessus ces crêtes. Pendant cette pénible marche, une fois le soir arrivé, le besoin de sommeil est invincible. Nos yeux se ferment malgré nous ; à peine étendus nous nous endormons profondément. Le campement est généralement établi à l'abri du vent derrière un *hummock* ou une ligne de monticules. Pendant que Johansen s'occupe des chiens, je dresse la tente et prépare le souper. Le menu se compose tantôt d'un ragoût de pemmican et de pommes de terre séchées, ou d'un gratin de poisson, tantôt d'une soupe de pois, de fèves ou de lentilles avec du pemmican et du biscuit. Après avoir apporté dans la tente notre matériel culinaire et nos provisions pour le souper et le déjeuner du lendemain, nous nous glissons dans nos sacs de couchage, afin de dégeler nos vêtements. Pendant la journée, la vapeur qui se dégage de notre corps se condense à la surface des vestes et des pantalons en une couche de glace. Nos membres se trouvent ainsi emprisonnés dans une carapace cristalline absolument rigide. Les manches de ma jaquette sont dures comme de la pierre, et leur frottement contre mes poignets ouvre dans la chair de profondes entailles. La blessure que j'ai au bras droit ayant été « mordue par la gelée », la plaie devint de plus en plus profonde et atteignit l'os. Vainement j'essayais de la protéger à l'aide de bandes de pansement ; elle ne se ferma que l'été suivant. Probablement toute ma vie j'en garderai la cicatrice. Une fois dans les sacs de couchage, les vêtements dégèlent lentement, aux dépens de notre calorique animal. Nous avons beau nous serrer l'un contre l'autre, pendant plus d'une heure et demie nous claquons des dents avant de ressentir un peu de chaleur. A la longue nos vêtements deviennent souples, mais, le lendemain matin, à peine sortis de la tente, ils reprennent leur rigidité.

Le souper est le plus agréable moment de toute la journée. Pendant de longues heures nous l'attendons impatiemment et avec volupté nous absorbons notre maigre pitance. Souvent notre fatigue est si grande que le sommeil triomphe de notre appétit. Nous fermons malgré nous les yeux et nous nous assoupissons la cuiller en main. Une fois même, je m'endormis en mangeant. Après le repas, nous nous accordons généralement le luxe d'un petit extra : une tasse d'eau chaude dans laquelle je fais dissoudre de la poudre lactée. Nous avons l'impression de boire du lait bouillant ; cette boisson nous réchauffe tout le corps. Après cela, nous fermons hermétiquement les sacs, et bientôt le silence de la banquise n'est plus troublé que par le bruit de nos ronflements et par les exclamations de nos rêves.

Le matin, mes fonctions de cuisinier m'obligent à être le premier debout. La préparation du déjeuner prend généralement une heure. Le menu se compose, un jour de chocolat, de pain, de beurre et de pemmican, un autre de bouillie de gruau. Une fois le repas prêt, Johansen se lève, puis nous nous mettons à table, assis sur nos sacs devant une couverture étendue en guise de nappe. Le déjeuner avalé, nous écrivons notre journal ;

après quoi, en marche. Un moment pénible : que n'aurais-je pas souvent donné pour pouvoir me remettre « au lit », et pour dormir bien au chaud tout mon soûl. Mais non, il faut poursuivre sans défaillance la tâche commencée ; il faut sortir au froid, harnacher les chiens et reprendre le pénible labeur quotidien à travers la banquise.

J'avance en tête de la colonne pour tracer la route, ensuite vient le traîneau chargé de mon kayak, derrière marche Johansen avec les deux autres véhicules, occupé sans cesse à presser les attelages de la voix ou du fouet et à pousser les traîneaux sur les pentes des *hummocks*. Devant chaque accident de terrain les chiens s'arrêtent. Si le conducteur ne peut enlever son attelage, celui de nous qui se trouve en avant doit revenir aider au passage du véhicule... Du commencement à la fin, cette marche n'a été qu'une longue souffrance pour ces pauvres animaux. Je frissonne encore en pensant avec quelle sauvagerie nous les battions, lorsqu'ils s'arrêtaient, incapables d'avancer. Même dans ces circonstances dramatiques, je sentais l'excès de notre cruauté ; elle était cependant une loi de notre situation. Nous devions marcher vers le nord ; aucune considération de sentimentalité ne devait donc nous arrêter. De pareilles entreprises atrophient tous les bons sentiments pour ne laisser dans l'homme qu'un abominable égoïsme.

L'organisation du campement, les soins à donner aux chiens, la préparation des repas et le paquetage après chaque halte absorbent un temps considérable. En règle générale, la durée des marches ne dépasse jamais neuf à dix heures par jour. Dans l'après-midi, l'étape était interrompue par une collation, un repas peu agréable ; en dépit de toutes nos précautions pour nous abriter, nous étions bientôt transpercés par l'âpre bise, et pour nous réchauffer nous devions manger en marchant.

Un grand nombre d'explorateurs arctiques se sont plaints des souffrances terribles causées par la soif dans ces déserts de glace. Le plus souvent, elles ont été déterminées par d'imprudentes absorptions de neige ; aussi, pour parer à cette éventualité avais-je emporté de petites bouteilles en caoutchouc que, le matin, je remplissais d'eau et que je portais sur la poitrine pour l'empêcher de geler. A mon grand étonnement, je ne sentis que très rarement le besoin de m'en servir. Nous avons échappé à ces souffrances, grâce à l'excellente construction de notre fourneau, qui, avec une très faible quantité de combustible, nous fournissait une provision d'eau plus que suffisante.

29 mars. — Nous avançons très lentement. La banquise est loin d'être aussi bonne que je l'espérais. Toujours des amoncellements de glace dont la traversée entraîne une grande perte de temps. Avant de pouvoir trouver un passage praticable au milieu de ces monticules, l'un de nous doit aller en reconnaissance, et ; en règle générale, faire un détour plus ou moins long. Pendant ce temps, les chiens, sautant de droite et de gauche, embrouillent les traits d'attelage et à peine a-t-on tout remis en ordre que la besogne est à recommencer.

Hier, après le dîner, le vent du nord-est a augmenté de force, et le ciel s'est couvert. Avec joie nous saluons ce présage d'un temps plus doux. En effet, dans la soirée, le thermomètre ne descend pas au-dessous de – 34 °C. Pour la première fois, depuis longtemps, nous ne souffrons pas du froid dans les sacs de couchage.

Le lendemain, un soleil clair brille dans un ciel sans nuage.

Toujours une banquise tourmentée, hérissée d'obstacles. Dans la soirée, nous arrivons enfin sur une nappe parfaitement unie, comme nous n'en avons pas rencontré depuis longtemps. Au-delà encore de nouveaux monticules de la pire espèce, formés par des entassements d'énormes blocs. Après un terrible labeur, il ne nous reste plus qu'une seule chaîne à traverser, précédée d'une crevasse profonde d'environ quatre mètres. Tous les chiens du premier traîneau culbutent dans le trou. C'est maintenant toute une affaire de les relever. Le second véhicule tombe, à son tour, heureusement sans dommage sérieux ; après cela, il faut le décharger et le recharger, et voilà encore un temps précieux perdu. Instruits par l'expérience, nous prîmes nos précautions pour le passage du troisième traîneau.

Le soir au campement, – 43 °C.

31 mars. — Sous l'influence d'un vent de sud, la température monte rapidement. De très grand matin, le thermomètre marque seulement 30 °C sous zéro, un véritable temps d'été !

Au départ bonne glace. Dans la journée, tout à coup un large chenal s'ouvre au milieu de la banquise. A peine l'ai-je traversé avec le premier traîneau qu'il s'élargit, coupant la route au reste du convoi. Sur ces entrefaites, un large morceau de glace se rompt sous les pas de Johansen. Dans cette chute mon camarade a la mauvaise chance de se mouiller entièrement les jambes, une aventure qui pourrait avoir les plus déplorables conséquences.

Le chenal est très long ; nulle part je ne réussis à découvrir un gué. La position devient très critique ; je suis d'un côté du canal avec un traîneau et la tente, de l'autre se trouve Johansen, à moitié trempé et presque gelé, avec les deux derniers véhicules. Impossible de nous servir des kayaks. Après les chocs qu'ils ont reçus, leur coque n'est qu'une écumoire. Enfin, après de longues recherches, je parviens à trouver un « pont ».

De suite, après avoir fait passer les traîneaux, nous campons pour dégager Johansen de la croûte de glace qui l'enveloppe, et pour le réchauffer.

Chaque matin, les préparatifs du départ entraînent un long et pénible labeur. Parfois, sept heures nous sont nécessaires pour abattre la tente, faire le paquetage, charger les véhicules et réparer les avaries. Le contenu d'une boîte a été consommé, et on doit la remplacer par une autre charge ; puis, je m'aperçois qu'un sac a été percé, et il faut le réparer.

Après cela, on procède à l'arrimage, une besogne particulièrement difficile. Une fois les véhicules prêts, reste maintenant à débrouiller les traits, que les chiens ont entortillés en écheveaux inextricables.

2 avril. — Tourmente de sud. Le terrain devient de plus en plus mauvais ; la traversée de nouvelles chaînes d'*hummocks* exige des efforts désespérés. Entre les blocs, la couche de neige est trop mince pour que nous puissions faire usage des *ski*, aussi à chaque instant culbutons-nous dans des trous.

Sous ce ciel couvert, impossible de distinguer une dépression d'une protubérance ; tout est uniformément et désespérément blanc. Pour essayer de trouver un meilleur terrain, chacun de nous part en reconnaissance de son côté. Dans toutes les directions, la route n'est pas meilleure. A midi, – 31,5 °C.

3 avril. — Départ hier, à trois heures de l'après-midi. Le temps est beau, la glace relativement unie ; aussi, au début, notre marche est-elle rapide.

Une fois encore notre espoir est déçu. Voici de nouvelles chaînes de monticules, et bientôt après un canal couvert de « jeune glace » qui ne porte pas. Plus loin, le terrain n'a pas meilleure apparence ; vers minuit nous prenons le parti de camper.

Un nouveau chien est sacrifié. Son cadavre est partagé en

vingt-six portions ; six de ses congénères refusent encore leur part du festin.

Une observation méridienne fixe notre position à 85° 59'. Nos progrès sont extraordinairement lents. Très certainement un mouvement de dérive repousse vers le sud la banquise sur laquelle nous avançons dans la direction du nord. Nous sommes à la merci des vents et des courants, la plus décevante position pour un explorateur polaire. Maintenant je commence à croire qu'il sera sage de suspendre bientôt notre marche vers le nord.

La distance qui nous sépare de la terre François-Joseph est triple de celle que nous avons parcourue. Dans cette direction la banquise ne sera pas plus praticable que dans la région où nous nous trouvons, et notre marche ne sera guère plus rapide. De plus, notre ignorance de la topographie de l'archipel François-Joseph nous exposera à des retards. Peut-être enfin, dans cette région, ne trouverons-nous pas de gibier ! Depuis longtemps déjà, j'ai la conviction que nous ne pourrons atteindre le pôle ou son voisinage immédiat : la banquise est trop accidentée et nos chiens trop faibles ! Si seulement j'en avais un plus grand nombre ! Que ne donnerais-je pas pour posséder une meute de l'Oloneck. Tôt ou tard nous devrons battre en retraite.

4 avril. — Départ à trois heures du matin. Toujours des chaînes de monticules, et, entre ces aspérités, des canaux bordés d'amoncellements de blocs rugueux. Au passage de ces fentes, tantôt l'un de nous, tantôt les traîneaux enfoncent dans l'eau. Fort peu agréables, ces bains ; impossible de nous changer et de nous sécher, et la température est de 30 °C sous zéro.

Lat. : 86° 2' 8" ; long. : 95° 47' 15" est de Greenwich.

6 avril. — A deux heures du matin, température – 24,2 °C. La glace de plus en plus mauvaise. Une succession inextricable de monticules et de ravins, pareille à une ancienne moraine qui serait formée de blocs de glace. Quelques mamelons ont une hauteur de dix mètres. Le halage des traîneaux sur un pareil terrain mettrait à bout des géants. Dans la journée l'étape n'est que 4 milles.

Hier j'avais perdu tout espoir de pouvoir poursuivre notre route, et ce matin, en arrivant au campement, je suis décidé à battre en retraite.

Nous irons encore un jour en avant et reconnaîtrons si la

glace est aussi mauvaise qu'elle le paraît du sommet du *toross*, haut de dix mètres, au pied duquel nous sommes campés.

Ce serait folie de continuer la marche vers le nord. Sur une pareille banquise nous ne pourrons guère aller plus loin, et, si la glace n'est pas meilleure vers la terre François-Joseph, la retraite sera très lente.

8 avril. — A deux heures du matin, départ. La banquise est de plus en plus impraticable. Partout des chaînes d'*hummocks* et des amoncellements de blocs. Impossible de suivre aucune route. Dans ces conditions, je pars en avant en reconnaissance sur les *ski*. Du sommet du plus haut monticule que je puis atteindre, à perte de vue, je n'aperçois qu'un chaos de glace tourmenté. Ce serait peu raisonnable de nous entêter à poursuivre la marche vers le pôle. De suite, ma résolution de battre en retraite sur le cap Fligely, la terre la plus nord de l'archipel François-Joseph, est prise. Hier, d'après une observation méridienne, nous étions par 86° 10[1]. long. : 95° est de Greenwich. Température à huit heures du matin : – 32 °C.

Pour fêter notre arrivée à ce point suprême vers le pôle, un banquet est préparé, composé de ragoût, de biscuit, de beurre, de chocolat et de confiture d'airelles. Après une bonne sieste, nous nous remettons en marche vers le sud.

7

La retraite sur la terre François-Joseph

A notre grand étonnement, dès le premier jour de notre retraite, nous trouvons la glace bien meilleure que dans la direction du nord. Devant nous s'étendent de larges plaines, unies, coupées seulement de loin en loin de chaînes de monticules et de canaux recouverts de « jeune glace ». Ces accidents de terrain sont orientés dans le S. — 22° O. magnétique, soit environ à l'ouest-sud-ouest du monde, c'est-à-dire parallèlement à la direction que nous suivons.

---

1. Cette observation corrigée a donné comme résultat : 86° 13' 6".

Le 10, une bonne étape : 15 milles.

Le 12, j'oublie de remonter les montres. Pour obtenir maintenant le temps moyen de Greenwich, je prends une observation circumméridienne et détermine la latitude, puis fais l'estime depuis le point où nous avons rebroussé chemin et où j'ai pris ma dernière observation de longitude. Grâce à ces précautions, l'erreur dans la détermination des positions ne sera pas grande.

14 avril. — Jour de Pâques. Je passe la journée à calculer la latitude, la longitude et le temps moyen. Une occupation très agréable que ces opérations mathématiques et la manipulation de la table des logarithmes avec des doigts rigides, presque gelés, et avec des vêtements couverts de glace sur le dos. Pourtant la température n'est que de – 30 °C, presque un temps chaud. D'après mes calculs, hier, nous devions nous trouver au-dessous de 86° 5' 3", tandis que, d'après l'estime, nous devions être par 85° 50' et quelques minutes, ayant parcouru 50 milles en trois jours. Maintenant, selon toute vraisemblance, la dérive nous porte dans le nord. Nous ne devons pas avoir dépassé le 86°, et j'ai vérifié sur cette position l'heure de nos montres.

Les jours suivants, nos progrès sont rapides, quoique la banquise soit maintenant plus accidentée qu'au début de la retraite. Le 17 avril, nous parcourons 20 milles. Toujours un ciel clair ; jour et nuit, le soleil brille dans une atmosphère absolument calme. Depuis notre départ, pas une seule fois le mauvais temps ne nous a arrêtés. La température s'élève ; le thermomètre ne marque plus que – 27 °C. L'été approche. Si à coup sûr un temps aussi doux est agréable, dans quelques semaines il peut nous exposer à bien des difficultés et à bien des dangers. Il hâtera la débâcle et rendra très pénible l'approche des côtes.

20 avril. — Durant plusieurs heures, impossible de traverser un large fossé, rempli de blocs amoncelés dans un désordre effrayant. De tous côtés, des chaînes de *toross* et des *hummocks*, et, de toutes parts, de larges crevasses. Pendant longtemps cette glace a dû être en mouvement et soumise à de terribles pressions. Sur plusieurs points, les monticules atteignent une hauteur de huit mètres et contiennent des strates de matière minérale. Un *floe* notamment est entièrement noirci par une substance inorganique ou organique. Le temps me manque pour examiner la chose.

Au cours de notre route, je note, à différentes reprises, des *hummocks* très massifs et très étendus, de forme carrée, semblables à des îles élevées couvertes de neige ; des blocs paléocrystiques, très certainement.

Après de longues recherches, je parviens à découvrir un passage à travers ce labyrinthe de glace. Au-delà quel n'est pas mon étonnement d'apercevoir un énorme tronc de mélèze de Sibérie, dressé au milieu de la banquise. Nous le marquons des initiales : F. N. H. J. 85° 30'.

Pendant plusieurs jours ensuite, la glace relativement unie nous permet de glisser rapidement sur nos *ski*. En deux jours la distance parcourue est d'au moins 40 milles.

Le 26, à mon grand étonnement, je rencontre une piste fraîche de renard venant de l'O. — S.-O. et allant vers l'est. Que diable est-il venu faire jusqu'au 85° ? Involontairement je regarde autour de moi, pensant apercevoir une terre. Le temps est malheureusement bouché. Probablement ce renard s'est avancé jusqu'ici à la suite d'un ours. Plus loin encore, d'autres pistes de renards toujours dans la même direction. Quelle nourriture peuvent-ils trouver au milieu de ce désert de glace ? Probablement des crustacés qu'ils attrapent dans les bassins d'eau libre.

Température minima : – 35,7 °C.

Hier, rencontre d'un amoncellement de blocs, qui paraît de formation toute récente. J'y remarque d'énormes fragments de glace d'eau douce, contenant des particules d'argile et de graviers, de la glace de rivière provenant probablement des fleuves sibériens. Même à l'extrême nord de notre course, j'ai souvent vu des glaçons de cette nature, et, jusqu'au 86° de latitude, j'ai observé de l'argile à la surface de la banquise.

27 avril. — Bonne étape. Nous avons parcouru, suivant toute probabilité, une distance de 20 milles. Quittant le campement hier à trois heures de l'après-midi, nous avons marché jusqu'à ce matin.

Bientôt viendra le temps où nous aurons l'espérance de voir apparaître la terre. La terre ! quand la verrons-nous ? Quand foulerons-nous autre chose que cette glace et cette neige ?

Aujourd'hui encore de nouvelles pistes de renards, toujours dans la même direction.

Un de nos chiens est complètement à bout. Il ne se tient plus sur ses pattes ; une fois que nous l'avons chargé sur un traîneau, il demeure complètement immobile. Aujourd'hui nous le délivrerons des souffrances de l'existence. Pauvre bête, jusqu'à la fin, elle a énergiquement travaillé, et maintenant qu'elle ne peut plus tirer, elle nous rendra un dernier service en nourrissant de son cadavre les survivants. Elle était née à bord du *Fram*, le 13 décembre 1893, et, en véritable enfant des régions polaires, elle n'avait jamais vu autre chose que de la glace et de la neige.

Le lendemain, quel n'est pas notre étonnement de rencontrer un large bassin d'eau libre ! Pendant que nous le suivons à la recherche d'un passage, tout à coup les deux bords se rapprochent et se joignent avec un fracas terrible. Sous la violence du choc, la glace se dresse ; d'énormes blocs roulent ; tout craque et mugit. Rapidement nous poussons les chiens pour traverser le chenal à la faveur de ce bouleversement. De jour en jour nos attelages deviennent plus faibles. Plusieurs bêtes sont absolument exténuées. Barnet ne peut plus se soutenir ; ce soir nous l'abattrons.

Encore des traces de renards. Je commence à croire que nous approchons d'une terre. De minute à minute je m'attends à l'apercevoir.

Le 29, encore une journée diabolique ! A peu de distance du campement, la route se trouve barrée par un nouveau chenal d'eau libre, puis par un second, et par un troisième. Chaque fois, nous sommes obligés à d'interminables détours. Pour le passage de ces canaux, impossible de nous servir de nos kayaks ; ils sont criblés de trous et il ne peut être question en ce moment de les radouber. Une pareille entreprise prendrait un temps considérable et serait particulièrement difficile par des températures de 30 °C sous zéro. Avant tout, il nous faut gagner la terre ferme avant la débâcle.

2 mai. — Après quatre heures de marche rapide, voici de nouveaux ravins et des chaînes de *toross*. Sous nos pas, la glace, pressée avec force, craque bruyamment. Avec cela, un chasse-neige masque toute vue. Force nous est de nous arrêter. A peine la tente est-elle dressée, que le monticule qui nous abrite commence à être agité par les pressions et à geindre terriblement. Nous courons le risque d'être écrasés par une avalanche ; mais telle est notre fatigue que je m'endors en dépit de l'imminence du danger.

Le soir, nous sacrifions un de nos chiens. Depuis quelque temps déjà les provisions qui leur sont destinées sont épuisées. Nous devons nous résoudre à les abattre l'un après l'autre pour nourrir les survivants. Notre meute ne se compose plus maintenant que de seize bêtes, et nous sommes encore loin de la terre.

3 mai. — Seulement 11,3 °C sous zéro. Une température de printemps, qui nous donne une sensation exquise de bien-être. Maintenant, nos mains cruellement « mordues par la gelée » peuvent toucher les objets, sans craindre à chaque contact une brûlure atroce.

Toujours des chaînes de monticules et des ravins remplis d'eau dont la traversée nous épuise. Une fois couchés dans nos sacs, bien au chaud, nous oublions vite les souffrances et les fatigues. Je suis si éreinté que je chancelle sur mes *ski ;* lorsque je tombe, je voudrais rester couché où je suis.

8 mai. — Les canaux ouverts à travers la banquise paraissent tous orientés, parallèlement entre eux, du nord-est à l'ouest-sud-ouest (du compas), c'est-à-dire perpendiculairement à la direction que nous suivons.

A notre grande joie, la glace semble devenir plus unie aux approches de la terre, alors que nous redoutions précisément le contraire. Le nombre des chiens diminuant de jour en jour, le halage est de plus en plus pénible. Je n'ai plus que quatre bêtes à mon traîneau.

10 mai. — Température – 8,8 °C. Hier, la glace était plane ; au départ nous espérions donc faire bonne route, lorsqu'une tourmente de neige s'est levée et nous a brutalement obligés à camper.

Aujourd'hui, après quelques heures de clair soleil et de ciel bleu, chute de neige abondante, et temps « bouché ».

A chaque pas, des chaînes de blocs soulevés par les pressions. Par la brume, impossible de trouver la route au milieu de ce dédale.

12 mai. — Notre second sac de pain sera bientôt vide, et jamais la terre n'apparaît ! Plus que douze chiens dont les forces diminuent de jour en jour !

A mesure que nous avançons, la banquise devient de plus en plus difficile. La glace est maintenant recouverte de neige qui ne porte pas. A chaque instant, lorsque l'on quille les *ski* pour pousser les traîneaux, on tombe dans quelque trou, masqué par cette couche trompeuse.

Aujourd'hui la température est relativement élevée ; la nuit dernière, la chaleur dans le sac de couchage m'a empêché de dormir. Minimum – 14,2 °C.

16 mai. — L'anniversaire de Johansen. Nous fêtons ce jour avec toute la solennité que comportent nos moyens. Au dîner, ragoût, le mets favori de mon camarade ; comme dessert un excellent grog au jus de citron.

Hier, nous nous trouvions par 83° 36' lat. N. et 59° 55' est de Greenwich. Evidemment, nous sommes poussés vers l'ouest par un courant violent et risquons de dépasser la terre la plus au nord de l'archipel François-Joseph.

Sur les plaines les chiens marchent encore très bien, mais, devant le moindre obstacle, refusent d'avancer. Afin d'accélérer le traînage, je m'attelle à leur tête. Plus loin, la banquise devenant très accidentée, je dois abandonner la bricole pour aller reconnaître le terrain en avant. Celui de nous qui marche en tête du convoi ne parcourt pas moins de trois fois le même trajet. Une première fois, il va à la découverte et prépare le passage, puis revient en arrière pour conduire les attelages. En dépit de toutes les difficultés, nous poursuivons notre route. Peut-être, à la fin, tant d'efforts seront-ils récompensés. Actuellement, nous serions satisfaits si nous atteignions la terre et trouvions une glace unie.

Aujourd'hui encore, quatre abominables fissures. La dernière forme un véritable lac, une *polynie*, suivant l'expression russe passée dans le vocabulaire arctique. La nappe d'eau est couverte de jeune glace, trop faible pour porter, et en même temps trop résistante pour y lancer les kayaks. A perte de vue s'étend dans l'ouest ce large chenal absolument infranchissable. Pour traverser cet obstacle, nous n'avons pas le choix des moyens ; il faut ou suivre la *polynie* vers l'ouest, jusqu'à ce que nous ayons trouvé un passage — ce qui nous jette hors de notre route —, ou bien revenir en arrière et chercher dans l'est à contourner cette ouverture. Je me décide pour le premier choix. Bientôt, heureusement, nous découvrons en travers du canal une plaque de glace assez solide ; immédiatement nous y poussons les chiens. Finalement ce large fossé, devant lequel nous craignions de perdre plusieurs jours, est rapidement franchi. Notre satisfaction devait être de courte durée. A quelque distance de là une seconde *polynie !* Pour aujourd'hui c'est décidément trop et je prends le parti de camper.

17 mai. — La fête nationale, en Norvège. Couché dans mon sac, je songe à la joie du pays, tout là-bas, en ce jour d'allégresse générale. Je vois, en rêve, les processions joyeuses d'enfants, les drapeaux claquant au vent dans le gai soleil d'une journée de printemps. Aussi, combien triste me paraît notre position. Nous errons sur une banquise interminable, incertains du lendemain, poursuivant énergiquement notre marche vers le sud, tandis qu'une lente dérive des eaux nous entraîne vers l'ouest. Mais, quand même, nous voulons nous aussi fêter cette date chère à tous les cœurs norvégiens. Le pavillon national flotte sur les traîneaux, et, au dîner, un véritable festin est servi : un succulent ragoût, de la confiture d'airelle, puis un grog au citron.

Dans la *polynie* ouverte devant nous s'ébat une bande de narvals. Leur donner la chasse entraînerait une perte de temps trop considérable.

Après avoir passé le chenal, le terrain devient relativement favorable. Longueur probable de l'étape : 10 milles. De plus en plus la dérive nous pousse dans l'ouest.

20 mai. — Terrible tourmente de neige. Pas de vue. Nous restons couchés dans la tente, réfléchissant tristement à notre situation.

Nous devons être par 83° 10' environ, et devrions, par suite, nous trouver à la terre Petermann, si elle est située réellement dans la position indiquée sur la carte de Payer. De deux choses l'une : ou nous sommes jetés, à notre insu, en dehors de la route que nous croyons tenir, ou bien cette terre est si petite que nous n'avons pu la distinguer.

21 mai. — Ciel toujours brumeux et neigeux ; malgré tout, nous nous mettons en route.

Passe un grand nombre de larges ouvertures couvertes de « jeune glace ». Tout récemment, dans cette région, devaient s'étendre de vastes espaces d'eau libre.

23 mai. — La plus terrible journée du voyage. Dès le départ, nous sommes arrêtés par une très large fissure. La traversée d'aucune des ouvertures rencontrées jusqu'ici n'a présenté autant de difficultés. Après avoir cherché en vain un passage pendant plus de trois heures, je prends le parti de suivre le chenal vers l'est : peut-être, de ce côté, trouverons-nous un « pont » ? Arrivés à ce qui nous paraît être la fin de cette *polynie*, nous ne voyons qu'un amoncellement inextricable de blocs et de *floe*, disloqués par de larges crevasses et heurtés violemment les uns contre les autres. A grand-peine nous avançons au milieu de glaçons empilés les uns au-dessus des autres.

Quand, enfin, nous croyons avoir dépassé le chenal, d'autres ravins et d'autres crevasses, encore plus difficiles, s'ouvrent devant nous. La banquise est comme convulsée. Pendant quelque temps c'est à désespérer de la situation. Dans toutes les directions apparaissent des fissures, et, de tous côtés, la couleur foncée du ciel indique l'ouverture de nappes d'eau libre.

Dans l'après-midi, d'une heure à trois, repos. Une fois étendus dans notre sac, et bien repus, nous oublions toutes ces tribulations. Lorsque nous nous remettons en route, le temps est devenu complètement brumeux. On ne peut distinguer un mur de glace d'une nappe de neige détrempée. Nous traversons je ne sais combien de crevasses, d'*hummocks* et de *toross*. Heureusement chaque chose a une fin. Après ce terrible enlacement de blocs, nous arrivons à une plaine relativement unie. Depuis quinze heures je suis en marche, et depuis douze nous travaillons au milieu de ce dédale de glace. Nous sommes à bout de forces et absolument trempés. Une couche trompeuse de neige couvre la surface de l'eau dans les crevasses et je ne sais combien de fois nous avons pris des bains de pieds. Dans la matinée, je me trouvais sur un glaçon que je croyais solide, lorsque tout à coup il enfonça. Je n'eus que le temps de me jeter sur un bloc qui, heureusement, était résistant. Sans cela, je prenais un bain complet dans une bouillie de glace. Me trouvant alors seul, la situation n'aurait pas été précisément drôle.

26 mai. — La neige ne porte plus. Dès que l'on quitte les *ski*, on enfonce jusqu'aux genoux. Avec cela, lorsque le temps est sombre comme hier, impossible de reconnaître les accidents de la banquise ; sous la couche de neige fraîche tout est uniformément blanc.

Les chiens n'en peuvent plus. Heureusement, le résultat des observations est réconfortant. Nous devons nous trouver par 82° 40' de lat. N. et par 61° 27' de long. E., la dérive vers l'ouest a donc cessé. Après cette constatation, l'avenir devient moins noir.

La couleur foncée du ciel indique l'existence de nappes d'eau libre. En effet, tout l'après-midi les fissures succèdent aux fissures ; dans la soirée, nous sommes arrêtés par un très large chenal. De l'*hummock* le plus élevé que je puis atteindre, à perte de vue dans toutes les directions, s'étend cette fente, plus impraticable encore, semble-t-il, que toutes celles précédemment rencontrées. Au bivouac Kvik, mon chien favori, est sacrifié. La malheureuse bête ne peut plus tirer ; non sans un gros chagrin je me décide à cette nécessité ! Tôt ou tard il faudra l'abattre ; mieux vaut aujourd'hui, lorsque le pauvre animal peut encore nous rendre service en fournissant des vivres pour trois jours aux huit autres survivants.

27 mai. — lat. 82° 30'. Aucune terre en vue ; c'est à n'y rien comprendre. Probablement nous sommes de plusieurs degrés plus à l'est que nous ne le croyions[1].

La glace sur laquelle nous cheminons est plate. Seulement çà et là se rencontrent de petits glaçons entassés par les pressions, plus rarement de larges mamelons ou d'étroites crêtes. Très certainement cette crête cristalline ne date pas de plus d'un an. A mon grand étonnement, les plaques de « vieille glace » sont rares et isolées. Au campement, impossible de découvrir un glaçon qui ait été exposé à la chaleur de l'été, et qui, par suite, ait perdu toute trace de sel. Pour nous procurer de l'eau, nous avons dû faire fondre de la neige. Lorsque la neige n'est pas granuleuse, sa fusion produit beaucoup moins de liquide que la glace et exige plus de chaleur. Pendant l'été ou l'automne dernier, une vaste zone d'eau libre a dû s'étendre dans cette région.

29 mai. — Hier, pour la première fois, un oiseau en vue, un pétrel arctique *(Procellaria glacialis)*.

Nous partons avec l'espoir d'en avoir terminé avec les crevasses et les canaux qui découpent la banquise. Ah bien oui ! à peine en route, les apparences du ciel indiquent l'existence de nouvelles rigoles d'eau libre. Je grimpe en toute hâte au sommet d'un *hummock ;* de là-haut le panorama est absolument décourageant. Au sud, à l'est, à l'ouest, un dédale de canaux se coupant et se recoupant dans tous les sens. Partout la glace est disloquée ; suivant toutes probabilités, jusqu'à la terre François-Joseph elle doit être ainsi convulsée.

Maintenant, la banquise n'est plus formée de glace polaire massive et compacte, mais de petits glaçons. Si seulement nous étions en mars, les froids auraient bientôt consolidé tous ces « champs » en une masse rigide. Toujours j'avais considéré comme de la dernière importance d'atteindre la terre avant la fin de mai, sachant combien la banquise serait morcelée à cette époque, alors que le thermomètre s'élève au-dessus de zéro.

---

1. En réalité nous nous trouvions à 6° à l'est de notre point estimé.

Hélas ! mes craintes n'étaient que trop fondées. Nous sommes arrivés trop tard ou trop tôt. Dans un mois, cette masse de glace sera complètement disloquée, et à travers ses fissures on pourra naviguer en kayak. Aujourd'hui, impossible d'employer ce mode de locomotion ; la « jeune glace » déchirerait les coques de nos frêles embarcations.

Dans toutes les directions la couleur du ciel annonce la présence de nappes d'eau libre. Que ne donnerais-je pas pour être là-bas ! Si la banquise devient encore plus morcelée, nous devrons attendre la débâcle complète ; pour cela nos provisions sont-elles suffisantes ? C'est douteux.

Je suis tout à coup tiré de ces réflexions par un clapotement bruyant dans le chenal voisin. Une troupe de narvals s'ébat à côté de moi dans une heureuse insouciance. Si j'avais un harpon, je pourrais capturer un de ces cétacés.

Dans la matinée, pendant que nous peinons au milieux des canaux, passe un guillemot grylle *(Uria grylle)*. Un peu plus loin, nous entendons des mugissements de phoques, bientôt même nous découvrons un de ces animaux ; malheureusement il se tient hors de portée.

Le gibier commence à se montrer, la situation n'est donc pas désespérée ! En avant coûte que coûte !

31 mai. — La glace devient de plus en plus mince.

Hier, aperçu deux phoques *(Phoca fœtida)*, un oiseau, et rencontré les traces d'un ours et de deux oursons. Nous allons donc pouvoir nous ravitailler en viande fraîche.

Pan, le plus vaillant de nos tireurs, doit être sacrifié. La pauvre bête est maintenant épuisée ; à son tour de servir de pâture aux survivants qui peuvent encore nous rendre quelques services.

Un terrain presque impraticable, un chaos de blocs nageant au milieu de l'eau. Nous cheminons en sautant de glaçon en glaçon. Si nous étions seuls, cela irait encore ; mais, avec nos traîneaux, ces escalades et ces descentes continuelles nous mettent à bout de forces.

Du 82° 52' au 82° 19' la banquise est presque uniquement composée de « jeune glace » épaisse d'environ 0,80 m. Sur toute cette distance nous n'avons rencontré que quelques vieux *floe* et de rares champs de « vieille glace », comme celui sur lequel nous sommes actuellement campés. La mer a donc été libre sur une distance de 33 milles vers le nord, et, dans la direction du sud, cette nappe devait également atteindre une grande étendue.

Pris aujourd'hui une hauteur méridienne ; nous serions par 82° 21', et toujours pas trace de terre. De plus en plus cela devient une énigme. Mais patience !

8

La lutte pour la vie

1er juin. — Atteindrons-nous enfin, au cours de ce mois qui commence aujourd'hui, la terre si ardemment désirée ? Il faut l'espérer et le croire, tandis que le temps marche.

Horizon bouché et neigeux ; avec cela, vent contraire. Aussitôt après le départ, nous sommes arrêtés par un canal paraissant, au premier abord, infranchissable. Finalement, les choses tournent mieux que nous n'avons osé l'espérer. Après un détour vers le nord-est, nous parvenons à passer l'obstacle. Au-delà nous avons la chance de rencontrer une plaine bien unie ; sur cet excellent terrain nous marchons jusqu'à midi. Plus tard, encore une heure et demie de bonne glace, après cela nos tribulations recommencent. Dans toutes les directions la route est coupée par de larges ouvertures. Pendant une heure et demie je cherche en vain un passage.

Combien différentes sont les idées que les expéditions se font sur leurs situations respectives ! Si nous réussissons à atteindre la terre avant l'épuisement de nos provisions, nous nous considérerons comme sauvés. Payer, au contraire, se serait cru perdu si, au cours de son excursion à l'archipel François-Joseph, sa ligne de retraite sur le *Tegetthoff* avait été coupée. Et pourtant il n'était pas, comme nous, épuisé par une marche de deux mois et demi sur la banquise.

Hier, au moment de lever le camp, nous avons entendu le cri d'une pagophile blanche *(Larus eburneus)*. Deux de ces beaux oiseaux blancs volaient au-dessus de nous. Tout d'abord je pris mon fusil pour les tirer, puis me ravisai. Ces mouettes ne valent pas une cartouche.

2 *juin.* — Dimanche de la Pentecôte. Le chenal qui nous a

arrêtés hier s'est agrandi pendant la nuit, et est devenu un très large bassin. Nous nous trouvons sur une île de glace au milieu de cette nappe.

Maintenant il n'y a plus à hésiter, il est absolument nécessaire d'entreprendre le radoub des kayaks. Une fois les embarcations en état de tenir la mer, nous nous lancerons à travers les fissures de cette banquise toute crevassée.

Installés dans une partie abritée de notre île de glace, nous travaillons commodément sans sentir le moindre vent, tandis que souffle une fraîche brise du sud-ouest. Nous dînons d'un excellent ragoût chaud, un véritable régal, puis, en sybarites, nous nous prélassons dans une douce paresse. De temps à autre un repos est très agréable. Après cela au travail.

Je découds la peau de mon kayak pour exécuter les reprises ; après quoi, je resserre tous les liens unissant les pièces de la carcasse. Une longue besogne ; il n'y a pas moins de quarante nœuds ! Ce travail achevé, le châssis de l'embarcation est aussi solide qu'au moment du départ. Une fois les deux canots remis en état, nous serons parés pour le départ, et désormais pourrons poursuivre notre route, sans crainte d'être, à chaque instant, arrêtés par une nappe d'eau ou par un large chenal. Avant peu même, nous pourrons naviguer au milieu de cette banquise disloquée. Le transport des quelques chiens survivants sera alors une source de difficultés. Aussi devrons-nous nous en séparer. Notre meute est, du reste, réduite à six animaux, et seulement pendant quatre jours encore nous pourrons les nourrir.

Aujourd'hui la Pentecôte ! C'est, dans notre beau pays, l'été gai et riant ; ici, c'est la glace, la glace éternelle. La petite Liv ira dîner chez sa grand-mère ; peut-être, pour la circonstance, met-elle une nouvelle robe ? Un jour viendra où je pourrai, moi aussi, l'accompagner, mais quand ?

Nous travaillons toujours à la réparation des embarcations. Dans notre ardeur à la besogne, nous en oublions même de manger. Souvent, pendant vingt-quatre heures de suite, nous peinons sans une minute de repos ; parfois même la journée s'écoule avant que nous ayons songé à préparer un repas.

Cette réfection des kayaks exige non seulement un grand effort, mais encore une attention soutenue. A tous les instants les plus minutieuses précautions sont nécessaires, pour ne pas couper une courroie trop vite ou pour ne pas briser une latte de bois en voulant lui donner une courbure trop forte. Nos provisions de matériel sont si restreintes ! Nous fûmes récompensés de nos peines ; plus tard, nous eûmes la satisfaction de constater que nos embarcations tenaient parfaitement la mer et pouvaient même affronter une tempête.

4 juin. — Avant peu, la mer sera libre ou tout au moins la banquise disloquée. La glace est très mince et très morcelée, en même temps la température s'élève. Hier, le thermomètre est monté au-dessus de zéro, et, à mesure qu'elle tombait, la neige fondait. Aujourd'hui, ciel bleu et soleil resplendissant. Un air de gaieté et de joie rayonne dans tout l'espace, et nous apporte un doux réconfort. L'illusion est si complète que je me crois à la maison, par une belle matinée d'été, devant les riantes perspectives du fjord. Que seulement la mer soit bientôt dégagée et que nous puissions nous servir des kayaks, bientôt nous serons de retour.

Jusqu'ici nous avons pu manger à notre faim. Sans peser nos rations, nous n'avons cependant jamais dépassé la quantité de vivres fixée à l'avance, soit un kilogramme par jour. Désormais, cette ration devra être singulièrement réduite pour être assuré d'avoir des vivres jusqu'au bout. A déjeuner, le menu se compose, pour chacun de nous, de 36 grammes de beurre et 18 grammes de pain de gluten.

Position : par une observation au théodolite, lat : 82° 17' 8". long : 61° 16' 5". Comment la terre n'est-elle pas en vue ! Peut-être sommes-nous plus à l'est que nous ne le croyons et la terre s'étend-elle dans l'est vers le sud, c'est la seule explication plausible. En tout cas, nous n'avons plus loin jusqu'aux premières îles de l'archipel François-Joseph.

6 juin. — Toujours au travail de la remise en état des kayaks. Demain soir, probablement, nous serons parés pour le départ. Nous n'avons plus que 2,293 kg de beurre, à 36 grammes par jour et par homme il durera encore vingt-trois jours. Ce matin, température + 2 °C. Jamais, jusqu'ici, le thermomètre ne s'était élevé aussi haut. La neige est complètement ramollie et des gouttelettes d'eau suintent des *hummocks*. La nuit dernière, il est tombé une véritable pluie.

8 juin. — Après un dernier labeur consécutif de vingt-quatre heures, les kayaks sont enfin prêts. Il est véritablement curieux que nous puissions travailler aussi longtemps sans un instant de repos. A la maison, nous serions éreintés et affamés, si nous n'avions ni mangé ni soufflé pendant un aussi long laps de temps. Ici pourtant notre appétit est excellent, et nous ne connaissons pas l'insomnie. Après trois mois et demi de marche à travers la banquise, nous sommes aussi solides que le jour du départ.

La provision de pain peut durer encore trente-cinq ou quarante jours ; d'ici là, espérons-le du moins, nous serons hors d'embarras. Déjà, du reste, le gibier commence à paraître. Aujourd'hui, nous nous régalons d'une pagophile blanche, la première viande fraîche que nous ayons mangée depuis longtemps. A coup sûr, elle nous semble excellente, cependant pas autant que l'on pourrait le croire après un régime aussi prolongé de conserves. C'est la meilleure preuve de la qualité de notre ordinaire.

Sous l'influence d'une fraîche brise au sud-est qui s'est levée hier, presque tous les canaux se sont fermés. Ce matin, une tourmente fait rage. Quand même, nous nous mettons en route. A notre grande joie le terrain est relativement facile. La banquise s'étend presque plate, et, sur cette surface unie, la marche devient rapide, en dépit des mauvaises conditions de la neige. Cette neige fraîche adhère aux patins et les empêche de glisser.

A 100 mètres devant soi, impossible de rien distinguer à travers ce poudroiement blanc. Nous sommes transpercés, mais qu'importe ce désagrément, nous marchons vers le but désiré. Plus loin, la route est de nouveau barrée par des canaux entourés d'un labyrinthe de crevasses et de chaînes d'*hummocks*. Quelques fissures, très larges, sont couvertes d'une marmelade de petits glaçons. Impossible de nous servir des kayaks au milieu de cette bouillie glaciaire ; au premier coup de pagaie leur frêle coque serait percée par les aiguilles tranchantes de la glace. Heureusement, sur plusieurs points, les plaques cristallines, entassées les unes sur les autres, forment des ponts suffisamment solides pour permettre le passage de la caravane. Mais, avant de découvrir un passage, que d'allées et venues, et, pendant ce temps, l'attente n'est pas précisément agréable pour celui qui reste en arrière avec les chiens. L'infortuné doit demeurer immobile, exposé au vent et à la neige. Quand mon absence se prolonge, Johansen craint que je ne sois tombé dans quelque crevasse. Seul dans ce désert de glace, les idées les plus étranges vous passent par la tête.

Pour découvrir le terrain devant nous, je grimpe sur des *hummocks* ; la vue de ma silhouette rassure alors pour un moment mon compagnon. Pendant une de ces attentes, Johansen remarque tout à coup un léger balancement du *floe ;* le glaçon semble agité par une faible houle. Serions-nous dans le voisinage de la mer libre ? Je n'ose le croire ; déjà auparavant nous avons observé de semblables oscillations produites par la pression des blocs les uns contre les autres.

Dans la journée, croisé une piste d'ours dont la date ne peut être déterminée sur cette neige qui efface tout en quelques minutes. Probablement elle est d'hier, car à peine les chiens l'ont-ils flairée qu'ils veulent partir en avant. Vieille ou fraîche, n'importe. Un ours est venu jusqu'ici ; peut-être allons-nous pouvoir remplir bientôt notre garde-manger qui commence à se vider.

Toute la journée, nous avançons sous des tourbillons de neige fondante. A dix heures du soir, seulement, nous nous arrêtons. Après cette pénible étape, combien nous paraît agréable notre petite tente chaude et confortable. Ce soir-là, le gratin nous paraît encore meilleur que d'habitude.

9 juin. — Nous nous épuisons en efforts surhumains. La surface de la banquise est maintenant recouverte d'une couche de neige fondante, et, dans cette bouillie glaciaire les traîneaux restent embourbés ! Et toujours des canaux que nous traversons sur des glaçons en guise de bacs, et toujours de la « jeune glace » très mince (épaisseur maxima : 0,80 m). Dans la journée, je n'observe que quelques vieux *floe*. Pendant une partie de l'étape nous cheminons sur une croûte cristalline dont la puissance ne dépasse pas 0,30 m à 0,35 m. Un large bassin d'eau libre a dû exister dans ces parages et, avant peu, s'y reformera. Cette glace, recouverte d'eau, forme une véritable brouelle. Elle est constituée de *floe,* souvent de très faibles dimensions, serrés les uns contre les autres. Lorsqu'ils se disloqueront, nous pourrons naviguer dans toutes les directions à notre choix.

A chaque éclaircie, nous scrutons avec anxiété l'horizon. Toujours rien ne paraît. A chaque pas, cependant, nous observons des indices du voisinage de la terre et de l'eau libre. Les mouettes deviennent de plus en plus nombreuses ; aujourd'hui, j'ai aperçu un guillemot nain *(Mergulus alle).* Le dénouement approche certainement ; dans combien de temps se produira-t-il ? Patience et toujours patience !

10 juin. — Les difficultés deviennent de plus en plus terribles. La glace est encore plus inégale et plus découpée que les jours précédents. L'étape n'a guère dépassé trois ou quatre milles. Si le vent du S.-E. ne nous a pas repoussés vers le nord, nous devons être vers 82° 8' ou 82° 9'. Sur la couche superficielle de neige grenue, les patins glissent aisément ; si par malheur ils atteignent la bouillie glaciaire sous-jacente, les traîneaux restent embourbés.

11 juin. — Quelle vie monotone que la nôtre ! Les jours succèdent aux jours, les semaines aux semaines, les mois aux mois ; toujours les mêmes difficultés et le même labeur incessant, un jour plus facile et le lendemain plus pénible.

Nous n'avons plus que cinq tireurs, trois à mon véhicule, deux à celui de Johansen. Si avant trois jours nous n'avons pu nous ravitailler, nous ne pourrons plus les nourrir.

Toujours nous espérons atteindre la fin de cette terrible banquise et toujours nous ne voyons qu'un monotone panorama de glace infinie. Aucune terre, aucun bassin d'eau libre ! Pourtant nous devons être à la même latitude que le cap Fligely, ou, en mettant les choses au pire, à quelques minutes plus au nord. Nous ne savons où nous sommes et nous ignorons quand cette situation prendra fin et... nos provisions diminuent de jour en jour. L'un après l'autre, nos derniers chiens doivent être sacrifiés. Bientôt la marche deviendra complètement impossible sur cette neige détrempée. Les chiens enfoncent à chaque pas et nous pataugeons jusqu'aux genoux. Parfois, nous éprouvons un moment de défaillance devant d'inextricables dédales de canaux et d'amoncellements de blocs à travers lesquels toute route semble, au premier abord, impossible. Quand même, il faut avancer, le salut est à ce prix.

Dans notre détresse, la moindre chose suffit à nous rendre un peu d'espoir. Hier, la rencontre d'une petite morue *(Gadus polaris)* dans une nappe d'eau nous a réconfortés. Cette mer est poissonneuse ; nous ne courons donc pas le risque de mourir de faim.

12 juin. — Toujours la même banquise convulsée et le même temps abominable. A chaque pas, la couche de neige superficielle cède sous le poids des traîneaux, et les véhicules restent embourbés pendant que les chiens barbotent impuissants. Encore de larges fissures de très mauvaise apparence. Nous poussons en travers des glaçons pour former une sorte de pont.

Au moment d'effectuer le passage, un ouragan se déchaîne et détruit notre ouvrage. Impossible de voir à deux pas devant soi à travers les tourbillons de neige chassés par la tourmente. Il faut nous résoudre à camper. Quatre heures de marche terrible. Distance parcourue : un mille. C'est à désespérer.

13 juin. — Je pars en avant. Johansen amène ensuite mon traîneau, puis le sien. Une fois le terrain reconnu sur une certaine distance, je retourne en arrière chercher mon véhicule, pour repartir ensuite à la découverte. Toute la journée nous recommençons cette longue et pénible manœuvre. Si nous ne marchons pas rapidement, au moins nous avançons ; c'est déjà quelque chose. La banquise est maintenant toute hérissée d'*hummocks* et toute déchirée de canaux remplis de petits fragments de glace. Nulle part la moindre surface plane ; rien qu'une masse de débris entassés dans un désordre effrayant. C'est, ma parole, à désespérer. Partout la route est fermée ; il semble véritablement que nous soyons définitivement bloqués. Impossible de lancer les kayaks ; sur ces nappes encombrées d'aiguilles de glaçons, leurs coques seraient immédiatement percées. Lorsque du haut d'un monticule j'examine l'horizon, toujours je me pose les mêmes questions : nos provisions sont-elles suffisantes pour attendre la fusion de la neige et la dislocation de la banquise et aurons-nous des chances de trouver suffisamment de gibier pour subsister jusque-là ?

L'étape n'est que de deux milles.

14 juin. — Il y a trois mois que nous avons quitté le *Fram*, juste le quart d'une année. Depuis cette date, nous errons sur la banquise polaire. Quand arriverons-nous au terme de nos tribulations ? Nul ne le sait.

Dans la matinée, une saute de vent au nord-est détermine une baisse de la température. Sur la nappe verglacée, le traînage devient facile. Malheureusement, dans la soirée, la neige recommence ; toute la nuit, elle tombe et couvre la glace d'une épaisse couche absolument impraticable. Dans ces conditions, ce serait folie de se remettre en route. Nous restons donc sous la tente. Quand on ne travaille pas on n'a pas le droit de manger. Le déjeuner est réduit au strict nécessaire ; pourtant nous sommes affamés comme des loups.

Je passe la journée à réviser mes calculs d'observations. Depuis le départ, aucune erreur n'a été commise. Nous nous trouvons par 82° 26' lat. et 57° 40' long. E. de Greenwich. Depuis le 4 juin, la dérive nous a donc poussés dans le nord-ouest. Ainsi, tous les efforts des jours précédents ont été dépensés en pure perte. A mesure que nous avancions vers le sud, au prix des plus terribles fatigues, le lent mouvement des eaux nous rejetait en arrière. Dans notre détresse, une seule espérance nous reste : cette dérive va peut-être nous porter vers des eaux libres. D'après les résultats de l'observation prise aujourd'hui, de plus en plus je doute que nous nous trouvions à l'est du cap Fligely. Probablement, la première terre que nous verrons sera le Spitzberg. Nous avons probablement dépassé l'archipel François-Joseph. Si nous sommes aussi loin vers l'ouest que je le suppose, bientôt nous trouverons de larges étendues d'eau libre ; il sera alors facile d'atteindre le Spitzberg, la délivrance ! Mais rencontrerons-nous assez de gibier sur la route pour notre nourriture ?

15 juin. — La situation devient désespérée. Impossible d'avancer sur cette neige détrempée et sur cette glace toute hérissée d'obstacles. Peut-être devrions-nous abattre nos derniers chiens pour nous en nourrir, et poursuivre notre route en halant nous-mêmes les traîneaux. Nous aurions ainsi un supplément de quinze ou vingt jours de vivres. Peut-être aussi sommes-nous près de terre ou dans le voisinage de larges nappes d'eau libre. Le plus sage est donc de continuer.

Nous abattons deux chiens. Au départ, l'un d'eux avait les jambes comme paralysées ; à chaque pas, il tombait sans pouvoir se relever.

Notre meute est réduite à trois tireurs. Néanmoins nous avançons toujours, mais au prix de quelles fatigues ! Lorsque la glace est accidentée, il devient nécessaire de haler successivement chaque traîneau ; par suite, le même chemin doit être parcouru trois fois. Quoi qu'il en soit, nous gagnons une petite distance vers le sud. Toujours la couleur du ciel indique l'existence de nombreuses nappes d'eau dans cette direction.

Hier soir, nous nous sommes mis en marche à dix heures et nous n'avons campé qu'à six heures ce matin. Le repas se compose d'une soupe au sang de chien, un véritable régal ! Depuis plusieurs jours, j'ai supprimé le dîner, ne trouvant pas nos progrès vers le sud suffisants pour nous permettre une belle débauche.

Nous avons 148 cartouches à plomb, 195 à balle. Avec de pareilles ressources en munitions, nous pourrons nous procurer une bonne quantité de vivres. Au pis aller, si nous n'abattons que des oiseaux, 148 mouettes nous fourniront toujours une nourriture suffisante pendant quelque temps. Cette inspection de notre arsenal me réconforte, après tant de surprises désagréables. Nous pouvons certainement prolonger la lutte encore pendant trois mois ; d'ici là, notre position deviendra meilleure, du moins je dois l'espérer. De plus, il est possible de prendre des mouettes avec un hameçon ; enfin, en dernière ressource, nous nous nourrirons de petits crustacés marins capturés à l'aide d'un filet. Si nous ne réussissons pas à atteindre le Spitzberg avant le départ des derniers pêcheurs norvégiens, un hivernage sur cette terre sera une vie de délices comparée à celle que nous menons sur cette terrible banquise, travaillant, sans trêve ni merci, au plus rude labeur, sans jamais apercevoir le terme de tant de fatigues et de tant de dangers. A aucun prix, je ne voudrais revivre de tels jours ! Nous payons chèrement la négligence commise en ne remontant pas à temps les montres. Quand même, espérons ! La nuit la plus noire ne précède-t-elle pas l'aurore ?

Les jours succèdent aux jours ; toujours le même labeur épuisant du halage des traîneaux sur une neige détrempée. Tant d'efforts aboutissent à un faible résultat ; avec cela, les vivres sont presque épuisés. Les rations des chiens, réduites au strict nécessaire, se composent seulement de quelques débris, tout juste suffisants pour les empêcher de mourir de faim. Nous sommes littéralement épuisés et affamés. Dans ces conditions, je suis résolu à tuer tout ce que nous trouverons sur notre route, même les mouettes, lorsque nous en apercevrons.

La traversée des canaux, tout remplis de fragments de glace, devient de plus en plus difficile. De vastes espaces sont couverts de petits glaçons sans résistance ; à chaque instant, l'un de nous prend un bain de pieds fort désagréable.

18 juin. — Une brise très fraîche s'élève de l'ouest ; probablement elle rejette la banquise en arrière, vers le nord, et nous fait perdre tout le terrain gagné au prix de tant d'efforts. Allons-nous ainsi, tout l'été, dériver au gré des vents et des courants, sans jamais pouvoir sortir de cette impasse ?

A midi, position : 82° 19'. J'ai tué deux pétrels arctiques et un guillemot de Brünnich *(Uria brunnichii)*. Nos rations vont pouvoir être légèrement augmentées ; à mon grand désespoir, j'ai manqué deux phoques.

19 juin. — Avant le déjeuner, je pars reconnaître le terrain vers le sud. La glace est d'abord unie, puis bientôt apparaît un labyrinthe inextricable de canaux. Quoique les kayaks prennent eau de toutes parts, nous nous décidons à faire route sur ces esquifs à travers les fissures ouvertes dans la banquise.

La neige est toujours détrempée ; à chaque pas, entre les *hummocks*, on enfonce profondément dans cette couche molle et glacée.

Après le déjeuner, composé de 45 grammes de pain et de la même quantité de pemmican, les kayaks sont radoubés pour que les approvisionnements ne soient pas complètement détrempés lorsque les embarcations seront mises à l'eau.

Après un souper aussi frugal que le déjeuner, 54 grammes de pain de gluten et 27 grammes de beurre, nous nous couchons. Qui dort dîne. Pour nous, il s'agit de vivre le plus longtemps possible sans manger. La situation devient très critique : aucun gibier ; plus de vivres, pour ainsi dire, et, dans toutes les directions une banquise absolument impraticable.

J'ai essayé de capturer des crustacés à l'aide d'un filet. Insuccès complet. Je n'en ai recueilli qu'un très petit nombre, avec un ptéropode *(Clio borealis)*. Toute la nuit je me creuse la cervelle pour trouver un moyen de nous sortir d'embarras. A coup sûr, le salut viendra !

A tout prix, nous devons gagner la terre avant que nos maigres provisions soient complètement épuisées ; pour cela, il faut nous débarrasser d'une partie de nos bagages. Quand le moment sera venu, nous prendrons seulement nos fusils, nos kayaks, les quelques conserves qui nous restent et nous abandonnerons le surplus de notre équipement, la tente, le sac de couchage, la pharmacie, et tous les vêtements qui ne sont pas strictement indispensables.

20 juin. — Des vols de guillemots passent et repassent ; parfois ils s'arrêtent juste devant l'entrée de la tente, et font entendre, autour de notre abri, un joyeux babillage. De trop petits oiseaux qui ne valent pas la poudre. Depuis que le vent d'ouest souffle, la faune ailée est devenue bien plus nombreuse.

La mince couche verglacée qui recouvre la neige détrempée se brise sous le poids des traîneaux, et les véhicules restent embourbés. Pour les remettre en marche, l'un de nous doit s'atteler en avant, tandis que l'autre pousse vigoureusement par-derrière. Même les *ski* enfoncent dans cette bouillie spongieuse.

De plus, de nombreux canaux d'eau libre nous coupent le passage et nous obligent à de longs détours.

Après plusieurs heures de marche, la route est barrée par une large nappe d'eau. Pour la traverser, l'emploi des embarcations devient absolument nécessaire.

Une fois mis à l'eau, nous attachons les kayaks bord contre bord, au moyen de *ski* passés dans les courroies de la couverture supérieure des canots, de manière à former une même masse bien rigide. Sur l'espèce de pont ainsi formé, nous plaçons ensuite les traîneaux avec leurs chargements. Nous ne savions trop ce que nous allions faire des chiens, lorsque, eux-mêmes, se chargèrent de nous tirer d'embarras. A peine les véhicules sont-ils chargés que nos fidèles compagnons se couchent sur le pont et y demeurent absolument immobiles, comme si toute leur vie ils avaient été habitués à ce genre de locomotion.

Pendant ces préparatifs, un phoque vient tout à coup rôder autour de nous. Pour pouvoir le harponner et l'empêcher de couler, j'attends que les kayaks soient parés. C'était agir comme le héron de la fable. Une fois que nous fûmes prêts, le gibier se garda de reparaître. Déjà, auparavant, plusieurs de ces amphibies s'étaient montrés un instant pour disparaître ensuite définitivement. C'est à croire que ces animaux sont envoyés pour retarder notre marche par leurs apparitions décevantes. Enfin, nous « poussons » pour commencer notre navigation.

Un véritable convoi de bohémiens que ces deux singuliers esquifs chargés de traîneaux, de sacs et de chiens. Quoique la manœuvre de la pagaie au milieu de ces impedimenta ne soit pas précisément facile, nous réussissons à faire de la route. Nous devrons nous estimer très heureux si, toute la journée, nous pouvons avancer ainsi, sans grande fatigue, au lieu de nous épuiser au halage des traîneaux sur une neige détrempée. Les kayaks ne sont pas complètement étanches ; à plusieurs reprises, l'emploi des pompes devient nécessaire. Mais, qu'est-ce que cela ! Tout notre désir serait maintenant de voir s'étendre à perte de vue, devant nous, l'eau libre.

Une fois arrivé à l'extrémité du lac, je saute sur la glace ; au même instant, j'entends derrière moi un grand clapotement. Un phoque, qui était couché là, venait de plonger. Quelques minutes après, un second clapotement ; un autre phoque *(Phoca barbata)* montre sa tête curieuse au-dessus de l'eau, s'ébroue pendant quelques instants, puis plonge sous la lisière de la glace, avant que j'aie eu le temps de saisir mon fusil. Tandis que je suis occupé à haler sur le bord l'un des traîneaux, l'animal apparaît de nouveau tout près de nous, soufflant et s'ébattant à notre nez, comme pour nous narguer. Mon fusil se trouve au fond du canot. Encore une fois, cette magnifique occasion m'échappe. « Prends ton fusil et tire ! criai-je aussitôt à Johansen ; surtout vise bien, ne le manque pas. » En un clin d'œil, mon compagnon épaule et, juste au moment où le phoque va disparaître, lâche la détente. L'animal, après avoir fait un tour sur lui-même, flotte à la surface, la tête couverte de sang : laissant glisser le traîneau sur la pente, je saisis le harpon, et, de toute la vigueur de mon bras, le lance dans l'échine grasse de l'amphibie. La bête est encore en vie. Craignant que le harpon ne se détache, je frappe le phoque d'un solide coup de couteau dans la gorge ; une hémorragie abondante se déclare, un large flot de sang rougit la mer. Quel regret de perdre ce précieux régal ! Mais à cela il n'y a aucun remède. Craignant toujours de voir notre proie nous échapper, je lui décoche un second harpon. Pendant ce temps, le traîneau, à moitié débarqué, continuant sa glissade sur la pente, repousse les kayaks. J'essaie en vain de replacer le véhicule sur les canots ; impossible ! L'avant reste dans l'eau, l'arrière sur le pont de l'esquif. Sous ce poids mal réparti, les kayaks donnent de la bande, se couchent et se remplissent d'eau avec une rapidité effrayante. Le fourneau avec son précieux contenu tombe à la mer et s'en va à la dérive. Les *ski* filent d'un autre côté ; les kayaks enfoncent de plus en plus. Tout notre matériel est maintenant à l'eau en voie de perdition. Il n'y a plus à hésiter, il faut lâcher le phoque pour sauver les embarcations, et ce n'est pas un petit travail ; alourdies par l'eau qui les remplit, il devient très difficile de les soulever et de les mettre au sec. Cela fait, nous revenons à notre gibier. Halant lentement la ligne du harpon, nous ramenons la bête vers le bord ; après un long travail, nous rougissons à la tirer hors de l'eau. C'est alors une joie délirante, une joie de sauvages affamés qui vont enfin pouvoir se repaître. Un kayak plein d'eau et des vêtements mouillés, qu'est-ce que cela en comparaison de la valeur de notre prise ? Ce phoque nous sauve la vie.

Maintenant il s'agit de tout remettre en ordre et en état. Voyons d'abord la chose la plus importante : les cartouches. Placées dans une cassette absolument étanche, elles n'ont heureusement subi aucun dommage. Par contre, la boîte contenant notre petite provision de poudre est absolument remplie d'eau. Le pain est également tout imprégné d'eau salée ; dans notre situation, cela est de peu d'importance ; il n'en aura pas moins bon goût. En somme les dégâts sont peu importants.

Après cette heureuse chance, le campement est établi. De suite notre phoque est découpé et ses quartiers soigneusement mis à l'abri de tout dommage. Rarement des hommes ont été plus heureux que nous. Confortablement étendus dans notre sac, nous mangeons à notre satiété. Depuis longtemps cela ne nous était pas arrivé. Et quelle viande succulente que ce phoque ! Pour le moment, le meilleur parti est de camper et d'attendre la dislocation de la banquise en subsistant des produits de notre chasse.

22 juin. — Hier, nous étions tristes et abattus, à moitié morts de faim, incapables de nous frayer un chemin à travers les amoncellements de glace. La situation paraît désespérée. Maintenant la vie s'ouvre devant nous gaie et heureuse. Le plus petit incident suffit à changer le cours des choses.

Nous avons des vivres et du combustible pour plus d'un mois. Désormais, inutile de nous presser ; nous pouvons nous reposer, réparer les kayaks, les aménager pour le transport des traîneaux et des bagages et attendre un changement dans l'état des glaces. Après bien des jours de diète, nous pouvons manger tout notre soûl.

Dimanche 23 juin. — La veille de la Saint-Jean et un dimanche. Aujourd'hui, en Norvège, quelle joie ! tout le monde s'en va fêter l'été dans les belles forêts, respirer le bon air balsamique des pins et oublier dans le calme de la campagne joyeuse les vicissitudes de l'existence, tandis que nous sommes là, perdus sur la banquise, toujours incertains de notre sort, réduits à manger de la viande et du lard de phoque. Peut-être serons-nous encore obligés de passer un troisième hiver au milieu des glaces ? La perspective n'est pas précisément agréable.

Après un régime d'abstinence, nous pouvons maintenant manger autant et aussi souvent que nous le désirons. La chair du phoque constitue une nourriture très agréable et sa graisse, d'un goût excellent, peut, à mon avis, remplacer le beurre. Aucun autre ordinaire ne nous semblerait meilleur. Hier, le menu du déjeuner se composait de graisse crue, et celui du dîner d'une grillade digne de feu Vatel. Si seulement nous avions eu un bock pour l'arroser ! Pour le souper, je fais frire des crêpes au sang de phoque ; c'est un véritable succès. Johansen déclare mon plat de premier ordre. Par contre, la cuisine sur une lampe alimentée avec de l'huile de phoque n'est pas précisément agréable. Une fumée âcre et épaisse remplit la tente et aveugle le malheureux coq. Un jour, les choses faillirent tourner au tragique. La graisse et l'huile ayant pris feu, pour éviter d'être brûlés, en toute hâte, nous dûmes sortir. Aussitôt après, la lampe fit explosion, propageant partout l'incendie. A grand-peine, nous réussîmes à sauver la tente, sans cependant éviter que le brasier n'y fît une large brèche. Une fois tout remis en ordre, je rallumai le fourneau pour terminer la friture. A coup sûr, ces crêpes au sang de phoque et au sucre sont le mets le plus délicat que nous ayons jamais goûté.

Le déjeuner est d'autant plus gai que nous venons de constater un rapide progrès de la dérive vers le sud. L'observation d'aujourd'hui nous place par 81° 4' 3" et 57° 48' long. E. En trois jours, sous l'influence de vents d'ouest et de sud-ouest, nous avons gagné environ quatorze milles vers le sud.

24 juin. — Cette date est naturellement fêtée avec la plus grande solennité. Elle est pour nous un triple anniversaire. Il y a juste deux ans que nous avons quitté la Norvège, cent jours que nous avons abandonné le *Fram ;* de plus, c'est la fête du soleil, du plein été.

Toute cette journée de repos, nous la passons à rêver au bon temps qui viendra certainement tôt ou tard, à étudier nos cartes, à faire des projets et à nous distraire dans la lecture des seuls livres que nous ayons : *La Connaissance des temps* et les tables nautiques.

Au cours d'une promenade le long d'un canal voisin, Johansen a la mauvaise chance de manquer un phoque stellé.

Le souper que nous prenons très tard dans la nuit se compose, comme celui de la veille, de crêpes au sang de phoque et au sucre. Ce mets absolument exquis est toujours pour nous un véritable régal. La cuisson sur la lampe à huile est longue. Pour pouvoir manger les crêpes chaudes, nous les avalons une à une, à mesure qu'elles sont prêtes. Un service qui n'est guère économique ; entre chaque bouchée, l'appétit a le temps de se réveiller. Après cela, nous dégustons de la confiture d'airelles. De son séjour dans l'eau de mer, lors du naufrage de l'autre jour, elle a conservé une salure très sensible ; notre palais ne lui trouve pas moins bon goût. A huit heures du matin seulement, ce repas pantagruélique finit, et nous nous couchons.

A midi, je me lève pour prendre une observation. Un soleil éclatant brille dans un ciel bleu ; depuis longtemps, nous n'avons pas eu une journée aussi belle. La glace scintille comme un immense diamant ; la nappe d'eau située devant le campement, pareille à un petit lac perdu dans les montagnes, reflète tout le paysage dans ses eaux transparentes. Pas un souffle de vent, l'air est absolument calme ; dans cette gaieté de la nature je rêve au pays.

En allant puiser de l'eau pour faire la soupe destinée au déjeuner, j'aperçois un phoque tout près de moi. Aussitôt je saute en kayak ; à peine le canot est-il à la mer qu'il prend eau comme une écumoire. Pour éviter de couler à pic, je dois revenir en toute hâte vers la rive. Comme j'étais occupé à écoper, le phoque reparaît juste en face de moi. Je saisis mon fusil et lui envoie une balle bien ajustée. L'animal, frappé à mort du coup, flotte comme un bouchon. Aussitôt je m'élance en kayak et le harponne solidement. Désormais, sans crainte de perdre mon gibier, je le remorque vers la rive. Pendant cette manœuvre, l'eau monte de plus en plus dans mon misérable bachot ; bientôt je suis complètement trempé jusqu'à la ceinture. Je tire ensuite ma prise jusque devant la tente, et la dépouille, en ayant soin de perdre le moins possible du précieux sang.

Après avoir revêtu des vêtements secs et mis les autres à sécher au soleil, je me glisse dans le sac.

Maintenant la tente nous offre un abri relativement chaud. La nuit dernière, la température était si élevée que nous avons dû coucher sans couverture. Au retour de cette expédition cynégétique, je trouve Johansen profondément endormi ; un de ses pieds, absolument nu, passe en dehors de notre abri, sans qu'il ait la moindre sensation de froid.

D'après les résultats de mon observation de midi, notre radeau de glace ne dérive plus vers le sud, malgré la persistance des vents de nord. Peut-être la banquise est-elle fixe contre la côte. Cela n'est pas improbable, maintenant nous ne pouvons être loin de la terre.

27 juin. — Toujours la même vie monotone, le même vent, le même temps brumeux et les mêmes réflexions sur l'avenir.

La nuit dernière, tempête de nord accompagnée d'une chute de grésil qui frappe bruyamment contre la tente comme une forte pluie. La neige fond au contact de la toile et l'eau coule le long de ses parois. Par un pareil temps combien confortable nous semble notre abri ! Bien au chaud dans notre sac, nous pouvons nous imaginer que nous dérivons rapidement vers l'ouest, bien que, peut-être, notre glaçon reste complètement immobile. Très certainement, un vent d'est nous poussera dans l'ouest et ensuite dans le sud. J'espère que nous dériverons vers le chenal qui sépare la terre François-Joseph du Spitzberg.

L'aspect des ouvertures de la banquise s'est beaucoup modifié. La grande nappe située devant nous est presque fermée. Tout autour de nous, des pressions se sont produites et ont rapproché les glaces.

En vue de notre prochain départ, nous préparons du pemmican avec les phoques que nous avons tués. Près de notre campement, Johansen découvre une petite nappe d'eau douce. Désormais nous n'aurons plus besoin de faire fondre de la glace. C'est la première eau de bonne qualité que nous ayons trouvée.

Les phoques ne se montrent plus ; en revanche, les oiseaux sont toujours très abondants et très peu farouches. Hier, deux pagophiles blanches sont venues enlever un morceau de lard à deux pas de nous. Deux fois nous les avons chassées, deux fois elles sont revenues à la charge. Si le gros gibier fait défaut, il faudra nous rabattre sur les volatiles.

En attendant la fusion complète de la neige, nous faisons nos préparatifs de départ. Notre vie ressemble à celle d'une tribu d'Eskimos qui, partie pour récolter du foin sur les bords d'un fjord, trouve qu'il est trop court et attend qu'il pousse. La neige fond bien lentement.

30 juin. — Nous voici à la fin de juin, à peu près à la même place qu'au commencement du mois. La banquise est toujours couverte d'une couche de neige détrempée.

Le temps est magnifique. Assis aujourd'hui à côté de la tente, nous éprouvons une douce sensation de chaleur. Devant nous s'étend la banquise ruisselante de lumière dans un grand calme de chose morte. Ah ! que le temps doit être beau tout là-bas, je sais bien où, dans cette Norvège aimée ! Le fjord scintille dans une campagne souriante, et toi, chère femme, je te vois assise, avec la petite Liv, au milieu de cette nature aimable. Peut-être en ce moment-ci vous promenez-vous dans notre canot sur l'eau calme de la baie ? Je m'absorbe dans ces pensées, puis, tout à coup, en relevant la tête, la vue de la banquise me rappelle à la réalité. Avant de vous revoir, chers petits êtres, par quelles péripéties passerons-nous ?

De la glace, de la glace, toujours et partout une immense blancheur. Hélas ! elle est trop immaculée. Avec quelle joie nous apercevrions cet horizon éblouissant maculé par une petite tache noire marquant l'emplacement d'une terre. Depuis deux mois nous l'attendons avec anxiété, cette apparition, et jamais elle ne vient.

Mercredi 3 juillet. — Pourquoi prendre mon crayon ? Je n'ai rien de nouveau à écrire. Toujours la même vie monotone, et toujours la même hantise des êtres adorés. Les jours se suivent et se ressemblent. Un vent de sud nous a repoussés vers le nord. Nous voici maintenant par 82° 8' 4". Hier et avant-hier, par extraordinaire, un beau soleil. L'horizon est très clair dans le sud ; en vain nous l'avons observé. Toujours pas de terre ! C'est à n'y rien comprendre. La nuit dernière, neige. Jamais de pluie, c'est à désespérer. Cette neige fraîche forme une épaisse couche sur l'ancienne nappe et empêche sa fusion. Le vent paraît cependant ouvrir de nouveaux canaux dans la banquise.

Dimanche 6 juillet. — Température + 1 °C. Cette nuit est enfin arrivée la pluie si impatiemment attendue, une bonne pluie qui dure toute la matinée. La neige est maintenant complètement détrempée. Si pareille averse tombait pendant une semaine, la banquise serait nettoyée de l'épaisse bouillie qui la recouvre. Mais non, le froid reprendra bientôt ; une couche de verglas se formera, et nous devrons encore attendre le moment de nous remettre en marche. J'ai déjà éprouvé trop de désillusions pour garder l'espoir. Cette vie est une école de patience.

Pendant ce temps, nous travaillons à rendre étanches les coques des kayaks. Quand le moment du départ sera venu, tout sera prêt pour une mise en route rapide. Il y a quelques jours, nous avons dû encore tuer un de nos fidèles compagnons. Maintenant il ne nous reste plus que deux chiens, Kaïfas et Suggen. Ceux-là, nous les garderons jusqu'à la dernière extrémité.

Tout à coup, avant-hier, nous découvrons une tache noire dans l'est, très loin à l'horizon. Vite la lunette. La tache dépasse les *hummocks* les plus élevés et a l'apparence d'un rocher émergeant au milieu de neiges. Du sommet du plus haut monticule j'observe attentivement cette apparition mystérieuse. Elle est trop grande pour être quelque empilement de blocs noircis par du gravier ; il n'est guère probable cependant que cela soit une île. Nous dérivons certainement, et nous voyons toujours cette tache dans la même position par rapport à nous. Le lendemain, elle est toujours en vue sous le même angle. C'est probablement quelque iceberg.

Dès que l'horizon s'éclaire dans la direction du sud, nous nous dirigeons vers la tour de guet, un *hummock* élevé, voisin de la tente, toujours dans l'espérance d'apercevoir la terre. Autant de promenades, autant d'espoirs déçus, partout le même horizon blanc. Chaque jour, également, j'examine aux environs du campement l'état de la neige, et constate avec dépit que son épaisseur n'a guère diminué. Par moments, je viens à douter qu'elle puisse disparaître cet été. Si la neige ne fond pas, terrible deviendra notre position. Le meilleur alors pour nous sera d'hiverner à la terre François-Joseph ou ailleurs. Pendant que je suis absorbé dans ces réflexions, la pluie survient. Aussitôt s'envolent nos noires pensées ; de suite nous nous berçons de l'espoir de rentrer bientôt en Norvège. Comme là-bas la vie sera agréable après cette terrible aventure.

10 juillet. — Maintenant que notre vie devient plus intéressante, j'ai moins de goût qu'auparavant à écrire mon journal. Tout me devient de plus en plus indifférent. Nous n'attendons qu'une chose, la débâcle, et elle ne vient pas. Qu'écrirai-je sur mon carnet ? Toujours la même chose. Nous avons bien mangé, et ronflé vingt-quatre heures.

Toute la journée du 6, pluie. Pour fêter cet heureux événement, un chocolat bouillant est servi au souper ; comme plat de résistance, de la graisse de phoque crue.

Pendant le repas, Kaïfas se met à aboyer. A coup sûr quelque animal a dû passer. A peine ai-je passé la tête hors de la tente que j'aperçois un ours. En toute hâte, j'empoigne mon fusil et, pendant que l'animal me regarde d'un air ahuri, je lui envoie une balle au défaut de l'épaule. L'ours chancelle ; quoique mortellement frappé, il peut encore s'enfuir clopin-clopant. Avant que j'aie eu le temps de trouver une cartouche dans ma poche remplie d'un tas de choses, il est déjà au milieu des *hummocks*. Il n'y a pas à hésiter. Il ne faut pas laisser échapper une pareille proie, et de suite je me lance à sa poursuite. A quelques pas de là, deux gentils petits oursons, dressés sur leurs pattes de derrière, observent anxieusement le retour de leur mère. A ma vue, toute la bande prend la fuite. C'est alors une chasse effrénée. Aucun obstacle ne nous arrête, ni les monticules de glace, ni les crevasses ; nous gravissons les *hummocks*, sautons les ponts de glace. Une chose curieuse que cette ardeur cynégétique ; c'est comme si on mettait le feu à une fusée. Dans toute autre occasion, nous aurions trouvé absolument impraticable cette neige molle dans laquelle nous enfonçons jusqu'aux genoux, et, avant de nous engager au milieu de ces glaçons disloqués, nous aurions prudemment choisi notre route ; maintenant, nous nous lançons à travers tous les accidents de terrain sans y prendre garde. Quoique l'ours, grièvement blessé, traîne la jambe, j'ai de la difficulté à le suivre. Dans leur sollicitude filiale les oursons tournent autour de leur mère, et trottent en avant d'elle comme pour lui indiquer la route et pour l'encourager. Arrivé au sommet d'un *hummock* élevé, je fais feu. La bête tombe morte. Les enfants poussent alors des gémissements plaintifs, leur désespoir serait attendrissant dans d'autres circonstances. Un nouveau coup de feu et l'enfant roule à côté de sa mère. Le survivant regarde tristement tantôt le cadavre de son frère, tantôt celui de sa mère. Sa douleur est indescriptible ; tout entier à ses lamentations, il tourne la tête d'un air absolument indifférent, lorsque je m'approche pour lui envoyer une balle. Incontinent nous ouvrons les trois cadavres, enlevons les intestins et commençons le dépeçage. Un rude labeur. Le lendemain seulement cette besogne est terminée.

Maintenant notre avenir est assuré. Nous avons plus de vivres que nous ne pourrons en consommer, et nos chiens affamés pourront se gorger de viande crue. Elles en ont grandement besoin, les pauvres bêtes. Suggen est maintenant bien bas, je ne sais s'il pourra encore tenir. Quand nous l'avons attelé pour ramener les ours au campement, il pouvait à peine demeurer debout et nous avons dû le placer sur le traîneau. Une fois sur le véhicule, il se mit à hurler terriblement, comme s'il eût voulu manifester sa honte de se voir ainsi transporté. Les unes après les autres, nos pauvres bêtes sont atteintes d'une paralysie des jambes, elles tombent et éprouvent ensuite les plus grandes difficultés à se relever. Kaïfas est heureusement bien portant.

Les oursons étaient énormes. Leur mère avait encore du lait. Comme très certainement la période de l'allaitement chez ces animaux ne dure pas dix-huit mois, ces animaux devaient être âgés de moins d'un an et demi, bien qu'ils fussent de moitié plus gros que ceux tués l'année précédente au mois de novembre. Cela indiquerait que l'ours blanc met bas dans toutes les saisons. L'estomac de ces animaux renfermait des morceaux de peau de phoque.

15 juillet. — Une mouette de Ross *(Rhodostethia rosea)* vole au-dessus de nos têtes. Il y a huit jours, j'ai aperçu un spécimen adulte de cet oiseau avec un collier noir.

17 juillet. — La neige ayant en partie disparu, il faut songer au départ. Pour rendre étanches les coques des kayaks, nous les avons badigeonnées avec une mixture d'huile et de pâte en guise de peinture. Après cela, inspection minutieuse des bagages : tout ce qui n'est pas absolument indispensable sera abandonné. A notre grand regret, il faut nous résigner à laisser notre sac de couchage, ce précieux serviteur, et une notable provision de viande et de graisse, ainsi que trois belles peaux d'ours. Nous abandonnons également une partie de la pharmacie, de notre batterie de cuisine, des moufles en peau de loup, des *ski*, des mocassins, un marteau de géologie.

Matin et soir, nous mangeons de l'ours sans jamais nous en fatiguer. Avis aux gourmets : la poitrine d'ourson est un mets de premier choix. Cette nourriture, exclusivement sanguine, ne nous causa aucun trouble d'estomac.

Dans la journée du 19, plusieurs mouettes de Ross en vue, venant du sud-est et se dirigeant vers l'ouest. Le 18, un de ces oiseaux a été également aperçu. La rencontre, en aussi grand nombre, de ce volatile rare est absolument extraordinaire. Où pouvons-nous bien être ?

Le 22, nous nous remettons en route vers le sud. La glace est toujours très accidentée ; mais les traîneaux sont moins lourds et la neige moins épaisse, aussi notre marche est-elle beaucoup plus rapide que nous ne l'avions espéré. Pendant la dernière partie de l'étape, la couche de neige devient si mince que l'emploi des *ski* n'est plus nécessaire. Une fois débarrassés de ces longs patins, nous pourrons traverser plus facilement les chaînes d'*hummocks*.

9

La terre en vue

24 juillet. — Terre en vue ! Pour la première fois, depuis deux ans, nous voyons quelque chose s'élever au-dessus de l'horizon blanc de la banquise. Une nouvelle vie commence pour nous.

La terre ! Depuis combien de temps l'espoir de cette découverte hante-t-elle notre cerveau ? Maintenant, elle nous apparaît comme une vision lointaine, pareille à un nuage que le vent va chasser.

Depuis longtemps elle est en vue sans que nous ayons pu la reconnaître avec certitude. A plusieurs reprises, du camp de l'Attente[1], j'avais cru distinguer, au loin, des champs de neige s'élevant au-dessus de la grande monotonie glacée ; puis, ne découvrant aucun point noir dans cette bande de satin, je l'avais prise pour un nuage. A chaque instant, elle me semblait changer de forme, sans doute par suite de la réfraction ; pourtant, toujours elle était visible à la même place, avec le même profil.

Maintenant l'espoir nous est revenu ; la glace est terriblement difficile cependant. Toujours des amoncellements de blocs, hauts comme des montagnes, et, entre ces accidents de terrain, des vallées et des ravins. Heureusement nos embarcations sont en excellent état. Quand le passage nous est coupé par des chenaux, nous mettons à l'eau les kayaks et, en quelques instants, nous arrivons sur l'autre rive.

Hier matin, tandis que je marchais en tête du convoi, Johansen, du sommet d'un *hummock* qu'il avait gravi pour examiner la banquise, aperçut à l'horizon une traînée noire ; pensant que ce n'était qu'un nuage, il n'y faisait aucune attention. Un peu plus tard, voyant cette même tache foncée au milieu d'un stratus blanc, je l'examinai à la lunette. Au premier coup d'œil, j'ai la grande joie de distinguer un vaste champ de neige moucheté de pointements rocheux. Plus loin à l'est, je découvre une seconde terre également couverte de neige, en partie masquée par un brouillard blanc dont la forme change à

1. Nom donné par le Dr Nansen au campement du 22 juin au 22 juillet.

chaque instant. Elle est beaucoup plus grande et plus haute que la première. Je m'attendais à un spectacle autrement grandiose. Je rêvais de pics élancés se dressant au milieu de glaciers éblouissants. C'était fou de ma part ; ici la terre ne peut être que couverte de neige.

Ces îles paraissent tout près ; très certainement, pensons-nous, nous les atteindrons demain soir. Johansen partage mon sentiment ; il est même d'avis de poursuivre, sans arrêt, notre chemin pour atterrir aujourd'hui. Hélas ! treize jours devaient s'écouler avant que nous pussions fouler la terre, treize jours d'un long et pénible labeur à travers la banquise.

Après cela, la tente est dressée. Afin de célébrer l'heureux événement, un festin gargantuesque est servi : un ragoût de pommes de terre, les dernières ! Depuis longtemps nous les conservons pour cette circonstance ; nous y ajoutons du pemmican, de la viande d'ours et de phoque séchée, puis des langues d'ourson. Le second service comprend de vieilles croûtes frites dans de la graisse et un morceau de chocolat.

24 juillet. — Ce matin, lorsque Johansen sort pour aller chercher l'eau nécessaire à la cuisine, de suite il monte sur l'*hummock* le plus voisin pour examiner notre terre. Elle est beaucoup plus proche qu'hier ; très certainement nous y arriverons avant ce soir. Dans l'ouest, au S. – 60° O. du compas, j'aperçois une troisième île, pareille aux autres, mais beaucoup plus basse sur l'horizon, par suite située beaucoup plus loin. La terre du Prince-Rodolphe, comme nous le reconnûmes plus tard.

Nous poursuivons notre route à travers la banquise toujours accidentée et toujours découpée de canaux et de ravins. Progrès très lents.

27 juillet. — Hier et cette nuit, vent de sud-sud-ouest (du compas). Sous la poussée de la brise, notre radeau de glace semble maintenant en dérive vers l'est, peut-être allons-nous passer en dehors des îles en vue.

Sans notre sac de couchage, notre lit nous semble bien un peu froid et dur. Nous essayons d'abord de dormir sur nos couvertures et nos *ski*. Ces lames de bois nous brisent les os ! Nous nous étendons alors sur la glace, mais cette couche n'est pas précisément chaude. Quand nous aurons un bon matelas, nous saurons l'apprécier.

29 juillet. — A trois heures du matin, la pluie nous oblige à faire halte. L'étape n'a été que de neuf heures. Avant d'avoir trouvé un emplacement pour la tente, nous sommes complètement trempés. Toute la journée, nous restons au bivouac pour nous sécher. Plus tard, le vent ayant sauté à l'ouest, la pluie cesse ; aussitôt après, en route. Si une nouvelle averse survient, nous devrons nous arrêter pour nous mettre à l'abri. N'ayant plus un vêtement de rechange, il devient nécessaire de prendre des précautions pour être mouillés le moins possible. Il n'est pas, en effet, précisément agréable de coucher sur la glace sans un fil sec sur le dos.

30 juillet. — Nos progrès sont extrêmement lents, néanmoins, sans nous décourager, nous poursuivons toujours notre marche. Aujourd'hui je souffre d'un lumbago ; il me faut toute mon énergie pour me tenir debout. Dans les endroits difficiles, Johansen doit m'aider à haler mon traîneau. Je puis à peine marcher.

31 juillet. — La banquise disloquée est absolument impraticable. Les chocs continuels des *floe* ont désagrégé ces blocs, et toutes les nappes d'eau se trouvent maintenant remplies d'une bouillie de petits glaçons. Impossible d'y lancer les kayaks ; au premier coup de pagaie les coques seraient crevées par les aiguilles de glace. Pour traverser les canaux, nous construisons des ponts flottants de glaçons ou transformons des blocs en bacs. Nos progrès sont lents.

Mon rhumatisme ne veut pas lâcher prise. Je suis littéralement fourbu, incapable de tout effort. Johansen doit faire à lui seul toute la besogne ; il va en avant reconnaître le terrain, puis revient chercher les deux traîneaux. Mon excellent camarade prend soin de moi comme d'un enfant, faisant tout pour soulager ma fatigue. Ce cher garçon a, aujourd'hui, double travail, et il ne sait quand cela finira.

1er août. — La banquise devient de plus en plus difficile. Pour comble de malheur, le vent du sud nous a éloignés de terre. Nous avons dérivé évidemment vers l'est. L'île la plus occidentale, hérissée de pointements rocheux, n'est plus en vue.

Toujours des mouettes de Ross. Peut-être ont-elles leurs places de ponte sur ces îles.

Aujourd'hui, je vais mieux et ne paralyserai plus notre marche. Cette indisposition met bien en évidence les dangers de notre position. Si l'un de nous était sérieusement malade, ce serait certainement la fin.

2 août. — Décidément, jamais nous n'arriverons au bout de

nos tribulations. Une difficulté est à peine vaincue qu'une autre surgit aussitôt. Je vais bien maintenant, la glace est relativement plus plane qu'hier ; nous pourrions donc avancer rapidement vers la terre, si le vent et le courant ne nous entraînaient vers le large. Ces deux ennemis-là sont invincibles. Nous sommes actuellement poussés dans le sud-est ; la pointe nord de la terre se trouve juste à l'ouest de nous. Position : 81° 36′ lat. N.

Peut-être cette dérive s'arrêtera-t-elle, ou, peut-être plus tard, nous reportera-t-elle plus près de terre, c'est mon dernier espoir. Les canaux sont couverts de jeune glace, donc impossible d'y risquer les kayaks. Si maintenant nous allions être poussés vers le nord, alors ce serait la fin !

3 août. — Un terrible labeur. Nos progrès sont à peine sensibles. Malgré tout, nous réussissons à avancer vers le but. Avec cela plus de nourriture pour les chiens ! Hier les pauvres bêtes ont dû se contenter d'un petit morceau de graisse.

4 août. — La traversée des canaux est un véritable travail d'Hercule. Souvent nous parcourons plusieurs centaines de mètres en sautant de bloc en bloc, avec les véhicules à la traîne derrière nous. A chaque instant nous risquons de tomber à l'eau.

Pour vous donner une idée de la banquise, représentez-vous un empilement d'énormes glaçons séparés, tantôt par des trous remplis de neige molle et d'eau, tantôt par de larges étangs. Une suite de montagnes russes branlantes ; après une colline, un ravin ; bref un terrain formé de blocs inégaux entassés dans le désordre le plus extravagant. Nulle part la moindre plaque unie, où l'on pourrait dresser la tente et attendre ; avec cela un brouillard épais.

Après une marche terrible, nous atteignons un canal que nous nous disposons à passer en kayak.

Après avoir nettoyé la rive de la « jeune glace » qui y adhère, j'amène mon traîneau sur le bord. Pendant que je le retiens pour l'empêcher de glisser, j'entends, tout à coup, un souffle puissant derrière moi, puis un appel de Johansen qui vient de retourner en arrière chercher son véhicule. « Prends vite le fusil ! » crie mon compagnon. Je me retourne aussitôt et qu'aperçois-je ? Johansen renversé, se défendant à grand-peine contre un ours énorme. En voulant saisir le fusil placé dans son étui sur l'avant de mon canot, le kayak me glisse entre les mains et glisse dans l'eau. Ma première pensée est de sauter dans le canot et de tirer l'ours de là. Mais je reconnais de suite combien il sera difficile de viser sûrement l'animal. En toute hâte je ramène le kayak vers la rive pour prendre mon arme ; tout entier à cette besogne, je n'ai pas le temps de regarder autour de moi. « Dépêche-toi si tu veux arriver à temps, surtout vise bien ! » me crie Johansen. Enfin, je tiens mon arme, l'ours est à deux mètres de moi, prêt à mettre en pièces Kaïfas. Je vise attentivement l'animal suivant la recommandation de Johansen, et lui envoie une balle derrière l'oreille ; du coup l'énorme bête tombe morte entre nous deux.

L'ours a dû nous suivre comme un chat, et, en se dissimulant derrière les blocs de glace, a pu nous approcher sans éveiller notre attention, tandis que nous étions occupés à briser la « jeune glace » sur le bord du chenal. Lorsque Johansen revint en arrière chercher son traîneau, il se trouva nez à nez avec l'animal tapi près de son kayak. Tout d'abord, il crut que c'était Suggen. Avant d'avoir eu le temps de reconnaître sa méprise, il reçut sur la tête un coup qui lui fit voir trente-six chandelles et tomba sur le dos. Mon camarade entama alors une partie de boxe avec son assaillant, puis, le saisissant par le cou, essaya de le maintenir. Furieux de cette résistance, l'ours se disposait à allonger à Johansen un vigoureux coup de dent. C'est alors que mon ami prononça ces paroles absolument mémorables pour un homme en pareille posture : « Nansen, vise bien ! » Comme s'il se fût douté de ce que je lui préparais, l'ours suivait tous mes mouvements, et en même temps se gardait de nos chiens. Grâce à leur diversion, Johansen put se relever et échapper, pendant que Suggen recevait un formidable coup de griffe. Une fois mon camarade debout, il se précipita vers son kayak, et, tandis que je tirais l'animal, saisit son fusil. Johansen sortit de cette aventure dramatique sans autre dommage qu'une légère blessure à la main et des balafres à la joue gauche.

A peine notre ennemi est-il tombé que nous apercevons deux oursons qui, du haut d'un *hummock,* attendaient le résultat de la chasse maternelle. A mon avis, ils ne valaient pas le sacrifice d'une cartouche, malgré leur taille respectable. Johansen ne partageait pas mon opinion. « La chair de ces animaux est si délicate ! Il fallait en tuer au moins un. » Il se mit donc à leur poursuite, mais dut bientôt renoncer à son entreprise, pour ne pas perdre un temps précieux. Pendant que nous dépeçons notre prise, les deux oursons reviennent rôder autour de nous en poussant des cris lamentables. Nous régalons nos chiens, avalons en hâte une bonne portion de viande crue, et après avoir chargé les gigots dans les kayaks poursuivons notre route.

La banquise est très difficile ; à chaque pas, de larges canaux remplis de petits glaçons serrés les uns contre les autres. Véritablement c'est à renoncer à la lutte. Au milieu de cet amas de plaques peu résistantes se dresse un vieux *floe*, hérissé de collines entre lesquelles s'étendent de jolies petites nappes d'eau. Une île de glace. Du haut d'un de ces monticules, j'aperçois une large nappe d'eau libre s'étendant devant un des glaciers de la terre la plus proche. Enfin, nous allons peut-être sortir d'embarras ; jusque-là la glace n'a pas belle apparence. Les oursons nous suivent toujours, troublant de leurs lamentations le grand silence de ce désert. Si nous en avions le temps, nous irions mettre un terme à leur douleur ; ce serait plus humain.

6 août. — Hier soir, au moment du départ, le glacier vers lequel nous nous dirigeons semblait tout près ; encore un effort, peut-être atteindrons-nous la terre à la fin de l'étape. Dans cette espérance, nous partons, résolus à vaincre tous les obstacles, mais préparés à une nouvelle défaite. Après cinq mois si remplis de désillusions, nous savons les déconvenues de ce travail incessant sur la banquise. Des canaux remplis de petits glaçons *(crash)*, des chaînes de monticules, d'étroits et profonds ravins pleins de neige et d'eau ; n'importe, nous avançons toujours. Après cela, la glace devient plus unie. Nous approchons rapidement du but. Nous nous attelons aux traîneaux, et, barbotant dans l'eau et dans la neige, escaladant les monticules, puis dégringolant dans les ravins, nous poussons vigoureusement en avant. Nous sommes trempés des pieds à la tête, mais qu'est-ce que cela ! La victoire est prochaine ! Voici maintenant des nappes de glace unie ; nous prenons le pas de course. La buée noire qui indique la position de l'eau libre monte de plus en plus dans le ciel. Encore un effort et nous arriverons au but. De tous côtés des traces d'ours. Ces animaux sont aussi abondants que peu farouches dans ces parages, où ils n'ont pas encore appris à redouter l'approche de l'homme. Bientôt nous aurons fait leur éducation à cet égard. La nuit dernière un de ces plantigrades est venu rôder autour de la tente, mais nous n'avons pas de temps à perdre à la chasse. D'ailleurs, actuellement notre garde-manger est bien garni.

Notre marche désespérée en avant me rappelle mes souvenirs

classiques. Comme pour la retraite des Dix Mille de Xénophon, la mer est pour nous le salut, la fin des souffrances et des labeurs, et, comme ces braves soldats, nous ne pouvons nous empêcher de crier : « La mer ! la mer ! » à la vue de l'eau libre. Après une marche de cinq mois sur la banquise interminable, le moment de la délivrance est venu.

Devant nous s'étend la nappe noire de l'eau parsemée de glaçons d'une blancheur éblouissante ; plus loin, un glacier élève sa falaise marmoréenne au-dessus de l'étendue des flots libres. Finies toutes les tribulations, toutes les désespérances, le chemin de la patrie s'ouvre maintenant devant nous ! Lorsque j'atteins la lisière de la glace, je lève mon chapeau en l'air et fais signe à Johansen. Hourra ! trois fois hourra ! Non, aucune expression ne peut dépeindre l'impression ressentie devant ce spectacle. C'est celle du retour à la vie après de longues semaines d'affres et d'angoisses !

Au moment de notre arrivée sur le bord de la mer, un phoque apparaît. Tant mieux, nous n'aurons pas la crainte de mourir de faim dans ces parages.

Aussitôt nous nous occupons de gréer les kayaks. Nous attachons les canots bord contre bord et disposons sur le pont les deux véhicules, l'un à l'avant, l'autre à l'arrière. Il eût été préférable de faire route isolément, chacun dans son canot, si les traîneaux placés à l'avant de l'embarcation n'avaient entravé le maniement de la pagaie.

Les chiens ne peuvent prendre place sur notre esquif ; il faut donc nous séparer de ces vaillants compagnons. Les pauvres animaux, partout et toujours, ils nous ont suivis avec une fidélité inaltérable ; maintenant que les temps sont devenus meilleurs, nous devons les abandonner. Cette pensée attriste notre joie ; non, en vérité, je ne puis me résoudre à cette nécessité. Mais la vie a ses exigences barbares. Il faut en finir. Je tue Suggen, le chien de Johansen, et mon camarade se charge de Kaïfas, le dernier survivant de mon attelage. Après cette triste exécution, nous sommes parés pour le départ.

Les kayaks dansent gaiement sur l'eau ; de petites vagues clapotent contre la coque avec un bruissement joyeux. Depuis deux ans, nous n'avons pas vu une pareille étendue d'eau libre. Nous hissons la voile et nous dirigeons rapidement vers cette terre, objet de nos ardents désirs depuis de longs mois. Après s'être frayé un passage de vive force, pas à pas, mètre à mètre, à travers une banquise formidable, quelle agréable sensation de se sentir glisser rapidement sur la surface molle de la mer.

Le soleil brille ; le brouillard qui nous a un instant dérobé la vue de la terre se lève, découvrant un glacier ruisselant de lumière. C'est la plus joyeuse matinée que j'aie jamais vécue. Devant ce courant de glace, terminé au-dessus de la mer par une falaise haute de 18 à 20 mètres, tout débarquement est impossible. Le glacier paraît animé d'un très faible mouvement ; l'eau a creusé une longue voûte à sa base, et de sa paroi terminale ne se détache aucun bloc. La partie supérieure de la nappe est plane et ne semble déchirée par aucune crevasse. Sur toute sa longueur, la falaise frontale présente une stratification particulièrement nette. Devant ce glacier un courant de marée porte dans l'ouest et nous pousse promptement dans cette direction. Le soir, impossible de trouver un emplacement pour camper sur la terre ferme, force nous est de dresser la tente sur un glaçon.

7 *août*. — Pendant la nuit, la glace s'est fermée autour de nous. Je ne sais comment nous sortirions de cette impasse si, à l'ouest, il n'y avait encore une grande étendue d'eau libre. Après avoir halé nos canots et nos bagages à travers un bout de banquise nous parvenons sans grand effort à cette nappe d'eau. A l'aide de bâtons et de fragments de *ski*, nous fabriquons des pagaies bien préférables à celles en bambou, garnies de toile à voile, que nous avons emportées ; notre marche sera plus rapide avec ces engins relativement perfectionnés. Comme la vie est maintenant agréable ! Sans nous donner aucun mal, assis dans nos embarcations, nous faisons de rapides progrès.

Brouillard très intense, impossible de distinguer nettement le paysage ; nous reconnaissons cependant que la nappe devient de plus en plus large et s'épanche bientôt en un immense bras de mer, s'étendant dans le sud-ouest, parallèlement à la côte. Une brise fraîche de nord-nord-est souffle et soulève bientôt de grosses vagues qui brisent sur notre bachot. Nous sommes complètement trempés par les embruns ; la position n'est pas précisément agréable.

Dans la soirée le campement est établi sur le bord de la banquise ; juste à ce moment la pluie commence à tomber. Il était temps d'avoir un toit sur la tête.

8 août. — L'étape débute par le halage des traîneaux et des kayaks à travers un « champ[1] » qui, durant la nuit, a dérivé en

1. Nappe de glace généralement compacte *(N. d. T.)*.

travers de notre route. Pendant cette opération, j'ai la mauvaise chance de tomber à l'eau ; toute la journée je dois conserver sur le dos des vêtements mouillés.

Au prix d'un effort nous atteignons de nouveau l'eau libre. Un peu plus loin le passage se trouve bloqué ; encore une fois le portage des embarcations devient nécessaire. La brise de nord-est a poussé la glace contre la côte ; d'après l'apparence du ciel, les bassins d'eau libre que nous avons traversés hier doivent être aujourd'hui bloqués. Un jour plus tard, nous étions de nouveau pincés dans la glace.

Dans l'après-midi, nous pouvons faire route à la voile. La brise tombe ensuite, il faut reprendre les pagaies pour vaincre un courant très violent qui nous rejette en arrière.

Le brouillard nous masque toujours la vue de la terre. Je n'ai pu encore reconnaître notre position et suppose que nous devons nous trouver sur la côte ouest de l'archipel François-Joseph.

9 août. — Nous gravissons la coupole de glace qui recouvre l'îlot près duquel nous avons campé. Lorsque nous arrivons au sommet, la brume se lève. Grâce à cette éclaircie, je puis distinguer les contours des terres. Il y a là simplement un archipel, formé de quatre îles, auquel je donne le nom de Hvidtenland (pays Blanc). La plus orientale, l'île Eva, ainsi baptisée en l'honneur de ma chère femme, est la plus grande ; la seconde, l'île Liv — le nom de ma fille —, plus petite, montre deux saillies rocheuses, les deux points que nous avons d'abord aperçus. Sur la côte nord-ouest apparaît un lambeau de terrain dépouillé de glaciation. Peut-être est-ce là que les mouettes de Ross, si abondantes depuis deux jours, ont leurs lieux de ponte. A l'ouest de cette terre s'ouvre un long fjord ou détroit, couvert de glace, bordé à l'ouest par un troisième îlot, l'île Adélaïde, celui sur lequel nous sommes. Le long de cette côte sont amoncelés d'énormes blocs, provenant probablement du *velage*[1] des glaciers, contre lesquels les pressions ont entassé de gros glaçons de mer. Tous ces débris, agglutinés par la gelée, forment une masse très compacte, qui se confond avec les glaciers. Hier, nous avons aperçu, au nord de l'île Adélaïde, un iceberg de taille moyenne. Une quatrième terre beaucoup plus grande que les

1. On donne le nom de *velage* à la rupture du front des glaciers atteignant le niveau de la mer *(N. d. T.)*.

îles Liv et Adélaïde est en vue dans le sud, probablement l'île Freeden signalée par Jules Payer. Elle semble entièrement recouverte par un glacier. Entre les différentes îles, et, à perte de vue dans le sud-est et l'est, la mer est couverte de « glace de fjord[1] » absolument plate ; dans cette direction aucune terre n'est visible.

De trois heures de l'après-midi à huit heures du soir, nous naviguons ; ensuite halage des embarcations à travers un « champ » de glace ; puis, nouvelle navigation jusqu'à ce qu'une seconde barrière nous arrête. Le courant nous est contraire. Dans ces conditions, mieux vaut camper et attendre.

10 août. — Un bout de navigation, un portage, après quoi, de nouveau, à la pagaie ; toute la journée cela continue ainsi. Nous rencontrons une troupe de morses couchés sur un glaçon. Aucune crainte de mourir de faim, avec une pareille abondance de gibier. Nous avons suffisamment de vivres, donc inutile de perdre notre temps à la chasse.

L'horizon est absolument bouché. Trompés par la brume, nous nous engolfons dans une ouverture de la banquise côtière et ne reconnaissons notre surprise qu'au fond de cette impasse. Plus loin, le courant nous devient contraire ; en même temps sur la surface absolument unie de la mer se forme une couche de « jeune glace » très dangereuse pour les kayaks. Dans ces conditions, nous prenons le parti de camper jusqu'à dix heures du soir.

Dans toutes les directions, des pistes d'ours et d'oursons. Jamais de ma vie je n'en ai rencontré autant. Tous les plantigrades de la région doivent se donner rendez-vous ici.

Le Hvidtenland se trouve maintenant derrière nous, et devant nous existent certainement d'autres terres. La banquise plate que nous côtoyons doit adhérer à quelque côte ; malheureusement le brouillard masque toute vue dans un rayon d'un mille.

11 août. — Encore une fois la fastidieuse besogne du portage des embarcations ; après quoi, pendant quatre ou cinq heures, nous poursuivons notre route à la pagaie.

Entre-temps nous sommes attaqués par un morse. J'examinais l'horizon lorsque tout à coup un de ces énormes amphibies

---

1. Glace tabulaire, relativement épaisse, formée sur la nappe des fjords et des baies *(N. d. T.)*.

vient souffler bruyamment tout près de nous à la surface de la mer, en nous jetant un regard féroce. Sans la moindre crainte, nous poursuivions notre route, quand l'animal reparaît à côté de moi. Se dressant à moitié hors de l'eau, le morse menace d'enfoncer ses terribles défenses dans nos frêles embarcations. Au moment où je saisis mon fusil, il disparaît pour recommencer aussitôt après la même manœuvre autour du kayak de Johansen. Si le monstre nous attaque, il faudra nous résoudre à lui envoyer une balle. A plusieurs reprises, l'énorme bête vient à la surface, puis replonge immédiatement après. A travers l'eau transparente nous le voyons passer et repasser sous les canots. Craignant qu'il ne fasse un trou dans la mince coque de ma périssoire avec ses défenses pointues, nous agitons les pagaies pour essayer de l'effrayer et de le maintenir à distance. Soudain, il se dresse de nouveau tout près du kayak de Johansen, plus furieux que jamais. Il n'y a pas à hésiter et mon camarade lui envoie une balle droit dans le front. Le morse pousse un rugissement terrible, fait la culbute et disparaît, laissant une longue traînée de sang à la surface de la mer. Craignant une nouvelle attaque, nous forçons de rames ; nous ne sommes complètement rassurés que lorsque nous apercevons notre ennemi loin derrière nous, à l'endroit où il a plongé.

Nous avions oublié cet accident, quand soudain je vis Johansen sauter en l'air. Son kayak avait évidemment reçu un choc violent sous la quille. Peut-être quelque glaçon avait-il chaviré et était-il venu heurter le canot ; mais non, aucun bloc ne se trouvait dans le voisinage. Pendant que j'examinais la mer, j'aperçus un morse dressé devant nous. De suite je saisis mon fusil, il n'y avait pas une minute à perdre ; ne pouvant viser derrière l'oreille, la partie la plus vulnérable de l'animal, je lui envoyai à tout hasard une balle dans le front. Ce fut heureusement suffisant ; du coup l'énorme bête s'affaissa, inerte, à la surface de l'eau. Non sans peine nous parvînmes à pratiquer une ouverture dans sa peau épaisse ; après avoir découpé quelques tranches de lard et de chair, nous poursuivîmes notre route.

A sept heures du soir, la renverse de la marée pousse les glaçons les uns contre les autres et ferme le chenal. Maintenant, nulle part la plus petite nappe d'eau libre. Au lieu de recommencer le pénible travail du portage des kayaks à travers ce « champ », je prends le parti de camper jusqu'à la marée suivante ; sans aucun doute, elle disloquera cette masse de glace.

En attendant, nous coupons les extrémités des traîneaux pour pouvoir les placer séparément sur chaque canot. Désormais, nous pourrons naviguer isolément, par suite beaucoup plus rapidement.

Pendant que nous nous livrons à ce travail, le brouillard se dissipe. Devant nous apparaît une chaîne d'îles orientée du S.-E. du monde au N. – N.-O. du monde. Toutes ces terres sont recouvertes de glaciers ; çà et là, seulement quelques escarpements de rochers noirs percent le bord de cette nappe immaculée. — Où sommes-nous ? La solution de cette importante question devient de plus en plus difficile. Après tout, peut-être nous trouvons-nous sur la côte est de la terre François-Joseph. Cela nous paraît du moins très vraisemblable. Dans ce cas, une longue distance nous sépare encore du cap Fligely sur la terre du Prince-Rodolphe. Le rideau de brume se lève de plus en plus, et nous ne pouvons résister au désir d'éclaircir la situation. A chaque instant nous abandonnons notre travail pour grimper sur un *hummock* voisin et examiner l'horizon.

13 août. — La marée a déblayé le chenal. Faisant route chacun dans notre canot, nous avançons rapidement. Nous parcourons cinq milles, puis, de nouveau la passe se trouve fermée. Il est préférable d'attendre encore une fois la renverse de la marée pour voir si le chenal ne s'étend pas plus loin. Sinon, il faudra recommencer à haler les embarcations et les traîneaux vers un canal que nous apercevons à l'O. – N.-O. du monde, et qui, d'après la carte de Payer, serait le détroit de Rawlinson. La glace ne s'ouvre pas ; force nous est de nous résoudre à ce travail.

14 août. — Après un long portage à travers des *floe* coupés de canaux, nous arrivons à une nappe d'eau libre ouverte dans la direction de l'ouest. Pendant quelque temps nous pouvons avancer à la pagaie. Après cela, le passage nous est barré de nouveau par un amas de glace. Les jours suivants nous poursuivons notre route, tantôt en portant les embarcations, tantôt en naviguant. Nos progrès sont très lents. Les traîneaux, après l'opération que nous leur avons fait subir, ne glissent plus facilement, et les nappes d'eau libre deviennent de plus en plus rares. A plusieurs reprises, nous faisons halte, comptant sur l'aide de la marée pour déblayer la route ; mais la glace demeure absolument immobile. Dans ces conditions, je prends le parti de nous diriger vers la terre la plus voisine. De ce côté, nous apercevons un iceberg pris dans la banquise, le bloc le plus élevé que nous ayons jamais rencontré. Sa hauteur peut être évaluée à 15 ou 20 mètres [1]. Espérant avoir une vue étendue du sommet de cette montagne de glace flottante, j'essaie de l'escalader ; au tiers de sa hauteur, la raideur de la pente m'oblige à battre en retraite.

Le soir, nous atteignons les îles, but de nos efforts. Pour la première fois, depuis deux ans, nous avons la joie de fouler la terre ferme. Quel plaisir de sauter d'un bloc [2] sur un autre, de pouvoir gambader à notre guise ! Au milieu de ces pierres, nous découvrons des fleurs, des saxifrages, des pavots [3]. Pour fêter la prise de possession de ce territoire hyperboréen, le drapeau national est hissé et un festin préparé. Le souper se compose de pemmican et de nos dernières pommes de terre. Nous l'avalons assis devant la tente, nous amusant à faire voler le gravier sous nos pieds, absolument comme des enfants lâchés en liberté.

Toujours la même énigme se pose à notre esprit. Où sommes-nous ? Dans l'ouest paraît s'ouvrir un large chenal, mais impossible de l'identifier avec aucun de ceux indiqués sur la carte de Payer. Notre île, l'île Houen, comme nous l'avons appelée, est un long amas morainique, semble-t-il, orienté nord-sud (magnétique), constitué de blocs généralement de grandes dimensions, reposant en plusieurs endroits sur la roche en place. Ces blocs sont grossièrement arrondis et ne portent aucune strie glaciaire. Dans l'ouest, nous distinguons une autre île, un peu plus élevée, dont la côte présente une ancienne ligne de rivage nettement marquée *(Strandlinie)* ; au nord, deux îlots et un « caillou ».

Tout d'abord, comme je l'ai dit plus haut, j'avais cru reconnaître dans le chenal ouvert à l'ouest le détroit de Rawlinson ; n'apercevant pas le glacier de Dove qui borde ce bras de mer, je commence à douter de mon identification. Peut-être sommes-nous sur la côte ouest de l'archipel François-Joseph, et avons-

1. Des icebergs de taille colossale ont, dit-on, été rencontrés autour de la terre François-Joseph. Pendant tout notre séjour dans cet archipel je n'ai observé aucun glaçon de cette catégorie. Celui dont je signale la présence ici était le plus gros de tous ceux que j'ai vus dans ces parages. Comparés aux icebergs du Groenland, ces blocs étaient d'insignifiantes masses de glace.

2. Des blocs de basalte à gros grains.

3. *Papaver naudicaule, Saxifraga nivalis* et *Stellaria.*

nous longé, sans les voir, les terres découvertes par Payer. Alors, comment n'avons-nous pas aperçu la terre Oscar située par 82° et 52° de long. E. ?

16 août. — Bonne journée. Nous rencontrons une large étendue d'eau libre ; aussitôt l'espoir de regagner la Norvège nous revient. Pour commencer l'étape, nous traversons la banquise reliant l'île Houen à l'île Torup, la terre élevée située à l'ouest.

L'île Torup me semble un des endroits les plus charmants de la terre. Une plage unie, ancienne ligne de rivage, toute semée de subfossiles, lui fait une ceinture, autour de laquelle s'étend une nappe d'eau libre, animée de troupes d'amphipodes. Au fond de la mer, on distingue des mollusques et des oursins au milieu de forêts de laminaires et de fucus. Sur les rochers qui dominent la rive, des centaines de guillemots nains babillent joyeusement, tandis qu'à côté d'eux des bruants gazouillent leurs chants plaintifs, en voletant de pierre en pierre. Soudain le soleil brille à travers les nuages, illuminant tout l'espace d'une clarté radieuse.

Sur la côte nord, une nombreuse colonie de mouettes bourgmestres *(Larus glaucus)* s'est établie pour pondre. Des milliers d'oiseaux sont installés avec leurs petits dans les anfractuosités des rochers. Pour saisir sur le vif cette curieuse scène de famille, nous grimpons là-haut avec notre appareil photographique.

Du sommet de la falaise, la vue embrasse la banquise que nous venons de traverser. Jusqu'à l'horizon s'étend l'immense plaine blanche, linceul de mort qui enveloppe sous sa lourde étreinte la mer tumultueuse. Pendant des mois nous avons péniblement cheminé sur cette froide étendue, et très loin dans ces « champs de glace », le *Fram* est encore captif.

J'avais commencé l'escalade du point culminant de l'île pour avoir une vue d'ensemble sur la région environnante et pour reconnaître notre position, lorsque la brume arriva de nouveau et encapuchonna les sommets. Dans ces conditions, je dus me contenter de grimper un peu plus haut que la colonie des mouettes, afin d'examiner la route que nous devions suivre vers l'ouest... A quelque distance de notre île apparaît une vaste étendue d'eau libre, dont nous sommes séparés par un large champ de glace.

Après cette excursion, nous nous remettons en route, en

suivant un chenal ouvert à une petite distance de la côte. En différents endroits il est couvert d'une mince couche de glace. La moindre déchirure dans la coque de nos kayaks serait un malheur irréparable ; aussi, par mesure de prudence, abandonnons-nous ce canal pour nous diriger à travers la banquise en halant les embarcations.

Après plusieurs heures de travail, nous voici, enfin, sur le bord de la large nappe d'eau que nous avons aperçue du sommet de l'île Torup. A perte de vue s'étend la mer libre ; espérons que désormais nous ne serons plus arrêtés par la glace. Au nord, une terre [1] s'élève en hautes falaises de basalte couronnées d'une nappe de glace. De ce côté apparaît une longue ligne de côtes, hérissée de promontoires ; tout au loin, au milieu de ces rochers, bleuit un large glacier.

Nous longeons vers le sud une grande île couverte, elle aussi, de glace. Au-delà du cap qui se dresse au sud-ouest, qu'allons-nous trouver ? Passé ce promontoire, la côte s'infléchit-elle au sud ? Plus loin vers l'ouest n'existe-t-il plus de terre ? A mesure que nous approchons de cette falaise, notre émotion grandit. Notre sort va, en effet, se décider dans quelques instants. Nous allons savoir si, cette année, nous pourrons regagner la Norvège ou si nous serons contraints à un nouvel hivernage... La distance se rapproche ; encore quelques coups de pagaie et nous doublons le promontoire. A la vue de la grande nappe d'eau libre qui s'étend devant nous, un tressaillement inexprimable de joie fait bondir nos cœurs. La côte s'infléchit vers le sud-ouest ; nous sommes donc sur la côte occidentale de l'archipel François-Joseph.

Au milieu de la carapace de glace qui couvre l'île émerge une arête absolument fantastique, tranchante et effilée comme une lame de couteau. Jamais je n'ai vu aiguille plus escarpée ; la roche, un basalte prismatique, monte droite et élancée comme un fût de colonne.

Par la pente d'un couloir qui sillonne la montagne, nous nous élevons le long de cette paroi vertigineuse, afin d'examiner le pays dans la direction du sud. Tout à coup j'entends une vive rumeur au-dessous de nous. Quel n'est pas mon étonnement d'apercevoir deux renards en train de se disputer un guillemot qu'ils viennent d'attraper. Ils se griffent et se mordent sur le

1. La terre du Prince-Rodolphe, comme nous le reconnûmes plus tard.

bord de l'abîme, au risque de culbuter dans le précipice ; mais de ce danger ils semblent n'avoir cure. Dès qu'ils nous aperçoivent, immédiatement ils cessent la lutte, absolument interdits par notre apparition, et incontinent s'enfuient chacun de son côté.

Après cette digression, revenons à l'objet de notre ascension : la reconnaissance du terrain. L'examen de l'horizon est très satisfaisant. La mer paraît libre à perte de vue le long de la côte, dans la direction de l'ouest. Le vent est favorable ; aussi, quoique très fatigués, prenons-nous la résolution de ne pas laisser échapper une circonstance aussi favorable. Nous avalons à la hâte une collation, puis, après avoir gréé les embarcations, nous partons. Nous naviguons ainsi toute la nuit, et ne nous arrêtons pour camper que le lendemain matin. Le vent est alors tombé. Nous pouvons nous reposer sans regret.

24 août. — Les vicissitudes de cette vie ne prendront donc jamais fin ! La dernière fois que j'écrivais mon journal, j'étais plein d'espoir et de courage ; maintenant, depuis quatre jours et trois nuits, nous sommes arrêtés par le mauvais temps et par un amoncellement de glace contre la côte. Dans toutes les directions, des *hummocks*, des glaçons brisés et entassés les uns sur les autres dans un désordre indescriptible. Le courage est encore là ; mais l'espoir de rentrer prochainement dans notre chère patrie est depuis longtemps parti. Il n'y a plus à en douter ; il nous faudra passer encore un nouvel hiver dans ces contrées polaires.

Dans la nuit du 17 au 18, à minuit, nous avions quitté notre dernier campement par un temps admirable. Au-dessus du soleil caché par un épais rideau de nuages, l'horizon resplendissait dans le nord d'un flamboiement purpurin, et, la mer, reflétant ces colorations étincelantes, semblait une nappe de feu. Une belle nuit poétique !

Sur la surface de l'eau, polie comme un miroir, sans un seul bloc de glace, les kayaks glissaient rapidement. A chaque coup de pagaie, l'eau bruissait doucement comme un faible murmure. On se serait cru en gondole sur le Grand-Canal. Ce grand calme avait quelque chose d'inquiétant. Le baromètre baissait rapidement...

Nous faisions route vers le promontoire Clements-Markham, situé au sud-sud-ouest, à une distance de 12 milles, quand soudain la glace parut devant nous, la maudite glace !... Pensant que ce n'est qu'une nappe disloquée entraînée par le courant, nous n'y prenons d'abord garde. A mesure que nous approchons, la situation devient beaucoup plus grave. Il y a là une banquise très compacte et très étendue dont nous ne pouvons apercevoir la fin. Pour essayer de découvrir un passage, nous gravissons un *hummock*. La vue n'est pas précisément encourageante. Devant le cap Clements-Markham s'étend au large un archipel, autour duquel la glace est amoncelée en une nappe épaisse. Près de nous existent bien quelques ouvertures, mais elles ne nous conduiraient pas loin. Notre seule chance de salut est donc de suivre la glace côtière et de chercher dans cette direction un chenal libre qui nous permettra de poursuivre notre route vers le sud.

Tandis que nous ramons au milieu de petits glaçons, la coque de mon kayak reçoit par en dessous un choc violent. La secousse ne peut être déterminée par l'émersion subite de quelque bloc qui aurait basculé dans le voisinage. Cette fois encore, nous sommes assaillis par les morses. Un de ces animaux, d'une taille gigantesque, nage entre deux eaux derrière moi. Tout à coup il se retourne et se dresse comme pour se lancer sur le kayak de Johansen, qui navigue dans mon sillage. Craignant que le monstre ne se jette sur son embarcation et ne la défonce de ses solides défenses, il recule de suite pour avoir le temps de saisir son fusil. En toute hâte je prends également le mien. Maintenant nous sommes prêts à soutenir l'attaque. Entre-temps, le morse plonge, passe sous le canot de Johansen et vient reparaître derrière lui. Un pareil voisinage est trop dangereux ; pour y échapper, mon camarade saute sur un glaçon voisin, prêt à lui envoyer une décharge dès qu'il montrera le museau. Après avoir attendu quelques instants notre ennemi, je suis l'exemple de mon camarade. En débarquant, je faillis, par ma faute, prendre le bain glacé dont le morse m'avait menacé. Au moment où je posai le pied sur le glaçon, la croûte se brisa sous mon poids, et je restai debout dans mon kayak, faisant des prodiges d'équilibre pour ne pas chavirer. Si le morse avait reparu à ce moment, je l'aurais certainement reçu dans son propre élément. Après des efforts désespérés je réussis cependant à atteindre le glaçon.

Pendant quelque temps, l'animal monte la garde autour de nous, passant et repassant sous notre radeau de glace, toujours dans l'intention évidente de nous attaquer. Devant cette attitude menaçante, il ne serait pas prudent de nous remettre en route, et, pour ne pas perdre un temps précieux, nous préparons le dîner. Afin de nous débarrasser de ce visiteur importun, nous songeons à lui envoyer une balle, mais ce serait perdre nos munitions. Nous n'avons que faire d'un pareil gibier ; en second lieu, l'animal ne montrant que le museau, plusieurs cartouches seraient nécessaires pour l'abattre. C'est un grand mâle, d'aspect fantastique, dont la vue évoque dans notre imagination l'idée des monstres préhistoriques. Je ne puis m'empêcher de songer à un triton, tandis qu'il se lève en soufflant et en nous regardant de ses yeux ronds vitreux. Après s'être livré, pendant quelque temps, à cette fantasia menaçante, l'animal disparut soudain comme il était venu. Nous avions achevé notre dîner ; nous pûmes alors continuer notre route, satisfaits d'avoir échappé à cette dangereuse attaque.

Impossible d'avancer à travers le chenal ouvert le long de la banquise adhérente au rivage. Il est entièrement couvert de « jeune glace », et, sous la poussée du vent, commence à être envahi par la banquise. Bientôt le *pack* arrive sur nous et nous ferme toute issue. Dans ces conditions, il ne nous reste qu'à attendre patiemment un changement dans l'état de la banquise. Avec les couvertures et la tente nous disposons un lit de camp, et, en même temps, préparons tout pour un départ rapide, espérant toujours nous remettre bientôt en marche.

Hélas ! bien loin de s'améliorer, la situation devient de plus en plus critique, la brise fraîchit et le *pack* épaissit à vue d'œil. Dans toutes les directions, pas la moindre nappe d'eau libre ! Le large bras de mer que nous venons de parcourir est maintenant complètement couvert de glace. Tout notre espoir de rentrer cette année en Norvège s'évanouit !

Après quelques heures d'attente, nous essayons de nous rapprocher de la côte en halant sur la glace nos bagages. En pure perte nous dépensons nos forces. La banquise est très mauvaise ; jamais encore nous ne l'avons trouvée aussi accidentée. Sur un pareil terrain, la marche est très lente, et, au milieu de ces aspérités tranchantes, nos kayaks risquent de recevoir quelque choc malencontreux. Le seul parti raisonnable est de camper sur notre glaçon. Entre-temps notre position devient encore plus terrible. La neige tombe en abondance et transforme la glace en un bourbier impraticable. Avec cela plus de vivres ! Que n'avons-nous tué des phoques, alors qu'ils s'ébattaient autour de nous en troupes nombreuses.

Le 20, excursion à terre. Près d'un promontoire auquel nous donnons le nom du géologue norvégien Helland, nous allons reconnaître le terrain, dans la pensée de nous installer sur cette île, si l'hivernage devient nécessaire. La glace est absolument impraticable aux approches du cap ; les blocs sont empilés les uns sur les autres jusque contre la paroi terminale du glacier. Escaladant ce courant cristallin, nous partons examiner le chenal ouvert au nord du promontoire Helland. De ce côté, la banquise est moins accidentée, et présente l'aspect de la glace de fjord, mais nulle part un bassin d'eau libre où il y ait chance de rencontrer des phoques.

Au sud du cap, le terrain est relativement uni, parsemé de maigres pelouses, de mousses, enfin de pierres susceptibles d'être utilisées pour la construction d'une hutte. Le fjord ouvert dans cette direction est couvert d'une épaisse banquise ; aucune ouverture, partant pas de phoques. En revanche les ours paraissent nombreux ; ils nous assureront la nourriture et l'habillement.

Cette région est constituée par un basalte à gros grains. A la base du glacier se trouve un monticule de schistes argileux fortement altérés dans lequel nous ne parvenons à découvrir aucun fossile. Autour, plusieurs blocs épars semblent appartenir à un granit. De toutes ces roches nous prenons des échantillons, mais, au cours de l'hivernage, les renards, peu respectueux des collections d'histoire naturelle, nous en dérobèrent la plus grande partie. A leurs extrémités inférieures, tous les glaciers sont couverts d'une magnifique couche de « neige rouge » ; du plus merveilleux effet, lorsque le soleil se montrait.

Le 21, je réfléchis, couché, à notre situation, lorsque j'entends un bruit sourd autour de la tente. Peut-être est-il produit par la pression des glaçons les uns contre les autres..., non, j'ai l'idée que ce doit être quelque gros gibier. Je regarde donc par un trou de la tente et j'ai la joie d'apercevoir un ours de taille colossale. L'animal, effrayé par les mouvements de la toile, détale tout d'abord, puis s'arrête, pour regarder encore une fois notre abri. Sans perdre une minute, passant le canon du fusil par la fente, j'envoie à notre visiteur une balle en pleine poitrine. L'ours tombe, se relève — une nouvelle décharge —, et il s'affaisse pour ne plus se relever. Avant quelque temps, nous sommes assurés de ne pas mourir de faim.

Sur ces entrefaites, le vent s'élève de terre ; peut-être cette brise disloquera-t-elle la glace ? Je vais donc examiner notre situation sur le bord de notre radeau, lorsque, tout à coup, je ressens un léger balancement... Un chenal vient de s'ouvrir le long de la côte et notre glaçon, détaché de la masse adhérente au rivage, vogue maintenant en toute liberté. En dépit de tous nos efforts, impossible de gagner l'île voisine ; nous dérivons vers la pleine mer.

Sous la poussée de la brise, notre radeau s'éloigne de plus en plus de la côte. Décidés à tout risquer, nous essayons de mettre à l'eau les kayaks. Cette entreprise ne réussit pas. La lame brise avec force contre la glace et menace de fracasser nos frêles embarcations, dès que nous approchons du bord. Le plus sage est donc de rester sur notre glaçon.

Le vent fait rage. De crainte que la tente ne soit enlevée, nous l'abattons et la disposons en lit de camp sur la glace. Puisque nous ne pouvons nous rendre maîtres de la situation, le mieux est de dormir.

Après un bon somme de plusieurs heures, je me réveille... Nous sommes maintenant à 8 ou 10 milles au large et jusqu'à la côte la mer est absolument libre. La brise a molli ; il n'y a pas à hésiter ; essayons de mettre les embarcations à l'eau et de regagner la terre. L'opération n'est pas facile ; la mer est très haute et tout autour de notre île flottante dansent des glaçons, très dangereux pour nos faibles kayaks. Mais aucune difficulté ne peut vaincre notre énergie... Une fois les embarcations lancées, la situation n'est guère meilleure ; la mer est trop forte et le vent encore trop violent pour que nous puissions faire route à la pagaie. Essayons donc de la voile. Après avoir trouvé un abri derrière un cap de la banquise, nous attachons solidement les deux canots bord contre bord, et établissons la voilure.

A notre grande satisfaction, nos embarcations se comportent admirablement et avancent rapidement. Toute la journée et toute la nuit nous marchons à la voile. Le matin, seulement, le calme nous oblige à nous arrêter. Le temps est couvert ; à droite et à gauche, des terres apparaissent. Ne sachant quelle direction suivre, au milieu de cet archipel, je prends le parti de bivouaquer. Enfin nous allons pouvoir avaler un repas chaud.

Au-dessus du campement s'élève une haute falaise de basalte, hérissée de colonnettes et d'aiguilles, découpée d'ogives et de niches, dont la vue évoque au milieu de ce désert de glace le souvenir de la cathédrale de Milan. Sur ces rochers, des milliers de guillemots nains, de pagophiles blanches, de mouettes tridactyles, de mouettes bourgmestres et de stercoraires font un sabbat étourdissant. En dépit de tout ce bruit nous dormons à poings fermés.

Le lendemain matin (23 août), une éclaircie nous permet de découvrir de l'eau libre dans le S. – S.-O. ; il faut tout de suite profiter de l'occasion. Comme toujours pendant la nuit, la glace s'est amoncelée le long de la côte en larges plaques, et la mise à l'eau des kayaks ne va pas sans quelque difficulté.

Le temps est beau, tout semble donc présager une bonne journée ; mais, à peine en route, le vent se lève du sud-ouest, la mer grossit et le ciel se couvre rapidement.

Le fjord est large de plusieurs milles ; avant de pouvoir débarquer il faudra pagayer énergiquement pendant de longues heures. L'aspect de la terre n'est pas, du reste, précisément engageant. De la base au sommet, elle est entièrement couverte de glace ; sur un seul point, un petit rocher émerge au milieu de cette carapace cristalline. La rive orientale, bordée par un rempart de glace sur lequel la mer déferle en hautes vagues, n'offre, d'autre part, aucun abri contre la tempête.

Dans ces conditions, je prends le parti de nous diriger vers une autre île, située un peu en arrière, qui semble moins désolée que les autres. A peine débarqués, nous rencontrons un ours. Johansen, d'une balle, lui brise la colonne vertébrale. L'animal blessé essaie de fuir, mais la partie postérieure de son corps, paralysée, refuse tout service. La pauvre bête s'assied tout étonnée de se sentir ainsi clouée sur place et se met à mordre jusqu'au sang ses pattes de derrière, comme pour les punir de lui refuser leur service. Un second coup de feu met fin à ses souffrances.

Après avoir dépouillé notre gibier, nous allons à la découverte. A quelques pas de là, nous apercevons deux morses. Evidemment les ours n'osent pas attaquer ces animaux. Un peu plus loin, un troisième morse s'ébat dans l'eau en poussant des hurlements terrifiants. Après avoir plongé, il vient se soutenir contre la berge, en appuyant ses défenses sur la glace adhérente au rivage, absolument comme le ferait un nageur épuisé avec les mains pour se maintenir hors de l'eau. Après avoir plusieurs fois recommencé le même manège, la bête monstrueuse apparaît ensuite à la surface de la crevasse près de laquelle sont couchés ses deux camarades, et à l'aide de ses défenses se soulève sur le bord de la glace. A sa vue, un vieux mâle d'une taille énorme se lève et commence à tourner autour de l'intrus en poussant des grognements terribles. Le nouvel arrivant baisse alors la tête respectueusement et se retire à l'écart. Aussitôt le vieux, toujours hurlant, se dirige de son côté et se dresse au-dessus de lui, menaçant de lui enfoncer ses énormes dents dans le dos. Bien que l'intrus soit aussi gros et aussi puissamment armé que son antagoniste, il s'incline devant lui, absolument comme un esclave devant son sultan. Le vieux despote rejoint ensuite son compagnon et se couche à côté de lui. Dès que l'autre animal, après être resté quelque temps dans sa posture servile, fait mine d'avancer, immédiatement l'autre se dirige vers lui comme pour le chasser. Enfin, après bien des circuits, le nouvel arrivant parvient à se glisser sur le glaçon et à prendre place à côté de ses deux congénères. Tout d'abord j'imputai l'attitude du vieux à quelque passion amoureuse, plus tard je reconnus mon erreur. Ces trois animaux étaient tous des mâles. C'est de cette manière amicale que les morses exercent l'hospitalité, et à un membre choisi par ses congénères échoit, semble-t-il, le devoir de l'exercer dans ces conditions. A mon avis, le chef du troupeau agit ainsi pour affirmer sa dignité et faire sentir à tout nouvel arrivant la nécessité de lui obéir.

Malgré ces procédés peu courtois, les morses possèdent à un haut degré l'instinct de la sociabilité. On les voit, en effet, toujours par troupes et toujours couchés les uns à côté des autres. Lorsque nous revînmes plus tard examiner nos voisins, la bande s'était grossie d'un nouvel arrivé ; le lendemain matin, elle comptait six individus.

Au premier abord, il est difficile de reconnaître des êtres vivants dans ces énormes amas de chair absolument immobiles pendant des heures. Dans ces parages qui, jusqu'ici, n'ont jamais été visités par l'homme, ces animaux vivent en pleine sécurité et dans l'ignorance de toute crainte.

Après cette étude prise sur le vif, nous préparons notre dîner et bientôt ronflons à poings fermés, en dépit des hurlements des morses et des piaillements des mouettes. Au milieu de la nuit, je suis cependant réveillé par un bruit particulier. Il me semble entendre des cris plaintifs. Immédiatement je jette un coup d'œil par un trou de la tente et qu'aperçois-je ? Un ours et un ourson flairant les traces de sang éparses sur la neige et poussant des lamentations de douleur. Au moment où je saisis mon fusil, nos visiteurs m'aperçoivent et s'empressent de décamper. Je les laissai aller en paix ; nous avions pour le moment suffisamment de vivres.

Le lendemain, à notre grand désappointement, la banquise nous condamne encore une fois à l'immobilité. Dieu sait quand finira cette détention ! En attendant, tâchons de nous installer le plus commodément possible. Ne trouvant nulle part un endroit abrité du vent où la tente puisse être dressée, nous construisons une hutte en pierres sèches au fond d'une crevasse de rochers. Guère confortable, notre abri ; il est trop court pour ma taille, et trop bas pour que je puisse m'asseoir, tout juste assez large pour que nous puissions coucher côte à côte et installer le fourneau. Le toit est formé de la tente étendue sur des bâtons et sur les *ski*, et l'entrée fermée à l'aide de nos vêtements. Quoique cette hutte ne soit qu'une abominable caverne, nous sommes fiers de notre œuvre. Couchés sur notre peau d'ours et sur nos couvertures, bien au chaud, enveloppés par le doux murmure de la marmite sur le feu, nous éprouvons un plaisir ineffable. La lampe à huile remplit bien notre hutte d'une atroce fumée, mais c'est un petit inconvénient de peu d'importance.

10

Hivernage
à la terre François-Joseph

28 août. — La banquise reste toujours immobile et l'automne avance rapidement... Il faut nous résoudre à hiverner sur cette île. Une distance de plus de 138 milles nous sépare du havre de l'*Eira*, des quartiers d'hiver de Leigh Smith. Un pareil trajet pourrait être long et je ne suis pas certain de trouver une hutte dans cet endroit. En admettant que nous puissions arriver jusque-là, il serait douteux que nous ayons le temps, avant l'hiver, de construire un abri et de réunir des approvisionnements. Sur notre île où le gibier est abondant, le plus sage est donc de nous préparer à hiverner.

A notre grand désappointement, les morses qui étaient couchés sur la glace, hier et avant-hier, ont pris la mer ; force nous est donc d'aller les poursuivre dans leur élément. En conséquence, nous préparons les kayaks en vue de cette chasse dangereuse. Entre-temps arrivent deux ours, une mère et son petit ; quelques minutes plus tard, ces visiteurs payaient de la vie leur curiosité. Un excellent début pour le ravitaillement de la caravane.

En retournant à la hutte chercher nos grands couteaux pour dépecer le gibier, je vois passer des oies en route vers le sud. Je les suis des yeux jusqu'à ce qu'elles disparaissent. Que ne puis-je également m'envoler comme ces palmipèdes et me diriger aussi facilement qu'eux vers les doux pays du Midi !

Le 29 août, nous partons à l'attaque des morses. Je ne suis pas précisément rassuré sur l'issue de la lutte ; en se défendant, ces animaux peuvent de leurs dents crever la frêle coque de nos embarcations. Quoi qu'il en soit, il faut tenter l'aventure... Bien armés, nous nous dirigeons vers un de ces monstres, couché juste en face de nous. Arrivés à portée, nous lui envoyons une décharge dans la tête. Après être demeuré un instant immobile, il se jette à l'eau au moment où nous allons le harponner, et, dans ses convulsions, vient heurter à plusieurs reprises la coque de nos embarcations. La malheureuse bête plonge, puis revient, toute couverte de sang et hurlant furieusement. Aussitôt, nous lui envoyons une seconde décharge toujours dans la tête, et, pendant qu'elle disparaît de nouveau, rapidement nous battons en retraite pour éviter ses attaques. Chaque fois que le morse revient à la surface, nous le canardons, mais sans réussir à le frapper mortellement.

Pendant une de ces manœuvres, pour pouvoir pagayer plus rapidement, je place sur le pont du kayak mon fusil, oubliant qu'il est armé. Une secousse se produit et le coup part. Tout d'abord grande est ma frayeur ; la balle a peut-être crevé la coque de l'embarcation en me labourant les jambes. Immédiatement je me tâte ; je ne ressens aucune douleur et n'entends pas le bruissement de l'eau pénétrant dans le canot. La balle a simplement percé le pont et la coque un peu au-dessus de la ligne de flottaison. Si elle était passée un peu plus bas, j'avais une jambe fracturée et le canot coulait à pic. Johansen eût-il réussi à me tirer de l'eau que la situation n'aurait pas été meilleure ensuite. Après cet incident j'en ai assez de cette chasse. Néanmoins, ne voulant pas abandonner notre gibier, nous lui envoyons une dernière décharge juste derrière l'oreille, le point le plus vulnérable. Du coup, l'animal est tué. Nous nous disposions à le harponner, lorsque soudain, à notre grand dépit, il coule et disparaît. Nous revenons à terre, fort penauds. Neuf balles dépensées en pure perte, tel est le bilan de cette expédition.

Près de notre hutte, deux morses sont profondément endormis sur la banquette de glace côtière. Nous réussissons à nous en approcher à quelques pas, et du premier coup j'abats celui dont je me suis chargé. Johansen est moins heureux ; une seconde balle que je tire n'est guère plus efficace que celle de mon ami. L'énorme animal se dresse en poussant des hurlements terribles et en se soulevant sur ses défenses ; il vomit le sang, comme un poitrinaire, et reste indifférent à notre présence. En dépit de son apparence gigantesque, la pauvre bête nous lance des regards de détresse si attendrissants, qu'oublieux de nos propres besoins, nous nous sentons envahis par une profonde pitié. Nous avons conscience d'avoir commis un assassinat. Une balle logée derrière la tête met fin à ses souffrances ; mais plusieurs jours durant j'eus la hantise de ce spectacle sanglant.

Maintenant, il s'agit de transporter ce monstrueux gibier à terre, et ce n'est pas un petit travail. Au moment où nous allons chercher les couteaux, les traîneaux et les kayaks, commence à souffler une brise assez forte. Le vent pourrait détacher la glace de la rive pendant que nous serions occupés à dépouiller nos morses ; il est donc prudent d'avoir les embarcations à portée.

Pendant que nous sommes affairés à tailler ces masses de chair, une tempête éclate ; aussi bien, je surveille attentivement le chenal qui nous sépare de terre. La glace reste immobile ; nous pouvons donc continuer à travailler. Un morse est déjà à moitié dépecé, lorsque tout à coup le « champ » commence à dériver vers la pleine mer. Il n'y a pas une minute à perdre. N'est-il pas même déjà trop tard ? Pourrons-nous maintenant vaincre la force du vent et regagner la terre ? Au plus vite nous empilons des quartiers de viande dans les kayaks et abandonnons notre proie. Nous réussissons d'abord à faire avancer les canots, puis essayons de les haler à travers la banquise. Cette tentative ne réussit guère. En voulant traverser un large chenal sur des blocs disjoints, la croûte cristalline cède sous mes pas ; à grand-peine j'évite un bain. Nulle part la glace ne porte ; il faut donc nous résoudre à remettre à l'eau les kayaks. Mais, pour avancer contre un tel ouragan, ils sont trop lourdement chargés ; nous devons nous résigner à jeter tous les quartiers de viande et tous les morceaux de peau que nous avons emportés. Pendant que nous allégeons les embarcations, la situation devient encore plus critique. Des blocs de glace arrivent de tous côtés et font autour de nous une dangereuse ceinture de récifs mobiles. A chaque instant, les kayaks risquent d'être écrasés ; pour éviter une catastrophe, en toute hâte nous remontons sur la glace. Dès que les blocs s'écartent, vite nous essayons de mettre à l'eau les embarcations. Malgré la rapidité de nos mouvements, avant la réussite de la manœuvre, le chenal se referme. Pendant ce temps, la tempête nous pousse toujours vers la pleine mer... A la fin, cependant, nous parvenons à sortir de cette situation critique. Nous lançons les embarcations, et, à force de rames, parvenons à avancer contre le vent. Un rude labeur, la mer est très haute et la brise terrible. Quand même, grâce à la vigueur de nos coups de pagaie, les kayaks avancent. Par moments, les rafales sont si violentes qu'elles semblent devoir soulever hors de l'eau nos frêles canots. Enfin, nous gagnons l'abri des hautes falaises, et bientôt nous avons la joie d'atteindre la rive. Point de gibier, une aventure très désagréable qui a failli avoir les plus néfastes conséquences, tel est le bilan de la journée.

Longtemps nous apercevons le glaçon chargé des cadavres de nos morses autour desquels tourbillonnent des nuées de mouettes. Elles se moquent, elles, du vent et du courant, et, en toute quiétude, profitent de cette prébende inespérée. Quant à nous, nous demeurons inconsolables de cette perte. C'est une partie à recommencer.

La nuit suivante, j'étais endormi depuis peu de temps lorsque je fus réveillé par Johansen. Un ours, me dit-il, rôde autour de la tente... En effet, j'entends un grognement sourd tout près de nous. Immédiatement je suis debout, j'empoigne mon fusil et je sors. Une ourse suivie de ses deux enfants dévale vers le rivage. Je vise la mère, mais dans ma hâte je la manque. Un second coup l'atteint en pleine poitrine. L'animal n'en poursuit pas moins sa marche et se jette dans la nappe d'eau ouverte près de la rive, tandis que ses petits s'embarquent sur un glaçon, afin de chercher un refuge en mer. L'ourse affaiblie par sa blessure ne tarde pas à revenir vers la côte. Immédiatement j'accours et lui donne le coup de grâce. Après cela, nous nous embusquons pour attendre le retour des oursons, mais, à notre grand dépit, le glaçon sur lequel ils se sont réfugiés, poussé par la brise, s'éloigne de plus en plus. Bientôt ils ne forment plus que deux petits points blancs sur la nappe sombre des eaux. Nous prenons alors le parti de leur donner la chasse en kayak. Nous nous élevons d'abord au large, puis, après avoir tourné les pauvres bêtes, nous ramons droit vers elles. Aussitôt, l'une après l'autre, elles se jettent à la mer, après un moment d'hésitation comme si elles craignaient l'eau. Nous les poussons tranquillement vers la côte, et, une fois qu'elles ont pris pied, nous les abattons sans pitié.

Trois ours en un jour ! De plus en revenant nous avons la chance de retrouver le morse tué la veille, flottant tout près de la terre. Sans perdre un instant nous prenons nos précautions pour ne pas laisser échapper cette aubaine. Le cadavre est remorqué dans une crique de la banquise riveraine et solidement amarré.

Seulement le 2 septembre, nous avons le temps de commencer le dépècement de ce gibier. Tous nos efforts pour le haler sur la rive demeurent inutiles. Avec les faibles moyens de traction dont nous disposons, impossible de hisser une telle masse sur la berge. Pendant que nous nous épuisons à ce travail, un morse se dirige droit vers nous, nullement intimidé par notre présence. Apercevant un camarade, il est sans doute venu voir ce que nous faisons autour de lui. Tranquillement et avec une dignité superbe, il approche de notre glaçon. J'attends patiemment qu'il tourne la tête afin de lui envoyer une balle derrière le crâne. Bien que frappée à mort, l'énorme bête ne tombe pas ; pour l'achever nous n'avons plus malheureusement de munitions. En toute diligence Johansen court chercher des cartouches et un harpon, pendant que, avec un simple bâton, j'empêche l'animal de s'enfuir. Une fois mon camarade de retour, le coup de grâce est promptement donné.

Pourquoi diable les morses entrent-ils dans cet étroit chenal tout voisin de terre ? Ces animaux sont évidemment attirés là par la curiosité. Il y a deux jours, tandis que nous étions occupés à dépecer nos ours, un de ces animaux, accompagné de son petit, est venu rôder tout contre le bord de la banquette. Après avoir plusieurs fois plongé, il s'est finalement dressé à moitié sur la glace pour pouvoir mieux nous regarder. A différentes reprises il a recommencé le même manège ; j'ai pu l'approcher à quelques pas, sans qu'il prît la fuite. Ce ne fut que lorsque je le touchai presque du canon de mon fusil que le monstrueux animal se décida à déguerpir.

Le dépècement des morses était une besogne aussi difficile que désagréable. Il fallait tailler et découper ces énormes amas de chair, aussi loin que nous pouvions atteindre en dessous de la surface de l'eau. Nous mouiller n'était qu'un léger inconvénient ; avec le temps on peut se sécher. Ce qui était pire et ce que nous ne pouvions éviter, c'était d'être couverts de la tête aux pieds d'huile, de graisse et de sang. Nos vêtements, que nous ne pouvions renouveler avant un an, furent singulièrement éprouvés par ce travail. Ils devinrent bientôt tellement saturés d'huile que notre peau finit par s'en imprégner. Cette besogne fut sans contredit la plus déplaisante de toutes celles que nous entreprîmes au cours de notre expédition. Très certainement, nous aurions abandonné ces animaux, si nous n'avions pas eu besoin de graisse pour nous éclairer et préparer nos aliments pendant l'hivernage. Aussi, grande fut notre satisfaction lorsque nous eûmes sur la rive deux gros tas de graisse et de viande, soigneusement recouverts, en guise de prélarts, par l'épaisse peau de ces animaux.

Pendant toute cette opération, les mouettes vécurent dans la plus plantureuse abondance. La mer était couverte de morceaux de viande et de lard, de débris d'intestins, et autour de chaque déchet des bandes innombrables de pagophiles blanches et de bourgmestres se livraient à d'incessantes disputes.

Le 7 septembre, nous commençons la construction de la hutte qui doit nous abriter pendant le long hiver. Désormais chaque matin nous partons, comme des ouvriers qui se rendent à leur travail, un bidon plein d'eau dans une main et dans l'autre un fusil.

Nous dégageons des pierres de la falaise, les transportons au chantier, les mettons en place et peu à peu avons la satisfaction de voir les murs s'élever. Pour un pareil travail nous n'avons que de piètres outils : en guise de levier, un patin de traîneau ; comme pioches, un bâton garni d'un morceau de fer et une dent de morse emmanchée au bout d'une traverse de traîneau ;

comme bêche, une omoplate de morse. Mais avec de la patience on arrive à tout.

De jour en jour, l'abaissement de la température rendait nos travaux plus pénibles. Le sol était maintenant très dur et les pierres solidement cimentées par la gelée ; pour comble d'infortune survint une neige abondante. L'hiver approchait. Aussi, quelle ne fut pas notre joie, le 12 septembre, de constater, à notre réveil, un dégel complet. Ce jour-là, le thermomètre s'éleva à + 4 °C, la plus haute température que nous ayons observée pendant notre expédition.

Toutes les montagnes ruissellent de joyeux torrents qui descendent vers la mer en gais murmures, écrivais-je à cette date. Partout l'eau coule et susurre ; partout apparaissent des taches de verdure. Comme par un coup de baguette magique, cette nature, déjà touchée par le froid de la mort, s'est animée d'un renouveau de vie. Nous songeons aux pays du sud, inconscients aujourd'hui de l'imminence de la longue nuit hivernale.

Hélas ! cette belle journée n'a pas de lendemain ! Voici de nouveau la neige ; elle tombe en flocons serrés et couvre bientôt de sa livide livrée cette terre qui, hier encore, palpitait de vie et de gaieté !...

Je contemple le sol. A mes pieds, au milieu des pierres, quelques fleurs flétries émergent encore de la nappe blanche. Une dernière fois avant son départ, le soleil vous éclairera, pâles et délicates corolles, merveilles du monde végétal sous ces tristes latitudes ; puis, vous vous endormirez, pour l'hiver, sous l'épais linceul blanc, jusqu'au jour encore lointain de la résurrection printanière. Que ne pouvons-nous faire comme vous !

Une semaine de travail, et les murs de notre hutte sont terminés. Ils s'élèvent à 0,90 m au-dessus d'une cavité ayant une profondeur égale à cette hauteur. Nous pourrons donc nous tenir debout dans notre abri. Reste maintenant à dresser le toit, un travail difficile dans les conditions où nous nous trouvons. En fait de matériaux de couverture, nous n'avons qu'un bois flotté que nous avons trouvé et les peaux des morses. Après un jour de labeur acharné, Johansen réussit à couper notre planche et à la hisser sur les murs où elle doit former le faîtage. Cela fait, nous nous occupons des peaux de morse. Sous l'influence de la gelée, elles sont devenues absolument rigides et adhèrent maintenant aux morceaux de lard et de graisse que nous avons entassés sous leur abri. Les dégager constitue un véritable exercice de patience, et les transporter à la hutte un travail qui nous met à bout. Enfin, tantôt en les roulant, tantôt en les tirant, ou en les portant, nous réussissons à amener ces énormes peaux devant notre abri. Maintenant autre difficulté : ces peaux, absolument durcies par la gelée, ne peuvent être étendues ; avant de pouvoir les employer, nous devons les immerger pendant plusieurs jours pour les amollir.

Tandis que nous sommes occupés à la construction de notre hutte, une grave inquiétude nous tourmente. Les ours ont complètement disparu. Ceux que nous avons tués ne nous mèneront pas loin ; si ces animaux ne reviennent pas, nous courons le risque de mourir de faim. Le 23 septembre, enfin, j'ai la grande joie d'apercevoir un plantigrade de fort belle taille en contemplation sur le bord de la mer, devant une de nos peaux de morse.

Immédiatement j'avertis Johansen qui est muni de son fusil, pendant que je vais chercher le mien. Lorsque je reviens, je trouve mon camarade accroupi derrière une pierre, attendant impatiemment mon retour. Il y a maintenant deux ours, l'un sur le rivage, l'autre près de la hutte. Je me dirige vers le premier, en me défilant derrière des *hummocks*, pas assez cependant pour qu'il ne m'aperçoive et ne prenne aussitôt la fuite. Avant qu'il ne disparaisse, j'ai cependant le temps de lui envoyer une balle. Malheureusement l'animal n'est pas frappé mortellement, et, d'un pas encore allègre, se dirige rapidement vers le fjord. Après une poursuite acharnée de plusieurs heures, je parviens à l'acculer devant le mur du glacier. Se voyant traqué, il se met aussitôt en défense, et fait mine de vouloir se jeter sur moi. Une balle bien ajustée met rapidement un terme à cet essai d'offensive. A mon retour, je trouve Johansen occupé à dépecer le second ours. Maintenant, nous pouvons continuer sans inquiétude notre construction ; au moins pour quelque temps notre garde-manger est suffisamment garni...

24 septembre. — En nous rendant à notre travail, nous apercevons un nombreux troupeau de morses couchés sur la glace. Après l'expérience des jours derniers nous n'avons guère envie de nous mesurer avec ces animaux. Johansen est d'avis de les laisser en paix. N'avons-nous pas suffisamment de provisions ? Je pense, au contraire, qu'il serait imprudent de laisser échapper pareille occasion. Nous ne saurions nous munir d'une trop grande quantité d'huile et de graisse pour assurer notre chauffage et notre éclairage.

A l'abri d'*hummocks* nous nous glissons jusqu'à dix mètres du troupeau, sans éveiller ses soupçons. Il s'agit maintenant de choisir nos victimes et de bien employer nos balles. La troupe se compose d'adultes et de jeunes. Notre précédente aventure nous a guéris de nous attaquer aux vieux et nous décidons de tirer les plus petits de la bande. En attendant qu'ils veuillent bien tourner la tête pour que nous puissions les frapper mortellement du premier coup, nous avons tout le loisir d'étudier leurs mœurs. Sans cesse, vieux et jeunes se frottent le dos l'un l'autre avec leurs défenses. Lorsqu'un de ces animaux, en s'étirant, dérange son voisin, immédiatement l'autre se lève et lui enfonce ses dents dans le dos. Et ce n'est pas précisément une caresse. Ceux de ces monstres qui n'ont pas la peau très dure portent tous des cicatrices saignantes qui témoignent de la force de ces coups. Quand un intrus se présente pour prendre place sur le glaçon, l'émoi devient général. Tous hurlent en chœur, et celui des vieux mâles qui se trouve le plus près du nouvel arrivant le gratifie d'une volée bien appliquée. Devant cette réception la pauvre bête baisse humblement la tête, puis, pas à pas, se faufile au milieu des autres, tout en recevant des coups, de droite et de gauche, qu'elle n'ose rendre.

Fatigués d'attendre que les morses aient la complaisance de tourner la tête, nous nous décidons à les tirer au front. Surprise par le bruit de la décharge, la troupe se lève, et, après nous avoir regardés d'un air étonné, se dirige vers le bord du glaçon... Il n'y a pas un instant à perdre. Nous rechargeons rapidement, et simultanément abattons deux de ces monstres, un jeune et un vieux. Tous se jettent alors à l'eau, à l'exception d'un seul qui reste immobile. De ses grands yeux vagues, tantôt il regarde les cadavres de ses camarades, tantôt les barbares qui sont venus jeter la mort parmi ces inoffensifs. Faut-il abattre également ce pauvre animal ou le laisser aller en paix ? Il est, ma foi, bien tentant, mais n'avons-nous pas assez de gibier ? Pendant que Johansen avance le fusil armé, incertain s'il doit le tuer, je prends un instantané de cette scène amusante. Finalement, nous nous décidons pour la clémence... dans le dessein de ménager nos munitions.

Les morses rendus furieux s'ébattent bruyamment en poussant des hurlements terribles. Un vieux est particulièrement acharné. Par moments, il se dresse sur le bord du glaçon et se lance de notre côté, en fixant les cadavres de ses compagnons comme s'il voulait s'en emparer et les emporter. Peu à peu cependant le troupeau se disperse ; les grognements deviennent plus faibles, et la nature arctique reprend son éternel silence. Depuis quelque temps déjà ces animaux avaient disparu, lorsque soudain la tête du vieil enragé se montra tout près de nous. Je le menaçai avec une pagaie, et aussitôt il plongea rapidement. Plusieurs fois, il revint à la charge, avec des intentions belliqueuses manifestes ; enfin, comprenant sans doute l'inutilité de sa colère, il se décida à se retirer, et nous pûmes continuer en paix le dépècement.

Nous vînmes facilement à bout du jeune morse, mais il n'en fut pas de même du vieux. Malgré tous nos efforts, ne parvenant à le retourner, nous dûmes nous contenter de le dépouiller seulement sur un côté. Grâce à l'heureux résultat de cette chasse, nous avions maintenant en abondance du combustible pour l'hiver et des matériaux de couverture pour le toit de notre hutte.

Pendant quelque temps, ces amphibies restèrent dans notre voisinage. De temps à autre, tout à coup, nous entendions deux ou trois beuglements formidables et, au milieu des glaçons, voyions émerger une large et grosse tête ronde. Un instant, elle soufflait bruyamment à la surface, puis disparaissait ensuite rapidement.

Le 25 septembre, nous étions en train de tirer hors de l'eau les peaux que nous avions immergées pour les assouplir, lorsque nous entendîmes un craquement dans la glace. Tout près de nous, un morse lève la tête. « Regarde-le, dis-je à Johansen ; avant cinq minutes, il sera dans le trou où nous travaillons en ce moment. » Et, en effet, à peine ai-je parlé que nous voyons les peaux s'agiter et une énorme bête se dresser devant nous. Un instant, elle nous regarde, puis plonge en barbotant.

Les peaux étant maintenant suffisamment malléables, nous les étendons des deux côtés du faîtage et les assujettissons sur le sol par de lourdes pierres. La toiture achevée, à l'aide de cailloux, de mousses et de morceaux de peau, nous jointoyons les murs et établissons ensuite la porte. Elle est pratiquée à l'un des angles et précédée par un long couloir creusé dans le sol, couvert de blocs de glace et fermé par une peau d'ours. Une seconde peau, cousue au toit, fait office de porte à l'entrée de la pièce d'habitation.

L'abaissement de la température et les nuages de fumée produits par le fourneau de cuisine rendaient, pour ainsi dire, inhabitable la caverne dans laquelle nous étions blottis, en attendant l'achèvement de la hutte. Aussi, grande était notre impatience de nous installer dans notre maison qui, à nos yeux, présentait le suprême confort.

Combien agréable serait notre existence, une fois que nous serions établis dans cette somptueuse demeure ! L'appartement n'était pourtant guère spacieux. Sa longueur ne dépassait pas 3 mètres et sa largeur 2 mètres ; mais je pouvais m'y tenir debout. Un pareil gîte, bien abrité du vent, nous semblait la plus luxueuse installation. Depuis notre départ du *Fram*, c'est-à-dire depuis six mois, jamais nous n'avions joui d'un tel confort. Mais, avant d'avoir terminé complètement notre abri, nous avions encore du travail pour plusieurs jours.

J'avais recueilli soigneusement une provision de nerfs de morse, dans la pensée de les utiliser en guise de fil. Nos vêtements étaient en lambeaux, et je comptais employer l'hiver à la réfection de notre garde-robe. J'avais laissé cette mercerie d'un nouveau genre près des carcasses ; c'était compter sans les mouettes et les renards. Lorsque je voulus mettre à l'abri mes écheveaux de « fil », il était trop tard. Sans le moindre scrupule nos voisins s'étaient approprié notre bien. Pendant que j'étais occupé à inspecter les environs, espérant toujours retrouver cette provision, je découvris des traces fraîches d'ours. En même temps, j'aperçus Johansen qui arrivait en courant et qui me faisait des signes pour appeler mon attention dans la direction de la mer.

M'acheminant avec précaution de ce côté, je distingue un ours énorme. A notre vue, au lieu de prendre la fuite, il continue à se promener de long en large, en nous regardant. Aussitôt Johansen se porte sur le bord du fjord pour recevoir l'animal, tandis que je m'avance sur la banquise pour le tourner. Entre-temps, maître Martin se couche tranquillement sur la glace, près d'un trou, sans doute pour guetter des phoques. Dès qu'il m'aperçoit, il se dirige de mon côté d'un air menaçant ; réfléchissant sans doute qu'il est plus prudent de fuir, il s'engage sur une nappe de « jeune glace » très mince. Ne pouvant le suivre dans cette direction, je lui envoie une balle. L'ours, après avoir fait encore quelques pas, s'affaisse, en brisant la croûte de glace. Plus il fait d'efforts pour se dégager, plus le trou dans lequel il est enfoncé s'agrandit. Finalement le monstrueux animal, suffoqué et affaibli par une abondante perte de sang, s'enfonce dans les convulsions d'une atroce agonie.

Pendant cette chasse, à chaque instant des morses surgissent à travers les trous de la glace dans une attitude hostile. Ces animaux commencent à être beaucoup trop hardis. Un peu plus tard, au moment où nous nous disposons à haler à terre le cadavre de l'ours, il reçoit un choc violent. Au même instant, une énorme tête de morse pousse cette masse de chair flottante et se dresse à travers la crevasse en lançant un rugissement de colère. C'est une nouvelle preuve que ces animaux ne redoutent pas les ours. Après avoir passé une corde autour du cou de notre gibier, nous essayons sans succès de le haler vers la rive. Nous cassons alors la « jeune glace » ; grâce à ce moyen, nous parvenons à amener cette bête monstrueuse près d'un bloc solide où nous la hissons.

Dans la soirée, nous surprenons trois autres ours en train de déguster, sans la moindre vergogne, nos provisions de lard et de graisse : une mère et ses deux enfants. « Allons-nous donner la chasse à ceux-là ? » m'exclamai-je. Je me sentais alors très fatigué, et je dois avouer que j'avais beaucoup plus envie de souper et de dormir que d'aller courir à la poursuite de ces animaux. Aussi, sans aucun déplaisir, je vois la bande s'acheminer rapidement vers la banquise. Un peu plus tard, entendant de nouveau du bruit autour de nous, je sors aussitôt. Ce sont encore les trois ours. Ils n'ont pu résister à l'attrait de nos alléchantes provisions. Je m'embusque derrière des pierres, et, au passage, je canarde la mère de famille. Elle pousse un hurlement de douleur, mais ne s'achemine pas moins rapidement avec ses petits vers la plage où, finalement, elle s'affaisse. Les oursons s'arrêtent d'abord tout étonnés, puis, à notre approche, se sauvent sans que nous puissions arriver à portée.

Le lendemain matin, nous retrouvons ces animaux auprès de notre magasin. Cette fois encore, ils réussissent à nous échapper. Le sol est couvert de leurs pistes. Toute la nuit ils ont rôdé autour du campement, et, étrangers à tout sentiment, ont dévoré l'estomac de leur mère qui contenait quelques morceaux de lard.

Notre magasin attire évidemment tous les ours du voisinage.

Le 28 septembre, nous trouvons un de ces plantigrades en train de ronfler devant notre dépôt. En se faufilant derrière des pierres, Johansen parvient à quelques pas du dormeur. Entendant du bruit autour de lui, l'animal se réveille, et, au moment où il lève la tête pour examiner les environs, reçoit une balle dans la gorge. Cette blessure ne paraît nullement le gêner, et, d'un pas allègre, il se dirige vers la plage, en lançant à Johansen un regard méprisant tout à fait drôle. De suite nous partons à ses trousses. A peine s'est-il engagé sur la glace qu'il s'affaisse sous une grêle de balles. C'était un des plus grands ours que j'aie vus, mais aussi un des plus maigres. Soit sous la peau, soit autour des entrailles, il ne portait pas le moindre lambeau de graisse. Sans doute à jeun depuis longtemps, il avait absorbé une quantité incroyable de notre lard.

Avant de se livrer à cette orgie, cet animal avait tué les deux oursons qui nous avaient tenu compagnie les jours précédents. A quelque temps de là nous trouvâmes les cadavres des deux victimes. Les empreintes laissées sur la glace racontaient le drame. L'assassin avait d'abord poursuivi un des orphelins, et, après l'avoir tué, s'était rué sur l'autre. Plus tard il avait ramené leurs cadavres sur la plage où il les avait abandonnés sans y toucher.

Pourquoi avait-il commis ce crime ? Je ne pus jamais le comprendre. Peut-être voyait-il dans ces deux oursons des compétiteurs dans le combat pour la vie.

Après toutes ces chasses heureuses, nous pouvions considérer l'avenir avec confiance. Nous ne courions plus le risque de mourir de faim.

Le 28 au soir, nous nous installons dans notre hutte. Pour nous chauffer et pour nous éclairer, nous avions fabriqué de véritables lampes groenlandaises avec des feuilles de fer-blanc repliées en soucoupes. Au milieu brûlaient les mèches formées par des morceaux de bandage provenant de notre pharmacie de voyage. La première nuit fut loin d'être bonne. Jusqu'ici nous avions toujours dormi, l'un contre l'autre, blottis dans un même sac. Pensant que nos lampes à huile de morse chaufferaient suffisamment la pièce, nous nous installâmes, séparément, sur le sol du gourbi, chacun avec une couverture. Mal nous en prit. Les lampes éclairaient brillamment, mais n'élevaient guère la température dans cette hutte très imparfaitement close, et toute la nuit nous claquâmes des dents. Jamais nous n'avions encore autant souffert du froid.

Le lendemain, pour ramener un peu de chaleur dans nos corps engourdis, nous absorbons une quantité énorme de bouillon d'ours. Après quoi, nous nous occupons d'installer une couchette plus confortable. L'expérience de la nuit dernière nous a guéris de l'idée de faire lit à part. Avec nos deux couvertures nous confectionnons un sac de couchage que nous étendons sur de moelleuses peaux d'ours. Mais il nous est impossible d'aplanir les pierres pointues qui constituent le matelas. Avec les instruments dont nous disposons, nous ne pouvons parvenir à les détacher du sol gelé ; tout l'hiver nous nous retournerons sans cesse sur notre lit, cherchant toujours un endroit un peu moins rugueux pour étendre nos membres endoloris.

Cet aménagement terminé, nous nous occupâmes de la construction d'un fourneau. Un trou dans le toit et une peau d'ours, en guise de tablier, composèrent toute l'installation intérieure. A l'extérieur, pour empêcher le vent de refouler la fumée dans la hutte, nous dressâmes une cheminée en glace et en neige, les seuls matériaux que nous eussions à notre disposition. Elle tirait parfaitement, mais avait l'inconvénient d'avoir besoin de fréquentes réparations. Sous l'influence de la chaleur de l'âtre, la glace fondait et parfois la cheminée devenait une gouttière. Il fallait alors nous transformer en fumistes et recommencer le travail. Aux endroits les plus exposés, afin d'assurer une plus grande stabilité à l'appareil, nous introduisîmes, au milieu de la neige, des os et même des quartiers de viande de morse gelée, en guise de briques.

Notre ordinaire était très peu varié. Tous les matins, du bouillon et du bouilli d'ours, et tous les soirs une friture d'ours. Malgré cette uniformité dans les menus, jamais nous ne nous lassâmes de cette cuisine et jamais nous ne manquâmes d'appétit. Un régal pour nous, c'étaient les morceaux de graisse de morse qui avaient brûlé dans les lampes. C'étaient nos friandises, nos gâteaux comme nous les appelions. Si seulement nous avions eu un peu de sucre en poudre, combien meilleurs encore ils nous auraient semblé !

Les quelques provisions du *Fram* qui nous restaient, nous résolûmes de les conserver précieusement jusqu'au printemps pour nous alimenter pendant la retraite, et, afin de les protéger contre les déprédations des renards, nous les cachâmes soigneusement sous un amas de pierres.

Ces animaux étaient d'un sans-gêne extraordinaire et s'appropriaient tout ce qu'ils rencontraient. Déjà ils nous avaient dérobé des perches en bambou, des harpons, des lignes, enfin une collection de géologie. La perte la plus grande était celle d'une grosse pelote de fil dont nous pensions nous servir pour la confection de vêtements et de chaussures avec nos peaux d'ours. Heureusement, les voleurs avaient respecté le théodolite et mes autres instruments, sans doute parce qu'ils n'avaient pu les emporter. Je laisse à penser dans quelle colère j'entrai lorsque je découvris les méfaits de ces animaux. Pour essayer de retrouver les objets disparus, je suis les pistes des voleurs, lorsqu'à six ou sept mètres de moi j'en aperçois un, tranquillement assis comme pour me narguer. A ma vue, il se met à pousser des glapissements si perçants que je suis obligé de me boucher les oreilles, et il ne prend la fuite que lorsque je le bombarde de pierres. Alors il se sauve lestement et va s'installer sur la paroi terminale du glacier, où il continue son concert lamentable. En revenant, je me creusai le cerveau pour trouver un moyen de nous débarrasser de ces voisins peu scrupuleux. Leur envoyer des balles, il n'y fallait pas songer. Notre provision de munitions était déjà trop entamée pour perdre des cartouches sur un pareil gibier. Nous songeâmes à fabriquer un piège, mais sans aboutir à aucun résultat. Lorsque nous eûmes le temps de nous occuper de la construction d'une trappe, une épaisse couche de neige couvrait déjà le sol et nous empêchait de trouver des pierres suffisamment lourdes pour assurer son efficacité. Tout l'hiver les renards ne cessèrent de causer des déprédations à notre matériel. Un jour, ne nous dérobèrent-ils pas notre thermomètre enregistreur. Après de longues recherches, nous parvînmes à le retrouver, enfoui dans un amas de neige. Pour le préserver désormais, nous le plaçâmes sous une grosse pierre. En dépit de cette précaution, les renards parvinrent à s'en emparer de nouveau ; cette fois, malgré tous nos efforts, nous ne pûmes remettre la main dessus.

Le 15 octobre, le soleil se montre pour la dernière fois au-dessus de l'horizon. Désormais, les jours décroissent rapidement ; bientôt commencera notre troisième nuit polaire.

Le 8 et le 21 octobre, nous tuons encore deux ours, les derniers de la saison.

Notre vie était très monotone. Les journées débutaient par la préparation du déjeuner, que nous avalions toujours avec appétit, puis nous prenions un peu d'exercice. Nos sorties étaient très courtes, ne possédant plus de vêtements pour supporter de pareils froids. Nos vestes, nos pantalons et nos jerseys n'étaient que loques saturées d'huile et de graisse. Nous avions eu primitivement l'intention de nous refaire une garde-robe avec les peaux d'ours ; mais avant d'employer ces pelleteries, il était nécessaire de les nettoyer et de les faire sécher. Les premières peaux prêtes furent employées à la confection d'un nouveau sac de couchage. A cet usage passèrent toutes celles que nous eûmes le temps de préparer et durant l'hiver nous fûmes obligés de continuer à porter nos guenilles.

Le vent, presque toujours violent, rendait les promenades fort peu agréables. Souvent des journées entières s'écoulaient sans que nous eussions mis le nez dehors.

L'après-midi était consacré à la préparation du dîner et la soirée à celle du souper. Une fois notre estomac satisfait, nous nous roulions dans notre sac pour tâcher de dormir le plus longtemps possible. Dormir et manger, voici nos seules occupations. Somme toute, l'hiver se passait très agréablement. Grâce aux lampes, le thermomètre, dans la hutte, se maintenait aux environs du point de congélation, une température chaude pour des gens habitués à camper par 40 °C sous zéro !... Sur les murs l'humidité se déposait en magnifiques cristaux de glace d'une éblouissante blancheur, nous donnant l'illusion de dormir dans une grotte de marbre. Cette splendeur n'allait pas sans inconvénients. Lorsque la température de la hutte s'élevait, tout ce revêtement cristallin fondait et transformait notre lit en un bourbier.

Chacun de nous, à tour de rôle, avait sa semaine comme cuisinier. Aucun autre changement ne venait couper la monotonie de notre vie, et c'est par « semaine de cuisine » que nous comptions le temps.

J'avais espéré employer l'hiver à revoir mes observations et mes notes et à écrire une relation de notre voyage. De ce beau projet il n'advint pas grand-chose. Notre hutte ne constituait pas précisément un cabinet de travail commode ; on y voyait tout juste clair, et le sol hérissé de pierres pointues ne formait pas un siège confortable sur lequel on pût rester longtemps assis. De plus, j'éprouvais comme un engourdissement du cerveau et ne me sentais nulle envie de prendre la plume. Enfin, mes mains étaient couvertes d'une telle couche de crasse qu'elles noircissaient le papier et le tachaient de graisse. Les feuillets de notre journal pour cette époque semblent couverts du « caviar » de la censure russe.

Bien souvent, il m'est arrivé de ne pouvoir déchiffrer, le lendemain, mes notes de la veille, et, en écrivant ces pages, j'ai la plus grande difficulté à débrouiller ces hiéroglyphes maculés de suie et d'huile. J'ai beau me servir d'une loupe, fréquemment mes efforts restent absolument infructueux.

Pour cette période, mon journal est très laconique ; des semaines entières je restais sans rien écrire, sauf les observations météorologiques. Du reste, je n'avais pas le moindre incident à consigner. Les jours succédaient aux jours dans la plus désespérante monotonie. Les extraits suivants de mon journal donnent une idée très précise de l'uniformité de notre vie pendant les neuf mois de notre séjour à la terre François-Joseph.

27 novembre. — Température : – 23 °C. Tempête et tourbillons de neige. Un rideau de profondes ténèbres nous enveloppe et nous sépare du monde extérieur. A peine pouvons-nous distinguer les pierres noires qui pointent à travers la neige blanche et la haute falaise dressée en mur vertical au-dessus de nos têtes.

Les rafales soulèvent des nuages de neige et bruissent tristement à travers les trous et les crevasses du basalte, et cela dure ainsi de toute éternité et cela durera jusqu'à la fin des siècles...

Au pied des rochers, deux hommes se promènent de long en large pour se réchauffer, deux ombres dans la noirceur infinie de la nuit hivernale, et cela durera ainsi jusqu'au printemps.

1er décembre. — Depuis plusieurs jours, temps magnifique. Nous ne nous lassons pas d'admirer ce monde de glace que la lune transforme en une terre de féerie. La falaise se dresse, toute noire dans un éblouissement de blancheur vague, précédée d'une plaine morte qui semble faite de marbre de Paros. Pas un bruit ; les montagnes restent silencieuses dans leur carapace rigide, les eaux endormies sous leur nappe cristalline demeurent immobiles... et, dans cette nature vide, la lune poursuit toujours sa course pacifique. Un monde mort à travers lequel l'esprit de l'espace flambe en fusées d'aurore boréale.

2 décembre. — Le vent souffle grand frais. Une promenade ne serait pas précisément agréable.

Dans la soirée, un renard nous dérobe la voile de notre kayak, un de nos biens le plus précieux. Elle seule peut nous conduire au Spitzberg. Comment diable cet animal a-t-il pu entraîner un aussi large morceau de toile épaisse qu'alourdit encore une couche de glace, et que voulait-il en faire ?... Après de minutieuses recherches nous parvenons à trouver notre voile. N'importe ! l'alerte a été chaude.

10 décembre. — Tempête. Johansen s'est aperçu aujourd'hui de la disparition de son kayak. Plus tard, il le retrouve à plusieurs centaines de pas sur la plage. La brise l'avait enlevé et emporté jusque-là. Que les canots volent ainsi à travers les airs, cela commence à devenir singulier.

La nuit dernière, par contre, calme plat et température très douce. Par ce temps de printemps, la promenade est très agréable ; depuis longtemps nous n'avons pu en faire une aussi longue. Un véritable plaisir que de pouvoir ainsi remuer de temps à autre. Sans cela, nous finirions par nous engourdir dans une rigidité absolue, comme la nature qui nous entoure. Température – 12 °C.

19 décembre. — De nouveau, temps froid : – 28,5 °C. Noël approche. A la maison, tout le monde est occupé aux préparatifs de la fête. Ici, rien de semblable, pas le moindre remue-ménage. Passer le temps est notre seul souci ; nous dormons le plus longtemps possible.

La marmite chante gaiement sur le fourneau. En attendant le déjeuner, je reste assis devant le feu ; tout en regardant la flamme, ma pensée s'envole loin... loin, très loin...

A la lumière de la lampe, elle coud. Auprès d'elle, une petite fille, blonde, aux yeux bleus, joue à la poupée. Elle regarde tendrement l'enfant, caresse ses cheveux, et, tout à coup, ses yeux débordent de larmes.

Johansen dort ; dans son sommeil, il sourit. Pauvre ami, il rêve, sans doute, à la Noël, là-bas, et à tous ceux qu'il aime ! Dors et rêve pendant l'hiver ; un jour, enfin, viendra le printemps, la saison du réveil et de l'activité.

22 décembre. — Johansen nettoie notre chenil. Pour fêter la Noël, il veut l'approprier, tout au moins le débarrasser de tous les déchets qui souillent le sol.

24 décembre. — Température à deux heures du soir – 24 °C. Quelle triste veille de Noël !

Là-bas, les cloches sonnent gaiement... Il me semble entendre leur joyeux murmure à travers l'air froid et silencieux de la campagne endormie sous la neige... On vient d'allumer les chandelles des arbres de Noël ; et autour les enfants dansent leurs rondes joyeuses... Quand je serai revenu, je donnerai une matinée d'enfants...

Là-bas, aujourd'hui, c'est fête, même dans les plus humbles chaumières. Et nous aussi nous voulons célébrer ce grand jour. Nous nous sommes débarbouillés dans une tasse d'eau chaude, et avons ensuite fait un brin de toilette. Nous avons retourné nos chemises et mis des caleçons propres. Après cela, nous avons l'impression d'avoir changé de peau. Pour la circonstance, nous avons fait une brèche à la petite provision de conserves que nous gardons pour la retraite. Le menu se compose d'un gratin de poisson et de farine de maïs, cuit dans de l'huile de morse ; pour dessert, du pain frit dans cette même huile. Demain matin, à déjeuner, nous aurons du chocolat et du pain.

25 décembre. — Un temps de Noël superbe, pas de vent. Une lune éblouissante dans le silence solennel de l'éternité. Pour fêter ce jour de paix et de joie, l'aurore boréale lance le plus merveilleux feu d'artifice.

Maintenant, voici l'heure des dîners de famille. Je vois le grand-père, toujours solennel, accueillant, le sourire aux lèvres, ses enfants et ses petits-enfants. Au-dehors, la neige met sa ouate immaculée sur les bruits du monde. En arrivant, les enfants secouent bruyamment leurs souliers, suspendent leurs paletots et entrent dans le salon chaud et éblouissant de lumière. Une agréable senteur sort de la cuisine ; dans la salle à manger, la table est garnie de friandises et de vins généreux. Tout cela laisse une impression de joie et de bien-être ! Patience, patience ! vienne seulement l'été ; nous aurons aussi notre part de joie... La marche à l'étoile est longue et difficile.

31 décembre. — Finie cette année étrange. Après tout, elle n'a pas été mauvaise.

Là-bas, au pays, les cloches sonnent joyeusement le départ de la vieille année. Ici, point d'autre bruit que le mugissement du vent sur le glacier. D'épais nuages de neige tourbillonnent sur les montagnes et sur la banquise du fjord, et, à travers le poudroiement blanc, la pleine lune glisse, inconsciente du temps qui marche toujours. Impassible, elle continue sa course silencieuse, indifférente aux malheurs et aux joies des hommes.

Nous sommes isolés au milieu du terrible désert de glace, perdus à des milliers de kilomètres des êtres qui nous sont chers, et sans cesse nos pensées s'envolent vers le pays aimé. Une nouvelle feuille du livre de l'éternité est remplie, une autre s'ouvre. Que contiendra-t-elle ?

1er janvier 1896. — Le thermomètre marque 41,5 °C sous zéro. Encore une nouvelle année, l'année de la joie et du retour au pays. Dans un clair de lune éblouissant a fini 1895, dans le même clair de lune éblouissant 1896 commence. Mais il fait terriblement froid. Jamais encore, cet hiver, nous n'avons subi pareille température. Je l'ai sentie hier cruellement par une douloureuse « morsure », qui m'a gelé l'extrémité de tous les doigts.

3 janvier. — Temps toujours très clair et température très basse. Le glacier mugit. Comme un géant de glace, il couvre la montagne et jusqu'à la mer étend ses membres rigides dans toutes les directions. Chaque fois que le temps devient froid, le monstre s'agite bruyamment. Par suite de la contraction produite par le froid, des crevasses s'ouvrent dans sa masse cristalline avec un fracas d'artillerie, l'air et le ciel tremblent, le sol même semble s'agiter. Par moments, j'en viens à craindre que tout cet entassement énorme de glace ne s'éboule sur nous.

Johansen fait résonner la hutte de ses ronflements bruyants. Je suis heureux que sa mère ne puisse le voir en ce moment. Elle aurait pitié de son garçon si sale, si déguenillé, le visage constellé de plaques de suie. Patience, vous le reverrez de nouveau sain et sauf, frais et rose.

8 janvier. — Terrible tempête. La nuit dernière, le vent a culbuté le traîneau dressé près de la hutte auquel sont suspendus nos thermomètres. Dès que nous mettons le nez dehors, nous avons la sensation de nous sentir enlevés par les rafales. Nous essayons de dormir ; dormir tout le temps, tel est notre seul désir. Souvent, hélas ! nos efforts restent infructueux. Oh ! ces longues nuits sans sommeil pendant lesquelles nous nous retournons sans cesse sur notre lit de pierres, cherchant, sans jamais la trouver, une place un peu moins dure pour nos membres endoloris !

Un froid terrible envahit les jambes ; durant des heures, nous frappons les pieds l'un contre l'autre sans parvenir à les réchauffer. Non, jamais je ne les oublierai, ces nuits atroces. Et, au milieu de ces souffrances, toujours nos pensées se reportent là-bas vers les nôtres.

Le temps marche toujours... Aujourd'hui Liv a 3 ans. Elle doit être une grande fille. Pauvre petit être ! Tu ne perdras pas ton père. A ton prochain anniversaire j'espère bien être avec toi. Ah ! comme nous serons bons amis. Je te raconterai des histoires d'ours, de morses, de renards et de tous ces étranges animaux qui peuplent ces extraordinaires pays.

1er février. — Je souffre d'une nouvelle attaque de rhumatisme.

De jour en jour la lumière augmente ; de jour en jour, l'horizon dans le sud devient de plus en plus rouge. Bientôt paraîtra le soleil ; bientôt la longue nuit de l'hiver sera passée. Le printemps approche. Souvent il m'a paru triste. Est-ce parce qu'il durait peu ou parce qu'il apportait des promesses que l'été ne réalisait pas ? Sur cette terre et dans notre situation, le printemps ne sera pas triste ; il tiendra sa promesse, il serait vraiment trop cruel à notre égard, s'il ne nous apportait pas la réalisation de nos espérances.

Une singulière existence que la nôtre dans ce trou de troglodyte et dans l'inaction la plus complète. Si seulement nous avions un livre ! Comme la vie à bord du *Fram* nous paraît maintenant agréable, avec les ressources de notre copieuse bibliothèque. Johansen ne cesse de regretter un recueil de nouvelles de Heyse, dont la lecture l'avait charmé et qu'il n'avait pas eu le temps de terminer. Les tables de navigation et l'almanach sont les seuls livres que nous ayons à notre disposition. L'almanach, tant de fois je l'ai lu et relu que je sais par cœur toute la généalogie de la famille royale, toutes les instructions pour soigner les noyés et tout le mémento du pêcheur. Quoi qu'il en soit, la vue de ces caractères imprimés est pour nous un réconfort ; c'est le faible lien qui nous rattache encore à la civilisation.

Depuis longtemps, tous les sujets de conversation sont épuisés, force nous est donc d'en inventer de nouveaux. Un de nos plus grands plaisirs est de nous représenter la vie que nous mènerons l'an prochain à la maison, au milieu de toutes les bonnes choses dont nous avons désappris l'usage. Nous aurons une maison, des souliers, des vêtements, une bonne nourriture, des boissons réconfortantes. Fréquemment aussi, pour passer le temps, nous nous amusons à supputer la distance à laquelle la dérive a entraîné le *Fram* vers le nord, et les chances que nos compagnons ont de revenir avant nous. D'après nos prévisions, le navire devra atteindre, dans le courant de l'été prochain, l'océan entre le Spitzberg et le Groenland, et probablement pourra rentrer en Norvège en août ou septembre [1]. D'autre part, il y a des chances pour qu'il soit arrivé avant nous. Que pensera-t-on alors de nous ? A coup sûr tout le monde nous croira perdus.

Sans cesse également nous nous livrons à des conjectures sur la position de la terre sur laquelle nous nous trouvons et sur la distance qui nous reste à parcourir. A plusieurs reprises, j'ai revu et vérifié toutes mes observations depuis notre départ, toujours pour n'aboutir à aucun résultat satisfaisant. Suivant toute probabilité nous devons être sur la côte ouest de la terre François-Joseph, un peu au nord du cap Lofley, sur quelque île entre cet archipel et le Spitzberg, probablement sur la fameuse terre de Gillies dont l'existence est restée jusqu'ici enveloppée de mystères. Mais la mer qui sépare le Spitzberg de l'archipel François-Joseph est relativement étroite, et dans cet espace il n'y a pas place pour une île étendue, à moins qu'elle n'arrive jusque dans le voisinage de la terre du Nord-Est. Or, nous n'avons pu distinguer cette dernière terre, du moins jusqu'ici. Enfin, si nous nous trouvions près du Spitzberg, comment expliquer que l'on ne rencontre pas dans ce dernier archipel des mouettes de Ross, si abondantes dans la région où nous hivernons ? Plus j'essaye de résoudre la question, plus elle me paraît insoluble.

Un peu plus tard, lorsque le jour devint plus vif, j'aperçus dans l'ouest-sud-ouest, en deux points de l'horizon, une île très éloignée. Cela devenait absolument incompréhensible. S'il était déjà difficile de trouver une place suffisante entre le Spitzberg et l'archipel François-Joseph pour les terres que nous avions découvertes, cela était presque impossible pour celle que nous découvrions maintenant. Cette côte lointaine, située sous le 81° de lat. N. environ, ne pouvait non plus appartenir à la terre du Nord-Est qui ne dépasse guère le 80° ; peut-être est-ce une île voisine de cette terre ? Si cette dernière hypothèse est exacte, nous n'avons plus loin pour atteindre les eaux libres, et bientôt nous rencontrerons quelque chasseur de phoques norvégien qui

1. Une réflexion prophétique dont tous les lecteurs admireront l'exactitude *(N. d. T.)*.

nous rapatriera. Combien agréable sera le voyage sur le navire. Ce pauvre sloop nous apparaît dans notre imagination comme un splendide bâtiment offrant toutes les ressources du confort le plus raffiné. Souvent la pensée de la vie facile que nous mènerons à bord ranime notre courage et nous aide à passer moins tristement le temps.

Notre ordinaire n'est pas précisément celui de gourmets. Toujours de la chair d'ours et du lard de morse. Ce manque de variété dans l'alimentation nous paraît particulièrement pénible. Si seulement nous avions eu un peu de sucre et des farineux, notre régime nous eût paru en tous points excellent. Nous rêvons de biscuits, de pommes de terre et de bon pain frais. A notre retour, peut-être même dès que nous aurons rencontré le chasseur de phoques, comme nous rattraperons le temps perdu ! Aura-t-il des pommes de terre ? Aura-t-il du pain frais ? Baste ! s'il ne possède pas ces friandises, nous nous contenterons de son pain dur, et comme il nous semblera bon dans une friture !

A bord du chasseur de phoques nous pourrons trouver des vêtements propres... et des livres. Changer de vêtements, endosser du linge frais, c'est là notre désir de tous les instants. Nous sommes dans un état de saleté et de dénuement absolument lamentable. Quand nous voulons passer une heure agréable, nous nous imaginons dans une grande boutique, claire et pimpante, garnie de vêtements de laine neufs, propres et moelleux, parmi lesquels nous avons le droit de choisir. Des chemises, des gilets, des caleçons, de bons et souples pantalons, des jerseys commodes, des bas de laine, des feutres chauds... peut-on concevoir quelque chose de plus délicieux ? Et après cela un bain turc ! Côte à côte dans notre sac de couchage, nous parlons pendant des heures de toutes ces félicités qui nous paraissent irréalisables. Un jour viendra pourtant où nous pourrons jeter nos guenilles graisseuses qui semblent collées à notre corps.

Nos jambes souffrent particulièrement. A chaque mouvement que nous faisons, nos pantalons écorchent nos genoux. Pour nettoyer ces plaies et les empêcher d'être couvertes de graisse et d'huile, nous devons les laver constamment avec de la mousse ou un morceau de bandage imbibé d'eau que nous faisons chauffer à la lampe.

Jamais auparavant je n'avais compris l'importance du savon

dans la vie de l'homme. Toutes nos tentatives pour enlever le plus gros de notre crasse demeurent infructueuses. L'eau n'ayant aucun effet sur cette graisse, nous nous récurons avec de la mousse mélangée de sable. Nous avons, heureusement, en abondance l'un et l'autre dans les murs de la hutte. Le meilleur procédé consistait à oindre nos mains de sang chaud et d'huile, puis à enlever cette couche à l'aide de frictions avec de la mousse. Nos mains devenaient alors aussi douces et aussi blanches que celles d'une jeune élégante. Lorsque nous n'avions pas à notre disposition cette « pâte » d'un nouveau genre, le moyen le plus simple et en même temps le plus efficace était de nous racler la peau avec un couteau.

S'il était difficile de nous débarrasser de la crasse huileuse qui recouvrait tout notre corps, il était absolument impossible de nettoyer nos vêtements. Sans le moindre succès, nous mîmes en œuvre tous les genres de lessive imaginables. Une fois, nous essayâmes du procédé employé par les Eskimos, quoiqu'il ne soit pas précisément ragoûtant ; il n'aboutit non plus à aucun résultat satisfaisant. Une autre fois, nous fîmes bouillir nos chemises dans la marmite. Après une cuisson de plusieurs heures, nous les retirâmes aussi graisseuses qu'auparavant. Le raclage au couteau donna de meilleurs résultats. Nous prenions la chemise entre les dents, la tendions de la main gauche, et, de la droite armée d'un couteau, nous enlevions des couches de graisse qui venaient augmenter notre provision de combustible.

Nous étions couverts d'une longue chevelure et d'une barbe hirsute. Nous avions bien des ciseaux, mais nous n'avions garde de nous en servir. Dans notre délabrement, la barbe qui nous couvrait la gorge et les cheveux qui nous tombaient sur les épaules constituaient un supplément de vêtements très utile. Tout notre système pileux était, comme notre peau, noir comme du charbon. Dans nos faces de ramoneur, les yeux et les dents brillaient d'un éclat fantastique. Nous nous aperçûmes seulement de notre singulier aspect au retour du soleil. Jusque-là, dans l'obscurité de la nuit d'hiver, nous n'avions remarqué aucun changement dans nos physionomies respectives.

Etrange en vérité est notre vie. Si bien souvent elle met notre patience à rude épreuve, elle n'est cependant pas aussi intolérable qu'on pourrait se l'imaginer. Tout bien considéré, nous n'avions pas lieu de nous plaindre ; aussi, pendant tout l'hivernage, notre état moral fut-il excellent. Nous envisagions l'avenir avec sérénité, nous réjouissant à la pensée de toutes les félicités qui nous attendaient. Nous n'avions même pas recours aux disputes pour tuer le temps. C'est pourtant, assure-t-on, une rude épreuve pour deux hommes de vivre aussi longtemps ensemble dans un isolement complet. A notre retour, quelqu'un interrogea Johansen sur nos relations pendant l'hivernage : « Jamais, répondit Johansen, la moindre dispute ne s'est élevée entre nous. Seulement, j'ai la mauvaise habitude de ronfler, et lorsque j'étais trop bruyant, Nansen me donnait des coups de pied dans le dos. » Je dois le confesser, bien souvent j'ai administré à mon compagnon pareil traitement ; à ma décharge, je dois ajouter qu'il était peu efficace. Johansen, dès que je le touchais, se retournait simplement de l'autre côté et se rendormait aussi profondément qu'auparavant.

Pour passer le temps, nous dormions le plus longtemps possible, souvent vingt heures sur vingt-quatre. Notre excellent état sanitaire pendant l'hivernage est la preuve que l'éclosion du scorbut n'est pas déterminée par le manque d'exercice, comme on le croit. Lorsque la lumière augmenta, et que la température devint moins basse, nous fîmes de plus fréquentes sorties. Ultérieurement, à l'approche du printemps, les occupations ne nous manquèrent pas pour préparer notre départ.

25 février. — Temps magnifique pour la promenade. Nous éprouvons comme une sensation de printemps. Aujourd'hui, nous avons vu les premiers oiseaux, deux vols de guillemots nains *(Mergulus aile)* venant du sud-est et se dirigeant vers le nord-ouest... Peu à peu, la lueur rose du soleil s'éteint dans une panne de nuages d'or et la lune se lève brillante. Je reste assis dehors, rêvant que je suis au pays un soir de mai.

29 février. — Le 26, nous pensions revoir le soleil ; mais, ce jour-là, le ciel est resté couvert. Aujourd'hui l'astre radieux flamboie au-dessus du glacier. Maintenant il faut économiser notre graisse d'éclairage, afin d'en conserver une provision suffisante pour la retraite.

4 mars. — Ce matin, les crêtes et le glacier sont couverts de guillemots nains.

8 mars. — Nous avons tué aujourd'hui un ours. Il était temps, nos vivres et notre combustible commençaient à diminuer d'une manière inquiétante.

Pensant que ces animaux ne tarderaient pas à revenir bientôt, depuis quelques jours j'ai fait mes préparatifs pour les recevoir.

J'ai reprisé mon surtout en toile et remis en état mes mocassins. Maintenant le gibier peut arriver, nous sommes prêts.

Ce matin, Johansen, qui est de semaine, nettoyait la hutte ; il allait porter dehors les ordures, lorsqu'en soulevant la portière qui ferme l'entrée du couloir accédant à la cabane, il se trouve nez à nez avec un ours. Sans perdre de temps, il revient prendre son fusil en m'annonçant la bonne nouvelle. A peine s'est-il engagé dans le corridor qu'il rebrousse chemin immédiatement. L'animal, arrêté juste à l'entrée, essaie de pénétrer dans notre abri. Le couloir est très étroit ; impossible de se donner du champ pour tirer ; à tout hasard, Johansen lâche son coup de feu. Aussitôt après j'entends un sourd grognement et le craquement de la neige sous la chute d'une grosse masse. L'ours n'est que blessé, et, sans en demander davantage, prend de suite la fuite. Pendant ce temps, j'étais resté couché, occupé à la recherche d'un de mes bas. Dès que je suis parvenu à mettre la main dessus, je pars, à mon tour, à la poursuite de l'animal, mais j'arrive trop tard. Johansen lui a donné, affirme-t-il, le coup de grâce, et il va chercher le traîneau pour ramener sa prise. Afin de gagner du temps, je me dirige dans la direction indiquée par mon camarade pour commencer le dépècement. A quelques pas de là, que vois-je ? L'ours, soi-disant mort, se promène allégrement sur la plage et se dirige vers la banquise. Immédiatement je m'efforce de lui couper la route dans cette direction. Devant cette manœuvre, la bête rebrousse chemin et commence l'escalade du glacier. Heureusement il ne marche plus que sur trois pattes ; tout à coup, il perd l'équilibre dans un éboulis de la montagne et dégringole la pente comme une énorme pierre blanche, pour venir mourir à mes pieds.

Pendant cette chasse soufflaient des rafales si terribles qu'à plusieurs reprises il nous semblait que nous allions être culbutés par le vent. Heureusement la température était douce, seulement 2 °C sous zéro.

Le dépècement nous donna beaucoup de travail. Notre ours était si gros qu'un seul homme pouvait à peine le remuer. Après avoir peiné pendant plusieurs heures, nous parvenons à le démembrer et à le découper ; une fois les quartiers de viande empilés sur le traîneau, nous nous acheminons gaiement vers l'habitation. Le halage d'un pareil poids contre le vent devient bientôt impossible, et force nous est d'abandonner dans une cache une partie de notre butin. Nous ne rentrons que très tard dans la nuit. Depuis longtemps nous n'avions pas eu un incident aussi mouvementé. Avec le produit de notre chasse nous aurons des vivres pour six semaines.

25 mars. — Au sud-ouest et à l'ouest la couleur sombre du ciel annonce l'existence d'une grande étendue d'eau libre. Par suite de la douceur de la température, cette nappe doit exister depuis longtemps.

2 avril. — En me réveillant à huit heures du soir, j'entends un animal ronger quelque chose au-dehors. Pensant que ce n'est qu'un renard, nous ne prêtons aucune attention à ce bruit. Plus tard, lorsque Johansen sort pour la lecture du thermomètre, il reconnaît tout de suite des traces d'ours. Après avoir fait le tour de la hutte, notre visiteur est venu flairer à la porte, puis a grimpé sur le toit pour aspirer par la cheminée l'agréable senteur d'une grillade de lard et l'arôme de la chair humaine. Son inspection terminée, il s'est acharné sur une peau de morse pour enlever la graisse qui y est restée, et, cette collation terminée, s'est acheminé vers les carcasses abandonnées sur le rivage. Johansen me donne l'éveil au moment où il arrive près de ces débris. L'animal est si occupé à arracher les lambeaux de chair restés autour des os que je me glisse tout près de lui, sans qu'il prenne l'alarme. J'aurais pu le toucher du canon de mon fusil, quand, entendant le bruit de mes pas, il lève la tête et m'aperçoit. Immédiatement il lâche sa proie en me lançant un regard de défiance ; au même instant, je lui envoie une décharge dans le nez. Après avoir secoué la tête, et vomi un flot de sang, notre ours s'enfuit, sans paraître le moins du monde gêné par ma balle. En toute hâte, je veux recharger ; impossible d'extraire la douille. Pendant que je m'efforce de la faire sauter avec mon couteau, l'animal s'arrête et, se tournant de mon côté, fait mine de vouloir m'attaquer. Enfin, je réussis à lui envoyer une nouvelle décharge, mais la bête a la vie dure. Il ne faut pas moins de cinq balles pour la tuer. Après chaque coup, il tombe, puis se relève immédiatement après.

Maintenant que nous avons des vivres et du combustible en quantité suffisante pour la retraite, nous commençons nos préparatifs de départ. Tout d'abord, nous nous confectionnons de nouveaux vêtements avec nos couvertures, et avec nos peaux d'ours, des gants, des chaussures et un sac de couchage. Pour ces travaux, nous nous sommes procuré le fil nécessaire en effilant la toile de plusieurs sacs. Du matin au soir, sans trêve ni repos, nous tirons l'aiguille. La hutte est maintenant transformée en un atelier de tailleur et de cordonnier. Tout en travaillant, sans cesse nous songeons au pays et faisons des plans de voyage. La persistance des taches sombres dans le ciel est un indice favorable ; très certainement une grande nappe d'eau doit se trouver dans le sud-ouest. Nous pourrons donc faire en kayak une partie du trajet jusqu'au Spitzberg.

Les visites presque quotidiennes de pétrels arctiques *(Procellaria glacialis)* et de pagophiles blanches *(Larus eburneus)* sont également un indice du voisinage de l'eau libre. Les premières pagophiles blanches arrivèrent le 12 mars et, de jour en jour, devinrent plus abondantes. Les mouettes bourgmestres *(Larus glaucus)* étaient également très nombreuses. Sans manifester la moindre crainte, elles venaient s'installer sur le toit de notre habitation et picoraient tous les détritus et tous les morceaux de viande ou de lard qu'elles trouvaient aux alentours. Pendant l'hiver, les renards avaient fait un continuel sabbat au-dessus de nos têtes. Loin de nous importuner, ce bruit nous était agréable. Il rendait notre solitude moins pénible et nous rappelait la présence d'êtres vivants à côté de nous. Parfois, lorsqu'à moitié endormis nous entendions ces animaux sauter au-dessus de nos têtes, nous avions l'illusion d'être dans un bon lit, et nous nous imaginions que le tumulte provenait des rats qui se livraient à une sarabande dans le grenier de la maison. Lorsque le jour revint, les renards disparurent pour aller s'établir sur les rochers voisins, où la présence de milliers de guillemots leur assurait une vie facile. Les mouettes les remplacèrent sur notre toit, sans nous apporter les agréables illusions que nous avaient causées leurs prédécesseurs. Souvent ces oiseaux étaient si bruyants qu'ils nous réveillaient. Pour avoir un peu de tranquillité, nous devions les effrayer en frappant sur le toit, ou même en sortant brusquement de notre abri, mais, dix minutes plus tard, ils revenaient à leur place favorite.

3 mai. — Les visites d'ours deviennent de plus en plus fréquentes. Le 18 avril, nous en avons vu un se promener sur la plage. Le lendemain, un second est venu rôder autour de la hutte. Aujourd'hui, Johansen réussit à abattre un de ces animaux, et la nuit dernière, deux plantigrades ont inspecté notre dépôt. A la vue du traîneau dressé en l'air qui nous sert de cage aux thermomètres, ils ont pris prudemment la fuite.

Le 9 mai, pendant notre déjeuner, nous entendons au-dehors

les pas d'un ours. Craignant qu'il ne vienne à dévorer notre provision de graisse, nous nous décidons à le tuer. Dorénavant nous n'abattrons ces animaux que lorsqu'ils s'attaqueront à nos magasins. Nous avons plus de vivres qu'il ne nous est nécessaire, et il est prudent de ménager nos cartouches. Quel malheur de ne pouvoir emporter toutes ces belles peaux !

L'heure du départ est proche et chaque jour nous travaillons avec ardeur à nos préparatifs. La réfection de notre vestiaire terminée, nous abandonnons avec regret nos guenilles, comme lorsque l'on se sépare de vieux serviteurs. Elles nous ont rendu de si grands services ! Ces haillons sont tellement saturés d'huile qu'ils pèsent, au moins, le double ou le triple de leur poids primitif. Si on les tordait, ils laisseraient écouler de quoi remplir une petite lampe. Quelle agréable sensation d'enfiler un pantalon neuf, souple et relativement propre.

16 mai. — Encore des ours, une mère et son enfant. Nous avons une telle abondance de vivres qu'il est absolument inutile de tuer ces animaux, mais il sera amusant de les approcher pour observer leurs allées et venues, et, en même temps, utile de les effrayer pour qu'ils nous laissent en paix la nuit prochaine. A notre vue, la mère se met à grogner, et de suite bat en retraite, poussant devant elle son enfant. De temps à autre elle s'arrête pour se retourner et observer notre marche. Une fois sur le bord du fjord, la famille s'engage lentement au milieu des *hummocks*, la mère en tête frayant le passage à son nourrisson. Sur ces entrefaites j'arrive à quelques pas de la petite troupe ; aussitôt l'ourse se dirige de mon côté dans une attitude menaçante, approche tout près de moi, renifle bruyamment, et ne se retire qu'après s'être assuré que sa progéniture a maintenant un peu d'avance. Immédiatement je repars en avant, et, en quelques rapides enjambées, rejoins l'ourson. La mère recommence alors la même manœuvre pour dégager son petit et assurer sa retraite. Elle a évidemment le plus vif désir de se jeter sur moi, mais avant tout elle songe à la sécurité de son enfant, et, dès qu'il a gagné un peu de terrain, elle repart. Une fois arrivée sur le glacier, la mère passe en avant pour montrer le chemin à son enfant. La pauvre petite bête ne pouvant marcher rapidement dans la neige, elle le pousse devant elle, tout en surveillant attentivement mes pas et démarches. Sa sollicitude maternelle est vraiment touchante.

Une activité fébrile règne dans la hutte. Nous brûlons du désir de nous mettre en route, et nos préparatifs sont loin d'être terminés. Ah ! si nous avions seulement à notre disposition les magasins du *Fram*. A bord, deux ou trois choses seulement manquaient ; ici, en réalité, tout nous fait défaut. Nous sommes réduits aux seules ressources de notre ingéniosité. Que ne donnerions-nous pas pour une boîte de biscuits de chiens, dont il y a tant à bord ? Où trouver tout ce dont nous avons besoin ?

« Pour une expédition en traîneau, on doit se munir de vivres nourrissants sous un petit volume, variés autant que possible, de vêtements tout à la fois chauds et légers et de véhicules solides et pratiques. » Ainsi s'exprime le *Manuel de l'explorateur arctique*. Le trajet qu'il nous reste à parcourir est relativement court, il est vrai ; néanmoins il est nécessaire de prendre certaines précautions.

Au début de l'hiver, nous avions enterré le restant de nos conserves en vue du voyage de printemps. Aussi, en ouvrant le précieux dépôt, quelle n'est pas notre déception de trouver toutes ces excellentes provisions gâtées par l'humidité. Notre farine, notre excellente farine, est moisie, le chocolat complètement dissous et le pemmican corrompu. Nous sommes obligés de tout jeter, sauf une petite quantité de farine de poisson, et quelques morceaux de pain moisi. Pour le sécher et en même temps pour le rendre plus nourrissant, nous le faisons bouillir dans l'huile. Après cette préparation, il devint excellent, et, dans les grandes occasions ou lorsque les autres vivres vinrent à nous manquer, ce fut pour nous un précieux régal. Le temps est malheureusement trop humide et trop froid pour préparer de la viande séchée avec la dépouille de nos ours. Il faut donc nous décider à emporter, comme vivres de campagne, autant de viande et de lard crus que nos embarcations pourront contenir.

Notre matériel de cuisine est très primitif ; il consiste tout simplement en un pot que nous faisons chauffer sur une sorte de brasero, alimenté avec de l'huile de morse. Pour transporter ce combustible, nous emporterons trois boîtes qui ont précédemment contenu du pétrole. Si ces provisions de bouche et de chauffage ne sont pas précisément légères, elles offrent l'avantage de pouvoir être remplacées en cours de route. Sans aucun doute nous rencontrerons en abondance ours, morses et phoques, dans la région que nous allons parcourir.

Nos traîneaux, que nous avons dû couper pour pouvoir les

charger facilement sur les kayaks, sont maintenant très incommodes pour le transport des embarcations. Sur ces véhicules, les canots ne se trouvent plus soutenus que dans leur partie médiane et leurs extrémités heurteront à chaque pas les aspérités de la glace. Si, dans notre trajet vers le Spitzberg, nous avons la mauvaise chance de trouver la mer fermée et d'être obligés de haler les kayaks à travers la banquise, ils pourront subir des avaries qui peut-être seront irréparables. Pour les protéger, nous les enveloppons de peaux d'ours et élevons le siège des traîneaux, afin qu'ils soient moins exposés aux chocs contre les protubérances de la glace. Malheureusement, pour ce travail d'emballage, les cordes nous font défaut ; non sans peine, nous réussissons à les remplacer par des lanières en peau d'ours et de morse.

Nous avions refait, ai-je déjà dit, notre vestiaire. Très inexpérimentés dans l'art de la coupe et de la couture, nous dûmes consacrer un temps très long à ce travail. Peu à peu, nous devînmes plus adroits ; finalement, le résultat de nos efforts fut très satisfaisant. Nos vêtements avaient fort bon air, et nous paraissaient presque élégants. Pour leur conserver leur fraîcheur, nous les gardâmes précieusement pour ne les revêtir que le jour du départ. Johansen parlait même de ne mettre les siens que lorsque nous arriverions en vue d'un pays habité. « Je conserverai mes habits neufs jusqu'au jour de notre retour en Norvège ; à aucun prix je ne veux débarquer dans une tenue de pirate », disait mon excellent camarade.

Restait maintenant à nous confectionner une tente. Après la campagne de l'an dernier, celle que nous avions emportée n'était plus qu'une loque que, pendant l'hiver, les renards avaient achevé de mettre en pièces. Pour nous abriter, nous imaginâmes de dresser nos traîneaux face à face et, sur ces piliers d'un nouveau genre, de placer les kayaks à hauteur d'homme. Autour on entasserait des murs de neige et on couvrirait le tout de nos deux voiles étendues sur les *ski* et les bâtons. Grâce à cette combinaison nous pûmes nous ménager une sorte de tente. Elle était loin d'être confortable, surtout pour les chasse-neige, mais c'était au moins un abri.

La partie la plus importante de notre équipement consistait dans nos armes à feu. Nous les avions heureusement conservées en bon état. Avant le départ, nous les astiquons et les huilons ; pour les tenir propres pendant le voyage, il nous reste encore une petite provision de vaseline. Nous possédons cent cartouches à balle et cent cinquante à plomb. Avec un pareil stock de munitions, nous pourrions encore passer plusieurs hivers sans craindre de mourir de faim et de froid.

11

Le retour

Le 19 mai, nous sommes enfin prêts pour le départ. Avant de quitter nos quartiers d'hiver, je prends une photographie de la hutte, et dépose dans notre abri un procès-verbal sommaire de l'expédition, enfermé dans un tube en métal soigneusement bouché.

Depuis longtemps nous avons perdu l'habitude de la marche et du halage des traîneaux. Aussi, pour ne pas nous exténuer dès le début et pour nous entraîner peu à peu, faisons-nous une étape très courte. Quelle joie d'être maintenant en route pour le pays !

Le lendemain également, nous ne marchons que quelques heures, nous dirigeant vers le promontoire situé au sud-sud-ouest. Tout l'hiver nous l'avons considéré comme une terre promise ; c'est notre cap de Bonne-Espérance. Là, en effet, nous serons fixés sur notre position ; là, d'après l'orientation des lignes de côtes, nous pourrons reconnaître si nous sommes sur l'archipel François-Joseph ou sur une terre située plus à l'ouest. La terre file-t-elle vers le sud-est ? c'est que nous nous trouvons au nord du cap Lofley ; si, au contraire, elle se dirige vers le sud-ouest, nous sommes sur une île inconnue, située plus à l'ouest, près de la terre de Gillies. Au-delà de ce cap, nous espérons rencontrer une mer moins encombrée de glace et pouvoir avancer rapidement.

Le 21 mai, en effet, du sommet de ce promontoire nous distinguons au sud une vaste étendue d'eau libre, et, en même temps, de nouvelles terres, toutes deux entièrement couvertes de neige et de glace. La plus grande est située au S. – 40° O. ; l'autre au S. – 85° O. A mon grand regret, je ne puis reconnaître distinctement la direction de la côte au sud de ce cap. Impossible dès lors d'établir avec certitude notre position. Quoi qu'il en soit, nous sommes satisfaits. L'eau libre n'est plus loin ; très prochainement, nous pourrons mettre à l'eau les kayaks et naviguer vers la patrie aimée.

L'heure de la délivrance approche ! Hélas ! la vie de l'explorateur arctique n'est faite que de désillusions. Le lendemain, une terrible tempête de neige nous oblige à rester immobiles sous la tente. Tandis que je prépare le déjeuner, un ours passe à vingt pas de nous, en nous regardant et en contemplant les canots. Comme nous sommes placés à contre vent, l'odorat ne peut lui révéler la nature comestible des êtres qui se trouvent devant lui. Il file donc tranquillement son chemin et nous n'avons garde de le troubler. Nous avons des vivres en quantité suffisante.

23 mai. — Toujours mauvais temps. Néanmoins, nous allons reconnaître le terrain, afin d'atteindre le plus rapidement possible l'eau libre. Après quoi, pour rendre étanche la coque des kayaks, nous la recouvrons d'une couche de stéarine.

Le lendemain, nous nous dirigeons vers une île située dans l'ouest à travers la banquise qui la réunit pour le moment au continent. Le vent soufflant de l'est, nous hissons une voile au-dessus de nos traîneaux, et, sur la surface unie de la glace, les véhicules glissent rapidement.

Jamais donc nous ne pourrons avoir un instant de tranquillité ! Aux approches de la terre, le vent se lève tout à coup du sud-ouest en tempête. En toute hâte il faut abattre la voilure ; pour atteindre l'île, nous avons maintenant à lutter contre un ouragan terrible. La banquise est très accidentée, hérissée d'arêtes et découpée de crevasses masquées par une perfide couche de neige. Soudain j'enfonce dans une de ces ouvertures. J'essaie de sortir du gouffre, tous mes efforts demeurent inutiles. Les *ski* paralysent mes mouvements, tandis que la bretelle du traîneau m'empêche de me retourner. Heureusement, en tombant, j'ai enfoncé solidement mon bâton ferré dans la glace, et avec l'autre bras je fais un rétablissement sur le bord opposé de la crevasse. Dans cette position, j'attends l'arrivée de Johansen. Très certainement il m'a vu tomber et va accourir promptement à mon aide... Quelques minutes se passent, mon camarade n'apparaît pas. Mon bâton cède et peu à peu je commence à enfoncer dans l'eau glacée. Je pousse un premier appel ; pas de réponse. Je lance un second cri ; quelques secondes après, j'entends enfin au loin la voix de mon camarade. Pendant ce temps, j'enfonce de plus en plus, l'eau me monte jusqu'à la poitrine ; encore quelques minutes, peut-être quelques secondes et j'aurai disparu. Enfin, Johansen arrive et me tire de cette terrible situation. Occupé à plier la voile de son traîneau, il ne s'était aperçu de ma disparition que lorsqu'il avait entendu mon cri d'alarme. Maintenant nous voici dûment avertis.

Finalement nous réussissons à atteindre notre île, où le bivouac est établi dans un emplacement suffisamment abrité. A notre grand étonnement, nous y rencontrons de nombreux troupeaux de morses échelonnés sur le bord des crevasses. Nous avons des vivres en abondance, inutile donc de troubler leur agréable quiétude.

Les jours suivants, la tempête nous obligea encore à rester immobiles.

26 mai. — Hier et aujourd'hui nous sommes bloqués par le mauvais temps près du glacier situé sur la côte septentrionale de l'île. La neige est si détrempée que toute marche serait impossible. Espérons que l'eau libre n'est plus loin et que nous pourrons l'atteindre promptement.

Le 28 seulement, nous pouvons nous remettre en marche vers le sud. Entre notre île et la grande terre située plus à l'est s'ouvre un large bassin, entièrement dégagé par suite d'un courant très violent, déterminé, sans doute, par le manque de fond.

Autour de cette nappe, deux ou trois groupes de morses sont couchés sur la glace. Armé de mon appareil photographique, je me dirige vers eux, en me cachant derrière un monticule. Lorsque j'arrive à six ou sept mètres de la bande, une femelle plonge, suivie de son petit. En dépit de mes cris, les autres ne jugent pas nécessaire de bouger. Johansen leur jette des boules de neige et des morceaux de glace ; les énormes bêtes, toujours immobiles, s'amusent à enfoncer leurs défenses dans les projectiles et à les flairer. Je me dirige alors droit vers elles ; elles se mettent alors en mouvement, mais une seule se décide à se jeter à l'eau, pour remonter presque aussitôt après sur la glace. J'avance de trois pas. Deux énormes morses lèvent une ou deux fois la tête pour jeter un regard de dédain sur le visiteur qui ose s'approcher d'eux, puis se rendorment. Après avoir pris un instantané de cette scène, je me risque à chatouiller le museau de ces monstres avec mon bâton ferré ; alors seulement ils sortent de leur engourdissement. Avant de m'en aller, je pique le monstre le plus voisin ; aussitôt il se lève et se met à pousser des rugissements formidables, en me regardant de ses grands yeux ronds étonnés. Après cela, bien tranquillement, il se gratte le derrière de la tête, puis se recouche. Lorsque nous partons, tous se sont de nouveau étendus, formant sur la glace d'énormes monceaux de chair.

Une fois arrivés au sud de l'île, une tempête de neige nous arrête de nouveau. L'horizon est absolument bouché ; impossible de faire route.

31 mai. — Pour passer le temps, je vais faire un tour dans l'intérieur de l'île. Partout de petites plaines de graviers et d'argile, et partout de nombreuses pistes d'oies. Il y a même des débris de coquilles d'œufs de ce palmipède. Je donnai par suite à notre découverte le nom d'île des Oies. Jackson, qui avait aperçu cette terre au printemps 1895, l'avait appelée île Mary-Elizabeth, dénomination que nous avons adoptée sur notre carte.

2 juin. — Dans la soirée, le vent tombe un peu et le soleil jette bientôt un radieux éclat, un rayon d'espérance. Là-bas, en Norvège, la nature s'épanouit à la gaieté de la lumière et des fleurs, tandis que nous sommes encore enfouis sous des monceaux de neige. Quand cela finira-t-il ? Bientôt, soyons-en persuadés tout au moins. Si seulement je savais le *Fram* en sûreté ! S'il est déjà arrivé, quelle tristesse et quelles angoisses pour les êtres chéris qui nous attendent !

3 juin. — En route de nouveau. Le vent d'ouest a chassé vers la terre une nappe de glace. Maintenant plus la plus petite nappe d'eau libre ! Il faut recommencer le pénible halage des kayaks à travers la banquise, et dans quel état est-elle ! Partout très mince et très disloquée, et couverte d'une couche d'eau. Les *ski* et les traîneaux enfoncent dans cette bouillie glaciaire et ce n'est qu'au prix d'un labeur excessif que nous parvenons à atterrir au cap Fisher, un escarpement de basalte absolument vertical, habité par une colonie innombrable de guillemots nains. Un peu plus loin une troupe de pétrels arctiques *(Procellaria glacialis)* couve sur un rocher.

Nos provisions sont maintenant très réduites et nous désirerions vivement rencontrer un ours pour renouveler notre garde-manger, mais ces animaux semblent, depuis quelque temps, avoir disparu. Force nous est donc de nous rabattre sur des oiseaux. Les guillemots s'obstinant à rester hors de portée, nous devons nous contenter de deux pétrels, une chair qui n'est pas précisément succulente, du moins pour des gens habitués aux délicatesses de la vie civilisée. Sur ces entrefaites, nous apercevons un troupeau de morses. C'est pour nous la vie assurée. Comme d'habitude, ces animaux, mollement étendus sur la glace, ne prêtent pas la moindre attention à notre venue, et nous pouvons en tuer un sans qu'il ait fait la moindre tentative d'évasion. Les autres, nullement émus par cet incident, lèvent un instant la tête, puis se rendorment.

Nous ne pouvons procéder au dépècement de notre prise au milieu de ces énormes bêtes. Avant tout, il faut faire déguerpir ses voisins qui, à un moment donné, pourraient devenir gênants. L'opération n'est pas précisément facile. Nous poussons les cris les plus variés ; les morses nous regardent curieusement sans bouger. Nous les frappons avec nos patins ; ils entrent alors en fureur, battent la glace de leurs défenses acérées, sans jamais se décider à décamper. Enfin, en les piquant et en les rouant de coups, absolument comme des ânes rétifs que l'on veut faire avancer, nous réussissons à mettre la troupe en marche et à la pousser à la mer.

A peine sommes-nous au travail, que les morses reviennent à la charge. L'un après l'autre ils arrivent sur le bord de la glace, et, s'aidant de leurs défenses, s'élèvent sur la rive en poussant des grognements absolument terrifiants. Un instant après, ils apparaissent à la surface de la crevasse ouverte tout près de nous et s'élancent à moitié hors de l'eau, en nous regardant fixement comme pour nous demander une explication de notre conduite.

Après avoir fait une ample provision de viande et de lard, nous préparons un fin régal, un ragoût au sang de morse ; puis, ainsi réconfortés, nous reprenons le collier de misère. Heureusement le vent est favorable, toute la nuit nous pouvons faire usage de la voile pour aider au progrès des traîneaux.

Quelques heures plus tard nous avons la grande joie d'atteindre la mer libre devant une île presque entièrement couverte de glaciers ; en un ou deux points seulement émergent des affleurements de basalte. Sur ces courants de glace apparaissent plusieurs moraines.

L'eau grouille de guillemots, de mouettes tridactyles ; un peu plus loin passe un vol d'eiders. En présence de cette animation de la nature, nous avons l'impression d'être arrivés dans un pays civilisé.

Quelques heures plus tard, le paysage nous est de nouveau fermé dans le sud par une proéminence de la banquise côtière. Vers l'ouest, au contraire, la mer est libre. Ici se pose un grave problème. Quelle direction allons-nous prendre ? Devons-nous faire route vers l'ouest, et nous diriger vers le Spitzberg, ou bien devons-nous poursuivre notre chemin vers le sud ? Tout bien considéré, je me décide pour ce dernier parti. Au sud des îles que nous apercevons, la mer est libre ; peut-être de ce côté trouverons-nous une route plus directe vers le Spitzberg.

Dans la matinée du 5 juin, le campement est établi à la base méridionale du cap Richthofen.

Le lendemain, brume et brise de nord très fraîche. Dans ces conditions, je prends le parti d'avancer vers le sud à travers la banquise côtière. Les voiles sont hissées sur les traîneaux, nous chaussons nos *ski*, et, tenant en mains le timon des véhicules, nous nous laissons glisser sur la surface unie du *pack*. Poussés ainsi par le vent, nous traversons le large détroit qui nous sépare de l'île.

Le 8, au milieu de la banquise, nous sommes arrêtés par une furieuse tempête. Impossible de me reconnaître au milieu des nombreuses îles qui nous entourent.

A cette date, mon journal porte la note suivante : « Tous les jours nous découvrons de nouvelles terres dans la direction du sud. Vers l'ouest, nous sommes en vue d'une grande île qui paraît avoir une extension notable dans le sud. » Elle est entièrement couverte de neige et de glace ; pas le plus petit pointement rocheux ne perce cette nappe immaculée. Ne l'ayant qu'entrevue dans des éclaircies, nous ne pouvons nous rendre compte de son étendue. Elle paraît très basse et beaucoup plus grande que toutes les autres terres rencontrées jusqu'ici. Dans l'est, c'est un dédale inextricable d'îles, de détroits et de fjords. Nous avons relevé les contours de ces côtes aussi exactement que cela nous a été possible, sans cependant parvenir à nous éclairer sur notre position. Il paraît y avoir là un archipel composé de petites îles.

La banquise est maintenant beaucoup moins épaisse que celle rencontrée plus au nord, près de nos quartiers d'hiver ; de plus, elle est recouverte d'une épaisse couche de neige ; autant de conditions peu favorables pour le traînage. L'adhérence de la neige aux patins ralentit la marche. Néanmoins, toute la journée du 9 juin, grâce au vent toujours favorable, nous pouvons faire bonne route.

Aux approches d'une île, au moment où nous filions à toute vitesse, Johansen et son traîneau s'affaissent subitement, et, non sans difficulté, mon camarade parvient à rebrousser chemin sur une partie plus résistante de la banquise. Averti par cet incident, j'examine la neige ; elle a fort mauvaise apparence, elle semble tout imprégnée d'eau et mes *ski* commencent à enfoncer. Je n'ai que le temps d'enrayer pour éviter de culbuter à mon tour. La voilure est aussitôt amenée ; avant de pouvoir la hisser de nouveau, nous devons faire un long détour vers l'ouest, afin de trouver une glace suffisamment solide.

Le lendemain, l'état de la neige est encore très défavorable. Quoi qu'il en soit, grâce à la brise toujours favorable, nous filons vers le sud encore plus rapidement que la veille.

La terre située à l'est paraissant s'infléchir vers le sud-est[1], nous mettons le cap sur la partie la plus méridionale d'une île visible dans le sud-ouest[2].

La situation devient palpitante. Aujourd'hui nous avons parcouru environ 14 milles ; nous sommes, d'après une observation, par 80° 8' de lat. N., et des terres nouvelles apparaissent encore dans le sud. Si elles s'étendent très loin dans cette direction, nous ne sommes pas certainement sur l'archipel François-Joseph, comme je l'ai cru jusqu'ici. Toutefois, dans le sud, la ligne des côtes semble s'infléchir vers l'est, et, par suite, concorder avec les contours du détroit de Markham, sur la carte de Leigh Smith. Nous avons donc dû suivre quelque bras de mer demeuré inaperçu de Payer ; par suite, notre longitude ne doit pas être entachée d'une grande erreur. Mais non, à la réflexion, il est impossible que nous ayons passé devant le glacier de Dove et l'archipel qui l'entoure, sans les voir. Nous devons nous trouver sur une terre entre la terre François-Joseph et le Spitzberg.

Nos provisions sont maintenant presque épuisées. Nous n'avons plus de vivres que pour un jour, et sur cette banquise sans la moindre nappe d'eau, ni ours, ni phoque, ni oiseau. Combien de temps cela va-t-il durer ? Si bientôt nous ne

1. L'île de Hooker.
2. L'île de Northbrook.

rencontrons pas un bassin d'eau libre où nous pourrons trouver du gibier, notre position deviendra terrible.

12 juin. — A quatre heures du matin nous partons, les voiles hissées sur les traîneaux. La gelée de la nuit dernière a durci la neige ; aussi, poussés par la brise, espérons-nous avancer rapidement et facilement.

La veille, une éclaircie nous a permis de reconnaître les terres avoisinantes. Pour atteindre la pointe méridionale de l'île située dans l'ouest, nous devons mettre le cap un peu plus à l'ouest que les jours précédents. Les terres jusque-là visibles dans l'est ont maintenant disparu et, de l'autre côté, s'ouvre un large détroit[1].

Entre-temps la brise a molli et la glace est devenue très accidentée. Nous nous trouvons maintenant sur un *pack* formé de *drift ice*[2] dont la traversée est très difficile.

La couleur foncée du ciel indique l'existence d'eau libre dans le sud, et, à notre grande joie, nous entendons le bruit du ressac. A six heures du matin, nous faisons halte. Du sommet d'un *hummock*, où je me suis installé pour prendre une observation de longitude, j'aperçois, à une petite distance, une nappe d'eau s'étendant vers le sud-ouest.

Bien que le vent souffle maintenant de l'ouest, nous espérons pouvoir faire voile le long de la banquise et, dans cette pensée, nous nous dirigeons immédiatement vers l'eau libre. Bientôt nous sommes à la lisière de la glace. Une fois encore nous voici devant la mer vivante et animée. Quel plaisir d'entendre son joyeux clapotis, après l'avoir vue si longtemps inerte sous une lourde carapace cristalline. Les kayaks sont lancés, attachés bord contre bord, la voile hissée, aussitôt après, en route !

Notre espoir n'a pas été déçu. Toute la journée nous faisons de rapides progrès. Par moments le vent est si violent que les embarcations piquent le nez dans la « plume » et sont balayées par les vagues. Nous sommes trempés ; mais la joie de la délivrance prochaine nous réchauffe.

Après avoir doublé le promontoire sur lequel nous gouvernions, nous découvrons que la ligne de côte est orientée est-ouest et que la banquette de glace côtière suit la même direc-

---

1. Le détroit entre les îles Northbrook et Bruce et Peterhead sur la terre Alexandra.

2. Glaçons de faibles dimensions *(N. d. T.)*.

tion ; en même temps, à notre grande satisfaction, à perte de vue, devant nous, s'étend l'eau libre.

Bientôt nous voici au sud de cette terre, à travers laquelle nous marchons depuis si longtemps et où nous avons passé un si pénible hiver[1]. Malgré tout, les lignes de cette côte méridionale me semblent concorder avec la carte de la terre François-Joseph dressée par Leigh Smith. Tout en faisant cette observation, je me rappelle la carte de Payer et ce souvenir chasse ma première pensée.

Dans la soirée, nous débarquons sur le bord de la banquette de glaces côtières, pour mouvoir un peu nos jambes ankylosées par ce long voyage en kayak. Nous nous proposons également de gravir un *hummock* afin d'examiner l'horizon dans l'ouest. Mais comment amarrer nos précieuses embarcations ?

« Prends une drisse, me dit Johansen, qui est déjà sur la glace.

— Est-elle assez forte ?

— Oui, elle a tenu toute la journée la voile de mon traîneau, reprend mon camarade.

— Parfait. Il n'est du reste pas besoin d'un câble bien fort pour retenir ces légères embarcations. »

Et je les amarre au moyen de cette drisse faite d'une lanière de peau de morse.

Nous nous promenons de long en large près des kayaks pour nous dégourdir les jambes. La brise a maintenant molli et paraît descendre de plus en plus dans l'ouest. Pourrons-nous continuer notre navigation avec ce vent ? Pour nous en assurer, nous gravissons un monticule de glace voisin.

Pendant que j'examine l'horizon, Johansen s'écrie tout à coup : « Les kayaks s'en vont à la dérive ! » A toute vitesse nous courons vers la rive. Les canots sont déjà à une certaine distance du bord et filent rapidement vers le large. La drisse avait cédé !

« Prends ma montre », dis-je à Johansen.

Et, en un clin d'œil, je me débarrasse des vêtements les plus gênants pour pouvoir nager plus facilement. Je n'ose me dévêtir complètement de crainte d'une crampe. Et, d'un bond, je saute à l'eau.

Le vent soufflait de terre et poussait rapidement les kayaks vers la pleine mer. L'eau était glacée ; mes vêtements entravaient mes mouvements et les canots s'éloignaient toujours.

1. Le cap Barents.

Loin de gagner du terrain, j'en perdais. Il me semblait presque impossible de pouvoir les rejoindre. Mais avec eux disparaissait tout espoir de salut, tout ce que nous possédions, nous n'avions même pas sur nous un couteau. Que je fusse noyé ou que je regagnasse la rive sans les kayaks, le résultat était le même.

Donc, me raidissant, je fais un effort terrible. Le salut est à ce prix. Quand je me sens fatigué, je nage sur le dos. Dans cette position, j'aperçois Johansen qui se promène fébrilement sur la glace. Le pauvre ami, il ne peut rester en place ; sa position lui paraît affreuse, d'être ainsi condamné à l'impuissance, et il n'a guère espoir de me voir réussir. S'il se fût jeté à l'eau à son tour, cela n'aurait pas avancé les choses. Plus tard, il me raconta que cette attente terrible avait été le moment le plus pénible de sa vie.

Quand je me retournai, je vis que j'étais plus près des kayaks. Cela me redonna du courage et je redoublai d'efforts. Malheureusement, l'engourdissement et l'insensibilité envahissaient mes jambes ; bientôt il me sera impossible de les mouvoir... Maintenant la distance n'est plus longue ; si je puis tenir encore quelques instants, nous serons sauvés. En avant donc ! Mes brassées deviennent de plus en plus courtes : encore un effort, et je rejoindrai les embarcations.

Enfin ! j'empoigne un *ski* disposé en travers de l'arrière et j'arrive tout contre les canots. Nous sommes sauvés. J'essaie de grimper à bord ! mais mon corps raidi par le froid refuse tout service. Un instant je pensai que j'arrivais trop tard, je touchais le but sans pouvoir le saisir.

Après un instant d'anxiété terrible, je réussis à passer une jambe par-dessus le traîneau placé sur le pont, et à l'aide de ce point d'appui parvins à grimper à bord. Aussitôt je pris la pagaie, mais tout mon corps était devenu si raide que je pouvais à peine la manœuvrer. Il n'était pas facile de ramer seul dans cette double embarcation ; il fallait faire un va-et-vient constant entre les deux canots pour donner tantôt à droite, tantôt à gauche des coups de pagaie. Certes, si j'avais pu séparer les kayaks et ramer dans l'un en remorquant le second, la manœuvre eût été plus aisée. Dans ma position, un pareil travail était impossible ; avant de l'avoir terminé, je serais tombé raide de froid. D'ailleurs, ramer était le meilleur moyen de me réchauffer. Tout mon corps était comme insensible. Lorsque soufflaient des bouffées de brise, j'avais l'impression d'être transpercé, je grelottais, mes dents claquaient, j'étais littéralement transi. Néanmoins je pouvais encore manier la pagaie.

Sur ces entrefaites, j'aperçus tout près de l'avant deux guillemots nains. Un pareil gibier était trop tentant. Je prends mon fusil et, d'un seul coup, je tue les deux oiseaux. Johansen me raconta plus tard son alarme au bruit de la détonation ; il avait cru à un accident et ne pouvait comprendre ce que je faisais. Lorsqu'il me vit ensuite ramer et ramasser deux oiseaux, il craignit pour ma raison.

A la fin j'atteignis la rive, mais le courant m'avait entraîné loin de notre débarcadère. Suivant le bord de la banquise côtière, Johansen vint bientôt me rejoindre. Quelques instants plus tard, le campement est installé.

Je suis épuisé ; à grand-peine, je puis me traîner et me tenir debout.

Tandis que je claque des dents, Johansen me déshabille, me passe tous les vêtements secs que nous avons en réserve, me couche sur le sac de couchage, et me couvre des voiles, de tout ce qu'il trouve, pour me protéger contre la bise. Je grelotte toujours ; mais, peu à peu, je commence à me réchauffer. Seuls mes pieds, qui avaient séjourné dans l'eau sans la protection des chaussettes, restèrent longtemps froids et insensibles comme des glaçons. Tandis que Johansen dresse la tente et fait cuire mes deux guillemots, je m'endors. Quand je me réveillai, le repas était prêt. Une bonne soupe chaude et le fin rôti effacèrent bientôt les dernières traces de cette terrible aventure. Pendant la nuit, mes vêtements furent suspendus au-dehors pour sécher et, le lendemain, je pouvais les endosser.

13 juin. — La violence du courant, le calme plat nous obligent à attendre la renverse de la marée. Nous faisons ensuite bonne route toute la nuit.

Le lendemain matin, nous rencontrons de nombreux troupeaux de morses couchés sur la glace. Nous n'avons plus de vivres et notre provision de combustible est presque épuisée. Un ours serait le bienvenu. Depuis plusieurs jours, nous n'en avons pas aperçu ; il est donc prudent de ne pas laisser échapper l'occasion d'un ravitaillement. Nous nous dirigeons vers un groupe de morses, avec l'intention de nous attaquer aux jeunes, dont la capture est beaucoup plus aisée que celle des vieux. Notre plan de bataille réussit parfaitement. Je tire deux balles, et deux jeunes morses tombent. Au premier coup, toute la troupe se lève effarée, et au second commence à se jeter à l'eau. Les mères tournent autour des cadavres de leurs enfants, les flairent bruyamment et les secouent, lamentablement, absolument comme des créatures humaines. Les malheureuses bêtes se demandent évidemment ce qui a pu arriver à leur progéniture ! A leur tour, elles se dirigent vers la mer en poussant devant elles les cadavres de leurs petits. Aussitôt je saute en avant pour leur faire lâcher prise et pour sauver mon butin, mais j'arrive trop tard. Serrant les cadavres de leurs enfants contre leur poitrine avec leurs nageoires antérieures, les deux pauvres mères disparaissent bientôt. Je reste quelque temps sur le bord de la glace, espérant toujours voir remonter à la surface les corps, mais rien ne paraît. Les morses sont sans doute partis loin.

Après cette déconvenue, je me dirige vers un second troupeau. Cette fois l'expérience m'a rendu prudent, et je tue en même temps la mère et l'enfant.

Maintenant nous avons pour longtemps du combustible et des vivres d'excellente qualité. La chair de jeune morse a le goût de la longe de mouton.

Dans ces parages, ces animaux étaient extraordinairement nombreux ; très certainement leur nombre devait dépasser trois cents.

15 juin. — A une heure du matin en route. Le temps est absolument calme.

La mer grouille de morses ; aussi est-il préférable de ne pas naviguer isolément et d'attacher les kayaks bord contre bord. Nous savons par expérience combien ces gaillards-là sont parfois agressifs. La veille, plusieurs bandes avaient longtemps suivi notre sillage, sans doute par curiosité. Quoique nous eussions eu déjà la preuve du contraire, je ne croyais pas ces animaux dangereux. Johansen ne partageait pas mon optimisme. Quand nos compagnons devenaient trop gênants, nous nous réfugiions, quand cela était possible, au-dessus d'un *ice foot* [1] et attendions qu'ils vinssent à se disperser.

Nous avançons rapidement le long de la côte, malheureusement un épais brouillard masque toute vue et nous empêche de reconnaître la topographie de la région. J'aurais pourtant vivement désiré découvrir le panorama de ces terres. J'ai de plus

1. Partie proéminente d'un glaçon en dessous de la surface de la mer. *(N. d. T.)*

en plus le pressentiment que nous devons être dans le voisinage des quartiers d'hiver de Leigh Smith, sur la côte sud de la terre François-Joseph. La latitude, la direction des côtes, la disposition des îles, semblent indiquer que nous nous trouvons sur cette terre.

Dans la matinée, n'apercevant plus de morses autour de nous depuis quelque temps, nous pensions être en complète sécurité, lorsqu'un solitaire apparaît juste devant nous. Aussitôt Johansen, qui se trouve en tête, cherche un refuge au-dessus d'un glaçon flottant entre deux eaux. Je me disposais à suivre son exemple, quand le vieux monstre se jette sur mon kayak en s'efforçant de le culbuter avec ses défenses. Tout en essayant de garder mon équilibre, je lui assène un violent coup de pagaie sur la tête ; l'animal n'en revient pas moins à la charge et tente de nouveau de me culbuter. Je saisis alors mon fusil, mais entre-temps la monstrueuse bête disparaît subitement. Tout cela dura à peine quelques secondes.

Juste au moment où je me félicitais d'avoir échappé au danger, je sentis tout à coup mes jambes mouillées. Le morse avait crevé la coque du kayak et l'eau y pénétrait à flots. A peine ai-je le temps de gagner l'*ice foot* que le canot coule immédiatement. Avec l'aide de Johansen je parviens cependant à le hisser sur la glace. Tout ce que je possède flotte à l'intérieur de l'embarcation toute pleine d'eau. Peut-être nos précieuses plaques photographiques sont-elles perdues.

La déchirure de la coque est longue de 6 mètres, et ce n'est pas un petit travail que cette reprise, surtout avec les engins rudimentaires que nous possédons.

17 juin. — Il est plus de midi, lorsque je me lève pour préparer le déjeuner. Je vais chercher de l'eau pour la soupe, j'allume le fourneau, je découpe la viande, je mets la popote en train. Au moment de me recoucher jusqu'à ce que le repas soit prêt, la brume se lève. Immédiatement je vais gravir un *hummock* voisin pour reconnaître les environs.

Une brise légère apporte de la terre voisine le bruit du piaillement des oiseaux établis sur les montagnes. J'écoute cette rumeur vivante ; je suis des yeux les vols de guillemots qui passent et repassent autour de ma tête, je contemple cette ligne de côte blanche, tachée de rochers noirs... Soudain il me semble entendre des aboiements. Je tressaille, je tends l'oreille... puis, je n'entends plus rien... rien que les cris des oiseaux. Peut-être me suis-je trompé ? Je continue l'examen du panorama. Mais non, voici de nouveaux aboiements. Aucun doute n'est plus possible. Je me souviens alors avoir entendu hier deux détonations qui semblaient des coups de feu, mais que sur le moment j'avais crues produites par une contraction de la glace. De suite je crie à Johansen que j'ai entendu des chiens du côté de terre. « Des chiens ? » répète-t-il machinalement, encore tout ahuri par le sommeil. En toute hâte il se lève pour aller aux écoutes.

Mon camarade demeure absolument incrédule. Il a bien perçu un bruit ressemblant à des aboiements, mais couvert par le sabbat des oiseaux. Evidemment, à son avis, je suis dupe d'une illusion. Malgré tout, je reste persuadé que je ne me suis pas trompé. Tout en avalant en hâte le déjeuner, nous nous perdons en conjectures sur la présence d'une expédition dans ces parages. Sont-ce des Anglais ou des compatriotes ? Si c'est la mission anglaise qui, lors de notre départ, se préparait à explorer la terre François-Joseph, que ferons-nous ? « C'est bien simple, répondit Johansen ; nous passerons avec elle un jour ou deux, puis nous nous acheminerons vers le Spitzberg ; autrement Dieu sait quand nous serons de retour. » Sur ce point nous sommes d'accord. Après avoir emprunté aux Anglais de bonnes provisions, nous poursuivrons notre route.

Le déjeuner achevé, je vais en reconnaissance, laissant Johansen à la garde des kayaks. Maintenant, je n'entends plus que le piaillement des mouettes et les cris stridents des guillemots nains. Peut-être Johansen a-t-il raison ? Probablement j'ai été victime d'une illusion.

Tout à coup je découvre sur la neige des pistes. Elles sont trop grandes pour provenir d'un renard. Des chiens sont donc venus rôder par ici, à quelques centaines de pas de notre campement ? Comment n'ont-ils pas aboyé ? Comment ne les avons-nous pas vus ? Peut-être sont-ce après tout des pistes de loups ?

J'ai la tête pleine d'étranges pensées, et tour à tour je passe du doute à la certitude. Notre labeur excessif, nos souffrances, nos privations vont-elles enfin prendre fin ? Cela me semble à peine croyable ; pourtant tout l'indique. J'entends un aboiement beaucoup plus distinct, et de tous côtés je vois des pistes qui ne peuvent provenir que d'un chien. Ensuite, plus rien que la rumeur de la foule ailée. Aussitôt le doute revient en moi. Peut-être est-ce un rêve ? Mais non, ces traces existent bien là, sur la neige, je les vois, je les touche. Si une expédition est établie dans cette région, nous ne sommes pas alors sur la terre de Gillies ou sur une terre nouvelle, comme je le croyais. Nous nous trouvons alors, ainsi que je le supposais il y a quelques jours, sur la côte méridionale de la terre François-Joseph.

J'arrive enfin à terre, et soudain je crois entendre le son d'une voix, la première voix étrangère depuis trois ans. Mon cœur bat à se rompre. J'escalade un *hummock* en poussant un appel de toute la force de mes poumons. Cette voix inconnue au milieu du désert glacé m'apporte comme un message de vie et un salut du pays.

Bientôt après, une nouvelle voix se fait entendre... Au milieu des *hummocks* blancs, j'aperçois une forme noire. C'est un chien, puis une autre forme noire. Un homme, un homme ! Est-ce Jackson, ou un de ses compagnons, ou un compatriote ? Nous marchons à la rencontre l'un de l'autre. J'agite mon chapeau, il répète le même mouvement. Je l'entends parler à un chien ; c'est un Anglais. J'avance et je crois reconnaître M. Jackson, que j'ai vu une fois avant mon départ.

Je salue et nous nous serrons les mains avec un cordial : *How do you do ?*

Au-dessus de nous un plafond de brume ; au-dessous, la banquise rugueuse ; autour, une échappée de vue sur la terre tout en glace et en neige. D'un côté, un Anglais en complet élégant, avec de hautes bottes en caoutchouc, tiré à quatre épingles, répandant une bonne odeur de savon, perceptible aux sens aiguisés d'un primitif ; de l'autre, un sauvage en haillons, enveloppé d'une longue chevelure et d'une épaisse barbe absolument incultes, couvert de crasse et de suie. Sous ces dehors, personne ne pouvait reconnaître le personnage.

« Je suis très heureux de vous voir, me dit Jackson.

— Merci ! moi également.

— Avez-vous un navire ici ?

— Non, mon navire n'est pas ici !

— Combien êtes-vous ?

— J'ai avec moi un compagnon resté sur le bord de la glace. »

Tout en causant, nous nous dirigeons vers la côte. Tout à coup Jackson s'arrête, me regarde bien en face et s'écrie : « Mais, n'êtes-vous pas Nansen ?

— Si.

— Par Jupiter ! Que je suis aise de vous voir ! »

Et il me serre de nouveau les mains avec effusion, en me souriant affectueusement.

« D'où arrivez-vous ?, me demande-t-il.

— J'ai quitté le *Fram* par le 84° de lat. N., après une dérive de deux ans, et ai atteint ensuite le 86° 13'. De là, nous avons gagné la terre François-Joseph où nous avons hiverné ; maintenant nous sommes en route pour le Spitzberg.

— Je suis heureux de votre succès. Vous avez, certes, accompli un magnifique voyage et je suis enchanté d'être le premier à vous en féliciter. »

En même temps Jackson me prend de nouveau les mains et les presse chaleureusement. Je ne puis être accueilli plus cordialement. Dans la chaleur de cette poignée de main, je sens plus qu'une simple forme de politesse. Aussitôt, avec la plus parfaite affabilité, mon interlocuteur m'offre l'hospitalité dans sa station et m'annonce que d'un jour à l'autre il attend l'arrivée du navire chargé de ravitailler son expédition.

Dès que je puis parler, je demande à Jackson des nouvelles des miens. Lors de son départ, deux ans auparavant, ma femme et ma fille étaient en parfaite santé. Je m'enquis ensuite de la Norvège et de la situation politique. De ce sujet il ne savait rien. J'en conclus que tout allait bien de ce côté.

Immédiatement Jackson me propose d'aller rechercher Johansen et les bagages. « Sur cette glace accidentée le halage des kayaks sera très pénible à nous trois. Si donc vous avez des hommes disponibles en nombre suffisant, lui répondis-je, il est préférable de les charger de cette besogne. » En attendant, pour avertir Johansen, nous tirons chacun deux coups de fusil.

Bientôt après nous rencontrons plusieurs autres membres de l'expédition : le commandant en second, M. Armitage, M. Child, le photographe, le Dr Koetlitz. Les présentations faites, immédiatement ce sont de nouvelles congratulations. Un peu plus loin nous sommes salués par le botaniste M. Fisher, M. Burgess et un Finnois du nom de Blomqvist. Dès qu'il avait aperçu un étranger sur la glace, immédiatement Fisher avait eu l'idée que ce ne pouvait être que moi. Il avait ensuite cru s'être trompé, lorsqu'au lieu de l'homme blond qu'il s'attendait à voir, il s'était trouvé en présence d'un homme aux cheveux et à la barbe complètement noirs. Une fois tout le personnel de la mission réuni, Jackson leur annonça que j'étais parvenu au 86° 15'. Trois vigoureux hourras accueillirent la nouvelle.

Immédiatement des hommes partent au-devant de Johansen, pendant que je m'achemine vers la station anglaise, établie au cap Flora.

Jackson m'annonça alors qu'il avait des lettres pour moi et que, dans une excursion qu'il avait entreprise vers le nord, il les avait emportées, pensant nous rencontrer sur son chemin. Au mois de mars dernier, il s'était avancé jusqu'au cap Richtofen, à 35 milles seulement de nos quartiers d'hiver, et avait dû s'arrêter devant cette nappe d'eau libre dont nous avions soupçonné l'existence pendant notre détention.

Ce n'est qu'en arrivant près de la station que mon nouvel ami me questionna sur le *Fram* et sur les résultats de notre dérive. En quelques mots je lui racontai notre voyage à travers le bassin polaire. Dans les premiers moments de notre rencontre, m'expliqua-t-il plus tard, il avait cru à un désastre. Il pensait que notre navire avait été détruit et que nous étions les deux seuls survivants de l'expédition. Aux premières paroles qu'il m'avait adressées au sujet de notre bâtiment, il lui avait semblé surprendre dans ma physionomie une expression de profonde tristesse et il n'avait plus ensuite osé aborder ce sujet. Il avait même recommandé à ses compagnons le silence sur ce sujet. S'étant ensuite aperçu de sa méprise, il me demanda aussitôt des renseignements sur le *Fram* sur le reste de l'équipage.

Tout en causant nous arrivons à Elmwood, l'habitation de la mission, une maison russe, très basse, tout en bois, édifiée au pied d'une montagne, sur une ancienne ligne de côte, à une hauteur de 16 mètres au-dessus de la mer. Autour sont installés une écurie et quatre grands baraquements servant de magasins.

Nous entrons dans ce nid chaud perdu au milieu de cette froide solitude... Le plafond et les murs sont couverts de drap vert. Aux panneaux sont accrochées des photographies, des photogravures. Des étagères chargées de livres et d'instruments sont disposées dans les angles. Des vêtements et des chaussures sont suspendus au plafond pour sécher. Au milieu de cette pièce confortable brûle un poêle hospitalier. Un singulier état d'esprit me pénètre en m'asseyant au milieu de toutes ces choses étranges pour nous. Par un coup du destin changeant, toutes les responsabilités et toutes les anxiétés qui, depuis trois longues années, pesaient sur moi, se sont envolées subitement. Je suis maintenant dans un port sûr au milieu de la banquise. Les pénibles attentes de ces années de lutte s'effacent devant le soleil flamboyant d'une brillante aurore. Mon devoir est accompli, ma tâche est terminée. Maintenant je n'ai plus qu'à me reposer et à attendre.

Jackson me remet une cassette soigneusement scellée. Elle contient des lettres de Norvège. En l'ouvrant, mes mains tremblent et le cœur me bat violemment. Toutes ne m'apportent que de bonnes nouvelles. Après cela, un doux sentiment de quiétude m'envahit.

Le dîner est servi. Du pain, du beurre, du lait, du sucre, du café, toutes choses dont depuis un an nous avons perdu le goût. Mais le suprême confort de la vie civilisée, nous ne le connaissons qu'après avoir jeté nos guenilles et pris un bain. La couche de crasse qui nous enveloppe est si épaisse qu'elle ne disparaît qu'à la suite d'une série d'ablutions réitérées. Après avoir endossé des vêtements propres et moelleux, coupé notre barbe et notre chevelure hirsutes et embroussaillées, notre transformation de sauvages en Européens est maintenant complète. Elle s'est opérée plus rapidement que l'adaptation inverse subie il y a dix-huit mois.

Bientôt arrive Johansen, escorté par les membres de l'expédition. Lorsque les Anglais avaient rencontré mon ami, immédiatement ils l'avaient salué, ainsi que le pavillon norvégien, d'un triple hourra, puis s'étaient attelés aux traîneaux, ne voulant à aucun prix lui permettre d'y toucher. « Je marchais à côté d'eux, me raconta-t-il, comme un simple touriste. De bien des manières nous avons voyagé sur la banquise, à coup sûr celle-là est la plus agréable. »

Johansen est non moins cordialement reçu que je l'ai été. A son tour, il subit la même transformation que moi. Après cette métamorphose, je ne puis reconnaître mon camarade. Je cherche à retrouver en lui le miséreux qui se promenait avec moi devant un taudis sur cette plage désolée. Le troglodyte, noir de crasse et de suie, a fait place à un élégant Européen, fumant un bon cigare, paresseusement étendu sur un siège confortable. De jour en jour, il me semble engraisser d'une manière alarmante. Du reste, depuis notre départ du *Fram*, nous avons tous les deux singulièrement augmenté de poids. En quinze mois, j'ai gagné 10 kilogrammes et demi et Johansen un peu plus de 6 kilogrammes. Ce brillant résultat, nous le devons à notre nourriture composée exclusivement de graisse et de viande d'ours.

Nous vivons dans la paix et le bien-être, attendant le navire qui doit nous rapatrier. Pour nous faire oublier l'attente, nos amis nous comblent des soins les plus affectueux et des attentions les plus délicates. Non, jamais, je ne saurais exalter assez la large et cordiale hospitalité que nous a donnée l'expédition anglaise. Est-ce le résultat de notre isolement absolu pendant un an, ou est-ce l'esprit de solidarité qui pousse les hommes à se réunir dans ces régions désolées ? Je ne sais, toujours est-il que jamais les plus longues conversations ne nous lassent, et que nous avons l'impression d'être tous de vieux amis, alors qu'il y a quelques jours nous étions des inconnus les uns pour les autres.

Dès notre arrivée à la station du cap Flora, je m'empressai de comparer nos montres avec les chronomètres de l'expédition anglaise. L'erreur n'était que de vingt-six minutes, correspondant à une différence de 6° 5' de longitude. En possession de ce renseignement je puis maintenant calculer mes observations de longitude. Ce travail achevé, je dresse d'après nos relevés une carte de la terre François-Joseph, que Jackson veut bien me permettre ensuite de comparer à celle exécutée par lui. Lorsque toutes mes observations auront été soigneusement vérifiées, et si je puis obtenir communication des minutes de Payer, je pourrai publier un document beaucoup plus précis. Le seul point sur lequel je désire actuellement attirer l'attention est le morcellement de la terre François-Joseph et l'absence de masse continentale dans cette région. Dans plusieurs zones mes relèvements concordent avec ceux de Payer. Mais l'énigme qui nous avait occupés l'hiver demeurait toujours non résolue. Où sont le glacier de Dove et la partie la plus au nord de la terre Wilezek ? Où sont les îles Braun, Hoffmann et Freeden, de Payer ? L'explorateur autrichien, qui est un topographe expérimenté et très soigneux, a été sans doute victime d'une illusion d'optique, produite par le brouillard. Je ne puis expliquer autrement une pareille erreur.

Les environs du cap Flora sont très intéressants au point de vue géologique. Aussi souvent que je le pouvais, j'étudiais la structure de cette région, tantôt seul, tantôt en compagnie du Dr Koetlitz. Nous fîmes notamment des excursions sur de hautes moraines, très abruptes, à la recherche de fossiles fort abondants en certains points. Du niveau de la mer jusqu'à une hauteur de 250 à 300 mètres, le sol est constitué par une couche d'argile renfermant des fragments de grauwacke rouge très riche en fossiles. La présence de bélemnites et d'ammonites permet de rapporter avec certitude cet étage au jurassique. En différents points, il se trouve traversé par de minces filons de charbon et renferme de nombreux gisements de bois fossiles. Au-dessus de cette couche sédimentaire s'étend une puissante[1] formation d'un basalte à gros grains, très différent des basaltes typiques, et paraissant se rapporter à ceux du Spitzberg et de la terre du Nord-Est. Dans l'archipel François-Joseph, cette roche présente, du reste, une grande variété de texture et occupe des positions très différentes par rapport au niveau de la mer. Ainsi, à l'île Northbrook et sur les terres voisines, il ne se rencontre qu'à l'altitude de 250 à 300 mètres, tandis que, plus au nord, il constitue le rivage même. Aux environs du 81° de lat., cette roche forme de hauts escarpements à pic au-dessus des fjords comme, par exemple, aux caps Fischer, Clements-Markham, Mac Clintock.

Le basalte du cap Flora me semble, en grande partie du moins, dater du jurassique. Il repose, en effet, sur des assises remontant à cette période et renferme en inclusion des lambeaux de ce terrain. Enfin, au sommet de cette formation volcanique se rencontrent des végétaux fossiles appartenant au dernier étage de la série jurassique. La terre François-Joseph paraît donc être d'âge relativement ancien. L'horizontalité des couches de ce basalte sur toutes les îles semble indiquer, à une époque antérieure, l'existence d'une grande masse continentale dans cette région, plus tard morcelée et désagrégée par les actions érosives des agents atmosphériques, des glaciers et des eaux. Une partie de ce territoire s'est affaissée et, aujourd'hui, il ne subsiste plus de ce continent qu'un complexe d'îles. La ressemblance présentée par ces formations avec celles signalées sur plusieurs points du Spitzberg et de la terre du Nord-Est, incite à croire que ces deux archipels ne formaient primitivement qu'une même masse continentale. Pour cette raison, il serait très intéressant d'explorer la zone complètement inconnue qui sépare ces deux archipels, et que nous aurions traversée, si nous n'avions pas rencontré l'expédition Jackson. Sans aucun doute, dans cette direction doit se trouver un grand nombre, peut-être même un cordon continu d'îles à travers lesquelles il sera difficile de discerner les limites respectives de

1. Sa puissance varie de 300 à 350 mètres.

chacun des deux archipels principaux. La reconnaissance de cette région, œuvre dont l'importance scientifique n'échappera à personne, sera, nous l'espérons, accomplie avec succès par la mission Jackson.

L'extension de la terre François-Joseph vers le nord ne peut être déterminée avec quelque précision. Je ne crois cependant pas à l'existence d'une île étendue dans cette direction. Les terres Petermann et Oscar, signalées par Payer, doivent être très petites. Lorsque nous atteignîmes l'archipel François-Joseph, nous n'aperçûmes pas ces îles, bien que nous ayons dû passer dans leur voisinage ; en second lieu, quand nous étions à la même latitude qu'elles, le mouvement de dérive des glaces vers l'ouest ne paraissait rencontrer aucune résistance de ce côté.

Pendant mon séjour au cap Flora je m'occupai d'étudier les signes manifestes des changements survenus dans les niveaux respectifs de la mer et des terres.

La station, comme je l'ai dit plus haut, était construite sur une ancienne ligne de rivage située à 12 ou 15 mètres au-dessus de la mer. Dans les environs se trouvaient également, à différentes hauteurs, plusieurs autres terrasses littorales *(strandulie)*. Ainsi, la hutte d'hivernage de Leigh Smith avait été installée sur une *stranduliie* située à 5,30 m, tandis que plus loin d'anciennes plages atteignaient une altitude de 25 mètres. Dans la partie nord de l'archipel, notamment à l'île Torup, j'avais déjà relevé l'existence de *stranduliie* analogues. Dans plusieurs zones voisines du cap Flora, Jackson trouva, du reste, des ossements de cétacés, notamment, près de sa station et à une hauteur de 15 mètres, un crâne de baleine, peut-être de baleine blanche *(Balaena mysticetus)*. Un peu plus loin, il découvrit des fragments d'un squelette entier à une altitude de 2,80 m. Sur un grand nombre de points, on observait des bancs de coquilles subfossiles, attestant qu'à une époque récente la mer s'était élevée au-dessus des *stranduliie* les plus basses.

Un jour, le Dr Jackson et le Dr Koetlitz rencontrèrent deux gisements de végétaux fossiles sur un *nunatak*[1] situé au-dessus d'un glacier voisin du cap Flora. Cette découverte éveilla tout

1. Nom commun eskimo sous lequel les indigènes du Groenland désignent les pointements rocheux émergeant au-dessus de l'*inlandsis*. Ce terme, passé dans le vocabulaire arctique, désigne tous les affleurements rocheux situés au milieu des glaciers.

de suite ma curiosité. Le 17 juillet, accompagné de Koetlitz, j'allai visiter à mon tour cette intéressante zone. Le pointement rocheux, constitué par du basalte à structure columnaire, très caractérisé, s'élevait au milieu du glacier à une altitude que j'évaluai à vue d'œil à 200 ou 225 mètres. En deux points de sa surface apparaissait une couche de fragments de grès contenant en abondance des empreintes d'aiguilles de conifères et de petites feuilles de fougères. L'étude faite par le professeur Nathorst des échantillons que j'ai rapportés montre l'importance de la trouvaille faite par Jackson et le Dr Koetlitz. (Voir appendice I.)

Très brusque était la transition entre notre longue vie de paresse et d'inertie pendant l'hiver et cette existence active et intellectuelle.

Ici nous trouvions tous les éléments nécessaires au travail et tous nos loisirs nous les employions à la discussion de problèmes scientifiques avec nos hôtes.

Le botaniste de l'expédition, M. Harry Fisher, fort intéressé par les études zoologiques et ethniques dans les régions polaires, s'était livré, pendant son long séjour à la terre François-Joseph, à des recherches qui augmenteront dans une large mesure nos connaissances biologiques. Jamais je n'oublierai nos longues et curieuses conversations et son amabilité à m'initier à ses importantes découvertes. Après avoir été privé pendant si longtemps de tels entretiens, je ne pouvais m'en lasser ; j'étais comme un morceau de terre qui, à la suite d'une sécheresse d'une année, absorbe avec avidité une pluie bienfaisante.

Des distractions d'un autre genre nous étaient offertes. Lorsque je me sentais fatigué par le travail acharné auquel je me livrais, j'allais à la chasse en compagnie de Jackson ou de quelque autre membre de la mission. Autour de la station le gibier ne manquait pas. Un jour, nous tirions des ours, un autre des guillemots ou des colombes de mer, ou bien encore allions recueillir des œufs sur les falaises peuplées de milliers de mouettes tridactyles.

Les jours passaient, et le *Windward*, le navire qui devait venir ravitailler l'expédition anglaise, ne paraissait pas. Ce retard n'était pas sans nous causer quelque impatience. Peut-être le bâtiment ne pouvait-il se frayer un chemin à travers les glaces et serions-nous condamnés à hiverner ici ? La perspective n'avait rien d'attrayant. Etre arrivés si près du but et ne pouvoir l'atteindre ! Nous commencions à regretter de n'avoir pas poursuivi notre route vers le Spitzberg. Peut-être, si nous avions continué notre marche, aurions-nous déjà rencontré le chasseur de phoques dont il avait été si souvent question dans nos conversations pendant l'hivernage ? La raison de notre arrêt à la station du cap Flora est très compréhensible. Jackson et ses compagnons nous avaient fait une réception tellement cordiale que même le Spartiate le plus endurci n'aurait pu résister à ses charmes. Après nos terribles labeurs, nous avions trouvé ici une maison agréable où nous n'avions rien de mieux à faire qu'à nous reposer et attendre. Hélas ! l'attente patiente n'est pas toujours facile à supporter, et nous songions sérieusement à nous mettre en route pour le Spitzberg.

Pour une telle entreprise, la saison n'est-elle pas déjà trop avancée ? Nous sommes à la moitié de juillet. En partant immédiatement, si nous rencontrons en route quelque obstacle imprévu, nous n'arriverons pas avant un mois, même plus tard, dans les eaux où nous pourrons avoir chance de rencontrer un navire. Nous serons alors au milieu ou à la fin d'août, époque à laquelle les pêcheurs commencent à opérer leur retour. Si nous ne trouvons pas un de ces bâtiments avant le commencement de septembre, nous serons probablement contraints à un hivernage au Spitzberg. Le parti le plus simple est donc d'attendre l'arrivée du *Windward*. En somme, c'est ici que nous avons les plus grandes chances de rapatriement rapide. La saison la plus favorable pour la navigation dans ces parages est le mois d'août et le commencement de septembre. Donc, confiance et patience !

Nous ne sommes du reste pas les seuls à supporter difficilement cette détention. Quatre membres de l'expédition anglaise qui doivent quitter la station et rentrer après une absence de deux ans attendent également avec anxiété le navire.

20 juillet. — De jour en jour notre impatience augmente. De l'avis de Jackson, le *Windward* aurait pu arriver ici dès le milieu de juin ; à différentes reprises, affirme-t-il, la mer a été assez libre pour lui permettre le passage. Je ne partage pas cet optimisme. Devant la station on ne voit qu'une petite quantité de glace, mais plus au sud une banquise compacte doit barrer la route... Depuis plusieurs jours, la dérive a ramené de l'est d'épaisses masses de glace. A perte de vue, une plaine blanche ;

pas la plus petite nappe d'eau libre ! Nous voici encore séparés de ce monde que nous pensions presque toucher !

Au bout de l'horizon s'étend une bande de nuages bleuâtres. Là-bas, très loin, derrière cette banquise la mer est donc dégagée. Peut-être sur ses eaux libres vogue le navire qui doit nous ramener auprès des nôtres, le navire qui nous apporte des nouvelles de la patrie et de tous les êtres aimés. Toujours le rêve doré de la prochaine réunion !

21 juillet. — Aujourd'hui, enfin, souffle un vent du nord qui nettoie la mer de la glace qui l'encombre. Ce soir, dans toutes les directions à perte de vue, la mer libre ! Peut-être verrons-nous bientôt poindre le navire tant désiré.

22 juillet. — La vie n'est faite que d'espoirs et de désappointements. Hier, nous étions pleins d'espérance ; aujourd'hui, nous demeurons abattus devant les tromperies de la dérive des glaces. Un vent de sud-est a ramené devant nous une épaisse banquise. Il faut s'armer de patience !

26 juillet. — Enfin est arrivé le *Windward* ! Ce matin, Jackson est venu me tirer par les jambes pour m'annoncer la bonne nouvelle. Immédiatement je me suis levé et ai regardé par la fenêtre. Il est là, ce navire dont la venue est si ardemment désirée, manœuvrant lentement à la lisière de la glace à la recherche d'un mouillage. Quelle chose étrange que ce bâtiment. Comme il me paraît grand et haut ! Il me semble une petite île ! Il apporte des nouvelles du monde, du monde vivant, de tout là-bas !

L'émoi est général dans notre petite colonie. Tous se sont levés et, dans les costumes les plus étranges, contemplent par la fenêtre le merveilleux visiteur. Jackson et Blomqvist, aussitôt habillés, s'acheminent vers le *Windward*. N'ayant rien à faire pour le moment à bord, je me remets au lit. Bientôt après Blomqvist arrive, tout essoufflé, m'annoncer que tous les miens sont bien portants et que le *Fram* n'est pas de retour. C'était la première chose dont s'était enquis l'excellent Jackson.

Je m'habille et me rends à mon tour à bord. Arrivé près du navire, je suis accueilli par trois hourras retentissants et cordialement reçu par le capitaine Brown, commandant du *Windward*. Nous nous asseyons ensuite devant un excellent déjeuner et, au cours de ce repas, apprenons des nouvelles absolument étonnantes. On peut photographier les gens à travers des portes en bois, épaisses de plusieurs centimètres, des projectiles dans le corps des blessés ! Les Japonais ont battu les Chinois. Le Spitzberg a été ouvert aux touristes. Une compagnie norvégienne entretient un service régulier entre cette terre polaire et notre pays. Sur cet archipel un hôtel a été bâti et un bureau de poste fonctionne avec des timbres spéciaux. Enfin le Suédois Andrée se propose d'atteindre le pôle en ballon et attend un vent favorable pour partir. Si nous avions poursuivi notre route vers le Spitzberg, nous serions tombés au milieu de tous ces touristes. Nous aurions trouvé un hôtel et aurions été rapatriés par un vapeur offrant tout le luxe des installations modernes et non pas par quelque pauvre chasseur, comme nous l'avions pensé. Cela aurait été une scène très amusante de nous voir arriver, sales et déguenillés, tels que nous sortions de notre chenil de l'hiver, au milieu d'une bande d'Anglais et d'Anglaises.

Maintenant une activité fébrile règne dans la petite colonie. L'équipage et les membres de la mission travaillent de concert à mettre à terre les approvisionnements de toute nature apportés par le *Windward*. En moins d'une semaine le déchargement est terminé. Nous attendons ensuite quelques jours pour donner le temps à Jackson d'achever sa correspondance. Sur ces entrefaites, une tempête éclate ; les amarres qui relient le *Windward* à la lisière de la glace se rompent, et le navire s'en va à la dérive. Le capitaine parvient à gagner un mouillage qui est loin d'être sûr. Le bâtiment n'a que quelques centimètres d'eau sous la quille. Entre-temps, la glace, chassée par le vent, se presse en masses de plus en plus considérables. Un moment, la situation devient assez mauvaise ; les blocs n'arrivent pas heureusement jusqu'au navire. Quelques jours après cet incident, le *Windward* était paré pour le départ.

7 *août*. — Maintenant est arrivé le moment de faire nos adieux à la dernière station de notre route, où nous avons reçu une si cordiale hospitalité. Tous ceux qui doivent partir : MM. Fisher, Child, Burgess, le Finnois Blomqvist, Johansen et moi sommes à bord, et ceux qui doivent demeurer sont là, sur la lisière de la glace. Un moment le soleil perce les nuages au-dessus du cap Flora ; aussitôt nous levons nos chapeaux et envoyons un dernier salut à ces hommes courageux, qui vont passer encore un hiver dans la grande solitude des glaces, pendant que le *Windward*, poussé par le bon vent, s'éloigne vers le sud.

La fortune nous fut favorable. A l'aller, le navire, avant de parvenir à la terre François-Joseph, avait eu à lutter contre d'épaisses banquises. La glace était encore très abondante, mais relativement mince et sans grande consistance. Sur quelques points seulement, nous fûmes arrêtés et dûmes nous frayer un passage de vive force à la vapeur. Le navire était, d'ailleurs, dans d'excellentes mains. Du matin au soir, tant qu'un glaçon fut en vue, notre capitaine ne quitta pas le « nid de corbeau ». A peine prenait-il le temps de dormir quelques heures.

Comme Brown me le disait fréquemment, avant tout il importait d'arriver en Norvège avant le retour du *Fram*. Cet excellent homme comprenait bien quelle émotion éprouveraient les nôtres, si les autres nous précédaient.

Rapide et agréable fut la traversée. L'expérience acquise à l'aller avait suggéré au capitaine Brown l'idée de faire route d'abord vers le sud-est, c'est-à-dire vers la Nouvelle-Zemble, pour sortir le plus tôt possible de la glace et pour gagner l'eau libre. Les prévisions de ce marin expérimenté se trouvèrent justes.

Après avoir parcouru 220 milles à travers la banquise, nous atteignîmes l'eau libre à l'extrémité supérieure d'une longue baie ouverte vers le nord au milieu des glaces. Nous étions arrivés juste au bon endroit. Eussions-nous suivi une route un peu plus à l'est ou à l'ouest, nous eussions été retenus pendant des semaines. Une fois sur le libre océan, de suite le cap fut mis sur Vardö. Une indescriptible sensation d'apercevoir cette immensité bleue !

Un matin, tandis que nous contemplons la mer, nous découvrons une première voile ! Nous voici, enfin, dans des eaux fréquentées !

Dans la soirée du 12 août, je distingue quelque chose de noir devant nous, très bas, au bout de l'horizon. Qu'est-ce ? A tribord, cette ombre s'étend au loin vers le sud. Je la regarde des heures et des heures. C'est la terre, la terre de Norvège ! Je suis comme hypnotisé ; une partie de la nuit je m'absorbe dans la contemplation de cette longue ligne sombre. Un frisson de fièvre secoue mon corps. Quelles nouvelles allons-nous trouver en arrivant ?

Le lendemain matin, nous sommes tout près de la côte. Une terre nue, guère plus engageante que celle que nous avons laissée derrière nous dans les brumes de l'océan Glacial ; mais c'est la Norvège. Nous rencontrons plusieurs navires et échangeons avec eux les saluts de pavillon. Nous croisons ensuite le cotre de la douane ; nous n'avons rien à démêler avec cette administration. Bientôt arrive le pilote. Après avoir manifesté une certaine surprise d'entendre parler norvégien à bord d'un navire anglais, il ne prête plus ensuite attention à notre présence, jusqu'à ce que le capitaine Brown lui ait dit mon nom. Alors il reste comme pétrifié ; puis, tout de suite, son visage s'éclaire d'une expression indicible de joie. Il me saisit alors vigoureusement les mains et me félicite d'avoir échappé à la mort. Depuis longtemps les gens me croient dans la tombe.

Le *Fram* n'est pas encore arrivé ! A cette nouvelle, je me sens débarrassé d'un grand poids. Une terrible anxiété aura été épargnée aux nôtres.

Bientôt le *Windward* entre dans le port de Vardö, silencieusement et sans éveiller l'attention. Avant que l'ancre ait été mouillée, Johansen et moi sautons dans un canot, pour nous rendre tout de suite au bureau du télégraphe. Quelques instants après nous sommes sur le quai. Nous avons encore trop la mine de pirates pour que l'on puisse nous reconnaître. Les passants poursuivent leur chemin sans même nous regarder. Le seul être qui semble se douter du retour des deux explorateurs est une intelligente vache qui, au milieu d'une ruelle, s'arrête pour nous contempler d'un air étonné. La vue de cet animal nous donne une si agréable sensation d'été que j'ai un instant l'idée de m'arrêter pour la caresser. J'ai maintenant l'impression que je suis bien en Norvège.

J'apporte au télégraphe une centaine de dépêches, dont une ou deux d'environ mille mots. A cette vue l'employé me lance un regard peu aimable ; mais, lorsque ses yeux tombent sur la signature, sa mine change subitement. Sa figure rayonne et immédiatement il m'adresse un cordial souhait de bienvenue.

Aussitôt après, les instruments commençaient leur tic-tac pour annoncer l'arrivée de deux membres de l'expédition polaire norvégienne et le retour probable du *Fram* dans le courant de l'été. Les premiers télégrammes furent adressés à ma femme, au roi de Norvège et au gouvernement norvégien.

La nouvelle de notre débarquement se répand bientôt dans Vardö. Immédiatement les maisons et les navires se pavoisent et la population nous souhaite la bienvenue en joyeuses acclamations. En même temps, de tous côtés affluent des dépêches. Toutes nous apportent de bonnes nouvelles. Maintenant les souffrances sont oubliées. Que le *Fram* arrive promptement et notre joie sera complète !

Le 16 août, le *Windward* lève l'ancre pour nous conduire à Hammerfest. Le bon capitaine Brown tient absolument à présenter ses devoirs à ma femme, qui doit venir me rejoindre dans ce port. Le 21, nous mouillons devant cette ville, la plus septentrionale de notre cher pays. Là également, c'est une réception enthousiaste. A ma grande joie, je rencontre sir George Baden-Powell sur son yacht, l'*Otaria*, ancré dans le port. Cet excellent ami revient de la Nouvelle-Zemble, où il est allé observer l'éclipse de soleil du 9 août. Aussitôt, il met son confortable vapeur à ma disposition. Dans la soirée ma femme me rejoint et, après une fête donnée en notre honneur par la ville d'Hammerfest, nous nous installons à bord de l'*Otaria*.

De tous les points du globe, c'est un flot de télégrammes de félicitations. Mais toujours aucune nouvelle du *Fram*. Si aucun accident ne lui est arrivé, il doit être maintenant hors de la glace. Son retard commence à devenir étrange. S'il ne rentre pas, quelle horrible anxiété pour nous !

Dans la matinée du 26 août, je suis réveillé brusquement par sir George. Un homme insiste pour me parler. « J'arrive, répondis-je, je m'habille de suite. — Cela ne fait rien, venez comme vous êtes », réplique mon ami. Un peu surpris, je lui demande ce dont il s'agit. Il n'en sait rien. Evidemment, c'est quelque nouvelle importante. Je passe rapidement mes vêtements et j'arrive dans le salon. C'est le chef du bureau du télégraphe ; il tient une dépêche. « Voici un télégramme très intéressant pour vous, me dit-il, et pour cette raison j'ai tenu à vous l'apporter moi-même. » Qu'est-ce ? Une seule chose au monde actuellement me préoccupe. En tremblant je fais sauter le cachet et je lis :

Fridtjof Nansen,

Le Fram *est arrivé en parfait état. Tout bien à bord. Partons dans quelques heures pour Tromsö. Souhaits de bienvenue.*

Otto Sverdrup.

Mon émotion est si vive que je puis à peine parler. « Le *Fram* est arrivé ! » m'écrié-je enfin. Je lis et relis le télégramme ; je doute du témoignage des yeux. Alors, c'est une joie générale, non seulement à bord, mais encore dans toute la ville.

Le lendemain, nous entrons à Tromsö, où le *Fram* est déjà mouillé. La dernière fois que nous l'avons vu, il était à moitié enfoui sous la glace ; maintenant il flotte fièrement dans les eaux de la patrie. Les hourras éclatent joyeux et retentissants, et tout l'équipage du *Fram* se précipite à bord de l'*Otaria*. La scène de notre réunion, je renonce à la décrire.

Maintenant nous sommes tous en Norvège. L'expédition a accompli sa tâche ! Nous nous acheminons ensuite vers le sud. En tête avance un remorqueur affrété par le gouvernement, puis le *Fram* escorté de l'*Otaria*. Quelle agréable impression de rester oisif et tranquille, tandis que les autres frayent pour nous la marche !

Sur notre passage, toute la population arrive en foule. Cette vieille mère de Norvège, fière de notre œuvre, semble vouloir nous presser dans une chaude étreinte pour nous remercier de notre labeur. Pourtant, nous n'avons fait que notre devoir et simplement accompli la tâche que nous avons entreprise.

Nous voici revenus à la vie, et maintenant devant nous elle s'ouvre pleine de lumière et d'espérance. C'est le soir. Le soleil descend sur la mer bleue, et la mélancolie pénétrante de l'automne s'étend sur la nappe des eaux. En vérité cela est trop beau... N'est-ce pas un rêve ? Non ! sur la lueur du couchant, la silhouette de la femme aimée, détachée en vigueur, m'apporte le sentiment de la paix et de la sécurité dans la vie.

Notre voyage le long de la côte de Norvège n'est qu'une marche triomphale.

Le 9 septembre, le *Fram* entre dans le fjord de Christiania. La capitale de la Norvège nous fait une réception dont un prince eût été fier. Le canon tonne, les acclamations retentissent, les pavillons battent partout au vent...

Le soir, je suis sur le bord du fjord. Les échos se sont tus et la noire forêt de pins demeure silencieuse. Les feux de joie allumés sur les caps s'éteignent et le clapotement de l'eau à mes pieds semble me dire : « Maintenant tu es de retour chez toi. » La paix profonde d'un soir d'automne descend, bienfaisante, sur l'esprit fatigué.

Je me rappelle la matinée pluvieuse de juin où, pour la dernière fois, j'ai foulé cette berge. Depuis, plus de trois ans se sont écoulés. Nous avons travaillé, nous avons semé : maintenant le temps de la moisson est arrivé. Dans mon cœur je pleure de joie et de reconnaissance.

La glace et le long clair de lune des nuits polaires semblent le rêve lointain d'un autre monde, un rêve qui s'est évanoui. Mais que serait la vie sans les rêves ?

12

Rapport du capitaine Otto Sverdrup sur la dérive du Fram *depuis le 15 mars 1895*

I

Le 15 mars 1895, jour où le Dr Fridtjof Nansen et le lieutenant Johansen nous quittèrent, le *Fram* se trouvait par 84° 4' de lat. N. et par 102° de long. E. de Greenwich.

Le bâtiment était bloqué dans une masse de glace épaisse de 8 mètres qui l'enveloppait complètement jusqu'en dessous de la quille. Sur toute sa longueur s'appuyait, à bâbord, un monticule s'élevant, dans la partie centrale du navire, jusqu'au niveau du plat-bord. Au nord-ouest, à une distance de 13 mètres, se dressait un large et long mamelon, appelé le *Grand Hummock*, dont la hauteur atteignait 7 mètres. A mi-chemin entre ce monticule et le navire se rencontrait un chenal, long d'environ 5 mètres, tandis qu'également à 5 mètres de l'étrave se trouvait une ancienne crevasse, alors fermée par les pressions, mais qui devait se rouvrir au printemps.

Sur le *Grand Hummock*, formé dans la convulsion du 27 janvier 1894, était établi, sur la face regardant le navire, un dépôt de boîtes de conserves et de matériel de campement recouvert de prélarts. Des *ski* et des traîneaux avaient été également déposés sur ce point en cas d'abandon du navire. A moitié route entre ce mamelon et le *Fram* avait été déposé le canot à pétrole ; plus tard, lorsqu'un nouveau chenal s'ouvrit dans le voisinage, il fut transporté un peu plus loin. Enfin, la forge était installée à bâbord, adossée au monticule de pression situé contre les flancs du *Fram*. Le toit de la hutte était fait d'une série de barreaux enfoncés dans l'escarpement, sur lesquels avaient été entassés des blocs recouverts d'une solide couche de neige.

Le travail le plus urgent était de dégager le navire de l'énorme amas de glaçons que les pressions avaient entassé contre la paroi de bâbord. En cas d'un nouvel assaut survenant de ce côté, le navire courrait le risque d'être culbuté, tant que cet énorme monticule resterait debout. Le 19 mars commença le déblaiement. Le mamelon, attaqué tout à la fois par l'avant, par l'arrière et au centre, ne fut rasé qu'après un labeur acharné de huit jours. Pendant ce temps, la température se maintint entre – 38 °C et – 40 °C. En prenant part aux terrassements, Scott-Hansen eut un orteil gelé.

Par suite du départ de Nansen et de Johansen, quelques modifications furent apportées dans le logement des hommes. Je m'installai dans la cabine du chef de l'expédition, et Jacobsen dans la mienne. Le poste de tribord n'eut plus désormais que trois cadres occupés au lieu de quatre.

Entre-temps, Amundsen réparait le poêle à pétrole de l'atelier. Une fois ce travail terminé, cette pièce devint la plus agréable du bord.

Le débarquement des vivres pour l'établissement du dépôt ayant montré la nécessité d'améliorer le passage du navire sur la banquise, le déblaiement achevé, nous construisons une large passerelle en neige et en glace qui facilitera les allées et venues.

Pour parer à toutes les éventualités, des préparatifs complets de retraite sont faits. Des traîneaux et des kayaks sont construits, des paniers disposés pour les provisions, et les vivres choisis et pesés. En même temps, Amundsen, Bentzen, Mogstad et Henriksen fabriquent des *ski*, dont nous manquons. Les raquettes canadiennes étant préférables, à mon avis, aux « patins norvégiens » pour haler les traîneaux sur une banquise accidentée, j'en fis confectionner dix paires. Ordre fut donné à tout le monde de s'exercer à la marche avec ces engins. A partir du 1er mai, lorsque les *ski* furent terminés, des courses quotidiennes sur ces patins furent également organisées, afin d'entraîner tout l'équipage.

A la fin de mars, la banquise manifesta des signes d'agitation. A une vingtaine de mètres du bord s'ouvrit, entre le navire et le dépôt, un canal autour duquel se formèrent un grand nombre de crevasses plus ou moins larges. Du 11 avril au 1er mai se produisirent plusieurs pressions. Le 11 avril, Scott-Hansen et moi fûmes témoins de la violence de ces chocs. Nous suivions un étroit chenal, couvert de « jeune glace » épaisse, tout au plus, de 60 centimètres, lorsqu'une déchirure s'ouvrit parallèlement à la première crevasse, déterminant dans le « champ » une pression. Dans le choc, les deux bords du chenal se heurtèrent avec une telle violence que la glace s'enfonça pendant quelques instants à plusieurs mètres de profondeur.

La « jeune glace » de mer est extraordinairement plastique, et peut être soulevée en larges vagues sans donner lieu à une rupture.

Pendant la dernière partie d'avril, le chenal principal situé à l'arrière s'ouvrit de plus en plus. A perte de vue, il s'étendait vers le nord et projetait sur le ciel l'ombre foncée caractéristique de l'existence d'une nappe d'eau libre. Vers le 1er mai, près du *Fram,* sa largeur atteignait 900 mètres, plus au nord 1 433 mètres. Le lendemain, subitement, cette énorme crevasse se ferma. Les deux masses de glaces riveraines se rapprochèrent et se heurtèrent avec un fracas de tonnerre, soulevant un *hummock* haut de plus de 11 mètres.

Pendant le mois d'avril, le *Fram* resta pour ainsi dire immobile. Du 15 mars au 4 avril, nous avançâmes seulement de 4 milles vers le nord. Plus tard, la dérive s'accentua, sans jamais, cependant, acquérir la vitesse qu'elle avait eue au printemps précédent. Peut-être, lorsque la saison sera plus avancée, deviendra-t-elle plus rapide, écrivais-je dans mon journal à la date du 23 mai, et éviterons-nous le recul de l'été passé ! En tout cas, la banquise n'est pas aussi divisée que l'an dernier à pareille époque. Actuellement, les larges plaques voisines du navire ne présentent pas la moindre fissure.

A la fin de mai, le vent vira au sud-ouest, puis à l'ouest et au nord-ouest, et le « mouvement rétrograde de l'été » commença. Il fut de courte durée. Vers le 8 juin, sous l'influence de brises d'est, nous fûmes portés dans l'ouest et, le 22, nous atteignîmes le 84° 31′ de lat. N. et le 82° 58′ de long. E. de Greenwich. Pendant les derniers jours du mois, et durant la plus grande partie de juillet, la dérive persista dans cette direction.

En mars, avril et mai, les calmes furent très fréquents et le vent vint généralement de l'est, toujours très faible. Ces calmes ajoutaient encore à la monotonie de notre existence et exerçaient par suite une influence déprimante sur le moral des hommes. Dans les derniers jours de mai survint une fraîche brise d'ouest ; elle ne nous était, certes, pas favorable, mais elle amenait un changement dans le monde extérieur qui nous entourait. Le 8 juin, il y eut encore un incident météorologique. Ce jour-là s'éleva un vent violent d'E. — S.-E. ; sa vitesse atteignit jusqu'à 10 mètres par seconde. Depuis longtemps nous n'avions pas observé une brise aussi fraîche.

Aussitôt le découragement qui commençait à percer fait place à un regain d'énergie. Tout le monde est gai et plein d'entrain ; les chants et les rires reprennent de plus belle, tandis que, les jours précédents, les conversations se réduisaient à l'échange de monosyllabes. On examine les cartes et on fait des plans d'avenir. Si le vent d'est persiste pendant quelque temps, nous serons tel jour à telle latitude, et très certainement nous serons de retour en automne 1896. La tête remplie de rêves joyeux et d'espérance, on oublie la situation présente.

Et pourtant elle est terriblement monotone. Nous n'avons pas même la distraction de recevoir de temps à autre la visite d'un ours. Ces animaux ont complètement disparu. Aussi, grand est l'émoi à bord, lorsque, le 7 mai, on signale la présence d'un tout petit phoque dans un chenal qui s'est récemment ouvert près du *Fram*. C'est le premier de ces amphibies que nous apercevons depuis le mois de mars. Plus tard, nous vîmes fréquemment quelques-uns de ces animaux dans les crevasses voisines du navire. Ils étaient très farouches ; ce ne fut que dans le milieu de l'été que nous réussîmes à en capturer un, encore était-il de si petite taille qu'il fut tout juste suffisant pour fournir un rôti.

Le 14 mai, une mouette blanche, probablement une pagophile *(Larus eburneus)*, passe autour du navire, se dirigeant vers l'ouest. Le 22, arrive le premier bruant ; à compter de cette date, ces messagers du printemps deviennent de jour en jour plus nombreux. Le 10 juin, les chasseurs abattent leur premier gibier, un pétrel arctique et une mouette tridactyle, et le 20, deux guillemots de Brunnich.

Le thermomètre qui, au milieu de mars, marquait – 40 °C se relève peu à peu. Après être resté invariable en avril, entre – 25 °C et – 30 °C, il remonte rapidement en mai. Vers le 15, il s'élève à – 15 °C, et, vers le 30, à – 6 °C. Le 3 juin, bien que la température soit encore de – 3 °C, une large nappe d'eau se forme près du navire. Le 5, pour la première fois, le thermomètre s'élève au-dessus du point de congélation, à + 2 °C.

L'étude des profondeurs océaniques était une des principales recherches confiées à nos soins ; malheureusement, le mauvais état de nos lignes nous empêcha de faire des sondages aussi fréquents que nous le désirions.

Le 24 et le 25 avril, nous sondons jusqu'à 3 000 et 3 200 mètres sans atteindre le fond. Le 22 juillet, même résultat avec des lignes de 3 500 et de 3 600 mètres. Le lendemain, nous touchons le fond par 3 800 mètres.

Dans la nuit du 22 juin, huit ou dix femelles de narvals viennent s'ébattre dans le chenal ouvert à tribord. Après leur avoir tiré plusieurs coups de feu sans résultat, je m'élançai à leur poursuite dans la baleinière, sans parvenir à les joindre. Je fis préparer des harpons, bien décidé à leur donner la chasse dès que l'occasion s'en présenterait. Le 2 juillet, je crus le moment propice arrivé. Le canal grouillait de cétacés, mais, dès que le canot fut à la mer, ils disparurent comme par enchantement. Quelques jours après ils se montrèrent dans une autre flaque d'eau ; cette fois encore nous ne pûmes les approcher.

De temps en temps, des phoques *(Phoca barbata)* se montraient autour du navire. Comme les narvals, ils étaient trop farouches pour que nous pussions les approcher. Enfin, dans les premiers jours d'août, nous reçûmes la visite d'un ours. Depuis six mois aucun de ces animaux ne s'était montré.

Pendant l'été, dans toutes les directions, s'ouvraient, à chaque instant, de larges crevasses pour se refermer quelques heures plus tard. En se rejoignant, les glaçons se heurtaient avec violence ; dans ces chocs, leurs bords se brisaient, s'amoncelaient et s'empilaient en *hummocks* plus ou moins larges, qui s'effondraient dès que la pression cessait. A la suite de ces convulsions, le *floe* qui portait le *Fram* se fendit de plus en plus, et, après un violent assaut survenu le 14 juillet, un chenal s'ouvrit sur le flanc du navire. Un moment je crus que le bâtiment allait quitter l'étau de glace qui l'enserrait depuis vingt-deux mois, et reprendre possession de son élément. Le *Fram* resta cependant pendant quelque temps encore fixé à son *floe*, virant seulement dans différentes directions, lorsque la banquise était agitée.

Le 27 juillet, la glace éprouva une convulsion absolument extraordinaire. De tous côtés s'ouvraient de larges canaux, et le glaçon sur lequel était installé la forge tournait sur lui-même au milieu d'une nappe d'eau, comme saisi par un tourbillon ; en même temps, le navire virait du N.-E. à l'O. – 1/2 S. Le *floe* qui supportait le *Fram*, craquelé de tous côtés, ne m'inspirant plus confiance, je résolus de l'abandonner en faisant sauter le bloc qui nous retenait prisonniers. Une charge de trois kilogrammes et demi de poudre à canon fut placée, sous le glaçon, à un mètre et demi de l'étrave. L'explosion détermina un choc violent dans tout le navire, mais sembla, au premier abord, n'avoir exercé aucune action sur la glace. Quelques instants après, cependant, le bloc se disloqua, et, le *Fram*, glissant lentement comme sur un ber, se trouva à flot.

Maintenant la situation du bâtiment est excellente. A bâbord se rencontre une plaque de glace, unie et peu élevée, et à tribord s'étend une nappe d'eau, longue de 190 mètres et large de 108 mètres environ. Que seulement l'hiver vienne rapidement pour couvrir ce bassin d'une bonne couche de glace !

Pendant la seconde moitié de juin et le mois de juillet, la dérive continua à notre entière satisfaction. Durant cette période, nous n'éprouvâmes guère d'alternances de progrès et de recul vers le nord ; toutes les variations dans la direction de notre marche se produisirent dans le sens de la longitude, comme le montre le tableau qui suit.

Après avoir été rapidement portés vers l'ouest, du 22 au 29 juin, nous revînmes vers l'est au commencement de juillet. La dérive reprit ensuite dans la direction primitive, puis un nouveau recul se manifesta jusqu'au 12 juillet, suivi d'un nouveau progrès vers l'ouest jusqu'au 22. A partir de cette date nous rétrogradâmes jusqu'au 6 septembre. A cette date nous nous trouvions par 79° 52', soit à peu près à la même longitude que le 29 juin.

Date	Latitude	Longitude	Direction du vent
22 juin	84° 32'	80° 58'	N.
27 *id.*	84° 44'	79° 35'	Nord par l'E.
29 *id.*	84° 33'	79° 50'	E.-N.-E.
5 juillet	84° 33'	75° 3'	S.-E.
7 *id.*	84° 48'	74° 7'	O.-S.-O.
12 *id.*	84° 41'	76° 20'	O.-S.-O.
22 *id.*	84° 36'	72° 56'	N.-N.-O.
27 *id.*	84° 29'	73° 49'	S.-O. par le S.

31 *id.*	84° 27'	76° 10'	S.-O.
8 août	84° 38'	77° 36'	N.-O.
22 *id.*	84° 9'	78° 47'	S.-O.
25 *id.*	84° 17'	79° 2'	E. par le N.
2 septembre	84° 47'	77° 47'	S.-E.
6 *id.*	84° 43'	79° 52'	S.-O.

Toutes les dispositions avaient été prises pour une retraite éventuelle. Nous possédions maintenant huit traîneaux à main, deux à chiens, cinq kayaks pour deux hommes et un pour moi ; nous avions donc tous les moyens de locomotion nécessaires pour traverser la banquise en cas de perte du navire. Afin de compléter les préparatifs, je fis disposer sur le pont deux dépôts contenant, l'un soixante-dix jours de vivres, l'autre des approvisionnements pour six mois.

Dans l'après-midi du 17 août, une pression très violente se produisit, et lentement souleva le *Fram*, comme un fétu de paille à une hauteur de 5,50 m à l'arrière et de 3,55 m à l'avant. Le lendemain, une détente de glace ramena le navire à flot. Le 21, nouvelle pression. Dès que la banquise donnait des signes d'agitation, nous essayions de déplacer le navire pour le soustraire aux attaques de la glace. A cette époque, les tempêtes de sud étaient fréquentes, et souvent, en dépit de nos efforts, nous ne réussissions pas à faire bouger le *Fram* d'une ligne. Le 22 août, nous étions parvenus cependant à haler le bâtiment près d'un glaçon capable de résister aux collisions, lorsqu'une détente de la banquise amena autour de nous une flottille de blocs dont le voisinage pouvait devenir dangereux. Jusqu'au 2 septembre, une brise très fraîche, accompagnée de grains violents, nous obligea à rester dans cette position. Cette bourrasque passée, après deux jours de travail acharné, nous parvînmes à faire avancer le navire dans une sorte de dock creusé dans l'épaisseur d'un gros bloc, formant un excellent havre d'hivernage.

Pendant la première moitié de septembre, le temps fut très variable. Durant cette période, les vents d'ouest et de sud-ouest prédominèrent, amenant de fréquentes chutes de pluie et de neige et déterminant des mouvements dans la glace. Le 15 septembre, à la suite d'une détente de la banquise, une petite mer se forma entre le navire et le *Grand Hummock*. Les jours suivants, l'agitation de la glace nous obligea à rentrer à bord les dépôts et les installations établis au dehors.

En octobre également, la banquise fut presque constamment en mouvement. A chaque instant s'ouvraient des fissures, tantôt dans une direction, tantôt dans une autre, et très fréquemment de violentes pressions se produisaient. Heureusement nous nous trouvions dans un excellent mouillage. Les deux caps qui formaient saillie de chaque côté de la baie brisaient les efforts des assauts, tandis que la « jeune glace » située à l'ouverture du dock ne pouvait exercer une pression dangereuse. L'attaque la plus violente survint le 26 octobre, mais sans grand effet. Le *Fram* avait éprouvé des chocs autrement terribles.

A partir du 1er novembre, nous entrâmes dans une période de calme. Les pressions cessèrent presque complètement, la température s'abaissa, les vents d'est devinrent dominants, et tout le restant de l'hiver nous continuâmes paisiblement notre route vers le nord et l'ouest.

Pendant l'automne, la dérive avait mis notre patience à rude épreuve. Par suite de la prédominance des vents d'ouest, nous étions sans cesse rejetés dans l'est. En vain chaque jour nous espérions un changement de brise, jamais il ne se produisait. Fort heureusement le recul était très lent, et un jour ou deux de bon vent nous feraient regagner promptement la distance perdue.

Le 22 septembre, le deuxième anniversaire de notre entrée dans la banquise fut célébré par une petite fête. Les résultats de la dérive pendant cette seconde année étaient excellents. Dans les douze derniers mois, nous avions parcouru une distance presque double du parcours effectué durant les douze premiers. Si le mouvement de translation se poursuit avec la même vitesse, très certainement nous serons délivrés l'an prochain à pareille époque.

A partir du 22 septembre, comme le montre le tableau suivant de nos positions pendant l'hiver 1895-1896, la situation s'améliora encore. A compter de cette date, nous fûmes régulièrement entraînés vers l'ouest, et jusqu'à la seconde semaine de janvier nous avançâmes du 82° 5' de long. E. au 41° 41' de Greenwich.

Date	Latitude	Longitude	Direction du vent
6 septembre 1895	84° 43′	79° 52′	S.-O.
11 *id.*	84° 59′	78° 15′	E.
22 *id.*	85° 2′	82° 5′	Calme
9 octobre	85° 4′	79° 30′	E.
19 *id.*	85° 45′	78° 21′	E. par le N.
25 *id.*	85° 46′	73° 25′	N.-E.
30 *id.*	85° 46′	70° 50′	N.-N.-O.
8 novembre	85° 41′	65° 2′	E.
15 *id.*	85° 55′	66° 31′	E.-N.-E.
25 *id.*	85° 47′	62° 56′	N.-E. au N.
1er décembre	85° 28′	58° 45′	E.
7 *id.*	85° 26′	54° 40′	N.-E.
14 *id.*	85° 24′	50° 2′	Calme
21 *id.*	85° 15′	47° 56′	N.-E.
28 *id.*	85° 24′	48° 22′	N.-O.
9 janvier 1896	84° 57′	41° 41′	N.

A partir du milieu de septembre, le froid augmenta sensiblement, ainsi que le montre le tableau suivant :

Date	Minimum
16 septembre	– 12,5 °C
26 *id.*	– 24 °C
19 octobre	– 30 °C
5 novembre	– 32,2 °C
9 *id.*	– 38,3 °C
22 *id.*	– 43,6 °C
31 décembre	– 45,6 °C

En général, pendant les trois derniers mois de 1895, le temps fut beau et clair avec de faibles brises. Seulement de temps à autre, comme le 29 octobre et les 11, 26 et 27 novembre, le vent souffla grand frais, atteignant une rapidité de 14,50 m à la seconde.

Le 6 septembre, les narvals qui venaient gambader dans le

voisinage du navire nous quittèrent ; quelques jours plus tard les derniers oiseaux, des stercoraires *(Lestris parasitica)* partirent.

Le 12 septembre, pour la dernière fois, le soleil se montra à minuit au-dessus de l'horizon ; le 8 octobre il disparut complètement.

Nous allons maintenant supporter la plus longue nuit arctique qu'aucune expédition ait affrontée jusqu'ici. Le 26 octobre, l'obscurité est déjà si complète qu'on ne peut percevoir aucune différence entre le jour et la nuit.

Chaque fois que le temps et la surface de la banquise le permettent, des excursions en patins sont entreprises aux environs du navire.

Le 7 octobre, au cours d'une de ces promenades, l'un de nous découvre sur la glace un tronc d'arbre, long d'environ deux mètres, encore garni de ses racines, provenant très certainement des forêts de Sibérie.

En même temps, nous faisons de fréquentes marches sur la banquise. A partir du 20 novembre je fais passer un ordre enjoignant à tous les hommes de prendre deux heures d'exercice par jour en plein air.

Il faut nous préparer à toutes les éventualités. La solidité du *Fram* nous inspire la plus grande confiance ; néanmoins je prends des précautions afin de nous garder contre toute surprise. Pour cela, de nouvelles mesures sont ordonnées en vue d'assurer la retraite en cas de malheur. Dans ce but, le 8 octobre, le lieutenant Scott-Hansen et Mogstad font un exercice de halage de traîneau avec une charge de 89 kilogrammes. Partis à neuf heures et demie du matin, ils ne rentrent à bord qu'à cinq heures, après avoir parcouru 8 milles. A la fin du mois, nous établissons sur la glace un second dépôt renfermant six mois de vivres.

Le 28 novembre nous passons le 60° de longitude. A cette occasion une fête est organisée à bord. Le carré est décoré de pavillons, et un somptueux dîner est servi accompagné de café. Après le souper, dessert, consistant en fruits conservés.

L'année 1896 s'ouvrit par un temps magnifique, mais très froid. Une lune extraordinairement brillante resplendissait au-dessus de la banquise, dans un ciel absolument pur. Pour contempler ce beau spectacle, il fallait affronter un froid de – 43 °C.

En février, la glace, tranquille depuis un mois, commença à s'agiter de nouveau. Le 4, une pression se produisit, accompagnée des terribles grondements habituels. A midi, l'obscurité était encore si profonde que nous ne pouvions observer les mouvements de la banquise. Le 7, pendant une excursion que nous fîmes dans la direction du sud, une large crevasse se forma tout près du navire. Lors de son ouverture, le navire reçut une secousse très, très violente. Dans la nuit, nous éprouvâmes également un choc terrible, déterminé par le même phénomène.

Le 13, accompagné d'Henriksen et d'Amundsen, j'allai examiner la banquise dans le sud. Dans cette direction, elle était découpée par de nombreux canaux. Durant notre promenade, ainsi que dans la journée du lendemain, le chenal situé près du navire s'ouvrit de plus en plus, et, le 16, une violente pression se manifesta sur ses bords. La glace craquait et mugissait, produisant un bruit comparable à celui d'une puissante chute d'eau.

Chaque jour, pour ainsi dire, de nouvelles collisions survenaient et constamment de nouvelles crevasses s'ouvraient, puis se refermaient. A cette phase de convulsions succéda une période de calme jusqu'au 10 avril. A cette date, l'agitation recommença. Dans la nuit du 15, elle fut particulièrement terrible et menaça nos dépôts, que nous dûmes ramener près du navire. Le 21 au matin, nouvelle attaque très violente. Un énorme *floe*, poussé contre l'arrière du navire, faillit culbuter sur le pont.

Le 13 mai, le chenal, situé entre la forge et le *Fram*, commença tout à coup à s'agrandir et atteignit bientôt une largeur d'environ 180 mètres. Un second canal s'étendait très loin vers le sud-est et un troisième vers le nord-est. A dix heures du soir, du « nid de corbeau », une ouverture considérable était visible dans le sud à perte de vue. En présence de cette singulière situation, je résolus d'essayer de dégager le *Fram*.

L'explosion de six fourneaux de mine creusés à l'avant n'amena aucune désagrégation dans notre prison de glace. De nouvelles tentatives n'ayant pas été plus heureuses, nous résolûmes d'attendre des circonstances meilleures.

Pendant les deux premières semaines de janvier, le temps fut très clair et très froid ; le thermomètre descendit à 40 °C et 50 °C sous zéro. Le 15 janvier, il s'abaissa même à – 52 °C. Durant la seconde moitié de ce mois, une hausse de température se produisit, suivie d'une baisse au commencement de février. Le 13 février, le thermomètre redescendit à – 48 °C, pour remonter ensuite à la fin du mois jusqu'à – 35 °C environ. Le 5 mars, – 40 °C. A partir de cette dernière date, un réchauffement rapide fut constaté. Le 12, nous notâmes – 12 °C et le 25 – 6 °C. Avril fut relativement froid, environ – 25 °C ; le 13, – 34 °C. La première semaine de mai, également, ne fut pas précisément chaude. A cette époque, le thermomètre oscilla entre – 20 °C et – 25 °C. La température se radoucit ensuite, et, après avoir marqué – 14 °C, le thermomètre s'éleva, le 21, pour la première fois de l'année, au-dessus du point de congélation (+ 0,9 °C).

A différentes reprises nous eûmes l'occasion d'observer des changements de température très brusques. Le 21 février, dans la matinée, le ciel était couvert, et un vent très frais soufflait du sud-est. Dans l'après-midi, la brise mollit (vitesse : 4,20 m à la seconde) après avoir sauté au sud-ouest. En même temps, le thermomètre qui, le matin, s'élevait à – 7 °C, tomba à – 25 °C ; quelques minutes avant la saute du vent, il avait même marqué – 6 °C. Sur ce phénomène, mon journal renferme le passage suivant : « Après une promenade sur le pont, avant de redescendre dans le carré, j'allai examiner la situation à l'arrière. En passant la tête hors de la tente, je sentis une bouffée d'air si chaud que je crus à un incendie à bord. Je ne tardai pas à reconnaître que cette impression provenait de la haute température extérieure. Sous la tente, le thermomètre marquait – 19 °C ; exposé à l'air, il montait, au contraire, à – 6 °C. Pendant quelque temps nous nous promenâmes, aspirant à pleins poumons cet air tiède qui nous caressait agréablement la figure. »

Le 8 mars, nous éprouvâmes également une saute semblable de température. Le matin, le ciel était nuageux, avec une brise fraîche de l'E. — N.-E. ; à trois heures, le vent tomba, puis, à six heures, recommença à souffler légèrement du S. — S.-E. En même temps, la température monta de – 26 °C à – 8 °C.

Pendant notre troisième hiver au milieu de la banquise, la dérive donna des résultats excellents, notamment en janvier et au commencement de février. Durant ces six semaines nous avançâmes du 48° au 25° de long. E., sous le 84° 50'. Le mouvement de translation fut particulièrement rapide du 28 janvier au 3 février, sous l'influence d'une brise d'est constante, très fraîche. Le 2, elle souffla même en tempête ; ce jour-là, la vitesse du vent atteignit de 17 à 20 mètres à la seconde, dépassant même quelquefois ce chiffre dans les rafales. Ce fut la seule bourrasque que nous éprouvâmes pendant tout le voyage.

Le 15 février, après avoir atteint le 23° 28' long. E. sous le 84° 20', le *Fram* revint, le 29, au 27° de long. E. La dérive vers l'ouest fut ensuite plus lente, mais, en revanche, plus marquée dans la direction du sud. Le 16 mai, nous nous trouvions par 83° 45' de lat. N. et 12° 50' de long. E.

Le 28 février, nous tuâmes deux ours. Depuis bientôt seize mois nous étions privés de viande fraîche, et depuis quatre mois nous n'avions pas réussi à tuer un de ces animaux.

Le 4 mars, nous revîmes le soleil. La veille, il s'était élevé au-dessus de l'horizon, mais les nuages nous avaient empêchés de le distinguer.

Pendant ce nouvel hivernage, toutes les observations scientifiques habituelles furent exécutées avec le même zèle et la même ponctualité que les années précédentes. Durant cette période, nous exécutâmes des sondages, sans réussir à atteindre le fond, avec une ligne de 3 000 mètres.

A mesure que le printemps approchait, des crevasses apparaissaient de plus en plus nombreuses autour du navire. Il était donc temps de nous préparer à nous frayer un passage, dès que la banquise serait suffisamment disloquée. A différentes reprises pendant le cours de l'hiver, l'ouverture brusque de canaux nous avait obligés à changer de place les dépôts. Les fissures plus ou moins larges qui se formaient maintenant de tous côtés pouvant mettre en danger les approvisionnements laissés sur la glace, je pris le parti de les rentrer dans la cale.

Le 25 avril arriva le premier messager du printemps, un bruant des neiges. Il élut domicile dans un des canots et devint promptement très familier. A notre grand regret, après un court séjour, il disparut. Le 3 mai, nous eûmes la visite d'un second passereau ; puis, quelques jours après, de deux autres. Ils nous régalèrent d'un petit concert qui fut pour nous comme l'annonce de la délivrance prochaine.

II

Le 17 mai 1896, nous nous trouvions par 83° 45′ lat. N. et 12° 50′ long. E. Comme les années précédentes, la fête nationale fut célébrée en grande pompe. Après quoi, nous nous mîmes au travail pour rendre le navire capable de naviguer, lorsque le moment de la délivrance serait arrivé.

Les jours suivants, le gouvernail et la machine furent remontés ; le 19, les feux purent être allumés et, le 20, Amundsen put faire fonctionner sa machine. Désormais, le *Fram* n'était plus une « baille » abandonnée aux caprices de la dérive ; après un long assoupissement, notre excellent navire était revenu à la vie. Il nous semblait que lui aussi allait s'écrier avec enthousiasme : « En marche vers le sud, vers le pays natal ! »

Quoique le printemps approche, l'état de la glace est cependant loin de nous promettre une délivrance immédiate. La température s'élève, la neige fond rapidement, mais nous restons toujours immobiles aux environs du 84° lat. N. que nous avons atteint depuis plusieurs mois. Du « nid de corbeau », à perte de vue s'étend vers le sud un large chenal dont nous sommes séparés par une bande de glace massive, large de 180 mètres, absolument impénétrable.

A la fin de mai, à la suite de fraîches brises d'est et de nord, la banquise continua à s'ouvrir et à dériver vers le sud-ouest. Le 29, nous pouvions apercevoir dans le sud de vastes étendues d'eau libre ; en outre, la couleur du ciel indiquait l'existence dans cette direction d'une mer relativement dégagée. Je résolus donc d'essayer de faire sortir le *Fram* de sa prison de glace.

Dans la matinée, le feu fut mis à une mine chargée de 52 kilogrammes de poudre à canon. L'explosion eut des résultats très satisfaisants. Un nouveau coup de mine, et nous serions débloqués, pensions-nous après cette première expérience. Un nouveau fourneau fut donc creusé à une profondeur de 9 mètres et chargé. La seconde explosion eut des effets non moins terribles que la première. Une énorme colonne d'eau et de glace jaillit en l'air, sans cependant déterminer la dislocation complète de notre étau.

Le lendemain, nous reprîmes notre travail de mineurs, sans réussir à dégager le *Fram*. Le 2 juin, nous mîmes le feu à un nouveau fourneau établi tout contre le navire, et chargé de 330 grammes de fulmicoton. Le résultat fut, cette fois, excellent. Le bâtiment se trouva presque complètement à flot ; le lendemain, il reprenait définitivement possession de la mer.

En mai, des phoques et des cétacés se montrèrent autour du navire. En juin et juillet, les visiteurs de toute espèce devinrent très nombreux et les chasseurs purent à volonté satisfaire leur passion favorite. Ils abattirent un très grand nombre de pétrels arctiques, de guillemots de Brünnich, de guillemots nains, des stercoraires, quelques eiders et même quelques petits échassiers. Nous tirâmes également un grand nombre de jeunes phoques que nous ne pûmes pour la plupart réussir à capturer. Dès qu'ils étaient tués, immédiatement ils coulaient.

La chasse à l'ours fut particulièrement fructueuse ; pendant le cours de l'été, nous n'en tuâmes pas moins de dix-sept. Nous parvînmes même à capturer vivant un ourson. Après l'avoir conservé pendant quelque temps à bord, nous fûmes obligés de l'abattre. Toute la journée, la malheureuse bête ne cessait de hurler et de faire un sabbat de tous les diables.

Une nuit de juin, en allant relever les observations météorologiques, Henriksen se trouva tout à coup nez à nez avec un ours. Avant de se mettre en route, il avait soigneusement examiné la banquise environnante et n'y avait rien observé d'anormal. En approchant de l'abri où étaient placés les instruments, soudain il entendit un sifflement tout près de lui et aperçut un ours énorme qui le regardait tranquillement. La rencontre n'était pas précisément agréable, d'autant que notre ami n'était muni d'aucune arme. Fallait-il opérer une retraite honorable ou fuir à toutes jambes ? se demandait anxieusement Henriksen. Le navire était loin. Si l'ours avait des intentions malveillantes, mieux valait filer au plus tôt, et notre camarade décampa prestement. Sans incident, il parvint à regagner le bord, et, après avoir pris son fusil, repartit de suite en campagne. Entre-temps, les chiens avaient flairé le gibier et s'étaient mis à ses trousses. L'ours, se voyant serré de près, bondit sur le toit de l'observatoire, où la meute le suivit. Devant cette attaque impétueuse, l'animal sauta en bas de son refuge avec une telle rapidité qu'Henriksen n'eut pas le temps de le tirer et il gagna promptement un chenal voisin où il disparut immédiatement.

Ces chasses eurent d'excellents résultats à tous les points de vue. D'abord, elles relevaient le moral des hommes qui, à cette époque, commençaient à être découragés, et, en second lieu, nous permettaient d'avoir un ordinaire abondant de viande fraîche. Grâce à ce régime, ceux d'entre nous qui avaient maigri recommencèrent à engraisser.

Les jours s'écoulaient et l'état de la glace ne semblait guère présager la délivrance tant désirée. Le 8 et le 9 juin, le *Fram* subit de violentes pressions. La dernière souleva l'arrière du navire à une hauteur de 1,80 m et l'avant à 0,60 m au-dessus de la surface de la mer. Le 10 et le 11, nous éprouvâmes encore de nouvelles attaques.

Le lendemain, la banquise s'étant détendue, nous en profitâmes pour amener le navire dans une grande nappe voisine, où nous restâmes jusqu'au 14. A cette date, la glace s'étant écartée et un chenal apparaissant dans le sud-ouest, je résolus de faire route dans cette direction.

Nous allumons les feux, gréons le gouvernail, puis lançons le *Fram* à l'assaut de la banquise, afin de lui frayer un passage à travers une étroite crevasse accédant au chenal. En dépit de tous nos efforts, les glaçons restent absolument immobiles. Après cette tentative, nous devons revenir en arrière pour éviter d'être coincés entre les blocs.

Le 27, nous recommençons la tentative. A onze heures trente du matin, nous nous mettons en marche ; deux heures et demie plus tard, nous sommes obligés de mouiller. Nous avons toutefois réussi à parcourir deux milles dans le sud-est. Jusqu'au 3 juillet, toute issue nous est fermée. Ce jour-là, un chenal s'ouvre vers le sud-sud-ouest ; aussitôt nous partons et parvenons à avancer de trois milles dans cette direction. Ensuite, nouvel arrêt. Dans la nuit du 6 au 7, la banquise éprouve une détente ; immédiatement nous reprenons notre marche. Cette fois, le résultat n'est guère satisfaisant. Nous ne gagnons qu'un mille.

Les vents du sud dominaient à cette époque, maintenant la banquise compacte. D'autre part, à partir du milieu de juin, un courant qui, tour à tour, portait en vingt-quatre heures dans toutes les directions du compas, contribuait à fermer les canaux en jetant les *floe* tantôt d'un côté, tantôt d'un autre. Au milieu de ce tourbillon de glaces le *Fram* recevait des chocs si violents, que les objets laissés sur les tables étaient jetés à terre et que la mâture était secouée dans toutes ses parties.

La mer était également, dans ces parages, très profonde. Le

6 juillet nous ne trouvâmes pas de fond par 3 000 mètres ; deux jours après, sous le 83° 2′ de lat. N. nous rencontrâmes une profondeur de 3 200 mètres.

Dans la journée du 6, nous parvenons à haler le navire sur de petites distances, au prix de terribles efforts. La glace et surtout le vent contraire paralysent nos progrès. Néanmoins, si peu que ce soit, nous avançons vers le sud. Dès qu'une ouverture se forme, nous poussons le navire en avant. Mais toutes nos peines n'aboutissent à aucun résultat. Une lente dérive nous repousse maintenant vers le nord. Nous sommes revenus au 83° 12′. Dans ces conditions il est inutile de prolonger la lutte et préférable d'attendre des circonstances meilleures.

Le 17 juillet au soir, la glace s'ouvre à nouveau. De suite les feux sont allumés. Nous réussissons à nous glisser jusqu'à un immense *floe*, long de plusieurs kilomètres, situé à 3 milles dans le sud. Nous nous amarrons à cet immense radeau de glace et attendons. Dans la soirée la banquise éprouve une détente ; malheureusement un épais brouillard nous condamne à l'immobilité.

Le 19, nous parvenons à reprendre notre marche ; dans la journée nous parcourons 10 milles. Le lendemain, à minuit, nous atteignons le 82° 39′. Les jours suivants, nos progrès sont relativement rapides.

Le 27, nous arrivons au 81° 32′.

Pendant quelques jours, ensuite, impossible de bouger. Le 2 août nous n'avons gagné que 6 milles sur la position du 27. Le 3, nous avançons de 2 milles, puis nous sommes arrêtés par une masse de glace absolument impénétrable. Le 8, seulement, nous pouvons nous remettre en marche. Nous avions parcouru 6 milles, lorsque le chenal devint tout à coup très étroit. Impossible d'engager le navire dans cette fente. Sans aucun résultat nous essayons de faire sauter les glaçons, et lançons à toute vitesse le *Fram* contre les blocs. Les *floe* sont beaucoup plus résistants qu'ils n'en ont l'air. Formés de débris très épais et très compacts de monticules produits par les pressions, ils sont en très grande partie immergés par suite de leur forte densité. En voyant ces glaçons très bas sur l'eau, on ne soupçonne guère leur importance. Sous les chocs de l'étrave ces glaçons ne cèdent pas, et leur épaisseur les rend inattaquables à la mine.

Dans cette lutte pour se frayer un passage, le *Fram* recevait des chocs terribles qui eussent mis à mal tout autre navire.

Souvent il lui arrivait de heurter violemment de gros blocs au moment où ils émergeaient, ou de donner contre des *hummocks* au moment où ils allaient capoter. Lorsque ces énormes glaçons s'abattaient dans l'eau, la mer était soulevée par d'énormes vagues, absolument comme en tempête.

Pendant deux jours nous travaillons à nous frayer un chemin à travers cet amoncellement de glaçons. Tant d'efforts aboutissent seulement à un progrès de 2 milles.

Le 11 et le 12, marche très lente. Toujours de nouveaux obstacles. Après avoir craint un moment d'être complètement bloqués, nous pouvons reprendre notre route.

Le peu d'épaisseur d'un grand nombre de glaçons, l'existence de plusieurs larges canaux visibles du « nid de corbeau » dans le sud, l'abondance des oiseaux et des phoques indiquent le voisinage de la mer libre. Courage donc ! Dans l'après-midi du 12, après être parvenus à nous dégager de plusieurs *floe* menaçants, nous faisons route dans le S.-E. La glace devient de plus en plus mince. Nous pouvons nous frayer un passage de vive force à travers ces petits glaçons. De cinq heures et demie du soir à minuit, nous parcourons 13 milles. Nous gouvernons ensuite dans le S.-O., puis dans le S., et dans le S.-E. A trois heures du matin apparaît dans cette dernière direction une large étendue d'eau libre, et, à trois heures quarante-cinq, nous rangeons les dernières glaces flottantes.

En trente-huit jours, au prix d'un effort herculéen, nous avions réussi à traverser une épaisse banquise large de 180 milles.

Maintenant nous sommes libres, délivrés de l'étau de glace qui nous enserre depuis bientôt trois ans. Pendant quelque temps nous ne pouvons en croire nos yeux, nous avons l'impression d'être le jouet d'un rêve. Mais non, cette eau bleue qui clapote gaiement contre l'étrave existe bien !

Le *Fram* est définitivement libre et, comme dernier adieu à la banquise, nous lui envoyons une salve générale. La silhouette blanche des derniers *hummocks* disparaît dans la brume.

A sept heures du matin, un bâtiment est en vue ; de suite, le cap est mis sur lui, afin d'obtenir des nouvelles de Nansen et de Johansen. C'est la galiote les *Sœurs*, de Tromsö.

Dès que nous sommes arrivés à portée de voix, nous hélons nos compatriotes : « Avez-vous des nouvelles de Nansen ? —

Non », répond-on du bord. Aussitôt une profonde tristesse nous envahit tous.

Après cette rencontre, nous faisons route vers l'extrémité nord-ouest du Spitzberg. Un moment la terre est en vue. Depuis 1 041 jours, nous ne l'avons pas aperçue ; pendant tout ce temps, nos yeux n'ont contemplé que de la glace et toujours de la glace. Dans la matinée du 14 août, le *Fram* mouille devant l'île des Danois, où nous trouvons l'expédition aéronautique suédoise d'Andrée. Pas plus que l'équipage norvégien rencontré la veille, elle n'a de nouvelles de Nansen.

Dans ces conditions, le plus sage est de nous hâter le plus possible, et le 15, à trois heures du matin, nous prenons le chemin de la Norvège, en suivant la côte occidentale du Spitzberg.

Nous sommes péniblement impressionnés par le manque de nouvelles ; nous n'avons cependant aucune crainte sérieuse à l'égard de nos camarades, depuis que nous savons la présence de la mission Jackson à la terre François-Joseph. Probablement, Nansen et Johansen ont rencontré les Anglais et attendent simplement une occasion de rentrer en Norvège. Mais, s'ils n'ont pas trouvé l'expédition de Jackson, évidemment quelque accident a dû leur arriver ; il est donc de toute nécessité d'aller promptement à leur secours. Aussi sommes-nous décidés, si à Tromsö nous n'avons aucune nouvelle, à repartir immédiatement pour la terre François-Joseph, à la recherche de nos amis.

Le 19, à neuf heures du matin, les montagnes de Norvège sont en vue, et le 20, à deux heures du matin, nous arrivons devant Skjervö, une petite station au nord de Tromsö.

Dès que le *Fram* est mouillé, je vais à terre et de suite me dirige vers le bureau télégraphique. A cette heure matinale il est, bien entendu, fermé. Je frappe vigoureusement à toutes les portes ; une tête paraît à une fenêtre, et s'écrie : « Qu'y a-t-il ? Est-ce une heure de faire un pareil bruit ! — Soit, répondis-je immédiatement, seulement veuillez avoir la bonté de m'ouvrir, je viens du *Fram*. » Aussitôt l'employé s'habille en toute hâte, et bientôt m'introduit dans son bureau. En quelques mots je lui raconte notre délivrance et notre désappointement en arrivant au Spitzberg de n'avoir point appris le retour de Nansen.

« Nansen, mais je puis vous donner de ses nouvelles, me répondit mon interlocuteur. Il est arrivé le 13 août à Vardö, et est actuellement à Hammerfest. Aujourd'hui il partira probablement pour Tromsö, à bord d'un yacht anglais.

— Comment ! Nansen est arrivé ? » et d'un bond je suis dehors pour porter la bonne nouvelle aux camarades.

En l'honneur de cet heureux événement nous poussons des hourras, nous tirons des salves. Maintenant notre joie est sans mélange. L'allégresse est indescriptible.

A dix heures du matin nous nous remettons en route, et le soir même nous mouillons à Tromsö. Le lendemain, le yacht de sir George Baden-Powell, l'*Otaria*, amenait Nansen et Johansen. Après une séparation de dix-sept mois, tous les membres de l'expédition se trouvaient de nouveau réunis.

Conclusion

Actuellement je ne puis présenter qu'un résumé très sommaire des résultats obtenus par l'expédition polaire norvégienne. Si abondante est la moisson d'observations scientifiques par nous recueillie que l'étude de ces matériaux par les spécialistes ne pourra être publiée de si tôt.

En premier lieu, nous avons constaté que l'océan qui enveloppe le pôle et au milieu duquel se trouve ce point mathématique est très profond et non pas un bassin recouvert d'une mince tranche d'eau et parsemé de terres et d'archipels, comme on le croyait jusqu'ici. Il est la continuation des fosses abyssales de l'Atlantique ouvertes entre le Groenland et le Spitzberg. L'étendue de cet océan ne peut, encore aujourd'hui, être fixée avec certitude. D'après nos observations, il se prolonge au nord de la terre François-Joseph et, très vraisemblablement, il comprend en outre la mer située à l'est des îles de la Nouvelle-Sibérie. Durant sa dérive, la *Jeannette* ne trouva-t-elle pas les plus grands fonds qu'elle ait sondés, à mesure qu'elle avançait vers le nord ? Diverses raisons me portent à croire que ces abîmes océaniques s'étendent également à une grande distance vers le nord. D'abord, soit pendant notre dérive sur le *Fram*, soit au cours de notre expédition vers le nord, nous n'avons observé aucun indice du voisinage d'une terre importante. Partout, notamment dans la direction du pôle, la glace semblait se mouvoir librement. En second lieu, tandis que la brise refoulait péniblement la banquise vers le sud-est, la vitesse de la dérive, aussitôt qu'un vent de sud soufflait, devenait très rapide vers le nord. Si une terre eût existé de ce côté, très certainement elle eût arrêté ce mouvement. Enfin, la présence des énormes masses de glace flottantes qui filent au sud, le long de la côte orientale du Groenland, vient à l'appui de mon hypothèse. Des banquises aussi étendues ne peuvent provenir que d'une mer beaucoup plus large que celle que le *Fram* a traversée. Si notre navire, au lieu de gagner les eaux libres, au nord du Spitzberg, avait continué sa dérive, il serait parvenu en vue du Groenland oriental. Probablement, il n'aurait pu approcher de la côte, arrêté dans cette direction par une large nappe de glace. Cette glace doit provenir d'une mer située au nord de celle que nous avons parcourue. Par contre, il est très vraisemblable que, de l'autre côté du pôle, l'archipel américain se prolonge vers le nord à une grande distance au-delà des dernières terres connues.

Un des principaux résultats de notre voyage a été la découverte de l'itinéraire suivi par les banquises en dérive à travers le bassin arctique depuis le détroit de Bering jusqu'à l'Atlantique. A la place de la calotte de glace massive et immobile que les géographes plaçaient autour du pôle, nous avons trouvé des masses de glace en perpétuel mouvement.

La dérive des glaces polaires est déterminée en grande partie par les vents. Dans l'océan Arctique de Sibérie, les brises dominantes soufflent du sud-est et de l'est, et, au nord du Spitzberg, du nord-est ; par suite, la translation des banquises s'opère dans ces directions. Nos observations prouvent de plus l'existence d'un faible courant suivant la même direction.

Les observations hydrographiques exécutées par l'expédition ont abouti à des résultats surprenants. Jusqu'ici, on croyait le bassin polaire rempli d'eau froide, à une température d'environ – 1,5 °C. Nous avons, au contraire, découvert, en dessous de la couche superficielle froide, d'épaisses nappes d'eau relativement chaude — parfois, la température s'élève à + 1 °C — et d'une très forte salinité. Ces eaux chaudes et salées proviennent évidemment du courant atlantique dit *Gulf Stream*, portant au nord et au nord-est, au large de la Nouvelle-Zemble et le long de la côte ouest du Spitzberg. Arrivées dans le voisinage de ces terres, elles plongent sous la nappe superficielle plus légère et viennent remplir les profondeurs du bassin polaire. La plus haute température atteinte par cette eau se rencontre entre 375 et 450 mètres ; à mesure que la profondeur augmente, elle décroît régulièrement, pour se relever ensuite aux approches du fond. Les théories sur la circulation des eaux océaniques admises jusqu'ici se trouvent ainsi modifiées dans une large mesure.

Je ne puis entrer pour le moment dans la discussion de nos nombreuses observations magnétiques, astronomiques et météorologiques. A la fin du volume, le lecteur trouvera le tableau de la température moyenne de l'air pendant chaque mois de notre voyage.

Bien des problèmes scientifiques ne sont pas encore résolus dans les régions polaires, mais notre expédition a soulevé le voile de ténèbres qui les enveloppait, et permet maintenant de se faire une idée précise d'une partie de notre globe jusque-là entourée de mystères.

L'œuvre est simplement ébauchée. Il reste encore de nombreuses et intéressantes recherches à poursuivre, qui ne pourront être menées à bien que par de longues années d'observations et par un nouveau voyage accompli dans les mêmes conditions que le nôtre. Guidés par notre expérience, les explorateurs futurs pourront choisir un équipement encore meilleur que celui du *Fram ;* un procédé d'investigation préférable au nôtre ne peut cependant être imaginé. A bord d'un navire solide et résistant, comme l'est notre cher *Fram*, les naturalistes peuvent s'installer aussi confortablement que dans une station à terre, y établir leurs laboratoires et employer les instruments les plus délicats.

Une semblable expédition sera, je l'espère, prochainement organisée. Si elle part du détroit de Bering et se dirige vers le nord, ou plutôt vers le nord-est, je serais très surpris si elle ne rapportait pas des observations beaucoup plus importantes que les nôtres. Une telle entreprise exigera, par exemple, une grande patience ; très certainement, une nouvelle expédition durera plus longtemps que la nôtre et devra être très bien outillée.

Notre exploration a, d'autre part, montré qu'avec de petits moyens on peut obtenir beaucoup. Si des explorateurs, parfaitement équipés, se décident à se transformer en Eskimos, et à se contenter du strict nécessaire, il est possible de parcourir des distances considérables dans des régions qui, jusqu'ici, étaient considérées comme fermées à l'homme.

« Norvège ! Norvège ! Des huttes et des maisons ! Aucun palais ! Tu es notre pays ! Tu es le pays de l'avenir ! »

Björnstjern Björnsön.

Appendices

I

Note sur les plantes fossiles recueillies aux environs du cap Flora

Lettre du professeur A.-G. Nathorst au Dr Fridtjof Nansen.

Les empreintes les plus abondantes dans votre collection appartiennent à une espèce de conifère très voisine du *Pinus Nordenskiöldin* Heer, trouvée dans les assises jurassiques du Spitzberg, de la Sibérie orientale et du Japon. Votre série renferme également des aiguilles d'une autre espèce de pin, des empreintes de fleurs ainsi que des fragments d'un cône encore muni de quelques graines. L'une d'elles ressemble à celle du *Pinus maakiana* Heer, du jurassique de Sibérie. Je dois encore signaler les empreintes d'un *Taxites* à larges feuilles, ressemblant au *Taxites gramineus* Heer (jurassique du Spitzberg et de Sibérie). Ses feuilles ont à peu près les mêmes dimensions que celles du *Cephalolaxux fortunei*, existant actuellement en Chine et au Japon. Il est intéressant de trouver également dans votre collection des débris appartenant au genre *Feildenia*, qui n'a jusqu'ici été rencontré que dans les régions polaires. Ce genre a été découvert par Nordenskiöld dans les couches tertiaires du cap Staratschin, au Spitzberg, en 1868, et décrit par Heer sous le nom de *Torellia*. Ultérieurement, il fut rapporté par Feilden des strates tertiaires de la baie de la Découverte (Discovery Bay), à la terre de Grinnell, pendant l'expédition polaire anglaise de 1875-1876. A la suite de cette trouvaille, Heer remplaça la dénomination générique *Torellia* par celle de *Feildenia*, la première ayant déjà été attribuée à des mollusques. En 1882, j'ai trouvé cette espèce dans les assises supérieures du jurassique au Spitzberg.

Les feuilles ressemblent à celles d'une sous-espèce *(nageia)* du genre actuel *Podocarpus*.

Le plus bel échantillon rapporté par vous est une feuille complète d'un petit *Ginkgo*. Ce genre, caractérisé par des feuilles munies d'une véritable tige, ne se trouve aujourd'hui qu'au Japon ; encore n'y est-il représenté que par une seule espèce. A une époque antérieure, il se rencontrait sous des formes très variées et dans un grand nombre de régions. Pendant le jurassique, il était particulièrement abondant dans la Sibérie orientale. Il a été également rapporté du Spitzberg, du Groenland oriental (Scoresby Sound) et de nombreux points en Europe. Pendant le crétacé et le tertiaire, il existait sur la côte ouest du Groenland jusqu'au 70°. Une nouvelle espèce, que l'on peut appeler *Ginkgo polaris*, est très voisine du G. *flabellata* Heer, du jurassique de Sibérie. Il présente également une certaine ressemblance avec le *Ginkgo digitata* Lindley et Hutton, découvert dans les assises jurassiques brunes d'Angleterre et du Spitzberg ; ses feuilles, toutefois, sont notablement plus petites. Outre cette espèce, votre série en renferme peut-être une ou deux autres, représentées par des fragments de feuilles appartenant au genre *Czekanowshia* de la famille des *Ginkgo*.

Les fougères sont très pauvrement représentées. Votre collection ne contient que des fragments d'empreintes se rapportant à quatre types différents, dont il est impossible de déterminer les espèces. L'un appartient au genre *Cladophlebis*, commun dans le jurassique, un autre rappelle le *Thyrsopteris* abondant dans le jurassique de la Sibérie orientale et d'Angleterre ; le troisième, l'*Onychiopsis*, caractéristique du jurassique supérieur. Le quatrième paraît pouvoir être rapporté à l'*Asplenium (Petruschinense)* décrit par Heer, et provenant du jurassique de Sibérie.

La prédominance des conifères, la rareté des fougères et l'absence des cycadées donnent à la flore fossile de la terre François-Joseph un faciès semblable à celui de la flore jurassique supérieure du Spitzberg, bien que, dans les deux pays, les espèces soient différentes. Comme la flore fossile du Spitzberg, celle de la terre François-Joseph correspond à un climat, sinon très chaud, du moins beaucoup plus tempéré que celui régnant actuellement dans ces régions. Les dépôts fossilifères ont dû s'opérer dans le voisinage d'une forêt de pins. Autant que je puis en juger par les spécimens rapportés, il est beaucoup plus probable que cette flore appartient au jurassique supérieur qu'au jurassique moyen.

II

Tableau des températures moyennes observées chaque mois pendant la dérive du *Fram*

Mois	1893	1894	1895	1896
Janvier	" "	– 35,7 °C	– 33,4 °C	– 37,3 °C
Février	" "	– 35,6 °C	– 36,7 °C	– 34,7 °C
Mars	" "	– 37,3 °C	– 34,8 °C	– 18,7 °C
Avril	" "	– 21,1 °C	– 28,7 °C	– 18,1 °C
Mai	" "	– 10,1 °C	– 12,1 °C	– 10,7 °C
Juin	" "	– 1,4 °C	– 2,8 °C	– 1,7 °C
Juillet	" "	+ 0,2 °C	+ 0,26 °C	– 0,1 °C
Août	" "	– 1,0 °C	– 2,5 °C	+ 1,1 °C
Septembre	– 1,6 °C	– 8,2 °C	– 9,5 °C	– 9,5 °C
Octobre	– 18,4 °C	– 22,5 °C	– 21,2 °C	– 21,2 °C
Novembre	– 24,2 °C	– 30,8 °C	– 30,9 °C	" "
Décembre	– 29,2 °C	– 34,9 °C	– 32,9 °C	" "

Tableau des températures moyennes, pour chaque mois, observées par Nansen et Johansen, pendant leur marche vers le nord, leur retraite et leur hivernage à la terre François-Joseph

Mois	Température moyenne	Maximum	Minimum
Mars (16 au 31) 1895	– 38,8 °C	– 22,8 °C	– 46,1 °C
Avril	– 28 9 °C	– 18,9 °C	– 37,2 °C
Mai	– 31,1 °C	– 2,2 °C	– 23,7 °C
Juin	– 1,1 °C	+ 3,3 °C	– 12,6 °C
Juillet	0 °C	+ 2,7 °C	– 2,2 °C
Août	– 1,6 °C	+ 2,2 °C	– 7,3 °C
Septembre	– 6,6 °C	+ 5,0 °C	– 20,0 °C
Octobre	– 18,3 °C	– 8,8 °C	– 25,0 °C

Novembre	– 25,0 °C	– 12,2 °C	– 37,2 °C
Décembre	– 25,0 °C	– 11,1 °C	– 38,3 °C
Janvier 1896	– 25,1 °C	– 7,2 °C	– 43,3 °C
Février	– 23,3 °C	– 1,1 °C	– 40,0 °C
Mars	– 12,2 °C	– 1,1 °C	– 33,9 °C
Avril	– 13,3 °C	– 2,7 °C	– 25,4 °C
Mai	– 7,6 °C	+ 6,1 °C	– 23,9 °C
Juin (1er au 16)	– 1,6 °C	+ 3,7 °C	– 5,0 °C

Roald Amundsen

DE L'ATLANTIQUE AU PACIFIQUE PAR LES GLACES ARCTIQUES

Roald Amundsen
1872-1928

Pour Roald Amundsen, trouver le Passage du Nord-Ouest était un véritable rêve d'adolescence. Fils de petit armateur norvégien, il avait été élevé en étroite connivence avec la mer : c'est donc tout naturellement qu'il se consacra à une préparation méthodique de son destin, abandonnant des études de médecine pour se faire matelot à bord d'un petit voilier chasseur de phoques. Ainsi endurci et ayant acquis une bonne expérience de la navigation boréale, il se fit engager comme second dans l'expédition du Belge De Gerlache en Antarctique (1897-1899). A son retour, Amundsen se sentait prêt : il allait avoir 30 ans.

Pour sa propre expédition, il obtint une aide financière de l'Observatoire de la marine allemande, car il s'engageait à rapporter les observations nécessaires à la localisation du pôle Nord magnétique. Et il chercha un petit bateau, convaincu que la plupart des échecs précédents étaient dus à la taille trop importante des navires : un ancien chasseur de phoques comme ceux à bord desquels il avait déjà navigué serait idéal. Il jeta ainsi son dévolu sur le *Gjoa*, une coque de 22 mètres gréée en cotre à hunier, déjà âgée de trente ans. Avec un équipage de sept hommes, il entra en baie de Baffin à l'été 1903 et sortit du détroit de Béring au printemps 1906. Cette expédition de trois ans est l'objet de ce fabuleux récit : *De l'Atlantique au Pacifique par les glaces arctiques*.

Introduction du traducteur

L'expédition dont nous présentons le récit continue le cycle des voyages extraordinaires accomplis par les Norvégiens dans les régions arctiques. Inaugurée par le raid mémorable de Nansen vers le pôle, continuée par les dramatiques aventures de Sverdrup dans l'archipel polaire américain, cette épopée dans le pays du blanc se poursuit par la traversée du passage du Nord-Ouest vainement tentée depuis trois siècles par les explorateurs les plus audacieux — et les plus expérimentés.

Découvrir une route maritime vers le Pacifique et la Chine en doublant l'Amérique par le nord, afin d'échapper à l'hostilité des flottes espagnole et portugaise maîtresses des mers du Sud, tel fut le rêve des marins anglais du XVIe et du XVIIe siècle, et à sa recherche s'employèrent les plus célèbres capitaines du temps : Davis, Hudson, Baffin. Deux siècles plus tard, après les guerres du premier Empire, obéissant à la préoccupation d'étendre les connaissances géographiques, la Grande-Bretagne, avec une nouvelle ardeur, recommença l'assaut des banquises qui obstruent les canaux de l'Amérique boréale. De 1818 à 1845, elle n'envoie pas moins de sept expéditions à la découverte du fameux passage. Si toutes échouent, elles rapportent en revanche les premiers linéaments de la configuration de cette partie de la terre. Peu à peu, les cartes se meublent et se précisent. Pour percer l'obsédant mystère, en 1845, une nouvelle mission composée de deux solides navires, l'*Erèbe* et la *Terror*, commandée par le célèbre Franklin, fait à son tour voile vers le dédale de détroits et d'îles qui sépare l'Atlantique Nord du détroit de Béring. On sait le désastre de cette entreprise : cent quarante morts de faim et de froid ; on sait aussi avec quel magnifique élan l'Angleterre envoya expédition sur expédition à la recherche des infortunés explorateurs.

C'est au cours de cette croisade généreuse qu'en 1850 McClure, monté sur l'*Investigator* et venu par le Pacifique, découvrit la sortie occidentale d'un des détroits par lesquels peut s'effectuer le passage du Nord-Ouest. Trois ans plus tard, ne pouvant arracher son navire à l'étau des glaces, l'explorateur anglais s'achemina en traîneau sur la banquise et opéra à l'île Melville sa jonction avec une autre mission britannique également emprisonnée dans les glaces et qui, elle, venait de l'est. En 1854, sur des navires de secours arrivés d'Europe, l'équipage de l'*Investigator* réussissait enfin à atteindre l'Atlantique et à regagner l'Angleterre. Pour doubler l'Amérique boréale, McClure avait accompli à pied une partie du trajet et employé des bâtiments venus de deux directions différentes.

Au capitaine Roald Amundsen était réservée la gloire d'effectuer le fameux passage tout entier par mer et sur un même navire, et cette navigation, naguère considérée comme impraticable, et à laquelle la marine la plus puissante du monde avait consacré des armements considérables, il l'a accomplie avec une coquille de noix, un voilier de 47 tonnes muni d'un moteur à pétrole, et avec six compagnons.

En 1903, Amundsen quitte la Norvège, s'engage à travers les canaux de l'archipel américain et, le 12 septembre, arrive à la Terre du Roi-Guillaume, après avoir effectué la partie la plus délicate du trajet entre les deux océans. La mer est libre. S'il poursuit vers l'ouest, nul doute qu'il n'arrive quelques semaines plus tard au détroit de Béring. Mais de ce rapide passage la science ne tirerait aucun profit ; aussi bien l'expédition s'arrête-t-elle à la Terre du Roi-Guillaume et là, pendant deux ans, accomplit une longue série de minutieuses observations d'une importance considérable pour la connaissance des singulières manifestations du magnétisme terrestre. Seulement, lorsque son programme de recherches est achevé, le vaillant Norvégien poursuit sa route et parvient au détroit de Béring, résolvant ainsi un problème de géographie cherché depuis trois siècles.

Cette exploration audacieuse, qui place son auteur parmi les plus grands navigateurs, le capitaine Amundsen la raconte avec la même simplicité qu'il a mise à l'accomplir. Ce vaillant marin semble avoir comme une sorte de pudeur à nous cacher les dangers et les privations qu'il a affrontés. A lire son récit, on a l'impression d'un groupe de naturalistes tranquillement installés dans un laboratoire et poursuivant leurs recherches avec la certitude du lendemain. Ce que dans sa touchante modestie le capitaine Amundsen n'a pas voulu dire, il est de notre devoir de le proclamer hautement, d'exalter la grandeur de son œuvre, l'intérêt de ses découvertes, les périls de cette vie de reclus dans les glaces à laquelle lui et ses compagnons se sont soumis avec entrain pour assurer à leur patrie aimée la gloire d'une grande œuvre scientifique.

Charles Rabot

1

COMMENT JE DEVINS EXPLORATEUR — PROGRAMME DE L'EXPÉDITION — NANSEN — CAMPAGNE D'ESSAI — NAVIRE ET APPROVISIONNEMENTS — COMPOSITION DE L'EXPÉDITION — LE DÉPART — LA TRAVERSÉE DE L'ATLANTIQUE — NAVIGATION LE LONG DE LA CÔTE OUEST DU GROENLAND — ILLUSION D'OPTIQUE — LA BAIE MELVILLE — NOUS RENCONTRONS L'EXPÉDITION MYLIUS ERICHSEN — LE DÉTROIT DE LAUCASTRE — UNE OBSERVATION DÉCISIVE

Le 30 mai 1889 restera une date mémorable dans l'histoire de ma vie, comme d'ailleurs dans celle de beaucoup de Norvégiens. Ce jour-là, Nansen rentrait à Christiania, après avoir accompli en *ski* la fameuse traversée du Groenland. En foule, de tout le pays, de jeunes patineurs étaient accourus pour acclamer le héros de notre sport national, l'homme admirablement énergique qui, au prix de prodiges d'endurance, avait réalisé l'irréalisable. Chez tous, c'était un débordement de joie et de fierté, et à l'allégresse des hommes répondait la rayonnante gaieté d'une radieuse journée de mai... Dans cette ambiance de fête, dans l'émotion contagieuse de ces acclamations, je rêvai...

Moi aussi, je deviendrai explorateur, et l'idée d'accomplir le passage du Nord-Ouest me traversa l'esprit.

Quatre ans plus tard, Nansen partit pour sa célèbre expédition. Malgré ma jeunesse, l'accompagner était mon plus ardent désir, mais la tendresse maternelle obtint le renoncement à ce projet, et je retournai à mes livres.

Quelque temps après, ma mère fut enlevée à mon affection. Dès lors je n'y tins plus, et j'abandonnai mes études pour entrer dans la carrière d'explorateur polaire.

Mes débuts furent une campagne de chasse au phoque dans l'océan Arctique en 1894. Comme lieutenant je pris ensuite part à l'expédition antarctique belge commandée par A. de Gerlache. Dans la solitude des banquises, mon rêve mûrit ; des glaces australes, je revins décidé à entreprendre le passage du Nord-Ouest et à déterminer la position du pôle magnétique boréal.

Une fois rentré en Norvège, je m'ouvris de mes projets au Dr Aksel Sten, directeur-adjoint de l'Institut météorologique de Christiania. De cet excellent ami, comme du professeur G. von Neumayer, la plus haute autorité en matière de magnétisme terrestre, et qui dirigeait alors la *Deutsche Seewarte*, je reçus les plus précieux encouragements. Mais tout cela n'était que vain projet tant que l'approbation de Nansen ne m'était pas acquise. Donc, un jour, j'allai frapper à la porte du célèbre explorateur. J'étais, je l'avoue, très intimidé à la seule pensée de me trouver face à face avec cet homme fameux qui depuis longtemps m'apparaissait comme un surhomme.

Mon programme reçut son approbation. De ce jour, mon projet entra dans le domaine de la réalité. Le suffrage du maître de l'exploration polaire, c'était beaucoup, mais ce n'était pas tout. Pour une expédition arctique, il faut de l'argent et j'en avais peu. Mon modeste pécule suffisait juste à l'achat du navire et des instruments scientifiques. Pour le reste, je m'adressai à ceux de mes compatriotes qui étaient susceptibles de s'intéresser à l'entreprise. Dans ces démarches, je ne saurais oublier le puissant appui que m'apporta Nansen, non plus que le concours fourni par mes trois frères.

J'acquis la *Gjöa, jagt*[1] jaugeant 47 tonnes de registre. Construite en 1872, elle avait été, à partir de 1880, employée à la chasse au phoque au Spitzberg et à la Nouvelle-Zemble. Dans ces campagnes, elle s'était comportée admirablement et avait fourni de nombreuses preuves de sa solidité. De fait, au cours de la croisière d'été que j'entrepris en 1901 dans l'océan Glacial pour l'expérimenter et apprendre à le manœuvrer, mon navire montra les plus utiles qualités nautiques ; en toutes circonstances il me donna pleine et entière satisfaction. Après cette campagne, on installa à bord un moteur à pétrole du système Dan, de la force de 13 chevaux. Cette machine nous permettrait de marcher par les calmes ; de plus, par l'intermédiaire d'un treuil, elle servirait à relever les ancres, à hisser tous les colis de la cale, etc., avantages précieux avec un équipage aussi réduit que celui que je comptais emmener. Ce moteur répondit à tous nos desiderata ; à ses excellents services, pour une large part, nous sommes redevables de notre succès.

Au printemps 1903, la *Gjöa* fut amenée à Christiania et

1. Espèce de sloop en usage en Norvège.

chargée. Toutes nos caisses de vivres avaient le même gabarit, afin d'être utilisées plus tard comme matériaux dans la construction des observatoires. Grâce à cette précaution, il fut possible d'arrimer dans l'étroite cale de notre navire des approvisionnements pour pas moins de cinq ans.

La qualité des vivres est une des principales conditions de succès d'une expédition polaire. Aussi aucune peine ne fut épargnée pour nous assurer des conserves de premier ordre. Dans leur choix, le professeur Sorus Torup eut l'obligeance de me prêter son concours éclairé avec une bonne grâce dont je ne saurais lui être trop reconnaissant. Toutes nos conserves furent essayées et vérifiées par ses soins. Le pemmican destiné aux hommes comme celui qui servirait à alimenter les chiens fut préparé sous sa direction, de même que la farine de poisson sec.

En plus de son chef, l'équipage de la *Gjöa* comprenait seulement six hommes :

1° — Le lieutenant Godfred Hansen, de la marine royale danoise, 27 ans. Il cumulait à bord les fonctions d'officier des montres, d'astronome, de géologue et de photographe ;

2° — Anton Lund, premier lieutenant, un vétéran de l'océan Glacial, 39 ans ;

3° — Peter Ristvedt, premier mécanicien et météorologiste, 40 ans ;

4° — Helmer Hansen, second lieutenant, également un vieux routier de l'océan Glacial, bien qu'âgé de 33 ans seulement ;

5° — Gustaf Juel Wiik, deuxième mécanicien. Il avait fait un stage à l'Observatoire de Potsdam et devait assumer avec moi la charge des observations magnétiques, 25 ans ;

6° — Adolf Henrik Lindström, cuisinier. En cette qualité, il avait pris part à l'expédition Sverdrup, 38 ans.

Dans les premiers jours de mai 1903, la *Gjöa* était parée pour l'appareillage.

Dans la tristesse pesante d'une nuit pluvieuse, nous quittons Christiania. Malgré cette ambiance maussade, nous sommes tous joyeux et pleins d'entrain. Après les tracas des préparatifs, le travail acharné des dernières semaines, l'importunité collante des visiteurs, le départ apporte une impression de calme, une exquise sensation de bien-être physique et moral que tous les voyageurs ont éprouvée et éprouveront toujours en quittant la turbulence de la civilisation.

Seuls nos chiens ne goûtent pas pareil bon temps. Ces pauvres bêtes, six vétérans de l'expédition Sverdrup, mieux eût valu les laisser là-bas dans leurs déserts de neige. La température extraordinairement élevée de ce printemps les a éprouvés et maintenant ils sont sous la pluie, le pire traitement qui puisse être infligé à un chien groenlandais.

Le lendemain 17 juin, à six heures du matin, nous sommes à Horten, l'arsenal maritime de la Norvège, où nous embarquons 200 kg de fulmicoton. A une expédition polaire, dans certaines circonstances, cet approvisionnement peut devenir aussi nécessaire que le biscuit. Quelques heures plus tard, voici l'embouchure du fjord de Christiania. Notre remorqueur largue ses amarres ; la voilure est établie et la petite *Gjöa* prend sa course à travers la mer du Nord, vers la lointaine Amérique polaire.

... A bord, point de règlement ni de hiérarchie : chacun garde son indépendance dans un régime de liberté et d'égalité absolues. Sur des hommes équilibrés et sages, cette confiance a les plus heureux résultats ; elle fait naître spontanément une discipline qui, étant librement consentie, est singulièrement plus puissante que celle imposée par des règlements. De plus, elle a l'avantage de développer la personnalité, l'initiative et le goût du travail. Jouissant de l'indépendance de son moi, l'homme n'est plus une machine, mais un être pensant, et, dans l'effort, son rendement devient double.

Une affectueuse harmonie règne entre nous et l'absence de contrainte qui en résulte donne à tous l'impression d'entreprendre une croisière de vacances, et non pas une longue et pénible exploration.

Le 25 juin 1903, nous débouchons dans l'Atlantique par le détroit entre Fair-Isle et les Orcades. Que n'a-t-on pas dit de mon projet de traverser l'Atlantique sur un navire de 47 tonnes ? Pour sûr, un coup de vent enverrait au fond de l'eau cette coquille de noix ! Ah ! si ces prophètes de mauvais augure pouvaient voir la *Gjöa*, couverte de toile, monter légèrement comme une mouette sur le dos des lames, ou lorsque la brise faiblit, filer tranquillement sous l'impulsion de son moteur !

... Cette mer est un morne désert. Pas un navire, pas un oiseau, pas même un poisson ! Dans cette solitude, notre vie s'écoule calme et réglée. La journée est divisée en quatre quarts de six heures et le service réparti également entre tous ; chaque bordée comprend par suite trois hommes. Lorsque le moteur est en marche, les mécaniciens sont le plus souvent en bas, mais toujours prêts à venir donner un coup de main aux hommes de pont. Aussi n'y a-t-il généralement en haut que deux hommes qui à tour de rôle prennent la barre. Sur la *Gjöa* la vieille rivalité entre les gens de la machine et les matelots n'existe pas. Tous, nous travaillons dans un même but et tous nous accomplissons avec entrain n'importe quelle besogne.

9 juillet. — La glace ne doit plus être loin ; donc ouvrons l'œil. Bientôt, en effet, deux petites traînées blanches sont en vue, puis, quelques heures plus tard, une épaisse et vaste banquise. En même temps arrive la brume, la compagne habituelle des glaces ; désormais elle nous fera cortège durant la plus grande partie du voyage.

Le 11, très loin, au-dessus de l'uniforme blancheur de la banquise, apparaît une dent de scie bleuâtre : la côte du Groenland aux environs du cap Farvel. Deux jours après, nous rangeons les premiers icebergs, de monstrueux édifices dont les dimensions frappent de stupeur les novices de l'Arctique. Suivant toute vraisemblance, sur toute cette glace il y a du gibier ; aussi, avec quelle anxiété les chasseurs du bord surveillent-ils l'horizon ! Dans les conversations il n'est plus question que d'ours, de phoques, voire de baleines. D'ours, nous n'en vîmes guère pendant le cours de notre expédition ; aujourd'hui, sauf dans les régions dont l'accès est rendu difficile par l'abondance des glaces, cet animal est devenu très rare et même a disparu. Mes compagnons doivent donc se rabattre sur les phoques, de fort belles pièces encore. Le *stemmatope mitré*, ou phoque à capuchon, qui fréquente les côtes du Groenland pèse dans les quatre cents kilogrammes. Pour leur début, nos chasseurs en abattent quatre.

... Toujours des vents contraires. Cette navigation le long de la côte du Groenland traîne, lente et monotone. Le 24 juillet seulement, nous arrivons à hauteur de la colonie danoise de Sukkertoppen. Aujourd'hui, par exception, un clair soleil luit dans un ciel bleu, le premier jour d'été depuis le départ. Dans cette rayonnante clarté, la terre devient visible, un hérissement sauvage de pics et d'arêtes fantastiques, une terre morne et morte, et tout là-bas, au bout de l'horizon bleu de la mer, des taches blanches d'icebergs, vagues et indistinctes à travers des jeux de mirage.

« Une voile ! » annonce l'homme de veille. Dans la direction indiquée, les jumelles sont tout de suite pointées.

Après un mois de navigation solitaire, la rencontre d'un navire excite l'intérêt général ; il semble que nous allons sortir de notre isolement. « Un trois-mâts ! » crie l'un, « Une goélette ! » répond l'autre, tandis qu'un troisième reconnaît un brick. Sans aucun doute, un bâtiment de la Compagnie royale du commerce groenlandais. Quelques minutes plus tard, une seconde voile est signalée. Et l'émoi augmente, et la conversation devient plus animée. Une escadre croiserait-elle dans le détroit de Davis ? Fantasmagorie que tout cela ! Nos navires sont tout simplement des icebergs, annonce en riant le lieutenant Hansen. L'homme ne renonce point facilement à ses illusions ; aussi bien l'observation de notre second soulève un tollé général. Les deux navires ne sont-ils pas nettement visibles ? Ne connaît-on pas leur gréement, leur allure ? Et les lunettes demeurent braquées, mais peu à peu la discussion devient moins animée, de longs silences passent ; bientôt, aucun doute n'est plus possible. L'escadre est tout simplement une assemblée d'icebergs échoués sur un des grands bancs de la côte, le *Store Hellefishbank*.

Dans la journée, l'île Disko est en vue, un énorme plateau aux formes géométriques, reconnaissable de très loin. Au pied de ses escarpements, se trouve notre premier port de relâche, Godhavn, la capitale du Groenland septentrional. Partout, de la coupe aux lèvres il y a loin ; le 24, à huit heures du soir, nous sommes encore à 30 milles de l'île ; le lendemain seulement nous arrivons près de terre. L'entrée du mouillage est encombrée de gros glaçons échoués, et des montagnes voisines tombent de violentes rafales ; heureusement un aimable fonctionnaire danois arrive à notre aide, nous indique la passe, et à une heure du soir, nous mouillons après une traversée de trente-huit jours.

La métropole groenlandaise compte 108 habitants. C'est la résidence de l'« inspecteur » chargé de veiller aux destinées de cette circonscription plus vaste que nombre de royaumes d'Europe.

Le paysage est grandiose. A gauche, une colossale falaise toute miroitante de neige ; à droite, derrière une langue de terre basse, la mer animée par un incessant défilé d'icebergs majestueux. Mais nous n'avons pas de temps à perdre en vaines contemplations. Dès que l'ancre est mouillée, nous nous partageons en deux groupes, chacun avec des occupations différentes. A l'un incombent les observations scientifiques, à l'autre les travaux du bord. Nous avons à embarquer dix chiens, des traîneaux avec leurs harnachements, vingt barils de pétrole, etc.

Un homme affairé, c'est le cuisinier. Dès qu'il a un instant de loisir, il va trafiquer avec les indigènes en vue d'augmenter les ressources de l'ordinaire. Ici il achète un poisson frais, là un saumon fumé, ailleurs un eider ou un plongeon. Grâce à son activité, jamais le menu ne fut aussi varié ni aussi succulent que pendant cette relâche. Godhavn nous a laissé d'ineffaçables souvenirs gastronomiques. En guise de monnaie, Lindström se sert de pains et de biscuits qui, pendant la traversée, ont été mouillés, mais les Esquimaux n'y regardent pas de si près.

Dès qu'un Groenlandais arrive à bord avec quelque gibier, on appelle le coq et tout de suite les négociations commencent, d'un côté en norvégien, de l'autre en esquimau. Après une palabre de quelques minutes, Lindström fait un signe d'acquiescement, disparaît dans la cale et en remonte bientôt après, chargé de deux pains. La mine du Groenlandais, jusque-là rayonnante, s'allonge à la vue de cette monnaie d'échange ; par une pantomime animée, il fait comprendre qu'il réclame du tabac et non du pain. L'aplomb de notre compagnon est imperturbable ; il comprend parfaitement l'esquimau, assure-t-il, mais il fait mine de ne pas l'entendre lorsque les indigènes demandent des excitants nuisibles à leur santé. Devant l'air déconfit du vendeur, Lindström le cajole, lui prodigue de bonnes paroles que l'autre d'ailleurs ne comprend pas ; finalement il lui passe les deux pains et le pousse doucement vers la coupée, pour qu'il vide le plancher.

Le 31 juillet, nous reprenons la mer pour continuer vers le nord notre navigation le long de la côte groenlandaise. Le 6 août, nous sommes par le travers d'Upernavik. Si dans ces parages il y a des centaines d'icebergs colossaux, en revanche, nulle part aucune *drift-ice*[1] ; point de ces glaces de mer qui constituent les banquises et qui sont le plus redoutable des obstacles que rencontre l'explorateur polaire. Le lendemain, passé devant Itivdliarsuk (73° 30' de latitude N.), la localité la

1. Glace flottante.

plus septentrionale du monde habitée par des hommes en relation avec la civilisation.

Le 8 août, nous arrivons dans la baie de Melville, la région la plus difficile de l'Arctique. Nombre de bons et solides navires s'y sont perdus. C'est surtout en juin et en juillet, au moment de la débâcle, que ces parages sont dangereux. Entraînées par les courants, les banquises dérivent au sud, en masses compactes contre lesquelles les bâtiments faisant route au nord entrent en collision.

Pour se frayer un passage à travers ces énormes trains de glace, les baleiniers écossais, qui fréquentent ces parages, avancent le long de la banquise demeurée attachée à la côte, et, lorsqu'ils se trouvent menacés, se réfugient dans les baies de cette nappe ; si, en cas de besoin, ils ne rencontrent pas à proximité un de ces abris, ils taillent rapidement dans la banquette de glace côtière un dock où le navire se trouve protégé contre les terribles pressions de la masse en dérive. Dans cette lutte la victoire est aux plus habiles et avec raison, les baleiniers écossais qui, chaque année, viennent attaquer cette redoutable banquise, sont rangés au nombre des meilleurs marins de l'Arctique.

De l'île Holm, nous nous dirigeons vers le cap York. La traversée de la baie de Melville paraît devoir s'opérer sans trop de difficultés. Point de banquise côtière ; en revanche, à perte de vue au large, des centaines d'icebergs et de débris d'icebergs ; mais entre eux il est facile de passer. La voilure est hissée, le moteur mis en marche à toute vitesse, aucun effort ne doit être épargné pour sortir le plus promptement possible de ce coin redouté.

Le lendemain matin, un *pack*[1] épais nous arrête. La nuit dernière, la température a fraîchi et de la jeune glace s'est formée. Attention à ne pas nous laisser pincer ! La nappe qui nous arrive par l'avant est constituée de larges plaques unies présentant des cassures toutes fraîches : ce sont, à n'en point douter, des fragments récemment détachés de la *land-ice*[2]. Evidemment nous sommes trop près de terre et tout de suite nous manœuvrons pour nous en éloigner. Après avoir doublé un cap de la banquise, nous nous engageons dans une ouverture

1. Banquise.
2. Glace adhérant au rivage.

de la glace, mais bientôt son épaisseur nous oblige à nous arrêter. Dans ces conditions je décide d'attendre ; bien m'en prit de cette décision. Le lendemain, la glace se détend et nous pouvons faire route.

Mais, bon Dieu, quelle brume ! Une ouate impénétrable. Les fameux brouillards de Londres ne sont rien en comparaison de ceux de l'Arctique. De l'arrière du navire, on ne distingue pas l'avant. Heureusement, aujourd'hui, il y a peu ou point de glace.

13 août. — Toujours la même brume épaisse, gluante et froide. A la barre, je suis littéralement transi. Soudain, la nuée s'allège et s'éclaire ; une trouée lumineuse s'ouvre, découvrant dans une auréole de rayonnante clarté un hérissement de pics. C'est le cap York !

Cette apparition merveilleuse nous arrache à tous un cri d'admiration. Dans le calme de cette matinée limpide et ensoleillée, le spectacle est merveilleux. Devant nous, la terre miroitante de glaciers, et, à droite, sur la baie de Melville, un ruissellement d'icebergs plus fantastiques les uns que les autres. De ce côté, la banquise est impénétrable. Dans la soirée, le cap York est doublé. Sur ces entrefaites, de nouveau la brume s'abat sur la mer ; point d'autre ressource que de s'amarrer à la land-ice et d'attendre une éclaircie. La navigation arctique est faite de patience.

14 août. — Horizon dégagé ; en revanche, glace abondante. Au sud, se découvre un large chenal ouvert dans l'ouest ; immédiatement le navire est engagé dans cette avenue d'eau. A mesure que nous avançons, le canal s'élargit, et bientôt nous sommes dans des eaux libres. La voilà donc achevée, et sans trop de difficultés, la traversée de cette baie de Melville que je considérais comme la partie la plus délicate de tout le voyage. Cette région justement redoutée, nous l'avons franchie sans le moindre accroc, et sur une véritable coquille de noix.

15 août. — Ancré devant le Dalrymple Rock, un îlot sur lequel les baleiniers écossais ont eu l'obligeance d'établir un dépôt de vivres à notre intention.

... Deux kayaks s'approchent et, quelques minutes plus tard, deux Esquimaux grimpent à bord. Immédiatement c'est un flot de paroles incompréhensibles accompagné d'une mimique suggestive. Evidemment ces braves gens nous apportent quelque nouvelle importante. Mais en dépit de nos efforts et de notre attention, impossible de les comprendre. Entre-temps, l'un d'eux ouvre une large bouche dans un rêve béat et prononce distinctement le mot *Mylius*. Du coup, la clef de l'énigme se découvre. Très certainement l'expédition danoise de Mylius Erichsen[1] est dans ces parages. En effet, quelques instants après, résonne une salve de coups de fusil, et bientôt débouchent six kayaks, l'un portant le pavillon norvégien, l'autre le pavillon danois. C'est le chef de la mission et un de ses compagnons, suivis de quatre Esquimaux.

Quelle joie que cette rencontre ! Des deux côtés, la satisfaction est égale. Pendant quelques heures, cette entrevue nous arrache au cercle étroit de notre monotone train de vie et élargit notre existence claustrale. Nous soupons ensemble ; après quoi au travail ! Nous avons à embarquer le dépôt de vivres apporté par les Ecossais : cent cinq caisses pesant chacune de 150 à 200 kg ! La *Gjöa* est amenée le plus près possible de terre ; une banquette de glace côtière nous servira de quai d'embarquement ; puis, aidés de nos amis danois et de leurs compagnons groenlandais, nous commençons le transport.

Qui a bien pu représenter les Esquimaux comme de pauvres êtres faibles, maladroits, incapables d'aucun effort et d'aucun ressort ? Ceux qui accompagnent Mylius Erichsen soulèvent des poids de 200 kg avec une aisance admirable, et au lieu de maugréer et de se plaindre, comme l'eussent fait des « dockers » européens en pareille circonstance, ils accomplissent cette pénible besogne en riant et en chantant. Décidément, les enfants de la nature valent mieux que les civilisés.

Après toute une nuit de rude labeur, il ne reste plus que quelques caisses et six barils de pétrole à embarquer, lorsque brusquement le vent se lève. En hâte, nous sautons à bord, levons l'ancre et établissons la voilure. Nous l'avons échappé belle ! Quand nous sommes parés à manœuvrer, le navire est sur le point de talonner. Nous allons ensuite nous abriter derrière l'île. Maintenant, les onze caisses et les six barils de

1. Avant d'entreprendre l'exploration de la côte nord-est du Groenland, où il trouva, en 1908, une mort glorieuse, Mylius Erichsen avait accompli, en 1902 et 1903, une expédition dans les parages du cap York où il avait rencontré le capitaine Amundsen.

pétrole que nous avons laissés sur les bords de notre précédent mouillage doivent être transportés sur l'autre rive ; un long et pénible travail ; à sept heures du soir seulement, nous sommes parés pour l'appareillage définitif.

Dans la nuit, nous arrivons devant l'île Saunder où l'expédition danoise a ses quartiers, et nous nous séparons avec regret de nos nouveaux amis. A deux heures du matin, le cap est mis vers le large pour traverser la mer de Baffin. Le ciel est clair ; à perte de vue, la terre scintille de glaciers éblouissants. Mais nous n'avons pas le loisir d'admirer le paysage ; devant nous se dresse un menaçant rempart d'énormes icebergs et on ne badine pas dans le voisinage de ces gaillards-là... Dans l'est, le Groenland baisse de plus en plus sur l'horizon, tandis que par l'avant, la côte est de l'archipel polaire américain devient distincte. Le cap Horsburgh, l'entrée nord du détroit de Lancastre, sont en vue... Le temps est calme. C'est une chance : chargés comme nous le sommes, une tempête nous eût mis à mal. Le pont, encombré de lourdes caisses qui n'ont pu trouver place dans la cale, est au ras de l'eau. La provision de pétrole est maintenant de 19 291 litres.

20 août. — A cinq heures du matin, nous « embouquons » le détroit de Lancastre. C'est le commencement de la longue navigation à travers les canaux et les fjords de l'archipel polaire américain qui nous conduira au détroit de Béring... si les glaces nous laissent libre passage. Le début s'annonce bien ; seulement quelques icebergs et quelques plaques de glace peu épaisses ; en revanche, de la brume, et quelle brume ! Dans l'après-midi, une éclaircie nous permet de voir enfin quelque chose de notre nouveau champ d'exploration. Il n'est guère pittoresque. La North Devon que nous côtoyons n'a pas les belles lignes du Groenland ; de lourds plateaux massifs, nus, désolés, bossués çà et là de grosses gibbosités rocheuses. Pas engageant, ce pays !

Après une courte éclaircie, de nouveau le brouillard retombe ; en même temps, la boussole devient folle. La situation n'est donc pas précisément rassurante.

Quoi qu'il en soit, le 22, à neuf heures du soir, nous arrivons à l'île Beechey où nous ancrons dans la baie de l'*Erèbe*. C'est là que Franklin et ses vaillants équipages ont passé l'hiver 1845-1846, et c'est de là qu'ils sont partis pour l'inconnu et pour la mort. Belcher a également hiverné sur cette île, et, en 1858,

McClintock la visita. Trois monuments rappellent ces importants événements de l'histoire arctique. Une colonne a été élevée à la mémoire des morts de l'expédition Belcher ; à côté, un cénotaphe évoque le souvenir de Bellot, le vaillant officier français disparu au cours de cette campagne, enfin un troisième monument est consacré à la mémoire de Franklin et de ses compagnons. Sur cette terre plane un voile de tristesse.

23 août. — Aujourd'hui, sera définitivement arrêté l'itinéraire de l'expédition. Irons-nous dans l'ouest, vers l'île Melville et vers la Terre du Prince Patrick ou dans le sud-ouest ? L'observation de la déclinaison que nous allons exécuter en décidera ; elle indiquera la direction du pôle magnétique près duquel je me propose d'accomplir une série d'observations régulières pendant dix-huit mois ; par suite, nous nous dirigerons du côté indiqué par l'aiguille aimantée. Grande est donc l'anxiété de tous ; on fait cercle autour des observateurs ; pendant le réglage de l'instrument, grand silence... voici l'instant solennel ! La frêle aiguille pointe vers le sud-ouest. Tant mieux ; nous avons toujours été persuadés que le passage du Nord-Ouest serait plus facile dans cette direction que dans l'autre.

24 août. — Après avoir déposé un document sur le cénotaphe de Bellot, nous appareillons.

Un nouveau chapitre s'ouvre dans notre existence. Les régions que nous avions visitées jusqu'ici ont été auparavant parcourues par de nombreuses expéditions, mais, à partir de l'île Beechey, nous entrons dans une partie de l'archipel polaire américain, où quelques navires seulement se sont hasardés avant nous, et un peu plus loin nous pénétrons dans une mer qu'aucune étrave n'a encore sillonnée. Tandis que nos devanciers ne sont parvenus jusqu'ici qu'au prix de terribles combats contre les banquises et les tempêtes, nous, nous n'avons rencontré aucune difficulté ; l'été 1903 doit être exceptionnel.

Une fois en mer, de nouveau une brume épaisse ; à tâtons, nous poursuivons notre route. Pendant deux jours, nous restons enveloppés dans cette grisaille impénétrable ; lorsqu'elle se dissipe, nous sommes dans le détroit de Peel, entre la Terre du Prince de Galles et le North Somerset... Mais voici que les choses paraissent se gâter. Droit par l'avant, la vigie découvre une épaisse masse de glace. Sous le clair soleil qui brille pour le moment, elle semble barrer le détroit dans toute sa largeur. Comme nos prédécesseurs allons-nous, nous aussi, subir la défaite alors que la victoire semblait certaine ? Heureusement, ce n'était qu'une de ces illusions d'optique si fréquentes dans l'Arctique. Lorsque le soleil éclaire une mer calme parsemée de petits glaçons, fréquemment toute sa surface prend une teinte blanche trompeuse, en même temps que par un effet de réfraction des blocs minuscules s'élèvent à la taille d'icebergs. Dans de pareilles circonstances atmosphériques, même à petite distance, quelques pauvres petites plaques prennent l'aspect d'un pack solide. Vers neuf heures du soir, nous sommes à hauteur de l'île Prescott, dans le détroit de Franklin.

En raison du voisinage du pôle magnétique, la boussole ne donne plus aucune indication ; comme jadis nos ancêtres, les anciens Normands, nous nous guidons d'après les astres. Cela irait encore si le temps était clair, mais à chaque instant de lourdes bandes de brume bouchent la vue. Le lendemain, toute la journée, c'est une succession d'éclaircies et de brouillards. Quoique en proie à la plus vive anxiété, j'affecte un calme serein. C'est que nous approchons rapidement des îles de la Roquette où, en 1875, sir Allen Young fut arrêté par une banquise impénétrable. Aurons-nous le même sort ?

En arpentant le pont, il me semble ressentir un léger frémissement du navire. Serait-ce la houle qui se lèverait, indice certain de la mer libre ? Non, l'eau est toujours unie comme une glace. Evidemment, j'ai été victime d'une illusion des sens déterminée par la tension de tout mon système nerveux. Et je continue ma promenade ; mais voici que, de nouveau, je crois percevoir un faible balancement. Hélas ! la mer est aussi morte et aussi inerte que tout à l'heure. Soudain je m'arrête. Non en vérité ! il n'y a plus à en douter, la *Gjöa* éprouve comme un frémissement, il est à peine perceptible encore, mais très certainement le navire bouge. Dans le sud, évidemment, la mer est libre, et le passage ne nous est point fermé par une banquise, comme je le redoutais.

... Quelques heures plus tard, c'est un vrai roulis. Je ne l'ai jamais aimé, que de migraines ne m'a-t-il pas données depuis ma première navigation ? Aujourd'hui avec quelle joie j'éprouve ce balancement, présage certain de la victoire ! Je ne serai toutefois complètement rassuré qu'au-delà du détroit de Bellot. A l'entrée de ce goulet où, pendant deux ans, McClintock est demeuré bloqué, peut-être allons-nous nous heurter à une banquise impénétrable !

Mes craintes étaient sans fondement. A l'ouverture de ce détroit, il n'y a que quelques petites plaques ; plus loin, par le travers du cap Maguine, on aperçoit une nappe de glace un peu serrée ; mais derrière, la mer apparaît de nouveau libre. L'obstacle n'est donc pas redoutable. Au moment où nous allons l'attaquer, la brume tombe ; dans ces conditions, l'attaque doit être différée. Toute la nuit, nous restons à croiser au milieu de cette glace, recevant de droite et de gauche des chocs peu agréables. Ce sont les premiers glaçons de mer (drift-ice) tant soit peu épais que nous ayons rencontrés. Suivant toute probabilité, ils proviennent du canal de McClintock.

Vers quatre heures du matin, une éclaircie ; aussitôt le moteur est mis en marche et, sans grandes difficultés, ce pack disloqué est traversé. Dans la soirée, sous la poussée d'une bonne brise arrière, nous avançons vers le détroit de James Ross. Dans l'ouest, la glace paraît épaisse ; en revanche, dans le sud, le long de terre, les apparences sont bonnes.

2

NAVIGATION DIFFICILE VERS LA TERRE DE BOOTHIA FELIX — INCENDIE À BORD — ÉCHOUAGE DE LA « GJÖA » — SITUATION CRITIQUE — SANS GOUVERNAIL — TEMPÊTE DANS LE DÉTROIT DE RAE — LE GOLFE PETTERSEN — PORT-GJÖA — NOUS NOUS INSTALLONS À PORT-GJÖA POUR HIVERNER — COMMENT NOUS ORGANISONS NOTRE EXISTENCE

30 août 1903. — La nuit dernière, en poursuivant notre route vers le détroit de James Ross, trompés par l'obscurité, nous avons donné au milieu d'un grand banc de drift-ice ; lorsque le jour paraît, plusieurs heures de travail sont nécessaires pour nous dégager. Après cet incident, continuation de la navigation le long de terre ; sur la côte, à gauche, se trouve le pôle magnétique, mais impossible de distinguer le gisement de cette importante localité ; le brouillard est plus intense que jamais. Dans la soirée, il pleut, il vente et toujours le même temps bouché ; il fait noir comme au fond d'un four. Pendant la nuit on tient la cape.

31 août. — A l'aube, on se remet en route. Soudain, de la grisaille impénétrable émerge une masse noire entourée de taches blanches ; probablement, la plus septentrionale des îles Beaufort avec un cortège d'icebergs et de grosses glaces. A cette vue, nous virons dans l'est pour chercher les eaux libres voisines de la terre ; mais, de ce côté, nous sommes encore moins heureux. Brusquement, nous échouons. Immédiatement, toute la voilure est hissée, le moteur mis en marche à toute vitesse ; sous cet effort, la *Gjöa* franchit l'obstacle après quelques vigoureux coups de talon. Finalement, nous nous tirons de ce mauvais pas sans autre dommage que la perte de quelques morceaux de la fausse quille.

Nous nous rapprochons ensuite de la Terre Boothia Felix. Dans la soirée, mouillé près de la côte. Les nuits sont maintenant sombres ; poursuivre la route dans cette obscurité, serait aller au-devant d'un accident.

Après cette journée remplie de péripéties, j'écrivais mon journal, lorsque le cri : Au feu ! retentit. En un clin d'œil je suis en haut. Des torrents de fumée et de flammes s'échappent par l'écoutille de la machinerie. Un incendie s'est déclaré dans la chambre du moteur, et il y a là dix mille litres de pétrole : s'ils s'enflamment, c'en est fait de la *Gjöa* et de son équipage ! Immédiatement l'un de nous saute en bas pour aider Wiik dans sa lutte courageuse contre le feu, tandis que nous autres armons les pompes. Et avec la vigueur de gens qui veulent sauver leur peau nous pompons. Quelques instants après, nous sommes maîtres de l'incendie. L'accident a été produit par l'inflammation de chiffons imprégnés d'huile.

31 août. — De jour en jour la navigation devient plus difficile et plus périlleuse. De tous côtés, de longues îles basses entourées de hauts-fonds très étendus ; avec cela pas de vue et une brise très fraîche d'arrière. Le baromètre baisse rapidement ; la mer « se fait » ; dans ces conditions, je voudrais aller m'abriter sous une terre pour attendre une éclaircie, mais ce n'est pas facile. A chaque instant nous risquons un échouage ; nulle part la profondeur ne dépasse 18 m. Seulement à onze heures du matin, je réussis à trouver un mouillage près d'une île au nord de Matty. Il n'était que temps ; à peine l'ancre a-t-elle mordu le fond qu'une tempête s'élève.

1er septembre. — A quatre heures du matin, la brise ayant molli, nous appareillons par temps relativement clair.

... Je gouverne pour ranger à bonne distance un haut-fond dont nous avons reconnu l'existence. En dépit de cette précaution, le navire touche, puis retombe à flot quelques instants plus tard. Aussitôt je viens en grand sur tribord, afin de nous éloigner du banc, mais, dans cette direction, nous nous mettons de nouveau au plain et cette fois pour de bon. Une embarcation va sonder aux environs. La situation n'est rien moins que brillante. Par l'arrière, il y a deux fonds encore plus hauts que celui sur lequel nous sommes échoués, et, par l'avant, le banc est long de deux cents mètres environ ; sur un point il y a à peine 1,80 m d'eau ! Et la *Gjöa*, chargée comme elle l'est, a un tirant de plus de 3 m ! L'allégement du bateau s'impose donc ; nous commençons par jeter par-dessus bord les approvisionnements qui ne sont pas d'absolue nécessité. Nous nous débarrassons ainsi de vingt-cinq caisses de pemmican pour les chiens, pesant plus de 190 kg chacune.

A huit heures du matin, la mer commence à descendre ; le renflouement ne pourra donc être tenté qu'à la marée suivante. En attendant, une ancre est mouillée et toutes les dispositions sont prises pour nous haler dessus. Le temps est superbe, calme, clair et égayé par un beau soleil. Le lieutenant Hansen en profite pour déterminer notre position. Ce n'est pas trop tôt, car nous ignorons complètement où nous nous trouvons. L'observation nous place près d'un îlot de la côte nord de l'île de Matty.

A la haute mer, nous halons de toutes nos forces sur l'ancre, mais sans le moindre succès. Le navire ne bouge pas d'un pouce. En cette saison la nuit vient à 8 heures et force nous est d'abandonner le travail.

Pas de vent, donc aucune inquiétude à avoir. Dans la nuit cela change. A deux heures, lorsque je monte sur le pont, la situation n'est pas précisément bonne. La brise, déjà très fraîche, « force » ; bientôt elle souffle en tempête. Encore une fois nous recommençons à haler sur notre ancre, toujours sans plus d'effet qu'hier. Le navire talonne lourdement sous un déluge de paquets de mer. Notre position devient très critique. Dans ces conditions, je réunis en conseil mes compagnons ; l'avis est unanime ; une seule chance de salut nous reste : couvrir de toile le navire et, sous la poussée de la tempête, essayer de franchir la barre.

Dès que la voilure est hissée, la *Gjöa* bondit sous l'effort des lames, puis retombe en craquant bruyamment. La fausse quille se brise ! D'un moment à l'autre, je m'attends à voir la coque s'ouvrir. Dans cette conjoncture, rien à faire ; il n'y a qu'à attendre le cours des événements avec calme. Pour mieux observer, je grimpe dans la mâture. Combien lourde est ma responsabilité ! Si une vigie avait été postée dans le nid-de-corbeau, elle aurait aperçu à temps le banc. Mon imprudence a tout compromis, alors que le succès paraissait certain, et il nous faudra revenir au pays, couverts de honte, exposés aux risées et aux moqueries ! Revenir au pays, que dis-je, le pourrons-nous seulement ?

A chaque coup de talon, la secousse est si violente que je dois me cramponner de toutes mes forces aux haubans pour ne pas être lancé à la mer. Non, jamais, quelque solide qu'elle soit, la coque ne pourra résister à ces chocs formidables. La barre devient de plus en plus haute, sur sa lisière elle est même à fleur d'eau et c'est justement de ce côté que, par un jeu du sort, la tempête nous pousse. Les voiles, gonflées comme des outres, semblent prêtes à crever, tandis que la mâture, secouée par tous ces chocs, menace de venir en bas ; et toujours de lourds paquets de mer balayent le pont.

... La catastrophe est imminente ; il faut préparer le sauvetage, et je descends de mon observatoire pour faire armer les canots.

« Si auparavant on allégeait de nouveau le navire », propose Lund. L'idée est excellente ; en un clin d'œil toutes les caisses pesantes qui encombrent encore le pont sont jetées par-dessus bord : des poids de 200 kg que nous levons sans le moindre effort. Le danger double nos forces.

... L'accore du banc n'est plus qu'à une longueur de navire. Une vague formidable soulève la *Gjöa*, puis la laisse retomber plus lourdement que jamais. Nous sommes perdus ! Dans ma détresse, j'adresse une fervente prière à Dieu tout-puissant. Encore un choc plus terrible que les précédents, puis un second... et nous flottons.

Aussitôt, en hâte, je grimpe dans le nid de corbeau, afin de pouvoir distinguer la position des « dangers » au milieu desquels nous nous trouvons. Un nouvel échouage entraînerait à coup sûr notre perte.

A peine suis-je arrivé là-haut, qu'une nouvelle angoisse m'étreint. La *Gjöa* ne gouverne plus ! Allons-nous être drossés sur la terre ? De nouveau nous touchons, pour flotter ensuite, cette fois définitivement. Ce dernier coup de talon a un excellent résultat ; il remet en place le gouvernail que les chocs précédents avaient fait remonter.

Aucun de nous n'est très expansif, mais après cette angoissante aventure, la joie de vivre éclate chez tous. Nous pouvons nous vanter de l'avoir échappé belle. Ces parages sont singulièrement dangereux. De tous côtés, des hauts-fonds ; avec cela le navire n'obéit plus aussi promptement qu'auparavant. Instruits par l'expérience, nous n'avançons que la sonde en main et une vigie postée dans la mâture.

Nous allons ancrer sur la côte de Boothia Felix, près du cap Christian Frederick. Après les émotions et les fatigues de ces dernières vingt-quatre heures, nous avons tous un impérieux besoin de repos. Les angoisses par lesquelles nous venons de passer nous ont épuisés ; de plus, nous avons des avaries à réparer. La brise souffle grand frais ; aussi mouillons-nous deux ancres, l'une par 54 m, l'autre par 81 m de fond. N'empêche que dans l'après-midi plusieurs d'entre nous débarquent, afin de reconnaître le pays et de déposer un document dans un cairn. Avant le départ, il avait été convenu avec Nansen que nous élèverions des pyramides en pierres sèches sur les points les plus remarquables de la côte, et toujours au nombre de deux. Si une expédition de secours devenait nécessaire, il serait dès lors facile de reconnaître de loin nos cairns.

Tandis que le géologue est absorbé dans la recherche des fossiles, les chasseurs avancent dans l'intérieur où ils aperçoivent quelques rennes. Pendant ce temps, je fouille des vestiges d'anciens campements esquimaux. La nuit venue, nous rentrons à bord. La brise est faible. Donc, aucune inquiétude à avoir et en toute sécurité nous nous couchons, laissant un seul homme de veille, comme d'habitude, lorsque nous sommes à l'ancre.

Hélas ! notre tranquillité ne devait pas être longue. A onze heures du soir l'homme de quart me réveille. La brise souffle du sud en coup de vent ; d'une minute à l'autre le navire peut chasser et être jeté à la côte. Appareiller et prendre le large, il n'y faut pas songer au milieu de tous ces bancs. Dans ces conditions, il devient prudent de préparer le sauvetage. Les embarcations sont chargées de vivres et d'effets de campement. Si la catastrophe redoutée vient à se produire, nous serons parés.

Afin de soulager les ancres, le moteur est mis en marche à toute vitesse en avant ; heureusement malgré la hauteur de la mer et la poussée de l'ouragan, elles tiennent ; le fond est le roc et l'une d'elles semble crochée dans un trou. Le salut de l'expédition dépend de leur solidité.

Cinq jours et cinq nuits la tempête souffle sans répit ; pendant tout ce temps nous restons sous la menace de l'échouage fatal. Après cela, je vous laisse à penser dans quel état de fatigue nous met cette nouvelle épreuve. C'est seulement le 8 septembre au matin que nous pouvons appareiller.

Dans ces détroits, impossible de repérer la position du navire d'après les cartes ; elles ont été levées à une époque où le sol était couvert de neige, par suite elles sont complètement erronées. Toujours de très petits fonds. Au-delà des îles Dundas, seulement 18 m d'eau.

A trois heures de l'après-midi, terre en vue par l'avant ; elle est basse, avec plusieurs caps très proéminents vers le large. L'un d'eux sur lequel je gouverne est, semble-t-il, la pointe de la Guiche. Je voudrais chercher de ce côté un mouillage, afin d'y passer la nuit. Encore très loin de terre, la sonde n'indique que 7 m d'eau. Donc, nous virons pour ne pas nous exposer à un nouvel échouage. Juste à ce moment une éclaircie laisse apercevoir de l'autre côté du détroit une haute terre, le mont Matheson, croyons-nous, sur la Terre du Roi-Guillaume. Avant que nous ayons pu l'atteindre, l'obscurité arrive.

De nouveau la situation n'est guère rassurante. Un courant très violent nous drosse vers les « cailloux » ; heureusement une fraîche brise nous permet d'étaler. Toute la nuit nous demeurons sous voilure réduite, avec le moteur en marche, afin de ne pas dériver, et toute la nuit nous sondons. D'après notre estime, nous devons être sous le vent de la Terre du Roi-Guillaume. Qu'on juge de notre étonnement lorsque le lendemain matin nous nous retrouvons en vue de la pointe de la Guiche que nous avions relevée la veille. Telle est la force du courant qu'il nous avait rejetés en arrière de toute la distance parcourue depuis.

De nouveau le cap est mis sur la haute terre entrevue hier. Après quelques heures de route, nous pouvons enfin déterminer notre position ; nous sommes dans le détroit de Rae.

... La situation devient meilleure. La sonde indique de plus grands fonds et le ciel s'éclaircit. Du mont Matheson se détache vers le sud-est une longue pointe basse à laquelle nous donnons le nom du duc des Abruzzes. Plus loin, voici de petites îles que nous nomons en l'honneur d'Eivind Astrup, le vaillant Norvégien qui fut un des compagnons de Peary. Les îles et la pointe Louis des Abruzzes constituent d'excellents amers pour emboucquer le détroit de Simpson.

Entre la pointe Louis des Abruzzes et la presqu'île Neumayer, passé devant un golfe très large, long d'au moins 10 milles, le golfe Schwatka, puis doublé la pointe Betzold. Au-delà de ce cap, nous entrons dans le golfe Pettersen pour y passer la nuit. Près de terre, la mer est calme ; nous serons donc là bien tranquilles. Pendant que nous tirons des bordées pour atteindre l'extrémité supérieure du golfe, Hansen, posté dans le nid de corbeau, signale, tout au fond, une petite baie complètement fermée. Immédiatement je grimpe en haut pour examiner la situation. Il y a là, en effet, un mouillage peu étendu, mais complètement abrité de tous les vents, un port de toute sécurité.

Une fraîche brise de nord balaye l'étroit chenal donnant accès dans ce bassin. Aussi, avant de nous y engager, nous irons sonder et reconnaître le pays. Si le mouillage est aussi sûr qu'il le paraît de loin, nous y prendrons nos quartiers d'hiver. Le détroit de Simpson qui se découvre dans l'ouest est libre. Par suite peut-être réussirions-nous à achever la traversée du passage du Nord-Ouest avant l'hiver ; mais cette navigation n'est point le but unique de l'expédition.

Je me propose, avant tout, de prendre de longues séries d'observations magnétiques dans le voisinage du pôle magnétique. Or ce point se trouve à 90 milles dans l'est ; le port que nous venons de découvrir réunit donc les conditions les plus favorables pour l'établissement de notre station. D'autre part, après la navigation si mouvementée de ces jours derniers nous avons tous besoin de repos. Enfin, un bon tiens vaut mieux que deux tu l'auras. Si nous poursuivons vers l'ouest, sommes-nous assurés de trouver un aussi bon mouillage que celui-ci ?

Le soir même, à six heures, je pars à la découverte avec Hansen et Lund. L'entrée du mouillage intérieur est étroite ; à l'endroit le plus resserré, deux navires passeraient tout juste de front, mais la profondeur est plus que suffisante pour nous, 10,80 m. Jamais nous ne pourrions trouver un meilleur abri.

L'étroitesse du goulet le protège contre les invasions de la grosse glace de mer ; de plus, il est si peu étendu que, de quelque côté qu'elle souffle, la brise ne peut être gênante. Le port est entouré par une plaine sablonneuse, couverte de mousses, qui s'élève doucement vers l'intérieur pour atteindre l'altitude de 50 m à quelque distance de la mer. De petits ruisseaux traversent cette lande et sur la hauteur se trouve une grande mare. Donc aucune crainte de manquer d'eau potable. De plus, à en juger d'après l'abondance des traces fraîches de rennes, le pays est giboyeux. Des vestiges de campement indiquent que les Esquimaux ont dû séjourner dans cet Eden arctique, mais il y a peut-être fort longtemps.

Cette localité paraît enfin offrir de grands avantages pour les observations magnétiques ; il n'existe aux environs aucune montagne susceptible d'exercer des perturbations sur les instruments en raison de la présence de quantités plus ou moins grandes de fer ; le sable pourrait bien, il est vrai, en renfermer des particules, mais cela n'est guère probable. Le lendemain, Lund, Hansen et Ristvedt vont reconnaître les ressources du pays en gibier. Dans l'après-midi ils reviennent avec un renne et deux faons ; ils avaient aperçu un énorme troupeau et des vols innombrables d'oies. Leur récit nous fait venir l'eau à la bouche.

Donc ma décision est prise ; nous hivernerons ici. Le 12 septembre, la fraîche brise de nord qui soufflait depuis plusieurs jours tombe ; aussitôt la *Gjöa* est amenée dans le port de refuge qui désormais portera son nom. Une bonne partie de notre programme se trouve ainsi remplie, nous avons donc tout lieu d'être satisfaits.

Avant de raconter notre long séjour à Port-Gjöa, il me paraît nécessaire de donner un court aperçu des actions magnétiques dont les manifestations vont être pendant deux ans l'objet de nos observations, qui sont constantes.

L'intensité de la force magnétique est définie par ses composantes horizontale et verticale. Si l'on parvient à mesurer la première et si l'on connaît l'inclinaison, il est facile d'obtenir la valeur de l'intensité totale. Pour mesurer l'intensité horizontale, deux méthodes sont en usage. La première consiste à approcher d'une aiguille aimantée un aimant et de noter l'écart qu'il détermine dans la position normale de cette aiguille. Plus l'intensité horizontale est faible, plus grande est la perturbation éprouvée par l'aiguille ; si l'on connaît la force de l'aimant, on calcule l'intensité horizontale en faisant intervenir l'angle de la perturbation et la distance à laquelle se trouvait l'aimant.

Dans la seconde méthode, on observe la durée de l'oscillation d'un aimant suspendu verticalement et par suite susceptible de se mouvoir dans le champ horizontal. Au repos, cet aimant garde la direction du nord magnétique, mais lui imprime-t-on un léger choc, il oscille pour revenir finalement à sa position d'équilibre. Plus la composante horizontale est forte, plus rapidement il reprendra sa direction normale et plus courte sera la durée de chaque oscillation. Connaissant la force d'oscillation de l'aimant employé et la durée de ces oscillations, il devient possible de calculer l'intensité de la force horizontale. Comme il est facile de le comprendre, cette composante diminue à mesure que l'on se rapproche du pôle magnétique. En ces points, l'inclinaison étant égale à 90°, il est clair que la force horizontale doit y être nulle.

Pour observer les différents éléments magnétiques, nous disposions de quatorze aimants destinés à l'étude de la composante horizontale, de trois boussoles d'inclinaison et de deux de déclinaison, enfin d'instruments enregistreurs qui, au moyen d'un mécanisme, notaient les moindres variations de l'aiguille aimantée dans un sens ou dans un autre, ainsi que celles de l'intensité horizontale.

On sait que l'aiguille aimantée pointe, non pas vers le nord vrai, mais dans une direction différente du méridien astronomique qui est le nord magnétique. L'angle que fait avec le méridien le plan dans lequel passe l'aiguille est la déclinaison. En outre, si on suspend librement l'aiguille par son centre de gravité, elle prend dans l'hémisphère Nord une position inclinée vers la terre ; l'angle qu'elle fait avec l'horizontale est l'inclinaison. Enfin il y a lieu de considérer l'intensité de la force magnétique.

Ces éléments éprouvent des variations dans l'espace et dans le temps. D'un point à un autre du globe ils diffèrent sensiblement, et, en un même point, ils subissent des variations diurnes, annuelles et séculaires ; enfin fréquemment ils éprouvent de brusques perturbations momentanées que l'on nomme des tempêtes magnétiques. Si on réunit par des lignes les points d'un planisphère qui au même moment possèdent la même déclinaison, toutes ces lignes que l'on nomme des isogones ou lignes d'égale déclinaison, convergent vers le pôle magnétique situé actuellement à 90 milles de Port-Gjöa.

Au pôle magnétique l'aiguille aimantée pointe droit vers le sol, en d'autres termes, l'inclinaison y atteint 90°. A mesure que l'on s'éloigne vers le sud, elle diminue pour devenir égale à 0° vers l'équateur. La ligne joignant tous les points où l'inclinaison est nulle est l'équateur magnétique dont le tracé sinueux coupe l'équateur géographique. Les courbes qui unissent les différents points possédant la même inclinaison sont dites isoclines.

Le 14 septembre, la *Gjöa* est amenée tout contre le rivage et aussitôt commencent les préparatifs en vue de l'hivernage. Nous nous débarrassons d'abord des chiens qui encombrent le pont. Notre cavalerie est établie dans un ravin voisin, enchaînée à un long câble tendu sur des piquets. Cet exil les met tous de fort méchante humeur ; nous, au contraire, nous nous félicitons d'être débarrassés de ces animaux toujours fourrés dans nos jambes et prêts à se jeter les uns sur les autres.

On procède ensuite au débarquement des approvisionnements. Je tiens à mettre à terre tous les vivres afin d'avoir le plus de place disponible à bord. Chaque caisse a deux enveloppes, l'une intérieure en zinc, l'autre extérieure en bois. Dès qu'un colis arrive sur la plage, la caisse en bois est enlevée et soigneusement mise à part pour servir ultérieurement à l'édification des observatoires, tandis que l'enveloppe en zinc est numérotée et son contenu soigneusement noté. Il importe de pouvoir retrouver rapidement tout ce dont nous aurons besoin. De cinq heures du matin à six heures du soir, nous travaillons sans relâche. La journée de huit heures n'est pas encore réclamée par les artisans de l'exploration.

Le débarquement achevé, toutes les caisses de vivres sont réunies en un bloc qui est ensuite recouvert de voiles et de prélarts ; après quoi, autour, est creusé un large et profond fossé pour les préserver de l'humidité. La provision d'explosifs est ensuite mise à terre et déposée à une grande distance sous une tente. La cale, une fois vidée, est nettoyée à fond ; nous y installons ensuite la cuisine. Il nous reste maintenant à édifier les observatoires et à nous procurer une abondante provision de viande fraîche pour l'hiver.

Lund et Hansen partent pour la chasse pendant que nous travaillons aux constructions. Nous commençons par l'observatoire des variations magnétiques qui doit être érigé dans le méridien magnétique. Pour assurer l'assiette des instruments, un soubassement de pierres solidement cimenté est établi : sur ce terre-plein les murs sont ensuite dressés. Comme matériaux, nous utilisons nos caisses en bois remplies de sable. En vue de cet usage, aucun clou en fer n'avait servi à leur fabrication : pour ne pas nous exposer à perdre le fruit de nos minutieuses observations par suite de la négligence ou de l'inadvertance d'un ouvrier, nous procédons à une soigneuse inspection de toutes ces caisses avant de les employer à la construction de l'observatoire. Les murs une fois dressés sont recouverts de papier goudronné et le toit chargé d'une couche de sable.

A soixante-quinze mètres de cette butte, nous construisons une cabane destinée à servir d'habitation à Wiik, mon assistant, pour les observations magnétiques, et à Ristvedt, qui est chargé de la météorologie.

Ces baraquements achevés, les logements du bord sont ensuite aménagés en vue de l'hivernage. Après les rudes journées de travail à l'extérieur, quelle agréable sensation de bien-être on éprouve en rentrant dans la cabine ! Elle donne une impression de home agréable et confortable.

En vérité, en tout, nous avons de la chance. Nous avons rencontré un excellent abri, une station répondant à nos desiderata scientifiques et voici que, pour compléter le tableau, le pays est giboyeux. Lund et Hansen rentrent avec vingt carcasses de rennes. A douze milles de Port-Gjöa, ils ont rencontré de grands troupeaux, très farouches, par suite très difficiles à approcher. Mais la patience permet de triompher de tous les obstacles ; nos deux camarades en possédaient une bonne dose qui assura le succès le plus complet à leur mission cynégétique.

Le 1er octobre, l'hiver débuta par un coup de vent de nord-est accompagné d'une neige abondante. La mer se couvre d'une bouillie glaciaire. C'est le prélude à la formation de la glace ; dès que la brise tombera, une nappe solide couvrira le mouillage. En effet, dès le 3 octobre, nous pouvons gagner la côte à pied. Ce jour-là, en nous rendant à terre après le déjeuner, nous apercevons tout près de l'observatoire une cinquantaine de rennes avançant en file indienne vers le détroit. En tête de la colonne marche un vieux solitaire porteur d'une magnifique ramure, chargé, semble-t-il, de la conduite de la troupe. Les rennes estivent sur la Terre du Roi-Guillaume où ils trouvent une abondante nourriture et une sécurité absolue. Le loup, leur ennemi acharné, n'existe pas sur cette île. Puis à l'approche de l'hiver, ils gagnent le continent pour recommencer la même migration l'année suivante. Evidemment aujourd'hui ce troupeau vient reconnaître la solidité de la glace et s'assurer de la possibilité de traverser le détroit.

Si le gibier est abondant, en revanche la quête n'est pas facile. Les rennes de cette région sont très sauvages et sur ces plaines sans fin, pas le moindre mouvement de terrain permettant au chasseur de se dissimuler. Lorsqu'un troupeau pâture, en se plaçant à contre vent et en rampant, on réussit à arriver à portée ; mais, si les animaux sont repus et couchés, il faut s'armer de patience et attendre que leur digestion soit achevée et qu'ils recommencent à brouter. A cet égard les Esquimaux firent plus tard mon admiration ; pour eux, il est vrai, le temps ne compte pas et le gibier représente la fortune. J'ai vu des indigènes s'acharner à la poursuite d'un renne pendant une journée entière.

Ce jour-là les chasseurs abattirent cinq pièces. Après ce troupeau en arrivèrent d'autres, dont quelques-uns de plusieurs centaines de têtes. Sur tous nous prélevions au passage notre dîme, et bientôt la provision de viande fraîche fut suffisante pour l'hivernage.

Ces animaux étaient très maigres. Vraisemblablement l'été avait été très chaud ; par suite le lichen dont ils se nourrissent en cette saison avait séché et ne leur avait fourni qu'une alimentation insuffisante. En tout cas, l'automne suivant, après un été froid et pluvieux, ils étaient gras comme des porcs primés aux concours agricoles.

Entre-temps nous continuions les aménagements pour l'hivernage. Deux chenils sont construits, un pour chaque attelage ; un énorme amas de neige fournit la maçonnerie et une embarcation à fond plat sert de toit ; le tout est jointoyé par un arrosage copieux de la construction avec de l'eau de mer.

Cela fait, nous passons à un autre genre d'exercices. L'incendie est le plus terrible danger auquel soit exposé un navire captif dans la banquise ; il est par suite de première importance d'avoir une prise d'eau à proximité. Nous creusons donc à tribord un trou dans la glace et pour le protéger contre le gel, nous édifions par-dessus une maison en neige. Lund aura la charge de le maintenir ouvert ; lorsque la glace atteindra une épaisseur de près de quatre mètres, ce ne sera pas une mince besogne de concasser chaque matin la croûte qui se sera formée pendant la nuit. Cette précaution prise, avec l'aide de Lund et de Hansen, je construis un poste pour les observations magnétiques absolues. Comme matériaux de construction nous employons des blocs de neige pesant en moyenne cent kilogrammes et comme toit une mince tente de coton.

Le 17 octobre, Ristvedt et Wiik ont achevé leur cabane. Son emplacement est aussi judicieux que son aménagement intérieur. Située sur un mamelon dominant la mer d'environ trente mètres, elle commande le détroit de Simpson et les abords de la station. La « villa Aimant », comme nous l'appelons, ne comprend qu'une seule pièce, tout à la fois chambre à coucher, salle à manger et cabinet de travail. Elle est éclairée par deux fenêtres et dotée d'un plancher ; pour mieux défendre les travailleurs contre le froid, le parquet est, en guise de tapis, recouvert de chaudes peaux de rennes. Contre un des murs est appuyé un grand lit de camp. A deux on se tient mutuellement chaud, et cela prend moins de place. L'espace libre restant est occupé par la table de travail et deux bancs. Pendant deux ans Wiik et Ristvedt habitèrent leur villa : ils s'y trouvaient fort bien ; en tout cas leur installation était préférable à celle que nous avions à bord, notamment à la cabine que j'occupais avec le lieutenant Hansen. Ma chambre était si humide que chaque jour d'épais glaçons se formaient sous nos matelas ; dans cette pièce, préparer le couchage consistait à casser les icebergs amoncelés sous les lits.

Un matin, après le premier déjeuner, nous bavardions près de la villa, lorsqu'un point noir apparaît tout au bout de la plaine blanche. Un renne ! « Oui, un renne bipède », répond Hansen qui possède une vue perçante. En effet, à l'aide de la jumelle nous percevons distinctement cinq Esquimaux.

Ces indigènes de la côte nord de l'Amérique boréale ont la réputation de gens belliqueux. John Ross et Klutschak indiquent dans leurs relations de voyage le mot *teima* comme formule de salutation amicale. Aussi, en vue d'une rencontre probable avec les naturels, nous étions-nous exercés à prononcer ce vocable avec toutes les intonations de circonstance pour le cas où il serait nécessaire d'apaiser leur humeur guerrière.

Mais peut-être ce mot n'aurait-il pas l'effet merveilleux que nous attendions. Il était donc prudent de nous tenir sur nos gardes et, comme à la guerre la meilleure tactique est l'offensive, je pars avec deux hommes au-devant de l'ennemi. Immédiatement, les fusils sont vérifiés, les magasins chargés, après quoi, en avant marche ! J'avance en tête, suivi à trois pas en arrière de mes deux soldats. L'aspect militaire de notre troupe aurait suffi à mettre en déroute tout un camp esquimau.

Arrivés à deux cents mètres de nous, les naturels s'arrêtent. Aussitôt je commande halte et, avec la correction de vieux de la vieille, mes deux hommes prennent leur alignement, les talons joints, les pieds écartés à quarante-cinq degrés. L'ennemi crie, gesticule, mais ne semble témoigner d'aucune velléité belliqueuse. Soudain il avance de nouveau en ordre dispersé et nous marchons résolument à sa rencontre, prêts, s'il le faut, à vendre chèrement notre vie.

Parvenu à portée de voix, je hurle le mot mirifique : *Teima*. A ce cri les Esquimaux s'arrêtent sans avoir l'air de comprendre, puis crient à tue-tête : *manik-tou-mi*. La jonction opérée, les indigènes manifestent leurs sentiments amicaux en nous tapotant, toujours en prononçant leur *manik-tou-mi* et en riant à gorge déployée. Si leur satisfaction est grande, la nôtre n'est pas moindre. La présence de naturels dans notre voisinage peut nous être d'une grande utilité.

L'aspect de ces Esquimaux est tout différent de celui des Groenlandais. Ce sont de beaux hommes grands et bien faits, rappelant le type indien par leur peau cuivrée, leur haute taille et la sveltesse de leur corps. Par signes, nous invitons nos nouveaux amis à nous suivre à bord, et bras dessus, bras dessous, nous nous acheminons vers la *Gjöa* où nos camarades leur ménagent un chaleureux accueil.

La réception a lieu dans la cale, par mesure de prudence. Redoutant que les pelleteries de nos visiteurs ne servent d'abri à une nombreuse population, je ne me soucie point de les admettre dans la cabine. A ce point de vue, les plus grandes précautions sont nécessaires vis-à-vis des Esquimaux du nord ; leurs parasites ont, paraît-il, la vie particulièrement dure et les instincts terriblement sanguinaires.

Pour faire honneur à nos hôtes, nous leur servons du café et une collation, mais le menu ne paraît pas de leur goût. Ils nous font alors comprendre qu'ils désirent boire et, en un clin d'œil, chacun d'eux absorbe plusieurs litres d'eau glacée. Si au café nos hôtes préfèrent l'eau glacée, peut-être un vieux gigot de renne agréera-t-il à leur palais ? Je prie donc le cuisinier d'apporter trois cuissots destinés à nos chiens. J'avais raison ! A la vue de ce régal, leurs yeux s'allument de convoitise. Sortant de la tige de leurs mocassins de longs couteaux, ils ont vite fait de découper la viande et non moins promptement ils en engloutissent d'énormes morceaux. Avec une rapidité incroyable les trois cuissots sont avalés.

Ces Esquimaux nous avaient fait comprendre qu'ils étaient installés à environ une journée de marche de notre port d'hivernage ; quelques jours plus tard, j'allai leur rendre visite.

Mon arrivée causa naturellement un grand émoi. Dès que les habitants m'eurent aperçu, tous accoururent au-devant de moi, s'interpellant joyeusement, me regardant sous le nez avec des airs ébahis très amusants, et me palpant sans trêve ni merci sur toutes les coutures. Scène très pittoresque à la lueur verdâtre du crépuscule, mais par vingt degrés de froid et le ventre creux, on ne s'attarde pas à admirer les effets de la lumière.

Le camp comptait six huttes en neige, les *igloos* dans le vocabulaire esquimau. Je pris mes quartiers chez un indigène nommé Attira. Deux familles composées de huit personnes logeaient sous le même toit. Pour fêter mon arrivée, les hommes organisèrent un banquet composé de viande crue et d'eau fraîche. La capacité d'absorption des Esquimaux passe toute imagination. En moins de temps qu'il ne faudrait pour casser une croûte, mes hôtes avalèrent trois rennes entiers !

... Le 2 novembre, les observations régulières commencèrent à Port-Gjöa. Pour assurer la marche des travaux, chacun de nous avait une tâche spéciale dont il prenait l'entière responsabilité. Wiik avait charge des instruments enregistreurs des variations magnétiques. Chaque jour, à midi, il avait à changer la feuille sur laquelle s'inscrivaient les perturbations subies par les aiguilles aimantées ; ce n'était ni un travail amusant ni une promenade agréablé de se rendre à l'observatoire par des froids de 60° sous zéro ou lorsque des rafales vous lançaient à la figure des paquets de neige. Pendant dix-neuf mois, sans une seule interruption, notre camarade remplit cette mission. Par sa conscience dans l'accomplissement du devoir, Wiik s'est élevé à lui-même un monument qui longtemps rappellera son souvenir aux savants de tous les pays. Les observations météorologiques étaient du domaine de Ristvedt. Trois fois par vingt-quatre heures, quelque temps qu'il fît, il s'en allait noter les indications des instruments. Lui aussi a fait preuve de la plus admirable persévérance. Au lieutenant Hansen incombaient les observations astronomiques. Elles étaient encore plus pénibles que les autres ; sans autre abri contre le vent qu'un mur de neige, le malheureux astronome devait rester immobile par des froids terribles. A Lund et à Helmert Hansen étaient confiés les travaux de bord, le premier devant en outre maintenir libre la prise d'eau et le second soigner les chiens. Enfin, Lindström avait la charge des fourneaux.

Au début de l'hiver, une maladie décima notre meute. En quelques jours sept de nos meilleurs tireurs moururent. Supposant que cette affection avait été déterminée par l'absence de graisse dans leur alimentation, je les nourris désormais de viande de renne. La voracité de ces animaux dépasse toute imagination. Une chienne ayant mis bas dans un monceau de neige, la bande hurlante eut bientôt découvert la nichée, et, profitant d'une absence de la mère, elle happa les petits à l'exception d'un seul. Lorsque, à son retour, la mère eut constaté le méfait, craignant sans doute que le survivant ne fût dévoré par ses camarades sans profit pour elle, elle l'avala d'un coup de dent.

... Grâce à la régularité de notre existence, le temps passe relativement vite. Nos distractions sont la visite de nos voisins, les Esquimaux oglouli, comme ils s'appellent eux-mêmes. Généralement ils arrivaient vers midi, bâtissaient un igloo tout près de nous, puis après avoir passé quelques jours dans notre voisinage, ils regagnaient leur camp. Chose curieuse : toujours ils se mettaient en route à huit heures ou huit heures et demie ; ponctualité d'autant plus étonnante qu'à cette époque le soleil ne se montrait plus.

3

Vers le pôle magnétique

LA NOËL 1903 — NOTRE MATÉRIEL DE CAMPEMENT — PERFECTIONNEMENT APPORTÉ À LA FERMETURE DE LA TENTE — FAUX DÉPART PAR 61 DEGRÉS DE FROID — NOUVELLE EXCURSION PRÉLIMINAIRE — LES ESQUIMAUX NETCHJILLI ET ITCHJOUACHTORVIK — UNE PARTIE DE CHASSE PEU AGRÉABLE — DE NOUVEAU EN ROUTE À L'ÎLE MATTY — LA CÔTE DE BOOTHIA FELIX — LE PÔLE MAGNÉTIQUE — RETOUR À BORD

Au milieu de la vie austère et monotone que nous menions depuis le mois de septembre dans notre hivernage de Port-Gjöa, la Noël fut l'occasion de grandes réjouissances. Pour la circonstance, tout le monde se lava congrûment. Nous ne sommes certes pas ennemis de la propreté, bien au contraire ; mais nous ne pouvions obtenir l'eau qu'en faisant fondre de la glace ; par suite, la plus stricte économie s'imposait. La fête se passa comme au pays ; on but, on mangea et on chanta ; après quoi l'arbre, œuvre de Lund et de Lindström, fut apporté resplendissant de petites bougies et la distribution de cadeaux commença. Avant le départ, nos amis nous en avaient remis plusieurs caisses, et même pour les Noëls des trois années suivantes.

La veille, un de nos amis esquimaux, le vieux Terayou, était venu nous trouver tout en larmes. Que lui était-il arrivé ? Cela ne fut pas facile à démêler ; finalement, nous parvînmes à comprendre que tous ses camarades avaient décampé un beau matin, l'abandonnant sans ressources, lui et sa famille. Emu de compassion à ce récit, j'invitai le bonhomme à s'installer avec les siens à Port-Gjöa. Terayou ne se fit pas prier, et quelques jours après, il arrivait avec sa femme Kayaggolo et son fils Noutara. Au point de vue de nos relations ultérieures avec les indigènes, il eût été imprudent d'accueillir le récit de notre homme sans le contrôler et, le 2 janvier 1904, j'allai avec le lieutenant Hansen, Lund et Ristvedt vérifier les dires de notre ami. Terayou ne nous avait pas menti : le camp était, en effet, évacué.

Cette excursion manqua d'agrément. A l'aller, le thermomètre marquait 44° sous zéro, et au retour nous nous égarâmes. La villa Aimant était en vue, lorsque soudain une brume épaisse nous enveloppa. Nous poursuivons rapidement notre route ;

une heure, deux heures s'écoulent, jamais nous n'arriverons, alors qu'avant le brouillard nous n'étions pas à plus de trente minutes du navire. Entre-temps la nuit est venue ; lorsque la lune paraît, je m'aperçois que Terayou, qui nous sert de guide, nous a fait tourner en tous sens. J'interpelle vivement le bonhomme et lui intime l'ordre de s'arrêter et de construire rapidement une hutte de neige. Nous passerons la nuit où nous sommes et attendrons le jour. L'Esquimau m'assure alors qu'il a trouvé son chemin, et de fait quelques minutes plus tard nous sommes à bord. Il était neuf heures du soir ; depuis une heure de l'après-midi nous pivotions autour du navire, noyés dans la brume. Par la suite, j'acquis la certitude que Terayou nous avait fait ainsi tourner pour se donner ensuite l'honneur de nous remettre dans le bon chemin et obtenir par ce moyen une gratification. Cette courte excursion était un avant-goût des épreuves que nous réservait ce pays.

Les fêtes de la Noël et du nouvel an passées, l'exploration de la région environnante devient notre principale préoccupation. Après mûr examen de la situation, je décide de pousser avec un compagnon vers le pôle magnétique ; ensuite, si les circonstances le permettent, je gagnerai Port-Léopold, sur la côte du North Somerset, pour y déposer un courrier. Le lieutenant Hansen et un homme nous accompagneront aussi loin que leur concours me semblera nécessaire. Une fois le programme arrêté, chacun se met à l'œuvre pour assurer son exécution. L'un prépare les traîneaux et les approvisionnements, tandis que d'autres cousent des vêtements, des gants, ou perfectionnent le matériel de campement. Notre promenade au camp esquimau m'avait révélé une grave imperfection de nos sacs de couchage ; ils étaient beaucoup trop amples pour être chauds. Ces sacs ne protègent efficacement contre le froid que si le corps se trouve partout en contact avec la fourrure. Il faut donc découdre nos lits, les couper, puis les recoudre : longue et fastidieuse besogne qui met notre patience à une rude épreuve. A la tente nous apportons un perfectionnement que je signale à l'attention des explorateurs. Tout le monde sait combien les divers systèmes de fermeture de la porte laissent à désirer ; tous sont longs, compliqués et peu maniables avec leurs boutons ou leurs agrafes, et jamais l'obturation n'est complète ; toujours, lorsque la tourmente souffle, une quantité de neige plus ou moins grande pénètre dans l'abri. Notre invention est d'une simplicité enfantine et je m'étonne que personne avant nous n'en ait eu l'idée. Elle consiste en un large et long sac cousu autour de la porte et dont le fond est coupé ; par ce trou on pénètre dans la tente, puis, une fois tout le monde rentré, on ficelle solidement l'ouverture au moyen d'une corde. Grâce à ce mode de fermeture, pas le moindre flocon ne pénètre dans l'intérieur.

Par des températures inférieures à 30° sous zéro, les huttes en neige sont beaucoup plus chaudes que la tente. La construction d'un tel abri est, il est vrai, assez longue, mais ce n'est pas une perte de temps. Si, après une journée de fatigue, on peut se reposer, le lendemain, on est frais et dispos, capable de couvrir une longue étape, tandis que, si la nuit on ne dort pas, on est dans l'impossibilité ensuite de fournir une longue marche. Dès lors, chaque jour, du vieux Terayou, nous prenons des leçons de construction d'igloo. Il faut tout d'abord apprendre à choisir la neige convenable, et ce n'est pas facile ; seule une longue pratique enseigne à distinguer les couches susceptibles de fournir de bons matériaux.

Ce choix fait, on trace sur le sol une circonférence autour de laquelle on creuse un sillon, profond de quelques centimètres, destiné à servir d'appui au soubassement. Après quoi, au moyen d'un couteau spécial, on découpe la neige en blocs longs de 0,45 à 0,60 m et épais de 0,10 m environ, que l'on entasse les uns sur les autres, de manière à former une coupole. En général la construction d'un igloo suffisamment spacieux pour quatre hommes exige une heure et demie. Notre professeur se déclarait toujours très satisfait de ses élèves. Ses félicitations empruntaient une partie de leur chaleur à l'espoir d'un bon paiement : Terayou ne faisait rien pour rien. Il est vrai qu'il n'est pas exigeant ; un morceau de bois ou de fer est à ses yeux un cachet rémunérateur.

Devenus experts dans l'art de l'architecture polaire, nous nous occupons ensuite du chargement des traîneaux. Cette opération ne pouvait se faire que sous un toit. Mais était-il possible d'édifier une hutte en neige assez vaste pour contenir nos deux véhicules ? Terayou l'affirme et se fait fort d'en élever une moyennant une large rétribution. Nous lui promettons un grand couteau qui est l'objet de ses désirs ; tout de suite le bonhomme se met au travail, et en quatre heures l'abri est achevé. Mais tiendra-t-il ? Nous ignorions alors qu'un igloo manque de stabilité, tant qu'il n'a pas été échauffé intérieurement. Terayou n'eut garde de nous avertir ; il avait son idée, le rusé compère : si la hutte s'effondrait, pensait-il, on lui demanderait naturellement d'en construire une nouvelle et, comme toute peine mérite salaire, il recevrait un second couteau. L'igloo s'écroula, mais nous ne fûmes pas dupes de notre homme ; il fut édifié sur la terre ferme, car Terayou prétendait, peut-être avec raison, que la chute du premier avait été occasionnée par un mouvement de glace.

Le second igloo, qui fut soigneusement construit, tint parfaitement. Une fois qu'il fut achevé, l'on commença le chargement. Nous devions emmener deux traîneaux : l'un tiré par sept chiens et chargé de 350 kg de vivres et de matériel, l'autre halé par trois hommes et porteur de 270 kg. Le 28 février, le travail fut terminé, et le 1er mars nous nous mettions en route, Hansen guidant le véhicule attelé, le lieutenant Hansen, Ristvedt et moi halant le second traîneau.

Le thermomètre marque – 53°. Depuis février la température est tellement basse que ce froid, quelque terrible qu'il soit, n'éveille en nous aucune appréhension. D'ailleurs, nous sommes vêtus en conséquence. Plusieurs d'entre nous ont adopté complètement la mode des Esquimaux, d'autres un accoutrement composite. Dans cette région, en hiver, les vêtements indigènes sont de beaucoup préférables à n'importe quel costume européen, si chaud soit-il ; en revanche je ne saurais trop déconseiller un habillement mi-parti européen, mi-parti esquimau. En effet, si sur la peau on porte de la laine, elle absorbe la sueur et à son contact les pelleteries deviennent humides. En second lieu, change-t-on de gilet, il semble que l'on se colle une plaque de glace sur le dos ; pour se réchauffer on doit alors se livrer à un exercice désordonné tandis que, après avoir endossé un vêtement en peau, immédiatement on se sent à chaud et à l'aise.

.... Le halage des traîneaux est très pénible. Bien qu'absolument plat en apparence, le terrain monte cependant, et cette faible pente, non moins que la nature pulvérulente de la neige, nous oblige à d'épuisants efforts. Il semble que nous traînions les véhicules sur du sable ; la moindre aspérité du sol arrête leur impulsion.

A trois heures de l'après-midi la fatigue nous oblige à faire halte et aussitôt nous commençons la construction d'une hutte en neige. Le travail est mené lestement, c'est que la température n'invite guère à rester dehors, les bras croisés : le thermomètre marque – 57° ! Dès que l'igloo est dressé, le réchaud est allumé, afin d'assurer la stabilité de l'abri et de préparer le souper ; après quoi, tous les interstices entre les blocs sont soigneusement bouchés, et les traîneaux recouverts de prélarts.

Un dernier coup d'œil sur le grand désert frigide au-dessus duquel les étoiles commencent à trembloter. Nous secouons soigneusement la neige qui saupoudre nos vêtements et nos chaussures, puis nous nous glissons dans notre abri. Quelle douce impression de bien-être et de confort on ressent à l'intérieur ! Le réchaud chante joyeusement et remplit la pièce d'arômes appétissants. Après le souper les pipes sont allumées ; nous resterions une partie de la nuit à deviser gaiement, si la pensée des nouveaux efforts que nous devons produire demain ne nous invitait à nous blottir dans nos sacs.

2 mars 1904. — Le thermomètre minima marque – 61,7° ! L'air est absolument calme. Grâce à cette circonstance, en sortant de la hutte, je n'éprouve pas une impression de froid intense. L'aube commence à peine ; les étoiles luisent encore, démesurément grandes, comme cela se produit toujours lorsque la température est très basse. Quoi qu'il en soit, nous repartons. La marche est désespérément lente ; avec cela, il s'est élevé une petite bise atroce. Nous avons l'impression de recevoir en pleine figure une pluie d'aiguilles.

Chacun surveille le visage de son voisin pour l'avertir au premier symptôme de congélation ; à toute minute c'est un nez ou une joue qui sont mordus. En pareil cas nous employons le procédé des indigènes : nous nous dégantons et appliquons la main chaude sur la partie attaquée jusqu'à ce que la circulation soit rétablie. Jamais je n'ai fait usage du vieux remède qui consiste à frotter la « morsure » avec de la neige et que d'ailleurs les Esquimaux ne connaissent pas.

... En dépit de nos efforts nous avançons à peine. S'entêter à poursuivre la marche par une température aussi basse et dans l'état actuel de la neige est une pure folie ; après avoir pris conseil de mes compagnons, je décide la retraite. Une partie des approvisionnements est enfermée dans l'igloo où nous avons passé notre seconde nuit. Après quoi nous filons lestement vers le navire ; en quatre heures nous franchissons les dix kilomètres qui nous séparent de la *Gjöa ;* à l'aller nous n'avions pas employé moins de deux jours à les parcourir ! Malgré sa brièveté, cette expédition a été très instructive ; à l'usage tous les défauts de notre matériel sont devenus tangibles ; maintenant nous nous employons avec ardeur à y porter remède.

... Chaque jour l'approche du printemps est plus manifeste. Le soleil devient presque chaud, de larges plaques de verglas se forment sur la neige, et la piste est plus tassée. Les animaux commencent à reparaître. Le 12 mars, un lagopède se montre près du navire, c'est le premier de la saison.

Quatre jours plus tard je me remets en campagne. Cette fois je n'emmène qu'un compagnon, Hansen.

Le temps est magnifique, le thermomètre marque encore – 40° ; cette température, dont le seul énoncé donne le frisson aux habitants des pays tempérés, est presque agréable en comparaison des 60° sous zéro endurés sans accident lors de notre dernière sortie. La neige est devenue excellente ; sur les plaques de verglas les chiens galopent avec un tel entrain que nous avons peine à les suivre ; en trois heures nous rejoignons le dépôt.

Le lendemain, nous prenons à ce poste 200 kg de vivres ; au lieu d'un traîneau tiré par dix chiens, nous en aurons maintenant deux attelés chacun de cinq chiens seulement. En dépit de la lourdeur de la charge, la marche est relativement rapide ; bientôt nous voici sur la côte est de la Terre du Roi-Guillaume, au bord du golfe La Trobe. La nappe de glace qui couvre cette baie, tout unie, permet également de filer bon train ; le soir venu nous campons à l'abri d'un monticule formé par les pressions de la banquise.

A deux, la construction d'une hutte en neige serait longue et laborieuse ; aussi ai-je renoncé pendant cette excursion à ce mode de campement et emporté une tente. Quels avantages présente l'igloo sur cet abri, l'expérience en est bientôt faite. Toute la nuit nous grelottons dans nos sacs et battons la semelle sans pouvoir arriver à nous réchauffer. Le lendemain dès l'aube, nous sommes debout ; nous avons hâte de marcher pour retrouver un peu de chaleur. Le froid n'est d'ailleurs pas excessif, environ – 50°.

Nous faisons route sur l'île Matty, à travers une banquise accidentée de lignes de monticules engendrés par les pressions ; ils sont peu proéminents et on peut les franchir sans grande difficulté ; entre eux la glace s'étend unie et glissante.

... De temps à autre nous faisons halte pour contrôler la direction, souffler et tailler une bavette. Vers dix heures nous nous étions arrêtés pour ficeler solidement les traîneaux ; cela fait, nous nous reposions en devisant. La conversation tomba sur les Esquimaux que, en 1859, McClintok avait rencontrés dans ces parages. Si nous aussi, nous allions en trouver ? A peine ces mots étaient-ils prononcés, qu'un point noir devient visible sur la glace. Avec sa vue perçante Hansen a bientôt reconnu un indigène, qui s'avance de notre côté ; bientôt après, au milieu des aspérités de la banquise, apparaissent d'autres points noirs. A une distance de deux cents mètres, nous comptons trente-quatre Esquimaux. Ils sont arrêtés et nous observent.

Par mesure de prudence, nous chargeons les fusils ; puis je m'avance en parlementaire. Arrivé à portée de voix, je pousse un vigoureux manik-tou-mi auquel trente-quatre voix répondent en chœur. Les indigènes témoignent un véritable enthousiasme par d'interminables manik-tou-mi et viennent nous tapoter amicalement. Ce sont des Esquimaux netchjilli ; ils sont relativement propres et, de ce fait, ils font meilleure impression que nos amis oglouli.

Ces indigènes allaient à la chasse au phoque lorsqu'ils nous ont aperçus. Chacun d'eux est armé d'un harpon ainsi que d'un long couteau et tient un chien en laisse. Leur camp est établi dans l'est, derrière des monticules de la banquise. Il serait intéressant d'étudier ces naturels dans leur milieu ; dès que je leur fais part de mon désir d'aller visiter leur village, tous manifestent la plus vive joie et sans retard attellent leurs chiens à nos véhicules. Sur ces entrefaites arrive en un traîneau tiré par trois bêtes un vieillard du nom de Kogoptinner, le plus vieux et le plus habile magicien de la tribu, nous dit-on. Sans plus de cérémonie les autres Esquimaux lui prennent ses chiens, les joignent aux autres et hissent le bonhomme sur un de nos traîneaux.

Aussitôt le signal du départ donné, les attelages partent à fond de train, si bien que le vieux Kogoptinner a toutes les peines du monde à se maintenir sur son véhicule ; à chaque instant il menace de verser. Après une heure de route, le campement est en vue ; il compte seize huttes : c'est le plus important établissement esquimau que nous ayons jamais rencontré.

Après l'expérience de la nuit dernière, il ne nous sourit guère d'en passer une seconde sous la tente. Aussi commençons-nous la construction d'un igloo, un peu à l'écart du village. Nos préparatifs éveillent la plus vive curiosité chez les indigènes. Evidemment ils doutent qu'un kablouna soit capable d'élever une maison en neige, et ils ne se font pas faute de manifester ce sentiment. A la vue de notre inexpérience tous partent d'un éclat de rire ; jamais l'expression « se tordre » n'a été plus exacte. Finalement ils accourent nous aider et avec une maestria admirable, ils ont bientôt construit une hutte spacieuse. Une fois assurés d'un gîte, nous allons rendre visite aux indigènes.

Dès notre rencontre sur la banquise j'avais remarqué un Esquimau qui me paraissait de beaucoup supérieur à ses congénères. Il avait un air grave, sérieux, plein d'autorité, tandis que ses compagnons bruyants et rieurs semblaient une bande d'écoliers lâchés. C'était un solide gaillard, large d'épaules, quelque peu corpulent, et, à la différence des autres Esquimaux, porteur d'une barbe abondante. Ses vêtements, ses engins de chasse et de pêche, ses chiens étaient propres et soignés. Il se nommait Atikleura et était fils du vieil *angekok* (« sorcier ») rencontré en traîneau sur la banquise.

Tandis que nous travaillons à préparer notre igloo pour la nuit, Atikleura vient m'inviter à visiter sa maison. Mon homme « a du monde » ; arrivé à l'entrée de l'étroit boyau qui dans les huttes en neige remplace la porte, il tient à me faire passer le premier. Dans l'igloo d'Atikleura, ce boyau très bas présentait deux élargissements ; l'un d'eux avait une destination sur laquelle il est inutile d'insister. Au point de vue hygiénique, la présence de ce « retiro » dans le voisinage immédiat de la chambre à coucher n'offre aucun inconvénient, les chiens se chargeant de remplacer le tout-à-l'égout. Après un dernier défilé, on arrive dans la pièce d'habitation, une véritable salle de fêtes, haute de plus de trois mètres et toute blanche. Construite la veille, elle n'a pas encore les murs souillés par la fumée des lampes. Les blocs employés dans sa construction sont disposés régulièrement et tous d'égales dimensions. Evidemment Atikleura aime à être bien logé et chez lui règne un ordre parfait. Au fond de la chambre est disposé le lit familial ; sur le rebord, devant la lampe, la ménagère est accroupie. D'un type mongol très accusé, elle n'est pas précisément jolie, mais elle est propre. Comme la plupart des femmes d'Esquimaux, elle possède de belles dents blanches très brillantes, de beaux yeux bruns et des tatouages lui ornent les joues, le cou, la poitrine et les mains. Sur d'autres parties du corps les femmes indigènes portent également des ornements de ce genre.

Le ménage a trois fils qui se distinguent également des autres enfants du village par leur propreté et par le respect qu'ils témoignent à leur mère. L'aîné, Erera, seize à dix-sept ans, a le type indien ; un garçon sympathique, poli, de relation agréable, qui par la suite devint notre ami à tous. Le second vit pour le moment chez son grand-père dont les gâteries annihilent la bonne influence maternelle. Le troisième, Anni, un gentil petit garçon de cinq ans, très vif, est le benjamin.

Pour me souhaiter la bienvenue, Atikleura me fait cadeau d'un superbe vêtement en peau de renne, orné de fines broderies. Je lui demande alors s'il ne pourrait pas me procurer de bons gilets en peau. Ma requête paraît faire le plus grand plaisir à mon hôte. Aussitôt il se déshabille, puis prenant dans un coin de vieilles pelleteries, il les endosse à la place du gilet qu'il porte et qu'il me tend en m'invitant à m'en revêtir. Je demeure interdit, n'ayant pas l'habitude de changer de flanelle avec un étranger et cela en présence d'une dame. Mais l'insistance d'Atikleura et l'indifférence de sa femme ont bientôt raison de mes scrupules. Je grimpe alors sur le lit et, me dissimulant du mieux que je puis dans les couvertures, j'endosse le vêtement de mon hôte encore tout chaud.

On m'offre ensuite une collation composée de viande de renne crue et gelée avec de petits morceaux de lard de phoque. Si la viande ne me plaît qu'à moitié, le saumon me paraît en revanche excellent. Mes chiens ne furent pas non plus oubliés ; mon nouvel ami leur apporta de grands quartiers de phoque qui disparurent en un clin d'œil.

Après ce repas, je revêts la superbe blouse en peau de renne dont m'a fait cadeau mon hôte et sors habillé ainsi de pied en cap, grâce à la munificence d'Atikleura. Ne voulant pas demeurer en reste avec ce brave homme, je vais aussitôt chercher dans mes bagages deux pointes de harpon et six aiguilles que j'offre à mon ami en reconnaissance de ses bons procédés. A la vue de pareilles richesses, sa joie fut indicible.

Je visite ensuite les autres huttes et dans toutes je reçois le plus cordial accueil. Une veuve âgée, particulièrement aimable, me fit cadeau d'une petite peau d'ours et de deux langues de renne. Comme elles étaient très sales et couvertes de poils, elle enleva le plus gros avec les doigts et acheva de les nettoyer, en les léchant congrûment. Les Esquimaux remplacent l'usage du linge par la langue.

En revenant à notre igloo, je retrouve Atikleura ; il m'apporte une superbe peau d'ours que j'avais admirée chez lui. En vain je lui représente que je ne puis accepter un tel cadeau, il dépose la peau dans notre abri et s'en va sans vouloir rien entendre. De son côté, Hansen avait visité différentes huttes et pris plusieurs « five o'clock tea ». Comme moi, il avait été gratifié de langues de renne qui avaient subi le même nettoyage que les miennes. Quoi qu'il en soit, après les avoir légèrement lavées, nous les mangeâmes avec appétit. En exploration, on ne fait pas la fine bouche.

Notre fourneau, le fameux Primus, et les préparatifs de notre souper excitèrent chez les Esquimaux la plus vive curiosité et bientôt notre igloo fut rempli d'une foule de spectateurs. Dans ce cercle, le beau sexe n'était représenté que par deux vieilles veuves ni jolies, ni ragoûtantes. Toutes les autres femmes étaient restées au logis, probablement sur l'ordre de leur seigneur et maître. Ce fait nous donna une haute idée de l'esprit de famille et de la moralité chez les Esquimaux netchjilli. Ainsi les maris paraissaient se préoccuper de leurs femmes et celles-ci en retour leur témoignaient fidélité et obéissance. Hélas ! l'avenir devait nous faire perdre ces premières illusions.

Le lendemain matin, nous avions résolu de poursuivre notre route ; aussi bien, dès le soir, tout fut préparé en vue du départ. Les Oglouli nous avaient appris que dans leur langue le mot *miki* signifie chien ; comme notre attelage était épuisé, j'allai trouver mon ami Atikleura et lui demandai s'il ne pourrait pas me prêter quelques bêtes de renfort. Il hésita longtemps, me regarda, et sourit d'une façon singulière sans me répondre ; je répétai alors ma demande. Il fit un signe de tête et je ne lui parlai plus de l'affaire, la croyant arrangée.

Le lendemain matin, à l'entrée de ma hutte, je trouvai Anni, l'enfant chéri d'Atikleura. Le gamin parut enchanté de me voir ; le prenant par la main, je me dirigeai vers la hutte de son père que je trouvai occupé à travailler un morceau d'os. Je lui demandai alors où étaient les mikis qu'il m'avait promis la veille. Le plus profond étonnement se peignit alors sur le visage d'Atikleura, et d'un geste impatient me désignant son fils : « *Ona mikaga,* me dit-il, le voici, mon fils que vous m'avez prié de vous donner. » Dès lors l'imbroglio s'éclaira. Dans la langue des Netchjilli, *miki* signifie enfant et non pas chien, comme chez les Oglouli. Atikleura me prêta deux bons chiens, et garda auprès de lui son enfant.

Avant de lever le camp, je fis défiler devant moi tout le beau sexe ; pour remercier les indigènes de leur hospitalité, je remis à chaque femme quatre aiguilles. Sous toutes les latitudes les filles d'Eve pratiquent la supercherie avec la plus joyeuse inconscience, les femmes esquimaudes aussi bien que les Européennes.

Après avoir reçu son cadeau, que fit, en effet, un des plus remarquables laiderons de la bande ? Elle se glissa prestement à la queue du groupe, espérant que je ne la reconnaîtrais pas. Lorsque je découvris la ruse, la première, elle éclata de rire, et toutes ses compagnes suivirent le mouvement. Ce fut pendant un instant un fou rire général. En vérité, ces Esquimaux sont les gens les plus gais que j'aie jamais rencontrés.

Un jeune frère d'Atikleura, un solide garçon de vingt-cinq ans environ, nous accompagne pour nous guider à travers le dédale des monticules de pression qui accidentent la banquise. Grâce à sa connaissance du terrain, nous avançons rapidement, et le soir, nous campons en vue de l'île Matty.

Le lendemain, temps désagréable et couvert. Le vent souffle droit debout ; température : – 50°. Avec cette bise dans la figure, les morsures de la gelée sont fréquentes. Tantôt j'ai le nez attaqué, tantôt ce sont les poignets.

Vers midi, nous rencontrons un village de six huttes, des Esquimaux itchjouachtorvik. Ces indigènes sont de plus grande taille que les Netchjilli ; la plupart mesurent environ 1,80 m ; en revanche, ils laissent une impression beaucoup moins bonne. Ce sont d'impudents mendiants ; tout objet qu'ils voient, ils nous le demandent. Le soir venu, pour échapper à leur importunité, nous barricadons l'entrée de notre hutte. Par mesure de sûreté, les traîneaux sont soigneusement cordés ; bien nous en prit, car le lendemain il nous manquait une scie, une hache et un couteau. Aussitôt, je sommai les voleurs de rendre les objets dérobés, et non sans difficulté, je parvins à en obtenir la remise.

Il n'y avait pas à songer à établir le dépôt de vivres dans le voisinage de ces voleurs : ils auraient tout dérobé. Dans ces conditions, je revins auprès de nos amis netchjilli et leur confiai nos approvisionnements : entre leurs mains, ils seraient en sûreté.

Au point où nous avons rebroussé chemin, le cap Hardy et l'île Matty étaient en vue, ainsi que probablement le cap Christian-Frederick, sur la Terre Boothia Felix.

Mes amis netchjilli m'ayant annoncé leur projet de lever le camp le lendemain, je demeurai avec eux pour assister à cette opération qui ne pouvait manquer d'être très intéressante.

A sept heures et demie du matin, tout est paré pour le départ. Il y a en tout neuf traîneaux. Les chiens n'étant pas assez nombreux pour tirer tous ces véhicules, des hommes, et surtout des femmes, aident au halage. Ces dernières sont très adroites dans cette rude besogne ; elles sont d'ailleurs solides et vigoureuses ; loin de maugréer contre cette corvée, elles rient à gorge déployée et s'amusent follement.

Quelle différence entre nos traîneaux et ceux des indigènes ! Les nôtres, très petits et très légers, représentent l'industrie du XXe siècle, tandis que ceux des Esquimaux, lourds et de grandes dimensions, évoquent l'âge de la pierre. Tous les véhicules avancent en colonne, de telle sorte que celui qui ouvre la marche fraye la piste aux autres. Pendant les haltes, la jeunesse joue au football. Jamais je n'ai pu découvrir la règle du jeu, ni même si on en observait une ; en tout cas, comme chez nous, les joueurs se lancent la balle avec le pied ou avec la main. Les femmes sont particulièrement adroites dans ce sport.

Dès midi, l'étape était terminée. Les Esquimaux ne sont jamais pressés, le temps pour eux n'a aucune valeur ; ce qu'ils ne font pas un jour, ils le feront aussi bien le lendemain. Il en résulte qu'avec eux l'organisation du camp est excessivement longue ; avant de se décider à construire les igloos, les chefs de famille sondent et palpent la neige dans tous les sens. Ils finirent cependant par aboutir et nous prêtèrent ensuite leur aide pour construire notre hutte, qui fut édifiée en même temps que les autres.

J'engageai les Esquimaux à me suivre à bord. Après avoir tout d'abord accepté, ils demandèrent le lendemain à remettre le départ au jour suivant, afin de pouvoir aller à la chasse au phoque. Je n'eus garde de laisser échapper cette occasion de les voir pratiquer ce sport curieux dont dépend leur existence. La partie manqua d'agrément ; il soufflait une tourmente de neige, avec cela le froid était atroce. De ce mauvais temps, les Esquimaux n'étaient nullement incommodés ; bien qu'on ne vît pas à dix mètres devant soi, ils avançaient avec la plus parfaite assurance ; il est vrai que le brouillard était bas et qu'au-dessus le ciel apparaissait dégagé.

... Une fois sur le terrain de chasse, les hommes se dispersent et je reste seul avec un gamin, perdu dans la brume, sans voir quoi que ce soit. Fatigué de cette attente, je prends le parti de revenir au camp. Si l'aller n'avait pas été agréable, le retour le fut encore moins, avec une tempête dans la figure. Même mon compagnon se trouvait gêné par cette brise glacée : pour s'en préserver, il marchait de temps en temps à reculons. Mon nez ne sortit pas sans dommage de l'aventure ; à chaque instant mon jeune guide devait venir à mon secours et arrêter les progrès de la congélation dont il était menacé ; fatigué de ce manège, mon compagnon enleva la bande de fourrure qu'il portait au genou pour empêcher l'air d'entrer dans son pantalon et m'en couvrit le nez. Grâce à cette précaution je n'eus que quelques légères morsures sur les joues.

Le lendemain nous enfouissons notre dépôt de vivres sous une épaisse couche de neige, et, après l'avoir recommandé à la vigilance de nos amis netchjilli et les avoir de nouveau invités à nous rendre visite, nous rentrons à Port-Gjöa.

Bientôt après ils vinrent en bande à nos quartiers d'hiver. Ces braves gens nous avaient si bien reçus qu'en retour je leur donnai une large hospitalité. En témoignage spécial de ma reconnaissance je remis à Atikleura un vieux remington et une petite provision de cartouches. Sa joie d'un tel cadeau et sa fierté de posséder un pareil fusil dépassèrent tout ce que l'on peut imaginer. Nos amis nous édifièrent sur le compte de Terayou. L'histoire de son abandon avait été inventée de toutes pièces. Le vieillard n'avait été nullement laissé en arrière par ses congénères égoïstes, comme il nous l'avait conté ; ils l'avaient, au contraire, pressé de les suivre, mais lui avait refusé de marcher. Sa détresse n'était pas plus exacte que son abandon. Le bonhomme possédait six énormes carcasses de renne enfouies près de sa hutte. En raison des services que lui et sa femme nous avaient rendus, je lui pardonnai sa supercherie.

Le 6 avril, je me remets en route, accompagné de Ristvedt. Dans un ciel dégagé luit un clair soleil ; pour la première fois de l'année la chaleur de ses rayons est sensible. Le thermomètre marque cependant encore – 30°, mais pour nous c'est un temps de printemps.

Le soir, campé à côté du dépôt situé au pied du mont Matheson. Il est intact ; nos amis netchjilli ont veillé à sa sauvegarde avec une conscience qui fait honneur à leur honnêteté. Dans ce monceau de caisses qui représentent pour eux des richesses d'une énorme valeur, pas le moindre objet n'a été touché. Le lendemain matin, à huit heures, en route. La charge de chaque traîneau est maintenant de 250 kg. Aussi, avec nos faibles attelages la marche devient très lente. Du mont Matheson le cap est mis à travers la banquise, sur l'île Matty où je dois prendre une première série d'observations magnétiques. Le soir, au moment de camper, à notre grande satisfaction nous apercevons un village esquimau. Au milieu de huttes blanches se meut un assez gros point noir ; il y a donc au moins un habitant. Mais voici qu'à notre approche le bipède que nous avions cru apercevoir devient un quadrupède. C'était tout simplement un renard.

8 avril. — Aux approches de l'île Matty la banquise est accidentée d'une longue suite de monticules créés par les pressions de la glace ; toute la journée nous peinons pour nous frayer un chemin au milieu de ces mamelons. Les attelages étant trop faibles pour tirer les deux traîneaux à la fois sur un tel terrain, force nous est d'atteler tous les chiens à un seul véhicule et de laisser l'autre en arrière. Le soir, campé au cap Hardy.

9 avril. — Dès six heures et demie nous nous mettons en route pour aller chercher le traîneau demeuré en arrière. Une petite promenade de seize kilomètres, et sur quel terrain, bon Dieu ! Nous restons cinq jours au cap Hardy pour les observations magnétiques. Pendant cette halte le temps devient plus doux. Dans la nuit du 9 au 10, le minimum est seulement de – 28°. Le 15, nous repartons. Brouillard très épais. Tout à coup nous nous trouvons face à face avec deux Esquimaux appartenant à la tribu de voleurs rencontrée quelques semaines auparavant. La brume à couper au couteau qui nous enveloppe ne gêne nullement nos deux gaillards ; ils trouvent leur chemin aussi facilement que s'il faisait clair. Bientôt nous voici à leur camp composé d'une seule hutte ; elle est occupée par les deux hommes que nous avons rencontrés, une vieille femme et deux enfants. Tous ces gens se montrent empressés ; ils ont évidemment conscience de leur faute et sentent qu'ils ont à se faire beaucoup pardonner.

Le lendemain une tourmente de neige nous condamne au repos. Il y a quelques jours, en prenant une observation, j'ai brisé le verre de ma montre. Une réparation de fortune n'ayant donné qu'un résultat médiocre, Ristvedt profite de l'arrêt que nous impose le mauvais temps pour retourner à bord faire remettre le verre. Parti le 16 avec un traîneau tiré par nos dix chiens, il est de retour le 20 à sept heures et demie du soir, ayant parcouru aller et retour 200 km.

21 avril. — Encore une étape épuisante. Entre l'île Matty et la côte de Boothia Felix, la banquise est très accidentée ; après de pénibles efforts nous sommes obligés de laisser un traîneau en arrière. Ainsi allégés, nous atteignons le continent américain. Le lendemain toute la journée, marche à travers des monticules de pression. Ayant rencontré un camp esquimau sur la côte nord de l'île Matty, nous nous arrêtons pour faire donner à nos chiens une bonne ration de viande de phoque ; ils en ont grandement besoin après les rudes efforts que nous avons exigés d'eux. Ristvedt en profite pour faire également bombance avec du phoque rôti dans l'huile. Je ne suis certes pas difficile, néanmoins jamais je n'ai pu me résoudre à toucher à ce mets.

Dans ces parages nous nous trouvons tout près du pôle magnétique, de l'ancien comme du nouveau ; suivant toute vraisemblance nous avons passé entre les deux.

Un peu au sud des îles Tasmania, nous faisons notre station la plus septentrionale et le 7 nous battons en retraite. Toute cette côte de Boothia Felix est plate comme la main ; seulement très loin dans l'intérieur, quelques collines sont visibles.

Le 21, nous arrivons à notre dépôt. Il a été complètement pillé par les Esquimaux rencontrés à l'île Matty. Cinq kilogrammes de pemmican éparpillé sur le sol, c'est tout ce qui reste de nos précieux approvisionnements. Dans ces conditions une retraite rapide vers le navire s'impose. Malheureusement de nouveau la brume nous enveloppe et pendant plusieurs jours nous errons à l'aventure. Le temps s'étant enfin éclairci, nous retrouvons notre route et le 27 mai au soir, nous rallions le bord.

4

LE SECOND HIVERNAGE — LE MOIS DE MAI À BORD — EN EXCURSION — UN ASSASSINAT — LES MOUSTIQUES — SPLENDEURS DE L'ÉTÉ ARCTIQUE — L'ÉTAT DES GLACES EN AOÛT — EXCURSION AUTOUR DE PORT-GJÖA — UNE NAVIGATION MOUVEMENTÉE — L'AUTOMNE — UNE HUTTE EN GLACE — PÊCHE À LA TRUITE — CHASSE AU RENNE — ÉPIDÉMIE DE GRIPPE PARMI LES INDIGÈNES — UNE VISITE INATTENDUE — DÉPART D'UN COURRIER — LA NOËL

A Port-Gjöa mai avait été froid et désagréable. A mon retour le navire est encore couvert de neige et garni d'une ceinture de longues stalactites de glace. Rien encore dans le paysage n'indique l'approche du printemps, si ce n'est la présence d'un grand nombre de passereaux (bruants des neiges).

Pendant mon absence, observations scientifiques et travaux du bord avaient été poursuivis avec la régularité habituelle. Wiik avait continué ses observations magnétiques, le lieutenant Hansen et Helmert Hansen avaient érigé des signaux de triangulation sur tous les mamelons voisins du mouillage ; notre second avait même commencé le lever de la carte des environs du port.

De son côté, Lund avait sans résultat essayé de débarrasser le navire de la neige qui le recouvrait. Pendant cette période il avait été singulièrement pénible de maintenir libre la prise d'eau ; en juin au mouillage la couche de glace atteignit 3,80 m ! Quant à Lindström, il s'était révélé chasseur et avait abattu nombre de lagopèdes. Ses exploits n'étant pas du goût de nos bons fusils, ceux-ci, pour se venger du succès du cuisinier, complotèrent une farce à son intention. Ayant découvert dans un coin un lagopède gelé, tué quelques mois auparavant, et encore garni de toutes ses plumes, nos amis s'en vont en tapinois le placer sur un monticule de glace, à vingt-cinq mètres du navire. De retour à bord, ils appellent le coq occupé à ses fourneaux : « Lindström, Lindström, un lagopède ! arrive vite ! »

D'un bond notre homme est sur le pont, son fusil à la main. « Où est-il, cet oiseau ? — Droit devant le beaupré ! » En effet, le lagopède apparaît bien tranquille sur la glace, il a même l'air de dormir. Cette singulière attitude n'inspire aucune défiance au chasseur ; il s'embusque, vise lentement et presse la détente.

Le coup envoie le volatile en bas du glaçon. « Il en a, pour sûr ! » clame joyeusement Lindström, et il se précipite à la recherche de son butin. Les camarades postés à bord le voient tourner et retourner le gibier dans tous les sens, le palper et l'examiner curieusement. Lindström ne peut revenir de son étonnement. « Eh bien, en voilà une bonne ! Il est déjà froid ! » crie-t-il. Devant cette remarque les autres ne peuvent tenir leur sérieux et partent d'un accès de fou rire. Le brave Lindström a bon caractère ; il se borna à déclarer la plaisanterie de fort mauvais goût et fut le premier à rire de sa méprise...

Le 3 juin, les Esquimaux commencent à arriver, afin de se livrer à la chasse au phoque aux environs de Port-Gjöa. Pour cela ils s'installent sur la pointe Von Betzold qui commande un panorama étendu. Tous sont munis d'une abondante provision de lard provenant des amphibies qu'ils ont capturés pendant le cours de l'hiver. Nous leur en achetons une grande quantité ; dans une expédition comme la nôtre, on ne sait jamais ce qui peut arriver, et il est toujours prudent d'avoir de copieuses réserves.

Le 5 juin, avec trois de mes compagnons, je pars en excursion : il s'agit d'aller déterminer les éléments magnétiques dans diverses localités voisines et de lever les environs de Port-Gjöa. Nous emmenons deux Esquimaux, Ouglen et Talournakto. Nous nous mettons en route dans la soirée. A cette heure-là la neige porte, tandis que pendant le jour, ramollie par la chaleur, elle ne permet pas de faire dix pas sans qu'on soit épuisé. La réverbération sur cette nappe immaculée est aveuglante ; même avec des lunettes noires on est exposé aux ophtalmies.

Notre première étape est Achliectôn, une île de l'archipel Hovgaard. Grâce à l'excellent état de la neige, en deux heures et demie nous couvrons dix-neuf kilomètres et demi. Le campement est installé sur une plaque de graviers. Quelle joie de fouler le sol ! Il faut avoir été enseveli dix mois sous la neige pour comprendre le plaisir de sentir sous ses pieds la terre ferme, cette mère féconde de l'humanité. La nature n'a pourtant pas encore pris l'aspect du printemps, mais après le long engourdissement hivernal, combien joyeux semble l'éveil de la vie ! Des insectes courent sur les mousses ; une petite fleur s'épanouit timidement ; des canards, des oies, des cygnes passent en longues files en route vers le nord...

Cinq jours nous demeurons sur les îles Hovgaard, travaillant avec entrain et gaieté. Nos levers et nos observations terminés, nous nous acheminons vers un lac auquel les indigènes donnent le nom harmonieux de Ko-ok-ka. Il est encore couvert d'une couche de glace, épaisse de 3,20 m ! Autour de cette nappe les rennes sont abondants ; chaque jour nos compagnons indigènes leur donnent la chasse avec succès : grâce à leur adresse nous apportons une copieuse provision de viande fraîche à nos camarades demeurés à Port-Gjöa.

En notre absence, de grands travaux ont été effectués à bord. Lindström a fait au navire sa toilette d'été. La *Gjöa* est maintenant débarrassée de sa gangue de glace et de neige et par les claires-voies grandes ouvertes l'air et la lumière circulent partout. De nombreux Esquimaux sont installés autour du mouillage, les uns sous les tentes, les autres dans les igloos ; d'autres enfin s'abritent sous des peaux fixées à une murette de neige. Avec les progrès du dégel, à chaque instant ces huttes s'abattent comme des châteaux de cartes.

Jusque-là les indigènes nous avaient frappés par leur sentiment des convenances et par leur moralité. Brusquement pendant notre absence de dix jours un changement complet se produisit, et, à partir de ce moment, ces gens, auparavant si réservés, manifestèrent la plus déplorable facilité de mœurs. La complaisance des maris et des mères chez ces hyperboréens dépasse toute imagination.

Quelques jours après, nouvelle expédition, toujours pour étudier les conditions magnétiques aux environs de la station. Nous nous dirigeons au nord-est, vers la pointe Louis des Abruzzes. Cette langue de sable, parsemée de petites mares, est très giboyeuse. Il y a là des lagopèdes, des eiders, des rennes ; aussi le garde-manger est-il toujours garni de morceaux succulents. L'eider, très gras en cette saison, est un vrai régal. Que dire aussi de la langue de renne, le mets le plus exquis de la gastronomie arctique, elle fond littéralement dans la bouche !

Nous visitons ensuite le golfe Schwatka. Bien qu'il soit encombré d'îlots et de « cailloux », je le signale aux expéditions futures comme une excellente station d'hivernage en raison de l'abondance du gibier. De là nous poursuivons dans le nord-nord-ouest vers une haute colline que nous avons nommée le sommet Nord. Grâce aux skis nous avançons aisément sur la neige molle et détrempée, tandis que les Esquimaux qui ne sont pas munis de ces patins enfoncent jusqu'aux genoux. Partout des pistes de renne et de renard. Les collines sont maintenant dégagées de la carapace blanche qui pendant dix mois les a recouvertes et les lacs si longtemps rigides clapotent joyeusement. Un soleil brillant remplit l'espace de clarté et de joie ; dans l'air calme et serein monte, comme un hosannah, le chant d'innombrables oiseaux. Jour et nuit la gent ailée salue d'un hymne joyeux le renouveau. Jamais le concert ne prend fin ; à quel moment de la journée ces êtres se reposent-ils ?

Sur le sol courent des troupes nombreuses de lemmings. Rien de plus amusant que les mouvements de ces petits rongeurs. On les voit d'abord montrer le nez à l'entrée de leurs terriers ; si tout est calme, ils sortent prudemment et vont se chauffer au soleil, puis subitement ils repartent au plus vite vers leurs tanières pour recommencer un peu plus tard une sortie. Si d'aventure un de ces minuscules animaux rencontre un homme ou un chien, au lieu de prendre la fuite, bravement il lui fait tête en poussant de petits cris agressifs et en découvrant une rangée de dents pointues.

... De jour en jour la sensation d'été devient plus vive. Partout des fleurs et partout des insectes. Cette terre, morte depuis dix mois, sort de sa longue léthargie hivernale. De telles journées ensoleillées sont un réconfort et c'est pour nous une sensation délicieuse de contempler l'éveil de la nature. Le paysage, quoique très simple, produit une impression de grandeur infinie. Le campement sur la colline Wiik nous a laissé en particulier un souvenir profond. Du haut de cette butte se déroule une immensité inconnue, tantôt s'élevant en longues protubérances, tantôt descendant en larges vallées ; à perte de vue une terre mystérieuse enveloppée d'une lumière étrange, et, à nos pieds, faisant contraste avec cette sévérité, une nappe d'eau bruissante, joyeuse comme un éclat de rire. Le temps est splendide, le soleil rutilant ; sous la tente le thermomètre monte à + 25° ! Quel plaisir de se promener en bras de chemise, après tant de mois passés sous d'épaisses fourrures, et quelle joie de se baigner dans les lacs ! Dans l'Arctique, faire une pleine eau, cela ne semble-t-il pas le comble du paradoxe ?

Au sommet de la colline Wiik, nous découvrons des vertèbres de baleine.

Près de cette colline, nombreux sont les nids d'eiders, de plongeons et d'oies tous remplis d'œufs. A la vue de ce régal, l'eau nous vient à la bouche, mais en exploration l'intérêt de la science prime les satisfactions de l'estomac et ces friandises passent sous le nez des gourmands. Nous n'avons, d'ailleurs, pas lieu de nous plaindre de l'ordinaire, composé le plus fréquemment de viande de renne. Chaque jour, nos Esquimaux poursuivent ces animaux et, avec les morceaux que nous leur abandonnons, préparent les plats les plus appréciés de la cuisine indigène. Il y a surtout un certain pudding au sang devant lequel peut-être les gens raffinés se déroberaient. En voici la recette : dès que le renne est mort, vous l'ouvrez, vous recueillez soigneusement le sang encore chaud, puis vous enlevez l'estomac que vous videz en partie ; aux aliments à moitié digérés qui demeurent dans la panse, vous ajoutez du sang, vous agitez ensuite, et lorsque le tout est bien brassé, vous servez.

Le jour de notre départ de la colline Wiik, il pleut ; désormais les beaux jours seront rares. Dans ces régions l'été n'est qu'un rayon de soleil !... La débâcle a commencé sur les grands lacs voisins de Port-Gjöa. Dès lors, la pêche devient l'unique occupation des indigènes. On voit même des gamins de cinq ou six ans passer jour et nuit à jeter la ligne dans des trous de la banquise et leur butin est souvent si abondant qu'ils ne peuvent le transporter au logis.

Entre-temps, notre colonie fut attristée par un crime épouvantable. A quelques pas de la villa Aimant, un Esquimau nommé Oumiaktouallou habitait avec sa famille composée de sa femme, de ses trois fils et d'un fils adoptif. Il possédait un fusil à baguette dont il était très fier et qu'en dépit de nos remontrances il laissait suspendu à un piquet de sa tente, à la disposition de tout venant, chargé et amorcé. Un soir, pendant qu'Oumiaktouallou et sa femme bavardaient chez des voisins, les enfants s'emparèrent du fusil, et il arriva ce qui arrive toujours en pareil cas : le coup partit et tua le fils aîné d'Oumiaktouallou, un charmant enfant de sept ans. Au bruit de la détonation, l'Esquimau accourt et se trouve en présence du cadavre de son enfant tandis que son fils adoptif tient le fusil encore fumant. Devant ce spectacle, le malheureux père voit rouge, et, s'armant d'un couteau, transperce l'auteur involontaire du fatal accident. Dans la nuit même, les deux pauvres petits corps furent emportés et ensevelis en cachette. Après avoir, dans le paroxysme de la douleur, accompli ce forfait, Oumiaktouallou fut pris de remords et décampa avec les siens.

Quelques jours plus tard, nous découvrîmes les sépultures des deux enfants. Chaque corps, cousu dans une peau de renne, reposait à la surface du sol, entouré de petites pierres. A côté du fils d'Oumiaktouallou avaient été placés son arc, ses flèches, ses gants, bref tout son équipement de chasseur ; le fils adoptif avait été traité avec moins d'égards ; on avait simplement laissé ses gants à côté de lui et on n'avait même pas pris la peine de fermer complètement le linceul.

... La banquise du détroit de Simpson a cette couleur verdâtre produite par la fusion de la neige à la surface de la glace et qui est l'annonce d'une débâcle prochaine. Tous les ans, m'assurent les Esquimaux, la mer est libre ; mais, ajoutent-ils, l'été dernier a été à ce point de vue exceptionnel, et nous ne devons pas compter cette année sur une saison aussi favorable. Quoi qu'il en soit de ces prédictions, nous gardons l'espérance.

Le printemps et le début de l'été sont superbes avec de belles soirées tièdes. Malheureusement, ces heures merveilleuses sont gâtées par les moustiques, la plaie de l'archipel polaire américain. Si compacts sont leurs essaims qu'ils rendent intolérable un séjour en plein air ; sans cesse, il faut leur livrer bataille, et dans cette lutte l'homme n'a pas toujours le dessus. Nous avions beau écraser des centaines d'ennemis, toujours ils revenaient plus acharnés et plus nombreux. A bord, pour pouvoir dormir, on devait fermer toutes les ouvertures et se couvrir d'une moustiquaire. J'étais peu sensible aux piqûres, mais il n'en était pas de même d'un de mes compagnons qui, chaque matin, se réveillait la tête boursouflée et enflée, comme s'il avait eu un érysipèle.

Le 1er août, je pars continuer en canot ma tournée d'observations autour de la station. Ma première excursion est dirigée vers une colline située de l'autre côté de la baie, à neuf kilomètres environ de Port-Gjöa.

... Toujours ces atroces moustiques. Au moment du départ, ils sont particulièrement acharnés ; heureusement lorsque nous arrivons à quelque distance de terre, ils nous laissent en paix. Mais ce n'est qu'une courte trêve. Dès que nous abordons, une nuée d'insectes se jette sur nous avec plus de rage que jamais. De la mer au sommet de la colline où je me propose d'observer, il y a seulement une demi-heure de marche ; pendant ce trajet ce fut véritablement infernal. Voulions-nous parler, nous avions la bouche pleine de moustiques et nos mains, sans protection, n'étaient qu'une plaie. Un moment, n'y tenant plus, nous fûmes sur le point de battre en retraite. Au sommet de la colline, nous fûmes pourtant récompensés de nos souffrances par la vue du panorama. Au-delà de notre observatoire, vers l'ouest, la glace est fixe jusqu'à la côte. Dans l'est, au contraire, un large golfe s'ouvre vers Port-Gjöa et des flaques d'eau libre apparaissent au milieu du détroit de Simpson. Vers le nord, le regard embrasse l'infinie perspective des plaines moussues de la Terre du Roi-Guillaume avec des centaines de petits lacs brillant au soleil. Autour de nous, les oiseaux passent et repassent en vols innombrables ; de temps à autre, se montre la lointaine silhouette d'un renne solitaire en train de pâturer.

J'achevais mes travaux lorsque le lieutenant Hansen et Helmert Hansen vinrent à passer, en route pour le cap Crozier, la pointe sud-ouest de la Terre du Roi-Guillaume. Sur ce promontoire, ils se proposent d'établir un dépôt de vivres en vue d'une excursion qu'ils entreprendront au printemps 1905 à la Terre Victoria. Nos deux camarades sont, en outre, chargés de sonder la partie la plus étroite du détroit de Simpson. Cette expédition sera longue, à coup sûr, peut-être difficile ; la distance de Port-Gjöa au cap Crozier est de 100 milles marins ; de plus l'état des glaces peut amener des surprises. La banquise jusque-là fixe à la côte s'est ouverte le long de terre à la suite d'une fraîche brise de nord.

Le lendemain je fais mes débuts en *kayak* dans une mare. Tout d'abord cela me semble aller très bien ; toutefois les témoins de mes essais ne paraissent pas partager mon optimisme et de temps à autre lancent des plaisanteries que je trouve d'un goût douteux. Pour répondre à leur critique, je rame vigoureusement vers la rive.

Que se passe-t-il alors ? Peut-être fis-je un faux mouvement ! Toujours est-il que je chavirai et que pour me dégager les spectateurs durent venir à mon aide. Après cette expérience dans l'art du canotage esquimau, j'allai visiter le lac Ko-ok-ka. Ses parages étaient alors dans toute la splendeur de l'été ; partout un admirable tapis de fleurs éblouissantes !

Entre-temps la glace dérive vers la côte et ferme tous les passages ; voici donc le lieutenant et Hansen bloqués. Par suite de cette circonstance, je jouis de l'agrément de leur société. De cette détention, les Esquimaux, eux, ne se préoccupent guère, habitués qu'ils sont dès l'enfance à vivre dans la dépendance des éléments. Chaque jour tous vont à la chasse ; jamais ils ne reviennent les mains vides ; une fois ils ne rapportent pas moins de treize oies qu'ils ont tuées à coups de pierre.

Le 11 août, ayant terminé mes observations, je rentre à bord, laissant le lieutenant Hansen attendre patiemment que la banquise se soit de nouveau éloignée de la côte. Malgré l'abondance des glaces nos canots avancent rapidement ; en trois heures nous parcourons les dix milles marins qui nous séparent du navire. Port-Gjöa est maintenant solitaire. Tous les Esquimaux l'ont déserté pour aller faire leurs provisions d'hiver. Sous ces latitudes un rayon de soleil est un phénomène accidentel. Ici l'hiver dure dix mois et le reste de l'année on grelotte. Le 16 août, il tombe des averses mêlées de grêle ; dans la cabine, le thermomètre marque seulement + 3°. En conséquence, on allume le poêle.

Après quelques jours de repos, l'inactivité me pèse et je me remets en campagne. Ayant remarqué des anomalies dans les observations exécutées au printemps, sur la côte de Boothia Felix, je projette d'aller faire une station aussi loin que possible au nord, le long de la côte orientale de la Terre du Roi-Guillaume. Pour cela, il est nécessaire d'établir un dépôt dans ces parages ; à cette entreprise j'emploie les derniers jours de l'été. Dans cette direction, les conditions de la banquise sont très défavorables. La glace amoncelée devant la pointe de Betzold ferme la route. Le 20 août, fatigué d'attendre la débâcle qui ne se produit pas, je pars quand même. J'emmène Talournakto ; comme embarcation, nous avons un canot à fond plat que le charpentier a muni d'une quille. Nous arrivons à la pointe assez rapidement. A partir de là, glace impénétrable. Dans ces conditions nous déchargeons l'embarcation et la tirons au sec, puis, après l'avoir retournée, nous rentrons à bord.

Les jours succèdent aux jours, jamais le moindre changement dans l'état des glaces. Le 29 enfin, une brise fraîche se lève de terre et repousse la banquise au large. Tout de suite nous nous remettons en route. Devant le golfe de Schwatka, le vent souffle frais et la mer est haute. Pendant deux heures, nous luttons contre le vent, si bien que nous sommes bientôt baignés de sueur. Après cela nous hissons la voile et dès lors nous filons rapidement vers la pointe Louis des Abruzzes. Des paquets de mer embarquent à tout moment et sans relâche Talournakto doit écoper. Pour la première fois qu'il navigue à la voile, il s'en tire à son honneur.

La pointe Louis des Abruzzes doublée, nous continuons le long de la côte vers le mont Matheson jusqu'à ce que nous ayons découvert un emplacement propice pour camper. Quand nous abordons, nous sommes trempés ; comme la température n'est pas précisément élevée, la situation n'a rien d'agréable.

A Talournakto incombe la charge de cuisinier. Une surveillance attentive doit être constamment exercée sur lui, car ce brave homme ne possède que des notions très confuses de propreté. A cela près, c'est un excellent compagnon, toujours de bonne humeur et prêt à remplir toutes les besognes ; il est d'une force musculaire incroyable. Il fume, chique et s'applique en tous points à nous imiter. Mon homme est très fier des cinq ou six poils qui ornent sa lèvre supérieure et s'exprime avec le plus grand mépris sur le compte de ses congénères imberbes. Talournakto a beaucoup voyagé ; il a été jusqu'à la Repulse Bay dans la baie d'Hudson où il a chassé le bœuf musqué. Son plus grand plaisir est de raconter ses exploits cynégétiques dans cette région. Les Esquimaux tirent ce gros gibier à l'arc, et lorsque les bovidés les chargent, ils se défendent avec leurs lances ; bref, ce sont de véritables corridas.

Si sous bien des rapports mon compagnon me donne satisfaction, il y a, cependant, un point noir entre nous. En guise de chant, Talournakto a la manie de pousser un grognement horripilant. Les Esquimaux ne sont pas précisément doués au point de vue musical ; la plupart ne peuvent produire que quatre notes ; mon homme, moins bien partagé que ses congénères, n'en donne qu'une seule et sans jamais se lasser, pendant des heures, il émet ce son rauque. C'est effroyable à la longue ; je n'ai d'autre ressource que d'imposer silence à mon compagnon, ce dont, d'ailleurs, il ne se froisse pas le moins du monde.

Le lendemain, à huit heures du matin, nous reprenons notre navigation. Le vent du nord souffle toujours frais. Après avoir ramé plusieurs heures, nous arrivons à l'entrée d'une baie ouverte est-ouest. En manœuvrant pour y pénétrer, bain complet ; une lame nous prend par le travers et remplit entièrement le canot. Après cela nous gagnons rapidement la terre pour nous sécher.

Le lendemain dès quatre heures et demie, nous appareillons avant que la brise ne se soit levée. Grâce au calme, nous franchissons sans encombre la baie, mais sur le versant nord du mont Matheson, voilà bien une autre affaire. La glace s'étend jusqu'à la terre, et les fonds sont si petits qu'à chaque instant l'embarcation touche ; au prix d'un travail épuisant nous continuons cependant à avancer, jusqu'à ce que dans la soirée le passage soit complètement fermé. Pas précisément engageante, la côte ! Rien que du sable et des pierres, pas la moindre touffe de mousse ! A une distance de trente mètres de la mer et à hauteur de quinze mètres, je découvre un squelette de baleine, preuve indiscutable qu'un mouvement récent d'émersion a affecté ces parages. Devant le campement nous trouvons du bois flotté, le premier rencontré à la Terre du Roi-Guillaume.

Le 31 août, au réveil, la côte est entièrement bloquée. Impossible de continuer notre navigation. Pour passer le temps, nous allons reconnaître les environs. Au nord du camp s'ouvre un grand golfe qui, d'après la carte de McClintock, doit être le golfe La Trobe. Partout le sol est nu et sablonneux ; à plusieurs milles de la côte seulement apparaissent les premières plaques de mousse de rennes. Pendant quarante-huit heures nous demeurons prisonniers. Le troisième jour s'ouvre une fissure ; aussitôt nous repartons, mais pour nous arrêter bientôt après. Dans le golfe La Trobe, la glace barre de nouveau le passage, et cette fois pour de bon. Les jours succèdent aux jours, jamais la moindre détente. Il vente, il neige, avec cela un temps bouché. L'été est passé ! Un jour, pour tromper ces mortelles heures d'attente, nous allons à la chasse et avons la chance de tuer un renne et son faon. Devant ce résultat qui lui permet une abondante ripaille, Talournakto saute et danse comme un enfant ; en se trémoussant ainsi, il ne voit pas une mare et y culbute. Pour ne pas geler, il continue ensuite ses gambades avec encore plus d'entrain.

... Voici bientôt deux semaines que nous sommes prisonniers. Aussi bien le 16 septembre, fatigué d'attendre une débâcle qui n'arrive jamais, je prends le parti de rallier Port-Gjöa à pied. Nous chargeons sur nos épaules tout ce que nous pouvons emporter et abandonnons le canot, la tente et divers bagages. Plus tard nous reviendrons les chercher. En ligne droite la distance est de 46 km ; avec tous les détours auxquels nous fûmes contraints, elle s'éleva pour le moins à 70 km. Pour gagner l'extrémité supérieure du golfe Schwatka, trois jours sont nécessaires. La « jeune glace » commence maintenant à se former, mais elle n'est pas encore assez solide pour que l'on puisse cheminer dessus.

A mon retour à bord, je trouve tout en ordre à Port-Gjöa. Le 7 septembre, le lieutenant Hansen et Helmer étaient rentrés, après avoir réussi à placer un dépôt au cap Crozier et à sonder le détroit de Simpson. Entre la Terre du Roi-Guillaume et l'île Eta, cette passe est pour ainsi dire complètement obstruée par des hauts-fonds, tandis que, entre cette île et le continent, la profondeur doit être suffisante pour la *Gjöa*. Cette observation est de la plus haute importance ; le passage du Nord-Ouest n'est donc pas fermé par des bancs.

Les perspectives de chasse ne paraissent pas grandes cette année. Aux environs de Port-Gjöa aucun troupeau de rennes ne s'est montré jusqu'ici ; de temps à autre on a vu seulement quelques solitaires. Pendant mon absence deux de mes camarades ont battu le terrain sans résultat. Il va falloir cependant une abondante provision de viande fraîche pour l'hivernage ; dès que la glace sera solidement prise, nos chasseurs se mettront en campagne. Les Esquimaux se sont bien engagés à nous rapporter des rennes, mais leur légèreté est trop grande pour que l'on puisse faire fond sur leurs promesses.

Les nuits sont maintenant très froides, la neige tombe, en même temps de nombreux vols d'oiseaux filent vers le sud ; autant de présages de l'approche rapide de l'hiver et nous ne sommes pas encore à la fin de septembre ! En raison de la basse température de l'été, la débâcle n'a été que partielle et la navigation n'eût pas été possible dans les détroits. Souhaitons que la situation soit différente l'année prochaine. Dans la nuit du 20 au 21 septembre, la glace recouvre Port-Gjöa. Notre second hivernage commence.

Le 21 septembre, quelques Esquimaux reviennent à la station. Le premier de retour est Ouglen et sa famille. Il a passé ces dernières semaines avec plusieurs Esquimaux sur la côte orientale de la Terre du Roi-Guillaume, au bord du Peel Inlet, où il a chassé le renne et pêché le saumon. Ses compagnons et lui ont capturé une masse énorme de ce poisson dans une rivière tributaire de cet inlet. Les rivières de ce district sont peut-être les plus abondantes en saumon qui existent au monde. Dans cette région Ouglen a vu une grande quantité de rennes ; il en a tué vingt dont il nous cède les gigots.

Au pied de la colline Wiik, un Esquimau, du nom de

Tomotkoutou, est installé avec sa famille dans une hutte en glace, me raconte Ouglen. N'ayant jamais vu encore d'abri de ce genre, je vais rendre visite à notre voisin : sa hutte est, en effet, très curieuse ; composée de quatre parallélépipèdes de glace, longs d'un mètre, et épais de quinze centimètres, placés debout côte à côte et jointoyés avec de la neige mélangée de glace ; l'enceinte ainsi formée est recouverte d'un toit de peaux de renne.

Après avoir examiné cette singulière hutte, j'accompagne son propriétaire à la pêche, dans le lac Ristvedt. Ses engins se composent d'un harpon, d'une ligne en nerfs de renne dont l'extrémité est garnie de petits morceaux d'os, enfin d'une grosse pierre que porte son fils aîné. La glace est si transparente qu'au travers on distingue nettement les poissons et toutes les pierres du fond. Tomotkoutou choisit un emplacement et, avec la pierre apportée par son fils, casse la glace puis, après avoir agrandi le trou avec son couteau, y jette la ligne. Aussitôt les truites s'approchent pour examiner les morceaux d'os brillants dont elle est munie ; lorsque le poisson passe à la portée, avec une adresse admirable, l'Esquimau le harponne.

A quelques jours de là, je vais avec Ouglen et Talournakto à la chasse au renne dans le golfe Schwatka où nous avons laissé une tente. Arrivés au camp, nous découvrons douze têtes en train de pâturer dans la plaine. Nous nous trouvons à faux vent, mais pas le moindre couvert. Quoi qu'il en soit, nous essayons de joindre le gibier. Mes deux compagnons partent dans une direction, tandis que je m'avance droit vers le troupeau. Après avoir rampé pendant un bon moment, j'atteins quelques touffes d'herbes derrière lesquelles je me blottis ; à vouloir pousser plus loin, je risque d'effrayer le gibier et, de plus, de recevoir quelque balle tirée par mes compagnons. Les Esquimaux n'ayant point conscience de la portée des armes à feu, il est prudent de se tenir toujours hors de leur ligne de tir. Entre-temps, les rennes se couchent tous comme s'ils obéissaient à un mot d'ordre. Dans ces conditions, peut-être avant de pouvoir tirer devrai-je attendre des heures dans la position peu agréable où je me trouve. Le feu sacré de la chasse me manque sans doute, car je n'éprouve pas le moindre plaisir à guetter ainsi les mouvements du gibier. Heureusement cette fois l'attente ne fut pas trop longue. Soudain un vieux mâle se lève, un autre suit son exemple ; bientôt tous sont debout de nouveau et recommencent à paître. Evidemment, les Esquimaux avancent, mais impossible de les découvrir. Enfin une détonation retentit. Grand émoi dans le troupeau, les rennes trottent, effarés et surpris. Une seconde décharge ; alors tous détalent au galop de mon côté. Lorsqu'ils se trouvent par le travers, à une distance de soixante-quinze mètres, j'ouvre le feu et ne m'arrête qu'après avoir brûlé les dix cartouches de mon magasin. Le résultat de ce tir rapide est meilleur que je n'osais l'espérer. Deux bêtes sont tombées et une troisième a une jambe cassée. Malgré cela, les Esquimaux ont toutes les peines du monde à la joindre et à l'achever.

Le 15 octobre, les autres chasseurs rentrèrent à bord. Lund et Hansen avaient abattu de leur côté neuf rennes qu'ils avaient laissés dans une cache, se proposant de les ramener plus tard à bord. Mal leur en prit, car lorsqu'un beau jour ils allèrent les chercher, le dépôt était vide, des Esquimaux oglouli passant par là s'étaient emparés de son contenu.

... L'air des régions arctiques n'est point aussi dépourvu de bacilles qu'on l'affirme fréquemment. Chaque automne, en effet, les Esquimaux de la Terre du Roi-Guillaume sont sujets à une épidémie de grippe. Cette année, quelques-uns furent très malades, au point que je craignis des complications pulmonaires. Que cette affection eût un caractère épidémique et contagieux, la preuve en est que tous les indigènes en furent atteints.

Grâce peut-être aux précautions sanitaires qui furent prises, l'équipage de la *Gjöa* demeura indemne. Suivant les prescriptions des Conseils d'hygiène des pays habités, je fis défense aux Esquimaux de cracher à bord. Dans leurs huttes, sans arrêt pour ainsi dire, les indigènes reniflent et expectorent à qui mieux mieux.

Aussi ne fut-il pas aisé au début de leur faire observer le règlement ; mais l'ascendant que nous exercions sur eux nous permit d'arriver cependant à un résultat. Quelle crainte les indigènes avaient de nous mécontenter, l'anecdote suivante en est la meilleure preuve. Un soir, un Esquimau du nom d'Akla était venu nous voir avec un enfant. Très enrhumé, le gamin toussait et crachait sans répit. Tout d'abord, je ne dis rien, mais à la fin écœuré par cette saleté, je rappelai vivement Akla à l'observation du règlement. Effrayé par ma mine sévère, l'Esquimau se baissa précipitamment, recueillit sur le plancher, avec la main, les crachats et avala le tout !

Le 20 novembre, nous étions à déjeuner, lorsque arriva un Esquimau étranger vêtu d'un costume très différent de celui des Netchjilli. L'assurance avec laquelle il se présenta indiquait un homme « qui avait du monde ». Et notre étonnement s'accrut encore lorsque nous l'entendîmes s'exprimer en anglais.

« *Give me smoke !* » nous dit-il en entrant dans la cabine. Immédiatement nous lui offrons du tabac et une pipe qu'il bourre avec élégance, puis après avoir décliné son nom : Mister Atangala, il ajoute gravement : « Me permettrai-je de vous demander à mon tour à qui j'ai l'honneur de parler ? » On n'est pas plus gentleman. Dans l'ébahissement que m'avait causé cette visite, j'avais, je dois l'avouer à ma honte, complètement oublié de me conformer aux usages. Tant bien que mal, j'essaie de réparer ma faute ; après avoir adressé un léger salut à « Mr. Atangala », je me nomme et lui présente ensuite mes camarades. Cette formalité remplie, notre hôte nous raconte qu'avec sa femme et son fils âgé de dix ans, il a conduit trois blancs de la baie d'Hudson à la rivière Coppermine. Ayant appris au cours de ce voyage la présence d'un navire à la Terre du Roi-Guillaume, il est revenu par le nord afin de nous rendre visite et en même temps afin de voir s'il n'y avait pas quelque affaire à traiter avec nous. C'était un détour de plusieurs centaines de milles, mais pour un Esquimau cela ne compte pas.

Atangala est une manière de gros personnage, relativement policé ; il se vante de savoir écrire. Nous le prenons au mot et le prions d'inscrire son nom sur une feuille de papier en souvenir de sa visite à bord. La chose n'alla pas toute seule ; c'est seulement au prix d'un long et pénible travail que notre homme parvint à tracer les quatre syllabes de son nom.

Cet Esquimau avait été initié à la civilisation au cours d'un voyage qu'il avait accompli avec un baleinier de la baie d'Hudson à Winnipeg. Il avait ainsi connu toutes les grandes découvertes modernes, les chemins de fer, le téléphone, la lumière électrique et... le whisky. Ce dernier produit de l'industrie lui avait laissé les meilleurs souvenirs, et dès son arrivée, il nous en réclama instamment. Sans grand succès je lui vantai les mérites de la tempérance et lui exposai le mouvement d'opinion qui se manifeste chez tous les peuples civilisés contre l'usage des boissons alcooliques. Atangala ne voulut rien entendre, et faute de whisky, il demanda de l'eau-de-vie. Cette requête ne fut pas mieux accueillie que la première ; notre visiteur dut se contenter de boissons hygiéniques durant son séjour à bord.

Deux gros navires, nous raconta Atangala, hivernaient au cap Fullerton. Cette nouvelle était d'importance ; peut-être était-il possible d'envoyer par leur intermédiaire des nouvelles en Norvège, aussi proposai-je à notre hôte de porter un courrier aux capitaines de ces bâtiments. Notre visiteur ayant accepté, immédiatement chacun de nous se mit à écrire des monceaux de lettres.

Le 28 novembre, eut lieu le départ du courrier. Je n'étais pas sans défiance à l'égard d'Atangala ; craignant quelque imposture, je lui adjoignis notre ami Talournakto auquel je confiai le sac de dépêches. L'événement prouva que j'avais tort. Atangala, que j'avais suspecté, accomplit sa mission avec un dévouement auquel je ne saurais trop rendre hommage, tandis que mon homme de confiance, Talournakto, succomba en route aux tentations d'une sirène. A quelque temps de là nous apprîmes, en effet, qu'à un camp indigène voisin notre courrier ayant rencontré l'objet de sa flamme, était parti avec elle pour filer le parfait amour, abandonnant à Atangala le sac de dépêches qu'il était si fier de porter au départ.

Cet hiver, comme le précédent, Noël est fêté joyeusement. Pour la circonstance un festin est préparé, et après le repas a lieu la distribution des cadeaux. Les Esquimaux prirent part à nos réjouissances ; l'un d'eux, qui était un habile architecte, transforma trois huttes de neige contiguës en une vaste salle des fêtes où les indigènes se livrèrent à leurs divertissements habituels.

Vers le milieu de janvier les naturels nous quittèrent les uns après les autres pour aller chasser le phoque. Il était temps, car les vivres commençaient à leur manquer. S'ils n'étaient partis plus tôt, c'était, autant que je pus le comprendre, que la phase de la lune n'était pas favorable à pareille entreprise. Dans les idées de ces simples notre satellite est une puissante divinité, qui leur sert à régler leur vie. Quelle influence exerce sur les Esquimaux la position des astres, nous en eûmes bientôt une nouvelle preuve. Un groupe de femmes venait alors chaque jour coudre à bord et pour ce travail recevait une petite rémunération dont toutes se déclaraient très satisfaites. Un beau jour nos couturières se mirent en grève ; nous essayâmes de tous les moyens pour les faire revenir sur leur décision, en vain nous leur offrîmes une augmentation considérable de salaire ; rien n'y fit, elles demeurèrent immuables dans leur résolution. Finalement nous apprîmes que le motif de leur refus était que le premier phoque de l'année avait été tué, qu'elles en avaient mangé et que dès lors elles n'avaient plus le droit de travailler que pour prendre soin de leur ménage jusqu'à ce que le soleil eût atteint une certaine hauteur !

5

DÉPART DE PORT-GJÖA — LE PRINTEMPS — L'ESPÉRANTO POLAIRE — RENSEIGNEMENTS INDIGÈNES SUR L'EXPÉDITION FRANKLIN — MISE EN CIRCULATION D'EFFETS DE COMMERCE — ARRIVÉE D'UN COURRIER — DISTRIBUTION DE RÉCOMPENSES AUX INDIGÈNES — RETOUR DE L'EXPÉDITION À LA TERRE VICTORIA — LENTS PROGRÈS DE LA DÉBÂCLE — APPAREILLAGE

De jour en jour, l'uniformité de la couche de neige se pare d'arabesques tracées par les pistes d'animaux. Un matin, nous découvrons des empreintes du passage de lagopèdes, un autre des traces de lemmings. Sur cette nappe blanche apparaissent, comme sur une carte, les progrès du printemps. Encore quelques semaines et l'heure du départ sera arrivée. Dès maintenant, nous nous préparons en vue de cette éventualité. Le pont du navire est débarrassé de la neige et de la glace qui le couvrent, puis les panneaux sont ouverts pour aérer les cales.

... Maintenant nous n'éprouvons plus aucune difficulté à nous entretenir avec les Esquimaux ; non pas que nous ayons appris leur langue ! Sous ce rapport, après deux ans passés au milieu d'eux, nous ne sommes pas plus avancés que le premier jour. La preuve, c'est que lorsque nous nous trouvons en présence d'indigènes étrangers à la petite communauté qui vit autour de Port-Gjöa, nous ne les comprenons pas. Pour communiquer avec nos amis, nous avons imaginé une espèce d'espéranto, moitié norvégien, moitié esquimau, au moyen duquel nous nous entendons tous parfaitement. Seul notre cuisinier se montra rebelle à cette innovation philologique ; dans ses relations avec les indigènes, jamais Lindström n'employa que le patois de la Norvège septentrionale. Les Esquimaux ne l'en comprenaient pas moins, peut-être même mieux que nous avec notre langue de traite.

Tandis que nous travaillons aux préparatifs de départ, arrivent sans cesse des troupes indigènes, attirées par le désir de contempler le navire et les immenses trésors qu'il renferme. Pour satisfaire leur curiosité, des familles n'hésitent pas à entreprendre un voyage de plusieurs centaines de kilomètres. Les opérations commerciales avec ces visiteurs sont médiocres. La plupart n'ont pas grand-chose à nous offrir ; quelques peaux de phoque, voilà tout ; en échange, à leur grande joie, nous leur donnons de la vieille ferraille et des morceaux de bois.

Dans ces transactions, Oumiaktouallou se montre très avisé. Ayant remarqué ma préférence pour les vêtements en peau de phoque bien cousus, il en achète à ses camarades et me les revend ensuite, naturellement avec un fort joli bénéfice. C'est d'ailleurs un malin. Pendant l'hiver, je lui avais fait un cadeau de balles et de poudre pour son fusil à baguette. Son frère, Uglen, lui ayant prêté son remington, il me pria un jour de lui céder des cartouches pour cette arme en échange des munitions que je lui avais précédemment données. C'était un excellent chasseur ; de plus, il m'avait promis de me vendre les cuissots des rennes qu'il abattrait, aussi acceptai-je sa proposition. Donc, un beau jour il arriva à bord ; de l'air le plus innocent du monde, il me remit seulement les balles, comptant garder la poudre par-devers lui. Je m'abstins de lui faire aucune observation et allai chercher les cartouches de remington. Après les lui avoir comptées, j'en ouvris quelques-unes et enlevai la poudre dont elles étaient chargées. Du coup le bonhomme m'arrêta ; sans poudre les balles lui étaient inutiles. « Très bien, mon ami, mais ne m'as-tu pas rapporté simplement des balles ? Par conséquent en échange je t'en donne d'autres pour ton nouveau fusil. » Tout penaud de voir sa ruse découverte, Oumiaktouallou s'en fut aussitôt chercher sa poudre.

Maintenant que nous jouissons de la confiance des Esquimaux, j'essaie d'obtenir des renseignements sur le drame de l'expédition Franklin dont le souvenir s'est certainement conservé parmi eux. Mon enquête demeure pour ainsi dire sans résultats. Presque toujours leurs réponses sont évasives. Seul un

Oglouli consentit à parler. Le récit qu'il me fit concordait avec celui recueilli par Schwatka vingt-cinq ans auparavant. Un des navires avait dérivé vers la presqu'île Adélaïde ; des Esquimaux occupés à chasser en hiver le phoque au sud-ouest du cap Crozier l'avaient un beau jour découvert et y avaient pris tout le fer et tout le bois qu'ils avaient pu enlever. Au printemps suivant, lors de la débâcle, le bâtiment avait coulé. Du second navire, les indigènes ne savaient rien. Suivant toute vraisemblance, il avait été brisé par les glaces sur la côte nord des îles de la *Royal Geographical Society*. D'après ces renseignements, la seule partie du passage du Nord-Ouest qui n'a pas encore été franchie par un navire est la région comprise entre ces îles et la baie Cambridge (Terre Victoria), où Collinson hiverna en 1852.

... Nous voici maintenant à la fin d'avril. Quelques plaques de terre sont déjà dépouillées de neige, et, le 1er mai, l'épaisseur de la glace n'est que de 1,80 m ; à pareille date, l'an dernier, elle atteignait 3,80 m. Du 1er avril au 1er mai, elle a diminué de 0,02 m, alors qu'en 1904 elle avait au contraire augmenté.

Je me flatte d'avoir introduit l'usage des effets de commerce chez les Esquimaux. A cette époque, notre provision de couteaux de troc était épuisée ; comme cet article nous était aussi nécessaire que l'argent monnayé en pays civilisé, je résolus d'en faire fabriquer un stock avec quatre belles scies à glace désormais inutiles. Mais, pour le moment, notre forgeron est en excursion. Aussi bien, lorsque j'ai un paiement à effectuer en couteaux, je remets à mon débiteur un billet à ordre payable quinze jours après le retour du forgeron. Tout d'abord, les Esquimaux manifestèrent un certain étonnement de recevoir un bout de papier à la place des objets qu'ils convoitaient, mais très rapidement ils comprirent l'opération et, dès lors, mon effet fut accepté avec empressement.

A partir du 9 mai, les travaux de remise en état du navire sont activement poussés. Une partie du toit en toile à voile qui recouvre le pont est enlevé ; après quoi on embarque 10 tonnes de lest. Toutes les caisses d'approvisionnements avaient été, comme le lecteur se le rappelle, remplies de sable et employées en guise de matériaux pour la construction de la villa Aimant. En vue de la récupération de notre matériel d'emballage, la démolition de la station est commencée ; chaque caisse est soigneusement dégagée, vidée, puis remplie de nouveau de boîtes de conserve et arrimée dans la cale.

Sur ces entrefaites, le 20 mai, se produisit un grand événement dans notre vie si monotone. La journée s'était écoulée calme et paisible, sans incident, pareille à toutes les précédentes. Le souper était achevé et je me disposais à me coucher, lorsque Wiik, qui rentrait d'exécuter les observations météorologiques, annonce l'arrivée d'Esquimaux. La nouvelle en elle-même n'a rien d'extraordinaire ; toutefois le traîneau signalé a un nombreux attelage et une marche très rapide. Une pareille allure n'est guère dans les habitudes des indigènes. Aussi j'envoie Talournakto reconnaître les arrivants. Notre messager ne revenant pas, je me déshabille, persuadé que c'est quelque famille qui vient terminer l'étape auprès de nous. A peine étais-je au lit que des pas précipités résonnent sur le pont, et aussitôt après quelqu'un entre dans ma cabine. *Good morning ! You give me smoke* ! C'était Atangala, notre courrier parti il y a trois mois pour la baie d'Hudson.

La poste ! la poste ! A ce cri joyeux tout le monde est bientôt debout. Notre homme nous remet une cassette en fer-blanc soigneusement soudée ; elle ne renferme certainement pas de lettres des êtres qui nous sont chers ; n'importe ! notre impatience n'est pas moindre. Avec sa lampe de plombier, Lund fait sauter le couvercle, et le trésor apparaît à nos yeux anxieux. Le premier message qui me tombe sous la main émane du major Moodie, chef de la *Royal North West Mounted Police*, commandant supérieur de l'*Arctic*. Ce navire, l'ancien *Gauss* de l'expédition antarctique allemande, acheté par le gouvernement canadien, est chargé de la police dans les eaux de la baie d'Hudson ; actuellement il hiverne au cap Fullerton en compagnie du baleinier américain *Era*. Le major Moodie met aimablement à ma disposition toutes les ressources dont il dispose, pour le cas où j'arriverais dans les parages où il hiverne. En même temps, le capitaine de l'*Arctic* m'adresse de très utiles renseignements sur les mouvements des baleiniers le long de la côte nord-ouest de l'Amérique. Depuis bientôt vingt mois nous sommes séparés du reste du monde ; aussi avec quelle hâte fébrile parcourons-nous les journaux ! Jusqu'à une heure avancée de la nuit nous demeurons absorbés dans leur lecture.

Le long voyage de Port-Gjöa à la baie d'Hudson, Atangala l'avait effectué sans graves difficultés ni incident notable jusqu'aux environs du Chesterfield Inlet où était installée sa famille. Dans ces parages, se trouvant à court de vivres, il avait chassé le bœuf musqué, et dans une de ces expéditions, avait eu l'index emporté par l'explosion d'une cartouche dans la culasse de son fusil. Après cet accident, les siens voulaient retenir Atangala, mais il refusa énergiquement de se laisser soigner et malgré sa blessure s'achemina vers le poste canadien. Pour récompenser notre courrier du succès de son expédition, je lui donnai un vieux fusil et quatre cents cartouches. Le 23 mai, il repartit pour la baie d'Hudson avec un nouveau sac de dépêches, nous promettant de faire diligence afin d'atteindre l'*Arctic* avant la débâcle et de lui remettre nos lettres.

A la fin de mai, la période de la chasse au phoque prenant fin, les Esquimaux se dirigèrent, comme d'habitude, vers l'intérieur des terres. Naturellement tous s'arrêtaient à Port-Gjöa. Je profitai de la circonstance pour les récompenser des services qu'ils nous avaient rendus pendant nos deux hivernages. Des tonnes vides, des débris de caisses et de toute la vieille ferraille hors d'usage, nous fîmes onze tas à peu près égaux, et chacun fut attribué aux indigènes dont nous avions été le plus satisfaits. En présence de pareilles richesses, ces braves gens n'en pouvaient croire leurs yeux. Talournakto, en particulier, était rayonnant et se promenait de long en large devant sa fortune avec l'importance d'un gros capitaliste.

Le 1er juin, les instruments enregistreurs furent arrêtés ; pendant dix-neuf mois ils avaient été en marche ininterrompue. Sans pour ainsi dire aucun aide, Wiik les avait surveillés durant tout ce temps ; de cette lourde tâche il s'était acquitté avec un soin et une conscience auxquels je ne saurais trop rendre hommage. Ce jour-là était l'Ascension ; en l'honneur de cette grande fête il y eut congé. Dans l'après-midi, je réunis les femmes indigènes pour les gratifier de nos boîtes de conserve vides. Il y en avait plusieurs centaines qui avaient été mises en un énorme tas. A mesure que ces dames arrivent, je les fais ranger en cercle autour du monticule, puis à un signal donné toutes se précipitent à l'assaut. C'est à qui s'emparera de la plus grande quantité de ces vieilles boîtes, autant d'objets de luxe que les familles garderont ensuite précieusement comme on conserve l'argenterie de famille dans nos pays.

Le même jour, arriva une famille composée du mari, de la femme et de trois fils. L'aîné, un beau garçon de vingt-cinq ans, paralysé des jambes depuis son enfance, est traîné par ses parents sur une peau de phoque. Le malade a le nez orné d'un tatouage ; c'est le seul homme tatoué que j'aie vu. Ce pauvre garçon avait la réputation d'être un sorcier très habile. A ses parents je donnai un traîneau pour qu'ils pussent transporter plus facilement leur enfant. Ce cadeau leur fit un plaisir extrême ; pour me témoigner sa reconnaissance le malade me fit présent des insignes de sa dignité, une espèce de couronne en peau de renne et une lanière qu'il portait autour du front.

Le 2 juin, l'observatoire des variations magnétiques est démoli. Lorsque j'avais pris congé du professeur Neumayer, à Hambourg, il m'avait remis sa photographie en me priant de la déposer aussi près que possible du pôle magnétique. Lors de mon excursion vers la côte de Boothia Felix au printemps de 1904, je n'avais pu réaliser le vœu de l'éminent physicien allemand. Si les Esquimaux m'avaient vu placer un objet dans un cairn, ils l'auraient aussitôt fouillé et se seraient emparés du contenu. Une fois l'observatoire abattu, je renvoyai les indigènes qui nous avaient aidés dans ce travail et creusai sous les fondations un trou dans lequel j'enfouis une boîte en zinc renfermant la photographie du professeur. Après quoi je recouvris le tout de sable, puis par-dessus, j'élevai un tumulus destiné à indiquer l'emplacement de notre observatoire. Si jamais une nouvelle expédition revient dans ces parages exécuter une seconde série d'observations, elle pourra facilement ainsi retrouver l'emplacement de notre station.

Une fois rembarqués, nous astiquons le navire et les canots comme pour une revue d'inspection. A voir notre bateau frais et pimpant, jamais on ne se douterait qu'il vient de passer deux ans dans les glaces.

A quelque temps de là, dans une hutte indigène, j'aperçus le propriétaire en train de couper un morceau de phoque avec un couteau provenant de l'office du bord. Comment ce couteau est-il entre ses mains ? Le bonhomme interrogé sévèrement à ce sujet affirme n'être coupable d'aucun larcin et avoir reçu de Talournakto l'objet en question. Celui-ci, mandé sur-le-champ, explique que le couteau a été trouvé par lui auprès du navire, sur la glace, où il aura été jeté par mégarde. Le délit n'est pas bien grave, n'importe ! pour l'exemple j'interdis pendant huit jours l'accès du navire à Talournakto. Le temps de la punition passé, l'Esquimau revient souriant et la mine épanouie, absolument comme si rien ne s'était passé.

Le 24 juin ! La Saint-Jean, la fête de l'été ! Ce jour-là fut pour nous doublement heureux.

A six heures et demie, Lund, qui est de quart, annonce le lieutenant Hansen et Ristvedt rentrant de leur expédition à la Terre Victoria. Voici plus de deux mois et demi qu'ils sont partis. Cette absence prolongée commençait à m'inquiéter. Nos camarades avancent bon train, preuve qu'ils sont en forme. Pour fêter leur retour, le pavillon est hissé et un copieux déjeuner commandé.

Les résultats de cette expédition sont excellents. Mes camarades ont relevé une longue étendue de côtes à laquelle ils ont donné plus tard le nom du souverain de Norvège, le roi Haakon VII ; ils ont reconnu de plus l'existence dans le détroit Victoria d'un archipel de petites îles.

... Vers la fin de juin, la température devient relativement élevée et le long de la côte la glace commence à s'ouvrir. Le sol est presque partout dépouillé de neige et les moustiques arrivent déjà. Si cela continue ainsi, la saison sera aussi favorable à la navigation que celle de 1903. Au milieu de juillet j'abandonne le vêtement esquimau que je porte depuis vingt mois pour reprendre le costume européen. Sous ces latitudes, si en hiver les vêtements en peau de renne sont les plus pratiques, en été, au contraire, comme ils ne supportent pas la pluie, la laine et la peau de phoque sont préférables. Pendant les grands froids, je m'affublais, ainsi que d'ailleurs les indigènes, d'une large ceinture en peau de renne ou de loup. Aux futurs explorateurs polaires je ne saurais trop recommander également nos chaussures. Nous avions des chaussettes en peau de renne avec le poil tourné en dedans dans lesquelles les pieds étaient enveloppés de touffes de ces plantes palustres sèches que nous nommons en norvégien *sennegræs*, et par-dessus le tout des bottes en peau de renne avec la fourrure extérieure. Avec cet équipement on est à l'abri de tout accident.

A la fin de juillet, s'ouvrit l'école de natation de Port-Gjöa. Les exercices avaient lieu dans un étang, chaque fois que le temps le permettait. La température de l'eau était très agréable, 15°, ce qui n'est pas mal pour les régions polaires.

Depuis longtemps Talournakto avait promis de nous suivre vers le détroit de Béring et de nous accompagner ensuite peut-être jusqu'en Norvège. Très fier de notre choix, notre homme se considérait comme une manière de gros personnage et affectait un air rogue et méprisant à l'égard de ses congénères, si bien que beaucoup n'osaient plus le traiter en camarade. Mais, à mesure que le moment du départ approche, Talournakto devient triste et rêveur, lui auparavant toujours si jovial. Un jour qu'il était assis dans la cabine, silencieux et plongé dans les plus sombres pensées, je le vis tout à coup fondre en larmes. Doucement je l'interrogeai sur la cause de ces pleurs, mais sans résultat ; ce ne furent que réponses incohérentes, au milieu de hoquets, de sanglots. Enfin, faisant effort sur lui-même, Talournakto annonça qu'il refusait de partir pour le « pays des blancs ». Une fois là-bas ne serait-il pas sûrement massacré ? J'essayai de le rassurer. Peine perdue, à l'appui de ses craintes, ce grand enfant me montra les journaux illustrés représentant la guerre des Boers : ces gravures l'avaient persuadé que les civilisés passaient leur temps à se battre, et à aucun prix il ne voulait partir pour un pays où l'on est exposé à tout moment à recevoir quelque mauvais coup. Ce ne fut qu'après avoir su qu'il était libre de rester que notre homme fut rassuré et reprit sa belle humeur d'autrefois.

A quelques jours de là, un jeune Esquimau du nom de Tonnich s'offrit à remplacer Talournakto. Il brûlait, disait-il, du désir de voir les « pays du sud » ; comme il avait bon caractère et était très honnête, sa proposition fut acceptée. L'enrôlement de ce nouveau collaborateur fut un événement dans notre vie si monotone. L'élévation d'un simple chasseur de phoques à la dignité de kablouna comporta en premier lieu un nettoyage à fond du personnage. Wiik s'acquitta en conscience de cette besogne : Tonnich fut congrûment passé à plusieurs eaux, après quoi on lui coupa les cheveux, et, de la tête aux pieds on le saupoudra de poudre insecticide. Une fois l'Esquimau convenablement étrillé et débarrassé de la nombreuse population parasitaire qu'il abritait, on lui fit passer une chemise, un gilet de laine et un caleçon, tout cela bien propre. Revêtu de ces vêtements de dessous, Tonnich crut l'habillement complet et voulut sans retard se présenter à mon inspection. Wiik eut toutes les peines du monde à lui faire comprendre que les kablounas ne se montrent pas en public dans un costume aussi léger. Une fois le pantalon et la veste endossés, le jeune Esquimau ne se sentit plus de joie. Il était devenu à son tour kablouna.

De jour en jour, la glace s'ouvre davantage et la nappe d'eau côtière s'agrandit si bien que le lieutenant Hansen peut arriver en canot jusqu'à l'embouchure de la rivière Pferfer ; à 20 milles de Port-Gjöa. Le 28 juillet, le mouillage est enfin débarrassé de sa glace. La banquise qui recouvre le détroit de Simpson prend la couleur bleuâtre, présage d'une débâcle prochaine. Vienne un bon coup de vent, il disloquera toute cette carapace rongée par la fusion. Chaque jour c'est un soleil éblouissant, littéralement brûlant ; grâce à cette tiédeur l'épaisseur de la muraille qui nous emprisonne diminue rapidement. Vers la fin du mois, ce beau temps prend fin. Dans la nuit du 31 juillet souffle une bise très fraîche de nord-est, accompagnée de giboulées de grésil, si abondantes que le sol devient entièrement blanc.

... Depuis quelque temps nous sommes, je ne dirais pas inquiets, mais préoccupés. La plus grande partie de l'été est déjà passée, et la banquise qui recouvre le détroit de Simpson est toujours fixe comme en plein hiver ; nulle part la moindre ouverture ! En cette saison, pendant plusieurs heures, les nuits sont obscures, par suite plus notre délivrance tardera, plus la navigation deviendra périlleuse dans des eaux aussi malsaines que celles où nous nous trouvons. Aussi avec quelle anxiété attendons-nous les effets de ce coup de vent de nord-est ! Quelques heures passent, des clairières d'eau libre apparaissent, pareilles à de larges escarres ; bientôt enfin, toute la glace disloquée file vers le sud !

Nous sommes complètement parés pour l'appareillage ; sauf les appareils de météorologie et les chiens que nous pouvons embarquer en quelques instants, tout est déjà à bord. La cale est pleine de collections scientifiques. Près du grand panneau sont enfermés les colis les plus précieux, d'abord deux caisses en fer contenant les minutes des observations pendant nos deux ans de séjour à Port-Gjöa. Elles sont étanches et munies de flotteurs, de telle sorte qu'elles peuvent être jetées à la mer sans crainte que le contenu en soit mouillé ; de plus elles portent le nom de notre navire. Si l'expédition se perd corps et biens, peut-être grâce à ces précautions nos registres échapperont-ils au désastre. A côté de ces précieux colis sont disposées de petites caisses contenant des vivres pour quatorze jours, des munitions, les objets de campement les plus indispensables, les sacs en toile imperméable renfermant le vestiaire de chaque homme. En cas de naufrage tout cela peut être pris et embarqué en un clin d'œil. Les canots et les kayaks ont été soigneusement visités et mis en état. Aucune précaution n'a été négligée pour atténuer les effets d'un accident.

A l'ouest de Port-Gjöa, au milieu de cette mer encombrée de hauts-fonds, nous devrons naviguer comme à tâtons. J'ai fait en conséquence disposer trois lignes de sonde et un appareil enregistreur.

A l'avance, le service intérieur a été ainsi réglé : à tour de rôle, les mécaniciens seront de quart ; pour les quatre hommes de pont cela sera plus dur, trois resteront toujours de garde, tandis que le quatrième se reposera. Grâce à l'harmonie qui règne entre nous, ce labeur véritablement excessif est accepté par tous, non seulement de bonne grâce, mais encore avec joie. Chacun de nous n'a qu'une pensée : assurer le succès de l'entreprise commune.

Voici août, et toujours la glace demeure compacte. Plusieurs fois par jour, je gravis une colline voisine du mouillage qui commande un panorama étendu sur l'ouest, et toujours c'est la même situation décourageante. Le 1er août enfin, nous ressentons de nouveau une fraîche brise de nord. Si nous devons sortir d'ici, c'est à coup sûr aujourd'hui. Dans la matinée, nous allons examiner la mer du haut d'un monticule ; les apparences sont meilleures, une large nappe d'eau libre s'ouvre le long de la Terre du Roi-Guillaume. Attendons encore, peut-être dans quelques heures la situation se dessinera-t-elle plus nettement. A quatre heures, nous sommes de nouveau à notre observatoire. De l'eau libre apparaît de tous côtés. Dans ces conditions, ma résolution est vite prise : demain à trois heures du matin, nous appareillerons.

Avant de raconter la suite de notre navigation à travers l'archipel polaire américain, je passe la plume à mon dévoué collaborateur, le lieutenant Hansen, pour qu'il présente au lecteur un récit sommaire de sa remarquable expédition à la Terre Victoria.

6

À LA TERRE DU ROI HAAKON VII (RÉCIT DU LIEUTENANT GODFRED HANSEN) — L'ÉQUIPEMENT DE LA CARAVANE — CHASSE AU RENNE — ARRIVÉE AU CAP CROZIER — TRAVERSÉE DIFFICILE DE LA BANQUISE — RENCONTRE D'ESQUIMAUX — CHASSE AUX PHOQUES — LES CHIENS ME RENVERSENT — NOUS ÉTABLISSONS UN DÉPÔT DE VIVRES POUR LE RETOUR À LA TERRE VICTORIA — LA TEMPÉRATURE SE RELÈVE : LE PRINTEMPS — CHASSE À L'OURS — NOUS BAPTISONS LA RÉGION « TERRE DU ROI HAAKON VII » — UN CAIRN ÉLEVÉ PAR NOUS AU CAP NANSEN — RETOUR À PORT-GJÖA

J'emmène un seul compagnon, Ristvedt, et deux traîneaux tirés par douze chiens avec 113 kg de vivres. A raison de 800 g par jour et par homme notre subsistance est assurée pendant soixante-dix jours. La ration quotidienne a été calculée à raison de 30 g de margarine, 200 de chocolat, 300 de biscuit, 200 de pemmican, 25 de légumes secs, 5 de myrtilles sèches, 5 de café, 5 de sucre et 5 de sel et de poivre. Au cap Crozier un dépôt de vivres a été établi pendant l'été 1904 ; il contient 100 kg de graisse et de poisson sec mélangés et 130 kg de pemmican pour les chiens. S'il est intact, nous aurons là une précieuse réserve. De Port-Gjöa nous nous dirigeons vers le cap Crozier, puis de là nous ferons route vers l'archipel situé dans l'ouest de ce promontoire, ensuite vers la Terre Victoria. La reconnaissance de la côte nord-est de cette grande île demeurée jusqu'ici complètement inconnue est l'objet principal de notre expédition. A vol d'oiseau la distance à parcourir est de 1 600 km ; c'est donc pour le moins un voyage de deux mois.

Le 1er avril, date fixée pour le départ, le vent souffle en tempête, et une épaisse brume bouche la vue dans un rayon de quelques mètres. Ce serait folie de partir par un temps pareil. Le lendemain, fraîche brise de sud et ciel brumeux ; le thermomètre marque seulement 4 degrés de froid. Endurcis comme nous le sommes aux rigueurs du climat arctique, cette température nous semble presque chaude. Aussi bien décidons-nous de nous mettre en route.

Avant le départ, Lindström nous sert un excellent déjeuner, un café fleurant l'arôme le plus délicat et un bifteck de renne. Quelle que soit son ardeur, jamais l'explorateur ne quitte sans regret le bon abri confortable que lui offre le navire. Il songe à tout ce qu'il abandonne et qu'il ne retrouvera pas de longtemps, à sa couchette, au carré, au poêle qui ronfle, à la lampe qui répand une clarté joyeuse... Les traîneaux sont parés depuis hier. Le mien a une charge de 230 kg, et celui de Ristvedt de 206. Après le déjeuner, en route !

Notre première étape est courte : 17,5 km. Quoi qu'il en soit, à l'arrivée au bivouac nous sommes littéralement fourbus. C'est que le métier est dur ; sans cesse il faut courir à la tête de son attelage, l'encourager du geste et de la voix, le guider dans la neige molle ou sur la glace accidentée, bref toujours être en mouvement et toujours être prêt à aider les chiens dans les passages difficiles. Rarement la piste est bonne ; pendant de trop courts instants seulement on peut grimper sur le traîneau et prendre un peu de repos.

4 avril. — Nous doublons la pointe C.F. Hall qui garde les tombes de l'expédition Franklin.

Dix jours plus tard, à notre arrivée dans les parages du cap Crozier, un renne se montre au loin. Immédiatement nous arrêtons les chiens ; s'ils apercevaient le gibier, ils auraient tôt fait de le mettre en fuite par leurs aboiements. Ristvedt est plus adroit que moi ; comme nous n'avons pas de poudre à brûler aux moineaux, je lui abandonne l'honneur de tirer, tandis que je me réserve la mission beaucoup plus modeste de maintenir les attelages. Cette garde ne fut pas précisément une sinécure, surtout lorsque les animaux eurent compris de quoi il retournait. Je dois alors livrer une véritable bataille et, seulement au prix des plus grands efforts, je réussis à maîtriser les coureurs.

Le renne se trouvait au milieu d'une plaine n'offrant pas le moindre couvert. Dans ces conditions, Ristvedt adopta la tactique employée en pareille circonstance par les Esquimaux : il fit un long détour de manière à avoir le soleil dans le dos, puis il avança droit vers l'animal en rampant, la tête tout contre le sol, en se poussant en avant par une flexion des genoux. Cette manœuvre permet aux Esquimaux d'approcher assez près du gibier pour l'abattre avec leurs arcs.

Avant de parvenir à portée, Ristvedt avait à gagner quelques centaines de mètres. L'air était calme ; par suite aucune crainte qu'il ne fût éventé. Tout à coup le renne lève la tête et regarde attentivement la masse noire formée par le corps de Ristvedt.

Evidemment il se demande ce que cela peut être. Cette chose étrange a, à peu près, la même taille que lui, mais, aveuglé par le soleil il ne peut pas la reconnaître nettement. Apparemment ce doit être quelque camarade en quête de nourriture et il se remet à gratter la neige pour découvrir quelque touffe d'herbe desséchée. Une minute après une décharge retentit. Aussitôt les chiens pointent les oreilles, tendent le cou, les narines ouvertes ; à peine ai-je le temps de sauter sur un traîneau qu'ils détalent à fond de train dans la direction d'où le coup est parti. Ristvedt a abattu le gibier ; lorsque j'arrive sur le théâtre de son exploit, les attelages sont dans un tel état d'excitation qu'il est nécessaire de leur distribuer force volées pour les maintenir en place.

Après avoir chargé notre butin, nous examinons soigneusement l'horizon à la jumelle. Un second renne est en vue ; immédiatement mon camarade part de nouveau et est assez heureux pour le tuer. Deux rennes, voilà une aubaine pour nous et pour nos équipages. Nous nous dirigeons ensuite vers la baie de l'Eau-Peu-Profonde, située au sud du cap Crozier.

Tout à coup un chien lève le nez et renifle bruyamment. Il doit y avoir quelque gibier dans le voisinage. Bientôt la bête fonce, en même temps deux de ses camarades commencent à s'agiter. Immédiatement nous explorons le terrain à la jumelle. Les chiens ne se sont pas trompés : sur une crête en face de nous, deux rennes se promènent paisiblement. Ils sont encore loin et le vent est bon ; aussi faisons-nous route droit vers eux avec les traîneaux. En pareille circonstance point n'est besoin d'exciter les attelages, ils filent comme le vent. La situation n'est pas favorable, l'ennemi occupant une position dominante. Heureusement les rennes sont très curieux ; apercevant les taches noires que notre groupe forme sur la neige, ils descendent de leur monticule et avancent au-devant de nous. Ristvedt n'a qu'à attendre qu'ils passent à portée. Un coup part et une bête tombe raide. Au lieu de s'enfuir, le survivant continue à approcher, son camarade est couché sur la neige ; il n'y a donc pas de danger, pense-t-il. Une seconde décharge ; cette fois l'animal bondit et file à toute vitesse. Il parcourt cinquante mètres, cent mètres, puis s'abat lourdement. Il y est, lui aussi.

Après cette chasse heureuse nous poursuivons rapidement vers le cap Crozier. Une grosse déception nous y attendait. Les ours ont complètement détruit notre dépôt de vivres ; il avait été pourtant solidement établi. Nous avions placé les caisses en zinc entre des murettes formées de blocs tellement lourds que deux hommes forts avaient eu toutes les peines du monde à les remuer, et par-dessus nous avions entassé de grosses pierres que nous pouvions tout juste soulever. Néanmoins les ours étaient venus à bout de cette construction cyclopéenne ; de nos précieux approvisionnements, il ne restait qu'une plaque de fer-blanc roulée comme une feuille de papier. Le lendemain, 15 avril, repos pour découper les rennes, procéder à un nouvel arrimage des traîneaux et faire sécher nos vêtements. En cette saison, les costumes en peau de phoque deviennent rapidement humides, imprégnés qu'ils sont à l'intérieur par la sueur, et à l'extérieur par la fusion des particules de neige qui s'attachent à la fourrure. Pour alléger les traîneaux, nous laissons ici une petite provision de viande de renne et de pétrole. Nous l'enfouissons dans un trou, loin de la côte. Les ours ne s'écartant guère de la banquise, elle sera ainsi, nous l'espérons du moins, à l'abri de leurs atteintes.

Du 16 avril au 4 mai, mon journal de route enregistre des alternatives de temps bouché, de tourmente et de ciel clair. La glace unie succède au hérissement des monticules ; la marche facile à une gymnastique périlleuse. Nous marchons vers le but sans défaillance... Le 4 mai devait nous apporter du nouveau.

4 mai. — Au commencement de l'étape, bonne piste. Chacun de nous marche à côté de son traîneau et de temps à autre peut même monter dessus.

Les chiens, au lieu de marcher droit vers la terre la plus proche sur laquelle nous gouvernons, gagnent constamment à la main et veulent se diriger vers le nord-ouest. Nous avons bientôt l'explication de leur entêtement. Des points noirs très mobiles sont visibles au loin sur la banquise. Qu'est-ce que cela peut bien être ? Le cœur me bat très fort, c'est que la présence dans ce désert de glace d'êtres vivants quels qu'ils soient augmente les possibilités de plus importantes découvertes. Tout de suite je prends la jumelle. C'est un groupe d'Esquimaux en train de chasser le phoque. Avec leur flair merveilleux, les chiens avaient éventé leur présence, avant que nous ayons pu voir quoi que ce soit.

Immédiatement le cap est mis vers le camp indigène. De leur côté les Esquimaux marchent à notre rencontre, puis arrivés à quatre cents ou cinq cents mètres de nous ils s'arrêtent. Nous faisons de même. Dans les déserts où la loi du plus fort règne sans partage, il est prudent d'être paré à toute éventualité. Aussi bien les traîneaux sont tournés de côté pour former un rempart contre les étrangers, et derrière cet abri se place Ristvedt, le fusil chargé, tandis que je m'avance en parlementaire, en levant les bras en l'air pour montrer que je ne porte point d'armes. Aussitôt un Esquimau marche à ma rencontre, en imitant ma mimique pour montrer également ses intentions pacifiques. Une fois arrivé à portée de voix, mon partenaire baragouine le nom de sa tribu, quelque chose comme *Kiilnermiount Inouit ;* je lui réponds que nous sommes des kablounas. Nous tombons alors dans les bras l'un de l'autre en nous frottant mutuellement les joues suivant les règles de la politesse indigène. L'amitié était cimentée, et pendant les deux jours que nous passâmes ensemble, cet Esquimau me traita en frère. M'ayant entendu prononcer le mot *kablouna*, il demeura persuadé que je parlais sa langue et il ne cessa de m'entretenir, bien que je ne comprisse pas un mot à ses discours.

En présence des démonstrations pacifiques des deux parlementaires, les groupes demeurés en arrière avancent, et une fois réunis, ce sont des frottements de joue à n'en plus finir, accompagnés de grands gestes et de cris de joie. Après cela nous nous acheminons tous ensemble vers le campement de nos nouveaux amis situé à quelques milles de là. La distance fut rapidement couverte, grâce au renfort apporté par la meute de nos compagnons. En approchant du camp, nous rencontrons plusieurs indigènes, et ce sont de nouvelles embrassades. Nous déclinons l'invitation de prendre gîte dans leurs igloos. A cette époque de l'année ces huttes en neige sont fort peu agréables avec leur toiture effondrée et leurs murs détrempés par l'humidité. La tente est donc préférable. La population assiste curieuse à son érection, c'est pour elle un spectacle comme depuis longtemps elle n'en a pas eu. Evidemment tout ce monde est très désireux d'examiner de près le chargement de nos traîneaux ; heureusement nous avons dans un de nos chiens un gardien vigilant et redoutable des richesses que renferment les bagages.

Le campement compte une demi-douzaine de huttes et de vingt à trente habitants. Plusieurs igloos sont abandonnés, leurs propriétaires étant partis pour l'île de l'Amirauté située plus au nord ; si nous avons bien compris nos interlocuteurs, ce clan, lorsqu'il est au complet, se compose de quarante à soixante individus. Il constitue une petite fraction de la grande tribu des Kiilnermiounts, qui l'hiver dernier a chassé le phoque dans la baie Albert-Edouard. Sept de ses membres sont morts en cette saison. Ces décès ont été causés par une affection pulmonaire, comme le fit comprendre un Esquimau en se frappant la poitrine et en toussant.

Ces indigènes sont encore plus primitifs que les Netchjilli. Ils possèdent toutefois de meilleurs arcs, indices qu'ils peuvent se procurer facilement du bois. Leurs vêtements présentent également de légères différences avec ceux des Esquimaux établis aux environs de Port-Gjöa.

Contre un petit couteau de poche j'achète un phoque qu'un indigène vient de capturer. Je me procure également une bonne provision de lard de cet amphibie pour la nourriture des chiens. Le taux d'échange fixé d'un commun accord pour cette marchandise est un clou long de 0,08 m pour le quart d'un phoque. Une fois les transactions terminées, je fais cadeau à mon vendeur d'un ciseau ; cette gratification met le comble à sa joie et sa satisfaction est partagée par les autres habitants : tous sont fiers de compter dans leur tribu l'heureux propriétaire d'un si merveilleux instrument.

Le souper fut composé de viande et de lard de phoque. J'avais déjà mangé auparavant du phoque rôti, mais c'était la première fois que je l'absorbais préparé à la mode indigène. Me croira qui voudra, le plat fut excellent. Le lard frais de cet amphibie vaut celui du porc, quoiqu'il soit moins gras.

Le lendemain nous demeurons chez ces Esquimaux pour permettre à nos chiens de faire le plein et pour répartir la provision de lard dans nos boîtes de conserve vides. Maintenant nous avons des vivres pour six semaines, une plus grande quantité nous ne pourrions l'emporter. Nous passons une excellente nuit, l'esprit rassuré, sachant que de la bonne glace unie s'étend sur la baie Albert-Edouard.

6 mai 1905. — Nous prenons congé de nos nouveaux amis que nous laissons enchantés de nous. Pour les remercier de leurs menus services, nous leur donnons une paire de ciseaux, un couteau, quelques aiguilles et quelques verroteries ; jamais ils n'avaient entrevu pareille richesse, et jamais ils n'oublieront l'événement qui leur a procuré cette aubaine.

7 mai. — Route vers le cap Adélaïde. Depuis bientôt un mois que nous cheminons sur la banquise, notre horizon se trouve borné par une perspective de glaces monotones ; aussi avons-nous hâte de joindre la côte et de gravir une colline du haut de laquelle il sera possible de découvrir un panorama étendu.

Sur le versant sud du cap, nous éprouvons comme une sensation d'été à la vue de larges plaques de terrain déjà dépouillées de neige et hérissées de tiges desséchées de graminées. Pour des yeux habitués depuis des mois à l'uniformité de la neige, cette terre, quoique encore profondément gelée, laisse une impression de chaleur et de fécondité. Dans ce bas monde tout est relatif.

8 mai. — Vers midi plusieurs points noirs sont en vue. Examinés à la lunette, ils ne paraissent pas bouger ; ce sont donc probablement des pierres... à moins que ce ne soit autre chose. Dans ces pays du nord et à cette époque de l'année, on est sans cesse victime des plus singulières illusions d'optique.

Le soleil paraît. Immédiatement nous faisons halte afin que je puisse prendre une observation. Tandis que j'installe le théodolite, Ristvedt examine à la lunette les taches noires. Ce sont des phoques en train de somnoler. Ces amphibies ne dorment jamais que d'un œil ; toutes les trente secondes ils lèvent la tête, examinent l'horizon pour s'assurer que rien de suspect ne paraît dans leur voisinage, puis retombent assoupis pour recommencer ensuite le même manège. Un gibier aussi méfiant n'est pas d'abord facile. Il faut profiter du moment où la bête a la tête baissée pour s'en approcher, puis dès qu'elle remue, se dissimuler derrière un glaçon. Tandis que le phoque a le nez en l'air, ne faites surtout aucun mouvement ; sans cette précaution il disparaît instantanément. Cet animal, lourd et maladroit, semble-t-il, a des mouvements d'une prestesse et d'une rapidité incroyables. Quoique le terrain ne soit pas favorable, Ristvedt va essayer d'atteindre les phoques.

Après avoir enrayé les traîneaux et attaché les chiens les plus turbulents pour qu'ils ne puissent filer à la suite du chasseur, je continue mon observation. Tout à coup, pendant que je fixe le soleil, je suis culbuté par un choc formidable ; en même temps, théodolite et trépied roulent dans la neige. Les chiens ayant entendu le bruit lointain d'un coup de feu, se sont précipités en avant malgré toutes mes précautions, et dans leurs bonds m'ont renversé. Je cours aussitôt à leur poursuite : c'est seulement après une lutte acharnée et en faisant verser le traîneau, que je parviens à les maîtriser. Après quoi je reprends mon observation. L'instrument est heureusement tombé dans de la neige molle et n'a pas reçu le moindre dommage. Une fois l'opération terminée, je rejoins Ristvedt. Il a abattu un phoque mesurant 2,05 m de long et 2 m de tour. Nous voici donc à la tête d'un copieux supplément de vivres.

Il s'agit maintenant de découvrir le golfe étroit qui, d'après la carte de Rae, forme l'extrémité septentrionale de la baie Albert-Edouard ; c'est, me semble-t-il, la route la plus courte pour atteindre la côte nord-est de la Terre Victoria. Après cette chasse il n'est, par exemple, pas facile de faire démarrer les chiens ; ils ne comprennent pas comment on peut quitter des parages où la présence des phoques assure une ère de bombance. Ces animaux ont la même mentalité que les Esquimaux, comme cela est d'ailleurs naturel.

Peu à peu au-dessus de la buée qui enveloppe la glace apparaît la côte. Enfin nous allons voir autre chose que la monotone banquise sur laquelle nous cheminons depuis de si longs jours. Cette terre n'est guère pittoresque ; point de montagnes, de simples ondulations qui peuvent atteindre cent mètres, mais combien elles paraissent grandioses après l'uniformité que nous venons de traverser !

Suivant un goulet situé à gauche de celui que nous comptions prendre, nous arrivons sur un terrain inextricable. Ristvedt escalade alors un monticule pour s'orienter et parvient à découvrir un passage. Ce n'est que du haut de cet observatoire qu'il est possible de discerner les limites entre la terre et la banquise. Elles sont simplement marquées par une banquette de glace côtière, craquelée, dans sa partie inférieure, par le jeu des marées.

10 mai. — Nous établissons un dépôt de 50 kg de viande de phoque destinés à l'alimentation des attelages pendant la traversée de retour du détroit Victoria. Qu'adviendra-t-il de nous si la débâcle se produit avant que nous ayons pu rallier la *Gjöa* ? Ne songeons pas à cela, d'autant qu'une vigoureuse marche en avant paraît devoir être féconde en découvertes. Accomplissons d'abord quelque exploit ; ensuite nous aviserons aux moyens de nous tirer d'affaire, si nous sommes en danger.

13 mai. — Un lagopède rappelle autour de la tente. Dès qu'on met le nez dehors, la sensation de printemps qu'éveille ce chant s'évanouit dans d'aveuglantes rafales de neige. Quoi qu'il en soit, nous partons. Après plusieurs ondulations de terrain, nous gravissons un monticule, la colline Alice. De ce sommet la banquise apparaît dans le nord à une distance de huit milles environ. Le golfe marqué sur la carte de Collinson n'existe pas. Relevant cette région de loin, l'explorateur anglais a pris pour des îles les mamelons qui accidentent l'isthme et pour un bras de mer les plaines basses voisines. Dans toute cette région le défaut complet de relief empêche de discerner les limites entre l'océan et la terre.

Une fois arrivés sur la plage, nous faisons route au nord-ouest sur la banquise. Toujours une côte très basse, bordée de nombreux îlots et cailloux.

15 et 16 mai. — Température – 30°. Un peu de vent. Nous n'avons plus que sept litres de pétrole. La plus stricte économie doit présider désormais à l'emploi du combustible.

17 mai. — Le jour de la Fête nationale en Norvège. Pour célébrer cette date mémorable, Lindström nous a remis au départ une petite caisse contenant un pudding de poisson, deux boîtes de lait, des biscuits de choix et six cigares. Je vous laisse à penser si nous faisons honneur à ces bonnes choses. Piste très pénible. La tempête d'hier a entassé des monceaux de neige dans tous les endroits abrités ; lorsqu'on traverse une de ces « congères », on enfonce profondément, on nage pour ainsi dire dans la neige. Nous avançons tantôt sur la banquise, tantôt sur la côte, mais partout la marche est aussi pénible. Dans la journée, arrivée au cap Christian Michelsen. Au nord s'ouvre un grand fjord, le fjord Danemark. Au loin, dans cette direction, la terre est relativement élevée.

18 mai. — La journée s'ouvre par une matinée superbe, un temps clair et ensoleillé, comme depuis longtemps nous n'en avons pas eu. Mais cela dure peu, la brume retombe de nouveau.

Alors que nous pensions nous trouver sur la banquise, voici qu'une pierre émerge de la neige ; nous sommes donc sur la terre ferme. Un peu plus loin nous rencontrons un glaçon dressé sur le côté : certainement ici nous nous trouvons de nouveau sur la banquise ; entre ces deux localités voisines, impossible de reconnaître la séparation entre la mer et la terre. Ce détail montre combien le manque de relief rend l'exploration de cette région difficile. Il doit y avoir là, autour du cap Anker, la pointe nord du fjord de Danemark, un archipel de petites îles qui s'élèvent à peine au-dessus de la surface de l'eau. A gauche, à une bonne distance, apparaît le mont Dirckinck-Holmfeld qui détache un contrefort aplati vers le cap Anker.

20 mai. — Aujourd'hui pour la première fois de l'année, le thermomètre s'élève aux environs de 0°. Sous des averses de neige fondante, la piste devient un bourbier dans lequel les traîneaux restent enlisés. Dans ces conditions, inutile de nous épuiser pour gagner quelques kilomètres ; mieux vaut demeurer sous la tente. Dans l'après-midi la température s'abaisse et il se forme à la surface de la neige une couche de verglas très favorable au halage. Grâce à cette circonstance la marche est très rapide. Malheureusement dans la nuit, encore une fois la situation change ; la neige tombe serrée et abondante. A deux heures du matin nous sommes obligés de camper après une étape relativement courte.

22 mai. — Sur le cap Sverdrup, le plus saillant de cette côte uniforme, trouvé des traces de campement d'Esquimaux, un cercle de pierres ayant servi à assujettir une tente.

Au-delà, dans le golfe de Norvège, toujours la même côte plate. Sur ces entrefaites la monotonie de notre marche est interrompue par une chasse à l'ours. Je cheminais tranquillement lorsque je vis Ristvedt qui était demeuré en arrière accourir à toute vitesse. Evidemment il doit y avoir quelque chose d'extraordinaire ; j'examine l'horizon, sans distinguer quoi que ce soit, mais je n'ai pas le feu sacré de la chasse et ne sais pas découvrir le gibier à des distances invraisemblables. « Un ours, me crie Ristvedt, passe-moi vite la jumelle. » En effet, un de ces plantigrades est en vue tout au loin, couché sur un glaçon, en train de somnoler ; de temps à autre il lève la tête, puis reprend sa sieste. Les chiens aussitôt lâchés filent à toute vitesse vers l'ennemi. Avertie par leurs aboiements furieux, la bête détale prestement, mais avant qu'elle ait pu gagner le large, elle est enveloppée par la meute. Ristvedt a ainsi tout le temps de la joindre et de lui envoyer deux balles.

L'animal était maigre ; son estomac vide indiquait que depuis longtemps il avait été soumis à un jeûne rigoureux. Quoi qu'il en soit, il nous procure un précieux supplément de vivres. Le soir nous faisons un pot-au-feu ; il est singulièrement clair ; pour le corser, il est nécessaire d'y ajouter un bon quartier de lard de phoque. Le bouilli était dur et coriace, mais dans notre situation on n'est pas très difficile. Toute la nuit les chiens font bombance avec les dépouilles du gibier. Le lendemain le soleil brille et le thermomètre marque seulement – 10°, un temps chaud pour le pays. Alourdis par leur ripaille de la nuit et par cette température estivale, les attelages ne songent qu'à dormir au soleil.

25 mai. — Toute la journée temps superbe. A neuf heures du soir nous partons. Soudain le ciel jusque-là clair et brillant se couvre d'une épaisse nuée noire ; à une journée radieuse succède une nuit grise, triste et froide. Dans cette pénombre lugubre nous marchons avec entrain, nous voulons dans cette étape couvrir 20 milles. Ne pouvant voir quoi que ce soit, nous nous dirigeons à la boussole. La glace est heureusement unie. Vers minuit nous rencontrons la côte ; en même temps la brume se soulève un peu. A notre profond étonnement, cette éclaircie découvre de tous côtés des terres : nous sommes au milieu d'une baie complètement fermée. Nous lui donnons le nom de Port-Greeley. Ce serait un excellent havre d'hivernage ; suivant toute vraisemblance la profondeur y est suffisante, pour un navire d'exploration, comme l'indique la présence de gros glaçons qui doivent avoir un tirant d'eau de 8 à 9 m.

Sur les côtes ouest et est de cette baie s'élèvent des monticules entre lesquels s'étend un isthme bas. Traversant cette « fenêtre » nous retrouvons au nord la banquise.

Après cela, brouillard plus épais que jamais. C'est décourageant. Peiner continuellement dans le dessein d'étendre nos connaissances et ne rien voir du pays que l'on se propose d'étudier ; aussi bien je prends le parti de ne pas pousser plus loin notre exploration. Nos efforts n'ont cependant pas été vains, nous avons levé plus de 200 km de côtes inconnues. A cette terre nouvelle nous donnons le nom du souverain de Norvège, le roi Haakon VII, et au promontoire sur lequel nous nous arrêtons, celui de l'illustre explorateur norvégien Fridtlof Nansen. En ce point nous élevons un cairn dans lequel nous déposons le document suivant :

« Ce jour d'hui, 26 mai 1905, une escouade appartenant à l'expédition norvégienne de la *Gjöa* a atteint ce point qu'elle a baptisé cap Nansen. — Position : 72° 2' de latitude N. et 104° 45' de longitude O. de Gr. — La côte paraît s'étendre plus loin dans le nord-ouest. — Ce jour, avons battu en retraite vers le navire. — GODFRED HANSEN — PER RISTVEDT. »

Au cap Nansen nous tuons un second ours. En sortant de la tente pour commencer les préparatifs de départ, Ristvedt se trouve nez à nez avec l'animal, à cinq pas de notre abri. Mon camarade a vite fait d'empoigner le fusil qui est toujours chargé et d'envoyer une balle bien ajustée à notre visiteur qui tombe raide mort.

Au nord de ce cap la côte devient de nouveau très basse, tandis qu'au sud, autour de Port-Greeley, nous découvrons, outre les mamelons déjà signalés, une colline relativement très haute, le mont Ovicias, laquelle domine d'immenses plaines. C'est le point le plus saillant que nous ayons aperçu pendant toute notre pérégrination sur la côte du roi Haakon VII.

Le 27 mai, la retraite commence. Elle est menée lestement ; le 5 juin, nous sommes de retour à la baie Albert-Edouard. Pendant cette marche le temps devient magnifique ; sous l'influence du soleil bienfaisant, en quelques jours cette terre se transforme ; la neige diminue rapidement et déjà apparaissent de larges taches d'un sol noir. Nous y voyons avec plaisir les indices de la meilleure saison qui approche.

Le 11 juin, nous sommes à l'île Taylor d'où le cap est mis sur l'île Jenny Lind. Quatre jours plus tard nous abordons à l'archipel de la *Royal Geographical Society*. Sur la première terre que nous rencontrons, l'île de la Princesse Ingeborg, c'est déjà le plein été. Presque plus de neige, partout un tapis de mousse animé par la présence d'oiseaux. Je détermine en ce point la longitude et la latitude, puis mène lestement le lever des îles environnantes. L'indigence des approvisionnements nous oblige à faire vite. Il ne nous reste plus qu'un demi-litre de pétrole et deux rations de chocolat. La provision de biscuit est épuisée, et nous sentons arriver le moment où nous souffrirons de la faim.

Au milieu de la partie méridionale de l'archipel nous découvrons un détroit qui me paraît assez profond pour que la *Gjöa* puisse y passer, puis au sud de ce goulet l'île Brydes. Du sommet de cette terre, à la distance d'environ vingt-huit kilomètres apparaît au sud un territoire mamelonné, probablement une grande île. Dans cette direction, les terres paraissent s'étendre jusqu'au continent.

Le 18 juin, nous traversons le détroit Alexandra, au prix de grandes difficultés. La couche de verglas que les gelées nocturnes forment à la surface de la neige fondante casse sous notre poids, et à chaque pas nous enfonçons profondément. Ce serait vraiment dommage qu'il nous arrivât un accident au moment où nous touchons presque au terme de notre excursion de trois mois.

Le dépôt du cap Crozier est intact. Il contient une bonne provision de viande de renne, du pétrole, du chocolat. Après la disette de ces jours derniers, c'est maintenant l'abondance, et désormais la route s'ouvre facile sur la glace plane du détroit de Simpson. Encore une semaine d'efforts et, le 25 juin, nous rallions Port-Gjöa, heureux de retrouver nos compagnons.

(Ici s'interrompt le récit de Hansen. Amundsen reprend la plume)

7

La « Gjöa » en route vers le détroit de Béring — L'appareillage — Brumes et hauts-fonds — Navigation mouvementée — Le détroit Dolphin et Union — Sortie de l'archipel — Un navire en vue — Chasse à l'ours — Banquise compacte — Baleiniers américains — Arrivée à King Point — De nouveau bloqués par les glaces

Le 13 août 1905, à trois heures du matin, après un séjour de vingt-trois mois à Port-Gjöa, l'expédition appareillait pour achever le passage du Nord-Ouest. Malgré l'heure matinale, les Esquimaux sont sur pied ; tous ont tenu à nous envoyer un dernier adieu. Notre ami Talournakto se distingue par la vivacité de ses manifestations ; longtemps il nous suit sur la rive, en criant : « *God-da ! God-da !* » Une fois hors de la passe, les plus minutieuses précautions sont prises pour éviter un échouage. Du haut du nid de corbeau, Hansen et Lund surveillent les bancs, tandis qu'un homme sonde constamment. Le long de la Terre du Roi-Guillaume les fonds sont réguliers, partout d'argile ou de roche ; ils atteignent environ dix-huit mètres.

... Une masse considérable de glace dérive sur nous. Il serait imprudent avec la brume de s'engager plus avant, et, à hauteur de la pointe Booth, nous mouillons. La situation n'est pas très encourageante. Droit devant nous, autour des îles Todd, il y a une grande quantité de glaces ; sur la côte ouest de ces trois îlots se trouve, au contraire, de l'eau libre. Vers trois heures de l'après-midi la brume se dissipe complètement ; à une matinée maussade fait suite une journée ensoleillée avec calme plat. Immédiatement, nous nous remettons en route ; nous allons essayer de nous faufiler entre les îles et le pack. A distance le passage paraît singulièrement étroit. Pourvu qu'il soit suffisamment profond !

« Je crois que nous pouvons passer », annonce Lund du haut de son poste d'observation. Et en effet nous traversons sans accident l'étroit goulet.

Le lendemain matin, à 2 heures, nous arrivons par le travers de la baie Douglas, au fond de laquelle tous nos amis esquimaux sont campés sur une colline. Une brume épaisse couvre le détroit de Simpson ; dans ces conditions je prends le parti d'attendre. Aux approches de la terre, les fonds deviennent très irréguliers ; par mesure de prudence je mouille à une bonne distance. Par ce temps bouché, les Esquimaux ne peuvent apercevoir le navire ; pour attirer leur attention, je fais sonner à intervalles réguliers le signal phonique. Bientôt du brouillard émerge un kayak, puis un second ; bref, toute une flottille. Ces braves gens sont heureux de nous revoir. Monté sur le doris, je pars visiter leur camp. A un mètre devant soi, on ne distingue rien. Malgré cela, les Esquimaux filent à toute vitesse et arrivent droit au point de débarquement. Pour trouver leur route par une telle obscurité et avec un calme plat, sur une distance de trois quarts d'heure, les indigènes doivent, pour sûr, posséder un sixième sens.

Le campement compte sept tentes. Autour c'est le paradis terrestre arctique, une abondance extraordinaire de ressources alimentaires. Les lagunes situées au pied de la colline sur laquelle nos amis sont installés grouillent de poisson, et sur les plaines voisines d'innombrables troupeaux de rennes pâturent. Je profite de cette excursion pour compléter nos approvisionnements. J'achète aux indigènes trente-six gigots de renne et une bonne quantité de saumon sec. En même temps, à la place de Tonnich, j'engage un jeune Esquimau du nom de Manni, qui me paraît en mesure de nous rendre de bons services.

Les indigènes sont d'une inconstance incorrigible. Il y a seulement trois jours Tonnich était prêt, disait-il, à donner sa vie pour nous suivre ; et voici qu'après avoir vécu à bord comme un prince esquimau, c'est-à-dire après avoir bu et mangé à discrétion, il désire débarquer au plus vite.

Vers 7 heures, le brouillard commence à se lever ; tout de suite je rentre à bord ; une heure plus tard nous appareillons. Maintenant, un clair soleil luit dans un ciel pur, l'air est tiède et pas un souffle de vent ; jamais nous n'avons éprouvé une impression d'été aussi vive. Des deux passes situées de part et d'autre de l'île Eta, seule celle du sud est accessible à la *Gjöa* et encore tout juste. A mesure que nous avançons, les fonds diminuent. Constamment on sonde, et constamment la barre va d'un bord à l'autre. A un moment, 5,40 m d'eau seulement ! C'est le passage le plus délicat de notre longue navigation à travers le dédale des goulets de l'archipel polaire américain.

Dans l'après-midi, Ristvedt soumet Manni à un nettoyage complet. Un pain de savon et une bouteille de poudre insecticide passent à cette opération.

... Le soir, la situation devient menaçante ; à perte de vue des glaces compactes. Le 15 août à l'aube, nous nous trouvons dans le sud des îles de la *Royal Geographical Society*. Autour une banquise épaisse est amoncelée. Donc, au nord comme au sud, existe un pack ; de plus une étroite nappe de glaçons s'étend le long de la côte orientale de l'archipel, en avant de notre route. Dans ces conditions, il faut essayer de forcer le passage ; la *Gjöa* est petite, mais elle est solide et capable de donner de vigoureux coups de bélier. Sans trop de difficultés, nous réussissons à franchir ce banc de drift-ice et parvenons dans un chenal libre. Après l'avoir suivi pendant quelque temps dans la direction du sud, nous pouvons ensuite reprendre notre route vers l'ouest, mais à ce moment le passage devient très étroit et les fonds très irréguliers. D'une minute à l'autre la profondeur varie de 9 à 30 m ; avec cela de tous côtés des têtes de roche et un peu plus loin un banc très étendu. Nous en approchons lentement, les ancres parées pour le mouillage. La profondeur est juste suffisante ; mais nous ne sommes pas à la fin de nos tribulations.

De tous côtés des « cailloux » ; la mer a l'aspect d'un champ inondé dont les sillons et les mottes de terre émergeraient.

A six heures du soir enfin la *Gjöa* débouche dans le détroit Victoria. Au goulet entre les îles, franchi au prix de tant de difficultés, nous avons donné le nom de l'amiral Palander, l'habile capitaine de la *Véga*. Le détroit Victoria est également rempli de glaces ; néanmoins assez aisément nous parvenons à l'île Jenny Lind. Le lendemain au moment de l'appareillage la corne casse. Toute la journée malgré cette avarie, nous poursuivons notre route vers l'ouest.

17 août. — Une date mémorable dans l'histoire de l'expédition ; elle marque la fin de la traversée de la partie de l'archipel polaire américain qu'aucun navire, avant nous, n'avait parcourue. Pour achever le passage du Nord-Ouest, nous aurons à surmonter encore de nombreuses difficultés, mais désormais ce ne sera plus l'inconnu ; la mer qui s'étend jusqu'au détroit de Béring a déjà été sillonnée par des explorateurs.

Le lendemain dès trois heures du matin, continuation de la navigation à travers les canaux. Nous passons sans difficulté entre les îles Fionlayson et deux îlots situés à la distance d'un mille. Pas la moindre glace en vue. Le compas est redevenu très mobile, mais il est prudent de ne s'en servir qu'avec la plus grande circonspection.

19 août. — Passé les îles Richardson. Dans l'après-midi mis le cap sur les îles Miles. J'avais le projet de mouiller près de ces îles, mais le courant et le vent nous poussent au large. Ces îles sont plus nombreuses que ne l'indique la carte ; du côté de l'est elles se terminent toutes par des escarpements, tandis que vers l'ouest elles présentent des pentes douces.

Toute la nuit à la cape près de l'île Douglas. Dès l'aube nous nous remettons en route vers le détroit Dolphin et Union. L'entrée de la passe aboutissant à ce chenal est difficile à découvrir. Faisant route vers le cap Krusenstern nous arrivons devant un large banc qui nous oblige à la retraite. Ce serait de la folie de commettre quelque imprudence, alors que le succès de notre entreprise est certain, et, par un sot échouage, de perdre le fruit de tous nos travaux antérieurs. Donc nous mouillons à l'île Douglas pour de là entreprendre la reconnaissance hydrographique de la passe. Le lendemain, à la pointe du jour, appareillage ; après une navigation laborieuse ; à trois heures de l'après-midi, nous entrons enfin dans le détroit Dolphin et Union où j'avais tant hâte d'arriver.

Grande est ma satisfaction d'avoir franchi ce passage difficile. Tous ces jours derniers j'ai été en proie aux plus vives préoccupations. Au milieu de ces canaux encombrés de hauts-fonds, d'une minute à l'autre un désastre pouvait se produire. Cette crainte m'obsédait continuellement et à la pensée de rentrer au pays vaincu, j'éprouvais une atroce douleur morale. J'en avais perdu l'appétit et le sommeil. Lorsque je me couchais, je ne pouvais m'empêcher de songer aux dangers qui nous menaçaient et à la défaite qui me semblait imminente, une agitation fébrile s'emparait alors de tout mon être et me laissait ensuite fourbu. Si je me mettais à table, j'avais la gorge tellement serrée que je ne pouvais rien avaler. Aussi maintenant avec quel appétit je dévore !

... Bien que le temps soit clair, l'île Clerk demeure invisible. Son existence me paraît douteuse. Partout la mer est libre. Seulement de temps à autre quelques morceaux de glace ; leur présence nous rappelle que nous sommes toujours dans l'Arctique et que toujours il faut avoir l'œil ouvert.

Nous n'en avons pas fini avec les difficultés. Le 26 août, à quatre heures du soir, une haute terre est en vue ; la brume empêche de la reconnaître distinctement ; comme l'estime nous place près du cap Parry, je pense que c'est ce promontoire du continent américain qui paraît devant nous. Or, le lendemain matin, le temps étant devenu clair, je reconnais ma méprise ; cette haute terre n'est autre que le cap Nelson, sur la Terre Baring. L'erreur était importante. Plus tard j'appris des baleiniers américains que de telles aventures sont fréquentes dans ces parages. Les montagnes voisines renferment sans doute du fer qui affole la boussole. Ajoutez à cette circonstance que dans ce détroit les courants sont très violents.

Le 27, mon quart terminé, j'étais descendu me reposer. Depuis quelque temps je dormais profondément lorsque je fus réveillé par un bruit de pas précipités sur le pont. Des hommes courent à droite et à gauche. Evidemment il se passe quelque chose d'anormal, quelque ours, quelque phoque est sans doute en vue, et je maugrée contre les perturbateurs de mon sommeil, lorsque le lieutenant Hansen arrive comme une bombe dans ma cabine en criant : « Capitaine, une voile en vue ! »

Ainsi le passage du Nord-Ouest est achevé. Le rêve de mon enfance est accompli. Je me sens tout ému ; les larmes me montent aux yeux. Je songe à tous les chers miens : il me semble que je les vois et qu'ils s'avancent vers moi pour me féliciter. Je m'habille en hâte. En passant dans le carré pour monter sur le pont, je m'arrête devant le portrait de Nansen. J'ai l'impression qu'il me sourit et que sa sympathique physionomie exprime la satisfaction.

... Le temps est magnifique. Une fraîche brise d'est nous pousse rapidement, tandis qu'un roulis balance agréablement le navire. L'air est tiède : dans le nord apparaît le cap Nelson baigné de soleil. Au loin, dans cette clarté joyeuse, avance une goélette. Tous nous sommes sur le pont, joyeux et fiers de notre œuvre. Nous hissons le pavillon. Il monte lentement, enveloppé de nos regards de tendresse et d'affection. L'autre navire montre également ses couleurs. C'est un Américain. Les deux bateaux se rapprochent.

Après avoir revêtu nos vêtements les plus propres, nous poussons du bord. L'Américain a stoppé : c'est le *Charles Hansson*, de San Francisco. Son pont est tellement encombré qu'on ne sait où poser le pied ; au milieu de ce désordre grouille une foule disparate de femmes esquimaudes et de nègres vêtus de costumes éclatants. De cette mascarade se détache un vieillard à barbe blanche, à l'extérieur soigné. C'est évidemment le capitaine.

— N'êtes-vous pas Amundsen, me demande-t-il, et sommes-nous le premier navire que vous rencontrez ?

Sur ma réponse affirmative, sa figure s'illumine ; il me presse cordialement les mains en me félicitant et m'invite à descendre au carré.

Le capitaine James Mac Kenna, commandant le *Charles Hansson*, nous offre un excellent déjeuner, et avec la meilleure grâce du monde met à notre disposition toutes les ressources de son bord. Nous n'avons heureusement pas besoin de quoi que ce soit ; la seule chose que nous désirons, ce sont des nouvelles. Sous ce rapport, malgré tout son désir de nous être agréable, le capitaine Kenna ne peut nous satisfaire. Il ne possède que quelques vieux journaux. « Vieux pour vous, lui répondons-nous, mais pour nous, séparés du monde depuis plus de deux ans, ils sont une nouveauté. » Et notre hôte s'en va chercher une liasse de journaux. Le premier que nous ouvrons porte cette manchette sensationnelle : « Guerre entre la Norvège et la Suède. » En hâte je parcours l'article, mais il ne donne aucun renseignement précis. Le capitaine Kenna ne peut nous éclairer à ce sujet. Cette incertitude est pire que l'ignorance.

Après une instructive conversation de deux heures avec Mac Kenna, nous prenons congé de lui. En souvenir de notre visite à son bord, cet excellent homme nous fait cadeau d'un sac de pommes de terre et d'un autre d'oignons, véritables friandises pour nous, privés de légumes frais depuis si longtemps.

Le lendemain, passé devant la baie Franklin. Les « rochers fumants » dont l'existence a été signalée par de précédents voyageurs, sont toujours en activité : d'épais nuages de fumée les enveloppent. A notre grand regret, la banquise qui recouvre encore la baie nous empêche d'aller examiner le phénomène de plus près.

Sur le bord de cette glace se montre un ours. A sa vue les chasseurs ne peuvent se contenir ; immédiatement ils mettent un canot à la mer et deux d'entre eux partent à la poursuite de l'animal. Ils ont bientôt fait de le rejoindre et de lui envoyer une balle dans la tête. Plus tard deux autres plantigrades sont signalés sur un glaçon. Cette fois, au grand désappointement des chasseurs, je refuse de les laisser se livrer à leur plaisir favori. En effet, la brise est bonne et il importe d'en profiter.

Le lendemain au point du jour, pas la moindre flaque d'eau libre ! En même temps, une brume épaisse ; de l'arrière on ne distingue pas l'avant du navire. En pareil cas le mieux est d'attendre. Vers cinq heures du soir, comme par enchantement, le ciel s'éclaircit. Mais voici un autre danger. Une grosse masse de glace arrive de l'est ; en toute hâte il faut fuir avant que cet étau ne se referme sur nous.

30 août. — Nous atteignons le cap Bathurst, puis nous suivons le chenal libre le long de la côte. Il est fort étroit ; néanmoins, nous passons sans encombre. Sur le promontoire une troupe d'Esquimaux nous salue en hissant un pavillon. Nous apercevons une grande maison en bois, la première que nous ayons vue depuis longtemps et ce spectacle n'est pas sans nous causer une sorte d'émotion.

Dans l'après-midi l'île Bailey est doublée, aucune glace ; aussi je donne l'ordre de gouverner droit vers l'île Herschel. Le lendemain matin, un pack nous ferme complètement le passage.

Nous nous rapprochons de la côte pour chercher un passage le long de la terre.

1er septembre. — Brume impénétrable ; grâce aux relèvements pris la veille nous pouvons néanmoins marcher. Il y a dans ces parages plusieurs îles ; de crainte de quelque accident ridicule, nous avançons lentement, en sondant sans cesse. Pendant une demi-heure la profondeur se maintient toujours à 9 m, nous devons donc être à une distance de terre suffisante et je donne l'ordre de hisser toute la toile et de mettre le moteur à grande vitesse. A cinq heures du matin, une éclaircie permet de distinguer l'île Hooper. En même temps nous apercevons deux trois-mâts à la cape, guettant la venue des baleines. Bientôt après, brume plus épaisse que jamais. Par moments de la grisaille émergent des blancheurs menaçantes, des promontoires de la banquise, qui nous obligent à incliner la route vers l'embouchure du Mackenzie.

A onze heures du matin nouvelle éclaircie, de nouveau les deux navires américains sont en vue, ce sont l'*Alexander* et le *Bowhead*, de San Francisco.

Pendant la nuit du 1er au 2 septembre la situation n'est rien moins qu'agréable. Les fonds ne dépassent pas 7,20 m ; avec cela la glace est abondante et il fait noir comme au fond d'un four. Du mieux que nous pouvons, nous tenons la cape, puis à la pointe du jour nous nous remettons en marche vers le chenal libre ouvert le long de la côte.

A deux heures de l'après-midi le vent force, par moments il souffle en tempête. Poussée par cette brise, la *Gjöa* file comme jamais elle n'a marché. De tous côtés il y a des glaces et sans repos il faut manœuvrer. Dans de pareilles circonstances ce n'est pas une sinécure que d'être à la barre. Après l'avoir tenue pendant deux heures et demie, j'ai les mains couvertes d'ampoules et la chemise trempée.

Le soir, mouillé près du cap Sabine. Ce promontoire forme un escarpement de soixante mètres à pic au-dessus de la mer. A sa base la plage est couverte de monceaux de bois flotté ; parmi ces débris il y a des troncs longs de plus de quinze mètres. Au pied de la falaise exposée en plein nord, et donc seulement ensoleillée pendant quelques heures durant les nuits claires de l'été, s'épanouit un magnifique parterre de fleurs éblouissantes, parmi lesquelles brille le myosotis. Du sommet du cap, qui est absolument plat, le regard embrasse un horizon illimité de plaines ondulées, couvertes de hautes herbes, avec des vallons tapissés de broussailles dont la taille dépasse celle d'un homme. A nos yeux déshabitués de la verdure, cette terre laisse une impression de paradis terrestre.

Le lendemain, route dans le chenal côtier. Bientôt l'homme de veille signale un canot. Celui-ci ne tarde pas à accoster ; quel n'est pas notre étonnement de nous entendre interpeller en norvégien ! Notre visiteur est un nommé Sten, second à bord d'une goélette de San Francisco, la *Bonanza*, échouée à King Point. C'est une grande surprise pour nous que de le rencontrer d'une manière si imprévue.

En compagnie d'un harponneur et de quelques Esquimaux, notre compatriote habite une hutte devant l'épave qu'il a mission de garder. La banquise ferme le passage devant King Point, nous annonce-t-il. Mais de cela il n'y a pas lieu de s'inquiéter. Parfois, nous dit Sten, qui possède une très grande expérience de la navigation dans ces parages, la débâcle ne se produit que dans les premiers jours d'octobre. Donc il nous faut avoir de la patience.

En effet, à midi, nous stoppons et nous nous amarrons à un solide glaçon, près de l'épave de la *Bonanza*, à proximité de la hutte de Sten. Nous ne nous doutions guère alors que notre séjour à King Point serait de dix mois.

8

NOTRE TROISIÈME HIVERNAGE — VISITE D'UNE MAISON NEUVE — LES INSTALLATIONS À TERRE — EXCURSION À L'ÎLE HERSCHEL — LES MÉFAITS D'UNE MEUTE AFFAMÉE — CHASSE ET PÊCHE — DÉPART POUR FORT YUKON — À LA VOILE SUR LA BANQUISE

Manni, notre compagnon esquimau, s'était complètement habitué à notre vie. C'était un habile tireur ; aussi lui avais-je donné une carabine et un fusil de chasse ; il était très fier de ses armes et les tenait en très bon état. Comme nous nous trouvions de nouveau au milieu d'Esquimaux je lui demandai s'il avait le désir de nous quitter, auquel cas il était libre de débarquer, mais le bonhomme ne voulut rien entendre, il était parfaitement heureux au milieu de nous.

Dès notre arrivée à King Point, je vais, avec Manni, rendre visite aux Esquimaux de Sten, un homme et trois femmes du détroit de Kotzebue, venus ici avec des baleiniers. Ils se comprirent sans difficulté ; quelques mots seulement différaient dans leurs langues respectives. Ces indigènes se donnent le nom de Nounatarmiont, tandis que ceux de cette partie de la côte se disent des Kagmallik. Les premiers sont beaucoup moins grands et beaucoup moins vigoureux que les seconds. Les Kagmallik jadis nombreux ne comptent plus qu'un faible effectif ; ici comme dans le reste du monde la civilisation a exercé sur les primitifs des effets meurtriers. Ces indigènes sont de très habiles chasseurs et de bons marins ; parmi eux les baleiniers américains trouvent d'excellentes recrues pour les équipages, préférables sous tous les rapports aux matelots qu'ils pourraient amener des Etats-Unis. Pour passer le temps, Ristvedt et Manni s'en vont à la chasse aux lagopèdes, pendant que je pêche.

Les jours se suivent et jamais la glace ne s'ouvre. Allons-nous être condamnés à un troisième hivernage, juste au moment où nous avions l'espoir d'arriver au libre Océan ? Cela semble, hélas ! de plus en plus probable. Notre mouillage ne paraît pas mauvais. En avant la mer est très peu profonde et remplie de gros glaçons échoués. Trois baleiniers ont précédemment hiverné ici, nous raconte Sten, sans avoir jamais éprouvé la moindre attaque de la part des glaces.

Chaque nuit, de la « jeune glace » se forme et atteint une épaisseur de plusieurs centimètres. Le 9 septembre, elle est assez solide pour que nous puissions circuler entre le navire et la côte. Toute espérance de franchir la barrière qui nous étreint est évanouie. Notre troisième hivernage va commencer.

Ce même jour, arrive à nos quartiers un missionnaire venant de l'île Herschel, en route pour Fort Mac Pherson, la station la plus septentrionale de la *Compagnie de la baie d'Hudson*, sur les bords du Mackenzie. Il est accompagné d'un Esquimau Kagmallik qui parle couramment l'anglais. En guise d'ornements, les membres de cette tribu portent de gros boutons en os insérés dans des trous percés près de la commissure des lèvres. Ceux qui ont des prétentions à la civilisation ont renoncé à ces bijoux, mais ont gardé l'habitude de se faire percer les lèvres.

Cinq baleiniers sont pris dans les glaces près de l'île Herschel, nous annonce ce missionnaire, et six autres plus à l'est, on ne sait où. Douze navires sont donc prisonniers et sur ce nombre, trois seulement sont pourvus des ressources nécessaires à un hivernage. La situation n'est donc pas précisément réjouissante. Les régions arctiques sont fécondes en surprises et en déceptions.

Le 12, nous commençons la construction des installations à terre. Les matériaux ne manquent pas ; avec les monceaux de bois flotté entassés sur la plage, il y a de quoi bâtir une ville. Nous édifions deux huttes, l'une destinée à servir d'habitation et l'autre d'observatoire magnétique. La première aura deux pièces, une chambre à coucher pour quatre hommes et une cuisine-salle à manger. Tous mes camarades s'établissent dans cette baraque à l'exception du lieutenant Hansen et de Manni qui demeureront avec moi à bord pour garder le navire.

Notre installation ne laisse rien à désirer. Un poêle emprunté à l'épave de la *Bonanza* répand dans tout le navire une agréable chaleur et nous procure un confort dont nous avons trop souvent manqué pendant nos précédents hivernages. Cette année-ci les logements sont tenus avec un soin inconnu jusqu'à ce jour. Chaque matin Manni balaie les cabines, alors qu'auparavant elles n'étaient nettoyées qu'une fois par semaine. Nous devenons des sybarites.

Le 13 septembre, la maison qui est construite dans le style des huttes lapones est terminée et, quelques jours après, l'observatoire magnétique. A cinquante mètres de nous, se trouve l'habitation de Sten ; elle a fort bon air ; on dirait presque une villa. Elle comprend deux pièces : l'une occupée par notre compatriote, sa femme et sa fille ; l'autre, qui sert de cuisine, est habitée par le harponneur de la *Bonanza*, sa femme et par un ménage esquimau. Une troisième cabane abrite une famille indigène. La colonie de King Point compte en tout vingt membres, et à peu près autant de chiens.

Chaque jour, j'examine la banquise pour m'assurer s'il est possible de gagner l'île Herschel. Prochainement un courrier doit quitter le port d'hivernage des baleiniers à destination du sud ; je voudrais profiter de cette occasion pour avoir des nouvelles du pays. Le 24 septembre, un Esquimau était passé à

King Point, en route pour l'ouest ; ne l'ayant pas vu revenir, j'en conclus que la glace est praticable.

Aussi bien quelques jours après, je me mets en route accompagné de Sten, de Manni et d'un indigène. La neige récemment tombée ne porte pas ; aussi la marche est-elle très pénible. A sept kilomètres de King Point nous rencontrons des campements d'Esquimaux qui pêchaient par des trous percés dans la glace.

Ces Esquimaux, beaucoup plus civilisés que nos anciens amis netchjilli, sont très hospitaliers. Chaque fois que vous vous arrêtez chez eux, ils vous offrent du thé et du pain blanc. Les habitants de la côte nord de l'Alaska font une énorme consommation de cet excitant ; à ce point de vue peut-être détiennent-ils le record. La piste est si mauvaise et nous avons maintenant si peu l'habitude de marcher que le lendemain seulement nous sommes à l'île Herschel.

A nos yeux déshabitués du spectacle des foules, l'animation de ce mouillage nous fait l'effet d'un grouillement de population dans une grande ville : cinq grands navires pris dans les glaces et tout autour un va-et-vient constant d'hommes et de traîneaux. Notre arrivée excite la plus vive curiosité. En un clin d'œil une foule hétéroclite s'assemble autour de nous ; il y a là des blancs, des mulâtres, des noirs, des jaunes, des Esquimaux et tous vêtus des costumes les plus extravagants. Les Esquimaux sont pour la plupart habillés à l'européenne, tandis que les blancs ont presque tous adopté le costume esquimau. Les indigènes, me raconte-t-on, nomment *kablouna* non pas seulement les blancs, comme on le croit généralement, mais tous les étrangers. Aussi pour désigner les noirs, font-ils précéder ce vocable du mot *maktok*, ce qui signifie un blanc noir.

Je reçois l'hospitalité à bord de l'*Alexander*. Le capitaine Tilton, commandant de ce navire, m'accueille avec une cordialité dont je lui conserve une profonde reconnaissance ; de mon séjour parmi les baleiniers américains je garde d'ailleurs un souvenir très agréable. Il me remet une lettre de ma famille ; elle est un peu vieille, elle date de plus de dix-huit mois, néanmoins avec quel plaisir je la lis !

A l'île Herschel un missionnaire habite avec sa femme et ses deux petites filles. Sa maison très confortable renferme outre les logements, une salle d'école et un temple. Au service divin auquel j'assiste, les Esquimaux chantent juste et avec goût. Ce pasteur est un homme pratique comme doivent l'être les missionnaires. Les indigènes aiment la musique ; dans la pensée d'attirer ses ouailles au service, il a multiplié les cantiques et réduit la prédication à quelques courtes paroles de circonstance. Ce prêtre est un homme solide et d'une grande endurance, qualités nécessaires dans sa situation, car il veille non seulement au salut des âmes, mais encore à maintenir l'ordre parmi les indigènes et cette tâche n'est pas toujours facile.

Dès qu'ils peuvent se procurer de l'alcool les Esquimaux s'enivrent et lorsqu'ils sont dans un état d'ébriété, ils commettent les pires désordres. Au printemps prochain ce prêtre doit quitter l'île Herschel, lui et sa famille n'en sont sans doute pas fâchés. Ses enfants, de charmantes petites filles, avaient l'une neuf ans, l'autre six, toutes deux parlaient couramment l'anglais et l'esquimau. A l'approche du printemps, la plus jeune tomba malade et mourut. Ses parents la chérissaient ; je ne puis songer sans une profonde émotion à la douleur de ces braves gens. Je les vois toujours quittant leur habitation, emmenant sur un traîneau la dépouille de leur fille adorée...

Pendant mon séjour chez les baleiniers, Manni s'amusa royalement. Toute la journée il la passait en tournée de visites chez ses congénères, dévorant des quartiers de viande de renne et de phoque ou d'énormes morceaux de lard de baleine. Ce qu'il engouffra pendant ces quelques jours passe l'imagination. Après ces repas pantagruéliques, pour activer la digestion, il se livrait avec ses camarades au plaisir de la danse.

Le départ du courrier pour Fort Yukon est fixé au 20 octobre. Il devra attendre dans cette station les réponses des armateurs aux télégrammes des capitaines pour les rapporter à l'île Herschel. Désirant obtenir des nouvelles de Norvège, je demande aux baleiniers l'autorisation de partir avec leur courrier pour Port Yukon où j'attendrai la poste et d'où je la rapporterai à mes camarades. Avec le plus grand empressement on défère à mon désir. Comme compagnon de route, j'aurai le capitaine Mogg, de la *Bonanza*, qui voulait essayer de gagner, par le Yukon, San Francisco, afin de revenir l'été prochain avec un nouveau navire.

Le 29 septembre, nous repartons pour nos quartiers d'hiver de la *Gjöa* accompagnés de Mogg qui vient chercher des provisions à bord de la *Bonanza* pour son voyage au sud. Grâce à l'ardeur des chiens, en un jour nous franchissons la distance de 66 km qui sépare l'île Herschel de King Point.

Pendant mon absence les travaux ont été très avancés. L'abri thermométrique est terminé et le 1er octobre les observations météorologiques commencent. Le lendemain l'observatoire magnétique est prêt. Tous les jours il y a maintenant le long de la côte un va-et-vient pour ainsi dire constant d'Esquimaux, les uns se rendant vers le Mackenzie, les autres à l'île Herschel. Ces visites ne sont pas toujours très agréables et parfois sont marquées par des incidents. Un jour, quatre familles de passage, après avoir dressé leurs tentes près de l'épave de la *Bonanza*, lâchèrent leurs chiens ; comme ces animaux avaient le ventre vide, ils se mirent naturellement en quête de nourriture. Justement tout près du camp esquimau se trouvait un traîneau chargé de poisson gelé destiné aux baleiniers de l'île Herschel. La meute errante eut bientôt découvert cette provision ; aussitôt elle se jeta sur le véhicule, mit en pièces la bâche et happa jusqu'au dernier tous les poissons. Pendant la nuit elle continua le cours de ses exploits, dévorant deux cent cinquante autres poissons appartenant à Sten et un pantalon en peau de renne que l'un de nous avait mis à sécher dans le bûcher. Le lendemain, lorsque ces méfaits furent découverts, rien ne fut plus amusant que la colère des volés. Sten montait la garde devant sa maison, armé d'une carabine, jurant ses grands dieux que pas un Esquimau ne partirait sans lui avoir payé le prix de ses poissons. De tout ce bruit les propriétaires de la meute ne paraissaient prendre aucun souci ; en faisant leurs préparatifs de départ, ils riaient et chantaient, et bientôt après ils filèrent.

Il importe d'avoir pour l'hiver une copieuse provision de vivres frais. Aussi Hansen et Reistvedt partent-ils en expédition de chasse avec un guide indigène, tandis que chaque jour je fais émerger un filet. Le butin quotidien s'élève à trente ou quarante beaux poissons blancs, assez semblables au hareng et qui sont excellents.

Dès qu'ils sont sortis de l'eau on les suspend à la mâture pour les faire geler. Au gréement sont également accrochés des oies, des canards, des lagopèdes, si bien que la *Gjöa* ressemble à l'étalage d'un marchand de comestibles.

Le lieutenant Hansen occupe ses loisirs à enseigner à Manni l'art de l'écriture et de la lecture, ainsi qu'à se servir des horloges et des montres. L'élève a l'esprit tant soit peu fermé, il apprend cependant à signer et à lire l'heure à cinq minutes près. Notre camarade montra ensuite à son pupille le jeu de dames, cela alla beaucoup mieux : les progrès furent tellement rapides que l'élève battit plusieurs fois son maître. C'étaient alors des cris de joie sans fin et des rires bruyants inextinguibles.

Le 21 octobre à six heures du matin, je quitte King Point pour aller porter la poste à Fort Yukon. Dans la pensée de donner à Manni un avant-goût de la civilisation et afin d'avoir un compagnon sur lequel je puisse faire fond, j'emmène Manni.

A King Point quel n'est pas notre étonnement d'apercevoir au loin une grosse masse noire, ronde, qui avance très vite au ras de la glace, on eût dit une balle traînant à la surface de la banquise. Cette chose étrange se rapproche de nous et bientôt nous reconnaissons que c'est un traîneau marchant à la voile. Arrivé devant nous ce singulier équipage s'arrête et les quatre Esquimaux qui le montent me proposent de nous prendre en remorque, ce que je m'empresse d'accepter. Poussés par une fraîche brise, nous filons ainsi à toute vitesse vers l'île Herschel. Le conducteur du véhicule, à côté duquel j'ai pris place, entame aussitôt la conversation en anglais. Sa mine franche, ouverte et intelligente, laisse une impression agréable, aussi suis-je très satisfait en apprenant qu'il se rend à l'île Herschel pour prendre le courrier à destination de Fort Yukon. Nous devons donc être compagnons de voyage pendant de longs jours. Jimmy, mon nouvel ami, n'a jamais fait la route auparavant, mais il n'en compte pas moins se tirer d'affaire. Tous les autres indigènes ont d'ailleurs refusé de partir. Pour prix de ses services, Jimmy avait la promesse de recevoir une baleinière. Posséder une embarcation de ce type est le vœu le plus ardent des Esquimaux dans ces parages et s'ils réussissent à s'en procurer, ils se considèrent comme à l'abri de tout pour le reste de la vie.

A trois heures de l'après-midi nous arrivons à l'île Herschel.

9

MON RAID À TRAVERS L'ALASKA SEPTENTRIONAL — COUPS DE VENT TERRIBLES — LA LIMITE DE LA VÉGÉTATION FORESTIÈRE — RENCONTRE D'ESQUIMAUX — LE « TROU DU VENT » — CHEZ LES INDIENS — FORT YUKON — EAGLE CITY

Le 24 octobre 1905, nous quittons l'île Herschel en route pour Fort Yukon. Mes compagnons sont le capitaine Mogg, chef de la caravane, l'Esquimau Jimmy et sa femme Kappa. Au moment du départ, Marini s'étant plaint de douleurs dans les jambes et d'une fatigue générale, je le renvoie à bord de la *Gjöa* en compagnie d'un groupe d'indigènes. Nous emportons un énorme sac de dépêches soigneusement cadenassé et attaché sur le traîneau de Mogg. Mon traîneau, tiré par cinq bons chiens et légèrement chargé, avance en tête. Dans ce pays les attelages sont habitués à ce que le conducteur marche en avant pour leur montrer le chemin. Monté sur mes skis, je chemine facilement ; mes autres compagnons portent, eux, des raquettes. Celles en usage dans l'Alaska sont moins larges que celles employées au Canada et ont la pointe recourbée, ce qui facilite singulièrement la marche. Après une laborieuse montée suivie d'une rapide descente, nous atteignons la rivière de l'île Herschel, dont nous devons remonter le cours. Son delta est un labyrinthe de bancs de sable et de monticules de graviers au milieu desquels il n'est pas facile de trouver sa route.

A quatre heures et demie nous nous arrimons pour dresser le camp. Pendant que Jimmy et Kappa montent la tente et que Mogg tire des traîneaux les vivres et le matériel, je vais chercher les broussailles nécessaires au fourneau. Notre tente, en forme de calotte, renferme un petit fourneau ; c'est un abri relativement confortable.

Le lendemain, continuant à remonter la rivière, nous traversons d'étroits et profonds défilés. Dans ces gorges le vent souffle en rafales si violentes que nous culbutons à chaque pas. Au cours de cette étape nous dépassons la limite septentrionale de la végétation forestière. Le premier arbre que nous observons est un petit conifère suspendu à une crevasse de rocher, je n'en ai pas vu depuis plus de vingt mois, aussi la vision de cet arbuste malingre produit-elle en moi une sensation extraordinaire. C'est le signe évident que nous nous rapprochons des terres habitées.

25 octobre. — Un épanchement d'eau recouvre la surface de la glace. Pareil phénomène peut se produire même par les plus grands froids. Quoi qu'il en soit, la caravane poursuit sa route.

27 octobre. — Dans la matinée, passé devant l'embouchure d'une vallée latérale ouverte vers l'ouest. Le paysage avec ses premiers plans boisés et son horizon montagneux, rappelle la Norvège. Ce vallon est terminé par une superbe coupole de neige, haute très certainement de plusieurs milliers de pieds. A l'entrée paraissent deux tentes. Immédiatement nous nous dirigeons vers ce campement où nous sommes cordialement accueillis par quatre Esquimaux, deux hommes et deux femmes, en expédition de chasse. Nous demeurons toute la journée avec eux. J'emploie ce temps à absorber une bonne quantité de viande de renne. Ne sachant ce que l'avenir nous réserve, je ne laisse passer aucune occasion de me constituer une solide assise, afin de pouvoir supporter les jeûnes futurs.

A onze heures du matin, arrivée au « Trou du vent », un étroit canon profond de 450 m. La glace est couverte de blocs détachés par les tempêtes des escarpements voisins ; à tout moment dans ce défilé on est exposé à recevoir une pierre sur la tête. Lors de notre passage, les rafales sont tellement violentes que je suis obligé de ramper pour pouvoir avancer, et pourtant, d'après le dire des guides, aujourd'hui la brise est faible comparée à ce qu'elle est parfois dans ce corridor.

Au-delà du canon, nouvelle rencontre d'Esquimaux. Bien que la journée soit peu avancée, nous décidons de terminer l'étape. Ces indigènes chassent le renne, très abondant dans ces parages ; ils en ont déjà abattu soixante têtes. Comme la veille, toute la journée nous engouffrons des quartiers de viande, pour nous assurer contre les fringales à venir.

... A mesure que nous avançons vers le sud, le paysage affecte des lignes moins heurtées ; les sommets sont maintenant arrondis et s'abaissent en larges pentes douces. En même temps la neige devient compacte et donc la marche plus facile. Les pistes de rennes sont très fréquentes ; on relève également des traces de loups. Cet animal préfère aux rives de l'océan Glacial ces régions plus méridionales où il trouve une abondante nourriture, comme c'est le cas cette année.

Le 30 octobre, arrivée à un grand lac entouré de hautes montagnes et d'où sort la rivière que nous avons suivie. L'altitude la plus élevée des cimes en vue est d'environ 1 200 m. Les Esquimaux rencontrés en dernier lieu ont un dépôt sur les bords de cette nappe. Pour mettre leurs provisions à l'abri des carnassiers et des rongeurs, les indigènes les déposent sur des plates-formes dressées à hauteur d'homme et portées par quatre poteaux.

Ces parages ont été le théâtre d'une sanglante tragédie. Il y a quelques années, un groupe nombreux de matelots appartenant à la flotte baleinière, déserta avec des traîneaux chargés d'approvisionnements et de munitions. Des officiers envoyés à sa poursuite avec une troupe d'Esquimaux rencontrèrent les mutins au pied d'une colline, tandis qu'ils dressaient le camp. Sommés de se rendre, les déserteurs répondirent en ouvrant le feu sur leurs supérieurs. Un combat s'engagea alors, dans lequel deux matelots furent tués et deux faits prisonniers, tandis que les autres se dispersaient dans les bois où pour la plupart ils trouvèrent la mort. Cinq seulement après de terribles souffrances réussirent à gagner Fort Yukon.

Parvenus dans cette région, nous transférons les bagages de nos traîneaux sur des « toboggans ». Ce travail achevé, nous passons une journée très agréable sous la tente, bien au chaud.

3 novembre. — Après avoir franchi la ligne de partage des eaux entre l'océan Glacial et la mer de Béring, nous poussons droit au sud à travers les montagnes vers la vallée de la rivière du Porc-Epic. Le 5, nous atteignons la Coleen River, un tributaire de ce dernier cours d'eau. Sur la glace recouverte de quelques centimètres de neige, la marche devient très rapide. Deux jours après, tandis que nous dévalons à toute vitesse, brusquement notre guide s'arrête pour examiner attentivement la neige. Des pistes d'Indiens ! Suivant ces traces nous arrivons bientôt à une hutte. La tête pleine des souvenirs de Cooper, je m'attendais à voir apparaître quelque sauvage en costume pittoresque, empanaché de plumes et agitant son tomahawk. Quelle désillusion en présence d'un petit homme très calme, vêtu d'un costume noir, qui nous souhaite la bienvenue en anglais. J'ai l'impression de me trouver en face d'un paysan d'une haute vallée de Norvège.

Le 10, après être demeurés quelques jours chez cet Indien pour nous refaire, nous poursuivons notre voyage, par la Coleen River. Trois jours plus tard, nous arrivons à une seconde hutte occupée par deux femmes. Les hommes sont depuis deux jours partis pour se rencontrer avec un marchand sur les bords de la rivière du Porc-Epic. En suivant leur piste nous gagnerons deux étapes, nous assurent ces Indiennes.

Le 14 novembre au soir, soudain les chiens s'arrêtent, reniflent bruyamment, puis partent à fond de train. Evidemment, ils ont flairé l'approche de quelque hutte ; en effet, après une descente vertigineuse, nous arrivons à une petite colonie d'Indiens, sur les bords de la rivière du Porc-Epic.

Le lendemain, nous nous acheminons vers Fort Yukon en suivant ce cours d'eau. De temps à autre des huttes désertes pour le moment, et partout une infinité de pistes de lièvres ; ces animaux doivent être extraordinairement abondants dans ces parages. Parfois nous trouvons un de leurs cadavres, débris d'un festin commencé par un rapace, que notre approche a interrompu. Lorsque les chiens flairent pareille aubaine, ils filent avec une vigueur que rien ne pourrait maîtriser ; le chien attelé en tête se précipite alors sur le morceau et en quelques coups de dents l'engloutit voracement, tandis que les autres, qui n'ont pu arriver à portée, se contentent de la vue du festin. Le reste de l'attelage ne perd pas pour cela courage, et à la première occasion il galope de nouveau avec la même ardeur. Le 18 au soir, nous apercevons une maison. C'est Salmon Creek. Tous les hommes de la station sont partis pour Fort Yukon, sauf un, le vieux Thomas, un polyglotte perdu dans ce désert de forêts et de neige.

Le bonhomme ne parle pas moins de quatre langues, l'anglais, le français, l'esquimau et l'indien. Nous sommes accueillis avec la plus grande cordialité. A notre arrivée, le maître de céans s'empresse d'expulser de l'unique chambre de la maison cinq indigènes qui l'occupent afin de nous la donner. Chez ces excellentes gens nos attelages se conduisent comme en pays conquis. Étant parvenus à atteindre le dépôt de vivres de nos hôtes, ils y firent une si large brèche que le lendemain ils pouvaient à peine se mouvoir. A la suite de cette bombance l'étape suivante fut très lente et c'est seulement le 20 à une heure de l'après-midi que nous arrivâmes à Fort Yukon. Cette station comprend un poste fortifié, une école, une mission et une trentaine de vieilles huttes indigènes. C'est un comptoir où les Indiens viennent troquer leurs fourrures contre des denrées ou des objets manufacturés.

A mon grand désappointement, il n'y a pas ici de station télégraphique. La plus voisine est installée à Eagle City, à 370 km plus au sud. J'ai accompli ce long voyage dans le seul but de communiquer rapidement avec la Norvège ; je m'achemine donc vers Eagle City toujours accompagné du capitaine Mogg. Nos Esquimaux étant fatigués, nous les remplaçons par un Indien.

Nous sommes ici en pays relativement civilisé. Entre Fort Yukon et Dawson fonctionne un service postal au moyen de quatre relais. Les courriers emploient des chiens jusqu'à Eagle et ensuite des chevaux.

La distance totale de Fort Yukon à Dawson est évaluée à 555 km. A la fin de notre première étape nous couchons dans une excellente hutte garnie d'un mobilier confortable pour le pays : on y trouve deux lits de camp, deux chaises, une table et un poêle.

Le 26 novembre, nous sommes à Circle City, d'où nous poursuivons notre chemin en compagnie du courrier. Sans le moindre regret, nous congédions notre guide, le personnage le plus insupportable que l'on pût rencontrer. Les missionnaires lui ayant appris que toutes les races sont égales, son principal souci était de montrer qu'il ne reconnaissait aucune supériorité aux blancs. C'est ainsi qu'un enseignement excellent en principe peut amener de détestables résultats. Circle City est une véritable petite ville avec des cafés et des bals publics.

A partir de là le voyage devient très facile. Tous les trente-deux kilomètres on trouve un refuge composé de trois pièces, une chambre à coucher, une cuisine et une seconde pièce réservée au gardien. Les voyageurs qui n'ont pas de literie dans leurs bagages, s'ils trouvent tous les lits déjà occupés, n'ont d'autre ressource que d'en partager un avec les premiers arrivés. Lorsqu'on a fourni une pénible étape, on ne prête aucune attention à cette promiscuité. Pour nous qui venons de l'Arctique, ces hôtels nous semblent le dernier mot du confort et de l'élégance, mais par exemple, ils ne sont pas précisément bon marché. Le coucher, que l'on ait un lit pour soi seul ou qu'on le partage avec un autre voyageur, coûte un dollar, chaque repas est tarifé un dollar et demi, si bien qu'une journée revient à plus de 28 F.

... Grande est mon émotion en approchant d'Eagle City. Dans quelques heures je vais pouvoir communiquer avec le pays, avec les êtres qui me sont chers ! Un dernier coude de la rivière, et à trois kilomètres devant nous apparaît la ville, au milieu d'un paysage doux et paisible. Nous nous dirigeons droit vers le bureau de télégraphe installé à Fort Egbert, tout près d'Eagle. Les officiers des deux compagnies d'infanterie casernées dans ce poste me font l'accueil le plus cordial.

Pendant deux mois j'attendis, à Eagle City, l'arrivée du courrier de Norvège, et le 3 février seulement, je repris le chemin du nord, chargé d'un monceau de lettres et de journaux pour mes camarades. Six semaines plus tard, à la fin de mars 1906, je ralliais la *Gjöa*.

10

FIN DU SÉJOUR À KING POINT — RIGUEURS DE L'HIVER — MALADIE DE WIIK — LE PRINTEMPS — ABONDANCE DE LIÈVRES — MORT ET FUNÉRAILLES DE WIIK

Quelle joie fut pour tous le courrier que je rapportais ! Aussi bien, le lendemain de mon arrivée fut déclaré jour férié, afin de permettre la lecture des lettres et des journaux. Pendant mon absence il n'est survenu à bord aucun incident digne d'être mentionné et les observations météorologiques et magnétiques ont été poursuivies régulièrement. L'hiver a été extraordinairement rigoureux. Les tourmentes se sont succédé sans répit pour ainsi dire et quelles tourmentes ! Ces ouragans soulevaient des tourbillons de neige tellement épais que toute vue disparaissait dans un rayon de quelques pas ; en même temps par les moindres interstices des ouvertures les flocons pénétraient dans les logements. L'obscurité était profonde.

22 mars. — Pour la première fois de l'année, le thermomètre s'élève au-dessus de zéro. Ce jour-là nous enregistrons + 0,2°.

... Notre provision de viande fraîche est abondante. Un jour, un Esquimau nous apporte quatre-vingt-dix lièvres, le lendemain d'autres indigènes viennent nous vendre des quartiers d'élan. La situation serait donc excellente, si la santé de Wiik ne me préoccupait. Quoique, ces temps derniers, notre camarade n'ait pas été très bien portant, rien ne faisait prévoir une aggravation de son état lorsque brusquement le 26 au soir il se plaignit de douleurs aiguës au côté droit. Immédiatement je lui donne du naphtol, et je parviens à le soulager. Le lendemain les douleurs ayant reparu, Wiik garde le lit. Notre compagnon a probablement une pleurésie, maladie dont il a été jadis atteint, comme il me l'apprend alors.

Aucun de nous n'est médecin ; mon seul guide en telle occurrence est un manuel de médecine pratique : suivant ses conseils je prescris des applications de linge froid. A la suite de ce traitement, le patient éprouva un mieux sensible. Malheureusement, le mieux ne se maintint pas ; dans l'après-midi les douleurs au côté reprennent plus aiguës, et la température monte à 39,5°. Dans ces conditions j'ordonne un sinapisme à la moutarde, puis un emplâtre. Cette médication énergique amène immédiatement une amélioration : le 29 au soir la température tombe à 38,4° ; le pouls, quoique fréquent, est régulier. Le 30 dans la matinée la température est encore de 38,8°, mais le soir elle n'est plus que de 37,6°. L'appétit devient meilleur. Encore quelques jours et le malade entrera en convalescence.

Hélas ! cet espoir fut court. Pendant la nuit le malade est pris d'un frisson tellement violent que pour le réchauffer son compagnon de cabine doit se coucher à côté de lui. Le lendemain la température ne dépasse pas cependant 38,8°, à onze heures du matin, elle descend même à 38,6°, mais le pouls devient irrégulier. Je prends alors le parti d'envoyer un courrier chercher le médecin de la flotte baleinière à l'île Herschel ; mais il fait un temps à ne pas mettre dehors un chien esquimau. Le départ du messager est donc remis au lendemain matin. Tout à coup, à cinq heures de l'après-midi, la sonnette électrique qui relie la maison au navire retentit d'appels brefs et saccadés ; en toute hâte j'accours auprès du malade ; au moment où j'arrive, il rend le dernier soupir. Quelle terrible épreuve ! Toute ma vie, je m'en souviendrai. Mon affliction est partagée de tous. Wiik était un si excellent camarade, toujours gai et plein d'entrain. La mort est partout une sinistre visiteuse, mais combien plus atroce est-elle encore dans notre isolement ! Pour combattre le découragement, nous nous remettons au travail ; c'est le grand consolateur dans les épreuves.

Le sol est actuellement gelé, trop profondément pour que l'on puisse procéder à l'ensevelissement de notre pauvre ami. Après la mise en bière, le cercueil est déposé en conséquence dans la maison que je fais fermer.

Quelques jours après cette catastrophe, nos chasseurs sont de retour, ils rapportent deux cent trente-sept lièvres. Dans ces parages ce mammifère est extraordinairement abondant, mais de petite taille, si bien qu'un seul exemplaire fournit seulement la ration de deux hommes. La chasse en est très facile. On avance en ligne vers le gibier, en le poussant vers des taillis et, une fois une troupe nombreuse rassemblée sous ce couvert, on la massacre, sans qu'aucun animal cherche à prendre la fuite.

4 avril. — On observe le passage d'un corbeau. C'est le premier messager du printemps que nous voyons. Quelques jours plus tard, à la suite d'une nouvelle expédition, les chasseurs rentrent avec soixante et onze lièvres et cinq lagopèdes. Manni, notre compagnon esquimau, nous donne satisfaction complète. Il est toujours satisfait et toujours de bonne humeur, avec cela très obéissant. Lui ayant recommandé de s'abstenir de chiquer et de ne pas trop fumer, il suit mes ordres à la lettre.

... Pâques arrive. Nous sommes encore trop émus par la brusque disparition de Wiik pour célébrer cette fête. Un oignon à chaque homme est le seul extra permis.

Le 14 avril, passe M. Howard, inspecteur de la *Royal North West Mounted Police*, accompagné d'un sergent, d'un Indien et d'un Esquimau. Il est en uniforme, ce qui fait un singulier effet dans ce désert glacé. M. Howard se rend à l'île Herschel pour affirmer l'autorité du gouvernement canadien dans ces parages lointains... L'approche du printemps se manifeste par un grand mouvement de traîneaux le long de la côte. Chaque jour des convois passent, tantôt dans un sens, tantôt dans un autre ; tous naturellement font halte devant la *Gjöa*.

Vers la fin d'avril, les lagopèdes arrivent. Sur les collines voisines du mouillage, ces oiseaux s'assemblent en compagnies innombrables, mais ils sont extrêmement farouches et demeurent toujours hors de portée. Néanmoins Manni réussit parfois à en abattre quelques-uns. Notre élève se civilise de jour en jour ; ses progrès sont surtout rapides au jeu de dames et dans les patiences ; en revanche, malgré les leçons qu'on lui prodigue, il ne peut guère mieux s'exprimer en norvégien qu'au moment du départ.

Maintenant que la mort de Wiik a réduit l'équipage à six hommes, nous serions astreints à un labeur trop pénible, lorsque nous reprendrons la mer. Aussi, au milieu d'avril le lieutenant et Ristvedt partent pour l'île Herschel demander aux baleiniers de nous prêter deux hommes. Cette requête est accueillie comme toujours avec empressement ; le 1er juin on nous enverra le renfort désiré.

Chaque jour, l'épaisseur de la neige diminue. A la fin d'avril la température s'élève au-dessus de zéro et des nappes d'eau commencent à se former à la surface de la banquise. En même temps tous les espaces dépouillés de neige grouillent de troupes innombrables d'un petit mammifère, appelé par les indigènes *hicksi* et qui est, me semble-t-il, une espèce de rat. Ces animaux ont une fourrure dont les Esquimaux se servent pour orner le bas de leurs vêtements. Pas moins de soixante peaux sont nécessaires pour former la frange d'une seule robe.

2 mai. — Un Indien arrive avec le courrier venant d'Edmontou par Fort Mc Pherson et me remet deux lettres, une pour moi, l'autre pour le lieutenant Hansen. Elles sont un peu vieilles, mais elles n'en sont pas moins les très bien venues. Si les amis restés au pays savaient quel plaisir infini la réception de lettres cause au voyageur perdu dans les déserts, très certainement ils auraient la plume moins paresseuse.

8 mai. — Nos deux nouveaux compagnons arrivent. L'un d'eux est un Norvégien, l'autre un jeune Américain. En même temps le Dr Wight, de la flotte baleinière, désireux de rentrer aux Etats-Unis le plus tôt possible, me prie de l'embarquer. J'accepte avec empressement. Avec ce nouveau passager, la *Gjöa* sera au complet.

Nous avons décidé d'ensevelir Wiik dans l'intérieur de l'observatoire magnétique. Cet abri a été édifié par notre pauvre camarade, et c'est là qu'il a en dernier lieu travaillé avec l'ardeur et le dévouement qu'il apportait à l'œuvre commune. Son souvenir plane sur cette cabane ; de plus celle-ci commande un panorama étendu sur la côte de l'océan Glacial. Le 9 mai, ont lieu les funérailles. Sur la *Gjöa* les pavillons sont mis en berne.

Le cercueil est sorti de la maison où il avait été déposé, puis chargé sur un traîneau ; après quoi nous nous dirigeons vers la cabane à l'intérieur de laquelle une fosse a été creusée. Pour la dernière fois notre cher camarade s'achemine vers son cher observatoire. A l'entrée nous faisons halte ; puis, après avoir adressé un suprême adieu à Wiik et récité le *Pater*, le cercueil est descendu, recouvert du pavillon norvégien. Si la cérémonie fut courte, elle n'en laissera pas moins un souvenir profondément ému à chacun de nous. Plus tard, nous couvrîmes le toit de tourbe et de fleurs, et le surmontâmes d'une haute croix.

11

VERS LE DÉTROIT DE BÉRING — DÉPART DE KING POINT — ARRÊTÉS PAR LA GLACE — SÉJOUR À L'ÎLE HERSCHEL — LA PÊCHE À LA BALEINE — TENTATIVES POUR FORCER LA BANQUISE — SITUATION DÉCOURAGEANTE — NAVIGATION MOUVEMENTÉE — BRUMES ET TEMPÊTES — ARRIVÉE À LA POINTE BARROW — RENCONTRE AVEC LES BALEINIERS — LE PASSAGE DU NORD-OUEST EST ACHEVÉ — ARRIVÉE À NOME

Depuis le commencement du mois de mai, nous nous préparons au départ. Dans quelques mois la *Gjöa* recevra des visiteurs ; il est donc nécessaire de nettoyer la cabine et de passer un bon coup de peinture sur les cloisons. Lindström s'acquitte de ce travail à la satisfaction générale. Après cette réparation, notre salon a fort bon air. Les portraits de la famille royale sont à la place d'honneur, entourés de pavillons, et en dessous se lit l'inscription qui résume nos pensées : *Tout pour la patrie*. La décoration est complétée d'un côté par une carte de notre itinéraire et de l'autre par le portrait de Nansen.

Juin commence par un temps froid. Le 1er, le thermomètre ne s'élève pas au-dessus de – 1,5°. Une fois la neige qui recouvre la banquise voisine de la côte fondue, la glace, formée d'eau douce provenant du Mackenzie et toute souillée de boue, disparut promptement. Maintenant notre bon temps est passé. Le 28, au soir, à la suite d'une tempête de sud-est, les moustiques arrivent. De jour en jour ils deviennent plus abondants et plus acharnés.

Impossible de mettre le nez dehors sans avoir la tête enveloppée dans une moustiquaire.

Le 30 juin, les instruments magnétiques sont rentrés à bord ; sur l'emplacement du pilier qui les a supportés est érigé un panneau de bois muni de l'inscription : *Gjöa* 1905-1906. Le même jour les observations météorologiques prennent fin.

Le 2 juillet, par un fort coup de vent de sud, le thermomètre monte à 18°. Le long de la côte la nappe d'eau libre devient de plus en plus large ; aussi commençons-nous à manœuvrer et allons-nous nous placer près de l'arrière de la *Bonanza*. Cette épave nous protégera, au cas où la glace envahirait le mouillage. Pour le moment aucune crainte à avoir ; la banquise dérive au large, tantôt dans une direction, tantôt dans une autre. Au-delà de cette masse disloquée, l'eau libre paraît occuper de vastes espaces, mais tant que les baleiniers ne se mettront pas en mouvement, nous n'avons qu'à rester tranquilles.

Le 10 juillet au soir, trois navires sont en vue, dans les eaux libres, au-delà de la banquise en dérive. L'un d'eux suit vers l'est le bord de cette glace ; le lendemain il pénètre dans le chenal côtier, tout près de nous. Rien ne s'oppose donc plus à notre marche. C'en est fait : l'heure du retour a sonné.

Une après-midi radieuse, tout ensoleillée dans un calme plat. Nos chiens se chauffent tranquillement au soleil, inconscients du sort qui les attend. Bien à regret je me suis décidé à abandonner ces fidèles serviteurs. Sur le pont encombré ils seraient une gêne constante ; ensuite qu'en aurions-nous fait, une fois à San Francisco ? Ici au moins ils vivront dans le milieu qui leur convient.

Rassemblés sur le pont de la *Bonanza* pour assister à notre départ, tous les Esquimaux de King Point nous envoient un salut amical auquel nous répondons longuement.

Largue ! A toute vitesse en avant ! Et la *Gjöa* s'ébranle pour accomplir la dernière étape de son long voyage. En passant devant la tombe de Wiik, le pavillon est amené à mi-mât ; tous nous adressons un souvenir ému à la mémoire de ce cher et vaillant compagnon.

Après avoir embarqué le médecin de la flotte baleinière qui doit faire route avec nous vers le sud, le cap est mis dans l'ouest. Au-delà de l'île Herschel, une banquise impénétrable nous arrête et nous oblige à retourner mouiller près de cette île. C'était le 13 juillet, à deux heures de l'après-midi. Combien durera cette nouvelle détention ? Nous ne sommes pas sans inquiétude à cet égard. Pour passer le temps nous explorons en détail cette terre dépouillée actuellement de son manteau de neige hivernale.

L'île Herschel, séparée du continent par un canal étroit et très peu profond, renferme un excellent mouillage, servant de base d'opérations à la flotte baleinière dans ces parages. La côte nord de l'Amérique n'offrant aucun ancrage sûr, la découverte de cette rade a été un événement de la plus haute importance pour ces marins aventureux.

Ici, comme dans toutes les autres régions de l'Arctique, la chasse à la baleine a entraîné de terribles catastrophes. La première ne fut déterminée ni par les glaces, ni par les fureurs de la mer, mais par la guerre de Sécession. En 1865, un corsaire appartenant aux Etats du Sud se dirigea vers le détroit de Béring et vint brûler dans cette région trente baleiniers, représentant une valeur de 15 000 000 F. Le second désastre eut lieu en 1876. Cette année-là trente navires furent pris dans la glace devant la pointe Barrow ; soixante-dix hommes ayant abandonné leurs bâtiments pour faire route au sud périrent en chemin. En 1897, plusieurs bâtiments furent broyés par les glaces ; enfin en 1905, la plus grande partie de la flotte demeura bloquée à la suite de l'arrivée précoce des glaces ; mais cette fois on n'eut aucune perte d'hommes à déplorer.

La baleine est poursuivie dans ces parages, uniquement pour ses fanons ; des autres parties de ce monstre marin les Américains ne tirent aucun profit. Il est vrai que la valeur des fanons est telle que le produit de leur vente assure un bénéfice considérable ; une seule baleine en fournit parfois pour 50 000 F. La chasse de ces cétacés est naturellement difficile et périlleuse. Les mysticètes ou baleines à fanons sont très farouches, le moindre bruit les met en fuite ; aussi au premier indice de leur voisinage, la machine est-elle stoppée et le bâtiment ne marche plus qu'à la voile. Alors que l'on est encore très loin du gibier, une embarcation est mise à la mer ; toujours de crainte de l'effrayer, on ne se sert pas de rames ; seule la voile est encore employée. Le canot marche droit vers l'énorme monstre, le harponneur posté à l'avant, prêt à lui décocher son harpon. Pour la capture des mysticètes, on ne fait pas usage, comme pour celle des baleinoptères, de lance-harpons : le bruit de la décharge mettrait en fuite toutes les baleines à dix lieues à la ronde. Comme explosif on emploie la tonite. Si la baleine n'est pas tuée du premier coup, on file du câble. Lorsqu'une banquise se trouve dans le voisinage, les chasseurs doivent ouvrir l'œil pour ne pas être entraînés de ce côté et broyés dans une collision avec les glaces. Ce n'est qu'en cas de danger absolu que l'on se décide à couper la ligne. On ne renonce pas, en effet, de gaieté de cœur à perdre 45 000 F. Réussit-on à capturer la baleine, on la remorque vers le navire ; après quoi on détache la tête et on abandonne le monstrueux cadavre aux poissons et aux oiseaux. On coupe ensuite les fanons, et le crâne à son tour est jeté par-dessus bord.

En 1843 fut capturée la première baleine mysticète dans la mer de Béring ; cinq ans plus tard un baleinier franchissait le détroit. En 1905, la flotte qui opérait dans ces parages comptait quatorze navires ; le plus favorisé avait pris cette année-là onze de ces énormes mammifères marins. Depuis soixante ans cette industrie a rapporté des bénéfices énormes, mais au prix de quels dangers et de combien de vies humaines ! Et tout cela simplement pour procurer aux élégantes la matière nécessaire à la fabrication de leurs corsets et assurer ainsi la grâce de leur corps !

... Malgré l'heure matinale de notre arrivée tous les Esquimaux de l'île Herschel sont sur pied. Depuis le départ des baleiniers, nous sommes devenus des personnages importants et l'on nous marque la plus grande déférence. Après avoir pris quelque repos, nous faisons l'ascension du point culminant de l'île pour examiner l'état des glaces. Elles sont agglomérées dans l'ouest en une masse considérable, mais le long de la terre d'Amérique existe un chenal libre qu'il paraît possible d'atteindre par le détroit entre l'île et le continent. Ce canal est-il suffisamment profond ? A cet égard les renseignements sont contradictoires ; pour éclairer la question, le lieutenant Hansen part en reconnaissance hydrographique. Le résultat de son examen, c'est que les fonds sont très irréguliers ; il est donc prudent de ne pas tenter l'aventure. Dorénavant tous les jours l'un de nous ira observer la banquise du haut de cette colline. C'est une promenade de quatre kilomètres sur un terrain très difficile.

En comparaison de King Point, l'île Herschel est un paradis terrestre. Partout de belles pelouses resplendissantes de fleurs éclatantes. La flore la plus riche se rencontre derrière le cimetière. Ce cimetière comprend deux divisions, l'une réservée aux baleiniers, l'autre aux Esquimaux. Les tombes des Européens sont bien entretenues et marquées par des croix. La division indigène présente le plus singulier aspect. Les Esquimaux ensevelissent leurs morts dans des caisses en bois qu'ils déposent ensuite le plus souvent à même le sol ; en présence de ces files de grandes boîtes, on a l'impression de se trouver sur un quai de débarquement de marchandises.

Lors de l'arrivée des baleiniers américains, l'île Herschel comptait une population de 500 Esquimaux kagmallik ; maintenant il n'en reste plus qu'un petit nombre, encore la plupart sont-ils des métis. Ils habitent des petites cabanes en bois très malsaines. A côté de ces huttes ont été élevés de nombreux magasins et entrepôts. La maison du missionnaire est maintenant occupée par le major Howard. Elle n'est pas précisément facile, la tâche de ce représentant de l'autorité ; avec un seul homme il doit maintenir l'ordre parmi plusieurs centaines d'indigènes et de marins ; de plus, il est chargé de percevoir des navires américains des taxes au profit du Canada, dans les limites duquel se trouve l'île Herschel. Pendant notre détention au mouillage, nous mangeons pour la première fois des légumes du pays, des pommes de terre kagmallik, comme les appellent les baleiniers, du nom des habitants de l'île. Ce sont des racines de *polygonum bistorta ;* cuites ou crues, elles n'ont point mauvais goût. Mais nous ne sommes pas difficiles.

Le 20 juillet, tempête de nord-est, le vent le plus favorable pour débarrasser la côte des glaces ; aussi avec quelle anxiété attendons-nous le retour de la vigie. Hélas ! les nouvelles qu'elle rapporte ne sont rien moins que bonnes. La banquise est plus compacte que jamais !

Le lendemain un nouveau deuil vint nous attrister. Manni chassait des canards dans un canot autour du navire ; tout à coup le lieutenant Hansen, qui se trouvait sur le pont, aperçut le canot flottant la quille en l'air. Immédiatement une embarcation fut mise à l'eau ; moins de cinq minutes après elle arrivait sur le lieu de l'accident, mais plus de trace du malheureux chasseur ! Le pauvre Manni avait coulé à pic. La perte de ce pauvre garçon fut pour nous un véritable chagrin. Nous étions tous si attachés à lui et nous nous faisions une telle joie de l'emmener en Europe...

Le lendemain je retourne examiner l'état des glaces. La banquise paraît reculer vers l'ouest. Donc encore un peu de patience. Laissons le vent de nord-est agir : lorsqu'il mollira, nous tenterons de passer. Le 21, vers une heure du matin, la brise tombe presque complètement ; aussitôt nous appareillons. Nous suivons d'abord la lisière de la banquise qui s'étend vers l'ouest le long du continent, à partir de la pointe sud-occidentale de l'île Herschel ; après quoi nous embouquons le chenal libre, ouvert entre cette glace et la côte. Tout d'abord nous faisons bonne route, mais peu à peu la glace nous oblige à venir dans le nord, et bientôt nous voici dans un cul-de-sac. Après quarante-huit heures de navigation, force nous est de revenir à notre mouillage de l'île Herschel. Nous autres vieux routiers de l'Arctique, nous prenons cette déconvenue avec calme, mais il n'en va pas de même de notre passager, l'excellent docteur.

Notre détention paraît ne jamais devoir prendre fin. Quelques heures après notre rentrée l'un de nous part pour l'observatoire, comme nous appelons le sommet le plus élevé de notre île. Les nouvelles qu'il en rapporte sont décourageantes : la banquise est devenue encore plus compacte ! Maintenant la délivrance ne viendra que d'un coup de vent du sud qui chassera toute cette glace vers la haute mer. Quand se lèvera-t-il ?

Le 30 juillet, arrive le baleinier le *Belvédère,* à court de vivres et de combustible, et dont l'équipage est attaqué par le scorbut. Le 2 août, la banquise paraissant plus ouverte, une nouvelle tentative est décidée. A quatre heures du soir nous appareillons ; une heure plus tard le *Belvédère* nous dépasse, lui aussi, faisant route dans l'ouest. Après avoir suivi la lisière de la glace, à neuf heures du soir, nous nous amarrons à un gros bloc, à 7 milles de la côte et à 10 de Démarcation Point. Toute la journée du 3 nous demeurons dans cette position, complètement entourés par la banquise. C'est aujourd'hui l'anniversaire de notre roi. Pour célébrer cette fête, la *Gjöa* est pavoisée et des confitures sont servies au dîner. C'est tout ce que nous pouvons faire, nos ressources en fait de dessert et d'extra étant très limitées.

Pendant la nuit, la situation s'aggrave ; la glace presse de tous côtés ; un instant elle menace le gouvernail. Vers le matin une détente se produit et nous rend la liberté de nos mouvements. Mais la brume est épaisse et maintenant le vent souffle à l'ouest, c'est-à-dire droit debout ; dans ces conditions nous n'avons qu'à revenir au mouillage de l'île Herschel. Le *Belvédère* n'a pu passer, lui non plus, et nous le retrouvons à l'ancre devant notre île.

La goélette *Herman* est de retour de sa campagne ; la nuit suivante, arrive le *Karluk*. Les uns après les autres, les baleiniers rejoignent leur base d'opérations pour y attendre l'arrivée du tender qui doit leur apporter les ravitaillements nécessaires. Les jours suivants, le *Threasure* et le *Bowhead* viennent également mouiller à côté de nous. Nous sommes maintenant en tout sept navires. Les baleiniers ont décidé d'attendre ici l'arrivée de leur convoi jusqu'au 10 août ; s'il ne paraît pas à cette date, ils iront à sa rencontre vers la pointe Barrow.

Le 9 août, grand événement. Un nouveau courrier arrive d'Edmonton et de Fort Mac Pherson ; il apporte la nouvelle du tremblement de terre de San Fransisco. Le même jour, tempête de nord. A une heure de l'après-midi le baleinier *Olga*, dont le sort excitait les plus vives inquiétudes, entre en rade. Il a hiverné dans l'inlet Minto, à la Terre du Prince Albert, où il a trouvé quelques Esquimaux ; ce sont probablement des Esquimaux kiilnermioun, de la rivière Coppermine, appartenant à la même tribu que ceux rencontrés par le lieutenant Hansen et Ristvedt dans leur expédition à la Terre du Roi Haakon. L'*Olga* a perdu plusieurs hommes, notamment ses deux mécaniciens. Personne d'autre à bord ne sachant manœuvrer la machine, le navire a dû revenir à la voile. Il a rencontré de nombreuses baleines, mais n'a pu les capturer en raison de l'effectif réduit de son équipage. A cette nouvelle le *Bowhead* part immédiatement pour aller à la recherche du précieux gibier.

Le lendemain, fraîche brise de nord-est. Fatigué de cette longue attente, je me décide à appareiller, afin d'examiner si tous ces vents n'ont pas amené de changements dans la position des glaces. Après avoir embarqué un copieux approvisionnement de bois flotté, nous levons l'ancre. Une fois hors de la rade, un fort courant nous entraîne rapidement vers l'ouest. Toute la journée, route dans cette direction ; la brume empêche de relever la position exacte de la glace et son état. Lorsque la nuit arrive, le brouillard épaissit ; on n'y voit pas à deux pas devant soi. La profondeur diminue, de 21 m elle passe à 13,50 m ; évidemment la terre n'est pas loin, probablement à deux milles au sud. Aussi le plus sage est d'attendre une éclaircie et pour cela de nous amarrer à un glaçon échoué.

Le lendemain soir la brume se lève un instant ; la vue que nous découvrons est très encourageante. Le chenal côtier dans lequel nous sommes engagés est entièrement libre à perte de vue. Au nord, la glace est au contraire compacte. Aussitôt le moteur est mis en route ; comme la brise souffle du nord-ouest et que notre machine est trop faible pour marcher contre le vent, nous louvoyons. C'est en pareille circonstance que le moteur nous rend de grands services en augmentant notre vitesse de marche.

Près de l'Icy Reef, apparaît sur le rivage une large nappe blanche, dont nous ne pouvons distinguer nettement la nature. Suivant toute vraisemblance, ce doit être un glacier ; son existence nous a d'ailleurs été signalée pendant notre séjour à l'île Herschel. Quoique peu étendu, ce glacier mérite une mention, en raison de ce fait que c'est le seul observé sur la côte septentrionale de l'Amérique. Du reste, les approches de l'Icy Reef sont parsemées de glaçons d'eau douce. A notre grand regret le temps nous manque pour aller étudier cette localité intéressante.

Le 14, à dix heures du matin, nous doublons la pointe Manning qui est fréquentée par de nombreux Esquimaux. Des huttes et des monceaux de bois flotté sont visibles sur la rive, mais pas un être vivant. Dans l'après-midi la banquise nous oblige à nous rapprocher de terre. Je n'aime pas beaucoup cela, car la baie Cambden, où je suppose que nous devons nous trouver, est, d'après Collinson, remplie de hauts-fonds. A un moment la sonde indique seulement de 3,50 m à 5,40 m d'eau. Heureusement, de nouveau, la glace s'écarte et nous pouvons remonter vers le nord où la profondeur est plus grande. Dans la soirée brise très fraîche de nord-est et brume impénétrable. Pris deux ris à la grande voile et un au grand foc. Incertain de notre position, je prends le parti de nous amarrer à un glaçon échoué et d'attendre les événements. Tout à coup, dans une éclaircie, la terre apparaît droit par l'avant : ce sont probablement les îles Flaxman.

Avec un personnel aussi réduit que le nôtre, chacun est obligé d'assumer les besognes les plus diverses. Ce soir, par exemple, Lindström prend les observations météorologiques et exécute des sondages, après cela il boulange, tout en surveillant le moteur. Les autres ne sont pas moins affairés. Jamais le succès n'aurait pu couronner mes efforts, si mes compagnons n'avaient été aussi pleins de bonne volonté et aussi laborieux. Dans les circonstances difficiles nous partageons fraternellement tous les labeurs et tous nous éprouvons les mêmes inquiétudes ; mais, lorsque la chance est favorable, tous nous ressentons une joie égale ; l'équipage de la *Gjöa* est un corps homogène n'ayant pour ainsi dire qu'une âme.

La glace à laquelle nous sommes amarrés est un pack avec de gros *hummocks*[1] datant de plusieurs années, preuve que cette banquise n'a pas toujours été aussi calme qu'aujourd'hui. Les blocs qui la composent paraissent moins larges et moins anciens que la glace du Groenland. Le lendemain, toujours brume compacte ; nous demeurons amarrés à notre glaçon. Pendant une éclaircie le lieutenant Hansen prend des relèvements sur la côte ; ils nous placent à trois milles dans le nord des îles Flaxman.

Le 16, la brise ayant molli et le brouillard s'étant éclairci, nous nous remettons en marche, avançant prudemment à la vitesse de quatre nœuds et la sonde toujours en main. Au début, la glace étant navigable, nos progrès sont rapides. Mais de nouvelles difficultés nous attendent. A cinq heures du soir, un pack barre toute issue vers l'ouest. Je vais essayer de tourner l'obstacle, en passant entre la terre et les bancs qui s'étendent parallèlement à la côte. Au milieu de ces hauts-fonds la brume rend très difficile la recherche d'un chenal vers les eaux littorales. Nous marchons très lentement, en sondant, les ancres parées pour le mouillage ; bientôt les fonds se relèvent rapidement, 2,70 m seulement. Immédiatement nous stoppons, et une embarcation va sonder en avant. De ce côté rien à faire ; le chenal dans lequel nous sommes engagés est fermé. Un essai sur un autre point est plus heureux. Nous trouvons des fonds de 6 m ; avec cela pas de glace. Une fois dans le canal côtier, nous filons rapidement vers l'ouest, protégés contre les attaques de la banquise par le rempart des bancs.

A cinq heures du matin, passé Cross Island. Sur cette île une croix a été élevée pour servir d'amer[2]. Quatre heures plus tard les fonds atteignent 12,50 m ; nous nous trouvons donc plus au large. Nous nous applaudissons d'avoir passé en dedans des bancs, car la banquise située au large nous eût certainement arrêtés pendant plusieurs jours. A midi nous sommes par le travers d'une des îles Thétis ; au-delà la mer est libre, mais pas

1. Monticules de glace formés par l'entassement de blocs lors des pressions de la banquise.
2. Objet destiné à servir de point de reconnaissance.

pour longtemps. Devant la baie Hanson il y a de nouveau de la glace en telle abondance que nous devons gouverner au sud pour l'éviter. Dans la nuit, traversé cette baie et le Banc du Pacifique, recouvert seulement de cinq mètres d'eau, près du cap Halkett. Toujours de la glace qui nous oblige à passer très près de terre. Après cela, coupé à travers la baie Smith, entre les bancs et la terre ; profondeur : sept à neuf mètres, sauf près du cap Halkett où les fonds sont moindres.

A six heures du soir, en vue du cap Simpson, la situation devient critique. La banquise paraît s'étendre jusqu'à ce promontoire ; en approchant nous découvrons toutefois un canal le long de la terre, mais il est trop peu profond pour la *Gjöa*. Nous nous amarrons donc à un petit glaçon et attendons les événements. Toute la nuit, brise d'est. Le lendemain matin, l'état des glaces paraissant s'être modifié, nouvelle tentative par le chenal côtier. Brusquement les fonds se relèvent à 2,50 m ; encore une fois la retraite devient nécessaire et de nouveau nous ancrons sur un glaçon échoué.

Pendant la nuit la brise d'est fraîchit ; bientôt elle souffle en tempête. Toute la banquise située derrière nous et qui nous protégeait file dans le vent, nous laissant à découvert. Le bloc sur lequel nous sommes ancrés pourra-t-il soutenir le choc des énormes vagues qui déferlent sur lui, et des morceaux de drift-ice qui le heurtent à chaque instant ? Je fais alors préparer les ancres pour mouiller immédiatement, si notre glaçon vient à céder. En même temps des blocs nous assaillent par l'arrière ; toute la nuit nous travaillons à repousser leurs attaques.

Après de longues heures d'angoisses le jour paraît enfin. Le coup de vent a profondément modifié le pack ; aussi bien allons-nous essayer de faire route. Mais il ne va pas être facile de relever les ancres à glace sur le bloc de petites dimensions auquel elles sont fixées. Pour cette besogne, je choisis Helmert Hansen ; il est leste, adroit, et, toujours du premier coup, il réussit là où d'autres ne triomphent qu'après une seconde tentative. Je ne me suis pas trompé en confiant cette mission difficile à Hansen. En un tour de main il l'accomplit, sans autre incident qu'une douche complète, tant soit peu fraîche.

18 août. — La tempête de la nuit dernière ayant déblayé le canal côtier, nous pouvons poursuivre notre route. Sur un banc à trois milles du cap Simpson des hummocks très élevés sont échoués.

Toujours un temps bouché ; en même temps la tempête est devenue un véritable ouragan. Dans la baie Fatigue, nous nous amarrons à des glaçons échoués qui nous protègent contre le vent et la mer. Il est toujours très délicat de mouiller dans le voisinage d'une banquise, lorsqu'on ne peut surveiller ses mouvements. Sans vous en apercevoir, vous pouvez être enveloppé par la glace et entraîné ensuite vers le nord par cette masse en dérive. Dans ces parages le danger est particulièrement grand. Près de la pointe Barrow, le courant portant vers le pôle, que le génie de Nansen a su utiliser, est très violent dans la direction du nord-est ; souvent il est si rapide qu'il semble former un torrent au milieu de la mer. En manœuvrant à travers la glace, une des branches de l'hélice heurte violemment un glaçon. A la suite de ce choc l'arbre de couche est faussé ; tous nos efforts pour remettre le moteur en marche demeurent sans résultat. Le bloc échoué sur lequel nous sommes ancrés, large et solide, offre une excellente protection. Pendant la nuit la banquise, tantôt presse, tantôt se détend, puis le vent mollit. A quatre heures du matin nous continuons notre navigation vers l'ouest.

D'épaisses masses de glace filent devant nous ; à chaque instant il faut manœuvrer pour les éviter. A l'appareillage, alors que nous hissons la grand-voile la corne casse. Nous voici maintenant complètement désemparés, sans machine et sans voilure. On établit une voile d'étai, et avec cette fortune la *Gjöa* continue sa marche. Une heure après, l'avarie est réparée. Entre nous et la côte il y a maintenant de la glace. Ce n'est pas bon signe. Vers midi nous sommes de nouveau arrêtés. Encore une fois nous nous amarrons à un glaçon échoué. Toujours une brume épaisse. Voici maintenant que notre bloc dérive vers l'ouest ; pour éviter d'être pincés, nous appareillons.

A deux heures de l'après-midi une éclaircie nous laisse apercevoir les mâts de deux navires mouillés derrière une large pointe basse qui doit être le cap Barrow. Ces bâtiments, ancrés le long du revers ouest du promontoire, attendent évidemment une occasion favorable pour avancer. La glace qui nous sépare du chenal côtier paraissant maniable, je décide de la forcer. A trois heures du soir, nous nous dirigeons vers la partie du pack qui semble la plus faible ; la *Gjöa* est couverte de toile, et Lund, le plus expert de nous tous en matière de navigation arctique, monte dans le nid-de-corbeau pour diriger la manœuvre. Si tout marin tant soit peu habile peut commander un vapeur au milieu de la banquise, il n'en va pas de même avec un voilier. Seul un homme expérimenté peut le conduire contre les glaces. Grâce à une nappe d'eau libre ouverte en avant du pack, la *Gjöa* peut prendre de l'élan. Le choc est terrible, mais rien ne résiste à la solide étrave de notre vaillant navire. Du premier coup, sous la violence de la collision, la glace s'ouvre. Par la brèche ainsi pratiquée nous pénétrons au milieu de la banquise. Nos progrès sont ensuite extrêmement lents, mais enfin nous avançons... A force de patience et d'efforts, nous arrivons tout près des eaux libres ; pour les atteindre il ne reste plus qu'à bousculer deux énormes glaçons. La *Gjöa* prend de l'aire, heurte le barrage de toute sa force, en même temps qu'avec des gaffes nous travaillons à repousser les blocs. C'est une lutte désespérée. Finalement nous l'emportons et dans la joie du succès nous poussons un vigoureux hourrah. Le dernier obstacle est vaincu ; maintenant la route s'ouvre, libre devant nous, vers le grand Océan.

... Filant à toute vitesse vers l'ouest, à travers le chenal côtier, rapidement nous nous approchons des navires mouillés près de la pointe Barrow. Ils ont très certainement pour nous un courrier ; nous allons recevoir des nouvelles des êtres qui nous sont chers et cette pensée nous met à tous une joie infinie au cœur. Toujours des bancs et des flèches de sable qui forment en avant de la côte de longues et larges lagunes. A six heures et demie une épaisse brume masque toute vue. Encore une fois nous sommes obligés de nous amarrer à un glaçon. Une heure plus tard la nuée se lève ; maintenant nous apercevons cinq navires à l'ancre. Nous appareillons en quelques minutes. La brise souffle toujours du nord-est ; aussi l'avarie du moteur n'est-elle point une cause de retard.

A dix heures du soir, la pointe Barrow, le cap nord-ouest du continent américain, est doublée ; bientôt après nous mouillons à côté des autres navires ancrés derrière le promontoire. Ces bâtiments avaient, eux aussi, aperçu la *Gjöa*. Avant que nous soyons ancrés, un canot amène à bord M. Einar Mikkelsen, le chef de l'expédition polaire anglo-américaine, monté sur la *Duchess of Bedford* : nos collègues attendent ici un vent favorable pour faire route vers l'est.

Nous rangeons la terre de très près, afin d'aller prendre notre mouillage à côté des autres bâtiments. Ces vaillants baleiniers nous font une réception enthousiaste. Pour saluer notre arrivée tous hissent leurs pavillons et font marcher sans interruption leurs bruyantes sirènes. C'est un vacarme assourdissant. Bientôt les capitaines du *Harold Dollars*, le tender de la flotte baleinière, et de la goélette *Montrey* viennent nous féliciter. Le *Harold Dollars* est ici depuis de longues semaines ; ses officiers ont abandonné l'espoir de pouvoir pousser vers l'est et de parvenir à l'île Herschel. Le *Montrey* est un des deux navires qui, l'an dernier, ont échappé à l'étreinte des glaces. Son équipage est occupé à la chasse à la baleine dans les parages de la pointe Barrow. Bientôt après, une chaloupe à vapeur de la *Thétis*, navire des douanes américaines, amène de nouveaux visiteurs. Plus tard je vais à bord de ce navire chercher le courrier. Quel n'est pas mon étonnement d'y trouver le capitaine Mogg, mon ancien compagnon de voyage à travers l'Alaska, qui sert en qualité de pilote des glaces ! On me remet un ballot de lettres, des caisses de pommes et de cigares. Cette nuit-là personne ne dormit beaucoup à bord de la *Gjöa*. Chacun voulut lire son courrier : à tous il n'apportait que d'excellentes nouvelles.

Dès le lendemain nous travaillons à remettre en état la corne. Avec quatre pièces de bois achetées au capitaine du tender, l'avarie est bientôt réparée ; mais la nouvelle pièce est si lourde que notre « petit cheval » a tout juste la force de la hisser. En outre, je fais au magasin l'acquisition de fruits, de cigares et de conserves américaines pour nous régaler pendant la fin de notre voyage. Sur ces entrefaites une lourde plaque de glace pénètre dans le mouillage et vient donner contre nos chaînes. Quoi qu'il en soit, nous réussissons, à relever l'ancre et à appareiller. Grand est notre étonnement d'apercevoir d'autres navires faisant, comme nous, route dans l'ouest. Ce sont le *Threasure* et le *Karluk* qui arrivent de l'île Herschel.

A onze heures du soir nous rangeons la *Thétis*. Fidèles à nos habitudes de politesse, nous abaissons notre pavillon en passant devant ce bâtiment, mais son capitaine n'a pas les mêmes idées que nous en matière de courtoisie et ne répond pas à notre salut.

... La brise souffle toujours du nord-est, mais très faible. Parfois cependant arrivent quelques grains accompagnés de pluie. Devant le cap Belcher, rangé les dernières glaces. A la suite de nos dernières rencontres avec la banquise, je m'attendais à ce que le navire fît un peu plus d'eau qu'auparavant. Cette crainte n'est heureusement pas fondée. Combien solide est notre petite *Gjöa ;* elle est de force à soutenir les chocs les plus formidables !

Le 24 août pour la première fois, calme plat. Aussi tout le monde maugrée contre le « tourne-broche » invalide et les plaisanteries tombent dru sur les mécaniciens. Dans ces parages nous apercevons plusieurs morses, mais aucun troupeau nombreux. Depuis le Groenland nous n'avions vu aucun de ces animaux.

De jour en jour la température s'élève. Quelle que soit l'ardeur qui anime un explorateur polaire, il éprouve la plus agréable sensation à ressentir une douce chaleur. De temps à autre nous rencontrons des oiseaux de mer que nous n'avions pas observés depuis longtemps, notamment des guillemots. Tout indique l'approche des régions tempérées.

Le 30 août 1906, à onze heures du matin, le cap Prince of Wales qui marque l'entrée orientale du détroit de Béring est en vue. La nappe de brume qui coiffe son sommet nous empêche de reconnaître la position du véritable cap. De ce promontoire s'étend vers le nord, sur une distance de vingt-cinq milles, un étroit banc de sable, entouré d'eaux très profondes, de telle sorte que la sonde ne peut révéler son approche. Si nous ne tombons pas juste, nous risquons d'être entraînés entre la côte et le banc, et de nous trouver dans une position très critique, d'autant que le temps est mauvais. La mer est très haute, les grains succèdent aux grains, secouant effroyablement la *Gjöa*. De crainte d'accident, nous prenons le large, dès que la terre vient en vue.

A une heure de l'après-midi, dans une éclaircie, je relève le Fairway Rock, un rocher de forme bizarre dressé à pic au-dessus de la mer et qui jalonne la route ; ce point dépassé, nous poursuivons notre course vers l'ouest, exempts de tout souci. Un peu plus loin, pendant quelques instants, les îles Diomède sont en vue. Rocheuses et dénudées, elles n'ont pas précisément un aspect attrayant ; quoi qu'il en soit, elles sont occupées par une tribu esquimaude, en relations suivies avec les baleiniers. Bien que ces îles ne renferment pas de mouillage, les navires y relâchent toujours pour se livrer au commerce de troc avec leurs habitants et faire parmi eux quelques recrues pour leurs équipages. Ces Esquimaux sont, paraît-il, de véritables loups de mer et ils rendent les meilleurs services à ceux qui les emploient.

Preuve nouvelle de la valeur ethnique des Esquimaux qui méritent mieux que leur réputation.

... Donc le passage du Nord-Ouest est achevé ! Pour la première fois un navire parti de l'Atlantique a réussi à gagner la mer de Béring, en doublant par le nord le continent américain. Nous célébrons cet heureux succès en vidant une bouteille. Je voulais organiser une petite fête en l'honneur de ce mémorable événement ; mais pour cela le temps est trop mauvais ; le vent souffle en tempête, nous devons donc nous borner à nous porter réciproquement des toasts. Impossible même de hisser le pavillon ; le vent l'eût mis en pièces !

Mon espoir d'arriver au cap York avant la chute du jour pour y passer la nuit est déçu. A dix milles de ce promontoire l'obscurité nous surprend ; nous restons à la cape, avec deux ris à la grand-voile. A l'aube, lorsque nous nous remettons en route, la corne casse de nouveau. L'accident a été déterminé par le poids même de cette pièce, singulièrement alourdie depuis sa réparation à la pointe Barrow. Dans ces conditions je prends le parti d'aller relâcher à Nome. Tout d'abord mon intention était de ne pas nous arrêter dans cette ville ; notre avarie m'oblige à revenir sur ma décision. Les habitants de cette cité boréale m'ont d'ailleurs envoyé à la pointe Barrow une lettre m'invitant en termes pressants à leur rendre visite. Donc le cap est mis immédiatement sur Nome.

... Nous passons entre l'île Sledge et le continent. Avec les voiles réduites que porte maintenant la *Gjöa*, la marche devient très lente ; dans l'après-midi le vent mollit et ne devient plus qu'un faible souffle. Je fais alors appel à l'ingéniosité de Lund pour établir une installation de fortune. Une très heureuse idée ; bientôt, en effet, notre camarade parvient à hisser la grand-voile et tout de suite notre vitesse augmente.

... Les maisons de Nome sont visibles. Que la brise se maintienne encore pendant une heure, et nous atteindrons le but. Mais le destin en a décidé autrement, il fait maintenant calme plat. De la ville on doit nous apercevoir, aussi bien hissons-nous les couleurs. Une bouffée de vent nous rapproche de la côte ; elle ne se maintient pas malheureusement. La ville s'illumine progressivement ; rudement ennuyeuse notre situation ! Soudain une chaloupe à vapeur émerge de l'obscurité ; des coups de sifflet, des cris, des applaudissements retentissent, toutes les manifestations bruyantes de la joie américaine.

L'embarcation porte la bannière étoilée et le pavillon norvégien ; on nous a donc reconnus.

La réception que nous font les habitants de Nome est particulièrement cordiale ; elle demeurera un des meilleurs souvenirs que nous ont laissés les ovations de notre voyage de retour.

Nome n'a ni rade, ni port. Nous demeurons donc ancrés au large, parés pour l'appareillage à la première alerte. Une fois la *Gjöa* mouillée, le lieutenant Hansen et moi embarquons dans la chaloupe avec l'aimable société venue au-devant de nous. Un jet de lumière électrique dardé sur l'embarcation nous aveugle, si bien que je ne sais comment je débarque. Des hourrahs retentissent autour de nous, puis au milieu de ces acclamations perce une douce harmonie ; elle me pénètre jusqu'au plus profond de moi-même et me fait monter les larmes aux yeux : c'est notre chant national, l'hymne à la Norvège, que nous n'avions pas entendu depuis si longtemps. Et nos lèvres murmurent la phrase qui résume nos pensées et dirige notre vie : *Tout pour notre chère patrie !*

Roald Amundsen

AU PÔLE SUD

Roald Amundsen
1872-1928

En 1911, quand il lance son raid vers le pôle Sud, Roald Amundsen est déjà un explorateur polaire accompli : c'est lui qui a ouvert le fameux passage du Nord-Ouest que tant de navigateurs avaient cherché à franchir depuis quatre siècles ! Le récit de cet exploit figure dans cet ouvrage sous le titre *De l'Atlantique au Pacifique par les glaces arctiques*. Sur le continent Antarctique comme à travers la banquise Arctique, le Norvégien va réussir, parce que lui et ses compagnons ont derrière eux des années d'expérience et d'entraînement. C'est la raison pour laquelle cette expédition au pôle Sud apparaît comme une fantastique randonnée de deux mois plus que comme un assaut héroïque ! Mais qu'on ne s'y trompe pas : ces skieurs et conducteurs émérites de traîneaux à chiens frôlent chaque jour la mort. Ils se protègent des traîtrises du froid, échappent aux crevasses et aux pentes gelées. Et Roald Amundsen évoque ce quotidien hallucinant en toute simplicité, avec un humour constant, parfois enrichi de philosophie quand ce n'est de poésie.

Parmi les autres grands souvenirs laissés par Roald Amundsen comptent ses diverses tentatives d'atteindre le pôle Nord en avion, et surtout son raid en dirigeable du Spitzberg à l'Alaska via le pôle Nord en 1926. Rappelons que l'explorateur est mort en héros. En 1928, l'Italien Nobile ayant été porté disparu en Arctique, Amundsen prit part aux recherches en embarquant dans un hydravion français : le fameux *Latham-20* piloté par Guilbaud. Eux aussi s'abîmèrent au large...

« La déesse du succès est femme ;
elle veut être conquise et non pas courtisée.
Il faut vous en emparer et l'emporter comme une proie,
au lieu de jouer de la mandoline sous sa fenêtre ! »

Rex Beach.

A mes vaillants compagnons d'armes
dans la conquête du Pôle Sud.

Uranienborg, 15 août 1912

Roald AMUNDSEN.

Introduction

Lorsqu'un explorateur rentre vainqueur dans son pays, tout le monde est fier de son succès, fier pour la patrie, fier pour l'humanité, et c'est à qui l'acclamera le plus chaleureusement.

Combien parmi les coryphées de la victoire ont apporté leur concours au chef de l'expédition lorsque, avant le départ, il se trouvait aux prises avec de graves soucis et qu'il avait besoin d'appuis dévoués ! En ce temps-là, était-il question d'être le premier à se presser autour de lui ? Non, presque toujours l'explorateur s'est trouvé alors réduit à ses seules forces. Que de fois les plus grosses difficultés qu'un voyageur ait eu à vaincre se sont rencontrées avant qu'il se soit lancé dans l'inconnu ! Il en a été ainsi pour Christophe Colomb et plus d'une fois depuis.

Non seulement ce fut également le cas pour Roald Amundsen, en 1903, lorsqu'il partit à la découverte du Pôle magnétique et à la recherche du passage du Nord-Ouest, mais encore, en 1910, quand il prit la mer avec le projet d'accomplir une dérive à travers le bassin polaire. Que de préoccupations, que d'angoisses auraient été épargnées à ce vaillant si ceux qui avaient les moyens de lui faciliter l'exécution de son projet avaient mieux apprécié la valeur de l'homme ! Et pourtant, Amundsen avait déjà donné la preuve de ce qu'il était capable de faire. Le programme de sa première expédition, il l'avait intégralement rempli, et toujours n'avait-il pas réussi à atteindre le but qu'il s'était fixé ? Sur la *Gjöa*, une coquille de noix de 47 tonnes, cet homme énergique s'était lancé à travers l'immensité de l'océan Arctique, avait doublé le continent américain par le Nord et accompli une navigation vainement tentée par tant d'autres depuis quatre siècles.

Alors qu'il n'hésitait pas à risquer sa vie et sa réputation, n'eût-il pas été naturel que nous nous montrions fiers de prêter notre concours à un homme de cette trempe ?

En fut-il ainsi ? Pendant longtemps, il se dépensa pour arriver à compléter l'armement de l'expédition. En dehors du petit groupe qui, toujours et de toutes ses forces, soutint Amundsen, nul ne lui témoigna grand intérêt. Bien qu'il eût consacré à son œuvre toutes ses ressources, l'argent manquait, et il partit écrasé de dettes et de préoccupations.

Comme la première fois, tranquillement, sans bruit, Amundsen appareilla par une radieuse nuit d'été, puis un beau jour, au début de l'automne, une lettre arriva. N'ayant pu obtenir de son pays la somme nécessaire à son expédition projetée vers le Pôle Nord, Amundsen se dirigeait d'abord vers le Pôle Sud.

Devant tant d'audace, les gens demeurèrent interdits. Pour se rendre au Pôle Nord passer par le Pôle Sud ! Apporter à son programme une modification aussi extraordinaire, sans crier gare ! Quelques-uns trouvèrent l'idée admirable ; d'autres estimèrent l'entreprise hasardeuse ; d'autres, enfin, en plus grand nombre, crièrent au scandale ; il y en eut même qui demandèrent qu'on l'empêchât de continuer sa route. Mais rien de tout cela ne parvint jusqu'à lui ; il avait mis le cap dans la direction qu'il avait choisie, sans se préoccuper du qu'en-dira-t-on. Puis chacun revint à ses affaires, et tout tomba dans le grand oubli.

Des semaines et des semaines, les brumes nous enveloppèrent, ces brumes si utiles aux petits esprits, et qui noient tout ce qui est grand. Soudain, par un jour de printemps, un rayon de soleil illumine la panne de nuages gris. Une nouvelle vient d'arriver. Les gens s'arrêtent et lèvent la tête. Au-dessus d'eux, dans une auréole de gloire, resplendit un grand exploit, et un homme s'élève comme une apparition miraculeuse. Dans l'âme de tout un peuple passe un frisson de joie, et le pavillon national claque fièrement au vent.

Pourquoi cette allégresse ? Est-ce parce que des découvertes géographiques ont été faites et d'importants résultats scientifiques obtenus ? Non, de tels événements ne préoccupent que quelques spécialistes. Le monde entier éclate en acclamations, tout simplement parce qu'un grand événement dont chacun peut mesurer l'ampleur s'est produit. Une victoire a été remportée par l'intelligence et par la force de l'homme sur les forces aveugles de la nature. Un exploit a été accompli, qui élève la communauté humaine au-dessus de la monotonie grise de la vie habituelle ; pour la première fois, l'homme a entrevu des terres interdites, un monde de plateaux et de monts couverts de glaces millénaires donnant la vision des époques glaciaires abolies : la vie a vaincu le royaume rigide du froid.

C'est le triomphe d'une volonté d'un homme au dessein immuable qui a poursuivi son but, à travers les glaces, les tempêtes de neige et la mort. Et cette victoire a été obtenue, non pas grâce au concours des grandes inventions modernes, mais à l'aide de moyens empruntés aux primitifs nomades qui, il y a des milliers d'années, sillonnèrent les neiges de la Sibérie et de l'Europe septentrionale, et qui furent adaptés par une intelligence supérieure. Le génie de l'homme a été l'artisan de cette conquête.

A part les découvertes et les inventions dues à des explorateurs antérieurs qui ont préparé le succès, l'œuvre entière est le produit de la culture norvégienne des temps anciens et des temps modernes. La vie hivernale du Norvégien, sa pratique constante du *ski* et du traîneau, les rudes navigations de nos marins dans l'océan Glacial, les exploits de nos explorateurs dans l'Arctique, enfin l'emploi d'attelages de chiens emprunté aux races primitives, ont été les éléments de succès entre les mains du vainqueur.

Par cet homme toutes les difficultés avaient été prévues et toutes les dispositions prises à l'avance pour les vaincre ; aussi bien, devant lui, la route s'ouvre relativement aisée. D'autres peuvent parler de chance. Lui, Amundsen, ne doit son succès qu'à sa force et à sa prévoyance.

Comme il est bien de lui et en harmonie avec le caractère de son expédition le télégramme annonçant sa conquête, très simple, comme s'il se fût agi d'une promenade dans les montagnes ! Il relate les résultats, sans mentionner les difficultés qu'ils ont coûtées. La phrase garde toujours l'accent de la virilité ; viril, en effet, a dû être le vainqueur.

Il est prématuré de juger l'importance des découvertes effectuées. Toutefois, dès maintenant, l'épaisse brume qui s'appesantissait sur cette partie de la Terre s'est suffisamment dissipée pour que les lignes générales puissent être discernées. Ce légendaire monde de glace si différent de tous les autres pays commence à surgir des nuages.

A travers ce pays blanc, Amundsen s'est frayé une route. Du commencement à la fin du voyage, sa petite escouade a franchi sur ses *ski* des régions jusque-là complètement inconnues ; d'aussi vastes espaces vierges de pas humains, peu de voyageurs en ont parcouru autant. On croyait que notre compatriote suivrait le glacier de Beardmore et que, par cette route, découverte par Shackleton, il rejoindrait le plateau glacé sur lequel est situé le Pôle. Cette voie, d'avance, lui promettait le succès. Connaissant le caractère d'Amundsen, nous pensions que, par cela seul que cet itinéraire avait déjà été en partie frayé, il l'éviterait. Notre hypothèse était exacte. Sa route ne touche celle des expéditions anglaises en aucun point, sauf près du Pôle lui-même.

D'autant plus considérable est le gain scientifique. Dans un an, lorsque les observations du commandant Scott seront connues, les résultats obtenus par Amundsen acquerront un intérêt encore plus grand, du fait que deux itinéraires auront été tracés dans cette région. Cette marche simultanée vers le Pôle de deux expéditions parties de points différents est pour la science un événement particulièrement fécond. La zone explorée se trouve par cela même beaucoup plus considérable, les découvertes plus nombreuses et la valeur des observations doublée.

Prenons par exemple les conditions météorologiques : des observations prises dans une localité présentent par elles-mêmes un intérêt ; mais si, dans une seconde localité voisine, des observations ont été exécutées simultanément, les deux séries réunies revêtent une importance considérable, en ce qu'elles permettent l'étude des mouvements de l'atmosphère. L'expédition de Scott sera certainement très fructueuse ; elle aussi bénéficiera du fait que ses résultats pourront être comparés à ceux de la mission norvégienne.

La victoire d'Amundsen a été complétée par l'exploration du lieutenant Presterud à la Terre du Roi-Edouard VII, découverte par Scott en 1902. Cette terre semble reliée aux masses continentales et aux puissantes chaînes de montagnes découvertes par notre héros dans le voisinage du Pôle. Ainsi, de nouveaux problèmes se posent à la sagacité des explorateurs.

Non moins magistralement conduites que l'exploration des déserts glacés du Pôle ont été les longues et laborieuses navigations accomplies par le *Fram* dans l'Antarctique. Deux fois, avec une admirable habileté, le capitaine Nilsen et ses hommes ont effectué, aller et retour, le voyage des côtes d'Amérique à l'Antarctique. Le vaillant équipage a triomphé des tempêtes et des glaces sur des mers que des marins expérimentés avaient estimées trop dangereuses pour le *Fram*. Et ces deux voyages ont été accomplis avec la régularité de marche d'un paquebot. Colin Archer, l'habile constructeur du *Fram*, a lieu d'être fier de son enfant. Aucun autre navire ne s'est approché aussi près des deux Pôles. En outre, le capitaine Nilsen et ses collaborateurs ont, au cours de leurs navigations, effectué des recherches, dont l'intérêt scientifique peut être comparé à celui de l'œuvre accomplie par leurs camarades dans les glaces du Pôle.

Pendant qu'Amundsen et ses compagnons hivernaient dans l'Antarctique, le *Fram* explorait l'océan entre l'Amérique du Sud et l'Afrique. En soixante localités au moins de ces mers peu connues, jusqu'à une profondeur de 1 000 mètres et plus, les températures de la mer ont été observées et des échantillons d'eau et du plancton recueillis. L'expédition a relevé les deux premières coupes bathymétriques qui aient été faites dans l'Atlantique austral et révélé à la science de vastes régions inconnues des profondeurs océaniques. Les coupes effectuées par le *Fram* sont les plus longues et les plus complètes qui aient été exécutées dans n'importe quelle partie de l'océan.

Les hommes qui ont accompli de si grandes choses n'auraient-ils pas droit au repos ?

Non, répond Amundsen. « Notre œuvre dans l'Antarctique est close, dit-il ; maintenant, songeons au véritable but de l'expédition. » Et l'année prochaine, par le détroit de Behring, il se dirigera vers les banquises pour se laisser entraîner par la lente dérive des eaux à travers le bassin polaire arctique, pendant cinq ans au moins. Une pareille entreprise semble surhumaine, et pourtant il l'accomplira.

« En avant ! » *(Fram)* est le nom de son navire ; « En avant ! » est sa devise, et toujours il va de l'avant.

La partie capitale de son programme, celle qu'il entreprendra prochainement, il l'exécutera avec la même maîtrise que celle qu'il vient de terminer. En attendant, soyons fiers des résultats déjà acquis.

Maintenant, nous allons suivre la petite caravane dans sa marche vers le Sud à travers le blanc infini. Derrière elle, elle laisse un long sillon tracé par ses traîneaux sur la neige. De son souffle inépuisable, le vent frôle ces traces, et bientôt il les aura effacées.

Mais une voie nouvelle demeure ouverte à la science, et son domaine s'est agrandi. La lumière projetée par l'œuvre ne s'éteindra donc jamais.

Lysaker, 3 mai 1912.

Fridtjof NANSEN.

1

Plan et préparatifs de l'expédition

MOTIFS DU CHANGEMENT DE FRONT DE L'EXPÉDITION — LE LIEUTENANT THV NILSEN — PROGRAMME DE L'EXPÉDITION — AVANTAGES DE LA BAIE DES BALEINES COMME BASE D'OPÉRATIONS

Depuis plusieurs années, je préparais une expédition dans le bassin arctique. Avec le *Fram*, je me proposais d'entreprendre une nouvelle dérive à travers l'océan Glacial, en partant du détroit de Behring. Explorer le grand blanc qui occupe encore la majeure partie de la calotte polaire boréale et compléter l'œuvre de Nansen, tel était mon dessein. Les préparatifs étaient très avancés, la date même du départ fixée au début de l'été 1910, lorsque soudain se répandit la nouvelle de l'arrivée de Peary au Pôle Nord. Sur-le-champ je compris que l'avenir de mon projet était menacé. Seule une décision rapide pouvait le sauver ; aussi, immédiatement, je résolus de changer mes batteries et de faire volte-face vers le Sud.

J'avais, il est vrai, annoncé que mon exploration garderait un caractère exclusivement scientifique et ne se préoccuperait point d'établir un record ; d'autre part, les souscripteurs de l'expédition ne m'avaient apporté leur contribution que sur la foi d'un programme précis relatif à l'Arctique. En raison du fait nouveau, comme du peu de chances qui me restaient de pouvoir réaliser mon projet primitif, je jugeai que, sans manquer de loyauté envers les donateurs, je pouvais tenter une entreprise qui, en cas de succès, remettrait immédiatement l'affaire sur pied.

Ce fut donc avec une conscience très calme que je décidai de retarder l'exécution de mon plan primitif d'un an ou deux, afin d'essayer de réunir dans l'intervalle les fonds qui me faisaient défaut. Le Pôle Nord était atteint ; le plus important des problèmes arctiques, aux yeux du grand public, se trouvait résolu. Pour éveiller l'intérêt de la foule en faveur de mon voyage dans le Nord, il ne me restait d'autre ressource que de frapper un grand coup en m'attaquant au Pôle Sud.

On m'a reproché de n'avoir pas rendu public mon nouveau programme, ni averti de mon changement de front mes souscripteurs et les explorateurs qui organisaient des expéditions dans la même région. J'avais envisagé l'éventualité de ces griefs, et seulement après avoir soigneusement examiné le pour et le contre de la question, je me décidai au silence. Mes souscripteurs avaient en moi une confiance absolue et approuveraient tous mes actes, j'en étais certain d'avance. Depuis, d'innombrables preuves m'ont montré que je ne m'étais pas trompé. A l'égard des expéditions antarctiques, en préparation à cette époque, je n'éprouvai non plus aucun scrupule. J'avais l'intention de mettre le commandant Scott au courant de mes plans avant son départ des régions civilisées ; par conséquent, il n'y avait pas grand intérêt à ce qu'il fût averti un peu plus tôt ou un peu plus tard. Le programme de l'expédition anglaise différait complètement du mien ; je considérai donc mon télégramme au commandant Scott pour l'informer de mes projets plutôt comme une marque de courtoisie que comme une communication pouvant le déterminer à changer les arrangements qu'il avait pris. L'expédition anglaise avait été organisée uniquement en vue de recherches scientifiques. Le Pôle n'était pour elle qu'un hors-d'œuvre, tandis qu'il constituait mon principal objectif.

L'équipement des deux expéditions était également complètement différent ; aussi je me demande si le commandant Scott, avec sa grande expérience de l'Antarctique, eût consenti à modifier son armement et à adopter les moyens d'action dont j'avais fait choix, moi novice dans l'exploration australe.

Quant au lieutenant japonais Chirazé, j'avais compris qu'il projetait uniquement une exploration de la Terre du Roi-Edouard VII.

Si à l'avance j'avais fait connaître mes intentions, cette publication aurait eu pour unique résultat d'interminables polémiques de presse ; peut-être même eût-elle amené l'échec de mon projet. Donc, tout fut préparé dans le silence. Mon frère, sur la discrétion duquel je pouvais aveuglément compter, fut seul mis au courant de ma nouvelle résolution.

Un peu plus tard, je confiai mon secret à mon second, le lieu-

L'habitation du capitaine Amundsen sur les bords du Bundefjord, près de Christiania.

Amundsen

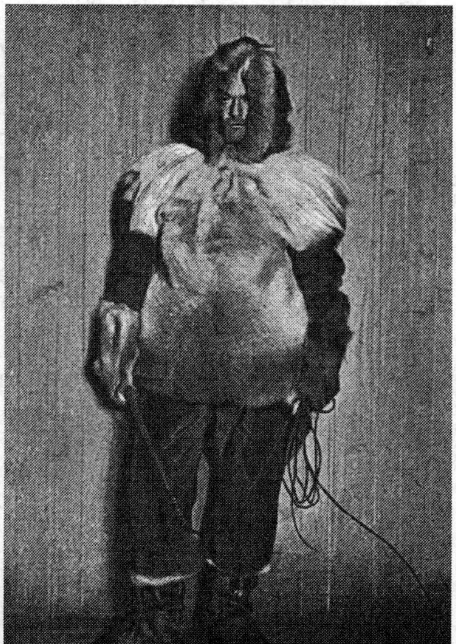

Presterud

en costume polaire.

tenant Thorvald Nilsen. L'accueil qu'il fit à ma communication me prouva que j'avais fait un heureux choix en le prenant comme principal collaborateur et que j'avais en lui un ami sûr et fidèle. Un point de la plus haute importance pour l'avenir ! Si, en effet, les relations sont cordiales entre le commandant et le second, la vie à bord devient singulièrement plus agréable. De plus, la bonne entente des deux officiers supérieurs est un salutaire exemple pour tous. Aussi grande fut ma satisfaction lorsque le capitaine Nilsen vint, en janvier 1910, me prêter son concours pour l'armement. Avec une ardeur et un dévouement auxquels je ne saurais trop rendre hommage, il s'adonna dès lors tout entier à cette lourde tâche.

Voici maintenant le nouveau programme de l'expédition : Départ de Norvège avant le 15 août au plus tard. Madère sera notre première et unique escale. De là, prenant la route des voiliers — car le *Fram* ne peut guère être considéré autrement —, nous irons d'abord au Sud, à travers l'Atlantique ; puis nous nous dirigerons dans l'Est, en passant en dessous du cap de Bonne-Espérance et de l'Australasie, pour entrer dans la mer de Ross vers le 1er janvier 1911.

Comme base d'opérations, j'ai choisi la baie des Baleines, le point le plus méridional qu'un navire puisse atteindre sur les bords de la Grande Barrière. Nous espérons être rendus à destination le 15 janvier environ. Dix hommes s'installeront sur ce glacier avec deux ans de vivres dans une maison dont nous apporterons les matériaux de construction. Le débarquement opéré, le *Fram* reprendra la mer et gagnera Buenos Aires. De ce port comme point de départ il accomplira ensuite une campagne océanographique dans l'Atlantique Sud, jusqu'à la côte d'Afrique. Cette croisière terminée en octobre 1911, le navire reviendra à la baie des Baleines embarquer l'expédition.

Je ne connaissais la Barrière de Ross que par les livres, mais je l'avais étudiée si attentivement que, lorsque pour la première fois je me trouvai en présence de cette imposante masse de glace, j'eus l'impression de l'avoir déjà parcourue.

Plusieurs raisons déterminèrent ma décision dans le choix de la baie des Baleines comme base d'opérations. D'abord, en nul autre point un navire ne peut arriver aussi loin dans le Sud ; cette baie se trouve à un degré de latitude plus près du Pôle que le Mac Murdo Sound, où Scott devait établir ses quartiers. La marche vers le Sud se trouvera donc raccourcie d'autant.

D'autre part, cette localité est située sur le bord même de la Grande Barrière ; par suite, avant de commencer l'exploration, nous n'aurions pas, comme les expéditions anglaises qui ont hiverné dans le Mac Murdo Sound, à entreprendre de longues étapes sur la banquise avant d'attaquer le glacier. De la porte même de notre habitation, nous pourrions embrasser notre champ d'action. En troisième lieu, j'avais lieu de croire qu'au sud de la baie des Baleines, en raison de l'éloignement de toute terre, la Barrière serait incomparablement moins tourmentée que sa lisière occidentale, où de hautes montagnes gênent l'expansion de la glace. De plus, d'après toutes les relations de voyages antérieurs, cette baie grouillait de phoques et de pingouins ; nous pourrions donc y trouver la viande fraîche nécessaire à notre alimentation et à celle de notre meute. En outre, comme station d'hivernage, la Barrière offrait une situation particulièrement favorable à l'étude des phénomènes météorologiques et glaciaires. De ce poste, il serait facile d'observer l'écoulement de cette énorme masse de glace, son alimentation et son vêlage[1]. Enfin, cette baie offrait l'immense avantage d'un accès relativement facile.

Je n'ignorais pas que mon projet d'établissement sur la Barrière même soulèverait de vives critiques. Pour le moins il serait qualifié de téméraire. Suivant l'opinion généralement admise, cette nappe de glace ne flottait-elle pas dans cette région comme d'ailleurs en plusieurs autres ? Même les explorateurs qui l'avaient examinée partageaient cette manière de voir. La description de la baie des Baleines publiée par Shackleton n'était guère rassurante. Avant son passage, de larges fragments s'étaient détachés du glacier, écrit-il ; aussi remerciait-il Dieu de ne s'être point installé dans ces parages dangereux. Malgré ma profonde admiration pour Shackleton, je n'hésite pas à penser que sa décision fut alors trop rapide — heureusement pour moi ! Lorsque, le 24 janvier 1908, l'éminent explorateur passa devant cette baie, la banquise qui la recouvrait se disloquait et partait à la dérive ; eût-il attendu quelques heures, deux jours au plus, selon toute vraisemblance, le Pôle Sud eût été conquis avant décembre 1911. Pendant cette relâche, Shackleton aurait promptement reconnu que, dans cette région, le front de la

1. On dit qu'un glacier vêle lorsque son extrémité inférieure, baignée par la mer, se rompt en donnant naissance à des glaces flottantes. *(N. d. T.)*

Grande Barrière ne flotte pas, mais repose sur le sol, probablement sur des rochers, des îlots ou des bancs ; après cette constatation, il n'aurait plus hésité à s'installer sur ce point. Nul doute alors qu'avec ses valeureux compagnons il ne soit, l'été suivant, parvenu au Pôle. Les circonstances en disposèrent autrement, et le voile qui recouvrait le Sud mystérieux fut simplement soulevé.

Une étude approfondie m'a convaincu que la baie des Baleines n'est autre qu'un golfe découvert par sir James Clark Ross. Si, depuis soixante-dix ans, sa configuration a subi de profonds changements, dès 1841, cette baie existait déjà. Ce n'est donc pas une formation accidentelle due aux hasards du vêlage, mais un trait permanent de la ligne de côte. Par suite, je n'avais aucune inquiétude en choisissant pour l'établissement de mes quartiers d'hiver la partie de la Barrière riveraine de cette baie.

Une fois notre maisonnette construite et les approvisionnements mis à terre, le groupe débarqué irait placer une série de dépôts de vivres aussi loin que possible dans le Sud. J'espérais transporter pendant l'automne une très grande quantité de provisions jusqu'au 80° de latitude sud, de telle sorte que la « cache » laissé en ce point devînt la base de nos opérations ultérieures vers le Pôle. Comme nous le verrons, cet espoir fut réalisé, et même au-delà. Ces transports achevés, nous aurions alors à nous mettre en mesure de résister aux terribles froids et aux redoutables tempêtes de l'hiver antarctique, dont les relations antérieures ont fait une description si émouvante.

Il me fallait avant tout des hommes endurcis au froid et ayant la pratique des attelages de chiens ; je pressentais que cette condition aurait une influence décisive sur le résultat final.

L'hivernage serait consacré à la mise au point de notre équipement ; le succès de l'entreprise dépendait pour une part du degré de perfection de l'outillage. En automne, nous nous emploierions à chasser le phoque dans le dessein de constituer un approvisionnement de viande fraîche suffisant pour nous et nos chiens. En vue de prévenir le scorbut, ce redoutable ennemi des expéditions polaires, il avait été décidé que tous les jours nous mangerions du phoque. La préférence que mes compagnons donnèrent unanimement à cette chair rendit aisée l'observation de cette règle. J'espérais donc qu'au printemps nous serions frais et dispos, et en possession de moyens d'action ne laissant rien à désirer.

Mon projet était de partir pour le Pôle très tôt, afin d'arriver bons premiers. Tout devait être combiné pour nous assurer la victoire. Dès que fut prise ma résolution d'attaquer ce redoutable problème, je décidai de faire route droit au Sud, en suivant autant que possible le méridien de la baie des Baleines jusqu'au Pôle. Cet itinéraire nous amènerait à travers des régions jusque-là entièrement inconnues ; par suite, outre l'établissement d'un record, nous obtiendrions des résultats scientifiques intéressants. A mon retour, grand fut mon étonnement ; quelques personnes, paraît-il, croyaient que de notre station d'hivernage nous nous étions dirigés vers le glacier de Beardmore, c'est-à-dire vers la route de Shackleton et que nous l'avions suivie jusqu'au bout. Lors de l'établissement de mon plan de campagne, jamais je n'avais envisagé cette éventualité. Scott n'avait-il pas annoncé qu'il suivrait cet itinéraire ? Jamais non plus, durant notre long séjour à Framheim, l'un de nous n'envisagea même cette possibilité. A nos yeux, la route de Scott était forclose.

Non, notre itinéraire à nous était droit au Sud, et nous étions décidés à n'abandonner le méridien de la baie des Baleines que si d'insurmontables difficultés nous y obligeaient. D'avance je prévoyais que ma conduite serait attaquée et que l'on m'accuserait de « rivalité mesquine » à l'égard des Anglais. Si j'avais eu l'intention d'emprunter la route du commandant Scott, en effet, j'aurais pu donner prise à la médisance. Mais tel n'a pas été le cas. Notre point de départ se trouve à environ 650 kilomètres dans l'est des quartiers d'hiver de l'expédition britannique établis dans le Mac Murdo Sound. On ne peut par suite nous reprocher d'avoir empiété sur sa sphère d'action. Avec son autorité et avec la clarté qui est le caractère distinctif de son talent, le professeur Fridtjof Nansen a fait justice de tous ces commérages ; il n'y a donc pas lieu de m'y arrêter davantage.

Tel fut élaboré dans ma petite maisonnette des bords du Bundefjord le programme que je viens d'exposer ; tel il fut accompli de point en point. La dernière phrase de mon projet prouve l'exactitude avec laquelle j'avais évalué le temps nécessaire à son exécution. « Nous serons de retour du Pôle le 25 janvier 1912 », écrivais-je ; or, ce fut ce jour même que nous rentrâmes à Framheim, après avoir conquis le but suprême.

L'observation.

Les tribordais, Hassel au gouvernail.

Bien d'autres fois également nos prévisions tombèrent juste. Sous ce rapport, le capitaine Nilsen était un véritable devin. Tandis que je me contentais de supputer les dates, lui n'hésitait pas à calculer les heures. Il avait annoncé pour le 15 janvier 1911 notre arrivée à la Barrière, située à environ 30 000 kilomètres de la Norvège ! Vingt-quatre heures avant cette date, nous parvenions au terme de cette navigation.

Un vote du Parlement norvégien m'accorda la disposition du *Fram* et un crédit de 105 000 francs pour les réparations et les transformations nécessaires.

Les vivres furent choisis avec la plus grande attention et emballés avec un soin méticuleux. Toute l'épicerie a été enfermée dans des doubles caisses en zinc et en bois. Une expédition polaire ne saurait apporter trop de soin au choix et à l'emballage de ses conserves. La plus petite faute commise par les fabricants entraîne comme conséquence fatale le scorbut. A ce point de vue, il est intéressant d'observer qu'aucune des quatre expéditions polaires norvégiennes — les trois voyages du *Fram* et celui de la *Gjöa* — n'a enregistré un seul cas de cette terrible maladie, preuve évidente du soin apporté à leurs approvisionnements.

Dans cet ordre d'idées, les expéditions norvégiennes ont contracté une dette de reconnaissance envers le professeur Sophus Torup, qui a contrôlé tous leurs vivres. Les usines de Stavanger et de Moss également méritent de grands éloges pour les soins consciencieux qu'elles ont apportés à la fabrication de nos conserves. Celle de Moss nous fournit un pemmican très bien préparé. Il différait de celui employé par les explorations antérieures en ce qu'à la viande séchée et au lard traditionnels on avait ajouté des légumes et de la farine d'avoine. Ce pemmican avait été présenté à l'examen du département de la Guerre de Norvège en remplacement des vivres de campagne pour l'armée. Les expériences n'étaient pas terminées au moment de notre départ ; suivant toute probabilité, leur résultat aura été satisfaisant. Il est, en effet, impossible de trouver un aliment plus nourrissant et plus appétissant.

Les chiens sont, eux aussi, exposés au scorbut ; il importait donc que le pemmican qui leur était destiné fût d'aussi bonne qualité que le nôtre. Notre fournisseur nous en livra de deux espèces, l'un au poisson, l'autre à la viande. Toutes deux, additionnées de lait en poudre et de farine, donnèrent d'excellents résultats ; pendant le voyage, les chiens furent constamment en excellente santé. Le pemmican était divisé en rations de 500 grammes.

Pour parvenir dans l'Antarctique, nous avions à effectuer une traversée de cinq mois. Durant ce long voyage, je nourris la meute de lard et de poisson sec. La provision de morue fournie par deux maisons de Tromsô était de première qualité, et nos animaux arrivèrent à la Barrière en parfait état.

Aussitôt ma décision prise de faire route vers le Sud, j'allai à Copenhague prendre les arrangements nécessaires pour me procurer les chiens groenlandais dont j'avais besoin. Grâce à l'amabilité de M. Rydberg, directeur de la Compagnie royale du Groenland, et de MM. Daugaard-Jensen et Bentzen, inspecteurs du Groenland, l'affaire fut rapidement conclue. Ces messieurs s'engagèrent à me livrer en Norvège, en juillet 1911, cent chiens de première qualité. Le recrutement des attelages ne pouvait être confié à des hommes plus compétents. Cette question résolue, je fus délivré d'un gros souci.

La différence primordiale entre l'expédition de Scott et la mienne réside dans les moyens de transport employés. Sa première exploration de la Barrière et le raid de Shackleton avaient convaincu le chef de la mission anglaise de la supériorité des poneys de Mandchourie sur les chiens. Dès le début, cette opinion me laissa sceptique et très certainement aussi tous ceux qui ont employé des attelages groenlandais. Plus tard, lorsque l'étude approfondie des relations des voyages antérieurs sur la Barrière m'eut donné une connaissance plus précise du terrain des opérations, j'acquis la conviction que ce glacier offre, au contraire, des conditions extrêmement favorables à l'emploi des chiens. Avec ces animaux, si Peary avait établi un record sur la banquise arctique, de vigoureuses équipes pourraient certainement battre ce record sur la surface admirablement unie de la Barrière. L'opinion des Anglais au sujet de l'usage des chiens eskimo dans les régions polaires doit provenir d'un malentendu. Peut-être les chiens employés n'ont-ils pas compris leur maître ou les maîtres n'ont-ils pas compris leurs chiens ? Dès le début, les relations entre le maître et ses attelages doivent être établies sur des bases rationnelles. Il importe de faire comprendre à ces animaux qu'ils doivent obéissance, et le maître doit s'en faire respecter. Une fois une stricte discipline établie, le chien est, à mon avis, pour les grands parcours, supérieur à toutes les bêtes de trait.

Un autre avantage très important, c'est la légèreté même de cet animal qui lui permet de traverser sans accident les fragiles ponts de neige au-dessus des nombreuses crevasses de la Barrière. Bien mieux, un chien tombe-t-il dans une fente, on le remonte à la surface, simplement en le tirant par son harnais, tandis qu'il n'en va pas de même avec un poney, en admettant que sa chute ne détermine pas la rupture des traits.

Enfin, autre avantage non moins à considérer, le chien peut être nourri avec les dépouilles de ses congénères. Nous pourrions ainsi réduire progressivement notre meute, en abattant les plus faibles pour alimenter les bêtes les plus vigoureuses. Pendant notre marche au Sud, nos attelages mangèrent de la viande de chien et du pemmican ; grâce à ce régime, ils accomplirent la plus splendide performance. Nous-mêmes, lorsque nous avions envie d'un filet, nous pouvions nous le procurer aisément.

Dans l'escalade du haut-plateau au milieu duquel est situé le Pôle, la supériorité des chiens est encore plus évidente. Ces animaux peuvent, en effet, gravir les énormes glaciers qui conduisent à cette plate-forme, alors que les poneys doivent être laissés en arrière, au pied même de ces cataractes de glace. Les explorateurs sont alors obligés de remplacer leurs chevaux et de prendre la bretelle des traîneaux, lorsque les trois quarts de la route restent à couvrir. Pour ma part, je préfère emmener des bêtes que l'on pourra utiliser sur tout le trajet.

Pour la meute, la plus délicate partie du voyage était la traversée de la Norvège à la Barrière. Si nous arrivions devant ce glacier avec notre nombreux chenil bien portant, nous aurions gagné une manche. Grâce au dévouement de mes compagnons, ce résultat fut atteint. Non seulement les attelages parvinrent sur notre champ d'opérations au complet, mais encore en bien meilleur état qu'au départ. Au cours du voyage, de nombreuses naissances accrurent notablement leur effectif, preuve de leur florissant état de santé pendant la traversée. Pour protéger nos passagers contre l'humidité et la chaleur, un appentis fut construit sur chaque bord, au-dessus du pont. Sous les tropiques, afin de les abriter du soleil, des tauds furent tendus d'un bout à l'autre du navire. Et dire que de bonnes âmes compatissantes ont protesté publiquement contre les sévices auxquels étaient soumis les chiens de l'expédition à bord ! En sus de nos compagnons à quatre pattes, nous emmenâmes un bipède, un serin, don d'un de nos amis. Dès qu'il fut installé à bord, il commença ses trilles ; jamais pour ainsi dire il ne les interrompit pendant les deux circumnavigations qu'il accomplit. Ce gentil petit oiseau détient le record polaire parmi la gent canari.

Plus tard, la ménagerie du *Fram* s'augmenta de porcs, de volailles, de moutons, de chats, voire même de rats. Oui, malheureusement, nous avons connu la société de ces rongeurs, les plus répugnants et les plus malfaisants des animaux. Mais nous leur avons déclaré la guerre, et il faudra qu'ils disparaissent avant que le *Fram* ne commence sa nouvelle exploration dans le bassin arctique. Sans notre permission, ils prirent passage à Buenos Aires. Si nous réussissons à les ensevelir dans leur pays natal, quelle chance !

Ne disposant que de modiques ressources, je dois réfléchir à deux fois avant d'engager la plus petite dépense. En raison de la très grande importance du vestiaire dans les explorations polaires, il est nécessaire qu'une expédition fournisse à ses membres un habillement complet. Si cette partie de l'équipement est abandonnée au choix individuel, tout sera, je le crains, en très mauvais état avant la fin du voyage. Il eût été certes beaucoup plus économique de donner à chaque homme la liste des vêtements qu'il devait emporter ; mais cette manière d'agir m'eût enlevé le droit de choisir les qualités.

Notre costume, s'il n'est pas précisément élégant, est chaud et solide, et c'est là l'essentiel. Le commissariat de l'arsenal d'Horten m'avait livré deux cents couvertures de laine. Ne vous les représentez pas blanches comme des lis, souples et légères comme un duvet, telles celles qui se trouvent exposées aux étalages. D'abord, après avoir servi à plusieurs générations de matelots, elles avaient acquis une couleur indéfinissable ; en second lieu, elles étaient raides et lourdes comme des feutres.

Mon premier soin fut de les faire passer à la teinture. Elles en sortirent d'un bleu d'outremer foncé. La métamorphose était complète et le passé entièrement effacé. Je me proposais d'employer ces couvertures à la confection de notre uniforme polaire. Aucun tailleur digne de ce nom n'aurait accepté s'il eût connu l'origine de ces tissus. Couper des pantalons et des vestons dans des couvertures, fi donc !

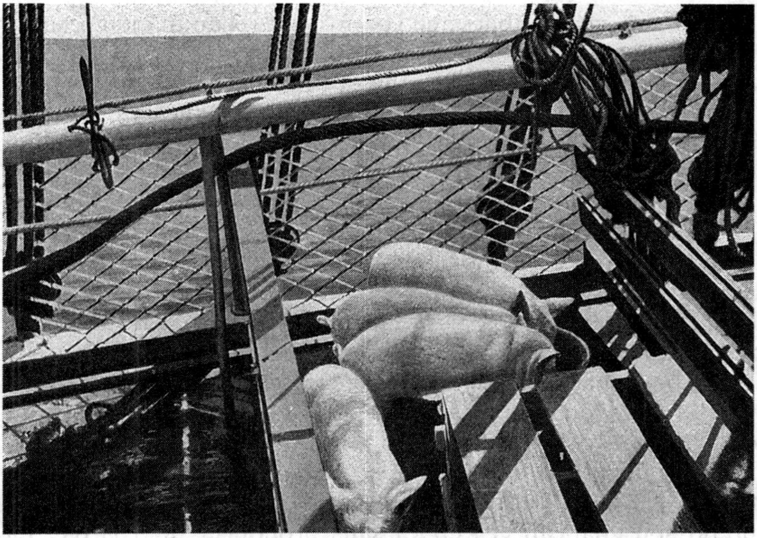

Notre garde-manger vivant, à bord.

La toilette des pensionnaires du bord.

Un ouvrier très habile, que l'on m'avait recommandé pour ce travail, passa un beau jour à mon bureau. Avec toutes ces pièces étalées de tous côtés, mon cabinet avait l'air d'un magasin de lainages. « Est-ce là l'étoffe en question ? » me demanda le tailleur. « Oui, répondis-je. Une étoffe importée, de première qualité, et avec cela d'un bon marché extraordinaire ! ajoutai-je. Pour une bouchée de pain j'ai acheté tout ce lot d'échantillons. » Je débitai ce boniment de l'air le plus innocent du monde. Malgré cela, mon homme me jeta un regard furtif de mauvais augure ; il trouvait, je présume, ces échantillons de bien grande taille. « Un tissu fameusement serré », dit-il en les regardant attentivement. « On dirait même qu'il est feutré. » Une à une, chaque pièce fut soigneusement palpée et examinée, une besogne longue et fastidieuse. Nous étions arrivés à la cent quatre-vingt-treizième, lorsque je fus dérangé par une visite. Donc, le tailleur continua seul l'examen ; tout à coup, il pousse un cri de colère pareil au mugissement d'un taureau furieux, prend son chapeau et s'en va sans prononcer une parole. La cause de cette brusque sortie ne fut pas longue à découvrir. Sous une pile j'avais oublié une couverture qui n'avait pas été passée à la teinture, et du coup mon homme avait été éclairé sur la nature véritable de mes tissus importés.

Après de longues recherches, je finis par trouver un tailleur qui consentît à exécuter le travail. Mon idée était excellente ; jamais vêtements ne furent ni plus chauds ni plus solides.

Il me parut également utile de remettre à chaque homme de bons cirés et de solides bottes de mer. En conséquence, je fis exécuter ces chaussures sur mesure et en cuir de très bonne qualité par une maison que j'avais toujours considérée comme la première dans cette spécialité. Hélas ! une profonde déception nous attendait. Le jour où nous essayâmes nos belles bottes, nous reconnûmes que la plupart étaient inutilisables ! Les unes étaient trop larges, les autres si étroites que l'on pouvait à peine y introduire le pied. Ces chaussures n'avaient pas été faites pour des habitants de cette planète. Heureusement mes compagnons avaient apporté celles dont ils avaient l'habitude de se servir. Ils connaissaient le proverbe : une paire de bottes qui va vaut mieux que dix paires qu'on ne peut mettre.

Pour la traversée des régions chaudes, chaque homme reçut trois jerseys de toile. Cette partie de l'équipement fut d'ailleurs laissée au choix de chacun ; de vieilles chemises, c'est tout ce qu'il faut sous les tropiques. Dans l'Antarctique, chaque homme aurait deux caleçons et deux gilets de laine très épaisse, deux jerseys en laine tricotés à la main, six paires de bas tricotés, des gilets en peau de chevreau, etc. Des magasins de l'armée l'expédition reçut en outre une quantité d'effets d'habillement de toutes sortes. Enfin chacun de nous était pourvu d'un costume complet en peau de phoque, fabriqué au Groenland.

Le magasin général renfermait une mercerie très abondamment achalandée, du fil, de la laine, des aiguilles de toutes tailles, des boutons, des ciseaux, des tresses, des extraforts, des rubans de coton. Rien n'avait été oublié : nous étions complètement fournis de tout ce qui était nécessaire à un atelier de couture bien monté.

L'installation des logements à bord retint tout particulièrement mon attention. Combien, dans un cadre agréable à l'œil, la vie est moins monotone et l'homme plus disposé au travail ! Pour mon compte, je puis faire le double de besogne lorsque l'ordre et la propreté règnent autour de moi. Les salons du *Fram* étaient fort bien installés. A la place d'honneur figuraient les photographies du roi Haakon et de la reine Maud, que Leurs Majestés avaient daigné nous donner. Aucun des nombreux cadeaux que nous avons reçus n'avait à nos yeux un plus grand prix. Avec une amabilité dont nous ne saurions leur être trop reconnaissants, les dames d'Horten se dépensèrent pour orner nos salons. Peut-être apprendront-elles avec plaisir qu'à l'étranger leur œuvre éveilla la plus vive admiration en même temps que le plus grand étonnement. A la vue de notre carré si coquet, les visiteurs ne manquaient jamais de s'écrier : « Est-ce possible ? sur un navire polaire ! Mais nous ne nous attendions à n'y trouver que des bancs de bois et des murs nus. » Quelques-uns prononcèrent même le mot de « boudoir ». Ah ! si les photographies de nos aimables donatrices qui ornaient le salon pouvaient leur répéter les éloges décernés à leur œuvre par tous ceux qui vinrent à bord !

Liberté absolue d'installer leurs cabines comme bon leur semblait avait été laissée à mes compagnons. Chacun d'eux avait ainsi la faculté d'emporter avec lui comme une bribe de son foyer. Les draps des couchettes fabriqués à l'arsenal maritime de Horten étaient de première qualité, comme toutes les fournitures de cet établissement. Une maison de Trondhjem nous offrit généreusement les couvertures ; souples et très chaudes, que de fois elles nous procurèrent un bien-être réconfortant après une dure journée sur la glace.

Je dois enfin mentionner notre papeterie. Elle réunissait le bon goût à l'élégance ; notre papier à lettres, timbré d'une vue du *Fram* et du nom de l'expédition, était une merveille. Nous emportions en outre une abondante provision de papier de tous les formats et de toutes les sortes possibles et imaginables, de plus une variété innombrable de plumes et de porte-plumes, de crayons noirs et de crayons de couleurs, de gommes élastiques, d'épingles, de craie, de sanguine, de gomme arabique et de colle. Ajoutez à cela des éphémérides, des almanachs, des journaux de bord, des albums, des carnets de notes et mille autres choses du même genre. Plusieurs voyages de circumnavigation auraient été nécessaires pour épuiser le stock généreusement mis à notre disposition. Chaque fois que j'ai envoyé une lettre ou rédigé mon journal, j'ai éprouvé un sentiment de reconnaissance envers les donateurs.

Une des meilleures maisons de Christiana nous fit cadeau d'une batterie de cuisine complète et d'un service de table. Porcelaine et verrerie étaient marquées au nom du navire.

Notre bibliothèque était considérable ; actuellement, elle comprend au moins 3 000 volumes. Nous avions en outre des jeux aussi nombreux que variés, des douzaines de paquets de cartes, enfin un phonographe muni d'une grande quantité de disques. Que de moments agréables nous avons dus à cet instrument ! Il y avait en outre à bord un piano, un violon, une flûte, des mandolines, des ocarinas et un accordéon. Des éditeurs eurent l'amabilité de nous envoyer des partitions, pour nous permettre, pendant nos loisirs, de cultiver la musique.

De toutes parts on nous adressa des cadeaux destinés à être distribués le jour de Noël ; leur nombre s'éleva à cinq cents environ. En même temps, nos amis nous pourvurent des sapins traditionnels garnis de leurs décorations habituelles. Tout le monde nous a prodigué des marques d'intérêt et de bienveillance. Je puis assurer nos généreux donateurs que leurs cadeaux furent — et sont encore — très appréciés.

Grâce à la générosité d'un des plus grands établissements de Christiania, la cambuse était très bien garnie. A l'occasion, aucun de nous ne boudait devant un verre de vin ou une goutte d'eau-de-vie. L'usage de l'alcool dans les expéditions polaires a été l'objet de nombreuses discussions. A mon avis, cet excitant

Bêtes et gens vivent dans les meilleurs termes.

Un de nos nourrissons.

ne doit être employé qu'à dose modérée, et uniquement durant le séjour à la station d'hivernage. Au contraire, pendant les excursions, il est nécessaire d'en bannir l'usage, non point pour la raison qu'une goutte d'eau-de-vie est nocive, mais à cause du poids des bouteilles et de la place qu'elles occupent. Dans les expéditions en traîneau, il importe, en effet, d'alléger les bagages autant que possible et de ne se charger que du strict nécessaire. Nous fîmes usage d'alcool non seulement dans nos quartiers d'hiver, mais encore durant notre long voyage à travers le froid et tempétueux Océan austral. Quand, après être resté exposé au vent et à l'humidité pendant un quart, on descend au carré, rien de plus réconfortant qu'un schnaps. En pareil cas, un abstentionniste se voilerait la face et proposerait une tasse de café. Dans mon opinion, la quantité de cet excitant absorbée en pareil cas par certains marins est beaucoup moins inoffensive qu'un petit verre. On ne doit pas non plus perdre de vue le rôle du vin ou du cognac dans les relations sociales au cours d'un pareil voyage. Deux hommes se sont-ils quelque peu disputés, un verre de rhum les réconciliera ; en trinquant ils oublieront le passé et reprendront leur amicale collaboration. Supprimez l'alcool de ces petites fêtes, vous verrez la différence. Il est certes regrettable que l'usage des spiritueux soit absolument nécessaire à la bonne humeur parmi les hommes — je suis le premier à en convenir —, mais il faut prendre la nature humaine comme elle est et tâcher d'en tirer le meilleur parti possible. Du moment que les boissons excitantes semblent nécessaires à nous autres civilisés, que chacun obéisse à ses convictions. Moi, je suis partisan d'un verre de grog, mais je ne cherche pas à rallier à mon opinion ceux qui se gorgent de *plum-cake* et lampent du café brûlant — quoique la cardialgie soit souvent la conséquence de ce genre de rafraîchissement. Un grog, au contraire, n'a jamais fait de mal à personne.

La consommation de l'alcool pendant le voyage fut ainsi réglée : un schnaps et quinze gouttes au dîner, les mercredis et les dimanches, enfin un grog le samedi soir. Les jours de fête, une ration supplémentaire était allouée.

Deux confiseries de Christiania nous envoyèrent leurs meilleurs produits et une maison étrangère une provision de « Gala Peter ». On put donc voir souvent un de nos explorateurs savourer un fondant ou un morceau de chocolat. Un établissement de Drammen nous fit cadeau d'une provision considérable de sirops. Avec quel plaisir nous les buvions ! Plus d'une fois, durant notre retour du Pôle, il nous arriva d'évoquer le souvenir de ces délicieuses boissons et de nous féliciter de pouvoir les déguster de nouveau prochainement.

Trois négociants de Christiania nous fournirent le fromage, les biscuits, le thé, le sucre et le café. L'emballage de cette dernière denrée fut parfait ; à l'heure actuelle, le reste de notre provision est encore aussi frais et aussi parfumé que s'il sortait de l'entrepôt. Une autre firme nous envoya du savon pour cinq ans — un article dont il est largement fait usage, même pendant un voyage au Pôle. Un habitant de Christiania pourvut à l'entretien de notre teint, de nos cheveux, de nos dents. Ce ne fut vraiment pas sa faute si nous ne gardâmes pas une peau fraîche et rose, une chevelure opulente et des dents éblouissantes.

Un important article d'équipement est la pharmacie. Grâce à la libéralité d'une maison de Christiania, nous en possédions une très complète. Malheureusement, la Faculté n'était pas représentée à bord, et je dus assumer toutes les responsabilités. Le lieutenant Gjertsen, qui possédait des aptitudes spéciales pour l'extraction des dents et pour les amputations, alla prendre quelques leçons à la clinique dentaire et à l'hôpital. Son exemple montre qu'il est possible d'apprendre beaucoup en peu de temps, lorsqu'on se donne de tout cœur au travail. Avec une rapidité surprenante et une grande sûreté de main, le lieutenant Gjertsen résolut les cas les plus compliqués, mais les patients eurent-ils toujours à se louer de son intervention, je n'oserais l'affirmer. Notre camarade arrachait les dents avec la dextérité des opérateurs de foire ; une seconde après avoir brandi sa pince, il la présentait au public tenant une grosse molaire. Les hurlements qui retentissaient alors annonçaient que l'extraction n'avait pas été opérée « sans douleur ».

Une fabrique d'allumettes nous pourvut de la provision nécessaire enfermée dans des caisses complètement étanches. On eût pu les jeter à la mer et les remorquer ensuite pendant tout le voyage ; à l'arrivée, les allumettes eussent été parfaitement sèches.

Nous possédions une grande quantité de munitions et d'explosifs. La cale était d'autre part remplie de pétrole. Le *Fram* portait donc une cargaison dangereuse. En conséquence, toutes les précautions furent prises contre l'incendie. Des extincteurs étaient placés dans chaque cabine et dans chaque couloir ; en

Une opération chirurgicale.

Brise fraîche dans la zone des vents d'Ouest.

même temps, les pompes étaient garnies de leur tuyau et de leur lance, prêtes à fonctionner à la première alerte.

Notre outillage comprenait, cela va sans dire, les outils indispensables pour attaquer la glace, tels que des scies de 5 à 6 mètres de long, des forets, etc.

Le matériel scientifique était très complet. Grâce aux professeurs Nansen et Helland-Hanssen, l'outillage océanographique pouvait être regardé comme le modèle du genre. De plus, les lieutenants Presterud et Gjertsen avaient fait l'apprentissage nécessaire à la station biologique de Bergen. J'y avais moi-même passé un été et en avais suivi un des cours d'océanographie. Helland-Hanssen est un maître incomparable ; mais je n'oserais dire que je fus un brillant élève.

Le professeur Mohn[1] nous fournit les instruments météorologiques. Le *Fram* possédait, d'autre part, un pendule, un excellent théodolite et un sextant. Nous avions en outre plusieurs sextants et horizons artificiels, en glace et au mercure. Avant le départ, le lieutenant Presterud s'entraîna aux observations pendulaires sous la direction du professeur Schiötz, et à l'emploi du théodolite avec le professeur Geelmuyden.

Après ces renseignements sur l'équipement général, il me paraît utile de donner maintenant une description sommaire du matériel destiné aux hiverneurs.

La maisonnette qui devait nous abriter sur la Barrière fut construite sous mes yeux dans ma propriété du Bundefjord. Elle fit honneur à ses architectes, les frères Hans et Jörgen Stubberud. L'abri mesurait 7 m 80 de long sur 3 m 40 de large, et du sol au sommet du toit 3 m 60. Il était dans le style des maisons norvégiennes, avec un pignon pointu. L'intérieur comportait deux pièces : l'une longue de 6 mètres, destinée à servir de salon, de salle à manger et de dortoir ; l'autre, de 2 mètres, pour la cuisine. Une trappe donnait accès dans le grenier, où devait être entassée une quantité d'approvisionnements et de matériel. Les murs étaient formés de planches épaisses de 0 m 075 entourées d'un revêtement intérieur et extérieur ; entre chacune de ces trois épaisseurs de bois régnait un vide. Le plancher et le plafond étaient doubles. Pour assurer une fermeture parfaite, les portes, très épaisses et très solides, glissaient dans des

1. Le directeur du Bureau météorologique de Norvège, une des principales autorités en météorologie. *(N. d. T.)*

rainures. Deux fenêtres éclairaient l'intérieur : l'une triple dans la pièce principale, l'autre double dans la cuisine. Le toit était recouvert de papier goudronné et le plancher de linoléum. Deux manches assuraient l'aération de la salle commune, l'une livrant passage à l'air frais, l'autre à celui qui avait servi.

Le long des murs de la grande pièce étaient fixés dix cadres, disposés en deux étages, six d'un côté, quatre de l'autre. Le mobilier consistait en une table, un escabeau pour chaque homme et une lampe Lux.

La moitié de la cuisine était occupée par le fourneau, l'autre par des étagères et les ustensiles de ménage.

Une fois achevée, la cabane subit plusieurs goudronnages ; puis elle fut démontée, et chaque pièce numérotée, pour que, une fois sur la Grande Barrière, on pût la dresser facilement. Terribles sont les tempêtes dans l'Antarctique ; afin que notre habitation ne pût être enlevée par le vent, des dispositions particulières furent prises. A cet effet, les quatre extrémités du toit et les quatre pignons furent munis de solides anneaux ; j'emportai en outre six pieux d'un mètre non moins solides qui seraient enfoncés dans la glace de la Barrière. En cas de besoin, on « saisirait » la cabane au moyen de câbles d'acier passant par les anneaux et fixés aux piquets. Si l'ouragan devenait par trop menaçant, des amarres seraient lancées par-dessus le toit. Les deux tuyaux d'aération et celui du poêle seraient également « saisis » solidement. Bref, toutes les précautions furent prises pour rendre la hutte chaude, confortable et stable.

En outre de la cabane, nous avions quinze tentes pour seize hommes et six pour trois. Ce dernier modèle, très solide et très résistant, même s'il soufflait une brise très fraîche, ne comportait qu'un seul support, et un de nous suffisait à le dresser. Les relations des expéditions polaires abondent en récits dramatiques du montage des tentes par la tempête. Souvent plusieurs hommes sont nécessaires pour les établir, et lorsque leurs efforts sont enfin couronnés de succès, à tout instant la brise menace d'emporter l'abri de la caravane. Jamais pareille mésaventure ne nous est arrivée. En quelques instants, nos tentes étaient installées, et elles résistaient aux coups de vent les plus violents. Lorsque la tempête faisait rage, nous pouvions rester couchés dans nos sacs, sans crainte de voir notre gîte enlevé par la tourmente. La porte était établie suivant le modèle sac, reconnu aujourd'hui comme le plus pratique dans les régions polaires. Il est très simple. Vous ménagez dans un des côtés de la tente une ouverture de la grandeur qui vous paraît utile, et vous lui adaptez un sac, dont l'extrémité est coupée. Par ce trou vous pénétrez dans l'intérieur ; puis, une fois tout le monde entré, vous ficelez solidement au moyen d'une corde le fond de la manche. Grâce à ce mode de fermeture, pas un flocon de neige ne pénètre dans la tente.

Toutes les caisses d'approvisionnements destinées au groupe d'hiverneurs reçurent une marque spéciale et furent embarquées dans une soute particulière de manière à pouvoir être immédiatement mises à terre.

Nous avions dix traîneaux construits sur le modèle de ceux de Nansen, mais plus grands : leur longueur était de 4 mètres. Les patins étaient en hickory revêtu d'une plaque d'acier, les autres parties en frêne de Norvège. Ces véhicules, extrêmement solides, pouvaient être employés sur n'importe quel terrain, quelque accidenté qu'il fût ; par contre, ils étaient très lourds. Au moment où ils furent construits, je ne connaissais pas la Barrière.

Vingt paires de *ski* en *hickory* complétaient notre matériel. Ces patins étaient longs de 2 m. 40 et étroits en proportion. Je les avais choisis de cette dimension, afin de franchir plus sûrement les innombrables crevasses que nous aurions à traverser. Plus la surface sur laquelle le poids est réparti est grande, moindres sont les risques d'effondrer les « ponts » de neige. Nous avions quarante bâtons, des attaches de *ski*, combinaison du système Huitfeld et de celui de Höyer-Ellefsen ; enfin une quantité de courroies de toutes espèces.

Les cantines pour les expéditions en traîneaux étaient en bois de hêtre, tout à la fois très léger et très solide, provenant de la propriété du baron Wedel Jarlsberg, ministre de Norvège en France, à Parlsgaard, dans le Jutland. Ces caisses avaient une base de 30 centimètres carrés et une hauteur de 40 centimètres. Elles ne possédaient qu'une petite ouverture ronde au sommet, fermée par un couvercle d'aluminium qui s'emboîtait dans l'orifice comme ceux des boîtes à lait. Les petites ouvertures présentent un double avantage : d'abord, elles ne diminuent pas la solidité des caisses ; en second lieu, pour les ouvrir et y prendre quelque chose, il n'est point nécessaire de décharger les traîneaux ; on peut enlever le couvercle en passant la main entre les amarres qui attachent la boîte au véhicule.

Notre vestiaire était très abondant et très complet ; à ce point de vue, aucune expédition polaire n'a été aussi bien pourvue que la nôtre. Il comprenait des vêtements pour les froids extrêmes et d'autres pour les températures moyennes. Personne n'ayant encore hiverné sur la Barrière, les renseignements relatifs à la température régnant l'hiver sur ce glacier faisaient défaut. Dans ces conditions, il était prudent de prendre ses précautions. Afin d'être « gréés » pour toutes les circonstances thermiques, nous emportions un très riche assortiment de vêtements en peau de renne. Nous en avions de très épais, de moyenne épaisseur et de très légers. La préparation de ce vestiaire fut très longue. Je fis acheter 250 peaux de première qualité à Tromsôe, à Karasjok et à Kaatokeino, et les fis tailler à Christiania sous ma direction. Comme modèle, je choisis le costume des Eskimos Netchilis, que j'avais expérimenté pendant mes deux hivernages dans l'archipel polaire américain, au cours du passage du Nord-Ouest. Ce costume comprend un *anourak*, espèce de blouse que l'on revêt comme un jersey, un pantalon et des jambières.

Je fis de plus confectionner avec des peaux de renne des sacs légers que l'on pouvait introduire dans les sacs de couchage ordinaires, en cas de froids excessifs. Les sacs de couchage fournis par la maison Brandt, de Bergen, nous donnèrent toute satisfaction. Pour que la neige ne pénétrât pas dans nos lits, pendant les transports en traîneau, ils furent enfermés dans des housses en toile.

La peau du ventre des rennes étant beaucoup plus mince que celle des autres parties du corps de cet animal, je veillai à ce qu'il n'en fût point employé dans la confection de nos sacs. La négligence de cette précaution entraîne de graves conséquences. A travers cette fourrure légère, le froid pénétrant facilement, du givre se forme au contact du corps du dormeur. Le sac devient, par suite, humide et peu à peu ses poils tombent, si bien qu'au bout de quelque temps on n'a plus qu'un morceau de cuir. Il importe également de coudre les peaux de telle sorte que les poils soient couchés vers le bas du sac. Autrement il est très laborieux de s'introduire dans sa couchette.

Pour les températures moyennes, notre costume se composait de caleçons et de gilets de laine épaisse et de vêtements en Burberry. Dans les expéditions en traîneau, où il est nécessaire d'emporter des bagages aussi réduits que possible, je recommande ce dernier tissu tout à la fois extrêmement léger

La sieste du commandant en second.

L'hélice du bord relevée pendant la navigation à la voile.

et très solide et qui offre une protection efficace contre le vent. Nos vêtements en Burberry avaient la forme d'*anourak*.

Les pieds sont particulièrement exposés et en même temps très difficiles à garantir. Vous pouvez surveiller vos mains, et, au premier indice de morsure du gel, vous ramenez la circulation en les frappant vigoureusement l'une contre l'autre. Il n'en va pas de même des pieds. Dès le matin, on se chausse, et si laborieuse est cette opération qu'on n'éprouve aucun désir de la recommencer avant l'heure du coucher. Par suite, on doit se fier uniquement aux sensations pour connaître l'état de ses membres inférieurs. Or, elles sont très trompeuses ; fréquemment des explorateurs ont eu les pieds gelés sans s'en apercevoir ! C'est précisément au moment où se produit la congélation que la partie atteinte devient insensible. Lorsqu'on ressent une morsure du froid aux orteils, immédiatement on bat la semelle, afin d'amener la réaction. Le plus généralement, le moyen réussit, mais il arrive souvent que le pied soit déjà atteint gravement. Dans ce cas, seuls les vieux routiers se doutent du danger. Beaucoup de gens supposent à tort que, du moment où la douleur cuisante disparaît, il n'y a plus rien à craindre ; aussi, lorsqu'ils arrivent au bivouac, grande est leur surprise de se découvrir le pied tout blanc, pareil à un bloc de suif. Un accident de cette nature peut déterminer l'échec de l'expédition la mieux préparée ; les plus minutieuses précautions sont donc nécessaires. Dans les chaussures souples, le pied remue aisément, par suite conserve mieux la chaleur et est moins exposé aux accidents que dans des bottes rigides. Devant constamment employer le *ski*, nous étions obligés de prendre des bottes à semelles dures, afin d'assurer l'adhérence des attaches des patins. Dans une marche aussi longue que celle que nous avions en perspective, si le pied ballotte dans l'attache, on éprouve bientôt une fatigue extrême. Il faut donc que le *ski* fasse corps avec lui, pour lui obéir immédiatement. En conséquence, je combinai un modèle de bottes souples dans certaines parties et rigides dans d'autres, afin de permettre l'emploi des excellentes attaches d'Huitfeld-Höyer-Ellefsen. L'exécution n'en fut pas très facile. De tous les articles d'équipement, aucun ne me causa plus de souci et ne nous donna plus de travail que la chaussure. Notre fournisseur de *ski* s'intéressa heureusement à la question. Comme spécimen, il établit une paire de Lauparstövle. Les tiges en étaient souples et les semelles épaisses et rigides, pour qu'elles pussent être ferrées en cas de besoin. Le cuir durcissant et se fendillant au froid, il ne fut employé qu'en bordure de la semelle, et le reste de la tige fut monté en toile à voile. Les mesures avaient été prises sur mon pied, qui n'est pas précisément un peton d'enfant, et qui pour la circonstance était enveloppé de deux paires de bas en peau de renne. Dix chaussures de ce modèle furent exécutées. Très fier de son œuvre, mon bottier les exhiba à sa devanture. Je n'ai jamais eu la fatuité de me croire un joli pied ; n'empêche qu'à la vue de ces énormes bottes d'égoutier je reculai d'horreur, et tant que dura l'exposition, j'évitai de passer devant la boutique afin d'échapper aux plaisanteries. Comme l'avenir le montra, ces bottes de géant se trouvèrent pourtant trop petites.

Pour la cuisson des aliments dans les expéditions polaires, les lampes Primus sont pour ainsi dire parfaites, en tout cas très supérieures aux autres marques. Elles produisent beaucoup de chaleur, consomment une petite quantité d'huile et exigent peu de soin. Outre ces fourneaux à pétrole, nous emportâmes cinq réchauds Nansen. Cet appareil, également excellent, n'a que le défaut d'être un peu encombrant. Nous en fîmes usage dans les expéditions préliminaires pour aller établir des dépôts de vivres, mais, à notre vif regret, nous ne pûmes l'emporter dans la marche vers le Pôle. La tente était trop exiguë pour qu'il fût possible de s'en servir sans inconvénient ; lorsqu'on n'est pas à l'étroit, c'est l'appareil idéal.

Notre matériel comportait, en outre, dix raquettes et cent harnais pour les chiens, établis d'après le modèle en usage chez les Eskimos de l'Alaska. Je me proposais d'atteler nos bêtes en tandem, comme le font les indigènes de cette région. Ce mode d'attelage présente plusieurs avantages. D'abord, toutes les forces se trouvant appliquées au même point produisent le maximum d'effet utile. En second lieu, ainsi attachés, les chiens passent successivement au-dessus des crevasses ; par cela même, les chances de chute se trouvent considérablement diminuées. Enfin, avec le harnais de l'Alaska, les tireurs n'ont pas besoin de développer autant d'effort qu'avec celui du Groenland, le point d'appui du premier se trouvant sur les épaules, tandis que le second porte sur la poitrine. Le harnachement de notre cavalerie fut fabriqué à l'arsenal d'Horten ; après un long et rude service, il est encore aujourd'hui en excellent état. C'est la meilleure preuve des soins apportés à sa confection.

Pour les voyages en traîneau, nous disposions de deux sextants, de trois horizons artificiels, de quatre compas à alcool ; ces derniers instruments devinrent malheureusement inutilisables par les températures inférieures à 40° sous zéro, le constructeur ayant, malgré mes recommandations, employé un alcool dilué. Nous avions en outre une petite boussole de poche, deux appareils photographiques, des thermomètres, deux baromètres avec graduation altimétrique jusqu'à 4 500 mètres, deux hypsomètres, deux jumelles et des conserves pour la neige. Nous emportions des verres de différentes teintes pour pouvoir en changer, lorsque nous serions fatigués d'une couleur. Pendant notre séjour sur la Barrière, je portai des lunettes légèrement jaunes ; bien qu'elles ne fussent pas munies d'un grillage latéral, je n'ai pas éprouvé la plus légère atteinte d'ophtalmie.

Aux indications données plus haut sur le pemmican, je dois ajouter quelques renseignements sur les autres vivres destinés aux expéditions en traîneau. Dans de semblables voyages, il m'a toujours paru hors de propos de se charger d'un magasin d'épicerie ; il importe uniquement d'avoir une nourriture substantielle ; les menus variés ne sont bons que pour les oisifs. En plus du pemmican, les rations comprenaient du biscuit, du lait en poudre et du chocolat. Les biscuits avaient été fabriqués avec de la farine d'avoine additionnée de lait en poudre et d'un peu de sucre ; ils étaient extrêmement nourrissants et d'un goût agréable. Grâce à l'excellence de leur emballage, ils se conservèrent frais et croquants pendant toute l'expédition. Le lait en poudre est une préparation nouvelle, qui mérite d'être mieux connue. Le nôtre provenait du district de Jaederen[1]. Ni la chaleur, ni le froid, ni la sécheresse, ni l'humidité ne l'altérèrent, et bien qu'il eût été exposé à toutes les intempéries, il était aussi bon le dernier jour que le premier. Le lait desséché additionné de malt et de sucre est également un aliment excellent, et qui se conserve bien.

Pour témoigner notre gratitude à nos fournisseurs, nous leur avons rapporté des échantillons de leurs produits qui ont fait aller et retour le voyage au Pôle Sud.

1. District de la Norvège méridionale. *(N. d. T.)*

2

De la Norvège à la Grande Barrière

LE BRANLE-BAS DU DÉPART — CROISIÈRE D'ESSAI — RATÉS DU MOTEUR — EN MANCHE — PSYCHOLOGIE CANINE — RELÂCHE À MADÈRE — JE DÉVOILE À MES COMPAGNONS LA DESTINATION DU NAVIRE — LE PASSAGE DE LA LIGNE — LA ZONE DES VENTS D'OUEST — VERS KERGUELEN — LA BANQUISE ANTARCTIQUE — LA VUE DE LA GRANDE BARRIÈRE — ARRIVÉE À LA BAIE DES BALEINES

Le mois de mai s'écoule, enchanteur, comme l'est toujours le printemps en Norvège, un rêve exquis de verdure et de fleurs. Non seulement les loisirs nous font défaut pour admirer la beauté de ce réveil de la nature, mais encore il nous faut nous éloigner le plus tôt possible de ce merveilleux spectacle.

Depuis le commencement du mois, le *Fram* est amarré à son corps-mort, devant les vénérables remparts de la vieille citadelle d'Akershus. Aussitôt commence le chargement, sous la direction du lieutenant Nilsen, une opération singulièrement délicate. Il ne s'agit pas simplement, en effet, d'entasser au petit bonheur les colis dans les cales, mais de les ranger avec ordre de manière que l'on sache où tout se trouve.

En même temps que les approvisionnements, on embarque le matériel et l'équipement. Chacun de mes collaborateurs a une spécialité et doit, sous sa responsabilité, s'occuper de tout ce qui la concerne.

Le 2 juin, tout est à peu près terminé. Ce jour-là, le roi et la reine nous font l'honneur de visiter le *Fram*. Le lendemain, dans l'après-midi, nous allons mouiller devant mon habitation sur les bords du Bundefjord pour y charger la cabane destinée à nous abriter pendant l'hiver.

Dans l'après-midi du 6 juin, nous sommes parés et, à minuit, nous levons l'ancre. C'est la troisième fois que le *Fram* sort du fjord de Christiania pour une longue et difficile expédition. De ses deux précédents voyages, il est revenu sain et sauf et couvert de gloire. Réussirons-nous à continuer cette tradition ? Le navire a été mis en marche à l'aube du 7 juin ; c'est bon signe[1].

A la satisfaction du départ et aux longs espoirs se mêle une douce mélancolie. Ces collines, ces bois, ce fjord nous sont si chers ! Par le spectacle de leur beauté prenante, ils semblent vouloir nous retenir.

Le matin, nous ancrons à Horten[2], pour prendre les poudres et la provision d'eau. Après quoi, nous remettons en marche.

Avant de faire route vers le Sud, nous entreprenons une croisière océanographique de trois semaines à l'ouvert de la Manche dans l'Atlantique, et sur les côtes d'Ecosse, puis revenons mouiller à Bergen.

Cette campagne préliminaire nous permit de nous familiariser avec le navire et avec les études que nous nous proposons de poursuivre. Elle fut particulièrement utile en nous permettant de mettre à l'épreuve le moteur Diesel de 180 HP, installé à bord en remplacement de l'ancienne machine à vapeur. Après avoir, au début, fonctionné à notre entière satisfaction, l'appareil marcha ensuite de plus en plus lentement et finit par s'arrêter complètement. Au cours du voyage, l'incident se renouvela plusieurs fois ; sans cesse, pour le remettre en marche, il était nécessaire de débarrasser les tiges des pistons d'un épais dépôt noir qui les recouvrait. Le succès de l'expédition dépendait en grande partie du moteur ; aussi, dès l'arrivée à Bergen, fut-il soumis à une révision complète. Un examen sérieux prouva que les ratés étaient produits par l'huile employée, qui était trop lourde. En conséquence, toute notre provision fut remplacée par du pétrole raffiné. Ce changement opéré, l'appareil fonctionna toujours régulièrement.

Le 23 juillet, nous reprenons la mer, et le lendemain arrivons à Christiansand où nous avons à embarquer le reste des approvisionnements : 400 ballots de poisson sec, toute notre pacotille de *ski*, les traîneaux, des bois de charpente, etc. Enfin nous avons à prendre à bord les 97 chiens eskimo cantonnés depuis le milieu de mars dans un îlot désert voisin de Flekkerö. Eprouvée par une longue et pénible traversée, la meute n'était

1. Le 7 juin est l'anniversaire de la proclamation de l'indépendance du peuple norvégien. *(N. d. T.)*

2. L'arsenal maritime de la Norvège. *(N. d. T.)*

pas arrivée en très bon état ; mais une bonne alimentation l'avait remise d'aplomb.

Seul, le lieutenant Nilsen connaît la destination de l'expédition. Aussi bien mes camarades, qui ne prévoient pour le moment qu'un voyage à San Francisco par le cap Horn, sont-ils tous intrigués par un tas de choses que l'on charge à Christiansand. Pourquoi, dès maintenant, nous embarrasser de tous ces chiens et leur faire effectuer une aussi longue traversée ? En Alaska, ne trouverons-nous pas toutes les bêtes dont nous aurons besoin et d'aussi bonne qualité ? Pourquoi toutes ces planches, alors qu'à San Francisco il sera si facile d'en acheter ? Personne n'ose m'interroger ; en revanche, Nilsen est assailli par des flots de questions. Aussi, quelques jours avant le départ, je mets les lieutenants Presterud et Gjertsen dans la confidence, après qu'ils se sont engagés d'honneur et par écrit à garder le silence.

A Christiansand, deux membres de l'expédition — Hassel et Lindström — nous rejoignent ; par contre, le mécanicien est remercié. Pour le remplacer, la maison Diesel, de Stockholm, nous envoie un des ouvriers qui ont monté le moteur, nommé Kunt Sundbeck. Cet excellent homme nous a rendu les plus grands services.

Tous les approvisionnements arrimés, nous établissons au-dessus du pont une sorte de faux pont pour que les chiens se trouvent à l'abri du soleil et de l'humidité.

Dans l'après-midi du 9 août a lieu l'embarquement de nos compagnons à quatre pattes. Ils arrivent vingt par vingt, dans une grande gabare, et sont aussitôt attachés. L'opération, menée avec célérité, est achevée en deux heures. Maintenant, le pont se trouve complètement occupé ; la passerelle même est envahie par nos passagers. Quatorze bêtes y sont installées, laissant à peine la place suffisante pour le barreur. Quant à l'officier de quart, il ne pourra remuer ; peut-être même devra-t-il se tenir à cloche-pied. Le dernier chien embarqué, l'ancre est aussitôt levée et, maintenant, en route pour l'Antarctique, un voyage de 16 000 milles !

Pendant toute la traversée de la mer du Nord, un temps magnifique. Grâce à cette heureuse circonstance, l'acclimatation de la meute à son nouveau milieu se trouve singulièrement facilitée. Que n'a-t-on pas dit avant le départ ? Qu'elle serait enlevée par les lames, qu'elle succomberait aux ardeurs du soleil

Le pont du « Fram » dans la zone de l'alizé.

Rönne répare des cables.

des tropiques, que nous ne pourrions la nourrir, etc. Le succès de notre entreprise dépend de l'état dans lequel les chiens arriveront sur le théâtre des opérations. Dès le début, je me préoccupe donc d'assurer leur bien-être.

En premier lieu, la troupe est divisée en groupes de dix têtes, et chaque groupe confié à un ou deux hommes qui en prendront la charge et la responsabilité. La distribution de la pitance n'est pas une petite affaire ; elle exige rien moins que la présence de tout l'équipage ; par suite a-t-elle lieu au moment du changement de bordée. Manger à sa faim est l'idéal du chien eskimo, et le meilleur moyen de trouver le chemin de son cœur est de lui donner un morceau de viande. Sur ce principe est réglée toute notre conduite à l'égard de nos pensionnaires ; le résultat de cette politique fut excellent, et, au bout de quelques jours, toutes les escouades étaient dans les meilleurs termes avec leurs gardiens respectifs.

Le régime de la chaîne n'était point du goût des chiens ; leur tempérament est beaucoup trop ardent pour s'en accommoder. Mais il serait dangereux de leur accorder la liberté avant que leur éducation ne soit plus complète. S'il est aisé de gagner leur affection, les éduquer est plus difficile. La satisfaction de ces animaux est touchante quand nous nous occupons d'eux. L'entrevue du matin est particulièrement cordiale. Dès que leurs maîtres font leur apparition sur le pont, ils expriment leur joie par un chœur d'hurlements ; ils demandent toutefois davantage et ne se montrent heureux qu'après avoir été caressés. Si dans cette visite on en oublie un, immédiatement celui-ci manifeste des signes évidents de mécontentement. Par son attitude et surtout par son regard, le chien sait admirablement exprimer les sentiments les plus divers : la joie, la tristesse, la reconnaissance, les scrupules de conscience. Nous autres hommes, nous prétendons avoir seuls une âme, et, les yeux sont, dit-on, le miroir de cette âme. Etudiez les yeux d'un chien ; vous observerez que leur regard a souvent quelque chose d'humain et possède en même temps une mobilité comparable à celle des yeux de l'homme, bref, ce quelque chose qui ressemble à l'« âme ». Je livre cette réflexion aux philosophes. L'individualité très accusée des chiens est un autre indice que cet animal n'est pas simplement un agrégat de chair et d'os. Nous avons à bord près d'une centaine de ces animaux. A mesure que nous faisons plus ample connaissance avec chacun d'eux, nous leur découvvrons des traits particuliers. Il n'y en a pas deux qui aient le même caractère. Ces très attachantes études de psychologie canine nous aideront à trouver moins monotone notre interminable traversée.

Après cinq jours de calme, le mauvais temps nous prend à l'entrée du pas de Calais. En vue du bateau-feu, mouillé à l'extrémité occidentale des Goodwins, un coup de vent de Sud-Ouest fond sur nous, accompagné de pluie et de brume. Bientôt, on n'y voit plus à deux ou trois encâblures devant soi. Avec cela, de tous côtés des sirènes stridentes. La situation n'est point précisément agréable, d'autant que, si le *Fram* possède beaucoup de qualités, il a le défaut d'obéir très lentement. Dans des parages aussi fréquentés, cette lenteur devient un gros danger. Qu'un accident survienne, il entraînera la ruine de l'expédition. En manœuvrant prudemment, un capitaine évite presque toujours une collision ; car, en général, ces accidents résultent uniquement de la témérité ou de l'insouciance. Le téméraire paie la casse, et celui qui navigue prudemment peut tirer profit de l'accident. Naturellement, par ce temps bouché, nous redoublons de précautions, mais cela ne nous avancerait guère si, après nous avoir abordés, un imprudent était condamné à nous payer des dommages-intérêts. Un navire de commerce peut courir un risque ; nous, nous ne le pouvons pas.

Dans ces conditions, la prudence s'impose, et nous allons mouiller en rade des Dunes. Le 18, excédés par trois jours de détention, nous repartons. Dès le lendemain matin, de nouveau le Sud-Ouest et la brume ; nous nous mettons alors à l'abri du Dungerness.

Vingt-quatre heures plus tard, il devient possible d'appareiller. Le vent est toujours contraire ; donc point d'autre ressource que de tirer des bordées. Le 26 août seulement nous sommes hors de la Manche. Nous poussons un soupir de soulagement ; enfin, nous voici loin des terres et de ce fouillis de navires qui croisent en tous sens, par suite délivrés du souci de manœuvrer constamment.

Le golfe de Gascogne nous est clément ; rencontrant bientôt des vents de Nord, nous filons rapidement dans le Sud.

Ce n'est pas une mince besogne d'assurer la propreté du pont avec tous les passagers qui l'occupent. Deux fois par jour, il est lavé, et, dans l'intervalle, la brosse fonctionne chaque fois que cela est nécessaire. De plus, au moins une fois par semaine, le faux pont est démonté et chaque planche nettoyée à fond. Souvent, des incidents inévitables d'ailleurs se produisent. La nuit, lorsqu'on a à saisir à tâtons les manœuvres enroulées sur le pont, il n'est pas rare d'entendre un juron. Un homme a mis le pied ou la main... Inutile d'insister. Ces mouvements de mauvaise humeur se calment vite. L'habitude aide à prendre son parti de tout.

De jour en jour, l'acclimatation des chiens à bord devient plus complète ; dès maintenant nous entrevoyons l'espoir de les débarquer tous en bonne santé sur la Barrière. Ce résultat pourra être obtenu par une nourriture copieuse et de bonne qualité. Leur alimentation se compose principalement de poisson sec ; pour la varier, trois fois par semaine, on leur sert une soupe faite de poisson haché, de suif et de farine de maïs. Ce plat a toutes leurs préférences. Promptement, ils apprennent à connaître les jours où on le leur distribue, et, dès qu'ils entendent le cliquetis des gamelles, ils poussent de tels hurlements de joie qu'il devient impossible de s'entendre.

A mesure que je fais plus ample connaissance avec mes collaborateurs, je suis de plus en plus convaincu que tous accepteront avec enthousiasme de partir pour l'Antarctique, lorsque, après avoir quitté Madère, je leur dévoilerai mes projets.

J'ai hâte d'arriver le plus tôt possible à cette escale. Cela sera si bon de pouvoir enfin parler ! Il n'est ni amusant ni facile de garder un secret, surtout à bord d'un navire, où l'on vit les uns sur les autres. Dans nos conversations quotidiennes, tout naturellement on discutait au sujet des difficultés qui nous attendaient autour du cap Horn. Si les chiens franchissent une première fois les tropiques sans encombre, disait l'un, il est douteux que la chance nous soit aussi favorable dans le Pacifique, et de tout ainsi. L'obligation de peser tous mes mots me cause une véritable fatigue. Encore si j'avais affaire à des novices ; mais la plupart de mes compagnons ont passé des années dans les régions polaires ; par suite, la moindre allusion eût suffi à leur révéler tout le plan de campagne.

La marche du *Fram* dépendait trop du vent et de la mer pour qu'il fût possible d'estimer avec une certaine exactitude la durée de la traversée, surtout sous les latitudes où les brises sont variables. Me basant sur une moyenne de 4 milles à l'heure, je supposais que nous arriverions devant la Barrière vers le milieu de janvier 1911. Je tombai juste, comme on le verra plus loin. Le voyage de Norvège à Madère, je l'avais évalué à un mois. Dans ce cas, mes prévisions furent moins bonnes ; nous quittâmes, en effet, Funchal trente jours après notre départ de Christiansand. En pareil cas, mes erreurs devenaient une source de satisfaction.

Grâce au vent de Nord rencontré au large de la côte d'Espagne, puis aux alizés de Nord-Est, nous rattrapons le temps perdu dans la Manche, et, le 5 septembre, à dix heures du soir, nous relevons le feu de San-Lorenzo, sur la petite île de Foca, voisine de Madère.

Le lendemain matin, nous mouillons en rade de Funchal. A peine l'ancre est-elle tombée que la Santé arrive, représentée par un petit monsieur plein d'importance. Parvenu à la coupée, à la vue de toutes les gueules ouvertes des chiens pantelants de chaleur, il ne demande pas son reste et dégringole l'escalier au plus vite.

Comme Funchal sera notre unique escale, nous y embarquons des vivres frais et une provision d'eau considérable. Non seulement toutes les caisses sont remplies, mais encore la grande embarcation placée au-dessus du panneau principal. Ce canot contient 5 000 litres. En cas de grand roulis, il est à craindre que cette citerne improvisée ne se déverse par-dessus bord.

Pendant cette relâche, à leur grande satisfaction, deux bons repas de viande fraîche sont servis aux chiens. Chaque festin se compose de rien moins que la carcasse d'un cheval de belle taille.

Notre séjour à Madère fut plus long qu'il n'avait été prévu, les mécaniciens ayant jugé nécessaire de démonter l'hélice et d'en examiner les ailes. Les deux jours que dure ce travail sont employés par nous à visiter la ville et ses environs. A tour de rôle, les hommes de l'équipage ont un jour de congé. Une excursion est organisée à un des nombreux hôtels bâtis sur les collines voisines de la ville et hautes de plusieurs centaines de mètres. Elle permet d'admirer la luxuriante fertilité de l'île. L'ascension se fait au moyen d'un funiculaire et la descente dans des traîneaux munis de patins en bois glissant sur une piste de pierres lisses. Ces véhicules filent à une très vive allure, poussés par trois ou quatre gaillards au teint basané, qui me semblent posséder des jambes vigoureuses et des poumons solides.

Tout le monde sur le pont.

Rönne se sent plus en sûreté quand les chiens sont muselés.

Dans les idées des indigènes, tout navire d'exploration polaire qui relâche à Funchal ne peut avoir pour destination que le Pôle Sud. Aussi les journaux de l'île annoncèrent-ils que nous nous dirigions vers l'Antarctique. Heureusement, cette information ne sortit pas de Madère.

9 *septembre*. — L'hélice est en place, les provisions embarquées, les montres réglées ; nous faisons alors vider le pont aux mercantis importuns qui l'encombrent ; mon frère seul demeure avec nous jusqu'à nouvel ordre.

Toute communication avec la terre est rompue ; nous nous trouvons séparés du reste du monde. Voici arrivé le moment, si longtemps attendu, d'informer mes camarades de la décision que j'ai prise il y a près d'un an. Tout l'équipage est appelé sur le pont. Quelles furent les pensées de mes compagnons lorsque cet ordre leur fut donné, je l'ignore ; sûrement, ils ne songèrent ni à l'Antarctique ni au Pôle Sud.

Le lieutenant Nilsen apporte une grande carte roulée, dont l'apparition éveille aussitôt la curiosité. Quelques mots suffisent pour que chacun se rende compte de quoi il retourne et de la direction que nous allons prendre. Sur la carte de l'hémisphère Sud, j'expose brièvement mon programme, ainsi que les motifs qui me l'ont fait tenir secret jusqu'à ce jour. De temps en temps, en parlant, je regarde mes auditeurs pour me rendre compte de leurs impressions. Au début, et comme cela était naturel, la plus profonde surprise se lit sur toutes les figures, mais cette expression se transforme promptement, et, avant que j'aie terminé, les physionomies sont souriantes. Je suis donc sûr de la réponse qui me sera faite. Mes explications achevées, j'invite les hommes à me faire connaître individuellement leurs intentions.

Immédiatement, tous se déclarent prêts à me suivre ; le oui solennel qu'ils prononcent ne trahit ni hésitation ni émotion. D'avance, j'étais persuadé de leur concours ; néanmoins, très vive est ma satisfaction devant cette marque de confiance absolue de la part de mes collaborateurs dans une aussi grave circonstance. Je ne suis d'ailleurs pas le seul heureux à bord. Ce soir, l'entrain est général.

Pour le moment, il n'y a pas de temps à perdre en palabres ; il faut partir au plus vite. Deux heures sont accordées à mes compagnons pour leur permettre d'écrire à leurs familles et de les informer de notre nouvelle destination. Les lettres ne furent probablement pas longues ; en tout cas, elles furent rapidement achevées. Le courrier est remis ensuite à mon frère, qui se charge de le porter à Christiania, où il sera posté, après que notre changement de programme aura été communiqué à la presse.

Si mes nouveaux plans sont chaleureusement accueillis par mes camarades, en sera-t-il de même en ce qui touche l'opinion publique ? Plus tard, nous sûmes qu'à cet égard les avis avaient été partagés. En ce moment, ce sujet ne saurait nous préoccuper. Mon frère est chargé d'annoncer notre résolution ; j'avoue ne pas lui envier cette mission. Nous lui serrons tous la main, et à son tour il pousse du bord. Nos relations avec le monde extérieur sont coupées pour longtemps ! Désormais, nous n'avons plus à compter que sur nous-mêmes. Pas la moindre émotion, pas trace de cette tristesse qui accompagne toujours les séparations. Les hommes rient et plaisantent. Nous mettons à la mer pour notre long et périlleux voyage avec la même insouciance que si nous partions pour une croisière de plaisance.

Une fois sorti de la rade, le *Fram*, couvert de toile, file rapidement vers le Sud, poussé par l'alizé de Nord-Est. Après les étouffantes journées passées au mouillage, cette brise délicieuse cause une sensation exquise de bien-être.

Les chiens, qui ont sans doute trouvé le séjour de Funchal un peu trop chaud, saluent l'arrivée de la fraîcheur par un concert. Eux aussi doivent avoir leur part de l'allégresse générale ; pour cette fois, nous les laissons donc se livrer à leur manifestation favorite.

Le lendemain matin, en montant sur le pont, j'ai l'impression d'être accueilli avec encore plus de cordialité que d'habitude ; je ne vois que des visages souriants.

Mes camarades s'amusent surtout de n'avoir pas deviné plus tôt mes intentions. « Ces chiens, cette cabane avec sa cuisine et son mobilier complet, s'écrie l'un. Comment ai-je été assez naïf pour ne pas m'en douter ? Est-ce que cela pouvait servir au cours d'une dérive sur un bateau rivé à la banquise ? » Je console ceux qui s'accusent le plus bruyamment en essayant de leur prouver que leur défaut de perspicacité a servi la cause de l'expédition.

Les officiers auxquels j'avais confié mes projets ne sont pas les moins heureux d'être relevés du secret. Désormais, ils peuvent parler sans crainte de commettre une indiscrétion.

Le nouveau programme de l'expédition constitue un sujet de conversation inépuisable. Grâce à l'intérêt qu'excite la nouvelle entreprise, notre longue navigation s'écoulera rapidement. Un grand nombre de mes collaborateurs ont passé de longues années dans l'Arctique ; en revanche, ils ne savent rien de l'Antarctique. Seul j'ai fait campagne dans la zone polaire australe, en qualité de lieutenant à bord de la *Belgica ;* en outre, peut-être un ou deux hommes de l'équipage ont-ils aperçu un iceberg dans les parages du cap Horn. Mes compagnons ne connaissent rien non plus de l'abondante littérature antarctique publiée dans ces dernières années. D'ailleurs, pourquoi se seraient-ils adonnés auparavant à cette étude ? Maintenant, les conditions sont différentes. Je considère comme une impérieuse nécessité que chaque homme soit au courant des explorations antérieures. C'est le seul moyen de nous familiariser d'avance avec les difficultés contre lesquelles nous aurons à lutter. Dans ce dessein, j'ai emporté une bibliothèque très complète, comprenant toutes les relations de voyages antarctiques depuis Cook et James Ross jusqu'au commandant Scott et à sir Ernest Shackleton. Ces divers ouvrages furent lus avec avidité, surtout ces deux derniers. Les livres de Scott et de Shackleton, d'une lecture très attachante et accompagnés d'une magnifique illustration, furent particulièrement demandés. Si l'éducation théorique de mes collaborateurs est activement poussée, la pratique n'est point négligée non plus. Pendant la traversée de la zone des alizés, la direction et la force du vent demeurant constantes, le nombre des hommes de quart peut être réduit sans inconvénient et les spécialités du bord employées à la mise en état du matériel d'exploration.

Quoique, avant le départ, les plus minutieuses précautions aient été prises pour que les diverses parties de l'équipement soient aussi parfaites et aussi pratiques que possible, une révision complète n'en est pas moins nécessaire. On n'en a jamais fini avec un matériel aussi compliqué que le nôtre ; on découvre toujours quelque perfectionnement à y apporter. On verra ultérieurement que les préparatifs de la marche vers le Pôle nous ont donné plus de travail que nous n'en pûmes exécuter, non seulement durant notre longue traversée, mais encore pendant notre hivernage.

Rönne, de voilier, devient tailleur. L'orgueil de notre camarade est une machine à coudre qu'il avait obtenue de

Grand repos.

l'arsenal de Horten, au prix d'une dépense extraordinaire d'éloquence persuasive. Aussi quel fut son chagrin lorsque, arrivé à la Barrière, il dut se séparer de son trésor au profit de l'escouade de terre. Il ne pouvait, disait-il, comprendre quels services pourrait nous rendre cet instrument de travail. En arrivant à Buenos Aires, sa première visite fut pour le représentant de la compagnie Singer. Là encore ses talents oratoires eurent le même succès qu'à Horten, et à sa grande joie Rönne obtint encore gain de cause.

Notre voilier savait employer sa machine aux usages les plus divers, à coudre le cuir aussi bien que la voile ou que le drap. Il établit son atelier dans le kiosque ; soit sous les tropiques, soit dans la zone des vents d'Ouest, soit au milieu de la banquise, on l'y trouvait toujours au travail. Si expéditif qu'il fût, les commandes arrivaient encore plus vite. Rönne mettait son point d'honneur à accomplir la plus grande somme de besogne dans le moins de temps possible ; aussi, profond était son étonnement en voyant que, en dépit de sa diligence, il ne réussissait pas à étaler. Enumérer toutes les commandes qu'il reçut remplirait un chapitre ; je me bornerai à dire que tout le travail accompli par notre voilier fut parfait, quoique exécuté avec une remarquable rapidité. L'œuvre dont il s'enorgueillissait pardessus tout était une petite tente que, plus tard, nous abandonnâmes au Pôle Sud. Un véritable chef-d'œuvre ; en soie légère, une fois pliée, elle ne tenait guère plus de place qu'un mouchoir de poche et ne pesait qu'un kilogramme. Au moment où cette tente fut achevée, je n'osais espérer que la caravane du Sud atteindrait tout entière le Pôle, et je prévoyais le cas où quelques hommes devraient battre en retraite avant le but. Si cette éventualité se présentait et si je devais accomplir la dernière partie du trajet seulement avec deux compagnons, mon intention était d'emporter cette tente. Aussi fut-elle fabriquée en étoffe très légère, de manière à tenir le moins de place possible. Par bonheur, nous n'eûmes pas à l'employer à cet usage. Tout autre fut sa destination ; elle fut abandonnée au Pôle comme preuve de notre passage.

Le voilier est trop occupé pour avoir la charge d'une escouade de chiens. Il m'aide simplement à soigner les miens ; d'ailleurs, il ne paraît pas se soucier d'entrer en relations familières avec nos passagers. Ses principes sur la tenue d'un navire s'opposent à la présence d'une meute à bord, et Rönne ne se fait pas faute d'exprimer son sentiment à cet égard ; chaque fois qu'il monte sur le pont, il ne manque pas d'insulter ses hôtes. Bien que, en retour, les chiens ne lui témoignent pas une hostilité particulière, il est persuadé qu'il ne jouit pas de leur sympathie. Il ne fut complètement rassuré que le jour où toutes les bêtes furent muselées.

Les *skis* sont naturellement l'objet de tous nos soins. Ces patins seront probablement notre arme principale dans la lutte que nous soutiendrons contre la glace et la neige. Scott et Shackleton déclarent ces engins peu pratiques sur la Barrière. Nous ne pouvons arriver à comprendre sur quels faits s'appuient leurs affirmations. Au contraire, les descriptions de la nature de la piste données par ces auteurs nous apportent la conviction que le *ski* est le seul moyen de locomotion utile sur cet énorme glacier. Rien n'a été épargné pour nous procurer des patins de premier ordre ; de plus, pour les mettre au point, nous avons en Olaf Bjaaland un skieur expérimenté. Le nom de Bjaaland est trop connu en Norvège pour qu'il soit besoin de faire son éloge. Au départ, il ne fut pas facile de loger sur notre navire bondé vingt paires de ces longs et encombrants engins ; finalement, faute de place, ils furent fixés au plafond du salon. Dans la zone des alizés, Bjaaland, qui, pendant les deux premiers mois, a fait son apprentissage de marin, reprend son ancienne profession de fabricant de *ski* et de menuisier. Il a maintenant à ajuster les courroies des patins aux chaussures de chaque homme, afin qu'ils soient prêts à servir dès notre arrivée à la Barrière. Un équipement complet de skieur a été prévu pour chacun ; par suite, pendant la relâche devant le glacier, tout l'équipage pourra se promener à terre.

Durant les quatorze premiers jours après le départ de Madère, grâce à l'alizé de Nord-Est, nous atteignons à la voile une assez bonne vitesse moyenne. Les mécaniciens en profitent pour nettoyer et fourbir leur moteur. Lorsqu'il a bien astiqué, Nödtvedt consacre ses loisirs à l'enclume. Si notre voilier est très occupé, le forgeron ne l'est pas moins. Nous avons besoin de diverses pièces pour les traîneaux, de couteaux, de harpons, de barres, de centaines de crochets et de chaînes pour les chiens. Jusqu'au milieu de l'océan Indien, notre camarade ne se lasse pas de battre le fer ; une fois que nous sommes dans la zone des vents d'Ouest, l'ampleur du roulis rend son travail singulièrement malaisé.

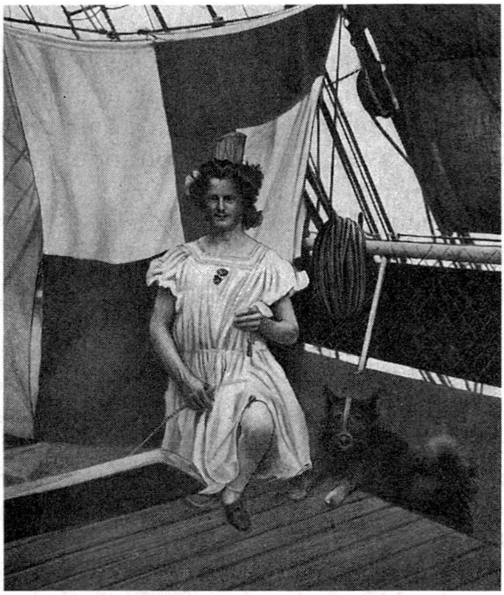

Le corps de ballet du « Fram » le jour du passage de la Ligne.

En l'absence de dames, Rönne exécute une petite danse avec les chiens.

Avant l'appareillage de l'expédition, que n'avait-on dit et écrit sur le *Fram* ? Les uns prétendaient qu'il faisait eau de toutes parts, les autres qu'il était complètement pourri. Les deux longues traversées accomplies par le navire de 1910 à 1912 montrent l'inanité de ces racontars.

Pendant vingt mois sur vingt-quatre, le *Fram* a navigué à travers des mers tumultueuses qui mettent à l'épreuve la solidité des navires. Actuellement, il est en aussi bon état qu'au moment du départ, et il pourrait recommencer les mêmes voyages sans réparations. D'ailleurs, nous savions parfaitement à quoi nous en tenir sur la solidité de sa coque. Est-ce que tous les bâtiments en bois ne font pas une certaine quantité d'eau ? Quand le moteur est stoppé, chaque matin, la manœuvre des pompes à bras pendant dix minutes suffit à vider la cale. Oh non ! la coque du *Fram* est solide. Par contre, le gréement nous donna moins de satisfaction ; faute d'un budget suffisant, je n'avais pu le faire établir aussi complet que je l'eusse désiré. Le mât de misaine porte seulement deux voiles carrées, alors qu'il en aurait fallu quatre. En second lieu, nous n'avons que deux focs. Dans la zone des alizés, nous agrandîmes la misaine au moyen d'une bonette et hissâmes une flèche au-dessus du hunier. Cette voilure de fortune ne donna pas précisément un aspect élégant au navire ; mais elle accéléra sa marche, c'était l'essentiel.

Pendant cette partie de septembre, nous faisons bonne route vers le Sud ; avant le 15, nous sommes déjà fort en avant dans la région des tropiques. La chaleur ne nous incommode plus ; d'ailleurs, elle est toujours supportable en pleine mer, tant que le navire marche. Par contre, sur un bâtiment à voile, immobilisé par le calme avec le soleil au zénith, la température n'est pas précisément agréable. En pareil cas, nous mettons le moteur en mouvement, et tout de suite nous avons un peu de brise, tout au moins sur le pont. Les logements, en revanche, sont de véritables fours. Les cabines, si confortables à d'autres points de vue, ne possèdent point de hublots, d'où l'impossibilité d'y établir de courant d'air.

Entre l'extrême chaleur et le froid intense, il est délicat de marquer ses préférences. Ni l'une ni l'autre ne sont agréables. A bord, pour la plupart nous votions en faveur de la chaleur ; en effet, alors même que les journées sont pénibles, après le coucher du soleil des heures exquises font compensation. Au contraire, dans les régions polaires, après une journée très froide, la nuit est encore plus froide. Un grand avantage des climats chauds, pour des hommes forcés de sauter du lit fréquemment, c'est la légèreté du costume qu'ils permettent. Quand le vêtement est réduit à sa plus simple expression, en une ou deux minutes vous êtes habillé.

Si les chiens avaient pu être consultés, nul doute qu'ils n'eussent à l'unanimité demandé à retourner au Groenland. Leur épaisse toison n'est pas faite pour des températures de 32° à l'ombre. On aurait tort cependant de croire que ces animaux ne se trouvent bien que par des froids rigoureux ; au contraire, ils préfèrent les températures moyennes. Sous les tropiques, ils avaient trop chaud, cela va sans dire, mais la chaleur ne les faisait pas souffrir. Sous les tauds qui couvraient le pont de l'avant à l'arrière, ils demeuraient constamment à l'ombre. Or, tant qu'ils n'étaient pas exposés au soleil, ils ne couraient point de danger. Aucun d'ailleurs ne fut malade du fait de la température. Durant la traversée, deux décès seulement se sont produits. Une chienne mourut, après avoir mis au monde huit petits, ce qui, sous toute autre latitude, aurait pu également entraîner sa mort. La cause du second décès nous est demeurée inconnue ; très certainement il n'a pas été dû à une maladie infectieuse. Par-dessus tout nous redoutions une épidémie ; grâce aux soins constants dont nous entourâmes la meute, pareille calamité fut évitée.

Dans le voisinage de l'Equateur, entre l'alizé de Nord-Est et celui de Sud-Est, se rencontre la zone des calmes. Sa position et son étendue varient avec les saisons ; il peut même arriver qu'elle fasse pour ainsi dire défaut et qu'un vent régulier vous pousse à travers toute la zone équatoriale. Le plus souvent, cette bande de calmes retarde singulièrement les voiliers. Nous arrivons dans ces parages à une époque défavorable ; dès le 10° de latitude Nord, nous sommes abandonnés par l'alizé de Nord-Est. Si les brises nous avaient fait défaut, ce n'eût été que demi-mal ; on aurait mis en marche le moteur. Mais nous eûmes la malchance de trouver un vent de Sud constant qui nous retarda notablement. De plus nous ne reçûmes pas les averses diluviennes habituelles sous ces latitudes qui, en quelques instants, renouvellent la provision d'eau ; nous ne recueillîmes que quelques gouttes. Pour ne pas être pris de court, la plus stricte économie s'impose désormais. A partir de maintenant, la ration des chiens est mesurée avec parcimonie et la nôtre réduite au strict nécessaire. Pour cette raison, les potages sont proscrits et les lavages à l'eau douce défendus. Une abondante provision de savon, qui se dissout dans l'eau de mer, nous permet de continuer à nous laver et à faire la lessive.

Si pendant quelques semaines nous éprouvons des inquiétudes à l'endroit de notre provision d'eau, ces craintes sont bientôt dissipées, la réserve embarquée dans la baleinière ayant duré près de deux fois plus de temps que nous ne l'avions escompté. En cas de disette, nous aurions relâché dans un des nombreux archipels situés sur notre route.

Depuis plus d'un mois et demi, les chiens sont restés à l'attache. Ce régime les a rendus si obéissants que nous leur donnons la liberté. Ce changement leur sera très agréable et leur fera du bien, sans compter que le spectacle de leurs ébats apportera une distraction à la monotonie de notre vie.

Avant de lâcher les captifs, il est indispensable de les désarmer. Sans cette précaution, immédiatement une bataille s'engagerait et se terminerait par une mort ou deux. Donc chaque chien est solidement muselé. L'opération terminée, aucun ne bouge ; tous semblent avoir renoncé à l'idée de quitter la place qu'ils occupent depuis si longtemps. Après un instant de réflexion, l'un d'eux s'enhardit pourtant à faire quelques pas. Le spectacle de sa liberté réveille ses voisins, et incontinent ils se précipitent sur le promeneur, heureux de cette occasion de pouvoir enfin planter leurs crocs dans la chair de leur prochain. Ils avaient compté sans les muselières ; quelques touffes de poils furent les seuls trophées de cette violente attaque. Ce n'était qu'une escarmouche ; une fois le branle donné, la bataille devint bientôt générale. Durant deux heures, des hurlements épouvantables accompagnèrent de terribles mêlées. Les poils volaient, mais les peaux restaient intactes. Cet après-midi-là, les muselières sauvèrent nombre d'existences.

Le combat est le plaisir favori des chiens eskimo. Le mal ne serait pas grand s'ils n'avaient l'habitude de se concerter pour tomber sur une bête isolée, choisie comme victime. Si on les laissait libres, ils ne lâcheraient leur pauvre proie qu'après l'avoir tuée. Des chiens de grande valeur peuvent ainsi passer de vie à trépas en quelques minutes.

Nous nous efforçâmes de faire perdre à nos élèves cet amour de la bataille, et ils comprirent vite que ce genre de divertissement ne nous était pas agréable. Nous avions, il est vrai, à lutter contre une sorte d'instinct, et il eût été vain de croire que la discipline dompterait les habitudes ataviques. Les chiens restèrent en liberté jusqu'à la fin du voyage ; on les attachait seulement aux heures des repas. Naturellement, ils allaient se blottir dans tous les coins et recoins du navire ; ainsi, souvent, le matin, on ne voyait plus une bête sur le pont ; toutes étaient cachées dans des trous et des encoignures. Naturellement, elles se faufilaient partout où nous n'avions que faire d'elles. Plusieurs profitèrent de l'ouverture des écoutilles pour sauter dans les cales ; une chute de 7 m 50 les laissait indifférentes. Un chien réussit même à se glisser dans la machinerie, bien que l'accès en fût très difficile.

Après les premières batailles, le calme s'établit. Les champions de la lutte manifestaient une sorte de honte et de désappointement devant l'inutilité de leurs efforts. A leurs yeux, le sport perdait d'ailleurs son principal attrait du moment qu'ils ne pouvaient plus goûter au sang de leurs adversaires.

Les relations des chiens ne revêtent pas toujours ce caractère d'hostilité ; entre eux naissent souvent des affections, parfois si fortes que deux amis ne peuvent vivre l'un sans l'autre. Avant de donner la liberté à nos passagers, nous avions remarqué l'air triste et malheureux de plusieurs d'entre eux. Le jour où ils furent libres, nous découvrîmes que cette mélancolie provenait simplement de ce qu'ils se trouvaient séparés d'amis très chers, placés dans une autre partie du pont. Nous mîmes aussitôt à profit cette indication pour grouper dans un même attelage les animaux qu'unissait une vive affection.

Nous pensions couper l'Equateur le 1er octobre, lorsque, plus au Nord, des brises peu favorables nous causèrent un retard de quelques jours.

Seulement dans l'après-midi du 4, le *Fram* traverse la Ligne. Une importante étape du voyage est accomplie. Le fait d'avoir atteint l'hémisphère austral met tout le monde de joyeuse humeur. D'après une coutume fort ancienne, le passage de la Ligne est célébré par une visite du Père Neptune. Si, au cours de sa promenade à bord, l'auguste personnage rencontre un homme qui n'a point déjà franchi le fameux cercle, il le remet entre les mains de ses acolytes pour qu'il soit « rasé et baptisé ». La cérémonie, qui s'accomplit toujours avec une certaine rudesse, est la source de distractions pour l'équipage et rompt d'une manière amusante la monotonie d'une longue traversée.

Le capitaine Nilsen sur la passerelle.

On cargue une voile déchirée.

Très probablement, plus d'un parmi nous songeait avec anxiété à la visite de Neptune, mais Neptune ne vint pas. Notre pont est trop encombré pour le recevoir.

La cérémonie consista en un dîner particulièrement soigné, suivi de café, de liqueurs et de cigares. Le café fut servi sur le gaillard d'avant, où, en délogeant une troupe de chiens, on gagna les quelques mètres carrés nécessaires à la table. Les divertissements furent aussi nombreux que variés. Un orchestre, composé d'un violon et de deux mandolines, exécuta plusieurs morceaux ; ensuite, on inaugura notre excellent phonographe. Au moment précis où il entama une valse, une danseuse, masquée et vêtue de jupes très courtes, déboucha sur la coursive. Cette apparition inattendue, qui rappelait un monde meilleur, fut accueillie par de chaleureux applaudissements ; ils redoublèrent après que cette charmante personne eut dansé plusieurs pas avec un art exquis. Si sous le masque on n'eût reconnu Gjertsen, l'illusion aurait été complète. Rönne se déclara satisfait seulement lorsque la danseuse eut consenti à s'asseoir sur ses genoux.

Le morceau suivant fut un entraînant *cake-walk*, dansé par un superbe nègre en habit, coiffé d'un haut-de-forme et chaussé de sabots. La vue de notre second sous ce déguisement déchaîna le fou rire : lorsqu'il commença ses contorsions, ce fut du délire.

Ces distractions nous firent d'autant plus de bien qu'à cette époque notre patience se trouvait soumise à une dure épreuve. L'alizé de Sud-Est, que nous attendions chaque jour, n'arrivait pas ; quand enfin il souffla, contrairement à sa réputation, il fut très irrégulier, venant tantôt du Sud, tantôt de l'Est, surtout du premier de ces deux caps, et toujours très faible. Par suite, nous faisons de l'Ouest et gagnons beaucoup plus en longitude occidentale qu'en latitude Sud. Nous approchons rapidement du cap San-Roque, la pointe Nord-Est de l'Amérique méridionale. Tout contact avec ce dangereux promontoire, qui s'avance très loin au large dans l'Atlantique, est heureusement évité. A ce moment enfin, le vent change, mais sans fraîchir ; dans ces conditions, le moteur doit constamment être en marche.

... Lentement, mais sûrement, nous avançons dans le Sud, et progressivement la température rentre dans les limites qui conviennent aux hommes du Nord. Bientôt même les tauds peuvent être amenés. Ce fut un vrai soulagement d'être débarrassés de ces toiles et de pouvoir circuler partout.

Le 16 octobre, à midi, l'observation nous place dans les environs de La Trinité du Sud, une oasis isolée du désert humide de l'Atlantique austral. Nous avions l'intention de tenter un débarquement ; dans la journée, le moteur ayant dû être arrêté pour un nettoyage, force nous est de renoncer à ce projet. Au crépuscule, nous apercevons vaguement la terre ; cela suffit cependant pour assurer le contrôle des chronomètres.

Au-delà du 20° de latitude Sud, l'alizé de Sud-Est nous abandonne presque complètement. Il s'est montré si mou et si intermittent que nous ne le regrettons pas.

Dans ces parages, nous pouvons avoir la chance de rencontrer un vent favorable. Actuellement, nous avons couvert 6 000 milles ; il nous en reste 10 000 à parcourir, et les jours s'enfuient avec une étonnante rapidité. Vers la fin d'octobre, se produit le changement souhaité ; une fraîche brise de Nord s'élève et pousse allègrement le navire vers le Sud. Avant le 31, nous avons atteint le 40°, c'est-à-dire la zone où nous sommes presque sûrs de trouver des vents frais soufflant dans la bonne direction. Notre route est désormais dans l'Est, le long de la zone australe des brises d'Ouest, entre le 40e et le 50e parallèle.

Nous avons placé notre confiance dans ces vents ; s'ils nous faisaient défaut, grande serait notre déconvenue. Dès que nous entrons dans leur domaine, ils nous font sentir leur force. Le traitement qu'ils infligent au navire n'est pas précisément doux, mais ses effets sont excellents ; nous filons à toute vitesse vers l'Est. Une escale projetée à l'île Gough est abandonnée, en raison de la hauteur de la mer qui ne permet pas l'approche de l'étroit mouillage de cette terre.

... Nous sommes en train de regagner le temps perdu en octobre. Comme je l'avais prévu, nous passons dans le Sud du cap de Bonne-Espérance deux mois après le départ de Madère. Le jour même où nous franchissons le méridien de la pointe australe de l'Afrique, une véritable tempête arrive sur nous, accompagnée de lames extrêmement hautes ; sur cette mer énorme, notre bateau se comporte admirablement et montre ce dont il est capable. Si une seule de ces gigantesques montagnes d'eau s'abattait sur le pont, elle enfoncerait tout. Mais le *Fram* est un merveilleux navire. Quand la vague arrive par l'arrière, menaçant de nous submerger, il s'élève d'un mouvement élégant, et la lame monstrueuse glisse sous ses flancs. Un albatros ne ferait pas mieux. Le chef-d'œuvre de Colin Archer est non seulement le plus solide bateau qui ait été construit pour la navigation dans les glaces, mais encore un admirable navire de mer, doué de qualités nautiques de premier ordre. Le *Fram* n'échappait aux atteintes des lames qu'en roulant énormément ; sous ce rapport, il nous donna plus que la mesure. Toute notre longue navigation dans la zone des vents d'Ouest a été accompagnée d'un continuel roulis ; avec le temps, on s'accoutume à tout. Il eût été encore plus désagréable d'embarquer des paquets d'eau. Un pareil mouvement ne simplifiait pas précisément la besogne des cuisiniers. Durant des semaines entières, les malheureux ne parvenaient pas à préparer un repas sans que tous les plats ne fussent renversés les uns dans les autres. Dans de pareilles conditions, une forte dose de patience et une non moindre énergie sont nécessaires aux chefs. Lindström et Olsen, qui avaient la charge des fourneaux, prirent gaiement leur parti d'une situation à laquelle nul remède ne pouvait être apporté.

Quant à nos bêtes, du moment qu'il ne pleut pas, peu leur importe la tempête. Le chien eskimo ne redoute rien tant que l'humidité. Si le pont est mouillé, il ne se couche pas et demeure debout durant des heures, en essayant de somnoler dans cette position peu confortable. Au sud du Cap, par une nuit sombre et un roulis effrayant, deux bêtes furent enlevées par un paquet de mer.

Heureusement pour la meute, dans la zone des vents d'Ouest, le temps est très variable. Si nos passagers eurent de nombreuses nuits sans sommeil, sous la pluie, le grésil et la grêle, jamais ils n'attendirent longtemps le retour du soleil. Dans ces parages où domine le régime cyclonique, brusquement le vent passe d'un cap à l'autre ; ces sautes soudaines amènent toujours un changement de temps. Une baisse du baromètre annonce le Nord-Ouest, qui est régulièrement accompagné de pluie ; la brise force ensuite jusqu'à ce que la chute du mercure s'arrête. A ce moment, il se produit une embellie, ou bien le vent vire brusquement au Sud-Ouest, en augmentant de vélocité aussi longtemps que le baromètre ne remonte pas. Le changement de direction de la brise est presque toujours suivi d'une éclaircie.

A la latitude où nous nous trouvons, la nuit ou par temps de brume, on est exposé à rencontrer des icebergs. Parfois, ces montagnes de glace flottante arrivent entre le 50e et le 40e parallèle. Les risques d'abordage ne sont pas très grands, et il est

Jakob Nödtvedt.

L'avant du « Fram ».

possible de les réduire encore par une navigation prudente. La nuit, une vigie attentive et expérimentée peut toujours apercevoir de loin la lueur blanche de la glace. Dès que nous entrons dans cette zone, la température de l'eau fut prise toutes les deux heures.

Kerguelen se trouvant sur notre route, pour diverses raisons nous décidons d'y faire escale et de rendre visite à nos compatriotes, qui ont installé une station de chasse à la baleine dans cette île. Depuis quelque temps, nos chiens maigrissent, probablement parce que leur alimentation ne comprend pas de corps gras en quantité suffisante ; or, à Kerguelen, le chantier de dépècement nous fournira toute la graisse dont nous avons besoin. En outre, quoique la provision d'eau soit suffisante, à condition de la ménager, j'aimerais remplir les caisses. J'espérais, de plus, pouvoir nous adjoindre trois ou quatre hommes. Une fois l'escouade de terre débarquée, l'équipage ne comprendra plus que dix hommes : un effectif très faible pour sortir le navire de la banquise et l'amener ensuite à Buenos Aires en doublant le cap Horn. Enfin, un débarquement sera une agréable diversion à la monotonie de notre vie. Poussés par des brises d'Ouest très fraîches, nous approchons rapidement de l'île. A cette époque, la distance parcourue chaque jour s'élève en général à 150 milles ; une fois, elle atteint même 174 milles, la meilleure moyenne de toute la traversée, une belle vitesse pour un navire lourdement chargé et n'ayant qu'une voilure réduite.

Dans l'après-midi du 28 novembre, l'île appelée Cap-Bligh, située à quelques milles au nord de Kerguelen, est en vue. Le temps n'étant pas très clair et ne connaissant pas ces parages, nous passons la nuit à la cape. Le lendemain matin, une éclaircie nous permet de prendre des relèvements. Nous nous dirigeons vers le Royal Sound, où se trouve, croyons-nous, la station des baleiniers. Sous la fraîche brise du matin, nous allions doubler le dernier promontoire, quand soudain un coup de vent s'abat sur nous ; en même temps, cette côte inhospitalière disparaît derrière un épais rideau de pluie. Donc point d'autre alternative que de tenir de nouveau la cape pour je ne sais combien de temps ou de remettre en route. Sans hésitation, nous décidons de reprendre la mer. Certes, il eût été agréable de rencontrer des compatriotes, mais il était plus utile encore d'avancer rapidement sur le chemin de la Barrière, dont 4 000 milles nous séparent encore.

L'avenir prouva que nous avons eu raison d'agir ainsi.

Décembre amène des vents favorables, plus frais encore que ceux qui ont soufflé en novembre. Au milieu du mois, nous sommes déjà à plus de mi-chemin entre Kerguelen et notre destination.

Pour réconforter les chiens, nous leur distribuons de copieuses rations de beurre, dont l'effet est merveilleux.

Nous sommes tous en parfaite santé, et plus nous approchons du but, meilleur est notre moral. A l'excellente qualité de nos vivres doit être attribué le remarquable état sanitaire du bord pendant ce long voyage. Après avoir eu, de la Norvège à Madère, une table somptueuse, alimentée principalement par de jeunes porcs que nous avions embarqués, nous dûmes nous rabattre sur les conserves. Le changement de régime ne sembla pas désagréable, grâce à la variété de nos provisions. Il y avait à bord deux tables, mais toutes deux avaient le même menu. Le déjeuner, qui a lieu à huit heures, comportait des *hot-cakes*, des confitures, de la marmelade d'orange ou du fromage, du pain frais, du café ou du cacao. Le dîner était composé d'un plat de viande et d'un dessert. Pour économiser l'eau, seulement le dimanche on servait de la soupe. Des conserves de fruits de Californie formaient la base de nos desserts. Manger le plus souvent possible, et en grande quantité, des fruits, des légumes, des confitures, est le meilleur remède préventif contre les maladies. A dîner, comme boisson, de l'eau ou du sirop ; tous les mercredis et tous les dimanches, on buvait un schnaps. Par expérience, je connais les effets miraculeux d'une bonne tasse de café chaud, lorsque l'on est réveillé en pleine nuit pour prendre le quart. Une gorgée suffit à mettre d'aplomb un homme grincheux et à moitié endormi. Aussi, le café, pour les quarts de nuit, fut une institution permanente.

Vers Noël, nous touchons presque le 150° de longitude Est, par 58° de latitude Sud. 900 milles nous séparent encore de la banquise. Fini, cet admirable vent d'Ouest qui nous a poussés pendant des semaines. Durant quelques jours ensuite, nous rencontrons des calmes ou des brises contraires. L'avant-veille de Noël, nous sommes gratifiés de pluie et d'un vent frais de Sud-Ouest.

Pour pouvoir célébrer cette fête, il est nécessaire que le temps soit de la partie, sans quoi l'éternel roulis rendra impossible tout préparatif. Quoique la mer soit toujours grosse, Lindström confectionne avec ardeur les gâteaux traditionnels. Nous essayons de le persuader de nous les donner tout de suite, lui représentant que les gâteaux ne sont jamais si bons que lorsqu'ils sont servis chauds. Notre chef fait la sourde oreille et met sous clé ses pâtisseries. En attendant le plaisir de les déguster, nous devons nous contenter de leur fumet.

La veille de Noël arrive et avec elle un temps magnifique. La mer est calme comme depuis des semaines elle n'a pas été. Le navire ne bouge plus ; rien ne s'oppose donc à ce que l'on commence les préparatifs. Dans la journée, c'est un remue-ménage complet. Le salon avant est fourbi ; les panneaux en ripolin luisent comme des glaces ; les cuivres étincellent comme des ors et les pavillons disposés le long des panneaux jettent partout des notes claires. Au-dessus de la porte, un transparent porte la formule traditionnelle : *Glaedelig Jul !* (Joyeux Noël !).

Le phonographe est installé dans une cabine sur une planche suspendue au plafond ; le piano étant complètement désaccordé, nous devons malheureusement renoncer à un concert.

L'un après l'autre, les membres de notre petite communauté font leur apparition, rasés de frais et vêtus de leur complet le plus neuf, si bien que la plupart sont méconnaissables.

A cinq heures, le moteur est stoppé, puis tout le monde s'assemble dans le carré avant, à l'exception du barreur. Sous la douce lumière des lampes de couleurs, les logements ont un aspect vraiment féerique, et dans ce milieu éclatant de gaieté, instantanément nous sentons la joie nous monter au cœur. La décoration fait honneur à son auteur, le lieutenant Nilsen, comme aux excellents amis qui nous en ont donné les matériaux.

Nous prenons place autour de la table, chargée des chefs-d'œuvre de Lindström. A ce moment, le phonographe entame le *Glade Jul !* (Joyeux Noël !).

A ce chant nous nous sentons profondément émus, et plus d'un parmi nous laisse perler une larme aux souvenirs qu'il évoque. Nos pensées s'envolent vers le vieux pays, tout là-bas, dans le Nord, vers les êtres chers que nous y avons laissés ; au fond du cœur nous souhaitons qu'ils soient en aussi bonne santé que nous.

Ce nuage de tristesse disparaît vite, et aussitôt jaillissent les rires et les plaisanteries. Pendant le dîner, le second nous régale d'une chanson de sa composition mettant en scène les petits travers de tous les camarades. Son succès est très vif.

Dans le salon arrière, le café est servi, accompagné des gâteaux de Noël. Tandis que nous faisons honneur à toutes ces bonnes choses, Lindström travaille à l'avant ; lorsque nous remontons sur le pont, un superbe arbre de Noël apparaît tout flamboyant. Alors commence la distribution des cadeaux. Nous en avons des piles, dus à la généreuse prévoyance de nos amis. Les Comités des dames d'Horten et de Fredrikstadt et les demoiselles du téléphone de Christiania nous avaient particulièrement gâtés.

A dix heures du soir, les bougies sont éteintes. De cette fête, il nous reste un souvenir qui de longtemps ne s'effacera pas.

Entre l'Australie et la limite septentrionale de la banquise, nous nous attendions au mauvais temps. Les récits de voyages nous avaient préparés à rencontrer dans cette partie de l'Océan austral des tempêtes terribles et des vents contraires.

Pour le navire, nous n'avons aucune crainte ; il faudrait un ouragan d'une force tout à fait extraordinaire pour le mettre à mal ; mais nous redoutons d'être retardés par des brises défavorables. Fort heureusement, nos appréhensions ne se réalisèrent pas. Le jour même de Noël, à midi, nous arriva le cadeau qui pouvait nous être le plus agréable, sous la forme d'un vent frais de Nord-Ouest. Rapidement, nous avançons maintenant vers notre destination. Après être descendue un peu dans l'Ouest, la brise souffla encore régulièrement pendant une grande partie de la semaine.

Le 30 décembre, nous nous trouvons par 170° de longitude Est, sous le 60° de latitude Sud. Nous sommes assez loin dans l'Est pour faire route au Sud ; à peine sommes-nous venus dans cette nouvelle direction que s'élève un bon vent de Nord. Il arrive à point ; s'il persiste, promptement nous serons en vue de la Barrière.

Nos fidèles compagnons de la zone des vents d'Ouest — les albatros — ont disparu ; d'un moment à l'autre, les premiers représentants de la faune ailée de l'Antarctique vont se montrer.

Après une étude attentive des navigations de nos prédécesseurs, nous mettons le cap de manière à couper le 65° parallèle par 175° de longitude Est. Il s'agit de franchir le plus rapidement possible la banquise qui ferme l'accès de la mer de Ross. Si des navires ont été retenus six semaines dans ces glaces,

Un albatros.

Le « Fram » à la lisière de la banquise.

d'autres les ont traversées en quelques heures, en suivant précisément la route que nous prenons.

La largeur de la banquise est naturellement très variable ; en règle presque générale, elle semble toutefois présenter une zone de moindre résistance entre le 175° de longitude Ouest et le 180° ; en aucun cas, il ne faut l'aborder plus à l'Ouest.

Le 31 décembre, nous atteignons le 62° 15' de latitude Sud.

Voici la fin de l'année ; comme elle a passé vite ! De même que ses aînées, elle nous a apporté tour à tour des succès et des déboires. Au moment où elle se termine, nous nous trouvons tout près du point où nos prévisions nous plaçaient à cette date, et tous nous sommes en parfaite santé. Le soir, un verre de grog en main, nous saluons 1911, en nous souhaitant mutuellement la meilleure chance possible dans notre grande entreprise.

Le 1er janvier, à trois heures du matin, l'officier de quart me réveille. Le premier iceberg est en vue ! Immédiatement, je monte sur le pont saluer cette sentinelle avancée de l'armée que nous allons combattre. Loin au vent, elle apparaît comme un point brillant sous les pâles rayons du soleil levant. C'est un grand bloc, ayant la forme tabulaire, caractéristique des icebergs antarctiques.

En général, la vue de ces glaçons monstrueux n'éveille guère la joie dans le cœur du marin ; à nous, au contraire, elle cause une vive satisfaction. Cet iceberg n'annonce-t-il pas l'approche de la banquise ? Grande est notre hâte de la découvrir. La navigation au milieu de la glace apportera un peu de variété dans la vie monotone que nous menons depuis cinq mois, et dont nous commençons à être fatigués. Courir quelques minutes sur un *ice floe* nous semble la plus enviable des distractions. En outre, sur la banquise, nous trouverons des phoques et pourrons nous régaler tous, bêtes et gens.

Dans l'après-midi, et dans la nuit suivante, le nombre des icebergs augmente. Heureusement, le jour continu permet de se garer facilement de ces dangereux voisins.

Nous n'aurions pu souhaiter meilleur temps : ciel clair et légère brise favorable.

Le 2 janvier, à huit heures du soir, le cercle antarctique est franchi ; quelques heures plus tard, l'homme de veille signale la banquise. Elle ne paraît guère redoutable, avec ses *floe* réunis en longues bandes que séparent de larges canaux d'eau libre. Le cap est mis droit sur ces ouvertures.

A ce moment, nous nous trouvons par 176° de longitude Est sur 66° 30′ de latitude.

La mer tombe ; le navire ne bouge plus. Après avoir chaloupé deux mois pour garder notre équilibre sur le pont, nous éprouvons un vrai soulagement à marcher librement sans prendre aucune précaution.

3 janvier. — A neuf heures du matin, ouverture de la chasse. Un gros phoque de Weddell est en vue sur un glaçon, juste par l'avant. A notre approche, il ne bouge pas ; seulement, une fois qu'il a reçu plusieurs balles, il se rend compte de la gravité de son cas et cherche à se jeter à la mer. Trop tard ! Deux hommes se trouvent déjà sur le glaçon et s'assurent de sa personne. Un quart d'heure après, l'animal était dépecé sur le pont et nous livrait environ 200 kilogrammes de viande pour les chiens, sans compter un lot pour la table. Trois fois, dans la journée, nous réussissons le même coup. Nous voici donc à la tête d'une copieuse provision. Cet heureux événement est fêté comme il convient. Les chiens bâfrent jusqu'à ce qu'ils tombent. Par l'endurance dont ils ont fait preuve au cours de cette navigation de cinq mois, ils ont largement mérité cette gratification. Nous observons, à table, plus de retenue ; néanmoins, le ragoût de phoque disparaît avec une singulière rapidité. Dès le premier essai, ce plat antarctique compte déjà des partisans chaleureux ; il en gagne vite beaucoup d'autres. Le bouillon de phoque aux légumes reçoit un accueil encore plus enthousiaste.

Le premier jour qui suit notre entrée dans les glaces, la banquise est si morcelée que nous tenons la route et conservons notre vitesse à peu près tout le temps. Le 4 et le 5 janvier, les choses ne vont pas aussi bien. Les *floe* sont parfois si resserrés que nous sommes obligés de les contourner. Jamais, cependant, nous ne sommes arrêtés ; toujours nous rencontrons des ouvertures suffisamment larges.

6 janvier. — Dans la journée, les *floe* deviennent plus étroits et les canaux plus larges. Finalement, à six heures du soir, la mer libre s'ouvre à perte de vue devant nous. Les glaces qui défendent l'entrée de la mer de Ross ont été franchies !

Position à midi : 180° de longitude Est et 70° de latitude Sud.

En quatre jours, la banquise a été traversée sans aucune difficulté. Lorsque la mer libre fournit ensuite au *Fram* une nouvelle occasion de montrer ses qualités de rouleur de premier ordre,

Les premières glaces flottantes (janvier 1911).

La banquise dans la partie nord de la mer de Ross.

plus d'un parmi nous regretta cette navigation calme au milieu des glaces.

La dernière partie du voyage est également favorisée par les circonstances. Le temps est toujours magnifique. Durant les quatre jours suivants que nous passons dans la mer de Ross, presque point d'icebergs, seulement quelques petits blocs.

Le 11 janvier, vers midi, une clarté blanche visible dans le Sud annonce que nous ne sommes plus loin du but ; à deux heures et demie, apparaît, enfin, la Grande Barrière. Après s'être lentement élevée au-dessus de la mer, elle se découvre tout entière dans son imposante majesté. Il est difficile de décrire la première impression produite par cette puissante muraille de glace. En tout cas, il est aisé de comprendre que cette falaise, haute de 30 à 35 mètres, ait été considérée, il y a soixante-dix ans, comme une barrière infranchissable vers l'extrême Sud. A travers ce mur s'ouvre une porte vers l'inconnu, c'est la baie des Baleines, située à environ 100 milles dans l'Est du point où nous nous trouvons. Donc, le cap est mis de ce côté ; pendant vingt-quatre heures, nous défilons le long de la Barrière, admirant cette colossale falaise de glace qui constitue un des aspects les plus extraordinaires de la Terre. Non sans appréhension, nous approchons de la baie, but de notre longue navigation. La trouverons-nous libre ou encombrée de glaces ? Pourrons-nous facilement atterrir ?

Promontoires après promontoires disparaissent derrière nous ; toujours la même muraille blanche. Enfin, dans l'après-midi du 12 janvier, la falaise s'infléchit par 164° de longitude Ouest, juste au point indiqué par nos prédécesseurs.

Devant nous se découvre une large baie, si longue que la vigie n'en aperçoit pas l'extrémité supérieure. Pour l'instant, on ne peut songer à y entrer. Elle est remplie de grandes plaques de glace, débris d'une banquise qui vient de se rompre. Nous avançons alors un peu plus à l'Est pour attendre les événements. Le lendemain matin, nous revenons à l'entrée de notre baie. Quelques heures après, les glaçons commencent à bouger, puis, l'un après l'autre, ils dérivent vers la pleine mer ; bientôt le passage est libre.

Une fois entrés dans la baie, nous constatons que partout il sera facile d'atterrir. Il s'agit seulement de choisir le meilleur point de débarquement.

3

Installation des quartiers d'hiver

À LA RECHERCHE D'UN EMPLACEMENT POUR LES QUARTIERS D'HIVER — PREMIÈRE VISION DE LA GRANDE BARRIÈRE — DÉCHARGEMENT DU MATÉRIEL — CONSTRUCTION DE LA STATION — TENTATIVE DE RÉBELLION DES CHIENS — LE FRAM OBLIGÉ DE DÉRADER — DESCRIPTION DE FRAMHEIM — EXEMPLE D'ENDURANCE DU CHIEN ESKIMO — CHASSE AU PHOQUE À DOMICILE — LA CUISINE POLAIRE — UN CHAPITRE DE PSYCHOLOGIE CANINE — LE « TERRA NOVA ».

Le 14 janvier 1911, c'est-à-dire un jour plus tôt que je ne l'avais prévu, nous voici devant cette célèbre Grande Barrière, cette mystérieuse formation glaciaire de l'Antarctique.

Un des articles les plus délicats de notre programme se trouve accompli : nous avons réussi à amener toute notre meute en forme sur le terrain des opérations. Bien plus, en cours de route, elle s'est augmentée. Dix-neuf naissances ont porté son effectif à 116 animaux. Presque tous sont frais et dispos et pourront être employés dans notre grande entreprise, qui commencera d'ici deux mois.

Pour le moment, il s'agit de découvrir un site favorable à l'érection de la station d'hivernage sur la Grande Barrière. Mon intention avait été primitivement de m'installer à une bonne distance de la mer, de telle sorte que, si le glacier venait à vêler, notre établissement ne fût pas exposé à être transformé en île flottante, et entraîné ensuite à travers l'Océan, au gré des vents et des courants. Afin de nous prémunir contre un accident de ce genre, j'ai l'intention de prendre nos quartiers à 18 kilomètres environ de l'extrémité inférieure de la Grande Barrière. Dès notre entrée dans la baie des Baleines, un simple coup d'œil sur le paysage environnant me convainc que nous n'avions pas besoin d'aller aussi loin. Tout à l'entour du mouillage, le glacier est très accidenté. Droit au Sud s'élève une protubérance arrondie, haute d'environ 150 mètres au fond de l'horizon que nous découvrons du pont du navire, et certainement elle se prolonge plus loin. Evidemment, comme je l'avais supposé, la profonde entaille créée par la baie des Baleines dans l'épaisseur de la Grande Barrière doit son existence à ce que le glacier repose sur le sol et à ce qu'il en a épousé plus ou moins les contours.

Promptement le *Fram* est ancré à un champ de glace fixe qui s'étend sur une distance de 2 kilomètres en avant du bord du glacier ; non moins prestement sont menés les préparatifs de départ pour la reconnaissance préliminaire. Depuis longtemps d'ailleurs tout l'équipement a été soigneusement mis au point.

Le dîner rapidement avalé, nous partons à quatre heures du soir. Un moment décisif ! Des résultats de cette première excursion dépend pour une bonne part l'avenir de l'expédition.

Un temps délicieux ; pas un souffle d'air, un soleil brillant véritablement chaud dans un ciel clair, d'un bleu pâle, rayé de quelques légers duvets blancs. Au milieu de cette douce tiédeur, des centaines de phoques se prélassent sur la banquise ; encore une heureuse chance ; avec de si abondantes ressources en boucherie, nos chiens sont assurés d'une florissante santé.

Une demi-heure après avoir quitté le bord, nous voici au pied de cette fameuse Grande Barrière qu'auréolent les mystères de la légende. Depuis sir James Ross, qui la découvrit en 1841, tous les explorateurs n'en ont parlé qu'avec une sorte de respect mêlé de crainte, comme d'une chose étrange et redoutable. Gagné par la contagion de toute cette littérature, depuis longtemps je songeais avec anxiété aux surprises que pouvait nous réserver ce glacier extraordinaire. Comment passerons-nous de la banquise sur cette mer de glace terrestre ? Que de fois cette pensée m'a hanté ! Peut-être la Grande Barrière se termine-t-elle par une formidable falaise qu'il nous faudra gravir avec des crampons ? Peut-être se trouve-t-elle séparée de la glace marine par une large et dangereuse crevasse qui nous obligera à de longs et pénibles détours ? Ah ! bien oui, un, deux, trois, un petit saut en hauteur, et nous voici sur la Barrière. Du premier coup le charme est rompu.

Ici le terrible glacier se termine tout simplement sur la mer par un modeste talus de 6 à 7 mètres de haut, et l'intervalle entre ce petit escarpement et la banquise se trouve rempli par une bonne couche de neige formant un plan incliné. On n'eût pu souhaiter passage plus aisé.

Une fois sur la Grande Barrière, nous remontons dans l'Est un petit val, entre deux monticules formés par la pression de la glace contre une aspérité du sous-sol, et guère plus gros que

Le premier mouillage du « Fram » dans la baie des Baleines (au premier plan, glace de mer et au troisième plan le mur terminal de la Grande Barrière).

deux vieilles bornes agraires. A l'un nous attachons le nom de Mount Nelson, à l'autre celui de Mount Rönnicken. Le terrain séparant ces deux mamelons est plat ; donc aucune convulsion du glacier à redouter ; de plus, de ce point, le *Fram* est visible. En présence de tous ces avantages, ma résolution est prise : c'est ici que nous installerons les chiens. Après avoir marqué cette localité pour pouvoir la retrouver aisément, nous poursuivons notre reconnaissance vers le Sud, et atteignons par la vallée le relief qui la domine. De ce point, qui ne dépasse pas une trentaine de mètres, se déroule un panorama extraordinaire, un horizon tout blanc avec de petites vagues bleuâtres. Vers le Nord, la Barrière s'étend, parfaitement unie, semble-t-il, terminée à l'Ouest par le brusque escarpement du cap Manhue, qui ferme dans cette direction la baie des Baleines.

Plus au Sud, après une petite dépression, nous rencontrons une grande plaine entourée de tous côtés de monticules, une sorte de vaste cuvette. Cette enceinte donne une impression de paix et de repos ; on doit y être à l'abri et en sûreté. Aucune crevasse, pas d'autre accident que de petites protubérances. Traversant cette plaine, nous arrivons au sommet de la bosse à pente molle qui la limite au Sud. Toujours le même panorama, une nappe blanche absolument unie, qui n'en finit pas et se confond avec l'horizon. Pendant quelque temps, nous inclinons dans l'Est, mais de ce côté aucun site ne paraît convenable pour l'établissement de nos quartiers. Donc nous revenons à notre cuvette. A tous cette localité paraît réunir les conditions désirables pour l'érection de la station d'hivernage, et d'un commun accord il est décidé que la maisonnette sera bâtie ici. Sur l'emplacement choisi, nous enfonçons un bâton, et, joyeux, rallions rapidement le *Fram*.

A bord, l'heureux résultat de notre reconnaissance cause une satisfaction générale. Tous, nous nous attendions à être obligés d'installer la station très loin de la mer, par suite à être astreints au laborieux traînage de notre pesant matériel. Cette fatigue nous sera épargnée...

... Sur la banquise, aux environs du bateau, c'est un grouillement incroyable de phoques. De tous côtés, d'énormes troupeaux de phoques de Weddell et de crabiers ; en revanche, point de léopards de mer. Pendant tout notre long séjour dans la baie des Baleines, nous n'en vîmes d'ailleurs aucun, non plus que de phoques de Ross.

Le déchargement à la baie des Baleines.

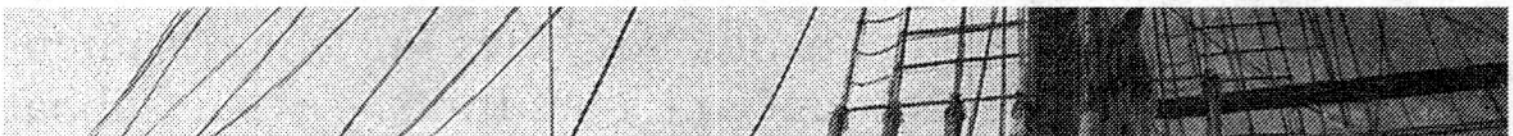

Le déchargement continue.

... Une soirée magique. Le soleil luit très haut dans le ciel ; en même temps cette terre toute en glace réverbère une lueur blanche très intense, pareille à un reflet d'astre éteint. Autour du navire une mer d'un bleu très léger, passant plus loin à une tonalité foncée très dure. Vers le Sud, une impression de jour étrange, pendant que dans le Nord le ciel sombre donne une sensation de nuit. Cette lumière de rêve éclaire de mystérieuses régions ; pour déchirer le voile impénétrable qui les enveloppe, nous sommes prêts au sacrifice de nos vies.

Le lendemain, un dimanche, même beau temps. De repos hebdomadaire, il ne saurait être question. L'équipage a été partagé en deux escouades : celle du bord et celle de terre. La première se compose de Nilsen, Gjertsen, Beck, Sundbeck, Ludv Hanssen, Kristensen, Rönne, Nödtvedt, Kutschin et Olsen, en tout dix hommes. L'autre comprend, outre le chef de l'expédition, Presterud, Johansen, Helmer Hanssen, Hassel, Bjaaland, Stubberud, Lindström, soit huit hommes. Six d'entre nous s'installeront entre le Nelson et le Rönnicken, pendant que les deux charpentiers Bjaaland et Stubberud commenceront immédiatement le montage de la maison.

Un traîneau attelé de huit chiens est chargé de 300 kilos de matériel et d'approvisionnements. Les bêtes hurlent et sautent de droite et de gauche, entremêlant leurs traits, c'est un sabbat du diable ; enfin, après de rudes corrections, un peu d'ordre est remis parmi l'attelage, et, aussitôt, l'ordre de départ est donné. Ah ! bien oui, à peine les chiens ont-ils fait quelques pas que tous ensemble, comme au commandement, se couchent par terre et refusent de bouger. Leur attitude témoigne d'un profond étonnement. Depuis plus de six mois, n'ayant fait que boire et manger sans jamais travailler, ces animaux ne comprennent pas que cette période de repos est définitivement close et qu'une nouvelle ère s'ouvre pour eux. Les fouets claquent, mais, au lieu de partir à fond de train, les bêtes se lancent les unes contre les autres et entament une bataille rangée. A la vue de notre embarras, les camarades restés à bord se tordent de rire et nous envoient une grêle de quolibets. Moi si fier de ma cavalerie, elle m'expose, dès sa première sortie, à une cruelle mortification. A force de corrections et de cris, et en poussant nous-mêmes les traîneaux, nous réussissons enfin à mettre l'attelage en mouvement. A coup sûr, cette première marche n'eut rien de triomphal.

Entre le Nelson et le Rönnicken, à 2 200 mètres de la mer, une grande tente pour seize hommes est dressée, la première que nous établissons sur la Barrière. Autour, un câble d'acier est tendu en triangle de 50 mètres de côté pour mettre au piquet toute la meute. Ensuite, nous installons une seconde tente, aussi spacieuse que la première, dans la cuvette, sur l'emplacement choisi pour nos quartiers. Après examen des lieux, il est décidé que la maison sera orientée Est-Ouest, la porte tournée dans cette dernière direction. L'avenir nous prouva le choix judicieux de cette situation. Les vents dominants soufflèrent, en effet, de l'Est. Cela fait, nous revenons à bord, non sans avoir jalonné l'itinéraire suivi de grandes taches noires de quinze pas en quinze pas. Grâce à cette précaution, quel que soit le temps, il sera aisé de retrouver son chemin entre les deux tentes et entre la plus basse et la mer.

Du site de l'habitation au mouillage, la distance est de 4 kilomètres.

16 janvier. — Le travail est en pleine marche. Quatre-vingts chiens amènent à la première tente du matériel et des approvisionnements, et vingt autres conduisent aux quartiers d'hiver des charges non moins lourdes. Cela ne va pas tout seul. A plusieurs reprises, des tentatives de rébellion se manifestent ; pour remettre les mutins dans le droit chemin, plus d'un de nous mouille sa chemise. Ce n'est que de haute lutte que nous l'emportons. Pauvres bêtes ! Que de coups de fouet elles reçoivent !

Dès cinq heures du matin, le réveil sonne. Pendant cette période, longues sont les journées de travail ; rarement avant onze heures du soir les feux sont éteints. Quoi qu'il en soit, ce labeur excessif ne nous semble pas trop rude. Tous nous avons hâte que le *Fram* puisse reprendre la mer. La situation du navire dans le port n'est pas des meilleures. A chaque instant, la glace, à laquelle il est amarré, se brise ; par suite, à tout moment, il devient nécessaire de changer de place. Durant ces semaines, l'endurance de nos camarades demeurés à bord est mise à une rude épreuve. Toujours ils doivent garder leurs postes de veille et ne peuvent dormir que d'un œil, afin d'être prêts à appareiller à la première alerte ; en dépit de ces fatigues, ils n'en conservent pas moins une bonne humeur constante. A part cet inconvénient, le mouillage n'est pas mauvais. De temps à autre, la houle se fait bien sentir et engendre des chocs désagréables, mais

Les fondations de Framheim.

Construction de Framheim.

nullement dangereux. Dans la baie, le courant portant toujours vers le dehors, les icebergs se trouvent entraînés vers le large.

L'équipage du *Fram* a pour mission de sortir de la cale le matériel et les approvisionnements et de les déposer sur la banquise, et l'escouade de terre, celle de charger ces monceaux de caisses et de barils. Le travail s'accomplit avec une régularité si parfaite que rarement les travailleurs du bord ont à attendre le retour des traîneaux, ou vice versa. Pénible est pourtant, les premiers jours, la tâche des terriens avec leurs attelages indociles ; sans répit il leur faut courir après eux pour les maintenir dans le droit chemin, et sans cesse crier et hurler, si bien que quelques-uns d'entre nous en demeurent aphones durant quelque temps.

Au camionnage, cinq hommes sont employés. Leurs traîneaux sont tirés seulement par six chiens ; avec l'effectif normal de douze bêtes, les conducteurs ne pourraient en venir à bout. Pendant que nous peinons à ce travail, un de nos camarades demeure bien tranquille, chargé de la cuisine et de la surveillance des chiens au piquet, une besogne singulièrement douce en comparaison de celle du reste de l'escouade. Aussi bien est-il décidé qu'à tour de rôle chacun de nous occupera ce poste agréable.

17 janvier. — Encore aujourd'hui une date mémorable dans l'histoire de l'expédition. On commence les fondations de la maison. Si terrifiantes sont les descriptions des tempêtes de l'Antarctique que, pour assurer l'assiette de notre habitation, les précautions les plus minutieuses sont prises. Dans ce dessein, on troue la glace jusqu'à une profondeur de 1 m 20 pour y enfoncer les supports de la maisonnette ; un travail singulièrement pénible. A 0 m 60 en dessous de la surface, rien que de la glace blanche, très dure, que le pic égratigne à peine ! Avec cela, un coup de vent d'Est qui soulève la neige à une grande hauteur et la laisse ensuite retomber dans les dépressions. Aussi bien, à mesure que nos gars creusent, leur tranchée se remplit. Mais ce ne sont pas gens à se laisser arrêter. Avec quelques pièces de bois, ils installent en avant de leur chantier un paravent ; dès lors, grâce à cet ingénieux appareil, ils ne sont plus gênés et, le soir venu, le travail est terminé. Aucune difficulté ne saurait arrêter des ouvriers de cette trempe.

La journée finie, nous allions entrer dans nos sacs de couchage pour jouir d'un repos bien gagné, lorsque tout à coup les pingouins du voisinage font un sabbat du diable. Que se passe-t-il dans la république ailée ? Sautant immédiatement hors de la tente, nous nous trouvons nez à nez avec un pingouin impérial. Le monstrueux volatile avance gravement en saluant cérémonieusement de droite et de gauche. Il a l'air d'être monté jusqu'à nous pour nous rendre visite. Une telle marque de courtoisie est à coup sûr très touchante, mais l'appétit a raison de tous nos beaux raisonnements humanitaires, et notre visiteur s'en alla terminer ses jours dans la poêle.

18 janvier. — Nous commençons le transport des matériaux de construction. Les chiens ayant repris l'habitude du travail, tout marche à souhait. A peine un traîneau est-il déchargé qu'un autre arrive, et aussitôt après les matériaux qu'il apporte sont dressés. Toutes les pièces ont été numérotées avant le départ et arrimées à bord dans l'ordre où elles doivent être employées. Par suite, nul besoin de faire des recherches pour trouver telle ou telle poutre : on a tout sous la main. De plus, en Norvège, un de nos charpentiers a dressé la maisonnette sur le chantier et la connaît, par suite, dans ses moindres détails.

C'est avec joie et fierté que je songe à ces journées laborieuses, avec joie, car jamais je n'entends une plainte, quelque dur que soit le travail ; qui n'eût pas été fier de commander à de tels hommes, soucieux uniquement de l'accomplissement de leur devoir ?

Dans la nuit, le vent tombe, et le lendemain, le temps redevient calme et clair. Un vrai plaisir de travailler au milieu de cette nature étrange, dans cette douce tiédeur hilarante de lumière.

Pendant nos allées et venues entre le navire et la station, nous chassons le phoque. Point besoin d'aller à la quête. Le gibier se rencontre sous nos pas.

20 janvier. — Le transport des matériaux de la cabane étant achevé, nous commençons celui du matériel. Ce charroi s'opère très gaiement. Le premier voyage de la journée, du campement au *Fram*, le matin, avec les traîneaux vides, est particulièrement amusant. Au réveil chacun de nous est salué par les aboiements joyeux de son attelage. A qui mieux mieux toute la bande hurle et bondit en tirant sur ses chaînes. Ah ! s'ils pouvaient se précipiter vers leur maître ! Aussi bien nous hâtons-nous de rendre visite à ces fidèles serviteurs. Le maître de l'équipage passe au milieu d'eux, en les caressant tour à tour. Celui qui est gratifié de ces petites tapes amicales manifeste la satisfaction la plus vive, tandis que ses camarades essaient de se libérer pour tomber le favori. Tous sont d'une jalousie extraordinaire ; ces bêtes, qui ne sont en somme que des loups apprivoisés, aiment leur maître autant, sinon plus, que le plus domestiqué de nos animaux. Après cette entrevue, les conducteurs apportent les harnais ; ce sont alors de nouveaux hurlements de joie. Quelque singulier que cela paraisse, ces bêtes aiment le travail ; mais, après de longs et rudes voyages, ce sentiment se modifiera. Le matin, remis de leurs fatigues par le plantureux repas du soir et par la nuit, les attelages sont frais et dispos ; aussi les harnacher n'est pas une besogne facile. Cela fait, on n'est pas au bout de ses peines. Autour du camp, des caisses, des barils gisent çà et là ; pour les chiens, ils offrent le plus grand intérêt, et, dès que le signal du départ est donné, ils filent à toute vitesse vers ces tas de matériaux, sans que l'on puisse les maintenir dans le droit chemin. Les bêtes se précipitent alors sur ces épaves et les poussent devant elles avec une ardeur extraordinaire. Pour les remettre ensuite dans la bonne voie, il faut livrer un véritable combat. Sur la banquise, également, les distractions sont fréquentes, représentées par des troupes de phoques qui se chauffent au soleil. Dès que nos animaux les ont flairés, ils partent à fond de train du côté du gibier ; en pareil cas, seul un conducteur très habile réussit à les maintenir. Tels sont les incidents de la matinée, et, quoique le thermomètre marque – 20°, souvent on arrive à bord trempé de sueur. Si par hasard tout marche bien, en quelques minutes les attelages franchissent les 2 kilomètres qui séparent le campement du mouillage du *Fram*.

21 janvier. — Plus de navire ! Dans la nuit, une brise très fraîche accompagnée de giboulées de neige a obligé le bateau à prendre le large. Ce matin, la mer brise encore avec force contre la Barrière. En attendant le retour du *Fram*, nous ne demeurons pas oisifs et achevons le transport à la station de quarante phoques tués la veille par le capitaine Nilsen. Pendant que nous nous livrons à ce travail, le navire rentre dans la baie, mais le soir seulement il peut reprendre son ancien mouillage.

Entre-temps, la construction de la maison est poussée activement. Aujourd'hui, la couverture a été établie ; désormais, les charpentiers pourront travailler à l'abri.

Bien que fréquemment ils souffrent du froid, jamais ils ne

Le « Fram » amarré à la lisière de la banquise.

Le dépôt provisoire près de Framheim.

profèrent la moindre plainte. Quand, la journée finie, j'arrivai à la tente, l'un d'eux préparait le repas du soir. Le menu ne variait guère : toujours des crêpes et un café noir comme de l'encre. Comme il semblait bon ! Entre ces deux cuisiniers de rencontre, une rivalité s'éleva bientôt au sujet des crêpes, chacun prétendant surpasser l'autre. A mon avis, leurs talents étaient égaux.

Les hommes du camp inférieur n'étaient pas à plaindre non plus, grâce à Wisting qui se révéla chef de grande maison. Son triomphe était le pingouin et la mouette à la Béchamel.

Aujourd'hui dimanche, repos ; il est bien mérité après le labeur de la semaine. Nous nous réunissons tous à bord, à l'exception des indispensables gardiens des deux camps.

23 janvier, lundi. — Nous continuons le transport des approvisionnements. Le terrain étant très accidenté près de la station, au lieu de les charroyer jusqu'à la hutte, nous les déposons sur un monticule situé à 600 mètres en avant. Plus tard, lorsque le *Fram* sera parti, nous les amènerons près de la maison. Le temps nous ayant fait défaut pour ce travail, la plus grande partie de nos approvisionnements demeura là. Au début, ce transport ne se fait pas sans quelques difficultés. Les chiens, habitués au chemin du camp inférieur, refusent de prendre une route nouvelle. Le trajet du dépôt au navire avec le véhicule vide est parfois singulièrement laborieux. Entendant leurs camarades du camp inférieur, les attelages nous entraînent souvent dans cette direction.

Aussitôt qu'un chargement arrive au dépôt, le conducteur du traîneau range les caisses dans l'ordre où elles doivent être disposées. Chaque espèce d'approvisionnements a un emplacement spécial.

Nous avons environ neuf cents colis ; à chaque voyage, un traîneau en porte six, soit 300 kilos ; d'après nos calculs, une semaine suffira pour ce transport. En effet, le samedi 28 janvier, à midi, tous les colis de vivres sont en place. Le dépôt a un aspect véritablement imposant avec ses longs rangs de caisses, chacune munie d'un numéro très apparent ; il sera par suite aisé de trouver rapidement ce dont on aura besoin.

... Maintenant, notre maisonnette est achevée. Combien différent est l'horizon qu'elle embrasse de celui où elle a été construite : là-bas, de la verdure et des eaux frémissantes, tandis qu'ici rien que la glace ! Egalement magnifiques sont les deux paysages ; mais, à mon avis, rien ne peut être comparé aux sites aimés de la patrie.

Ainsi que je l'ai déjà raconté au chapitre premier, nous avons apporté des câbles pour assujettir solidement la cabane au sol de la Barrière ; en présence du calme régnant depuis notre arrivée, cette précaution nous paraît superflue : l'assiette de la construction semble suffisamment assurée par ses fondations. La façade est goudronnée, et la toiture couverte de papier également goudronné : elle se distingue par suite très nettement au milieu de son ambiance toute blanche.

Dans l'après-midi, nous levons les deux camps et nous nous installons dans notre nouvelle demeure, le « Framheim » (la maison En avant). Quelle impression de confort, d'intimité et de propreté nous éprouvons en y entrant ! Un linoléum luisant couvre le plancher, aussi bien dans la cuisine que dans la salle commune.

La seconde partie de notre programme est maintenant accomplie, et cela en beaucoup moins de temps que je n'eusse osé l'espérer. Le sentier qui mène au but s'ouvre de plus en plus. Nous commençons à apercevoir au loin le château enchanté. Elle dort encore, la princesse lointaine qui l'habite, mais voici venir le baiser qui l'éveillera !

Très joyeuse fut la première soirée passée dans la cabane. Aux sons du gramophone, on but à l'avenir au milieu des chants et des rires.

La meute a été installée près de la station, attachée à des câbles disposés en un carré de 30 mètres de côté. Naturellement nos voisins nous gratifient d'un peu de musique. Sous la direction de l'un d'eux, ils exécutent des concerts diurnes et nocturnes. Etranges bêtes ! Que veulent-elles exprimer par ces hurlements ? Tout à coup, au milieu du grand silence qui nous enveloppe, retentit un hululement isolé. Deux ou trois suivent, puis progressivement le nombre des chanteurs augmente ; finalement, les cent chiens se mettent de la partie. Généralement, durant les concerts, ils restent assis, en levant la tête aussi haut qu'ils le peuvent. Pendant ce temps, ils semblent absorbés et ne se laissent distraire par quoi que ce soit. Très remarquable, la façon dont le chœur prend fin. Brusquement, tous se taisent à la fois ; point de retardataires ni de contretemps.

Qu'est-ce qui leur impose ce silence subit et simultané ? J'inclinerais à penser qu'ils exécutent un chant qu'ils ont étudié.

Un vieil habitant de l'Antarctique.

Helmer Hanssen à la chasse au phoque.

Ces animaux possèdent-ils la faculté de se communiquer leurs pensées par des cris ? Après notre longue intimité avec les chiens eskimo, aucun de nous n'en doute. Pour mon compte, je connaissais si bien le sens des différentes tonalités de leurs aboiements que, sans voir les chiens, seulement en les entendant, je devinais ce qu'ils faisaient. Chaque acte, chaque sentiment, ils l'expriment par un son particulier. Pour manifester leur affection envers leur maître, ils ont un cri spécial. Si l'un d'eux fait quelque chose de répréhensible, comme par exemple d'entrer dans le magasin où la viande est conservée, les autres, qui n'ont pu s'y introduire, se mettent à courir et à pousser un hurlement spécial.

De son ancêtre le loup, le chien eskimo a gardé, beaucoup plus que notre chien domestique, l'instinct de la lutte pour la vie et de l'utilité de la force. La lutte pour la vie l'a dès l'enfance mûri et lui a donné à un degré surprenant des qualités de sobriété et d'endurance. Son intelligence est vive, nette et très développée, eu égard au travail auquel il est destiné et au milieu dans lequel il vit. On aurait tort de mal juger le chien eskimo, parce qu'il est incapable d'apprendre à faire le beau ou à saisir au commandement un morceau de sucre ; ce sont là exercices trop différents de la tâche sérieuse de sa vie pour qu'il puisse jamais comprendre ces numéros de cirque. Dans leurs relations, ces animaux ne connaissent d'autre loi que celle du plus fort. Le plus vigoureux commande et agit suivant son bon plaisir. Tout lui appartient, et le plus faible se contente de ses miettes. L'amitié se développe facilement entre ces quadrupèdes, mais une amitié toujours mélangée de crainte et de respect pour la force. Obéissant à l'instinct de conservation, le faible recherche aide et protection auprès du puissant, lequel accepte ce rôle de protecteur, qui lui assure une aide fidèle, en cas de besoin. Ce même instinct se retrouve jusque dans les relations entre le chien et l'homme. Cet animal comprend que son maître lui assure la subsistance, et pour cette raison lui témoigne plus de respect et d'affection que ses congénères domestiqués, que seule la peur du fouet rend obéissants. Je pouvais sans crainte retirer la pitance de la gueule de mes douze chiens ; pas un n'eût essayé de me mordre. La peur de représailles, consistant en privation de nourriture, expliquait cette exceptionnelle soumission. Sur des chiens norvégiens, je n'aurais pas osé tenter cette expérience. Quelle est donc la raison de cette différence ? C'est que,

Le dépècement d'un phoque sur la banquise.

Chasse au phoque le long de la Barrière.

chez notre chien domestique, l'obéissance est fondée sur la crainte du fouet et non, comme chez son congénère groenlandais, sur l'instinct de sa propre conservation. Or, lorsque l'appétit l'emporte sur la peur de la cravache, le maître reçoit un coup de dents.

Quelques jours plus tard, Adolf Henrik Lindström, qui jusque-là était resté sur le *Fram* à la tête du département culinaire, rallie la station. Son arrivée complète notre organisation. Aux fourneaux du bord lui succède le plus jeune membre de l'expédition, Karinius Olsen. Avec un dévouement et une habileté auxquels je ne saurais trop rendre hommage, il remplit ses fonctions pendant plus de quatorze mois.

Désormais, avec un chef comme Lindström, la cuisine fonctionne régulièrement. Maintenant la fumée s'élève gaiement au-dessus de notre maisonnette, annonçant de loin la présence d'une habitation sur la Barrière antarctique.

Après une journée de labeur fatigant au-dehors, combien agréable est l'impression que nous laisse la vue de ce petit panache bleu ! C'est un symbole.

L'arrivée de notre camarade nous vaut non seulement un ordinaire exquis, mais encore la lumière et l'air. Immédiatement il monte la lampe Lux, et tout de suite notre intérieur resplendit de la plus vive clarté. Après quoi, avec le concours de Stubberud, il établit le ventilateur. L'installation en est laborieuse ; malgré les efforts de nos deux camarades, l'appareil ne fonctionna jamais régulièrement, surtout par les temps calmes. Lorsque le ventilateur s'arrêtait, Lindström et Stubberud n'épargnaient ni leur temps ni leurs peines pour le remettre en marche. En pareil cas, pendant une heure ou deux, l'un et l'autre travaillaient sur le toit, en dépit des intempéries, jusqu'à ce que tout fût remis en ordre. Une bonne ventilation est la condition essentielle de la santé pendant un hivernage polaire. Si nombre d'expéditions ont souffert du froid et de l'humidité et ont été éprouvées par les maladies, cela tient principalement à ce que le renouvellement de l'air dans leur habitation n'était pas suffisamment assuré. Si l'air frais arrive en abondance, la combustion du charbon dans le poêle deviendra plus complète ; par suite, la chaleur qu'il dégage plus grande. Au contraire, la ventilation est-elle défectueuse, une grande partie du combustible ne brûle pas, et la pièce devient froide et humide.

La lampe Lux et le fourneau de la cuisine suffisaient à entretenir dans l'habitation une température agréable. Les occupants des couchettes supérieures se plaignaient même continuellement de la chaleur.

Notre pièce commune renferme dix cadres ; comme nous ne sommes que neuf, la couchette inoccupée est enlevée et à sa place est installée la boîte des chronomètres. Nous possédons six chronomètres et six montres de torpilleur que nous portons continuellement, et dont la marche fut pendant tout l'hiver comparée à celle des chronomètres. Les instruments de météorologie sont suspendus dans la cuisine, le seul endroit dont nous disposions. Lindström assuma la charge de sous-directeur et d'ouvrier d'art de la station météorologique de Framheim.

Dans le grenier est emmagasiné tout ce qui ne peut être exposé sans inconvénient à de basses températures : les médicaments, les sirops, les confitures, la crème conservée, les pickles, les sauces. Nous y logeons, en outre, la bibliothèque et les costumes pour les expéditions en traîneaux.

Après le 30 janvier, nous amenons à la station le charbon, le bois, l'huile et la provision de poisson sec.

Pendant l'été, la température varia entre – 15° et – 25°.

Chaque jour, nous tuons de nombreux phoques. Déjà nous en avons abattu une centaine, dont les dépouilles forment un gros tas de viande à la porte même de la hutte. Un soir, pendant le souper, Lindström annonce qu'il sera inutile désormais d'aller sur la banquise pour chercher le gibier, car il vient à nous. De suite nous sortons ; en effet, un crabier se dirige droit vers la maison. Mal lui en prit de sa curiosité.

Voici maintenant une histoire amusante. Lassesen, la meilleure bête de mon attelage, adorait la liberté ; très malin, il avait un jour trouvé moyen de se débarrasser de sa chaîne, et, comme tout bon chien eskimo, avait usé de sa liberté pour se battre. Il avait donc cherché querelle à Odin et à Thor. Au cours du combat, les chaînes de ses deux adversaires s'entortillèrent autour de la patte gauche de Lassesen et la serrèrent tellement que la circulation fut arrêtée. Combien de temps il demeura dans cet état, je l'ignore ; en tout cas, lorsque j'arrivai sur le théâtre de la bataille, le chien était très mal en point. Sa patte était gelée. Pour rétablir la circulation, pendant plus d'une heure je tins le membre malade dans ma main. Une fois la sensibilité revenue, la patte devint naturellement très douloureuse et enfla énormément ; dès lors, Lassesen se débattit, mais sans

Wisting à la chasse au phoque.

Vue générale de Framheim.

essayer de me mordre. Fatigué moi-même du traitement, je lâchai la bête. Quel ne fut pas mon étonnement de la voir le lendemain parfaitement ingambe : elle boitait seulement très légèrement !

... En raison de l'abondance du travail, mon journal est pendant cette période rédigé en style télégraphique. Par exemple, février se termine par cette brève mention : « Un pingouin-empereur vient nous rendre visite. Marmite. »

Cette semaine, nous débarrassons le *Fram* des derniers chiens restés à bord — vingt petits encore à la mamelle. Les marins ne les regrettèrent pas. La température se maintenant aux environs de – 20°, avec de tels hôtes il était impossible de tenir le pont propre ; l'eau que l'on y jetait gelait immédiatement. Aussitôt nos nourrissons débarqués, l'équipage tout entier se mit au briquetage ; quelques heures après, le *Fram* était redevenu propre et luisant. Avec les égards dus à leur âge, nos élèves furent voiturés à la station dans des caisses bien chaudes. A leur intention, une tente avait été dressée, mais ils refusèrent énergiquement d'y entrer ; force nous fut donc de les laisser dehors. Ces jeunes chiens passèrent la grande partie de l'hiver au grand air ; pendant quelque temps, ils demeurèrent près des carcasses de phoques. L'installation préparée à leur intention ne fut pas cependant inutile. Tisper, sur le point de mettre bas, y fut logée ; dès lors, cet abri reçut le nom de « Maternité ».

Nous dressons ensuite les autres tentes : huit comme chenils pour les attelages, deux pour le poisson sec, une pour la viande de phoque, une seconde pour les provisions, et une troisième pour le combustible ; en tout, quatorze tentes. Maintenant, la station a l'aspect d'un camp.

A cette époque, d'importantes modifications sont apportées au harnachement des chiens, un de nos camarades ayant eu l'ingénieuse idée de combiner le harnais de l'Alaska avec celui du Groenland. Le résultat de cette transformation est excellent ; à l'avenir cet équipement sera seul employé. A notre avis unanime, il est très supérieur à tous les autres, et les chiens semblent partager cette opinion. En tout cas, avec ce harnachement, ils tirent mieux et plus facilement.

4 février. — Grand événement ! A six heures et demie du matin, comme d'habitude, nous étions tous partis chercher des charges sur le bord de la baie, lorsque l'homme en tête de la colonne se met à gesticuler comme un fou. Evidemment, il aperçoit quelque chose d'extraordinaire. Mais quoi ? Arrivé au même point, le second se livre à une pantomime non moins animée et crie des explications que je ne puis entendre. Sollicité par la curiosité, je presse le pas et rejoins rapidement les camarades. Que vois-je ? Une grande barque est là, rangée le long de la glace, juste au sud du *Fram*. C'est le *Terra Nova*, le navire du commandant Scott. Bien souvent nous avions parlé de la possibilité de rencontrer l'expédition anglaise lorsqu'elle se dirigerait vers la Terre du Roi-Edouard VII ; ce n'en est pas moins une fière surprise. A mon tour, je lève les bras au ciel, de même que tous ceux qui arrivent après moi. Je crois, Dieu me pardonne, que le dernier de la bande qui, lui, n'avait personne à avertir, gesticula encore plus violemment que les autres. Un étranger témoin de la scène nous eût certainement pris pour des échappés d'un asile d'aliénés.

Le *Terra Nova* était arrivé à minuit. A ce moment, l'homme de quart à bord du *Fram* venait de descendre avaler une tasse de café. Quand il remonta sur le pont, un second navire se trouvait là, devant la Barrière ! Notre homme se frotte aussitôt les yeux et se pince le mollet pour se convaincre qu'il ne rêve pas. Non, le bateau lui apparaît toujours, et il en conclut qu'un deuxième navire est entré dans la baie.

Le lieutenant Campbell, chef de l'escouade chargée d'explorer la Terre du Roi-Edouard VII, s'empressa de rendre visite à Nilsen. Il lui annonça que, n'ayant pu aborder, il allait rallier le Mac Murdo Sound pour, de là, gagner le cap Nord et s'installer dans la partie septentrionale de la Terre Victoria. Immédiatement après mon arrivée, le lieutenant Campbell revient à bord du *Fram* et me confirme ces nouvelles.

L'entrevue terminée, nous chargeons les traîneaux et retournons à la station, où bientôt nous avons le très grand plaisir de recevoir le lieutenant Pennel, commandant du *Terra Nova*, le lieutenant Campbell et le chirurgien de l'expédition. Nous passons ensemble deux heures fort agréables. Dans la journée, trois d'entre nous vont visiter le *Terra Nova* et y sont retenus à déjeuner. Nos hôtes se montrèrent extrêmement aimables et nous proposèrent de se charger de notre courrier pour la Nouvelle-Zélande. J'aurais été très heureux d'accepter cette offre amicale, mais notre temps était trop précieux pour l'employer à la correspondance.

A deux heures de l'après-midi, le *Terra Nova* appareilla. Après cette visite, nous ressentîmes presque tous, pendant quelques heures, le malaise de la grippe. Ce fut alors un concert d'éternuements et un rhume de cerveau général.

Le lendemain, dimanche 5 février, les hommes du *Fram* montent nous voir. Ne pouvant quitter tous à la fois le navire, ils se partagent en deux groupes. Quatre dînent avec nous et six viennent ensuite partager notre souper. Ce fut pour nous une joie de leur montrer notre demeure et de leur souhaiter un heureux voyage.

4

Expéditions préliminaires vers le Sud

RECONNAISSANCE SUR LE FRONT DE LA BARRIÈRE — ÉTABLISSEMENT D'UN DÉPÔT DE VIVRES AU 80° DE LATITUDE — PRÉCAUTIONS PRISES POUR RETROUVER LES DÉPÔTS — UNE ÉTAPE DE CENT KILOMÈTRES — PERFECTIONNEMENTS APPORTÉS À L'ÉQUIPEMENT — SECONDE EXPÉDITION POUR INSTALLER UNE « CACHE » — L'AUTOMNE DANS L'ANTARCTIQUE — 41° SOUS ZÉRO — UN PÔLE DE FROID SUR LA BARRIÈRE — MONTICULES TROMPEURS — TROISIÈME EXPÉDITION AU 80° DE LATITUDE

Le transport du matériel des bords de la baie à la station ne suffit plus à occuper huit hommes. Il est alors décidé que, pendant que quatre d'entre nous achèveront le charroi des approvisionnements, les autres iront reconnaître le terrain dans le Sud et établir un dépôt de vivres au 80° de latitude.

Le départ est fixé au 10 février. A notre retour, le *Fram* aura repris la mer. Donc la veille je fais mes adieux aux camarades. J'ai à cœur de remercier ces excellents collaborateurs de leur dévouement. Tous regrettent de nous quitter au moment le plus intéressant et de ne pas prendre part à l'expédition vers le Pôle. Pendant des mois, ils vont obscurément lutter contre les glaces et les tempêtes, puis, dans un an de nouveau, ils entreprendront un long et pénible voyage pour revenir nous chercher. C'est pour eux une dure épreuve, mais nul ne songe à se plaindre. Ayant promis leur concours au succès de l'expédition, tous mettent leur point d'honneur dans l'accomplissement silencieux du devoir. Je laisse au capitaine Nilsen des instructions qui peuvent être résumées en une phrase : « Poursuivez, lui écrivais-je, l'exécution de notre programme de la manière que vous estimerez la meilleure. » L'habileté de mon second m'inspire une confiance absolue. Commandé par cet officier expérimenté, le *Fram* est en bonnes mains.

... Le lieutenant Presterud et moi allons examiner de l'autre côté de la baie les voies d'accès au front de la Barrière.

Dans cette partie du mouillage, la banquise est encore intacte, traversée seulement de rares fentes. Plus loin, vers l'intérieur de la baie, s'élèvent des rangées de monticules engendrés par les pressions. Dans cette région complètement protégée, leur genèse ne saurait être attribuée aux agitations de la mer. Ici la baie est relativement étroite. 5 kilomètres seulement.

L'ascension du front du glacier ne présente aucune difficulté ; en quelques instants nous en atteignons le sommet. La hauteur de l'escarpement terminal ne dépasse pas 20 mètres. Grande est notre émotion en arrivant sur la Barrière. Jamais, jusque-là, nous n'avions eu une vue étendue de cette nappe de glace dans la direction du Sud. Le panorama ne nous cause aucune surprise. A perte de vue, une plaine de neige qui n'en finit pas. Notre itinéraire vers le Sud nous amènera à la lisière des hauteurs que nous avons signalées plus haut. La piste est excellente : une mince couche de neige reposant sur une nappe solide, bref un terrain idéal pour le *ski*. D'autre part, le modèle de patin que nous possédons, long et effilé, paraît particulièrement bien approprié à ce genre de surface. Ainsi, nous avons découvert le point où il est facile d'escalader la Barrière et constaté que la route s'ouvre vers le Sud dépourvue d'obstacles. L'emplacement de ce site fut ultérieurement marqué d'un pavillon, et la localité reçut le nom de « Place du Départ ».

Au retour, comme à l'aller, nous croisons de nombreux troupeaux de phoques endormis sur la glace. A notre approche, ils lèvent légèrement la tête, nous regardent un instant, puis se retournent pour continuer leur sieste. Si sur la banquise ces animaux étaient exposés à l'attaque d'ennemis, ils seraient gardés par des sentinelles, comme leurs congénères dans l'Arctique.

Pour cette reconnaissance, nous avons endossé des vêtements en peau de renne. Par la température régnant aujourd'hui, ils sont beaucoup trop chauds ; de cette première excursion nous rentrons baignés de sueur.

Lorsque le froid est très intense, ce vestiaire est incomparablement le meilleur, mais rarement nous aurons l'occasion de l'utiliser.

10 février. — A 9 h 30 du matin, départ pour le Sud. La caravane comprend quatre hommes et trois traîneaux tirés chacun par six chiens. Chaque véhicule porte environ 250 kilos d'approvisionnements destinés au dépôt, non compris les vivres et le matériel nécessaires pour le voyage. Ce chargement se compose de pemmican pour les chiens (150 kilos par traîneau), de viande et de lard de phoque, de poisson sec, de chocolat, de margarine et de biscuits. Le matériel comprend deux tentes pour trois hommes, quatre sacs de couchage, les ustensiles de cuisine et dix longs bambous munis de pavillons noirs, destinés à jalonner la route. Ignorant alors l'état de la Barrière, nous n'avons aucune idée de la durée probable de cette expédition.

Les chiens sont bien disposés, et au grand galop nous quittons Framheim. Sur la banquise qui recouvre la baie, nous traversons une série de *toross*[1]. Cela ne va pas sans incident ; au passage de cette surface disloquée, les uns après les autres les traîneaux versent, heureusement sans qu'il en résulte aucune avarie. Dès le début, le matériel se trouve ainsi soumis à une épreuve de résistance. Au-delà, nous passons près de plusieurs troupes de phoques ; à cette tentation, les chiens ne peuvent résister et filent ventre à terre dans la direction du gibier. La lourdeur des charges a raison de leur ardeur, et bientôt ils s'arrêtent d'eux-mêmes.

Autour du mouillage du *Fram*, la glace a complètement disparu ; par suite, le navire peut s'amarrer à la Barrière même.

Nos quatre camarades, qui doivent rester à la station, nous font la conduite pour nous prêter main-forte dans l'escalade du front du glacier. Au retour, ils chasseront. Sur la banquise les occasions d'un beau coup de fusil ne manquent pas ; dans toutes les directions, des phoques, une pièce qui en vaut la peine.

J'ai nommé Wisting chef de la station. En notre absence, les habitants de Framheim devront camionner jusqu'à la maison le

1. Amoncellements de glaces produits par les pressions auxquelles sont soumises les banquises. *(N. d. T.)*

En route pour aller établir des dépôts de vivres vers le Sud.

Une vue de la Grande Barrière.

reste des approvisionnements débarqués et élever contre le mur ouest de la hutte un appentis pour que la porte de la cuisine ne s'ouvre pas directement sur le glacier. Cette construction servira d'atelier au charpentier. Nos amis devront, en outre, tuer le plus grand nombre possible de phoques. Il importe que la provision de viande fraîche soit suffisante pour assurer une alimentation copieuse aux chiens comme aux hommes. Le gibier ne manque pas. Si, pendant l'hivernage, nous venions à être privés de vivres frais, ce serait bien notre faute.

L'escalade de la Barrière est assez laborieuse. Après avoir renforcé les attelages, les traîneaux sont hissés toutefois sans trop de peine au sommet de l'escarpement terminal de la Barrière. Les gens du *Fram* suivent nos mouvements à la jumelle. Témoins de nos efforts dans l'ascension du glacier, ils doivent se demander ce que cela sera lorsque nous devrons attaquer le plateau qui défend l'accès du Pôle.

Au moment de la séparation avec nos camarades de Framheim, aucune scène émouvante ; une simple poignée de main, et « au revoir » !

Monté sur ses *ski*, Presterud avance en tête du convoi. Les chiens marchent toujours plus allègrement lorsqu'un homme les précède. Ensuite vient Helmer Hanssen. Ce poste d'avant-garde, il le conserva dans toutes nos expéditions ultérieures. Nous avions accompli ensemble le passage du Nord-Ouest, et, au cours de cette exploration, j'avais apprécié son incomparable maîtrise comme conducteur de chiens. Son traîneau porte la boussole étalon, qui lui permet de rectifier la route suivie par Presterud. Après Hanssen avancent Johansen, puis l'auteur de cette relation. Je préfère marcher en queue pour tout surveiller. Quelque précaution que l'on prenne pour arrimer les charges, fréquemment un objet tombe d'un traîneau. Si l'arrière-garde fait bonne veille, elle peut épargner à la caravane de gros ennuis. Au cours de nos expéditions, que d'ustensiles indispensables se détachèrent et que je recueillis ! La tâche la plus lourde incombe naturellement au conducteur de tête. Il doit ouvrir la route et faire avancer ses chiens, tandis que les autres n'ont qu'à suivre. Honneur, donc, à Helmer Hanssen, qui a accompli cette besogne à la satisfaction générale. La fonction d'éclaireur n'est pas non plus très agréable. Si l'homme en pointe d'avant-garde n'a pas d'attelage à surveiller, il n'est pas précisément gai de marcher sans avoir jamais l'esprit occupé. Son unique distraction est d'obéir aux commandements de Hanssen sur la direction à suivre : un peu à droite, un peu à gauche.

... Sur cette surface complètement dépourvue de points de repère, il est malaisé de tenir sa route. Imaginez une plaine immense, enveloppée d'un épais brouillard ; pas un bruit, et partout une neige uniforme sans la moindre ride. Très certainement, un Eskimo réussirait à trouver son chemin à travers cette morne étendue toujours pareille, mais il n'en va pas de même d'un homme civilisé. Sans le secours de la boussole, il tournerait dans tous les sens et finirait par se perdre.

Les conducteurs, eux, n'ont pas le temps de s'ennuyer. Sans une minute de repos, ils doivent surveiller leur attelage et s'assurer que, parmi leurs bêtes, il n'y a pas de tireur au flanc. Constamment ils ont à ouvrir l'œil pour éviter que leur traîneau ne chavire au passage de quelque aspérité du sol. C'est que ce n'est pas drôle de relever un véhicule pesant dans les 400 kilos.

... A partir du point où nous avons pris pied sur la Barrière, cette plaine s'élève en pente très douce, et, après un léger boursouflement, devient absolument plane. Sur ce renflement, nous faisons halte. Nos camarades ont disparu ; dans le lointain, on voit encore le *Fram*, encadré de glaces éblouissantes. Reverrons-nous jamais nos camarades ? Et si nous les retrouvons, quelle sera alors la situation ? Dans l'intervalle, le navire doit traverser l'océan, et nous escalader des régions glacées inconnues ; pendant ce temps que d'événements peuvent survenir !

... Tout là-bas, le pavillon national flotte glorieusement au haut du mât. La vision lointaine de ce morceau d'étoffe est comme le dernier salut de la patrie.

... Maintenant nous sommes en route pour le Sud. Le premier contact avec la Barrière est singulièrement intéressant. Cette partie du glacier est vierge de pas humains, et notre équipement n'a pas été encore mis à l'épreuve. Quel terrain allons-nous rencontrer ? Sera-ce toujours cette plaine sans fin et sans obstacle ? Ou bien verrons-nous se dresser devant nous d'insurmontables difficultés ? Avons-nous eu raison de mettre toute notre confiance dans les chiens ou n'aurions-nous pas mieux fait d'emmener des rennes, des poneys, des automobiles, des aéroplanes ?

La piste est excellente, les chiens trouvant un très bon point d'appui sur une mince couche de neige molle et filant par suite très rapidement.

Les circonstances atmosphériques laissent par contre à désirer pour une expédition sur une terre inconnue. Si la température est douce et l'air calme, en revanche la lumière est mauvaise. Une légère buée enveloppe le paysage et une lumière diffuse confond ciel et glacier dans une même grisaille uniforme. Cette buée, sœur cadette de la brume, rend la marche fort désagréable. Il ne se produit aucune ombre ; par suite, impossible de distinguer les mouvements du terrain. Aussi, à chaque instant, l'éclaireur de la colonne tombe ou fait des efforts désespérés pour garder son équilibre. Les conducteurs sont plus favorisés ; en cas de besoin, ils peuvent se retenir à leur traîneau. Eux aussi doivent veiller aux inégalités de la piste pour empêcher leur véhicule de chavirer. Cette lumière est très pénible pour les yeux ; après une étape, par un temps pareil, les cas d'ophtalmie des neiges sont fréquents. Ces affections sont dues non seulement aux efforts continuels que l'on fait pour voir, mais encore à la négligence. Trop souvent, afin de mieux distinguer le terrain, on enlève ses lunettes pendant quelques instants, et cela suffit. Au cours de nos longues randonnées, nous n'éprouvâmes que quelques atteintes légères de cette affection douloureuse.

L'ophtalmie des neiges présente un point commun avec le mal de mer. Demandez à un homme s'il a le mal de mer, neuf fois sur dix il vous répondra : « Non, pas du tout ; je souffre simplement de crampes d'estomac. » De même, après l'étape, un homme a-t-il les yeux injectés de sang, interrogez-le à ce sujet, il s'écriera d'un air offensé : « Moi ? mais je ne suis pas atteint d'ophtalmie ; j'y vois très bien J'éprouve seulement une légère gêne dans un œil. »

Sans le moindre effort, nous couvrons 28 kilomètres.

Nous avons deux tentes, une pour deux hommes. Construites pour trois, elles se trouvent trop petites pour quatre. Afin d'économiser le combustible, la cuisine n'est faite que dans une seule. La température n'est pas assez froide pour qu'il soit utile de chauffer nos abris.

Pendant cette première expédition, comme pendant celles qui furent entreprises par la suite pour installer d'autres dépôts, les préparatifs de départ le matin furent beaucoup trop longs. Bien que levés dès quatre heures, nous ne nous ébranlions qu'à huit heures. Sans résultat, je pressais mon monde. Dame, on aimait flâner. Actuellement, cela n'offre aucun inconvénient, mais dans la marche vers le Pôle, il faudra être plus expéditif.

11 février. — En six heures, nous couvrons nos 28 kilomètres. Toute la journée, le terrain présente une légère pente vers le Sud qui fatigue un peu les chiens.

A une distance de 46 kilomètres dans le Nord, nous apercevons à nos pieds la baie des Baleines ; nous avons donc monté considérablement. D'après notre estime, le camp se trouve aujourd'hui à 150 mètres au-dessus de la mer. A la suite de cette constatation, quelques-uns hasardent une nouvelle théorie sur la Grande Barrière et prétendent qu'elle forme un plan incliné en pente douce jusqu'au Pôle.

Toute la journée, temps très chaud ; seulement 12° sous zéro ! J'ai dû me dévêtir et ne garder que les vêtements de dessous indispensables. On peut deviner quel est mon costume par le nom de « colline du Caleçon » que je donne à un monticule.

12 février. — Brume intense. Nous sommes sur un terrain vierge, et impossible d'en apercevoir quoi que ce soit. Egalement aujourd'hui nous avons l'impression de monter.

A une heure, on signale la terre droit devant nous. D'après les gestes de la tête de colonne, je crois comprendre qu'elle est très étendue, mais je ne distingue rien. A cela rien d'étonnant : ma vue n'est pas bonne, et cette fameuse terre n'existe pas. Un long banc de brume avait induit en erreur les éclaireurs ! Quelques heures plus tard, le brouillard se lève, découvrant un terrain légèrement accidenté.

Aujourd'hui, parcouru 40 kilomètres, au lieu des 28 des précédentes étapes.

Nous sommes très légèrement habillés. Par-dessus un gilet et un caleçon de laine, nous ne portons que des vêtements minces pour nous garantir du vent. Avec une pareille température, les pelleteries seraient intolérables ; on les met donc de côté. Pendant cette expédition, la plupart de nous ont couché dans les sacs les jambes nues.

13 février. — Calme plat et temps clair. Pour la première fois, vue étendue sur la Barrière. Vers le Sud, cette nappe de glace semble, sur une très grande distance, complètement unie et horizontale ; dans l'Est, elle se relève sensiblement, probablement vers la Terre du Roi-Edouard.

Les tentes des chiens à Framheim.

L'après-midi, nous croisons notre première crevasse ; suivant toute vraisemblance, depuis longtemps elle est comblée.

Longueur de l'étape : 37 kilomètres.

Dans nos expéditions pour aller installer les dépôts, nous avons emporté des bouteilles thermos. Grâce à elles, nous prenons dans la journée une tasse de chocolat brûlant. Combien il est agréable de pouvoir absorber une boisson chaude au milieu de ce désert de neige sans qu'il soit besoin de faire une halte prolongée ! Dans notre raid au Pôle, nous ne prîmes pas de thermos ; par suite, nous n'eûmes pas de lunch.

14 février. — Après une marche de 18 km 5, nous atteignîmes le 80° de latitude. En raison d'une avarie survenue au théodolite, les coordonnées de ce point que nous obtenons aujourd'hui sont entachées d'erreur. Ultérieurement, plusieurs séries d'observations donnèrent pour la latitude de ce premier dépôt : 79° 59'.

La route a jusqu'ici été jalonnée de bambous surmontés de pavillons, plantés à des intervalles de 15 kilomètres. La position de la « cache » n'ayant pu être déterminée par des observations astronomiques, ces « amers » nous semblent insuffisants ; en conséquence, pour que la prochaine fois il soit facile de retrouver la route, au retour, de distance en distance, nous ficherons un poisson sec dans la neige.

Dès notre arrivée au 80° degré de latitude, nous commençons la construction du dépôt. Il est bâti très solidement, et on lui donne une hauteur de 4 mètres.

Dans cette région, la surface de la Barrière est toute différente de celle observée jusqu'ici. Partout aux environs s'étend une épaisse couche de neige molle : suivant toute vraisemblance, elle a dû tomber par un calme plat. Presque toujours, ultérieurement, nous avons retrouvé la même neige dans ces parages.

Une fois le dépôt terminé, nous prenons place sur les traîneaux, et en route pour Framheim. Un voyage singulièrement agréable, une vraie partie de plaisir que de se faire ainsi voiturer.

Maintenant, notre seule occupation est de jalonner la piste avec nos morues. Tous les 500 mètres, un poisson est enfoncé dans la neige. Ce mode de bornage inédit donna d'excellents résultats ; en plusieurs circonstances, il nous remit dans le droit chemin, et au retour de la seconde expédition il fut particulièrement apprécié par nos chiens affamés.

Aujourd'hui, étape de 70 kilomètres ! Nous ne nous couchons pas avant une heure du matin ; le lendemain, dès quatre heures, nous sommes debout, et, à sept heures et demie, en route. Quatorze heures plus tard, nous étions de retour à Framheim, après une trotte de 100 kilomètres ! En marchant à cette vitesse, nous ne nous proposions nullement d'établir un record sur la Barrière, nous désirions simplement rentrer avant le départ du *Fram*, afin de serrer une fois de plus la main de nos chers camarades. Notre diligence fut inutile. Le navire était parti quelques heures avant notre retour. Maintenant, combien la rade vide nous semble triste ! Devant ce paysage silencieux, soudain un voile de mélancolie nous enveloppe.

Après cette reconnaissance, il nous est permis d'envisager l'avenir avec confiance. Nous connaissons le terrain de nos futures opérations et avons expérimenté le moyen de locomotion que nous avons adopté. L'un et l'autre répondent à nos désirs. J'ai toujours pensé que les chiens sont d'incomparables animaux de trait ; après ces dernières étapes, mon admiration pour eux devient de l'enthousiasme.

Voici du reste la performance de mon attelage : 14 février, 19 kilomètres vers le Sud avec un poids de 350 kilos ; ensuite 51 kilomètres vers le Sud. Cette dernière partie de l'étape est accomplie avec quatre bêtes seulement et un poids de 300 kilos, soit environ 70 à 80 kilos par tête. La charge se décompose ainsi : 75 kilos pour le traîneau, 163 pour les deux voyageurs, 70 pour les sacs de couchage, les *ski*, etc. Après cela, on ne saurait plus élever le moindre doute sur la valeur des chiens comme animaux de trait sur la Barrière.

Cette première expédition nous suggère diverses modifications importantes à apporter à notre matériel. Construits pour circuler sur un terrain très accidenté, nos traîneaux sont très solides, par suite très lourds. La Barrière présentant une surface unie, l'emploi de véhicules plus légers s'impose. Sans inconvénient, leur poids peut être réduit de moitié au moins. Les chaussures en toile à voile pour le *ski* devront également être complètement modifiées. Il faudra les élargir et en même temps les assouplir.

En notre absence, nos camarades demeurés à Framheim ont accompli des prodiges. La maison a pris un tout autre aspect, avec sa véranda. Cette construction occupe toute la façade

Lindström.

ouest, soit 3 m 90, et mesure environ 3 mètres de large. Eclairée par deux fenêtres, elle est très agréable. Tout autour de la baraque, nos amis ont creusé un passage, large de 1 m 50, qu'ils ont couvert, en prolongeant le toit jusqu'à la neige. Il servira de magasin pour les boîtes de conserves et la viande fraîche. En même temps un ingénieux agencement de planches permet d'y recevoir la neige provenant du toit. Cent vingt chiens vagabondent autour de la station ; il est donc nécessaire de s'assurer les moyens d'avoir de la neige propre pour la cuisine et les usages domestiques.

Avant l'arrivée des grands froids, nous avons à nous occuper de l'installation des quartiers d'hiver de la meute. Pour cela, nous creusons la Barrière jusqu'à une profondeur de 1 m 50, un travail pénible qui nécessite l'emploi de la hache à glace, et sur cette excavation nous dressons ensuite une tente. L'abri a une hauteur de 6 mètres et un diamètre de 4 m 50 à la base. Au milieu, douze piquets également espacés sont enfoncés dans la glace pour attacher les habitants du logis. Les chiens parurent goûter leur installation : ils y étaient du reste fort bien. Pas une seule fois, pendant leur séjour sous la tente, je n'ai vu leurs poils couverts de givre. Ces gîtes spacieux, bien aérés et bien éclairés, réunissaient toutes les conditions hygiéniques désirables. Pour le préserver de la dent des habitants, le piquet central de la tente fut entouré d'une colonne de neige jusqu'à hauteur d'homme.

Dans certaines circonstances, une embarcation pouvant nous être utile, le *Fram* nous avait laissé une de ses baleinières. Elle fut hissée sur la Barrière, à quelques centaines de mètres des bords de la baie, et son emplacement indiqué par un mât de pavillon.

Pendant que nous sommes allés installer le dépôt, nos camarades se sont livrés à une hécatombe de phoques. Il est, par suite, urgent de dresser la tente qui doit abriter toute cette provision. Si on la laisse sans protection sur la colline, elle ne durera pas longtemps. Aussi, pour la mettre à l'abri des entreprises des chiens, en attendant l'édification du magasin, l'entourons-nous d'un mur de neige de plus de 2 mètres de haut.

Le 22 février, nous nous remettrons en route pour aller établir un second dépôt. D'ici là, le travail ne manque pas. Nous avons d'abord à préparer les vivres que nous emporterons. Il faut ouvrir les caisses de pemmican, puis les boîtes soudées qu'elles renferment, et qui contiennent chacune quatre rations, ensuite remettre ces rations dans leur caisse, sans la boîte de fer-blanc. Nous allégerons ainsi les charges et éviterons en même temps l'ennui de faire plus tard le travail, sur la Barrière, lorsque nous prendrons ces approvisionnements aux dépôts pour l'expédition au Pôle. Pour le soustraire à la chaleur pendant la traversée de la zone tropicale, le pemmican avait été enfermé dans des caisses soudées. Ces deux opérations, ouvrir les boîtes et en remballer le contenu, demandèrent beaucoup de temps, mais nous en vînmes à bout. Le travail fut exécuté dans l'appentis-véranda.

La révision de notre équipement est également très longue. Le chapitre chaussures doit être étudié à fond. La majorité se prononce pour un modèle de bottes rigides auquel quelques modifications seront apportées ; les autres préfèrent des formes souples. Pour le moment, tout cela n'offre pas grande importance, car, lors de la marche vers le pôle, tous nous devrons prendre de gros brodequins afin de pouvoir nous tenir sur la glace. Par conséquent, libre aux partisans des chaussures molles de porter le modèle qui leur convient jusqu'au moment où les circonstances les obligeront à en choisir d'autres. Personnellement, j'opte pour des bottes à fortes semelles dures et à dessus souples, assez larges pour que je puisse mettre plusieurs paires de bas. Si notre fournisseur nous avait vus découper sans scrupule le travail dont il était si fier, il en eût fait une maladie. Inexpérimenté dans l'art de la cordonnerie, j'accepte avec reconnaissance l'offre de Wisting de mettre au point mes chaussures. Quand il me les rend, elles sont méconnaissables ; mais peu importe l'aspect ; elles sont chaudes et larges à souhait : c'est là l'essentiel. A la place de la tige en toile à voile, Wisting en a monté une en étoffe tout à la fois légère et impénétrable au vent. De plus, aux extrémités, il a placé de gros coins, pour que je puisse mettre plusieurs paires de bas, et enlevé une semelle afin d'augmenter l'espace utile. Après cette transformation, mes chaussures réunissent toutes les qualités désirables : leurs semelles dures permettent l'emploi des attaches de *ski* Huitfeld-Höyer-Ellefsen, et elles sont assez souples pour ne pas gêner le pied. L'expérience me suggéra encore d'autres changements, et, avant le départ pour le Pôle, mes bottes passèrent de nouveau entre les mains de Wisting ; seulement, après une seconde refonte, elles furent parfaites. C'est ainsi que chaque jour des perfectionnements sont apportés à notre équipement. Les diverses parties de notre garde-robe subirent également des modifications. L'un mettait des œillères à sa casquette, l'autre n'en voulait pas ; un troisième se couvrait le nez d'un passe-montagne, tandis qu'un quatrième dédaignait cet appendice, et chacun apportait un entêtement extrême à la défense de ses idées. Au point de vue pratique, tout cela ne présente guère d'intérêt ; ces discussions offrent toutefois l'avantage d'entretenir la gaieté dans notre petite colonie. Le chapitre des bretelles excita également de très vives polémiques. J'en inventai un modèle et fus très fier de le voir adopté par un camarade. C'était là un fait exceptionnel. Rarement l'un de nous acceptait une idée suggérée par un autre ; chacun voulait suivre ses propres inspirations et faire preuve d'originalité. En principe, tout ce qui ressemblait à quelque chose déjà en usage ne valait rien.

Le 21 février au soir, nous sommes parés pour le départ. La manière brillante dont les chiens se sont comportés dans la précédente expédition nous a fait trop présumer de leurs forces, et cette fois nous chargeons trop les traîneaux.

Le 22 février, à huit heures et demie du matin, la caravane se met en route ; elle est composée de huit hommes et de sept véhicules tirés par quarante-deux chiens. Cette expédition a été la plus pénible de toutes.

Framheim est laissé à la garde de Lindström. Tandis que la colonne s'éloigne, notre camarade ne s'attarde pas à nous faire de loin des signes amicaux. Il rentre immédiatement à la maison, tout à la joie d'être débarrassé des importuns et de se trouver seul, bien tranquille. N'empêche que, après quelques jours d'isolement, cet excellent homme commença à surveiller l'horizon pour épier notre retour.

Légère brise de Sud et ciel couvert. Des amoncellements de neige nouvellement formés rendent le traînage pénible. Nos anciennes traces sont effacées ; par contre, nous avons la chance de retrouver notre premier cairn de neige à 18 kilomètres de la station. A partir de là, nous suivons la piste jalonnée de poissons secs : ils se distinguent nettement sur la nappe blanche.

A six heures du soir, campé après une étape de 28 kilomètres. Le bivouac a grand air — quatre tentes occupées chacune par deux hommes.

Dans l'après-midi, le temps s'est éclairci ; ce soir, le ciel est tout constellé.

23 février. — Marche encore plus pénible que la veille. Après huit heures de route, seulement 20 kilomètres ! Température : – 15°.

N'ayant plus retrouvé nos poissons, les dernières heures de l'étape, nous sommes obligés de nous servir du compas.

24 février. — Coup de vent de Sud-Est qui soulève sur la Barrière d'épais tourbillons de neige. Impossible de distinguer quoi que ce soit ; route à la boussole. Température : – 18° ; marchant contre le vent, cela pique. De toute la journée, rencontré ni cairn ni poisson. Vers midi, la tourmente cesse, et, à trois heures, le ciel s'éclaire. Au moment de nous disposer à camper, nous apercevons un pavillon. Il porte le numéro 5 ; nous sommes donc à 72 kilomètres de Framheim. Cette distance correspond bien à celle enregistrée par les compteurs, 71 kilomètres.

25 février. — Temps calme et découvert. La température est en baisse ; aujourd'hui, – 25°. L'absence de vent rend le froid moins sensible qu'hier.

Pendant toute l'étape, retrouvé les cairns de neige et les poissons. A la fin de la journée, nous avons couvert 29 kilomètres : un joli résultat en raison de l'état déplorable de la piste.

Durant plusieurs jours ensuite, brume et froid très vif ; par suite, nous ne voyons que peu de choses du pays environnant.

Nous retrouvons toujours nos poissons et nos cairns. Avec voracité les chiens se précipitent sur ces morues. Aussi, dès que l'éclaireur en tête de la colonne les aperçoit, il les rejette loin de la piste ; puis un conducteur va les chercher et les ramasse soigneusement pour le repas du soir de son attelage. Si les chiens trouvaient le poisson encore fiché dans la neige, de furieuses batailles s'engageraient aussitôt.

Avant le 80° de latitude, les attelages commencent à donner des signes de fatigue, probablement par suite du froid (– 27°) et du mauvais état de la neige. Le matin, ils ont les jambes raides et ne se mettent pas en route volontiers.

27 février. — A dix heures et demie du matin, nous arrivons au dépôt du 80° de latitude. Il est dans l'état où nous l'avons laissé ; autour, aucun *sastrugi*[1] ne s'est formé depuis notre précédent passage. Dans ces parages, le temps a donc été calme. La neige, très molle il y a une quinzaine, a été durcie par le froid.

Grâce à un beau soleil, il est cette fois possible de déterminer exactement la position de ce point.

Pendant que nous cheminons sur cette plaine sans fin, dépourvue de toute espèce de point de repère, nous nous préoccupons constamment de découvrir un moyen nous permettant de retrouver nos dépôts à coup sûr. L'issue de la lutte que nous avons engagée pour la conquête du Pôle dépend entièrement de ces caches ; nous n'aurons quelque espoir de vaincre que si nous réussissons à transporter de grands approvisionnements très loin dans le Sud et si ensuite nous sommes assurés de les retrouver. Après de longues discussions, nous arrivons à cette conclusion que la position des dépôts doit être indiquée par des repères placés à angle droit de notre route, c'est-à-dire suivant la direction Est-Ouest. Les cairns construits sur la ligne même de l'itinéraire, en cas de brume, on peut les manquer s'ils ne sont pas très rapprochés, et s'écarte-t-on de la route, on est exposé à ne plus les apercevoir. Donc, pour signaler le dépôt du 80°, nous plantons de chaque côté sur une ligne Est-Ouest dix bambous munis d'un pavillon noir à des intervalles de 900 mètres. Le glacier se trouve ainsi barré par une ligne de jalons sur une distance de 9 kilomètres à l'Est comme à l'Ouest du dépôt. Chaque bambou porte un numéro d'ordre ; par suite, à sa vue, on sait de quel côté et à quelle distance on se trouve de la cache. Ce système de repérage nous donna toute satisfaction.

28 février. — Nous poursuivons notre route vers le Sud. A mesure que nous avançons dans l'intérieur, la température baisse ; si cela continue, bien avant d'arriver au Pôle nous aurons un froid terrible.

Quoique la Barrière demeure unie et horizontale, nous éprouvons toujours l'illusion de monter. Les crevasses ne nous ont causé jusqu'ici aucune difficulté, et il semble que nous ne

1. Le capitaine Amundsen n'emploie pas, dans sa relation, le mot *sastrugi*, mais se sert exclusivement du terme norvégien *fokskovle*, signifiant amas de neige créé par le vent. Quoi qu'il en soit, dans cette version nous emploierons toujours le vocable *sastrugi*, familier aux géographes français et plus représentatif. *(N. d. T.)*

devons plus avoir à les craindre. Il est, en effet, permis de penser que la région du glacier la plus voisine de la mer est la plus disloquée.

Au sud du 80° de latitude, la piste est facile, mais les chiens sont fatigués. Ils ont des jambes raides et les pelotes des pattes tailladées de coupures ; aussi, le matin, les départs deviennent laborieux.

Ces blessures sont causées par la neige verglacée ; trop mince pour supporter le poids des attelages, elle se rompt à leur passage, et ses débris coupent les plantes des pieds de nos compagnons. En outre, des boules de neige durcie s'insèrent entre les palmes de leurs pattes et les écorchent. Autrement graves sont les blessures auxquelles les chiens sont exposés sur les banquises au printemps et en été. La glace de mer, beaucoup plus tranchante, coupe profondément leurs pelotes et, de plus, le sel pénètre dans les cicatrices. Aussi, pour remédier à cet inconvénient, enveloppe-t-on de chaussettes les pattes des attelages. Cette précaution fut inutile pendant nos expéditions. A la suite de leur long séjour à bord, le cuir des pattes de nos bêtes était devenu très tendre ; pendant l'hiver, il se raffermit probablement ; en tout cas, au printemps, quoique la piste fût plus rugueuse qu'en automne, notre cavalerie ne souffrit pas de cet inconvénient.

3 mars. — Nous parvenons au 81° de latitude Sud. Le thermomètre marque – 43°. Cet abaissement de température est d'autant plus sensible qu'il a été très brusque. A trois heures de l'après-midi, le camp est dressé, et tout de suite nous nous réfugions dans les tentes.

4 mars. — La journée est employée à l'édification du dépôt.

Au réveil, – 45° ! La nuit dernière a été la plus froide que nous ayons encore supportée. Comparée aux conditions thermiques de l'Arctique, cette température est extraordinairement basse. Le commencement de mars dans l'hémisphère austral correspond au début de septembre dans l'hémisphère boréal ; or, à pareille date, dans le Nord, l'été n'est pas encore fini. Ce froid intense m'étonne d'autant plus que, pendant son raid vers le Sud, Shackleton n'a point observé de températures extrêmes. Peut-être un pôle du froid local existe-t-il dans la partie centrale de la Barrière.

La comparaison de nos observations avec celles du commandant Scott, dans le Mac Murdo Sound, et de l'expédition du docteur Mawson, actuellement en cours à la Terre Adélie et sur les terres situées plus dans l'Ouest, pourra nous éclairer à ce sujet. Pour élucider complètement la question, des renseignements sur la température à la Terre du Roi-Edouard VII seraient également nécessaires.

Le dépôt que nous installons au 81° de latitude renferme 560 kilos de pemmican pour les chiens. Faute de bambous, son emplacement est indiqué par des planches provenant des caisses d'emballage et que nous plantons dans la glace sur une distance de 9 kilomètres, à l'Ouest comme à l'Est. Ces fiches ont une hauteur de 0 m 60 ; dans cette région, les précipitations étant extraordinairement faibles, aucun danger qu'elles soient recouvertes par la neige. Pour nous permettre de nous orienter dans le cas de brouillard, les piquets placés à l'Est portent une encoche faite à la hache. Ces petits morceaux de bois épars sur la vaste plaine de neige ont l'air de bien petites choses, pourtant, grand est leur rôle ; d'eux pour ainsi dire dépend le succès de notre entreprise.

5 mars. — Départ à huit heures. Ici, la colonne se divise. Bjaaland, Hassel et Stubberud reviennent en arrière, tandis qu'avec quatre compagnons je poursuis vers le Sud pour aller installer un troisième dépôt encore plus loin. Je renvoie un de mes chiens, qui a été blessé par ses harnais, et continue avec cinq bêtes seulement. Mon attelage est devenu très maigre et paraît épuisé ; quoi qu'il en soit, il est nécessaire de pousser jusqu'au 82°. J'avais eu l'espoir d'atteindre le 83° ; maintenant, nos chances d'arriver jusque-là semblent minimes.

Au-delà du 81°, la surface de la Barrière présente un léger changement. Elle n'est plus absolument plate et se trouve accidentée d'un grand nombre de petits monticules. Ces buttes ont à peu près la hauteur et les dimensions des tas de foin que l'on voit dans les prairies après la fenaison. Cette fois nous n'y prêtons point attention ; plus tard, nous reconnaîtrons l'utilité d'ouvrir l'œil et de forcer l'allure dans le voisinage de ces mamelons.

Toute la journée, piste excellente. Seulement – 23°.

6 mars. — Cette étape nous apporte des lumières sur la genèse des monticules qui accidentent la Barrière. Ils se trouvent dans des zones de crevasses étroites, mais très profondes ; ils sont donc engendrés par la pression de la glace.

Vers midi, les trois chiens de tête de Hanssen tombent dans

Un groupe sur la banquise.
A l'arrière-plan la falaise terminale de la Barrière.

Halage des carcasses de phoques vers Framheim.

une de ces fentes. L'aventure n'a aucune conséquence grave. Les animaux sont retenus au-dessus du gouffre par les harnais, et, effrayés, leurs camarades font halte immédiatement. Nos bêtes manifestent une très grande peur des crevasses ; au moindre incident, elles s'arrêtent net.

Toute la journée, brume épaisse et vent de Nord, accompagné de giboulées de neige. Entre ces averses nous apercevons à l'Est, à une distance de 10 kilomètres, trois ou quatre rangées de séracs très élevés.

7 mars. — Au bivouac, nous abandonnons une caisse de pemmican que les chiens consommeront au retour. Pour la retrouver, nous jalonnons la route de piquets de bois, placés à la distance d'un kilomètre.

Aujourd'hui, se produit une saute brusque de température comme Shackleton en a observé à diverses reprises. Le matin, le ciel est clair et le thermomètre marque – 40°. Bientôt la brise se lève du Sud-Est ; peu à peu elle force et, dans l'après-midi, souffle en coup de vent. Aussitôt, la température monte rapidement ; à trois heures du soir, elle s'élève à – 18°. En quelques heures la hausse a été de 22°.

Aujourd'hui, nous parcourons seulement 20 kilomètres. Les attelages, surtout le mien, sont en piteux état. A grand-peine pourront-ils arriver jusqu'au 82° ; peut-être, ensuite, seront-ils incapables d'effectuer le retour.

Depuis ces derniers jours, nous dressons les deux tentes face à face, l'une tout contre l'autre, de telle sorte que leurs portes se touchent et que l'on passe de l'une dans l'autre sans mettre le nez dehors. Cette installation est de tout point excellente ; aussi décidons-nous de couper les façades et de coudre ensuite les parois latérales deux à deux, de manière à ne former qu'un seul abri. Ainsi fut réalisé le modèle de tente pour cinq hommes qui nous servit lors de l'expédition au Pôle et qui est incontestablement le meilleur type connu.

8 mars. — Dans l'état d'épuisement des chiens, nous ne pouvons dépasser le 82e parallèle. Les souffrances de ces excellents animaux sont le seul souvenir triste de mon exploration antarctique. Je leur ai demandé plus qu'ils ne peuvent donner. A ma décharge, je dois ajouter que je ne me ménage guère non plus. Avec des bêtes épuisées, mettre en marche un traîneau, pesant presque une demi-tonne, n'est pas un petit travail ; parfois il faut pousser soi-même la lourde machine pour déterminer les chiens à avancer. Depuis longtemps, le fouet est devenu inefficace. Quand je l'emploie, les animaux se pelotonnent simplement les uns contre les autres, en essayant d'abriter leurs têtes. Très souvent, après m'être dépensé en efforts pour faire avancer mon attelage, je n'ai d'autre ressource que faire appel au concours de mes camarades. Deux poussent alors le traîneau, pendant qu'un troisième manœuvre le fouet en hurlant de toutes ses forces. Dans de pareilles circonstances, l'homme devient méchant et perd toute sensibilité ! Comme notre nature peut changer ! J'aime tous les animaux et évite de leur faire du mal. Je ne possède aucun goût pour la chasse ; sauf en cas de danger de mort, jamais il ne me viendrait à l'idée de tuer une bête, sauf les rats et les mouches. Dans les conditions de vie ordinaires, j'aime mes chiens, mais les circonstances dans lesquelles nous nous trouvons sont exceptionnelles — ou bien peut-être est-ce moi qui ne suis pas dans mon état normal ? La seconde hypothèse est probablement la vraie. Le dur labeur quotidien et l'énergie farouche avec laquelle je poursuis la réalisation de mon programme me rendent brutal. Malgré ses hurlements plaintifs, sans pitié je fouaille Thor, un bon gros chien très doux, afin de le faire avancer. Ses lamentations me laissent indifférent ou, plus exactement, je me refuse à vouloir en comprendre le sens, et la pauvre bête doit continuer. Elle dut être tuée quelques jours plus tard, et son autopsie révéla qu'elle avait succombé à un énorme abcès dans la poitrine.

A midi, nous sommes par 81° 54' 30" de latitude. Nous parcourons encore 10 kilomètres vers le Sud et, à trois heures et demie, nous dressons le camp sous le 82e parallèle.

Tous ces derniers jours, nous avons l'impression que la Barrière s'élève ; de l'avis général, nous nous trouverions maintenant à une altitude de 500 mètres. Cette fois encore, comme dans notre première expédition, nous sommes le jouet d'une illusion, ainsi que le démontrèrent nos observations ultérieures.

En ce point, nous laisserons 620 kilogrammes de vivres, principalement du pemmican pour les chiens.

L'après-midi, repos. Le temps est clair et calme ; température : – 25°. Longueur de l'étape : 22 kilomètres.

9 *mars*. — La journée est employée à la construction du dépôt et à la mise en place des repères qui permettront de le retrouver. Je laisse en arrière mon traîneau, que mes chiens, épuisés, sont incapables de tirer ; plus tard, ce véhicule pourra nous être utile

ici. Le cairn, haut de 4 mètres, est surmonté d'un bambou auquel est attaché un pavillon.

10 mars. — Nous commençons le retour. Les trois autres attelages sont moins faibles que le mien. Celui de Hanssen est même encore solide. Les bêtes de Wisting, considérées comme les plus vigoureuses, sont toutes efflanquées ; néanmoins, elles résistèrent jusqu'au bout. Celles de Johansen, les plus faibles, semblait-il, firent preuve d'une endurance étonnante. Elles n'étaient pas rapides, mais elles arrivèrent au but. Sous toutes les latitudes, le proverbe italien est vrai : *Chi va piano va sano e lontano*.

La fatigue des attelages met obstacle à ce que cette fois nous nous fassions voiturer comme au retour de la précédente expédition.

Longueur de l'étape : 48 kilomètres. La température est redevenue très basse : – 32° ! Ce froid intense fait perdre à mon attelage le peu de forces qui lui reste.

11 mars. — Ce matin, les chiens sont incapables de se relever eux-mêmes, et nous devons les replacer sur leurs pattes. Après avoir marché quelque temps en trébuchant à chaque pas, ils se réchauffent et peuvent suivre ; quoi qu'il en soit, ils fournissent encore une trotte de 40 kilomètres. Température : – 36°.

12 mars. — Passé le dépôt du 81° de latitude. Les lignes de séracs situés dans l'Est étant visibles, nous en prenons un relèvement ; il pourra nous servir plus tard pour retrouver cette cache.

Parcouru 40 kilomètres. Température : – 39°5.

13 mars. — A partir de dix heures et demie du matin, tourmente d'Est-Sud-Est. Afin de ne pas perdre nos traces, nous campons jusqu'à la fin de la tempête.

14 mars. — Vent toujours aussi violent ; aujourd'hui encore nous demeurons sous la tente. Comme cela se produit infailliblement lorsque la brise vient du Sud-Est, la température remonte : – 24° seulement.

15 mars. — A dix heures et demie du matin, le vent mollit ; de suite nous faisons les préparatifs de départ. Les traîneaux sont enfouis sous la neige, et, les fouets, les attaches de *ski* et les harnais complètement mangés par les chiens. Heureusement, nous possédons une abondante provision de corde, mais il n'est pas facile de remplacer les fouets. L'un de nous s'arme d'un piquet de tente. Les premières fois qu'il le brandit, les chiens, apeurés par la taille de l'engin, filent rapidement ; s'étant aperçus bientôt de son innocuité, ils ne prêtent plus ensuite la moindre attention lorsque leur conducteur agite sa perche.

Une fois tout remis en ordre, il faut faire lever les chiens. Ce n'est pas une petite affaire, plusieurs refusent de bouger. Thor, complètement à bout de forces, doit être achevé. Sa carcasse est emportée pour être, le soir, partagée entre les survivants.

Toute la journée, brume et chasse-neige avec brise de Sud. Température : – 26°.

Nous avons la chance de retrouver nos anciennes traces.

Pendant l'étape, le meilleur chien de Wisting tombe pour ne plus se relever.

16 mars. — Aujourd'hui, étape de 28 kilomètres ; température : – 34°. Un de mes chiens est si faible qu'une partie de la route il doit être placé sur un traîneau.

Ce soir, au moment de distribuer le cadavre de Thor entre ses camarades, nous changeons d'avis, craignant que l'abcès dont il est mort n'ait infecté tout le corps et que cette viande ne soit malsaine. En conséquence, sa dépouille est placée dans une caisse vide et enterrée. Pendant la nuit, un bruit effroyable nous réveille. La meute a réussi à déterrer le cadavre et s'en dispute les morceaux. Wisting, toujours prompt à sortir de son sac, arrive immédiatement, disperse les combattants et met ensuite la carcasse à l'abri de cette bande affamée. Nous avons alors la paix pour le reste de la nuit.

17 mars. — Un froid piquant : – 41° sous zéro ! Avec cela, tourmente de Sud-Est !

Ce matin, un de mes chiens reste en arrière au campement ; pendant l'étape, un second meurt.

A la fin de la journée, nous rallions le dépôt du 80° parallèle. Les attelages recevront ce soir double ration.

Distance parcourue : 35 kilomètres.

Depuis notre dernier passage, de larges sastrugi très élevés ont été formés par le vent dans toute la région avoisinant le dépôt.

18 mars. — Froid encore très intense : – 41° ! Deux bêtes épuisées sont achevées dans la journée.

Mon chien, laissé en arrière avant-hier, rejoint. Très probablement, il a réussi à déterrer le cadavre de Thor, et cette bombance lui a donné des forces suffisantes pour pouvoir repartir. En tout cas, maintenant, il est relativement en bon état et peut reprendre son service.

Les chiens se donnent de l'exercice.

L'intérieur d'une tente de chiens.

19 mars. — De plus en plus froid ! – 43° sous zéro ! avec brise de Sud-Est. « Cela pique », écrivis-je dans mon journal.

A peine en route, Hanssen découvre nos anciennes traces. De nous tous, c'est lui qui possède la meilleure vue. Bjaaland a également de bons yeux, moins bons cependant que ceux de Hanssen.

La route s'ouvre libre devant nous ; dans le lointain apparaît le terme du voyage.

20 mars. — Coup de vent de Sud-Est ; température : – 34°. Demeurés toute la journée sous la tente.

21 mars. — Dans la nuit, rafales très violentes d'Est et de Sud-Est coupées de calmes plats. Le vent semble descendre de hautes montagnes. Comme cela arrive toujours en pareil cas, la température a remonté. Au réveil, le thermomètre marque seulement – 9° ; un temps chaud en comparaison des 40° de froid du jour précédent.

Dans la journée, croisé le cairn portant le pavillon n° 6 ; 85 kilomètres nous séparent encore de nos quartiers.

Le soir, au campement, nous ne sommes plus qu'à 60 kilomètres de la station. En raison de la fatigue des chiens, nous convenons de couvrir cette distance en deux jours ; les circonstances en décidèrent autrement.

Ayant perdu nos traces dans la matinée, nous venons trop dans l'Est et arrivons sur le renflement du glacier dont nous avons déjà parlé. Tout à coup, Hanssen signale quelque chose de particulier en avant, qu'il ne peut distinguer nettement. Immédiatement je prends ma jumelle. C'est la baie des Baleines ; mais quelles sont ces taches noires qui vont et viennent sur la glace ?

Evidemment, nos camarades en train de chasser le phoque. Avec quelle activité ils travaillent, et c'est à qui exaltera le plus leur zèle pour le bien de notre petite communauté.

... Mais attention ! La vue devient plus nette. Nous reconnaissons alors dans ces points noirs tout simplement les tentes de Framheim, que le mirage fait danser devant nos yeux. Quant à nos camarades, à coup sûr ils se livrent en ce moment aux délices de la sieste. Donc, renfonçons l'admiration que nous inspirait leur activité.

Désormais, nous savons où nous nous trouvons. Voici la station, puis le cap Manhue, plus loin le cap Ouest ; nous avons marché trop dans l'Est.

« Vive Framheim ! A sept heures et demie du soir, nous y serons ! » crie l'un de nous.

Le cap est mis droit sur le centre de la baie. Sans nous en apercevoir, nous sommes montés très haut ; maintenant nous descendons à une allure endiablée.

Dans la journée, nous retrouvons nos traces, notamment les fameux poissons ; grâce à ces singuliers jalons, aucun danger de se perdre.

A sept heures du soir, une demi-heure plus tôt que notre camarade ne l'avait prévu, nous arrivons après avoir parcouru 60 kilomètres, ce qui n'était pas mal avec des attelages épuisés.

Cette expédition nous coûte en tout huit chiens. Suivant toute probabilité, le froid a été la principale cause de cette mortalité ; par une température raisonnable, nos animaux auraient sans doute supporté les fatigues de cette longue randonnée.

Bjaaland, Hassel et Stubberud, qui nous avaient quittés au 81° de latitude, sont rentrés sains et saufs. Le dernier jour, ils ont manqué de vivres et d'allumettes ; cette diète n'a entraîné aucun inconvénient grave. D'ailleurs, en cas de disette, ils avaient la ressource de leurs chiens. Depuis leur retour, ils ont tué et dépouillé cinquante phoques.

Pendant notre absence, Lindström n'est pas resté inactif. Dans le couloir couvert, autour de l'habitation, il a rangé les approvisionnements ; d'un côté sont des filets de phoque, de l'autre les conserves, le sel, une vraie boutique d'épicerie, et tout cela aligné et disposé dans un ordre si parfait que l'on n'a pas besoin de lumière pour trouver ce que l'on cherche. O Lindström, combien de temps durera cet ordre ?

A cette question, je trouve la réponse dans mon journal à la date du 27 juillet. A cette époque, voici ce que j'écrivais : « Le couloir aux provisions présente le désordre le plus complet. Où est-il, le temps où l'on pouvait y trouver ce que l'on cherchait sans le secours d'une bougie ? Aujourd'hui, tout est changé ! Je rougis en racontant l'aventure qui m'arriva hier. Croyant encore que l'ordre le plus admirable régnait dans le magasin, j'y étais entré sans lanterne pour prendre un paquet de bougies. J'étends la main, et, à la place réglementaire, mes mains rencontrent un lainage. Aussitôt, je prends une allumette. Savez-vous ce que c'est ? Un vieux caleçon sale ! Et il a été déposé entre le beurre et la confiserie. C'était exagérer le mélange. » A la décharge de

Lindström, je m'empresse d'ajouter que la responsabilité de ce désordre ne lui incombe pas exclusivement.

Pendant notre expédition, notre camarade a peint en blanc le plafond de la salle commune. Combien cette tonalité fraîche lui donne un aspect gai et agréable ! Le coquin nous a aperçus de très loin et, à notre intention, a dressé une table couverte de friandises. Des quartiers de rosbeef de phoque emplissent la pièce d'un fumet alléchant, et un excellent café répand un arôme subtil. Ce qu'il en disparut ce soir-là, je vous le laisse à penser.

Après avoir peiné dans le froid et dans la tourmente, comme on aime à se retrouver chez soi et comme ce soir notre maisonnette nous paraît agréable ! Nous commençons par faire sécher nos fourrures sur des cordes tendues à travers la pièce ; elles en ont besoin. Cette opération fut longue, car faute d'espace nous ne pouvons les étendre toutes à la fois.

... Nous commençons les préparatifs d'une troisième campagne. Avant l'arrivée de l'hiver, je me propose de transporter au 80° de latitude 1 200 kilos de viande de phoque. Pour assurer le succès de notre entreprise vers le Pôle, il est de la plus haute importance que les chiens puissent manger à discrétion une fois la caravane arrivée à ce dépôt.

Avant le départ, nous apportons à notre équipement encore diverses modifications que l'expérience nous a suggérées. Presterud et Johansen affirment qu'un sac de couchage pour deux est préférable à des sacs simples. La discussion à ce sujet fut longue, mais n'aboutit à aucune conclusion. Si le modèle proposé par mes camarades présente de grands avantages, l'autre en offre également ; en cela, comme en beaucoup d'autres choses, c'est affaire de goût. Presterud et Johansen ne voulurent pas démordre de leur idée et employèrent le sac à deux places. De leur côté, Hanssen et Wisting travaillent à modifier les tentes. Le modèle qu'ils réalisent se rapproche autant que possible, par la forme, des huttes de neige des Eskimos ; au lieu d'être rond, il est allongé et ne présente pas de surface plane sur laquelle le vent puisse avoir prise.

La partie interne de la baie des Baleines — depuis le cap Manhue jusqu'au cap Ouest — est maintenant recouverte de glace ; au large, la mer demeure libre. La maisonnette est complètement recouverte de neige ; c'est l'œuvre de Lindström beaucoup plus que celle de l'atmosphère. Très judicieusement, notre camarade a pensé que cette couverture contribuerait à conserver la chaleur dans l'intérieur de la maison.

Nos 107 chiens, même ceux qui ont été récemment éprouvés sur la Barrière, sont maintenant gros et gras, telles des bêtes que l'on engraisse pour la Noël. Ces animaux ont le privilège de grossir avec une rapidité extraordinaire.

De retour à la station, les chiens de notre caravane ne manifestèrent aucun étonnement ; ils semblaient n'avoir pas quitté leur gîte ; ils étaient seulement un peu plus affamés que leurs camarades restés au logis. L'entrevue de Lassesen et de Fix, deux amis inséparables, fut très drôle ; le premier commandait toujours au second qui lui obéissait aveuglément. Pour le dernier voyage, Fix me semblant trop faible, je ne l'avais pas emmené ; en notre absence, il avait beaucoup engraissé. Aussi bien, je me demandais si Fix ne profiterait pas de sa force pour prendre le commandement sur son ami affaibli par les privations de la route. Dès qu'il aperçut Lassesen, il courut droit à lui et le lécha affectueusement, manifestant ainsi sa joie de le revoir. L'autre recevait ces marques d'amitié d'un air de supériorité très amusant, puis, sans plus de cérémonie, il se précipita sur son vassal et le roula dans la neige, évidemment pour lui prouver que, malgré sa maigreur, il demeurait son maître absolu. Le pauvre Fix se releva tout honteux ; mais il eut bientôt sa revanche. S'apercevant de la débilité de son suzerain, il ne se gêna plus pour lui sauter à son tour sur l'échine et le secouer vigoureusement.

L'extrait suivant de mon journal donnera une idée de notre vie à cette époque :

« *25 mars, samedi.* — Temps superbe et doux, toute la journée, – 14°. Très légère brise de Sud-Est.

« Bjaaland, Hassel et Stubberud rapportent trois phoques. Cela fait en tout soixante-deux en quatorze jours. Actuellement, la provision de viande fraîche est suffisante pour nous et nos chiens pendant tout l'hiver. De jour en jour nous aimons davantage le rosbeef de phoque ; volontiers nous en mangerions à chaque repas.

« Le déjeuner, servi à huit heures, comprend du café, du pain, du beurre et du fromage, et des tartes aux confitures. Lindström est passé maître dans l'art de préparer ces friandises. Au dîner, le menu comporte un rôti, presque toujours du phoque, et un entremets, des fruits cuits ou des puddings conservés. Au souper, on sert encore du phoque, avec de la confiture d'airelle rouge, du fromage, du pain, du beurre et du café. Tous les samedis soir, je régale mon monde d'un grog et d'un cigare. Jamais, pour ma part, je n'ai eu un aussi bon ordinaire. Rien de plus curieux, le soir, que d'apercevoir cette petite maisonnette éclairée, installée sur cette énorme chose froide et redoutable qu'est la Barrière.

« Toute la journée les jeunes chiens tournent autour de la cabane ; lorsque le jour décline, ils viennent se pelotonner près de la porte. Jamais ils ne cherchent d'abri pour la nuit ; quelle endurance doivent avoir ces bêtes ! Quelques-uns sont si gras qu'ils peuvent à peine marcher et se dandinent comme des oies. »

Le 28 mars au soir, pour la première fois, on observe l'aurore australe. Le météore, composé de rayons et de bandes colorés en vert et en rouge pâle, s'étend du zénith vers le Sud-Ouest et le Nord-Est. A la même époque, nous avons le spectacle de couchers de soleil d'une magnificence extraordinaire. Sous cet étincellement, le paysage semble une féerie en bleu et en blanc.

Le départ pour la troisième expédition de ravitaillement des dépôts est fixé au 31 mars.

Quelques jours auparavant, les chasseurs ont tué six phoques, destinés à la cache du 80° de latitude. Ils sont découpés et parés pour que la charge soit moins lourde. Le poids de ces six animaux en viande utile est d'environ 1 100 kilos.

Le 31 mars, à dix heures du matin, la colonne se met en route, composée de sept hommes et de six traîneaux, tirés par trente-six chiens. A cette expédition, je ne prends point part.

Le temps s'annonce magnifique : un ciel clair et pas un souffle de vent. A sept heures du matin, le spectacle est d'une incomparable beauté. Les environs de la station en avant de la crête située à l'Est sont plongés dans l'ombre, tandis que, au Nord, le soleil embrase la Barrière d'un flamboiement d'or dans la claire lumière du matin. Et au-dessus de cette rutilance invraisemblable plane un grand silence, un silence tellement absolu qu'on l'entend.

A l'agitation laborieuse qui précède les départs succède un calme absolu. Lindström et moi, qui gardons la maison, ne demeurons pas inactifs. Nous commençons par organiser dans la cuisine la station météorologique. Elle comprend deux baromètres à mercure, quatre anéroïdes, un barographe, un thermographe et un thermomètre. Les instruments sont placés dans un coin abrité, le plus loin possible du rayonnement du fourneau. Lindström installe ensuite un abri contenant un second thermographe, des thermomètres et un hypsomètre.

Dans la nuit du 10 au 11 avril, un objet placé dans la cuisine tombe. C'est l'annonce certaine, me dit Lindström, que les voyageurs seront de retour le lendemain. L'événement lui donne raison.

L'expédition a accompli sa mission ; mais elle a été singulièrement périlleuse. A 75 kilomètres de la station, nos camarades se sont fourvoyés dans une région extrêmement crevassée où ils ont perdu deux chiens. Quatre fois auparavant nous avions traversé cette zone sans aucun accident, et voilà que tout à coup, alors qu'ils se croyaient sur un sol aussi solide que le roc en place, la caravane faillit être engloutie dans des gouffres sans fond. Trompés par la brume, nos amis étaient venus trop dans l'Ouest ; au lieu d'arriver sur le monticule, comme nous l'avions toujours fait auparavant, ils étaient, sans s'en douter, descendus dans la vallée située au pied et avaient rencontré là un terrain si dangereux qu'une catastrophe fut sur le point de se produire.

Dans cette région, comme dans celle que nous avions rencontrée au Sud du 81°, la surface de la Barrière était accidentée d'innombrables petits mamelons qui recouvraient d'énormes crevasses. Trompée par l'apparence solide du terrain, la caravane s'engagea au milieu de ces monticules ; quel ne fut pas alors son effroi, de sentir le sol manquer sous ses pas et de découvrir de tous côtés d'effroyables abîmes. De ce passage dangereux on se tira en obliquant vers l'Est. Désormais avertis, nous veillerons à ne plus repasser par là.

Cette expédition mit en évidence les avantages des perfectionnements apportés à notre équipement. Le nouveau modèle de tente est unanimement approuvé.

Ainsi prend fin la partie la plus importante de notre programme d'automne. Maintenant, les fondations sont solides ; il ne reste plus qu'à élever l'édifice.

Résumons brièvement l'œuvre accomplie du 14 janvier au 11 avril. C'est d'abord la construction et l'installation de la station d'hivernage ; ensuite la réunion d'un approvisionnement de viande de phoque pour neuf hommes et cent quinze chiens pendant six mois (le poids des phoques abattus s'élève à environ 60 tonnes métriques) ; enfin l'établissement de trois dépôts contenant 3 000 kilos de vivres, aux 80°, 81° et 82° de latitude Sud. Celui du 80e parallèle renferme de la viande de phoque, du pemmican pour les chiens, des biscuits, du beurre, du lait condensé, du chocolat, des allumettes et du pétrole, sans compter quantité d'effets d'équipement, soit environ 1 900 kilos de provisions et de matériel. La cache installée sous le 81° parallèle contient 500 kilos de pemmican pour les attelages, et celle du 82°, 620 kilos de pemmican pour les hommes et pour la meute, des biscuits, du lait condensé, du chocolat, du pétrole et des effets d'équipement.

5

Le début de l'hivernage

OUVERTURE D'UNE MATERNITÉ CANINE — PRINCIPES D'ÉDUCATION DE CAMILLA — MŒURS DES CHIENS — LEURS RIVALITÉS — RÉGIME ALIMENTAIRE DE LA MEUTE — COMMENCEMENT DE LA NUIT POLAIRE — PÂQUES GLACÉ — UN VILLAGE TROGLODYTIQUE DANS LA GLACE — LINDSTRÖM RÉPARATEUR D'INSTRUMENTS DE PRÉCISION — LA PRÉVISION DE LA TEMPÉRATURE

La plupart des hommes voient arriver l'hiver avec tristesse ; n'est-ce pas la période des tempêtes, des froids, la saison désagréable par excellence ? Seule la perspective des réunions mondaines éclaire leur horizon. Pour mon compte, j'envisage, au contraire, avec satisfaction l'approche de l'hiver. Lorsque du monticule de neige, voisin de Framheim, j'aperçois la lumière à travers la fenêtre de la cuisine, j'éprouve un sentiment indescriptible de bien-être. Plus le ciel sera sombre et venteux, plus se développera cette impression. Ne redoutiez-vous pas, demandera le lecteur, une dislocation de la Barrière, et ne craigniez-vous pas d'être entraînés ensuite sur un glaçon flottant au gré des vents et des courants ? Non pas ; tous, à l'exception d'un de mes camarades, nous sommes persuadés que la partie du glacier sur laquelle se trouve la station repose sur le sol, et que par suite nous n'avons point à craindre un voyage en mer. Quant à celui de mes compagnons qui croit la Barrière à flot, il ne manifeste pas la moindre appréhension, et avec le temps il en vint, je suppose, à partager l'opinion commune.

A la guerre, la victoire appartient au général qui sait prévoir les éventualités les plus diverses. Son adversaire fait-il un mouvement, il doit être en mesure de le contrecarrer immédiatement ; pour cela, il a l'obligation de tout combiner à l'avance et de ne rien laisser au hasard.

Nous sommes dans la même situation ; nous devons considérer avec attention ce que l'avenir nous réserve et nous préparer en conséquence, pendant que nous en avons le temps. Une fois le soleil disparu et la nuit polaire commencée, il sera trop tard.

... Même dans le monde des glaces éternelles, notre attention fut en premier lieu attirée par le sexe faible. Jusque sur la Grande Barrière antarctique, il est pour nous le sujet de graves préoccupations. Ses onze représentantes à Framheim se trouvent dans un état qu'il est d'usage de qualifier d'intéressant, mais qui, à nos yeux, ne l'est pas du tout. Nous avions déjà trop de soucis. Que faire ? Ouvrir onze maternités, cela paraît un peu exagéré ; cependant l'expérience nous a appris qu'en pareil cas une intervention rapide est nécessaire. Si plusieurs de ces intéressantes personnes demeurent ensemble, des scènes terribles éclateront, qui auront certainement pour épilogue d'effroyables infanticides. Quelques jours auparavant, pareil crime a été commis. Profitant d'un instant de liberté, Maisa, une bonne grosse chienne très douce, s'était emparée d'un petit de trois mois et n'en avait fait qu'une bouchée. Lorsque nous arrivâmes à la rescousse, le bout de la queue disparaissait dans la gueule. Une tente avait déjà été transformée en maternité, comme nous l'avons raconté plus haut ; une seconde le fut ensuite ; plus tard, pour assurer à toutes ces dames à quatre pattes un asile agréable, une spacieuse hutte de neige fut édifiée.

En février, pendant que nous allions établir un dépôt de vivres sous le 82° de latitude, Lindström employa ses loisirs à construire une petite cabane d'une utilité incontestable. Lorsque, à notre retour, nous aperçûmes la nouvelle construction, au premier coup d'œil tous nous devinâmes sa destination.

Lindström a si bon cœur ! Maintenant, nous pouvons faire face à l'hiver.

... Camilla, rusée comme un vieux renard, avait prudemment pris ses précautions ; elle connaissait par expérience les soucis que donne en hiver la petite enfance, et, aussitôt l'« hôpital » achevé, elle y entra. Dès lors elle peut envisager l'avenir sans inquiétude. Quand la nuit polaire arrivera, ses petits seront déjà capables de se tirer d'affaire. Cette mère avait des idées particulières sur l'éducation des enfants. Je ne sais pour quelle raison elle ne se plaisait pas à l'hôpital, et de bonne heure elle appliqua à ses rejetons les principes de la *nursery* anglaise. Très souvent, par 20° sous zéro et par une tempête effroyable, elle partait, avec un nourrisson dans la gueule, en quête d'un autre gîte, pendant que le reste de sa progéniture hurlait en son absence. Les abris choisis par cette singulière bête pour ses petits n'offraient aucune espèce de confort ; elle les installait, par exemple, dans une caisse vide, debout et exposée en plein vent, ou bien dans un tas de planches entre lesquelles régnait un courant d'air aussi violent que le tirage d'une cheminée d'usine. C'était son goût ; nous n'avions donc aucune objection à élever. Si on ne dérangeait pas Camilla dans le domicile qu'elle avait choisi, elle y demeurait plusieurs jours ; après quoi, de nouveau, elle déménageait. Quand Johansen, qui s'était constitué son protecteur, réussissait à la joindre, il l'obligeait à réintégrer l'hôpital ; mais jamais de son plein gré elle n'y rentrait.

... Jusqu'ici, nous avons tenu les chiens à l'attache, afin de les empêcher d'aller attaquer les phoques pour leur propre compte. Dans ce genre de sport, plusieurs se distinguent, tels Major, un chasseur enragé auquel rien ne fait peur, ainsi que Svarten. De ces expéditions, ils reviennent ordinairement le museau en sang. Maintenant que le gibier est parti, nous pouvons rendre la liberté à la meute. Naturellement elle en abuse. Pour des raisons que nous n'avons pu découvrir, des haines terribles étaient nées entre plusieurs de ces animaux ; aujourd'hui qu'ils ont la faculté de mesurer leurs forces, ils en profitent largement. Ultérieurement, leur humeur batailleuse s'apaisa et les combats devinrent de plus en plus rares. Il y en eut naturellement toujours ; quelques chiens ne pouvaient se rencontrer sans se sauter à la gorge.

Dès le matin, nous lâchons nos pensionnaires et ne les faisons rentrer que le soir pour le repas. Promptement, ils apprirent à connaître leurs tentes et leurs places respectives dans ces abris, si bien que la retraite s'opérait sans difficulté. A la fin de la journée, dès qu'ils voyaient arriver leur maître, ils se groupaient autour de lui en aboyant joyeusement et le suivaient avec empressement vers leur chenil.

Chaque jour, nous leur donnons soit de la viande de phoque soit du poisson sec ; l'un et l'autre sont avalés gloutonnement ; toutefois ils paraissent préférer le premier ordinaire. Pendant tout l'hiver, nos compagnons se rassemblaient autour de carcasses de phoques amoncelées sur la colline voisine. On eût dit la place du marché de Framheim, mais elle n'était pas toujours paisible. Notre provision de viande se trouve enfermée dans une tente entourée d'une enceinte de neige de 2 mètres de haut. Quoiqu'ils aient à manger tout leur saoul et qu'ils sachent très bien que l'accès de ce magasin leur est interdit, jamais ils ne passent devant sans jeter dans sa direction des regards d'envie. Les nombreuses empreintes de griffes que porte le mur indiquent les tentatives d'effraction qui sont commises quand la surveillance se relâche. Snuppesen, en particulier, ne peut s'éloigner de cette tente ; très agile, elle a les plus grandes chances d'arriver à sauter le mur. Elle se livre à cet exercice en compagnie de ses deux cavaliers servants, Fix et Lasse ; moins souples que la dame de leur cœur, ils se contentent du rôle de spectateurs. Une ou deux fois, Snuppesen réussit à sauter la clôture ; pour témoigner leur admiration de l'exploit, ses amis aboyaient alors furieusement. Aussi, dès que nous les entendions, l'un de nous accourait promptement, armé d'un bâton. Il fallait ruser pour prendre les délinquants sur le fait, car, dès qu'ils voyaient quelqu'un approcher, les cavaliers de la belle devenaient immédiatement silencieux, sachant fort bien de quoi il allait retourner pour eux. En même temps, Snuppesen montrait par-dessus le mur sa tête de renard rouge, inquiète du châtiment immanent. Elle n'y échappait pas ; après elle venait le tour de ses deux compères ; eux, il est vrai, n'avaient rien fait de mal, mais ils auraient pu en faire. Ils le savaient et regardaient à distance le châtiment de Snuppesen. Par contre, la tente où était emmagasiné le poisson séché, quoique ouverte à tout venant, ne fut l'objet d'aucune tentative de vol.

... De jour en jour, le soleil baisse. Au retour de notre dernière expédition sur la Barrière, seul un fragment du disque solaire

Framheim, avril 1911.

Le soir à Framheim.

apparaît encore au-dessus de l'horizon ; le 11 avril, à peine levé, l'astre se couche.

Voici Pâques. A Framheim, les fêtes ne se distinguent des autres jours que par des menus plus copieux. Ces soirs-là, le phonographe fonctionne, tandis que nous dégustons un grog et un cigare. Si fréquemment on avait fait jouer cet instrument, il nous aurait promptement fatigués ; aussi nous ne le sortons qu'en de rares occasions ; grâce à cette prudence, il fait d'autant plus plaisir.

Une fois Pâques écoulé, nous poussons tous un soupir de soulagement. Dans les pays où les distractions sont abondantes, les fêtes sont toujours ennuyeuses, à plus forte raison le sont-elles dans l'isolement où nous nous trouvons.

Notre vie est maintenant complètement organisée. Notre principale occupation pendant l'hiver sera la mise au point de notre équipement en vue de la marche vers l'extrême Sud. Notre but est le Pôle, et point autre chose. Par conséquent, tous nos efforts doivent être concentrés dans cette direction.

L'observatoire météorologique fonctionne régulièrement. Les observations sont effectuées à 8 heures du matin, à 2 heures et à 8 heures du soir. Nous sommes trop peu nombreux pour organiser un service météorologique nocturne ; en outre, dans notre réduit, les allées et venues du veilleur réveilleraient les dormeurs ; jamais nous n'aurions une bonne nuit. Avant tout, je tiens à ce que les membres de notre petite colonie jouissent de la plus complète tranquillité pour qu'au printemps ils soient frais et dispos lorsque le moment sera venu de donner le grand coup de collier. Mon intention n'est pas cependant de passer l'hiver dans l'oisiveté, loin de là même. Pour se bien porter, un homme doit toujours être occupé. Chaque jour, nous travaillerons à des heures déterminées ; une fois seulement la journée finie, chacun sera libre de faire ce qu'il lui plaît.

Il importe que la cabane soit aussi bien tenue que possible. En conséquence, à tour de rôle, chacun de nous est pendant une semaine chargé du « service de propreté ». Tous les matins, l'homme de semaine balaie le plancher, vide les cendriers, etc. Pour assurer une bonne aération — surtout autour des couchettes —, défense de placer quoi que ce soit sous son lit, sauf les chaussures du jour. Chaque homme a deux portemanteaux pour ses vêtements usagers ; le reste du vestiaire est empilé dans des sacs et rangé ailleurs. Grâce à ces dispositions,

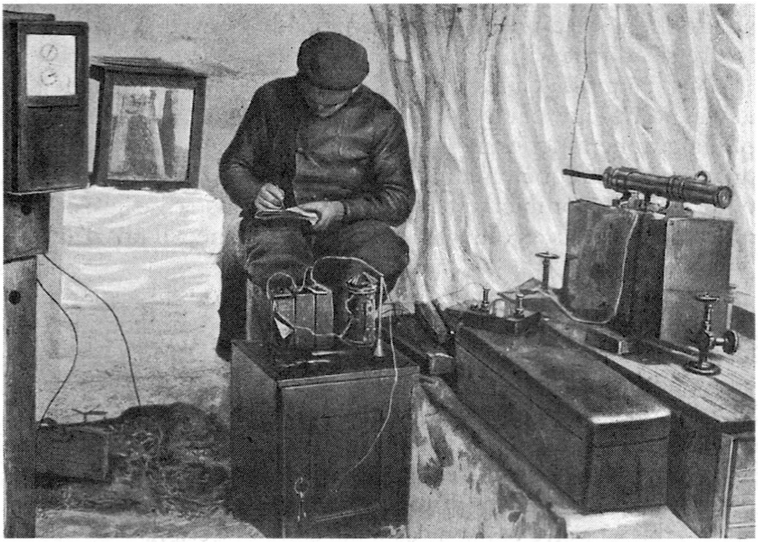

Presterud dans son observatoire.

Lindström en observation.

une propreté relative règne dans la salle commune. Qu'elle eût satisfait une maîtresse de maison méticuleuse, j'en doute fort.

Chacun a ses occupations déterminées. Presterud, aidé de Johansen, est chargé des observations astronomiques et pendulaires. Hassel est intendant du combustible ; il doit veiller à ce que ni le charbon, ni le bois, ni le pétrole ne soient gaspillés. Il reçoit les commandes et opère les livraisons. De ces fonctions, il s'acquitte avec distinction. Ne réussit-il pas à tromper son principal client, le cuisinier, sur le poids des fournitures, si bien qu'il réalisa une importante économie de charbon ? Hanssen est commissaire aux vivres avec mission de subvenir aux besoins de la communauté. Wisting a dans ses attributions l'équipement, Bjaaland et Stubberud la surveillance de l'appentis et du passage qui fait le tour de la maison. Lindström règne sur les fourneaux, la tâche la plus délicate et la plus ingrate. Qu'un jour sa soupe soit brûlée, il en entendra de belles. Heureusement, notre cuisinier est flegmatique. Quelque reproche qu'on lui adresse, il ne bronche pas. Son silence, en présence des remontrances les plus vives, témoigne de son indifférence.

... Le 19 avril, dans un flamboiement d'incendie, le soleil disparaît définitivement derrière la crête au Nord de la station ; à partir du 21, il se trouve en dessous de notre horizon visuel.

... Notre maisonnette est parfaitement organisée. La nuit polaire peut s'abaisser sur nous, nous sommes parés. L'appentis-véranda destiné à servir d'atelier est trop petit, avec cela sombre et froid ; de plus, à chaque instant, on y est dérangé par les allants et venants. Nous installer dans la salle commune pour travailler aurait de grands inconvénients. La seule pièce agréable de la maison deviendrait bientôt un taudis. Nous aurions donc été très embarrassés si le hasard n'était venu à notre secours.

Dans nos préparatifs de départ, un oubli a été commis, très important. Nous avons négligé d'emporter des pelles à neige, un article de première nécessité dans une expédition polaire. Avec leur ingéniosité habituelle, mes camarades ont vite remédié à cette omission. En quelques jours, Bjaaland forge une douzaine de bêches de première qualité, puis Stubberud façonne des manches qui ont tout l'air de sortir d'une grande maison.

Très heureuses pour notre bien-être furent les conséquences de mon oubli. Faute d'outils, nous n'avions pu chaque matin rejeter la neige entassée devant la maison, comme le font les bonnes ménagères : par suite, elle forma bientôt un monticule qui, avec le temps, devint aussi haut que la cabane elle-même. Une fois les pelles prêtes, on décida d'entreprendre le déblaiement. En présence de l'énormité de la masse à enlever, nous demeurâmes un instant perplexes. L'un de nous émit alors une idée lumineuse. Au lieu de nous éreinter à enlever cette neige, pourquoi n'y creuserions-nous pas un atelier de menuiserie que l'on relierait ensuite à la maison ? Immédiatement, la proposition est votée par acclamations, et tout de suite on se met au travail. Maintenant nous voici transformés en mineurs, en troglodytes de la glace. La menuiserie achevée, nous creuserons en outre d'autres abris et ne nous arrêterons qu'après avoir créé un vrai village souterrain, le travail le plus extraordinaire qu'ait jamais exécuté une expédition polaire.

Le 20 avril, on se met à l'œuvre. Pendant que trois hommes attaquent, vers l'Ouest, le monticule de neige amoncelé devant la porte, trois autres construisent avec des planches un couloir entre l'appentis et la salle souterraine.

... La fièvre de la bâtisse s'empare de nous, et un projet succède à un autre. La menuiserie terminée, nous prolongeons le couloir dans toute la longueur du monticule, pour l'amener jusqu'à une hutte de neige, destinée à servir d'étuve. Une étuve sous le 79° de latitude Sud ! Hanssen, un maître en maçonnerie polaire, s'est chargé de son édification. Il élève une petite cabane très massive et très épaisse, puis l'agrandit à l'intérieur ; une fois achevée, elle mesure 3 m 60 de haut. Elle est donc assez spacieuse pour que nous puissions y prendre des bains de vapeur.

... Le tunnel qui doit relier cette nouvelle construction à la menuiserie avance ; le bruit de l'attaque de l'autre côté se rapproche de plus en plus. Dès lors, Hanssen n'y tient plus et de son côté se met à creuser pour rejoindre les autres ; comme il est expéditif, il gagne rapidement du terrain. Les deux équipes se rejoindront-elles à niveau ? Désormais, il n'est plus question que du Simplon, du Mont-Cenis et des autres grands travaux d'art accomplis par les ingénieurs.

... Enfin, la dernière paroi s'écroule. Hourra ! les deux galeries se rencontrent ! Il est magnifique, ce long couloir tout blanc, qui semble taillé dans le marbre le plus pur.

Le tunnel terminé, nous descendons le sol de la menuiserie jusqu'à une profondeur de 1 m 50 dans l'épaisseur de la

Trois joyeux compagnons (Bjaaland, Wisting et Helmer Hanssen).

Barrière. L'atelier est suffisamment spacieux pour deux ouvriers et tous les traîneaux. Dans les murs sont creusés un établi et un recoin pour la resserre des outils. Un large escalier taillé dans la neige et recouvert de planches conduit de la menuiserie au passage. Aussitôt la pièce terminée, les menuisiers s'y installent et commencent la transformation des traîneaux en vue du voyage au Pôle. En face, de l'autre côté du couloir, une seconde salle est découpée dans l'épaisseur du glacier pour y installer la forge. Près de la maison, on fore ensuite un trou profond destiné à recevoir les eaux de l'évier de la cuisine. Reste maintenant à fermer cette habitation de troglodytes pour empêcher le froid d'y pénétrer. Le problème est délicat. Beaucoup de gens ont la déplorable habitude de ne jamais fermer les portes ; sur deux ou trois personnes, en général une au moins possède ce défaut. Combien y en a-t-il parmi nous ? Je ne connais pas encore mes compagnons sous ce rapport ; donc, par mesure de précaution, il est préférable d'installer une fermeture automatique.

Pour cela, Stubberud fixe au mur le chambranle de la porte dans une position oblique ; par suite, elle ne pourra demeurer ouverte. Quatre marches de neige recouvertes de planches permettent d'accéder de la menuiserie dans la galerie.

Pendant que ces travaux de mine absorbent tout notre temps, Lindström, qui à ses fonctions de cuisinier ajoute celles de réparateur d'instruments de précision, est très occupé par le thermographe. Le mouvement d'horlogerie de cet enregistreur est dérangé ; cette avarie est d'autant plus regrettable que, jusqu'ici, ce thermomètre a très exactement marqué les basses températures, tandis que le second thermographe ne fonctionne plus dès que le froid devient rigoureux. Evidemment, celui-ci a été construit pour les tropiques. Lindström a une manière à lui de traiter tous les appareils. Dès qu'ils s'arrêtent, il les place incontinent dans son four et active le feu. Cette fois, l'expérience réussit admirablement, en ce qu'elle apporte la preuve évidente de la mauvaise qualité de l'instrument. Le météorologiste n'en nettoie pas moins consciencieusement le thermographe et, après l'avoir remonté, le suspend au-dessus de son fourneau. Là, peut-être, la chaleur le ranimera et lui donnera l'illusion des tropiques. En tout cas, il enregistrera la température de la cuisine ; plus tard, peut-être pourrons-nous calculer la moyenne de la semaine à l'heure du dîner. Ces observations satisferont-

Les mineurs au travail.

Entrée de la cabane.

elles l'Institut météorologique de Norvège ? C'est une autre question ; mais notre ami n'en a cure.

Un hygromètre enregistreur est installé sur le monticule voisin de la station ; par suite, une fois toutes les vingt-quatre heures, Lindström doit sortir pour faire son observation. Bien que notre camarade l'ait soigneusement nettoyé et huilé, un beau jour il s'arrête définitivement. Je chargeai alors notre Maître Jacques de construire un thermomètre enregistreur avec cet hygromètre et le thermographe avarié. Un pareil travail le comble de joie ; quelques heures plus tard, il me présentait un instrument dans lequel les cylindres étaient faits de vieilles boîtes de conserves !

L'appareil n'en marcha pas moins très bien jusqu'à – 40°.

Notre petite colonie est divisée en deux équipes. L'une est occupée à dégager les corps d'une quarantaine de phoques qui se trouvent enfouis sous environ 1 m 50 de neige. Ce travail ne demande pas moins de deux jours. Très lourdes et dures comme des pierres, ces carcasses sont d'un maniement difficile. Aux yeux des chiens, cette opération présente le plus grand intérêt ; tous demeurent assemblés autour de nous pendant le déblaiement, épiant nos mouvements avec curiosité. De cette énorme quantité de viande, on forme ensuite deux gros tas ; il y a là de quoi nourrir la meute entière durant tout l'hiver. Pendant ce temps, l'autre équipe, sous la direction de Hassel, creuse un cellier pour abriter la provision de pétrole qui, jusque-là, est restée exposée aux intempéries. A cette cave donne accès une magnifique entrée voûtée, chef-d'œuvre de Stubberud. Nul ne possède à un plus haut degré que notre camarade l'art de construire les voûtes en neige.

Hassel est en proie à la fièvre de la bâtisse. N'a-t-il pas, à présent, l'idée de relier la maison aux magasins de bois et de charbon par un passage souterrain ? Lorsqu'il me communique ce projet, j'en demeure ébaubi ; une telle entreprise me paraît dépasser nos forces. La distance de la cabane à la tente au charbon n'est pas inférieure à 10 mètres. Quoi qu'il en soit, Hassel et Stubberud se mettent à la besogne. Après avoir tracé à la surface de la neige une ligne joignant la tente à l'angle sud-est du couloir régnant autour de la maison, ils creusent à mi-chemin un énorme trou, et, au fond, y établissent deux chantiers d'attaque de la muraille de glace : l'un vers la maison et l'autre vers la tente. Comme toujours, le travail est lestement enlevé. Mais Presterud a son idée ; tandis que le trou est encore béant, il désire profiter de l'occasion pour construire un observatoire où il installera son pendule. Donc, perpendiculairement au couloir ouvert par Hassel et Stubberud, il creuse une pièce où il montera l'instrument. Une fois les déblais enlevés, le grand trou est fermé ; dès lors, nous pouvons aller à couvert directement de la cuisine au magasin à charbon. Pour cela, on suit d'abord le couloir autour de la maison, où les conserves sont rangées dans un ordre si parfait, puis, arrivé à l'angle sud-est de la cabane, on enfile la nouvelle galerie. A droite, au milieu de ce passage, une porte accède à la chambre du pendule. Ce corridor arrive à un escalier très raide conduisant à la tente au charbon et à la surface de la Barrière. C'est un beau travail, qui fait le plus grand honneur à nos architectes.

Une salle spacieuse nous serait très utile pour loger tout l'équipement, notamment le vestiaire en peau de renne, et pour procéder ensuite au remontage des traîneaux, une fois que Bjaaland en aura allégé les patins. La construction d'une nouvelle hutte est donc décidée, elle sera taillée dans un gros monceau de neige qui s'est formé au Nord-Est de la cabane, près de la tente où est abrité le matériel.

Une fois achevé, le magasin d'habillement, comme nous appelons cette seconde cave, est suffisamment grand, non seulement pour contenir tout notre équipement, mais aussi pour que l'on puisse y établir un atelier. A côté est aménagée une petite chambre où Wisting installe sa machine à coudre ; il y travailla tout l'hiver. En continuant vers le Nord-Est, on entre dans une grande pièce, le « Palais de Cristal », où sont remisés les *ski*, les cantines des traîneaux et les provisions pour l'expédition au Pôle. Un peu plus tard, cette salle fut réunie aux autres par un couloir souterrain. Dès lors, nous pûmes circuler à couvert dans toute l'étendue de notre cité troglodytique. Ces différentes galeries sont terminées dans les premiers jours de mai.

Les gens sédentaires s'imaginent que les explorateurs polaires passent l'hiver dans une douce oisiveté. S'ils nous voyaient, ils changeraient promptement d'avis, non pas que la journée de travail soit très longue, mais lorsque mes camarades sont attelés à la besogne, ils ne musent pas. Bjaaland est chargé de modifier les traîneaux pour les rendre plus légers. Au fur et à mesure de l'achèvement de cette besogne, Hanssen et Wisting remonteront

Galerie creusée dans le glacier entre la maison et la tente au charbon.

les véhicules. Les autres ont également leur spécialité. Presterud est chargé des observations scientifiques ; Johansen, de l'emballage des vivres pour l'expédition au Pôle ; Hassel, d'approvisionner la cuisine de charbon, de bois et de pétrole, et de fabriquer des mèches de fouet, tandis que Stubberud s'occupe de réduire le poids des caissons des traîneaux et de mille autres choses. Très adroit, il peut exécuter les travaux les plus divers.

Les thermomètres sont des instruments essentiellement fragiles. Parfois, au début d'un voyage, il arrive qu'on casse tous ceux que l'on possède ; dès lors l'explorateur se trouve privé de tout moyen de déterminer la température. Or, si à l'avance il s'était habitué à l'évaluer d'après ses 'sensations, il pourrait calculer la moyenne du mois avec une approximation suffisante. Certes, les valeurs obtenues par ce moyen pour chaque jour sont entachées d'une certaine erreur dans un sens ou dans un autre ; mais, en les additionnant, ces erreurs s'atténuent, si bien que le résultat de l'opération fournit une moyenne mensuelle relativement satisfaisante. Imbu de cette idée, j'organise un concours de prévision de la température. Tous les matins, après une petite promenade, chacun doit évaluer le degré thermométrique de l'air. Il est pris note de cette estime, et, à la fin du mois, on compare les températures estimées et observées. L'auteur du plus grand nombre de prévisions justes reçoit en récompense plusieurs cigares. Cet exercice a le double avantage de nous habituer à évaluer la température et de créer une distraction au début de la journée. Dans les existences monotones comme la nôtre, où tous les jours se ressemblent, l'heure qui suit le lever est un moment critique. Or, l'exercice auquel nous nous livrons apporte une heureuse diversion aux idées maussades que peut amener un mauvais réveil. Dès le commencement de la séance, ceux qui se sont levés mal lunés oublient leur humeur grincheuse pour prendre part à la discussion et écouter les pronostics. C'est même avec impatience qu'ils attendent la rentrée d'un concurrent. Cela se passe comme dans un examen où tous les candidats ont à répondre à une même question. Chacun de nous est introduit à tour de rôle pour que les prévisions des derniers examinés ne soient pas influencées par les opinions précédemment émises.

« Eh bien, Stubberud, quelle température, aujourd'hui ? » Notre homme avait un procédé particulier d'évaluation, dont je n'ai jamais pu découvrir la clé. Aujourd'hui, par exemple, il regarde autour de lui et examine soigneusement la physionomie des assistants. « Il ne fait pas chaud aujourd'hui », dit-il, enfin, avec une grande conviction. Je le complimente immédiatement de la justesse de son observation. Le thermomètre marquait alors – 54° sous zéro.

Les résultats mensuels du concours sont très intéressants. Le lauréat a, à son actif, huit estimes à peu près justes. Souvent, pendant plusieurs jours, un homme donnait une évaluation à peu près exacte, puis tout à coup commettait une erreur de 15°. La température moyenne du gagnant concordait à quelques dixièmes de degré près avec la température moyenne observée du mois, et la moyenne des moyennes de tous les concurrents donnait un résultat très proche de la vérité. Or, c'est précisément dans ce dessein que j'ai institué le concours. Si, plus tard, nous avons la malchance de briser tous nos thermomètres, nous ne serons pas alors absolument pris au dépourvu.

Pendant notre expédition au Pôle, nous emportâmes quatre thermomètres, avec lesquels nous fîmes des observations trois fois par jour ; tous les quatre furent rapportés intacts à la station. En ne cassant aucun de ses thermomètres, notre météorologiste, durant cette exploration, a accompli un véritable exploit.

6

Une journée à Framheim

L'AURORE AUSTRALE — LE RÉVEIL — LE CUISINIER LINDSTRÖM — LES CHIENS — LES LOGEMENTS DE LA COLONIE — LE DÉJEUNER — LES VIKINGS MODERNES — UNE PROMENADE À TRAVERS LA CITÉ DES TROGLODYTES DE LA GRANDE BARRIÈRE — LES AGRÉMENTS D'UNE COURSE EN TRAÎNEAU — UN BAIN TURC DANS L'ANTARCTIQUE — UNE GRANDE SOIRÉE À FRAMHEIM

Pour donner au lecteur une idée de notre vie quotidienne, nous allons visiter ensemble Framheim. C'est le 23 juin, au matin. Un silence de mort plane sur la Barrière. Du mouillage que le *Fram* a occupé en arrivant dans la baie, montons par la piste suivie par les traîneaux pour amener le matériel. Saisi par la beauté grandiose du paysage, vous vous arrêterez certainement en chemin, pour l'admirer. Non, il est impossible de contempler un panorama plus magnifique et plus extraordinaire. Devant cette merveille qui semble irréelle, la raison doute du témoignage des yeux. Voici le rebord de la Barrière, avec les « monts » Nelson et Rönnicken, et, par-derrière, un entassement de crêtes et de séracs ; on dirait le déferlement d'une mer houleuse subitement congelée. La lumière est étrange. Il fait aussi clair qu'en plein jour, et pourtant depuis longtemps le soleil a disparu de l'horizon. Ce n'est pas non plus la lune, car il n'y a point d'ombres. Non, cette lueur falote est celle d'une aurore australe intense. En l'honneur de ses hôtes, la nature antarctique semble avoir revêtu sa plus somptueuse parure. Pas un souffle d'air, pas le moindre bruit. Soudain, à travers le ciel tout piqué d'étoiles, un rai de lumière jaillit, suivi d'un sifflement, puis se déplace en se transformant en une bande éclatante, frangée de rayons rouges et verts. Après être demeurée un instant immobile, l'auréole se meut, accompagnée d'un nouveau sifflement intermittent. Par cette matinée sublime, vous êtes témoin d'un des phénomènes les plus extraordinaires et les plus incompréhensibles de ce monde fantastique. C'est l'aurore musicale. Maintenant, rentré au pays, vous raconterez avoir vu et entendu l'aurore australe. Ne l'avez-vous pas vue de vos propres yeux et entendue de vos propres oreilles ? Aucun doute ne vous semble possible à cet égard, et pourtant, comme tant d'autres, vous êtes dans l'erreur. Le bruissement des aurores boréale et australe n'a jamais existé. Il est simplement dû au phénomène de la congélation de votre haleine dans l'air froid et à cette hantise du surnaturel qui dort au fond de toute nature humaine. Adieu, beau rêve ! Mais n'aurais-je pas mieux fait de laisser son mystère à cette féerique fantasmagorie ?

... Après avoir dépassé le Nelson et le Rönnicken, nous escaladons un premier monticule. Près de là se dresse une grande tente précédée de deux longues masses sombres. Nous sommes au dépôt principal de l'expédition. Un ordre parfait y règne ; les caisses sont régulièrement entassées les unes sur les autres, toutes tournées vers le Nord. Pourquoi cette orientation ? Si vous regardez à l'Est, vous remarquez dans cette direction une vague clarté à l'horizon. C'est l'aube à cette époque de l'année. Actuellement, l'obscurité est encore trop profonde pour que l'on

Framheim sous la neige.

Abri thermométrique de Framheim.

puisse distinguer quoi que ce soit ; sans la lueur de l'aurore australe, on ne verrait pas les numéros que les caisses portent sur leur côté exposé au Nord. La blancheur visible à l'Est s'élève progressivement dans le ciel et augmente d'intensité. A neuf heures, elle sera au Nord-Est et s'étendra sur dix degrés au-dessus de l'horizon. Alors vous pourrez lire sans difficulté les chiffres des colis. Vous déchiffrerez même les noms des fabricants marqués sur plusieurs caisses ; lorsque la lueur se sera déplacée vers le Nord, ils deviendront encore plus distincts. Ces chiffres et ces lettres sont, il est vrai, hauts d'environ 0 m 05 et larges de 0 m 03. Cela prouve, toutefois, que, même pendant la période la plus sombre de l'année, l'obscurité n'est pas complète, comme on le pense.

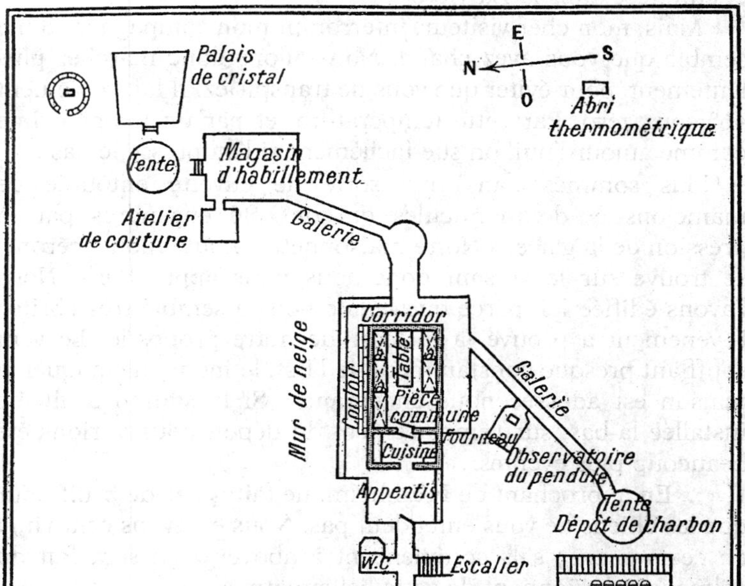

La tente dressée là renferme une abondante provision de poisson sec pour nos chiens. Mais hâtons-nous si nous voulons assister au lever des hôtes de Framheim.

Nous passons près d'un mât de pavillon. Cinq sont érigés entré la station et le dépôt pour permettre aux hiverneurs de retrouver leur chemin lorsque la tourmente est déchaînée et que les tourbillons de neige soulevés par le vent empêchent de voir à quatre pas devant soi. « Là-bas, sur le versant d'un mamelon, me dit mon guide, vous apercevez Framheim. Quoique la station soit proche, on ne distingue qu'une tache sombre à la surface de la neige. Les cônes que vous voyez à côté représentent les tentes occupées par les chiens. D'ici on ne peut encore reconnaître la cabane même, tant elle est enfouie dans la neige et enfoncée dans la Barrière.

« Mais, mon cher visiteur, interrompt mon compagnon, il me semble que vous avez chaud. Nous allons donc marcher plus lentement, pour éviter que vous ne transpiriez. Il fait seulement 46° sous zéro. Par cette température, et par un temps calme comme aujourd'hui, on sue facilement si l'on presse le pas... »

Nous sommes dans une sorte de cuvette entourée de mamelons et de monticules qui ont été engendrés par la pression de la glace. « Notre maisonnette, ajoute mon cicérone, se trouve sur le versant dont nous nous approchons. Nous l'avons édifiée ici, parce que le site nous a semblé très abrité ; l'événement a prouvé la justesse de notre pronostic. Le vent soufflant presque constamment de l'Est, le monticule auquel la maison est adossée nous en garantit. Si la station avait été installée là-bas, sur l'emplacement du dépôt, nous aurions été beaucoup plus éventés.

« ... En approchant de Framheim, ne faites pas de bruit pour que les chiens ne vous entendent pas. Nous en avons cent vingt en ce moment ; s'ils commencent à aboyer, c'en sera fait du calme impressionnant de cette belle matinée.

« Nous voici arrivés ; grâce à la lueur qui en ce moment blanchit le ciel vous pouvez distinguer les objets les plus proches. Vous n'apercevez pas la maison, mon cher compagnon ? Cela ne m'étonne pas. Ce tuyau qui émerge au-dessus de la neige, c'est tout ce qui en apparaît. La planche devant laquelle nous sommes n'est pas, comme vous pourriez le croire, un morceau de bois abandonné, mais l'entrée de la maison. Main-

Sortie d'un traîneau du magasin d'habillement.

Panorama à l'Ouest de Framheim.

tenant, baissez-vous, et attention ! Vous avez quatre marches assez hautes à descendre.

« La lampe du couloir n'est pas encore allumée ; tant mieux ; Lindström n'est pas encore debout. Vous arrivez donc à temps pour assister au commencement de la journée à Framheim.

« Prenez le pan de mon veston en fourrure et suivez-moi. Nous sommes dans le couloir de neige qui mène à l'appentis.

« Oh ! pardon ! Vous êtes-vous fait du mal ? Excusez-moi de ne pas vous avoir averti de prendre garde au seuil. Ce n'est pas la première fois que quelqu'un tombe à cet endroit.

« Attendez une seconde ; je vais allumer une allumette ; vous pourrez alors voir votre chemin. Entrez dans la cuisine, puis rendez-vous invisible ; vous me suivrez ensuite toute la journée et vous vous rendrez compte de notre vie.

« Aujourd'hui, c'est la veille de la Saint-Jean, la fête de l'été là-bas, en Norvège ; nous ne travaillerons donc que la matinée ; le soir vous verrez comment nous nous amusons les jours de fête. Lorsque vous raconterez votre promenade à travers Framheim, promettez-moi seulement de ne pas exagérer. »

Notre visiteur a tenu compte de ces recommandations, voici la relation de ce qu'a vu et entendu notre hôte invisible pendant son court séjour parmi nous :

« Br-r-r-r-r-r. C'est le réveille-matin. J'attends quelques instants ; rien ne bouge. Ordinairement, aussitôt que ce tintement a résonné, on entend le bruit de deux pieds nus sur le plancher suivi d'un bâillement ou deux. Ici, silence absolu. En me quittant, Amundsen a oublié de me dire où je devrais me placer pour ne rien perdre du spectacle. Je veux courir après lui, mais au seuil de la chambre je recule asphyxié. Je n'ai pas besoin de voir pour croire que neuf hommes dorment là dans un espace de 6 mètres de long sur 4 de large.

« Toujours le même silence. Les habitants de Framheim ne font sans doute sonner leur réveille-matin que pour se donner l'illusion qu'ils se lèvent. Attendez une minute, pourtant. "Lindström ! Lindström ! Allons debout ! N'as-tu pas entendu le réveil ?" Un craquement épouvantable résonne. C'est Lindström qui sort de sa couchette. S'il a été lent à sauter à bas du lit, en revanche il ne traîne pas à sa toilette. En trois temps elle est terminée, et aussitôt il s'achemine vers la porte, une petite lampe à la main. Il est six heures. Lindström est gros et gras et a une mine épanouie. Il porte des vêtements bleu foncé et un bonnet en tricot épais. Ici le froid n'est pourtant pas assez vif pour avoir le chef couvert. La température est même plus élevée que dans les cuisines le matin chez nous à la campagne. J'ai deviné... Lindström est chauve, et, comme tous les gens affectés de calvitie, il n'aime pas à montrer sa bille de billard.

« ... Suivons le maître queux dans son domaine ; il n'est pas grand : 2 mètres de long sur 4 de large, et le fourneau en occupe la moitié. Il a une singulière façon de faire le feu, le chef de Framheim ! Au lieu de placer au fond du four un margotin, il y jette les premiers morceaux de bois qui lui tombent sous la main, sans se préoccuper de leur taille, et les asperge ensuite de pétrole. Une allumette et bientôt le fourneau ronfle.

« Lindström met aussitôt la cafetière sur le feu ; avec un pareil brasier, elle ne tardera pas à bouillir. Mais pourquoi diable le cuisinier se presse-t-il autant ? Il n'est que six heures et un quart ; or, seulement à huit heures le déjeuner doit être servi.

« Avec une énergie farouche, l'ami moud ensuite son café. Si la qualité est en rapport avec la quantité, il devra être exquis. « S... moulin ! hurle notre homme ; propre à rien ! » Et de fait, après avoir tourné avec acharnement la manivelle pendant un quart d'heure, c'est tout juste s'il a la mesure convenable. Six heures et demie ; le café est prêt. Quel arôme il dégage ! Où diable Amundsen a-t-il pu se procurer une telle qualité ! Entretemps, le chef allume sa pipe ; il est à jeun, mais il n'est pas incommodé pour si peu. Si le cuisinier prépare le café autant à l'avance, c'était, pensais-je, avec l'idée de s'en octroyer une bonne tasse avant les autres. Aussi, jugez de ma stupeur lorsque je le vois prendre une cruche placée dans un coin et se verser une copieuse ration de thé froid, qu'il avale d'un trait.

« Après avoir absorbé ce rafraîchissement, Lindström examine attentivement le contenu d'un vase placé sur une étagère au-dessus du four. Quoique le thermomètre enregistreur accroché au plafond marque 29°, la chaleur n'est sans doute pas suffisante pour ce pot, car il l'enveloppe de serviettes et de chiffons. De temps à autre, le chef jette des yeux anxieux sur ce précieux vase, puis regarde la pendule ; il semble préoccupé. Tout d'un coup, sa figure s'illumine, il siffle d'un air satisfait, prend un seau et se dirige vers l'appentis. Quelques instants après, il rentre, la mine épanouie, avec son seau plein de charbon. A cette vue, je suis littéralement effaré ; en toute hâte, je m'éloigne du fourneau et me blottis par terre sur le plancher dans l'espérance d'échapper aux tortures de l'enfer. La température est là non moins intolérable qu'à ma première place ; aussi quel n'est pas mon étonnement de voir Lindström tranquillement assis sur son fourneau. J'allais pousser un cri d'effroi lorsque Amundsen entra. “Bonjour, mon gros. Quel temps aujourd'hui ?” demande-t-il amicalement au maître queux.

« “Brise d'Est et brume ; mais il y a quelque temps que je ne suis sorti”, répond avec assurance le cuisinier. Une pareille audace me laisse stupéfait ; le bonhomme n'a pas mis le nez dehors ! Amundsen regarde le vase mystérieux. Lindström soulève les linges qui l'enveloppent. “Oui, cela prend enfin !” Mon intérêt est maintenant partagé entre ce bol et le retour d'Amundsen, qui amènera certainement une discussion météorologique entre les deux hommes. Le chef de l'expédition ne tarde pas, en effet, à rentrer ; rien qu'à sa mine, on juge que la température au-dehors n'est pas précisément agréable. “Dis donc, Lindström, quel temps faisait-il ce matin ? — Vent d'Est et ciel noir comme de l'encre, lorsque je suis sorti à six heures”, répète l'autre imperturbablement. “Eh bien ! il s'est éclairci avec une rapidité remarquable. Actuellement, pas un nuage et pas une risée de vent. — Tout juste ce que j'ai pensé ! riposte Lindström ; je voyais le brouillard tomber lentement et le ciel s'éclairer à l'Est.”

« Après cette savante conversation, on s'occupe encore du fameux vase. On le pose sur le banc et on le démaillote. Je n'y tiens plus et me lève pour jeter un coup d'œil sur son contenu. En vérité, cela mérite d'être vu. Le bol est plein jusqu'aux bords d'une belle pâte jaune d'or. Evidemment, le cuisinier de Framheim est un chef de premier ordre. Aucun pâtissier de Christiania ne serait capable de fabriquer une pâte aussi fine.

« Il est maintenant 7 h 25. Après avoir jeté un dernier regard plein de tendresse sur son œuvre, Lindström prend une fiole d'alcool et entre dans la salle commune. Elle est noire comme un four, en même temps il s'en exhale une odeur... Pour ne pas être asphyxié, je demeure à l'entrée. Beaucoup plus brave, le cuisinier avance résolument, en trébuchant à chaque pas, et en renversant tout sur son passage ; puis je l'entends chercher à tâtons des allumettes et finalement allumer une lampe à alcool placée sous la suspension. Toute cette manœuvre est accompagnée d'un cliquetis de verre et d'un fracas de chaises renversées. Les dormeurs ne sont nullement gênés par ce vacarme ; tous continuent à ronfler à poings fermés. Lindström ayant laissé la lampe à alcool s'éteindre revient l'allumer. C'est alors, pendant une ou deux minutes, un bruit à réveiller un mort ; les dormeurs ne se retournent même pas.

« ... Un léger sifflement se fait entendre, et une odeur de pétrole se répand dans la pièce. Redoutant une explosion, je songe à prendre la fuite, lorsque soudain une clarté éblouissante illumine la pièce, une lumière blanche, très agréable. C'est une lampe Lux de 200 bougies ; décidément, les habitants de Framheim ne sont pas trop à plaindre. Lindström essaie maintenant de réparer le désordre qu'il a créé en allumant sa lampe ; il relève les sièges renversés et du revers de la main fait couler par terre l'alcool dont il a inondé la table. Des vêtements, posés sur un escabeau à côté, reçoivent une cascade, mais un tel incident laisse indifférent le chef des fourneaux. Cinq minutes après, il rentre, chargé d'assiettes, de tasses, de couteaux et de fourchettes. Si Lindström est un cuisinier incomparable, en revanche il n'a pas les manières ouatées des domestiques de grande maison. Il lance les assiettes plutôt qu'il ne les dépose, heurte les tasses et les verres avec les couteaux et les fourchettes, bref, c'est un tintement épouvantable de vaisselle, comme dans le carré d'un bateau, un jour de gros temps. Les explorateurs ont à coup sûr bon caractère ; que de gens troublés dans leur sommeil par un pareil charivari n'hésiteraient pas à lancer leurs souliers à la tête du gêneur !

« Pendant cette scène, j'ai le temps d'examiner la pièce. Le long des murs sont fixés neuf cadres, trois à droite et six à gauche. Leur literie se compose simplement de sacs de couchage. On n'a donc pas à y redouter le froid.

« L'espace libre au milieu de la pièce est occupé par une table, le long de laquelle sont rangés de petits tabourets. Un certain ordre paraît régner. La plupart des vêtements sont accrochés ; il y en a bien quelques-uns par terre, ceux renversés par Lindström dans sa promenade à tâtons. Sur la table, près de la fenêtre, un phonographe trône, entouré de pots à tabac et de cendriers. Le mobilier n'est ni abondant ni de grand style. Au mur du côté de la fenêtre, sont quelques tableaux ; en face, les portraits du roi, de la reine et du prince héritier, découpés dans un journal illustré, et collés sur du carton bleu. Dans le coin, près de la porte à droite, est installée la penderie pour faire sécher les vêtements.

« ... Des formes humaines commencent à s'agiter dans les sacs de couchage ; bientôt après des têtes émergent. Le premier réveillé est Wisting. Après cela, voici Helmer Hanssen, un des compagnons d'Amundsen dans sa traversée du Passage du Nord-Ouest, un solide gaillard celui-là ; puis Olav Olavson Bjaaland, grand coureur de fond dans les concours de *ski*, et un sauteur de première force ; d'un bond, avec ses patins, il a franchi 50 mètres pour le moins.

« C'est ensuite Stubberud, un ancien teneur de livres transformé en explorateur. Puis viennent Hassel, Johansen et Presterud. L'un après l'autre, tous entrent dans la cuisine. Lindström leur verse un pot d'eau chaude dans une tasse en fer-blanc. Après quoi, ils sortent. Je les suis et que vois-je ? Je vous le donne en mille. Toute la troupe des explorateurs polaires rangée en ligne et se brossant les dents...

« Par la porte de la cuisine laissée ouverte, la chaleur pénètre dans la salle commune ; le ventilateur fonctionnant, on n'a plus à y redouter l'asphyxie.

« Une fois la toilette terminée, ces messieurs rentrent. Ils ont maintenant à estimer la température du dehors. A cette occasion, c'est un feu roulant de plaisanteries, puis pendant le déjeuner une succession d'éclats de rire et de controverses animées.

« Dans la chaleur communicative des banquets, il est de tradition de comparer nos explorateurs polaires à nos grands ancêtres, les hardis Vikings. En présence des bons bourgeois à allure pacifique, que je trouve à Framheim, cette comparaison ne se présenta pas tout d'abord à mon esprit ; mais, lorsque je les vis attaquer les plats, je ne doutai plus de cette hérédité. Les parts de « hot-chok » disparaissaient les unes après les autres avec une rapidité fabuleuse. Cela me rappelait le « passez muscade » des escamoteurs. Si la maîtrise d'un cuisinier se mesure à la quantité des mets absorbés, Lindström est un maître dans son art. Pour faire glisser le tout, nos Vikings modernes lampaient d'énormes bols de café. La conversation ne chômait pas non plus. Le dernier roman lu, *L'Express de Rome*, était très discuté. Le sujet prêtait au mystère. Un homme étant trouvé mort sur la banquette d'un wagon, devait-on conclure au crime ou au suicide ? Après une discussion animée, la seconde

Entrée du magasin d'habillement.

L'entrée des ateliers.

hypothèse prévalut. J'avais toujours pensé qu'entre gens partageant la même existence monotone pendant des années, l'absence de sujets de conversation devait pesamment se faire sentir. Là encore je m'étais trompé. Le sujet littéraire épuisé surgit une discussion des plus animées entre les partisans et les adversaires du patois comme langue nationale[1].

« Après cela, les pipes furent allumées, et on disserta sur le travail de la journée. Ensuite, les uns sortirent, tandis que d'autres continuaient à fumer.

« A neuf heures, branle-bas général, puis Presterud procède à la comparaison des montres avec les chronomètres et prend note de leur état.

« Abandonnant ce compagnon trop sérieux pour moi, je suis les autres. Dehors, grande animation ; les chiens hurlent dans leurs tentes, autour desquelles passent et repassent des lanternes. Les maîtres d'équipage sont en train de donner la liberté à leurs meutes.

« Maintenant, on ne peut plus dire qu'il fait nuit ; une légère teinte rose colore une partie du ciel, atténuant les lueurs de l'aurore australe.

« ... Les chiens s'élancent en bondissant hors des tentes. Il y en a de toutes les couleurs, de gris, de noirs, de rouges, de bruns, de blancs. Tous sont de petite taille, gros et gras et bien en forme. Ils se réunissent aussitôt par groupes sympathiques autour d'un maître favori, auquel ils témoignent un très grand respect. Tous s'ébrouent et folâtrent, sans en venir aux dents. La plupart se dirigent vers deux monticules voisins, où ils vont exercer leurs mâchoires sur des carcasses de phoques. Soudain, des grognements se font entendre et quelques coups sont échangés, sans qu'il y ait bataille générale. D'ailleurs, le berger du troupeau veille, armé d'un bâton ; il suffit qu'il paraisse pour ramener la paix.

« Les jeunes et les tout-petits sont particulièrement intéressants. Les premiers ont environ dix mois, les seconds quelques

1. Depuis plusieurs années, la question linguistique occupe une des premières places sur la scène politique en Norvège. Les ultranationalistes ne réclament pas moins que l'admission des patois comme langue officielle. Le débat a été à diverses reprises porté au Parlement de Christiania ; récemment, un vote émis sur cette question de la langue a entraîné la retraite d'un ministère. *(N. d. T.)*

semaines. Ils sont en parfait état et font honneur à leurs pères nourriciers. La fourrure de ces animaux est extraordinairement fournie, bien plus même que celle des adultes. Ces gentilles petites bêtes manifestent un courage extraordinaire et ne reculent devant aucun de leurs aînés. Très amusants, les nourrissons. On eût dit des balles de laine roulant dans la neige.

« Ces jeunes chiens font preuve d'une résistance remarquable au froid. Alors que, le soir, pères et mères s'empressent de rentrer dans les tentes, les enfants préfèrent coucher à la belle étoile.

« Après avoir détaché leurs attelages, les hommes, munis de lanternes, s'acheminent dans diverses directions, puis subitement disparaissent dans les profondeurs de la Barrière. Que diable sont-ils devenus ?

« Sur ces entrefaites arrive Amundsen. De suite il m'offre de me montrer ses chiens. Voici d'abord Fix, Lasse et Snuppesen. "Fix, ce gros gris qui a l'air d'un loup, a plus d'un coup de dents sur la conscience, me raconte le chef de l'expédition. Un jour, à Flekkerö, près de Christiansand, où la meute demeura cantonnée un mois après son arrivée du Groenland, il mordit cruellement Lindström, alors qu'il avait le dos tourné. Que pensez-vous d'une morsure faite par une bouche comme celle-ci ?" Maintenant, Fix est dompté ; sans grogner, il laisse son maître lui ouvrir la gueule. Grand Dieu ! quelles dents ! Je me réjouis de n'avoir pas été, ce jour-là, à la place de Lindström. "J'ai été également mordu au genou gauche, ajoute Amundsen, et presque tous mes compagnons ont éprouvé la puissance des crocs de nos précieux auxiliaires.

« "Le dressage de Lasse n'a pas été facile non plus. A son arrivée à bord, il était le plus sauvage de toute la bande. Il fut mis à l'attache sur la passerelle. Au début, ajoute mon aimable cicérone, je faisais attention à ne pas passer à sa portée ; il restait debout des heures, dans une attitude farouche, pareil à un taureau furieux qui va foncer sur vous. Si je lui parlais, il retroussait sa lèvre supérieure, découvrant une rangée de dents avec lesquelles je n'avais nulle envie de faire connaissance ! Quinze jours plus tard, il ne faisait plus mine de vouloir mordre ; je me risquai alors à lui gratter le dos avec un bâton ; au début, il se retourna d'un bond, saisit le morceau de bois et le broya. Enfin, après une nouvelle période d'attente, je me hasardai à le caresser. Il me lança un regard méchant, mais ne bougea pas ; dès lors, nous devînmes véritablement amis. Snuppesen, une dame d'un rouge foncé, est inséparable de Fix et de Lasse. Aucune autre bête n'est aussi rapide, ni aussi agile. Cette chienne m'adore et me témoigne une affection gênante. Toujours, elle voudrait me lécher."

« Accompagnés de ce trio qui gambade autour de nous, nous nous dirigeons vers deux molosses blanc et noir, couchés à l'écart sur la neige.

« Dès qu'ils aperçoivent Snuppesen et ses cavaliers, d'un bond ils sont debout et poussent des aboiements terribles. Jamais je n'ai entendu des chiens donner de la voix d'une manière aussi formidable.

« Un peu plus loin, se tient un groupe de trois superbes bêtes appartenant à l'attelage de Hanssen et comptant parmi les meilleurs tireurs. Nous rencontrons ensuite Karenius, Sauen, Schwartz et Lussi, qui tous jouissent d'une grande autorité parmi la gent canine. Les chiens de Bjaaland sont couchés dans leur chenil ; cinq bêtes de petite taille, très vigoureuses. La tente de l'attelage de Hassel est vide pour le moment ; tous ses habitants sont allés s'installer près de l'entrée du magasin à pétrole, où se trouve d'habitude leur maître. Plus loin, nous croisons quatre bêtes appartenant à Wisting. L'une d'elles, le Colonel, est le plus bel animal de la meute. Après avoir été intraitable, il est devenu très obéissant. Un beau jour, alors que toute la troupe était internée à Flekkerô, en attendant son embarquement, il rompit sa chaîne et se jeta à la mer pour gagner le continent, probablement dans l'intention de se mettre sous la dent le premier mouton qu'il rencontrerait. Il était déjà à moitié route entre l'île et la terre, lorsque Wisting et Lindström s'aperçurent de l'évasion. Immédiatement, ils se lancèrent à sa poursuite, mais ils ne réussirent à se saisir du fugitif qu'après une rude bataille.

« "Vous en avez sans doute assez des chiens, me dit Amundsen ; si vous le voulez, nous allons visiter le Framheim souterrain."

« Donc, nous dirigeant vers la maison, nous arrivons à un petit monticule au-delà de la façade ouest.

« "Nous voici chez Hassel."

« Je crois, ma parole, que mon compagnon a la berlue.

« "Chez Hassel ? Mais nous sommes sur la Barrière !

Wisting travaillant à la machine à coudre.

Hassel dans le magasin à pétrole.

« — Entendez-vous ce bruit ? ajoute Amundsen. L'ami est occupé à scier du bois."

« Au moyen d'une poulie appliquée à un portant, mon guide soulève une trappe installée sur le glacier. Par l'ouverture, je vois un escalier s'enfonçant dans les profondeurs de la Barrière. C'est à ne pas y croire. Nous descendons quatre ou cinq marches, puis, franchissant une porte fermée par un rideau, nous entrons dans une grande grotte de glace. Hassel est là, en effet, en train de scier du bois, à la lueur d'une lanterne suspendue au plafond. Bien que la lampe ne soit pas d'un gros calibre, elle répand une lumière aveuglante dans ce milieu tout blanc. Sur le plancher brûle un fourneau Primus. Un thermomètre, suspendu non loin, marque 20° sous zéro. Dans son travail, Hassel n'est certes pas incommodé par la chaleur. Le long d'un des murs de la pièce sont alignés des tonneaux de pétrole. L'expédition dispose là d'une provision suffisante pour le chauffage et l'éclairage pendant plusieurs années.

« Reprenant le chemin que nous avons suivi à l'aller, nous nous retrouvons sur la Barrière. Autour de la trappe d'entrée, l'attelage de Hassel est réuni dans l'attente impatiente de son maître.

« Près de la porte de la maison s'ouvre une seconde trappe, conduisant à un nouvel escalier éblouissant de clarté. La lumière de la lampe qui éclaire le passage se trouve réfléchie par les murailles blanches du couloir.

« "Allons voir ce que fait Bjaaland", me dit Amundsen. En même temps, il se baisse et enfile, à gauche, un corridor obscur.

« "Attention aux marches !" De nouveau, nous nous enfonçons dans les profondeurs de la Barrière. Après avoir descendu quelques pas taillés dans la neige et recouverts de planches, le capitaine pousse une porte à coulisse dans le mur et m'introduit dans le domaine de Bjaaland et de Stubberud. Il mesure environ 1 m 80 de haut, 2 m 50 de long et 1 m 20 de large.

« Bjaaland travaille là à alléger les diverses pièces des traîneaux. Les résultats qu'il annonce sont très satisfaisants. Les véhicules, qui primitivement pesaient 75 kilos, ne dépasseront pas désormais 53 ; leur poids sera ainsi diminué d'un tiers. Aux murs de neige sont fixés des crochets et des rayons pour les outils, ainsi que deux établis de menuisier.

« De cet atelier taillé dans l'épaisseur du glacier, le couloir nous ramène à l'appentis qui précède la cuisine. Stubberud est occupé à le nettoyer. La vapeur d'eau provenant de la cuisine, et qui passe dans cette pièce lorsque la porte est ouverte, s'est condensée au plafond et sur les murs en une couche de givre épaisse de plusieurs centimètres. Armé d'un balai, le camarade est en train d'enlever ce revêtement.

« A l'occasion de la fête du solstice d'hiver, la maison entière a été appropriée. Le linoléum de la cuisine, consciencieusement lavé, brille comme un sou neuf. La salle commune est également très propre, avec ses coffres dûment rangés et ses tabourets alignés. Actuellement, on peut y respirer librement.

« Amundsen m'invite ensuite à faire un tour dans le grenier. Pour cela, nous rentrons dans la cuisine, puis escaladons quelques degrés ménagés dans le mur et soulevons ensuite une trappe. A la lueur d'une petite lampe électrique portative, j'aperçois d'abord la bibliothèque ; elle est en fort bon ordre. Les livres sont numérotés et disposés sur trois rayons. Il y a même un catalogue dressé par Lindström. Cuisinier, météorologiste, ouvrier d'art, bibliothécaire, cet homme est universel ! A côté sont alignées des piles de boîtes de confiture d'airelle, de canneberge, de sirop, de crème, de sucre, et de pickles. Dans un coin a été aménagée une chambre noire pour le photographe.

« Redescendus dans l'appentis, nous rencontrons Lindström chargé d'un grand baquet plein de glace ; c'est la provision d'eau pour le dîner.

« Mon guide s'est muni d'une grosse lanterne ; nous allons donc continuer nos explorations souterraines. Une porte dans le mur Nord de l'appentis accède au couloir qui longe la maison ; il y fait noir comme dans un four. Entre-temps, Amundsen s'arrête pour me vanter l'ordre et la propreté qu'il a réussi à établir à Framheim. Dans le corridor où nous nous trouvons, impossible de distinguer quoi que ce soit ; je le crois donc sur parole. Après ce palabre, nous continuons. Ne connaissant pas le terrain, je marche prudemment. Tout à coup, malgré mes précautions, je glisse sur quelque chose de rond et m'étends de tout mon long. Dans un intérieur aussi bien tenu, qu'est-ce qui peut bien se trouver sur le plancher ? Amundsen braque la lampe de mon côté. Devinez ma stupéfaction. J'avais roulé sur un fromage de Hollande ! Après cette aventure, l'opinion du patron sur l'ordre de sa maison me paraît quelque peu exagérée.

« Près du pignon Est, le couloir est éclairé par une fenêtre de la salle commune. En face de cette ouverture, dans la paroi de la Barrière qui forme le mur Sud du corridor, une large cavité indique l'emplacement de la carrière où Lindström s'approvisionne de glace pour les besoins de la maison.

« "Maintenant, faites-vous tout petit et suivez-moi ; nous allons rendre visite à Hanssen et à Wisting." Et Amundsen disparaît dans un trou. A sa suite, quelques instants plus tard, je pénètre dans une nouvelle grotte carrée assez vaste. Sur une table, à la lueur d'une lampe et de bougies, Helmer Hanssen assemble les diverses pièces des traîneaux qui ont été démontés par Bjaaland. La température n'est pas précisément chaude : 26° sous zéro ; toutefois, Hanssen ne paraît nullement s'en apercevoir.

« Contre un mur, d'énormes piles de vêtements de peau sont entassées sous des couvertures destinées à les protéger du givre qui tombe du plafond. En face, sont rangés des traîneaux et, vis-à-vis de la porte, des monceaux de gilets et de caleçons de laine, des piles de vestes en peau de chevreau et de moufles ; bref, un véritable magasin d'habillement.

« Le long de la même paroi, près des traîneaux, est ménagée une porte garnie d'un rideau. Derrière, Wisting est en train de coudre à la machine. Sa pièce n'est pas grande : 1 m 80 dans chaque sens. Ici, la température est très agréable : 10° au-dessus de zéro, alors que dehors le thermomètre marque 51° de froid ; en entrant dans ce réduit, j'ai l'impression de me trouver transporté subitement sous les tropiques. Comment se fait-il que, par 10° au-dessus de zéro, la glace ne fonde pas ? Ne nous a-t-on pas appris à l'école que 0° est la température de la fusion de la glace ? Si cette loi physique est également exacte dans ce pays, Wisting devrait se trouver sous une douche. Un examen des murs me fournit l'explication de ce prodige. Toutes les parois de la pièce sont garnies de plaques de fer-blanc et de toile disposées en gouttières, de telle sorte que le produit de la fusion s'écoule dans un baquet. Wisting se procure ainsi toute l'eau dont il a besoin pour laver.

« L'ingéniosité de ces hommes m'est un sujet constant d'étonnement et d'admiration. Evidemment, avec de tels compagnons, Amundsen n'aura pas grand mérite à arriver au Pôle, pensais-je à part moi. S'il ne touchait pas le but, tout le monde devrait se lever contre lui.

« Mon cicérone se dirige vers le mur le long duquel sont entassées les pelleteries, puis, les ayant écartées, disparaît parmi les ballots. A mon tour, j'enjambe les piles de vêtements, et par-derrière je découvre un nouveau trou dans le mur, puis un nouveau couloir. A la suite d'Amundsen, je m'engage dans le passage. Un peu plus élevé que le premier, ce tunnel permet de marcher, courbé en deux. Cette fois, le voyage dans l'obscurité n'est pas long ; presque aussitôt j'arrive dans une grande salle, nommée le “Palais de Cristal” ; de tous côtés, en effet, brillent des cristaux de glace. A l'un des murs sont appuyés de nombreux *ski*, et, à côté, des cantines, les unes jaunes, les autres noires. Les premières n'ont pas encore passé par les mains du menuisier pour être modifiées, tandis que les secondes sont prêtes pour le voyage. Ici, on pense à tout, même à la couleur des caissons. Il est évident que, dans un pays couvert de neige, les cantines noires sont préférables à celles peintes en jaune, en raison de leur plus grande visibilité. En outre, si les explorateurs ont besoin de jalons pour repérer leur route, ils n'auront qu'à démolir ces coffres.

« Le chargement de chaque traîneau se compose de quatre cantines.

« Johansen, assis au centre du Palais de Cristal, remplit un de ces caissons de provisions destinées à la grande expédition. Ce sont des rondelles de pemmican hautes de 0 m 05 et larges de 0 m 12, et des petits sacs longs, semblables à des boudins, et qui contiennent du lait en poudre. Les rondelles sont entassées les unes sur les autres, et, dans les intervalles entre leurs différentes piles, des boudins ayant juste la hauteur de la cantine sont placés debout. Les vides entre le pemmican et les parois de la caisse, moitié moins grands que ceux du milieu, ne peuvent contenir un sac de lait. Ne croyez pas que cet espace soit perdu. Johansen le remplit avec de petits morceaux de chocolat. Toutes ces cantines portent, outre le numéro du traîneau auquel elles sont destinées, un numéro particulier et une étiquette indiquant leur contenu. Sur l'une je lis : 5 400 biscuits. La patience est, dit-on, la principale vertu des anges. Johansen doit également en posséder une bonne dose pour obtenir un emballage aussi parfait.

« Avec ses boîtes de pemmican, de biscuits, de chocolat et ses sacs de lait en poudre, le Palais de Cristal présente l'aspect d'une épicerie.

« Mon compagnon se dirige vers une ouverture ménagée dans

Johansen emballe le biscuit dans le Palais de Cristal.

Les traîneaux sont chargés dans le magasin d'habillement.

le mur face au garage des *ski*, gravit deux marches, puis pousse une trappe ; de nouveau, nous voici sur la Barrière.

« J'adresse alors à Amundsen mes meilleurs remerciements de m'avoir guidé dans l'intéressant voyage circulaire que je viens d'accomplir et lui exprime mon admiration pour les travaux d'art exécutés par ses compagnons.

« "Nous sommes loin d'avoir tout vu, me répond-il. Nous sommes remontés sur le glacier, afin de vous éviter le retour par le couloir sombre suivi à l'aller ; maintenant, nous allons nous diriger d'un autre côté." Bien que je commence à avoir assez de ces passages souterrains, je ne puis me dispenser de cette nouvelle excursion.

« Je m'apprêtais donc à le suivre, lorsque arrive Hanssen avec son traîneau attelé de six chiens. "Sautez dessus, me crie Amundsen, je vous attends ici." A peine ai-je eu le temps de prendre place que le traîneau part à une allure effrayante, en soulevant des tourbillons de neige. Le conducteur tient bien en main son attelage, et ce n'est pas une sinécure. Deux de ses bêtes, Hök et Togo, paraissent toujours comploter quelque mauvais coup. Brusquement, elles se retournent et se précipitent sur leurs camarades en jetant la confusion dans l'attelage, mais le fouet les rappelle rapidement au devoir. Deux autres chiens que j'avais remarqués sur la colline — Ring et Mylius — galopent en tête ; eux aussi seraient tout prêts à se dérober sans la crainte du châtiment. Hai et Rap complètent la bande. Rap, qui a l'oreille déchirée, voudrait bien se joindre à son ami Hai pour attaquer Hök et Togo ; il en est empêché par la peur ; il sait, lui aussi, que son maître ne plaisante pas. Sans cesse, le fouet claque ; cette menace suspendue sur les têtes oblige tout le monde à filer doux. A quelques mètres en arrière, Zanko suit en manifestant sa joie de n'être pas de corvée.

« ... Gravissant la colline au galop, nous sommes bientôt au dépôt. Il est onze heures ; la lumière est beaucoup plus vive que ce matin ; la lueur rose monte assez haut dans le ciel et s'étend jusque près du Nord. Les numéros et les marques des caisses sont maintenant visibles.

« Dès que le traîneau s'arrête, je saute à terre, pendant que Hanssen retourne le véhicule, les patins en l'air, afin que les chiens ne puissent partir, lorsqu'il aura le dos tourné. Je m'assieds alors sur une caisse dans l'attente des événements. Zanko se chargea de les provoquer. Pendant qu'il examine les caisses, ce chien vient retrouver ses amis Ring et Mylius ; la cordialité de l'entrevue excite la colère de Hök, et, suivi de Togo, il tombe sur le groupe. Hai et Rap, qui ne perdent jamais une pareille occasion, arrivent à la rescousse, et bientôt c'est une mêlée générale.

« "Arrêtez, tas de polissons !" crie Hanssen en revenant en toute hâte. Zanko a vu le danger et détale aussitôt vers Framheim. En même temps, les autres combattants se séparent, puis, comme à un signal donné, partent également à toute vitesse vers la station. Que le traîneau soit retourné, cela ne les gêne en rien ; ils grimpent la colline au galop et disparaissent. Aussitôt Hanssen se met à leur poursuite ; quelle que soit sa diligence, il ne peut les joindre. Il arrivait à peine au sommet du mamelon que les chiens arrivaient à Framheim, où ils étaient immédiatement arrêtés.

« Privé de véhicule, je m'en reviens tranquillement vers la maison. Au pied de la colline, je rencontre Hanssen qui ramène le traîneau au dépôt ; furieux de l'aventure, il fait sans répit claquer le fouet.

« De retour à la station, je me glisse dans l'appentis pour attendre l'occasion d'entrer dans la cuisine. Elle ne fut pas longtemps à se présenter. Bientôt Lindström rentre, soufflant et haletant comme une locomotive. Il sort du passage qui tourne autour de la maison, chargé d'un nouveau baquet plein de glace et d'une lampe électrique qu'il tient dans la bouche. Du genou, il pousse la porte et je me glisse à sa suite.

« Personne n'étant actuellement à la maison, je vais avoir, pour me distraire, le spectacle des faits et gestes de Lindström quand il se trouve seul.

Le cuisinier dépose son baquet, puis lentement remplit de glace le pot placé sur le feu, afin de renouveler sa provision d'eau ; après quoi, il regarde la pendule. Il est onze heures et un quart ; bon ! le dîner sera prêt à l'heure. Il entre alors dans la chambre, allume sa pipe, s'assoit et prend une petite poupée placée sur un presse-papiers. La vue de ce pantin lui cause la joie la plus profonde. Une fois le mécanisme monté, il dépose le jouet sur la table ; aussitôt la poupée lâchée, sans s'arrêter, elle fait le saut périlleux. Devant ce spectacle, Lindström rit à se tordre, en criant : "Parfait, Olava, continue !" Cette petite figurine, dont les ébats amusent le cuisinier, est, en effet, très drôle. Elle a la tête d'une vieille fille désagréable, avec des cheveux jaunes et des bajoues. Le désordre que ses culbutes apportent dans son costume permet de reconnaître que primitivement cette jolie personne avait été une acrobate. La métamorphose était due à l'ingéniosité des compagnons d'Amundsen. Gagné par la contagion, je ne puis m'empêcher d'éclater de rire. Après s'être amusé comme un enfant pendant environ dix minutes, Lindström replace Olava sur le presse-papiers, puis s'étend à moitié sur son lit. Bon, pensai-je, il va faire un petit somme avant le dîner. Non ; il sort simplement de son cadre un jeu de cartes tout crasseux et tout déchiré et commence une patience. Elle réussit. Parfait ! “Ils arriveront les premiers”, grommelle Lindström.

« Après cette séance, le maître coq met le couvert, et, à midi moins cinq, sonne le dîner. Le menu n'est pas abondant : une soupe épaisse et noire, dans laquelle nage une macédoine de gros morceaux de phoque. Comme boisson, du sirop et de l'eau, et comme dessert des prunes. Pendant le dîner, la conversation ne chôme pas, non plus qu'après, en fumant.

« Vers deux heures et demie, Bjaaland annonce que le bain de vapeur est prêt. Un bain turc dans l'Antarctique, cela mérite d'être vu, et je suis Hassel, qui doit y passer le premier.

« Gagnant l'appentis, nous enfilons la galerie qui s'ouvre vers l'Ouest et arrivons ainsi dans une grande grotte de glace couverte de givre. Aussi simple qu'ingénieuse est l'installation du bain. Comme baignoire, une grande caisse fermée, avec, au sommet, une ouverture pour le passage de la tête. En dessous se trouve l'appareil de chauffage formé d'une caisse en fer-blanc remplie d'eau et de deux fourneaux Primus. Le baigneur règle lui-même la température en élevant ou abaissant la baignoire au-dessus du fourneau au moyen d'une poulie fixée au plafond et à la caisse.

« Au moment de mon arrivée, le thermomètre s'élève à 54°.

« Tous ou presque tous les membres de la colonie passèrent par l'étuve, puis, à cinq heures et un quart, ils revêtirent leurs fourrures et sortirent.

« Depuis le dîner, le temps a changé : subitement, le vent de Sud-Ouest s'est levé, entraînant d'épais tourbillons de neige. Au zénith, les étoiles brillent, pendant qu'en bas c'est un poudroiement blanc impénétrable. Toute vue se trouve masquée ; avec cela on est aveuglé par les flocons. Les chiens ne paraissent pas autrement incommodés par ce changement brusque ; quelques-

Johansen chargeant une cantine de lait en poudre.

La cuisine à Framheim.

uns courent, tandis que les autres sont couchés en rond sur la neige. Les hommes sortent tous munis d'une lanterne. Aussitôt chacun d'eux est entouré par son attelage, qui manifeste sa satisfaction de revoir son maître par de joyeux jappements ; tous s'acheminent alors vers les tentes. La rentrée de la meute s'opère paisiblement ; seules les bêtes de Bjaaland font un bruit assourdissant. Dans l'intérieur de leur asile de nuit, elles se livrent un furieux combat ; leur maître tape vigoureusement dans le tas, et bientôt l'ordre est rétabli.

« Une fois les chiens attachés, chaque conducteur se rend à la "boucherie" et en rapporte une petite caisse remplie de phoque découpé en morceaux et destiné à ses animaux. Une demi-heure plus tard, le camp est redevenu silencieux. Le thermomètre marque – 54° et le vent souffle à raison de 10 mètres à là seconde. Dans ses tentes, la meute, bien repue, est à l'abri de la tempête.

« Dans la cabane, les préparatifs de la fête sont activement poussés ; à peine entré, on s'aperçoit que l'on se trouve dans une bonne maison.

« La pièce commune, très propre, a été pour la circonstance ornée de petits pavillons norvégiens. A six heures, un repas plantureux est servi. A cette occasion, Lindström s'est surpassé. Il sert d'abord un quart de plum-pudding à chaque convive, puis des Napoléon, de délicieux feuilletés à la crème. La vue de cette pâtisserie me fait venir l'eau à la bouche. Alors qu'en Norvège un seul de ces gâteaux eût suffi pour toute la table, ici, il y en a un pour chaque homme, et il disparaît rapidement ; on dirait, à les voir avaler, que mes amis n'ont rien mangé depuis la veille.

« Après cela, les cigares sont allumés et le café servi. Un homme doit avoir un vice, pour le moins. Privés du plaisir de boire, ils se rejettent sur la gourmandise. L'effet ne tarde pas à se manifester. Les convives paraissent tant soit peu alourdis. Evidemment, les feuilletés ne descendent pas facilement.

« Soudain, la voix de Lindström résonne dans la cuisine :

« "Stubberud ! dépêche-toi, avant qu'elles ne s'échauffent !" Je m'élance immédiatement pour voir ce dont il retourne. Couché sur le ventre dans le grenier, le cuisinier tend par la trappe — devinez quoi — deux bouteilles, l'une de Bénédictine et l'autre de punch, toutes deux blanches de givre ! Stubberud reçoit avec d'infinies précautions les précieux flacons et les transporte avec non moins d'attention dans la salle à manger, où leur arrivée est saluée par de bruyantes acclamations. Tandis que l'on déguste les liqueurs, le phonographe est mis en marche aux applaudissements de la société ; les habitants de Framheim apprécient la musique. L'instrument, annonce-t-on, jouera successivement les airs préférés de chacun ; pour remercier le cuisinier de l'éclatante collaboration qu'il a apportée à la fête, on commence par son morceau favori, *Tarara-boom-deay*, suivi d'une valse et d'une chanson comique. Pendant l'audition, Lindström demeure cloué sur le seuil de la porte, dans une attitude extatique. Après cela viennent un air des *Huguenots* puis la chanson de Solveig. Si Bryhn avait été présent, plus encore que les applaudissements enthousiastes qui saluèrent les premières notes, l'impression profonde produite par sa musique l'aurait touché. A mesure que le récitatif se poursuit, les physionomies deviennent graves. Tous sont émus par les souvenirs que ce chant évoque dans leur esprit, comme par la poésie enveloppante qu'il répand.

« Ce morceau terminé, on emporte le phonographe, personne ne paraissant désirer l'entendre davantage.

« Il est maintenant huit heures et demie. Je pensais que l'heure du coucher approchait, lorsque l'un des explorateurs s'écria : “Allons, maintenant, aux fléchettes !” Aussitôt, une cible en liège est accrochée à la porte de la cuisine donnant dans l'appentis, et d'un coffre sort un jeu de ces petites flèches. Les concurrents se rangent au bout de la table, à une distance de 3 mètres environ du but ; puis le concours commence, au milieu des rires et du bruit. Stubberud est le plus adroit ; de ses cinq projectiles, il en loge deux en plein centre et trois tout près. Johansen tire ensuite ; il est assez bon, mais ne vaut pas le premier. Ensuite, c'est au tour de Bjaaland. Après s'être placé comme les autres, au bout de la table, il fait en avant un pas de géant, de telle sorte qu'il n'est plus qu'à un mètre et demi du but lorsqu'il lance son arme. Le résultat n'est pas pour cela brillant. Toutes ses flèches passent bien au-dessus de la cible. Hassel n'est guère plus heureux. Qu'Amundsen et Wisting s'appliquent ou non, leur tir est aussi mauvais. Presterud est de force moyenne. Quant à Hanssen, il met à lancer une flèche la même force que s'il décochait un harpon sur un morse. Les points obtenus sont soigneusement inscrits sur un carnet, et plus tard des prix seront décernés.

« Pendant ce concours, Lindström se repose du labeur de la

journée en se livrant à son passe-temps favori, la réussite ; il n'en suit pas moins avec intérêt les péripéties du concours et, de temps à autre, pose les cartes pour lancer une plaisanterie. Dans la pièce règne une température tropicale : + 35°. Le cuisinier abandonne alors sa patience pour éteindre la grosse lampe du plafond et la remplacer par deux petites, afin que la chaleur n'incommode pas les habitants des cadres supérieurs lorsqu'ils seront couchés. Cette substitution est une insinuation discrète que l'heure du coucher approche.

« Maintenant, quoique les nouvelles lampes éclairent très bien, la chambre paraît sombre ; comparées à l'appareil qui produit l'éclairage habituel, elles ont l'air de deux misérables quinquets.

« Après cela, les uns après les autres, les explorateurs gagnent leurs cadres respectifs. Lindström se fait un point d'honneur d'être toujours le premier couché, et, pour garder ce record, est prêt à tous les sacrifices. Peu s'en faut aujourd'hui qu'il ne le perde. Au moment où le cuisinier rentre pour se mettre au lit, Stubberud est presque déshabillé ; aussi, fort de son avantage, lance-t-il un défi à son camarade. Trop fier pour s'avouer vaincu, le coq le relève immédiatement. Stubberud, ayant fini sa toilette, se dispose à escalader son cadre, situé au-dessus de celui de Lindström. A la vue de ce mouvement décisif, son compétiteur le saisit par la jambe : “Attends, mon vieux, que je sois déshabillé, moi aussi !” crie le cuisinier de sa voix la plus pitoyable. Mais Stubberud refuse de se laisser faire ; il tient à gagner son pari. Lindström le lâche alors, arrache ses bretelles et plonge dans sa couchette. Stubberud proteste : “Cela n'est pas juste, tu n'es pas déshabillé... — Qu'importe ! répond Lindström. Je suis le premier tout de même.”

« L'affaire n'était pas terminée. A peine le maître queux est-il au lit qu'un craquement effroyable se fait entendre. Le rayon placé à côté de son cadre et couvert des objets les plus hétéroclites vient de fléchir et déverse sur Lindström une cascade de cartouches, de disques de phonographe, d'outils de toutes sortes, de boîtes de sucreries, de pipes, de paquets de tabac, de cendriers, de boîtes d'allumettes, etc. N'ayant plus de place pour se coucher, le cuisinier est obligé de se relever et de proclamer lui-même sa défaite. Les autres se couchent ensuite, les uns avec un livre, les autres la pipe à la bouche. A onze heures précises, les lampes sont éteintes.

Surtout de table à Framheim.

Hassel au bain de vapeur.

« A ce moment, Amundsen sort ; je l'accompagne pour prendre congé de lui.

« "Je vous suivrai jusqu'au dépôt, me dit-il ; vous trouverez ensuite facilement le chemin vous-même."

« Quoique le temps se soit amélioré, il fait très noir. "Pour que nous ne nous perdions pas, ajoute-t-il, je prendrai mon trio." Le chef de l'expédition détache ses trois chiens favoris, qu'à coup sûr cette sortie tardive doit intriguer, puis dépose une lanterne sur une pile de bois, afin de guider son retour. Ses compagnons ont évidemment l'habitude d'aller de ce côté, car tout de suite ils se dirigent vers le dépôt.

« "Rien d'étonnant à ce qu'ils connaissent le chemin, observe mon compagnon. Depuis notre arrivée, ils le parcourent chaque jour, au moins une fois. Trois de nous ont l'habitude de faire de ce côté une promenade quotidienne d'une demi-heure, avant de se mettre au travail. Au début de l'hiver, les autres avaient pris la même excellente résolution ; tous étaient enthousiastes à l'idée d'un tour matinal. Mais cette ardeur n'a pas duré.

« "Quoique la distance soit courte — environ 650 mètres —, il serait imprudent d'essayer de trouver le dépôt sans les chiens et sans les points de repère que nous avons érigés. J'accroche parfois une lanterne à ces poteaux ; lorsque la température est aussi basse qu'aujourd'hui, le pétrole gèle et la lumière s'éteint. Perdre son chemin ici pourrait entraîner les plus terribles conséquences.

« "Voici le premier jalon ; nous avons de la chance de tomber juste dessus. Il importe d'autant plus de faire attention dans ces parages que, près du dernier signal, un grand trou, profond de 6 mètres, s'ouvre à côté d'un monticule. Si l'on s'égarait, on risquerait d'y tomber et de se casser bras ou jambes."

« Nous venons de passer près du second jalon.

« "Les deux mâts suivants sont courts, par suite difficiles à distinguer. Souvent ici j'hésite sur la direction à suivre ; en pareil cas, j'appelle les chiens pour qu'ils trouvent la route.

« "Tenez, pour le moment, impossible de voir un objet avant d'être dessus. Je sais le nombre de pas entre chaque repère ; aussi, lorsque je suis arrivé à ce nombre et que je ne distingue rien, je m'arrête pour examiner le terrain. Si rien ne paraît, je siffle les chiens, qui arrivent aussitôt. Tenez, vous allez voir. »

« Amundsen siffle ; aussitôt nos compagnons accourent.

« “Pour leur faire comprendre que nous cherchons le chemin du dépôt, me dit mon ami, nous devons continuer à marcher.” De suite, les chiens partent, mais cette fois à une allure qui nous permet de les suivre. Bientôt, le dernier repère de la route apparaît.

« “Ma lanterne de poche va s'éteindre, me dit Amundsen ; excusez-moi donc de ne pas vous accompagner plus loin. Vous connaissez d'ailleurs le chemin.”

« Sur ce, nous nous séparons ; je reprends le chemin de Framheim, tandis que notre visiteur repart vers des régions plus clémentes.

7

La fin de l'hiver

ANOMALIES CLIMATIQUES — TEMPÉRATURES EXTRÊMES — PREUVES DE LA STABILITÉ DE LA GRANDE BARRIÈRE — LES PRÉPARATIFS — UN DUEL AU FOUET — NOTRE ÉQUIPEMENT — DÉPART POUR LE PÔLE — 56° SOUS ZÉRO — LE FROID NOUS OBLIGE À LA RETRAITE — RENTRÉE À FRAMHEIM — NOUVELLE DISTRIBUTION DE LA CARAVANE — PHOQUES ET PÉTRELS — LE PRINTEMPS ANTARCTIQUE

Après le solstice d'hiver, le temps s'écoule très vite. La période la plus obscure est passée ; chaque jour, le soleil se rapproche davantage.

A l'époque la plus sombre, Else met bas. Sur huit petits que compte sa portée, six appartiennent au sexe faible. Immédiatement, leur mort est décidée, et leurs corps abandonnés à leurs parents, qui s'en régalent. A peine quelques coups de dents et tout est englouti d'un trait. Sans nul doute, le plat avait été apprécié, car le lendemain les deux autres nouveau-nés ont disparu.

Très singulier est le régime météorologique régnant à Framheim. Dans toutes les parties du continent antarctique pour lesquelles nous possédons des observations, le temps est remarquablement variable. A bord de la *Belgica*, pendant notre détention dans la banquise à l'Ouest de la Terre de Graham, les coups de vent ont été très fréquents [1]. Durant les deux hivers qu'il a passés à l'Est de cette terre, Nordenskjöld a observé le même régime venteux. Enfin, Scott et Shackleton ont subi de longues séries d'ouragans dans le *sound* Mac Murdo. Au contraire, à Framheim nous avons souvent des calmes plats ou de faibles brises, alors qu'à la même époque, à 650 kilomètres dans l'Ouest, l'expédition anglaise observait de fréquentes tempêtes.

Je pensais qu'à notre station la température hivernale resterait relativement élevée en raison du voisinage de la mer. Lorsque les circonstances atmosphériques sont favorables, on découvre un ciel sombre dans le Nord, indice que sur une grande étendue la mer de Ross demeure libre. Quoi qu'il en soit, nous éprouvons des froids extrêmement intenses. La température moyenne annuelle, calculée d'après nos observations, est certainement la plus basse qui ait été encore enregistrée. Le froid le plus intense que nous ayons noté est – 59°, le 13 août 1911. Pendant cinq mois, des températures inférieures à 50° ont été relevées. Le thermomètre montait par tous les vents, sauf par celui de Sud-Ouest, qui déterminait au contraire une baisse.

L'aurore australe fut fréquente et souvent extrêmement intense. Parmi ses formes très diverses, celles en arcs étaient les plus répétées, généralement avec des colorations rouges et vertes.

Nos observations pendant notre séjour d'un an sur la Grande Barrière confirment mon opinion sur sa solidité et montrent qu'elle repose sur le sol. Pendant l'hiver et le printemps, poussée contre le front du glacier par les vents et par les courants, la banquise se brise, élevant son escarpement terminal et s'y accumule en toross qui atteignent une hauteur de 12 mètres. Des pressions aussi énergiques se manifestèrent à 2 kilomètres seulement de nos quartiers, sans que nous ayons ressenti le plus léger mouvement. Si la Barrière était à flot, de pareils chocs non seulement auraient été perceptibles à la distance où nous nous trouvions du théâtre du phénomène, mais encore auraient secoué la maison. Pendant la construction de la cabane, Stub-

1. Le capitaine Roald Amundsen a fait partie de l'expédition de la *Belgica* en qualité de lieutenant. (*N. d. T.*)

Framheim en hiver.

Les tentes des chiens à Framheim.

berud et Bjaaland entendirent une rumeur confuse à une grande distance, mais n'éprouvèrent pas même un frémissement. Durant l'hivernage, nous n'observâmes ni bruit ni secousse. Une autre preuve importante est fournie par la stabilité gardée par le grand théodolite de Presterud. Si la Barrière avait flotté, cet instrument extrêmement délicat se serait décalé.

Le jour de notre arrivée dans la baie des Baleines, un pan du cap Ouest s'éboula, et, au printemps, une toute petite des nombreuses indentations que présente le bord du glacier fut démolie par les chocs de la banquise. A ces deux exceptions près, le front de la Barrière autour de Framheim ne subit aucun changement pendant un an. Chaque fois que le *Fram* s'approchait du bord du glacier, il trouvait des fonds de plus en plus petits, preuve évidente que la côte n'était pas loin. Enfin, comment expliquer l'altitude de 330 mètres, observée à environ 50 kilomètres dans le Sud de nos quartiers, sans la présence du sol à une faible profondeur ?

On travaille activement aux traîneaux. A la date du 15 août, tous les préparatifs pour l'expédition au Pôle doivent être achevés. Hanssen et Wisting sont chargés de remonter les véhicules. Confier la fabrication des engins aux hommes qui doivent s'en servir est le meilleur moyen d'obtenir un travail aussi parfait que possible. Connaissant le but à atteindre, ils mettent leur honneur à en assurer le succès, et, devant participer à l'entreprise, ils se préoccupent en même temps d'assurer leur sécurité. Les diverses pièces des traîneaux sont assujetties avec un soin méticuleux ; pour les faire sauter, il faudrait une hache ou un couteau. Et cette besogne essentiellement délicate, nos camarades l'exécutent dans une pièce glacée ! Le magasin d'habillement où ils sont installés est la partie la plus froide de Framheim. Ayant accès d'un côté sur la Barrière, et de l'autre sur le couloir conduisant à la maison, il est balayé par un courant d'air ; quoiqu'il soit assez faible, on le sent, lorsque le thermomètre marque à l'extérieur – 60° et que l'on travaille les mains nues ! Dans cette cave, la température est toujours notablement inférieure à zéro. Pour que les lanières demeurent souples pendant qu'ils les serrent, nos ouvriers allument un Primus près de leur établi. Leur patience fait mon admiration ; souvent, ils travaillent sans gants pendant une heure par – 30° environ. Si, durant ces opérations, nos camarades ont les mains littéralement gelées, ils n'ont pas chaud aux pieds non plus. Avec de pareils froids, lorsqu'on ne doit pas marcher, les chaussures à semelles de bois sont les plus pratiques.

En plus du montage des traîneaux, Hanssen et Wisting ont nombre d'autres occupations. Lorsque Wisting n'est pas absorbé par la carrosserie, il coud ; souvent, il n'arrive pour souper qu'à huit heures et demie, au moment du jeu des fléchettes. S'il n'avait été marqueur, Dieu sait quand il aurait quitté sa machine. Il transforme d'abord en deux tentes quatre tentes pour trois hommes. Bien qu'il n'ait guère d'espace pour couper ou pour faire courir l'ouvrage, le travail est parfait et semble l'œuvre d'un spécialiste réputé.

Des hommes d'une habileté manuelle pareille à celle de Wisting sont de précieux collaborateurs en exploration.

L'expédition Sverdrup dans l'archipel polaire américain avait employé des tentes à double paroi. Ce que l'on ne possède pas est toujours ce qu'il y a de mieux ; aussi mes camarades vantent-ils ce modèle sur tous les tons. Une maison avec des murs doubles est naturellement plus chaude qu'une maison n'ayant qu'un mur simple ; en revanche, elle est deux fois plus lourde ; lorsqu'il faut tenir compte du poids d'un mouchoir de poche, la question mérite d'être étudiée à fond avant de se prononcer. Si deux toiles évitent le dépôt de givre à l'extérieur, ce serait un grand avantage. Or, la discussion qui s'engage à ce sujet prouve que ce produit de la condensation se formera aussi rapidement sur les deux modèles. Dès lors, la tente à double paroi me paraît inutile. Quelques degrés de plus dans notre intérieur ne constituent pas un avantage suffisant pour compenser l'augmentation de poids. D'ailleurs, avec nos abondantes fourrures, nous n'avons pas à redouter le froid pendant la nuit.

Cette discussion en amène une autre au sujet de la couleur la plus pratique que doit avoir une tente. Pour plusieurs raisons, une toile sombre est préférable : d'abord elle reposera les yeux, après une longue étape sur la Barrière éblouissante. En second lieu, un abri foncé sera beaucoup plus chaud, les jours ensoleillés, et visible de très loin sur la surface du glacier. Toutes nos tentes étant blanches, avec de l'encre nous en teignons deux en bleu foncé. Cette couleur tiendra-t-elle ? Sceptiques à cet égard, nous cherchons quelque chose de mieux. L'un de nous propose de recouvrir nos abris de housses formées avec les rideaux rouges de nos couchettes. L'idée est adoptée ; malheureusement, la quantité d'étoffe dont nous disposons n'est suffisante que pour une tente... Une fois prête, la tente rouge, soumise à l'examen, est unanimement approuvée. On la voit de très loin, et sa teinte repose les yeux. Cette housse a en outre le grand avantage de protéger la toile. J'évalue à cent vingt jours la durée de notre expédition au Pôle ; nos tentes devront durer autant. Il faut donc trouver le moyen d'empêcher les chiens de déchiqueter leurs bords. Pour cela, Wisting coud deux larges bandes d'étoffe qui seront tendues autour des abris et en interdiront l'approche aux animaux. Pendant le voyage, elles ne servirent guère à cet usage ; afin d'écarter les chiens, nous trouvâmes plus simple d'entourer les tentes d'une murette de neige.

Wisting confectionne ensuite pour chaque homme des blouses et des pantalons d'une étoffe légère et très serrée, impénétrable au vent. Les costumes de cette sorte que nous avons apportés sont trop petits. Une fois agrandi, tellement large est mon pantalon qu'il pourrait loger deux autres hommes ; d'aussi énormes dimensions sont nécessaires ; dans ces régions, seuls les vêtements amples sont chauds et commodes.

Wisting fabrique en plus des bas de cette étoffe qui serviront d'isolants entre les autres paires. A mon avis — et c'est également celui de mes compagnons de voyage au Pôle —, ces bas nous rendirent de très grands services. Un coup de brosse suffisait pour enlever le givre qui s'y déposait, et, lorsqu'ils étaient mouillés, ils séchaient rapidement, quel que fût le temps. Ces bas garantissaient les autres et, par suite, les préservaient de l'usure.

Je recommande tout particulièrement cet article aux futurs explorateurs. Si on l'adopte, il importe de se déchausser chaque soir et de secouer le givre qui s'est formé sur cette jambière ; sans cette précaution, le givre fond pendant la nuit, et, le lendemain matin, vous vous réveillez les pieds mouillés.

Nous nous occupons ensuite de la lingerie. C'est encore du domaine de Wisting. Notre camarade est capable de vous fournir un trousseau aussi bien qu'un complet. Dans une belle flanelle très fine et très légère que renferme la boîte de pharmacie, il taille des gilets et des caleçons. Ceux que nous portons actuellement étant très épais, nous craignons qu'ils ne soient trop chauds. Pendant toute la marche vers le Pôle, je portai ceux fabriqués par Wisting ; jamais je n'ai eu des dessous meilleurs. Ce travail terminé, notre camarade n'en a pas fini avec la couture ; après cela, il remet en état les housses des sacs de couchage.

Hanssen est, comme je l'ai déjà raconté, chargé des traîneaux. Je lui commande en outre quatorze fouets, dont Stubberud lui fournira les manches.

Après consultation avec les menuisiers, j'ai choisi comme modèle un manche composé de trois lames d'hickory solidement assemblées et recouvertes de lanières de cuir. Les manches d'une seule pièce ne font pas un long usage. Hassel fabrique des mèches rondes et épaisses sur le modèle de celles employées par les Eskimos. Maniées par une main expérimentée, elles laissaient des traces cuisantes. A Hanssen incombe le soin de monter les différentes parties des fouets. Quoiqu'il ne soit pas partisan des trois tiges, il n'en exécute pas moins le travail, sans élever la moindre objection. Pendant qu'il se livre à cette besogne, contrairement à son habitude, il reste en conférence avec Wisting après souper. Ces apartés m'étonnent, car notre ami aime à faire son whist après dîner, et il n'y manque jamais, à moins qu'il ne soit retenu par une commande urgente. Un soir, ayant exprimé mon étonnement de l'absence de Hanssen, Stubberud répond aussitôt : « Il est en train de fabriquer de nouveaux manches de fouet, et pourtant je garantis la solidité des miens. » Sur ce chapitre, Stubberud est très chatouilleux.

Quand on parle du loup, on en voit la queue. A ce moment, Hanssen entre, un fouet à la main.

« Quoi, dis-je, de nouveaux fouets ? — Oui, répond-il, ceux à trois tiges que je monte dans la journée, je ne les crois pas susceptibles de fournir une longue carrière. En voici un dans lequel j'ai toute confiance. »

Il a ma foi bon air. « Mais es-tu sûr qu'il soit aussi bon que les autres ? lui demandai-je. — Oh ! oui ! répond-il, je suis même prêt à parier n'importe quoi contre les sales fouets que les menuisiers me livrent. » Sous l'insulte, Stubberud bondit : « Nous allons voir cela ! s'écrie-t-il. Approche, si tu as la prétention de croiser ton fouet contre le mien. »

Hanssen accepte immédiatement le défi. Stubberud et lui prennent chacun leur arme ; d'après les conventions du duel, ils devront lutter jusqu'à ce que l'un des manches soit brisé.

Au commandement « Allez, messieurs ! », les adversaires avancent l'un contre l'autre en fermant les yeux, et les deux

Le magasin de viande.

manches s'abattent avec force l'un contre l'autre. La première passe ne donne aucun résultat ; les reprises se succèdent, ensuite, très rapides. Stubberud, qui tourne le dos à la table, est si échauffé par la lutte que, sans s'en apercevoir, chaque fois qu'il lève son arme, il donne sur le bord de la table un coup retentissant. Tout à coup, j'entends un craquement. « Tiens, tu vois, mon vieux ! Tu n'es pas de force ! » s'écrie Stubberud.

L'arme de Hanssen gît par terre, brisée.

Les fouets que nous emportâmes dans notre expédition au Pôle furent remarquablement solides ; toutefois, avant la fin du voyage, ils n'étaient plus intacts. Si l'on ne se servait que de la mèche, ces instruments seraient éternels, mais, dans les cas graves, on emploie le bois. Nous appelions ce châtiment la « confirmation ». On la donnait habituellement, lorsqu'un chien tirait mollement ou refusait d'obéir. En pareil cas, quand la colonne s'arrêtait, on saisissait le délinquant et on lui administrait une volée avec le manche. Les « confirmations », si elles sont fréquentes, entraînent la consommation d'un grand nombre de fouets.

Au prix d'un travail minutieux, Stubberud allège les cantines des traîneaux en rabotant leurs planches. Malgré cette diminution d'épaisseur, ces caisses résistèrent aux chocs les plus violents.

Bjaaland garnit les *ski* d'attaches très larges pour que nos énormes chaussures puissent s'y adapter. Il en est des courroies qui entourent le pied comme des lunettes : chacun a son modèle préféré. Celui adopté par ce skieur de première force pour ses propres patins me paraît si pratique que je lui en commande pour moi. Ces courroies, imitées du système jadis en usage chez les paysans de Norvège, pourvues de crochets et d'œillets, m'ont donné toute satisfaction. Il importe que ces lanières ne serrent pas étroitement le pied et qu'elles puissent être facilement mises en place et détachées. Pendant le voyage, il faut à chaque instant les déplacer ; le soir, arrivé au bivouac, il est nécessaire de les démonter et de les prendre avec soi dans la tente. Sans cette précaution, pendant la nuit, elles seraient avalées par les chiens ; ces animaux considèrent ces bandes de cuir comme des friandises.

Johansen empaquette les vivres dans les cantines et fabrique des piquets de tente.

Le 6 août, nous nous pesons tous. Lindström vient en tête avec 86 kg 5.

Pendant que nous travaillons avec ardeur aux préparatifs du grand voyage, Presterud dessine des cartes et copie des tableaux. Chaque traîneau doit emporter un carnet renfermant la liste des vivres contenus dans les cantines et les tables nécessaires au calcul des observations. Sur ces livres, on inscrira chaque jour les provisions consommées ; à tout instant, nous pourrons ainsi connaître le contenu des caisses. A la suite, on notera les observations, ainsi que la distance couverte durant l'étape, la route suivie, etc.

Telles sont nos diverses besognes pendant les « heures de travail ». Mais ce ne sont pas les seules. J'ai distribué à mes compagnons leur vestiaire, afin qu'ils puissent le modifier si bon leur semble. En fait de fourrures de renne, chaque homme a reçu deux complets, avec moufles et jambières, l'un épais, l'autre plus léger, en outre des jambières en peau de chien et des *kammíkes*[1]. De plus, à tous ont été donnés des lainages et des vêtements pour se préserver du vent. Les fourrures furent mises au point les premières : un long travail, car aucune n'avait été faite sur mesure. L'un trouvait le capuchon de son *anourak* trop long, l'autre trop petit ; un troisième devait raccourcir son pantalon, tandis qu'un quatrième était obligé de l'allonger. Sans répit, tous nous tirons l'aiguille, soit pour ajouter une pièce, soit pour ourler un morceau. Quoique commencé de bonne heure, ce travail semble ne jamais devoir finir. Chaque matin, on balaie d'énormes tas de chiffons, et le lendemain il y en a encore autant.

Nous confectionnons des masques pour nous protéger la figure contre les morsures du froid ; j'en coupai un que je crus naturellement supérieur à tous les modèles en usage. Le premier jour où je l'employai je revins le visage à moitié gelé.

Les sacs de couchage sont l'objet de nos soins les plus attentifs. Johansen travaille avec assiduité à un sac double de son invention. Dieu sait combien de peaux il y emploie ! Bjaaland est non moins absorbé par les changements qu'il apporte au sien. Les autres se déclarent satisfaits du modèle adopté et se bornent à raccourcir ou à allonger les leurs. Chaque sac est enfermé dans une enveloppe en toile mince, destinée à

1. Mocassins eskimo en peau de phoque. (*N. d. T.*)

L'atelier de Wisting creusé dans la Grande Barrière.

empêcher la neige de pénétrer pendant la marche dans nos lits roulés sur les traîneaux. En outre, cette housse protège la fourrure contre la condensation de l'haleine pendant le sommeil. Au lieu de se déposer sur les poils, les produits de cette condensation demeurent sur la toile, où ils forment une couche de glace ; il est par suite aisé de se débarrasser de ce dépôt. L'enveloppe doit être plus longue que le sac, de manière à pouvoir être enroulée autour du cou et empêcher ainsi l'haleine de pénétrer dans le lit. Nos sacs sont doubles, l'un intérieur en peau mince de faon ou de femelle de renne, l'autre, plus épais, en peau de mâle. Ce dernier pèse environ 6 kilogrammes. Ces deux poches se ferment en les serrant autour du cou au moyen de lacets. Ce modèle m'a paru le plus commode, le plus simple et le plus agréable ; aussi, je ne saurais trop le recommander.

Les lunettes sont un article fort important de l'équipement polaire. Pendant l'automne, j'en portai de jaune clair. Pour l'expédition au Pôle, craignant qu'elles ne fussent insuffisantes, j'ouvris un concours pour le meilleur type. Celui qui fut primé se composait de disques de cuir percés d'une très petite fente. Durant le voyage au Sud, je me servis d'un modèle que m'avait envoyé le docteur Schanz, de Dresde. Grâce à lui, je n'ai pas éprouvé la moindre ophtalmie.

Un autre chapitre de la plus haute importance est celui de la chaussure. Mes cinq compagnons dans l'expédition vers le Pôle devront emporter des brodequins destinés à la marche sur les glaciers. Pour le reste, je les laisse libres de prendre le type qui leur conviendra. Avant le départ, Wisting a l'obligeance de retoucher encore une fois mes bottes. En les démontant, nous reconnaissons le soin apporté à leur fabrication par notre fournisseur de Christiania. Dans cette opération, deux semelles sont enlevées. Combien en reste-t-il encore ? Je ne me le rappelle plus. En tout cas, mes chaussures sont maintenant suffisamment amples pour que je puisse mettre sept paires de bas et une semelle de bois. Maintenant, quel que soit le froid, je suis gréé.

Nous avons également les harnais des chiens à mettre en état. Lors de la dernière expédition sur la Barrière, deux bêtes sont tombées dans une crevasse à la suite de la rupture des traits. Il faut éviter le renouvellement de pareils accidents, sinon notre meute serait promptement décimée. A cette révision nous apportons la plus grande attention et veillons à employer les meilleures qualités que nous possédons. Ce long travail terminé, chaque attelage possède désormais des harnais parfaits.

Tous ces détails, que le lecteur trouvera peut-être fastidieux, montrent la longueur des préparatifs d'une expédition comme celle que nous allons entreprendre. Le succès d'une telle exploration dépend non seulement de l'abondance des ressources pécuniaires, mais encore et surtout de l'équipement et des mesures prises à l'avance pour triompher de toutes les difficultés qui pourront se présenter. La victoire est réservée à celui qui a su tout prévoir et la défaite à celui qui a négligé de prendre à temps les précautions utiles. Aussi est-ce à mes compagnons si dévoués qui, par leur patience et leur persévérance, amenèrent notre équipement au maximum de perfection que je reporte l'honneur de notre succès.

Le 16 août, nous commençons le chargement des traîneaux, dans le Palais de Cristal et dans le Magasin d'habillement. C'est un grand avantage de pouvoir exécuter ce travail à l'abri, d'autant que la température varie entre – 50° et – 60°, avec accompagnement d'une brise de 6 mètres à la seconde. Par un pareil froid, il eût été presque impossible d'accomplir au-dehors cette besogne avec le soin nécessaire. Les plaques de zinc placées sous les traîneaux pour les empêcher d'enfoncer dans la neige molle sont enlevées et remplacées par une paire de *ski* de rechange.

Le 22 août, le train d'équipage est paré pour le départ.

Les chiens n'aiment pas les froids excessifs que nous subissons depuis si longtemps. Lorsque le thermomètre descend à – 50° et à – 60°, leur attitude indique qu'ils souffrent. Ils restent debout et soulèvent leurs pattes alternativement, les laissant en l'air quelque temps avant de les reposer sur la neige. Quelles bêtes rusées ! Les jours où elles savent leur souper composé de poisson sec dont elles ne sont guère friandes, quelques-unes refusent de rentrer le soir dans leurs tentes. Stubberud, notamment, a beaucoup de mal avec un de ses élèves, du nom de Funcho. Il était né pendant notre relâche à Madère en septembre 1910. Les soirs où l'on distribue de la viande aux chenils, chacun de nous, après avoir attaché son attelage, va chercher la boîte contenant sa ration, laquelle est déposée près de la tente contenant les carcasses de phoques. Funcho guette toujours ce moment. S'il voit Stubberud se mettre en quête de la fameuse boîte, il rentre tranquillement comme ses camarades. Si, au contraire, son maître n'apporte pas de viande, il prend le large. Pour rattraper le fugitif, Stubberud recourt alors à la ruse. Un soir que l'animal ne veut pas rentrer, notre camarade prend la boîte vide et s'achemine vers le chenil. Funcho, qui a épié tous ses mouvements, rentre aussitôt dans la tente, ravi à la pensée de manger du phoque deux soirs de suite. Sa joie fut courte ; aussitôt, il est saisi, enchaîné et mis en tête à tête avec un poisson sec pour souper. Funcho lança alors un regard de travers à la boîte vide et à son maître. Après cela, la ruse n'eut plus guère de succès.

Un très petit nombre de chiens succomba pendant l'hiver. Deux moururent de maladie. Un, qui avait perdu une partie de sa fourrure, dut être abattu et deux disparurent, probablement engloutis dans des crevasses. Deux fois, nous vîmes un chien tomber dans une fente du glacier. Au fond du gouffre, il se promenait tranquillement de long en large, sans aboyer. Ces crevasses n'étaient pas profondes, mais leurs parois, très escarpées, formaient des murs lisses ; par suite, nos bêtes ne pouvaient en sortir seules.

Les deux disparus moururent sans doute de faim au fond de quelque trou : une mort lente, car le chien eskimo a la vie dure. A diverses reprises, plusieurs de nos animaux demeurèrent absents quelque temps ; suivant toute probabilité, ils avaient glissé dans une crevasse, puis avaient réussi à en sortir. Quand l'envie leur en prenait, les chiens partaient en bordée, quelque temps qu'il fît, par 50°de froid, comme par un coup de blizzard. Ainsi, un beau jour, une chienne appartenant à Bjaaland s'enfuit avec trois amoureux pour aller filer le parfait amour derrière un monticule de glace, sur la banquise. Ils restèrent là huit jours, sans manger, par une température de – 50°.

23 août. — Temps calme, ciel en partie couvert, – 42°...

On conduit les traîneaux à la « Place du Départ ». Ce n'est pas une petite besogne de les sortir du magasin d'habillement. Il faut d'abord déblayer l'entrée de la neige qui l'obstrue. Après cela, à l'aide d'une poulie, on hisse les véhicules ; chacun pèse dans les 400 kilogrammes.

Une fois sortis du magasin, les traîneaux sont amenés devant l'abri thermométrique. Aussitôt après, les conducteurs vont harnacher leurs attelages, restés consignés dans les chenils.

La soirée à Framheim.

A la vue des préparatifs, les chiens sont dans un état d'excitation indescriptible. Impossible de les faire demeurer tranquilles une minute. Les uns essaient de se libérer pour aller retrouver un ami, tandis que d'autres veulent s'élancer sur un ennemi.

Lorsque les bêtes grattent la neige avec leurs pattes de derrière, c'est l'annonce d'une prochaine lutte, et, pour le conducteur, le moment d'ouvrir l'œil et d'être prêt à intervenir. D'un coup de fouet rapide, il empêche la bataille, mais il ne peut être partout à la fois, et, malgré sa vigilance, de furieux combats s'engagent. Quels étranges animaux ! Alors que pendant l'hiver ils ont été relativement paisibles, maintenant qu'ils sont attelés, ils veulent à tout prix se battre.

... Enfin, tout est paré, en route donc ! Pour la première fois, les attelages sont composés de douze bêtes. Comment cela marchera-t-il ? Nous sommes bientôt délivrés de toute inquiétude à cet égard. La vitesse n'est pas très grande ; il ne saurait d'ailleurs en être autrement au début. Si plusieurs chiens trop gros ont de la peine à suivre, les autres filent très bien. L'escalade du talus de la Barrière est rapidement opérée, quoique la plupart s'arrêtent à mi-hauteur pour reprendre haleine. Le glacier a le même aspect qu'en avril. Le pavillon est toujours debout là où il a été planté et relativement en bon état. Nos anciennes traces vers le Sud sont encore visibles.

Après avoir hissé les traîneaux, nous détachons les attelages. La plupart reprennent en gambadant la route de Framheim. Le retour est tant soit peu mouvementé ; à plusieurs reprises, des batailles s'engagent. Le soir, dix bêtes manquent à l'appel. Peut-être sont-elles tombées dans des crevasses ? Aussi, dès le lendemain matin, deux hommes retournent à la « Place du Départ » à la recherche des absents. Quel n'est pas leur étonnement d'y trouver les absents endormis près de leurs traîneaux. L'arrivée des deux hommes ne les trouble aucunement ; ils ouvrent un œil tout au plus et continuent ensuite leur somme. On a beau les appeler, ils ne bronchent pas ; pour les faire lever, le fouet devient nécessaire. Etranges bêtes en vérité ! Depuis vingt-quatre heures, ils sont à jeun, exposés à un froid de 40°, alors qu'à 5 kilomètres ils ont un abri confortable, où ils peuvent bâfrer à discrétion. Si c'eût été l'été, par un beau soleil, on eût pu à la rigueur comprendre leur obstination à demeurer près de leurs traîneaux !

24 août. — Pour la première fois, le soleil, absent depuis quatre mois, reparaît.

Le jour du départ pour notre grande entreprise ne peut encore être fixé ; nous devons attendre un relèvement de la température. Tant qu'elle demeurera aussi basse, nous ne pouvons songer à nous mettre en route. Maintenant, tout est prêt. Il ne reste plus qu'à atteler les chiens.

... Les jours passent, jamais le moindre signe de l'approche du printemps ; parfois, le thermomètre remonte à – 30°, puis aussitôt après retombe à – 50°. Cette attente est énervante ; il me semble que les autres sont déjà sur la route, et ce sentiment est partagé par mes camarades, comme en témoigne leur conversation.

« Je serais curieux de savoir à quelle distance, sur la route du Pôle, Scott se trouve aujourd'hui ? » dit l'un. « Oh ! il n'est pas encore sorti, répond un autre. Il fait bien trop froid pour ses poneys.

— Oui, si dans le *sound* Mac Murdo la température est aussi rigoureuse qu'ici, mais à mon avis dans les montagnes elle doit être moins basse qu'ici. Vous pouvez donc croire que nos concurrents ne restent pas inactifs. Ces gaillards-là ont montré ce dont ils sont capables. »

Je suis décidé à partir à la première occasion tant soit peu favorable. Si ensuite le froid devient trop intense, nous reviendrons en arrière.

Septembre arrive, avec 42° sous zéro. Quoique cette température soit supportable, je décide de patienter encore. Le 2, le thermomètre tombe à – 53°, puis le 6 remonte à – 29°, et le 7 à – 22°. Une légère brise d'Est semble un souffle printanier. Aussi bien le départ est fixé à demain.

8 septembre. — Nous nous levons et déjeunons à l'heure habituelle, puis commençons immédiatement le branle-bas de l'appareillage.

Nous avons à atteler douze chiens aux traîneaux vides, qui nous ont voiturés à la « Place du Départ ». L'opération est terriblement laborieuse ; pour amener les bêtes et les harnacher, deux hommes sont nécessaires à chaque véhicule. Les conducteurs prudents ont solidement attaché leur traîneau à un piquet profondément enfoncé dans la neige ; d'autres se sont contentés de retourner le leur ; d'autres enfin n'ont pris aucune précaution. Tout le monde doit être prêt au moment où le véhicule de tête s'ébranlera, sans quoi il sera impossible de retenir les chiens.

Au moment où le signal du départ va être donné, éclate un hurlement formidable : deux attelages détalent à fond de train sans maîtres. On se met aussitôt à leur poursuite, mais impossible de les joindre.

Dans ces conditions, nous prenons le parti de nous acheminer vers la « Place du Départ » et d'y attendre les équipages en bordée. Au cours de cette promenade, je vais juger si les conducteurs ont bien en main leurs bêtes ; toutes vont, en effet, essayer de prendre la direction suivie par les fugitifs. Trois de mes compagnons réussissent à maintenir leur attelage dans la bonne voie, tandis que deux autres filent d'un autre côté.

Enfin, à midi, la caravane se trouve réunie sur les bords de la Grande Barrière. Les chiens sont attelés aux traîneaux chargés et, à 1 h 30 du soir, la colonne s'ébranle. Perdant bientôt nos anciennes traces, nous nous guidons sur la ligne de cairns surmontés de pavillons qui s'espacent de 2 kilomètres en 2 kilomètres. La piste est excellente, par suite la marche rapide. Aujourd'hui, l'étape est courte : 19 kilomètres ; à 3 h 30 du soir, le camp est établi.

9 septembre. — La première nuit au bivouac n'est jamais agréable ; celle-ci fut particulièrement mauvaise. Nos quatre-vingt-dix chiens font un tel vacarme qu'il est impossible de fermer l'œil une minute. Aussi, dès quatre heures du matin nous nous levons.

Dans la journée, à la halte du dîner, nous abattons une chienne et trois jeunes chiens qui nous ont suivis, et dont la présence serait encombrante.

Piste excellente.

Les pavillons des cairns sont en parfait état ; depuis que nous les avons plantés, aucune chute de neige n'a dû se produire.

Longueur de l'étape : 25 kilomètres. Les attelages ne sont pas encore entraînés ; toutefois, d'heure en heure, ils font des progrès.

10 septembre. — Nos bêtes paraissent avoir retrouvé leur vigueur ; il est impossible de les retenir. C'est à qui passera en tête, d'où, à chaque instant, des collisions et une confusion extrême. Dans ces luttes de vitesse, les chiens se fatiguent inutilement, et nous perdons du temps à les séparer. Toute la bande est dans un état de surexcitation indescriptible. Lassesen, apercevant son ennemi Hans dans un autre attelage, demande aussitôt l'aide de son ami Fix. Tous deux se précipitent alors à toute vitesse en avant, entraînant dans une course folle leurs compagnons de chaîne. Malgré ses efforts, le conducteur ne réussit pas à les maintenir. Lassesen et Fix ayant bientôt rejoint le groupe de Hans, les deux attelages se jettent l'un contre l'autre, dans une mêlée effroyable. Ne pouvant maîtriser nos bêtes, nous détachons les plus turbulentes et les amarrons par-derrière aux traîneaux. Avec le temps et la patience, une paix relative s'établit.

Ce jour-là, nous couvrons 30 kilomètres.

11 septembre. — Au réveil, 55°, 5 sous zéro ! Le temps est splendide, calme et clair. La nuit, les chiens se sont tenus relativement tranquilles, preuve qu'ils n'aiment pas de pareilles températures. Ce froid intense rend la neige moins bonne, par suite la marche plus lente et plus pénible.

Dans la journée, rencontré plusieurs crevasses. Le traîneau de Hanssen manque de culbuter dans l'un de ces trous ; on peut le retenir à temps.

Pendant la marche, nous ne souffrons pas du froid ; par moments, nous avons même trop chaud.

L'haleine des chiens, en se condensant, forme au-dessus des traîneaux un nuage si épais que le conducteur ne peut distinguer l'équipage qui le précède, quoique l'intervalle soit très court.

12 septembre. – 52° sous zéro, avec vent debout. Les chiens souffrent de cette température excessive. Ce matin, leur aspect est lamentable ; tous demeurent pelotonnés les uns contre les autres, le nez sous la queue, secoués à chaque instant par de gros frissons ; plusieurs, à la vérité, tremblent constamment. Ils refusent de se lever, et, pour les harnacher, nous devons les mettre debout. A vouloir continuer, par un pareil temps, nous risquerions un désastre. Nous décidons donc de pousser simplement jusqu'au dépôt du 80° parallèle et d'y laisser les charges des traîneaux.

Dans la journée, le liquide de nos compas à alcool gèle. Le ciel tout embrumé masque le soleil. N'étant plus certains de notre route, à dix heures du matin, nous prenons le parti de camper et d'attendre une éclaircie. Ce que nous maudissons le fabricant des boussoles !

Afin de nous procurer un gîte confortable pendant cette

Les différents modèles de lunettes de neige.

longue journée d'attente, nous édifions deux huttes. La neige qui couvre les environs n'est pas bonne pour la construction ; nous nous procurons les matériaux convenables en allant chercher des blocs de droite et de gauche. Par une température aussi basse, ces abris sont préférables aux tentes. Nous y éprouvons un véritable bien-être, lorsque le Primus en a élevé la température intérieure.

La nuit suivante, nous sommes réveillés par un bruit étrange. Immédiatement, je regarde sous mon sac pour m'assurer qu'il ne s'enfonce pas dans quelque abîme subitement ouvert. Non, le terrain ne s'est pas affaissé. Dans l'autre hutte, on n'a rien entendu.

Nous découvrîmes plus tard que ce bruit était causé par un tassement en masse de la neige. Une large surface de la nappe superficielle de la Barrière se détache et s'enfonce. Lorsque ce mouvement se produit, on a l'impression que le sol se dérobe sous vous ; ce tassement est accompagné d'un grondement sourd, qui souvent effraie les chiens et aussi leurs conducteurs. Sur le plateau polaire, nous entendîmes une fois comme une décharge d'artillerie.

13 septembre. — Température : 52°,5 sous zéro ; temps calme et très clair.

Nous parcourons 30 kilomètres, en nous guidant sur le soleil.

Au moment où nous campons, le thermomètre marque – 56°,2 !

Contrairement au règlement, j'ai apporté une bouteille d'aquavit et une de genièvre. C'est le moment ou jamais de les déboucher. Lorsque je retire le genièvre du caisson, il est transformé en bloc de glace. En essayant de la dégeler, la bouteille éclate. L'aquavit n'est pas en meilleur état ; au prix de minutieuses précautions, nous réussissons cependant à la ramener à l'état liquide. Nous attendons d'être couchés pour déguster cette excellente eau-de-vie. Hélas ! grande est notre déception : elle est sirupeuse, et, en l'avalant, nous ne ressentons pas dans l'estomac l'éblouissement sur lequel nous comptions.

14 septembre. — La température a encore baissé ! – 56° ! Aujourd'hui, vraiment, on sent le froid. Heureusement, le ciel est découvert ; nous pouvons donc nous diriger à coup sûr.

Peu de temps après le départ, au milieu de la plaine blanche qui s'étend à perte de vue devant nous, on voit se détacher un monticule. Aussitôt, les jumelles sortent de leurs étuis. C'est le dépôt ! là, juste devant nous ! Hanssen, qui depuis Framheim a marché à l'avant-garde le plus souvent sans boussole, mérite d'être félicité pour nous avoir si bien guidés.

Arrivés à 10 h 15 du matin au magasin, nous déchargeons tout de suite les traîneaux. Pendant ce temps, Wisting prépare une tasse de lait chaud sur un Primus, qui flambe derrière une caisse. Bien abrité dans les caissons, le pétrole est encore liquide ; à ce moment pourtant le thermomètre marque – 56°. Jamais tasse de lait chaud ne me parut meilleure.

Après ce régal, nous nous installons sur les traîneaux, et en route pour Framheim. La piste est mauvaise ; très légèrement chargés, les chiens n'en filent pas moins bon train.

J'ai pris place à côté de Wisting, dont l'attelage me paraît le plus vigoureux.

Je m'étonne que par un froid aussi intense on puisse rester immobile sur le traîneau sans être gelé ; néanmoins, pas d'accident. Toute la journée, un ou deux camarades marchent pour se réchauffer ; d'autres se bornent à sauter à terre de temps en temps. Je chausse mes *ski* et me laisse traîner en tenant une corde attachée à un véhicule, suivant la méthode du *snörekjöring*. Ce sport n'a jamais eu d'attraits pour moi, mais aujourd'hui il me permet de me réchauffer les pieds.

15 septembre. — Nous préparions dans la tente le souper, lorsque Hanssen annonce qu'il a un talon mordu par la gelée. En effet, la partie postérieure de son pied est insensible et blanche comme un morceau de suif. Nous la frottons énergiquement jusqu'à ce que la sensibilité paraisse revenue. Après cela, c'est au tour de Stubberud. Même opération, même résultat.

La situation est agréable, deux hommes avec des talons gelés, à 75 kilomètres de Framheim !

16 septembre. — Aujourd'hui, température moins terrible. Le thermomètre marque seulement 40° sous zéro. En comparaison des 56° de froid éprouvés avant-hier, c'est presque l'été.

Par ces froids extrêmes, on sent fort bien quelques degrés de plus ou de moins, et la différence entre – 40° et – 56° est très grande.

Au cours de l'étape, plusieurs chiens, qui ne peuvent pas suivre, sont détachés ; nous pensions que nos traces les guideraient pour retrouver leur route, mais nous ne les revîmes jamais. Un peu plus loin, Sara tombe morte.

Au retour, nous observons le même ordre de marche qu'à

l'aller. Hanssen et Wisting tiennent la tête, en général très loin en avant du gros de la caravane ; lorsqu'ils ont pris une bonne avance, ils attendent les autres.

Au cairn situé à 30 kilomètres de Framheim, j'avais songé à m'arrêter afin de rallier les retardataires. Le temps étant superbe et les traces encore très visibles, je décide de continuer. Plus tôt nos malades seront à la maison, mieux cela vaudra. Les deux premiers traîneaux arrivèrent à 4 heures du soir ; le troisième à 6, deux autres à 6 h 30, le dernier à minuit.

Ces jours de froid excessif, j'ai observé une formation neigeuse que je n'avais jamais vue auparavant. La neige pulvérulente extrêmement fine s'agglomérait en cylindres hauts de 0 m 03 et larges d'autant. Ces petites masses roulaient à la surface du glacier, pour se réunir en tas plus ou moins gros ; des monticules, de temps à autre, se détachaient quelques échantillons qui continuaient à rouler. Ces agrégats neigeux étaient aussi légers qu'une plume. Je ne notai ce phénomène que par les températures inférieures à – 40°.

Dès notre retour, nous nous occupons des invalides du froid. Presterud a les deux talons gelés, l'un légèrement, l'autre plus sérieusement. Stubberud et Hanssen sont gravement atteints. Après avoir percé les grosses ampoules formées au-dessus des « morsures » et expulsé le liquide qu'elles contiennent matin et soir, nous appliquons sur les parties malades des compresses boriquées.

Ce traitement fut très long ; à la fin, la vieille peau put être enlevée, et la nouvelle apparut, fraîche et saine. Les talons étaient réparés.

Diverses circonstances m'obligent à modifier l'ordre de bataille.

Au lieu de marcher tous vers le Pôle, nous nous partagerons en deux escouades. L'une que je conduirai fera route au Sud, tandis que l'autre explorera la Terre du Roi-Edouard VII et les environs de la baie des Baleines. Ce second détachement se composera de Presterud, Stubberud et Johansen. Cette nouvelle disposition présente divers avantages.

D'abord, un groupe de cinq hommes avancera plus rapidement qu'une grosse troupe. La longue durée des préparatifs le matin pour lever le camp dans les précédentes expéditions tenait justement à ce que la caravane comptait un effectif trop considérable. Avec moitié moins de monde, j'espère réduire notablement cette perte de temps.

En second lieu, l'escouade à destination du Pôle devenant moins nombreuse, les vivres contenus dans les dépôts pourront la nourrir plus longtemps. Enfin, au point de vue scientifique, cette modification permettra l'exploration de deux régions différentes.

L'escouade du Sud partira dès que le printemps sera revenu. Quant à Presterud, il fixera lui-même la date de la mise en route de son groupe.

Deux jours après notre retour, Wisting et Bjaaland se rendent au trentième kilomètre pour faire rentrer les chiens qui avaient été détachés à cet endroit et qui n'étaient pas encore revenus. En six heures, nos camarades accomplissent cette randonnée, trotte de 60 kilomètres. Ils ramènent dix déserteurs. A l'arrivée des traîneaux, aucun de ces animaux ne fit mine de se lever. Il fallut les soulever et les porter pour les harnacher ; un ou deux qui avaient les pattes malades accomplirent le retour en voiture.

Le 24 septembre, premier indice du printemps ! Bjaaland tue un phoque.

La réapparition de ces animaux sur la banquise est un signe certain de l'approche du beau temps. Le lendemain, nous en abattons un second. Naturellement, les chiens bénéficient largement de cette chasse, et nous nous offrons d'excellentes côtelettes.

Le 27 septembre, nous enlevons la planche qui fermait la fenêtre de notre chambre.

Le 26, après dix jours d'absence, Camilla rentre. Elle avait été détachée à 110 kilomètres de Framheim. A son retour, elle est grosse et grasse ; dans son voyage, elle s'est probablement régalée d'un de ses camarades. Ses nombreux admirateurs accueillent sa rentrée par de bruyantes ovations.

Le 29 septembre, un vol de pétrels antarctiques est signalé ; leur arrivée annonce le printemps. Ces jolis oiseaux font plusieurs fois le tour de la maison comme pour voir si nous sommes encore là. Les voyant très bas, les chiens se précipitent à toute vitesse pour essayer de les attraper. D'un mouvement gracieux, les pétrels s'élèvent alors brusquement et disparaissent, à là grande confusion des chasseurs à quatre pattes. Tous

Luccoy, Karénius, Sanen.

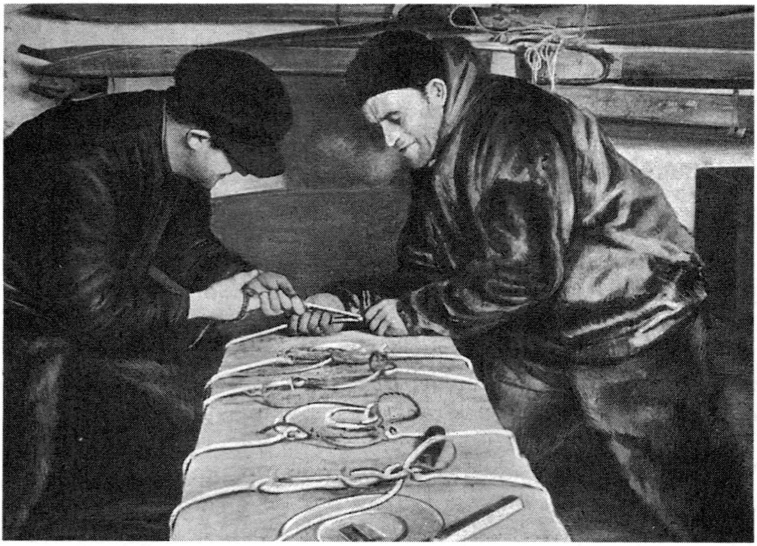

Presterud et Hanssen travaillant dans le Palais de Cristal.

restent alors immobiles, comme frappés d'étonnement, se regardent de travers, puis, faute de gibier à attaquer, se jettent les uns sur les autres dans une effroyable mêlée.

... La belle saison est arrivée ; dès que les blessés du froid seront rétablis, nous partirons immédiatement.

8

Sur la Grande Barrière

LE DÉPART POUR LE PÔLE — COMPOSITION DE LA CARAVANE — BRUMES ET TOURMENTES — UN SAUVETAGE DIFFICILE — LE « TROU DE COCHON » — UNE ÉTAPE LABORIEUSE — ARRIVÉE AU PREMIER DÉPÔT — LES CAIRNS — LE SECOND DÉPÔT — TERRE EN VUE — NOUVELLES CHAÎNES DE MONTAGNES — BRUITS SINGULIERS PRODUITS PAR LA GLACE — LA FIN DE LA GRANDE BARRIÈRE

Le 19 octobre, nous nous mettons en route. Ces jours derniers, le temps a été très variable. Tantôt du vent, tantôt un calme plat, tantôt de la neige, tantôt un ciel clair ; en un mot, le régime incertain du printemps. Aujourd'hui encore, les apparences ne sont pas favorables. Dans la matinée, le ciel est couvert et brumeux ; vers neuf heures et demie, il s'éclaire ; en même temps se lève une légère brise d'Est. Quoi qu'il en soit, je donne l'ordre du départ.

Outre le chef de l'expédition, la caravane se compose de Helmer Hanssen, Wisting, Hassel et Bjaaland, et de quatre traîneaux tirés chacun par treize chiens. Les approvisionnements se trouvent au dépôt installé sous le 80° de latitude ; nous n'emportons donc que la quantité de vivres nécessaire pour arriver jusque-là ; par suite, les traîneaux sont très légers, et, sans crainte de fatiguer les attelages nous y prenons place.

Sur la banquise, Presterud est installé avec son appareil cinématographique pour nous enregistrer au passage. De l'autre côté, au moment d'escalader la Barrière, nous le retrouvons. A perte d'haleine, l'opérateur nous poursuit. Une fois à une bonne distance de la station, je me retourne pour saluer encore une fois notre maisonnette où nous avons passé tant d'heures agréables. Quelle n'est pas ma stupéfaction d'apercevoir encore Presterud avec son instrument. La dernière chose que je vis avant de m'enfoncer dans le grand désert glacé, c'est un cinématographe.

La piste est excellente ; en revanche, à mesure que nous avançons, le temps devient plus brumeux. Sur ces entrefaites, à la descente d'un monticule, peu s'en fallut que nous ne fussions tous engloutis dans une énorme crevasse. Evidemment, nous sommes venus trop dans l'Est ; donc je fais aussitôt incliner vers l'Ouest. En même temps, je chausse mes *skis* et, empoignant une corde attachée à un traîneau, je me fais traîner, le *snörekjöring*, suivant l'expression norvégienne passée aujourd'hui dans le vocabulaire sportif. Peu de temps après, dans une éclaircie, nous apercevons un des pavillons qui jalonnent la route ; tout de suite, nous gouvernons dans cette direction Que de souvenirs s'attachent à cette localité ! Dans notre précédente excursion, nous y avons terriblement souffert du froid.

Longueur de l'étape : 37 kilomètres ; pour un début, ce n'est pas mal.

Le camp est établi près de ce jalon. N'ayant plus qu'une seule tente, l'établissement du bivouac ne sera pas aussi long que dans nos expéditions antérieures. En effet, l'abri est dressé en quelques instants, et tout est installé rapidement, comme si depuis longtemps nous étions entraînés à cet exercice. La tente est suffisamment spacieuse pour nous tous et le matériel nécessaire. Pendant le voyage au Sud, constamment nous suivîmes le même ordre dans l'établissement du campement. Dès que la caravane a fait halte, on s'occupe d'abord de monter la tente. Wisting se glisse sous la toile et enfonce le bâton, tandis que les autres tendent les cordes ; une fois l'abri en place, j'apporte les effets de campement, les ustensiles de cuisine, et les dispose à leur place habituelle. J'allume le Primus et remplis de neige la marmite. Pendant ce temps, les autres distribuent la pitance aux chiens et leur donnent ensuite la liberté. Les attaches sont enlevées à tous les *ski* et enfermées dans une caisse ou suspendues aux patins fichés debout dans la neige et amarrés à l'avant des traîneaux.

A tous les points de vue, la tente est parfaite. Sa couleur sombre amortit la lumière, et son intérieur laisse une impression très agréable.

20 octobre. — Dans la nuit, coup de vent d'Est ; vers le matin, il mollit ; à dix heures, nous pouvons partir. A peine en route,

Traîneaux parés pour le départ.

La « Place du Départ ».

la brise reprend avec plus de force et fait tourbillonner la neige en masses épaisses.

Nous n'en avançons pas moins rapidement le long de la piste jalonnée de pavillons. Après une étape de 31 kilomètres, nous arrivons à un cairn de neige élevé au commencement d'avril dernier, et qui est encore aujourd'hui très solide. Ces pyramides résistent donc aux tourmentes ; à la suite de cette expérience, nous décidons de jalonner de ces monticules toute notre route jusqu'au Pôle, afin d'assurer le retour.

Dans la journée, la brise descend au Sud-Est ; elle est toujours très fraîche ; le chasse-neige a toutefois cessé. Température : – 24°, 2. Ce n'est pas un grand froid ; néanmoins, quand on marche dans le vent, on le sent.

Le soir, vers la fin de l'étape, retrouvé nos anciennes traces ; quoique remontant à six semaines, elles sont encore très nettes. N'ayant aperçu aucun de nos repères durant ces dernières heures, nous nous félicitons de cette rencontre, d'autant que le « trou de cochon », situé à 75 kilomètres environ de la station, ne doit plus être loin.

21 octobre. — Brume épaisse ; avec cela, forte brise de Sud-Est et chasse-neige. On y voit à peine à quelques pas, et nous approchons de la partie disloquée du glacier ! Pour essayer d'éviter cette zone dangereuse, nous venons dans l'Est.

Un dernier coup d'œil sur le bivouac pour nous assurer que nous n'y laissons rien, et en route. Toujours un temps abominable. Le ciel nous envoie des averses de neige, tandis que le vent nous lance à la figure d'épais tourbillons qu'il soulève sur le sol. De l'arrière, la tête de la colonne est à peine visible. Bjaaland forme l'avant-garde.

Nous avions déjà passé plusieurs crevasses pas très larges, lorsque tout à coup le premier traîneau enfonce. Son conducteur réussit à se dégager, en saisissant les traits de son véhicule. Quelques instants après, le traîneau s'enfonce et disparaît. Bjaaland a eu le temps de prendre un bon point d'appui sur la neige et son attelage demeure, lui aussi, agrippé. Quoi qu'il en soit, le véhicule descend de plus en plus dans le trou. Tout cela s'est passé en quelques secondes. « Je vais tout lâcher », crie notre camarade ; au même moment Wisting et moi arrivons à son secours. Un instant plus tard, le traîneau et ses treize chiens disparaissaient dans le gouffre. Au cri de détresse poussé par notre ami, Hanssen et Hassel accourent de leur côté avec une corde. Immédiatement, elle est fixée à l'avant du véhicule en détresse ; installés sur de la glace solide, Bjaaland et moi, nous le soulageons, pour donner le temps de dételer les chiens. Après quoi, nous soulevons le traîneau, puis l'amarrons à celui de Hassel, qui a été poussé en travers de la crevasse, à l'endroit où elle est le plus étroite. Maintenant, nous pouvons respirer. Mais il est impossible de repêcher le véhicule, sans le décharger au préalable. Après s'être fait attacher à une solide corde, Wisting se charge de cette besogne, pendant que Bjaaland et moi soutenons le poids de la charge, et que Hassel et Hanssen assurent le va-et-vient des caisses. Contrairement à leur habitude, ces deux gaillards travaillent avec lenteur. Wisting, qui a examiné d'en bas leur point d'appui, les a avertis d'être prudents. La corniche de glace sur laquelle ils sont installés n'a que quelques centimètres d'épaisseur ! Nos camarades n'en sont pas pour cela émus ; ils continuent leur travail avec autant de calme que s'ils se trouvaient en toute sécurité.

Nous avons eu de la chance de passer ici ; c'est, en effet, le seul endroit où la crevasse soit assez étroite pour que l'on puisse placer un traîneau en travers. Plus à l'Ouest, tout aurait été englouti.

Une fois le véhicule déchargé, il est halé sur le glacier, puis on remonte Wisting. « Eh bien ! tu n'es pas fâché de sortir de ton trou ? lui dis-je. — Je n'en sais rien ; dans cette glacière, on était si tranquille ! » me répondit-il en riant.

Maintenant, la plus grande prudence s'impose. Le sol est littéralement haché de crevasses. Nous nous trouvons dans cette partie de la Barrière que nous avons surnommée le « trou de cochon ». Avec la brume épaisse qui nous enveloppe, ce serait folie de continuer sur ce glacier disloqué. Il est donc décidé que l'on attendra une éclaircie.

Le sol est tout miné de cavités ; nulle part un espace stable suffisamment grand pour la tente et ses piquets. Enfin, après de longues recherches, nous découvrons une toute petite surface d'apparence solide ; notre abri y est aussitôt dressé, et les piquets enfoncés dans les lèvres des gouffres qui nous entourent. Les chiens sont mis à l'attache pour les empêcher de rouler dans quelque précipice, puis tout le matériel nécessaire apporté dans la tente au prix de mille précautions. Wisting, ayant besoin de quelque chose qu'il a laissé dans son traîneau, sort. Tout à coup, à notre grand effroi, nous le voyons s'enfoncer comme

Le dépôt du 82° de latitude Sud.

Le dépôt et la chaîne de montagnes par 85° de latitude Sud.

dans une chausse-trappe. Notre camarade a heureusement la présence d'esprit d'étendre les bras et parvient ainsi à se maintenir à la surface. Notez qu'il était déjà passé plusieurs fois sans incident par le même chemin. Wisting venait d'échapper à la mort ; la crevasse dans laquelle le malheureux avait culbuté était un gouffre sans fond. N'ayant rien de mieux à faire, nous nous délectons d'un bon repas. Le ciel s'éclaircira quand il voudra ; en attendant, prenons du bon temps.

Vers une heure de l'après-midi, la brume devient moins épaisse, et subitement le calme se fait. A trois heures, enfin, une éclaircie ; tout de suite nous allons examiner l'état de l'atmosphère. Le temps devient évidemment meilleur ; si au Sud la brume est toujours très dense, dans le Nord des apparences de ciel bleu sont visibles. A travers cette grisaille apparaît vaguement une sorte de coupole. Immédiatement, Wisting et Hanssen partent inspecter le terrain dans cette direction. Cette coupole est tout simplement un petit monticule de glace, comme nous en avons déjà tant rencontré dans ces parages. Les éclaireurs frappent la glace avec leurs bâtons ; cette protubérance n'est qu'une mince croûte au-dessus d'un effroyable gouffre !

A quatre heures, le ciel s'éclaire. Aussitôt, je pars en reconnaissance avec deux hommes pour trouver l'issue du labyrinthe dans lequel nous sommes engagés. Soigneusement attachés à une corde, nous faisons route dans l'Est, direction que nous avons toujours suivie auparavant en pareille circonstance.

... A quelques pas du camp, la zone crevassée prend fin. En même temps la brume se lève ; maintenant, le dernier de la cordée aperçoit le chef de file. La tente se trouve juste à l'extrémité Nord-Est d'une zone hérissée de petits monticules. Il n'y a aucun doute possible : la caravane a donné en plein dans le « trou de cochon ». Après avoir poursuivi dans l'Est, jusqu'à ce que la voie soit complètement libre, nous retournons au camp. Le paquetage est lestement terminé, et en route ! Quelle satisfaction on éprouve à retrouver sous ses pieds un bon terrain solide ! A toute vitesse, nous filons au Sud.

Nous ne sommes pas encore complètement hors d'embarras : juste en travers de notre route, apparaissent des crevasses ; très étroites, elles ne nous opposent aucun obstacle, mais c'est un avertissement. Plus loin, une nouvelle chaîne de monticules. Si, au lieu de les contourner, nous les franchissions, nous gagne-

Construction du dépôt au 83° de latitude Sud.

rions du temps, propose Hanssen. « Oui, mais l'entreprise est hasardeuse. — Laisse-nous essayer, répond notre camarade, toujours prêt à aller de l'avant ; si cela ne marche pas de ce côté, eh bien ! cela ne marchera pas ; nous ferons alors le tour. » J'avoue ma faiblesse et cède aux instances de Hanssen. Au début, tout semble aller à souhait ; plusieurs mamelons sont gravis, puis soudain les trois chiens de tête de Hanssen disparaissent dans une crevasse. Notre camarade repêche ses animaux et le reste de la caravane passe ensuite sans encombre. Quelques instants après, nouvelle chute de la tête de colonne ! Cela se gâte ! Nous nous sommes fourvoyés dans un nouveau labyrinthe non moins dangereux que le premier. Immédiatement, j'arrête le mouvement ; j'en ai assez de cet exercice et donne l'ordre de rebrousser chemin. « Attendez, encore quelques mètres, nous sommes de l'autre côté du mauvais pas », reprend Hanssen, qui ne veut pas démordre de son idée. Soit ! en attendant, revenons en arrière.

C'était un monticule de pression, pareil à ceux qui se forment au milieu de la glace flottante. Il semblait composé de quatre énormes glaçons dressés debout les uns contre les autres ; entre eux, il y avait certainement un énorme gouffre.

Hanssen, qui a toujours éprouvé un plaisir particulier à se trouver sur ce terrain, probablement pour étudier son degré de solidité, fait demi-tour en maugréant et en lançant un regard chargé de colère contre ces glaces qui ne se sont pas prêtées à ses expériences.

Actuellement, vue étendue sur la Barrière. Comme nous l'avons déjà remarqué en plusieurs occasions précédentes, cette dislocation du glacier se trouve dans une dépression. Après avoir contourné cet affaissement, nous parvenons sur le renflement qui le domine. A ce moment se découvre, dans l'Est, un jalon surmonté d'un pavillon. Notre route était donc trop à l'Ouest. Encore quelques crevasses, puis un énorme trou, et nous touchons enfin un sol solide.

Dans la soirée, nous passons près de deux huttes de neige élevées lors de notre précédente expédition. Elles ont été à moitié remplies par les tempêtes. Aussi dressons-nous la tente à côté. Le temps est d'ailleurs doux et très agréable. 42 kilomètres seulement nous séparent du dépôt.

Nous devons nous estimer heureux qu'aucun de ces

nombreux incidents n'ait eu de conséquences graves. A part les crevasses, la piste avait été bonne et la marche facile.

22 octobre. — Au réveil, temps couvert ; pas de vue. A peine en marche, chasse-neige si dense que l'on ne voit pas à dix longueurs de traîneau devant soi. Nous voulons arriver ce soir au dépôt ; avec un pareil temps, réussirons-nous à le trouver ? En attendant, marchons. Avant que nous courrions le risque de le dépasser, il y a un bon bout de chemin. Au zénith, le ciel est relativement clair ; aussi espérons-nous que la tourmente ne durera pas. Ah ! bien oui, au lieu de mollir, la brise force !

Au traîneau de Wisting est fixé le meilleur compteur. L'expérience nous a montré que ses indications sont très précises. A une heure et demie de l'après-midi, il marque exactement la distance séparant du dépôt le campement de ce matin. Hanssen, qui possède les meilleurs yeux de toute la bande, est alors invité à examiner l'horizon. Au même instant, on distingue notre magasin à quelques longueurs de traîneau sur notre gauche. A travers la brume, il a l'air d'un palais de glace. Compas et compteurs sont donc exacts. Immédiatement, nous nous dirigeons de ce côté et tout joyeux dressons le camp près de cette « cache ». Des trois points importants que nous devons toucher au cours de notre marche vers le Sud, nous avons trouvé le premier, et quatre étapes ont suffi pour franchir les 160 kilomètres qui le séparent de Framheim. Maintenant les chiens vont se reposer et bâfrer à discrétion de la viande de phoque. Jusqu'ici, la marche leur a parfaitement réussi. A l'exception d'un seul, tous paraissent très vigoureux.

Les caisses et le matériel sont enfouis sous une épaisse couche de neige entassée par le vent. Nous retirons d'abord la viande et la découpons en énormes tranches pour la meute.

Une fois la distribution terminée, avec quelle ardeur travaillent toutes les mâchoires ! Au début règne le calme le plus profond. Chacun n'a d'autre préoccupation que de manger. Une fois les estomacs remplis, c'en est fait de la paix et de la concorde. Bien que Hai n'ait pas absorbé la moitié de sa portion, il se jette sur Rap et lui enlève sa part. Naturellement, le larcin suscite le plus bruyant tumulte ; avant que Hanssen ait pu arriver pour rétablir l'ordre, le coupable a disparu. C'est une bête magnifique, mais terriblement entêtée. Une fois qu'elle s'est mis quelque chose en tête, impossible de l'en faire démordre. Pendant une halte, j'avais par hasard à donner la pitance à l'attelage de Hanssen. Après avoir avalé sa part, Hai s'en vint examiner s'il ne pourrait pas obtenir une portion supplémentaire. Justement, devant lui, Rap mangeait tranquillement. Immédiatement, il lui saute dessus et l'oblige à abandonner son pemmican. J'observais le manège ; avant que Hai ait pu s'emparer du dîner de son camarade, je le saisis par la peau du cou et lui administre sur le museau une volée avec le manche du fouet, en m'efforçant d'écarter le pemmican. La chose n'alla pas tout seul. Je dus entamer une véritable lutte, et, à plusieurs reprises, roulai dans la neige avec mon adversaire. Non sans mal, la victoire me resta, et Rap put se remettre à table. Au premier coup reçu sur le nez, tout autre chien eût abandonné la partie. Hai, lui, ne voulait pas céder.

Quel plaisir on éprouve à entrer dans la tente chaude, après toute une journée de vent glacial !

Pendant la nuit, la brise vire au Nord. Le lendemain matin, de nouveau la tourmente. Toute la neige que le vent a poussée hier derrière nous revient vers le Sud. A quatre pas devant soi, on ne voit rien. Aujourd'hui, peu importe. Nous devons laisser les attelages souffler ici quarante-huit heures.

Toute la journée dans un sac de couchage, c'est terriblement long. On ne peut toujours causer, non plus qu'écrire ses impressions. Les repas et la lecture seraient des intermèdes très agréables ; mais en une telle expédition, ni les menus ne sont très variés ni la bibliothèque abondante. La seule ressource est le sommeil. Heureux ceux qui en pareil cas peuvent faire le tour du cadran !

Dans la journée, le vent ayant faibli, nous installons un nouveau dépôt à la place de l'ancien. Nous y laisserons trois équipements complets de traîneau qui nous sont inutiles. Peut-être l'escouade de l'Est pourra-t-elle s'en servir. Ce dépôt, assez bien approvisionné, pourrait convenir à une expédition qui se proposerait d'explorer la Terre du Roi-Edouard VII vers le Sud. Les bagages sont ensuite chargés. Le soir venu, tout est prêt pour le départ. Ce travail ne pressait pourtant pas, le lendemain devant être également jour de repos. Mais, sous ces latitudes, il est sage de profiter du beau temps quand il vient. Sait-on jamais combien il durera.

24 octobre. — Rien d'intéressant. Les hommes dorment tout leur saoul et les chiens bâfrent à bouche-que-veux-tu. En vue des efforts futurs, les uns et les autres prennent des forces.

Chaîne Fridtjof Nansen, 5 000 mètres.

Une cime des Alpes antarctiques.

Pendant que tout le monde repose, examinons le contenu de nos traîneaux. Celui de Hanssen se trouve en tête, ensuite viennent les véhicules de Wisting, de Bjaaland et de Hassel, tous chargés d'approvisionnements.

Voici la composition des différentes caisses sur chaque traîneau :

	Contenu	Poids brut.
Caisse n° 1.	— 5 300 biscuits	50 kg
Caisse n° 2.	— 112 rations de pemmican pour les chiens. 11 sacs de lait en poudre, de chocolat et de biscuit	77 kg
Caisse n° 3.	— 124 rations de pemmican pour les chiens. 10 sacs de lait en poudre et de biscuit	73 kg
Caisse n° 4.	— 39 rations de pemmican pour les chiens. 86 rations de pemmican pour les hommes. 9 sacs de lait en poudre et de biscuit	74 kg
Caisse n° 5.	— 96 rations de pemmican pour les chiens	55 kg
	Poids net des vivres par traîneau.	329 kg

Avec le matériel afférent et le poids de chaque véhicule, cela fait près de 400 kilogrammes par attelage. Celui de Hanssen, qui porte le compas de route, n'a pour cette raison que des câbles en aluminium ; il n'est pas muni de compteur. Les trois autres traîneaux ont une boussole et un compteur horométrique. En fait d'instruments, nous emportons deux sextants et trois horizons artificiels, deux en glace, le troisième au mercure, un hypsomètre, deux baromètres anéroïdes, quatre thermomètres, deux jumelles, cinq montres, dont trois de torpilleurs, en outre, une petite pharmacie de voyage et une abondante mercerie. La boîte de chirurgie contient simplement une pince de dentiste et une tondeuse pour la barbe. Nous emportons une petite tente de réserve pour le cas où un groupe devrait battre en retraite, deux Primus et 102 litres de pétrole répartis sur trois traîneaux. Chaque homme possède un petit sac pour ses rechanges et ses carnets de notes. Au début, nous avions des sacs de couchage doubles.

La distance entre le 80° et le 82° de latitude Sud sera couverte à raison de 28 kilomètres par jour. Nous pourrions marcher deux fois plus vite, mais il ne s'agit pas de nous livrer à une course.

Comment les chiens marcheront-ils maintenant que les traîneaux sont lourdement chargés ? Nous ne doutons pas qu'ils ne réussissent à haler ces charges, toutefois nous ne nous attendions guère à ce qui arriva.

25 octobre. — Départ du dépôt du 80° parallèle par temps clair et doux, avec légère brise de Nord-Ouest.

Devant marcher en éclaireur, je me place à quelques mètres en avant du traîneau de Hanssen. Un dernier coup d'œil sur le camp que nous abandonnons. « Paré ; partout ; en avant, marche ! » et je file à toute vitesse. A peine ai-je eu le temps de me reconnaître que je suis renversé. En un clin d'œil, l'attelage de tête m'a rejoint. Dans le remue-ménage que cause ma chute, fort heureusement les chiens s'arrêtent ; j'échappe ainsi à tout dommage. Grande est ma colère ; je me garde bien cependant de la laisser voir, elle n'aurait d'autre résultat que d'augmenter l'hilarité générale. D'ailleurs, je ne puis m'en prendre qu'à moi-même de ma piteuse mésaventure. Pourquoi ne suis-je pas parti avec une avance suffisante ? Je change alors de place et me mets à l'arrière-garde.

Une fois l'ordre rétabli, l'équipage de Hanssen détale comme une flèche, suivi des trois autres. Mes camarades montés sur leurs *ski* se font traîner derrière leur véhicule.

J'ai toutes les peines du monde à suivre ; pensant que l'ardeur des chiens se calmerait bientôt, je tiens bon. En une heure, les chiens couvrent 10 kilomètres. D'un pareil train j'en ai assez, et m'installe sur le traîneau de Wisting. Je gardai ensuite cette place jusqu'au 85°5 de latitude Sud ; je parcourus ainsi 550 kilomètres sans la moindre fatigue. Non, en vérité, jamais auparavant je n'aurais pensé pouvoir accomplir une partie du voyage vers le Pôle Sud confortablement assis en traîneau. Ce résultat est dû à l'incomparable maîtrise de Hanssen. Il tient en main la meute d'une manière remarquable ; tout entière elle reconnaît son autorité, sachant qu'à la moindre faute le châtiment ne se fera point attendre. Naturellement, de temps à autre, chez ces animaux à moitié sauvages, la nature reprenait ses droits, mais le sévère rappel à l'ordre qui suivait immédiatement rétablissait la discipline tout de suite et pour longtemps.

Les étapes sont pour ainsi dire enlevées ; par suite, chaque jour le camp est établi très tôt.

Dès le lendemain 26 octobre, les énormes séracs aperçus lors de notre deuxième expédition pour établir les dépôts entre le 81° et le 82° de latitude sont en vue à l'Est.

L'expérience nous a prouvé l'utilité des cairns en neige pour retrouver aisément son chemin au milieu de ce grand désert blanc. Aussi bien continuerons-nous à jalonner notre itinéraire de ces monticules. La route de retour se trouvera ainsi en quelque sorte tracée, et la retraite d'autant plus facile. En tout, nous avons élevé 150 de ces cairns, hauts de 2 mètres ; pour leur construction, nous avons employé pas moins de 9 000 blocs qui furent découpés dans la neige à l'aide de grands couteaux. Chacun de ces amers renfermait un « document » indiquant le numéro d'ordre du cairn, sa position, la distance par rapport à la pyramide suivante située au Nord, et la direction dans laquelle se trouvait cette pyramide. Peut-être ma prudence paraîtra-t-elle exagérée ? A mon avis, dans ces immensités uniformes, aucune précaution n'est superflue. Si on perdait la route au milieu de ce désert toujours pareil d'horizon en horizon, la retrouver serait très difficile. En outre, la construction de ces cairns nous procurait divers avantages précieux. Ainsi, chaque halte nécessitée par l'érection d'un de ces repères était pour les chiens un repos utile. Le premier fut construit par 80° 23′ de latitude Sud. Au-delà, nous nous contentâmes d'en placer tous les 13 ou 15 kilomètres.

Le 26, pour la première fois, nous tuons un chien, une bête de l'attelage de Hanssen, trop vieille pour suivre. Son corps est placé sur un cairn ; au retour, il pourra servir à la meute. Le même jour, nous parvenons à un second point important de l'itinéraire, le dépôt placé sous le 81° de latitude. Notre course passait un peu à l'Est de ce point. Après avoir traversé deux crevasses assez grandes, fort heureusement remplies, nous arrivons au dépôt à deux heures de l'après-midi. Tout est en ordre parfait. Le pavillon flotte au-dessus ; difficilement on eût pu s'apercevoir qu'il était là depuis huit mois. La neige, accumulée contre les caisses, a une épaisseur de 0 m 45.

Le lendemain, temps magnifique ; pas un souffle de vent, et un soleil radieux. Les sacs de couchage sont mis au sec pour les débarrasser du givre collé au fond. Nous profitons en outre de ce temps clair pour déterminer la position du dépôt et vérifier les boussoles. Les provisions consommées en cours de route sont ensuite remplacées.

31 octobre. — Brume épaisse. Après le magnifique soleil d'hier, l'impression est particulièrement pénible et désagréable. Une neige pulvérulente rend la marche laborieuse. Parfois, une étroite crevasse, mais cela ne vaut pas la peine d'en parler.

Jusqu'au vingt-deuxième kilomètre, pas le moindre incident ; un peu plus loin, il s'en produit un très grave. En traversant une crevasse, Hanssen engage la pointe de ses *ski* dans les harnais de ses chiens et roule dans le trou ; il a la chance d'être arrêté dans sa chute par une saillie de glace. L'attelage, s'apercevant de l'absence du maître, profite immédiatement de l'occasion pour se livrer à une bataille rangée. Le traîneau, n'étant plus retenu, commence alors à glisser en arrière ; que le combat dure encore quelques instants, et tout disparaîtra dans le gouffre. Aussitôt, l'un de nous saute la crevasse et arrive juste à temps pour sauver le traîneau de l'engloutissement, tandis que Wisting lance une ligne à Hanssen et réussit à le repêcher.

Nos 28 kilomètres habituels parcourus, le camp est dressé.

A partir du 81° de latitude, nous érigeons un cairn tous les kilomètres.

1er novembre. – 34°, 5 ! La plus basse température de tout le voyage. Faible brise de Sud-Sud-Est.

A partir d'ici, nous prenons l'habitude, que nous conserverons pendant tout le voyage, de manger le lunch lors de la construction d'un cairn qui est élevé au milieu de l'étape. Ce repas n'est pas précisément copieux : trois ou quatre biscuits de mer. Ceux qui désirent se rafraîchir ont la faculté de mélanger leur pain avec de la neige. Ce régime ne fait certes pas venir l'eau à la bouche du lecteur ; nous, volontiers, nous aurions mangé le double de cette frugale collation. En ce bas monde, tout est affaire de latitude. Ce qui paraît mauvais dans une région semble excellent dans une autre.

Au cours de cette étape, nous franchissons la dernière crevasse que nous rencontrerons de longtemps ; elle est à peine large de quelques pouces. En avant la piste semble excellente. Le glacier s'élève en longues ondulations presque imperceptibles. Ces mouvements de terrain nous sont seulement révélés par le fait que souvent les cairns disparaissent brusquement de notre horizon.

2 novembre. — Coup de vent de Sud, accompagné d'un violent chasse-neige. Température : – 10°. Lorsque la brise vient de cette direction, toujours le thermomètre monte. C'est un vrai plaisir de voyager par un pareil temps. Piste très molle ; néanmoins, les chiens marchent admirablement.

3 novembre. — Légère brise de Sud. Sur la piste redevenue ferme, les chiens galopent comme des enragés.

Pointements rocheux aux environs du glacier Axel Heiberg.

Chaîne Alice Wedel Jarlsberg.

Aujourd'hui, nous devons arriver au dépôt du 82° de latitude ; en raison d'une brume épaisse nous avons de grandes chances de ne pas le découvrir. L'après-midi, nous achevons de couvrir la distance qui nous sépare de cette cache ; rien ne paraît cependant ; il est vrai que nous ne voyons pas à dix longueurs de traîneau devant nous. Dans ces conditions, le plus sage est de camper et d'attendre une éclaircie.

4 novembre. — Dès quatre heures du matin, le soleil se montre. Dès qu'il a ramolli légèrement la piste et mangé la brume, nous partons. Un temps merveilleux, clair et doux. Devant nous, à perte de vue, le grand désert blanc absolument uni ; en un point seulement un petit monticule, notre dépôt ! La troisième étape importante est achevée. Nous avons atteint notre avant-poste extrême vers le Sud. Aussi, grande est notre joie ; nous avons l'impression de tenir presque la victoire. Dans la brume, nous étions arrivés à 5 kilomètres à l'Ouest du dépôt. Si hier nous avions continué notre marche, nous aurions coupé l'alignement jalonné de pavillons qui marque l'emplacement de cette cache.

Ici, comme au dépôt du 81° de latitude Sud, aucune précipitation ne paraît s'être produite depuis notre précédent passage. Les monceaux de neige entassés par le vent autour des caisses ont, comme plus bas, une épaisseur de 0 m 45.

Avec le pemmican contenu dans ce dépôt nous gorgeons les chiens : le reste sera emporté. Quant aux autres approvisionnements, nous en possédons une telle quantité que nous les abandonnons ici pour le retour.

Le lendemain, nous laissons les chiens se reposer. C'est leurs dernières vacances. Le temps est magnifique ; nous en profitons pour faire sécher les effets et vérifier les instruments. Le soir, tout est paré. Avec satisfaction, nous pouvons considérer l'œuvre accomplie l'automne dernier. Nous avons rempli le programme que nous nous étions tracé ; nous avons réussi à transporter notre base d'opérations du 78° 38' au 82° de latitude Sud. Nous abattons ici deux chiens malingres. Leurs corps sont placés au sommet du monticule de neige qui recouvre les provisions ; au retour, ils pourront servir.

A partir d'ici, nous élèverons un cairn tous les 5 kilomètres et établirons un dépôt à chaque parallèle. Les attelages halent allègrement leurs charges ; mais, à la longue, ils se fatigueront. Il est donc préférable de les alléger le plus tôt possible.

6 novembre. — A huit heures du matin, départ. Maintenant, c'est l'inconnu. La Barrière présente toujours le même aspect de plaine infinie et la même piste excellente. A la première pyramide que nous élevons au-delà du 82°, nous sacrifions une chienne. Nous éprouvons un véritable chagrin à nous séparer de cette excellente bête, mais nécessité fait loi. Ses trois amoureux se lamentent éperdument lorsqu'ils passent devant le cairn où repose leur bien-aimée ; ils paraissent éprouver une peine infinie à l'abandonner ; qu'importe, le devoir les appelle, et le fouet est là s'ils l'oublient.

Désormais, les étapes seront de 37 kilomètres ; nous couvrirons ainsi un degré de latitude en trois jours, et le quatrième nous nous reposerons. Les chiens accomplissent des merveilles ; ils sont arrivés au suprême degré d'entraînement ; avec la plus grande facilité, ils couvrent les étapes à la vitesse de 7 km 5 à l'heure. Quant à nous, nul besoin de forcer le pas : montés sur nos *ski*, nous nous faisons traîner, suivant la pratique du *snörekjöring*.

Ce soir, nouveau sacrifice. C'est au tour d'Else, la dernière chienne de la meute. Elle était un des plus beaux échantillons de l'attelage de Hassel, mais aucune considération ne saurait nous arrêter. Ces derniers temps, elle a lourdement péché ; par le châtiment suprême elle va payer tous ses écarts de conduite. Son corps est placé au sommet d'un cairn.

Du camp établi sous le 82° 20' à l'horizon, s'observent dans le Sud-Ouest de gros nuages blanchâtres, comme on en voit généralement au-dessus des terres. Ce soir, nous ne parvenons à distinguer aucune montagne. Par contre, le lendemain, au réveil, dans le clair soleil du matin, la terre est visible à la jumelle, c'est le relief qui s'étend dans le Sud-Est au-delà du glacier Beardmore, dont nous sommes éloignés de 400 kilomètres environ dans l'Ouest. Nous continuons à faire route dans le Sud du monde.

Le 8 au soir, l'estime nous place par 83° de latitude ; une observation faite le lendemain donne 83°1'.

Le dépôt laissé en ce point renferme des vivres pour cinq hommes et douze chiens pendant quatre jours. Ils sont enfermés dans un cube de 2 mètres de haut, composé de solides blocs de neige et que surmonte un large pavillon.

Trois de nos coureurs ont déserté et repris la route du Nord. Ce sont les amoureux de la chienne abattue la veille ; ils ont sans doute voulu revoir leur bien-aimée. La disparition de ces trois bêtes de premier ordre est une lourde peine pour la caravane, surtout pour l'attelage de Bjaaland, dont elles faisaient partie. Hanssen prête un de ses chiens à son camarade. Avec ce renfort, le traîneau peut suivre les autres.

10 novembre. — La chaîne de montagnes en vue s'étend jusque dans le Sud-Sud-Ouest du monde. Nous sommes maintenant beaucoup plus près de la terre, et chaque jour ses détails deviennent plus apparents. Plusieurs de ses saillies atteignent certainement l'altitude de 4 500 mètres. Ce qui nous frappe surtout, c'est la faiblesse relative de la glaciation dans ce relief. Nombre de montagnes présentent des escarpements rocheux dépouillés de neige. Nous nous serions attendus à trouver ce massif beaucoup plus englacé. Ainsi la chaîne Fridtjof Nansen apparaît d'un bleu foncé ; seul son sommet est couronné d'une épaisse coupole de glace qui l'élève à 4 500 mètres. Plus au Sud, la chaîne Don Pedro Christophersen est plus enneigée ; sa longue arête culminante est toutefois en grande partie dépouillée d'un revêtement blanc. Encore plus au Sud se montrent les pics Alice Wedel Jarlsberg, Alice Gade et Ruth Gade, tous couverts de neige de la base au sommet. Jamais je n'ai vu un aussi magnifique panorama. D'ici on distingue de nombreuses brèches par lesquelles il sera possible d'escalader cette chaîne. S'il n'était situé trop au Nord, le glacier Liv offrirait très certainement une excellente route d'ascension ; il serait intéressant d'explorer cette région. La chaîne du prince Olav est moins engageante ; elle aussi se trouve trop au Nord. En revanche, droit dans le Sud, un peu dans l'Ouest, se découvre une voie de pénétration excellente, semble-t-il. Dans cette région, les montagnes les plus rapprochées de la Barrière ne paraissent pas d'accès très difficile. Qu'y a-t-il entre la chaîne Don Pedro Christophersen et la crête Fridtjof Nansen ? Impossible de le distinguer nettement.

12 novembre. — Nous atteignons le 84° de latitude Sud. Ce jour-là, nous découvrons un relief orienté vers l'Est qui semble former dans le Sud une profonde inflexion et se réunir à celui de la Terre Victoria.

A la cache établie par 84° de latitude, nous laissons, comme dans les autres, cinq jours de vivres pour cinq hommes et douze chiens, en outre, 17 litres de pétrole. Chaque dépôt renferme une provision d'allumettes ; nous possédons une quantité énorme de cet article de première nécessité.

Toujours la Barrière demeure aussi unie et la piste aussi ferme. Il est complètement superflu de faire reposer les chiens un jour, après chaque degré de latitude gagné vers le Sud. Aucun d'eux ne donne le moindre signe de fatigue. Tout au contraire, la meute paraît de plus en plus vigoureuse. Elle aussi regarde la terre avec intérêt ; la chaîne Fridtjof Nansen, d'un bleu sombre, lui paraît particulièrement attrayante. Aussi, rude est la tâche de Hanssen pour maintenir ses élèves dans la bonne direction.

Le 13, route droit vers le fond du golfe que dessinent les montagnes. Etape de 37 kilomètres par une brume intense. Quelle déception de passer près d'une terre inconnue sans en distinguer le moindre trait !

Hier, la monotonie de notre existence sur le glacier a été coupée par un incident. Nous entendons comme un feu de salve tiré par une troupe de fantassins. Ce bruit est évidemment dû à un mouvement de la glace, suivant toute vraisemblance, à la pression exercée par de petits glaciers de la chaîne bordière contre la Barrière. En tout cas, près de là, nous avons rencontré un très grand nombre de crevasses qui paraissaient nouvellement formées.

Le 14 novembre, nous parvenons au 84°40' de latitude. Nous avançons maintenant à grands pas vers la terre. La chaîne située dans l'Est paraît incliner au Nord-Est. Le point d'attaque que nous avons choisi depuis longtemps se trouve un peu à l'Ouest de la ligne Nord-Sud ; le détour auquel nous serons obligés sera donc court. Le golfe situé dans le Sud paraît très accidenté et très difficile.

15 novembre. — Le terrain prend un aspect nouveau. Le glacier s'élève en énormes ondulations de plus en plus hautes à mesure que l'on approche de terre, et, dans le creux de ces vagues, la glace est très tourmentée. Il y a là d'énormes crevasses, toutes remplies de neige : sans cette circonstance, leur traversée eût été impossible.

Le soir, nous touchons le 85° et campons au sommet d'une ondulation. La vallée, assez large, que nous devons remonter demain, présente une forte déclivité. A l'Ouest, c'est-à-dire dans la direction de la terre la plus voisine, une boursouflure du glacier est si haute qu'elle masque de ce côté la plus grande partie du panorama.

Après avoir construit un dépôt, nous repartons le lendemain matin. La vague de glace que nous avons à gravir est véritablement énorme ; son escalade en plein soleil n'est pas précisément agréable. D'après les indications de l'anéroïde, sa hauteur ne dépasse pas cependant 100 mètres. Au-delà, la Barrière redevient plate ; plus loin, des lignes de crevasses sont encore visibles. Evidemment, l'atterrissement ne sera pas facile ; enserrée de tous côtés par des montagnes, la Barrière est toute disloquée de ce côté. Heureusement, les fentes que nous avons aperçues sont toutes remplies, par suite n'offrent aucune difficulté. Après cela, une rapide descente, à laquelle fait suite une ascension. La traversée de cette nouvelle ondulation s'opère aisément. En revanche, la montée en est rude. Qu'allons-nous découvrir de là-haut ? Dans ma curiosité, j'allonge le pas le plus possible. Enfin voici le sommet. Veine ! Pas une crevasse, pas un sérac ! Suivant toute vraisemblance, cette partie du glacier repose déjà sur la terre ferme. Les larges fentes que nous avons contournées plus bas marquent probablement la limite entre la Barrière et la glace située sur le sol. L'hypsomètre indique une altitude de 300 mètres.

Nous sommes donc sur le point de commencer l'ascension des montagnes ; tout de suite nous faisons nos derniers préparatifs pour cette grande entreprise. Quoiqu'il soit de bonne heure, le campement est installé ; jusqu'à demain matin le travail ne manque pas. Nous devons d'abord réviser les approvisionnements, afin de n'emporter que le strict indispensable. Dès que la tente est dressée, on détermine la position du lieu, puis on donne la pitance aux chiens ; après un léger repas, nous ouvrons l'inventaire. Nous voici à un des moments décisifs du voyage. Tout doit être calculé avec soin et toutes les éventualités envisagées. Comme dans les circonstances graves, nous nous réunissons en conseil, et chacun est appelé à donner son avis. D'ici au Pôle, aller et retour, la distance est de 1 100 kilomètres. Considérant les difficultés de l'escalade et l'affaiblissement progressif qu'éprouveront les attelages, d'un commun accord, la durée du voyage est évaluée à soixante jours. En conséquence, nous prendrons deux mois de vivres et laisserons en dépôt le reste, soit des rations pour un mois. D'après notre expérience, la descente pourra être effectuée avec 12 chiens. Actuellement nous en avons 42 ; nous les emploierons tous pour gravir le plateau ; une fois là-haut, nous en sacrifierons 24 et continuerons avec 18 et 3 traîneaux. De ces 18, 6 serviront à nourrir les 12 derniers survivants. Au fur et à mesure que les attelages diminueront, les charges deviendront de plus en plus légères, par suite de la consommation des vivres, si bien que, quand la meute sera réduite à 12 têtes, deux traîneaux suffiront. L'avenir prouva l'exactitude absolue de nos calculs, sauf sur un point. Le voyage au Pôle fut effectué en cinquante-deux jours, au lieu des soixante prévus. En revanche, nous revînmes avec 12 chiens, comme nous l'avions supposé.

Après une longue discussion, au cours de laquelle chacun donne son opinion, on commence l'emballage. Heureusement, le temps est beau ; autrement, cette révision des approvisionnements ne serait pas particulièrement agréable. Les divers paquets de nos différentes denrées sont tous de même poids, de telle sorte qu'en les comptant on connaît la charge qu'ils forment. Ainsi, le pemmican est partagé en rations de 500 grammes, le lait en poudre en sacs de 300 grammes. Le chocolat est, comme d'habitude, divisé en tablettes, dont nous savons le poids ; également tous nos biscuits sont faits sur le même modèle et pèsent par suite le même nombre de grammes. Les approvisionnements ne comportent que ces quatre espèces d'aliments. Les confitures, les fruits conservés, le fromage, toutes les friandises ont été laissées à Framheim. Le seul luxe que nous nous offrons est de prendre nos fourrures, qui jusque-là ont été inutiles. Mais est-ce bien un luxe ? Une fois sur les montagnes, peut-être en aurons-nous besoin ? Shackleton n'avait-il pas éprouvé – 40° par 88° de latitude Sud ? Dans le cas d'un pareil froid, ces pelleteries nous permettront de le supporter un bon bout de temps. D'autres vêtements, nous n'emportons qu'un petit nombre. Ici, nous nous accordons le plaisir de changer de gilet de laine, de chemise et de caleçon. Toute notre vieille lingerie restera suspendue à l'air jusqu'à notre retour. Cette ventilation énergique pendant deux mois remplacera le blanchissage. Les préparatifs terminés, nous partons reconnaître la route de demain.

Nous nous dirigeons vers le pointement rocheux le plus voisin du camp, le mont Betty, un sommet de 300 mètres d'altitude environ, situé à 3 kilomètres. Nous n'avons plus la pratique du *ski* ; nous avons bien parcouru 620 kilomètres sur ces patins,

Olaf Bjaaland sur les pentes du mont Betty.

Une zone crevassée de la Barrière.

mais en employant le *snörekjöring*, et ce n'est pas précisément la même chose. Nous en faisons l'expérience dans l'ascension des pentes. Au-delà du mont Betty, le terrain est relativement escarpé, mais très uni, et la piste excellente. Grâce à ces circonstances favorables, rapidement nous gagnons un monticule situé par 360 mètres d'altitude environ, auquel fait suite une petite plaine. Plus loin s'élève un nouveau mamelon pareil au premier, puis une longue déclivité unie aboutissant à de petits glaciers. Là, nous arrêtons la reconnaissance. A travers tout le massif que nous embrassons, il sera facile de passer. Le point où nous rebroussons chemin se trouve à environ 9 kilomètres du camp, et à l'altitude de 600 mètres.

La descente s'opère de la manière la plus brillante ; sur les deux dernières pentes avant de joindre la Barrière, nous dévalons à toute vitesse. Avant de rentrer, Bjaaland et moi faisons un détour vers le mont Betty. Depuis notre départ de Madère, c'est-à-dire depuis quatorze mois, nous n'avons foulé que de la neige et de la glace ; aussi nous ne serions pas fâchés de mettre le pied sur un sol stable. Bjaaland arrive au but par un élégant virage ; je suis loin de m'en tirer avec autant de succès que mon compagnon.

Le mont Betty élève, immédiatement au-dessus de la Barrière, son sommet couvert de pierres disloquées. Après avoir pris quelques échantillons de roche, nous descendons rejoindre les camarades. De retour, j'exhibe mes cailloux, mais ces spécimens géologiques du continent antarctique n'éveillent aucun intérêt chez mes compagnons. Dieu me pardonne, j'entends même grommeler d'un ton méprisant : « Des pierres, il y en a de trop en Norvège ! »

Les chiens, qui maintenant n'ont plus de viande de phoque à discrétion, sont devenus extrêmement voraces. Ils avalent tout ce qu'ils trouvent, les attaches de *ski*, les courroies, les bouts de corde, même leurs excréments. Il est donc prudent de tenir ces animaux à l'attache, pour soustraire le matériel comme les bagages à leurs déprédations.

9

La conquête du Pôle

DÉBUT DE L'ESCALADE — MONTÉES ET DESCENTES — LE GLACIER AXEL HEIBERG — LES ALPES ANTARCTIQUES — L'ÉTÉ AU MILIEU DES GLACES — UNE RECONNAISSANCE LABORIEUSE — ASCENSION MOUVEMENTÉE DU PLATEAU SUPÉRIEUR — TERRIBLES DIFFICULTÉS — LE GLACIER DU DIABLE — LA SALLE DE BAL — LE TERRAIN DEVIENT MEILLEUR — AU PÔLE !

17 novembre. — Aujourd'hui, nous commençons l'assaut des montagnes qui défendent l'approche du Pôle.

Pour parer à toute éventualité, je laisse au dépôt une note indiquant l'itinéraire que nous nous proposons de suivre et les ressources dont nous disposons.

Le temps est superbe et la piste excellente. Les chiens surpassent notre attente en enlevant avec aisance les pentes assez raides du début. Aucun obstacle ne pourra, semble-t-il, les arrêter. En très peu de temps, les attelages parviennent au point que nous avons atteint hier, et qui semblait devoir être le terme de la première étape. Sur les petits glaciers escarpés, situés plus haut, à plusieurs reprises il devient nécessaire de doubler les équipes et de faire avancer les traîneaux deux par deux. Ces glaciers paraissent très vieux et dépourvus de toute activité. On n'y observe aucune crevasse de formation récente ; celles qui déchirent leur surface ont les bords arrondis et sont presque entièrement remplies de neige. Pour éviter à la descente de culbuter dans ces trous, nous élevons des cairns ; en passant entre ces pyramides, on est sûr de trouver un terrain solide.

Le soleil est si vif et la chaleur si forte que nous marchons en bras de chemise.

Dans la journée, nous passons au pied de sommets de 900 à 2 100 mètres. La neige qui couvre une de ces cimes a une couleur rouge foncé.

Cette première étape dans la montagne nous amène à l'altitude de 600 mètres, après un parcours de 18 km 5.

Le camp est établi sur une petite nappe de glace, entre de larges crevasses. Une fois la tente dressée, deux reconnaissances partent examiner le terrain en avant. Wisting et Hanssen remontent le glacier, lequel s'élève rapidement jusqu'à 1 200 mètres et disparaît ensuite dans le Sud-Ouest entre deux crêtes. Dans une autre direction part Bjaaland ; trouvant sans doute la route prise par les autres trop facile, il s'attaque à un escarpement rocheux. Pendant ce temps, Hassel et moi vaquons aux occupations du ménage. Bientôt Bjaaland est de retour ; il affirme avoir trouvé, de l'autre côté, une excellente route pour la descente. Si elle est aussi belle que celle qu'il a prise pour monter, cela donne à réfléchir. Un peu plus tard arrivent les autres ; naturellement, leurs renseignements ne concordent pas avec ceux de Bjaaland ; chaque groupe vante son itinéraire et déprécie celui découvert par l'autre. Sur un point, malheureusement, tous sont d'accord, c'est qu'après cette ascension nous serons obligés de redescendre sur un énorme glacier qui s'étend au-dessous du campement dans la direction Est-Ouest. La discussion menaçant de se prolonger, je vais me coucher.

... Le glacier situé devant nous est très escarpé ; sur une courte distance, il s'élève d'au moins 600 mètres. Réflexion faite, nous tenterons l'escalade sans doubler les attelages. Les chiens ont déployé une telle vigueur que, suivant toute probabilité, ils accompliront ce nouvel exploit. Quoique avançant lentement, ils gagnent du terrain. Lorsqu'ils paraissent vouloir s'arrêter, il suffit d'un encouragement et d'un claquement de fouet pour les remettre en route. Nous arrivons ainsi à un col. Une fois là-haut, la meute se repose, tandis que nous contemplons le panorama. Au-delà de la brèche s'étend une petite vire, large de quelques mètres, au-dessus d'une pente rapide aboutissant à une vallée. Droit devant nous, en plein Sud, s'élèvent l'énorme chaîne Fridtjof Nansen et un peu plus loin la crête Don Pedro Christophersen ; ces deux reliefs sont séparés par un puissant glacier qui s'élève par étages. Il est terriblement disloqué ; entre les zones crevassées il sera cependant possible de passer. Cette vallée nous conduira loin, mais elle ne nous amènera pas au but. Entre le premier et le deuxième étage, le glacier est rendu infranchissable par une énorme cascade de séracs ; heureusement, le long des montagnes un replat permettra de contourner cet obstacle. Nous élevons ici un grand cairn, puis relevons les principales montagnes en vue.

Avant de commencer la descente, je retourne au col jeter un dernier regard sur la Barrière. La chaîne que nous avons découverte et qui ferme cette immense nappe de glace incline dans l'Est-Nord-Est, pour disparaître au Nord-Est vers le 84° de latitude. Les apparences du ciel indiquent qu'elle doit se prolonger au-delà de ce parallèle.

La vire au-delà du col se trouve à l'altitude de 1 200 mètres.

La pente est rapide. Sur une telle déclivité, avec des traîneaux chargés, la plus grande prudence est nécessaire ; si les véhicules s'emballaient, les chiens pourraient être tués ou blessés, et leurs conducteurs exposés à quelque accident fâcheux, sans compter que les traîneaux seraient endommagés. A chaque descente de ce genre, nous freinons au moyen de cordes garnies de pointes et enroulées autour des patins. Cette première pente nous amène dans une large vallée, 250 mètres plus bas ; après cela, nouvelle ascension sur deux glaciers très escarpés. La montée du second a été la plus dure de tout le voyage. Pour en venir à bout, il devient nécessaire de doubler les attelages. Les progrès sont naturellement très lents ; ce n'est qu'au prix d'un long et pénible effort que nous parvenons au sommet de cette déclivité, haute de pas moins de 360 mètres.

Là, nous nous trouvons à l'altitude de 1 320 mètres, sur une petite plaine. Après avoir laissé souffler les chiens, en route de nouveau.

Jusqu'ici les montagnes les plus rapprochées nous ont masqué le terrain en avant. A mesure que nous avançons, nous distinguons plus complètement la route que nous allons suivre. Elle est formée par un énorme glacier qui rejoint la Grande Barrière, en passant entre la crête Fridtjof Nansen et la chaîne Don Pedro Christophersen. Par cette grandiose nappe de glace, à laquelle nous donnons le nom d'Axel Heiberg, nous comptons gagner le plateau supérieur.

Pour atteindre ce glacier, nous sommes encore obligés de redescendre. Du point où nous nous trouvons, les petites nappes de glace que nous devons suivre paraissent très crevassées ; donc, avant de nous engager sur cette pente, nous allons reconnaître le terrain. Tout bien examiné, avec de la prudence et en freinant vigoureusement, le passage est praticable.

Dans l'après-midi, après quelques culbutes sans conséquences fâcheuses, nous atteignons l'Axel Heiberg. Par sa vallée, nous allons pousser jusqu'à la chute de séracs engendrée par l'étranglement du glacier entre les chaînes Fridtjof Nansen et Don Pedro Christophersen. Un morceau singulièrement plus rude que nous ne l'avions supposé ! D'abord, la distance est trois fois plus grande qu'elle ne le paraissait ; ensuite, la neige est si molle que les chiens peuvent à peine se mouvoir. Quoi qu'il en soit, nous avançons.

Les versants de la vallée que remplit l'Axel Heiberg sont couverts de glaciers suspendus qui s'unissent à la nappe principale. Le soir venu, nous campons à la jonction d'un de ces appareils secondaires, au pied du Don Pedro Christophersen. Le penchant de la crête sous laquelle nous sommes installés n'est qu'un chaos d'énormes langues de glace ; en revanche, son sommet est nu. En face s'élève le Fridtjof Nansen. Son versant méridional n'est pas aussi dégagé de glace que sa face orientale, tournée vers la Barrière. De ces glaciers suspendus roulent sans cesse des avalanches dans des floconnements de neige pulvérulente, tels les abords d'une cascade ennuagés de poussière d'eau.

A l'entour de la tente s'ouvrent de nombreuses crevasses ; comme toutes celles précédemment rencontrées, elles sont, semble-t-il, très anciennes et à moitié remplies. La neige est si molle que le bâton de la tente enfonce comme dans du beurre.

Quoique le thermomètre marque – 15°, le soleil brûle littéralement ; une vraie sensation d'été au milieu de ce paroxysme glaciaire.

Après le souper, Hanssen et Bjaaland partent en éclaireurs. Jusqu'au premier plateau, la route sera facile, rapportent-ils ; au-delà, c'est l'inconnu.

Le lendemain, une rude journée. Le bout de glacier à traverser, s'il est court, est singulièrement escarpé et crevassé. Là encore, impossible de faire avancer tous les traîneaux en même temps.

Tellement forte est la chaleur qu'on a peine à se croire entre le 85° et le 86° de latitude. Quoique légèrement vêtu, on sue à grosses gouttes.

Bien que nous nous élevions rapidement, nous ne ressentons ni mal de tête ni malaise d'aucune sorte. Mais cela viendra certainement. La description des souffrances éprouvées par l'expédition Shackleton sur les sommets culminants est présente à notre esprit.

Très vite relativement nous parvenons sur le plateau. Ses pentes douces nous amènent au point où Hanssen et Bjaaland se sont arrêtés hier soir. Là, nous sommes stoppés. Resserré entre le Fridtjof Nansen et le Don Pedro Christophersen, le glacier est disloqué dans toute sa largeur et sur une hauteur considérable. Du côté du Fridtjof Nansen, la route est également fermée. Là, le rocher s'élève à pic, et, à sa base, le glacier forme le plus effroyable chaos que l'on puisse imaginer. Notre seule ressource est de tenter le passage du côté du Don Pedro Christophersen. Le long de cette chaîne, la glace semble s'ajuster à une crête neigeuse, par une surface relativement unie. Dans cette direction, nous pourrons, supposons-nous, contourner la chute de séracs qui nous arrête de front. Après une courte pause, de nouveau en marche.

Nous sommes impatients de savoir si le passage est praticable. La pente est raide ; encore une fois, nous recommençons la manœuvre des relais. Il n'est certes pas agréable de parcourir trois fois le même chemin pour amener les quatre traîneaux au même point, mais à cela rien à faire. Après avoir longé des crevasses, nous arrivons sur un petit monticule. Vers l'Ouest, le long de la montagne, au prix d'un effort sérieux, il sera possible de passer, semble-t-il. De ce côté, la déclivité très forte aboutit à un précipice ; donc, avant de nous engager dans cette direction, nous allons voir si nous ne trouvons pas quelque chose de mieux.

Quoique la journée ne soit guère avancée, nous campons. Les chiens se reposeront, pendant que trois hommes iront explorer le versant méridional de la montagne. Qu'y a-t-il derrière la crête qui nous domine ? A l'approche du sommet, nous éprouvons un mouvement d'impatience. La découverte d'une route praticable aura de telles conséquences ! Encore un effort ! Voici le point culminant ! Victoire ! Nous sommes récompensés de nos peines. Nous avons découvert la brèche par laquelle peut être contourné l'énorme rempart de glace qui défend l'accès du plateau polaire. Au premier coup d'œil jeté sur le panorama, aucun doute n'est possible : nous sommes dans la bonne route. Sous les arêtes déchiquetées du Don Pedro Christophersen, une longue vire parallèle au glacier nous amènera au-dessus de la cascade de séracs. Plus haut, l'Axel Heiberg est encore très crevassé ; sur cet étage aucun obstacle insurmontable ne semble toutefois se rencontrer. D'ailleurs, l'éloignement est trop grand pour que l'on puisse se rendre compte de la viabilité de cette partie du glacier. Afin de juger plus complètement la situation, nous poursuivons la reconnaissance. La neige est molle ; avec les *ski* cela va encore, mais les chiens auront du mal à passer. Bientôt, de nouveau, nous rencontrons d'énormes crevasses ; elles sont heureusement espacées, et entre elles il est facile de se faufiler.

Serré entre les montagnes, l'Axel Heiberg devient de plus en plus étroit ; aussi je m'attends à trouver la glace très disloquée au

En marche vers le pôle. Arrivée à l'étape.

point où la chaîne que nous suivons disparaît sous le glacier. Fort heureusement, il n'en est rien. Au pied des crêtes du Don Pedro, le terrain est excellent, et bientôt, à notre entière satisfaction, la chute de séracs qui nous a arrêtés est dépassée. Sur notre route, point de grands accidents. Le versant de la montagne et le glacier s'unissent pour former une large vire, on pourrait même dire une plaine. Il y a simplement des dépressions, vestiges d'anciennes crevasses aujourd'hui fermées. D'ici, l'Axel Heiberg apparaît dans toute son étendue ; nous constatons alors qu'il se termine autour des crêtes Wilhelm Christophersen et Ole Engelstad. Plus loin, dans l'écartement de ces deux groupes, apparaît le plateau supérieur. La voie que nous suivons permettra-t-elle de l'atteindre ? Entre la chaîne Don Pedro Christophersen et le groupe Wilhelm Christophersen, un glacier descend du plateau pour s'unir à l'Axel Heiberg ; il est tout hérissé de séracs et déchiré de crevasses, par suite impraticable. Entre les monts Wilhelm Christophersen et Ole Engelstad, impossible également de passer. Au contraire, la nappe de glace qui s'étend du mont Ole Engelstad à la chaîne Fridtjof Nansen paraît relativement aisée.

Bien que très fatigués tous les trois, nous poussons encore en avant, afin d'étudier notre route aussi complètement que possible. L'étape de demain sera facilitée d'autant.

A mesure que nous avançons, le terrain entre les monts Engelstad et Fridtjof Nansen se découvre plus nettement ; sans qu'il soit besoin d'aller plus loin, nous reconnaissons que cette branche du glacier constitue la meilleure voie d'accès au plateau supérieur. Demain, si le temps est favorable, nous atteindrons cette haute plaine.

Après cette constatation, nous battons en retraite vers le campement ; nous avons hâte de nous mettre quelque chose sous la dent.

Le point où nous rebroussons chemin se trouve à l'altitude de 2 400 mètres ; nous avons donc à descendre 750 mètres. Sur la pente, très rapide par endroits, nous faisons de longues glissades. Du sommet de l'arête dominant la tente, la vue est grandiose. De tous côtés des crevasses, des trous gigantesques, d'énormes blocs de glace, un chaos effroyable, et sans cesse le tonnerre des avalanches. Les monts secouent leur carapace hivernale pour prendre leur costume de printemps.

Nos camarades restés au camp ont préparé à notre intention un excellent ragoût de pemmican. Ce soir-là, ce fut une véritable fête, non pas que le menu comportât quelque extra, nous ne pouvions nous accorder pareil luxe, mais la joie était générale. Nous avions compté que l'ascension du plateau nous prendrait dix jours ; or, il est certain qu'en moitié moins de temps nous l'accomplirons. Les chiens dont nous sommes obligés de nous débarrasser seront sacrifiés six jours plus tôt que nous ne l'avions pensé ; par suite, nous économiserons une grande quantité de vivres.

20 novembre. — A huit heures du matin, comme d'habitude, nous partons. Le temps est superbe, clair et calme.

L'escalade de l'escarpement est pénible ; cette fois encore, les chiens enlèvent brillamment l'obstacle. Comme la veille, la neige molle retarde la marche. Au lieu de suivre la route d'hier, nous nous dirigeons droit vers le point où nous avons décidé d'attaquer la dernière grande pente du glacier. A mesure que nous approchons de la nappe glacée qui passe entre le mont Ole Engelstad et le Fridtjof Nansen, une émotion intense nous saisit. Ce chemin sera-t-il praticable ? Si cette voie nous est fermée, quelles difficultés n'aurons-nous pas à vaincre pour atteindre le plateau ? Notre sort va se décider. L'Ole Engelstad dépassé, le glacier apparaît dans toute sa largeur. A coup sûr, l'ascension sera pénible et longue, mais elle est possible.

Avant de commencer cette rude montée, d'un commun accord une pause est décidée. Tandis que nous nous chauffons au soleil au pied du mont Ole Engelstad, un chocolat mijote sur le Primus. Un chocolat, nous a-t-on annoncé ! A la vue du liquide qui nous est servi, j'ai quelque peine à me persuader qu'il mérite le nom sous lequel il est présenté. Hanssen est économe : on s'en aperçoit lorsqu'il gouverne la cuisine. Après tout, c'était un régal pour des gens au régime du pain et de l'eau.

Une fois la collation avalée, en route. La halte est d'ailleurs dépourvue d'agrément. Le thermomètre marque 20° sous zéro ; malgré le soleil, on est bientôt transpercé, avec les vêtements légers que nous portons pour ne pas être continuellement en transpiration pendant la marche.

Au début, l'ascension est très pénible. Les chiens ne s'en tirent pas moins admirablement. De temps à autre seulement, ils soufflent ; lorsque les équipages s'ébranlent de nouveau, les conducteurs ont alors à donner un rude coup d'épaule pour soutenir les véhicules jusqu'à ce que les animaux soient parvenus à les déhaler. Les progrès sont très lents ; qu'importe, l'essentiel est d'avancer ; à force de patience, on arrivera bien au sommet de cette pente diabolique.

Plus loin, la déclivité diminue, tout en restant encore très forte ; de sitôt nous ne serons pas sur le plateau.

Quel aspect présente ce plateau ? L'imagination nous le représente comme une immense plaine s'étendant à l'infini vers le Sud. Aussi, quand nous l'atteignons, grande est notre désillusion. Dans la direction du Sud-Ouest, il paraît, en effet, remarquablement uni et plat ; malheureusement, notre route n'est pas de ce côté. Au Sud, direction que nous devons tenir, il est tout bossué d'ondulations orientées Est-Ouest, engendrées probablement par le dos de terrain reliant le plateau à la chaîne s'élevant au Sud-Est.

Nous poursuivons la marche avec ardeur, afin d'avoir le plus tôt possible une vue d'ensemble sur la région. En attendant, une grosse vague de glace nous bouche la vue ; peut-être est-ce le dernier renflement du glacier, produit par un contrefort du Don Pedro ?

Maintenant, plus de neige molle ; en revanche, des sastrugi très durs aux arêtes coupantes comme des couteaux, alignés Sud-Est-Nord-Ouest. Malgré l'effort qu'ils ont déjà dû fournir dans la journée, les chiens emportent brillamment la position ; à huit heures du soir, nous sommes sur le plateau. A perte de vue une immensité blanche ; au Sud-Ouest des cimes très lointaines, le commencement de la chaîne s'étendant dans le Sud-Est, et dont nous voyons maintenant le revers méridional.

Le baromètre et l'hypsomètre marquent une altitude de 3 180 mètres, et les compteurs 31 kilomètres. Une étape de 31 kilomètres et une ascension de 1 680 mètres, voilà ce dont sont capables, en un jour, des chiens bien entraînés, en halant un poids très lourd.

Sur la neige dure, il n'est pas facile de trouver un bon emplacement pour le camp. Une fois la tente montée, on me passe, comme d'habitude, les sacs de couchage et tout le matériel, puis je mets en marche le Primus et le pousse activement, pour que son bruit m'assourdisse autant que possible. Tout à l'heure, en effet, va se commettre un crime horrible qui me plonge dans la plus profonde tristesse. Vingt-quatre de nos excellents chiens, de nos fidèles compagnons, vont être mis à mort. C'est affreux, mais il doit en être ainsi, si nous voulons vaincre. Au premier coup de feu, quoique je ne sois pas nerveux, je tressaute. Les décharges se suivent ensuite sans interruption, abattant de braves et bons serviteurs. Chaque conducteur a tiré sur ses propres chiens, et ensuite nettoyé et dépouillé leurs carcasses. Des monceaux de déchets rougissent la surface du glacier ; vers ce charnier, les survivants se précipitent aussitôt ; l'un d'eux, particulièrement vorace, avale les entrailles encore toutes chaudes d'un camarade. D'autres, au contraire, font pour le moment les dégoûtés ; plus tard, eux aussi, ils y viendront.

Cette boucherie nous enlève toute joie ; malgré le succès de la journée, la soirée s'écoule morne et pesante. L'exploration a ses cruelles nécessités.

Nous séjournerons ici deux jours pour nous reposer et pour laisser se refaire nos attelages réduits. Lorsque, pour la première fois, fut envisagée la nécessité d'abattre une partie des chiens à notre arrivée, plusieurs s'étaient récriés à la pensée de manger notre cavalerie. Depuis quelques jours, une évolution s'est faite parmi les récalcitrants ; cette viande n'éveille plus la même répugnance.

Pendant la nuit, la température devient très basse et le vent souffle avec violence. Cela n'empêche pas la meute de dévorer les dépouilles de ses malheureux frères. Au réveil, dès qu'on ouvre l'œil, on entend des craquements d'os.

Les effets de notre rapide ascension commencent à se manifester. Lorsque je me retourne dans mon sac de couchage, je dois accomplir l'opération en plusieurs temps pour ne pas perdre haleine ; tous mes camarades sont dans le même cas.

Le lendemain au réveil, le vent est tombé, le temps n'est pas pour cela plus engageant.

La matinée est employée à parer notre viande fraîche. Elle a, ma foi, très bonne mine, mais son arome n'excite guère l'appétit.

Juste au bon moment pour me permettre de prendre une observation, le soleil perce à travers les nuages. Résultat : 85°36' de latitude.

Le ciel se couvre ensuite, tandis que des rafales furieuses soulèvent des trombes de neige. Que le vent fasse rage, cela nous est indifférent, aujourd'hui que nous devons nous reposer et que nous n'avons rien de mieux à faire que de manger. Lorsque l'on possède des vivres en abondance, peu importe la tempête.

Pour le dîner, Wisting nous a réservé des surprises : d'abord un excellent pot-au-feu avec un râble de chien bien gras, et après cela des côtelettes. Leur chair est si exquise que, les unes après les autres, elles disparaissent avec une rapidité prodigieuse. Pour ma part, j'en avale cinq. Wisting n'avait pas compté sur un pareil succès.

L'après-midi est employé à faire le décompte des approvisionnements et à charger les trois traîneaux. Le quatrième sera laissé ici. Chaque véhicule porte :

1° 3 700 biscuits (la ration journalière d'un homme se compose de 40 biscuits) ;

2° 126 kilogrammes de pemmican pour les chiens (la ration d'un chien est de 500 grammes) ;

3° 27 kilogrammes de pemmican pour les hommes (la ration d'un homme est de 350 grammes) ;

4° 5 kg 8 de chocolat (40 grammes par jour et par homme) ;

5° 6 kilogrammes de lait en poudre (60 grammes par jour et par homme).

A partir d'ici, nous avons donc soixante jours de vivres.

Les dix-huit survivants de la meute sont groupés en trois attelages.

23 novembre. — La brise, toujours très fraîche, a viré au Nord-Est. Dès sept heures du matin, nous commençons le recensement des provisions. Par un pareil temps, l'opération n'est ni facile ni agréable. Voyez-vous la situation : compter des tablettes de chocolat et des biscuits sous des averses de neige, par 20° sous zéro ? Ce travail terminé, nous renonçons à partir. Somme toute, cet arrêt prolongé n'est pas une perte de temps ; il permet à nos bêtes de se reposer et de réparer leurs forces en dévorant les déchets de leurs camarades sacrifiés. Après deux jours de ce régime, ils sont redevenus gros et gras. Pour nous, le retard n'a aucune importance. Durant cette halte, notre régime consistant exclusivement en viande de chien, les provisions demeurent intactes. Aujourd'hui encore, Wisting nous régale d'excellentes côtelettes.

Vers le soir, la brise mollit et tourne à l'Est. Nous avons donc lieu d'espérer une embellie pour demain.

25 novembre. — Ah ! bien oui ! il est joli, le temps, ce matin ! Pendant la nuit, le vent est retourné au Nord ; actuellement, il souffle en tourmente avec l'accompagnement habituel des tourbillons de neige. Les traîneaux sont déjà à moitié enfouis ! Le thermomètre marque – 27°, un froid cuisant avec une pareille brise.

Après un tour au-dehors, nous discutons la situation. Tout le monde grommelle contre la tempête. Un, deux, trois jours de repos, cela fait du bien, mais cinq jours d'inaction fatiguent plus qu'une marche de quinze heures. En manière de conclusion, un camarade ajoute : « Après tout, si on essayait. » Immédiatement, sa proposition est acclamée. Avec de pareils compagnons, on peut aller loin.

Rapidement, le paquetage est achevé et en avant à travers la tourmente ! Si dense est le chasse-neige qu'il est presque impossible d'ouvrir les yeux. La toile de la tente est couverte d'une si épaisse couche de glace et de neige qu'en l'abattant les plus grandes précautions sont nécessaires afin de ne pas la déchirer. Le départ par une telle bourrasque ne paraît pas agréer aux chiens ; par de nombreux écarts ils marquent leur mécontentement.

Les vingt-quatre carcasses des victimes ont été réunies en un monticule que surmonte le traîneau de Hassel, désormais inutile. Nous laissons là également des harnais, des cordes. Devant le dépôt, Wisting plante un *ski* brisé, afin de pouvoir le découvrir facilement au retour. L'avenir prouva la sagesse de cette précaution.

Marche très pénible à travers de gros sastrugi. Pour passer ces vagues de neige, les conducteurs sont obligés d'étayer leurs véhicules, afin de les empêcher de verser. Hassel et moi, qui n'avons aucun traîneau à diriger, éprouvons les plus grandes difficultés à nous tenir debout sur ces monticules.

Au début, le terrain paraît présenter une très faible pente vers le Sud. Piste extraordinairement molle ; on a l'impression de fouler du sable. Bientôt les sastrugi deviennent moins saillants et progressivement disparaissent ; en même temps, le glacier s'aplatit et la neige porte mieux. Par contre, la tourmente fait toujours rage ; à la neige chassée par le vent s'ajoute maintenant celle qui tombe du ciel. Au milieu de ce poudroiement serré, les conducteurs distinguent à peine la tête de leurs attelages. A la vitesse que les traîneaux acquièrent par moments, il semble que nous descendions. Le vent nous pousse ; mais seul il ne pourrait déterminer une telle accélération. Cette forme du terrain m'inquiète. Dans ma pensée, le plateau devait s'élever doucement vers le Sud et non s'abaisser dans cette direction. Si la déclivité s'accentue, nous camperons. Par ce temps bouché, ce serait folie de continuer sur une pente ; nous risquerions de tomber dans quelque précipice avant d'avoir pu l'apercevoir.

Hanssen guide la caravane. J'aurais dû marcher en tête ; au

Un pont de neige.

La Salle de Bal du glacier du Diable.

début de la journée, les sastrugi m'ayant retardé, et plus loin, après leur disparition, le convoi ayant pris une telle allure, je suis demeuré en arrière. Soudain, très loin en avant, je vois l'attelage de Hanssen descendre à toute vitesse ; celui de Wisting suit naturellement le mouvement. Immédiatement, je crie à Hanssen de s'arrêter ; seulement à grand-peine il parvient à retenir ses chiens. Devant nous, le terrain s'abaisse rapidement vers une dépression dont la brume empêche de distinguer le fond. Peut-être avons-nous atteint le versant méridional du plateau ? Il est plus probable que nous nous trouvons sur une simple ondulation. En tout cas, il faut attendre une éclaircie pour reconnaître la situation.

Aujourd'hui, l'étape a été courte : 19 kilomètres seulement. L'hypsomètre indique une altitude de 3 000 mètres ; nous avons donc descendu 180 mètres depuis le matin.

A la première clarté, nous sauterons hors des sacs de couchage. Dans un pareil pays, si on laisse passer une occasion favorable, de longtemps elle ne revient pas. Donc nous ne dormons que d'un œil. A trois heures du matin, le soleil perce ; aussitôt nous sommes dehors. Il n'est guère brillant ; tout pâle, il semble un pain à cacheter jaune collé dans le ciel. La brise, quoique moins forte qu'hier, est encore très fraîche. Attendre une embellie sous un vent glacé avec des vêtements plutôt légers n'est pas un lever précisément agréable. Enfin, les nuages s'écartent, nous laissant apercevoir les alentours.

Nous nous trouvons, en effet, sur une ondulation du glacier. Très rapide vers le Sud, la pente l'est beaucoup moins vers le Sud-Est ; dans cette direction, elle aboutit à une immense plaine. Aucune crevasse, non plus qu'aucun accident, n'est visible. Toutes les montagnes ont disparu, la chaîne Fridtjof Nansen comme la crête Don Pedro Christophersen. Après cette inspection, nous nous recouchons et dormons jusqu'à six heures du matin.

Lorsque nous nous réveillons, le vent a repris de plus belle. Maintenant que nous avons eu une rapide vision du terrain situé en avant, ni la tempête ni le chasse-neige ne nous arrêteront.

Après avoir placé les freins aux patins des traîneaux, nous descendons et sans incident arrivons à la grande plaine. Mettant le cap au Sud, nous poursuivons dans l'inconnu à travers des tourbillons de neige, sous la poussée de rafales de Nord-Est.

L'après-midi, traversé une petite ondulation, la dernière. Le terrain est excellent, uni comme un parquet, sans trous ni sastrugi. Notre allure serait très rapide, n'était l'état pulvérulent de la neige. On a l'impression de marcher dans du sable ; figurez-vous ce que serait le traînage au Sahara.

... J'ai repris ma place en tête de la colonne. Désormais, jusqu'au Pôle, à tour de rôle avec Hassel, je ferai fonction d'éclaireur.

Dans la journée, le temps s'améliore ; au moment où nous campons, il n'a même pas mauvaise apparence. Le soleil luit par instants ; après le crachin glacé, combien agréables sont ses rayons, quelque pâles qu'ils soient !

Les trois compteurs marquent 30 kilomètres ; un excellent résultat en raison de la mauvaise qualité de la piste. A l'hypsomètre : 2 760 mètres ; nous sommes donc descendus de 240 mètres. Cela est absolument étrange. Très certainement, nous allons trouver quelque chose d'extraordinaire, mais quoi ?

L'estime nous place par 86° de latitude Sud.

27 novembre. — Toute la nuit, des rafales de Nord. Vers le matin, le vent se calme ; par contre, il neige et une épaisse brume masque toute vue.

Nous avançons à tâtons, à travers cette terre vierge, sans distinguer quoi que ce soit.

Même terrain que la veille, un peu plus ondulé cependant. Par ici, la brise a soufflé ferme, comme le prouve l'existence de sastrugi très durs ; heureusement, la neige tombée les jours précédents a remblayé les creux de ces vagues. Le traînage est encore pénible, moins qu'hier toutefois.

Aveuglés par la tourmente, nous cheminons, tête basse, lorsqu'une exclamation nous fait lever le nez. Une énorme montagne noire se dresse toute proche devant nous, dans le Sud-Est ; il semble que nous allons la toucher. Quelques instants plus tard, cette grandiose apparition s'éteint dans la brume.

Après une marche de 16 kilomètres, les brouillards s'écartent de nouveau pour laisser apercevoir, également très près, deux longues et étroites crêtes neigeuses orientées Nord-Sud, les monts Helland Hanssen, les seuls que nous découvrîmes dans l'Ouest pendant la traversée du plateau. Leur altitude est de 2 700 à 3 000 mètres. Ces cimes sont complètement isolées des massifs situés dans l'Est.

Nous continuons dans l'attente de nouvelles surprises. Les nuages sont noirs comme de l'encre ; ce n'est pas l'annonce du mauvais temps, car depuis longtemps nous l'avons. Suivant toute probabilité, ils doivent cette coloration foncée à des montagnes qu'ils recouvrent. Nous marchons des heures sans rien voir apparaître.

Longueur de l'étape : 30 kilomètres.

28 novembre. — De la brume, et toujours de la brume. Avec cela, une neige fine qui rend la piste exécrable ; une dure journée pour nos pauvres chiens. Malgré tout, nous faisons bonne route.

Un peu plus tard, le soleil se montre quelques instants, découvrant un gros massif montagneux, pas très loin dans le Sud-Est. De ce relief descend, perpendiculairement à notre route, un grand glacier disloqué. Si aux approches de cette crête il est impraticable, plus bas il sera possible de passer. A peine le temps de jeter un coup d'œil sur le terrain environnant, le brouillard s'abaisse de nouveau. Le mieux serait d'attendre une éclaircie qui permettrait de choisir l'itinéraire le plus facile. Mais combien durerait cette attente ? Peut-être une semaine ? Nous ne pouvons pas nous exposer à un tel retard.

Dans la direction que nous devons suivre, c'est-à-dire dans le Sud, la brume est particulièrement dense. Aux premières crevasses, nous faisons halte. La traversée de cette nappe de glace sera très dure ; dans ces conditions, il importe d'alléger les traîneaux. Nous laisserons donc ici un dépôt composé de cinq jours de vivres pour les hommes et pour les chiens, et quelques ustensiles qui ne sont plus indispensables. Les provisions sont enfouies sous un cairn très élevé, construit avec une excellente neige, dure comme du marbre.

Pendant le travail, de temps à autre, des embellies laissent reconnaître le terrain. Il y a là quatre groupes montagneux isolés, semble-t-il. Le plus septentrional, le mont Helmer Hanssen, se dresse un peu à l'écart ; les trois autres, les monts Oscar Wisting, Sverre Hassel et Ole Bjaaland sont, au contraire, beaucoup plus ramassés. Derrière ces cimes, les nuages sont tout noirs ; évidemment ils couvrent d'autres crêtes. En effet, bientôt un massif colossal se dessine, le Thorvald Nilsen. L'éclaircie ne dure que quelques minutes, mais nous avons le temps de prendre des alignements sur les crêtes les plus voisines. En tout cas, la position du dépôt est déterminée par sa situation par rapport au glacier. Le sommet du cairn, qui n'atteint pas moins de 2 mètres de haut, est surmonté d'une caisse noire ; au retour, il sera ainsi plus aisé de le découvrir

Une observation de latitude donne comme résultat 86° 21' ; l'estime nous place par 86°23'. La concordance n'est donc pas mauvaise.

De nouveau, les nuages sont au ras du sol et la neige recommence à tomber, fine et pulvérulente. Par bonheur, nous avons relevé la direction des parties praticables du glacier.

... Au début, les crevasses ne sont pas très larges ; en revanche, mais plus loin, rien que des abîmes, et pas la moindre vue. Attachés à une corde, Hassel et moi marchons en tête, très prudemment, la boussole en main. Grâce aux *ski*, nous passons sans accident, alors que les chiens percent la couche de glace qui recouvre les fentes. Lorsque le soleil luit, on reconnaît l'emplacement des crevasses aux ombres projetées par leurs bords, tandis que, par un temps bouché comme aujourd'hui, on ne distingue rien. Malgré nos précautions, l'équipage de Wisting faillit culbuter ; seule une manœuvre rapide de son conducteur le préserva d'une chute qui aurait pu entraîner les conséquences les plus graves. Après avoir gagné environ 60 mètres, nous nous trouvons dans un labyrinthe inextricable. A chaque pas, nous risquons un accident mortel. Dans ces conditions, nous campons.

Une fois la tente dressée, Hanssen et moi partons en reconnaissance, tous deux bien encordés. Vers l'Est, du côté des montagnes, une éclaircie permet d'étudier le glacier. L'examen n'en est pas encourageant. Dans cette direction, la glace est complètement disloquée ; on n'y trouverait pas une plaque solide de la largeur du pied. Il serait donc fou de s'y aventurer. Vers le Sud, la brume masque toute vue ; quoi qu'il en soit, nous n'avons d'autre ressource que d'essayer de ce côté. En quittant le camp, au-delà d'un étroit pont de neige, nous gravissons une crête flanquée de deux énormes crevasses. Par cette arête, nous parvenons sur une vague de glace, haute d'environ 7 m 50. Avec des traîneaux et des chiens, il sera terriblement difficile de passer par là, mais nous n'avons pas le choix. Du sommet de cette bosse, ce que nous parvenons à discerner à travers la brume n'est guère encourageant. La descente du monticule est très délicate : les plus minutieuses précautions sont nécessaires pour ne pas rouler dans les gouffres qui l'entourent. Pour nous venger, nous adressons les épithètes les plus malsonnantes à ce maudit glacier, glacier du Diable, s'écrie l'un de nous.

Notre itinéraire n'est qu'une suite de zigzags. Pour avancer d'un mètre, nous en parcourons bien 10. Après cela se dresse une nouvelle vague haute de 6 mètres, percée d'un portail large de 2, la « Porte de l'Enfer ». Cette formation est, comme le glacier lui-même, très ancienne et presque complètement remplie de neige. Au-delà, le terrain paraît devenir meilleur. Nous battons alors en retraite vers la tente, assurés maintenant de pouvoir passer.

Ce soir, l'hypsomètre indique l'altitude de 2 520 mètres ; nous nous sommes donc élevés de 60 mètres depuis le bas du glacier.

A coup sûr extraordinaire est cette marche dans la brume à travers des montagnes et des glaciers inconnus. Avançant ainsi dans l'obscurité, nous ne pouvons prendre aucun relèvement : la retraite sera par suite très difficile. J'essaie de me rassurer en me représentant que les cairns et ce glacier disloqué que nous devons couper nous permettront de retrouver la route. Après tout, une erreur est si vite commise ! Comme la suite le montrera, mes inquiétudes étaient justifiées.

29 novembre. — Enfin, on y voit clair ! Nous découvrons alors que les deux crêtes réunies sous le 86° de latitude se prolongent en un puissant relief vers le Sud-Est. Sa hauteur varie entre 3 000 et 4 500 mètres. Le massif Thv Nilsen est la saillie la plus méridionale que nous apercevons d'ici. Les monts Hanssen, Wisting, Bjaaland et Hassel forment, comme nous l'avons reconnu hier, un groupe isolé, distinct de la grande chaîne.

Au début de l'étape, rude est la tâche des conducteurs. Sans les plus grandes précautions, attelages et traîneaux rouleraient dans les précipices qui s'ouvrent de tous côtés ; la moindre chute serait ici fatale. Malgré les difficultés du terrain, le convoi arrive à la « Porte de l'Enfer ».

Une photographie prise par Bjaaland montre les périls de l'ascension dans cette région. Au premier plan s'élève une crête de neige, rebord d'une très large crevasse à moitié remplie. Les traces visibles sur l'image sont celles laissées par les *ski* du photographe, qui a voulu éprouver la solidité du pont. A côté de cette piste, un petit trou s'ouvre vers un gouffre sans fond. Notre camarade a pu passer sur cette fragile croûte, mais il n'en saurait être de même pour son traîneau ; en conséquence, l'attelage prend une autre direction.

Quinze kilomètres, toute notre étape aujourd'hui. Si nos innombrables détours étaient entrés en ligne de compte, nous arriverions au double.

Le soleil, à l'Ouest à cette heure-ci, éclaire les formidables crêtes entassées dans cette direction et les enveloppe de merveilleuses tonalités. C'est un mélange extraordinaire de bleu, de blanc, de rouge et de noir. L'éperon Sud-Est du Thv Nilsen se perd dans une panne de nuages impénétrables, indice que ce relief se prolonge au-delà. L'horizon est tout dentelé de cimes le long desquelles traînent des filaments de brume. Sur leurs versants, des glaciers escarpés pendent comme d'énormes stalactites.

Dans cette puissante chaîne, les pics sont rares ; la plupart des sommets affectent la forme de dômes. Le plus magnifique est l'Helmer Hanssen, une colossale coupole de glace très accidentée. Il nous guidera au retour.

Altitude du campement : 2 610 mètres.

Ce soir encore, nous allons reconnaître le terrain en avant. Toujours et encore des crevasses, et, entre elles, toujours et encore des crêtes de glace. Quoi qu'il en soit, nous allons de l'avant. Comme dans cette région les fentes du glacier sont très visibles, nous avions négligé de prendre une corde : une grosse imprudence, comme l'événement le prouva. En traversant une surface qui semblait solide, sous l'arrière d'un *ski* de Hanssen, un large morceau de glace s'écroule avec fracas. Mon camarade a eu une fière chance. Il ne se passe pas de jour sans que nous ne rendions un fervent hommage à nos patins. Avant le départ, la lecture des explorations antérieures sur la Barrière m'avait convaincu que le *ski* était indispensable dans une expédition au Pôle Sud, surtout à nous, Norvégiens, habitués dès l'enfance à sa pratique. L'expérience confirme cette opinion ; à notre avis, ces engins ont été les artisans de notre victoire. Seuls, en effet, ils ont rendu possible la traversée des régions crevassées et des zones recouvertes de neige pulvérulente.

Après deux heures de marche, nous revenons vers le camp. Du sommet du monticule que nous avons atteint, le terrain paraît plus praticable vers le Sud, mais si souvent nous avons été déçus dans nos espoirs ! Que de fois, arrivés sur une crête, nous avons cru que nos tribulations allaient se terminer... Aujourd'hui, toutefois, nous avons le pressentiment très net que nous touchons à la fin de nos misères.

En notre absence, Hassel a mesuré la hauteur du mont Thv Nilsen ; ses observations assignent à cette cime une altitude de 4 500 mètres.

30 novembre. — Pendant la nuit, tourmente de Sud-Est ; elle souffle encore au moment du déjeuner, puis brusquement le

L'arrivée au Pôle Sud.

calme se fait. Sur la piste, ce coup de vent a exercé les plus malencontreux effets : il a enlevé la couche de neige superficielle, si propice au *ski*, en laissant à découvert une glace dure et écailleuse. Quelle mauvaise idée nous avons eue d'abandonner les crampons au dépôt installé sur le bord inférieur du plateau !

... Nos traces d'hier ont en grande partie disparu ; seulement, sur un sastrugi qui a résisté à l'érosion éolienne de cette nuit, nous les retrouvons. Une étape fatigante pour les conducteurs. Pénible, en effet, est leur tâche pour gouverner les traîneaux sur cette surface polie et les empêcher de verser.

... Jamais encore le glacier n'a été aussi accidenté. Hassel et moi marchons, comme d'habitude, en tête, attachés à une corde. Jusqu'au terminus de notre reconnaissance d'hier, cela va encore. La marche paraît moins pénible ; d'avance, on sait le terrain praticable. Plus loin, les difficultés augmentent ; souvent longtemps nous cherchons infructueusement un passage. A plusieurs reprises, il est nécessaire de frayer une voie aux véhicules à coups de piolet. Un moment, les crevasses et les séracs semblent fermer toute issue. Ce n'est qu'après de longues recherches que nous découvrons un pont tout juste assez large pour les traîneaux ; de chaque bord de cette passerelle, un gouffre à donner le frisson. L'impression qu'a dû éprouver Blondin en traversant sur sa corde raide les chutes du Niagara ! Heureusement, aucun de nous n'a le vertige, et les chiens ne se doutent guère des conséquences qu'entraînerait un faux pas. De l'autre côté du pont, le glacier s'abaisse.

... Maintenant, nous sommes dans un ravin orienté Est-Ouest, entre deux boursouflures de glace. A plusieurs reprises, nous grimpons sur le monticule de gauche pour voir s'il ne serait pas possible de reprendre la direction du Sud. Pour le moment, rien à tenter de ce côté : l'autre versant de l'ondulation est inaccessible. Donc, point d'autre ressource que de suivre le ravin ; encore si la route y était facile !

Ce boursouflement du glacier atteint bien une hauteur de 30 mètres. Vers l'Est, il se termine par un escarpement, tandis qu'à l'Ouest il présente une pente douce que nous suivons. Du sommet du mamelon, le glacier paraît en avant plus facile. Après une nouvelle ondulation, nous parviendrons enfin à la grande plaine culminante de cet énorme plateau vers laquelle nous peinons depuis tant de jours. Avant d'y arriver, nous aurons encore à franchir plusieurs mauvais passages ; mais, en comparaison du début de l'étape, cela sera facile.

... Voici enfin la plaine tant désirée. De distance en distance, elle est accidentée de lignes de séracs, mais ces zones de dislocations sont espacées, et entre elles s'étendent des nappes de glace plane. Pour la première fois depuis notre arrivée sur le glacier du Diable, nous pouvons pendant quelques minutes gouverner droit au Sud.

... A mesure que nous avançons, le terrain devient meilleur. Dans le lointain surgissent de nouvelles coupoles de glace ; elles marquent la limite méridionale de la zone des grandes crevasses. Relativement hautes et formées de glace vive, leur ascension offre de grosses difficultés.

Au-delà, le glacier présente un aspect tout différent ; ses fentes sont complètement remplies de neige, et partout il est facile de les passer. En revanche, il est hérissé d'une énorme quantité de ces petits monticules que nous avions observés antérieurement sur la Barrière. Cette formation est très certainement due au voisinage du sous-sol.

... Maintenant, la marche devient un plaisir. Plus besoin de faire des détours pour choisir un passage ; on avance droit son chemin ; seulement de temps à autre un monticule oblige à s'écarter de la route. De distance en distance, nous traversons de larges surfaces de glace vive ; elles sont très disloquées, mais leurs fentes restent toujours étroites, quelques centimètres d'ouverture au plus.

Le soir, campé sur une plaque de glace de couleur laiteuse. Près de la tente s'élève un petit monticule, où Hassel va s'approvisionner de glace pour la marmite. Grand est son étonnement de trouver le vide à l'intérieur. Son piolet enfonce jusqu'au manche sans rencontrer de résistance. Ce monticule recouvre un trou sans fond !

1er décembre. — Une rude journée. Coup de vent de Sud-Est, neige abondante et brume épaisse ; avec cela piste exécrable ; rien que de la glace vive. Sur cette nappe lisse, nos malheureuses bêtes glissent et patinent sans avancer.

La marche est rendue encore plus difficile par des sastrugi ; pour faire franchir aux véhicules ces vagues de neige, nous devons joindre nos efforts à ceux des attelages. Dans l'après-midi, encore des crevasses. Quoique presque pleines, elles sont très dangereuses. Le moment le plus délicat se présente lorsque les chiens essaient de remonter du bouchon de neige qui recouvre les gouffres sur le glacier. La glace vive ne leur offrant aucune prise, ils ne peuvent hisser le traîneau ; là encore les conducteurs doivent les aider ; or, pendant toute la manœuvre, une charge considérable porte entièrement sur le fragile pont. Aussi, à plusieurs reprises, des accidents faillirent se produire. Un temps abominable rend la situation particulièrement dangereuse.

... A chaque instant, nous sommes mordus par la gelée, tantôt au nez, tantôt aux joues. En pareil cas, nous appliquons la main sur la partie attaquée jusqu'à ce que la sensibilité revienne. Après quoi, nous reprenons nos gants ; car, par une tempête et par vingt et quelques degrés sous zéro, il est impossible de maintenir longtemps la main à l'air.

Malgré ces circonstances défavorables, l'étape est de 25 kilomètres...

... L'installation sous la tente est relativement confortable. Trois sacs de couchage sont placés au fond et deux à côté de la porte. Près de l'entrée se trouve le fourneau. Une fois les lits préparés, les hommes qui ne sont pas de service se reposent et écrivent leur journal de route, tandis que les deux cuisiniers surveillent attentivement la popote. Au mot magique : « A la soupe ! » tout le monde abandonne rapidement ses occupations pour accourir, la tasse d'une main, la cuiller de l'autre. Quoique le potage soit bouillant, il disparaît promptement. Ensuite vient le plat de résistance, le pemmican ; le dessert est représenté par du biscuit arrosé d'eau claire. Pendant le repas, le Primus est maintenu à petite allure, et une douce température emplit la tente.

Tous les samedis soir, afin que le dimanche la tenue soit un peu plus propre ou du moins un peu moins sale, les barbes sont passées à la tondeuse. Dans les régions polaires, d'ailleurs, il n'est guère pratique de les porter longues ; de la glace se forme autour des poils ; si on n'y prenait garde, le menton deviendrait rapidement une glacière.

2 décembre. — Tempête de Sud-Est. Par cette tourmente, il sera impossible de se frayer un passage à travers le terrain accidenté qui s'étend en avant. Donc nous attendrons une embellie pour repartir.

Vers midi, le soleil perce les nuages ; vite l'horizon artificiel et le sextant. Résultat de l'observation : 86° 47' de latitude Sud.

La température n'est pas assez basse pour que l'emploi des

fourrures soit nécessaire. Dans ces conditions, nous les abandonnons à ce campement.

A peine en route, le vent reprend avec plus de force que jamais. Par ce chasse-neige impénétrable, ce serait folie de continuer ; à chaque pas, nous risquerions une culbute dans un gouffre. Aussi, après un parcours de 4 kilomètres seulement, de nouveau nous campons. A ce moment, la température est de – 21°. Altitude : 2 850 mètres.

Durant la nuit, le vent vire au Nord et le ciel s'éclaircit.

3 décembre. — Toujours de la glace vive et toujours des crevasses, mais en moins grand nombre que les jours précédents. Cela ne finira donc jamais.

... Çà et là apparaissent quelques plaques de neige. Bientôt, elles augmentent en nombre et en étendue ; finalement, elles forment une nappe d'un seul tenant. Aussitôt, nous reprenons les *ski ;* nous en avons enfin terminé, semble-t-il, avec ce glacier diabolique, et nous voici sur le plateau culminant. Courte est notre joie. Un peu plus loin, la présence d'un gros monticule annonce de nouvelles difficultés. En même temps, le terrain présente une légère déclivité vers le Sud ; avant d'atteindre l'ondulation que nous apercevons, nous avons à traverser une vallée très évasée. De tous côtés, des séracs et de ces dangereux petits mamelons dont il a déjà été question. Donc, ouvrons l'œil. Maintenant, la couche de neige a disparu ; de nouveau rien que de la glace vive. Au début, sur cette pente lisse, la descente est rapide. Tout à coup un patin du traîneau de Wisting s'engage dans la lèvre d'une crevasse, et le véhicule verse. Aidé de Hassel, le conducteur travaillait à le relever, lorsque Bjaaland arrive photographier la scène. Comme il tarde à mettre au point son appareil, je m'enquiers de la situation. « Et la crevasse ? Elle n'est pas dangereuse ? — Comme les autres, répond Wisting ; on n'en voit pas le fond ! » Je cite cet incident pour montrer combien dans la vie on s'habitue à tout. Ainsi, voici deux de mes compagnons qui se font photographier, bien tranquillement, sur le bord d'un gouffre qui à tout moment peut les engloutir. Aucun d'eux ne songe aux dangers de la situation. Plus tard, lorsque je les gronde amicalement de leur imprudence, ce sont des rires et des plaisanteries à n'en plus finir.

A partir de ce point, nous entrons dans la partie du glacier que nous avons dénommée la « Salle de Bal du Diable ». Cette dénomination en dit long. Au début, le terrain n'a pas mauvaise apparence. S'il est très glissant, les crevasses ne sont pas nombreuses. En revanche, les lignes de séracs abondent. Soudain, les chiens de tête de Hanssen crèvent la glace et culbutent dans une fente où ils demeurent suspendus par leurs harnais. Leur conducteur a bientôt fait de les repêcher. Le trou par lequel ils ont passé laisse voir, à un mètre environ en dessous de la surface, un second pont de glace d'apparence très solide. Une chute n'aurait donc pas entraîné de conséquences graves, pensions-nous ; Bjaaland se chargea de nous prouver le contraire. A quelques instants de là, notre camarade tombe dans un trou et effondre le second pont situé à quelques pieds en dessous ; il aurait disparu s'il n'avait eu la chance de se raccrocher à une corde qui pendait le long du traîneau. A tout moment, hommes et chiens enfoncent dans ces perfides chausse-trappes. Sous nos pas, la glace sonne creux, comme si elle était minée de tous côtés. Les conducteurs n'épargnent pas le fouet pour sortir le plus tôt possible de cette zone périlleuse.

Bientôt le glacier devient moins dangereux et la piste de nouveau unie et garnie d'une excellente neige. Nous sommes enfin en sécurité relative. Distance parcourue : 40 kilomètres ; altitude du campement : 2 940 mètres.

4 décembre. — Tourmente, avec cela chute de neige abondante ; on y voit à peine. Aujourd'hui, des sastrugi très saillants et très escarpés ; sur ce terrain bossué, tous les trois ou quatre pas, une chute. Les conducteurs ont fort à faire pour maintenir leurs traîneaux en équilibre au passage de ces vagues de neige ; de temps à autre, un naufrage se produit, mais l'accident est vite réparé. Dans ces circonstances, Hanssen, notre chef de file, déploie une maîtrise incomparable. Les chiens eskimo n'avancent pas volontiers lorsqu'ils ne voient pas devant eux, comme c'est le cas aujourd'hui. Or, notre camarade non seulement les fait marcher bon train, mais encore les maintient remarquablement dans la direction voulue.

En dépit de ces obstacles et du temps bouché, nous couvrons près de 40 kilomètres.

Altitude du campement : 3 225 mètres. Nous nous trouvons donc à une plus grande hauteur qu'au camp de la Boucherie.

6 décembre. — Aujourd'hui encore, brume intense et neige épaisse. Ciel et terre sont confondus dans la même grisaille impénétrable. La marche n'en est pas moins rapide. Les sastrugi disparaissent progressivement ; le plateau neigeux devient complètement uni.

Dans la journée, nous passons le 88° de latitude. Le soir, campé par 88° 9'. Même altitude qu'hier. Nous avons donc atteint enfin le sommet du relief. Inutile d'insister sur la joie que nous cause cette constatation.

7 *décembre*. — Troisième jour de brume ; comme dit le proverbe, on ne sait ce que sera une journée avant qu'elle ne soit finie. Quelques heures de marche, puis le brouillard qui nous enserre se détend ; bientôt la vue embrasse un rayon de plusieurs kilomètres. Après tant de jours passés dans l'obscurité, nous sommes éblouis ; la même impression que la vue d'un soleil éclatant lorsque l'on se réveille. En haut, les pannes de nuages sont toujours épaisses. Il serait pourtant très utile que nous puissions obtenir une hauteur méridienne. Depuis le 86° 47', nous n'avons pas eu d'observation. Quoique les apparences ne soient pas très propices, à onze heures nous faisons halte, pour tenter de pincer le soleil, s'il se montre. Hassel et Wisting prennent leurs postes d'observation, tandis que je m'installe avec Hanssen.

... Nos vœux sont exaucés. Le soleil se montre ; il n'est pas très net, mais nous sommes habitués à observer dans de mauvaises conditions. Résultat : 88° 16', exactement la latitude donnée par l'estime. Si d'ici au Pôle les circonstances atmosphériques nous empêchent de prendre des hauteurs solaires, nous pourrons avoir confiance dans notre estime et déterminer par ce moyen nos positions ultérieures.

Nous voici arrivés à un moment palpitant. Dans quelques heures, nous dépasserons la latitude la plus extrême qui ait été atteinte dans le Sud. Pour fêter cet événement, nous gréons le pavillon sur un bâton ; dès que le 88° 23', le terminus du raid de Shackleton sera dépassé, l'étendard national sera déployé audessus de ces terres vierges.

... Je marche machinalement, plongé dans une profonde rêverie. A quoi songeai-je, je ne m'en souviens plus ; en tout cas, je suis si absorbé que j'oublie complètement la situation. Tout à coup, j'entends des cris, des hourras ! Immédiatement, je me précipite pour connaître la cause de cette extraordinaire rumeur. Alors seulement mon rêve se dissipe.

... La colonne a fait halte, et, en avant des traîneaux, le pavillon norvégien claque joyeusement au vent, dans la clarté de l'horizon blanc.

88° 23' de latitude ! Nous avons dépassé l'extrême point austral que l'homme ait touché. Une émotion violente me saisit ; je pleure comme un enfant. Lorsque j'ai rejoint mes camarades, je presse affectueusement leurs mains. Nos pensées se reportent alors vers l'homme énergique qui, il y a vingt-deux mois, planta le pavillon britannique si près du but, et, du fond du cœur, nous rendons hommage à sir Ernest Shackleton. Dans l'histoire des découvertes antarctiques, le courage et l'énergie déployés par ce vaillant explorateur lui assurent une place de premier rang.

... Nous parcourons ensuite 3 à 4 kilomètres pour camper par 88° 25' de latitude.

Le temps est meilleur. Maintenant, il fait presque calme, et le thermomètre marque seulement – 18°, une température d'été pour la latitude.

8 décembre. — Avant de lever le camp, nous installons ici un dépôt. Les chiens de Hanssen, quoique amaigris, sont encore pleins de force ; par contre, ceux de Wisting et de Bjaaland donnent des signes de faiblesse. Donc nous allégerons ces deux attelages chacun de 50 kilos de biscuits et de pemmican. Ces approvisionnements sont, comme d'habitude, entassés sous un haut monticule de neige. Pour les retrouver sûrement à la descente, à partir de ce bivouac nous élèverons des cairns tous les 3 km. De plus, sur un alignement Est-Ouest, à droite et à gauche du dépôt, des fragments de caisses peints en noir sont fichés dans la glace à des intervalles de cent pas. Afin qu'elle soit plus visible de loin, la cache est surmontée d'un morceau d'étoffe noire.

Après cela, les traîneaux portent encore un mois de vivres. Si donc, par un concours extraordinaire de mauvaises chances, nous manquions au retour ce dépôt, nous pourrions, sans craindre la famine, attendre celui du 86° 21' de latitude.

La température relativement douce de ces derniers jours a mûri nos morsures du froid. La dernière tempête de Sud-Est nous a particulièrement éprouvés, Wisting, Hanssen et moi. Nos joues gauches sont couvertes de croûtes et de suppurations. Ces plaies nous défigurent complètement. Seulement longtemps après elles guérirent. Hanssen ne perdit sa dernière croûte que trois mois plus tard, à notre arrivée en Tasmanie.

Aujourd'hui, très beau temps, avec un soleil brillant. Nous en profitons pour prendre des azimuts.

9 décembre. — Encore une journée claire. Température : – 28°.

La plaine glacée est complètement unie. Sur cette surface hori-

Au Pôle Sud (16-17 décembre 1911). Polheim.

zontale, nos cairns sont visibles, de très loin, quoique leur hauteur ne dépasse pas un mètre. Depuis le 88° 25', la neige est peu compacte ; elle a dû tomber par un temps calme. Par suite, il est difficile de la découper en blocs. Jusqu'à une profondeur de 2 mètres, on peut enfoncer un bâton sans rencontrer de résistance. Dans cette région, aucune trace de sastrugi.

Le but n'est plus loin ; le 14, nous comptons l'atteindre.

Dans le 88° 25', de nouveau le plateau présente une pente vers le Sud. Nous avons donc dépassé le point culminant.

La latitude observée et la latitude estimée concordent à 2 kilomètres près.

10 décembre. — Encore aujourd'hui, le point estimé dépasse vers le Sud de 2 kilomètres le point observé. Ciel clair ; légère brise de Sud-Est. Température : – 28°. Neige pulvérulente ; les patins glissent bien néanmoins.

11 décembre. — Toujours beau temps. Seulement 25° sous zéro. Latitude observée et estimée : 89° 15'.

12 décembre. — Latitude observée : 89° 30' ; latitude estimée : 89° 29'. Piste excellente et continuation de la même plaine de neige.

13 décembre. — Latitude observée à midi : 89° 37' ; latitude estimée : 89° 38'5". Nous parcourons encore 14 km 8 et dressons ensuite la tente. Latitude estimée du campement : 89° 45'. Dans l'après-midi, averses de neige venant du Sud-Est.

Ce soir, tout le monde est gai et heureux ; la tente est comme remplie par un air de fête. Un grand événement est, en effet, imminent. De nouveau, le pavillon a été tiré de sa gaine et attaché au bâton, prêt à être déployé. Pendant la nuit, je me réveille plusieurs fois, impatient et anxieux ; la même impression que la veille de Noël, dans l'attente des cadeaux, lorsque j'étais enfant.

14 décembre. — Temps magnifique. Le déjeuner est rapidement avalé ; les préparatifs du départ ne traînent pas non plus. Chacun a hâte d'arriver.

... Nous avançons dans l'ordre habituel. Un éclaireur, Hanssen, Wisting, Bjaaland et un homme à l'arrière-garde.

Vers dix heures du matin, se lève une légère brume de Sud-Est, et le ciel se couvre. Par suite, impossible d'observer à midi. La latitude estimée est à ce moment 89° 53'. D'un trait, nous allons enlever le reste.

A trois heures, la colonne s'arrête. Les compteurs indiquent que depuis la halte de midi nous avons parcouru exactement

7 milles (12 950 mètres). Nous avons donc touché le but. Notre entreprise est accomplie !

Je ne puis dire que j'ai réussi à remplir la mission que je m'étais assignée dans cette vie. Depuis mon enfance, le Pôle Nord a été l'objet constant de mes rêves, et c'est le Pôle Sud que je conquiers.

Nous n'avons pas la prétention d'avoir touché le point mathématique par lequel passe l'axe du globe. Avec le temps et les instruments dont nous disposions, il nous est impossible de déterminer son gisement exact. Nous en sommes à quelques kilomètres, à droite ou à gauche, en avant ou en arrière ; cela n'offre d'ailleurs aucune importance. Pour éviter au retour toute contestation à ce sujet, nous parcourrons autour du camp une circonférence de 18 km 5 de rayon.

Aussitôt après avoir fait halte, nous nous adressons de mutuelles félicitations, puis nous procédons à une cérémonie émouvante. Le pavillon national est déployé ; devant l'emblème de la patrie, un sentiment de fierté nous saisit ; en même temps, nos pensées s'envolent vers le pays aimé, vers cette rude terre de Norvège que nous chérissons. Dans le pénible combat que nous avons soutenu mes compagnons ont lutté avec une égale énergie et ont exposé leur vie avec le même dévouement ; après avoir été à la peine, tous doivent donc être aujourd'hui à l'honneur. Aussi bien le pavillon sera planté non point par un seul, mais par notre petite troupe tout entière. Par cette manifestation je veux témoigner ma reconnaissance à mes collaborateurs. Saisissant tous les cinq la hampe, nous élevons le pavillon et d'un seul coup l'enfonçons dans la glace. « Drapeau chéri, emblème de la patrie vénérée, m'écriai-je, nous te plantons au Pôle Sud de la Terre, et, cette plaine qui nous entoure, nous la nommons Plateau du Roi Haakon VII, en l'honneur de notre respecté souverain. »

Cette cérémonie achevée, nous reprenons nos occupations. La tente dressée, Hanssen abat un de ses chiens. Cette pauvre bête, après avoir été un brillant sujet, est depuis une semaine maigre et efflanquée ; complètement épuisée, elle ne peut plus rendre aucun service. La dépouille de ce fidèle compagnon est divisée en seize parts égales ; bientôt après, il n'en reste plus que les dents et quelques touffes de poils : ses camarades ont dévoré le reste.

Nous ne possédons plus que seize chiens, une des meilleures bêtes de Wisting ayant disparu au campement du 88° 25' de latitude.

Naturellement, la soirée est très gaie. N'ayant pu prendre à midi une hauteur méridienne, nous observons à minuit. Résultat : 89° 56'. D'après cela, pour être certain d'avoir encerclé le Pôle, il serait nécessaire de décrire autour du camp une circonférence de 20 kilomètres de rayon. Le temps nous faisant défaut pour effectuer un aussi long parcours, il est décidé qu'un homme poussera à 20 kilomètres en avant, et que deux autres hommes, l'un à droite, l'autre à gauche, parcourront cette même distance, perpendiculairement à la direction suivie par le premier. Pour cette mission, je désigne Wisting, Bjaaland et Hassel.

L'observation terminée, nous préparons une tasse de chocolat. Tandis que nous dégustons ce régal, les éclaireurs m'offrent de partir de suite. Dans la journée, ils ont déjà accompli une étape de 30 kilomètres ; une nouvelle course de 40 kilomètres ne les effraye pas. Immédiatement, ils commencent leurs préparatifs. Chacun d'eux emporte une notice indiquant l'emplacement du camp, enfermée dans un sachet imperméable, ainsi qu'un grand pavillon carré en étoffe sombre, monté sur une hampe haute de 3 m 60. Ils laisseront le drapeau et le document au point extrême de leur course. L'expédition est périlleuse. Les boussoles des traîneaux sont trop grandes pour être emportées, par suite nos amis devront se guider sur le soleil ; tant qu'il sera visible, aucun danger, mais, dans ce pays, les changements de temps sont si brusques et si fréquents ! Il serait vain également de compter sur les traces laissées par les *ski* pour retrouver sa route. Qu'un coup de vent s'élève : en quelques instants elles seront oblitérées. Mes trois camarades ont une trop grande expérience pour ne pas se rendre compte des risques que présente leur mission ; ils ne témoignent cependant d'aucune alarme et sont aussi calmes que s'ils allaient entreprendre une simple promenade.

A 2 h 30 du matin, les éclaireurs partent.

De 6 heures du matin à 7 heures du soir, chaque heure, Hanssen et moi prenons des hauteurs solaires.

Vers 10 heures du matin, Bjaaland, Hassel et Wisting sont de retour, après avoir accompli leur expédition.

Nos nouvelles observations nous placent par 89° 54'30". Je décide donc d'avancer de 10 kilomètres plus loin et d'opérer là une seconde série d'observations.

Dans l'après-midi, nous procédons à l'inventaire des provisions. Il nous reste des vivres pour dix-huit jours. Le traîneau de Bjaaland est abandonné ici et ses chiens répartis entre les attelages de Hanssen et de Wisting. Nous laissons également à ce camp des caisses vides ; sur l'une j'inscris que le point extrême de notre course est situé à 10 kilomètres dans le Nord-Ouest-1/4-Ouest.

16 décembre. — De bonne heure, nous sommes debout et tout de suite nous partons.

Bjaaland marche en tête de la colonne. Le champion du *ski* aura l'honneur de toucher le premier le Pôle. Derrière lui avance Hassel, puis les deux traîneaux avec Hanssen et Wisting. Je forme l'arrière-garde afin de contrôler plus facilement la direction et veiller à ce que la caravane avance aussi droit que possible dans la direction du méridien.

A 11 heures du matin, les 10 kilomètres sont couverts. Au point où nous nous arrêtons, le traîneau abandonné au précédent campement est visible.

Tandis que les uns dressent la tente, les autres se préparent à observer. Une plate-forme de neige très tassée est dressée pour recevoir l'horizon artificiel, et une seconde moins élevée pour placer le sextant dans l'intervalle des visées. A 11 h 30, nous prenons la première hauteur. Nous nous partageons ensuite en deux équipes : Hanssen et moi formons la première ; Hassel et Wisting, la seconde. A tour de rôle, nous observons pendant six heures de suite.

Le temps est superbe, sans cependant demeurer toujours complètement clair ; par moments une buée très légère traverse le ciel. Malgré cette vapeur, toutes les heures, pendant vingt-quatre heures de suite, il est possible d'observer. Nous faisons usage du temps moyen de Framheim.

Le 17 à midi, les opérations astronomiques sont terminées. Il est certain que nous ne nous trouvons pas au Pôle mathématique, mais, avec les instruments dont nous disposons, nous ne pouvons obtenir un meilleur résultat.

Nous dînons ensuite. A cette occasion Bjaaland prononce un petit discours fort bien tourné et nous offre des cigares. Des cigares au Pôle, quel luxe ! Après cela, mon compagnon me tend un étui encore garni, qu'il me prie d'accepter en souvenir de ce jour mémorable. Cette attention me touche profondément, et de tout cœur je remercie Bjaaland.

Le dîner achevé, nous dressons la petite tente en soie confectionnée par notre habile voilier pendant la traversée de Madère à la Grande Barrière. De couleur sombre, elle est visible de très loin au milieu de ces immenses champs de neige. Au bâton qui la soutient, nous fixons une hampe haute de 4 mètres avec un pavillon norvégien et en dessous une planche portant gravé le mot : *Fram*. A l'intérieur, je dépose dans un sac une lettre à Sa Majesté le roi de Norvège relatant brièvement notre expédition et une seconde adressée au commandant Scott, qui, suivant toute vraisemblance, sera le prochain visiteur du Pôle. Nous abandonnons un sextant, un horizon artificiel et quelques effets d'habillement. Sur une planchette fixée au bâton de la tente nous écrivons ensuite nos noms. Une fois tout bien fermé, nous saluons « Polheim », la Maison du Pôle, comme nous appelons ce frêle abri, et nous découvrons devant l'emblème de la patrie. Après cela, les traîneaux sont rapidement chargés, et en route pour le retour.

10

Du Pôle à Framheim

LENTEUR VOULUE DE LA MARCHE — LA NOËL SUR LE PLATEAU POLAIRE — IMPORTANCE DE LA CHAÎNE ANTARCTIQUE — COMMENCEMENT DE LA DESCENTE DU PLATEAU — RETOUR AU CAMP DE LA BOUCHERIE — LE GLACIER AXEL HEIBERG — DE NOUVEAU SUR LA BARRIÈRE — RENCONTRE DE MOUETTES — DÉPRÉDATIONS COMMISES PAR DES CHIENS DÉSERTEURS AU DÉPÔT DU 82° DE LATITUDE — LA TERRE CARMEN — RETOUR À FRAMHEIM

La piste est excellente ; par suite, l'allure rapide. Les chiens semblent comprendre que maintenant nous revenons à la maison.

Un vent tiède, presque une brise d'été ; température : seulement 19° sous zéro !

Bientôt, nous avons rejoint le dernier camp où un traîneau a été laissé en arrière. Après une courte halte, nous repartons. Nos traces ont presque disparu ; mais nos cairns sont là pour nous permettre de retrouver la route. De très loin, Bjaaland les aperçoit, quoique leur hauteur ne dépasse pas 1 mètre. Ces monticules sont très visibles sur cette plaine unie ; quand le soleil les frappe, ils scintillent comme des lampes électriques, lorsque, au contraire, il les laisse dans l'ombre, ils paraissent tout noirs et prennent l'aspect de rochers.

Désormais, nous marcherons la nuit. Cette organisation présente divers avantages. D'abord, nous aurons le soleil derrière nous, par suite, nous serons moins exposés aux ophtalmies. En second lieu, nous passerons sous la tente les heures chaudes de la journée et pourrons ainsi faire sécher nos vêtements.

Nous éprouvons un véritable bien-être à avoir le dos tourné au Sud ! Le vent soufflant presque constamment de cette direction, les engelures et les cicatrices qui nous couvrent la figure ne se trouvent plus exposées à ce vent cuisant.

Combien il nous tarde d'atteindre la Barrière, pour pouvoir respirer librement ! Ici, nous sommes constamment oppressés ; à ce point de vue, notre séjour de six semaines sur le plateau polaire ne nous a pas laissé d'agréables souvenirs.

Les étapes seront désormais de 28 kilomètres. Seule la crainte de surmener les chiens nous empêche d'allonger l'allure. Cette appréhension n'est pas justifiée, car, en cinq heures seulement, et sans effort, les attelages couvrent la distance fixée.

Le 19 décembre, nous tuons Lasse, mon chien favori. Il est complètement épuisé. Sa dépouille, partagée en quinze portions, régale les survivants. Ces rations intermittentes de viande fraîche ont contribué dans une large mesure au succès de notre entreprise. Après ces extras, les chiens acquéraient une nouvelle vigueur et tiraient beaucoup mieux.

20 décembre. — Temps très aigre ; brise de Sud-Est et horizon bouché.

Ayant perdu la piste, nous marchons à la boussole pendant quelques heures. Comme d'habitude, soudain, le ciel s'éclaire et de nouveau la plaine glacée se découvre devant nous.

La chaleur nous oblige à enlever une partie de nos vêtements ; malgré cela, nous transpirons encore.

Nous retrouvons nos cairns ; l'un après l'autre ils surgissent à l'horizon. Rapidement, nous nous rapprochons du dépôt établi sous le 88° 25' de latitude. Dans ces parages, le terrain monte insensiblement vers le Nord.

Ces derniers jours, notre appétit est devenu véritablement inquiétant. Les skieurs notamment font preuve d'une voracité extraordinaire : ils avaleraient des cailloux. Les conducteurs, eux, ne sont point aussi affamés : cela tient probablement à ce que, pouvant pendant la marche s'appuyer sur leurs traîneaux, ils produisent un moindre effort que les patineurs. Grâce à Dieu, l'abondance des provisions permet une augmentation des rations lorsque la faim devient trop impérieuse. Depuis le départ du Pôle, chaque homme reçoit une portion de pemmican plus copieuse ; grâce à cette mesure, peu à peu cet appétit de bête féroce s'apaise.

L'ordre de route est ainsi fixé : à six heures du soir, réveil ; à huit heures du matin, les 28 kilomètres de l'étape sont couverts ; nous dressons alors la tente, préparons le dîner, puis nous nous reposons pendant douze, quatorze et même seize heures. Ces longs arrêts nous parurent bientôt intolérables, d'autant que notre sommeil était agité. Pendant la première partie du voyage de retour, ils mirent notre patience à une rude épreuve. Bien que ces haltes interminables fussent inutiles, nous les conservâmes cependant tant que nous fûmes à de grandes hauteurs.

Eu égard à la latitude, la chaleur est excessive ; souvent elle nous oblige à abandonner les sacs de couchage et à rester étendus sans aucune couverture.

Aujourd'hui, Per — le bon, le fidèle, le consciencieux Per — est fourbu ; c'est couché sur le traîneau qu'il termine l'étape. Aussitôt au bivouac, un léger coup de hache sur la colonne vertébrale met fin à ses souffrances ; l'animal, épuisé, tombe sans pousser un cri. Avec lui, Wisting perd un de ses meilleurs chiens. C'était une excellente bête, pacifique, très travailleuse, tirant régulièrement du matin au soir sans qu'il fût besoin du fouet.

La Noël approche. Nous ne pourrons la célébrer pompeusement ; n'importe, nous fêterons ce grand jour avec tout le luxe que nous permettent les circonstances. Il est donc nécessaire d'arriver au dépôt le 24, afin de pouvoir nous régaler ce jour-là de bouillie d'avoine.

L'avant-veille de Noël, nous tuons Svartflekken. Nous ne portons pas son deuil. Ce chien s'est toujours conduit en vaurien. Voici l'oraison funèbre que je lui consacre dans mon journal : « Ce soir, abattu Svartflekken. Il refusait de travailler, bien qu'il ne parût pas malade ; c'était un vilain personnage. S'il eût été un homme, il eût fini au bagne. Relativement gras, sa dépouille est un régal pour ses camarades. »

24 décembre. — Voici le grand jour. Temps variable, tantôt couvert, tantôt clair. Partis la veille à huit heures du soir, nous atteignons le dépôt à minuit. Le ciel est dégagé et la température relativement chaude. De toute la journée nous n'avons plus rien à faire : nous pourrons célébrer à notre guise la veille de la Nativité.

Les provisions contenues dans le dépôt sont réparties entre les deux traîneaux.

Wisting, qui cuisine aujourd'hui, ramasse soigneusement toutes les miettes de biscuit, les broie, et, avec un sachet de lait en poudre, confectionne la bouillie traditionnelle. Nul en Norvège n'a savouré son dîner de Noël avec plus de plaisir que nous sur les hautes terres du continent antarctique. Après cela, un des cigares de Bjaaland répand une atmosphère de fête dans la tente. Nous avons doublement lieu de nous réjouir : aujourd'hui, nous avons atteint le sommet du plateau polaire, et dans deux ou trois jours commencera la descente vers la Barrière.

Jusqu'ici nous avions l'habitude de couper l'étape par une ou deux haltes. Désormais, elles seront supprimées. Il est, en effet, toujours dur de se remettre en route après une pause. Pendant les arrêts, les jambes deviennent raides, et, jusqu'à ce que les articulations soient redevenues souples, la marche est pénible.

Le 26, nous dépassons le 88e parallèle à bonne allure. Le glacier est complètement lisse, en raison de l'insolation intense à laquelle il a été soumis ces derniers temps. On dirait de la glace vive, avec cette grande différence que les chiens trouvent à sa surface un bon point d'appui.

A partir du 88° de latitude, la terre est en vue. C'est la puissante chaîne orientée Nord-Ouest-Sud-Est que nous avons relevée à l'aller. Grâce à la limpidité de l'atmosphère, nous constatons aujourd'hui qu'elle s'étend beaucoup plus loin dans le Sud que nous ne l'avions cru tout d'abord. A perte de vue se dresse un hérissement de pics ; graduellement, ce relief s'abaisse, pour disparaître finalement ; mais, d'après la teinte du ciel, il se prolonge bien au-delà de notre horizon, toujours dans la même direction. Dans mon opinion, cette puissante chaîne traverse le continent antarctique.

A quelles illusions d'optique on est exposé dans ces pays, nous en avons une nouvelle preuve. A l'aller, sous le 87e parallèle, par un temps parfaitement clair, nous avions perdu de vue les montagnes ; aujourd'hui, dès le 88°, nous les voyons former des masses compactes. Comme bien l'on pense, nous sommes déconcertés par ce panorama. Malgré nos efforts, impossible de repérer nos positions ; nous ne nous doutions guère que cet énorme massif fût la chaîne Thorvald Nilsen. Nous la reconnûmes seulement lorsque le mont Helmer Hanssen apparut.

28 décembre. — Nous avons dépassé le sommet du plateau et commençons la descente. La pente, imperceptible à l'œil nu, se manifeste seulement par la rapidité de notre allure. Wisting a gréé une voile sur son traîneau ; grâce à cette « fortune », il peut suivre Hanssen. Si quelqu'un nous eût rencontrés, difficilement il eût pu croire que nous étions en route depuis soixante-dix jours, tant nous filions vite.

Nous avons continuellement vent arrière et le dos chauffé par le soleil.

... Les fouets sont devenus inutiles ; les chiens, vigoureux comme ils ne l'ont jamais été, tirent sans qu'il soit besoin de les exciter. Le skieur qui marche en avant-garde doit faire diligence pour ne pas être rejoint par l'attelage de tête. Le second traîneau, toutes voiles dehors, serre ensuite de près le premier ; par-derrière, Hassel et moi avons toutes les peines du monde à suivre ; heureusement, le glacier est absolument lisse ; sur de longues distances, nous n'avons qu'à nous laisser glisser, appuyés sur nos bâtons.

Depuis le départ du Pôle, les chiens ont bien changé ; quelque extraordinaire que cela puisse paraître, ils engraissent de jour en jour. Cette florissante santé, ils la doivent évidemment à la viande fraîche qu'ils reçoivent de temps à autre.

A partir du 28 décembre, la ration de pemmican des hommes est portée à 450 grammes ; nous ne pouvons manger davantage.

29 décembre. — La pente augmente, au grand déplaisir des skieurs. Les conducteurs, eux, glissent appuyés sur leurs traîneaux et atteignent ainsi une vitesse prodigieuse !

Maintenant, voici des sastrugi, alternant avec des surfaces lisses comme du verre. Sur ce terrain difficile, Hassel et moi devons nous décarcasser, afin de ne pas nous laisser distancer. Bjaaland, lui, le champion du ski, n'est pas embarrassé ; il a couru plus vite et sur des terrains plus mauvais. Mais, pour Hassel et pour moi, la situation est différente. Mon compagnon lève tantôt un bras, tantôt une jambe et fait des efforts désespérés afin de se maintenir en équilibre. Heureusement, je ne me vois pas.

Dans ces parages, le glacier est accidenté d'ondulations que le brouillard nous avait empêchés de distinguer à notre premier passage. Elles sont si élevées qu'elles masquent parfois la vue de la terre. Du haut d'une de ces bosses, nous apercevons le mont Hanssen ; on l'eût pris alors pour le sommet d'un monticule de pression faisant saillie au-dessus du glacier. Le lendemain seulement nous reconnaissons cette cime et réussissons à déterminer notre position ; nous sommes dans la bonne direction. Toutes les autres montagnes en vue, impossible de les identifier.

30 décembre. — Dépassé le 87e parallèle ; nous approchons rapidement de la « Salle de Bal » et du « glacier du Diable ».

31 décembre. — Très beau temps. Seulement – 19°, avec une bonne brise de l'arrière.

Nous apercevons les montagnes voisines du camp de la Boucherie. Par une chance inespérée, nous avons évité cette fois-ci la « Salle de Bal ».

1er janvier 1912. — Aujourd'hui, nous atteignons le glacier du Diable, reconnaissable de loin à ses énormes séracs et à ses hautes vagues de glace.

A notre grand étonnement, nous y découvrons une plaine unie entre des zones disloquées. Probablement, cette fois-ci, nous nous trouvons plus près des montagnes qu'à l'aller ; à cette circonstance nous devons de rencontrer un terrain moins difficile. A notre premier passage, le glacier paraissait pourtant impraticable dans le voisinage de la terre.

Le lendemain, nous reconnaissons que, loin d'être plus rapprochés des monts que la première fois, nous en sommes, au contraire, plus éloignés ; par suite, nous n'avons à traverser qu'une zone étroite de ce glacier disloqué.

Le soir, campé au milieu d'une grande crevasse pleine de neige. Les prochaines étapes nous inquiètent. Nous n'osons espérer que ces quelques séracs et crevasses comblées représentent tout le glacier du Diable.

2 janvier. — Le glacier du Diable est franchi ! Par une heureuse fortune, nous avons passé à droite de la région si dangereuse qui nous a donné tant de tablature en montant. Actuellement, nous nous trouvons sains et saufs sur une belle plaine en aval de cette zone disloquée.

Au départ, à sept heures du soir, le temps n'est guère engageant. Pas d'horizon ; seul le sommet du mont Bjaaland est visible. Nous approchons du dépôt. Un ciel clair serait donc utile pour que nous puissions le retrouver ; au lieu de cela, la brume devient de plus en plus épaisse. Après avoir parcouru environ 11 kilomètres, il fait si noir que nous sommes forcés de nous arrêter.

Nous venions d'avaler un délicieux pemmican chaud, lorsque le soleil perce les nuages. En un quart d'heure nous levons le camp, nous chargeons les traîneaux et nous nous ébranlons.

... Le brouillard s'est partagé en deux bandes ; dans celle amoncelée à l'Ouest apparaît quelque chose de gros et de blanc, une longue crête courant du Nord au Sud. Hourra ! c'est le mont Helland-Hanssen ! Du côté du dépôt, la brume demeure aussi épaisse. Dans ces conditions, nous décidons de ne plus nous préoccuper de cette cache et de filer rapidement vers le camp de la Boucherie. Nous possédons encore des provisions en quantité suffisante pour y arriver.

Les nuées se dissipent ; nous nous apercevons alors que nous sommes venus trop dans l'Ouest, et non trop dans l'Est, comme nous le croyions. En tout cas, nous ne reviendrons pas en arrière rechercher le dépôt.

Près du mont Helland-Hanssen, nous parvenons sur une crête assez élevée.

Comme nous avons parcouru nos 28 kilomètres quotidiens, nous campons.

En arrière, sous un ciel lumineux, le glacier apparaît tel que nous l'avions vu la première fois, c'est-à-dire tout disloqué. Au milieu de ce dédale de crevasses et de séracs, se distingue une bande blanche, unie, celle-là même que nous avions suivie quelques semaines auparavant. Juste au-dessus de cette raie claire doit se trouver le dépôt. Fatigué, je n'ai pas la moindre envie de parcourir les 24 kilomètres qui nous en séparent. « Mais, dis-je, si quelqu'un désire faire cette promenade, je ne l'en empêcherai pas, et même je lui en saurai gré. » Tous mes camarades s'offrent aussitôt. Je choisis Hanssen et Bjaaland. Sans plus tarder, ils déchargent leur traîneau et, à cinq heures du matin, se mettent en route.

A trois heures du soir, ils sont de retour. Un remarquable exploit ! Ce jour-là, Hanssen, Bjaaland et leur attelage ont couvert environ 55 kilomètres à une allure moyenne de 5 km 5 à l'heure. Ils ont trouvé la cache sans grandes difficultés. Les longues et hautes ondulations qui accidentent cette partie du glacier les avaient toutefois gênés en ce qu'elles leur dérobaient toute vue, chaque fois qu'ils se trouvaient dans les dépressions.

Un bon repas a été préparé à l'intention de nos amis. Nous avons notamment fait fondre une grande quantité d'eau pour qu'ils puissent boire à discrétion. Leur soif apaisée, ils font honneur au pemmican. Pendant qu'ils mangent, nous répartissons sur les deux traîneaux les vivres qu'ils ont apportés ; bientôt après tout est paré pour le départ.

... Le temps est de plus en plus beau ; sur un ciel pur, les montagnes profilent leur silhouette dentelée avec une netteté extraordinaire. Dans le lointain, nous croyons reconnaître le Fridtjof Nansen et le Don Pedro Christophersen ; aussitôt, nous en prenons les relèvements, dans la crainte de nouveaux brouillards.

Nous avons perdu la notion du jour et de la nuit ; nous avons même besoin d'un instant de réflexion pour savoir si l'heure indiquée par la montre se rapporte au matin ou au soir. Si nous n'avions écrit nos journaux, nous n'aurions même jamais su la date.

3 janvier. — Excédés par la longueur des haltes, nous ferons à l'avenir de plus grandes étapes.

Ciel absolument clair et calme plat ; température : – 19°, un vrai temps d'été. Aussi nous ne gardons que les vêtements strictement indispensables. Notre costume devient tant soit peu léger ; heureusement, aucun danger de rencontrer une femme dans ces parages.

Combien il est intéressant de voir, par ce beau temps, les régions que nous avons traversées, il y a quelques semaines, sous une furieuse tempête de neige ! Nous sommes alors passés au pied de cette énorme chaîne de montagnes, sans soupçonner ni son relief ni sa proximité.

Il est fort heureux que le glacier ne soit pas crevassé dans cette région ; Dieu sait ce qui serait arrivé si nous avions dû franchir des ponts de neige par une température aussi élevée.

Il nous reste à enlever une rude montée ; le camp de la Boucherie se trouve à 804 mètres au-dessus du point où nous sommes.

Contrairement à notre attente, nous ne croisons aucun cairn ; seulement, après une trotte de 20 kilomètres, nous en apercevons un. Nous pensions bien être dans la bonne direction ; en pareille circonstance, deux certitudes valent mieux qu'une.

Le soleil a été très vif dans ces parages. Plusieurs de nos pyra-

Une grande crevasse remplie de neige sur le glacier du Diable.

Les chiens d'Helmer Hanssen : Zanko, Moylius et Ring.

mides penchent lamentablement, tandis que d'autres sont garnies de grosses chandelles de glace.

Après une marche d'environ 20 kilomètres, nous campons près du signal élevé au pied de la colline où la brume nous a arrêtés le 25 novembre.

4 janvier. — Aujourd'hui, nous atteindrons le dépôt du camp de la Boucherie, qui contient notre précieuse provision de viande de chien. Il s'agit de ne pas le manquer. Non seulement les attelages préfèrent cette viande au pemmican, mais, ce qui est beaucoup plus important, elle leur donne du ton. Dans une longue expédition comme la nôtre, un changement dans la nourriture est, d'après mon expérience, encore plus utile aux chiens qu'aux hommes. J'ai vu des bêtes refuser le pemmican, parce qu'elles en étaient fatiguées, et s'affaiblir ainsi rapidement. Notez que, dans ce cas, il s'agissait de pemmican préparé pour nous, par suite d'excellente qualité.

A une heure et un quart du matin, nous partons, après un somme de quelques heures seulement. Il faut profiter de cette belle clarté ; par expérience, nous savons que dans cette région le temps est très variable.

Du cairn près duquel nous avons campé au dépôt de la Boucherie, la distance est seulement de 22 kilomètres. Dans cet intervalle, deux signaux ont été érigés ; il nous avait semblé impossible de commettre au retour une erreur de direction. C'est pourtant ce qui arriva.

Grâce aux bons yeux de Hanssen, nous relevons successivement les deux cairns ; mais nous ne reconnaissons pas du tout les montagnes voisines. Comme je l'ai déjà raconté, lorsque nous avions atteint le camp de la Boucherie le 20 novembre, le temps nous avait semblé clair. J'avais alors relevé la route que nous avions suivie pour parvenir sur le plateau et en avais transcrit une description minutieuse dans mon carnet. Le dernier cairn dépassé, alors que nous croyions approcher du dépôt, impossible de nous reconnaître ! Le 20 novembre, nous avions vu de hautes montagnes à l'Ouest et au Nord, mais à une grande distance. Or, aujourd'hui, dans cette partie de l'horizon, d'énormes crêtes se dressent tout près de nous. J'ai l'impression de voir ce paysage pour la première fois.

Nous avons parcouru les 22 kilomètres qui nous séparaient ce matin du camp de la Boucherie ; de plus, d'après la position des signaux que nous avons laissés en arrière, nous devrions être arrivés. En vérité, cela devient étrange ; dans la direction de la pente gravie à la montée, nous voyons maintenant le versant d'une montagne complètement inconnue et inaccessible à la descente. Seulement, au Nord-Ouest, paraît exister une dépression vers la Barrière que nous apercevons à une très grande distance.

Tandis que nous discutons la situation : « Hé, là-bas ! s'écrie Hanssen, quelqu'un est déjà passé par ici. — Oui, interrompt Wisting. Qu'on me pende si là-bas ce n'est pas le *ski* brisé que j'ai fiché dans la neige près du dépôt. »

Je braque la lunette dans la direction indiquée ; en effet, à côté d'un tas de neige, je distingue le *ski* dressé en l'air.

Ainsi, ce fut le débris du patin de Wisting qui nous remit dans le droit chemin.

Immédiatement, nous mettons le cap vers le cairn ; avant de toucher le but, nous parcourons 5 nouveaux kilomètres.

Nous avons atteint le dépôt le plus important sur la route du retour. Non seulement il renferme d'utiles approvisionnements, mais encore il indique la position de la pente par laquelle doit s'opérer la descente. Sans ce repère, peut-être la retraite eût-elle été singulièrement laborieuse ? En effet, le plateau ne paraît présenter aucune issue vers la Barrière située en contrebas. La montagne dont nous avons suivi un replat toute une journée à l'aller est le Fridtjof Nansen. Combien une différence dans l'éclairage modifie l'aspect des montagnes ! Je n'en puis revenir.

En arrivant, nous extrayons de la neige les cadavres des chiens qui y sont enfouis, puis les découpons en gros morceaux pour régaler les attelages. Devant les dimensions des portions, nos amis à quatre pattes demeurent tout étonnés ; ils ne sont pas habitués à de pareilles largesses. Trois carcasses sont gardées pour leur octroyer plus loin un repas supplémentaire.

Cette fois encore cette région ne nous fut pas hospitalière. Si le temps n'est pas aussi abominable que lors de notre premier passage, il n'est pas précisément agréable. Il souffle une brise très fraîche, par une température de 23° sous zéro. Après la chaleur des derniers jours, elle nous glace jusqu'aux os ; aussi, dès que les chiens ont mangé et que les traîneaux sont chargés, nous filons.

Sur la pente, l'allure devient bientôt si rapide que les traîneaux doivent être garnis de freins. A mesure que nous avançons, la dépression au fond de laquelle nous avons à descendre s'ouvre de plus en plus. Voici le mont Ole Engelstad, tout enneigé, tel que nous l'avons vu il y a quelques semaines.

Après l'avoir contourné, nous arrivons à l'escarpement, dont l'ascension nous a coûté tant d'efforts. D'ici, il est facile de se rendre compte des difficultés dont nous avons eu à triompher en montant. Quoique les freins aient été multipliés, la descente s'accélère de plus en plus, et promptement nous sommes en bas de la première pente.

Afin de nous abriter des rafales qui pourraient souffler du plateau supérieur, nous passons au pied du mont Engelstad, et, à la fin de l'étape, campons tout contre ce pic. Ici, de même qu'à notre premier passage, la neige est molle et épaisse ; non sans difficultés nous trouvons un bon emplacement pour la tente.

Nous voici descendus d'environ un millier de mètres ; on s'en aperçoit sans qu'il soit besoin de consulter les instruments. J'ai l'impression de respirer plus facilement ; après tout, ce n'est peut-être qu'une idée.

Pas un souffle d'air et un soleil brûlant, comme au plus fort de l'été en Norvège.

Le lendemain matin, en nous levant, un panorama d'une sublime beauté s'offre à nous. Le camp est installé dans l'étroite brèche séparant le Fridtjof Nansen de l'Ole Engelstad. Abrité par cette dernière montagne, notre bivouac est dans l'ombre, tandis qu'en face de nous la calotte glacée du Nansen est illuminée par un radieux soleil de minuit. Les neiges culminantes luisent dans un éblouissement de lumière jaune ; plus bas, elles se teintent en bleu, puis, par une lente dégradation, se fondent dans des tons sombres au pied de la montagne. L'Engelstad présente le même contraste : en bas une masse noire striée par l'écroulement blanc du glacier, et en haut une auréole d'or formée par un cirrus arrêté sur la pointe du pic. Plus loin encore dans l'Est, le Don Pedro Christophersen dresse dans ce ciel flamboyant ses crêtes fantastiques. Un décor féerique, enveloppé d'un calme profond.

... A cette époque-ci, les grosses avalanches sont encore plus fréquentes qu'à l'aller. Les unes après les autres, d'énormes masses de neige s'éboulent ; le Don Pedro se débarrasse bruyamment de son manteau hivernal.

Sur le renflement où commence la descente vers le glacier Axel Heiberg, nous nous arrêtons pour placer des freins sous les traîneaux et assembler les bâtons deux par deux, afin d'avoir en main quelque chose de très solide ; il est indispensable de pouvoir s'arrêter immédiatement, si on découvre devant soi une crevasse. Nous, les skieurs, nous dévalons en tête. Sur cette déclivité garnie d'une couche de neige suffisante pour permettre d'être maître de ses patins, la marche est idéale ; nous filons comme des flèches. Quelques minutes plus tard, nous nous trouvons sur le glacier Heiberg. Pour les conducteurs, cela n'est pas aussi simple.

Le soir, campé sur l'emplacement du bivouac du 18 novembre, à l'altitude de 900 mètres. D'ici, nous embrassons la vallée que remplit le glacier Axel Heiberg, et apercevons son confluent avec la Barrière. Il paraît uni ; dans ces conditions, mieux vaut le suivre que de tourner son embouchure en passant à travers les montagnes, comme nous l'avons fait il y a deux mois. La distance par cette nouvelle route ne sera guère plus courte ; mais, probablement, l'économie de temps sera considérable.

Excédés par la longueur des haltes, nous adoptons, à partir d'ici, un nouvel ordre de route. Désormais, nous parcourrons 28 kilomètres, puis nous nous reposerons six heures et accomplirons ensuite une seconde traite de 28 kilomètres, et ainsi de suite. De cette façon, par vingt-quatre heures, nous couvrirons en moyenne une bonne distance. Grâce à cette disposition, nous gagnâmes beaucoup de temps.

La descente du glacier Heiberg est aisée ; seulement, à sa jonction avec la Barrière, quelques grandes crevasses nous obligent à des détours.

6 janvier. — A sept heures du matin, nous bivouaquons sur le promontoire qui marque le confluent de l'Axel Heiberg et de la Barrière. Le dépôt du 85° 5' de latitude ne doit pas être loin. Dans l'après-midi, nous repartons. Du sommet d'un petit monticule que nous gravissons aussitôt après avoir quitté le bivouac, Bjaaland croit distinguer la cache ; peu de temps après, nous arrivons en vue du mont Betty et de la route suivie à l'aller. De là, avec la jumelle, nous reconnaissons que Bjaaland ne s'est pas trompé. Le petit tas de neige, tout là-bas, c'est bien le dépôt. Aussitôt, nous gouvernons droit dans cette direction, et, à onze heures du soir, nous nous retrouvons sur la Barrière. Notre séjour dans les montagnes qui enceignent le Pôle antarctique avait duré cinquante et un jours.

Au dépôt, tout est en ordre. Egalement ici la chaleur a dû être forte ; le monticule de neige très élevé et très massif sous lequel les provisions avaient été enfouies est en grande partie fondu. Les rations de pemmican qui ont subi l'action directe des rayons solaires ont pris les formes les plus étranges. Dès notre arrivée, nous répartissons les provisions sur les traîneaux.

A ce bivouac, nous abandonnons, en signe de notre passage, quelques-uns des vêtements en loques que nous avons portés pendant le voyage au Pôle aller et retour.

Une fois les vivres chargés, deux de nous vont escalader le mont Betty pour y recueillir des échantillons géologiques. Pendant ce temps, nous élevons un grand cairn en pierres sèches dans lequel nous laissons un bidon de 17 litres de pétrole, quarante boîtes d'allumettes et un compte rendu de l'expédition. Peut-être dans l'avenir ce petit dépôt sera-t-il utile à quelque explorateur !

Nous tuons Fridtjof, un des chiens de Bjaaland. Depuis quelque temps, il est affecté d'essoufflement. L'autopsie révèle la gravité de l'affection dont il souffre ; sa carcasse n'en est pas moins très goûtée par ses camarades. Nigger, un chien de Hassel, avait été abattu pendant la descente du plateau.

Comme nous l'avions prévu, nous rallions la Barrière avec douze bêtes ; après le décès de Fridtjof, leur effectif est réduit à onze. Toutes sont aussi fraîches qu'au départ.

Au dépôt du 85° de latitude, les traîneaux sont chargés de trente-cinq jours de vivres. De plus, à chaque degré de latitude, jusqu'au 80°, nous rencontrerons une cache. La disette n'est donc pas à redouter.

Fussions-nous arrivés quelques heures plus tard, nous aurions éprouvé de grosses difficultés à trouver notre premier magasin sur la Barrière. En effet, à peine sommes-nous en route qu'une furieuse tourmente éclate et que les tourbillons de neige obscurcissent complètement l'atmosphère. Nous nous félicitons que le vent nous souffle dans le dos !

... Nous veillons les grandes crevasses, que nous savons exister juste sur notre route. Bjaaland et Hassel, qui avancent en tête, s'attachent à une corde. La neige, très profonde et très molle, rend la marche pénible. A temps, l'apparition de crêtes de glace vive nous prévient de l'approche de la région dangereuse. A ce moment, l'épais rideau de nuages se déchire et le soleil perce à travers les tourbillons de neige. Au même instant, Hanssen pousse un cri : « Arrête, Bjaaland ! » Il arrivait juste au bord d'une crevasse béante. Bjaaland possède une vue excellente, mais les fameuses lunettes qu'il a imaginées l'empêchent complètement de voir. Une chute, d'ailleurs, n'aurait pas entraîné de conséquences graves, puisqu'il est attaché à Hassel ; un plongeon n'eût pas été toutefois précisément agréable.

Dans mon opinion, cette zone disloquée marque la séparation entre la Barrière et la terre. Aujourd'hui, elle trace également la limite entre le beau et le mauvais temps : au Nord, sur la Barrière, resplendit le soleil, tandis qu'au Sud la tourmente fait rage.

La Terre Victoria demeure masquée dans la brume ; nous ne la reverrons plus.

Dès notre arrivée dans la zone ensoleillée, nous apercevons un cairn ; nous avions le cap droit dans sa direction. Pas mal gouverné par ce temps bouché.

A neuf heures du soir, nous atteignons le dépôt du 85e parallèle. Nous pouvons être larges à l'égard des chiens ; aussi nous leur donnons double ration de pemmican et autant de biscuits de farine d'avoine qu'ils peuvent en avaler. La provision de biscuits est si abondante que nous n'avons pas besoin d'y regarder.

Cette belle journée n'eut pas de lendemain. Voici en effet le texte de mon journal pour l'étape suivante : « Sale temps ! Le vent a viré au Nord-Ouest ; ciel couvert, pas d'horizon ; avec cela, chasse-neige. Malgré ces conditions défavorables, nous retrouvons tous les cairns, grâce à la vue perçante de Hanssen. »

Les différents dépôts échelonnés sur la Barrière renferment une telle quantité de viande de phoque que nous pouvons en manger tous les jours. En cas de scorbut, cette provision eût été d'un secours inappréciable. Frais et dispos comme nous le sommes, elle n'a d'autre utilité que de nous permettre de varier les menus.

Depuis notre arrivée sur la Barrière, la température s'est notablement relevée ; actuellement, elle se maintient aux environs de – 10°.

9 janvier. — Toujours le même temps ; de la neige, de la neige et toujours de la neige. Cela ne finira donc jamais ; de plus, une brume épaisse ; on n'y voit pas à 10 mètres devant soi. Température : – 8°. Il dégèle sur les bâches des traîneaux, tout devient humide.

Au début de l'étape, la marche sur une neige épaisse est excessivement pénible ; quoi qu'il en soit, les chiens tirent très bien.

Ce soir, à dix heures, au moment du départ, le temps s'améliore et devient relativement clair.

Peu après, nous relevons un cairn, à environ 200 mètres dans notre Ouest. Aussitôt, en route pour le joindre. Il a été quelque peu entamé par le soleil et le vent. Nous y trouvons le document indiquant le cap à suivre pour atteindre le signal suivant, distant de 5 kilomètres.

Deux mouettes ! Après avoir volé en cercle, elles se posent sur la pyramide. La vue de ces oiseaux nous cause une impression profonde. Ne nous apportent-elles pas le salut du monde vivant dans ce domaine de la mort ? Ces mouettes demeurent un instant immobiles, puis repartent dans la direction du Sud. Actuellement, elles se trouvent juste à mi-chemin entre Framheim et le Pôle, et elles continuent leur voyage dans l'intérieur des terres ! Peut-être se dirigent-elles vers l'autre versant du Pôle ?

Nous campons par 84° 15', près d'un cairn.

Le lendemain, réveil à quatre heures du matin et départ quelques heures plus tard. A la fin de la journée, nous avons couvert 55 kilomètres. Notre nouvel ordre de marche nous permet tous les deux jours de parcourir une pareille étape. Un jour, 28 kilomètres, le lendemain 55, voilà le meilleur certificat de la vigueur de nos chiens.

A mesure que nous nous éloignons de terre, le temps et la piste deviennent meilleurs. Bientôt le soleil brille de nouveau dans un ciel clair, et la neige redevient unie.

Bjaaland, qui depuis le Pôle est en avant-garde, remplit ponctuellement ses fonctions d'éclaireur. « Personne n'est parfait », dit le proverbe. Si, pour diriger sa marche, on n'a pas un point de repère à l'horizon, il est impossible de garder la ligne droite, surtout lorsque la brume masque la vue. En pareil cas, on incline tantôt d'un côté, tantôt de l'autre ; ces erreurs se compensant, on se maintient toutefois à peu près dans la direction. Bjaaland dérive, au contraire, constamment à droite. Au départ, Hanssen lui indiquait le cap qu'il devait tenir. Aussitôt, notre camarade plaçait soigneusement ses *ski* dans la direction prescrite et partait. Ses mouvements dénotaient sa préoccupation de garder la route donnée. Ah bien oui ! si Hanssen ne l'eût fréquemment rappelé à l'ordre, au bout d'une heure environ,

Le « Fram » au bord de la glace (janvier 1912).

La baie des Baleines vue de la Grande Barrière.

Bjaaland aurait décrit un cercle complet et se serait retrouvé au point de départ. Ce défaut de notre éclaireur n'entraîna aucun inconvénient. En effet, lorsque nous ne retrouvons plus nos signaux, nous sommes certains qu'il nous a fait incliner plus à droite, par conséquent que nous devons rechercher les cairns dans l'Ouest.

13 janvier. — Aujourd'hui, d'après nos calculs, nous devons atteindre le dépôt du 83°. La position de toutes les caches situées plus au Nord est indiquée par une ligne de signaux perpendiculaire à notre itinéraire ; par conséquent, c'est le dernier point critique de la route. Pour le moment, le temps ne permettrait guère de le trouver. Le brouillard est si épais que l'on ne distingue rien à quelques mètres devant soi. Pendant toute l'étape, nous ne relevons pas un seul signal. A quatre heures du soir, les compteurs indiquent que la distance entre le dernier camp et le 83° a été couverte ; rien n'est visible pourtant. Attendons une accalmie.

Pendant que nous dressons le camp, la brume se lève ; à une petite distance — naturellement dans l'Ouest —, nous découvrons alors le dépôt. Immédiatement, nous plions bagage pour aller nous installer près de notre magasin.

Autour, la neige fraîche porte des traces récentes. Elles proviennent des déserteurs à quatre pattes qui nous ont faussé compagnie à l'aller. Deux trous indiquent qu'ils ont dû séjourner ici, mais avec quoi diable ont-ils bien pu se nourrir ? Les caisses sont en effet intactes. Des pistes vieilles de deux jours tout au plus se dirigent vers le Nord. Pendant les étapes suivantes, jusqu'au 82° 24', nous les retrouverons ; seulement, à partir de ce dernier parallèle, elles deviendront confuses et inclineront dans l'Ouest. Nous ne les revîmes plus ensuite ; nous n'avions pas fini avec ces chiens, ou plutôt avec leurs méfaits.

16 janvier. — Nous parvenons au dépôt du 82e parallèle. Les fugitifs y ont fait des déprédations. Ils ont réussi à ouvrir une caisse de biscuit et de pemmican et en ont avalé le contenu. Ils ont de plus dévoré deux carcasses de chiens et mangé des attaches de *ski*. Comme nous possédons des vivres en abondance, cela ne constitue pas une grande perte.

L'arrivée au 82° est fêtée par un extra. Wisting confectionne un pudding exquis au chocolat. Prenez des fragments de biscuit, du lait en poudre et du chocolat, puis faites mijoter dans une casserole pleine d'eau.

Entre le 82° et le 81°, retrouvé les débris des caisses d'emballage que nous avons fichés dans la neige à intervalles d'un mille[1], lors de la seconde expédition pour l'établissement des dépôts. Ils ont été placés en mars 1911, et nous sommes au milieu de janvier 1912 !

18 janvier. — Ciel magnifique. Légère brise de Sud-Ouest.

Sous le 81° 20', nous nous trouvons par le travers des chaînes de séracs précédemment observées. Elles se prolongent à perte de vue, du Nord-Est au Sud-Ouest.

Peu de temps après, grande est notre surprise de distinguer, dans la même direction, une terre élevée, dépouillée de neige, puis un peu plus loin, dans le Sud-Est, deux hauts sommets blancs, situés probablement sous le 82° de latitude Sud environ. L'aspect du ciel indique que cet important relief est orienté du Nord-Est au Sud-Ouest. Cela doit être le même que celui que nous avons vu se perdre à l'horizon, vers le 84°, lorsque nous étions à une altitude d'environ 1 200 mètres et que nous dominions la Barrière. Nous possédons maintenant des données suffisantes pour tracer cette terre d'une manière continue, la Terre Carmen, comme nous l'appelons.

Bien que nos observations nous fassent croire qu'elle s'étend du 86° de latitude Sud jusqu'aux environs du 81° 30', peut-être même plus loin dans le Nord-Est, je n'ai pas osé la figurer sur la carte. Je me suis contenté de donner un nom à la terre située entre le 86e et le 84e parallèle, et d'appliquer au reste la formule : « Apparence de terre ». Un explorateur trouvera profit à étudier cette région.

En avant de ce massif, la Barrière est très disloquée ; dans toutes les directions, des crevasses, des séracs, des bombements et des vallées.

L'étape suivante, le voisinage de la terre se manifeste sur la Barrière. Trois fois auparavant, nous avions traversé cette région par temps couvert. Aujourd'hui, enfin, un ciel dégagé nous permet de l'examiner. Cette zone accidentée, qui commence au 81° 12' de latitude Sud, est très étroite du Nord au Sud ; 5 kilomètres environ ; par contre, dans le sens Est-Ouest, elle se prolonge à perte de vue. D'énormes pans de glacier se sont affaissés, ouvrant de larges gouffres béants, qui pourraient engloutir des caravanes entières, et de ces dépressions

1. 1 609 mètres (*N. d. T.*).

rayonnent dans tous les sens des crevasses de fort mauvais aspect ; avec cela, partout des monticules et de ces petits mamelons en forme de meules de foin. Que nous ayons traversé trois fois cette région sans accident, cela est extraordinaire. Aujourd'hui, nous la passons à toute vitesse, en nous faisant aussi légers que possible. Hanssen enfonce à moitié dans une crevasse, mais s'en tire sans difficulté.

21 janvier. — Dépassé le dernier cairn, par 80° 23' de latitude. Je le vois disparaître avec mélancolie. Nous nous étions pris à aimer ces pyramides de neige ; chaque fois que nous les rencontrions, nous avions l'impression de retrouver de vieux amis. Nombreux et importants ont été les services rendus par ces gardiens silencieux de notre longue route solitaire.

Dans la journée, nous atteignons le gros dépôt du 80° de latitude. Il contient un document du lieutenant Presterud, le chef de l'escouade de l'Est, annonçant son passage en ce point avec Stubberud et Johansen, à la date du 12 novembre.

Dès notre arrivée, nous lâchons les chiens. Tout de suite, ils se précipitent sur le monceau de viande de phoque, non pas tant pour manger que pour se battre. Aujourd'hui, ils ont une raison de se disputer. Après avoir tourné plusieurs fois autour des carcasses de phoques, ils contemplent la viande, puis mutuellement se regardent de travers et finalement se lancent les uns contre les autres dans une mêlée sauvage. Une fois la bataille et la bombance terminées, chacun va se coucher près de son traîneau.

Le dépôt du 80e parallèle renferme encore de nombreux approvisionnements, et il est facile à découvrir. Aussi bien pourra-t-il servir à une expédition ultérieure.

... Le 25 janvier, à quatre heures du matin, nous sommes de retour à Framheim, avec deux traîneaux et onze chiens. Tous, bêtes et gens, nous sommes encore très vigoureux et en parfaite santé. Lorsque nous entrons dans la maison, nos camarades dorment du sommeil du juste. Stubberud, réveillé en sursaut, se dresse sur son cadre et nous regarde fixement ; évidemment, il nous prend pour quelque apparition mystérieuse. L'un après l'autre, nos amis ouvrent les yeux : leur air ahuri témoigne qu'ils ne comprennent pas encore... Une fois que tout le monde a repris conscience de ce qui se passe, ce sont de cordiales félicitations.

« Où est le *Fram* ? » telle est notre première question. Grande est notre joie en apprenant son heureuse arrivée.

« Et le Pôle ? Y êtes-vous parvenus ?

— Naturellement ; autrement, vous ne nous auriez pas revus. »

Ensuite, Lindström met la bouilloire au feu pour le café, et bientôt l'odeur des *hot-cakes* se répand dans la pièce comme autrefois. S'il faisait bon dehors sur la Barrière, il fait encore meilleur chez soi.

L'expédition a duré quatre-vingt-dix-neuf jours, pendant lesquels nous avons couvert une distance de 3 000 kilomètres.

Le *Fram* est arrivé dès le 8 janvier, après un voyage de trois mois depuis Buenos Aires. Aujourd'hui, le mauvais temps l'a obligé à prendre le large. Le lendemain, il est signalé ; aussitôt, Framheim s'anime. On endosse les fourrures et on attelle les chiens. Nous tenons à montrer à nos camarades la vigueur qu'ont gardée nos bêtes. On entend le halètement du moteur, puis le nid-de-pie apparaît par-dessus la crête de la Barrière, enfin voici le *Fram* ! Combien joyeux je monte à bord, et avec quelle effusion je remercie ces braves gens d'avoir ramené leur navire au prix de tant de dangers, et après avoir accompli en route une œuvre féconde. Tous ont l'air heureux, mais personne ne parle du Pôle. A la fin, Gjertsen laisse échapper une exclamation : « Eh bien ! Y êtes-vous allés ? »

La joie est un terme bien faible pour exprimer le sentiment qui se manifeste alors sur la figure de mes camarades, c'était quelque chose de plus.

Le capitaine Nilsen me remet mon courrier et me communique ensuite toutes les nouvelles. Quand je sus tout, trois personnalités s'élevèrent bien au-dessus des autres, parmi les personnes qui m'avaient prêté leur appui dans les circonstances les plus graves : Sa Majesté le roi de Norvège, le professeur Fridtjof Nansen, Don Pedro Christophersen. Toujours avec une respectueuse gratitude, je me souviendrai des services que m'ont rendus ces éminentes personnalités.

11

Le retour à la civilisation

LE DÉPART DE FRAMHEIM — L'ÉTAT DES GLACES DANS LA BAIE DES BALEINES — LES JAPONAIS SUR LA BARRIÈRE — MANŒUVRE PRÉCONISÉE PAR NILSEN POUR LA TRAVERSÉE DE LA BANQUISE DE LA MER DE ROSS — DANGERS DES ICEBERGS POUR LA NAVIGATION — LES ÎLES DOUTEUSES DU PACIFIQUE SUD — VENTS CONTRAIRES. — DEVANT LA CÔTE DE TASMANIE — ARRIVÉE À HOBART

Le 30 janvier, après avoir travaillé deux jours pour embarquer les bagages, nous sommes prêts à appareiller. A la joie du départ se mêle une pointe de regret. On ne quitte pas sans mélancolie ce qui a été votre foyer pendant un an, même s'il est enfoui sous la neige et la glace. Nous sommes trop esclaves de l'habitude pour nous séparer brusquement et sans tristesse du milieu dans lequel nous avons vécu de longs mois. Aux yeux de la presque totalité de nos compatriotes, Framheim semblerait un trou abominable. A nous, au contraire, cette cabane ne rappelle que d'agréables souvenirs. Pendant un an, elle a été l'abri confortable où, après tant de jours de rude labeur, nous trouvions le repos et le calme. Durant tout l'hiver antarctique — et c'est un hiver qui compte ! —, elle nous a offert une protection efficace contre le froid. Sous des latitudes plus tempérées, maint pauvre hère eût envié un aussi bon gîte. Dans ce milieu glacé que tous les êtres animés abandonnent pendant la longue nuit hivernale, nous avons vécu, non comme des animaux, tapis dans leur tanière, mais comme des hommes civilisés, ayant à leur disposition toutes les ressources d'un intérieur bien ordonné. Audehors régnaient l'obscurité, le froid, les tourmentes de neige : on passait le seuil de la cabane et aussitôt on trouvait la lumière et la chaleur. Aussi nous sentons-nous émus au moment d'abandonner cette maisonnette où l'existence nous fut si douce. Le monde civilisé nous appelle ; il nous offrira certes beaucoup de choses dont nous sommes privés depuis longtemps, mais aussi, en revanche, combien d'autres dont nous aurions aimé à être débarrassés pour toujours. Qui sait ? Lorsque nous aurons repris notre train de vie avec son cortège de soucis et de préoccupations, peut-être le souvenir des jours calmes et paisibles vécus à Framheim éveillera-t-il en nous des regrets ?

Cette ombre de tristesse s'efface rapidement. Le passé, quelque agréable qu'il ait été, c'est le passé ! Nous devons considérer l'avenir ; il s'annonce souriant et plein de promesses ; pour le moment, nul parmi nous ne songe aux vicissitudes que la vie pourra lui réserver plus tard.

Pour fêter le départ, le *Fram* est pavoisé, et, au moment de lever l'ancre, la satisfaction est générale. Nous quittons Framheim, fiers d'avoir atteint le but que nous nous étions assigné ; ce sentiment domine, en nous, tous les autres.

Depuis deux ans, si le temps ne nous a pas semblé long et si notre entrain ne s'est jamais ralenti, cela tient à l'absence de ce que j'appellerai des « points morts ». A peine un problème était-il résolu qu'un autre se présentait à nous. Un but n'était pas plus tôt atteint qu'un second sollicitait notre attention. Toujours nous avons été tenus en haleine ; dans de telles conditions, les heures s'enfuient rapidement.

Quoique notre grande entreprise soit terminée, le voyage de retour n'est pas pour cela dénué d'intérêt. Nos efforts n'acquerront de valeur que s'ils sont connus du monde civilisé : il est donc nécessaire d'en communiquer le plus tôt possible les résultats au grand public. Il est de la plus haute importance que nous arrivions les premiers sur le marché. Nous croyons avoir atteint le Pôle avant l'expédition anglaise ; mais ce n'est encore qu'une probabilité.

D'ici à Hobart, qui sera notre première relâche, la distance n'est pas inférieure à 2 400 milles marins. L'an dernier, la traversée de la mer de Ross a été une véritable croisière d'agrément ; nous étions alors en plein été. Or, cette fois, nous sommes en février ; à l'approche de l'automne, la navigation peut être laborieuse. Quoi qu'il en soit, la banquise ne nous retardera pas, déclare péremptoirement le capitaine Nilsen. Il a trouvé un moyen infaillible de la traverser, affirme-t-il. Son assurance me semble tant soit peu téméraire ; l'avenir montra que Nilsen ne s'était pas trop avancé. Plus difficile sera la navigation dans la zone des vents d'Ouest, où nous serons peut-être obligés de louvoyer. La différence en longitude entre la baie des Baleines et Hobart est presque de 50°. Sous le parallèle de Framheim, où un degré de longitude vaut 13 milles marins environ (24 kilomètres), cette différence pourrait être couverte

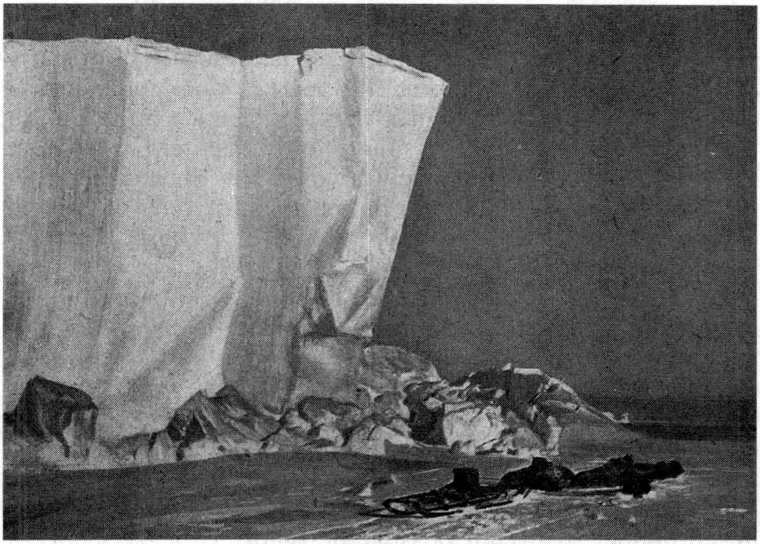

Un cap de la Grande Barrière.

Le rembarquement du matériel après l'hivernage (janvier 1912).

rapidement. Malheureusement la saillie, formée vers le Nord par la Terre Victoria, nous empêche, sous cette latitude, de faire de l'Ouest jusqu'au méridien d'Hobart. Donc nous devons d'abord nous diriger au Nord, puis doubler le cap Adare, la partie extrême du continent antarctique, ensuite, plus loin au large, les îles Balleny. Pas avant d'avoir débordé cet archipel, la route de l'Ouest ne nous sera ouverte : nous trouverons alors très probablement des vents debout. Courir des bordées avec le *Fram*, cela sera agréable !

Chacun de nous connaît cette situation et se préoccupe de surmonter les difficultés qui nous attendent. L'œuvre qui nous reste à accomplir demande toute notre attention et l'union de tous nos efforts.

Par le courrier que le *Fram* a apporté, j'avais appris que l'expédition antarctique australienne, commandée par le docteur Douglas Mawson, et qui était en armement à Hobart, serait heureuse d'avoir quelques-uns de nos chiens, si nous pouvions lui en donner. Il m'était possible de rendre ce léger service à notre confrère. En quittant Framheim, nous avions encore trente-neuf bêtes. Si un grand nombre étaient nés pendant le voyage, la moitié environ étaient des vétérans originaires du Groenland ; onze avaient accompli le voyage du Pôle. Mon intention avait été primitivement de n'en garder que quelques-uns comme noyau d'une nouvelle meute pour la nouvelle exploration que je compte entreprendre dans l'Arctique ; en présence du désir du docteur Mawson, j'embarquai toute la bande.

Une fois le dernier colis enlevé, les chiens sont à leur tour amenés à bord. Les anciens reprennent aussitôt sur le pont leurs places habituelles, comme s'ils avaient quitté le navire de la veille. Le dernier chien hissé, le moteur est aussitôt mis en marche.

Pendant l'année que nous venons de passer à Framheim, les contours de la baie des Baleines n'ont subi aucun changement. Même la saillie la plus avancée du mur occidental de la Barrière, le cap Manhue, n'a pas bougé. Par contre, tandis que, la saison précédente, la plus grande partie de la baie était libre dès le 14 janvier, en 1912, la débâcle s'est produite deux semaines plus tard. Seulement, le jour de notre retour du Pôle, un coup de vent a disloqué la banquise, qui couvrait encore la baie, et y a ouvert un chenal d'eau libre. Quelle chance qu'en

1911 les glaces soient parties de bonne heure ! Si elles étaient demeurées en place aussi tard qu'en 1912, le débarquement du matériel et des approvisionnements eût exigé le double de temps que l'an dernier et eût été bien plus difficile.

... Une brume épaisse enveloppe la baie ; par suite, impossible de voir les faits et gestes de nos amis japonais. Le coup de vent du 27 janvier avait forcé le *Kainan Maru* comme le *Fram* à prendre le large ; depuis, nous ne l'avons pas revu. Dans ces derniers temps, les membres de l'expédition nippone, campés sur le bord de la Barrière, au nord de Framheim, ont observé une très grande réserve à notre égard. Le jour de l'appareillage, Presterud alla chercher le pavillon qui avait été planté sur le cap Manhue pour annoncer au *Fram* notre retour. A côté de ce signal avait été dressée une tente, destinée à abriter un veilleur au cas où notre bateau aurait tardé à rentrer. En arrivant, Presterud ne fut pas peu surpris de se trouver nez à nez avec deux Japonais, en train d'inspecter le contenu de la tente en question. Les étrangers entamèrent la conversation par des phrases admiratives sur la clarté du ciel et l'abondance de la glace ; après avoir fait chorus, notre ami essaya d'obtenir des renseignements plus intéressants. Ses deux interlocuteurs lui annoncèrent alors que deux de leurs compagnons étaient allés exécuter des observations météorologiques sur la Barrière et devaient rester absents une semaine environ. Quant au *Kainan Maru*, il était parti dans la direction de la Terre du Roi-Edouard. Avant le 10 février, leur bateau devait être de retour ; tous les membres de l'expédition s'embarqueraient alors pour faire route dans le Nord. Presterud avait invité les deux Nippons à nous faire visite à Framheim, mais nous ne les vîmes point. Si plus tard ils sont allés à la station, ils auront vu que nous avions pris toutes les dispositions pour rendre notre maison aussi agréable que possible à nos successeurs.

Quand la brume se lève, nous sommes au large, dans des eaux complètement libres pour ainsi dire. Quelle sensation agréable cette mer d'un bleu foncé et ce ciel couvert produisent sur nos yeux habitués à ne contempler qu'une éblouissante blancheur ! De nouveau, nous pouvons regarder le monde extérieur, sans verres fumés et sans qu'il soit besoin de clignoter pour ne pas être aveuglés...

Cette fois encore la mer de Ross nous est clémente. Poussés

par une brise de Sud-Ouest, deux jours plus tard, nous sommes à environ 200 milles au nord de la Barrière.

Nilsen a établi une carte des limites de la banquise, d'après les observations recueillies au cours des trois voyages accomplis par le *Fram* dans ces parages. L'existence permanente d'un passage le long du 150° de longitude Ouest semble dûment confirmée par son travail. Les déplacements en longitude, d'ailleurs peu importants, que subit d'une année à l'autre cette ouverture, seraient dus, d'après Nilsen, à l'action des brises. Dans le cas où la glace devient compacte, il a observé qu'en se tenant au vent il est toujours possible de trouver un chenal libre. Si cette méthode oblige à des détours, elle offre, en revanche, l'avantage de permettre toujours d'avancer.

Trois jours après le départ, nous rencontrons la banquise à peu près dans la même position où elle a été abordée dans les trois voyages antérieurs. Quelques heures plus tard, elle devient si épaisse qu'il serait dangereux de continuer. C'est le moment d'expérimenter la méthode de Nilsen ; le vent, très faible, souffle de l'Ouest ; en conséquence, la barre est mise à tribord, et le navire vient dans l'Ouest. Pendant quelque temps, nous faisons même du Sud ; ce crochet n'est pas inutile : après avoir marché quelques heures dans le vent, nous trouvons de nombreuses ouvertures. Si nous avions continué à gouverner dans la direction première, peut-être eussions-nous été longtemps retenus, alors qu'à quelques milles de là se trouvait un passage. C'est le seul détour un peu long auquel nous sommes astreints. Bientôt la glace diminue, et, le 6 février, la houle annonce l'approche de la fin de la banquise.

Sur la mer de Ross, point de ces vents de Sud-Est ni d'Est, si fréquents autour de Framheim. Le plus souvent, la brise souffle du Nord, toujours très faible, suffisamment toutefois pour retarder notre bon vieux bateau. Pendant les huit premiers jours, le ciel demeure couvert ; par suite, impossible d'observer. Seulement, le 7 février, nous pouvons prendre une hauteur méridienne assez bonne ; elle nous place au Nord du cap Adare, par conséquent au large du continent antarctique.

Quarante-huit heures de fraîche brise de Sud nous poussent assez rapidement au-delà des îles Balleny, et, le 9 février, nous sortons de la zone polaire australe. Avec joie, il y a plus d'un an, nous avions franchi le cercle antarctique ; aujourd'hui, notre satisfaction n'est pas moindre de le traverser pour rentrer dans le monde civilisé.

Au milieu du branle-bas du départ, la réunion des deux groupes de l'expédition n'a pu être célébrée. Aussi décidons-nous de fêter cet heureux événement le jour du passage du Cercle polaire. Le programme fut très simple : une tasse de café supplémentaire, accompagnée de punch, de cigares et de phonographe.

... Le thermomètre s'élève notablement au-dessus de zéro ; ceux qui portent encore des fourrures les abandonnent pour des vêtements plus légers. Les habitants de Framheim furent les derniers à opérer ce changement. On se trompe gravement en pensant qu'un long séjour dans les terres polaires rend moins frileux. Le contraire est généralement vrai. Dans une contrée où la température est tous les jours de 45° sous zéro, ou même descend plus bas, de bonnes et chaudes fourrures vous empêchent de sentir le froid, tandis que la tenue en usage dans les régions civilisées ne vous offre aucune protection. Résultat : dans son pays, par des températures bien plus élevées, un explorateur polaire claque des dents.

A mesure que nous remontons dans le Nord, les jours diminuent. Cette circonstance nous oblige à redoubler d'attention et à avoir l'œil toujours ouvert pour parer les glaces. Si nous en avons fini avec les banquises antarctiques, nous avons encore à compter avec les icebergs. La nuit, une bonne vigie peut apercevoir de très loin la lueur blanche reflétée par ces gros blocs, mais il n'en va pas de même pour ceux de petite taille ; ceux-ci n'émergent que de quelques mètres, par suite, ne produisent aucune blancheur dans l'obscurité. Or, ces petits icebergs sont tout aussi dangereux que les grands. Dans ces zones de transition, où la température de l'eau est toujours très basse, il serait imprudent de se fier aux indications du thermomètre plongeur pour connaître l'approche de ces montagnes de glace flottantes.

Les parages dans lesquels nous nous trouvons ne sont pas encore très connus. Le capitaine Colbeck, qui commandait un des navires envoyés pour ravitailler la première expédition de Scott, a découvert, à l'Est du cap Adare, une petite île à laquelle il a donné le nom de cet explorateur. Il est fort possible qu'il en existe d'autres dans cette région.

Les cartes indiquent dans le Pacifique Sud plusieurs îles et archipels, dont la position est très douteuse. L'une d'elles, l'île

Emeraude, est placée presque sur notre route. Le capitaine Davis, qui ramena en Angleterre en 1909 le bateau de Shackleton, le *Nimrod*, passa sur le gisement de cette terre sans la voir. Si elle existe, sa position est, en tout cas, inexactement donnée sur les cartes.

Dans ces parages, des vents de Nord-Est mirent notre patience à une rude épreuve en retardant le *Fram* de près de deux semaines. Le 21 février, nous ne sommes guère plus d'à moitié chemin, alors qu'avec des brises favorables nous eussions déjà dû être arrivés. Enfin, un bon vent nous porte à hauteur des îles Macquarie ; après bien des tribulations, dans l'après-midi du 4 mars, la terre de Tasmanie est en vue. Le temps est couvert, et, depuis deux jours, nous n'avons pu obtenir une longitude exacte ; par suite, notre position est incertaine.

Pour permettre au lecteur de se rendre compte de la situation, une courte description de ces parages est nécessaire. La côte Sud de la Tasmanie présente trois promontoires. Au large du plus oriental, et séparée de la grande terre par un canal très étroit, se trouve une petite île très haute, l'île Tasman, surmontée par un phare. Entre ce cap et le promontoire médian, le Tasman Head, s'ouvre la Storm Bay, qui conduit à Hobart. Lequel des trois caps avons-nous en vue ? Nous l'ignorons. La brume empêche de discerner les contours de la terre ; d'ailleurs, aucun de nous ne connaît cette côte. Quand l'obscurité se fait, une grosse pluie masque toute vue ; la nuit se passe à faire des ronds dans l'eau. Quand le jour paraît de nouveau, la terre devient visible. Le cap qui se dresse devant nous est, croyons-nous, Tasman Head. Poussé par une brise très fraîche, le *Fram* avance rapidement vers la terre. Dans quelques heures, pensons-nous, nous serons à Hobart.

... Nous nous mettions à table pour déjeuner, lorsque l'officier de quart descend en coup de vent. Nous sommes du mauvais côté du cap, nous annonce-t-il. Tout de suite, nous grimpons sur le pont. En effet, sous cette pluie épaisse, nous nous sommes trompés. La pointe que nous avons prise pour Tasman Head appartient à l'île Tasman, comme l'indique le phare qui la surmonte ; au lieu d'être dans la Storm Bay, nous nous trouvons encore dans le Pacifique, sous le vent de ce maudit cap.

Il ne nous reste qu'à louvoyer et à essayer de gagner dans le vent, bien que cela semble bien inutile. La brise souffle maintenant en tempête ; avec notre *Fram,* au lieu d'avancer, nous avons des chances de dériver. Nous hissons toute notre toile et mettons au plus près. Au début, nous espérons gagner la partie, mais à mesure que nous nous éloignons de la terre et que le vent force, nous sommes dépallés. Vers midi, nous virons pour nous rapprocher de la côte ; à ce moment, une violente rafale arrache le grand foc : nous mettons alors à la cape. Toute la journée et la plus grande partie de la nuit suivante, ce n'est qu'une suite de rafales furieuses tombant en trombes des collines riveraines de la mer.

Dans la matinée du 6, enfin, le vent abat, en virant légèrement au Sud. Il nous est donc encore contraire, mais, en serrant la terre, nous rencontrons des eaux calmes, et, avant l'obscurité, réussissons à atteindre l'île Tasman. Avec la nuit, le calme vient. Le 7, au petit jour, nous sommes dans la Storm Bay, maîtres, enfin, de la situation.

Un beau soleil resplendit, tandis qu'une douce joie illumine toutes les physionomies. Il faut que le vieux *Fram* brille, lui aussi. En avant donc le savon et les fauberts. Après quelques heures de travail, le ripolin du pont, bien briqué, prend l'aspect d'une laque. Ensuite, c'est au tour des hommes de faire un brin de toilette. Lindström, lui-même, se décide à entrer en contact avec l'eau.

... Voici une station de pilote. Un bruyant canot automobile accoste : « Un pilote, capitaine ? » A cette interrogation, la première voix étrangère qui frappe nos oreilles depuis si longtemps, nous tressaillons. La communication avec le monde extérieur est rétablie ! Le pilote regarde avec surprise en arrivant sur le pont. « Je n'aurais jamais cru, dit-il, qu'un bateau polaire pût être aussi bien astiqué ; l'on ne dirait guère que vous arrivez de l'Antarctique, il semble plutôt que vous rentrez d'une croisière de touristes et que vous vous êtes amusés tout le temps. » Nous ne nous sommes pas, en effet, ennuyés ; sur nos autres occupations, notre intention n'est pas de nous déboutonner pour le moment. Le bonhomme s'en aperçoit, mais il ne nous tient aucune rigueur de notre réserve et répond à nos questions. Il n'a pas, il est vrai, grand-chose à nous apprendre. Du *Terra Nova,* il ne sait rien ; il nous annonce seulement que, d'un jour à l'autre, le navire de l'expédition Mawson, l'*Aurora,* mandé par le capitaine Davis, est attendu à Hobart. Au commencement de février, on s'était préoccupé du *Fram* ; ne l'ayant pas vu arriver, on ne pensait plus à lui. Notre arrivée sera donc une surprise.

Le pilote manifeste la volonté arrêtée de ne pas déguster la cuisine du bord, et, très énergiquement, décline notre invitation à déjeuner. Il craint probablement que nous ne lui fassions manger du chien ou quelque chose d'analogue. En revanche, il apprécie fort le tabac norvégien : il nous quittera la blague bien remplie.

Hobart Town est située sur les bords de la Derwent, qui se jette dans la Storm Bay. Le paysage est superbe, et le sol évidemment très fertile. Les bois et les champs sont brûlés par une longue sécheresse. Quel plaisir pour nous de contempler des prés et des bois ! Ils ne sont pas très verts, il est vrai, mais, sous ce rapport, nous ne sommes pas difficiles.

Le port de Hobart est excellent, spacieux et remarquablement bien protégé. En approchant, la procession traditionnelle du capitaine du port, de la santé et de la douane, monte à bord. Le docteur s'aperçoit tout de suite que nous n'avons pas besoin de son ministère, et les douaniers reconnaissent facilement que nous ne portons pas de contrebande.

L'ancre est mouillée ; nous pouvons débarquer. Je prends mes câblogrammes et descends à terre avec le bateau du capitaine du port.

12

Exploration de la Terre du Roi-Edouard VII par le lieutenant K. Presterud

ABONDANTES CHUTES DE NEIGE — LES PHOQUES ANTARCTIQUES — DÉTONATIONS PRODUITES PAR L'ÉCOULEMENT DU GLACIER — MARCHE INFRUCTUEUSE VERS L'EST — NOUS ATTEIGNONS LA TERRE DU ROI-ÉDOUARD VII — LA MER LIBRE — ASCENSION DU NUNATAK SCOTT — NEIGES ET TEMPÊTES

Le 20 octobre 1911, après le départ d'Amundsen, Framheim ne compte plus que quatre habitants : Johansen, Stubberud, Lindström et moi.

Notre chef m'a chargé d'explorer la Terre du Roi-Edouard VII, de lever le plan de la baie des Baleines et de ses environs, et de maintenir en bon état la station pour le cas où un second hivernage deviendrait nécessaire. La marche vers l'Est doit être réglée de manière que nous soyons de retour avant l'arrivée du *Fram*. L'an dernier, le lieutenant Nilsen a annoncé son intention de rallier Framheim vers Noël ou le 1er janvier. Dans l'intervalle d'un an, tant d'événements peuvent survenir, il est vrai, sur un navire, surtout lorsqu'il doit accomplir le tour du monde ! Si aucun contretemps ne s'est produit et si le navire a quitté Buenos Aires à la date convenue du 1er octobre 1911, il pourra, selon toute probabilité, arriver vers le milieu de janvier 1912. En conséquence, je décide d'effectuer avant Noël l'exploration de la Terre du Roi-Edouard et de remettre en janvier mes travaux topographiques autour de la station. Toutefois, je profite de ce que la baie est complètement gelée pour mesurer une base de 1 000 mètres et lever la plus grande partie de la côte Est, en même temps que pour déterminer la position des principaux points voisins de Framheim.

Le temps se montre très peu favorable à ces opérations. Durant la quinzaine qui suit le départ d'Amundsen, trois ou quatre jours seulement sont suffisamment clairs ; le plus souvent, à peine est-on au travail que la neige survient.

Non seulement la tempête entrave mes opérations topographiques, mais encore elle nous apporte un surcroît de besogne, dont nous nous passerions aisément. Les abondantes chutes de neige qui surviennent à cette époque nous obligent à d'incessants déblaiements pour maintenir ouvert l'accès des chenils et de nos habitations troglodytiques. Le mur, élevé au début de l'hivernage à l'Est de la porte d'entrée, est entièrement enseveli. Si le vent chasse d'un certain cap, en quelques heures l'ouverture de la cave accédant à la maison peut être obstruée. Comment, après notre départ, Lindström pourra-t-il se tirer seul d'affaire en cas de nouvelles chutes copieuses ? Quoi qu'il en soit, il ne s'en préoccupe pas. Un beau jour, il m'annonce pourtant qu'il ne peut plus arriver à son charbon. Sous le poids de la neige, le toit du magasin s'est affaissé. Sans retard, nous nous mettons à l'ouvrage et nous transportons notre précieuse provision de combustible dans la longue galerie conduisant de la maison au dépôt de charbon.

Ces travaux de déblaiement constants s'ajoutent aux préparatifs de départ ; nous sommes littéralement surmenés. Je ne dispose que de deux traîneaux pour le transport des vivres et n'aurai pas de dépôts pour me ravitailler en route ; dans ces conditions, l'expédition ne pourra guère excéder six semaines. Pour être de retour à Noël, nous partirons donc avant le 15 novembre. Il n'y a aucun inconvénient à me mettre en route plus tôt ; aussi bien, je profiterai de la première occasion favorable.

Les vivres destinés à l'expédition ayant déjà été transportés au dépôt du 80° de latitude, j'atteindrai d'abord cette cache et de là me dirigerai vers la Terre du Roi-Edouard VII.

A peu près à 30 milles au Sud de Framheim et à un mille dans l'Ouest de la route du dépôt, se rencontre dans une dépression une zone très crevassée. Ce territoire dangereux semble avoir exercé sur nous une sorte d'attraction ; à plusieurs reprises, les caravanes s'y sont fourvoyées et n'y ont évité qu'à grand-peine des chutes graves. De crainte de quelque accident qui eût été d'un fâcheux augure pour l'avenir de ma carrière polaire, je résolus de quitter Framheim par un temps clair afin d'être certain de suivre la bonne voie.

Au début de novembre, le temps s'améliore légèrement : en tout cas, chaque jour n'amène plus une tourmente nouvelle. Sur ces entrefaites, Lindström nous prie de renouveler, avant notre départ, sa provision de viande de phoque, qui est presque épuisée.

La chasse à ce mammifère marin est extrêmement facile, les espèces antarctiques ne prenant jamais la fuite. Aussi les régions polaires australes sembleraient un vrai pays de Cocagne aux chasseurs de l'Arctique et aux Eskimos. N'ayant jamais été attaqués sur la banquise, ces animaux sont persuadés qu'ils y jouissent d'une sécurité absolue. Leurs ennemis se rencontrant en mer, pour les fuir ils se réfugient toujours sur la glace. Là, depuis des générations, en toute quiétude, ils peuvent se chauffer au soleil au milieu des inoffensifs pingouins et des mouettes. L'apparition soudaine de l'homme n'effraye donc pas le phoque antarctique. Lorsque vous marchez droit sur lui, il vous regarde sans se rendre compte du danger qui le menace. Seulement, quand vous le touchez avec un bâton, il manifeste quelque crainte. Le piquez-vous, il prend alors peur, grogne et essaie de fuir, mais il ne va pas loin. Autant cet animal est agile dans l'eau, autant, sur terre, il est lourd et lent. Après avoir péniblement rampé quelques mètres, il ne paraît pas garder de l'incident une impression durable. Il a l'air de le considérer comme un mauvais rêve qu'il s'empresse d'oublier en se rendormant. Si l'on tue un phoque au milieu de ses congénères disséminés sur la glace, souvent ses voisins ne lèvent même pas la tête. Il nous est même arrivé de dépecer un de ces animaux sous le nez de ses camarades, sans qu'ils témoignassent le moindre émoi.

Vers le commencement de novembre, les femelles commencent à mettre bas. Chez ces animaux, l'instinct maternel n'est guère développé. Pendant quelques jours, jusqu'à ce que leurs petits soient capables de nager, les mères demeurent sur la glace sans prendre aucune nourriture ; après quoi elles les abandonnent à leur propre sort. Plus tard, seulement lorsqu'elles croient leur progéniture menacée, elles essayent de la protéger, et encore pas toujours.

Nous laissons les femelles et leurs petits en paix ; nous tuons simplement deux ou trois nouveau-nés pour les collections. Les chiens n'observent pas la même discrétion et profitent de l'occasion pour se livrer à leur sport favori. Contre les adultes ils sont impuissants, leurs crocs ne peuvent entamer l'épaisse peau huileuse de ces animaux. Avec les jeunes, la situation change ; sur ces pauvres petits êtres, notre meute sanguinaire peut facilement se livrer à ses instincts malfaisants. Les misérables ont dans leurs chenils de la viande à discrétion ; ils tuent donc simplement pour le plaisir de tuer. Tant que la station est occupée par plusieurs d'entre nous, ces sauvages sont tenus à l'attache ; mais, après notre départ, Lindström ne put, à lui seul, en venir à bout ; il dut les lâcher ; et il s'ensuivit d'affreux massacres des innocents.

Nous n'observâmes pas de léopards de mer aux environs de Framheim. Ces animaux, beaucoup plus agiles que les phoques de Weddell et armés de formidables mâchoires, auraient rendu plus circonspects nos chasseurs à quatre pattes.

Après avoir transporté à la station un nombre de carcasses de phoques suffisant pour nourrir les dix ou douze chiens qui doivent y rester, et pour fournir à nos attelages une provision suffisante pour le début du voyage nous partîmes, à la première occasion favorable.

Le 8 novembre, Johansen, Stubberud et moi, nous nous mettons en route, laissant la station à la garde de Lindström. Je marche en éclaireur, suivi de mes deux compagnons conduisant chacun un traîneau attelé de sept chiens. Jusqu'au dépôt du 80°, les charges sont légères. En outre de la tente, des sacs de couchage, des instruments et de nos minces bagages personnels, nous n'emportons que huit jours de vivres, du phoque pour les chiens et des conserves pour nous. Le dépôt fournira le complément nécessaire.

La Barrière nous accueille par une fraîche brise de Sud, qui nous transperce jusqu'aux os et qui, de plus, retarde notre marche. Sur cette plaine, un vent très faible suffit pour diminuer la vitesse. En revanche, un beau soleil brille, et la piste est très ferme ; cela fait compensation. Grâce à ce beau temps, nous suivons sans difficulté la ligne des signaux indicateurs ; le premier jour au moins nous ne nous écartons pas de la bonne route.

Combien, en cette saison, les expéditions sont plus agréables qu'en automne ou au printemps ! Actuellement, on peut travailler les mains nues, sans être exposé à chaque instant à une morsure du froid. N'ayant pas d'attelage à soigner, j'assume les fonctions de cuisinier. A cette époque, combien également cette charge est plus facile à remplir. En dix minutes, on fait fondre la neige pour la provision d'eau, alors qu'il y a six mois pareille opération n'exigeait pas moins d'une demi-heure.

Depuis notre installation sur la Barrière, en janvier 1911, nous nous attendions à entendre de violentes canonnades produites par l'écoulement du glacier. L'hiver s'est passé sans qu'aucune détonation n'ait été observée, indice, parmi tant d'autres, que le glacier, dans le voisinage des quartiers d'hiver, est immobile. Au cours des expéditions en traîneau, aucun bruit non plus n'a été entendu ; au camp du 8 novembre, il en est différemment. Toutes les deux minutes résonne une détonation, pas très forte, mais cependant très perceptible. On eût dit le bruit d'une salve tirée par une batterie de petit calibre, au-dessous de nous. A quelques centaines de mètres à l'Ouest du camp, s'élèvent de petits séracs, qui indiquent peut-être la présence de crevasses ; à cela près, la surface semble stable. Toute la nuit, les détonations se font entendre, d'où grand émoi parmi les chiens, et pour nous un sommeil agité.

Le matin, dès que l'on met le nez à la porte de la tente, chaque attelage salue par des acclamations l'apparition de son maître. Et pourtant son arrivée est l'annonce de la reprise du travail et des coups de fouet qui l'accompagnent. Bien plus, leur joie redouble lorsque les chiens voient préparer les traîneaux. Leur plus ardent désir paraît être d'endosser le harnais et de partir tout de suite.

Par de belles journées comme celles-ci, et avec des charges légères, en huit heures nous couvrons aisément 34 kilomètres. De temps à autre, les traces des caravanes précédentes sont encore visibles, et toute la journée nous suivons la ligne des cairns indicateurs ; donc pas de danger de nous égarer.

Dans l'Antarctique, il existe une sorte d'été, quoique les températures relevées à cette époque n'aient rien d'estival et se rapprochent de celles de l'hiver dans nos pays. La preuve, c'est que nous cheminons en costume relativement léger. Durant la marche, nous portons généralement deux « combinaisons » en laine, dont une sur la peau, très mince, une chemise, puis un veston ou un jersey relativement léger, par-dessus le tout, un pantalon et une jaquette en Burberry. Par temps calme et ensoleillé, ce dernier vêtement est trop chaud. Pour parer à toute éventualité, nous avons emporté de légers vêtements en peau de renne ; nous n'eûmes pas occasion de les endosser.

En septembre, pendant la première expédition pour l'établissement des dépôts, Johansen et moi avions fait lit commun ; aussi, la nuit, n'avions-nous pas souffert du froid intense qui régnait alors. Aujourd'hui qu'il fait relativement chaud, chaque homme a son sac de couchage particulier.

10 novembre. — L'après-midi, nous nous trouvons à hauteur de la zone disloquée, dont j'ai déjà parlé et dans laquelle la caravane chargée de l'organisation du troisième dépôt avait passé un mauvais quart d'heure. Connaissant le danger, nous inclinons à gauche. Au dernier moment, l'attelage de tête venant trop à droite, nous tombons dans la partie orientale de cette région crevassée. Les chiens sont alors mis au grand galop ; en quelques minutes qui nous paraissent fort longues, nous franchissons la zone dangereuse. De tous côtés, de frêles ponts de neige au-dessus d'énormes gouffres d'un bleu merveilleux. Sans *ski*, jamais je n'aurais osé m'aventurer sur ce terrain ; un engloutissement eût été certain d'avance. Peut-être est-il excessif d'affirmer que ces patins vous mettent à l'abri de chutes dans les crevasses ; si la guigne vous poursuit, tout arrive. Mais il faudrait une grande malchance pour qu'un skieur fît une chute grave.

11 novembre. — Le thermomètre marque seulement – 20°, un

Sur la Barrière. Glaces disloquées par la pression.

Presterud observe.

vrai temps de printemps, en comparaison des – 60° que nous avons ressentis dans ces parages.

Après deux heures de marche, nous arrivons en vue de deux cairns de neige élevés par la dernière caravane passée dans ces parages. Immédiatement, nous venons vers ces signaux ; peut-être y trouverons-nous des nouvelles d'Amundsen ? A un mille environ de ces monticules de neige, tous les trois nous nous arrêtons, stupéfaits. Autour des cairns, nous croyons distinguer des hommes ; en tout cas, quelque chose de noir remue aux environs. Seraient-ce des Japonais ou des Anglais ? Non. C'est tout simplement un chien, quelque déserteur de l'escouade du Sud. Mais comment a-t-il pu se nourrir depuis vingt jours ? Bientôt, nous reconnaissons Peary, une des bêtes de Hassel. Au début, elle se montre très farouche, enfin à l'appel de son nom elle se décide à approcher. Le vagabond est gros et gras. Il a vécu de la carcasse de la pauvre Sara, immolée ici en septembre dernier. Le morceau était maigre ; suivant toute vraisemblance, le déserteur a de plus dévoré un de ses camarades qui, comme lui, aura faussé compagnie à Amundsen. En tout cas, l'ère du bon temps est terminée pour Peary, et, sans plus de cérémonie, il est adjoint à l'attelage de Stubberud.

L'après-midi, la neige devient tellement molle que les chiens enfoncent jusqu'au ventre. A six heures du soir environ, leur fatigue nous oblige à camper. Aujourd'hui, l'étape a été de 21 milles (38 km 8).

12 novembre. — A onze heures du matin, nous atteignons le dépôt du 80° de latitude. Il renferme un document d'Amundsen annonçant son arrivée à ce magasin et que tout allait bien au moment de son départ.

Quoique les chiens de la caravane du Sud aient fait une large brèche dans l'approvisionnement de viande de phoque amené ici en avril dernier, il en reste suffisamment encore pour offrir un festin à nos attelages. Les quatre jours de voyage depuis Framheim leur ont donné un formidable appétit. Dans l'équipe de Johansen se trouve un jeune débutant, un excellent chien du nom de Lillegut (le petit garçon). Son estomac délicat ne peut supporter le festin ; après la fête, le pauvre toutou passe la journée à gémir, couché dans la neige.

Nous aussi, nous nous régalons de copieuses rations de phoque. Après un excellent repas, nous chargeons les approvisionnements nécessaires à l'expédition pendant cinq semaines, savoir : trois caisses de pemmican pour les chiens, une de pemmican contenant quatre-vingt-dix rations pour les hommes ; 8 kg 5 de lait en poudre ; 33 kilogrammes de biscuits et trois pots de lait malté. La provision de combustible se compose de 16 litres de pétrole contenus dans deux bidons.

Le matériel scientifique comprend un théodolite, un hypsomètre, deux anéroïdes, deux thermomètres, une montre de torpilleur, une montre ordinaire et un appareil photographique. La trousse médicale contient simplement une boîte de pilules laxatives, trois petits rouleaux de gaze pour les pansements et une paire de ciseaux destinée à rafraîchir les barbes. Vivres, matériel de campement, instruments, pèsent ensemble 255 kilos. Pendant le voyage, ni la boîte de pilules ni les rouleaux de gaze ne furent ouverts, preuve de l'excellent état sanitaire de la caravane.

Tandis que les conducteurs chargent les traîneaux, je rédige un rapport sommaire qui sera laissé dans cette cache et prends ensuite une observation d'azimut pour déterminer la direction à suivre. La vigueur des chiens, beaucoup plus grande que nous ne pouvions l'espérer, nous décide à modifier notre programme. Au lieu de faire route au Nord-Est, comme l'indiquent les instructions d'Amundsen, nous avancerons directement dans l'Est, afin d'atteindre le plus rapidement possible la terre qui paraît exister dans cette direction. Nous pourrons ainsi en explorer un secteur plus étendu.

13 novembre. — De nouveau la brume. Nous suivons vers l'Est la ligne de cairns surmontés de pavillons qui signale le dépôt jusqu'à une distance de 5 milles (9 km 2) dans cette direction. Avec leurs traîneaux lourdement chargés, les chiens ne galopent plus et peuvent à peine me suivre.

A onze heures du matin, la dernière pyramide de neige est dépassée ; maintenant, nous voici sur un terrain vierge.

Une légère brise de Sud s'élève alors et balaye rapidement la brume. De nouveau le soleil paraît, illuminant la Barrière. Devant nous, toujours la même plaine blanche. La piste est excellente, quoique un peu molle. Si les chiens et les traîneaux enfoncent légèrement, en revanche les *ski* glissent aisément. Quel plaisir d'avancer sans fatigue sur ces patins ; si on en était privé, on serait vite épuisé.

... Depuis quatre jours que nous marchons dans l'Est, aucun changement ne se manifeste dans les formes du terrain, et

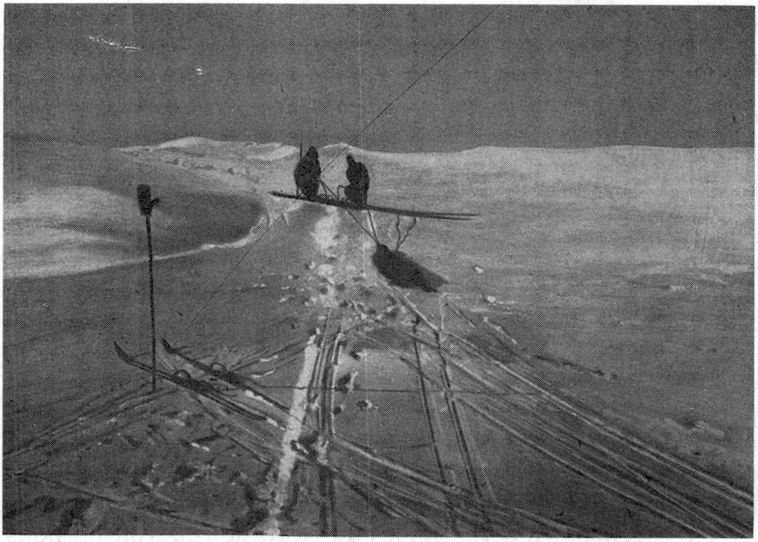

Chasse au phoque au cap Colbeck.

L'escouade de l'Est au dépôt du 80° de latitude Sud.

l'hypsomètre indique toujours la même altitude. La terre que nous supposons exister dans cette direction n'apparaît pas.

Pendant ces deux dernières étapes, Stubberud n'a pour ainsi dire pas détaché les yeux de l'horizon, espérant toujours découvrir le sommet des montagnes. Maintenant, complètement désillusionné, il soutient que la Terre du Roi-Edouard VII est un mythe. Si nous autres, nous n'en sommes pas encore arrivés à ce scepticisme, en tout cas nous ne possédons plus la même confiance dans la théorie si en faveur à Framheim l'hiver dernier qui étendait la Terre du Roi-Edouard très loin dans le Sud, le long du 158° de longitude Ouest.

Le 16 novembre, nous coupons ce méridien ; toujours à perte de vue, la plaine de neige. Dans ces conditions, est-il sage de poursuivre vers l'Est ? Si nous continuons, de ce côté, selon toute probabilité, tôt ou tard, nous finirons bien par rencontrer une terre. Mais nos instructions sont formelles, nous devons nous diriger vers le fragment continental porté sur la carte, lequel se rencontre à 120 milles au Nord de l'endroit où nous sommes. Nous décidons donc de nous rabattre dans cette direction.

Je détermine la position du point où nous opérons notre conversion vers la gauche ; puis nous élevons un cairn de neige, haut de 2 mètres, dans lequel je glisse une boîte en fer-blanc renfermant une brève relation de notre reconnaissance.

Les jours suivants sont d'une remarquable monotonie. La longueur des étapes varie de 31 à 37 kilomètres. A mesure que nous nous élevons dans le Nord et nous rapprochons de la mer, des sastrugi s'observent en nombre de plus en plus grand. Ces vagues de neige ont été formées probablement, à la surface de la Barrière, pendant la longue série de tempêtes qui a précédé notre départ de Framheim. Nous ne traversons pas sans dommage ce mauvais terrain ; un *ski* de rechange attaché à un traîneau est brisé, et le véhicule de Johansen endommagé par les heurts continuels contre ces crêtes de neige dure.

Marchant droit dans le Nord du monde, les observations quotidiennes de latitude permettent le contrôle direct du compteur. En général, les indications données par cet instrument coïncident exactement avec les résultats des observations. Pendant que je prends la hauteur méridienne, mes compagnons peuvent à leur guise dresser la tente et se reposer, ou manger un morceau. Le plus souvent, la collation réunit l'unanimité des suffrages. Pour rattraper le temps de cette halte, les étapes sont allongées d'une heure. En outre des observations astronomiques, nous notons trois fois par jour la pression atmosphérique, la température, la force et la direction du vent, le degré de nébulosité, et, chaque soir, on procède à la lecture de l'hypsomètre.

Cette marche sur la Barrière est d'une monotonie désespérante. Les jours se suivent et se ressemblent. Le temps s'enfuit cependant avec rapidité, comme cela arrive toujours en excursion. Le moral de mes compagnons est excellent. Rarement des hommes se trouvent plus heureux et plus contents de leur sort quand, l'étape terminée, nous avalons notre ration et allumons ensuite nos pipes. Le menu est toujours le même. Certaines personnes considéreraient cette absence de variété comme un défaut ; à mon avis, il n'y a pas lieu de se préoccuper de cette question. Quand un homme a réellement faim, peu lui importe ce qu'il mange ; il se préoccupe uniquement d'avoir quelque chose à se mettre sous la dent.

Après sept étapes vers le Nord, la mer n'est plus loin. A la date du 23 novembre, mon journal contient le passage suivant :

« Aujourd'hui, nous verrons autre chose que le ciel et la neige. Ce matin, une heure après avoir levé le camp, nous rencontrons deux pétrels des neiges, plus loin un couple de skuas, les premiers êtres vivants aperçus depuis notre départ de Framheim. Le *ciel d'eau* [1] de plus en plus large que nous observions voici plusieurs jours annonçait l'approche de la mer ; la présence de ces oiseaux nous avertit qu'elle est maintenant toute voisine.

« Il est en général difficile de distinguer le rebord de la Barrière. Sachant par expérience combien il est aisé de tomber lorsque l'éclairage est mauvais, nous avançons avec précaution. A quatre heures, croyant apercevoir le sommet du mur terminal du glacier, nous faisons halte à bonne distance, puis je me porte seul en avant pour examiner la situation. A ma grande surprise, la mer libre arrive jusqu'au pied même de la falaise de glace et s'étend vers le Nord à perte de vue. Nous nous attendions, au contraire, à trouver, à cette époque peu avancée de l'été, une large banquise devant le front de la Barrière. L'eau, toute noire, a un air menaçant ; quoi qu'il en soit, sa vue forme un agréable

1. Coloration sombre du ciel due à la réflexion de vastes étendues d'eau libre. (*N. d. T.*)

contraste avec l'éternelle plaine de neige que nous venons de parcourir pendant 550 kilomètres.

« La Barrière se termine ici par un mur perpendiculaire de 30 mètres de haut, contre lequel bat le ressac. »

24 novembre. — A quelques kilomètres plus à l'Est, s'ouvre une baie, longue de 4 milles environ, presque entièrement fermée et recouverte d'un *pack*[1]. Sur cette glace se prélassent de nombreux phoques. Il y a là assez de chair fraîche pour nous offrir à tous, bêtes et gens, un splendide festin.

La tente dressée, nous nous acheminons vers le bord du glacier et de là descendons sur la banquise. En quelques instants, nous abattons trois gros phoques et un jeune très gras. A l'aide de cordes, nous halons ensuite la moitié d'une carcasse jusqu'au camp. Pendant que nous travaillons à hisser cette prise au sommet du mur terminal de la Barrière, soudain Stubberud pousse un cri et brusquement disparaît dans l'intérieur du glacier. Il venait d'effondrer un pont de neige. Heureusement une saillie l'arrête au passage. Quelques instants après, notre camarade est ramené sain et sauf à la surface.

Une fois le phoque apporté près de la tente, nos quinze chiens en ont bientôt fait disparaître la majeure partie.

La glace de la baie est coupée de nombreux canaux. Je veux profiter de cette circonstance pour effectuer un sondage, pendant que les chasseurs sont occupés au dépècement du gibier. Ma ligne est trop courte, 57 mètres, pas de fond !

Après le repas, nous recommençons l'expérience, avec un meilleur outillage : deux bobines de filin, une barre d'anspec et le marteau de géologue en guise de plomb de sonde.

Nous essayons d'abord avec la barre d'anspec suspendue au bout du filin. A ce moment, un jeune phoque se jette sur la ligne et essaie de la couper avec ses dents ; elle résiste heureusement. Au prix de grandes précautions, nous parvenons à remonter le plomb et, en même temps, l'indiscret petit animal. Pour le punir de sa curiosité, nous lui envoyons un coup de bâton. Ce traitement inattendu ne lui agrée pas, et, après avoir manifesté son mécontentement par un grognement, il disparaît dans les profondeurs. Cette fois, le résultat est parfait. La sonde est descendue à 247 mètres. En remontant, la ligne rapporte un petit fragment d'algue, mais notre plomb improvisé n'a pris

1. Toute étendue de glace de mer autre que la banquise côtière. (*N. d. T.*)

aucun échantillon du fond. Son poids étant relativement faible pour une telle profondeur, il est possible qu'il ait été dévié par le courant ; nous décidons donc de recommencer l'opération avec le marteau, qui est notablement plus lourd. Réussira-t-elle ? Si pesant est cet outil qu'il y a de grandes chances pour que son poids détermine la rupture de la ligne. Quoi qu'il en soit, il faut essayer. Après avoir été soigneusement enduit de graisse, ce plomb de nouveau genre est mis à l'eau ; la vitesse avec laquelle il s'enfonce annonce de très grands fonds. Cette fois encore, 247 mètres ! Donc plus de doute possible sur l'exactitude du sondage. Au prix de très grandes précautions, nous remontons le marteau sans accident ; lui non plus n'apporte aucun échantillon du fond.

Nous nous couchons à trois heures du matin, et, le lendemain, faisons la grasse matinée.

L'après-midi, Johansen et Stubberud transportent au camp un second phoque et chargent sur les traîneaux autant de viande fraîche que possible. La provision que nous pouvons emporter n'est malheureusement pas très grande, en raison de son poids et de la place qu'elle tient. Le reste, nous le laissons en dépôt.

Après avoir déterminé les coordonnées de ce point et érigé des cairns pour nous permettre de retrouver la cache, nous partons à trois heures du soir.

Au Sud de la baie, le glacier est, comme aux environs de Framheim, accidenté de nombreux monticules et de vagues de pression.

A l'Est apparaît une arête relativement élevée qui se prolonge dans l'intérieur des terres, vers le Sud-Est. Ce semble être l'accident de terrain que le capitaine Scott a marqué comme *terre* sur sa carte.

Nous commençons par faire un grand détour pour éviter les plus mauvaises chaînes de monticules produites par la pression, puis faisons route à l'Est-Nord-Est, vers l'arête en vue. La pente est assez rapide. Chez les chiens, cette ascension venant après leur bombance détermine de nombreuses indigestions. Pour que leur festin ne soit pas entièrement perdu, nous arrêtons les attelages dès que nous sommes à une certaine hauteur et sur un terrain d'apparence solide. Dans la dépression autour de la baie, la glace ne m'inspirait aucune confiance.

26 novembre. — Dans la matinée, tourmente de Nord-Est ; le

Un camp sur la Barrière.

ciel et la Barrière disparaissent dans les tourbillons de neige soulevés par le vent.

Par suite, nous voici obligés de nous arrêter. C'est aujourd'hui l'anniversaire de la reine de Norvège ! La tempête nous condamnant à l'immobilité, nous célébrons cette fête avec toute la solennité que comportent les circonstances. Une boîte de bœuf et de haricots forme la pièce de résistance du repas ; jamais dîner ne nous sembla aussi succulent. Si toujours les convives avaient un appétit pareil au nôtre, ils ne s'apercevraient pas des défaillances des cuisinières, et dans les ménages bien des scènes seraient évitées. Après cette réflexion, revenons à notre banquet. Nous buvons à la santé de Sa Majesté avec un petit verre d'aquavit. Il était défendu d'emporter de l'alcool dans les expéditions en traîneaux ; mais, dans l'Antarctique, comme dans tout pays, les règlements n'existent que pour être violés.

A notre départ, comme il le faisait pour toutes les caravanes, Lindström nous avait remis un petit paquet, avec prière de ne l'ouvrir que dans une grande circonstance. Nous choisîmes le jour de naissance de Sa Majesté pour le déballer. En examinant la boîte, nous vîmes bientôt qu'elle contenait une fiole de spiritueux, et nous décidâmes tout de suite de la boire à la santé de notre gracieuse souveraine.

27 novembre. — La tourmente continue à faire rage ; toute la journée nous demeurons sous la tente.

28 novembre. — Le vent, quoique encore très violent, ne l'est plus assez cependant pour nous arrêter. Après avoir déblayé les traîneaux profondément enfouis sous la neige, nous filons au Nord-Est. Avec cette âpre brise qui vous chasse les flocons dans la figure, la marche n'est pas précisément agréable. Nous étions en route depuis plusieurs heures lorsque Stubberud commande halte d'un ton bref, qui annonce quelque chose de grave. La moitié de son attelage a culbuté dans une crevasse et pend dans l'abîme, suspendue par les traits. Nous repêchons les chiens, qui ne paraissent pas autrement émus de l'aventure, et repartons.

Nous voici avertis ; désormais je veillerai attentivement les moindres dénivellations du glacier. Au-delà, la pente est encore déchirée de nombreuses fentes ; néanmoins nous passons sans incident.

Le temps est clair et l'éclairage favorable ; les crevasses ne sont pas très dangereuses, l'aspect de la neige décelant leur présence. Prévenu à temps, on peut dès lors prendre ses précautions. Par la brume ou lorsque la tourmente soulève d'épais tourbillons ; ou encore lorsqu'une lumière diffuse empêche de distinguer les petites inégalités qui marquent les lèvres des fentes, la situation est différente. Même si le ciel est simplement couvert, le danger est également grand ; en pareil cas, sur cette surface d'une blancheur absolue, on n'aperçoit même pas les pentes rapides, avant d'arriver dessus. En telle occurrence, il est prudent de n'avancer qu'en sondant le terrain avec son bâton : encore cette façon de procéder n'est-elle pas toujours efficace.

28 novembre. — Dans la journée, nous atteignons le sommet de la déclivité.

Le vent a molli et un clair soleil brille. Du point où nous nous trouvons se déroule un vaste panorama. La vue s'étend très loin sur la mer dans la direction du Nord-Ouest. Aujourd'hui, jusqu'à une grande distance au large, plus trace d'eau libre, la tempête de ces derniers jours ayant fait refluer vers le Sud une masse considérable de glaces flottantes. On aperçoit en outre une quantité énorme d'icebergs.

D'après notre estime confirmée le soir par la lecture de l'hypsomètre, l'altitude de notre station est de 330 mètres.

29 novembre. — Au départ, temps et piste admirables. Devant nous s'ouvre un plateau uni, qui semble n'offrir aucun obstacle.

Au moment de la halte de midi pour l'observation méridienne, nous avons déjà parcouru 18 km 5 ; dans l'après-midi, nous en couvrons encore 18,5.

A midi, latitude : 77° 32'. L'estime nous place à environ 37 kilomètres dans le Sud du bord de la Barrière. Nous sommes donc très avant dans la presqu'île, dont le cap le plus septentrional est le cap Colbeck, et en même temps très à l'Est du méridien de la terre dessinée sur la carte du commandant Scott. L'altitude relativement considérable à laquelle nous nous trouvons indique que le glacier, qui ne se distingue d'ailleurs pas de la Barrière, repose sur le sol. Dès ce moment, je commence à douter de l'existence dans ces parages d'une terre dépouillée de glace et de neige. Une seconde journée de marche dans l'Est accroît mon scepticisme à cet égard. D'après nos observations, le 30 novembre, nous devrions nous trouver juste au pied de l'extrémité occidentale des monts Alexandra ; or, on n'en voit aucune trace ; le terrain est simplement un peu plus accidenté qu'auparavant. Il est prématuré, néanmoins, d'abandonner tout espoir. La carte anglaise est à une échelle trop petite pour que l'on puisse se fier absolument à ses indications. En outre, suivant toute probabilité, la longitude est entachée d'erreur.

1er décembre. — Nous continuons vers le Sud-Est. Si la carte est exacte, de nouveau nous atteindrons bientôt la mer dans cette direction. En effet, au cours de l'après-midi, nous apercevons l'océan au Nord du monde, en même temps, à l'Est, deux dômes assez élevés pouvant mériter le nom de montagnes. Ils sont couverts de neige, excepté sur leur versant septentrional ; de ce côté, un escarpement montre de nombreuses taches noires, se détachant en vigueur sur le fond blanc. Nous sommes encore trop éloignés pour reconnaître si ces plaques sombres sont des rochers ou des lignes de crevasses. L'aspect de ces deux sommets concorde exactement avec la description donnée par le commandant Scott de la terre qu'il aperçut, en 1902, du pont de la *Discovery*. L'explorateur anglais affirme que, sur les flancs de ces cimes, des rochers émergent de la neige. Comme on le verra plus loin, notre prédécesseur ne s'était pas trompé.

Nous descendons vers la côte pour examiner si la Barrière se termine ici par un escarpement ou par une pente douce la réunissant à la banquise. A ce moment, le temps se couvre et devient très sombre. Par cette obscurité, nous pourrions aisément ne pas voir un précipice et faire une chute de 30 mètres. Donc nous nous attachons à la corde et descendons ensuite, jusqu'à ce que nous soyons arrêtés par une rangée d'énormes séracs. Autant que nous pouvons nous en rendre compte, cette masse de glace disloquée marque la limite entre le glacier et le pack. Dans les conditions actuelles d'éclairage, impossible d'avoir une vue d'ensemble de la région ; donc nous rejoignons les traîneaux laissés en haut de la pente, puis nous dirigeons dans l'Est, afin de voir de plus près les sommets que nous avons aperçus. Comme d'habitude, je marche en tête ; il me semble distinguer devant moi une belle plaine. Subitement, je me sens dévaler à toute vitesse sur une pente très inclinée. Avec l'aide du bâton, je puis freiner ; mais il n'en va pas de même pour les chiens. Sentant les traîneaux glisser par leur propre poids, ils se précipitent au grand galop. Quelque étrange que cela puisse paraître, bien que la déclivité soit très forte, le terrain me paraît toujours absolument horizontal. Sous cette lumière diffuse, impossible de distinguer aucun mouvement de terrain ; glacier, horizon et ciel sont confondus dans une même blancheur vague

Glaces entassées par les pressions sur le front de la Barrière.

et indistincte, qui semble une lumière de rêve. Fort heureusement, aucune crevasse ne s'ouvre au bas de cette pente.

Après cette descente vertigineuse, une ascension très raide nous amène au sommet d'un monticule.

L'après-midi, nous avançons à tâtons, à travers une série de petits reliefs. Bien que la vue ne s'étende pas à plus de quelques mètres devant soi, on discerne qu'ici le glacier présente un faciès tout différent de la Grande Barrière.

Nos deux sommets ont disparu dans la brume, mais la nature de plus en plus tourmentée du terrain indique que nous en approchons.

Poursuivre la marche par ce temps bouché serait s'exposer de gaieté de cœur à quelque catastrophe ; aussi décidons-nous de camper.

Pour la première fois depuis notre départ, je souffre d'une attaque d'ophtalmie. Afin de pouvoir distinguer les crevasses, j'ai cet après-midi abandonné mes conserves. En gardant quelques heures les lunettes sous la tente, la douleur disparaît.

Le lendemain matin, le soleil perce à peine à travers une épaisse nappe de stratus ; un peu plus tard, l'éclairage redevient normal. Dès que les environs deviennent visibles, nous nous félicitons de nous être arrêtés ici hier soir.

Droit devant nous, à peu près à 500 mètres du camp, le glacier est complètement disloqué, et, au-delà, sur le versant Nord-Ouest des deux montagnes, la neige présente une pente très rapide. Donc les traîneaux ne peuvent être emmenés plus loin. Faisant alors un long détour, nous arrivons au pied de la cime la plus occidentale, à l'altitude de 330 mètres environ. Au Nord du point où nous nous trouvons commence la pente indiquée plus haut ; au Sud, le terrain est, au contraire, assez plat. Les deux montagnes nous barrent la vue à l'Est. Tandis que nous nous disposions à en gravir une, une brise très fraîche de Sud-Est se lève, et en moins d'une demi-heure devient un furieux blizzard. Par suite, force nous est de camper. Depuis un mois, le temps avait été généralement beau, et l'approche de l'été nous faisait espérer la continuation de ce régime ; juste au moment où un ciel clair serait très utile, un changement désastreux survient.

Aucune précipitation ne se produit, en revanche les tourbillons de neige soulevés par le vent sont si denses qu'ils forment comme un mur blanc devant nous. Vers minuit, le vent faiblit ; à quatre heures du matin, le temps est relativement beau. Aussitôt nous sommes sur pied, et, armés de haches à glace et de cordes, nous partons tenter l'ascension de la colline la plus voisine. La garde du camp est laissée aux chiens. Ils ne sont plus assez fringants pour dédaigner le repos dont nous les gratifions, et nous n'avons pas à redouter ici la venue de voleurs.

La cime est plus éloignée et plus haute qu'elle ne le semble.

D'après les indications du baromètre anéroïde, son sommet atteint 510 mètres. La pente par laquelle nous effectuons l'ascension est couverte d'un névé très épais. A mesure que nous montons, le panorama devient de plus en plus étendu ; en même temps, l'espoir d'apercevoir ne fût-ce qu'un simple rocher de la Terre du Roi-Edouard s'affaiblit progressivement. De tous côtés, une immensité blanche, sans la plus petite tache noire, alors que nous avions rêvé de hautes montagnes dans le genre de celles qui se dressent au-dessus du *sound* Mac Murdo.

Au sommet, au moment où nous nous y attendions le moins, nos espoirs se trouvent enfin réalisés. Sur l'escarpement Nord de la colline voisine apparaît la roche en place ! Pour la première fois depuis un an que nous sommes dans l'Antarctique, nous voyons la terre ferme ! Dès lors, nous n'avons plus qu'une pensée : atteindre ce rocher et y recueillir des échantillons géologiques. Donc nous escaladons la seconde colline, un peu plus élevée que celle que nous avons d'abord gravie. L'escarpement tombe à pic, surmonté par une énorme corniche de neige. Descendre dans ce gouffre attaché à une corde serait trop dangereux ; sans compter que 3 mètres de câble ne conduiraient pas bien loin. Il faudra essayer d'atteindre le roc par en bas.

Grâce à un temps clair, nous pouvons nous rendre compte des formes du terrain dans les environs. Au Nord, le glacier s'abaisse en gradins jusqu'à la mer, éloignée d'environ 5 milles, et se termine là par un escarpement d'un faible relief. Ce versant est rendu impraticable par d'innombrables crevasses.

Vers l'Est, sur une distance d'environ 20 milles, s'étendent les monts Alexandra, dont l'altitude est inférieure à celle de notre sommet. Cette chaîne n'est guère imposante ; d'un bout à l'autre, elle est recouverte de neige ; seulement à son extrémité orientale un pointement rocheux est visible. Dans le Sud et le Sud-Ouest, l'œil ne découvre que le monotone horizon de la Barrière. La baie de Biscoe est pour le moment remplie de nombreux icebergs ; plusieurs semblent échoués. L'extrémité supérieure de cette baie est occupée par une banquise. Sur la côte orientale, la Barrière continue dans le Nord, comme l'indique la carte du commandant Scott ; de ce côté également aucun pointement rocheux n'est visible.

Après avoir élevé au sommet un cairn de neige, haut de 1 m 80, nous dévalons la pente orientale de la colline. Par cette route, nous parvenons sur la plaine située à la base Nord du piton. Sur cette face, vu d'en bas, avec sa muraille à pic de 300 mètres, ce relief revêt un aspect imposant. Jusqu'à une hauteur de 35 mètres environ, la falaise est couverte de glace ; la récolte d'échantillons de roches ne paraît donc pas facile le long de cette paroi. Heureusement, en avant de la muraille s'élève un nunatak [1], haut de 75 mètres environ, d'accès aisé. La muraille qui se dresse devant nous, nous la considérons avec un puissant intérêt et une admiration mêlée d'étonnement. Nous éprouvons le même plaisir à regarder ces pierres que le marin qui, après des mois de traversée, arrive en vue d'une île. Depuis un an, nos yeux n'ont contemplé que de la neige et de la glace, et tout d'un coup nous voici en présence d'un petit lambeau de terre. Quelle joie nous éprouvons à fouler ce sol stable ! Comme des enfants, nous nous amusons à faire dévaler de gros blocs sur les pentes.

Ce nunatak est constitué par diverses roches dont nous avons rapporté de copieux échantillons. N'étant pas géologue, je ne me risquerai pas à en donner la description. Ce sera la mission des spécialistes chargés de l'étude des nombreux spécimens que nous avons rapportés, comme aussi de déduire de ces cailloux des conclusions sur la structure de la région. Je me bornerai à signaler que le poids de plusieurs échantillons indique une forte minéralisation ; plusieurs agissent sur l'aiguille aimantée, preuve qu'ils renferment du fer.

Malgré nos recherches très attentives, nous ne trouvons aucun fossile. Les empreintes végétales récoltées dans d'autres régions de l'Antarctique démontrent que, pendant l'ère jurassique, sur ces terres aujourd'hui couvertes de glace, s'épanouissait une flore luxuriante. Cette intéressante découverte est due au chef de l'expédition suédoise à la Terre de Graham, le

1. A ce nunatak l'expédition norvégienne a donné le nom du commandant Scott. (*N. d. T.*)

Sondage d'une crevasse.

Un attelage. Vue prise de la Barrière.

docteur Otto Nordenskjöld, et à son compagnon le docteur Gunnar Andersson. Si le nunatak Scott ne renferme aucun vestige des flores des époques antérieures, en revanche il porte des traces de végétation actuelle : sur plusieurs points de cet îlot perdu au milieu de la plus vaste nappe de glace de la terre, le roc est couvert d'une mousse épaisse. Les spores qui l'ont engendrée ont été apportées par des oiseaux, comme le laisse supposer la présence de nombreux vestiges de nids au milieu de ces pierres. La faune ailée est pourtant rare dans ces parages. Pendant notre séjour sur cette colline, nous vîmes seulement quelques pétrels des neiges.

Je me disposais à photographier la falaise, lorsqu'un de mes camarades attire mon attention sur la mauvaise apparence du temps. La rougeur du ciel et le halo qui entoure le soleil sont autant de signes certains de l'approche d'une tourmente. Une bonne heure de marche nous sépare de la tente ; si le blizzard nous atteint avant l'arrivée au but, nous sommes perdus.

Les sacs sont rapidement bouclés, et en toute hâte nous dévalons. Plus bas, sur les pentes raides qui conduisent au plateau du campement, l'allure devient beaucoup plus lente. Notre route est marquée par les traces des *ski* à la montée ; bientôt, la rafale commence à les oblitérer ; si elles disparaissent, toute tentative pour retrouver la tente sera inutile. Pendant quinze minutes nous redoutons de ne pouvoir joindre le camp ; jamais de ma vie quart d'heure ne me parut aussi long... Enfin, nous apercevons la tente : nous sommes sauvés ! Nous arrivons juste à temps. Quelques instants plus tard, l'ouragan était déchaîné et remplissait l'espace d'impénétrables tourbillons de neige. A dix pas devant soi, on ne distinguait plus rien.

A jeun depuis douze heures, nous commençons par nous octroyer une bonne portion de pemmican et de chocolat. Par ce somptueux repas, nous célébrons le grand événement du jour — la découverte de la terre ferme.

Le panorama contemplé dans la journée nous enlève tout espoir de faire d'intéressantes découvertes sur la Terre du Roi-Edouard VII. Ce morceau du continent antarctique est enfoui sous une carapace de glace et de neige trop épaisse pour qu'il puisse offrir un champ d'exploration fécond. En tout cas, cette constatation négative est un fait géographique nouveau. De plus, les échantillons de roches recueillis prouvent l'existence du sol sous la carapace glacée qui recouvre cette région, et qui est semblable à la Barrière, tout au moins à la région voisine de Framheim.

13

Retour du « Fram »

UN BLIZZARD — SAUTE BRUSQUE DE TEMPÉRATURE — CHUTE DE NEIGE ABONDANTE — EFFETS DE LA TEMPÊTE — EXPLORATION DE LA BAIE DES BALEINES — LE « FRAM » EN VUE — UNE SURPRISE AGRÉABLE — ARRIVÉE DE L'EXPÉDITION JAPONAISE — L'ÉTÉ ANTARCTIQUE — PHOQUES ET PINGOUINS

4 décembre, lundi. — Après avoir soufflé avec rage toute la nuit, le vent devient dans la journée encore plus violent. Comme d'habitude, la tourmente est accompagnée d'une élévation notable de la température. A midi, le thermomètre monte jusqu'à – 3° ! Quand le mercure se rapproche autant du point de congélation, le sol de la tente devient toujours humide.

Aujourd'hui, chute de neige abondante, formée de flocons larges, très durs, semblables à des grêlons. En tombant sur la tente, ils font un bruit analogue à celui produit par les soubresauts de la soupape de sûreté d'une grande chaudière. Il est, par suite, difficile de s'entendre, à moins de vociférer.

Cette longue détention met notre patience à une dure épreuve. Il n'est pas précisément agréable de passer toute une journée dans un sac de couchage ; s'il était sec, cela serait encore supportable. Puis on maugrée de voir son champ d'exploration réduit par ce contretemps ; ne consomme-t-on pas des vivres sans avancer ?

Si nous voulons poursuivre vers l'Est, il deviendra nécessaire de nous procurer prochainement des phoques. La provision de pemmican pour les chiens ne permet pas d'aller de l'avant plus de trois jours ; le reste suffira juste au retour, si nous ne retrouvons pas le dépôt de viande laissé en arrière. En cas de disette, nous aurions, il est vrai, la ressource de tuer nos bêtes ; pour beaucoup de raisons, cet expédient ne saurait être envisagé. Peut-être Amundsen reviendra-t-il avec une meute décimée ? Si nous sommes condamnés à un second hivernage, nous aurons besoin d'attelages ; or, les jeunes laissés à Lindström ne sont pas encore dressés, et ne pourront, avant quelque temps, rendre de bons services.

5 décembre. — Toujours la tempête et toujours la neige. Dans ces dernières vingt-quatre heures, il en est tombé une énorme quantité. Le monceau accumulé au vent de la tente s'accroît sans cesse ; si cela dure, il en atteindra bientôt le sommet.

Chiens et traîneaux sont complètement ensevelis. Un à un, nous devons dégager nos compagnons à quatre pattes. Tout se trouvant à l'abri de leurs crocs, la plupart sont laissés en liberté.

Nous subissons une véritable tourmente ; par moments, les rafales atteignent même la violence d'un ouragan. Le vent souffle de l'Est du monde. Par bonheur, l'amas de neige amoncelé auprès de la tente nous protège ; nous nous trouvons comme derrière une colline ; sans cet écran, notre abri eût couru de grands risques.

La température reste très élevée (– 2°,7 à midi, aujourd'hui).

Pour passer le temps, j'étudie une grammaire russe dont j'ai emporté quelques feuillets détachés, et Johansen lit un feuilleton coupé dans un journal norvégien : *La Rose Rouge et la Rose Blanche*. Malheureusement, l'histoire des deux roses est rapidement terminée, mais Johansen trouve à tout une solution : lorsqu'il est arrivé à la dernière page, il recommence le roman. La lecture de la grammaire russe présente l'avantage d'être moins rapide. Les verbes russes sont particulièrement compliqués et exigent de longues heures d'étude. Faute de distractions intellectuelles, Stubberud se console avec sa pipe de son inaction forcée. Son plaisir est atténué par la rapidité avec laquelle sa provision de tabac diminue. Chaque fois qu'il bourre sa pipe, il jette un coup d'œil d'envie sur ma blague, relativement pleine. Je lui promets de partager fraternellement avec lui lorsqu'il sera à court. Dès lors, rassuré, notre ami se livre en paix à son plaisir favori.

Toutes les demi-heures environ, je consulte le baromètre. Jamais il ne bouge. A huit heures du soir, il marque 693 mm 4. Il est donc probable que la claustration va se prolonger. Seule la pensée d'avoir pu regagner la tente nous réconforte. Si nous n'avions pas réussi à l'atteindre quand le temps était encore maniable, jamais nous ne serions parvenus à la retrouver avec cette furieuse tempête qui dure depuis plus de quarante-huit heures.

Le nunatak Scott.

A la Terre du Roi-Edouard VII.
Le camp après une tourmente de trois jours.

6 décembre. — Troisième jour d'emprisonnement. Aucun changement. La tourmente est toujours aussi violente ; toutefois, vers huit heures du soir, elle paraît mollir. Il en est temps.

Dans ces dernières soixante-douze heures, il est tombé plus de neige qu'en dix mois à Framheim. La comparaison de nos observations météorologiques avec celles de Lindström sera intéressante ; lui aussi a dû être touché par la tempête, et, par suite, astreint à un rude travail de déblaiement pour ne pas être enterré dans sa cabane.

L'humidité est extrême ; les vêtements sont presque transpercés ; bientôt il en sera de même des sacs de couchage. Le monticule de neige qui s'est formé au vent de la tente acquiert une telle hauteur qu'il nous masque la lumière du jour ; nous nous trouvons presque dans l'obscurité. Demain, quel que soit le temps, il faudra piocher pour dégager notre gîte, sous peine d'être complètement ensevelis et de voir notre abri céder sous le poids de la neige. Nous sommes mal outillés pour les terrassements ; aussi toute une journée de travail sera-t-elle nécessaire pour abattre ce monticule.

Une légère hausse simultanée du baromètre et du thermomètre annonce peut-être la fin de la tempête. Stubberud prédit pour demain le beau temps, Je n'en suis pas convaincu et lui offre de parier que le changement désiré ne se produira pas. L'enjeu est gros : deux pouces de tabac à chiquer. Je n'en fais pas moins les vœux les plus ardents pour perdre.

7 décembre. — Au réveil, le temps me paraît moins mauvais. Stubberud a donc gagné. Lui, au contraire, n'en croit rien. « Il fait toujours aussi mauvais », déclare-t-il. Il a raison, au fond. Malgré cela, je paie l'enjeu promis. En tout cas, il va falloir déblayer, car la situation n'est plus tenable. Dans l'espérance d'une embellie, nous attendons toute la matinée avant de nous mettre à l'œuvre. Aucune amélioration ne se produisant, à midi nous commençons. Très variés sont nos outils : une petite bêche, une vieille boîte à biscuits et la marmite du fourneau. C'est presque un travail de Pénélope. A mesure que nous creusons, la neige, chassée par le vent, remblaie ; seulement au prix d'un labeur acharné, nous parvenons à nous rendre maîtres de la situation. Le dégagement des piquets de la tente est surtout difficile. Enfin, après six heures d'efforts, nous replantons notre abri à quelques mètres de sa première position et à l'abri du vent. La place qu'il occupait forme maintenant un trou profond de 2 m 10. Malheureusement, la tempête ne permet pas d'immortaliser par la photographie cette scène de fouilles.

En creusant dans la neige, nous avons le malheur de faire quelques accrocs sérieux à la toile, et, quand la tente est de nouveau dressée, la neige pénètre à l'intérieur. Donc, après avoir fait le terrassier, je suis obligé de me transformer en voilier. Pendant ce temps, les deux autres piochent pour extraire du traîneau une boîte de pemmican, afin de donner à la meute un copieux repas, d'autant plus urgent que depuis deux jours elle est au régime de la demi-ration.

La nuit suivante, les hurlements de Vulcain, le doyen de l'attelage de Johansen, nous empêchent de dormir. Comme cela est fréquent chez les chiens eskimo âgés, ce personnage est sujet à de mauvaises digestions. Le long blizzard lui a donné une crise de crampes d'estomac ; toute la nuit, la pauvre bête se plaint lamentablement. Profitant d'un instant de répit, je commençais à m'assoupir, lorsqu'un pâle soleil perce à travers la tente. Aussitôt, je suis debout et allume le Primus. Nous avalons une tasse de chocolat, puis commençons tout de suite les préparatifs de départ. Les traîneaux sont enfouis sous 1 m 20 de neige. Tandis que Stubberud et Johansen travaillent à les dégager, je fais sécher les vêtements et les sacs de couchage et détermine la longitude et la latitude. Ensuite, je prends quelques vues de l'aspect de notre campement après le blizzard. Une fois tout remis en ordre, nous nous acheminons vers les sommets situés au Sud, afin de compléter nos observations. Nous réussissons à photographier le nunatak Scott. Sur le sommet de ce pointement rocheux qui fut découvert par le chef de l'expédition anglaise, nous plantons le pavillon norvégien et un cairn de neige très élevé, dans lequel nous déposons un récit de notre ascension.

Décidément, le temps ne veut pas rester clair ; avant de rejoindre le camp, une épaisse brume tombe sur nous ; une fois de plus, nous sommes obligés de rallier le camp à tâtons, en suivant les traces des *ski*.

Pendant notre détention, nos approvisionnements ont subi une baisse alarmante. Il ne reste plus de vivres que pour une semaine, juste la quantité permettant de rallier Framheim ; encore est-il probable que le retour prendra plus de sept jours : dans ce cas, le dépôt de la baie des Phoques nous fournira quelques ressources. Avec le temps régnant actuellement, aucune chance de tuer de ces amphibies, soit ici, soit aux environs. Donc la retraite est décidée pour le lendemain matin 9 décembre.

Trois jours durant, nous faisons route contre une brise diabolique et une neige épaisse. A court de vivres, il ne nous est pas loisible d'attendre une embellie ; il nous faut marcher contre vents et marée. Le 11 au soir, nous avons couvert 50 milles (92 km 5) dans l'Ouest. Durant la nuit, le temps s'éclaire et le 12 décembre enfin un beau soleil luit. Nos misères sont aussitôt oubliées ; désormais tout semble facile. Ce jour-là, en neuf heures, sans grande fatigue pour les hommes comme pour les chiens, nous parcourons 36 milles (66 km 6).

Au moment du lunch, nous nous trouvons à la hauteur de la baie où a été laissé un dépôt de viande de phoque. Johansen n'est pas d'avis, comme je le propose, d'aller charger ces provisions. Nous perdrions, dit-il, un temps précieux à vouloir traverser la région disloquée qui nous sépare de la cache : à ses yeux, le jeu ne vaut pas la chandelle. Après une courte délibération, je me range à son avis.

A partir de là, plus aucune difficulté ; chaque jour, l'étape est régulièrement de 20 milles (37 kilomètres). Le 15 au soir, les rations distribuées aux hommes et aux attelages, les cantines sont vides ; d'après nos dernières observations, nous ne sommes plus qu'à 20 milles de Framheim.

16 décembre. — A l'heure habituelle, nous levons le campement ; le temps est sombre, mais calme. Dans l'Ouest et le Nord-Ouest, un ciel d'eau s'étend au-dessus de la Barrière, indiquant que la mer est libre au large de la baie des Baleines.

Jusqu'à 10 h 30, nous marchons dans l'Ouest du monde. A ce moment, très loin dans le Nord-Ouest, nous apercevons un cap de la Barrière que nous prenons pour la pointe extrême de la côte occidentale de la baie, puis presque immédiatement nous nous trouvons sur le bord du glacier, orienté ici Sud-Ouest-Nord-Est. Changeant alors de route, nous suivons à petite distance le mur terminal de la Barrière jusqu'à ce que nous arrivions en vue d'un iceberg. Pendant l'hiver, ce bloc s'est détaché du front du glacier situé au Nord de nos quartiers d'hiver et a été ensuite retenu par la banquise. Grâce à cet excellent point de repère, nous retrouvons facilement notre chemin. Le compteur du traîneau marque 19 milles 5, lorsque dans l'après-midi nous arrivons en vue de la station. Notre maisonnette est

Sur le nunatak Scott (Terre du Roi-Edouard VII).

Une excursion du dimanche sur la Grande Barrière.

toujours là, plus enfouie que jamais sous la neige. Bientôt, à l'aide de jumelles, nous distinguons un promeneur solitaire qui se rend de l'habitation à l'« Institut météorologique ». Donc Lindström est toujours en vie et s'acquitte ponctuellement de ses devoirs scientifiques.

Lors de notre départ, notre ami nous avait exprimé sa satisfaction d'être débarrassé de nous. Je suppose que, après cinq semaines de solitude complète, il n'est pas fâché de nous revoir. Nous le retrouvons en proie à une violente ophtalmie. Lindström est bien le dernier qui eût dû être affligé de cette affection. Quand nous le questionnons sur les causes de l'accident, il se montre très réservé. Nous finissons cependant par apprendre que cela lui est arrivé deux jours auparavant, à une chasse au phoque. Son attelage, composé de jeunes chiens, s'était échappé et engagé ensuite au milieu d'un toross situé devant le cap occidental, à 10 milles de la station. Lindström, entêté comme pas un, voulut à tout prix rattraper les fugitifs ; comme il ne portait pas de lunettes, la réverbération de la glace ne tarda pas à produire son effet. « Quand je revins au logis, je ne pouvais même plus voir l'heure », nous raconte-t-il ; l'application d'un collyre et l'usage de conserves lui rendent promptement la vue.

A Framheim, la tempête a également sévi, accompagnée d'énormes chutes de neige. Afin de pouvoir sortir, Lindström avait dû plusieurs jours de suite creuser un passage à travers les énormes monceaux entassés devant la porte. Le beau temps qui avait succédé au blizzard, il l'avait mis à projet pour déblayer l'entrée et les fenêtres. La lumière arrive maintenant dans la chambre par un trou profond de 2 m 70. Ce résultat n'avait pu être obtenu qu'au prix d'un pénible labeur, mais rien ne peut arrêter Lindström quand il a une idée en tête.

A notre arrivée, sa provision de viande fraîche était très réduite, et, en un repas, nos attelages affamés l'achevèrent. Nous nous employons donc à charroyer plusieurs carcasses de phoques à la station ; après cela, nous refaisons le plein de nos cantines de vivres, puis prenons une comparaison des montres. Ces petits travaux achevés, le 18 décembre, nous nous remettons en route, enchantés de quitter la maison que l'humidité rend fort peu agréable. Pendant l'hiver, une grande quantité de glace s'est formée dans le grenier. Le feu de la cuisine, presque constamment allumé depuis notre retour, élève, naturellement, la température dans la maison et détermine par suite la fusion de la glacière accumulée sous le toit. De là une pluie continuelle tombant du plafond dans la salle. Pour remédier à cet inconvénient, Lindström grimpe dans le grenier et rejette par la trappe une grêle de glaçons, d'enveloppes de bouteilles, de débris de caisses. Devant cette avalanche d'un nouveau genre, nous prenons la fuite.

Nous avons maintenant à explorer le long bras oriental de la baie des Baleines. En automne, le dimanche, nous étions allés plusieurs fois nous promener le long de cette remarquable entaille creusée dans l'épaisseur de la Barrière. Bien que nous l'eussions suivie pendant 12 milles, jamais nous n'avions aperçu la fin des séracs qui emplissent cette dépression. Une dislocation aussi importante n'a pu être engendrée que par un accident du sous-sol. Que dans ces parages le glacier repose sur la terre ferme, cela ne paraît pas douteux. Immédiatement au Sud, en effet, le terrain s'élève rapidement jusqu'à une hauteur de 300 mètres et est simplement couvert de neige. Il est donc possible que, au pied de cette pente, la roche en place apparaisse au milieu des séracs. Nous allons donc ouvrir l'œil en suivant d'un bout à l'autre cette grande crevasse qui s'étend jusqu'à 23 milles dans l'Est de nos quartiers d'hiver. C'est une excursion de cinq jours. Nulle part nous n'apercevons la moindre roche ; le voyage n'en est pas moins intéressant par le spectacle des fractures qu'ont déterminées les aspérités du sous-sol dans l'épaisse carcasse de glace qui les recouvre.

Le 23 décembre, nous rentrons à Framheim. En notre absence, Lindström ayant débarrassé le grenier de la glace qui y était amoncelée, on n'est plus exposé à une douche froide, lorsque l'on est tranquillement assis dans la salle commune. En outre, il a posé du linoléum neuf sur une moitié de la pièce et repeint le plafond.

Quoique le cuisinier ait accompli tout ce travail en vue de la Noël, nous décidons de ne pas la célébrer. Le milieu ambiant ne cadre pas du tout avec les idées qu'évoque cette fête chez l'homme du Nord. Ici un soleil étincelant ne luit-il pas pendant les vingt-quatre heures de la journée, alors qu'au pays, à l'époque de cette solennité, les jours sont le plus souvent courts et sombres. La veillée de Noël tombant un dimanche se passa comme les dimanches ordinaires, à cette seule différence que nous fîmes usage d'un rasoir, au lieu d'une tondeuse. Le jour de

Noël, nous ne travaillâmes pas, et Lindström nous servit un ragoût de mouettes qui fut déclaré exquis.

Nos huttes en neige sont maintenant en piteux état. Sous le poids de l'épaisse couche tombée récemment, les toits s'affaissent si bien qu'à l'intérieur on ne peut plus circuler qu'à plat ventre. Le Palais de Cristal et le magasin d'habillement contiennent toutes nos fourrures et un abondant matériel que nous avons l'intention d'embarquer lorsque le navire et le détachement du Sud seront de retour. Si l'affaissement continue, il deviendra difficile de déterrer nos bagages ; aussi décidons-nous de les extraire dès à présent de l'étau qui menace de les enserrer. Pour cela, nous enlevons la glace qui recouvre les deux magasins, en creusant un trou de 3 m 60. Ce fut une pénible besogne, mais, lorsqu'elle fut achevée, cette partie de nos logements troglodytiques se trouva remise en parfait état.

Il nous reste à lever l'extrémité Sud-Ouest de la baie des Baleines et les environs. Les huit premiers jours de l'année sont consacrés à ce travail. Dans cette région, le front de la Barrière est divisé en îlots séparés par des détroits relativement larges. Ces masses de glace isolées ne flottent certainement pas, quoique dans les passes qui les séparent la profondeur atteigne 380 mètres. Suivant toute vraisemblance, il y a là des îlots bas ou des hauts-fonds. Ces « îles de glace » ont une hauteur de 27 mètres et présentent une pente douce sur la plus grande partie de leur circonférence. Un des canaux ouverts près de la pointe occidentale de la baie s'étend dans le Sud à travers la Barrière ; peu à peu, il se rétrécit jusqu'à n'être plus qu'une simple crevasse. Nous le suivîmes jusqu'à son extrémité supérieure, située à 30 milles (55 km 5) de la mer.

Le 11 janvier, le dernier jour de cette excursion, est marqué par un événement dont le souvenir ne s'effacera jamais de notre mémoire. Le matin, nous partons à l'heure habituelle afin de rallier Framheim. Ce n'est point la perspective de rentrer au logis qui nous fait presser le pas. A cette époque de l'année, la tente est aussi, sinon plus confortable que la maison. Mais nous sommes talonnés par l'espoir de retrouver le *Fram*. Si nous ne parlons guère de cette éventualité, tous nous y songeons.

Après deux heures de marche, nous arrivons en vue du cap Ouest, à l'entrée de la baie ; un peu plus loin nous découvrons un pan de mer, tout là-bas à l'horizon. De nombreux glaçons de toutes tailles flottent dans cette région, présentant, suivant

Le nunatak Scott (Terre du Roi-Edouard VII).

l'éclairage, les teintes les plus variées du blanc au gris foncé. Au milieu apparaît un bloc très sombre qui n'a guère l'aspect d'une glace, mais trop de fois nous avons été victimes d'illusions d'optique pour nous laisser prendre à cette fantasmagorie.

Maintenant que nous avons un point de repère pour nous diriger, j'abandonne la tête de la colonne et chemine à côté du traîneau de Stubberud. Mon compagnon ne détache pas les yeux de la mer. A la fin, je me décide à l'interroger. « Je jurerais presque voir là-bas un bateau, me répond-il, mais très certainement c'est un iceberg. » Après un examen attentif, tous nous sommes persuadés que ce point noirâtre est, en effet, un glaçon. Soudain, Johansen s'arrête brusquement et, en hâte, cherche sa longue-vue. « Est-ce que tu vois le *Fram* ? demandons-nous d'un ton ironique. — Mais oui », répond-il, et tandis qu'il braque son télescope sur la mer de Ross, Stubberud et moi attendons anxieusement. Comme les secondes nous semblent longues. « C'est le *Fram*, aussi vrai que je suis en vie ! » annonce Johansen.

A mon tour, je regarde. En effet, c'est notre cher vieux *Fram*. Quatorze milles nous séparent de la station, et nous avons vent debout ; quoi qu'il en soit, cette distance est couverte en un laps de temps extraordinairement court.

A deux heures de l'après-midi, nous sommes à Framheim. Pas une âme devant la maison, alors que nous nous attendions presque à trouver foule. Lindström lui-même est invisible ; contrairement à son habitude, il n'est pas venu à la rencontre des arrivants. Notre ami a sans doute une nouvelle atteinte d'ophtalmie ; j'entre donc pour lui annoncer notre retour. Le cuisinier est à son fourneau, en parfaite santé. « Le *Fram* est arrivé ! » hurle-t-il avant même que j'aie fermé la porte. « Je le sais, réponds-je ; en attendant, donne-moi, s'il te plaît, un verre d'eau avec un peu de sirop. »

En m'apportant le rafraîchissement, le camarade a une drôle de tête, mais ma soif est si ardente que je ne m'en préoccupe pas. J'avais fini mon verre, lorsque Lindström me demande de deviner ce qui est caché dans son cadre. Je n'ai pas le temps de me retourner que les couvertures roulent à terre et qu'il en sort un homme barbu, vêtu d'un jersey et d'un pantalon râpé. C'est le lieutenant Gjertsen. Devant ma stupéfaction, Lindström se tord de rire. Les mâtins, ils m'avaient réservé une fameuse surprise. Aussitôt, nous convenons de faire la même farce à

Johansen et à Stubberud. Dès que nous entendons leurs voix, Gjertsen se blottit de nouveau sous les couvertures. Stubberud ne s'y laisse pas prendre. « Il y a plus de deux personnes ici ! » dit-il en entrant. Il ne fut donc pas surpris de trouver un homme du *Fram* dans le cadre du cuisinier.

Depuis deux jours, le navire est arrivé ; tout va bien à bord.

Il y avait vingt-quatre heures que le *Fram* était amarré au bord de la banquise et que l'équipage épiait en vain l'apparition des « naturels », lorsque Gjertsen demanda au capitaine la permission de débarquer. Nilsen, toujours prudent, hésitait à la lui accorder. Du navire à la station, la distance n'était pas moindre de 8 milles (14 km 8) et la banquise toute coupée de canaux parfois assez larges. Enfin Gjertsen partit, emportant un pavillon pour faire des signaux en cas de besoin. Toutes les saillies de la Barrière se ressemblent ; aussi, au début, notre ami éprouva quelques difficultés à se reconnaître. Des idées sinistres lui traversèrent alors la tête ; un moment il crut que le vêlage avait emporté Framheim et ses habitants. Enfin il aperçut le cap Manhue et fut dès lors rassuré ; du moment que ce promontoire de glace existait toujours, la station devait être encore à sa place. Réconforté par cette pensée, il poursuivit sa route vers le mont Nilsen ; arrivé au sommet de ce monticule, si vive fut son émotion qu'il manqua défaillir. De ce point où, l'année précédente, notre maisonnette neuve faisait un si joli effet, il ne découvrait qu'un entassement de ruines. La vue d'un homme sortant des décombres mit fin à son anxiété. C'était Lindström, et ce que Gjertsen avait pris pour des ruines était les entrées de nos habitations souterraines, les plus ingénieux quartiers d'hiver qui aient jamais été construits. Le cuisinier n'ayant pas remarqué l'arrivée du *Fram*, son étonnement en apercevant Gjertsen dut être fort amusant.

Notre première curiosité satisfaite, nous décidons de nous rendre à bord. Après avoir pris une collation, nous traversons la petite baie au Nord de la maison. L'attelage franchit rapidement la distance qui nous sépare de la mer. Seule la traversée de plusieurs canaux offre quelques difficultés, les jeunes chiens manifestant une véritable terreur à la vue de l'eau.

Le *Fram* croise au large. Dès qu'on nous aperçoit, il vient accoster à la banquise. C'est bien notre bon vieux bateau toujours propre et astiqué ; son long voyage autour du monde n'a point laissé de traces sur sa robuste coque. Au-dessus du plat-bord apparaît une rangée de figures souriantes, que nous reconnaissons, en dépit des longues barbes qui les ornent. Tandis qu'à Framheim la mode est de se raser, presque tous les hommes du bord montrent une barbe de fleuve. Dès que nous mettons le pied sur le pont, les questions pleuvent, drues comme grêle. Je dois alors réclamer un instant de répit pour serrer la main des amis. Je les réunis tous ensuite et résume devant eux les événements les plus saillants de notre hivernage. Quand j'ai terminé, le capitaine Nilsen m'entraîne dans la chambre des cartes. Nous causons là jusqu'à près de quatre heures du matin ; jamais ni l'un ni l'autre nous n'avions eu auparavant conversation aussi intéressante. En terminant, j'annonce à Nilsen qu'à mon avis dans quelques jours notre chef et ses compagnons rentreront vainqueurs.

Le courrier ne nous apporte que de bonnes nouvelles. Dans les journaux, les articles consacrés au changement de front de l'expédition nous intéressent spécialement.

A huit heures du matin, nous quittons le *Fram* pour rentrer à la station.

Les jours suivants, je continue le lever de la baie. Grâce à un temps relativement beau, il est rapidement mené.

Le 17 janvier, dans l'après-midi, en rentrant de la station, nous trouvons le lieutenant Gjertsen, venu nous annoncer l'arrivée de l'expédition japonaise. Prenant nos appareils photographiques et cinématographiques en toute hâte, nous partons, car l'escale des Nippons doit, paraît-il, être de courte durée.

Quand nous atteignons le bord de la baie, nous apercevons le *Fram* paré de ses couleurs, et, à l'abri d'un cap, le *Kainan Maru*, qui a hissé également son pavillon. Bien qu'il soit un peu tard, Nilsen et moi allons faire visite aux Japonais. Nous sommes reçus à la coupée par un charmant jeune homme, dont la figure s'illumine quand je lui adresse le seul mot japonais que je sais, *Oheio* (bonjour). Après cela, la conversation s'arrête net ; sur ces entrefaites, arrivent d'autres membres de l'expédition, dont quelques-uns connaissent quelques mots d'anglais. Cela ne nous mène pas encore très loin ; nous parvenons cependant à comprendre que le *Kainan Maru* a croisé devant la Terre du Roi-Edouard VII ; toutefois, nous ne réussissons pas à débrouiller s'ils y ont débarqué.

Comme le chef de l'expédition et le capitaine du navire dormaient, nous nous disposions à prendre congé de nos

Au sommet du nunatak Scott.

confrères lorsque le second nous invite à prendre des rafraîchissements dans la chambre des cartes. Nos hôtes nous convient à revenir le lendemain les photographier. Cette seconde entrevue n'eut jamais lieu. Durant la nuit, un coup de vent obligea les deux bâtiments à prendre immédiatement le large. Entre-temps, Amundsen arriva, et nous n'eûmes plus l'occasion de revoir l'expédition nippone.

Pendant les jours qui précèdent l'appareillage du *Fram* pour revenir dans le Nord, le court été antarctique bat son plein, et de nombreuses colonies animales remplissent la baie de vie et de gaieté.

Le nom de baie des Baleines donné par Shackleton à cette indentation de la Grande Barrière est très justifié. Au moment de la débâcle, elle devient le rendez-vous de troupes très nombreuses de cétacés ; parfois on en rencontre des bandes de plus de cinquante individus. La vue de ces monstres, qui représentent chacun une petite fortune, réveille nos instincts cynégétiques ; malheureusement, les moyens de les atteindre nous font défaut.

Seul un spécialiste est capable de porter un jugement sur l'avenir de l'industrie baleinière dans cette partie de l'Antarctique. En tout cas, il se passera sans doute des années avant que des chasseurs ne viennent troubler ici la quiétude de ces énormes mammifères marins. D'abord, la distance séparant la baie des Baleines de la localité habitée la plus voisine dépasse 2 000 milles ; ensuite, la banquise qui barre la mer de Ross constitue un obstacle sérieux ; si étroite et si peu serrée qu'elle soit à certaines époques, elle nécessite, cependant, l'emploi de navires en bois. D'autre part, les rives de cette baie ne semblent guère appropriées à l'érection d'une station permanente. De plus, si, dans la baie, les baleines se réunissent souvent en troupes considérables, en revanche elles ne semblent pas abondantes dans la mer de Ross. Les espèces les plus communes sont le rorqual (*Balaenoptera musculus*) et le balénoptère de Sibbald.

Très nombreux sont les phoques tout le long de la Barrière, tant que la banquise couvre la mer ; après la débâcle, la baie des Baleines devient leur rendez-vous favori. Sur la glace relativement basse qui occupe l'extrémité supérieure de la baie, ils peuvent se hisser facilement et dormir là au soleil.

Durant notre séjour à Framheim, nous en avons tué environ 250, le plus grand nombre en automne après notre arrivée. Ce massacre ne paraît pas avoir ému la colonie. Les survivants, bien que témoins de la disparition subite de leurs camarades, ne semblent pas avoir considéré le moins du monde que le séjour dans la baie fût devenu dangereux pour eux.

Dès le mois de septembre, alors que la banquise s'étendait encore très loin au large, un phoque fit son apparition par une des nombreuses fentes qui s'étaient ouvertes à la suite des pressions subies par la glace. Ce fut pour nous le signe de l'approche du printemps et pour notre visiteur le saut dans l'éternité.

Des trois espèces que nous observâmes — le Weddell, le léopard de mer et le crabier — la première était de beaucoup la plus nombreuse. Hors de l'eau, le phoque Weddell a des mouvements lents et maladroits. Un mâle adulte est presque aussi gros qu'un morse et pèse dans les 400 kilogrammes. Une tête d'une petitesse ridicule, pourvue de dents à peu près inoffensives, surmonte cet énorme corps. La couleur de sa fourrure varie du gris clair au brun foncé.

Le léopard de mer est rare dans ces parages. Nous n'en vîmes pas dans la baie et n'observâmes que quelques exemplaires sur la banquise. Autant qu'il m'en souvient, nous n'en capturâmes qu'un nombre insignifiant. Presque aussi grand, mais très souple et très agile, le léopard de mer est beaucoup plus dangereux que le phoque Weddell. Armé de longues dents pointues, il est toujours prêt à en faire usage. Sur la glace, il serait imprudent de s'en approcher sans précautions, et dans l'eau c'est un adversaire redoutable.

Le crabier, c'est-à-dire le « mangeur de crabes », loin d'être un animal féroce, pourvu de formidables mâchoires, comme le fait supposer son nom, est une bête douce et sympathique. Sa taille est à peu près celle du phoque commun des côtes de Norvège. Très leste, il bondit sans cesse de la mer sur la glace. Ses mouvements à terre sont si rapides qu'un homme a de la peine à le suivre. Sa peau, grise avec des reflets argentés et quelques taches noires, est fort belle.

La viande de phoque n'a pas du tout un goût huileux, l'huile ne se trouvant que dans la couche de graisse épaisse de plusieurs centimètres qui enveloppe le corps de l'animal comme une armure protectrice. La chair elle-même n'est pas graisseuse mais contient une grande quantité de sang. La viande de phoque Weddell est de couleur très foncée ; dans la poêle, elle devient noire. Celle du crabier possède à peu près la même

Un cap de la Barrière voisin de Framheim.

Le cap Manhue (front de la Grande Barrière devant la baie des Baleines).

teinte que la viande de bœuf et a, comme elle, un goût agréable. Aussi chassions-nous cette espèce de préférence.

Dans ces dernières années, on a tant écrit sur les pingouins, et on les a si souvent photographiés et cinématographiés qu'il est inutile de leur consacrer une longue notice. Celui qui voit pour la première fois ces singuliers oiseaux sera toujours attiré et intéressé par eux.

Non seulement par leur station verticale, mais encore par leurs attitudes, ces palmipèdes rappellent singulièrement l'homme. On a dit qu'un pingouin-empereur est le portrait d'un vieux monsieur en habit noir. La ressemblance est particulièrement frappante quand cet oiseau, dont la taille atteint 0 m 90, arrive près de vous en vous adressant une série de saluts cérémonieux — ces volatiles sont si bien élevés !

La cérémonie terminée, le pingouin s'approche sans manifester la moindre inquiétude ; il ne s'effraie même pas si vous avancez lentement vers lui. Au contraire, si vous marchez avec précipitation et que vous le touchez, il est pris de peur et s'enfuit. Quelquefois, il manifeste des velléités belliqueuses. En pareil cas, il est sage de se tenir éloigné de ses ailerons, armes puissantes dont un coup pourrait facilement briser le bras d'un homme. Si on veut l'attaquer, le plus sage est de saisir par-derrière ces deux ailerons et de les ramener sur le dos de l'oiseau. Dès lors il se trouve sans défense.

Le petit pingouin d'Adélie est si amusant que devant lui il est impossible de garder son sérieux. Pendant les premières semaines de notre séjour à la baie des Baleines, alors que nous étions occupés au débarquement du matériel, c'était pour nous une distraction d'assister aux ébats de ces volatiles. Brusquement, ils sautaient hors de l'eau comme au commandement, puis demeuraient assis quelques instants, comme figés d'étonnement à notre vue. Une fois remis de leur première surprise, ils plongeaient de nouveau ; mais, poussés par la curiosité, ils revenaient bien vite contempler nos faits et gestes.

Fort différents de leur grand-parent, le pingouin-empereur, toujours calme et maître de lui, ces petits êtres ont un tempérament combatif ; que l'on s'occupe le moindrement de leurs affaires, ils entrent dans des colères folles très amusantes.

Ces palmipèdes sont des oiseaux migrateurs. Ils hivernent dans les petits archipels de l'Océan austral, puis, à l'approche du printemps, se dirigent vers l'Antarctique, où ils ont leurs places de poste habituelles dans des localités dépouillées de neige. Ces animaux aiment les déplacements ; dès que leurs petits sont assez grands, jeunes et vieux partent tous ensemble en voyage. C'est toujours en qualité de touristes que les pingouins visitèrent Framheim et ses environs, car dans nos parages n'existait aucun rocher sur lequel ils auraient pu s'établir. Pour cette raison, nous n'en vîmes qu'un petit nombre d'Adélie ; quant aux empereurs, ils étaient extrêmement rares. En tout cas, les rapports que nous avons eus avec la faune ailée de l'Antarctique resteront parmi les meilleurs souvenirs de notre séjour à la baie des Baleines.

14

Les voyages du « Fram »
par le lieutenant Thorvald Nilsen

DE LA BAIE DES BALEINES À BUENOS AIRES — NOUVELLE TRAVERSÉE DE LA BANQUISE DE LA MER DE ROSS — À LA RECHERCHE DES ÎLES DOUTEUSES DU PACIFIQUE AUSTRAL — ABONDANCE DES ICEBERGS DANS LE PACIFIQUE SUD — INFLUENCE DES ICEBERGS SUR LA TEMPÉRATURE DE LA MER — ARRIVÉE À BUENOS AIRES — CAMPAGNE OCÉANOGRAPHIQUE DANS L'ATLANTIQUE SUD — LIBÉRALITÉ DE DON PEDRO CHRISTOPHERSEN — PERSISTANCE DES VENTS D'EST — TROISIÈME TRAVERSÉE DE LA BANQUISE DE LA MER DE ROSS — RETOUR À LA BAIE DES BALEINES — DE FRAMHEIM À BUENOS AIRES

L'équipage du *Fram* comprend, outre le cuisinier K. Olsen, neuf hommes : Thorvald Nilsen, L. Hanssen, H. Kristensen, J. Nödtvedt, H. F. Gjertsen, A. Beck, M. Rönne, A. Kutschin et O. K. Sundbeck. Les quatre premiers seront de quart de huit à deux heures et les cinq autres de deux à huit heures.

Le 15 février 1911, à neuf heures du matin, nous larguons les amarres qui retiennent le bateau à la Barrière. La débâcle ayant, ces jours derniers, nettoyé l'extrémité supérieure de la baie, nous avançons dans le Sud, afin de sonder le plus près possible du glacier ; la profondeur maxima obtenue est 285 mètres.

Nous arrivons jusqu'à 78° 41' de latitude ; c'est le point

extrême auquel puisse parvenir un navire dans le Sud, tant que la Barrière ne se sera pas retirée.

Les deux jours précédents, le temps ayant été calme, la baie se trouve couverte d'une bouillie de glace en formation si épaisse qu'elle entrave la marche du navire. Des centaines de phoques sont couchés sur les *floe ;* étant largement approvisionnés en viande, nous les laissons en paix.

Avant de partir pour le Pôle, le capitaine Amundsen m'a remis l'instruction suivante :

Au lieutenant Thorvald Nilsen.

Vous prendrez le commandement du Fram, *lorsqu'il quittera la baie des Baleines.*

1° De là ferez route directement sur Buenos Aires, où le navire sera réparé et réapprovisionné et l'équipage renforcé.

2° Vous entreprendrez ensuite une campagne océanographique dans l'Atlantique austral. Il est désirable que vous exécutiez deux lignes de sondages entre l'Amérique et l'Afrique. Ces opérations dépendront d'ailleurs des circonstances et du temps dont vous disposerez. A la date convenable, vous rallierez Buenos Aires, où vous ferez vos derniers préparatifs pour reprendre la route de Framheim et venir nous rembarquer.

3° Plus précoce sera la date de votre arrivée devant la Barrière, en 1912, mieux cela vaudra. La marche du navire dépend de trop de circonstances pour que je vous fixe une date ; sur ce point je m'en remets entièrement à votre initiative.

Je vous laisse entière liberté d'action pour agir au mieux des intérêts de l'expédition.

Si à votre retour à Framheim je ne puis prendre le commandement par suite de décès ou de maladie, je vous confie la direction de l'expédition. Je vous prie instamment de faire tous vos efforts pour accomplir entièrement notre programme, c'est-à-dire l'exploration du Bassin arctique.

Je vous remercie de votre concours et souhaite que, lorsque nous nous retrouverons, nous ayons l'un et l'autre accompli nos missions respectives.

Votre dévoué,

Roald AMUNDSEN.

En 1842, sir James Ross signala une « apparence de terre » par 70° de latitude Sud et 160° de longitude Ouest environ. En

1902, seulement, le commandant Scott découvrit ce morceau du continent antarctique et lui donna le nom du roi Edouard VII. Un des articles du programme de la nouvelle expédition anglaise comprenait l'exploration de cette terre. Les officiers du *Terra Nova* nous ayant annoncé que les glaces les avaient empêchés de débarquer, je décide de pousser une reconnaissance dans cette direction. En conséquence, nous élongeons la Barrière vers le Nord-Est. Durant la nuit, une épaisse brume ne laisse apercevoir que le sommet de la falaise de glace. Tout à coup, nous nous trouvons en face d'un gros iceberg ; seul un vigoureux coup de barre nous évite tout contact avec le monstre. Dans de pareilles circonstances, l'on apprécie les qualités du *Fram ;* notre excellent bâtiment vire pour ainsi dire sur place.

Dans la matinée, les nuages se lèvent, et, à midi, le temps devient clair. Nous avons la Barrière à tribord, et, autour de nous, une cinquantaine d'icebergs de toutes tailles. Le glacier, haut de 30 mètres à son extrémité inférieure, s'élève à l'altitude de 360 mètres dans l'intérieur.

Rencontrant la banquise près du cap Colbeck, nous faisons route au Nord-Ouest en la rangeant sur tribord. A aucun prix je ne veux m'engager entre la Barrière et cette masse de glace. Après ce détour, pendant un jour et demi encore, nous continuons à suivre le glacier, sans découvrir aucun lambeau de terre qui ne soit couvert de glace. Une réparation étant devenue nécessaire aux ailes de l'hélice, nous nous éloignons alors de la côte et mettons le cap au Nord, vers la mer libre. Peu de temps après, nous profitons des risées de vent d'Est pour établir la voilure. N'ayant pas changé de date après notre passage du 180° de longitude, nous redoublons le 15 février.

Le 16 à midi, l'hélice est relevée, et le lendemain soir la réparation est terminée.

Dans la nuit du 15 février, pour la dernière fois le soleil de minuit est visible. A ce moment, la vigie signale par l'avant une masse sombre qui a tout l'air d'un îlot. Cette terre nouvelle est tout simplement un cadavre de baleine qui s'en va à la dérive, chargé d'une colonie d'oiseaux.

17 février. — Dans la matinée, l'*iceblink* est visible par tribord, et vers midi nous arrivons en présence d'un pack très dense ; les glaces agglomérées par les pressions s'élèvent à plusieurs mètres au-dessus de l'eau. Donc, inutile d'attaquer en ce point la

Le lieutenant Gjertsen.

Paysage de printemps.

banquise. Nous faisons alors route dans l'Ouest, en suivant la banquise. Par l'arrière, nous apercevons la lueur blanchâtre qu'on observe au-dessus de la Grande Barrière ; peut-être, dans cette région, ce glacier s'étend-il dans le Nord et le Nord-Ouest ; les glaces sont de plus en plus serrées ; il se pourrait que cette circonstance soit due à ce qu'elles s'appuient contre un obstacle qui ne serait autre que la Barrière.

Après avoir longé le pack dans l'Ouest jusqu'au 20 février, nous pouvons enfin remettre le cap au Nord. Une fraîche brise de Sud, accompagnée de neige épaisse, nous pousse alors promptement.

Dans la nuit du 20, il devient nécessaire d'allumer les lampes de l'habitacle. Les jours deviennent de plus en plus courts. Des nuits claires seraient pourtant très utiles dans ces eaux inconnues et infestées d'icebergs.

22 février. — A quatre heures du soir, nous entrons au milieu de la *drift-ice* par 70° 30' de latitude Sud et 177° 30' de longitude Est. La banquise est beaucoup plus haute qu'il y a cinq semaines, mais ici elle n'est pas compacte. Nos progrès sont relativement rapides.

23 février. — Vers une heure du matin, l'obscurité nous oblige à ralentir la vitesse ; plus tard, des tourbillons de neige masquant toute vue, nous stoppons. A neuf heures, le temps redevient clair ; nous nous trouvons alors devant une sorte de digue, formée de plus de cent icebergs se touchant presque et entourés de drift-ice agglomérée.

Passant à l'Ouest de cette muraille de glace flottante, à dix heures du soir, nous réussissons à atteindre la mer libre par 69° de latitude Sud et 175° 30' de longitude Est.

La fréquence des calmes dans la mer de Ross est remarquable ; durant les deux mois que nous y avons passés, nous avons à peine noté une brise fraîche.

Le 26, nous franchissons de nouveau le cercle polaire. Ce jour-là, la température de l'air et celle de l'eau sont de 0°.

A peu près sur notre route vers le cap Horn, les cartes indiquent deux archipels, dont l'existence est douteuse, les îles Nimrod, par 158° de longitude Ouest, et l'île Dougherty, par 120° de longitude Ouest. Le navire de l'expédition Shackleton, le *Nimrod*, commandé par le capitaine Davis, n'a pu les trouver ; on dit cependant que l'île Dougherty a été signalée deux fois. En conséquence, le *Fram* fait route vers les îles Nimrod. Des vents de Nord-Est persistants nous rejettent dans le Sud-Est ; une fois qu'ils sont tombés, nous nous trouvons si loin de cet archipel que nous renonçons à nous mettre à sa recherche. Le cap est alors mis sur Dougherty. Après deux semaines environ de brises d'Ouest, nous ne sommes plus qu'à deux ou trois jours de cette île. A ce moment éclate une tempête de Nord-Est qui devient un véritable ouragan. Quand il mollit, nous nous trouvons à environ 80 milles dans le Sud de Dougherty. La mer reste ensuite très haute ; dans ces conditions, le moteur est trop faible pour marcher contre le vent. N'ayant vu ni soleil ni étoiles depuis des semaines, nous n'avons pris aucune observation ; par suite, notre estime est peut-être entachée d'une erreur d'un ou de deux degrés. L'existence de ces terres doit donc être toujours considérée comme douteuse. Moralité : n'entreprenez point de voyages de découverte, mon ami, si vous n'êtes pas bâti pour cela !

Une fois dans le Pacifique, le *Fram* recommence à rouler d'un bord sur l'autre. Quand le mouvement bat son plein et quand tasses et assiettes dansent le fandango, tout le monde souhaite une arrivée rapide à Buenos Aires. Il va de soi que, sur un pareil navire, les fonctions de cuisinier ne sont pas une sinécure ; le nôtre n'en demeure pas moins toujours de bonne humeur, chantant et sifflant tout le long du jour. Le fait suivant montre quelle ampleur atteint le roulis du *Fram*.

Un jour, deux d'entre nous dégustaient leur café assis sur une caisse amarrée près de la porte de la cuisine. Juste à ce moment, dans un des mouvements désordonnés du bateau, les saisines se rompent, le coffre bondit alors à travers le pont ; rencontrant dans sa course folle un obstacle, un choc terrible se produit. Un des camarades qui se trouvent dessus est lancé en l'air et va s'étaler sur l'autre bord, après avoir traversé la cuisine comme un projectile, en tenant toujours sa tasse ; bref, un véritable exploit d'aviateur.

Au début de notre navigation dans le Pacifique, tout marche bien. Pendant une quinzaine, le vent demeure favorable ; je me plais alors à espérer que nous avons atteint une fois de plus la zone des brises d'Ouest. Mais rien n'est parfait en ce monde ; dans ces parages, journellement nous rencontrons des icebergs et fréquemment sommes enveloppés tantôt par des giboulées de neige, tantôt par la brume. Par les temps de neige, des éclaircies intermittentes se produisent ; bien plus dangereux est le brouillard, qui des journées entières ne se lève pas. Parfois tout l'équipage passe la nuit sur le pont afin de pouvoir manœuvrer instantanément ; jamais il n'y a moins de deux hommes de veille à l'avant, et toujours le moteur est paré à être mis en marche. Un exemple montrera à quel point mes hommes sont constamment sur le qui-vive.

Un dimanche après-midi, Hanssen, Kristensen et moi nous trouvons de service. La brise étant devenue debout, il est nécessaire de louvoyer. Ne voulant pas appeler le quart qui dort en bas, avec Hanssen je manœuvre les voiles, tandis que Kristensen, qui est à la barre, nous donne un coup de main quand il le peut. Le bâtiment étant venu dans le vent, les voiles commencent à ralinguer ; aussitôt, tous les hommes d'en bas arrivent en chemise sur le pont et se mettent au travail. Au même instant, un iceberg surgit, juste par l'avant ; immédiatement, nous virons de bord. Après cela, l'autre quart ne s'attarde pas sur le pont. Il n'est pas précisément agréable de manœuvrer en chemise, au milieu de la glace et du brouillard. Les hommes, en bas, dormaient si légèrement qu'il avait suffi du bruit produit par la voilure pour les éveiller. Ils étaient accourus, me raconta l'un d'eux, croyant à l'imminence d'une collision avec un iceberg.

Pendant la nuit, j'ai parfois aperçu la lueur des glaces à une distance de 8 milles ; en pareil cas, il n'y a rien à craindre. Par contre, souvent, en plein jour, nous sommes arrivés si près d'icebergs que quelques minutes plus tard nous aurions été dessus.

Au bout de deux ou trois semaines, le nombre des icebergs commence à diminuer. Je m'imaginais volontiers ne plus en rencontrer, lorsque, le 5 mars, vers midi, par temps assez clair, et juste par l'avant, nous en apercevons un grand nombre de très fortes dimensions. A la vue de ces énormes glaces, un homme qui monte prendre son quart s'écrie : « Dans quel diable de trou nous avez-vous fourrés, vous autres ? » L'après-midi, nous ne rangeons pas moins d'une centaine de ces glaçons, tous très gros et de forme tabulaire. Leur hauteur au-dessus du niveau de la mer est d'environ 30 mètres, à peu près la hauteur du nid-de-corbeau du *Fram*. Ces icebergs ne paraissent pas avoir été attaqués par les érosions et semblent tout fraîchement détachés.

Ce jour-là, nous réussissons à déterminer notre position (latitude, 61° Sud ; longitude, 150° Ouest). Grâce à une bonne brise d'Ouest, nous rangeons élégamment tous ces blocs les uns après les autres.

Dans la matinée, la mer lève tellement que l'embrun passe par-dessus la cime des icebergs. Peu à peu, elle tombe ; le soir, lorsque nous nous trouvons sous le vent de toutes ces glaces, elle est aussi calme que dans un port. La nuit suivante, nous rangeons encore un assez grand nombre de ces énormes glaçons ; le lendemain, nous n'en voyons qu'une vingtaine.

Se produit-il un abaissement de la température de la mer près des icebergs ? Sur ce point, les auteurs des diverses relations de voyages dans ces régions ne sont pas d'accord. A l'approche du pack, il est certain qu'une baisse de température sensible se produit, mais dans le cas d'un ou de deux icebergs démantelés, cela dépend des circonstances.

Un jour, à six heures du matin, nous rangeâmes un iceberg. La température de la mer était à minuit de 1°2, à quatre heures du matin de 1°, à huit heures de 0°9, à midi de 1°1. Dans ce cas, la température baissa dans le voisinage de la glace ; au contraire, en général, dans les latitudes élevées, elle reste invariable avant comme après le passage d'un iceberg.

Lors de notre second voyage au Sud, nous rencontrâmes notre premier iceberg la veille de Noël 1911. Ce jour-là, en quatre heures, la température de l'eau descendit de 2° à 0°4, puis, après le passage du glaçon, remonta rapidement à 1°7.

Dans la zone des vents d'Ouest, à mon avis, la température de la mer fournit des indications à peu près certaines sur l'approche des glaces. Au milieu de novembre 1911, entre l'île du Prince-Edouard et les îles Crozet (vers le 47° de latitude Sud), le thermomètre plongeur baissa.

Sur ce fait j'appelai l'attention d'un de mes camarades, en ajoutant qu'il me semblait annoncer le voisinage de la glace. Or, dans l'après-midi, nous rangeâmes un très petit bloc, après quoi la température redevint normale. Nous ne vîmes plus de glace ensuite jusqu'au 24 décembre.

Le 4 mars, veille du jour où nous rencontrâmes un archipel d'icebergs, dans le Pacifique, la température tomba assez rapidement de 1°1 à 0°3. Depuis vingt-quatre heures, nous n'avions pas croisé de ces glaçons. En même temps, l'eau prit une teinte verte inaccoutumée ; il est donc possible que nous nous soyons trouvés dans un courant froid. La température resta basse jusqu'au lendemain matin. Le 4 mars, elle était, à huit heures du matin, de 0°4, à midi, tout près d'un bloc, de 0°5, et à un mille sous le vent de 0°6 ; puis elle continua à monter. A quatre heures de l'après-midi, au moment où les icebergs étaient le plus nombreux, on observa 0°8, à huit heures du soir 0°9 et à minuit 1°. Par temps de brume, nous aurions cru nous éloigner des glaces, alors que nous nous en rapprochions. Si dans le voisinage d'une aussi grande quantité de glace la température de l'eau n'a pas été plus constante, cela tient peut-être à la présence d'un courant.

La semaine suivante, les icebergs deviennent plus rares, mais le temps ne change guère. Nous marchons bon train ; en un jour (de midi à midi), nous couvrons une distance de 200 milles marins ; la vitesse moyenne est donc d'environ 8 milles et demi à l'heure.

Après être venu de l'Ouest et du Nord-Ouest, le vent monte peu à peu au Nord, puis passe au Nord-Est en augmentant de force. Le 12 mars, il souffle en ouragan. Voici le passage de mon journal concernant cet événement :

« *13 mars*. — Nous venons d'essuyer le premier ouragan qui ait assailli le *Fram*. Dans l'après-midi du 11, un vent de force moyenne soufflait du Nord-Est ; à ce moment, le baromètre se tenait entre 744 et 745 millimètres. Il descendit ensuite lentement ; à huit heures du soir, il était à 743 millimètres, sans que la brise eût fraîchi. Le grand foc est alors amené. A minuit, 737 millimètres ; en même temps, le vent force. Nous carguons toute la toile, sauf le hunier et une voile d'étai. Progressivement, la brise augmente. Le 12, à quatre heures du matin, le hunier est serré après plus d'une heure de travail.

« Le vent augmente, et de plus en plus la mer grossit ; nous n'embarquons cependant que très peu d'eau. A huit heures du matin, le baromètre est à 709 millimètres ; à neuf heures du matin, à 708 millimètres. A partir de ce moment, il cesse de descendre et demeure stationnaire, jusque vers midi. Alors se déchaîne un ouragan furieux. Les nuages sont d'un brun chocolat ; jamais je n'ai vu un ciel d'aussi mauvaise apparence. La brise étant peu à peu remontée dans le Nord, nous courons grand largue sous deux petites voiles d'étai, avec la mer sur le côté. Dans cette circonstance, le *Fram* se comporta comme un merveilleux navire de mer. Du côté du vent, d'énormes vagues arrivaient sur nous. Au moment où elles allaient se briser contre le navire et tout enfoncer, le bateau s'élevait comme un bouchon sur leurs crêtes, et ces énormes masses d'eau passaient sous la quille. Parvenu au sommet de ces montagnes mouvantes, en quelques secondes le *Fram* tombait dans les creux qui les séparaient, d'une hauteur de 14 ou 15 mètres, avec une vitesse vertigineuse. On éprouvait alors la même impression qu'en descendant du quatorzième étage d'un gratte-ciel dans un ascenseur américain ultra-rapide. C'était si vite fait que nous avions la sensation d'être soulevés du pont. Toute l'après-midi et toute la soirée s'écoulèrent à monter et à descendre ainsi sur le dos de lames monstrueuses. Dans la nuit, le vent diminua graduellement, et le calme se fit. »

Le 14 mars, rangé le dernier iceberg. Nous en avons bien rencontré cinq cents, au cours de cette traversée.

Pendant dix jours, le vent reste au Nord-Est ; jamais une brise d'Ouest ! Dans la nuit du 17, enfin le ciel s'éclaircit ; de légers cirrus apparaissent ; la lune se montre entourée d'un cercle. Ces indices, joints à la hauteur de la mer et à la chute du baromètre, annoncent un nouveau coup de chien. En effet, le 19 mars, nous sommes pris dans un cyclone. En manœuvrant selon les règles, nous parvenons à nous éloigner du demi-cercle dangereux. Vers quatre heures de l'après-midi, le baromètre tombe à 700 millimètres, la plus basse pression qui ait été observée à ma connaissance. De midi à quatre heures de l'après-midi, l'air est absolument calme ; en revanche, la mer est énorme. Immédiatement après, le vent souffle en tempête du Nord-Ouest, puis mollit progressivement les jours suivants jusqu'à devenir une simple bonne brise de la même direction.

Dimanche 5 mars, cent icebergs ; dimanche 12 mars, ouragan ; dimanche 19 mars, cyclone : voilà trois charmants « jours de repos ».

Pendant ce voyage, le salon avant a été transformé en atelier pour les voiliers, tandis que le salon arrière sert de mess. Il y fait d'ailleurs plus chaud, et les mouvements du navire y sont moins sensibles.

A partir du milieu de mars, les tempêtes de l'équinoxe sont passées, et jusqu'à Buenos Aires la traversée est très belle. Le 31, nous doublons le cap Horn par temps magnifique. Pas un nuage au ciel : seulement une légère brise d'Ouest avec une faible houle. Qui s'attendrait à trouver un tel calme dans ces parages, et dans ce mois le plus tempétueux de l'année ?

Pendant le voyage, le lieutenant Gjertsen et Kutschin ont fait des récoltes de plancton.

Au Nord des Malouines, le *Fram* est soigneusement lavé et repeint afin de lui donner bon aspect pour son arrivée à Buenos Aires.

Le dimanche de Pâques, vers midi, nous sommes à l'embouchure du Rio de la Plata. Durant la nuit, le temps devient clair, la lune brille, et il règne une bonne brise de Sud. Nous nous dirigeons en sondant, et à l'aide d'observation d'étoiles. A une heure du matin, le lundi, nous arrivons devant le feu flottant de Recalda. Depuis notre départ de Madère, le 9 septembre à 2 h 30 du matin, nous n'avions point vu de phare.

Dans la journée, nous prenons un pilote, et, à sept heures du soir, mouillons sur rade de Buenos Aires, après avoir accompli le tour du monde presque entier. Depuis sept mois, l'ancre n'avait pas été mouillée.

En soixante-deux jours, soit seulement deux jours de plus que ne le prévoyait le programme, nous avons effectué le voyage de l'Antarctique à l'Argentine.

Reste maintenant à accomplir, dans l'Atlantique Sud, une campagne océanographique de trois mois.

Nous quitterons Buenos Aires au commencement d'octobre, afin d'être de retour dans l'Antarctique vers le 1er janvier.

L'équipage étant trop réduit pour pouvoir à la fois manœuvrer le bateau et exécuter les sondages, j'engage quatre hommes : H. Halvorsen, A. Olsen, F. Steller et J. Andersen.

Le 8 juin 1911, l'anniversaire de notre départ de Horten pour notre première croisière océanographique dans l'Atlantique Nord, le *Fram* appareille. Il y a un an, personne à bord ne se doutait que douze mois plus tard nous entreprendrions une seconde campagne du même genre dans le Sud.

Le pilote nous conduit jusqu'à Montevideo, où nous mouillons le lendemain dans l'après-midi. Un coup de pampero nous oblige à demeurer à l'ancre dans la rivière, sans pouvoir mettre à l'eau une embarcation. L'après-midi du 10, un grand remorqueur vient chercher notre pilote ; à bord se trouve le secrétaire du consulat norvégien. Ce personnage nous prie instamment d'entrer dans le port, le public désirant visiter notre bateau. Je l'assure immédiatement que nous ne manquerons pas de lui donner satisfaction, à notre retour, « si nous en avons le temps ».

Le « Kainan Maru »
(navire de l'expédition japonaise dans la baie des Baleines).

Membres de l'expédition japonaise.

Le 11 au matin, nous mettons en mer par un temps charmant. Peu à peu, la terre disparaît ; de nouveau, nous voici au large.

Afin de ménager notre provision de conserves, nous avons embarqué vingt moutons et un grand nombre de volailles. De cette étable installée à l'avant se dégage un délicieux arôme de foin ; nous avons ainsi réuni l'air de la mer et celui de la campagne. Malgré ces conditions favorables, trois ou quatre d'entre nous sont pris d'influenza et doivent rester alités pendant quelques jours.

Je compte être de retour à Buenos Aires au début de septembre et faire, si possible, une station par jour. La distance étant approximativement de 8 000 milles marins, j'établis le programme suivant :

Route au Nord-Est vers la côte d'Afrique, avec les vents constants de Nord ou de Nord-Ouest, et en profitant de l'alizé de Sud-Est. Si nous ne sommes pas sous la côte d'Afrique le 22 juillet, nous virerons de bord, et, à l'aide de l'alizé de Sud-Est, ferons route vers Sainte-Hélène, de manière à y arriver avant le 1er août. De là, toujours au moyen de cet alizé, nous nous dirigerons vers la Trinité du Sud, où nous toucherons vers le 11 ou le 12 août. Poussés par les vents d'Est et de Nord-Est, nous filerons ensuite dans le Sud-Ouest, jusqu'au 22 août environ, date à laquelle nous terminerons nos opérations et rallierons Buenos Aires le plus rapidement possible.

En raison de l'énorme masse d'eau douce que déverse le Rio de la Plata, nous ne commençons pas immédiatement les opérations océanographiques. En même temps, un vent continu de Nord-Est nous force à prendre la cape pendant quelques jours.

Nous ne pouvons sonder avant le 17. Dans la matinée, les voiles sont amenées ; naturellement, le roulis devient aussitôt plus accentué. Malgré cela, nous opérons avec un plomb de 26 kilos garni d'un tube pour prendre un échantillon du fond. A 2 000 mètres ou un peu plus, la ligne se rompt. L'appareil et 2 000 mètres de corde à piano sont perdus ! Nous récoltons ensuite des échantillons d'eau jusqu'à 2 000 mètres de profondeur. L'opération ne prend pas moins de six heures. Le lendemain, nous recommençons, mais seulement jusqu'à 100 mètres, en raison de l'état de la mer. Le troisième jour, sondage jusqu'à 4 500 mètres. Nous recueillons des échantillons du fond et des couches d'eau à diverses profondeurs, en même temps nous prenons la température à des intervalles déterminés.

Si cela continue ainsi, il nous faudra neuf mois pour accomplir notre programme. Force nous est donc de renoncer à la récolte des échantillons du fond et des eaux en dessous de 1 000 mètres. Pendant le reste de la croisière, à chaque station nous prenons la température et remplissons des bouteilles d'eau aux profondeurs suivantes : 0, 5, 10, 25, 50, 75, 100, 150, 200, 400, 500, 750 et 1 000 mètres, soit en tout treize échantillons par station. A partir de cette date, nous faisons régulièrement une station par jour.

Pour passer le temps, pendant les opérations océanographiques, les loustics racontent des histoires drolatiques, qui nous sont arrivées pendant le séjour à Buenos Aires. En voici une à titre d'exemple :

Un jour, un des membres de l'expédition ayant été renversé par une automobile dans une des rues les plus fréquentées, naturellement une foule nombreuse s'assembla sur le lieu de l'accident. Notre ami gisait par terre, se demandant quelle conduite il devait tenir pour obtenir la plus forte indemnité possible. Devait-il faire le mort ou simuler une fracture ? Pendant que le public le tâtait et le palpait, il se rappela soudain qu'il avait un demi-dollar en poche. A la tête d'un pareil trésor, peu lui importait l'indemnité ; donc, d'un bond, notre homme fut debout et s'enfuit aussitôt à toutes jambes, à la stupéfaction de la foule.

Au cours de cette croisière, la vitesse du navire est réglée de manière que les stations soient espacées à intervalles de 100 milles.

Durant cette période, le temps est beau ; par exception seulement la brise devient fraîche et la mer lève. Grâce à cette circonstance, nous pouvons exécuter à travers l'Atlantique austral deux coupes sensiblement parallèles.

Pendant cette campagne, soixante stations ont été faites, et 891 échantillons d'eau et 190 de plancton recueillis.

Dans la zone de l'alizé de Sud-Est, nous naviguons quatre semaines, sans avoir à faire usage du moteur. On en profite pour le nettoyer. Durant cette période de calme, le bâtiment est également approprié de fond en comble ; il en a grand besoin. On enlève la rouille qui couvre les ferrures, puis on rafraîchit les peintures intérieures et extérieures ; ensuite on enduit les ponts d'un mélange d'huile de goudron et de térébenthine ; enfin on remet en état la voilure. Pendant notre second séjour à Buenos Aires, le bâtiment fut de nouveau complètement repeint, les mâts, les vergues, comme la coque, les roofs et les embarcations, etc. Dans la machinerie, tout reluit et tout est en ordre. A notre rentrée à Buenos Aires, le *Fram* se trouva plus propre qu'il ne l'avait jamais été.

Durant la croisière, les soutes sont également nettoyées, les approvisionnements ré-arrimés et un inventaire dressé.

Tout un lot de voiles se trouve hors de service ; quand un navire est sans cesse à la mer, et que, tous les jours et par tous les temps, on manœuvre, le gréement s'use rapidement.

Notre voilure est en loques ; par suite, notre voilier demeure très occupé. Aussi, pour le nouveau voyage que nous devrons accomplir pour aller rechercher Amundsen, une nouvelle voilure sera nécessaire.

Nous prenions les sondages sous le vent, afin que la ligne ne fût pas entraînée sous le bateau et, par suite, exposée à une rupture. Au cours des 900 sondages exécutés, nous n'avons perdu qu'un thermomètre.

Le 30 juin 1911 est une date mémorable dans l'histoire du voyage ; ce jour-là, nous recoupons notre route de Madère à la Barrière. Le *Fram* a donc accompli son premier voyage de circumnavigation. Un véritable exploit, eu égard à la réputation faite à notre excellent bateau. Pour célébrer cet événement, un grand dîner est servi, accompagné de discours exaltant les qualités nautiques de notre vaillant *Fram*.

Dans la soirée du 29 juillet, Sainte-Hélène est en vue. C'est la première fois que je vois cette île historique. Il est singulier de penser que « le plus grand esprit de cent siècles », comme un auteur a appelé Napoléon, a terminé sa vie mouvementée sur cet îlot isolé de l'Atlantique Sud.

Le 12 août, au lever du jour, on signale les petites îles Martin Vaz, un peu plus tard, la Trinité du Sud (en 1910, nous avions rangé cette île le 16 octobre). Entre midi et deux heures de l'après-midi, tandis que nous sommes en panne pour notre station océanographique quotidienne, un voilier apparaît au Nord, faisant route au Sud. Il vient sur nous et hisse ses couleurs ; puis nous échangeons les politesses d'usage ; c'est un norvégien à destination de l'Australie. Dans tout notre voyage, nous n'avons rencontré que quatre ou cinq navires, et encore à très grande distance.

Jamais, depuis notre départ de Madère, nous n'avions eu à bord ni bêtes ni insectes malfaisants. Cela commença à Buenos Aires. Dans ce port, des myriades de mouches s'abattirent sur nous. Loin de regagner la terre au moment où le *Fram* leva l'ancre, comme je l'avais espéré, elles nous suivirent en mer ; nous n'en fûmes débarrassés que par leur trépas sur le papier Moure.

Des hôtes encore plus malfaisants, des rats pour les appeler par leur nom, s'étaient installés à bord. Leur présence fut révélée par des traces laissées dans mon coffre et sur la table d'un des salons. Je n'insiste pas sur leur nature. Nous dressâmes aussitôt des pièges, par acquit de conscience, car, avec une cargaison composée uniquement de provisions, ils étaient bien inutiles.

Un matin que Rönne travaillait à ses voiles, une ombre, raconta-t-il, passa à ses pieds, se dirigeant vers le salon avant. En même temps, le cuisinier signalait la présence d'un rat dans le carré. La porte en fut immédiatement fermée, et la chasse commença. Les cabines furent vidées, fouillées, ainsi que le piano ; tout fut mis sens dessus dessous, mais point de rat. Une quinzaine plus tard, sentant une odeur caractéristique dans la cabine inoccupée de Hassel, je me livrai à d'actives investigations et finis par découvrir le cadavre d'un gros rat. Il était mort, après avoir dévoré deux gros romans enfouis dans une armoire fermée. Comment avait-il pu s'introduire dans ce meuble complètement clos ?

En arrimant les vivres, nous découvrîmes plusieurs nichées ; six bêtes furent tuées, mais il s'en échappa au moins autant. Une récompense de dix cigares fut offerte par tête capturée ; malgré l'acharnement de la chasse, les résultats demeurèrent médiocres. Pendant notre second séjour à Buenos Aires, nous embarquâmes un chat ; il ne fut pas inutile, malheureusement il périt sur la Barrière. Plus tard, au moyen de pièges achetés à Hobart, nous prîmes un grand nombre de nos ennemis. Le seul moyen de nous débarrasser de cette peste sera de débarquer tous les approvisionnements et d'enfumer les cales.

Nous avons également beaucoup de souris ; jusqu'à présent, elles n'ont commis d'autre méfait que de grignoter mes meilleurs pantalons.

Pendant la croisière, nous laissâmes à la traîne une ligne amorcée de petits chiffons blancs. Chaque matin, un fanatique de la pêche va l'examiner, toujours en vain. Un beau jour, tout joyeux, il annonce une bonne prise. Notre ami a, en effet, les plus grandes peines du monde à relever seul la ligne. A son appel, immédiatement un camarade accourt. « Ah ! c'est une belle pièce ! Ce sera fameux d'avoir du poisson frais pour le dîner ! » Au prix de pénibles efforts, la prise est amenée le long du bord. Hélas ! elle n'a plus de tête ! C'était une morue sèche, qu'un plaisant avait, durant la nuit, suspendue à l'hameçon. Inutile de dire que nous rîmes tous de bon cœur, y compris le héros de l'aventure.

En outre de cette morue, nous ne capturâmes qu'un seul poisson, encore se décrocha-t-il au moment où la ligne fut relevée. Si l'on s'en rapporte aux dires des témoins oculaires, il aurait mesuré 1 m 80.

Le 19 août, nous faisons notre dernière station. De là, le cap est mis sur Buenos Aires, où nous arrivons le 1er septembre, à minuit.

A notre premier retour en Argentine, dans les premiers mois de 1911, la caisse de l'expédition était pour ainsi dire à sec : nos disponibilités ne dépassaient pas 85 francs.

Avec pareille somme nous ne pouvions ni renouveler nos approvisionnements ni même quitter le port. On m'avait bien parlé d'un crédit à notre compte dans une banque, mais nous ne pûmes jamais la découvrir. Et pourtant il nous fallait de l'argent pour aller rechercher Amundsen. La croisière océanographique pouvait être sacrifiée ; mais nos camarades, nous ne voulions pas les abandonner.

Une fois de plus, les circonstances nous servirent. Quelques jours avant notre départ de Norvège, un de nos compatriotes habitant Buenos Aires, Don Pedro Christophersen, nous avait câblé qu'il se chargeait de nous approvisionner si, en quittant Madère, nous relâchions à Buenos Aires. Il ignorait à ce moment que l'expédition dût attaquer d'abord le Pôle Sud, et que, par suite, le *Fram*, lorsqu'il arriverait à Buenos Aires, aurait besoin d'un ravitaillement complet. Il n'en vint pas moins à notre secours avec une libéralité dont nous lui sommes profondément reconnaissants. Dès mon arrivée, j'allai voir Don Pedro Christophersen, ainsi que son frère, ministre de Norvège en Argentine. Tous deux étaient des partisans enthousiastes du nouveau programme de l'expédition. Lors d'une seconde visite, ayant exprimé devant eux mon étonnement de ne rien recevoir de Norvège et la gêne dans laquelle nous nous trouvions, M. Christophersen m'offrit aussitôt de prendre à sa charge toutes nos dépenses à Buenos Aires et de nous fournir les vivres et le combustible nécessaires. En un instant, nous fûmes ainsi libérés de tout souci et n'eûmes plus à nous préoccuper du lendemain.

Chaque homme de l'équipage reçut pour ses dépenses personnelles une somme offerte par la colonie norvégienne de La Plata. Le 17 mai, jour de la fête de l'Indépendance, nous fûmes invités à dîner par nos compatriotes de cette ville.

Notre second séjour à Buenos Aires fut des plus agréables. Tout le monde fit assaut d'amabilité à notre égard ; des fêtes furent même organisées en notre honneur.

Les vivres expédiés de Norvège sur l'ordre de M. Christophersen furent embarqués, ainsi qu'environ 50 000 litres de pétrole. Quand nous quittâmes l'Argentine, nous étions approvisionnés pour un an. Bien plus, au moment de notre départ, M. Christophersen nous annonça qu'il enverrait une expédition de secours si le *Fram* n'était point de retour en Australie à une certaine date.

Les trois semaines passées au port furent employées à arrimer la cargaison et à mettre le bâtiment en état de reprendre la mer. Tous ces travaux terminés dans l'après-midi du 4 octobre, le *Fram* était prêt à appareiller pour entreprendre son second tour du monde.

A Buenos Aires, nous étions amarrés au même quai que le *Deutschland*, navire de l'expédition polaire allemande.

A. Kutschin et le second mécanicien, J. Nödtvedt, nous quittèrent pour rentrer en Norvège, et le matelot J. Andersen fut remercié.

Pendant la traversée de Buenos Aires à la Barrière, les quarts ont été ainsi réglés : de huit heures à deux heures, T. Nilsen, L. Hanssen, H. Halvorsen et A. Olsen ; de deux heures à huit heures, H. Gjertsen, A. Beck, M. Rönne et F. Steller ; à la machine : K. Sundbeck et H. Christensen. Avec le cuisinier K. Olsen, nous sommes en tout onze hommes.

« Ce qui est bien commencé est à moitié fait », dit le proverbe ; pareillement un mauvais début entraîne généralement une suite d'événements fâcheux.

Au départ, dans la matinée du 5 octobre, nous avons vent debout, et seulement quatre jours plus tard nous pouvons débarquer le pilote, au bateau-feu de Recalda. Ensuite, retardés par des calmes, nous descendons très lentement la rivière de La Plata. Seulement dans la nuit du 6, nous sommes au large et voyons disparaître les feux à l'horizon.

Une fois dehors, nous aurions dû entrer dans la zone des vents d'Ouest ; au lieu de cela, nous rencontrons des calmes. Vingt-quatre fois par jour, nous observons la direction des nuages et les mouvements du barographe : rien ne bouge. Après une longue attente, une nuit, une brise fraîche de Sud-Ouest s'élève, accompagnée de grêle ; malheureusement elle ne dure pas.

Nous avons embarqué à Buenos Aires quinze moutons et quinze jeunes porcs qui ont été installés à l'arrière. Un de nos élèves étant mort après ce coup de vent de Sud-Ouest, je suppose qu'il a succombé au froid. A la suite de cet accident, les animaux sont établis dans le faux-pont, où il fait très chaud et où ils restèrent ensuite toute la traversée. Deux fois par jour, on nettoie leur étable, puis on recouvre le plancher de paille fraîche. Les porcs se trouvent si bien dans leur nouveau gîte qu'ils grossissent à vue d'œil ; à notre arrivée à la Barrière, nous en possédions encore neuf.

Les moutons sont également dans un état florissant ; ils engraissent très rapidement, comme nous le constatons chaque samedi lorsque nous en abattons un. Une fois au milieu de la banquise, nous ne vécûmes plus sur notre troupeau et demandâmes à la chasse la viande fraîche nécessaire. Quatre moutons étaient encore vivants lors de notre arrivée à Framheim.

En octobre, nos progrès sont très lents ; continuellement des calmes et des vents d'Est. La distance parcourue, pendant ce mois, est la plus faible moyenne mensuelle relevée depuis notre départ de Norvège ; le *Fram* avait pourtant passé en cale sèche et n'était plus lourdement chargé. Avec le vent sur la hanche et un peu de mer debout, le navire avance à peine ; une brise fraîche, voilà ce qu'il lui faut. Les uns attribuent notre mauvaise chance à la présence de treize porcs à bord, les autres à la capture de quatorze albatros et de quatre pigeons du Cap. Les marins sont, comme on sait, très superstitieux. A tel oiseau ils attribuent le beau temps, à tel autre la tempête ; d'après eux, la direction dans laquelle nagent les baleines donne également des

Un groupe de pingouins Adélie.

Le « Fram » dans la baie des Baleines.

indications importantes sur le vent ; à la chasse dans l'Arctique, le succès dépend de la position du premier phoque que l'on aperçoit par rapport à l'avant du navire, si l'on en croit les fortes têtes du gaillard d'avant, etc., etc.

Novembre débute par une fraîche brise de Sud-Ouest, qui nous pousse à raison de 9 milles et demi à l'heure. Le mois s'annonce donc bien. Hélas ! il ne tint guère ses promesses ! Toujours des vents de Nord, de Sud, avec légère tendance vers l'Ouest. Au milieu de la zone des vents d'Ouest, pour faire route dans l'Est, pendant les deux tiers du trajet environ, nous devons tirer des bordées ! En trois mois, il n'y eut guère plus de trois jours de vent d'Ouest, alors que j'avais évalué à 75 p. 100 la fréquence des brises de cette partie, pour le trajet de Buenos Aires jusqu'au méridien de la Tasmanie.

Le 11 novembre, j'écris dans mon journal : « Aujourd'hui, tempête d'Ouest. Avec la misaine et le hunier, nous filons 9 milles à l'heure. La mer est creuse et brise de chaque côté du navire. Malgré cela, nous n'embarquons pas une goutte d'eau ; le pont est si sec que les hommes de quart n'ont pas mis leurs bottes et que j'ai conservé mes pantoufles. Par un temps pareil, avec une belle lune brillante, les hommes de quart bavardent gaiement, en admirant la magnifique tenue du bateau. »

Après trois jours de beau temps, les calmes et les vents contraires recommencent. Dans quel état de colère me met cette malchance continue !

Par bonheur, le *Fram* marche beaucoup mieux qu'en 1910, sinon il nous aurait fallu six mois pour atteindre la Barrière. Quand il y a du vent, nous en profitons jusqu'à l'extrême limite possible, mais cela ne va pas sans avarie ; deux fois notre grand foc neuf fut mis en pièces, et une nuit le bout-dehors enlevé.

Avec le vent sur le côté, le *Fram* roule effroyablement. Un jour, pendant le dîner, assiettes et verres sautent par-dessus les cabillots à roulis, et une avalanche de vaisselle brisée, de sauce, de morceaux de viande s'abat dans une des cabines qui ouvrent sur le carré. Au même instant un bruit formidable se fait entendre sur le pont au-dessus de nos têtes. Je devine immédiatement ce qui s'est passé. Une caisse à eau, vide, à dû rompre ses saisines, et, la bouche pleine, je hurle : « Le réservoir ! » D'un bond je suis en haut, suivi de tous les convives. Une lame s'étant abattue sur l'arrière avait arraché la caisse. Tous les hommes l'empoignent et la maintiennent jusqu'à ce que l'eau qui couvre le pont se soit écoulée, puis la remettent en place en l'amarrant solidement. Ce travail terminé, chacun allume ensuite tranquillement sa pipe, comme si de rien n'était.

Le 13 novembre, nous passons dans le Nord de l'île du Prince-Edouard et, le 18, rangeons l'île des Pingouins, la plus avancée des Crozets vers le Sud-Ouest. Près de cette dernière terre, un très grand nombre d'oiseaux, de phoques, de pingouins et même un petit iceberg.

De là, le cap est mis sur Kerguelen, mais nous passons beaucoup trop au Nord pour l'apercevoir, de fraîches brises de Sud et de Sud-Est, persistantes pendant deux semaines, nous ayant fait dériver dans le Nord-Est. L'an dernier, une succession de tempêtes nous avait empêchés d'aborder à Kerguelen ; aujourd'hui, c'est la direction de la brise qui nous en éloigne.

A aucun point de vue notre seconde traversée ne peut être comparée à la première ; jamais je n'aurais pensé que, d'une année à l'autre, et dans la même saison, le régime des vents pût être aussi différent dans la zone des Quarantièmes rugissants. Les Cinquantièmes hurlants nous apportent, au contraire, le beau ; pas avant le 58° de latitude nous ne rencontrons de brouillard.

Le 1er décembre, calme et mer debout ; quoique le moteur tourne à toute allure, nous ne dépassons pas un nœud et demi. Pendant trois jours, ensuite, bon vent, puis des calmes ou des brises contraires. Durant la première quinzaine, elles soufflent de Nord-Est et d'Est, par suite nous poussent dans le Sud.

Dès le 150° de longitude Est, nous atteignons le 60° de latitude. La troisième semaine nous apporte des calmes et de faibles brises de Sud-Est ; nous parvenons ainsi au 170° de longitude Est par le 65° de latitude, dans les environs du pack. Là, un vent frais de Nord-Nord-Est nous pousse droit sur la glace.

Entre Buenos Aires et la banquise, nous avons pris un grand nombre d'oiseaux, notamment des albatros ; trente peaux environ ont été préparées par L. Hanssen. Les plus grands albatros capturés mesurent 3 m 60 d'envergure ; le plus petit oiseau de notre collection, presque de la taille du colibri, appartient à la faune terrestre.

Il est très curieux d'observer le vol des albatros par la tempête. Sans mouvoir leurs ailes, ces oiseaux avancent tantôt avec le vent, tantôt contre lui ; ils effleurent la surface de l'eau de la pointe de leur énorme voilure, puis, l'instant d'après, fendent l'air avec la vitesse d'une flèche. L'étude de leurs mouvements serait très instructive pour les aviateurs. Ces oiseaux tournent en grand nombre autour du navire, pour attraper tout ce qui est jeté par-dessus bord. Quand le bateau avance vite, il est inutile d'essayer de les capturer. Cette opération est seulement possible lorsque le vent est moins frais.

On prend les albatros au moyen d'un triangle de fer monté sur un morceau de bois qui le maintient à flot. Le sommet, très aigu, est coupant comme un couteau, et les côtés garnis de viande de porc. Lorsque l'albatros ouvre le bec pour mordre l'appât, une secousse donnée à l'appareil détermine le déclenchement de deux petits hameçons fixés au triangle, lesquels se rabattent sur la mandibule supérieure et saisissent l'oiseau. Si la ligne se brise, l'appareil tombe à la mer, et l'albatros redevient libre. En halant le câble, il faut le tenir très tendu, même si l'oiseau vole dans votre direction. Souvent, pendant le halage, l'oiseau s'échappe, mais aussitôt il se rejette sur l'appât.

Dans la nuit du 11 décembre, pendant une heure, aurore australe particulièrement intense, dans la direction Est-Ouest.

Le 14, toute la peinture blanche du bord est nettoyée. Ce jour-là, température + 6° ; nous travaillons en bras de chemise.

Pendant la troisième semaine de décembre, le cuisinier prépare les gâteaux de Noël. L'avant-veille de la fête, un porc, nommé Tulla, est abattu. Pendant l'opération, notre berger se tint à l'écart pour ne pas donner le spectacle de son émotion.

24 décembre. — De grand matin, les trois premiers icebergs sont en vue toute la journée, calme plat et légère brume.

A cinq heures du soir, le moteur est stoppé, pour permettre à tout l'équipage de dîner ensemble. Hélas ! nous n'avons plus, comme l'an dernier, de phonographe pour égayer la fête ; il est remplacé par l'« orchestre », composé d'un violon (Beck), d'une mandoline (Sundbeck) et d'une flûte (l'auteur de cette relation). Il entame le *Glade Jul, Hellige Jul*, au moment où les convives prennent place. Je gonfle mes joues de toutes mes forces, afin de donner aux auditeurs une bonne impression de mon talent. L'exécution, je le crains, n'eût pas satisfait des mélomanes, mais notre public n'est pas difficile. Il n'est point non plus pointilleux sous le rapport de la tenue. D'un commun accord, le jersey a remplacé le smoking. Le menu comporte une soupe, du porc rôti avec des pommes de terre fraîches et des confitures, de l'*aquavit* vieille de dix ans, de la bière de Norvège, les fameux gâteaux, enfin le champagne. Nous portons la santé du roi et de la reine, de Don Pedro Christophersen, du capitaine Amundsen et du *Fram*.

Pour la circonstance, j'ai décoré le carré de fleurs artificielles, de broderies, de pavillons. Après le dîner, tout en fumant des cigares, on procède à la distribution des cadeaux. Ensuite, L. Hanssen joue de l'accordéon, puis le lieutenant Gjertsen et Rönne exécutent des danses de caractère. Selon son habitude, le voilier est si drôle qu'il provoque chez tous un fou rire inextinguible.

A dix heures, tout est fini. Aussitôt, le moteur est remis en marche, une bordée monte sur le pont, tandis que l'autre regagne ses cadres ; puis Olsen va nettoyer la porcherie, comme il le fait tous les jours à pareille heure. Ainsi se termine notre Noël de 1911.

Deux ans de suite, sir James Ross navigua avec des voiliers dans la mer qui porte son nom. Pour que ces navires aient pu passer facilement, ils ont dû profiter d'une zone ne renfermant que peu ou point de glace. Dans cette pensée, j'ai l'intention de chercher le pack occidental, c'est-à-dire celui qui se rencontre au large de la Terre Victoria, et de le suivre jusqu'à ce que nous trouvions une ouverture vers la mer de Ross. Peut-être, au milieu de la banquise, Ross a-t-il rencontré des circonstances tout à fait favorables, peut-être aussi n'a-t-il navigué que par temps clair. Nous, nous sommes pressés ; par suite, nous devons profiter du moindre vent, même si nous ne pouvons pas voir très loin devant nous.

Le 28 décembre, à cinq heures du soir, par 65° de latitude Sud et 171° de longitude Est, nous sommes en vue du pack. Les expéditions précédentes ne l'avaient pas rencontré avant le 66°, c'est-à-dire à environ 100 milles plus au Sud ; de plus, rien ne nous a avertis du voisinage de la glace. Après plusieurs jours de vent Sud-Est, il fait calme ; le cap est alors mis dans l'Est, en rangeant la banquise à tribord. Vers minuit, le vent fraîchissant du Nord, nous marchons au plus près le long de la banquise jusqu'au 29, midi. A ce moment, le bord du pack s'infléchit dans le Sud. Le vent de Nord est devenu très frais ; cela serait parfait s'il ne devait inévitablement nous amener de la neige et de la brume. L'une et l'autre arrivèrent, en effet, rapidement ; deux jours durant nous naviguons sans distinguer quoi que ce soit.

La banquise est précédée de longues rangées de *floe* et de

débris de glaçons, de plus en plus épais à mesure qu'on se rapproche de la masse de glace principale. Pendant deux jours, nous réglons notre marche sur l'abondance des fragments de glaçons ; plus leur nombre augmente, plus nous venons dans l'Est ; puis, lorsqu'ils diminuent, nous mettons le cap dans le Sud. En quarante-huit heures nous avançons ainsi du 65° de latitude Sud par 174° de longitude Est au 69° de latitude Sud par 178° de longitude Est, soit de 250 milles, et cela sans entrer dans le pack. Une fois, nous manquons d'être « pincés » ; par bonheur, nous parvenons à sortir de l'étau qui menaçait de nous enserrer. Le vent est si frais que nous faisons 8 nœuds et demi ; à une telle vitesse, au milieu des glaçons épars, il nous arrive plus d'une fois d'aborder des *floe* et de passer par-dessus.

Dans l'après-midi du 31 décembre, les files de glaçons devenant plus serrées, je commets la faute de poursuivre dans l'Est ; il aurait fallu, au contraire, faire route droit au Sud ou au Sud-Ouest, avec cette glace à bâbord. Plus nous avançons, plus je suis persuadé que nous sommes dans le pack occidental. Depuis deux jours, le brouillard et la neige nous ont empêchés d'observer. Notre vitesse a varié de 2 à 8 nœuds et demi, et nous avons tenu les routes les plus diverses. Dans ces conditions, l'estime doit être entachée d'une forte erreur. Une observation, effectuée le 2 janvier 1912, nous révéla que nous nous trouvions pas mal plus à l'Est que nous ne le croyions.

Le 31 décembre au soir, la brume se lève un peu ; nous ne découvrons que de la glace autour de nous. Le cap est alors mis en plein Sud. Nous sommes par 69° 30' de latitude ; j'espère trouver bientôt l'eau libre ; en 1910, nous sommes sortis de la banquise par 70° Sud, sous le même méridien qu'aujourd'hui.

Le 31 décembre au soir, la situation n'est pas brillante. La brume est très intense ; malgré le soleil de minuit, nous ne voyons pas à plus de 50 mètres en avant. La surface de la mer est recouverte d'un magma de glace et de neige si dense que, par moments, la marche du navire se trouve arrêtée. Par malheur, le vent mollit ; il souffle simplement une faible brise de Nord. Nous marchons à l'aventure. Tour à tour nous rencontrons de larges canaux et de vastes clairières, puis des masses de glace qui nous arrêtent complètement. Elles sont formées non point de véritables glaçons, mais de blocs d'une neige très compacte, épais d'environ 0 m 60, et tout récemment détachés d'une énorme nappe, semble-t-il. Les *floe* sont très rapprochés et paraissent les parties disloquées d'un même tout. La banquise reste plus ou moins serrée jusqu'au 73° de latitude Sud et 179° de longitude Ouest ; la partie la plus méridionale est composée de drift-ice ancienne.

Au-delà, jusqu'à la baie des Baleines, nous rangeons seulement quelques files isolées de *floe* et plusieurs icebergs.

Pendant la traversée du pack, nous tuons des phoques. Ce gibier nous permet de ménager les moutons et les porcs pour en régaler nos camarades de Framheim. Un rôti de porc frais sera pour eux un festin.

La région où la banquise peut être attaquée dans les conditions les plus favorables est comprise entre le 176° et le 180° de longitude Est ; la meilleure époque pour la forcer est le début de février.

Prenons, par exemple, la saison de 1911-1912 ; comme je l'ai dit, la banquise s'étendait du 65° au 73° de latitude Sud ; mais, entre le 68° et le 69°, elle était interrompue : c'est par là que j'aurais dû faire route au Sud.

Etudions maintenant la route suivie au retour, en 1912. Trouvant la glace aux environs du 75° de latitude Sud (presque dans la même position qu'en 1911), nous la suivîmes et après cela ne la vîmes plus ; en un mois et demi, la banquise que nous avions rencontrée en allant au Sud avait dérivé.

Pas avant le 7 janvier 1912, au Sud du 77° de latitude, le soleil de minuit ne se montre ; il est déjà de 9°5 au-dessus de l'horizon.

Après plusieurs jours de beau temps amené par des brises de Sud et de Sud-Ouest, il fait calme et il tombe une neige épaisse. La brise se lève ensuite du Sud-Est, toujours avec accompagnement de neige ; en même temps, une file de glaçons apparaît.

Dans la nuit du 8 janvier, nous arrivons devant la Barrière par très mauvais temps. Vers minuit, dans une éclaircie, on distingue le bord du glacier. La voilure est aussitôt amenée et la machine mise en marche, à toute vitesse, afin de gagner l'abri qu'offre sa falaise terminale. L'iceblinck devient de plus en plus intense ; bientôt, nous sommes si près de la muraille de glace que nous avons tout juste la place de manœuvrer. Poussés par un vent de Sud-Ouest, nous l'élongeons vers l'Est.

Quelques heures plus tard, le vent devenant droit debout, nous tirons des bords jusqu'à six heures du soir. A ce moment, nous arrivons devant la pointe occidentale de la baie des Baleines.

La glace s'étendant au large de ce cap, nous passons devant l'entrée de la baie, pour essayer de nous frayer un chemin le long de la côte orientale. Dans cette direction, j'espère trouver la glace morcelée, ou même de l'eau libre ; cet espoir est bientôt déçu : de ce côté aucune débâcle ne s'est produite. Nous ne pouvons dépasser le 78° 30' ; nous sommes donc à 11 milles marins en deçà de notre position de l'an précédent et à 15 milles au moins de Framheim.

Nous rentrons dans la baie des Baleines, après onze mois d'absence, et après avoir accompli dans cet intervalle le tour du monde. La distance couverte au cours de ce voyage de circumnavigation n'est pas inférieure à 25 000 milles marins, dont 8 000 pour la croisière océanographique dans l'Atlantique austral.

Nous ne restons pas plus de quatre heures au mouillage ; le vent, qui nous a été si souvent contraire, le demeure jusqu'à la fin. Tournant au Nord, il souffle en plein dans la baie, poussant devant lui de la glace flottante ; aussi à minuit (9-10 janvier) nous reprenons le large.

J'avais songé à dépêcher un messager à Framheim ; le mauvais temps m'oblige à renoncer à ce projet. D'ailleurs, nous ne possédons à bord qu'une paire de *ski ;* je ne puis donc expédier qu'un homme, alors qu'il serait prudent de le faire accompagner.

Le 10 dans l'après-midi, le ciel s'éclaire et la brise tombe ; aussitôt nous rentrons dans la baie. Comme le baromètre monte régulièrement, vers une heure j'autorise le lieutenant Gjertsen à débarquer.

Un peu plus tard, nous voyons un chien courir sur la banquise ; je pensai tout d'abord qu'il suivait la piste du lieutenant Gjertsen. Plus tard, j'appris que c'était une des bêtes qui vivaient à moitié sauvages aux environs de la station.

Le vent fraîchissant de nouveau, je reprends la mer et, pendant vingt-quatre heures, tire des bords sous voilure réduite. Le beau temps étant revenu, nouvelle rentrée dans la baie.

Le 11, à quatre heures de l'après-midi, Gjertsen revient, accompagné de Presterud, de Johansen et de Stubberud. Combien nous sommes heureux de les revoir ! Amundsen n'est pas encore de retour. Presterud, Johansen et Stubberud restent à bord pour prendre connaissance de leur courrier et lire les journaux. Le 12, ils repartent pour Framheim. Nous suivons

Phoques sur la banquise.

Un phoque de Weddell.

leurs mouvements à la jumelle, afin de pouvoir aller les recueillir s'ils sont arrêtés par des fissures de la banquise.

Les jours suivants, selon le temps, tantôt nous restons au mouillage, tantôt nous reprenons la mer. Le 16, à sept heures du soir, nous avons la très grande surprise de voir arriver un navire. Je suppose tout d'abord que c'est l'expédition du docteur Mawson. A notre étonnement, il hisse le pavillon japonais ! J'ignorais que cette expédition eût repris la mer. Le bâtiment, le *Kainan Maru*, passe deux fois près de nous, puis va s'amarrer au bord de la glace. Immédiatement après, dix hommes armés de pics et de pioches grimpent sur la Barrière, tandis que le reste de l'équipage pourchasse les pingouins. Toute la nuit, des coups de feu retentissent. Le lendemain matin, le commandant Homura vient à bord du *Fram*. Le même jour, les Japonais dressent une tente sur la Barrière et débarquent des caisses et des traîneaux. *Kainan Maru* signifie, m'a-t-on dit, « le navire qui ouvre le Sud ».

Presterud et moi allons un peu plus tard rendre visite aux Japonais, mais ne trouvons ni le chef de l'expédition ni le commandant du navire. Presterud, qui a emporté l'appareil cinématographique, prend un grand nombre de photographies.

Dans un article publié je ne sais où, le chef de l'expédition japonaise a attribué la mort des poneys de Shackleton à ce que l'explorateur anglais n'avait pas logé ces animaux la nuit sous des tentes. A son avis, les chevaux devaient être à l'abri et les hommes dehors. D'après cela, on pourrait croire que les Japonais portent une affection particulière aux animaux ; ils ne m'ont pourtant pas laissé cette impression. N'avaient-ils pas enfermé des pingouins dans de petites boîtes pour les rapporter vivants au Japon ! Sur le pont de leur bateau gisaient des tas de skuas morts ou mourants, et sur la glace voisine râlait un malheureux phoque qu'ils avaient ouvert et dont les entrailles traînaient. N'ayant pas d'arme pour achever cette pauvre bête, nous priâmes les Japonais de lui donner le coup de grâce ; cette demande n'eut d'autre effet que d'exciter leurs rires. Un peu plus loin, deux Nippons poussaient devant eux sur la banquise un autre phoque ; dès que la pauvre bête s'arrêtait, ils la piquaient avec des bâtons. Si elle tombait dans une crevasse, ils l'en sortaient en la soulevant au moyen de leurs perches. L'animal n'avait plus assez de forces pour échapper à ses bourreaux.

Arrivé à bord mourant, il fut abandonné sans que l'on se préoccupât de l'achever.

Le 19, sous la poussée d'une fraîche brise de Sud-Ouest, une masse de glace sort de la baie. A la suite de cette débâcle, une partie de la nuit, les Japonais courent d'un *floe* à l'autre pour rembarquer les hommes, les chiens et les caisses qu'ils avaient déposés sur la banquise dans la journée. A mesure que la glace se détache, le *Fram* pénètre dans l'intérieur de la baie ; il arrive ainsi jusqu'à 78° 35' de latitude, tandis que le *Kainan Maru* dérive vers le large et disparaît finalement. Nous ne revîmes plus ce bâtiment ; pendant tout notre séjour au mouillage, deux Japonais demeurèrent campés sur la Barrière.

Dans la nuit du 24, un vent d'Ouest amène une chute de neige abondante. Il nous repousse si loin au large que seulement dans l'après-midi du 27 nous revenons au mouillage, après avoir traversé une masse de glace. Durant ces deux jours, la débâcle a fait de tels progrès que nous arrivons au 78° 39' Sud, c'est-à-dire presque devant Framheim.

En entrant dans la baie, nous apercevons un grand pavillon de la marine militaire norvégienne sur le cap Manhue ; c'est le signal convenu pour nous annoncer le retour du détachement du Sud. En conséquence, nous avançons aussi loin que possible dans le Sud, en faisant fonctionner notre puissante sirène. Aussitôt, huit hommes arrivent vers nous à toute allure. Amundsen monte le premier à bord. Je suis si convaincu qu'il a atteint le but que je ne l'interroge pas à ce sujet. Seulement, une heure plus tard, après une conférence sur diverses autres questions, je lui dis : « Naturellement, vous avez été au Pôle Sud ? »

Nous restons mouillés plusieurs jours pour embarquer les approvisionnements et le matériel de la station. Si, dans ces derniers jours, la débâcle n'avait pas entamé aussi profondément la banquise, il nous aurait probablement fallu une ou deux semaines pour transporter à bord tous ces colis.

Le 30 janvier 1912, à 9 h 30 du soir, par un épais brouillard, nous remettons en route vers le Nord en envoyant un dernier adieu à la Grande Barrière.

Dès le lendemain, tous les colis provenant de Framheim sont arrimés dans les cales ; rien dans l'aspect du pont n'annonce que nous avons embarqué plusieurs centaines de caisses. Seule la présence de trente-neuf chiens bruyants indique qu'il y a quelque chose de changé à bord.

Le salon avant, fermé depuis un an, se rouvre en l'honneur de nos hôtes. Le soir, la conversation n'y chôme pas ; nous avons tant d'événements si intéressants à nous conter mutuellement. Mais nous avons autre chose à faire que bavarder.

Notre chef commence immédiatement la rédaction de ses télégrammes et de sa relation de voyage ; Presterud et moi les traduisons en anglais, puis Amundsen les recopie tout de suite à la machine. De mon côté, je dessine des cartes pour que tout soit prêt à notre arrivée à Hobart. Dans ces conditions, le temps passe très vite, bien que le voyage soit terriblement long.

Nous avons beaucoup de chance avec la banquise. Nous la rencontrons exactement au même point où nous l'avons abordée en 1911, c'est-à-dire par environ 75° de latitude. Après en avoir suivi la lisière pendant très peu de temps, nous ne revoyons plus de glace, à part quelques petits icebergs au Nord du 75° de latitude.

Nos progrès sont singulièrement lents.

« Cette traversée est plus lente qu'aucune des précédentes, écrivais-je à la date du 27 février. De temps en temps nous atteignons une vitesse de 60 milles par vingt-quatre heures, soit 2 milles et demi à l'heure. En quatre jours, nous venons de parcourir une distance qui auparavant eût été considérée comme tout juste satisfaisante pour un seul jour. Depuis près d'un mois que nous sommes en route, nous nous trouvons seulement entre le 52° et le 53° de latitude. Presque continuellement des tempêtes de Nord. »

Le 7 mars, après une navigation de cinq semaines, nous finissons par atteindre Hobart.

Les vivres frais embarqués à Buenos Aires tirent à leur fin. Les dernières pommes de terre fraîches ont été mangées deux jours avant notre arrivée, et le dernier porc abattu quarante-huit heures après notre arrivée à Hobart.

Nous séjournâmes treize jours dans ce magnifique port, pour réparer l'hélice, nettoyer le moteur et remettre en état la vergue du hunier.

Amundsen offre vingt-quatre de nos chiens au docteur Mawson, chef de l'expédition antarctique australienne ; il ne conserve que les vétérans retour du Pôle et quelques jeunes : en tout dix-huit bêtes.

Pendant notre séjour à Hobart, le navire du docteur Mawson, l'*Aurora*, arrive. Un jour, je me rends à bord ; j'ai ainsi visité tous les bâtiments des expéditions antarctiques en cours : le *Terra Nova*, le 4 février 1911, dans la baie des Baleines ; le *Deutschland*, en septembre et octobre 1911, à Buenos Aires ; le *Kainan Maru*, le 19 janvier 1912, à la baie des Baleines ; enfin l'*Aurora*, à Hobart. N'oublions pas le *Fram*, que, bien entendu, je juge supérieur à tous.

Le 20 mars, nous levons l'ancre. Au début, nous avançons lentement ; pendant près de trois semaines, rien que des calmes et pourtant nous sommes, en mars, dans la zone des vents d'Ouest du Pacifique Sud.

Le 7 avril au matin, le vent se lève enfin du Nord-Ouest ; ensuite, des semaines, il souffle tantôt en brise très fraîche, tantôt en tempête. Jusqu'aux Malouines, nous filons rapidement, quoique, en raison du mauvais état de la vergue, nous soyons obligés de garder les ris au hunier. Tous, nous souhaitions d'avancer le plus vite possible ; l'expédition est achevée, et ceux qui ont de la famille désirent rentrer en Norvège le plus tôt possible.

Le 1er avril, Snuppesen donne le jour à huit petits chiens. C'en est trop : nous n'en conservons que quatre, deux de chaque sexe.

Le 4 avril — Jeudi saint — nous passons le 180° de longitude. Nous changeons donc la date, en la redoublant ; cela fait deux Jeudi saint. Cette série de jours de repos ne nous est pas précisément agréable ; avec plaisir, le mardi de Pâques, nous reprenons notre routine habituelle.

Le 6 mai, doublé le cap Horn par très beau temps ; pendant une demi-heure, toutefois, giboulée de neige et un coup de vent d'une rare violence.

Durant quelques jours encore, la température demeure au-dessous de zéro ; dès notre arrivée dans l'Atlantique, elle se relève rapidement.

Entre Hobart et le cap Horn, nous n'avons rencontré aucune glace.

Au-delà des îles Malouines, des vents debout nous retardent. Seulement dans la nuit du 21 mai, nous mouillons devant Montevideo, où Amundsen vient de débarquer. Dans la rivière de La Plata, des brises contraires nous font perdre du temps.

Le 23 enfin, dans l'après-midi, nous arrivons en rade de Buenos Aires, en même temps que notre chef. Le lendemain matin, en descendant à terre, M. P. Christophersen m'accueille par ces mots, qui marquent sa satisfaction : « Mais c'est comme un conte de fées ! » L'arrivée simultanée d'Amundsen et du *Fram* est, en effet, très amusante.

Le 25, jour de la fête nationale de l'Argentine, le *Fram* est amarré au quai que nous avions quitté le 5 octobre 1911. A cette date, sept personnes seulement assistaient à notre départ. Cette fois, nous sommes accueillis par une foule.

De nombreux articles de journaux nous montrent que, depuis plusieurs mois, le grand public prend à notre expédition un intérêt singulièrement plus vif qu'au début.

Comme conclusion, quelques chiffres. Depuis le départ de Christiania, le 7 juin 1910, le *Fram* a fait deux fois et demie le tour du monde et couvert environ 544 000 milles. Pendant ce voyage, la plus basse pression atmosphérique observée a été de 700 millimètres en mars 1911, dans le Pacifique austral, et la plus haute 783 millimètres, en octobre 1911, dans l'Atlantique Sud.

Le 7 juin 1912, second anniversaire de notre départ de Christiania, tous mes camarades, à l'exception du chef de l'expédition, s'embarquent pour la Norvège.

La première partie de l'expédition se trouve achevée avec succès.

Jean-Baptiste Charcot

LE « FRANÇAIS » AU PÔLE SUD

Jean-Baptiste Charcot
1867-1936

Né dans une famille à la solide fortune, fils d'un grand professeur à qui la médecine doit des progrès définitifs en pathologie nerveuse, Charcot effectua des études brillantes. Son amour de la mer l'amena à posséder plusieurs yachts baptisés *Pourquoi-Pas ?*, et sa passion pour la science transforma ses croisières en expéditions de recherche. C'est ainsi qu'en 1903 il se fit construire un véritable navire d'exploration polaire. Mais la fortune familiale restait insuffisante pour mener le projet à terme. Une souscription géante fut alors organisée par le journal *Le Matin* et les fonds affluèrent. Puisque le navire et ses projets d'expédition existaient grâce à un mouvement national, Charcot eut la courtoisie de rebaptiser son navire *Français*. C'est le récit de son expédition en Antarctique qui est publié dans ces pages.

Dans *Le « Français » au pôle Sud*, on apprend comment le navire fut victime d'une grave voie d'eau. Les réparations nécessaires s'avérant importantes, le gouvernement argentin proposa à Charcot de racheter le navire qui devint l'*Austral.* Et un nouveau *Pourquoi-Pas ?* fut lancé en 1908. Ce sont les expéditions de ce navire, en Antarctique puis dans les mers boréales de l'hémisphère nord, qui firent du commandant Charcot un héros international respectueusement surnommé *The polar gentleman.* Sauf pendant la guerre 1914-1918, le *Pourquoi-Pas ?* accomplit chaque année une mission scientifique, jusqu'à la nuit du 15 au 16 septembre 1936 où il fit naufrage sur la côte islandaise.

Avant-propos

Le récit anecdotique que je donne de l'Expédition Antarctique Française est tiré du journal personnel que j'écrivais là-bas tous les jours.

Il n'a aucune prétention littéraire. Je ne l'ai modifié ou écourté que pour éviter les redites, dont certaines sont cependant inévitables, et pour supprimer des descriptions inutiles ou arides ou encore l'expression de sentiments par trop personnels.

J'ai pensé que le lecteur me saurait gré de lui faire vivre ainsi, presque au jour le jour, les péripéties de notre lutte dans l'Antarctique, et de le faire participer aux émotions de nos travaux et de nos découvertes.

L'amiral Fournier, sous les ordres duquel j'ai eu le grand honneur de me trouver pendant mon trop court séjour dans la marine, a bien voulu, après s'être intéressé tout particulièrement à l'organisation et aux résultats de l'Expédition, honorer ce livre d'une préface. Signée d'un marin et d'un savant tel que lui, elle donne à l'histoire de l'Expédition une valeur que je ne pouvais espérer.

Sur ma demande, mes camarades de l'Etat-Major ont eu l'obligeance, dans un appendice annexé au récit, d'exposer, d'une façon qui les met à la portée de tous, quelques-uns des travaux scientifiques menés à bien par leurs soins, et qui font tout le succès de l'Expédition.

Cet exposé est forcément incomplet par suite du plan même de ce volume et de l'abondance des travaux exécutés. Les savants y trouveront cependant des renseignements précieux et des indications utiles. Notre Expédition, essentiellement scientifique, malgré les faibles ressources dont elle disposait, a rapporté une moisson inespérée concernant la géographie, l'hydrographie, la météorologie, le magnétisme terrestre, l'électricité atmosphérique, l'océanographie, la gravitation terrestre, la zoologie, la botanique, la bactériologie, la biologie, la géologie et la glaciologie. Depuis notre retour, en moins de deux ans, nous avons pu, grâce à l'ardeur déployée par tous et aux précieux concours qui nous ont été largement prodigués, accomplir un tour de force et mettre au net une grande partie des résultats obtenus. Mais il faudra plusieurs années encore et la collaboration de savants de toutes nationalités pour achever cette œuvre.

Au retour de l'Expédition, M. Thomson, Ministre de la Marine, et M. Briand, Ministre de l'Instruction Publique, ont chargé deux commissions de savants de surveiller l'étude des résultats scientifiques de l'Expédition et d'en assurer la publication, aux frais du Gouvernement, dans un ouvrage qui comprendra environ sept gros volumes.

La commission désignée par le Ministre de la Marine se compose de MM. Bouquet de la Grye, président, directeur d'hydrographie, membre de l'Institut ; Guyou, capitaine de frégate, membre de l'Institut ; Angot, sous-directeur du Bureau central météorologique ; Rollet de l'Isle, ingénieur hydrographe en chef.

La commission désignée par le Ministre de l'Instruction Publique se compose de MM. Ed. Perrier, président, directeur du Muséum d'histoire naturelle, membre de l'Institut ; Giard, professeur à la Sorbonne, membre de l'Institut ; Lacroix, professeur au Muséum, membre de l'Institut ; Roux, directeur de l'Institut Pasteur, membre de l'Institut ; Bouvier, professeur au Muséum, membre de l'Institut ; Joubin, professeur au Muséum ; Vélain, professeur à la Sorbonne ; Gravier, assistant au Muséum [1].

Je crois pouvoir affirmer, sans crainte d'être contredit, qu'aucune expédition, dans n'importe quelle région du monde, ne peut rapporter à la science un plus volumineux bagage scientifique que les Expéditions Antarctiques, qui compensent ainsi largement les dépenses relativement élevées qu'elles entraînent.

Si la liste n'en était trop longue je voudrais pouvoir remercier ici nominalement tous ceux qui, tant en France qu'à l'Etranger,

---

1. Toutes les collections d'histoire naturelle ont été remises dès notre retour au Muséum. Grâce aux soins de M. le Pr Joubin, chargé spécialement d'assurer la publication des travaux concernant ces collections, un premier volume de 400 pages, tiré par fascicules, paraîtra avant le 1er janvier 1907, chez Masson, éditeur. Je ne saurais assez exprimer à M. Joubin ma profonde reconnaissance.

savants, politiciens, amis dévoués, modestes souscripteurs ou donateurs, ont contribué par leurs conseils, leur influence ou leur générosité à la réussite de l'Expédition et qui ont permis ainsi à un « fils à papa » de se rendre utile et de faire son devoir. A ceux d'entre eux qui liront ces lignes, je puis assurer que la reconnaissance est un sentiment qui ne m'effraie pas, et je dis volontiers avec Shakespeare que « *je hais davantage l'ingratitude chez un homme que le mensonge, la vanité, la vantardise, l'ivrognerie ou tout autre vice qui habite et corrompt notre sang de son poison subtil* ».

J.-B. CHARCOT.
Neuilly-sur-Seine.
Octobre 1906.

JOURNAL DE L'EXPÉDITION
Première partie

Eté 1904

Du cap Horn à la station d'Hivernage

DE LA BAIE ORANGE AUX SHETLAND DU SUD — SUR LA CÔTE N.W. DE L'ARCHIPEL DE PALMER — BALEINOPTÈRES ET PINGOUINS — BRUME ET NEIGE — AVARIES DE MACHINE — L'ENTRÉE DU DÉTROIT — AU MILIEU DES ICEBERGS — PHOQUES — LA BAIE DES FLANDRES — SITUATION DANGEREUSE — RÉPARATIONS, EXCURSIONS ET TRAVAUX — L'ÎLE WIENCKE — L'ÎLOT DU CAIRN — PORT-LOCKROY — ROCKERIE DE PINGOUINS — PINGOUINS BONNES D'ENFANTS — LE CHENAL DE LEMAIRE — MOMENTS DIFFICILES — L'ÎLE WANDEL — NAVIGATION DANS LES GLACES — LES ÎLES BISCOË — TEMPÊTE DE N.E. — TEMPS AFFREUX — RETOUR À WANDEL.

27 janvier 1904. — A 8 heures du soir, nous avons appareillé quittant la baie Orange et nous dirigeant vers le Sud. Notre court séjour dans ce coin perdu a été comme une sorte de transition entre la vie civilisée et le monde nouveau et désert vers lequel nous nous dirigeons. L'Expédition commence pour de bon et les pensées qui, depuis de longs mois, ne m'ont pas quitté, se pressent et m'assaillent avec plus de force et de ténacité que jamais.

Réussirons-nous ? Et parviendrons-nous à justifier la confiance de ceux qui nous ont soutenus et aidés ? C'est une dure partie que nous jouons et les critiques si largement prodiguées au départ le seront encore plus au retour si nous revenons bredouilles.

Il ne s'agit même pas ici de « vaincre ou mourir », il faut à tout prix réussir, car notre perte même justifierait tout ce qui a pu être dit et ne compenserait pas les sacrifices consentis. Si l'Expédition revient, combien, hélas ! de ces braves compagnons maintenant si pleins de vie et d'ardeur, si heureux de se lancer dans les aventures de l'inconnu, répondront alors à l'appel ?

C'est une formidable responsabilité que j'ai assumée, et dont je sens plus aujourd'hui que jamais le poids énorme ; j'ai non seulement un but à atteindre, mais encore dois-je y parvenir en ménageant les dix-neuf existences de ceux qui m'accompagnent.

Mes collaborateurs sont décidés et travailleurs, l'équipage admirable, plein d'enthousiasme, comme le prouve ce souhait du 1er janvier fait en me serrant la main : « ... que vous nous emmeniez très très loin, plus loin que les autres ». Nos vivres, nos approvisionnements en général sont abondants et supérieurs à ceux de la grande majorité des expéditions, la coque du bateau est bonne à tous les points de vue, nous sommes suffisamment bien montés pour nos travaux scientifiques, but de l'expédition, mais la voilure, un peu trop petite et mal équilibrée, nous empêche de virer de bord vent debout, et la machine, déjà beaucoup trop faible, me cause de sérieuses inquiétudes sur son bon fonctionnement. C'est bien entendu à moi, et à juste titre d'ailleurs, que seront faits tous les reproches, si quelque accident arrive, et cependant était-ce possible de remettre encore un départ déjà trop tardif ? Etait-ce ma faute si, l'argent manquant, j'ai dû agir avec économie ? N'est-ce pas un tour de force que d'être arrivé à ce résultat avec les faibles moyens dont je disposais au milieu des ennuis et des entraves qui m'assaillaient dans le temps si court que j'avais devant moi ? C'est déjà bien beau de pouvoir partir enfin, malgré toute la malchance des débuts de l'expédition qui, jusqu'à Buenos Aires, semblait ne pas vouloir nous quitter.

Le départ de Gerlache nous laissait sans spécialiste des glaces. N'aurait-on pas cette fois le droit de répéter ces mots qui, si souvent, ont injustement résonné à mes oreilles : « C'est une folie. » Mais qu'importe ! tous ont passé outre malgré ce mécompte, ma devise n'a-t-elle pas toujours été : « pourquoi pas ? » le résumé de mon caractère, mélange de doute et de volonté. Et puis, ce n'est plus seulement un projet qu'il faut mener à bien, des promesses qu'il faut tenir, c'est notre pays même que nous représentons et nous n'avons pas le droit d'échouer dans la première expédition française partie pour hiverner.

Nous réussirons, car il faut que nous réussissions et la phrase de M. Bouquet de la Grye, lorsque j'allais, il y a un an déjà, exposer à lui, l'un des premiers, le plan de l'expédition, me revient toujours à l'esprit comme un encouragement et un conseil : « C'est très beau, mon enfant, ce que vous voulez faire là, mais vous aurez bien du mal ! Si vous voulez aboutir, dites-vous tout le temps à vous-même : *"Je veux"* et aux autres : *"Ça marche bien."* C'est ce que j'ai fait, c'est ce que je continuerai à faire, mais je ne puis, surtout ce soir, chasser toutes ces pensées, hôtes absorbants de mon cerveau, pas plus que je ne peux m'empêcher de songer, avec plus d'intensité que jamais, aux événements qui ont hâté ou accompagné mon départ, aux amis dévoués laissés en Argentine et en France, et aux miens. A tous, j'envoie un au revoir qui peut singulièrement ressembler à un adieu ; et, plus que jamais aussi il me semble que le retour, s'il doit avoir lieu, sera plus angoissant encore que le départ... C'est une nouvelle page de ma vie que je tourne lentement et gravement, et je ne puis déchiffrer la suivante, dans le grand calme de cette nuit, dans la pénombre des hautes falaises des Terres Magellaniques.

N'importe, nous sommes partis, nous avons le Cap au Sud, l'Expédition commence enfin ! c'est un premier succès ; elle peut me ménager bien des peines et des tracas ; je m'y attends, mais rien ne sera jamais plus pénible que les douze mois par lesquels je viens de passer et c'est avec un sentiment ému de gratitude et de reconnaissance que je regarde cette chose presque vivante qui nous emporte et les silhouettes immobiles de mes compagnons, dont les pensées, sans doute, sont semblables aux miennes, mais qui feront réussir notre œuvre.

28 janvier. — A 2 heures du matin, nous avons dépassé le Faux Cap Horn ; n'étant plus abrités, nous sentons la grosse houle d'Ouest et le *Français* se met à rouler. Je ne suis pas sans une certaine inquiétude, car notre longue traversée de France en Amérique nous a bien prouvé que nous avions un bateau capable de supporter n'importe quel temps à la mer, mais il se trouve actuellement dans des conditions toutes particulières et qui peuvent être défavorables. A Ushuaia, nous l'avons littéralement bourré de charbon, en entassant partout où nous pouvions, et le soufflage tout entier est sous l'eau ; de plus, il nous a fallu arrimer sur le pont quantité de planches et de madriers destinés à la cabane magnétique et à la charpente du taud, ainsi que la maison démontable arrivée d'Europe, et le bateau s'en trouve considérablement chargé dans les hauts. Que le vent soit ou non favorable, nous allons marcher à la vapeur pour traverser, aussi rapidement que possible, les mers réputées si dangereuses qui séparent le Cap Horn des Shetlands du Sud. Il a fait très mauvais ces jours derniers, tous les marins ayant fréquenté ces parages sont d'accord pour affirmer qu'après un gros temps on a des chances presque certaines d'avoir quelques jours de calme ; il faut tâcher d'en profiter, d'autant plus que nous sommes dans le mois le moins favorable de l'année.

Dans l'après-midi, le vent souffle assez fort de l'W.[1], puis du W.S.W. avec pluie et brumaille et la mer devient grosse et hachée. Le bateau, chargé comme il l'est, a des réactions très dures, et presque tout le monde, à l'avant comme à l'arrière, après le séjour en rade d'Ushuaia, est de nouveau malade. Il y a de quoi d'ailleurs et Pléneau, qui cependant est un de ceux qui souffrent le moins, chaque fois que je descends en bas exprime son indignation de me voir toujours indemne. Pour le consoler, je viens lui tenir compagnie en fumant une pipe dans sa cabine — ce qui, du reste, ne lui fait aucun plaisir.

Pendant la nuit, Turquet a failli être noyé : son hublot, mal fermé, s'est ouvert et l'eau est entrée à flots. N'arrivant pas à le fermer, complètement trempé et affolé par la cataracte glacée, il se précipite dans le carré pour demander du secours à Matha ; mais au moment où il touche au but, un coup de roulis l'envoie à travers la pièce sur le lit de Pléneau, ahuri de cette visite violente et qui, toujours gai et bon garçon, ramasse Turquet entre deux nausées, tombe lui-même et finit par arrêter l'inondation.

Dans la soirée, le vent calmit un peu.

29 janvier. — Il brouillasse avec vent d'W. et de W.N.W. ; c'est l'ignoble temps que nous appelons boucaille dans la Manche, la houle est toujours grosse, l'air est à + 6°, l'eau de la mer à + 4°, on se sent trempé malgré les cirés, tout semble mouillé à bord, mais nous marchons bien, toutes les voiles dessus et en bonne route. C'est le principal. D'ailleurs, les malades commencent à aller mieux et le rôle du cuisinier n'est plus une sinécure. Mais le baromètre baisse rapidement, nous « ramassons » les voiles hautes

1. Dans l'abréviation du mot Ouest, j'ai adopté la lettre W, ainsi que cela se fait actuellement, par une sorte d'accord international, dans la majorité des ouvrages maritimes et météorologiques, afin d'éviter des erreurs de la part de lecteurs étrangers.

dans la soirée et cette précaution n'est pas inutile, car vers 10 heures nous essuyons un formidable coup de vent de W.S.W.

30 janvier. — La nuit a été extrêmement dure, la mer très grosse brise avec violence, elle écaille, comme disent les marins, et un navire moins bon que le nôtre serait en mauvaise posture. Mais lui se comporte admirablement, malgré sa surcharge, et ce tout petit bateau, vrai bateau de mauvais temps, montre alors toutes ses qualités. Avec le fixe, la trinquette, un foc et la misaine de cape, en veillant pour bien prendre les coups de mer, nous fuyons sans trop sortir de notre route. C'est une bonne épreuve, tout tient bien. « Y a du bon. »

Un incident amusant s'est encore produit pendant la nuit. Je venais de m'étendre sur mon lit pour tâcher de dormir quelques instants, quand, dans un violent coup de tangage, un bruit de tonnerre se produit à l'intérieur du bateau, se continuant par un roulement étrange et des chocs durs et retentissants sur toutes les portes et cloisons. Je sors rapidement de ma cabine et suis vite rassuré par les rires, mais il est devenu impossible de circuler dans le carré. A Ushuaia, j'avais fait faire une tonne de *galetas*, petits biscuits ronds et durs gros comme les deux poings, qui se conservent fort bien et que les *estancieros* emportent avec eux dans la pampa en guise de pain. Nous en avions casé un peu partout, mais la plus grande partie avait été mise en vrac dans la soute arrière. Dans le fort coup de tangage, nos galetas avaient défoncé la porte de communication avec les w.c., envahi ceux-ci, forcé la porte de la coursive, et les centaines de petits boulets ahurissant tout le monde, entraient et se répandaient en roulant partout où ils trouvaient un passage. Ce n'était certes pas aussi grave que la caronade déchaînée de Victor Hugo, mais ce ne fut pas sans peine qu'on parvint à faire rentrer dans l'ordre les galetas révoltés.

Au matin le ciel claircit et le soleil se montre ; le vent tombe graduellement, mais la mer est toujours très grosse, la température de l'air varie entre + 3° et + 2°, la température de l'eau de mer est tombée à + 2°.

Le baromètre, qui avait beaucoup baissé, s'est mis à remonter rapidement dès que le vent eut tourné au W.S.W., c'est la règle dans ces régions. Le soir, calme.

Cette nuit, nous n'allumons pas les feux de position ; pour de longs mois nous ne risquons plus de rencontrer de navires !

31 janvier. — Vent du Nord, dans la matinée, entraînant avec lui brume et pluie fine, toujours la fameuse boucaille. Le baromètre baisse de nouveau et le vent se met à souffler frais de l'W. Nous ne devons plus être qu'à 45 milles des Shetlands du Sud, et comme, de peur d'être dépalés par les vents d'W. prédominants, nous avons gouverné volontairement un peu trop au vent, nous laissons porter pour tâcher d'atterrir sur l'île Smith.

Pierre, notre guide des Alpes, depuis que le fâcheux mal de mer l'a abandonné, recommence à écrire ses mémoires et il vient me demander de lui prêter « celle qui met loin les paroles ». Je suis assez longtemps avant de comprendre qu'il s'agit d'une gomme à effacer.

1er février. — Pendant mon quart, le matin vers 4 heures, entourés de brume, j'entends puis je vois des pingouins en grand nombre, nager et plonger autour du bateau. L'estime nous place tout près de l'île Smith, il faut veiller avec plus de soin encore et mon expérience des brumes arctiques m'a appris, dans ce cas, à regarder autant en haut qu'à fleur d'eau. En effet, une crête de sommets élevés apparaît couverte de neige dans une échancrure de brume, c'est une vision de quelques secondes, et le voile ouaté et humide recouvre tout de nouveau. Nous avons franchi notre première étape. Bientôt de grosses masses rondes et foncées, que l'on pourrait prendre pour des nuages, estompent la brume. Nous devons être très près de la côte élevée, et effectivement de grandes boutonnières se produisent nous montrant rochers et glaciers, puis la brume se dissipe nous laissant voir les hautes, abruptes, inabordables et sinistres côtes de l'île Smith, toutes couvertes de neige. Mais ce qui attire les regards de tous, c'est notre premier iceberg [1] ; il est classique, tabulaire dans toute sa pureté de forme, aux angles bien droits comme taillés à l'équerre. Tout près de la terre, probablement échoué sur quelque banc de roche, cet énorme cube de trente ou quarante mètres en dehors de l'eau est incliné et la teinte blanc bleuté de ses parois à pic sillonnées de fentes et de crevasses d'un bleu d'outremer fait ressortir davantage la blancheur de son plateau, le tout se détachant sur un

1. *Icebergs.* — Par iceberg nous entendons une masse considérable de glace flottante détachée d'un glacier. L'icebloc, terme employé pour les petits icebergs de la Nouvelle-Zemble, désignera une masse relativement petite également détachée d'un glacier et quelquefois d'un iceberg.

arrière-plan de falaises nacrées encadrées d'énormes glaciers qui descendent jusqu'à la mer. Au fur et à mesure que la brume se dissipe, l'étendue des côtes se dessine et, les derniers flocons s'arrachant aux montagnes, nous avons sous les yeux un décor trop magnifique dans sa grandeur sinistre et il en est de l'impression que l'on ressent comme de la douleur qu'occasionne un plaisir exagéré des sens.

Nous longeons l'île Smith à quelques milles pour en contourner l'extrémité S.W. De nombreux icebergs, tous tabulaires, sont échoués le long de la côte. A peine avons-nous doublé la pointe que d'autres, ceux-là flottants, imposants et énormes, semblent baliser la mer qui s'étend vers le Sud ; nous en comptons déjà plus de douze et leur forme régulière rend le spectacle plus étrange, gigantesques cristallisations de la région enchantée où le rideau de brume en se levant nous a introduits subitement. Et, lorsque je redescends dans ma cabine, j'ai l'impression que mon Dante me crie : *Lasciate ogni speranza o voi ch'entrate !*

Nous gouvernons pour reconnaître les roches marquées sur la carte sous le nom de roches Williams, mais elles n'existent probablement pas [1]. Il n'y a d'ailleurs rien d'étonnant à ce qu'un navigateur puisse prendre pour une roche un petit iceberg, car déjà à côté des tabulaires, de beaucoup les plus nombreux, nous en voyons d'autres aux formes variées, tabulaires chavirés ou débris de ceux-ci, qui à une certaine distance et suivant l'éclairage peuvent paraître tout noirs ; ce n'est qu'en approchant que l'illusion d'un rocher s'efface.

Nous nous dirigeons ensuite sur l'île Low (île Basse), qui mérite bien son nom, étant un vaste plateau légèrement bombé, sans une saillie remarquable. C'est une croûte de neige et de glace apparaissant absolument lisse à distance et reposant sur une base étroite de rochers brun-rougeâtre. De nombreux récifs en hérissent les approches dominés par les icebergs qui semblent veiller sur l'île comme des sentinelles de légende. Nous longeons cette terre peu attirante en la laissant à notre gauche. La mer est absolument calme avec des reflets d'une grande douceur ; la brume très élevée nous permet de voir assez loin et le silence serait complet sans les innombrables pingouins qui plongent autour de

1. Au retour, également par temps très clair, nous sommes repassés volontairement au même endroit et nous pouvons affirmer qu'elles n'existent pas à l'endroit qui leur est assigné, ni dans un vaste rayon avoisinant.

nous, et le bruit d'échappement de vapeur ou de formidable scie circulaire que fait quelque baleinoptère ou quelque mégaptère en venant respirer à la surface de l'eau. Non loin de nous, sur un iceberg en dos de baleine, dont la partie supérieure est teintée de rouge sang, une vingtaine de petits êtres noirs triangulaires à cette distance se promènent. Ce sont des pingouins [1] et les taches rouges que nous apercevons également sur quelques points de l'île Low sont des diatomées, probablement les mêmes que celles décrites par Darwin sur la neige des Cordillères, et qui apparaissent surtout sur la neige foulée.

Cette soirée est douce et reposante. L'Antarctique nous reçoit avec coquetterie et bonne grâce. La nuit graduellement nous enveloppe et nous marchons tout doucement pendant ses quelques heures de durée. Il fait froid, mais nous ne portons que nos vêtements ordinaires ; je ne distribuerai que très graduellement et le plus tard possible ceux que je destine à l'Antarctique ; d'ailleurs personne ne réclame et je me contente de donner une paire de mitaines pour l'homme de barre.

2 février. — A 1 heure du matin il fait déjà clair, nous sommes dans une brume peu épaisse par calme plat. Les baleinoptères autour de nous sont très nombreux, généralement deux par deux, passant et repassant en plongeant sous le bateau et nous pouvons à loisir étudier tous les détails de leur structure et de leurs mouvements.

Ces énormes bêtes presque difformes ont cependant une majestueuse élégance, c'est avec un certain respect que je les contemple, et ce respect n'est pas dû à la crainte car, de ces masses où l'on ne peut déceler aucune expression, ni dans les yeux ni dans la physionomie, il émane une impression de très grande douceur, de satisfaction placide dans leur gigantisme des âges antédiluviens proportionné à l'immensité où elles vivent. Il semble que ce sont des bêtes heureuses et le bruit même de leur respiration est comme un large et profond soupir de béatitude. « Elles approchaient paisibles, curieuses, regardant le vaisseau

1. Nous avons conservé dans ce journal le nom de pingouin qui est le vrai nom de ces oiseaux qui furent appelés *pinguinos* par les navigateurs espagnols du XVIIe siècle. Il n'y a qu'en français que l'on appelle à tort pingouins des oiseaux tout à fait dissemblables du Nord en désignant souvent ceux du Sud, les seuls vrais pingouins, du nom de manchot.

comme un frère d'espèce nouvelle ; elles y prenaient plaisir, faisaient fête au nouveau venu [1]. »

Vers 2 heures du matin, à tribord, devant une étroite fente laissée entre la surface de l'eau et la brume qui se lève, j'aperçois, rejoignant l'une à l'autre, et paraissant comme les colonnes monstrueuses d'un temple de cyclopes, un amas d'icebergs. Puis bientôt, entre ces colonnes, on distingue des rochers ; c'est une île, avec — ainsi que d'habitude — des icebergs échoués sur les bas-fonds ; peu à peu elle nous apparaît assez vaste avec un haut sommet arrondi, le tout bien entendu entièrement couvert de neiges, de glaces et, ici et là, une rare tache brunâtre, due à la saillie de quelque rocher. Nous en faisons le tour, passant aussi près que la prudence le permet. Matha et Rey en relèvent les contours pendant que les autres photographient et prennent des croquis. Les côtes sont partout extrêmement abruptes, tantôt formées par le glacier même descendant comme une falaise de verre dans la mer, tantôt par des rochers déchiquetés trop à pic pour permettre à la neige d'y séjourner. Ces rochers, dont quelques-uns très élevés, forment de grands promontoires à la crête aiguë et dentelée comme une scie gigantesque. La longue houle de la mer, cependant bien calme aujourd'hui, brise sur la côte avec violence.

Les grandes éclaircies de brume nous permettent de distinguer maintenant dans le Sud une quantité d'îles ou des caps saillants séparant de vastes baies encombrées d'icebergs et de rochers. L'île que nous contournons est évidemment Hoseason et nous ne sommes pas loin de l'entrée N.E. du détroit de Gerlache, sur la côte N.W. de l'archipel de Palmer, dont les contours n'ont jamais encore été relevés et nous allons pouvoir commencer à exécuter la première partie de notre programme. Ce n'est pas la moins importante : cette région a été, et peut être encore, fréquentée davantage par les pêcheurs de phoques ou de baleines ; ces terres sont le point d'atterrissage de toute expédition dans cette partie de l'Antarctique ; c'est donc œuvre incontestablement utile que nous allons essayer d'accomplir. Nous commençons immédiatement notre travail, profitant du temps relativement clair, bien que la brume ne veuille point laisser dégager les hauts sommets que nous devinons. L'iceblink, ce reflet blanc particulier, caractéristique de toute étendue un peu vaste de neige ou de glace, nous

1. Michelet, *La Mer*.

indique les terres dont nous ne distinguons plus les contours, comme l'île Smith et l'île Low. Les icebergs ne nous gênent pas, ils ne sont pas nombreux au large et nous n'avons qu'à éviter quelques gros débris, peu dangereux avec la mer calme dont nous bénéficions pour le moment.

L'après-midi la neige tombe en abondance par petits flocons serrés, c'est notre première neige de l'Antarctique et nous la recevons gaiement tout en pestant un peu, car elle nous empêche de voir. A la neige succède la brume et la journée se passe ainsi en éclaircies trop courtes alternant avec un temps complètement bouché.

Hélas ! à 9 heures du soir, ce que j'appréhendais depuis longtemps arrive ; Goudier, le mécanicien, me prévient qu'un des tubes de la chaudière bâbord vient de crever. On stoppe pour le tamponner mais on s'aperçoit que tous sont plus ou moins bouchés, malgré les extractions fréquentes, car le condenseur, comme nous l'avions prévu, perd d'une façon formidable. Dans ces conditions, avec une seule chaudière allumée, nous gouvernons à peine. Si nous n'arrivons pas à nous réparer tant bien que mal, nous voilà dans une mauvaise posture au début même de nos travaux. Mais je me suis imposé comme principe, quoi qu'il arrive, de ne pas me démoraliser ; nous sommes tous, je crois, dans les mêmes dispositions et je chasse par un grand effort l'angoisse qui m'étreint.

3 février. — Calme, brume et tombée de neige. Nous marchons cahin-caha. Toujours autour de nous beaucoup de baleinoptères, l'un d'eux se tient avec persistance à l'arrière du bateau plongeant et reparaissant pour respirer. Le petit Guéguen est à la barre, il le regarde avec inquiétude, puis tout d'un coup, n'y tenant plus, avec un geste d'un haut comique, sous la neige qui tombe, levant sa main grossie par la mitaine, il me crie d'une voix convaincue : « Commandant, pour sûr, elle va bouffer le loch ! »

Dans la matinée un tube de la chaudière tribord se met à fuir, puis bientôt un autre ; malgré la situation un peu dangereuse où nous nous trouvons près de la côte, au milieu d'une brume intense avec des courants dont nous ignorons la vitesse et la direction, il faut à 10 heures se résoudre à stopper pour nettoyer les tubes aussi bien que possible et éviter d'irréparables accidents.

La brume épaissit davantage et il tombe fréquemment de la

neige. Le silence est absolu et imposant. Beaucoup de tout petits débris d'icebergs passent le long du bord, quelques-uns, usés par la fonte et par leurs mouvements perpétuels dans la mer, affectent des formes bizarres, souvent élégantes, de longs cous de cygnes, de pattes de crabes fantastiques, de bras tordus dans un appel désespéré.

A 4 heures du soir, pendant une éclaircie de courte durée, nous voyons la terre devant, à deux encablures à peine avec des cailloux où la mer brise. Matha dans le you-you part en reconnaissance, il faut nous éloigner rapidement. Nous virons de bord avec une embarcation devant, puis nous nous déhalons lentement, la chaudière bâbord mise rapidement en pression, lorsqu'un tube crève encore et nous voilà de nouveau en dérive.

Pléneau tue d'un coup de fusil un malheureux pingouin qui passait le long du bord et descend avec Matha dans le you-you pour le chercher. En quelques coups d'aviron ils sont perdus dans la brume qui épaissit presque subitement et ce n'est qu'avec assez de mal, en se servant des cornes de brume, qu'ils parviennent à regagner le bateau.

Le thermomètre est descendu lentement et une petite brise de W.S.W. qui se lève nous permet de nous écarter de la terre. Le calme revient de nouveau, les mégaptères et les baleinoptères sont toujours nombreux autour de nous. Nous cherchons à en déterminer les espèces avec l'espoir de trouver une baleine franche. En effet, la question de baleine franche dans l'Antarctique est très controversée et cependant importante à résoudre étant donné son énorme plus-value commerciale. Racovitza affirme qu'il n'y en a pas, mais J. Ross a affirmé le contraire et Larsen, dont l'opinion en pareille matière surtout n'est pas à dédaigner, m'a dit qu'il croyait très fermement en avoir vu. Les caractères qui permettent à première vue de différencier les baleinoptères des baleines franches sont les suivants : les baleinoptères ont un aileron sur le dos, le cou blanc et très plissé, une forme plus allongée, des fanons courts.

Chez quelques-unes nous ne constatons pas tout d'abord l'aileron, mais il nous est facile de nous rendre compte que cela provient de la façon dont elles plongent, et qui a été si bien décrite par Racovitza.

L'une d'elles vient à quelques mètres du bateau et, plongeant en plomb de sonde, laisse pendant quelques instants sa queue bien verticalement hors de l'eau ; nous regardons les coquillages qui y sont fixés en grande abondance ainsi que sur la carène d'un navire quand, sans la moindre pudeur, l'énorme bête nous donne une démonstration de physiologie comparée en chassant, comme dirait Rabelais, « le superflu de la digestion ».

En dehors des pingouins, les oiseaux sont nombreux autour de nous, damiers, procellaires et mouettes. Celles-ci suivent certains baleinoptères et s'abattent sur les taches huileuses qu'elles laissent en plongeant où elles trouvent probablement de la nourriture.

4 février. — Brise légère et temps clair, nous retrouvons nos terres de l'avant-veille et nous pouvons reprendre l'hydrographie. L'aspect des côtes est à peu près partout le même, les débarquements sont impossibles, sauf sur des roches isolées où la grosse houle persistante de l'W. détermine d'ailleurs de forts brisants ; quant à escalader ces grands fronts de glaciers, falaises perpendiculaires ou même surplombantes, ou ces pentes presque droites de névé, il n'y faut guère songer. Toutes ces pentes aboutissent à d'imposantes et magnifiques chaînes de montagnes dont les sommets dépassent 1 000 et même 2 000 mètres. Tout est blanc, c'est à peine si de temps à autre on distingue un nunatak[1].

Nous avons reconnu une échancrure étroite encombrée de récifs et d'icebergs, évidemment l'ouverture vers le large du chenal qui sépare l'île Liège de l'île Brabant, puis une vaste ouverture, très probablement la baie de Dallmann qui se continue par le chenal de Scholaert. Quand les chaudières seront réparées, nous continuerons notre travail d'hydrographie le long de cette côte en cherchant à gagner le détroit de Gerlache par l'entrée du S.W. Bien que le commandant de la *Belgica* n'ait pu nous indiquer de point favorable ni même de mouillage pour hiverner dans ce détroit, il nous a dit que nous trouverions peut-être un abri dans la baie des Flandres et un endroit pour débarquer et faire quelques installations à terre. C'est cette baie que nous allons nous efforcer de gagner ; Goudier demande plus d'une semaine de travail jour et nuit pour remettre les chaudières à peu près en état. C'est indispensable, et d'ailleurs si nous trouvons un endroit propice nous pourrons déjà faire des excursions et prendre des observations.

1. On appelle nunatak une roche ou un amas de roches faisant saillie audessus d'un glacier ou d'un névé.

Rey tue des pingouins pour nos chiens, car notre provision de viande fraîche emportée pour eux d'Ushuaia est déjà épuisée depuis quelques jours ; ces messieurs et dames ont un formidable appétit et je tiens le plus possible à ménager nos conserves.

5 février. — Grains de neige et brume, coupés par des éclaircies. Nos tubes sont dans un état suffisant pour continuer notre route vers l'ouest, toujours en vue de la terre que nous relevons entre les grains ; c'est un travail lent et difficile. A la tombée de la nuit, poussés par une jolie brise, nous gouvernons sur une grande ligne d'icebergs au large d'un cap. Il nous faut dans la nuit passer tout près de trois de ces monstres de glace ; l'un d'eux, d'une hauteur formidable, a l'aspect d'une immense bastille avec des tourelles, des meurtrières et même une porte ogivale et, bien que la nuit soit assez sombre, il en émane comme une sorte d'atmosphère bleutée et lumineuse. La mer est hachée et fatigante malgré le peu de vent.

6 février. — Le temps clair nous permet de doubler le cap et de faire du bon travail ; mais le vent, à 8 heures, souffle très fort de l'ouest, amenant de gros grains de neige qui bouchent complètement la vue ; cela dure peu, heureusement, et le vent halant subitement, le S.W. nous amène un temps magnifique avec un ciel remarquablement pur. Droit devant, très au large de la terre, la mer brise furieusement et il nous faut faire un long détour ; les brisants succèdent aux brisants, nous parvenons cependant à les contourner et à nous rapprocher de la côte. Un grand cap, le cap Albert de Monaco, s'avance dans la mer limitant au nord une large ouverture, l'entrée S.W. du détroit de Gerlache. C'est un décor merveilleux avec le temps clair et splendide dont nous jouissons ; partout de hautes et formidables chaînes de montagnes dont la blancheur éclatante fait ressortir davantage les quelques roches aux falaises dénudées, aux teintes noires ou rougeâtres ; les glaciers et les icebergs plus rapprochés de nous passent par toutes les nuances de bleu, depuis l'azur le plus pâle jusqu'au bleu de Prusse, et ces constructions, délicates comme une œuvre d'art inimaginable en pâte de verre, viennent trancher ou se confondre avec le bleu intense et transparent de la mer.

Nous avons devant nous un vaste estuaire[1], aux échancrures nombreuses, mais avec l'atmosphère pure et particulière à ce pays, tous les caps, promontoires, chaînes de montagnes paraissent comme sur un même plan et l'appréciation des distances devient absolument impossible à l'œil. Tous les contours sont d'une netteté remarquable comme les contours du Fusiyama sur un kakemono dont le fond serait le bleu uniforme et doux du ciel.

Le cap Albert de Monaco, sur lequel nous gouvernons, est une énorme langue de glace recouverte de névé, de plusieurs kilomètres de longueur, qui monte en pente douce depuis la mer jusqu'aux premiers contreforts d'un massif de 2 500 mètres de hauteur, nommé le Mont William et découvert par Biscoë, le 21 février 1832. Cette langue de glace est légèrement arrondie sur son plan supérieur, mais se termine dans la mer par des falaises déchiquetées et crevassées de plus de 30 mètres de hauteur à pic ou surplombantes, aspect prédominant de toutes les côtes de ces régions.

Beaucoup de très grands icebergs tabulaires — j'en compte plus de quarante —, aux formes fantastiques et variées, sont groupés près d'une sorte d'entrée formée d'un côté par des îlots bas et rocheux et de l'autre par la falaise de glace, qui est elle-même bordée par des récifs dépouillés de neige. Nous nous engageons entre les icebergs, gouvernant dans les corridors étroits qui, quelquefois, n'ont pas plus de quatre ou cinq fois la largeur du *Français* et dont les parois lisses dépassent de beaucoup la hauteur de notre grand mât. La transparence de l'eau, absolument tranquille, nous permet de suivre à perte de vue ces parois bleu pâle s'enfonçant dans le bleu foncé de la mer.

Inutile d'insister sur ce qui arriverait à notre bateau, noisette entre deux pavés, s'il prenait fantaisie à ces monstres de se rapprocher ou de chavirer. Mais nous n'y songeons même pas. Absorbés par cette navigation en plein rêve, émerveillés par les architectures fantastiques au style égyptien outré, œuvre d'un formidable et mythologique pharaon, distraits par le clapotis ou les chocs sourds de la mer dans les crevasses et les grottes, le bruissement cristallin de la glace qui gémit sous la caresse d'un soleil presque chaud, les échos inattendus répercutant les bruits

1. Cet estuaire, entrée S.W. du détroit de Gerlache, n'est autre, comme nous avons pu le prouver par la suite, que le détroit de Bismarck découvert par le baleinier allemand Dallmann en 1873.

qui se font à bord, notre esprit est loin du danger possible. Nous continuons notre route dans l'ombre colorée de cet étrange labyrinthe. Encore un dernier grand iceberg dont une partie de la base qui s'avance est usée en dômes surplombés de pointes comme des coupoles écroulées de minarets, et nous voici de nouveau en pleine mer sous le soleil clair et radieux.

Maintenant, c'est dans une passe de récifs qu'il nous faut naviguer, dont ceux près de terre sont surplombés par la falaise de glace.

Il y a ici de nombreuses petites baies qui fourniraient peut-être de bons abris. Une grande baie, à laquelle on aboutit par un chenal étroit, semble découpée dans le glacier même, mais elle est encombrée de gros glaçons.

La houle a cessé, les cailloux à fleur d'eau sont à peine signalés par des remous, de la hune nous gouvernons en veillant le fond dont nous ne voyons que trop souvent les roches jaunes arrondies et lisses remonter brusquement comme si définitivement elles voulaient nous barrer la route[1]. Nous arrivons cependant sans toucher, à l'entrée même du détroit ; nous distinguons la pointe avancée de l'île Wiencke terminée par le cap Herrera, dont les

1. C'est évidemment ici (Hamburg Hafen dans les îles Rosenthal) que Dallmann aborda le 8 janvier 1874 et la description qu'il donne dans son journal de bord est des plus caractéristiques, nous ne l'avions pas sous les yeux en écrivant la nôtre.

... « A 7 heures, nous nous trouvâmes entre rochers et récifs, ces derniers près de la côte. On mit les canots à la mer. La côte se terminait dans la plupart des endroits par un mur de neige ou de glace haut de plusieurs centaines de pieds. Un tonnerre incessant, qui paraissait produit par l'éclatement de la glace, remplissait l'air. Il y avait là des rochers innombrables, formant de beaux bassins, auxquels conduisaient des passages étroits, fréquemment bloqués par des icebergs. Du côté de la mer, l'eau frappait furieusement les écueils, alors qu'elle était tout à fait plate dans les bassins, de sorte qu'il nous a été très facile d'aborder. Notre point d'abordage s'est trouvé à environ 64° 45' S. ; la longitude ne peut pas être indiquée à cause de l'inexactitude de notre chronomètre et du manque d'observations... » Dallmann décrit également, les jours suivants, les détroits et îles plus au Sud et parle de récifs et de baies retrouvés par nous sur la côte N.W. de l'archipel de Palmer ; il est donc juste de rendre à tous ces points les noms donnés par les Allemands et publiés sur des cartes par Petermann en 1875 et par Friederichsen en 1895. (Consulter *Friederichsen. Mittheilungen der geographischen Gesellschafft in Hamburg 1891-92*, Heft II et *Schück, Verhandlung des Verein für naturwissenchaftliche Unterhaltung zu Hamburg, 1883*.)

montagnes noires, triangulaires et rocheuses, sont couronnées et striées d'étroits glaciers. A sa gauche, on devine le chenal de Roosen, à sa droite le détroit à proprement parler et, dans le Sud, entre une île aux sommets très élevés, l'île Wandel [1], et un énorme cône noir, amer de géants, une fente qui doit être le chenal de Lemaire ; enfin vers le large un dédale d'îles basses, calottes de neige dont la régularité de forme frappe encore davantage, environnées qu'elles sont par des centaines d'icebergs usés et brisés en silhouettes étranges et irrégulières. L'entrée du détroit est encombrée de glaces, de floes lâches, faciles à écarter. C'est le premier contact de l'étrave du *Français* avec les glaces, et le bateau, grâce à ses formes, joue son rôle à notre plus grande satisfaction.

Mais on ne peut arriver à maintenir la pression dans les chaudières, il n'y a d'ailleurs pour cette fois que demi-mal, car la brume, lentement, graduellement, remplit tout l'estuaire où nous nous trouvons et nous stoppons au milieu de la glace pour la nuit.

Rey tue un phoque et quelques pingouins. C'est là une bonne et abondante nourriture pour nos chiens.

Sur un glaçon, non loin de nous, une dizaine de pingouins sont gravement installés, les premiers que nous voyons de près hors de l'eau. Ce sont tout à fait de petits personnages agitant leurs ailerons comme des bras trop courts, et on comprend que vus de loin, sans point de comparaison, l'explorateur Levaillant ait pu les prendre pour une école de petites filles avec tabliers blancs ; mais ils ressemblent encore plus, dans la gravité de leur démarche, à des pères dominicains. Mes compagnons ne peuvent résister au désir de les voir de près et j'assiste, du bord, à une poursuite désordonnée avec chutes nombreuses ; les braves pingouins montrent des qualités d'évolution et de rapidité auxquelles on ne s'attend pas tout d'abord de leur part. Enfin, l'un d'eux est capturé et on me l'amène à bord dans le carré ; il n'a pas l'air d'avoir peur, mais il est absolument furieux de l'atteinte portée à la liberté indi-

1. Les travaux de notre expédition ont permis d'identifier l'île Wandel avec l'île Booth, nom donné par Dallmann en 1873. Il en est de même pour les îles Hovgard et Lund, qui s'appelaient Krogmann et Petermann. Il conviendrait donc de rendre leur nom primitif à ces îles, et c'est ce que nous avons fait sur la carte, mais, dans le courant de ce récit, nous conserverons le nom de Wandel qui a été si souvent prononcé qu'un changement pourrait prêter à confusion.

viduelle et, debout sur la table, la tête renversée en arrière, agitant ses ailerons dans un caquetage étourdissant, il nous récite probablement les droits du pingouin, et, à bout d'arguments, remplace le mot de Cambronne par... le geste lui-même. J'intercède en faveur de notre hôte malgré lui et, après un refus catégorique de sa part d'accepter le plus petit réconfortant, on lui rend la liberté pour qu'il puisse aller conter à ses confrères les étranges choses qu'il lui a été donné de voir.

C'est maintenant une bande de plus de cinquante phoques qui nage et évolue autour du bateau, nous regardant curieusement, s'accrochant même par leurs nageoires au rebord de notre soufflage, on dirait qu'ils veulent monter à l'abordage, et ils restent ainsi pendant longtemps jusqu'à ce que, subitement, une grande baleine, avec sa placidité majestueuse, surgît en soufflant au milieu d'eux, les dispersant comme si elle était venue les gourmander de leur mauvaise tenue et de leur malhonnête curiosité vis-à-vis d'étrangers.

7 février. — Dès 2 heures du matin, le temps s'annonce très clair et la journée radieuse ; nous nous mettons en route pour la baie des Flandres, espérant y trouver un abri qui nous permette de faire les réparations qui deviennent de plus en plus urgentes. Peut-être même y trouverons-nous un point d'hivernage éventuel d'où nous pourrons tenter des raids à terre et établir sur l'île Wiencke le cairn dont nous avons parlé dans notre programme. L'estuaire est encombré de floes [1] et icebergs et il en est de même vers le large, c'est à peine si nous pouvons distinguer l'étroit chenal par lequel nous sommes arrivés hier.

Pour naviguer au milieu de ces glaces il faut être aussi haut que possible dans la mâture et c'est maintenant que je regrette notre nid de corbeau que j'avais dû supprimer, car, bêtement installé au grand mât, il nous privait d'une voile tout en surchargeant d'une façon dangereuse notre mât de flèche ; il aurait été si bien sur le petit mât de hune ! Enfin, n'y pensons plus. Il joue maintenant le rôle beaucoup plus prosaïque de niche pour Toby. D'ailleurs, en s'installant dans la hune ou en grimpant, comme je le fais, sur la vergue du volant, on est très bien quand même. Nous commençons alors une navigation vraiment passionnante, cherchant les

1. On appelle *floe* un morceau détaché de glace de mer de dimensions assez grandes.

quelques chenaux libres ou à peu près, les points faibles de la glace, quelquefois l'attaquant de vive force, avec notre puissant avant, écartant ou chavirant les gros blocs plats, d'autres fois grimpant dessus, et par le poids du bateau déterminant une fente qui gagne en serpentant et nous permet d'écarter et de passer à travers les deux morceaux séparés de l'obstacle. Les commotions sont parfois très violentes, et font vibrer toute la mâture. Les chocs et les grincements en bas seraient inquiétants si nous ne savions, pour l'avoir vu en chantier, combien le brave *Français* est fort et solide. Je suis heureux que la plupart de ceux qui sont à bord aient assisté à sa rassurante construction, car il y a de quoi émouvoir les moins nerveux : un bateau en fer ou même en bois, mais de construction ordinaire, ne résisterait certainement pas longtemps à ce genre de traitement.

Nous nous sentons en sécurité et il n'y a pas dans la coque le moindre craquement. Le bateau gouverne comme un bijou, et à peine l'ordre de « gauche ! » « droite ! » « zéro ! » est-il crié au timonier que l'évolution se produit ; ses formes sont absolument parfaites pour cette navigation, les blocs sont bien rejetés sur les côtés et l'hélice profonde ne risque rien.

Nous prenons rapidement goût, et devenons, ma foi, assez experts à ce jeu de carambolage, attaquant bien les glaçons ou faisant pivoter les uns pour écarter les autres.

La belle peinture verte du soufflage laisse des traces voyantes de notre passage sur les glaces que nous venons de traverser.

Le soleil est extrêmement chaud et vif, et plusieurs d'entre nous, moi en particulier, sur mon perchoir, attrapons un bon coup de soleil !

En arrivant à l'entrée de la baie des Flandres, les glaces deviennent moins compactes et les floes sont remplacés par des icebergs nombreux ou des débris de ceux-ci, entre lesquels il est facile de se diriger.

Toute la côte que nous longeons n'est formée que d'énormes glaciers plus ou moins inclinés, mais se terminant dans la mer par l'éternelle falaise à pic ; quelquefois la glace est remplacée par des rochers lisses et nus, toujours aussi inabordables et n'offrant nulle part le moindre abri. Il en est ainsi à perte de vue, et cette constatation est désespérante.

Nous voici dans la baie des Flandres même, c'est une vaste échancrure dans les montagnes où s'ouvrent cinq petites baies secondaires dans lesquelles descendent de magnifiques glaciers, bavures du névé qui couvre uniformément toutes les hauteurs, séparés ou canalisés par des avancées rocheuses verticales, et par de grands mouvements de terrain.

Tout le fond de la baie, presque la moitié de son étendue, est couvert d'une grande et épaisse banquise où dorment des phoques en quantité considérable, qui de loin ressemblent à des sangsues sur un drap blanc.

Nous parcourons tout le front de cette banquise ; de très nombreux icebergs remplissent la baie, surtout actuellement dans la partie Nord. Les fonds sont partout considérables et rocheux, il n'y a que dans la partie Sud, tout à fait contre la falaise, près d'une grande pyramide de neige et de glace détachée de la côte que, presque brusquement, ils remontent de 40 mètres à fleur d'eau ; quelques têtes de rochers émergent même. D'abri nulle part, et, en cas d'accident, pas un point non seulement où nous pourrions établir nos instruments, mais encore nous installer nous-mêmes ! Ce que nous avons de mieux à faire est de tâcher de gagner le chenal de Lemaire, peut-être serons-nous plus heureux dans le groupe d'îles qui le limite sur le large. Nous repartons, suivant toujours la côte, fouillant les plus petits coins. Nous parvenons ainsi presque à l'entrée du chenal, mais le vent debout se met à souffler très fort et avec le peu de pression que nous pouvons tenir il est impossible d'aller de l'avant. La journée s'avance, les glaces sont menaçantes, nous n'avons qu'à revenir à la baie des Flandres et à attendre le lendemain. Nous reprenons tristement notre route et, pour comble de malheur, les tubes des chaudières commencent à rougir, le condenseur ne fonctionne absolument plus. Il faut cependant que nous marchions quand même et ce sont d'abominables heures que je passe dans la chambre de chauffe. Avec des précautions inouïes, examinant à chaque instant les tubes, ramenant puis repoussant les feux, on parvient à maintenir un ou deux kilos de pression, et l'hélice, par à-coups, tourne, puis s'arrête, pour repartir ensuite. Enfin, lentement, bien lentement, nous arrivons à la moraine déjà examinée le matin. Nous serons ici abrités des vents d'W. et de Sud, mais la baie est largement ouverte à tous les autres vents et il n'y a pas la moindre tenue pour nos ancres ; la falaise au pied de laquelle nous sommes est couronnée d'une haute croûte de glace aux blocs fissurés, branlants et menaçants. Le plus petit d'entre eux tombant d'une pareille hauteur écraserait le *Français*, et quelques-uns, plus grands que des maisons, semblent tout prêts à se détacher. C'est ici cependant qu'il nous faut effectuer nos réparations, car c'est le seul point de la baie dégarni d'icebergs, au moins actuellement, et nous pourrons peut-être, en nous amarrant sur les rochers, étaler un coup de vent.

Je fais accoster la banquise qui a plus de quatre mètres d'épaisseur ; deux amarres derrière sont frappées sur des ancres à glace, deux devant sur deux grosses têtes de roches, de cette façon nous pourrons, en manœuvrant les amarres, chercher à éviter les icebergs, nos dangereux voisins. Quant aux avalanches, à la grâce de Dieu ! Le résultat serait si rapide et si complet que nous n'aurions même pas le temps de nous en apercevoir, il est donc bien inutile de s'en inquiéter.

8 février. — Il faut que nous restions ici bon gré mal gré au moins dix jours pour nettoyer les chaudières et réparer un peu le condenseur ; l'équipage tout entier va travailler nuit et jour, un seul homme restant avec quelques-uns d'entre nous sur le pont pour veiller et manœuvrer les amarres s'il en est besoin.

Nous pouvons être bloqués ici, nous pouvons également être démolis, il faut donc explorer avec soin les environs, tâcher de trouver un point de refuge éventuel et, dans tous les cas, établir un plan de travail afin que ces dix jours d'arrêt forcé ne soient pas perdus. Au cas où il faudrait évacuer d'urgence le bateau, les embarcations sont mises sur les palans ; je dresse une liste de vivres, de vêtements, d'outils, d'instruments à emporter, et de très bon matin nous partons, Matha, Pierre et moi, en exploration.

Il y a sur la glace plus d'un mètre de neige molle dans laquelle nous enfonçons, et marcher sans raquettes est impossible. Les chiens qui nous accompagnent sont néanmoins dans la joie de pouvoir un peu dégourdir leurs pattes. Il neige sans discontinuer par gros et larges flocons et nous avons l'air de ces petits bonshommes enfermés dans des boules de verre qui ont fait la joie de ma jeunesse. Matha et Pierre ont revêtu l'anorak et font admirablement bien dans ce paysage tout à fait polaire avec quelques pingouins et quelques phoques pour compléter le tableau ; le *Français* est très classique avec ses vergues et ses agrès épaissis par la neige, et j'oublie les inquiétudes du présent et de l'avenir pour jouir du vrai plaisir que j'éprouve. Je me souviens des jours bien éloignés où je jouais à l'explorateur polaire dans le jardin en plein soleil, assis sur une chaise renversée en guise de traîneau, éclatant de chaleur sous des foulards et des couvertures... et maintenant, dans la réalité, j'ose à peine me l'avouer, j'éprouve la sensation délicieuse de me retrouver un instant tout enfant, j'allais presque dire tout insouciant. La réalité ressemblerait-elle donc quelquefois aux rêves et non pas toujours aux cauchemars ?

Notre exploration du moment est peu instructive, car il neige tellement que nous ne voyons rien la plupart du temps. Dans les éclaircies, nous nous rendons compte cependant que le fond de la baie est extrêmement éloigné et que notre banquise est mamelonnée par places. Il s'agit évidemment d'une accumulation de floes, de débris d'icebergs et même d'icebergs comme l'indiquent des sortes de collines qui soulèvent la plaine blanche, le tout soudé ensemble et uniformisé par les grandes tombées de neige. A quelque distance des falaises à pic s'ouvrent de larges fentes irrégulières formant de grandes courbes à concavité vers le large et remplies de blocs épars ou à moitié soudés, quelquefois serrés et dressés les uns contre les autres en amas chaotiques. Nous sondons à travers l'une d'elles, et tout près de la côte, nous ne trouvons pas moins de 38 mètres de profondeur. Il n'y a décidément dans le voisinage, comme terre ferme où on puisse mettre le pied, que cette moraine près de laquelle se trouve le bateau, recouverte presque en entier par le grand cône de neige, et sur laquelle un campement est à peu près impossible à établir.

Les hommes travaillent en bas, sans discontinuer, la plupart du temps couchés ou accroupis dans l'eau glacée de la cale ; c'est un métier très pénible, mais ils le font gaiement et on entend plus de chansons et de boutades que de murmures.

Nous avons vu sur la lisière de la banquise un phoque de Ross tout à fait typique, il nous a même gratifiés de ce chant qui lui a fait donner par Racovitza le nom d'*ommatophoca* ; malheureusement, nous n'avions rien pour le tuer et quand nous sommes revenus il avait disparu.

9 février. — Il fait heureusement toujours calme, un véritable cortège d'icebergs passe et repasse devant nous, mais il semble qu'un bienheureux remous de courant les éloigne du coin où nous sommes, et tant qu'il n'y aura pas de vent, nous pouvons espérer être en sécurité.

Dès le matin, je fais installer sur la glace, à une centaine de mètres du bateau, une de nos tentes disposée pour les observations magnétiques, c'est-à-dire en supprimant la plus petite parcelle de fer, qui pourrait faire dévier l'aiguille, Rey désirant commencer ses observations ; mais la houle dont nous ne nous apercevons guère se fait sentir sur l'aiguille aimantée ; d'ailleurs, à midi, de longues et larges fentes se produisent dans la glace et il faut évacuer en toute hâte en se livrant à des exercices de steeple-chase pour sauver toute l'installation. Du même coup le bateau ne se trouve plus amarré qu'à des blocs détachés, il faut changer les ancres à glace et les porter plus loin.

Le vent se met à souffler par grosses rafales du N.W., nous sommes heureusement bien abrités par la terre de ce côté, et nos amarres frappées sur les deux roches tiennent bon ; mais il doit faire gros temps dehors, car la houle est forte et la banquise se fend de plus en plus. La journée et une bonne partie de la nuit se passent à veiller aux amarres et à changer les ancres à glace, ce qui n'est pas un petit travail avec un seul homme pour nous aider et plus d'un mètre de neige à déblayer chaque fois. La baie tout entière s'encombre de glaces, mélange de floes et d'icebergs ; mais ne nous plaignons pas car, par un hasard providentiel, nous avons trouvé un bon coin, certainement le seul endroit de toute la baie qui, sur un rayon d'une cinquantaine de mètres, n'est pas visité par nos dangereux voisins. Nous voudrions sortir actuellement d'ici que nous ne le pourrions ; mais il n'est malheureusement pas question de s'en aller, ma seule crainte même est qu'avec les très fortes rafales nos amarres ne manquent, et alors, Dieu sait, en dérive, quelles rencontres nous ferions ! Aussi est-ce une mauvaise nuit que je passe dans le vent et sous la neige à éprouver du pied ou de la main les amarres de l'avant, raides comme des barres de fer. A tout hasard je fais mouiller une ancre, je sais par avance qu'elle ne tiendra pas, mais si un accident arrive peut-être crochera-t-elle dans quelque caillou ! Les hommes, sans relâche, travaillent toujours en bas.

10 février. — La baie s'encombre de plus en plus et il neige toujours. Nous avons fait des sondages dans la glace, à une centaine de mètres du bord, avec la sonde géologique, et à quatre mètres nous n'avions pas encore trouvé l'eau. Matha, après avoir déblayé un des gros rochers qui nous sert de bitte d'amarrage, a pu y installer le marégraphe enregistreur dans de bonnes conditions. Turquet commence à empailler des oiseaux, nombreux autour du bateau et sur la glace, à mettre en bocaux et à étiqueter les trouvailles qu'il fait sous les galets de la moraine. Gourdon ramasse des échantillons géologiques. Rey est plongé dans les thermomètres, et moi, aidé de Pléneau et de Guéguen, le seul homme disponible, je passe la journée à virer au guindeau, à tirer sur les amarres, à repousser les glaces avec des perches et à encourager les malheureux hommes accroupis dans l'eau sous les chaudières. Tout ce qui nous entoure est très beau, notre vie, certes, est intéressante, mais ma responsabilité me pèse, et je ne trouve de vrai repos que dans la fatigue physique ; de ce côté je n'ai pas à me plaindre, j'en ai plus qu'il ne m'en faut.

11 février. — Les glaces entrent et sortent de la baie, y entrent surtout, et avec le vent de N.W. qui soufflait encore très fort ce matin elles ont été s'accumuler dans le fond opposé à notre mouillage. Il y a là des morceaux énormes, de vraies îles dont quelques-unes aux formes étranges ; si notre bateau était là-bas, il serait en miettes. La grande banquise qui tient à la côte se disloque toujours par larges morceaux. Le glacier derrière lequel nous sommes s'effrite également, des avalanches de gros blocs tombent à la mer avec des bruits de coups de canon, soulevant de grandes ondes qui nous font rouler ; mais heureusement ce glacier n'est pas une fabrique d'icebergs et les blocs éclatent et tombent au pied même de la falaise. Il vente et la neige fondue alterne avec les gros flocons. A l'air il y a + 2° à + 3° et – 1° dans l'eau. L'humidité partout est terrible, le bateau suinte comme une éponge.

Avec Pléneau, Gourdon et Pierre, nous tâchons de reconnaître s'il y a un peu de terre sous la glace que la grande pyramide recouvre en partie, et à coups de pioche et de bêche nous finissons par trouver un endroit où Rey pourra momentanément s'installer pour ses observations magnétiques. La glace, qui sûrement repose ici sur des rochers, est à 2,50 m sous la neige et nous déblayons et nivelons un bel espace d'une dizaine de mètres carrés.

12 février. — Quelle horrible nuit ! A 3 heures du matin, toutes nos ancres à glace étaient en dérive, et le vent qui soufflait très fort de l'ouest tourne au S.E. Le bateau, que retiennent seules les amarres de l'avant, évite, et se trouvant ainsi l'arrière sur les petits fonds, se met à talonner fortement ; à grand-peine nous remettons les ancres sur de la glace solide, et souquons les amarres. Ce vent, qui est le plus mauvais pour nous, chasse les glaces de notre côté et elles s'avancent menaçantes quand, heureusement, continuant à tourner il arrive au Sud et nous sommes ainsi hors de danger. Il ne souffle plus alors qu'une toute petite brise amenant enfin un ciel clair et un beau soleil.

Nous armons la baleinière et, avec Pléneau, Matha et Gourdon, nous essayons de gagner les îles Moureau, deux petites calottes de glace à quelques kilomètres, mais nous ne pouvons franchir la barrière de floes et d'icebergs accumulés et nous devons nous contenter, Matha de faire un tour d'horizon, moi quelques sondages avec la petite machine Thoulet, les autres des photographies. Pendant ce temps, Rey fait du magnétisme, sur l'emplacement que nous lui avons préparé, et Turquet empaille les oiseaux tués autour du bateau.

La journée se passe ainsi à travailler. La soirée est magnifique, calme absolu et ciel sans nuages, les étoiles sont extraordinairement brillantes, les contours de la baie apparaissent comme un décor d'argent dans un pays de féeries ; il gèle entre – 3° et – 4°. Autour de nous le souffle de quantité de baleines et de phoques avec le grand bruit de roulement des avalanches rompt le silence de cette superbe nuit.

Ce beau temps froid a une bonne influence sur le moral de tout le monde ; il a un autre avantage, celui de faire cesser l'affreuse humidité dans laquelle nous vivions.

Depuis quelques jours, j'ai remarqué sur moi-même un phénomène psychique curieux : subitement, sans raison, au milieu d'une occupation qui cependant absorbe toute mon attention, une image quelconque de chez moi, d'époque récente ou éloignée, m'apparaît avec une intensité et une apparence de réalité presque pénible, mais cette sorte de dédoublement ne dure que quelques secondes.

13 février. — Le temps est toujours magnifique ; la baie étant un peu déblayée, nous allons en you-you avec Pléneau et Gourdon jusqu'aux îles Moureau où nous abordons cette fois facilement après une heure de nage. Ce sont deux élévations formées de roches moutonnées couvertes d'une haute calotte de glace et réunies par une sorte de plage de gros galets en grande partie couverte de plus d'un mètre de neige. Nous débarquons sur les grosses roches et faisons en peu de temps une ample moisson d'oursins, d'étoiles, d'annélides, de crustacés, etc. Cette journée a été bonne pour les travaux de tous, il n'y a pas eu de temps perdu et Pléneau rapporte deux jolis pétrels des neiges.

Tout au fond de la baie, descend un énorme glacier qui semble un escalier de géant. Matha avec Pierre, chaussés de skis, ont fait déjà de ce côté une pointe et de loin il leur a semblé qu'on pourrait tenter une ascension. S'il fait encore beau demain j'irai voir de plus près avec Matha, qui désire faire quelques stations hydrographiques de ce côté.

14 février. — Temps magnifique. Tout de suite après le déjeuner, je chausse les skis, pour la première fois, et avec Matha nous nous mettons en route pour le fond de la baie. Au début mes succès à skis sont plutôt négatifs ; je ne veux pas poser pour le petit pied, mais je ne suis tout de même pas habitué à en avoir de trois mètres de longueur et je m'embrouille terriblement jusqu'à la chute inévitable qui ne fait que compliquer les choses. C'est un rude travail que de se relever avec ces outils, et par moments il me semble que je suis devenu moi-même un de ces jeux de patience : « La question du jour. » Matha d'ailleurs, malgré son expérience de la veille, n'est guère plus heureux que moi et nos misères réciproques nous consolent. Cependant, petit à petit, nous nous habituons et nous finissons par nous tenir convenablement.

La banquise est d'abord extrêmement plate ; mais nous rencontrons bientôt de larges crevasses irrégulières qu'il faut traverser, ce à quoi nous parvenons grâce à nos skis qui servent de véritables passerelles et nous nous tirons d'affaire sans prendre de bain.

Nous passons non loin d'énormes icebergs tabulaires, englobés dans cette glace et qui, à distance, nous semblaient comme une prolongation du glacier, alors que celui-ci est encore extrêmement éloigné, et nous tombons au milieu d'une bande de plus de cinquante phoques couchés paresseusement au soleil. Ce sont des crabiers et des faux léopards. Isolés ou groupés par deux ou trois, vautrés sur le dos ou sur le ventre, ils dorment, s'étirant de temps à autre voluptueusement, changeant de position sans se réveiller, ou se grattant lentement avec leurs pattes-nageoires, en poussant de gros soupirs de satisfaction. Leurs poils lisses luisent au soleil et les crabiers semblent en vieil argent. C'est à peine, quand nous les touchons, s'ils daignent lever la tête et ouvrir leurs yeux ronds de sphinx pour nous regarder. Puis, comme nous ne les intéressons guère, ils reprennent leur somme. Si nous insistons beaucoup de la pointe de nos bâtons, en grognant comme un dormeur que l'on dérange, ils changent de place avec mauvaise humeur et finissent par ouvrir leur gueule, nous montrant deux rangées de petites dents de scie, soufflant des injures qui peuvent être des gros mots, mais ne ressemblent guère à des menaces. Nous laissons ces paisibles compagnons à leur farniente et nous continuons notre route, maintenant sur une glace soulevée comme par une grosse houle figée.

Pendant les heures qui suivent, ce sont de courtes ascensions, puis de brusques et souvent trop rapides descentes se terminant par des chutes grotesques. Nous sommes bien engagés dans la petite baie au fond de laquelle s'élève le glacier, mais nous avons été trompés sur la distance et il faudrait encore plus d'un jour pour arriver au pied de ces marches de géant qui, vues d'ici, semblent bien difficiles à escalader. L'endroit est propice pour un tour d'horizon et Matha se met au travail pendant que je déballe de mes poches quelques tablettes de chocolat. Hélas ! cette gourmandise me coûte une dent... fausse — la seule — qui se casse au milieu, me laissant dans la bouche une armature de métal coupant qui me taillade la langue. Une fois de retour à bord, il faudra toutes les pinces de ma boîte à outils et toute mon ingéniosité pour réparer ce désastre et le rendre aussi esthétique que possible.

Nous revenons par le même chemin et rallions le bord après plus de huit heures de marche. S'il faisait encore clair demain, je partirais de bonne heure avec Pierre et deux hommes, traînant vivres et tentes, et, après avoir établi un campement au pied du glacier, où les hommes attendraient, nous chercherions, nous, à l'escalader.

15 février. — Nos projets sont dans la brume et la neige. Celle-ci tombe sans discontinuer, le temps est affreux et on ne peut rien voir devant soi. Matha, qui n'a pas voulu mettre de lunettes fumées hier, est atteint d'ophtalmie des neiges ; le pauvre malheureux souffre abominablement et doit rester dans l'obscurité. On travaille toujours en bas, dans quarante-huit heures nous pourrons être parés et, puisque le temps ne veut pas se mettre au beau, j'abandonne l'idée d'une excursion qui ne vaut pas un retard.

16 février. — Mardi Gras ! La journée est maussade par ce temps de neige et nous nous contentons de nos déguisements polaires ; faute d'œufs nous ne mangerons même pas de crêpes.

Grâce à un collyre au sulfate de zinc, laudanum et cocaïne, Matha souffre moins. Le travail continue en bas et on tamponne maintenant les tubes crevés, c'est à peine si nous en avons une vingtaine de rechange car on ne nous a pas envoyé à Buenos Aires ceux qu'on nous avait promis et force nous a été de partir sans eux.

Les icebergs continuent à entrer et à sortir sans nous approcher, de gros morceaux de la banquise se détachent continuellement, et du glacier auprès de nous de grands clivages se font avec un énorme fracas.

17 février. — Les yeux de Matha vont bien, mais Pléneau est atteint à son tour, heureusement assez légèrement. Nous prenons quelques températures d'eau de mer et nous faisons des sondages dans la baie. A bord, on prépare le départ, annoncé pour demain.

18 février. — Les feux sont allumés, mais à peine y a-t-il de la pression que quelques tubes tamponnés dans la chaudière tribord se remettent à fuir. On vient bientôt me prévenir qu'on ne peut les détamponner. Je me mets moi-même au travail et j'arrive à en faire détamponner deux, les autres sont arrangés le mieux possible. Mais cet incident augmente ma mauvaise humeur et notre maître d'hôtel, le jeune et ahuri Robert, en souffre fortement. Je passe le restant de la journée à jouer à la maîtresse de maison, tâchant de faire mettre un peu d'ordre et de propreté dans l'inexprimable chaos où il a laissé notre ménage. Robert pousse vainement des soupirs à rendre jalouses les baleines du voisinage et à émouvoir un phoque, mais non pas le commandant, qui décidément, comme il le dit fort bien, « est mal viré ». Il finit d'ailleurs par recevoir une paire de gifles qu'il reconnaît immédiatement n'avoir pas volées ; c'est la première de sa vie, ce qui explique bien des choses.

Matha et Gourdon sont retournés aux îles Moureau et le soir nous avons enlevé le marégraphe enregistreur qui, pendant tout ce temps, a parfaitement bien fonctionné sur son rocher.

Le travail en bas est terminé, et pour distraire les hommes je leur prête les skis. Pendant des heures, ils s'amusent comme des fous à dégringoler les pentes d'un glaçon recouvert de neige. Toutes les fatigues, tous les ennuis des jours passés sont oubliés et c'est un vrai plaisir de les voir aussi gais, heureux et insouciants.

19 février. — Enfin nous avons quitté la baie des Flandres ! Ne nous plaignons pas trop, les chaudières vont à peu près, le condenseur perd moins et pendant ce séjour, en dehors des saines émotions qui trempent le caractère, chacun a pu faire du bon travail tandis qu'une fois de plus l'équipage prouvait son endurance et son excellent esprit.

L'hiver a dû être dur ou bien ce sont les vents persistants du N.E. qui ont accumulé floes et débris d'icebergs soudés ensuite par une forte gelée tardive. Le tout égalisé par les grandes tombées de neige aura formé cette banquise côtière qui, ainsi que nous avons pu le constater, avait par endroits plus de quatre mètres d'épaisseur. Les grandes fentes irrégulières et chaotiques qui suivent les contours de la baie et de ses annexes proviennent des mouvements de marées, et les ondulations que nous avons comparées à de la houle figée sont simplement dues à l'action du vent dominant sur la grande plaine de neige épaisse.

En somme, la débâcle de cette banquise côtière ne faisait guère que commencer et, pour admettre qu'elle puisse s'achever complètement avant l'hiver qui vient, il faudrait que l'automne soit particulièrement doux et la houle fréquente pour continuer le morcellement auquel nous avons assisté.

Bien que la *Belgica* soit venue ici en 1898, le 11 février, c'est-à-dire à la même époque que nous, les conditions étaient toutes différentes ; aucune glace, en dehors de quelques floes et icebergs, n'ayant été rencontrée par le navire qui put faire tout le tour de la baie. C'est une leçon à retenir, car nous eût-on signalé un point d'hivernage pour le bateau au fond d'une des petites baies que nous n'aurions pu en profiter cette année.

L'appareillage a été difficile ; le vent très frais de S.E. nous collait contre la banquise, mais en nous servant de celle-ci comme d'un quai et de nos ancres à glace comme de bittes, nous sommes parvenus à éviter sans avarie et à nous mettre en route, disant adieu à notre pyramide à tête de sphinx.

Il nous faut faire un long détour pour contourner la grande quantité de glaces flottantes qui encombre la baie ainsi que les énormes icebergs, puis nous longeons la côte Est toujours aussi peu hospitalière, formée par un vaste front de glacier qui semble prêt à délivrer de monstrueux cubes, qu'une gigantesque scie aurait débités dans cette carrière de Titans.

Nous gouvernons sur l'île Wiencke où nous avons promis de laisser un cairn, et dont nous allons achever le tour complet en passant par le Nord. En traversant le détroit de Gerlache, le vent d'Ouest se met à souffler fort, la mer est un peu clapoteuse, mais surtout le temps devient bouché et ce n'est que tout à fait contre l'île Wiencke que nous apercevons sous la brume quelques mètres du pied de l'immuable falaise de glace qui la borde dans toute l'étendue faisant face au détroit. La neige tombe de nouveau, mais comme nous ne cherchons qu'un coin favorable pour placer notre cairn, ce que nous pouvons voir nous suffit amplement pour le moment. A 7 heures nous sommes à la pointe Nord de l'île, où quelques récifs avancés permettraient peut-être de le dresser. Cependant il risquerait trop d'être caché par les icebergs qui paraissent s'accumuler assez volontiers à cet endroit et il devrait également subir les furieux assauts des tempêtes de N.E. Cherchant avec soin notre route au milieu des récifs nombreux, nous nous engageons dans le chenal de Roosen et, la nuit s'annonçant calme, je vais me coucher pour tâcher de soigner par la chaleur un abcès dentaire qui me fait terriblement souffrir depuis deux jours. O illusion ! Vers minuit, Matha m'envoie réveiller ; il fait aussi noir que dans un four, le vent debout, par lourdes rafales, chasse un grésil aveuglant. C'est à peine si nous pouvons constater que nous sommes entourés d'icebergs qui passent près de nous comme de grands fantômes blancs. Malgré tous les efforts de notre machine, nous n'étalons pas, et le bruit des brisants s'ajoute aux clapotis des lames courtes au pied des glaces flottantes. Avec de grandes précautions, avec une grande chance surtout, nous virons de bord, et, refaisant le chemin parcouru pendant ces dernières heures, nous retrouvons un peu de calme dans le détroit plus large. L'émotion a fait percer mon abcès, aussi je prends gaiement ce contretemps et c'est en fredonnant que, deux heures plus tard, j'abandonne Rey sur la passerelle, en train de faire faire au bateau des ronds dans l'eau.

Lorsque je reprends le quart, à 4 heures du matin, nous avons été fortement dépalés et je ne sais plus du tout où nous sommes, malgré le temps calme et très clair. Nous mettons le cap au Sud longeant la côte ; bientôt, dans un dédale d'icebergs, un banc de brume nous enveloppe et, quelques heures après, alors que je me croyais dans le détroit de Gerlache, nous nous trouvons dans le chenal de Roosen en face d'un petit canal marqué en pointillé sur la carte de la *Belgica*. Je m'y engage et nous passons ainsi entre une grande et haute île rocheuse en forme de cône sur les bords abrupts de laquelle perchent des cormorans, et un magnifique glacier qui teinte l'eau d'un bleu azuré et la couvre de débris de glace. Nous relevons ce canal et reprenons notre route ; le temps redevient décidément très beau et vers 3 heures nous finissons par découvrir, sur la côte de l'île Wiencke, un peu en avant d'une petite baie dont les bords rocheux sont relativement plats et dégarnis de neige sur une assez grande étendue, un petit îlot qu'il est impossible de ne pas voir lorsqu'on s'engage dans le chenal de Roosen. C'est enfin l'endroit tout indiqué pour placer notre cairn.

En continuant nous entrons dans un nouveau chenal qui devient à peu près parallèle à celui de Roosen, après un coude brusque, et dans lequel nous nous engageons suffisamment pour constater qu'il va s'ouvrir dans le grand estuaire, près de la pointe Sud-Ouest de Wiencke, détachant ainsi vers le Nord une seconde île assez vaste. Sur la gauche de l'entrée de ce chenal, s'ouvre une baie formée par une falaise de glace que continue une vaste étendue de roches nues, couvertes de pingouins et de cormorans, et fermée par une ligne de récifs qui ne s'interrompt que pour laisser un passage étroit et tortueux où nous entrons. Nous faisons le tour de cette baie, nous y trouvons de 10 à 20 mètres de profondeur, fond de vase, paraissant offrir une bonne tenue et un excellent mouillage pour plusieurs bateaux. Après avoir débarqué Matha et Rallier du Baty, qui vont faire de l'hydrographie, je retourne dans le chenal de Roosen à l'îlot désigné où nous plantons, solidement maintenu par des haubans en fil d'acier galvanisé, une perche de six mètres de haut munie d'un voyant. Nous fixons sur cette perche une bouteille bien cachetée renfermant un document dans un cylindre en fer-blanc.

A 7 heures, nous rentrons de nouveau dans notre baie et nous mouillons par dix mètres. Nous nous mettons immédiatement à examiner notre port tout en ramassant ce qui nous tombe sous la main pour nos collections. Un petit chenal conduit le long de la terre à une sorte de baignoire creuse où on pourrait loger le bateau. C'est en somme un excellent endroit pour s'abriter et effectuer quelques réparations. Nous lui donnons le nom de Port-Lockroy.

Avec la ressource des nombreux phoques, pingouins et cormorans, il serait même possible d'hiverner là. Cependant pour nos travaux on y est trop abrité, les observations météorologiques s'en ressentiraient forcément et, d'autre part, notre champ d'excursions serait très limité. Toutefois, si nous ne trouvons pas autre chose, ce qui pourrait arriver d'après ce que nous avons pu voir jusqu'à présent, nous serons bien contents de nous rabattre sur ceci. J'espère pourtant que nous pourrons descendre plus au Sud.

Le bateau mouillé sur l'ancre de tribord, l'autre parée et une amarre à terre par précaution, une visite à notre première rockerie de pingouins s'imposait. Alors même que nous ne les aurions pas vus, la présence de ces aimables bêtes se manifeste suffisamment à l'odorat et à l'ouïe. Ce village, on pourrait même dire cette ville comprenant plusieurs centaines d'habitants qui n'ont adopté qu'un seul système, celui du « tout sur la voie publique », le parfum qui s'en dégage est très *sui generis*. Cela n'a d'ailleurs qu'une importance très relative, vu le peu de personnes qui pourrait en être incommodé en dehors des pingouins, qui ne s'en soucient guère ; puis un peu de neige, une bonne gelée neutraliseront tout cela et les heures de dégel sont ici courtes et rares ! D'autre part, le pingouin étant doué d'un organe puissant, et chacun voulant, dans une discussion ou même une simple conversation, placer son mot, le silence conventionnel de l'Antarctique est plutôt rompu dans leur voisinage. Les sons qu'ils émettent sont extrêmement variés et il est bien difficile de ne pas admettre qu'ils communiquent entre eux par signes phonétiques équivalant presque à la parole. C'est en général une sorte de caquetage, où le couin-couin du canard apparaît fréquemment mais diversement modulé. Puis il y a des signaux très variés, des espèces d'ordres donnés en diverses circonstances, notamment quand, par exemple, une bande de ces oiseaux est groupée sur le bord de l'eau et que le chef décide qu'il faut s'y jeter. Pendant les heures de repos, au milieu du silence, la plupart des pingouins couchés, souvent un de ceux qui veillent renverse sa tête en arrière, ouvre le bec en prenant la forme d'un joli vase pour une branche d'orchidée et pousse une série de notes bizarres qu'on ne peut mieux comparer qu'au braiement d'un âne ; un autre pingouin à une certaine distance répond de même, et le cri passe d'un veilleur à l'autre comme un « Sentinelle, veillez ! ».

L'endroit où nous débarquons est un amas de roches taillées en grandes marches aux parois lisses, dégarnies en grande partie de neige. Ces roches, dans leur ensemble, forment un éperon dont la pointe se continue par une série d'îlots et de récifs réunis par des bas-fonds rocheux qui ferment notre rade du côté du chenal, et dont la base sort du glacier qui recouvre l'île Wiencke.

De son extrême pointe et d'un îlot voisin partent des sons graves différant du bruyant caquetage des pingouins et ressemblant aux cris de corbeaux qui auraient l'accent anglais. De fort élégants cormorans ont établi là leur village ; ils sont jolis avec leur caroncule bleu et rouge, à la base de leur bec jaune, leurs ailes aux bords blancs et les taches de même couleur venant trancher sur le noir jais de leurs plumes ! De plus, ils sont pacifiques et vivent dans l'intimité et la concorde avec les pingouins qui couvrent le reste des rochers.

Les voilà bien chez elles les gentilles bêtes, petites filles avec leur tablier blanc, pères dominicains, petites bonnes femmes au manteau noir ! Nous paraissons, nous, des géants au milieu de ces grotesques, amusants dans leur solennité, tout de suite sympathiques et qui déroutent par le calme, presque l'indifférence avec laquelle ils nous accueillent.

J'éprouve une véritable satisfaction, dans cette nature où tout est grand, majestueux, imposant et dédaigneux de l'homme dont elle se débarrasserait par un bien petit geste, à voir des êtres plus petits, plus faibles que moi. Et cependant, dans leur placidité, dans la gravité un peu ridicule de leurs attitudes, dans la confiance même qu'ils ont en nous, il y a quelque chose qui impose. Je voudrais les interroger, leur arracher les secrets de ces régions, de leur philosophie, et il me semble que l'œil blanc, tout rond comme un bouton d'ivoire sur une étoffe noire, du pingouin qui m'observe, est devenu très malin, qu'en me regardant il a un peu haussé les épaules et qu'il se moque de moi. J'ai eu l'envie, Pingouin ! de me venger par une pichenette, mais à mon mouvement tu t'es dressé si crânement sur tes courtes pattes, tes petits bras s'agitant avec tant d'indignation, ton bec proférant reproches et mépris, et me disant si clairement : « De quel droit me menaces-tu ? Je te vaux bien ! » que ma main est retombée désarmée. Continue, Pingouin, moque-toi de moi, c'est toi qui as raison, tu vaux même mieux que les hommes.

Il règne un assez grand désordre dans la Babylone des pingouins ; les nids, dont quelques-uns encore intacts, ne sont que des petits cailloux disposés en cercle, or la couvée étant depuis assez longtemps déjà terminée, ceux-ci, désormais inutiles, et n'étant plus respectés par les habitants, sont en majeure partie dispersés ou forment des petits tas sans ordre ; de plus, les flaques d'eau dues à la température momentanément élevée sont souillées de boue et de matières fécales. Les petits pingouins, maintenant presque adultes, n'ont plus besoin de la surveillance continuelle du père ou de la mère, qui en profitent pour aller ensemble à la pêche, tandis que les jeunes, par groupes de huit ou dix, sont confiés à de grands pingouins, remarquables bonnes d'enfants, qui veillent avec soin sur la progéniture de leurs concitoyens, groupant les enfants autour d'eux, les empêchant de s'éloigner ou de se risquer près des endroits dangereux. Tout cela ne se fait pas sans des gronderies, qui feraient rire si elles n'étaient touchantes, sans de petits coups de bec, et quelques corrections administrées avec les ailerons. Quel merveilleux exemple de communisme !

Ils sont actuellement tout particulièrement drôles, ces jeunes pingouins, car, sur le point de devenir adultes, ils changent de vêtement et perdent par plaques l'épais et ouateux duvet, véritable eider gris et blanc souillé de tous les immondices dans lesquels ils se vautrent depuis leur naissance, pour adopter finalement et définitivement le bel habit noir bien lisse et bien luisant, ainsi que le beau plastron de chemise très blanc que portent si fièrement leurs parents. Mais comme la transformation ne se fait que lentement et par plaques, nos jeunes amis ressemblent maintenant pour la plupart aux oiseaux empaillés d'une collection mal tenue, mangés par les mites ou les rats. Quelques-uns, n'ayant conservé leur duvet qu'autour du cou, ont l'air ainsi de porter un boa, probablement à la mode dans l'Antarctique. Le sol est tout couvert de ces plumes légères, qui ajoutent encore à l'aspect de désordre de la ville.

Les espèces que nous avions déjà remarquées sont mélangées. Le *papou*, à l'aspect plus arrondi avec le bec rouge, la petite tache triangulaire blanche dont le sommet se termine à l'œil, est ici de beaucoup le plus nombreux ; l'*adélie*, au bec noir, plus pataud, plus massif avec une tête taillée à coups de serpe, mais plus humain d'aspect, n'est représenté que par une cinquantaine d'individus, et quant au pingouin *antarctique*, avec sa forme allongée, son cou plus élancé et sa jugulaire blanche, nous n'en comptons que deux qui semblent être là en voyageurs, peut-être comme nous, en explorateurs, à moins que ce ne soient des pèlerins ou des missionnaires !

Longtemps nous sommes restés avec eux, les regardant ou leur faisant d'innocentes plaisanteries, car pour rien au monde nous n'aurions voulu les maltraiter, et pendant des heures, les échos des glaciers ont retenti des bons rires francs et insouciants de nos matelots qui ne marchandaient pas les lazzis à ces oiseaux gravement stupéfaits de s'entendre si familièrement traiter de « mon vieux », d'« enfant de cochons » ou de « gabier de poulaine ! ».

Une visite en canot autour de notre rade nous permit de rapporter une ample récolte d'algues et d'anémones qui font la joie de Turquet et nous croisons quantité de pingouins qui reviennent par bandes de la pêche, rapportant la nourriture à leurs petits, tandis que les nourrices sèches relevées de leur surveillance journalière partent à leur tour chercher leur propre repas.

Ce soir, au poste comme au carré, on n'a causé que pingouin. Il fait un calme splendide et quand, avant de prendre un peu de repos, je fais mon petit tour sur le pont, éprouvant la chaîne du pied, regardant si tout va bien, j'ai une sensation délicieuse de grand apaisement. La nuit vient lentement, les glaciers passent par toutes les teintes du bleu, et il y a vraiment maintenant un beau silence qu'interrompt sans le troubler le gargouillis sourd d'une onde de houle sous le glacier, le bruit de fragments de glace qui se détachent de la falaise et qui tombent à la mer, faisant se balancer doucement notre bateau. Mais, de temps en temps, un pingouin qui veille jette son cri, un autre lui répond et gravement un cormoran, qui rêve peut-être, fait « Caw ! ». Puis tout retombe dans le majestueux silence et l'impression est telle que je marche sur le pont, doucement, comme dans une église.

21 février. — Le temps est clair et beau, mais il souffle une brise de S.E. assez forte et il fait froid. Nous appareillons à 4 heures du matin et quittons sans difficultés notre port, auquel nous donnons le nom de Port-Lockroy. Après avoir hésité à gagner l'estuaire par le petit chenal ou par le chenal de Roosen, nous nous décidons pour ce dernier, car notre navigation d'hier nous a déjà renseignés suffisamment sur le premier.

A 9 heures, nous sommes au sud de l'île Wiencke lorsqu'un tube déjà tamponné de la chaudière bâbord fuit et éteint les feux ; avec une seule chaudière, sans vitesse, nous gouvernons mal au milieu des grands floes qui sont abondants dans l'estuaire, et la situation devient même assez grave car nous ne pouvons, avec le vent qui règne, revenir en arrière, et devant nous les glaces semblent épaissir. Cependant il faut risquer le paquet, « hisse le foc et la trinquette » et en route vent arrière pour le chenal de Lemaire ; peut-être près de terre trouverons-nous moins de vent et d'ici là notre tube pourra être réparé. En faisant quelques zigzags, en nous arc-boutant doucement à quelques gros glaçons, nous retarderons notre marche et gagnerons du temps avant de nous engager dans le chenal étroit et encombré où nous aurons besoin de tous nos moyens.

Nous laissons ainsi à notre droite l'archipel indiqué par Dallmann, auquel la *Belgica* a donné le nom de Wauwermanns, mais trop hâtivement placé sur la carte. Il est formé en réalité d'un chapelet considérable de petites îles en calotte de neige et de glace ou plutôt en demi-calottes de tailles différentes, quelques-unes minuscules, mais d'aspect identique, mamelons arrondis en pente douce au N.E., mais en falaise abrupte légèrement concave au S.W., comme une cassure brusque et qui semble bien indiquer que les vents dominants et violents doivent provenir du N.E.

Le cap Renard déjà vu précédemment et une série de formations granitiques du même genre, sortes de menhirs naturels et gigantesques, tous coiffés d'un petit bonnet blanc, limitent l'entrée du chenal à gauche tandis qu'à droite l'île Wandel, triangle de granit et de pyrite rouge à large base, s'élève majestueuse.

Dans le chenal, en effet, tout près de la côte de la terre de Danco, il n'y a plus que des petites brises folles sans importance et bientôt, la réparation heureusement terminée, avec nos deux chaudières allumées, nous faisons bonne route dans un paysage admirable. Le chenal est extrêmement étroit, les grandes dents noires qui forment le cap Renard et ses annexes, et qui se dressent en un mur vertical à près de 700 mètres de hauteur, laissent entre elles des fentes comblées d'un chaos de névé et de glaces aux larges fendillements irréguliers et bleus. Puis ce sont des baies où s'écoulent de monstrueux glaciers en amphithéâtre, et de nouveau des murs de glace alternant avec des falaises rocheuses et de rares pentes douces, portions de moraines découvertes où nichent des cormorans, où s'agitent des pingouins.

De l'autre côté, le Mont Lacroix, massif Nord imposant de Wandel, descend à pic dans la mer et envoie vers le Sud un glacier chaotique qui rejoint, formant une véritable muraille de quelques kilomètres de longueur et d'une trentaine de mètres de hauteur, un autre glacier provenant du massif Sud de la même île plus élevé et plus important que le précédent mais de même aspect général. Les deux rives du chenal confondent presque le reflet de leurs sommets dans les eaux maintenant calmes et transparentes, aux teintes vert foncé, moirées par la réflexion des taches blanches de la neige, du bleu des glaciers, du rouge et du noir des rochers, de l'azur immuable et pur du ciel. De gros glaçons, des icebergs poussés par un courant assez fort viennent majestueusement au-devant de nous ; l'un d'eux, percé par une arche profonde, semble un arc de triomphe pour une Amphitrite merveilleuse.

Dans le Sud, au fur et à mesure que nous avançons, le chevauchement des terres et des îles semble fermer complètement l'étroit chenal, et une grande ligne blanche hérissée d'inégalités ne nous montre que trop les glaçons qui, épars et faciles encore à écarter ou à éviter, sont accumulés plus loin et viennent au-devant de nous portés et roulés par un courant de trois nœuds environ. Nous allons d'une rive à l'autre, parcourant ce front mouvant, cherchant à pénétrer cette masse par une portion moins dense. Hélas ! c'est une vaine recherche et enfin, avec toute la puissance dont nous disposons, nous fonçons sur notre ennemi. Presque toute cette glace, nous nous en rendons facilement compte à sa couleur bleue, à son aspect lisse, à sa dureté et à l'irrégularité de ses formes, est de la glace de terre, morceaux débités perpétuellement par les glaciers, effritements des falaises, débris d'icebergs détachés par des éclatements, des chavirements ou de formidables rencontres. De loin en loin seulement, de grandes plaques plates aux bords plus réguliers, aux cassures colorées en brun par les diatomées, proviennent de glaces formées par la mer elle-même. Tout cela, entraînant d'assez gros icebergs, nous entoure maintenant et, sans se soucier de nos efforts désespérés, s'entrechoque avec un roulement sourd interrompu de temps à autre par des grincements, des sifflements, des détonations claires et sèches. Ces blocs sont si serrés que notre coque ne reçoit même pas de chocs véritables, mais nous sommes comme soulevés, tantôt par l'avant, tantôt par l'arrière, et le frottement perpétuel des blocs produit à l'intérieur du bateau comme le bruit d'un torrent. Nous gouvernons et avançons à peine, de grosses masses menacent de nous défoncer, nous sauvons avec difficulté notre beaupré et c'est miracle si nous échappons à l'écrasement entre un iceberg et la côte. Tout le chenal est ainsi en mouvement, et derrière les îles mêmes, à perte de vue, cette armée de glaçons, comme une foule en panique, se presse et s'écrase.

C'est inutile de chercher à lutter davantage, notre situation est d'ailleurs critique, car pris entre la terre et un iceberg nous avons à peine la place de virer. « Machine en arrière ! » Un choc, un grincement, notre arrière se soulève un peu, puis retombe, le glaçon a passé. « En avant, droite toute ! » Moment d'angoisse, où le corps tout entier se contracte en faisant comme l'effort du mouvement que je voudrais voir faire au bateau. Un instant d'hésitation peut nous perdre, il faut risquer le coup, il y a des mains contractées sur la lisse, mais la voix de l'homme de barre, claire et calme, répond : « Droite toute ! » Lentement la grande falaise abrupte qui nous menace et nous domine défile devant le beaupré qui la rase à un mètre à peine, aucune glace n'arrête notre arrière, c'est paré. « Zéro ! » « zéro ! » répond le timonier et rapidement maintenant, avec le courant, nous glissons le long de cette grande muraille noire qui, heureusement, se continue verticale à d'immenses profondeurs. Après cette émotion, un peu poseur pour moi-même et pour les autres, du petit doigt, d'un air de grande indifférence, je fais sauter la cendre de ma cigarette et je dis négligemment à un matelot de ramasser une manœuvre qui traîne.

Notre but actuel est de trouver des points d'hivernage éventuels. De plus, comme nous voudrions voir si l'endroit que de Gerlache indique sur sa carte comme vaste baie ou détroit, et qui, pour lui, dans ce dernier cas, ne serait autre que le détroit de Bismarck découvert par Dallmann, est l'un ou l'autre, nous décidons de contourner Wandel et au besoin les autres îles qui forment le chenal de Lemaire afin de regagner la côte, plus au Sud, si c'est possible.

Sans difficulté, en évitant quelques récifs bien visibles, nous doublons la pointe N. de Wandel et nous suivons sa côte W. Du massif montagneux Sud, se détache une presqu'île où je remarque de jolies petites anses, qui, si elles sont suffisamment profondes, abriteraient très bien le bateau. Faisant suite à Wandel apparaît Hovgard, grand mamelon arrondi entièrement blanc qui s'élève à 400 mètres.

Au milieu de nombreux récifs, avec une attention extrême, cherchant notre route entre les icebergs gros et petits, maintenant innombrables, nous tâchons de passer d'abord entre Wandel et Hovgard, mais un mur d'icebergs serrés les uns contre les autres, entre lesquels un canot même ne pourrait pas se faire un chemin, rend toute tentative semblable inutile. Au Sud d'Hovgard, c'est à peu près le même état de chose, compliqué encore d'îlots bas et de récifs. Le mieux sera de nous amarrer si c'est possible dans une anse de Wandel, et tout en faisant quelques recherches et observations à terre, nous pourrons peut-être voir la meilleure route à prendre, en grimpant sur une des collines de cette île.

Nous regagnons donc, toujours en passant au milieu des obstacles, la grande baie Nord de Wandel. Dans cette baie, actuellement sans un morceau de glace, nous trouvons des fonds de 40 mètres de roches, sans tenue par conséquent, mais mon idée est d'amarrer le bateau dans une des petites anses qui m'avaient séduit le matin. Matha avec le you-you va opérer des sondages et fait un rapport favorable ; à l'entrée de l'anse la plus séduisante, il y a une douzaine de mètres et le fond tout de roches monte graduellement à fleur d'eau ; nous entrons donc dans ce port naturel bien abrité de toutes parts, sauf du N.E., et encore ne semble-t-il pas qu'une mer bien forte puisse venir de ce point, entourés de terres comme nous le sommes. En ce moment tout au moins aucune glace volumineuse ne nous menace et le temps est très beau.

Nous nous amarrons facilement au milieu de l'anse par quatre amarres frappées sur des roches à terre et sur des ancres à glace solidement enfouies. Comme le fait très justement remarquer un des hommes, il n'y a plus qu'à fermer la porte et à vider le bassin, nous serons en cale sèche faite sur mesure.

Le bateau en sécurité, nous descendons presque tous à terre, puisqu'il faut appeler ainsi une couche épaisse de neige et de glace qui recouvre tout sauf quelques roches occupées par les pingouins, et quelques falaises où habitent les cormorans. Pendant que les hommes vont voir ceux-ci, que mes camarades se livrent à leurs travaux, je monte sur une petite colline d'une quarantaine de mètres dominant notre anse, et de cette hauteur, avec le temps très clair, je peux me rendre un compte exact de l'état de la haute mer.

On voit admirablement toute l'entrée du détroit de Gerlache où flottent quelques glaces et quelques icebergs. L'estuaire qui aboutit à ce détroit est fermé par une énorme ceinture ou plutôt une série de ceintures concentriques d'îlots en calotte et de récifs ; ceux-ci, partant des plus extrêmes de ce qui a été appelé l'archipel Wauwermanns, vont rejoindre dans le Sud, après avoir décrit un énorme cercle, les trois îles assez importantes faisant suite à la nôtre, la plus élevée et la plus vaste de ce groupe. Dans les petits chenaux séparant tous ces îlots et récifs, tant de glaces et d'icebergs se sont accumulés que c'est à peine si l'on distingue maintenant un autre passage que celui par lequel nous sommes entrés en doublant le cap Albert de Monaco. Néanmoins, je relève avec soin les quelques petits chenaux qui peut-être pourraient être forcés. Derrière cette sorte de ceinture la mer est entièrement couverte de pack-ice très dense, formant par endroits une véritable banquise qui s'épaissit encore vers le Sud où elle se serre et se presse contre la côte. Dans ce pack-ice, les icebergs de toutes les dimensions se comptent par centaines. Quelques-uns évidemment énormes, étant donné la distance à laquelle nous les voyons, et de formes très variables tout en dérivant pour la plupart du classique tabulaire, émergent par places des récifs qui font tache par leur couleur brun rougeâtre. Au cap A. de Monaco, nous retrouvons l'accumulation des monstres qu'il nous a fallu traverser précédemment pour entrer. Dans les chenaux près de terre, de petits icebergs, de formes très irrégulières, sont serrés les uns contre les autres ; ils proviennent évidemment des glaciers qui se succèdent le long de la côte et qui les débitent perpétuellement. A la limite de la visibilité, une mince ligne noire dans l'Ouest et le Nord-Ouest indique la mer libre, et la ligne d'horizon elle-même est coupée et comme crénelée par les plateaux de tabulaires, monstres formidables, flottant derrière l'horizon.

De grands caps, ainsi que les bas-côtés d'un décor, puis l'île Hovgard qui succède à la nôtre, nous empêchent de voir ce que devient plus loin la côte de la terre de Danco, mais nous relevons celle de Graham se dirigeant franchement et d'une façon continue vers le Sud-Ouest ; très montagneuse, elle semble former un promontoire qui se termine par un cône élevé et régulier.

Pendant que je regarde vers le large, le soleil se couche insensiblement, les teintes bleues si variées et si douces des icebergs sont devenues plus crues, bientôt le bleu foncé des crevasses et des fentes persiste seul, puis graduellement succède avec une douceur exquise une teinte maintenant rose et c'est tellement beau qu'en me demandant si je rêve, je voudrais que ce rêve dure toujours. On dirait les ruines d'une énorme et magnifique ville tout entière du marbre le plus pur, dominée par un nombre infini d'amphithéâtres et de temples édifiés par de puissants et divins architectes. Le ciel devient une coquille de nacre où s'irisent, en se confondant sans se heurter, toutes les couleurs de la nature... Sans que je m'en aperçoive la nuit est venue, et lorsque Pléneau, en me touchant l'épaule, me réveille en sursaut de cette contemplation, j'essuie furtivement une larme, non de chagrin, mais de belle et puissante émotion.

Le soir à bord, chacun revenu de ses travaux ou de ses excursions, tandis que l'eau clapote doucement sous les banquettes de glace qui surplombent les rochers, que les pingouins noctambules bavardent et que leurs sentinelles jettent leur cri de veille, que les cormorans croassent gravement et que quelques phoques curieux viennent souffler autour de nous en s'ébattant, nous décidons, malgré les mauvaises apparences, de nous lancer le lendemain dans le labyrinthe qui nous entoure, de tâcher de gagner des îles plus au Sud et d'arriver, si c'est possible, par étapes successives, sinon à trouver dans le voisinage un autre poste d'hivernage, tout au moins à inspecter consciencieusement un long ruban de cette côte inquiétante.

22 février. — Nous appareillons de bonne heure et, malgré le rapport défavorable du mécanicien, nous entrons en pleine glace, manœuvrant perpétuellement pour éviter icebergs et cailloux. Nous nous risquons dans les chenaux étroits, veillant devant et veillant le fond qui trop souvent est invisible sous la glace et qui, montant subitement, nous oblige à battre de l'arrière. Nous l'effleurons fréquemment, mais légèrement. A une heure de l'après-midi, il semble que nous soyons sortis du cercle d'îlots et de récifs, mais alors le pack-ice est si dense et si serré que nous ne pouvons avancer et nous sommes forcés de nous mettre à quai le long d'une grande banquise qui, rejoignant plusieurs îlots, forme un grand mais éphémère bassin. Un étroit chenal d'une dizaine de mètres de largeur nous y a donné accès. Il gèle à – 6°, le soleil est magnifique et le temps clair.

Les chiens sont débarqués à leur grande joie, mais ils abusent immédiatement de leur liberté pour étrangler bêtement quelques inoffensifs pingouins et taquiner un brave homme de phoque paresseusement étendu et qui proteste avec une telle indignation que ses agresseurs reculent stupéfaits. Notre cochon Toby est également débarqué et se promène avec ses amis les chiens, en poussant de petits grognements de satisfaction entrecoupés de hurlements mal proportionnés avec les incidents qui les provoquent. Ce cochon sur la glace, ses manifestations bruyantes semblent un bizarre anachronisme.

Après une petite course sur la banquise, nous arrivons à quelques îlots élevés, du haut desquels nous avons une belle vue ;

la glace, le long de la côte surtout, est désespérante, mais celle-ci, au point de vue d'un abri quelconque, paraît si peu hospitalière que nous ne devons pas regretter de ne pouvoir l'atteindre. D'où nous sommes, il semble bien qu'il n'y ait là aucune vaste baie ni détroit, cependant l'affirmer, même à une aussi faible distance, serait téméraire. Dans ce pays, où promontoires et caps se chevauchent, où les lois de la perspective semblent détruites, il faudrait pour rapporter une opinion certaine suivre la terre pour ainsi dire à son pied. En tout cas persister dans cette direction est inutile, impossible même. Le mieux est encore de retourner à notre abri d'hier, notre machine a besoin d'une petite réparation, nous pourrons travailler pendant ce temps et, en grimpant à une plus grande hauteur, nous rendre encore mieux compte de ce que nous pouvons espérer.

Avant de rembarquer j'administre à Nerven et à Storm une violente correction pour tâcher de leur faire perdre l'habitude de massacrer les pingouins ; plusieurs blessés se traînent lamentablement, tachant la neige de leur sang, et nous sommes obligés d'achever ces innocentes bêtes pour abréger leurs souffrances. Mais à peine ai-je le dos tourné que nos incorrigibles chiens recommencent ; à mon tour je reviens à la charge et alors se passe un fait vraiment remarquable qui donne une preuve de l'intelligence réelle des pingouins. Deux d'entre eux, poursuivis malgré tout par Nerven, viennent se réfugier dans mes jambes, et certains d'être en sécurité reprennent ainsi tout leur aplomb et font face à leur ennemi. Ils ne me quittent que lorsque les chiens sont rentrés à bord. Cette marque d'intelligence et peut-être aussi l'âme de M. Perrichon, que possède tout homme même dans l'Antarctique, me rendent encore plus sympathiques ces êtres bizarres.

Après avoir, pour sortir de notre port, manœuvré les amarres, comme si nous étions dans les bassins du Havre, mais en remplaçant les bittes d'amarrage que le père Antarctique a vraiment un peu trop oubliées par les ancres à glace, le retour à Wandel s'effectue rapidement. Nous connaissons mieux la route et un assez fort courant Sud-Nord facilite notre marche surtout en entraînant les glaces dans la même direction. Le bateau est à son poste à 8 heures.

23 février. — Le temps est magnifique, nous passons par une série de beaux jours qui doivent être exceptionnels ; vers midi il fait – 4° et le soleil dans un ciel sans nuage est extrêmement chaud.

Nous avons du travail pour toute la journée et les hommes vont pouvoir prendre un repos complet.

En brûlant des cadavres de pingouins massacrés par nos chiens et de la graisse de phoque, je fais fondre de la glace d'eau douce dans notre lessiveuse. Les pingouins imbibés d'huile comme ils le sont brûlent admirablement bien, os, chair et plumes. Malgré cela, nous avons pu constater avec plaisir que les filets de ces pauvres bêtes sont excellents ; notre débrouillard et remarquable cuisinier nous en a présenté des rôtis à déjeuner, appréciés de tous, tant au carré qu'à l'avant. Pour le phoque comme pour le pingouin d'ailleurs, la graisse se trouve immédiatement au-dessous de la peau, et chez les premiers atteint de 10 à 20 centimètres d'épaisseur ; c'est un véritable manteau dont la nature les a doués ; les muscles et autres organes en contiennent au contraire extrêmement peu. Débitée par petits cubes, elle brûle facilement donnant une chaleur très vive, avec une odeur pénétrante et écœurante. Avec ce combustible improvisé, nous avons rapidement plus d'eau qu'il nous en faut pour le plein de nos chaudières et de nos caisses. Pendant que cette opération qui amuse les hommes sans les fatiguer se poursuit à bord, plusieurs d'entre nous grimpent au sommet d'une élévation de 200 mètres, premier gradin d'une série formant les contreforts du massif Sud de Wandel. Pour arriver au pied de cette colline il nous faut traverser une coupure dans les rochers, étroite et extrêmement pittoresque, qui s'ouvre sur la mer et que nous dénommons de suite le défilé de la Hache, souvenir de Salammbô. Un soleil ardent et la couche épaisse de neige molle qui ne nous permet d'avancer que difficilement sur la pente, souvent très raide, rendent l'ascension pénible. A notre droite et à notre gauche, les parois sont verticales, formant ainsi de splendides précipices, rochers du côté du Nord, glace du côté Sud dont la crête en corniche surplombe l'abîme.

Au sommet de cette colline, aplati en assez vaste plateau, nous érigeons sur de grosses roches qui sortent de la couche de névé un petit cairn qui servira pour nos observations. Vues d'ici les anses, dont une est occupée actuellement par le *Français*, ressemblent par leurs dispositions aux baies que l'on indique en Tunisie comme ayant été les fameux ports de Carthage, et c'est ce nom que nous leur donnons provisoirement.

Pendant que Matha fait un tour d'horizon, je monte avec Pierre jusqu'à 400 mètres, suivant une crête abrupte de roches en éboulis, éclatées par les gelées, toutes vertes par l'abondance des lichens et des mousses. Nous arrivons ainsi à un nouveau sommet d'où la vue s'étend au loin. Au cône aperçu la veille dans le Sud-Ouest, succèdent des îles basses et arrondies qui rejoignent probablement un autre cône remarquable, également régulier, très élevé et qui tranche par sa couleur sombre.

Au large, à l'Ouest, dans la bande si étroite d'eau libre qui sépare le pack-ice de l'horizon, se distingue une toute petite île qui doit être la plus nord des îles Biscoe.

En descendant, évitant le défilé de la Hache, nous prenons pour changer une crête de névé d'une centaine de mètres de longueur formée par les courants d'air qui s'engouffrent dans le défilé de la Hache, sur laquelle il nous faut marcher à la file indienne en faisant des prodiges d'équilibre afin d'éviter une chute désagréable sinon dangereuse.

Le soir, au moyen d'une petite pompe emportée à cet effet, je fais passer une grande quantité d'air dans des bourres solubles pour en faire une analyse bactériologique.

Demain, si le temps est beau, nous appareillerons et tenterons, après avoir franchi le cercle de récifs par une passe que nous avons pu bien relever pendant notre petite ascension, de forcer la banquise et de gagner les îles Biscoe ou la côte de la grande terre à leur hauteur. J'avoue que, vu l'aspect du chemin que nous devons prendre, je n'ai guère confiance en l'issue de cette tentative et qu'il vaudrait peut-être mieux attendre qu'à la suite d'un coup de vent l'état des glaces se modifie, mais je sens que presque tous, à l'avant comme à l'arrière, sont impatients d'être en route, je surprends quelques paroles qui ressemblent à des reproches et je n'ai pas encore acquis la philosophie nécessaire pour ne pas m'en émouvoir. Il est certain d'ailleurs que la saison s'avance, risquons donc la chose.

24 février. — Triste journée. Le temps est beau et je fais allumer les feux pour appareiller à 11 heures ; tout le monde est gai à l'idée de partir, quand à 9 heures on vient m'annoncer, habituelle rengaine, qu'un tube tamponné de la chaudière tribord fuit ! Il faut éteindre, puis la plus grande partie de la journée se passe en efforts longtemps inutiles pour détamponner, et ce n'est que fort tard que l'avarie est réparée. Aussi ai-je broyé du noir, en songeant à l'avenir hérissé de difficultés, au mauvais état des chaudières, à la faiblesse de la machine, au bateau qui ne vire pas vent devant à la voile seule, enfin à l'hiver qui arrive à grands pas, annoncé par des nuits déjà longues. Si nous ne pouvons pas descendre plus au Sud, il va falloir que pendant l'hivernage tous mes efforts tendent à soutenir le moral des hommes, à maintenir leur enthousiasme pour entreprendre la campagne d'été l'année prochaine. Je souffre un peu d'ophtalmie des neiges et tout cela combiné fait que je me sens déprimé physiquement et moralement.

Pour m'occuper j'ai fait des sondages à l'entrée de notre petit port, à l'arrière nous avons 6 mètres, mais les fonds baissent rapidement à 27 mètres ; serions-nous là bien protégés par vents de N.E. des petits icebergs ? Si nous étions obligés d'hiverner ici je ferais tendre à l'entrée comme garantie des amarres et au besoin la drome.

Matha, parti avec un pot de peinture rouge pour marquer des points de repère sur un rocher, a vivement intéressé par son travail des pingouins curieux ; à un moment même l'un d'eux, le gênant dans son travail, il l'a bariolé de peinture en voulant l'écarter avec son pinceau. Le résultat est si drôle qu'il s'est amusé à en badigeonner quelques autres. Il revient alors, nous annonçant la découverte d'une espèce nouvelle ; ces bêtes rouge et noir sont d'un haut comique, mais notre crédulité ne va pas jusqu'à admettre le *pinguinus rubra*.

Les hommes ont pris des *chionis blancs*, vulgairement becs en fourreau, qui ressemblent à de gros pigeons avec une petite excroissance à la base du bec. Ce sont les seuls oiseaux de l'Antarctique n'ayant pas les pattes palmées. Ils sont installés dans une caisse et paraissent heureux de la nourriture abondante qu'ils viennent prendre dans nos mains mêmes. Dès le début j'ai prêché contre la destruction inutile et je crois être arrivé à convaincre ceux qui m'entourent. Aussi est-il entendu que la liberté sera rendue à ces oiseaux s'ils ont l'air de souffrir.

Ce soir le temps est merveilleux et les effets de lumière sur les montagnes, les glaciers, la mer et les icebergs défient toute description.

25 février. — Toujours temps calme, magnifique et clair. Nous partons et nous franchissons rapidement et facilement la première ligne de récifs situés actuellement dans une zone presque totalement libre de glaces. Hier, des hauteurs, nous avons bien relevé la route qu'il nous faut suivre pour sortir de ce dédale d'îlots, qui retient au large le pack-ice dense et épais dans lequel nous entrons maintenant.

De suite nous pouvons nous rendre compte que jusqu'à présent nos luttes avec les glaces n'ont été que jeux d'enfants. Cependant, nous avons acquis un peu d'expérience dans ce *carambolage*, ainsi que l'appelait Larsen lorsque je lui en parlais à Buenos Aires.

J'ai installé dans la hune de misaine un nid de corbeaux de fortune en toile où l'on est assez bien. Pour mon compte je préfère souvent me mettre à cheval sur la vergue du volant, et pourtant j'y attrape maintes courbatures à force de frapper mes mains l'une contre l'autre, pour essayer de rétablir la circulation.

La direction générale que nous prenons est Sud-Ouest, mais les tours et détours que nous sommes obligés de faire sont perpétuels et quelquefois nous tournons en cercle avant de pouvoir gagner une centaine de mètres en avant. Il est bien entendu impossible d'avoir un loch dehors et pour assurer notre route il nous faut de temps à autre relever des icebergs qui nous servent ainsi de jalons.

Le bruit est assourdissant sur le pont, et en bas tout craque, gémit et se plaint, la mâture vibre comme les cordes d'une harpe. Le bateau avance lentement, mais il avance, semblable à un ivrogne zigzaguant de côté, subitement détourné de son chemin par un grand floe qui à regret se dérange, remuant à peine et de mauvaise humeur, bousculant les voisins, oscillant ou se brisant avec un bruit sourd. Un choc brusque parfois nous arrête, nous fait reculer même, et ce choc cependant brutal donne une sensation de mollesse quand il est produit par de la glace de mer, alors que la commotion est dangereusement dure lorsqu'un débris d'iceberg en est la cause. Quelquefois, le bateau monte doucement sur l'obstacle et pendant des instants de passionnante attente nous espérons la fente bienheureuse qui nous permettra d'avancer, si elle se produit, ou à contrecœur nous nous décidons à manœuvrer pour nous dégager. « Droite ! Gauche ! Zéro ! Droite toute ! » crie l'officier de quart agitant tantôt un bras tantôt l'autre, avec plus ou moins d'énergie, suivant la direction à donner, suivant la rapidité désirée dans l'exécution de l'ordre, et l'homme de barre, dont le travail n'est pas une sinécure, s'agite lui aussi en répétant les ordres, tandis que la roue du gouvernail tourne dans un sens, tourne dans l'autre, sans repos ni trêve. A l'avant, penchés sur la lisse, les hommes regardent et se passionnent, insultant et blaguant à demi-voix les morceaux de glace. « Ah ! le cochon, il ne veut pas se dégager ! En voilà un qui en tient ! Il n'y aura pas besoin, la saison prochaine, de papier de verre pour gratter la peinture du *Français* avant les régates ! » Et tout le temps sans répit les ordres qui viennent d'en haut se croisent avec l'écho des réponses. « Droite ! droite ! droite toute !... oite toute ! toute ! toute à y'est ! Zéro ! Zéro ! » Et c'est presque un repos quand on n'avance plus et qu'il faut « tirer des plans ».

Autour des grands icebergs surtout sous le vent, il y a toujours un espace d'eau libre qui se continue pendant une distance quelquefois assez grande se terminant en pointe ; nous profitons bien entendu de ces sortes de chenaux et sommes pour les gagner obligés de raser de fort près, avec prudence, ces grands monstres, temples et divinités à la fois de la mystérieuse Antarctique. Alors dans l'eau transparente et bleue nous voyons se perdre en architectures sous-marines, arceaux et grottes, galeries et couloirs, éperons énormes d'un vert exquis, la base formidable de ces icebergs. Nous naviguons momentanément sans bruit et ce silence surprend étrangement, rompu de temps en temps seulement par une petite détonation sèche et cristalline que produit un tout petit morceau de glace transparente qui éclate. Puis nous rentrons dans le chaos et le grand effort recommence. De nouveau nous luttons avec les vastes floes de glace de mer dont les bords tourmentés sont jaunes, bruns ou verts, par l'abondance et la variété des diatomées, et avec les grands blocs bleus et lisses des débris d'icebergs.

Volontairement parfois, ou amené par la force des choses, notre bateau s'attaque à un floe sur lequel se reposent des pingouins qui, en présence de cet être étrange, fantastique et brutal, évidemment inconcevable pour eux, courent affolés dans tous les sens. Quelquefois, c'est un phoque que nous réveillons, mais celui-ci, philosophe et indifférent, se contente de lever un peu la tête, nous regarde de ses bons yeux ronds et doux et se rendort pour continuer sa paresseuse digestion.

Le bateau est complètement entouré par les glaces, seulement à l'arrière le sillage laisse une petite bande d'eau libre frisée par les tourbillons que provoque l'hélice, mais qui se referme, laissant bien vite la grande plaine blanche reprendre son habituelle uniformité.

« Droite ! Droite ! Zéro ! Zéro ! » Nous avançons toujours...

Du haut de mon perchoir, j'aperçois une épaisse ligne foncée, la mer libre, et loin, très loin à l'horizon, une île toute petite arrondie comme un dos de grand cétacé blanc. C'est la plus Nord de l'archipel des îles Biscoe, nous la laisserons à droite, passant entre elle et les autres, beaucoup plus vastes, que nous voyons sur notre gauche. Il est déjà très tard, le jour baisse, mais les glaces sont de moins en moins serrées et nous allons presque en bonne direction sans détour. Maintenant, les floes diminuent de volume, les espaces qui les séparent deviennent considérables et nous voici enfin dégagés.

La nuit est belle, mais très sombre ; une sorte de brume élevée cache presque complètement les étoiles. Cependant, on y voit assez pour aller de l'avant et nous n'avons pendant ces quelques heures de nuit qu'à traverser un petit champ étroit et peu résistant de glaces en dérive.

26 février. — Au lever du jour, une grande île, une des îles Biscoe, est à bâbord, énorme calotte basse entourée de floes serrés et d'innombrables icebergs ; une autre lui fait suite, semblable d'aspect, puis d'autres encore.

Il y a toujours de la brume, mais heureusement juste assez élevée pour nous permettre de distinguer en arrière de ce chapelet d'îles la terre avec son aspect toujours le même, hautes montagnes aux sommets couverts de neige, à la base formée de glaciers se terminant dans la mer en falaises verticales. Nous rentrons dans la glace et cherchons à nous forcer un passage pour pénétrer dans une apparence de baie que nous présente la grande île à notre gauche. Mais nous devons bientôt y renoncer ; de temps à autre, quelques têtes d'écueils menaçants qui s'étendent au loin sortent des glaces, la baie est encombrée de grands icebergs et, vue de plus près, ne présente rien de bien attrayant, ni comme abri, ni comme facilité de débarquement. Sur une grosse roche faisant saillie, surgissant de sous la calotte de glace, perchent quelques cormorans et c'est tout ce qui tranche, tout ce qui remue sur cette immuable convexité blanche. La brume s'abaisse sur la terre et nous regagnons le large pour la nuit. Le temps est beau et j'en profite pour faire vider et nettoyer les chaudières, tandis qu'une petite brise nous permet à peine de gouverner à la voile et de passer entre deux grands icebergs.

La nuit est noire ; à 11 heures, annoncées seulement par un

sourd roulement, les glaces presque subitement nous entourent ; mais il fait calme, la houle légère, les courants de surface font remuer à peine ces morceaux qui grincent doucement le long du bord, frappant notre coque sans méchanceté. De ma couchette, par le hublot, je vois de grandes masses qui effleurent la vitre, blancs fantômes, étrangement contorsionnés, qui semblent me regarder curieusement.

27 février. — Au matin nous nous dégageons et, les feux allumés, par calme plat, nous nous dirigeons vers la côte que l'on voit nettement s'étendre sans solution de continuité vers le S.W. à perte de vue, séparée de nous par la chaîne monotone des îles Biscoe.

Après avoir navigué en mer libre, nous arrivons au pack-ice très dense semé d'icebergs que nous gagnons les uns après les autres pour profiter de l'eau relativement libre qu'ils laissent dans leur sillage. C'est une navigation difficile et dangereuse, nous approchons, mais la glace devient de plus en plus compacte. Malheureusement, sur la côte, l'immuable falaise de glace ne semble pas nous permettre d'espérer un coin d'abri, et nous risquons même, en nous faisant bloquer, d'être forcés d'hiverner dans la banquise et de compromettre ainsi non seulement nos travaux d'hiver, mais encore notre campagne d'été de l'an prochain. Et cependant, il est dur de se décider à revenir en arrière, de céder devant la mauvaise condition des glaces de cette année, quand Evensen, en novembre 1893, a trouvé la mer libre entre les îles Biscoe. Il faut cependant envisager le but final et, après un peu d'hésitation, nous virons de bord. Les hommes sont désolés, ils ne comprennent pas encore l'importance des travaux en cours que nous voulons poursuivre et les conditions exigées pour les mener à bien et ne voient que la latitude à atteindre.

Nous naviguons à la nuit tombante dans la glace, cherchant, en suivant un peu la même route, à éviter les écueils entre lesquels nous avons passé précédemment. Les chocs deviennent plus durs, car nous n'y voyons presque plus et le bruit, qui nous est cependant familier, devient plus sinistre dans cette obscurité.

Il faut marcher quand même ; malgré l'absence de vent une houle énorme s'est presque subitement levée ; si nous attendions sans avancer, notre bateau se mettant par le travers pourrait bien être écrasé, sans compter que cette houle succédant si rapidement au calme n'annonce rien de bon, que le ciel est chargé de nuages, le baromètre baissant rapidement, tandis que le thermomètre monte. Pris dans les conditions où nous sommes par un coup de vent du large, notre situation serait des plus mauvaises. Heureusement, en prenant la houle par l'avant, nous sommes en bonne route, ne risquant pour le moment guère plus que d'habitude et le spectacle est d'une beauté impressionnante et formidable. Sur le fond noir du ciel nocturne se détache la plaine blanche, qui dans l'obscurité paraît compacte, maintenant toute en mouvement par de hautes et longues ondes, sorte de liquide solide. Puis un grand talus blanc s'élève à l'avant du bateau, plus haut que notre hune, et lui barre la route, s'avançant menaçant. Mais, sur ce talus, qui fuit obliquement sous lui, le bateau semble monter, monter, et l'horizon s'élargit, puis l'arrière se relève et nous descendons, toujours dans le fracas et le bruit que cependant la nuit, de plus en plus épaisse, semble assourdir, pour courir au-devant d'un nouveau talus qui se dresse, prend et soulève notre avant, passe sous nous de nouveau et nous laisse encore glissant dans le creux, pour remonter ensuite...

Après de longues heures de ce manège nous sortons de la glace au bon moment, car le vent se met à souffler du N.E., bien entendu debout. L'atmosphère en même temps s'embrumaille et il tombe une sorte de neige fondue. Cela dure peu et l'ouragan, car je ne trouve pas d'autre expression, se déchaîne implacable, inattendu, dans sa violence et sa férocité. Jusqu'à présent, depuis que nous sommes dans l'Antarctique, si nous avons été contrariés par les conditions particulièrement mauvaises des glaces, nous avons été en somme favorisés par le temps, nous avions même fini par blaguer les fameux coups de vent et les traiter de bluff. Nous ne le ferons plus maintenant. « Il fait un temps affreux » circule de bouche en bouche et ces deux simples mots « *temps affreux* », prononcés gravement par un marin, ont une signification particulièrement sérieuse dont les gens de terre se rendent difficilement compte. Elle est d'ailleurs justifiée, et au-delà, par ce qui se passe autour de nous. La mer est énorme et déferle méchamment ; le vent hurle et la brume intense, poussée par lui, est comme une masse solide qui nous frappe et nous entraîne. La neige, en petits cristaux durs et serrés, en aiguilles fines, pénètre dans notre peau, dans nos yeux, provoquant une horrible douleur, et l'effort que nous faisons pour tâcher de voir, pour ouvrir les yeux quand même, est un supplice. D'ailleurs, la brume seule empêcherait la moindre vue et ce n'est qu'au moment même où nous entendons le bruit des vagues passant sous le bateau, le frappant ou le couvrant de leurs embruns glacés, que nous les apercevons, se dressant pendant quelques secondes, pour disparaître dans les ténèbres.

Nous sommes à la cape et le petit bateau est magnifique. Les hommes et l'officier de quart, emmitouflés dans les cirés et les anoraks, sont cramponnés à leur poste, transis de froid, courbatus et brisés par l'effort, la figure crispée, la barbe remplie de cristaux blancs. « S'il y a des icebergs, murmure Jabet entre ses dents, c'est eux qui auront tort ! » Ce qui est certain, au contraire, c'est que si nous en rencontrons un, c'est lui qui aura raison de nous, mais la consolation est dans une solution rapide, bien que nous soyons prêts à manœuvrer.

Malgré la souffrance, malgré l'angoisse qui étreint les moins nerveux, à cause de tout cela même, ces heures si longues sont belles à vivre.

A la barre, un matelot, l'un des plus énergiques et des plus courageux, souffre tellement qu'il pleure de douleur, frappant rageusement ses pauvres mains engourdies, tapant ses pieds que le froid brûle. A la lueur rose de la lampe de l'habitacle qui fait briller la neige, je distingue sa figure tourmentée et les grosses larmes qui la sillonnent. Mais lorsque j'approche, d'un mouvement brusque il passe sa mitaine sur ses yeux et, essayant de rire : « C'est du beau temps pour faire pommer les choux, commandant ! » Je me mets à côté de lui et je prends de temps en temps la barre pour le laisser profiter de la plus exquise jouissance : mettre ses mains quelques instants dans ses poches ! Dans la nuit et la tempête, dans la neige et la brume, nous avons plaisanté, puis nous avons causé gravement ; il m'a conté ses affections, ses ambitions, ses rêves ; tantôt lui, tantôt moi nous trébuchions, nous raccrochant lourdement l'un à l'autre, et le vent hurlait et le bateau gémissait. Au bout d'une heure, lorsqu'une silhouette noire, allant d'un bord à l'autre, se rattrapant en glissant et pirouettant sur le pont glacé, est venue de l'avant pour prendre son quart à la barre : « Bonsoir, commandant, me dit-il en partant ; dire qu'on la trouve dure, nous autres, et qu'on va tranquillement briquer son lit et dormir pendant que vous faites le même métier que nous et que, de plus, sur le pont ou en bas, votre tête travaille ! » C'est vrai, mon vieux, la responsabilité est grande et me pèse parfois, mais je ne suis pas à plaindre, car je jouis de ma propre souffrance et, dans ce chaos des forces de la nature, je lutte, je rêve, je sens, j'espère, et cette vie-ci est bonne quand même.

Les ténèbres qui nous enveloppent ont passé du noir au gris, il fait jour ; la brume n'en paraît que plus intense et les grandes vagues écumantes et glauques, au-dessous d'elle, semblent se faire sur place, dans le tout petit espace libre qui nous entoure. Les chiens, enfermés dans leur niche sur le rouf, roulent les uns sur les autres, se battent et ne cessent de hurler ; ni les flatteries, ni les coups ne parviennent à les apaiser et à obtenir d'eux un moment de répit. A l'avant, pendu à tribord, un cadavre de phoque, déjà en partie déchiqueté, avec lequel nous nourrissons ces insupportables bêtes, se détache sur le gris de la brume et se balance comme un sinistre supplicié.

Le *Français*, véritable mouette qui se repose sur la mer, monte, descend, s'incline et se relève, escamotant les coups de mer. Le cuisinier se bat avec ses casseroles et de temps en temps sort de sa cuisine pour consoler Toby, arc-bouté dans sa barrique vide. Robert, en bas, éperdu, court après la vaisselle, jetant des cris de désespoir, injuriant les objets qui lui échappent et parcourent le carré.

Le baromètre est descendu à 723.

28 février. — Le vent tourne au S.W. en mollissant et nous en profitons pour nous rapprocher de la côte, mais le temps est toujours bouché.

Le soir il calmit un peu, la nuit est relativement claire et, au lever du jour, nous voyons la terre où Matha croit reconnaître certains détails relevés précédemment.

29 février. — Le temps est de nouveau bouché et mauvais, vent, neige, grésil et brume, mer houleuse, horriblement fatigante. Nous passons notre temps à piquer vers la terre, puis à regagner le large. Jusques à quand cela va-t-il durer ?

1er mars. — Toujours la même chose. Nous sommes éreintés, Matha et moi, car Rey est malade, couché depuis le commencement du mauvais temps et nous devons assurer tous les quarts à nous deux. Huit heures sur la passerelle et peu de repos le reste du temps.

A 7 heures du matin, dans une éclaircie trop fugace, beaucoup d'icebergs devant nous. Nous virons de bord et la température du

N.E. reprend de plus belle, jamais le vent n'a soufflé aussi fort, et la nuit qui suit est pénible au-delà de toute expression.

2 mars. — La brume est intense, le vent tombe, mais nous sommes abominablement secoués par le ratingage, et nous ne pouvons faire aucune route. Depuis quatre jours je ne me suis pas déshabillé, je n'ai même pas retiré mes bottes. La nuit est passable, mais toujours de la brume et, pour varier nos plaisirs, des rafales de vent et de neige.

3 mars. — Brume, pour changer. Heureusement, disions-nous avec Matha, nous sommes au large et il n'y a pas d'icebergs ici ! Quand, justement, le voile se lève presque subitement et une vingtaine de nos ennemis dispersés autour du bateau nous donnent un démenti formel, fantastiques apparitions qui se montrent et s'effacent avec les variations de la brume. Maintenant, c'est une forme noire qui se dresse devant nous, ce sont des récifs ou plutôt une petite île, un iceberg noir, disent en riant les matelots. Où diable sommes-nous ? Le temps claircit et, à 3 heures, le vent tombe peu à peu, la terre est bien visible ; nous sommes où nous le supposions et nous relevons le cap Renard, le Mont William, le Mont du Français, d'anciennes connaissances.

C'est un coup à tenter, il faut essayer d'arriver à l'île Wandel avant la nuit en profitant de ce temps actuellement clair. Mais il est certain que si nous sommes pris par la nuit, par la brume ou par le mauvais temps dans les ceintures de récifs que nous devons traverser, nous pouvons nous attendre à tout. Qui ne risque rien n'a rien.

Nous allons d'iceberg en iceberg, de récif en récif ; la tempête a heureusement dispersé en grande partie le pack-ice, mais il faut passer au milieu des brisants et souvent nous voyons le fond jaunâtre monter menaçant. Le peu du vent qui persiste est debout et retarde notre marche si lente à cause de notre machine fatiguée.

La nuit vient rapidement. Arriverons-nous ? « Faites marcher le tourne-broche, Goudier, aussi vite que possible ! » Et Goudier, en hochant la tête, descend en bas, murmurant : « Nous allons sûrement encore casser quelque chose ! »

Nuit noire ! et nous sommes si près ! Faut-il stopper, avancer, reculer ? Nous entendons le clapotis des vagues sur les récifs devant, derrière, de tous côtés, quand, subitement, la silhouette du cap Renard se dresse sur un ciel lumineux ; une grande lueur pâle, mais vive, semble s'en détacher et le disque magnifiquement clair de la lune apparaît, transformant ce menhir gigantesque en un phare étrange et féerique. Tout s'éclaire autour de nous. Nous naviguons sur une mer d'argent, la neige et les glaciers scintillent comme les matières précieuses d'un monde inconnu. Oh ! Tanit ! blanche et bienfaisante déité !

Nous sommes enfin dans la grande baie où s'ouvre notre petit port, mais toutes les anses sont remplies par les glaces accumulées par le N.E. et de gros glaçons garnissent le fond de la baie, modifiant les contours d'une façon étrange. Nous attendons dans un calme auquel nous ne sommes plus habitués le lever du jour, évitant, par quelques coups d'hélice, des iceblocs qui, lentement entraînés par le courant, se détachent de la côte et gagnent le large.

4 mars. — A 8 heures du matin, Matha, parti dans le you-you, nous annonce que, malgré la présence de deux petits icebergs, notre anse est suffisamment dégagée pour que nous puissions y pénétrer en forçant un peu contre les glaces, et une demi-heure après nous sommes amarrés.

Une brise de S.W. chasse les dernières glaces. Il fait beau et froid. Les pingouins, les cormorans et les phoques sont toujours là. Il semble que nous rentrons chez nous.

Les glaces amenées par le coup de vent me donnent à réfléchir, quelques-unes étaient dangereuses par leurs dimensions et de suite je fais placer en travers de l'entrée notre drome, composée de mâts de flèche et vergues de rechange amarrés, aussi solidement que possible, par les deux bouts à des rochers. Nous améliorerons par la suite ce barrage provisoire, mais aujourd'hui, après un nettoyage rapide, nous allons tous jouir d'un repos bien gagné.

Deuxième partie

Automne 1904

Installations et commencement de l'hivernage

DESCRIPTION DE NOTRE STATION D'HIVERNAGE — INSTALLATION DU BARRAGE ET DE LA CHAÎNE POUR PROTÉGER LE « FRANÇAIS » — LA LUTTE AVEC LES GLACES — NOS CHIENS — COUPS DE VENT SUR COUPS DE VENT — LA MAISON DÉMONTABLE — LE MAGASIN GÉNÉRAL — LA CABANE MAGNÉTIQUE — L'OBSERVATOIRE — LES TRAVAUX SCIENTIFIQUES — LA BOUCHERIE DE PHOQUES — EXCURSIONS — LA LESSIVE — LA PÊCHE — NOS PROVISIONS — L'INSTALLATION DU BATEAU — NOS VÊTEMENTS — NOS CHATS — PREMIERS PAS SUR LA BANQUISE — UN ICEBERG QUI CHAVIRE — LES CORMORANS — NOS AMIS LES PINGOUINS — AUTRES OISEAUX — LES PHOQUES — LA FÊTE DU 25 DE MAYO — HOVGARD — VARIATIONS DE TEMPÉRATURE ET COUPS DE VENT — UN PIC-NIC PAR - 25° — TEMPÊTE.

5 mars. — C'est donc ici que nous allons hiverner et, tout en regrettant de ne pas être plus au Sud, je suis obligé de m'avouer que nous sommes dans des conditions extrêmement favorables. D'ailleurs, malgré le long ruban de côte parcouru, nous n'avons pas trouvé d'autre point où un hivernage fût possible, sauf toutefois Port-Lockroy dans l'île Wiencke. Mais, ainsi que je l'ai déjà dit, Port-Lockroy, malgré l'abri absolument sûr qu'il offre, et en raison même de cet abri, n'est recommandable ni pour les observations météorologiques ni pour les raids.

Ici bien au contraire, tout, sauf le peu de protection du côté N.E., est séduisant. Nous sommes par 65°5 de latitude Sud et 64° de longitude W. de Paris, à la limite des découvertes de la *Belgica* sur la côte W. de la Terre de Graham, dans une région où aucune observation régulière de quelque durée n'a été entreprise, à un degré plus au Sud que la station d'hivernage de Nordenskjold sur la côte Est de la même terre, ce qui ne peut que donner plus de valeur aux travaux des deux expéditions. Wandel formant une sorte de pointe avancée, nous avons presque tous les avantages de la haute mer sans les inconvénients de la banquise, et notre vue est bien dégagée, depuis le N.E. jusqu'au S.E., en passant par l'Ouest.

Grâce aux rochers qui émergent de la neige, nos instruments et les constructions qui doivent les protéger pourront être établis d'une façon solide et fixe ; les sommets des collines faciles à atteindre nous permettront d'observer à différentes hauteurs et de nous rendre compte à chaque instant de ce qui se passe au loin ; les eaux, qui doivent être relativement calmes dans les baies qui nous entourent, nous promettent, tant qu'elles seront libres, de même que les innombrables récifs et bas-fonds faciles à explorer, de fructueuses pêches zoologiques.

J'espère que le long de ces côtes bordées d'îlots, la banquise ne sera pas longue à se former et que nous pourrons entreprendre des raids, peut-être même explorer le continent malgré son aspect rébarbatif.

Enfin, nous serons ici au milieu des pingouins, des cormorans et des phoques dont nous pourrons étudier les mœurs intéressantes, avec l'assurance, quoi qu'il puisse arriver, de ne pas mourir de faim tout au moins. Nous pourrons habiter dans notre bateau, pour ainsi dire à quai, aussi confortablement installés que possible et par conséquent dans les meilleures conditions désirables pour fournir véritablement un bon travail.

L'île Wandel est formée par deux grands massifs rocheux, dont les sommets atteignent huit et neuf cents mètres, le massif Sud de beaucoup le plus étendu étant presque une petite chaîne de montagnes. Ces deux massifs sont réunis par un mur étroit de glace et de névé d'une trentaine de mètres de hauteur au-dessus de la mer, long d'un kilomètre, aux parois perpendiculaires se continuant Nord et Sud par les glaciers chaotiques qui en descendent. Tout cet ensemble, qui peut être comparé à une longue haltère, constitue une des rives du chenal de Lemaire. Du massif Sud, presque au point de jonction avec le mur de glace, se détache une série de gradins étroits, venant du sommet, formant contreforts, s'aplatissant et s'élargissant enfin en une sorte de plateau mamelonné où nous allons nous installer. Un de ces gradins, d'accès relativement facile, est celui où Matha a déjà fait un tour d'horizon, le 23 février ; nous l'avons appelé le sommet Jeanne et un signal hydrographique y a été établi. Une coupure brusque qui sépare le dernier gradin du plateau a été baptisée, ainsi que je l'ai dit plus haut, le défilé de la Hache. A ce défilé succède un plateau situé à une trentaine de mètres de hauteur, puis une sorte de vallée ou plutôt de col, allant de la baie Nord à la baie Sud, limitée de l'autre côté par une colline de 62 mètres de hauteur, faisant face à la haute mer, que nous avons appelée la colline du Cairn.

Une large baie s'ouvre au Nord, c'est là que se trouvent les petites anses dans la plus profonde desquelles nous avons placé le *Français*, et une série de promontoires très bas plus ou moins allongés. Le plus important de ceux-ci prolonge le cap N.W. de l'île et forme à la vérité un îlot, la languette de terre qui le rattache étant à peine recouverte de quelques centimètres d'eau à mer basse. Au Sud, la côte, beaucoup plus régulière, forme également une baie dont les eaux se continuent avec le chenal de Lemaire et baignent le Nord de l'île Hovgard.

La côte Ouest et N.W. se découpe en une série de baies peu profondes, plus ou moins encombrées de récifs ; c'est à proprement parler l'une des rives du chenal, l'autre étant constituée par une série de petits îlots dépendant de cet archipel touffu et de ces récifs que nous avons éprouvé tant de difficultés à traverser.

La côte Nord, dans les environs du défilé de la Hache et du massif Sud, se présente en falaises rocheuses à pic ; ailleurs elle descend par des pentes plus ou moins douces jusqu'à la mer, formant même par places des espèces de plateaux. Il en est ainsi dans la plus grande partie de la côté Ouest et N.W. Mais sauf à l'aboutissement du vallon qui coupe notre grande presqu'île en deux, la côte Sud est formée d'à-pics de glace et de névés en rupture brusque et subite ; ceux des contreforts du massif Sud extrêmement élevés, celui de la colline Ouest atteignant une quarantaine de mètres. La crête de ces précipices est crevassée, surplombante, prête à se détacher, éminemment dangereuse pour le promeneur trop confiant, et donnant l'aspect à une certaine distance de franges et de dentelles élégantes. C'est la même configuration que celle des îles en calotte rencontrées depuis notre arrivée dans cette région, démontrant une fois de plus que les vents prédominants en force comme en durée viennent du N.E. accompagnés de neige et de chasse-neige ; les saillies rocheuses, sortes d'armatures pour ces formations dont elles décident la morphologie, ont été recouvertes d'abord par la neige, puis, ainsi transformées et offrant une surface de plus en plus grande de contact, d'adhérence et d'accumulation, ont été polies en convexités douces ou en éperons du côté d'où souffle le vent, tandis que, sous le vent, ces collines de neige, ces montagnes même ou simplement ces talus neigeux cessent brusquement par une paroi verticale que dominent les bavures du névé.

Toute notre île, comme la totalité des terres rencontrées, est en somme recouverte d'une épaisse couche de névé, de neige et de glace, seules les grandes parois verticales des massifs tranchent par leur couleur sombre, et par places de grosses roches arrondies, grisâtres ou noires, maculées parfois de lichens jaunes ou orangés, font tache sur la blancheur uniforme.

Il n'y a certes pas dans toute l'île une étendue de trois mètres carrés dépourvue de neige ! Dans ce que nous avons vu ailleurs il en était de même et c'est avec admiration et envie que nous regardons, dans les différentes publications d'explorations antarctiques, des photographies de grands espaces de terre ou de roches dénudés.

Cette couche de glace repose, ainsi que je le disais, sur une armature de roches, aussi forme-t-elle toujours au bord de l'eau une paroi verticale plus ou moins épaisse mais rarement inférieure à deux et trois mètres, avançant sur les roches moutonnées et lisses qui lui servent de base, se brisant souvent en morceaux qui ont perdu leur équilibre et leur soutien par suite du retrait de la glace de mer avec laquelle évidemment elle se continuait encore à la fin de l'hiver.

Sur les falaises élevées, abruptes, du défilé de la Hache, nichent en abondance les cormorans, tandis que sur toutes les autres roches vivent les pingouins qui pointillent l'île en noir dans leurs allées et venues perpétuelles.

Du *Français* le léger mouvement de terrain du vallon qui aboutit à notre anse cache le Sud, de même que la colline de l'Ouest nous empêche de voir la haute mer, mais nous avons la vue sur les deux superbes massifs de l'île Wandel, sur l'estuaire du détroit de Gerlache coupé par l'île Wiencke qui apparaît comme un triangle, et sur le Mont William, enfin sur l'imposant Mont du Français et ses superbes contreforts qui aboutissent à l'énorme terrasse de névé dont le front forme la baie de Biscoe. Il nous suffit de monter de quelques mètres dans la mâture ou sur la colline du Cairn pour découvrir le Sud et, quand nous sommes au sommet de cette dernière, nous avons sous les yeux le magnifique panorama que j'ai déjà décrit.

Après un peu d'hésitation, j'ai décidé de laisser le *Français* l'avant vers le fond de l'anse, l'arrière du côté du large. Il semblerait à première vue plus rationnel d'opposer aux glaces qui inévitablement viendront du Nord la partie la plus solide, la moins vulnérable du navire, en même temps qu'au vent et à la mer celle qui offre le moins de prise, mais, vu l'importance des icebergs d'assez grande taille qui peuvent, nous avons déjà pu nous en rendre compte, pénétrer dans ce port, notre beaupré, tout court qu'il soit, risquerait d'être rapidement brisé par eux ainsi que notre guibre, et une autre raison vient encore justifier ma décision. Ce n'est qu'à cause de la différence de tirant d'eau entre notre arrière et notre avant, que la pente assez rapide du fond rocheux nous permet de pénétrer bien au fond de l'anse, et encore à la condition que l'étrave soit de ce côté. S'il se produit de la houle, nous talonnerons par notre solide avant, et notre arrière relativement fragile ne risquera rien. De même si, par accident ou volontairement, le bateau s'échoue, nous pouvons espérer que, grâce à l'obliquité de la quille et du fond, cela se fera dans les meilleures conditions possibles en nous permettant de sauver non seulement tout ce qui est à bord, mais peut-être encore toutes les épaves du bateau sur l'utilité desquelles il est inutile d'insister. Avec cette orientation il faudra organiser un amarrage extrêmement résistant et improviser, d'autre part, une protection efficace contre les glaces, mais je crois que les précautions que j'ai l'intention de prendre répondront à ces deux obligations.

Mon grand souci du moment est justement ce qui doit se passer ici avec des coups de vent de N.E. comme celui que nous avons dû subir au large, aussi, malgré le très beau temps avec petite brise de S.W. dont nous bénéficions ce matin, je renforce le barrage avec une chaînette soutenue par des barriques vides et je fais disposer tout à bord pour un amarrage solide quoique encore provisoire.

Il n'était que temps, car à 4 heures le vent tourne au N.E. et deux heures après souffle en tempête avec brume, neige et grésil. Heureusement les glaces qui arrivent les premières sont accompagnées de tout petits morceaux sans épaisseur qui, envahissant assez rapidement notre anse, empêchent la houle qui aurait pu se former et font tampon contre les gros glaçons et iceblocs qui arrivent à leur tour, poussés par le vent. L'accumulation de ceux-ci devient considérable, à chaque instant une nouvelle masse blanche surgit de la brume grise prenant un aspect plus fantastique par sa brusque apparition. Elles semblent s'unir pour détruire la faible barrière que des hommes ont osé leur opposer, mais l'attaque est mal combinée. Se pressant et se contrariant à l'entrée de notre bassin, les gros glaçons, dans leur hâte de nous écraser, empêchés par le barrage qui résiste et les petites glaces légères qui remplissent tout, sans danger pour les flancs solides du *Français*, finissent grâce à la pression continuelle par former une sorte de masse compacte, et quand le barrage cède enfin, le danger est conjuré. Nos ennemis deviennent nos meilleurs alliés, car, bouchant complètement et hermétiquement l'entrée, ils s'opposent à toute nouvelle intrusion de leurs pareils et même de la plus petite houle. Le bateau et les glaces qui lui sont accolées sont immobiles, et cependant derrière cette armée de monstres arrêtés, se fondant dans le nuage de ouate grise qui enveloppe tout, nous entendons la mer qui brise furieusement et le fracas des glaces bousculées qui se heurtent et grincent les unes contre les autres.

Presque au début de la tempête une de nos amarres d'arrière a cassé. Sautant rapidement avec les hommes de bloc en bloc, nous avons pu la remplacer, et malgré l'inquiétude de l'attente dans l'issue de cette lutte avec des forces inconnues, il y a une véritable ivresse à jouer ainsi les Giliats.

Arc-bouté contre le vent, essuyant mes yeux de mes mitaines durcies par les cristaux de neige, crachant ceux qui envahissent ma bouche dès que je l'ouvre pour respirer, toute l'attention tendue vers l'ennemi qui nous attaque, je fredonne automatiquement les vers d'Orphée qui me reviennent en obsession orgueilleuse :

Quel est l'audacieux
Qui dans ces sombres lieux
Ose porter ses pas...

Vers 11 heures, le vent tombe graduellement.

6 mars. — Une légère brise du Sud a succédé à la tempête de N.E. ; une détente se produit dans les glaces et lentement, comme à regret, elles se retirent. Seules les petites, nos amies, retenues par le barrage, restent en assez grande quantité autour de nous. Mais le temps est toujours menaçant, nous réparons et renforçons drome et amarres, et notre travail est terminé juste à temps pour recevoir un nouveau coup de vent qui ramène les glaces.

C'est aujourd'hui dimanche, le pavillon est hissé à l'arrière ; « ordre du capitaine de port » disent les hommes.

Le soir, après le dîner, Pléneau descend dans le poste donner une audition de gramophone, c'est une habitude prise depuis le départ ; tous les dimanches, à la mer, même par mauvais temps, nous installions l'instrument sur la table à roulis du laboratoire et l'équipage ne s'est jamais lassé de cette distraction.

7 mars. — Le temps est de nouveau magnifique, avec un beau soleil ; malgré les quelques degrés au-dessous de zéro, j'en profite pour prendre un tub complet sur le pont, à la grande joie des hommes dont plusieurs, stimulés par l'exemple, ne tardent pas à m'imiter.

Nous commençons à débarquer les panneaux de la maison démontable apportés avec nous et que j'ai décidé de construire à quelque deux cents mètres du bateau, tout contre des roches abruptes de la colline du Cairn.

Nos chiens sont attelés pour la première fois et, malgré le mal qu'ils nous donnent au début, transportent rapidement des charges considérables.

Cela amuse au plus haut point les hommes qui sur les traîneaux vides se font ramener à grande vitesse jusqu'au bord de l'eau, excitant par leurs cris les attelages qui semblent de leur côté prendre plaisir à cet exercice.

Ce sont de drôles de bêtes que ces chiens moitié sauvages moitié civilisés, qui jusqu'à présent nous ont donné surtout beaucoup d'ennuis, passant leur temps à se battre dans leur niche sur le rouf, salissant tout, dès qu'on leur donnait un peu de liberté, ou faisant des hécatombes de pingouins et nous assourdissant par leurs hurlements perpétuels. Maintenant leur tour de travailler est venu et nous nous rendons compte des services considérables qu'ils peuvent rendre, même dans notre station d'hivernage. Trois d'entre eux sont évidemment des groenlandais de race pure : Sogen, Nerven et la chienne Fia. Malheureusement Sogen est très vieux et Fia n'est pas de la première jeunesse, mais elle est douce et caressante et donne sa patte d'une façon tout à fait gentille, elle a su se faire aimer ; tous deux d'ailleurs, malgré leur âge, tirent avec bonne volonté et patience. Nerven est un chien magnifique, vigoureux, mais d'une inégalité de caractère déroutante ; souvent aimable, affectueux même, il devient hargneux subitement et, sans raison, et bien qu'il n'ait jamais mordu personne dans ses accès de mauvaise humeur, il est bon de s'en méfier. Péridota est une chienne bizarre, aux poils à peu près ras et qui, très probablement, a des origines flamandes ; elle est en général sociable avec nous, mais affreusement potinière et coquette avec les autres quatre pattes et la cause de nombreux incidents dont elle semble d'ailleurs raffoler. Au grand désespoir de Nerven, ses préférences vont à Storm qui paie cher ses succès. Péridota éprouve un malin plaisir à entraîner les autres au mal, et lorsqu'un raid sanglant est mené du côté des pingouins on peut être à peu près sûr, malgré son air de sainte-nitouche, qu'elle n'a pas été étrangère à son organisation. Quand elle veut, elle tire bien, mais elle veut assez rarement et, tout en faisant semblant de se donner beaucoup de mal, elle fait faire son travail par les autres.

Storm, lui, est une espèce de gros terre-neuve, le plus vigoureux de tous, mais d'une stupidité inconcevable. Très estimé des dames chiennes, qui ne se gênent pas néanmoins pour lui flanquer des coups de dent, il est tyrannisé par Nerven qui, à tout propos, le roule, le bouscule, le mord, et cet imbécile, de beaucoup le plus fort, ne se défend même pas, se contentant de pousser des cris de désespoir. Aux traîneaux il tirerait admirablement, si à chaque instant Nerven ne venait le houspiller. Tout ce monde, gorgé de viande de phoque, se porte très bien et est en excellents termes avec Toby, qui cependant, par son exigence et sa tyrannie au moment des repas ou du couchage, s'attire de temps en temps une morsure annoncée par des cris perçants et des grognements de fureur.

8 mars. — Un accident qui aurait pu avoir des suites graves est arrivé hier tandis qu'avec le grand canot chargé de quelques maillons de chaîne on cherchait à mouiller l'ancre à jet derrière. La chaîne, mal installée, s'est déroulée subitement, risquant de broyer les hommes qui ont heureusement pu sauter dans le youyou, alors tout proche. Le petit Guéguen en a été quitte pour une blessure insignifiante aux jambes, mais aujourd'hui une partie de la journée se passe à repêcher la chaîne et l'ancre. Jusqu'à 5 heures du soir, il fait beau et froid et la corvée est enfin menée à bien.

Le vent de N.E. se remet à souffler et tout ce que nous avons d'amarres à bord est porté sur les ancres à glace et les rochers avoisinants afin de maintenir le bateau au milieu de l'anse.

9 mars. — J'ai tout lieu de croire que nous sommes solidement amarrés, heureusement, car le vent souffle avec une violence extrême, toujours accompagné de brume et de neige. J'ai passé la nuit sur le pont à veiller les gros icebergs qui s'avancent. Finalement l'un d'eux s'arrête à peu de distance de nous, contre le barrage, les autres viennent s'amonceler derrière, nous enfermant ainsi complètement. Je n'ai cependant qu'une confiance limitée dans les amarres qui tiennent la drome et je suis décidé à tendre en travers de l'anse une des chaînes d'ancre qui arrêtera par leurs pieds les icebergs les plus volumineux. Pour cela, je fais déblayer d'un côté une roche saillante, et de l'autre je fais coincer notre gros mât de charge entre deux roches. Au moyen de palans notre chaîne est ainsi bien raidie, ne plongeant guère que d'un mètre sous l'eau ; c'est un rude travail, mais bien exécuté et dans lequel j'ai entière confiance.

10 mars. — Il a venté très fort toute la nuit, mais, avec le jour, cela a calmi. A 2 heures, notre barrage est terminé et la drome mouillée dessus pour servir de brise-lame. La situation du bateau est maintenant la suivante : l'avant est au fond de l'anse, une amarre à bâbord frappée sur une ancre à glace, une chaîne à tribord maillée sur un rocher ; une amarre traversière à tribord frappée, au moyen d'une chaînette, sur un autre rocher. Le bateau est accoté par sa joue de tribord à la berge, une grosse saillie de neige de près de deux mètres jouant l'office de défense. Par l'arrière, à bâbord, se trouve l'ancre à jet mouillée à peu près dans le milieu de l'anse ; à tribord, une forte amarre frappée sur une ancre à glace, et encore une traversière frappée sur un rocher au moyen d'une chaînette pour éviter l'usure. Nous avons sous la quille, à l'avant, un mètre d'eau et à l'arrière trois mètres.

Cet après-midi, après nous être rendu compte de la nécessité de creuser quatre ou cinq mètres dans la glace pour trouver une base solide, l'emplacement de la maison a été définitivement arrêté. Je suis ensuite descendu de la banquette de glace du côté de la baie Sud sur une plage étroite de cailloux noirs pour fouiller un peu sous les pierres. A un moment, je me trouve bien abrité du vent par la haute banquette de glace, l'eau tranquille à mes pieds, et j'éprouve avec une acuité extrême une de ces réminiscences aiguës et fugitives de ma vie passée qui me reporte à d'autres plages...

11 mars. — Le vent a soufflé pendant toute la nuit, redoublant de violence, et accompagné, chose extraordinaire, d'une pluie diluvienne ! Avec cet ouragan de N.E. la température se maintient à + 1° et + 2°, beaucoup plus désagréable que s'il gelait avec moins de vent. Impossible de se tenir debout dehors et de faire quoi que ce soit ; le bateau tremble et vibre. L'après-midi, l'abri météorologique placé sur la passerelle est renversé par le vent, avec tous les instruments qu'il contient. Heureusement, un seul thermomètre-fronde est brisé. Je suis resté la plus grande partie de la nuit sur le pont ; subitement, à 3 heures moins le quart, le vent cesse complètement, et le silence qui succède sans transition aux hurlements et aux sifflements de la tempête a quelque chose d'angoissant.

12 mars. — Il neige avec calme plat, les icebergs qui bouchaient l'entrée de notre anse, lentement et silencieusement, entraînés par un courant Nord, qui semble permanent, s'écartent, s'éloignent et disparaissent dans le rideau épais de flocons blancs qui tombent drus et serrés, obstinément, escamotés par les eaux noires de la mer.

Il s'est formé un petit torrent sur les flancs de la colline du Cairn, tout près du bord ; le murmure inusité de l'eau qui coule est délicieux et nous profitons de cette aubaine inattendue pour remplir nos caisses.

Le service météorologique, sous la direction de Rey, est organisé et assuré par lui avec Matha, et Pléneau comme aide. Je prévois que notre installation sera longue, mais cela ne nous empêche nullement de travailler chacun de notre côté, et c'est ainsi que je commence à préparer au laboratoire ce qu'il me faut pour mes études bactériologiques. Que d'appareils je vais avoir à construire moi-même !

Matha, sur un des promontoires de la baie Nord, la pointe de Vanssay, se livre avec Rallier du Baty à la mensuration exacte et très minutieuse d'une base. Turquet empaille, met en bocaux, étiquette tout ce qu'il trouve ou ce qu'on lui apporte ; Gourdon classe ses cailloux, Rey vérifie ses instruments et Pléneau, toujours gaiement, avec un entrain et une verve intarissable, aide à tout, donne un coup de main à chacun, tantôt à l'état-major, tantôt à l'équipage. Les journées passent ainsi rapidement et, pendant les soirées, les échecs font rage.

13 mars. — Dimanche. — Mis les couleurs. La nuit a été calme et je me réveille bien reposé, bercé par d'heureux rêves. « Tu m'apparaîtras en songe, et ta présence me charmera ; car il est doux de voir ceux qu'on chérit même la nuit, et ne fût-ce qu'un court instant [1]. »

1. Euripide.

Il tombe un peu de neige qui cesse l'après-midi ; avec Gourdon et Turquet, je vais en canot au pied du mur de glace de la baie Nord. Il y a là de curieuses striations, formées de couches de terre superposées à des couches de glace jusqu'à plus de 30 mètres de hauteur, et également de gros blocs de pierre isolés faisant saillie sur la paroi verticale. Nous trouvons de belles pyrites.

Les matelots partis à la pêche aux bernicles qui, semblables à celles de nos régions, sauf la coquille qui est lisse, sont très abondantes sur les rochers, ont ramassé, en outre, tout ce qui leur tombe sous la main et rapportent ainsi à Turquet une ample récolte. Matha et Pléneau ont tué deux phoques, un mâle et une femelle ; il paraît que lorsque la femelle est morte, le mâle n'a pas voulu la quitter et est venu se frotter contre elle en pleurant.

C'est très pénible d'être obligé de sacrifier ces bonnes et douces bêtes, mais ici comme ailleurs c'est la lutte pour la vie, il nous faut de la graisse pour économiser notre combustible, de la nourriture pour nos chiens, des réserves pour nous en cas d'accident, sans compter les pièces pour les collections, et, bien à contrecœur, j'ai dû donner l'ordre de tuer avant l'hiver le plus de phoques possible. Seulement, je ne puis admettre d'infliger des souffrances inutiles, et, comme il n'y a pas dans l'Antarctique d'animaux contre lesquels il faille se défendre, nous avons plus de munitions qu'il ne nous en faut. L'exécution est donc faite rapidement, d'un coup de fusil à bout portant.

Le vent, dans la soirée, se remet à souffler du N.E., et de nouveau notre port est bouché par les glaçons qui réapparaissent immédiatement.

14 mars. — Il fait beau, mais sombre, le vent joue toute la journée. Les chiens ont été particulièrement assommants ces derniers jours ; malgré toutes les précautions, même lorsqu'ils sont amarrés, ils trouvent moyen de s'échapper et de partir la nuit à terre massacrer des pingouins, l'île est couverte de cadavres, de blessés qui se traînent lamentablement ; c'est ignoble et cependant on a moins le droit d'en vouloir à ces animaux qu'à tant d'hommes qui se disent civilisés et qui font de même en chassant ! Pour débarrasser le bord de la présence encombrante des chiens et en même temps pour protéger les pingouins, je fais installer une superbe niche à terre, dans une petite île en face du bateau, entourée de fossés, de travaux d'art très compliqués et d'où l'on ne peut sortir qu'au moyen d'une passerelle amovible.

15 mars. — Vain espoir ! Les chiens, pendant la nuit, sont parvenus à s'échapper du territoire qui leur était assigné et ont massacré une trentaine de pingouins. Après une bonne correction, ils ont été solidement amarrés avec des lignes d'acier que cependant Storm a trouvé moyen de rompre ; aussi maintenant est-il enchaîné. Avec Pléneau, Gourdon et Matha qui quitte de temps en temps ses tables de logarithmes pour venir nous rejoindre, nous nous sommes mis gaiement au travail aidés des hommes et, maniant pelles, pioches et pics, nous creusons la glace pour établir les fondations de la cabane. Il fait un temps superbe, clair et doux, notre besogne avance vite, bientôt nous avons une surface bien plane, que nous recouvrons d'escarbilles et la maison, décidément très pratique, composée de panneaux de bois garnis d'amiante facilement ajustables, monte rapidement.

J'adjoins Rolland à Turquet ; propre, adroit et débrouillard, il semble avoir du goût pour les travaux un peu méticuleux et fera un très bon garçon de laboratoire ; en outre, pêcheur de son métier, le you-you avec les petites dragues, les lignes et les filets sont mis à sa disposition pour récolter tout ce qu'il pourra dans les eaux du voisinage.

16 mars. — Le temps est couvert et il tombe une petite neige fine, qui n'empêche pas de travailler à notre construction ; le soir, elle a son plafond et il ne restera plus, demain matin, que la toiture à poser.

Gourdon a passé sa journée avec Hervéou à tailler dans la neige et la glace une route en corniche magnifique, qui part du bateau même pour aboutir à l'intérieur de l'île. Cette route, à laquelle nous donnons immédiatement le nom d'avenue Victor-Hugo, est carrossable puisqu'elle a 50 centimètres de large et que nos traîneaux n'en ont que 45. On y accède directement du bord par la passerelle et nous l'ornons et la renforçons au moyen de barriques et de caisses vides ; ce chemin était indispensable, car, avec notre port rempli de petits morceaux de glace, il était fort malaisé, souvent même impossible, de se servir des embarcations.

17 mars. — Il neige, il neige, il neige ! Néanmoins, la toiture en tôle ondulée de la maison est mise en place, notre charpentier Libois fait quelques retouches et un peu de calfatage, et nous avons enfin là une petite construction vraiment pratique et qui, bien garnie par une muraille de neige tassée qui monte à demi-hauteur, semble devoir résister à tous les assauts du vent. Comme de bons maçons qui ont terminé une maison à quatre étages, nous plantons un drapeau sur le toit. Il est certain qu'à trois ou quatre on aurait parfaitement pu hiverner dedans ; mon but actuellement est d'y mettre nos vivres les plus fragiles, comme les galetas, ainsi que divers instruments qu'il est bon d'avoir à terre. Il va falloir maintenant construire des hangars afin de débarquer toutes nos conserves ; un accident peut arriver, le bateau peut être écrasé ou coulé, il peut encore, malgré toutes les précautions, être détruit par un incendie. Les vivres à terre, nous risquons peu de chose, car sans compter ce que l'on pourrait improviser avec les débris du naufrage, avec nos tentes, nos voiles et surtout les cailloux et la glace nous construirions facilement une ou plusieurs demeures où nous pourrions attendre du secours. J'ai déjà noté de plus de superbes fentes dans les rochers qui pourraient être rapidement et facilement transformées en logements.

18 mars. — Le vent est S.W. léger ; notre anse et la grande baie Nord sont dégarnies, mais la baie Sud, par contre, se remplit de glaces. Pendant que les hommes fabriquent un premier hangar en installant simplement une toiture sur l'espace entre la maison et la paroi rocheuse de la colline du Cairn, nous allons en canot au milieu des icebergs, à la lisière des glaces, et nous avons à peine le temps de rentrer à bord pour éviter un coup de vent de N.W. qui tourne bientôt comme d'habitude au N.E., ramenant tout le cortège de glaces et d'icebergs que notre chaîne arrête.

19 mars. — Il a neigé toute la nuit et il neige encore avec une faible brise de N.E. La quantité de glaces tenue en échec par notre chaîne est vraiment effrayante ! Mais résistera-t-elle toujours, voilà la question. De grands floes plats sont arrêtés avant les icebergs et même les petites glaces, de sorte que le bateau se trouve dans un bassin d'eau libre, tandis que derrière la chaîne s'est formée une sorte de plate-forme. Des phoques en abondance s'ébattent dans l'eau et nous pouvons, grâce à sa transparence, les suivre dans leurs élégantes évolutions, puis ils montent par groupes sur les floes, jouant ensemble comme des chiens, mais avec des gestes très humains bien qu'exécutés avec leurs courtes nageoires. Ils font des manières, se caressent, se frôlent, s'embrassent et s'étreignent. Toute la journée nous les entendons souffler et soupirer. Malheureusement, le temps est très sombre et nous ne pouvons faire que de mauvaises photographies.

Les hommes qui ont fini le petit hangar derrière la maison ont entrepris maintenant la construction d'un grand magasin que nous décorons déjà pompeusement du nom de Magasin Général. La construction est assez facile, une grande fosse d'un mètre de profondeur sera creusée dans la glace, puis les parois seront surélevées avec de gros blocs de glace découpés comme des pierres de taille, et sur le tout nous disposerons une toiture dont l'arête centrale sera un mât de flèche de rechange, le reste formé par tout ce que nous avons de planches, de portes inutiles et enfin de vieilles toiles et prélarts. Il est dommage que nous n'ayons pas songé à emporter des plaques de tôle ondulée : d'un transport facile, peu encombrantes, avec elles et les blocs de glace, nous aurions pu faire très rapidement toutes les constructions désirables. Dans les parois même de notre magasin général, nous creuserons de grands espaces réguliers comme les loges d'un campo-santo, où nous rangerons les boîtes de conserve par catégories.

20 mars. — Dimanche. — Vent de N.N.E. fort, par grosses rafales avec un peu de neige. J'installe différents appareils de bactériologie, fabriquant avec une boîte de conserve et un entonnoir un filtre à chaud. Au moyen de deux caisses de biscuits placées l'une dans l'autre et fermées par un couvercle pratique, œuvre de notre chauffeur Poste, j'obtiens de plus une étuve qui, supportée par un pied en bois construit par Libois et chauffé au moyen de petites lampes à pétrole de mon invention, est ma foi assez réussie.

Le soir, les phoques, encore plus nombreux que la veille, viennent s'ébattre sur la glace auprès de nous, j'en compte au moins trente.

20 mars ! C'est ici le commencement de l'automne ; en France, c'est le printemps, et le marronnier de l'avenue des Champs-Elysées devrait être en fleurs. Les beaux jours là-bas vont revenir et ceux qui pensent encore à nous, les uns inconsciemment, les autres, j'ose à peine le dire, par ignorance, nous plaindront moins.

21 mars. — La tempête, cette nuit, a fait rage et dure toujours, les rafales sont formidables, nos amarres se cassent les unes après les autres ; le bateau par la force seule du vent, car l'eau autour de nous ne peut être agitée, s'incline et est poussé contre la côte d'où il rebondit par secousses brusques. Pierre, qui est monté sur la colline du Cairn chercher un des baromètres enregistreurs que Rey y a installé, a été renversé par le vent. Une des vergues de notre drome formant barrage est brisée ; je fais tout porter à terre car j'ai pu me rendre compte que la chaîne tendue comme elle l'est est seule utile, et du moment qu'elle a pu supporter les glaces actuelles, nous pouvons avoir confiance en elle.

Comme il est impossible de faire travailler les hommes dehors, nous commençons à mettre en place la charpente du taud.

Le chasse-neige est terrible et produit, en passant sur le pont, dans la mâture et les manœuvres, un crépitement comme du gros sable. Je suis allé voir si notre petite maison tenait bon et j'ai mis près d'une heure à revenir en rampant.

22 mars. — A 2 h 30 du matin, brusquement le vent a cessé. Il fait calme pendant la première partie de la journée, nous en profitons pour caler les mâts de flèche, déverguer les voiles, amener en bas les vergues des huniers et démonter la cheminée afin d'offrir moins de prise au vent. Rey s'est fait construire par Dayné et Hervéou une petite cabane en pierre, fort réussie, où il va pouvoir commencer ses observations de magnétisme ; je lui fais faire un toit et une porte en toile à voile. Nous nous occuperons de la cabane magnétique en bois dans quelques jours.

23 mars. — La journée s'annonce superbe avec petite brise de S.W. et beau soleil. Pléneau tue trois phoques que l'on enfouit dans la glace après les avoir vidés. Dans l'un, nous trouvons un utérus gravide qui immédiatement a été mis en bocal dans l'alcool.

Les hommes continuent la construction du magasin qui sera terminé ce soir. L'ensemble de nos hangars à vivres est très satisfaisant et Pléneau, se souvenant de ses cours de Centrale, m'apporte le soir un plan détaillé des « constructions diaphanes ».

Il n'y a pas un instant de perdu, et d'ailleurs les observations scientifiques de chacun marchent, tandis que les installations se font et se perfectionnent.

24 mars. — Légère brise de N.E. avec temps un peu couvert mais beau. Comme la sortie de notre port est engagée par les glaces et que je désire faire une excursion du côté d'Hovgard, nous traînons la baleinière par-dessus l'île et la lançons dans la baie Sud totalement dégagée, en profitant d'une grosse roche lisse en pente qui semble une cale placée là exprès pour nous.

Pléneau, Gourdon, Pierre, Besnard, Hervéou et moi embarquons, et vent arrière nous sommes bientôt à Hovgard. A notre arrivée, sur la côte de cette île, un phoque de Ross surgit à quelques mètres de l'embarcation, comme une divinité mythologique gardienne de cet endroit, venue au-devant des étrangers. Il ne nous quitte plus, nous regardant avec curiosité et dignité à la fois, plongeant et évoluant avec de belles courbes, mettant comme une sorte de coquetterie dans ses mouvements bien étudiés, dressant sa tête aux gros yeux ronds, son cou trapu et lisse, sa large poitrine très au-dessus de l'eau pour nous voir bien en face, puis, levant un peu la tête, se laissant brusquement couler avec un clignement des yeux, un froncement de ses narines aplaties aux moustaches raides et un petit reniflement. Il nous rattrape, tourne autour de nous, se dresse encore sans manifester de crainte ni d'étonnement. D'ailleurs tous les animaux de l'Antarctique frappent par l'aspect de cette dignité froide et réservée, rappelant celle des Arabes confiants dans l'égalité des devoirs et des droits de la grande vie simple, qu'Allah a donnée à tout être vivant, calmes dans la croyance que tout ce qu'Il fait est bien fait.

Nous longeons la côte Nord et N.E. d'Hovgard qui est semblable dans ses grandes lignes à celle de Wandel avec une pente douce et d'assez nombreuses têtes de roche sortant de la neige et qui servent d'asile à une petite colonie de pingouins papous. Au bord de l'eau, les phoques sont nombreux.

Nous débarquons et constatons que la colline de cette partie Nord de l'île se termine comme toujours par une cassure de glace à pic. A celle-ci succède une sorte d'isthme très plat formé probablement de grosses roches émergeant de l'eau et réunies par de la glace. Puis de cet isthme, formant la partie Sud de l'île, s'élève graduellement un sommet arrondi de 400 mètres de hauteur entièrement couvert de glace et de neige, sans aucune tache de roche. C'est la plus haute des îles en calotte que nous ayons vues jusqu'à présent. Nous longeons avec la baleinière l'isthme qui réunit ces deux parties de l'île et qui forme, dans le chenal de Lemaire, une baie où s'ouvrent de petites anses comme celle où se trouve le *Français* ; mais je n'ai plus de regret de ne pas avoir essayé d'y amener le bateau qui semblerait mieux protégé des vents de N.E., car dans toute leur étendue il y a un ou deux mètres d'eau à peine. A cette baie fait suite une falaise de glace très élevée, toute creusée de grottes et étrangement découpée. D'énormes blocs, lisses et marbrés de bleu, quelques-uns surplombant, lui font un irrégulier et gigantesque crénelage. Quelques-uns paraissent tenir par un phénomène d'équilibre inexplicable, que la moindre vibration devrait détruire. Ce n'est pas sans un peu d'appréhension que nous suivons le pied de cette falaise, regardant de temps à autre au-dessus de nous cette crête menaçante qui se détachant sur l'infini azuré du ciel donne un peu le vertige et semble s'abaisser lentement sur nous. J'entre notre canot, mâture haute, dans une vaste grotte creusée dans le pied de la muraille, de formation récente car il n'y a pas de stalactites. La voix y vibre d'une façon étrange, l'eau qui s'égoutte des avirons produit un bruit cristallin et net, l'air qu'on y respire est comme une boisson d'une pureté délicieuse. Mais, le plafond ayant une apparence peu solide, nous ne prolongeons pas notre séjour et plus loin nous avisons un assez gros iceberg creusé comme une dent cariée dans lequel nous pénétrons par un étroit chenal pour nous trouver sur quelques centimètres d'eau que sa transparence rend invisible, comme au fond d'une coupe profonde taillée dans un bloc de verre opaque glauque et bleuté.

Nous rentrons à Wandel à l'aviron, luttant contre un assez fort vent du Nord qui s'est levé. Au moyen d'un palan frappé sur une ancre à glace solidement enfouie, notre baleinière est traînée sur la petite cale que forme le rocher lisse qui nous a servi à son lancement et c'est là que je décide de la laisser afin d'avoir toujours à notre disposition une embarcation parée à être mise à l'eau dans la baie Sud.

25 mars. — Vent du Nord assez fort avec chasse-neige ; le temps malgré cela n'étant pas trop couvert, nous voyons les îles en calotte les plus proches qui se détachent claires, sur le fond aujourd'hui généralement gris de l'atmosphère, fumer comme autant de petits volcans lançant de la cendre blanche. C'est la neige pulvérulente de leur sommet qui, chassée par le vent, forme au rebord de la cassure brusque de ces îles une aigrette parallèle à la mer.

La journée se passe pour moi presque tout entière dans le laboratoire, à préparer des milieux de cultures pour mes microbes et à faire des préparations bactériologiques. On parle dans presque tous les manuels de l'organisation des laboratoires de bactériologie de fortune dans les pays chauds, je pourrais faire un chapitre sur ceux des pays froids. J'en aurais long à dire sur les appareils étranges de ma fabrication ! Il en est à peu près de même pour chacun de nous, dans les différentes branches dont nous nous occupons et, bien qu'il eût mieux valu au départ avoir les moyens et l'expérience permettant de tout emporter complet et parfait, j'avoue que, faisant contre fortune bon cœur, en ce qui me concerne tout au moins, l'ingéniosité qu'il faut déployer — quand elle est couronnée par la réussite surtout — ne manque pas d'un certain charme.

26 mars. — Temps radieux, calme et soleil. A midi, il n'y a que – 3° et nous avons vraiment chaud.

Une grande quantité de glace est fondue dans la lessiveuse au moyen de la graisse de phoque ; l'équipage lave son linge et le nôtre, un homme ayant été adjoint à chacun de nous. Il en sera ainsi tous les samedis, quand le temps le permettra. Les matelots sont enchantés de se livrer à cet exercice et, tout en frappant, savonnant, frottant et tordant, les plaisanteries vont grand train. Bientôt l'île s'égaie par l'apparition étrange de chemises, de caleçons de flanelle rouges ou jaunes, de bas de toutes nuances, de pantalons bleus, de mouchoirs et de draps flottant sur des lignes tendues d'avirons en avirons plantés dans la neige. Que doivent en penser les pingouins ? Malheureusement, seules les pièces lavées les premières ont pu bénéficier de l'ardeur trop momentanée du soleil, et la température baissant encore a pour résultat de nous fournir en planches glacées ce qui serait peut-être un excellent matériel de construction, mais ce que nous devons totalement renoncer à utiliser comme linge. Il faut dégeler et sécher auprès des poêles la pauvre lessive pour rendre à tout cela sa première destination.

La nuit est splendide, calme et froide, et je pars après le dîner pour une promenade solitaire. Passant au milieu des pingouins couchés et endormis, je grimpe au sommet de la colline du Cairn. La lune brille, merveilleuse, et dans le ciel d'une pureté absolue les étoiles se détachent comme des parcelles en fusion blanche et froide. Tout ce qui m'environne paraît un morceau détaché de l'astre même qui l'éclaire ; des glaces et de la mer, de la neige et des montagnes semble sortir cette lumière divine, irradiation mystérieuse, auréole pure et froide d'une région céleste. Et les icebergs et la mer, et les grandes montagnes et les rochers, et la lune et les ombres elles-mêmes sont des divinités puissantes, larges, calmes, majestueuses dans le néant. Le roulement sourd des glaces, le grondement d'une avalanche lointaine semblent leur respiration ou leur voix. Je me suis découvert machinalement et j'ai prié. Ma prière non formulée, débordement de ma pensée traversant l'espace, rejoignait mon pays et les miens dans ce monde civilisé, si agité, mais si petit. Toute d'affection, d'amour et d'espoir, sans haine, sans jalousie, elle montait encore plus haut, plus loin et cependant plus près, vers ceux que j'aimais, qui m'ont fait homme, qui ne sont plus et dont je cherche toujours l'approbation.

La volonté de réussir dans cette œuvre que je crois belle, de faire mon devoir et de le bien faire, s'affermissait encore davantage en moi par cette invocation qui s'adressait à Dieu ou aux dieux, à Allah, à Wacondah, à la Nature ? qu'importe ! et tandis qu'elle débordait de mon âme, je sentais mes membres plus pesants dans leur vigueur, ma poitrine plus large, mon cerveau plus dégagé, tout imbibé par les émanations puissantes des forces grandioses qui m'entouraient.

Je redescends calme et confiant ; une baleine jette la note stridente de sa vaste expiration, les pingouins réveillés par mon passage échangent de brefs caquetages et les pas de l'homme de quart faisant sa ronde résonnent réguliers sur le pont du bateau où tout repose et dont la vergue apiquée se détache sur le ciel d'acier lumineux, grands bras écartés pour m'accueillir.

27 mars. — Brise de N.E., mais temps sec. Nos couleurs, comme tous les dimanches, flottent gaiement sur l'arrière. Les hommes se reposent, se promènent ou s'amusent. J'ai découpé à coups de poinçon une baleine qui fume, dans une vieille boîte de fer-blanc, pour servir d'enseigne à la petite maison, mais finalement je la cloue dans ma cabine. C'est extraordinaire ce que l'on arrive à faire avec ces boîtes de conserve ! C'est à se demander comment on pourrait vivre sans elles. J'ai vu de vieilles boîtes à biscuits servir comme flotteurs, j'en ai vu d'autres transformées en seaux, etc. ; ici, à bord, nous en avons fabriqué des tuyaux de poêle, un filtre à chaud, des étuves, que sais-je encore, et maintenant je les utilise au point de vue décoratif !

28 mars. — Encore une belle journée de soleil avec calme. Les hommes montent les caisses et les conserves sur le pont avant de les porter au magasin général. Pléneau, chargé de la surveillance des vivres, les pointe et les range.

Libois, l'homme à tout faire, adroit, complaisant et travailleur, avec des tuyaux de faïence, des plaques de marbre et du ciment emportés dans ce but, a dressé deux magnifiques piliers pour les observations magnétiques et astronomiques.

Avant le dîner, j'ai montré aux hommes à « luger » sur les traîneaux et nous nous sommes amusés comme des fous. Aussi avions-nous bon appétit pour goûter du boudin de sang de phoque, innovation du cuisinier.

30 mars. — Temps froid et beau, le débarquement et le classement des vivres continuent activement, les chiens travaillent toute la journée, habitués au trajet, s'arrêtant d'eux-mêmes devant le petit tunnel garni de marches taillées dans la glace qui donne accès au magasin.

J'ai inauguré cet après-midi, tant au carré que devant, des petites veilleuses à pétrole que j'ai fabriquées avec des flacons et quelques morceaux des éternelles boîtes de conserve ; de cette façon on économisera les allumettes dont je me montre très avare, bien que nous en ayons une ample provision. Mais il faut compter avec l'imprévu et il est certain qu'on pourrait vivre dans l'Antarctique livré à ses propres ressources, grâce aux phoques et aux pingouins qui fournissent chauffage et nourriture, vêtements au besoin, à la condition toutefois d'avoir un couteau et surtout des allumettes.

31 mars. — Temps sombre, neige fine. Le magasin se remplit petit à petit. C'est aujourd'hui l'anniversaire de Rey, une de ces occasions pour lesquelles nous ne manquons jamais de mettre les couleurs, de corser le menu, de manger un dessert supplémentaire et de boire une bouteille de bon vin.

Encore un mois de passé ; où serons-nous l'année prochaine à pareille époque et surtout qu'aurons-nous fait ?

1er avril. — Temps calme, il est tombé près de 20 centimètres de neige et il ne fait pas froid, – 1° à – 2°. Quelques innocents « poissons d'avril » ont été échangés devant, mais les plus intéressants sont de véritables poissons au nombre de trente pris au filet.

Quelques-uns sont choisis pour les collections, et les autres sont remis entre les mains de notre coq. Cette aubaine arrive à bonne date, puisque c'est aujourd'hui à la fois 1er avril et Vendredi saint. J'ai bien recommandé de préparer un repas maigre et un repas gras, afin que chacun puisse choisir à sa guise. Cela ne donne lieu, d'ailleurs, à aucun incident, car jamais à bord, tant devant que derrière, bien que tous émettent très librement leurs opinions, il n'y a eu la moindre discussion politique ou religieuse.

Il règne, à ce point de vue, une grande largeur d'idées au carré et je me suis toujours efforcé, non sans succès, de diriger dans le même sens les hommes, qui paraissent m'écouter volontiers et qui souvent me prennent pour arbitre dans leurs controverses d'opinions.

Finalement tout le monde a fait maigre, les uns par conviction, beaucoup par habitude, les autres par indifférence, un peu séduits aussi par un menu sortant de l'ordinaire. Les opinions les plus contradictoires ont été émises pour savoir si le pingouin « oiseau-poisson », le cormoran et le phoque devaient être classés comme maigre ou gras.

Il a été décidé, après une joute théologique des plus intéressantes, de les considérer tous, au moins pour cette fois-ci, comme gras... étant donné la grande quantité de poissons dont nous disposons et la délicieuse odeur de friture qui émane de la cuisine. Le résultat est qu'il s'est passé dans l'Antarctique ce qui se passe si souvent en France : nous avons mangé beaucoup plus que d'habitude !

2 avril. — L'avant du bateau protégé par un taud élevé est transformé en atelier, dont le grand maître est surtout Libois qui cumule les fonctions de charpentier, forgeron, armurier, serrurier, horloger, etc. D'ailleurs, à bord, la quantité de petits travaux divers entrepris et menés à bien par les uns et par les autres en dehors des corvées générales et journalières est extraordinaire. Rien qu'aujourd'hui, Ernest a reprisé artistement notre tapis de table qui fut autrefois un joli tapis d'Orient ; Libois a inventé, fabriqué et mis en place une clef pour le poêle du carré, il a terminé toute une série de scalpels, couteaux à disséquer, pinces, etc., pour le laboratoire ; les lits-sacs, en peau de renne, qui doivent servir aux excursions et qui ont été fortement endommagés par les rats, ont été réparés par celui-ci ou celui-là. Cependant on travaille sans cesse dans la machine, prenant des précautions minutieuses pour l'hiver, vérifiant tout et commençant déjà les réparations, tandis qu'au dehors les traîneaux vont et viennent et que le bateau se vide rapidement.

Dans l'état-major, personne n'a le temps de s'ennuyer, car en plus des observations ou travaux même, chacun doit s'occuper de ses instruments, les perfectionner, les réparer et les installer, faire bien des petites inventions et se documenter en consultant les livres nombreux que nous possédons.

La pêche a encore donné d'excellents résultats aujourd'hui et nous faisons à bord des repas gargantuesques.

3 avril. — Gourdon a découché cette nuit !... Pour s'amuser, il a emporté un lit-sac et a été s'installer dans le magasin général. Ce matin, il proteste que malgré la « fraîcheur » il a admirablement bien dormi, mais nous constatons cependant qu'il s'est levé de beaucoup meilleure heure que d'habitude.

C'est aujourd'hui Pâques, le temps s'annonce splendide, beau soleil, avec – 6° et petite brise du S.W. Jour de repos pour les hommes à partir de midi. Je vais bavarder un peu dans le poste et je m'aperçois que les moins instruits se font donner des leçons par les autres. Je propose alors de leur faire l'école et mon offre est accueillie avec enthousiasme. Nous commencerons dès que le bateau sera nettoyé et disposé pour l'hiver. Je veux, en effet, agrandir le poste ; sa taille exiguë n'était que provisoire, et nous ferons assez facilement, j'en suis persuadé, une grande et belle pièce, en profitant d'une soute dont nous n'aurons désormais plus l'emploi, avec la quantité de vivres qui seront mangés pendant l'hivernage.

Turquet, Gourdon et moi, nous faisons une excursion en canot jusqu'à la petite île Girard, où nous avons grand'peine à débarquer, mais comme toujours nous rapportons quelques échantillons intéressants pour l'un ou pour l'autre.

8 avril. — Ces quatre derniers jours, le temps a été magnifique, soleil et beau ciel clair, la température oscillant autour de – 7°. Les montagnes de Wandel « fument », comme dit notre guide alpin, c'est-à-dire que des nuages se reforment autour des sommets au fur et à mesure que la brise les chasse ; l'effet produit est joli et curieux, car toute cette petite chaîne de montagnes est découpée en grandes dents dont chacune a ainsi son panache formant une grosse balle blanche, qui s'allonge, se dissipe comme si elle allait définitivement disparaître, puis se reforme et s'arrondit de nouveau, tandis que le reste du ciel est absolument pur. Pierre prétend que c'est signe de mauvais temps. Il est certain que le vent joue toute la journée, sautant brusquement du Sud au Nord et amenant, de ce fait, des variations subites de deux et trois degrés dans la température.

Ce qu'il faut tenir le plus possible à l'abri de la gelée, comme le vin et l'huile, reste seul à bord, car tout est maintenant bien rangé à terre. Avec Pléneau, nous dressons une liste détaillée. Les boîtes, groupées par catégories, s'alignent sur un carnet, chacune représentée par un petit trait, biffé au fur et à mesure de la consommation, de sorte qu'un coup d'œil me suffira pour me rendre compte de ce qui reste de chaque chose. Au début de la semaine, Pléneau fera la liste des menus pour la suivante et le lundi les hommes iront avec le traîneau « poste aux choux » qu'ils ont fabriqué eux-mêmes au marché, c'est-à-dire au magasin, chercher les vivres nécessaires.

Devant et derrière, on mange la même chose, préparée de la même façon et je m'astreins chaque fois que je suis à bord à aller goûter le repas de l'équipage.

Je puis dire, sans me flatter je crois, qu'il n'y a pas d'expédition polaire où les vivres aient été choisis avec autant de soin ; ils sont variés, de bonne qualité et abondants. A moins d'accident, nous n'avons rien à craindre pour deux ans au moins, mais néanmoins je veille sévèrement à ce qu'il n'y ait pas de gaspillage, évitant également la plupart du temps de servir les mets un peu fins, que nous serions si heureux de retrouver si l'expédition devait se prolonger au-delà des limites prévues.

La question nourriture, dans les conditions où nous nous trouvons, joue naturellement un rôle considérable et défraie bien des conversations ; les marins, d'ailleurs, répètent à chaque instant que jamais ils n'ont été aussi bien et abondamment nourris. Je ne regrette donc pas le mal que je me suis donné, car finalement nous n'avons pas dépensé plus que d'autres pour cette partie de l'expédition, et je suis persuadé que, grâce à cette nourriture, la bonne humeur et l'entrain persistant jusqu'au bout, le travail fourni par tous s'en ressentira sûrement d'une heureuse manière. Je suis convaincu également que pour maintenir le meilleur état sanitaire possible, il faut que notre régime se rapproche de celui auquel notre race est accoutumée ; c'est en tout cas une expérience que j'ai le droit de tenter, quitte à faire des modifications lorsque je le jugerai nécessaire. Jusqu'à nouvel ordre, les hommes continueront à recevoir leur ration habituelle d'excellent vin, un quart à chaque repas et la « double » le dimanche ; de plus, ils ont le fameux « boujaron » de tafia que l'on donne encore au commerce, et auquel le matelot français est si malheureusement habitué. Ils ont le thé à discrétion et tout le lait qu'ils désirent.

Au carré, la grande majorité ne boit ni vin ni liqueurs.

En dehors de nos provisions, les ressources du pays nous fournissent une abondante, saine et agréable nourriture. Je ne puis vraiment comprendre comment certains explorateurs, qui pourtant n'ont pas été astreints à en manger uniquement, en parlent avec tant de dégoût. Ici, à l'unanimité, dès le début, la viande de pingouin a été décrétée excellente et il ne semble pas que l'on doive s'en lasser ; je ne sais à quoi la comparer, si ce n'est peut-être à de la viande de mulet, dont j'ai mangé étant chasseur alpin ; elle est un peu ferme, rouge foncé et ne sent pas du tout le poisson, ce qui tient, évidemment, à ce que les pingouins se nourrissent exclusivement de toutes petites crevettes. Le cormoran aussi est très apprécié, mais son goût est un peu fort et nous reconnaissons que l'on s'en fatiguerait assez vite. A part deux hommes qui éprouvent pour elle un dégoût insurmontable, la viande de phoque est considérée comme très agréable par tous les autres ; elle ne ressemble à rien de ce que nous connaissons et, lorsqu'elle est bien présentée, contrairement à ce que l'on se figurerait, elle ne sent aucunement l'huile. Quant au boudin de sang et de foie de phoque, ils prennent bientôt rang parmi les « plats de fête ». Jusqu'à présent nous avons été favorisés par la pêche et, le 5, nous avons pris au tramail une centaine de poissons de petite taille en général, mais dont l'un cependant, conservé au laboratoire, mesure 75 centimètres ; ils nous paraissent excellents et leur chair ressemble un peu à celle du merlan. De plus, les hommes récoltent en grande quantité des bernicles dont ils raffolent et s'amusent de temps à autre à envoyer au carré des plats préparés par eux.

La question du pain, si importante pour des Français, a été facilement résolue grâce à l'habileté de notre cuisinier. Trois fois par semaine il nous fait du pain frais et même, le jeudi et le dimanche matin, des petits pains au beurre. Les autres jours, nous mangeons les « galetas » d'Ushuaia qui sont remarquables. Ils se conservent admirablement sans précaution spéciale, et, passés au four ou même simplement placés pendant quelques secondes près du poêle, ils ont l'énorme avantage sur le biscuit de donner une mie suffisamment molle pour permettre l'inappréciable raffinement du « sauçage ». Assez souvent, le cuisinier nous fait la surprise de quelque pâtisserie de son invention. (Voir menus ci-contre.)

Le lundi est également le jour où la provision de tabac est distribuée ; un aimable et généreux compatriote de Buenos Aires nous en a offert de remarquablement bon, emballé avec soin dans de petites boîtes de fer-blanc ; nous en avons certainement pour plus de deux ans.

C'est Jacques Jabet, autrement dit « Le Bosco », notre maître d'équipage, qui est le cambusier, et il s'acquitte de sa délicate fonction, comme de tout ce qu'il fait, avec le plus grand soin, joint à une inaltérable bonne humeur.

La cale étant vide, ou à peu près, je puis faire procéder à un nettoyage à fond, ainsi qu'à une désinfection générale, et tout le bateau embaume le phénol. Malheureusement, nous ne pouvons nous débarrasser de l'énorme quantité de rats embarqués sans permission à Buenos Aires ; je crois qu'ils ne se doutaient guère, en nous choisissant, de notre destination et qu'ils doivent la trouver plutôt mauvaise, mais en tout cas ils font contre fortune bon cœur, se multipliant et croissant à notre détriment, dévorant tout ce qu'ils trouvent et nous obligeant à défendre contre leur voracité nos fourrures, filets, toile à voile, etc. Nous venons de découvrir un fromage de Hollande, vidé par un petit trou, dont il ne reste plus que l'écorce tellement mince que nous en faisons une superbe lanterne.

Les recherches bactériologiques que je viens de faire dans les intestins des poissons y ont démontré la présence de nombreux microbes, il en est de même d'ailleurs pour l'eau de mer où ils pullulent, malgré sa température de – 1,5°.

9 avril. — Toute la nuit, les barriques vides que j'ai placées autour de l'arrière du bateau pour recevoir le premier choc des glaces éventuelles, n'ont cessé de frapper contre le couronnement, agitées par une petite houle. Le vent souffle, en effet, du N.E., léger, mais amenant une hausse de température et de la neige fondue. Le temps est humide et désagréable au possible. Le soir, il y a + 1° et à terre c'est un véritable dégel.

TYPES DE MENUS
(*du dimanche 10 avril au 17 avril.*)

Déjeuner du matin : Café, pain, beurre, lait ; le jeudi et le dimanche : chocolat, dimanche et jeudi, pain frais. A 4 heures : thé, pain, beurre, lait.

DÉJEUNER		DÎNER
	DIMANCHE	
Potage		Potage
Sardines à l'huile		Veau
Tête de veau nature		Haricots verts
Petits pois		Fruits
Fromage		
	LUNDI	
Potage		Potage
Phoque		Bœuf
Haricots rouges		Choux
Dessert		Pruneaux
	MARDI	
Potage		Potage
Jardinière		Phoque
Navarin		Riz au gras
Mendiants		Dessert
	MERCREDI	
Potage		Potage
Bœuf		Pingouins
Haricots verts		Lentilles
Gâteaux, confiture		Mendiants
	JEUDI	
Potage		Potage
Sardines		Navarin
Nouilles fines		Haricots
Fromage		Confitures
	VENDREDI	
Potage		Potage
Pâté de foie		Bœuf
Thon		Flageolets
Choux-fleurs		Dessert
Mendiants		
	SAMEDI	
Potage		Potage
Veau		Bœuf
Haricots		Pois cassés
Dessert		Pruneaux

A très peu de chose près, les menus ont été du même genre pendant tout l'hiver. Il faudrait pourtant y ajouter des variantes telles que tomates ou artichauts farcis, cormoran grillé ou rôti, tripes à la mode de Caen, boudins de phoque, choucroute garnie. Suivant les caisses ouvertes nous mangions des haricots, lentilles, pois cassés ou pommes de terre desséchés. Olives, pickles, etc., assez fréquemment.

A chaque fête ou anniversaire, menus spéciaux.

Une bonne partie de la journée s'est passée pour moi à arranger ma cabine. J'ai une grande affection pour cette toute petite pièce où je puis à peine me retourner, où je ne peux écarter les bras qu'en me mettant dans le sens de la longueur, mais où j'ai groupé quantité de souvenirs de là-bas ou d'autrefois, qui m'apportent avec eux comme un peu de l'atmosphère où nous avons vécu ensemble, et je m'amuse, dans les moments perdus, à la décorer de petits objets que je fabrique. Ici, je suis un peu séparé des autres, tout à fait chez moi ; en fermant ma porte je puis m'isoler, réfléchir au passé, discuter le présent, travailler pour l'avenir et reposer mes yeux sur mes bibelots qui m'entraînent alors bien loin de l'Antarctique, amenant avec l'oubli de l'actuel, par l'enchaînement des pensées qui me reportent en arrière, un soupir ou un sourire. C'est ici que j'écris tout ce qui me passe par la tête, que tous les soirs, pendant quelques heures avant de m'endormir, éclairé par la petite lampe en nickel, à l'abat-jour peint pour moi par ma sœur, je lis les vieux auteurs forcément délaissés, hâtivement parcourus autrefois pour éviter une mauvaise note ou une punition, presque haïs, et qui maintenant ont tant de charmes que je les remets à regret à leur place en les remerciant de leurs conseils, de leurs consolations et de leurs exhortations. Euripide ne m'a-t-il pas dit ce soir : « La volonté du ciel se manifeste sous des formes diverses ; souvent les dieux trompent notre attente dans l'accomplissement de leurs desseins, ce qui semblait devoir arriver n'a pas lieu, et un dieu fraie la voie aux événements imprévus ! » Dans ma bibliothèque particulière, en dehors de la bibliothèque générale du bord si bien garnie, j'ai de quoi m'occuper pendant plusieurs années d'hivernage : Homère, Sophocle, Eschyle, Euripide, Strabon, Montaigne, Dante, Cervantès, Swift, Saint-Simon, Victor Hugo, Michelet, etc., et ne l'oublions pas, tout Alexandre Dumas. Enfin, dans un petit coin bien protégé et à portée de ma main, les vieux amis qui ne m'ont jamais quitté, Rabelais et Shakespeare.

C'est aussi dans cette cabine que je m'enferme parfois pour rager contre ce que je considère comme l'injustice, tantôt de mes semblables, tantôt de la nature. Mais bien vite apaisé, vainqueur de moi-même, je regarde les photographies des miens qui me répondent par un sourire.

11 avril. — Hier il a fait calme avec + 1° et aujourd'hui il vente frais du N.E. avec + 6° ! C'est un véritable désastre, le magasin général est inondé, et à chaque instant je crains qu'il ne s'effondre ! Hâtivement nous entreprenons des travaux de consolidation et de canalisation pour détourner l'eau qui coule en torrents de la colline, menaçant toutes nos constructions si péniblement édifiées ! La journée se passe en grande partie à écoper avec des seaux notre magasin qui se remplit au fur et à mesure. Dire que nous en sommes à souhaiter le froid et à maudire la chaleur !

La cabane magnétique en pierre s'est en partie effondrée, mais elle a pu facilement être réparée.

12 avril. — Il fait un peu moins chaud, mais le dégel continue, la neige fond et l'eau coule de tous côtés. Nos constructions tiennent toujours, mais la situation est grave et nous ne pouvons même pas songer à enlever les caisses qui s'y trouvent.

Depuis que nous sommes ici, jamais autant de terre ni de rochers n'ont été à découvert ! Nous retrouvons un tas d'objets précédemment perdus par nous dans la neige. Des grandes plaques rouges et vertes apparaissent en plus grande abondance que jamais, algues microscopiques, auxquelles probablement cette température est favorable, à moins qu'elles ne soient simplement mises à découvert par la fonte des couches superficielles de neige.

13 avril. — Vers 2 heures du matin, il a commencé à tomber un peu de neige, et comme cela a duré jusqu'à 9 heures, une couche assez épaisse remplaçait en grande partie celle que le dégel avait enlevée. Puis subitement le vent tourne et se met à souffler assez fort du Sud, faisant baisser brusquement le thermomètre à – 2°, amenant un temps clair mais accompagné d'un chasse-neige assez violent. Le magasin est sauvé, mais la température continuant à baisser avant que nous ayons pu enlever l'eau complètement, celle-ci gèle, formant une épaisse couche de glace englobant toute une rangée de boîtes de conserve que nous ne pourrons certainement dégager qu'en nous servant de pics.

Malgré le chasse-neige nous mettons en place la cabane magnétique en bois construite très soigneusement par Libois, d'après les plans de Matha. Cette cabane a été faite avec le bois emporté dans ce but d'Ushuaia ; elle est entièrement cloutée en cuivre avec une toiture en planches couverte de toile à voile. Nous la plaçons sur une toute petite hauteur, juste au-dessus d'une grosse roche qui fait saillie dans le plancher percé exprès pour cela et sur laquelle nous cimenterons un des piliers d'observation recouvert d'une plaque de marbre. La base de la cabane est consolidée au moyen de grosses pierres. Cette cabane, très solidement construite et fixée, doit pouvoir résister à toutes les intempéries, elle a des volets, des fenêtres, une porte et fait le plus grand honneur à Libois. Rey va y être très confortablement pour ses observations magnétiques, et nous allons grouper autour d'elle les instruments météorologiques et d'électricité atmosphérique, constituant ainsi un véritable petit observatoire.

J'ai distribué aujourd'hui des anoraks aux hommes, c'est-à-dire des pantalons et des vareuses munies de capuchons, en toile brune imperméable, que l'on met par-dessus les vêtements et qui, bien fermés par des cordes au cou et aux poignets, sont la meilleure défense contre le vent et la neige ; avec les mitaines, deux paires de bas et des gros tricots d'Islande, ce sont les seuls vêtements spéciaux distribués jusqu'à présent.

Gourdon, qui furète partout, a trouvé dans une petite baie de la côte N.W. de l'île des ossements de baleine qui, d'après leur état, doivent être là depuis de bien longues années. Pendant cette excursion, nous avons pu voir un phoque, un léopard de mer autant que la distance nous a permis d'en juger, en train de manger un cormoran ; une fois l'oiseau tué, il le déchiquetait en le poussant devant lui sur l'eau, décrivant des cercles sans essayer de conduire sa proie soit à terre, soit sur la glace, un peu comme une carpe cherchant à dévorer un morceau de pain trop gros pour être avalé d'un seul coup.

14 avril. — Temps magnifique. La cabane magnétique meuble bien notre île. D'ailleurs il s'y trouve maintenant un véritable petit village, car, en plus de la maison démontable, du magasin général, des deux cabanes magnétiques, deux maisons de neige ont été construites à la mode groenlandaise par Guéguen et Rallier du Baty qui s'amusaient à cela dans leurs moments perdus. Les deux constructions sont surmontées de piliers ornés, l'un, d'une queue de phoque, l'autre, des débris d'un panier de fleurs qui nous avait été donné lors de notre passage à Pernambouc ! Des couloirs et des tunnels très compliqués, aux prétentions artistiques, conduisent à l'intérieur que nous disposons immédiatement pour recevoir nos réserves de viande de phoque et de pingouin. Dans ces magnifiques glacières d'un entretien peu coûteux, cette viande pourrait se conserver pendant des milliers d'années. Une troisième maison semblable a été commencée et servira pour nos provisions de graisse.

Pléneau et Gourdon sont venus me proposer cet après-midi de faire partie des raids que je projette ; je ne puis certes trouver de meilleurs compagnons. Le fait qu'ils sont venus se proposer sans avoir été sollicités ne peut que me donner plus de confiance en eux, en même temps que ma responsabilité se trouve en grande partie dégagée. Je crois néanmoins de mon devoir de leur indiquer les dangers supplémentaires auxquels ils s'exposent volontairement. Leur réponse, digne de leur caractère et de leur cœur, me fait un immense plaisir et mon acquiescement à leur désir est scellé par une vigoureuse et peu banale poignée de main. A partir d'aujourd'hui nous allons nous entraîner ensemble, nous occuper du matériel de campement, des vivres, traîneaux, etc., etc.

Le Bosco, sur ces entrefaites, tout essoufflé et rouge de plaisir, vient en courant nous annoncer qu'il a tué un phoque d'un coup de couteau. La nouvelle est bonne, car depuis quelque temps nous en cherchons vainement, mais je suis un peu sceptique lorsqu'il me montre l'arme dont il s'est servi... un couteau de poche dont la lame a quelques centimètres de longueur. En effet, lorsque nous arrivons sur le lieu du crime, il n'y a plus le moindre phoque et, au grand désespoir du Bosco, nous voyons sa victime supposée qui s'ébat dans l'eau avec toutes les apparences de la plus robuste santé ; son épaisse couche de graisse a dû être à peine entamée. La journée d'ailleurs a été mauvaise pour notre cambusier ; en ouvrant une caisse étiquetée nouilles, il s'est aperçu qu'elle ne contenait que du vermicelle ; il en était de même pour les trois autres, le fournisseur s'étant évidemment trompé. J'ai consolé Le Bosco en lui expliquant qu'après tout le vermicelle pouvait admirablement remplacer les nouilles et qu'il figurerait désormais sur les menus sous le nom de « nouilles fines ».

La soirée est belle et, pendant que je fais une petite promenade, je rencontre un pingouin adélie qui, comme moi, cherche la solitude pour rêvasser à son aise. Après une petite conversation, je m'amuse, en cherchant à l'effrayer par de grands gestes et en courant sur lui. Il fait semblant de fuir pendant quelques mètres, puis subitement se retourne sur moi en jacassant et, passant tranquillement entre mes jambes, glisse à grande vitesse sur la pente, me laissant tout penaud et ridicule.

16 avril. — Depuis deux jours, léger vent de S.W. avec petite brume très fraîche qui couvre tout de fines et élégantes aiguilles de glace. J'ai fait traîner notre vedette, débarrassée de sa chaudière inutilisable, sur la côte Sud de l'île, loin du bateau, et les caisses de mélinite y sont installées bien enveloppées de toile cirée, et recouvertes de prélarts imperméables. La baie du Sud prend immédiatement le nom de baie de la Salpêtrière et nous avertissons les pingouins campés dans le voisinage des dangers qu'ils courent désormais ; mais ni nos observations, ni un écriteau, ni le classique drapeau rouge ne peuvent ébranler leur confiance dans la sécurité de cet explosif.

La baie Sud est presque entièrement recouverte d'une couche de glace mince et poisseuse, en tout semblable à celle si bien décrite par Weyprecht, mais combien de temps va-t-il falloir encore avant que nous ne puissions marcher dessus ? Ne sera-t-elle pas dispersée par le premier petit coup de vent de N.E. ? Nous voici déjà dans la deuxième quinzaine d'avril ; si nous avons de ces sautes brusques de vent et de température toute l'année, que deviendront alors nos raids sur lesquels je compte tant ? La patience est la plus grande vertu de l'explorateur polaire, a dit Nansen ; combien cela est vrai ! Il faut en avoir quand on navigue pour attendre que les glaces se disloquent et vous permettent de passer ; il faut en avoir encore quand on veut faire des raids pour attendre que la glace se forme !

Nous avons examiné cet après-midi au microscope, avec Turquet, la neige rouge et vert, et nous avons bien vu les spores des algues qui sont la cause de cette coloration ; on en trouve également dans les intestins des pingouins et dans leurs matières fécales et il serait intéressant de savoir si ce sont eux qui les transportent, ou si, simplement, ils favorisent leur développement par leur piétinement, ainsi que Darwin le constate sur les chemins suivis par les mulets dans la neige des Cordillères. En tout cas, il est certain que les pingouins semblent éprouver un véritable plaisir à becqueter la neige ainsi colorée.

Toby a été victime de son effroyable gourmandise. Cet estimable ami mange tout, même les choses les plus immondes, avec une voracité qui ne se dément pas un seul instant. Cette nuit, ayant fourré son nez dans le panier où Rolland love ses lignes de pêche, dont quelques-unes encore garnies d'appâts, il s'est enfoncé dans la gueule une demi-douzaine d'hameçons et il a fallu, réveillé par ses cris perçants, justifiés cette fois, que je me livre à une véritable opération chirurgicale, dont mon client me remercie par de petits grognements plaintifs.

24 avril. — Pendant toute la semaine le temps a été variable avec une majorité de vents du Sud, ou faibles ou assez forts amenant en général du beau temps clair, quelquefois aussi cependant un ciel couvert et un chasse-neige extrêmement pénétrant nous obligeant à fermer avec soin toutes les issues du bateau, et, quand nous sortons, à mettre nos capuchons et à ficeler nos manches. La température avec les vents de cette région descend graduellement à – 11°. Le 22, subitement, le vent tourne au N.E., amenant de la houle beaucoup plus grosse que nous n'aurions pu le croire possible ici et faisant toucher fortement le bateau par l'avant à marée basse. En moins d'une heure, le thermomètre est remonté de – 9° à – 3°. Le lendemain, à 3 heures du matin, le vent qui avait halé de nouveau le S. revient au N.E., ce dont je suis averti par des chocs violents le long de ma cabine, dus à un gros débris d'iceberg qui, après avoir passé sous la partie élevée de la chaîne, se trouve entre la côte et le bateau et nous frappe brutalement avec une irritante régularité. Vers 10 heures, les glaces surgissent de la brume, s'entassent derrière le barrage et, la houle cessant, nous sommes tout de suite tranquilles.

Aujourd'hui le vent du Sud a repris et les glaces sont reparties, mais il fait sombre avec chasse-neige.

La semaine a été bien employée. Libois, avec de solides poutres, a fabriqué un pied pour l'abri météorologique définitivement fixé non loin de la cabane magnétique, ainsi que l'actinomètre qui est placé sur deux barriques lestées de pierres et de cailloux. Sur l'avenue Victor-Hugo, à distance du bateau, un petit abri protège un thermomètre qui est consulté officiellement toutes les deux heures, mais qui en somme est regardé chaque fois que l'on passe près de lui, c'est-à-dire plus de cent fois par jour. A terre, tout près du bord, Matha a installé, abrité par une espèce de paravent en toile à voile facilement enlevé et remis en place, un pilier qui lui est utile pour les observations à l'astrolabe de Claude.

Les thermomètres du sol ont été enfoncés dans la glace et une caisse a été agencée pour mesurer, autant qu'il est possible, la quantité de neige tombée dans les vingt-quatre heures.

Le grand canot, belle embarcation de sauvetage que je veux à tout prix conserver en bon état, est tiré et chaviré sur la glace, servant ainsi à recouvrir et à protéger une réserve importante de touques à pétrole.

A bord, une partie des hommes travaille à l'agrandissement du poste qui sera bientôt terminé et le reste du bateau est déjà disposé pour l'hiver. L'avant et le centre sont tautés, ainsi que l'extrémité arrière, et nous pourrons, quand nous le voudrons, en faire autant pour la partie correspondante au carré, mais nous préférons jouir le plus longtemps possible de la lumière que nous donne encore la claire-voie pendant les courtes heures de jour. Le rouff a été prolongé latéralement par une toiture en planches recouverte de carton bitumé qui protège cuisine et laboratoire, tout en constituant avec l'avant un endroit très abrité transformé en atelier. Des doubles portes, fabriquées de bric et de broc, ont été placées aux descentes du poste et du carré, munies de contrepoids les obligeant à se fermer d'elles-mêmes, de sorte qu'il y a peu de déperdition de chaleur. Celle-ci est facilement entretenue avec des poêles très simples dits « mange tout » qui chauffent fort bien, à part cependant celui du carré qui nous donne du mal, car il tire trop ou trop peu, s'éteint ou devient tout rouge, quand il ne remplit pas les logements d'une épaisse fumée. Il ne paraît pas du reste se soucier des injures, des récriminations et même des coups que Robert lui prodigue, comme d'ailleurs à tous les objets, qu'il finit par considérer comme ses ennemis personnels.

Point ne se fault courroucer aux affaires ;
Il ne leur chault de toutes nos cholères.

Cette inscription en grosses lettres, placée récemment au-dessus de son lit, n'arrive pas à faire cesser cette hostilité, et devant son regard interrogateur : « C'est dans Montaigne », lui dis-je, Robert riposte « qu'on voit bien que *celui-là* n'a jamais navigué dans l'Antarctique », ce à quoi je n'ai absolument rien à répondre.

Sur tous les poêles allumés nous faisons fondre dans des seaux la glace qui doit nous donner de l'eau douce pour nos besoins journaliers. C'est là une grosse et importante question ; une corvée d'hommes va chercher tous les matins la quantité de glace nécessaire et l'eau fournie est excellente à de certaines conditions toutefois qui ne sont pas toujours réalisées. Il arrive trop souvent, par exemple, que les mains de ceux qui transportent la glace sentent le phoque, que les chiens lèvent la patte dessus, que les récipients où elle fond soient souillés accidentellement par du pétrole ou autre matière odorante. Aussi de temps en temps considérons-nous comme un grand luxe de nous offrir une bouteille d'eau minérale.

La baie Sud ne peut encore porter le poids d'un homme et la glace est même sillonnée par de larges chenaux d'eau libre ; il y en a trop pour pouvoir faire des excursions en canot de ce côté, pas assez pour pouvoir marcher dessus ! C'est désespérant. Mais, comme tout a son bon côté, l'absence de glace dans la baie Nord permet de draguer et de pêcher avec les embarcations, et Turquet, lorsqu'il accompagne Rolland, revient transi de froid, ce qu'il a de commun avec tous ceux qui vont travailler dehors, mais rapportant toujours une récolte abondante et intéressante. Accompagné de Pléneau et de Gourdon, j'ai été hier en you-you explorer le cap N.E. de Wandel et, après avoir débarqué dans les cailloux, nous avons excursionné sur les flancs abrupts de la montagne. Le retour a été mouvementé car le vent du Sud s'est levé fort (vent debout comme toujours). Pour embarquer nous avons commencé par faire le *plein* de nos bottes, et nous avons pu constater que si l'eau, qui était à – 1,8°, nous paraissait chaude à la main, l'air étant à – 11°, il n'en était pas de même pour les pieds, au bout de quelques heures surtout. Ensuite, poussés par le vent, nous sommes entrés en lutte avec un gros icebloc autour duquel le clapotis avait créé un fort remous, et qui semblait décidé à nous mettre en miettes. Après une bonne heure d'efforts épuisants à chercher avec gaffes et avirons à nous dépousser sur ses flancs lisses, glissants et mouvants, nous sommes parvenus à nous éloigner, couverts d'une couche de glace libéralement octroyée par les embruns. Il faisait alors nuit noire et, entraînés dans la dérive de notre ennemi, nous ne savions plus guère où nous étions, quand, sur le *Français*, ils eurent l'heureuse idée de mettre un fanal en tête du mât. Après nous être appuyé trois bonnes heures de nage, nous n'avions plus froid en accostant, et l'inquiétude qui régnait à bord cessa lorsqu'on entendit de loin nos rires et les chants qui parvenaient à faire nager à peu près en mesure mon équipe improvisée.

Aujourd'hui, dimanche, l'équipage a pavoisé toutes les petites constructions à terre et notre station prend un air de guinguette ; le cornet à piston ou le trombone à coulisse font seuls défaut. Pour accentuer la note, j'organise malgré le mauvais temps un concours de tir parmi l'équipage ; Poste est premier prix et gagne, à condition de la partager avec ses camarades, une bouteille de grog.

J'ai fait de la bactériologie le restant de la journée, travail peu commode avec cette température, car la gélatine, la gélose, le bouillon et les réactifs gèlent ; l'étuve heureusement fonctionne très bien, grâce à un perfectionnement que j'ai apporté à ma veilleuse en lui adaptant un verre de lampe fabriqué avec un tube à essai.

Devant et derrière la bonne humeur règne, et nous passons comme tous les soirs quelques instants à jouer avec notre chat Cuyo, avant d'entreprendre les parties d'échecs. Deux chats ont été, en effet, offerts par d'aimables et gracieuses jeunes filles à Pléneau, lors de notre départ de Buenos Aires : l'un, superbe matou noir et blanc, a reçu le nom d'une rue de Buenos Aires ; l'autre, petite chatte rousse gringalette, répond au nom de Marianne ; cette pauvre petite est rachitique, souffreteuse, infirme, geignarde, mais nous la soignons le mieux possible ; Cuyo au contraire est superbe et profite bien de la viande de phoque, base principale de son alimentation. Il est évident que l'occupation préférée de Cuyo devrait être de chasser les rats, mais il ne s'en soucie guère, les méprisant et ne pensant qu'à une chose, dormir toute la journée pour être frais et dispos le soir. Le dîner terminé, lorsque la dernière assiette a été enlevée, il saute sur la table et commence avec les ronds de serviette une partie monstre qui dure environ une demi-heure ; il reste ensuite tranquille jusqu'à minuit, mais se livre alors à des charges effrénées, à des gambades terrifiantes et d'autant plus bruyantes qu'il a mis généralement en réserve des objets qui roulent bien, comme un morceau de charbon ou des noisettes. Invariablement l'un de nous se lève en jurant et Cuyo, d'un bond, se réfugie sur le lit de son patron Pléneau en s'accrochant la plupart du temps au nez de celui-ci. Pendant tout ce vacarme, bien tranquillement, bien sagement les rats grignotent dans la cale, ou se chauffent au-dessous du poêle.

27 avril. — J'ai éprouvé il y a quelques jours un symptôme qui peut être grave ; une heure environ après m'être couché bien au chaud, sans raison apparente, mon médius droit s'est engourdi, il est devenu absolument froid et blanc comme de l'ivoire, puis j'ai eu des fourmillements et la sensibilité tactile a disparu ; au bout d'une heure mon doigt est redevenu normal.

Je ne voulais pas en parler aux autres, mais cela s'est reproduit aujourd'hui, pendant le déjeuner, à l'index, et comme je ne pouvais plus me servir de ma main, on s'en est forcément aperçu. C'est le phénomène du doigt mort qui est un avertissement d'une certaine gravité, mais j'ai autre chose à faire actuellement que de m'en inquiéter ; tout ce que je demande, c'est de ne pas devenir infirme, de pouvoir partir moi-même en raid et de mener mon expédition jusqu'au bout.

Gourdon, chargé de prendre les températures de l'eau de mer autour de notre île, nous annonce toujours une différence de quelques dixièmes de degrés, entre la baie Nord et la baie Sud. Matha fait des prélèvements réguliers de glace pour mesurer le degré de chloruration et je lui prépare, pour la même étude, du sérum de phoque ; le résultat semble coïncider avec les intéressantes expériences de Quinton sur le sérum des autres espèces animales.

Le Bosco est venu aujourd'hui me dire que s'il venait à mourir il désirait beaucoup être enterré sur le sommet Jeanne, étant persuadé que sa tombe ferait très bien là. Je l'ai félicité d'avoir choisi ce point élevé et difficile d'accès, car il peut être sûr que ses camarades obligés de le transporter si haut déploreront sa mort. Heureusement pour eux et pour lui, du reste, il se porte admirablement bien et engraisse à vue d'œil. A ce propos, il n'y a que depuis qu'elles sont en place sur les piliers d'observation que Robert renonce à croire que les plaques de marbre avaient été emportées en prévision de décès éventuels pour orner les tombes de sensationnelles épitaphes.

1er mai. — Pendant ces quelques jours, la température est remontée un peu, il est très probable que nous allons avoir des vents des régions Nord.

Rey a fait hier une série de vingt-quatre heures d'observations magnétiques.

Mes cultures de microbes, provenant de l'eau de mer et des intestins des différents animaux de l'Antarctique, poussent très bien ; je vais m'efforcer, par des repiquages fréquents, de les rapporter vivants en France ; aussi les ai-je logés dans ma cabine pour pouvoir mieux les soigner.

La maison démontable a été disposée en séchoir pour le linge lavé, comme d'habitude, hier samedi. La fenêtre, que nous apercevons du bateau, faisait un effet étrange ainsi éclairée pendant la nuit et donnait un aspect de vie presque impressionnant. Mais le résultat n'a pas été ce que j'attendais, la condensation de la vapeur d'eau empêchait le séchage et nous avons dépensé inutilement notre charbon. Aujourd'hui il faut casser la glace, qui garnit, en formant de petites stalactites, tout l'intérieur de la maison. Le seul bon procédé est donc décidément de sécher le linge pièce par pièce, autour des poêles.

Pendant que je travaillais hier au laboratoire, j'ai surpris une conversation amusante entre le cuisinier et Toby ; le plus drôle c'est que le cochon a l'air de comprendre et répond par des grognements très expressifs. Ce cuisinier est un homme extraordinaire, nous l'avons embarqué le matin même de notre départ à Buenos Aires, sans aucun renseignement ni aucune référence, nous ne savons même pas si le nom qu'il nous a donné est véritablement le sien, et il n'a jamais voulu dire son âge. A l'écouter, il aurait tout vu et tout lu, et si on prenait ses récits au mot, il jouirait du don d'ubiquité. Il a certainement une bonne instruction et s'est promené un peu partout, tout en regardant et observant. C'est un personnage de roman et nous nous attendons presque à le voir arriver un jour nous annonçant qu'il est le Capitaine Hatteras et qu'il connaît un chemin très facile pour arriver au pôle même. En attendant il nous rend de très grands services ; débrouillard au suprême degré, faisant admirablement la cuisine et le pain, travailleur, poli et complaisant, bon marin par-dessus le marché, nous ne pouvions certes mieux tomber, et ses originalités mêmes ont du charme.

Aujourd'hui, 1er mai ! « Comme le temps passe ! » pouvons-nous répéter avec Pléneau qui, lui, le dit au moins de six à sept fois par jour ! Joli mois de mai en Europe ! A Paris, le vernissage. On y manifeste aussi pour les huit heures de travail ! Tout cela est loin de notre pensée et les pingouins n'y songent pas plus que nous ; mais nous allons avoir ce soir notre petite fête pour l'inauguration du nouveau poste, qui est magnifique. Les douze hommes qui y vivent seront admirablement logés, car il y aurait assez de place pour en installer confortablement une vingtaine. L'aération est excellente, grâce à une claire-voie fabriquée par Libois. Il y a deux mètres sous barrots, de grands lavabos, un poêle qui chauffe bien, de vastes tables et tout cela propre et repeint à neuf. J'ai donné de jolies affiches espagnoles pour égayer un peu ce local, dont la place d'honneur était déjà occupée (étant la seule) par la photographie de la belle Otéro.

Je me félicite, lorsque j'hésitais entre les cadres, hamacs ou cabanes, de m'être décidé pour ces dernières, car, de cette façon, les matelots ont les mêmes sommiers, la même literie que nous, puis, comme ils disent eux-mêmes « une fois le couvercle fermé on est dans sa maison » ; chacun y dispose comme il veut ses souvenirs, ses portraits et peut, dans les moments de tristesse, de mauvaise humeur, s'y enfermer pour s'isoler.

Toutes nos installations sont terminées et nous n'allons plus guère avoir qu'à les entretenir. Notre temps, certes, n'a pas été perdu, et nous avons, grâce aux hommes, même fait quelques tours de force, car c'est un merveilleux équipage que le nôtre, se pliant à tous les métiers, à toutes les exigences avec entrain et bonne humeur malgré notre vie par moments très dure. Nos observations et travaux scientifiques se sont effectués régulièrement et vont être grandement facilités, maintenant que tout est en ordre et que les hommes sont moins occupés.

Je fais afficher dans le poste un emploi du temps pour l'équipage et des règles d'hygiène.

Dès demain, nous commençons l'école. Matha, Pléneau et Gourdon se sont joints à moi pour cela. Matha s'occupe de Rallier du Baty et de Jabet qui préparent leurs examens de capitaine au long cours. Gourdon, Pléneau et moi nous nous sommes divisé la tâche pour les autres, faisant, tous les deux soirs, trois classes nécessitées par l'inégalité d'instruction des hommes. Pléneau a un élève qui ne sait ni lire ni écrire ; j'en ai, moi, trois qui savent lire mais ne savent pas écrire, et Gourdon, trois assez instruits qu'il perfectionnera en orthographe, en arithmétique, en histoire et en géographie. Les autres soirs, je donnerai des leçons d'anglais à Rallier, à Libois et à Gourdon qui s'est joint à eux comme élève.

A partir d'aujourd'hui, sur une proposition de Matha, que je trouve excellente, la montre du bord est réglée, sans que les hommes le sachent, de manière à marquer 5 heures au moment où cesse le crépuscule civil. Matha effectuera ce réglage tous les jours à midi. La plus grande modification de jour en jour est de quatre minutes et, de cette façon, sans qu'on puisse s'apercevoir de ce petit changement, nous profiterons pour travailler du maximum de clarté dont nous disposons pendant l'hiver, ce qui n'est pas beaucoup dire.

2 mai. — La petite fête d'hier soir a été très gaie ; après des projections du début de notre voyage, il y a eu concert et distribution d'un grog, très populaire parmi l'équipage. Si les donateurs pouvaient se douter du bonheur qu'ils procurent à nos braves gens, ils seraient largement récompensés de leur générosité.

Rien ne m'est plus agréable que d'entendre rire les hommes, s'amusant franchement, se plaisantant mutuellement sans méchanceté, jamais grossiers, nullement gênés par ma présence, et restant cependant toujours très respectueux.

7 mai. — Nous avons eu le 6 un fort coup de vent du N.E. qui, contrairement à ceux éprouvés jusqu'à présent, n'était pas accompagné de ciel sombre et de neige, il a duré quarante-huit heures, amenant une très grosse houle qui faisait fortement talonner le bateau. Quelques glaçons entrés dans notre anse frappaient contre nous violemment, deux de nos amarres de l'arrière ont cassé, mais nous sommes parvenus, après de gros efforts, à déhaler un peu le bateau de l'arrière, évitant ainsi qu'il ne touchât aussi brutalement et nous avons triplé les amarres en les capelant sur la chaîne tendue en travers. Ce ne fut qu'au bout de trente-six heures que les glaces, en arrivant, bouchèrent l'entrée de notre anse et nous ramenèrent le calme. La mer brisait furieusement sur cette barrière de glace, la couvrant d'embruns dont quelques-uns venaient jusqu'à nous et gelaient immédiatement. L'arrivée tardive des glaces doit provenir de ce que les vents persistants du Sud de ces derniers temps, ainsi que le courant qui décidément porte Nord, les ont accumulées dans la partie Nord de l'estuaire et que, soudées ensemble par le froid, il a fallu longtemps pour qu'elles se détachent et flottent jusqu'à nous. Notre sécurité ne sera réelle que lorsque nous aurons de la glace bien solide autour du bateau.

Il fait de nouveau beau et froid, les glaces repartent, mais un gros glaçon qui a chaviré contre la chaîne a soulevé celle-ci et la supporte par le milieu ; c'est parfait, nous avons là un flotteur naturel que je rêvais depuis longtemps et qui va être un précieux auxiliaire puisque, tout en soulageant la tension de la chaîne, il ferme une partie de l'anse.

Nous avons pu nous aventurer cet après-midi sur la glace de la baie de la Salpêtrière, elle est encore peu épaisse et il faut marcher avec précaution. Pendant notre excursion nous avons entendu sous nos pieds des chocs répétés puis, avec un gros bouillonnement un trou rond s'est formé et un phoque a montré en soufflant sa bonne grosse tête ; il nous a regardés avec étonnement, mais sans frayeur, se dressant autant qu'il le pouvait au-dessus de la glace puis, après avoir largement respiré, il s'est enfoncé de nouveau. Deux autres lui ont succédé, il y a même eu petite lutte pour savoir qui profiterait le premier du trou et, pendant quelques instants, nous n'avons vu que des narines moustachues se bousculant à fleur d'eau.

9 mai. — Hier, nous avons été de nouveau, malgré du mauvais temps, sur la banquise et, aujourd'hui, Pléneau, Matha, Gourdon et moi, nous avons fait une longue excursion attachés les uns aux autres. La glace n'est pas encore très solide, et bien souvent, en sondant avec les piolets, nous la traversons. Néanmoins, en suivant avec précaution la belle falaise de glace, nous arrivons à l'entrée du chenal de Lemaire ; mais il y a là une accumulation d'icebergs et, probablement à cause des mouvements que leur impriment vents et marée, la glace est cassée tout autour d'eux, ou ne se forme pas. En revenant, nous avons vu des magnifiques cascades figées le long de la falaise.

Demain c'est la fête de Gourdon, donc menu spécial et petit pavois.

14 mai. — Depuis trois jours la glace se forme enfin autour de notre bateau et elle commence à être déjà solide. Je fais entretenir un trou à feu le long du bord en cas d'incendie et deux autres au-dessous des poulaines. A l'avant, partant de celles-ci, la congélation de l'urine a formé une stalactite merveilleuse qui ressemble à un bloc d'onyx avec des teintes et des veinures jaunes produisant un effet extrêmement joli.

Il fait sérieusement froid, mais, sauf lorsqu'il faut enlever mes mitaines ou me tenir immobile, je ne puis dire que j'en souffre et j'ai tout lieu de croire qu'il en est de même pour les autres. Au moment de sortir, les pieds font bien un peu mal et la figure cuit, mais cela passe après quelques minutes de marche, et jusqu'à présent je ne porte qu'un vieux vêtement de molleton, un tricot, une chemise de flanelle, un caleçon de toile et deux paires de bas dans mes bottes. Je trouve la casquette en fourrure trop chaude et je préfère la simple casquette de voyage à oreilles. Mais les hommes en général l'affectionnent, la plaçant sur leur tête en lui donnant les formes les plus bizarres. En bas, les poêles entretiennent une chaleur souvent même excessive, car nous arrivons facilement à + 20°, mais dans ma chambre éloignée du carré il fait froid et souvent l'eau gèle ; je ne m'en plains pas car c'est un bon entraînement. A mes hublots de beaux glaciers se sont formés dont la marche envahissante menace mon lit.

Nous sommes montés assez péniblement avec Gourdon au sommet Jeanne voir ce que devient la glace au large. Le détroit de Gerlache et la partie Nord du chenal de Lemaire sont libres ; on peut se demander s'ils se prendront jamais, mais, ce qui est rassurant, c'est que tout l'estuaire, le large à perte de vue et le Sud après Hovgard, est pris, bien que la banquise soit coupée par des chenaux. Les icebergs sont innombrables, les gros de forme tabulaire, les petits seuls variés. Il y en a une chaîne de cinq ou six très grands qui ressemble à un train de wagons précédé par une superbe locomotive. Un autre, au large, forme un immense arc de triomphe léger et gracieux.

Les couchers de soleil sont toujours splendides et je suis enthousiasmé de ce pays qui n'est jamais monotone dans son aspect, présentant dès qu'il y a un peu de lumière les teintes les plus variées et les plus délicates, merveilleux par les clairs de lune, majestueusement sinistre par le mauvais temps et par la brume.

Les formes de tout ce qui nous entoure sont admirables, à la fois grandioses et élégantes dans l'absolue pureté des lignes. Et, si l'on s'attarde aux détails, on retrouve le même charme dans les jolis cristaux des flocons de neige, dans le givre, fleurs de l'Antarctique, qui orne et décore tout, dans les stalactites de toutes les dimensions, irisées de toutes les couleurs du prisme, franges inimitables, féerique décoration des grottes. Nous sommes bien ici dans le grand temple de la nature.

15 mai. — A 1 heure et demie du matin, par calme plat, au moment où j'allais me coucher, la glace fait subitement autour du bateau un bruit extraordinaire et le *Français*, après plusieurs bonds, talonne brutalement contre le fond. Le grand Guéguen, qui est de quart, a été renversé par le choc, et en quelques secondes nous sommes tous dehors, plus ou moins en chemise. C'est merveille que nos amarres aient résisté et que nous n'ayons pas été jetés à la côte, mais après quelques secondes d'agitation tout rentre dans le calme, et au bruit occasionné par une série de vagues succède le grand silence coupé par les rares sons habituels. Nous croyons d'abord à un raz de marée, mais au jour le phénomène s'explique facilement ; c'est un grand iceberg échoué dans la baie, et que nous avions remarqué la veille, qui a chaviré ;

il nous présente maintenant sa base usée en aiguilles et en clochetons. La glace qui nous entoure a été en grande partie morcelée par le coup, mais avec le froid actuel elle ne tardera pas à se refaire.

Ce soir j'ai fait aux hommes une conférence sur les explorations arctiques, puis Pléneau leur a récité des vers et, après deux airs de gramophone, je leur ai lu *L'Aigle du casque*. Ils ont écouté religieusement et à la fin ont manifesté leur enthousiasme par des applaudissements et des N... de D... qui prouvent qu'avec eux Typhaine eût passé un vilain quart d'heure.

Depuis qu'il fait sérieusement froid, les phoques ne viennent pour ainsi dire plus sur la glace, mais nous les voyons assez fréquemment dans l'eau.

Les cormorans n'ont pas quitté leurs falaises autour du défilé de la Hache, et il est évident qu'ils vont rester là tout l'hiver, puisqu'ils trouvent de l'eau libre où ils pourront tous les jours chercher leur nourriture ; dernièrement il y en avait plus de trois cents groupés dans un petit coin de la baie Nord. Entre 3 heures et 3 heures un quart, très régulièrement, tous les jours, ils reviennent à leurs falaises, isolés ou formant un grand triangle, passant souvent à quelques mètres à peine au-dessus de nos têtes, le cou bien allongé et faisant dans leur vol lourd un bruit rythmé un peu métallique comme un moulin d'enfant tournant au moyen d'un ressort remonté. Nous allons souvent à cette heure assister à leur retour et voir la façon dont ils prennent terre, décrivant une courbe, puis étendant leurs pattes, ramassant leur cou, battant des ailes sur place et, une fois posés, se lissant les plumes avec un air de grande satisfaction. Ce sont d'aimables bêtes, nullement farouches avec nous, et unies en excellents ménages ; vivant deux par deux ils passent leur temps à s'embrasser, à se faire des amabilités en prenant des poses extrêmement gracieuses. Très fréquemment ils se tiennent par l'extrémité du bec et, décrivant de jolies courbes avec leur cou, balancent lentement leur tête de droite à gauche.

Ils ont une allure aristocratique qui jure avec l'air bourgeois de leurs voisins et amis les pingouins. Ceux-ci ont abandonné la rockerie depuis déjà quelque temps ; nous n'en rencontrons plus sur l'île que par petits groupes isolés venus pour se reposer et campant n'importe où. Mais il y en a dans les eaux libres, plongeant et marsouinant par petites bandes, naviguant en rangs serrés avec la régularité d'une escadre nombreuse de submersibles. A chaque bond hors de l'eau l'un ou l'autre jette un petit cri, soit pour se rallier, soit pour s'encourager.

Leur départ occasionne un grand vide, car ils étaient pour nous tous une compagnie extrêmement agréable en même temps qu'une distraction, et nous ne pouvons guère espérer qu'ils reviendront sérieusement avant le printemps. Contrairement à ce que nous avions constaté dans la rockerie de l'île Wiencke, les adélies étaient ici plus nombreux que les papous, les deux espèces vivant en très bonne intelligence et même assez confondues. Nous n'avons pas vu un seul pingouin antarctique. Lorsque nous nous sommes installés définitivement ici, les petits étaient devenus des adultes et semblaient mélangés avec leurs parents. Pas un petit rocher émergeant de la neige où ne fussent installés quelques pingouins et, comme ils se rendaient de fréquentes visites, il y avait un va-et-vient perpétuel de ces personnages pleins de dignité, parcourant sur la neige de longues distances, s'arrêtant de temps en temps pour se saluer ou échanger quelques paroles.

Groupés autour de nos installations ils nous regardaient gravement, s'intéressant à notre travail. Les papous nous fuyaient assez volontiers, mais les adélies ne bronchaient pas, et même au début envoyaient au-devant de nous une députation de sept ou huit des leurs qui nous parlaient bruyamment, nous mettant probablement au courant des lois du pays, et nous accompagnant jusqu'au village où les autres nous recevaient avec une indifférence presque vexante, politesse cependant dans certains pays où il est considéré comme grossier de regarder des étrangers avec curiosité. Je m'amusais fréquemment à avoir de longues conversations avec eux, me couchant sur la neige pour être à leur hauteur, et les pingouins autour de moi, tout près de ma figure, m'écoutaient certainement et me répondaient dans une langue qui m'était, hélas ! inconnue. Les adélies nous tenaient tête si nous faisions semblant de les menacer, mais la disparition de l'un d'eux rapidement tué sans souffrance, « la mort sans phrases », si enviée des humains, semblait les laisser indifférents. Il en était tout autrement des chiens qui les faisaient souffrir et qu'ils craignaient à juste titre, venant souvent, comme je l'avais observé dès le début de notre campagne, se réfugier auprès de nous quand ceux-ci étaient lâchés, et se plaindre de leurs crimes avec des airs indignés et véritablement touchants.

Nous les rencontrions un peu partout, dans nos promenades,

même sur les pentes de la colline élevée du Cairn, ou allant à la pêche ou en revenant. Il est en effet assez curieux de remarquer qu'un pingouin, pour gagner le lieu de pêche, malgré sa marche lente et évidemment pénible, préférera de beaucoup faire un long et fatigant trajet à pied, entreprendre même des ascensions difficiles plutôt que de prendre la mer où il évolue cependant avec rapidité et tant d'agilité. Peut-être l'horreur du travail est-elle aussi innée chez les pingouins que chez l'homme et la mer, étant leur champ de labeur, l'évitent-ils le plus possible, quitte à se donner beaucoup plus de mal et de fatigue ? Ou peut-être encore, et c'est évidemment là la véritable raison, les pingouins adultes (car les petits ont à craindre les autres gros oiseaux) n'ayant d'ennemis que dans la mer, comme les orques et certains phoques, n'y vont-ils que poussés par la nécessité ? D'ailleurs, une des meilleures preuves de ceci est que, par suite de cet instinct héréditaire qui leur fait croire que dans la mer seule on meurt de mort violente, jamais un pingouin, même effrayé et pour échapper à des ennemis aussi terribles que nos chiens, ne se jettera à l'eau où, cependant, il serait en sécurité immédiate. Nous avons essayé bien des fois de les terroriser, puis de les pousser à se réfugier dans l'eau ; mais leur frayeur, au contraire, augmentait dès qu'ils étaient sur le bord et, dans un effort désespéré, ils parvenaient généralement à s'échapper et à regagner l'intérieur. Darwin signale un fait semblable pour certain gros lézard[1] amphibie des îles Galapagos qui se laissait brûler au fer rouge plutôt que de se réfugier dans l'eau, où étaient ses seuls ennemis habituels.

Ces promenades des pingouins sur les collines de neige sont des plus amusantes à suivre, et leurs mouvements pour conserver l'équilibre ou se raccrocher dans une glissade nous ont fait passer de bons moments. Le pingouin marche de préférence dans la direction verticale, se dandinant et agitant ses ailerons, j'allais écrire ses bras ; mais lorsqu'il veut aller très vite pendant un court espace de temps, il prend un peu d'élan, puis se lance sur son poitrail arrondi en carène, pagayant avec ses ailerons, comme un enfant qui se pousse dans un traîneau au moyen de bouts de bois ferrés, et glisse si rapidement, qu'il est difficile de le rattraper à la course. Ce sont d'ailleurs des animaux très vigoureux, et lorsque

1. *Amblyrhyncus cristatus*.

dans un mouvement de colère ils vous donnent un coup de bec, ou surtout un coup d'aileron, la claque est souvent très douloureuse.

L'île nous paraît toute silencieuse sans leur caquetage, et leur rockerie avec quelques vestiges encore de leur séjour est triste comme une plage à la mode abandonnée en fin de saison.

Leur retour sera le bienvenu, et rien que de les voir nageant au large ou installés par petits groupes sur les glaces du voisinage nous fait plaisir.

Les grands pétrels, les mouettes, les sternes, les mégalestris si abondants à notre arrivée sont partis eux aussi vers le Nord, mais de temps à autre, un pétrel des neiges, bête merveilleuse, passe en planant silencieusement au-dessus de nos têtes, nous touchant presque ; il paraît plus blanc que la neige et on ne distingue que les trois petits points noirs de ses deux yeux et de son bec ; il semble que ce soient des oiseaux diaphanes plus jolis que la colombe, plus purs, et, plus encore qu'elle, symboles de paix et de douceur divine.

Les chionis non plus ne nous abandonnent pas et vivent avec nous, comme de vrais oiseaux de basse-cour ; surtout groupés autour de la boucherie de phoque et du bateau, ils picorent toute la journée, mangeant dans la main des hommes. Evidemment, ils ne restent pas d'habitude aussi longtemps au Sud pendant l'hiver, mais ils ont trouvé dans les détritus de nos aliments une abondante nourriture dont ils veulent profiter. Je ne sais ce qui a fait dire à de Gerlache, dans son livre, que les chionis, simples herbivores, se contentent d'algues, mais je puis affirmer que nous les avons vus plus de cinquante autour de nous depuis des mois, se nourrissant exclusivement et voluptueusement de viande. Seule la présence des chiens les empêche de séjourner sur le pont.

Fréquemment, les matelots étaient venus nous dire que ces « becs en fourreau », leur nom vulgaire, n'avaient qu'une seule patte, et en effet nous les voyons généralement sautillant à cloche-patte ; en regardant de près, cependant, nous avons pu nous convaincre qu'ils ont parfaitement leurs deux membres, mais qu'ils en replient un sous leurs plumes, afin de le réchauffer, se servant de l'autre pour marcher. Ces chionis vivent volontiers avec les pingouins et surtout avec les cormorans. S'il est assez naturel que les oiseaux qui n'ont pas à se redouter comme les précédents soient en bons termes, il est curieux de constater que, dès le danger disparu pour les petits et les œufs qui sont seuls attaqués, il n'existe plus la moindre inimitié entre les ennemis de la veille, même les plus acharnés, comme si tous comprenaient que la faim seule, le besoin impérieux, le droit de vivre, les poussaient à ces actes de barbarie, extrémités nécessaires et par conséquent excusables. Pétrels et mégalestris deviennent même dans les rockeries des auxiliaires, se chargeant de la voirie et des pompes funèbres, croque-morts et tombeaux à la fois, se battant pour se gorger gloutonnement des cadavres des oiseaux et aussi des phoques.

Comme tous les oiseaux de grande envergure (nous en avons rapporté mesurant plus de 2,50 m de bout en bout), ces pétrels ont besoin d'un assez fort élan avant de pouvoir se lancer dans les airs, et ils prennent des allures grotesques avec leurs grandes ailes déployées, leur formidable bec jaune à crochet, courant sur leurs longues pattes écartées en compas. Les hommes, qui plus rancuniers que les pingouins, leur en veulent de manger les petits de ceux-ci, les attrapent facilement à la course, mais doivent se défendre des dangereux coups de bec. Souvent, gorgés de viande, ils sont tellement lourds qu'ils doivent vomir une partie de leur repas pour pouvoir s'échapper en s'envolant. Lorsqu'ils prennent terre, il leur faut quelques instants pour carguer leurs énormes ailes traînantes. C'est en quantité que nous avons vu (et Turquet en a rapporté et empaillé de nombreux exemplaires) des pétrels antarctiques les uns brun sale, bien dénommés par les Anglais « dusty », c'est-à-dire poussiéreux et les pétrels blancs plus grands que les précédents, presque aussi gros qu'une belle oie.

Nous avons hâte que le printemps les ramène tous, ceux-ci comme les autres, afin de pouvoir, tout en jouissant de leur compagnie, mieux étudier leurs mœurs ainsi que leurs nids, œufs et couvées.

22 mai. — Pendant deux jours le N.E. a soufflé, morcelant la glace et brisant notre échelle de marée qu'il a fallu remplacer. Mais, sauf pendant ce temps, la température persiste dans les environs de – 20°. La glace est bien prise autour du bateau ; depuis lors, régulièrement toutes les nuits, il se produit au moment de la basse mer un grand bruit de décollage et brusquement le bateau donne une forte gîte sur tribord, puis graduellement il se redresse, mettant à cela près d'une heure. Le thermomètre pendant le N.E. est remonté à – 4°. Avec – 7° et du calme, nous avons véritablement souffert de la chaleur et je suis sorti pour d'assez longues courses en pantalon et chemise sans me couvrir ni les oreilles, ni les mains. L'humidité en bas devint abominable ; la glace, due à la condensation et qui recouvrait la claire-voie, se mit à fondre et nous fûmes ainsi gratifiés d'une pluie abondante. Ce phénomène météorologique intime se produit d'ailleurs même par les grands froids quand le poêle chauffe un peu trop, et, pour y parer, nous avons organisé, avec des morceaux de fer-blanc, un système de gouttière amenant l'eau jusqu'à des boîtes de conserve suspendues que nous devons vider régulièrement. Pléneau, qui ne peut s'habituer à cette ornementation bizarre, mais utile, se charge la plupart du temps, involontairement d'ailleurs, d'assurer cette opération par un coup de tête qui le fait bénéficier d'une douche inattendue pour lui, mais impatiemment épiée et désirée par nous. Il attire l'eau certainement, ou il est attiré par elle, car dans une de nos excursions journalières sur la banquise au moment même où, lui disant de marcher en faisant attention, il me répondait : « Oh ! sûrement ici la glace est solide », une de ses jambes s'est enfoncée subitement dans un trou de phoque dissimulé par une neige récente, et il se trouva misérablement réduit, jusqu'à ce que nous lui tendions une main secourable, à l'état d'un demi-cul-de-jatte. Il a dû vider sa botte, tordre son bas et, comme il gelait à – 20°, sa jambe, en arrivant à bord, était enfermée dans un tuyau rigide de glace. A chaque instant par ces froids il se produit à bord, probablement par la contraction des ferrures, des détonations brusques et violentes ; nous ne nous rendons pas compte des endroits où elles se produisent exactement et nous avons expliqué à Robert inquiet qu'il s'agissait de revenants, mais par précaution je fais mollir les rides des haubans.

Dans la soirée d'hier, nous avons entendu à maintes reprises, le long de la coque du bateau sous la flottaison, un sifflement prolongé, assez doux et répété plusieurs fois, entrecoupé d'une espèce de gloussement ; je pensais que ce bruit pouvait provenir des phoques [1], mais mes camarades l'ont attribué plutôt à la glace.

Aujourd'hui, le temps est splendide avec – 22°. Partout où il y a de l'eau libre, la mer fume d'une façon extraordinaire, produisant un nuage épais à une dizaine de mètres au-dessus de l'eau et rappelant ainsi la vapeur s'échappant du plancher d'un théâtre

1. J'ai vu depuis M. Hodgson, naturaliste de l'expédition de la *Discovery*, qui m'a dit avoir entendu, à maintes reprises, identiquement les mêmes sons et qu'il avait la preuve absolue qu'ils provenaient de phoques de Weddell.

pour quelque décor diabolique. Dans cette vapeur tout près du soleil et un peu sur sa droite, il s'est formé un pied d'arc-en-ciel remarquable ajoutant à l'étrangeté et à l'irréel du spectacle.

C'est aujourd'hui la Pentecôte, nous avons eu double fête, car nous avons souhaité en même temps l'anniversaire de Turquet. Comme il est notre doyen de quelques mois, Pléneau avait composé en son honneur une ode en vers fort spirituelle, que je lui ai lue à la fin du déjeuner et dont il a beaucoup ri. La flamme du plum-pudding servi le soir a fait fondre la glace de la claire-voie et nos boîtes suspendues se sont rapidement remplies.

Je suis sorti après le dîner avec Gourdon, et les espaces de mer libre continuant à fumer, éclairés par un clair de lune magnifique, on dirait une foule de grands fantômes blancs qui sortent des eaux.

En rentrant à bord, j'ai lu aux hommes *Les Pauvres Gens* et tous pleuraient, très sincèrement émus.

24 mai. — Me voilà bien ! J'ai maintenant de l'œdème de la paupière ! Doigt mort, sifflements d'oreilles, polyurie, crampes nocturnes, oppression ! que va-t-il m'arriver ? Vais-je mourir subitement, m'affaiblir graduellement ou devenir impotent ? Avoir été si vigoureux et tomber en état d'infériorité, avoir tant combattu et être vaincu avant d'avoir fait quelque chose ! Mourir ! je m'en console, bien que j'eusse voulu revenir victorieux pour donner un démenti à beaucoup de ceux qui m'ont blâmé, mais être infirme, cela non, jamais ! Je lutterai jusqu'au bout ; comme j'ai lutté contre les hommes, contre la malchance, je lutterai contre la maladie, je n'abandonne aucun de mes projets personnels et j'irai de l'avant.

25 mai. — 25 de Mayo. — C'est la fête de l'Indépendance de la République argentine, j'ai fait pavoiser le bateau avec le pavillon argentin en tête du mât. Les menus somptueux du déjeuner et du dîner sont uniquement composés de mets provenant de Buenos Aires. Dans le poste, le soir, aux applaudissements unanimes de tous, après avoir fait jouer au gramophone l'*Hymne Argentin* et la *Marseillaise*, j'ai fait un petit discours où j'ai témoigné de notre gratitude pour les Argentins, et de notre admiration pour leur beau pays. Nous avons ensuite choqué nos verres de champagne à leur prospérité.

L'après-midi, avec Pléneau, Gourdon et Matha, nous avons pu, avec assez de difficulté, aller à skis jusqu'au chenal de Lemaire, mais celui-ci est encore libre, finira-t-il par se prendre ? Nous avons causé longuement avec Matha, nous promettant mutuellement, dans le cas où l'un ou l'autre deviendrait infirme, soit accidentellement, soit par une maladie quelconque, de nous rendre le service d'abréger cette situation. Je suis plus tranquille maintenant, advienne que pourra.

26 mai. — Mauvaise nouvelle au réveil, les w.c. sont bouchés par la glace et il nous faut aller dehors, nous geler les doigts et... autre chose. On parviendra évidemment à les déboucher à coups de barre de fer et avec de l'eau bouillante, mais à moins de précautions perpétuelles cela se reproduira et je comprends maintenant pourquoi le duc des Abruzzes, lorsqu'il est venu à Madère visiter le bateau, a tellement insisté sur l'importance de l'installation des w.c. Les nôtres, à tuyau court et droit, paraissaient pratiques, mais il vaudrait évidemment mieux qu'il n'y eût pas de tuyau du tout.

29 mai. — Depuis trois jours il fait un temps inattendu, désagréable et chaud avec vents de S.W. et brume, il n'y a que cinq dixièmes de degré au-dessous de zéro. Aussi dégèle-t-il franchement sous le taud et j'en profite pour faire laver le pont à fond.

La glace est recouverte d'une couche de neige molle et de saumure, qui rend la marche très pénible, mais néanmoins nous allons photographier au magnésium une grotte de glace trouvée par Gourdon dans la falaise de la baie Sud. Il est difficile de pénétrer dans cette vaste excavation ; elle est féerique d'aspect, mais glissante et sillonnée de formations désordonnées ; grandes feuilles de glace contournées que nous ne voulons pas briser, énormes stalactites et stalagmites qui nous menacent comme autant de sabres sur lesquels on pourrait facilement s'empaler et auxquels d'ailleurs nous nous blessons plusieurs fois.

Au coucher du soleil la neige a cessé de tomber, la brume s'est levée et nous avons assisté à un de ces merveilleux spectacles si fréquents dans l'Antarctique, mais dont on ne se lasse jamais. Les montagnes, aux sommets encore cachés dans la brume, étaient teintées de rose, et, tandis qu'au Nord le ciel se trouvait partagé en deux, noir comme de l'encre vers l'Ouest, bleu d'acier vers l'Est, dans le Sud des tons rose et azur d'une exquise douceur se confondaient sans se heurter, et la glace et les icebergs se paraient de reflets multicolores.

1er juin. — Depuis hier, la température est retombée, et comme après le déjeuner nous étions partis avec Pléneau et Gourdon faire un peu d'exercice à skis, entraînés d'un iceberg à l'autre et répétant à chaque instant qu'après avoir atteint celui-là nous allions rentrer, nous sommes arrivés jusqu'à Hovgard. Sans les skis nous n'aurions pu y parvenir à cause du peu d'épaisseur de glace par endroits et de la couche épaisse de saumure dans d'autres.

Sept ou huit phoques dormaient sur la glace près d'Hovgard, ils se font tellement rares depuis quelque temps à Wandel que j'aurais peut-être dû les faire tuer. Cependant, malgré les instances du terrible Pléneau, inexorable chef de gamelle, je leur ai sauvé la vie aujourd'hui, prétextant que nous ne pouvions les mettre en sécurité à nous trois, et qu'un changement de temps nous les ferait perdre.

Nous avons choisi avec Matha, tout près de la maison démontable, un beau rocher présentant une surface tout à fait verticale et bien lisse pour l'installation du pendule du Bouquet de la Grye. De suite l'équipage s'est mis au travail et a construit tout autour de ce point une maison de neige. Libois, l'homme à tout faire, se charge de forger et de tremper les outils nécessaires, puis de creuser un trou dans le roc et d'y cimenter la tige de suspension.

Aujourd'hui, nous sommes retournés à Hovgard et nous nous sommes avancés assez loin vers le Sud de l'île, relevant divers endroits où nous pourrions installer un poste de vivres. Nous avons remarqué au milieu de la glace de grandes flaques d'eau, dues bien probablement au peu de profondeur et au courant assez fort qui semble régner à cet endroit. Il faisait nuit depuis longtemps quand nous sommes rentrés ; mais le Sud, ainsi que d'habitude lorsque le temps est beau et clair, était illuminé par un arc merveilleux de lumière verte comme une intense lueur phosphorescente. Nous espérons toujours que cette lueur se transformera en une aurore australe. Jusqu'à présent notre espoir a été déçu, il ne s'agit véritablement là que d'une sorte d'iceblink crépusculaire et souvent même nocturne.

2 juin. — J'étais déjà satisfait de notre succès en allant à Hovgard, mais aujourd'hui changement de décor. A 11 heures, hier soir, le vent a subitement tourné au N.E. et le thermomètre est tout de suite remonté à – 2°. A 2 heures du matin, il y avait + 3,5°, et pendant toute la journée la température oscille entre + 2° et 0°. La glace de la baie de la Salpêtrière est couverte de flaques d'eau et de grands chenaux se sont formés. Mes inquiétudes, un moment dissipées en ce qui concerne les raids, me reviennent et j'envisage tristement une inaction forcée de ce côté.

3 juin. — La nuit a été affreuse, surtout vers 4 heures du matin. Le vent a soufflé en ouragan ; la glace, disloquée autour de nous, grinçait le long du bord. Maintenant il fait calme, mais il dégèle et l'eau coule de toutes parts, mettant de nouveau nos constructions en danger. En bas il fait désagréablement chaud, et si nous n'allumons pas le poêle l'humidité est insupportable.

5 juin. — Depuis hier, calme, neige et température dans les environs de – 2°. La glace est fendillée autour du bateau et la houle dehors est tellement grosse que malgré l'accumulation de glaces derrière la chaîne, le bateau va désagréablement de l'avant et de l'arrière sur ses amarres, donnant quelques chocs violents.

Au milieu de la baie Sud, la banquise est détruite par les mouvements des icebergs, chassés par le vent et agités par la houle. Nous avons tué trois phoques que nous avons vidés et ramenés à notre station.

Il est très rare que les phoques dans l'Antarctique n'aient pas sur différentes parties de leur corps de longues et profondes cicatrices attribuées suivant les explorateurs à des causes diverses. Il s'agirait pour les uns de coupures dues aux aspérités de la glace, pour d'autres ces entailles souvent énormes, faisant presque le tour du corps, proviendraient de morsures d'orques ou d'animaux semblables, les plus carnassiers de ces mers et qui s'attaquent même à la baleine dont ils finissent par avoir raison. Enfin certains, et je me rangerais plutôt à leur opinion, font provenir ces plaies des luttes entre phoques eux-mêmes. Sur un de ceux que nous venions de tuer, la blessure était toute fraîche, mesurant 30 centimètres de longueur et 6 ou 7 centimètres de profondeur, elle semblait avoir été faite par un grand trait de scie et je ne vois pas très bien comment une morsure aurait pu produire cette entaille nette et unique. D'ailleurs, en examinant les pattes-nageoires antérieures des phoques nous avons pu constater que ces pattes sont vigoureusement musclées et que les ongles, formidables, fortement implantés et groupés comme les dents d'une scie circulaire, s'adaptaient admirablement à la blessure que nous avions devant les yeux.

Dans l'estomac invraisemblablement dilaté d'une autre de nos victimes, un phoque crabier, nous avons trouvé plus de cent poissons, dont quelques-uns bien conservés et variant de 10 à 30 centimètres, l'un des plus gros en tenait un plus petit à moitié enfoncé dans sa gueule ; le phoque avait ainsi fait coup double. Tous ces poissons ont été rapportés à Turquet.

Ce soir à 4 heures et demie le vent change en tournant par l'Est et le thermomètre baisse.

11 juin. — Pendant tous ces derniers jours la température se maintient autour de – 20° descendant jusqu'à – 23,5° et le temps est tantôt clair tantôt sombre, mais généralement avec ciel couvert, assez fort vent de S.W., et chasse-neige pénible et pénétrant. Avant-hier vers 5 heures du soir, nous avons joui d'un effet de lumière extraordinaire ; dans le Nord le ciel était d'un bleu éblouissant de clarté, le zénith était obscurci par une bande de brume noire tandis que les montagnes et les nuages qui enveloppaient leurs sommets étaient teintés de rose et de pourpre.

Hier, j'ai été me promener sur la banquise Sud ou, pour être plus exact, sur ce qui reste de cette banquise. La brume permettait de voir les premiers plans et, s'abaissant plus loin, estompait les icebergs finissant par tout envelopper ; lorsque je fus assez au large pour voir derrière la pointe S.W. de l'île, un gros iceberg verdâtre a surgi du nuage gris affectant une forme fantastique de tête de dragon à face de grenouille, avec des yeux énormes et une gueule formidable ricanante et terrible. Nous les connaissons presque tous ces icebergs de la baie Sud arrivés là entre les récifs on ne sait trop comment et nous avons donné des noms aux plus remarquables. Il y a la pyramide, le sphinx, la statue, l'arc de triomphe, etc. Ils vont et viennent poussés par les vents et les courants, ou restent immobilisés pendant quelques jours par la glace. Ce sont presque des amis qui nous intéressent, comme d'ailleurs tout ce qui frappe journellement nos yeux ; les sommets aux formes bizarres et certaines fentes dans les glaciers qui ressemblent à des ascensionnistes marchant sans jamais avancer les uns derrière les autres, agaçants presque dans leur immobilité, font partie de ces spectacles journaliers que nous aimons.

12 juin. — Depuis quelque temps j'ai cru remarquer que les hommes avaient un peu perdu de leur entrain, aussi pour les distraire et en même temps pour éprouver notre matériel j'ai décidé de profiter du beau temps d'aujourd'hui et d'organiser un pic-nic. A 10 heures 30, c'est-à-dire à l'aube nous partons, 13 hommes riant et chantant et 5 chiens aboyant.

Après un long détour et quelques bains de pieds auxquels nous sommes maintenant habitués, nous sommes arrivés à Hovgard où, sur un sommet élevé, nous avons dressé notre tente. A la grande joie des hommes il a fallu casser la viande et le beurre à coups de piolet et au bout d'une heure et demie j'ai pu leur offrir, arrosé d'un verre de rhum, un véritable repas polaire jugé par tous excellent, bien qu'il ait fallu l'absorber rapidement tout en dansant, afin de maintenir la circulation de nos pieds. Puis la journée s'est terminée par des courses en traîneaux et à skis. Rentrés à bord, les hommes m'ont demandé de finir cette bonne journée en leur lisant des vers.

Aujourd'hui à Paris, c'est le Grand Prix que Pléneau et Rey, les deux sportsmen du carré, discutent avec ardeur d'après les journaux de l'an dernier.

14 juin. — Grande réunion de phoques à Hovgard ; nous en comptons au moins dix, appartenant tous à l'espèce « faux léopard », l'un d'eux, une femelle pleine, est d'une taille monstrueuse et a bien un mètre de diamètre. Un autre se laisse gratter le cou par la pointe de mon piolet, poussant des petits soupirs de voluptueuse satisfaction. Rien n'est plus drôle que la façon dont ces animaux trouvent moyen de cheminer en agitant la tête de droite à gauche, dans la neige épaisse et balayant ainsi un sentier où ils peuvent glisser leur corps au fur et à mesure qu'ils avancent.

Le soir, la coloration en noir intense du ciel dans le Nord faisait ressortir la blancheur de la neige, tandis que dans l'Ouest une lumière pâle et dorée estompée par le brouillard éclairait par morceaux les sommets des icebergs d'une blancheur laiteuse.

15 juin. — Quatre phoques ont été tués aujourd'hui autour du bateau. Nous en avons maintenant suffisamment pour jusqu'au printemps et nous allons pouvoir cesser cette boucherie.

A 9 heures du soir, nous jouissons enfin d'une aurore australe de faible intensité mais cependant très nette. Du haut de la colline du Cairn on voyait bien dans le Sud, au milieu d'une grande lueur bleutée, de grands faisceaux lumineux jaillissant droit dans le ciel, tantôt rosés, tantôt verdâtres. Mais le phénomène a duré peu de temps.

16 juin. — Le détroit de Gerlache qui semble fermé par un rideau d'ardoise et petit à petit l'île Wiencke se perdant dans les nuées, le thermomètre qui remonte, le baromètre qui baisse, les phoques nombreux sur la glace, tout cela réuni sont des signes que je connais bien maintenant et qui ne trompent pas ; nous allons avoir un coup de vent de N.E. De plus, les objets quelle que soit leur distance paraissent plus éloignés qu'ils ne sont réellement et une boîte oubliée sur la neige semble être à une centaine de mètres alors qu'elle pourrait être atteinte en quelques pas ; c'est le phénomène inverse qui se produit lorsqu'il fait beau et clair et bien souvent dans nos excursions nous croyons arriver rapidement à un iceberg quand il faut plusieurs heures pour y parvenir ; comment estimer les distances dans un pays semblable ? Nous sommes grimpés sur un iceberg de la baie Sud cet après-midi ; le ciel était clair au-dessus de nos têtes et nous sentions une petite brise du Sud tandis que nous voyions la neige chassée violemment dans un sens opposé sur les îles et les icebergs du Nord. Mon thermomètre de poche marquait – 9° tandis qu'à la même heure celui de l'abri météorologique à un kilomètre à peine de nous marquait – 3°. En descendant un peu trop rapidement de notre observatoire j'ai traversé la glace et, mieux que Pléneau l'autre jour, je suis devenu cul-de-jatte complet.

17 juin. — Le vent de N.E. annoncé a soufflé toute la nuit d'une façon formidable, une grande caisse de zinc bien lestée et qui nous servait à mesurer la quantité de neige tombée a été enlevée comme une feuille de papier et a disparu. Heureusement que dès le début du coup de vent les petites glaces ont rempli notre anse et le bateau est en sécurité.

Vers 4 heures, l'île a été envahie par une longue file de pingouins, plus de mille venant lentement de la baie Sud. Ils arrivaient sur nous comme une armée d'invasion ; de face à cause de leur poitrail blanc, leur silhouette se distinguait sur le fond de même couleur, puis presque en même temps ils se sont arrêtés et retournés faisant alors une grande tache noire sur la neige. Ils ont campé sur place occupant tout l'espace entre la baie Sud et nos cahutes de neige.

L'eau libre de la baie de la Salpêtrière était en même temps tout agitée par les mouvements désordonnés d'une innombrable bande de phoques. Il est probable que poissons et crevettes viennent plus volontiers sous la glace et celle-ci ayant été presque subitement emportée par le vent, phoques et pingouins se sont réunis pour leur donner la chasse. Maintenant les pingouins repus se reposent en rangs serrés, presque tous sont couchés ; seuls, espacés assez régulièrement, quelques-uns sont debout, sentinelles qui veillent, silencieux et graves, perdus dans leurs pensées et l'ensemble du campement rappelle singulièrement le tableau bien connu de Detaille : « Le Rêve ».

18 juin. — L'ouragan passe sinistre. C'est un vent qui souffle sans cesse, implacable, mais avec des exaspérations incroyables sous forme de rafales ; le bruit perpétuel est énervant et angoissant au-delà de toute expression, ce sont des mugissements, des sifflements dans les agrès et les superstructures du bateau ; un crépitement qui, pareil au galop d'une horde de gnomes sur les plaines de neige, annonce les rafales, et pendant tout le temps une gargoulette pendue à l'avant résonne comme le sifflet éloigné d'un vapeur en perdition demandant du secours.

Le thermomètre est remonté à – 4°, la moitié de la maison du pendule construite avec tant de soins est fondue et brisée, nos vivres sont en danger et, désastre pire que tout le reste, notre pauvre glace de la baie Sud est morcelée et nous voici revenus au même point qu'au mois d'avril.

De nombreux phoques de Weddell nous entourent. Les pingouins sont partis à la pêche, mais le soir ils reviennent camper de nouveau.

19 juin. — Enfin ce matin brusquement le vent a cessé, le ciel s'est éclairci et le thermomètre descend rapidement.

Sept phoques sont installés sur la glace, autour du bateau ; l'un d'eux est tout contre ma cabine et je l'entends ronfler.

Troisième partie

Hiver 1904

Hivernage, travaux et excursions d'hiver

LES GRANDS FROIDS — EXCURSIONS SUR LA BANQUISE — TRAVAUX SCIENTIFIQUES — OCCUPATIONS DE L'ÉQUIPAGE — COMMENT SE PASSE LE TEMPS — LE SPORT DANS L'ANTARCTIQUE — DIFFICULTÉS AVEC LES CHAUSSURES — LA FÊTE DU 14 JUILLET — À LA RECHERCHE DE DEUX HOMMES ÉGARÉS — MATHA GRAVEMENT MALADE — UN POSTE DE VIVRES À HOVGARD — LE BATEAU EN DANGER D'ÊTRE ÉCRASÉ — EXCURSIONS D'HIVER EN BALEINIÈRE — NOTRE VIE À HAUTEVILLE HOUSE — SOUVENIRS DE LA MORT DE MAIGNAN — NOTRE GROSEILLIER — LES SIRÈNES D'ULYSSE — LES CORMORANS COMMENCENT LEURS NIDS.

30 juin. — Depuis le 19 il fait froid, généralement dans les environs de – 20°, avec tantôt un ciel clair, tantôt un ciel couvert et des vents des régions Sud plus ou moins forts, mais n'approchant jamais en violence ceux du N.E. Aujourd'hui, le thermomètre marque – 25°, mais comme il fait calme, cette température si pénible avec du vent est ainsi très supportable. Cependant, il faut veiller aux gelures, et, à chaque instant, l'un de nous se précipite pour frotter avec une poignée de neige un coin de la figure de son camarade. Mon nez, à ce point de vue, est insupportable, et Pléneau a fort à faire avec lui, mais comme il frictionne de bon cœur, cet appendice, bien désagréable dans l'Antarctique, me cuit presque autant, par suite du traitement, que par l'accident lui-même. Les moustaches et la barbe sont également fort gênantes, car au bout de peu de temps, la vapeur d'eau de la respiration, transformée en glace, les soude ensemble et on ne parvient à les dégager qu'en brisant les petits glaçons ou en les faisant dégeler avec les mitaines, arrachant toujours douloureusement quelques poils pendant cette opération.

J'ai, personnellement, très rapidement chaud dès que je marche et je n'ai point encore modifié mes vêtements, ne portant que très rarement l'anorak et la casquette de fourrure. Personne ne se plaint trop d'ailleurs, bien que le froid devienne cependant très pénible lorsqu'il faut rester immobile pour travailler, ou bien lorsque pour manier des objets un peu fins il faut retirer ses mitaines, ne fût-ce que quelques secondes. Le métal surtout colle et donne une sensation de brûlure, et toutes les observations deviennent difficiles, lentes et douloureuses. Cependant pas un instant l'un de nous n'a cessé son travail régulier.

La glace s'est formée rapidement autour du bateau et la jeune glace au début est extrêmement jolie ; les légères ondulations de l'eau, sous cette pellicule très mince, produisent des fêlures divisant toute la surface en morceaux irréguliers enchevêtrés les uns dans les autres comme les pièces d'un jeu de patience ; la légère saillie des traits de fracture se couvre de givre figurant des fleurs délicates, transformant tout l'ensemble en un élégant parterre. Le givre, d'ailleurs, décore tout admirablement et on ne peut imaginer rien de plus charmant que les contours du bateau, les pavois, les vergues, les agrès, les drisses les plus fines, dessinés ainsi par une bordure de dentelle. Tous les objets se parent de même et une petite tige de fer plantée sur un rocher s'est trouvée transformée en un magnifique plumet de Garde National.

Maintenant la glace peut nous supporter et, régulièrement, tous les jours, je grimpe au sommet Jeanne pour voir dans quel état elle se trouve dans les environs.

Après Hovgard, dans le Sud du chenal de Lemaire et au large, toute la mer semble prise, à part quelques larges chenaux. Dans le Sud, l'Ouest et le N.W., sauf peut-être tout à fait à l'extrémité de la baie de Biscoe, où une accumulation de monstrueux icebergs empêche de se rendre compte nettement, il y a une grande banquise inégale et chaotique, s'étendant à perte de vue, entourant comme d'un cercle l'estuaire du détroit qui est encombré de glaces et d'icebergs, mais qui, lui, semble ne devoir jamais se prendre complètement.

Ces ascensions journalières sont pénibles, il faut tailler des marches au piolet dans la neige gelée et, depuis que nous sommes en hiver, la moindre montée provoque chez nous tous de grands essoufflements ; il y a évidemment une suractivité circulatoire intense qui a peut-être son bon côté en nous empêchant de trop souffrir du froid, mais qui, certainement, fatigue le cœur. Ma circulation est très défectueuse, les symptômes déjà éprouvés se répètent, mais je veux avoir le dernier mot, et je considère cette ascension comme un traitement. Je suis cependant obligé, à chaque instant, de me coucher sur le dos presque évanoui, et de souffler pendant plusieurs minutes comme une forge pour reprendre ma respiration ; aussi vais-je généralement seul à ce sommet, afin de ne pas montrer aux autres ces moments de faiblesse.

Avec Gourdon et Pléneau, nous préparons activement le matériel de raid et j'établis de longues et minutieuses listes de rations, passant tout en revue et pesant ce que nous devons emporter.

Nous avons eu avant-hier un malheur et un chagrin, le pauvre vieux Sögen est mort, et nos chiens sont maintenant réduits à quatre. La pauvre bête était souffrante depuis quelques jours, nous l'avons soignée aussi bien que nous avons pu, mais cette nuit, Sögen est venu tomber sur le pont en geignant lamentablement. Je l'ai porté dans le laboratoire pour qu'il n'ait pas froid ; pendant que je le caressais, il cessait de gémir, remuait la queue et me léchait la main...

J'ai fait son autopsie et n'ai trouvé qu'un rein assez gros et des lésions de vieillesse. Nous l'avons enterré ou plutôt englacé dans le petit îlot, en face du bateau, et qui portera désormais son nom. Pauvre vieux chien, qui a probablement travaillé et peiné toute son existence, auxiliaire obscur de découvertes importantes et glorieuses, acteur muet de drames et d'héroïsmes au service de plusieurs expéditions ! Avec nous, ses derniers mois ont été exempts de souffrance, et il a comme tombeau le magnifique mausolée de l'Antarctique, enfoui dans cette glace sur laquelle il a lutté et travaillé pendant tant d'années et qui le conservera mieux que tous les aromates et les bandelettes de la vieille Egypte, pendant les siècles et les siècles à venir.

Nous avons pu jouir dernièrement de quelques phénomènes météorologiques curieux, sinon particulièrement rares ; le 27 juin, à 11 h 20 du matin, par ciel couvert, nous avons observé dans le N.E. deux petits nuages arrondis présentant chacun à leur extrémité inférieure une ébauche d'arc-en-ciel formant un angle coloré de vert, de violet et d'orangé. Le même jour, il y eut une magnifique parahélie très complète avec les deux cercles concentriques, une croix médiane et deux faux-soleils. Ce soir, de nouveau, en avant du massif Nord de Wandel, nous avons pu observer un remarquable halo lunaire de grande dimension, paraissant tout rapproché de nous, auréole immobile dans la brume légère qui passait, poussée par le vent, teintée de toutes les couleurs du prisme.

Le 24 étant le jour de ma fête, Ernest Cholet, le brave matelot à mon service depuis quinze ans, qui s'est engagé dans les yachts pour ne pas trop s'éloigner de sa famille et qui, dans son choix déplorable, son dévouement et son affection, me rappelle Passe-partout, m'a donné un joli petit modèle du *Français*, et Poste une petite boîte d'allumettes en cuivre admirablement travaillée par lui en casquette d'officier.

Le 27 était l'anniversaire du lancement du *Français* à Saint-Malo. Il faisait alors une chaleur torride ; que de souvenirs, et que d'événements depuis !

J'ai distribué aux hommes des cigares et nous avons bu de ce même champagne qui nous avait été donné pour baptiser notre bon petit navire.

Depuis longtemps nous n'avons entendu ni vu de baleines, ce qui me ferait croire que le détroit n'est pas entièrement libre, car elles y étaient auparavant en grand nombre et venaient fréquemment s'ébattre dans la baie Nord. Aujourd'hui, nous avons cependant compté six orques dans cette même baie.

Le 21 juin a marqué notre entrée dans l'hiver ; à partir de maintenant, au lieu d'avancer la montre d'habitacle, Matha la fait retarder, les jours allongent et l'éternel « comme le temps passe » est sur toutes les lèvres.

7 juillet. — Il y a eu de la mauvaise humeur au carré et, un peu énervé, je suis parti tout seul sur la banquise. Marchant rapidement j'ai pu faire le tour du massif Nord de Hovgard par un temps magnifique, avec – 33°. J'adore, je l'avoue, ces promenades solitaires et, une fois le bateau perdu de vue, seul, tout petit point en cette immensité, à la merci du plus léger incident avec, pour m'aider et me tirer d'affaire, mon unique volonté et mes muscles, je suis heureux et, pourquoi ne pas le dire, fier de me sentir heureux. Je ne suis rentré que la nuit tombée depuis longtemps déjà ; inquiets, quelques-uns de mes camarades et les hommes étaient partis au-devant de moi et, de loin, je voyais scintiller les lueurs des lanternes, petites étoiles rouges de la civilisation, larcin de Prométhée triomphant dans le sanctuaire même des Dieux. Je fus affectueusement mal reçu et je reconnus le premier mes torts, ayant formellement défendu ces promenades solitaires, dangereuses sur la banquise et même ailleurs ; je fus d'ailleurs puni de mon infraction à mes propres ordres, par une gelure douloureuse mais heureusement peu grave de mon nez. Ce même jour, Turquet en eut une assez sérieuse de la joue, qui n'avait pas été signalée et frottée à temps par le camarade qui l'accompagnait.

13 juillet. — En somme, notre hivernage se continue jusqu'à présent d'une façon aussi satisfaisante que possible. Chacun est content du travail qu'il poursuit sans relâche, et l'ardeur et la bonne volonté de tous ont suppléé à la préparation hâtive de l'Expédition et aux lacunes résultant de sa pauvreté. Cependant, si nous affectons les uns et les autres de prendre assez légèrement les fatigues et les souffrances, celles-ci sont réelles et maintenant surtout avec les grands froids qui règnent, atteignant jusqu'à – 39°, il faut un véritable courage et une grande énergie pour continuer régulièrement, sans un jour de découragement, sans une minute d'hésitation, des observations, des travaux nécessitant à toute heure du jour et de la nuit des maniements d'instruments de précision, des stations prolongées dehors, dans l'immobilité et souvent l'obligation pour certains d'entre nous de travailler avec les mains dans l'eau ou dans des liquides au point de congélation. C'est Matha, maniant son théodolite sur un rocher ou enregistrant les oscillations du pendule, accroupi dans un trou de la cahute de neige, ou encore au milieu de la nuit, observant avec l'astrolabe de Claude, le visage couvert de voiles à rendre jalouses les femmes musulmanes pour éviter que la vapeur d'eau de sa respiration ne vienne se congeler sur l'instrument. C'est Rey, pendant des heures et des heures immobile dans sa cabane magnétique ou allant et venant par tous les temps, d'un instrument météorologique à l'autre. C'est Turquet, fouillant dans les rochers, grattant le fond de l'eau, disséquant, empaillant, étiquetant. C'est Gourdon, notant des formations de glace, prenant des températures d'eau, cherchant des cailloux, grimpant dans la montagne ou faisant de longues courses sur la banquise. C'est Pléneau, tantôt adjoint à l'un, tantôt à l'autre, faisant toutes les besognes, aide météorologiste, aide hydrographe, chasseur, boucher, maçon, tout ce que l'on voudra, et développant par centaines les photographies qu'il ne cesse de prendre, même au magnésium quand le soleil nous manque. Tout cela n'est pas toujours drôle comme je peux m'en rendre compte moi-même par les travaux que je me suis réservés et dans la surveillance générale que je dois exercer. Et cependant, je le répète, personne ne se plaint, il y en a même d'assez gentils pour me plaindre, moi, disant que le moment venu de se reposer, ils peuvent, eux, au moins dormir tranquilles, sans préoccupation d'aucune sorte, sans se soucier de la sécurité du bateau qui me regarde. Nous sommes d'ailleurs payés de nos peines par les résultats déjà réunis qui, si nous pouvons les rapporter en France, seront extrêmement appréciables ; j'ai cependant le désir de faire davantage. Ma préoccupation actuelle la plus grande est du côté des raids. Il serait en effet d'une importance considérable de pouvoir suivre la côte vers le Sud et de constater nettement, une fois pour toutes, s'il y a ou s'il n'y a pas un autre détroit. Celui-ci, existant, pourrait peut-être alors être considéré comme le détroit de Bismarck, signalé par Dallmann en 1874, bien que notre conviction, en consultant et en comparant les cartes, est que l'entrée du détroit de Gerlache est bien ce qui a été relevé par le baleinier allemand et que l'île où nous sommes est l'île appelée par lui Booth. Notre exploration de l'été dernier semble nous le prouver aussi, mais sans nous permettre de l'affirmer, car dans ce pays il faudrait, pour qu'aucune solution de continuité ne vous échappât, suivre pour ainsi dire la côte à son pied. Les glaces nous ont empêché de le faire avec le bateau ; il est fort possible, probable même, qu'il en sera encore ainsi l'été prochain, et nous perdrions notre temps au lieu de l'utiliser pour de nouvelles explorations. C'est donc par la banquise qu'il faut aller car l'intérieur des terres est ici totalement impraticable. Malheureusement la glace qui, cependant, s'étend à perte de vue, est, depuis que nous sommes à Wandel, trop sujette à être fragmentée en quelques heures pour nous permettre de nous engager dans un raid à pied. Peut-être, au printemps, cela se modifiera-t-il, mais coûte que coûte, décidé à partir, je songe très sérieusement à prendre la baleinière et à la traîner quand il le faudra.

Oh ! cette glace ! quels soucis elle me donne ! je suis tout le temps à consulter le thermomètre, à guetter notre grand ennemi, le vent du Nord, et cela est même devenu, pour mes camarades, une source de plaisanteries. Actuellement, tout est bien pris, mais combien de temps cela durera-t-il ? Dans tous les cas, il faut patienter, car les jours sont trop courts pour permettre autre chose que des excursions.

Si, au carré, nous sommes ardents au travail, il en est de même pour l'équipage, dont l'enthousiasme ne s'est pas démenti un seul instant et ne se démentira pas, j'en suis maintenant certain ; tous ne rêvent qu'aventures et, toujours dans l'attente d'événements extraordinaires, désirant même que les choses s'aggravent, ils finiront ainsi la campagne sans s'être préoccupés des épreuves par lesquelles ils auront passé. Tout ce que nous faisons les intéresse au plus haut point et leur plus grande satisfaction est de nous aider. « Je ne comprends pas encore très bien à quoi sert la science, disait l'autre jour l'un d'eux, mais ça doit être joliment beau et utile pour pousser les gens comme vous à faire tout ce que vous faites, et je suis fier de la servir ! »

Avec ce bon esprit-là, tous ces braves gens sont heureux et la discipline n'est pas difficile à maintenir. En partant d'Ushuaia je les ai réunis et je leur ai dit : « Mes garçons, à partir de maintenant, je vous préviens que si vous vous conduisez mal ça sera de la lâcheté de votre part, car je n'ai pas de moyen pour vous punir : je ne peux pas vous mettre aux fers, vous savez qu'il n'y en a pas à bord et l'équipage est trop réduit pour cela ; je ne peux pas vous priver de votre quart de vin, vous en aurez besoin pour votre santé ; je ne peux pas vous retrancher sur vos gages, vous vous en fichez ; je m'adresse donc simplement à votre conscience et je compte que vous ferez votre devoir, un peu par affection pour moi, beaucoup pour la mission dont nous nous sommes chargés, en n'oubliant jamais que vous tenez entre vos mains l'honneur de votre pays. » Cela a suffi et cela suffira jusqu'au bout.

Si les discussions amicales sont fréquentes, les disputes par contre sont rares et les rancunes qui en résultent de courte durée, surtout lorsque l'un de nous, ainsi qu'il arrive généralement, est pris comme arbitre ; il y a même deux hommes qui, mal ensemble, peu de temps avant le départ, se sont raccommodés dans l'Antarctique.

L'école du soir est à tous les points de vue une excellente institution car, non seulement nous rendons service à nos matelots, dont les progrès sont réels, mais de plus, tout en conservant les distances qui, forcément, doivent exister entre le commandement et l'équipage, sans plainte officielle, je puis me rendre compte journellement de l'état d'esprit, des petits désirs, des chagrins ou des soucis de chacun et agir en conséquence sans même en avoir l'air. Les détails des quelques heures que je passe ainsi tous les soirs dans le poste, entouré d'affection et de respect, seront inoubliables pour moi, depuis le « bonsoir, commandant » qui répond à mon « bonsoir, garçons », jusqu'à la blague à tabac posée au coin de la table où je m'assieds, à la petite bêtise fabriquée pour moi et offerte timidement, à la confiance avec laquelle l'un ou l'autre me demande un renseignement ou un conseil, aux interminables histoires de bord tant de fois contées, aux bons rires francs et heureux que soulève une boutade de Pléneau.

Il n'y a pas que l'école et les causeries qui occupent la soirée et le loisirs des hommes, il y a également la construction d'une quantité de petits modèles de bateaux, naïfs ou sérieux. Pendant un temps, les *Français* adroitement gréés dans une bouteille ont tellement fait fureur et les figures étaient si longues quand je répondais qu'il n'y avait plus de bouteille en verre blanc disponible, que j'ai dû transvaser le contenu de toutes celles que nous possédions dans des litres ordinaires pour pouvoir les distribuer. La bibliothèque particulière des hommes, composée de livres sérieux et de livres de fiction, généreusement offerte par l'amiral Richard d'Abnour, est aussi largement mise à contribution et les héros de Jules Verne et d'Alexandre Dumas sont devenus extrêmement populaires, les plus savants se plaisant à raconter leurs lectures aux autres d'une façon pittoresque et souvent inattendue.

Le dimanche et les jours de fête, après les conférences et les lectures, le gramophone a son habituel succès et la marche de *Sambre-et-Meuse*, devenue je ne sais pourquoi « la marche du commandant », est toujours parée à « aller de l'avant » au moment où je descends. Pendant des heures et des heures le gramophone tourne, et les chants dans les nuits calmes s'entendent loin dans l'île tandis que par les gros temps, entre deux rafales, une note, une phrase, bizarre, inattendue comme venant d'un autre monde, arrive jusqu'à l'arrière, vite étouffée dans le mugissement du vent.

Ces soirées sont, en somme, avec les menus un peu plus soignés, ce qui distingue surtout ces jours dits de repos des autres ; le repos hebdomadaire n'est ici qu'une formule, car il faut bien continuer les observations, veiller à la sécurité du bateau et à toutes les constructions. Mais le pavillon flotte à l'arrière et sur les maisonnettes, les hommes sont propres avec le linge lavé la veille et séché pendant la nuit, et, l'indispensable terminé, ils profitent de leur liberté, quand il fait beau, pour faire des excursions, grimper sur la montagne et les icebergs, heureux quand ils peuvent rapporter un renseignement ou une observation.

Dimanche dernier, ils m'ont demandé la permission, aussitôt accordée, d'organiser une « course aux patates ». Sur la belle glace plate de notre baie Nord une piste de cent mètres a été mesurée, et sur deux rangs, de mètre en mètre, une de nos vieilles pommes de terre a été déposée. Deux hommes concourent à la fois, chacun ayant sa rangée de pommes de terre qu'il doit ramasser et déposer une par une dans une baille qui se trouve au point de départ. Il s'agit donc de 10 kilomètres 100 mètres à parcourir, en s'arrêtant et en se baissant. Pléneau est à la fois starter et chronométreur, fonctions dont il s'acquitte à la joie de tous. Le grand Guéguen, favori dès le début, enlève le premier prix en une heure trente-deux secondes ; viennent ensuite Jabet, Robert et Rallier qui ne s'est pas foulé. Le soir, au son de la *Marseillaise*, j'ai distribué les récompenses consistant en trois médailles fabriquées avec des dessus de boîtes de conserve : la première dorée, la seconde argentée, la troisième sans autre chose que la devise qui devrait être celle de son titulaire Robert « Toujours Amieux », et enfin une quatrième médaille de consolation en carton. J'annonce en même temps que Pierre, le guide alpin, porte un défi au vainqueur pour le 14 juillet. Tout un programme de divertissements semblables est organisé pour l'avenir ; il sera ou ne sera pas suivi, mais il aura en tous les cas amusé et distrait les hommes par son élaboration.

Nos excursions sur la banquise avec Pléneau et Gourdon deviennent de plus en plus étendues et des plus intéressantes, nous profitons de l'état actuel de la glace et nous nous entraînons sérieusement tant à la fatigue qu'à l'usage du matériel dont nous aurons à nous servir.

La question des chaussures nous préoccupe beaucoup. Les bottes en cuir ordinaire ou les souliers de montagne, à condition qu'ils soient bien larges, permettant de porter plusieurs paires de bas et laissant aux orteils la liberté des mouvements, sont agréables, grâce surtout à leurs semelles épaisses et aux clous qui empêchent de glisser, mais les grands froids les rendent inutilisables et, en les portant, nous risquons des gelures graves. Les bottines à skis en peau de phoque sont de merveilleuses chaussures ; la disposition des coutures, la hauteur du bout, la souplesse de ce cuir spécial qui durcit plus difficilement que le cuir ordinaire, nous les font préférer aux autres, depuis surtout que nous avons ajouté quelques clous à la semelle ; cependant elles gèlent également. Les seules qui permettent de supporter sans presque s'en apercevoir les froids les plus vifs et qui ne risquent jamais de durcir sont les mocassins en peau de renne, les « komagers » que j'ai fait venir de Norvège. Il y en a à bord une ample provision, malheureusement nous avons été trompés sur la qualité de beaucoup de paires, et de plus, dans un pays accidenté comme celui-ci, où il faut faire des ascensions, on glisse effroyablement avec des chaussures sans semelle et les poils de renne en dehors. Enfin, sur la banquise morcelée, à chaque instant nos pieds sont dans l'eau et nos « komagers » résistent difficilement à ce traitement. Avec de la toile et des semelles en bois nous avons bien fabriqué des sortes de bottes qui recouvrent et protègent les « komagers », mais, reconnues trop encombrantes, nous les abandonnons rapidement et, suivant les cas, nous adoptons tantôt un genre, tantôt l'autre. Pour le service journalier à proximité du bateau, les bottes simples sont très suffisantes, mais les meilleures de toutes incontestablement, bien qu'inutilisables pour de longues courses ou des ascensions, sont les bottes des pêcheurs d'Islande, fabriquées par les hommes eux-mêmes avec une paire de sabots munis de jambières en grosse toile huilée et goudronnée. Enfin, en cas d'accident, nous avons pu nous rendre compte qu'on pouvait au besoin se faire une excellente chaussure en dépouillant simplement un pingouin et en introduisant le pied dans la peau ficelée ensuite au-dessus de la cheville.

Quelques tricots, l'anorak, que je porte d'ailleurs rarement, sont, en plus de nos vêtements de molleton, très suffisants avec deux ou trois paires de bas de laine, des bandes molletières autour des jambes, et aux mains des mitaines accrochées par des ficelles comme font les cochers de fiacre. Chacun s'arrange un peu à sa façon, ajoutant surtout des poches ou des sortes de sacs aux anoraks. Ceux d'entre nous, dont le nez est sensible comme le mien, le protègent contre la bise par un bout de foulard garni de ouate ordinaire passé dans les oreillères de la coiffure. C'est ainsi vêtus que nous parcourons tous les jours d'assez grandes distances souvent à skis ou à raquettes.

14 juillet. — A 8 heures du matin, dans une obscurité noire, froide et brumeuse, trois fois de suite notre petit canon, le même qui à la même date, il y a deux ans, saluait notre fête nationale devant Jan Mayen, a tonné pendant que le grand pavois montait dans la mâture et que, cacophonie effroyable, gramophone et phonographe sur deux tons différents luttaient de vitesse pour achever le premier la *Marseillaise*. Le poste était décoré avec des pavillons et au carré la photographie du Président Loubet était encadrée d'un drapeau tricolore.

Les menus du jour furent les suivants :

DÉJEUNER	DÎNER
Filets de hareng	Potage américain
Poulet	Langue de bœuf
Galantine de hure	Fonds d'artichauts
Asperges	Riz
Babas au rhum	Compote de fruits
Fruits conservés	Café et liqueurs
Café et liqueurs	Champagne cordon rouge
Vin Lur-Saluces	

A midi nouvelle salve et petit discours de circonstance, adressé à l'équipage réuni au carré. L'après-midi, Pierre a battu dans la course aux pommes de terre le record du grand Guéguen par 25 secondes.

Pendant ce temps avec mon autorisation, Rallier, Guéguen, Besnard et Poste étaient partis pour une excursion sur la glace accompagnés des chiens. La journée était froide (– 31°) et très belle, mais vers le soir la brume s'est formée assez épaisse. A 6 heures, en pleine nuit, mes excursionnistes n'étaient pas rentrés et, commençant à être inquiet, je fis placer une lanterne au haut d'un mât dressé sur la côte de la baie de la Salpêtrière. Les chiens les premiers surgirent de la brume suivis de Rallier dans un état épouvantable, couvert d'une carapace épaisse de glace. Il était tombé à l'eau et se serait infailliblement noyé sans le sang-froid qu'il déploya en cherchant son couteau et en coupant les lanières de ses skis. Tout en claquant des dents il nous raconte qu'une heure avant l'accident il avait perdu Guéguen et les deux autres dans la brume et qu'il était revenu, ne sachant trop comment, absolument égaré, se dirigeant vers le large, au moment où heureusement il aperçut la lanterne.

Immédiatement, je courus donner l'alarme à bord et tout l'équipage, à mon appel, se présenta avec Matha, Gourdon et Pléneau. Nous formons deux escouades, l'une commandée par Matha, l'autre par moi munis de lanternes et de sifflets. En l'absence du lampiste Guéguen, de l'huile avait été mise par erreur dans les lanternes au lieu de pétrole, elle gela rapidement et plongés dans la nuit et la brume nous cherchions avec nos mains les traces habituelles des skis, afin d'éviter autant que possible des bains que quelques-uns prirent quand même. Au bout d'une heure nous retrouvions Guéguen éreinté, mais sain et sauf et qui avait vainement cherché les autres.

Seul un écho extraordinaire répercuté par la falaise répondait à nos cris répétés. Cette vaine recherche dans la brume noire était désespérante, nous ne pouvions abandonner ces deux pauvres malheureux et il fallait en même temps prendre les plus grandes précautions pour ne pas nous égarer nous-mêmes. Je ne savais que trop combien la glace était peu sûre en dehors d'une petite zone où j'avais dit aux hommes de se cantonner et il fallait à tout prix agir rapidement. Enfin, il me sembla qu'en plus de l'écho un faible cri répondait à mon appel et presque en même temps se dressa devant moi, paraissant énorme dans le brouillard, Besnard, traînant littéralement Poste qui ne pouvait plus avancer et qui voulait se coucher pour dormir sur la glace. Depuis des heures ces deux pauvres garçons, croyant avoir retrouvé la falaise de glace qui devait forcément les ramener à la station, tournaient autour d'un grand iceberg tabulaire à paroi verticale. Nous les avons ramenés, presque portés jusqu'à bord où pour la forme il y eut un attrapage peu sincère, car j'étais trop heureux d'avoir retrouvé tout mon monde.

J'ai cru remarquer pendant le retour que Matha, un bon marcheur cependant en temps ordinaire, paraissait très fatigué et trébuchait à chaque instant.

15 juillet. — C'était aujourd'hui mon anniversaire, et comme la soirée d'hier avait été gâtée par l'aventure de mes quatre gaillards, qui ne s'en portent pas plus mal aujourd'hui, nous en avons profité pour prolonger un peu la fête. On s'est amusé ferme dans le poste, on s'est même un peu disputé, et très avant dans la nuit un homme vint se plaindre à moi que son camarade l'avait traité de « fayot », la plus grave des injures, paraît-il, pour un matelot. Cinq minutes après, ils étaient les meilleurs amis du monde.

17 juillet. — Nous avons repris notre train-train habituel. Après une journée de vent de S.W. avec neige et température plus élevée, le thermomètre redescend de nouveau. Rolland, en faisant des trous dans la glace, prend une assez grande quantité de poissons, de la même espèce d'ailleurs que ceux pêchés précédemment au filet.

18 juillet. — Triste journée. Matha, très tranquillement après le déjeuner, m'annonce qu'il lui est impossible de continuer certains de ses travaux, ayant des palpitations, des tendances à la syncope, et les jambes enflées ; il a voulu, me dit-il, lutter jusqu'à présent, mais il est à bout de forces. Je me souviens alors de ses chutes le 14 juillet, de sa mine un peu tirée dont je ne me préoccupais pas, car nous avons tous plus ou moins le teint jaune et la figure fatiguée. Je le fais coucher de suite et, très inquiet, je l'examine, car pour qu'un homme comme Matha me parle ainsi qu'il vient de le faire, il faut qu'il soit sérieusement atteint. L'œdème de ses jambes est considérable, l'examen du cœur et de la circulation ne laisse aucun doute et le diagnostic de myocardite s'impose. Devant la gravité du cas, je crois devoir réunir en une sorte de consultation Turquet et Gourdon et je leur expose mes craintes et le régime auquel je vais soumettre notre camarade.

Nous nous partageons, avec Pléneau, les observations météorologiques de nuit, mais Matha insiste pour continuer à s'occuper des chronomètres ; je le lui accorde d'autant plus volontiers qu'il se distraira ainsi sans cependant se fatiguer. Les hommes, dont il a su se faire beaucoup aimer, sont navrés et circulent sans bruit dans le bateau. Notre promenade avec Gourdon et Pléneau a été triste et toute notre conversation roule sur l'avenir que nous voyons aujourd'hui bien sombre.

19 juillet. — J'ai passé une nuit d'insomnie, la tête entre mes mains, dans ma cabine, ou marchant de long en large sur le pont.

Je suis frappé doublement, dans mon affection et dans mon désir de voir réussir l'expédition. Matha, dès le début, en a été véritablement l'âme ; malgré l'opposition de certains de ses chefs, un des premiers, il s'est spontanément présenté, ne me connaissant même pas, et s'est immédiatement donné tout entier à notre œuvre. Pendant la construction, pendant l'armement si pénible du bateau, pendant toutes les luttes que nous avons eu à soutenir contre la malchance, pendant la première partie de l'expédition, il n'a ménagé ni sa santé, ni son temps, ni sa science, acceptant tout, mettant même la main à tout comme un manœuvre ou un simple matelot, envisageant toujours l'avenir avec calme et philosophie et donnant à la chance le coup d'épaule nécessaire pour qu'elle tourne du côté favorable. Mon appréciation ne peut froisser aucun de ses camarades, car tous ont pu le voir à l'œuvre et doivent le juger comme moi ; il est de ces hommes qui s'imposent par leur caractère et par leur valeur, et tout autre jugement ne serait dû qu'à un sentiment de jalousie qui l'honorerait encore. Pour moi, il est, de plus, un ami sincère ; certes, il ne m'a pas ménagé ses critiques, mais il a toujours agi en face, franchement, et sans jamais refuser de me donner des conseils invariablement frappés au coin du bon sens.

En organisant cette expédition, j'envisageais certainement qu'elle pourrait coûter la vie à quelques-uns, mais pendant cette longue nuit, sous le coup d'une inquiétude trop bien fondée, je me suis demandé si vraiment ce n'était pas des considérations par trop personnelles, découragement, orgueil, ambition qui m'avaient poussé à toute cette aventure ; j'en arrivais à me reprocher, presque comme des crimes, la mort de Maignan au jour du départ, et la maladie de Matha, aujourd'hui, et, qui sait, d'autres encore, peut-être...

J'étais descendu au carré sur la pointe des pieds ; par le rideau entrouvert, je regardais mon ami dormant, bien plus calme que moi, malgré sa respiration saccadée, et ne songeant pas, lui, à m'adresser un reproche ; la petite veilleuse éclairait la photographie de sa mère, seul ornement de cette cabine, et je me disais avec angoisse que si je revenais moi-même, je ne rapporterais peut-être à cette malheureuse femme, au lieu de la fierté et du bonheur, que le chagrin de l'affreuse nouvelle.

Eh bien, non ! Quand je remontai sur le pont, la nature qui nous entoure et que j'aime si passionnément, avait revêtu, comme pour m'apaiser, une douceur et une placidité insolites : les bruits mêmes des avalanches, les roulements de la glace devenaient des murmures. Non ! notre œuvre est belle et grande, elle fait honneur aux hommes qui l'entreprennent et au pays qui les envoie, et s'il advient qu'elle fasse des victimes, nous les pleurerons, mais elles auront succombé sur le plus beau des champs d'honneur.

D'ailleurs, est-il question de mort pour le moment ? Il s'agit, au contraire, de faire vivre. Le médecin est bien souvent désarmé ; il peut lutter pourtant, et nous lutterons car rien n'est désespéré. A cette même date, peut-on dire, Hansen, le naturaliste de l'expédition antarctique de Borchgrevinck, a éprouvé des symptômes identiques et mourut en octobre ; également, une maladie similaire enleva un des hommes de Larsen, pendant l'hivernage, à Paulet ; mais on peut répondre que Lecointe, de l'expédition belge, tomba malade en juillet, lui aussi, et fut guéri en une quinzaine.

Etant donné les symptômes dont je souffre moi-même, et dont quelques-uns, à bord, se plaignent plus ou moins, cette maladie que, très improprement, on appelle anémie polaire, peut être attribuée à une suractivité circulatoire à laquelle les vasomoteurs ne doivent pas être primitivement étrangers, et due, à mon avis, à une modification probable de la constitution même de l'atmosphère dans ces régions en hiver. Il est certain que semblables affections n'ont jamais été signalées en été, et il est difficile, dans notre cas, encore bien plus dans celui de l'homme mort à Paulet par 63° 35' de latitude, d'incriminer la nuit hivernale, qui est aussi longue en Islande, plus longue même au Nord de la Norvège, et où jamais pareilles choses ne s'observent. Néanmoins, c'est avec joie que j'envisage que la durée de la présence du soleil, dont l'influence ne peut être que bienfaisante, augmente journellement, et comme je dois tout essayer, j'appliquerai le traitement du Dr Cook, d'autant plus qu'il est rationnel et inoffensif. Celui-ci consiste à faire passer tous les jours au malade déshabillé quelques heures devant le poêle chauffé au rouge. Mais je compte surtout sur le repos absolu et les bons effets du lait, de la Somatose et du poisson, avec un peu de digitale et de caféine.

23 juillet. — Je suis réveillé de bonne heure par les mouvements désordonnés du bateau et les gémissements de la glace le long du soufflage. Une grande houle du Nord s'est subitement levée, sans le moindre vent, et a cassé autour de nous la glace qui avait cependant 30 centimètres d'épaisseur. Une demi-heure après, toute la banquise jusqu'à la chaîne est en dérive, entraînant un de nos filets. Cette houle dure toute la journée et la glace ne cesse de grincer le long du bord d'une façon énervante en donnant des chocs durs. Annonce-t-elle un coup de vent ou est-elle le résultat d'une tempête éloignée ?

L'état de Matha, bien que toujours grave, s'est cependant amélioré, son pouls est plus régulier, plus rapide et, symptôme excellent, il discute tous les traitements.

J'ai fait agrandir la tente de soie et ajouter un fond en forte toile. Comme nous n'avons que trois sacs de couchage en peau de renne, dont l'un à deux places, et les deux autres individuels et que je suis décidé à porter notre effectif à cinq, j'en fais faire un par Ernest avec des couvertures supplémentaires doublant un des sacs de couchage ordinaire, dont chaque homme est pourvu. Il ne sera pas évidemment très chaud, mais comme je ne suis pas frileux je le garderai pour moi. Je fais faire également des modifications à la batterie de cuisine de Nansen, cadeau inestimable de mon ami Fernando Perez.

24 juillet. — Nuit abominable, à force de frotter contre le bateau la glace s'est usée et les blocs, ayant maintenant du jeu, viennent, mis en mouvement par la houle, frapper, comme une dizaine de gros béliers, le bateau qui vibre et gémit. Les pompes sont dégelées et parées, et toutes les heures on sonde la cale. Dans l'après-midi heureusement, le calme revient. Il y a eu évidemment un mauvais coup de vent quelque part ; mais le thermomètre est toujours très bas et le baromètre fixe, il ne semble donc pas que le temps doive changer dans nos parages.

25 juillet. — Nous partons de très bonne heure avec Pléneau et Gourdon. Nous nous engageons dans le chenal de Lemaire et nous pouvons passer avec un peu de précautions, grâce à nos skis, sur une glace fragmentée et peu épaisse probablement usée en dessous par le courant. Les chiens nous ont accompagnés et s'attaquent à un phoque dormant sur la banquise. Nerven est puni d'un bon coup de griffe, ce qui m'affermit encore davantage dans mon opinion que les phoques se défendent très bien avec ces armes formidables. Nous finissons par arriver à une pointe de l'île Lund où nous prenons quelques relèvements et croquis et où nous nous reposons en mangeant des biscuits et du chocolat. Coiffé d'une simple casquette de voyage, j'ai la tête en nage, et après quelques instants d'immobilité je la sens couverte de glace. Je vais me couper les cheveux ras, bien qu'ils ne soient cependant pas bien longs, surtout comparés à ceux des autres qui s'amusent à les laisser pousser. Nous revenons à bord par un splendide clair de lune qui nous permet de voir comme en plein jour.

Je suis décidé à faire installer un poste d'approvisionnement à Hovgard qui deviendra ainsi notre point de départ pour les raids.

28 juillet. — Matha s'améliore de jour en jour.

Gourdon, du fond d'un tiroir, nous a sorti une boîte de pastilles de chocolat pour fêter l'anniversaire de sa sœur. Il y a un grand charme dans l'amitié très sincère qui unit la majorité d'entre nous et nous nous entretenons des nôtres, inconnus cependant de la plupart, comme si nous faisions partie de la même grande famille. J'ai répondu au chocolat par une bouteille de champagne et nous avons bu à la santé de toutes les sœurs de l'expédition.

Nous sommes partis ce matin avec Rallier et Robert, emmenant deux traîneaux tirés par les chiens. Nous emportons à Hovgard deux caisses de biscuits, six kilos de viande de phoque marinée, une trentaine de boîtes de conserve, de l'alcool et du pétrole, la petite tente et diverses choses pour installer notre dépôt. Comme la perte de ce matériel serait désastreuse je passe devant avec Gourdon, sondant minutieusement la glace, tandis que Pléneau et les deux autres s'occupent des chiens et traîneaux. Nous trouvons un bel abri entre deux rochers pour notre petit dépôt et nous revenons grand train, Pléneau, Rallier et moi couchés sur les traîneaux. Mais à mi-chemin, pour éviter une fente, nous nous levons tous trois en même temps et la corde d'arrêt glissant dans nos mitaines, nos chiens partent seuls dans la direction du bateau, à une allure vertigineuse, semant sur la route pelles, pioches, outils de toutes sortes que nous sommes obligés de ramasser et de porter riant et pestant à la fois. Les chiens toujours avec les traîneaux ne se sont arrêtés que sur le pont même du bateau où les autres ont pu craindre un moment qu'un accident ne nous fût arrivé.

L'île Wiencke s'enveloppe dans les nuées noires qui s'avancent vers nous. Le baromètre baisse, le thermomètre monte rapidement à – 4° et le sinistre vent du N.E. se met à souffler. Le clapotis se fait sentir tout de suite très fort et la glace qui nous entoure, cassée en gros morceaux, vient buter contre nous d'une façon inquiétante surtout aux environs de l'arrière.

Le vent ne nous amène pas de nouvelles glaces comme d'habitude, elles sont probablement retenues, englobées dans quelque banquise le long de la côte. La situation devient de plus en plus grave, le bateau reçoit des chocs formidables, auquel il répond par des craquements qui peuvent faire appréhender les plus sérieuses avaries. Je fais descendre des hommes attachés par des cordes sur les glaçons, j'y descends moi-même et, éclairés par des lanternes, secoués par la houle, nous cherchons à briser à coups de pelle et de pioche les pointes les plus dangereuses et nous passons de gros madriers sous les formes arrières du bateau. Quelle sinistre nuit ! Les pompes sont parées, la cale est sondée de demi-heure en demi-heure, les objets les plus importants sont disposés pour être rapidement portés à terre et déjà j'ai avisé à l'installation de notre malade dans la maison démontable. Mais le bateau est solide et tient bon.

Ce n'est que vers 5 heures du matin que le calme revient un peu et que, tout habillé, je me jette sur mon lit pour prendre quelques heures de repos après cette pénible alerte.

29 juillet. — Ce matin, le temps est délicieux et à travers une brume peu épaisse, blanche et légère, nous apercevons le ciel bleu et les cimes des montagnes éclairés par les rayons obliques du soleil bas sur l'horizon.

Je remarque que Fia est en train de muer, de grandes touffes en tombant cèdent la place à de jolis poils plus courts. Cette mue en plein hiver proviendrait-elle de ce que cette chienne du Nord, qui est la plus vieille de toutes, a gardé l'habitude de muer à l'époque correspondant à l'été de l'autre hémisphère, l'accoutumance aux saisons d'ici n'ayant pu se faire chez elle comme chez les autres plus jeunes ou peut-être même natifs de l'hémisphère Sud ?

Une autre observation curieuse et tout à fait inattendue concernant cette fois le système pileux des hommes, est celle faite spontanément et isolément par Libois et par moi, les deux seuls grisonnants du bord ; nous avons tous deux, incontestablement, beaucoup moins de cheveux blancs depuis l'hivernage ! Les pigmentophages de Metchnikoff craindraient-ils le froid ? Cela serait incontestablement un traitement difficilement applicable aux jolies femmes soucieuses de conserver naturellement tous les signes extérieurs de la jeunesse ! et, s'il était adopté, que deviendrait alors la tranquillité de l'Antarctique ?

4 août. — Matha est toujours extrêmement faible, l'œdème de ses jambes diminue avec le repos, mais augmente rapidement dès qu'il reste un peu debout, néanmoins l'amélioration générale se maintient et s'accentue plutôt.

Tous ces jours-ci, vents variables ; ceux du Nord-Est, amènent enfin des glaces qui nous garantissent de la houle, et sont accompagnés de variations de température de plus de 20°. Le 2 août, nous avons eu une chute de neige abondante en gros flocons, ce qui n'était pas arrivé depuis longtemps. Mais depuis hier il fait de nouveau très froid avec vents du Sud qui ont emporté les glaces derrière la chaîne, ne laissant autour de nous que la glace formée dans l'anse elle-même. A 6 heures du matin, une grosse houle se forme malgré le vent de direction contraire et la danse et les chocs recommencent de plus belle, le baromètre baisse, le thermomètre remonte rapidement de – 19° à – 8°. Puis le vent change cap pour cap et la situation devient aussi grave que le 28 juillet. Les mêmes dispositions sont prises pour évacuer le bateau en cas de besoin et de nouveau il faut descendre sur les glaçons en tumulte et engager une pénible et dangereuse lutte. Dans les courts moments de répit, nous envisageons, sans trop d'appréhension ma foi, l'éventualité d'une quinzaine de mois sous la tente, jusqu'à ce qu'on vienne nous chercher. Avec Pléneau et Gourdon, j'ose à peine l'avouer, nous arrivons presque à le souhaiter, espérant qu'un hiver plus rigoureux nous permettrait des raids plus étendus. Si un accident nous obligeait à ce nouvel hivernage je l'accueillerais donc sans trop de chagrin malgré les responsabilités qu'il entraînerait, mais, bien entendu, mon devoir est actuellement de faire tout au monde pour l'éviter.

De grandes quantités de glace arrivent dans la soirée et tout danger est de nouveau momentanément conjuré.

6 août. — Pendant deux jours, le vent du N.E. a soufflé en épouvantable ouragan, plus fort peut-être que nous ne l'avons jamais ressenti et lorsque, presque subitement, il a cessé vers midi, nous étions tous ahuris par le silence succédant au bruit continu, affolant, dans lequel nous venions de vivre. Le thermomètre, monté à – 0,8° est redescendu tout de suite, et déjà le vent du Sud, secondé par le courant, enlève toute la glace qui nous entoure. Malheureusement, la banquise de la baie de la Salpêtrière est partie aussi et les glaces, amenées par le vent actuel, ne sont que des floes morcelés et des débris d'icebergs.

L'eau est tellement transparente autour de nous, que nous pouvons examiner la coque et constater qu'elle n'a en somme que peu souffert. Nous voyons et repêchons au fond quantité d'objets des plus disparates, pelles, couteaux, outils divers et même une cuillère à café !

Vers 4 heures, nous jouissons d'effets de lumière extraordinaires. Du côté du chenal de Lemaire et dans le Nord, sous un ciel absolument noir, s'étend une grande bande bleu-violet, rejoignant presque sans transition dans l'Ouest un admirable ciel azuré, tandis que dans le S.W. se dresse, en éventail gigantesque, un pied de vent rouge et rose, s'éparpillant en cirro-stratus ocre-rouges, et formant comme la main fantastique et diabolique qui, dans les légendes d'autrefois, se refermait sur les navires trop hardis qui s'aventuraient aux limites du monde.

11 août. — Au large, vue des hauteurs, la banquise, repoussée par la dernière tempête, ne s'avance qu'un peu en avant de l'horizon, laissant dans l'estuaire un immense cercle d'eau libre où flottent les icebergs ; mais, derrière les îles qui font suite à Hovgard, la mer est toujours prise. Coûte que coûte, je suis décidé à partir en reconnaissance avec la baleinière, bien que nous soyons en plein hiver, et à établir un important dépôt de vivres, si c'est possible. L'embarcation est traînée devant le magasin général, soigneusement visitée, et nous entreprenons des essais d'arrimage de tout notre matériel et des vivres bien empaquetés dans des sacs carrés en toile fabriqués à bord. Nous n'avons plus qu'à attendre la fin du coup de vent actuel de N.E., car le régime des glaces ici est des plus simples, maintenant que la baie de la Salpêtrière est de nouveau libre ; tant que souffle le N.E., les glaces, dans cette dernière baie, sont repoussées vers Hovgard mais, par contre, d'autres viennent s'accumuler dans la baie Nord de Wandel. Dès que le N.E. a cessé de souffler, ces dernières repartent, tandis que celles d'Hovgard reviennent garnir notre côte de la baie de la Salpêtrière. Le bon moment pour chercher à passer est pendant la courte période où les glaces sont en dérive et nous devrons lancer la baleinière, suivant le cas, dans la baie de la Salpêtrière, ou dans la baie Nord pour chercher à gagner Hovgard par le chenal de Lemaire, ou par le N.W. de Wandel. De ce dernier côté, les icebergs sont tassés, mais nous parviendrons, je crois, à nous faufiler entre eux, et cette route est beaucoup plus courte.

12 août. — Aussitôt le coup de vent terminé, la baleinière, notre yacht comme nous l'appelons maintenant, a été mise à l'eau dans la baie Nord et nous sommes partis, Pléneau, Gourdon, Rallier du Baty, Besnard et moi. Rallier et Besnard sont dans la plus grande joie d'avoir été choisis, mais il y a eu des figures bien longues dans l'équipage, car tous voulaient venir.

Il fait calme et très doux ; le thermomètre, remonté pendant la tempête jusqu'à 0°, n'a pas encore eu le temps de descendre plus bas que – 9°. Nous longeons Wandel et il nous semble quitter un endroit très habité, car les hommes, répandus sur les hauteurs et les promontoires, nous suivent en agitant leurs bonnets. Mais bientôt nous sommes sous une grande voûte de brume qui nous cache les sommets des icebergs, entre lesquels nous tâchons de passer. Quel chaos grandiose ! quels formidables abordages entre ces monstres dont certains sont entrés pour ainsi dire les uns dans les autres ! mais quel sort serait réservé à un navire surpris au milieu de tout cela ?

La température baissant toujours, notre navigation est rendue difficile par une pellicule de jeune glace qui vient de se former, et, il ne nous est possible d'avancer qu'en nous déhalant à bras, le long des icebergs. Enfin, après beaucoup de chocs et de passages mouvementés, nous retrouvons l'eau un peu plus libre et nous passons dans un dédale de glaces et d'îlots. Nous arrivons ainsi à un chenal qui semble nous permettre de nous rapprocher d'Hovgard, déjà dépassé, mais la banquise que nous ne voyons pas, au ras de l'eau comme nous le sommes dans notre canot, nous barre la route de tous côtés. Elle est formée ici par une glace épaisse, mais molle et pâteuse, qui se traverse comme de la vase, dès que nous mettons le pied dessus. Il fait déjà nuit et, après être monté sur un hummock pour inspecter les environs déconcertants, nous abordons à un petit îlot bas, couvert d'une couche épaisse de neige. Avec assez de peine, car la croûte de glace de notre îlot forme une banquette élevée, nous parvenons au moyen d'une ancre à glace et d'un palan à hisser le canot hors de l'eau, puis nous déblayons un carré de neige et dressons la tente. C'est surtout pendant ces opérations si simples et si rapidement exécutées en temps ordinaire que l'on souffre du froid ; la plus petite chose prend les proportions d'un travail colossal. Gênés par nos mitaines, si nous les quittons pendant quelques secondes, nous nous brûlons les mains, rapidement engourdies, aux pièces de métal et nous arrachons nos ongles à la toile gelée que nous sommes obligés de briser à coups de piolet. Nous devons nous mettre à deux pour déplier la tente, comme s'il s'agissait d'une plaque de fer-blanc. Quel supplice de défaire un nœud, même quand il s'agit de lanières en peau de phoque, avec des doigts dégantés que l'on ne sent plus ou que l'on ne sent que trop, en dansant pour réchauffer les pieds, en s'arrêtant pour casser les stalactites douloureusement accrochées à la moustache et qui se forment sans cesse au nez qui coule perpétuellement ! Mais nous rions de nos mécomptes en nous disant que cela pourrait être et que cela sera certainement pire ; c'est la formule adoptée qui fait supporter tous les maux actuels.

Je fais moi-même la cuisine, soupe extraordinaire et réconfortante dans la composition de laquelle entrent des comprimés de toutes espèces, du corned-beef et du beurre cassés en petits morceaux avec une hachette, le tout arrosé d'eau de glace fondue et de café, et nous considérons tous à l'unanimité ce repas comme délicieux. Cette batterie de cuisine Nansen, maintenant que j'en connais bien le maniement, est parfaite, avec les toutes petites modifications que j'y ai apportées, mais mes doigts, mes pauvres doigts, dans quel état sont-ils, brûlés par le métal alternativement chaud ou froid ! Tout habillés, les pieds dans des bas ouatés et des mocassins, nous nous sentons à l'aise dans nos lits-sacs, après quelques frissons, à condition de bien les fermer au-dessus de nos têtes. Le mien devient rapidement humide et, évidemment, n'est pas aussi confortable que ceux en peau de renne, mais j'y dors admirablement, même avec un taquet de tente qui s'imprime dans mes reins. Je sors de temps à autre prendre des observations météorologiques, et avant de rentrer dans mon sac, je dois lutter avec la neige qui colle à mes mocassins et à laquelle, autant que possible, je tiens à ne pas faire partager mon lit ; la cuillère à soupe est finalement le seul outil que je trouve et qui me permette de m'en débarrasser. Par contre, cette obligation me permet de jouir de temps à autre de la magnifique nuit claire et étoilée, sur la vaste étendue blanche où nous sommes seuls, tout seuls, maîtres et esclaves de cette partie du monde. Et, plus heureux et plus calme que je ne l'ai été depuis bien longtemps, je me rendors, bercé par le sourd roulement des glaces au loin et par les ronflements beaucoup moins poétiques de mes compagnons qui, tous, ne manqueront pas d'affirmer le lendemain que le plus grand ronfleur de la bande, c'est moi !

Lorsque j'ai eu fait branle-bas le matin, nous nous trouvons rapidement debout, dispos, et c'est bien le cas de l'écrire, très frais. La toilette n'est pas longue, mais nous constatons qu'il ne faut même pas songer à rentrer dans nos souliers à skis, entièrement gelés et qui résonnent quand nous les frappons, comme de la poterie fêlée ; nous gardons donc nos mocassins qui ne seront pas de trop en canot avec – 25°.

Le temps est d'abord magnifique et nous permet de voir Hovgard et la banquise du Sud dans une apothéose de lumière bleu et blanc. Notre petite île a environ trois cents mètres carrés et présente une surface absolument plane. Sauf du côté où nous avons abordé, elle est entourée de cette abominable glace pâteuse qui forme une barrière infranchissable. Nos investigations du voisinage sont interrompues par une brume grise qui enveloppe tout, laissant voir cependant le ciel très bleu au-dessus de nos têtes. Avec de plus grandes difficultés encore que celles éprouvées la veille pour établir notre campement, nous rechargeons dans notre baleinière le matériel alourdi par le givre et nous la remettons à l'eau. Il est grand temps de nous éloigner car une croûte de glace assez épaisse s'est déjà formée, menaçant de nous bloquer. Notre programme est de chercher pendant quelques heures un passage permettant d'aborder à Hovgard ; si, contre toutes probabilités, nous le trouvons, nous nous installons sur cette île, sinon nous rentrons à bord pour repartir le lendemain par le chenal de Lemaire. Nous mangerons soit à Hovgard, soit à bord, inutile donc de faire la cuisine et ceux qui ont faim se contenteront d'un peu de chocolat et de biscuit.

Nos tentatives sont vaines, toujours cette même horrible glace pâteuse nous barre la route et la brume nous gêne à tel point qu'à un certain moment, après nous être péniblement frayés un chemin de vive force et après avoir nagé pendant plus d'une heure, nous nous retrouvons à l'endroit précis d'où nous étions partis, n'ayant fait que le tour d'un grand îlot. Nous cherchons à regagner Wandel et nous naviguons par cette brume glaciale dans un labyrinthe d'icebergs dont nous n'apercevons que des morceaux de murailles irrégulières le long desquelles nous passons en tâtonnant comme des aveugles. A la fin de la journée, nous ne savions plus à quel saint nous vouer, quand, ayant été entraînés probablement par le courant, nous apercevons les récifs bien connus du Cap S.W. de notre île, et peu après nous rentrons à bord. Pendant plus de sept heures, immobile, j'ai dû tenir la barre et je suis tellement figé que l'on est obligé de me déplier comme un paquet et malgré mes mitaines trois de mes doigts sont en sang. Mes compagnons sont éreintés et ne valent guère mieux, bien que réchauffés par la nage ils aient peut-être moins souffert du froid. Malgré tout, nous faisons honneur à notre déjeuner dînatoire et nous sommes enchantés de cette excursion qui nous a permis d'éprouver le matériel et de recueillir, avec l'expérience, quantité d'indications utiles.

Matha n'est pas absolument hors d'affaire, mais j'ai bon espoir maintenant qu'il s'en tirera et cela peut-être grâce à certain lait liquide préparé par un procédé nouveau qu'un aimable et très généreux fabricant de Carentan, enthousiaste de l'Expédition, nous avait donné avec quantité de beurre, de fromage et même d'eau-de-vie de cidre de derrière les fagots. Peu confiants, nous avions oublié à dessein ce lait, mais le brave petit Robert s'en est souvenu au bon moment, et nous le trouvons, à notre joyeuse satisfaction, aussi excellent que s'il n'avait pas subi pendant douze mois tantôt les 50° de la ligne, tantôt les – 39° du pôle.

14 août. — La brume d'hier persiste, intense, et ne se lève pendant quelques heures, dans l'après-midi, que pour retomber de plus belle. Nous repartirons quand même demain, en baleinière.

Bien que le 15 août soit un jour de fête, comme c'est également l'anniversaire de la mort de Maignan, j'ai décidé, et les hommes m'en savent gré, que l'on mettrait en berne ce même pavillon qui a recouvert le corps de notre camarade, qu'on ferait à bord le travail strictement nécessaire, et qu'il n'y aurait ni réjouissance ni musique.

Pauvre Maignan ! Quel souvenir que celui de cette sortie ! le gros temps éclairé par un beau soleil, l'ovation inespérée d'une foule en délire qui montait jusque sur les toits, pour nous acclamer, nous souhaiter bon voyage et qui, par avance, nous récompensait de nos sacrifices et de nos efforts. Nous nous serrions mutuellement les mains, et je venais de dire à Maignan lui-même : « Quel sera le retour après un départ pareil ? » quand, subitement, un coup de tangage, l'avant couvert d'embruns, le taquet arraché par la remorque et le cri, l'affreux cri : « Commandant ! Maignan est tué ! » Alors je me précipitais, et dans le roulis, le tangage, j'allais d'un bord à l'autre, accroché à ce pauvre corps tout couvert du sang et de la cervelle qui s'échappait de son affreuse blessure, regardant ses yeux grands ouverts et comme étonnés, cherchant un signe de vie dans le cadavre de ce simple, brave et honnête garçon. Oh ! ce retour ! pavillon en berne, nos casquettes à la main, entre les jetées toujours couvertes de la même foule maintenant silencieuse, angoissée, ignorante de ce qui venait d'arriver, mais devinant un drame et se découvrant sur notre passage !

Quelques jours après, là-bas, dans le petit village breton, nous avons, avec Rey, ramené le corps de cette première victime, et mon cœur s'est serré horriblement devant la douleur de ces enfants et de cette veuve qui, pour tout reproche, me regardait avec ses pauvres yeux rougis de larmes, et qui répétait : « Ah ! Monsieur Charcot, Monsieur Charcot, il vous aimait tant ! »

Le chagrin fut grand, mais, du moins, ce lugubre accident a pu me rassurer sur l'avenir, car de tous ceux qui aujourd'hui sont encore avec moi, pas un n'a éprouvé une minute de crainte ou de découragement, pas même un de ces matelots que, cependant, on dit superstitieux.

15 août. — Nous avons encore échoué dans notre tentative d'aborder à Hovgard. Toujours les cinq mêmes, nous partons en canot à 9 heures du matin par une brume intense et obligés, pour ne pas nous égarer, de côtoyer Wandel. Nous doublons la pointe N. de l'île et nous entrons dans le chenal de Lemaire sans quitter le pied de la terre, ne voyant même pas l'autre rive cependant très rapprochée. Sortant de la brume au-dessus de nos têtes, ou perchés sur les rochers, sont quantité de sternes, de thalasseca et de grands pétrels. Ces oiseaux, signes avant-coureurs du printemps, reviennent nombreux, bien que nous ayons encore un mois d'hiver à passer.

En débouchant du chenal, la brume se levant légèrement devient comme un plafond bas et ouateux, teinté d'or par les rayons du soleil et nous pouvons nous rendre compte que nous sommes par le travers d'Hovgard séparés de notre but par deux milles environ de grands floes brisés et réunis par une jeune glace déjà très résistante qui forme une désespérante barrière. Cette pellicule de glace est trop mince pour que nous puissions songer à nous aventurer dessus, trop épaisse pour nous permettre de passer avec l'embarcation, même d'y enfoncer nos avirons et, soudant et réunissant les floes ensemble, elle nous empêche également d'écarter ceux qui nous barrent la route.

Nous essayons néanmoins de nous frayer un passage, nous livrant pendant plusieurs heures au travail le plus pénible que l'on puisse imaginer par ce froid intense. En deux heures nous ne sommes parvenus à franchir qu'environ 30 mètres. Il nous faut donc y renoncer, d'autant plus que la brume s'est refermée autour de nous. A grand-peine nous rentrons de nouveau dans le chenal de Lemaire où de la jeune glace par grandes plaques couvre la surface de l'eau et où quelques gros débris d'icebergs se sont accumulés. La pointe Nord de Wandel doublée, nous devons naviguer au compas par une nuit noire et brumeuse car les glaces abondantes nous empêchent maintenant de suivre la côte et nous obligent à de nombreux détours. Enfin, au moment où, ayant manqué l'entrée de notre port, nous nous engagions dans une mauvaise direction, nous apercevons le fanal que par précaution j'avais dit de mettre en tête du mât et nous rentrons à bord après dix heures d'un travail épuisant, n'ayant pris comme nourriture qu'un peu de biscuit hâtivement dévoré.

31 août. — Cette fin de mois a été particulièrement venteuse. Les coups de vent de N.E. se sont succédé, séparés par des périodes plus ou moins courtes de vent de S. ou de calme, variant en durée, de quelques heures à un ou deux jours. Du 21 au 24, l'ouragan semble avoir atteint son maximum de violence, et chose curieuse, pour la première fois depuis que nous sommes dans l'Antarctique, le temps avec vents de N.E. a été, pendant ces quatre jours, absolument clair et sec, la température restant néanmoins assez élevée aux environs de + 1° et de 0°.

Grâce à l'accumulation des glaces derrière la chaîne qui résiste à de fantastiques pressions, le bateau est en sécurité ne donnant que de temps à autre, par suite d'une onde de houle un peu plus forte, un coup violent contre les rochers avec sa joue de tribord. Une ancre à glace à bâbord et une forte amarre qui veut bien résister, finissent par nous permettre d'éviter ce choc, qui pourrait devenir dangereux à la longue.

Impossible, avec ce temps, de songer à quitter notre station et nous continuons notre train-train habituel dans le sifflement du vent, les grincements et les gémissements de la glace.

Notre existence à bord est des plus régulières et n'a guère varié depuis que nous sommes à Wandel, c'est une vie de travail coupée par les repas et agrémentée de distractions forcément un peu identiques.

Le matin, Robert allume le poêle, apporte le café ou le chocolat, et chacun se lève à l'heure qu'il veut et suivant le travail qu'il a devant lui. Le réveil est souvent bruyant, accompagné des chants de Matha et de Pléneau, aussi discordants que l'on peut le souhaiter. La plus grande des préoccupations est de savoir le temps qu'il fait et le degré de température. Personnellement, je suis le premier renseigné car, à cinq heures du matin, Jabet frappe à ma porte et me donne, par exemple, des renseignements comme ce qui suit : « Commandant, il est cinq heures, température – 30°, vent du Sud, ciel clair, le bateau est tranquille. » Et quand les conditions sont aussi satisfaisantes, je me retourne voluptueusement dans ma couchette bien chaude et je me rendors.

Le déjeuner a lieu à midi ; il est, suivant l'état d'esprit général, silencieux ou cordial, souvent égayé par la verve intarissable et communicative de Pléneau. Nous avons toute une collection de journaux de l'an passé, et nous trouvons, ma foi, qu'ils remplacent fort bien ceux du jour ; nous en discutons les articles et les événements annoncés, absolument comme s'ils étaient d'actualité.

Nos chiens, surtout Nerven et Péridota, ont trouvé moyen d'ouvrir le hublot carré qui sert de passe-plat et, à chaque instant, viennent mettre leur bonne tête à la fenêtre pour quémander leur nourriture. Toby n'a pas été long à en faire autant et, quand les chiens ne veulent pas lui céder la place, il manifeste son impatience par des cris et des grognements.

Après le café, les uns vont dehors ou au laboratoire, les autres s'installent à travailler sur la table desservie et, très rapidement, les heures passent ainsi jusqu'au thé. Pendant les longues nuits d'hiver, à partir de ce moment, presque tous travaillent au carré ; moi-même, je m'installe de préférence dans ma cabine où j'ai pu m'organiser une espèce de bureau. Au dîner, qui a lieu à 7 heures, succèdent pour ceux qui font avec moi la classe aux hommes une heure et demie ou deux heures d'école dans le poste, puis après quelques parties mouvementées d'échecs, de jacquet, de matador ou de dames, le travail reprend. Entre-temps, je me suis amusé à faire quelques petits bibelots, un peu de pyrogravure, et Pléneau et Gourdon, devenus mes élèves, décorent ainsi leurs skis. A minuit, en général, tout le monde est couché, mais je reste presque toujours levé jusqu'à deux heures du matin et souvent à ce moment, stimulés par mon exemple, Pléneau et Matha se joignent à moi pour souper gaiement, tandis que Gourdon, bien installé dans sa couchette, se réveille pour nous supplier de lui passer les reliefs de notre festin.

Depuis la maladie de Matha, nous nous sommes partagé, avec Pléneau, les observations météorologiques de nuit, Rey assurant toutes celles du jour, et c'est en chemise souvent ou dans des costumes extraordinairement légers, les pieds nus dans les savates par – 25°, en sortant du lit, que nous nous rendons au thermomètre fixé à une centaine de pas du bateau, sur l'avenue Victor-Hugo.

Le chat Cuyo continue à faire notre joie et à laisser les rats bien tranquilles, tandis que Marianne, toujours souffreteuse et rachitique, fait notre désespoir par sa saleté d'infirme et sa manie de se coucher sous le poêle au risque de se brûler. Infortunée Marianne ! déjà, par deux fois, elle a été portée sur le pont, une pierre au cou, décidés que nous étions à abréger ses souffrances, mais le courage nous a manqué au dernier moment, et il semble maintenant qu'elle doive continuer à traîner sa misérable petite existence, où elle se complaît cependant, jusqu'au retour à Buenos Aires.

Gourdon est rempli de sollicitude pour un groseillier et une sorte d'asperge déterrés à Ushuaia et qui, malgré la suie, la fumée et les écarts de température, continuent à vivre dans des boîtes en fer-blanc sous la claire-voie du carré ; le 20 août même, il en est tombé, à notre grande surprise, une petite chenille verte sur la table. Pléneau a voulu, de son côté, cultiver du cresson, sans le moindre succès d'ailleurs et, de temps en temps, pour lui donner un instant de joie et d'espoir, nous remplissons ses baquets, toujours stériles, avec de l'ouate colorée au vert de méthyle.

Quelquefois, nous parlons de la possibilité qu'il y aurait à ce qu'un bateau vienne jusqu'à nous, mais sauf le désir que nous avons de pouvoir renouveler notre charbon pour la campagne d'été, nous devons à la vérité d'avouer que nous n'y tenons pas du tout car, phénomène assez curieux, nous ne souffrons nullement de l'absence de nouvelles que nous craindrions même de recevoir. Nous avons, au contraire, un très grand désir d'en envoyer, et nombreuses sont les bouteilles munies de documents jetées à la mer par les hommes ; nous avons nous-mêmes dernièrement attaché un message au cou d'un grand pétrel.

Le 20 août, nous avons eu d'ailleurs à ce sujet un moment d'émotion car, vers dix heures du soir, l'homme de quart est venu m'appeler, annonçant tranquillement qu'un grand vapeur était dans le détroit. Malgré l'invraisemblance de ce fait en plein hiver, nous avons sauté sur le pont, pour constater qu'il s'agissait simplement de Jupiter bas sur l'horizon brillant d'un éclat tellement inusité, qu'il pouvait très bien être pris pour un feu blanc de navire.

Pour la première fois depuis longtemps, à quelques jours d'intervalle, deux baleines sont venues visiter notre baie Nord. Des pingouins, en assez grand nombre, sont revenus à la rockerie, nous avons cru qu'ils s'installaient définitivement, mais après quelques jours ils sont repartis. Peut-être sont-ils simplement venus s'occuper des locations de terrain pour l'été.

1er septembre. — Le vent est tombé hier soir et ce matin il fait un temps mou avec petites brises sautant brusquement du Nord au Sud. La glace dans la baie Sud ne peut donc s'accumuler ni sur les côtes de notre île, ni sur celle d'Hovgard ; nous en profitons pour mettre la baleinière à l'eau, et peu de temps après nous débarquons enfin nos provisions et une bonne partie du matériel que nous rangeons dans une longue et profonde fente entre deux rochers, que nous devons plus tard transformer en habitation. Nous revenons à bord le soir.

3 septembre. — Hier il a fait très mauvais, mais ce matin le vent a molli et nous sommes repartis. Sans aucune difficulté nous arrivons à Hovgard, et après avoir déchargé la baleinière, nous la hissons, au moyen de l'ancre à glace et d'un palan, sur un petit promontoire à l'abri des accidents. Comme la grande fente que nous avons choisie pour maison se trouve en un endroit élevé et que la pente qui y conduit est assez raide, nous hissons les traîneaux chargés, au moyen d'un long grelin dont nous sommes pourvus.

Nous nous partageons la besogne et l'installation se fait rapidement. Avec une des vieilles tentes du bateau tendue au-dessus de la crevasse et fixée tant bien que mal par des piquets et de la neige, nous faisons un toit incliné vers le N.E. et nous fermons l'entrée de ce côté par un fort mur de neige et de glace. A l'extrémité Sud de notre couloir, j'organise un portique avec quelques bouts de bois apportés avec le reste et je fais coudre par Besnard un fort morceau de toile qui servira de porte, avec un peu de neige tassée comme seuil. Le toit est renforcé avec un aviron et des montants de tente et ainsi Hauteville-House est terminée. Notre future habitation a environ 8 mètres de long sur 1,60 m de large, elle est en somme trop vaste et surtout trop haute de plafond, ayant plus de 4 mètres au centre. Des saillies de rochers forment de larges étagères où nous disposons notre matériel. Près de la porte, j'installe la cuisine et à l'autre bout je fais une sorte de plancher avec les skis sur lesquels nous étendrons nos lits-sacs.

Nous plantons notre drapeau dehors et sur un bâton de ski nous fixons le thermomètre qui servira à nos observations. Lorsque tout est terminé il est grand temps de penser à la soupe que je me charge de préparer. La lampe Primus fonctionne admirablement et en trois quarts d'heure, en même temps qu'une soupe reconnue excellente par tout le monde, nous avons de l'eau à boire en abondance, mais tellement chaude que nous sommes obligés de la refroidir avec de la glace. Puis nous prenons un excellent café et tandis que j'allume une bonne pipe, Gourdon sort de son sac une petite bouteille d'anisette, ma liqueur préférée, que le brave Robert lui avait remise en cachette pour me faire une surprise.

Nous sommes tous les cinq d'une gaieté folle et nous nous amusons comme des collégiens en vacances. La nuit est calme, claire et il n'y a que – 5°. Quand la lanterne est allumée dans notre demeure, si on la regarde du dehors, l'effet est des plus extraordinaires car la toile couverte de givre qui forme le toit fait suite, sans saillie, à la pente de la colline, et la neige semble éclairée par en dessous.

Chacun s'arrange comme il lui convient pour dormir dans son lit-sac et bientôt les ronflements succèdent aux rires et aux plaisanteries.

4 septembre. — Mon sommeil a été bercé par de doux rêves comme si dans cette solitude les pensées s'échangeaient plus rapidement avec ceux que l'on aime, traversant l'espace et défiant les distances.

J'ai sonné le branle-bas à 7 h 30 et après avoir mangé un bout de chocolat, nous lançons la baleinière et cherchons à regagner Wandel pour compléter nos approvisionnements ; nous parvenons au pied de la falaise de glace perpendiculaire, mais les floes accumulés ne nous permettent pas d'aller plus loin et nous revenons à Hovgard.

La soupe est vite faite avec le même succès que la veille, et comme le temps est beau et clair nous partons faire l'ascension du sommet élevé de l'île où nous sommes. Nous devons faire un grand détour pour gagner la partie de l'île où se trouve le pied de cette hauteur, et après avoir dû descendre d'abord un escarpement de neige molle, presque à pic, nous parvenons lentement au sommet en gravissant une pente assez douce, mais rendue pénible tantôt par l'épaisseur de la couche de neige, tantôt par l'absence totale de celle-ci qui nous laisse sur une glace polie et luisante où nous glissons avec nos chaussures de skis dégarnies de clous. Quelques crevasses donnent une petite pointe de danger à cette ascension, autrement peu périlleuse à condition de ne pas éprouver le vertige et de veiller aux faux pas.

Au sommet mon anéroïde indique 400 mètres d'altitude, à notre gauche une falaise de glace perpendiculaire descend à la mer. En regardant vers le S.E. nous poussons tous les cinq un cri de joie et d'étonnement car un archipel, au milieu d'un vaste détroit, s'étend devant nous à perte de vue ; mais, hélas ! notre satisfaction est de courte durée ; la brume se dissipe et cette vision s'efface ne laissant plus comme réalité que les sommets des montagnes réunis par les glaciers. L'illusion cependant avait été telle que nous avions commencé des croquis de ces îles par trop nouvelles.

La banquise est tout à fait morcelée, il ne faut plus compter pouvoir s'engager dans un raid sans embarcation. Après avoir pris quelques vues de côte et des relèvements au compas, nous redescendons avec force glissades, mais sans accident.

Avant le dîner, nous restons à bavarder, assis sur les rochers qui avoisinent notre demeure. Des chionis, des pagodromas viennent voltiger et picorer autour de nous ; des cormorans et des mouettes passent au-dessus de nos têtes, une quarantaine de pingouins vont et viennent, et de nombreux phoques se vautrent sur la glace, au bord de l'eau.

Le calme est extraordinaire, c'est la nature en repos, une nature bizarre, farouche et douce en même temps, avec des colorations perpétuellement changeantes faisant varier à l'infini ce paysage grandiose.

Je ferme les yeux et les cris des mouettes et des cormorans, identiques sous toutes les latitudes, me reportent à un autre mois de septembre ensoleillé, là-bas, sur les côtes de France... mais en rouvrant les yeux le rêve s'évanouit comme se sont évanouis ceux que je faisais alors.

Et voilà que subitement un chant étrange dans le calme de cette soirée s'élève au bord de la mer, une sorte de glou-glou comme ferait un liquide sortant d'une grosse bouteille à goulot étroit, puis un sifflement lent et modulé et enfin une longue plainte très douce qui va en s'éteignant. Un même chant répond au premier et plus loin encore un troisième. Ce sont des phoques de Weddell qui chantent ainsi. L'impression est étrange, triste et délicieuse à la fois, les chants se répètent avec leur douceur et leur charme, et immobiles et silencieux nous écoutons, imprégnés de toutes les sensations qu'impose cette nature mystérieuse.

Ne sont-ce point les sirènes du divin Odysseus, grande gloire des Akhaiens, qui ont fui la civilisation envahissante pour se réfugier dans ce monde où l'on retrouve les temples de pur cristal, les grottes féeriques, les écueils « dont le fait aigu, atteint le haut Ouranos, qu'une nuée bleue environne sans cesse et dont la sérénité ne baigne jamais les sommets ni en été ni en automne », où l'on vit au milieu des terreurs et des douceurs de la mythologie ?

Tandis que ces étranges mélodies se poursuivaient, « Hélios tomba et les vallées et la mer se remplirent d'ombre ».

5 septembre. — Nous avons fait aujourd'hui une longue excursion et nous avons découvert entre autres choses intéressantes, presque à l'extrémité Sud de Hovgard, deux endroits où nous pourrons hisser la baleinière et camper dans d'assez bonnes conditions. Malheureusement la brume a beaucoup gêné la dernière partie de nos observations. Gourdon et Pléneau sont tombés à l'eau, mais ils ont pu se changer à Hauteville-House et une bonne soupe chaude a eu vite fait de les remettre tout à fait.

6 septembre. — La baie qui nous sépare de Wandel est toujours très encombrée, mais nous avons terminé pour le moment ce que nous voulions faire ici et nous cherchons à rentrer à bord en laissant notre habitation en état. Du haut de la colline j'avais bien relevé un chenal qui nous conduisait jusqu'à un gros iceberg au milieu de la baie et que nous atteignons facilement ; nous nous trouvons alors dans un labyrinthe ; de l'embarcation nous ne voyons rien et nous tentons de nous frayer un chemin au hasard, de vive force, en nous paumoyant le long d'énormes icebergs qui laissent entre eux à peine la largeur du canot. A un certain moment, nous devons passer dans un long tunnel si bas qu'il faut nous coucher dans l'embarcation et même enlever les tolets. Ce tunnel était formé par la juxtaposition des concavités de deux icebergs usés à leur base par les vagues, comme cela arrive à tous ceux qui sont à flot depuis longtemps.

Après d'innombrables tours et détours nous finissons par arriver à Wandel sans avoir été vus de personne et nous surprenons nos compagnons qui ne pouvaient supposer qu'il nous serait possible de forcer les glaces dans leur état actuel.

Le N.E. se remet à souffler avec violence, et nous nous réjouissons d'avoir pu rentrer, car avec cette tempête nous n'aurions rien pu faire à Hovgard que de rester terrés dans notre trou.

Rien de bien particulier ne s'est passé à bord pendant notre absence. Matha, dont les jambes enflent toujours un peu le soir, a encore bien mauvaise mine et se traîne plutôt qu'il ne marche, mais je le considère comme tiré d'affaire ; il a pu d'ailleurs recommencer ses observations pendulaires.

15 septembre. — Les coups de vent du N.E. se succèdent presque sans interruption avec l'accompagnement habituel de brume et de neige. Aussi, les excursions se trouvent-elles forcément limitées aux quelques rares heures de beau temps qui subitement surviennent avec une saute de vent vers le Sud, mais qui ne persistent malheureusement pas pendant une journée entière.

Nous faisons d'assez fréquentes ascensions du côté du massif Sud de Wandel qui, en dehors de l'intérêt géologique et glaciologique qu'il présente, est pittoresque et grandiose avec ses glaciers chaotiques, ses précipices formidables, ses cheminées, et les changements perpétuels qu'entraînent dans son aspect la brume, le soleil ou la neige. Les sommets Jeanne et Guéguen, dont j'ai fait mes observatoires pour constater l'état des glaces, sont devenus pour moi des buts presque journaliers. J'ai pu de cette façon, il y a quelques jours, relever un chenal dans la baie Sud, et ayant fait armer rapidement la baleinière, profiter de ce passage temporaire pour retourner à Hovgard où je n'étais pas sans inquiétude sur le sort réservé par le vent et la neige à notre « villa ». Tout a très bien tenu heureusement et semble devoir résister.

Cette persistance des grands vents de N.E. a entassé dans la baie Nord une quantité formidable de glaces comme jamais nous n'en avions vu auparavant. La chaîne a retenu les premiers gros morceaux, le bateau n'a rien à craindre maintenant ; mais, si toute cette glace se soudait ensemble par une forte gelée, nous serions solidement bloqués.

Les cormorans commencent à faire leurs nids, et c'est un va-et-vient perpétuel au-dessus de nos têtes. A chaque instant le bruit de jouet mécanique que font ces oiseaux en volant, nous fait lever les yeux, et nous les apercevons tenant dans leurs becs de longues guirlandes d'algues qu'ils ont été chercher au fond des espaces d'eau libre. Ces nids en algues, cimentés avec un peu de fiente et de cailloux effrités par les gelées, sont des merveilles d'architecture ; hauts et profonds, ils s'élèvent graduellement, donnant à cette rockerie l'aspect d'une ville dont toutes les demeures seraient des collisées. Depuis le matin sans arrêt, les cormorans travaillent, mais à 3 h 30, tous les oiseaux sont généralement rentrés, et les époux autour du nid en construction, avec une grande distinction d'allure, se font, ainsi que les seigneurs et les belles dames du XVIIIe siècle, mille grâces et coquetteries.

Les chionis nous ont en grande partie abandonnés pour aller rejoindre les cormorans dans leur rockerie, trouvant dans les algues encore fraîches des nids les animalcules dont ils sont évidemment friands. C'est également une bonne aubaine pour Turquet qui n'a qu'à aller choisir parmi les trésors botaniques et zoologiques que les oiseaux vont ainsi chercher pour lui et, comme il fait sa cueillette en évitant le plus possible de détériorer leurs constructions, les cormorans considèrent ses visites avec indifférence.

Quatrième partie

Printemps 1904

L'armement, le raid et le départ de Wandel

NOUS COMMENÇONS L'ARMEMENT — NAISSANCES DE CHIENS — ENCORE UN ICEBERG QUI CHAVIRE — QUELQUES JOURS À HAUTEVILLE-HOUSE — TOUJOURS LE N.E — COUPS DE TONNERRE — ASCENSION DE PIERRE ET DE GOURDON — ŒUFS DE PINGOUINS ET DE CORMORANS — COMMENT LES PINGOUINS CONSTRUISENT LEURS NIDS — COUP DE VENT EN BALEINIÈRE — UNE GROTTE DE GLACE — DÉPART POUR LE RAID — 850 KILOS À LA FORCE DU POIGNET — OPHTALMIE DES NEIGES — TRAVAIL PÉNIBLE — LA JEUNE GLACE — RETOUR À BORD — TENTATIVES POUR DÉGAGER LE « FRANÇAIS » — LA MÉLINITE — LA SCIE ET LE LEVIER — LA MORT DE TOBY — ENFIN, LIBRES ! — CE QUE NOUS LAISSONS À WANDEL — LE GRAND CAIRN — PINGOUINS ET PHONOGRAPHE — LE RÉVEILLON ET L'ARBRE DE NOËL — LES ADIEUX À WANDEL.

23 septembre. — Aujourd'hui le printemps ! c'est officiellement à 11 h 49, temps moyen de Paris, c'est-à-dire ici vers 7 heures du matin qu'il commence et nous le fêtons en faisant sonner la cloche et hisser les couleurs.

Il est joli notre printemps ! l'ouragan souffle plus fort que jamais et le chasse-neige passe inépuisable.

Libois m'a apporté un couteau qu'il a entièrement forgé, trempé et monté dans un manche très joliment incrusté de cuivre. Cet excellent garçon savait que j'avais perdu avec ennui, il y a quelque temps, un couteau semblable dont la gaine vide pendait tristement dans ma cabine et il travaillait en cachette à me faire cette surprise.

30 septembre. — Les derniers jours de ce mois ont été enfin favorisés par le beau temps, nous en avons profité pour laver tout le linge sale qui s'était forcément accumulé, le vent qui régnait empêchant même d'allumer la lessiveuse.

Les ophtalmies recommencent dès que le soleil, maintenant qu'il est plus haut sur l'horizon, brille un peu ; les lunettes que nous avons sont insuffisantes, et j'en construis un modèle que Poste met très adroitement en exécution avec de la toile métallique et les quelques verres un peu foncés que nous possédons.

Matha, presque tout à fait rétabli, continue les observations pendulaires et, accompagné de Pléneau et de Gourdon, fait le lever très exact de notre île et des environs.

Nous avons pu nous rendre deux fois en embarcation à Hovgard où notre installation tient toujours bon. La première fois, le retour a été très pénible ; surpris par un coup de vent de N.E., nous avons dû, pour pouvoir tenir tête, suivre la falaise de glace qui nous abritait ainsi de la mer, mais des parcelles de glace détachées de sa corniche, venaient nous frapper avec une force inouïe, nous blessant comme s'il s'était agi de sable et de cailloux.

L'armement du bateau se fait petit à petit, déjà la voilure a été remise en état et les voiliers ont coupé et cousu un foc neuf que nous avons essayé et qui fait fort bien.

13 octobre. — L'ouragan du N.E. reprend. Depuis le commencement du mois nous n'avions que du calme ou des vents de S. ou de S.W. assez forts il est vrai et, quelquefois accompagnés de neige et de temps gris ; aussi le froid, pendant toute cette période, a-t-il été vif, le thermomètre redescendant jusqu'à – 20°. La banquise de la baie Nord est fortement soudée et nous avons pu y faire de longues excursions ; l'une d'elles m'a même entraîné à un bain complet, et je suis passé sous la glace, retrouvant mon chemin pour remonter je ne sais trop comment. Il y en a peu à bord qui n'aient pas joui de quelques-uns de ces bains partiels ou complets. La différence entre la température de l'air et celle de l'eau donne au moment de l'immersion une sensation de chaleur et, à condition de marcher un peu vite pour rentrer, même lorsqu'il fait plus de 15° au-dessous de zéro, on ne souffre vraiment pas trop dans la carapace de glace qui se forme immédiatement. La dernière fois, lorsque je suis ainsi revenu à bord, j'avais l'air d'un chevalier du moyen âge et il a fallu casser ma cuirasse pour que je puisse me déshabiller.

L'armement du bateau se poursuit, la cheminée a été remontée ; les vergues ont été mises en place et les voiles enverguées. J'avais un peu d'appréhension de laisser les hommes travailler en haut par ce froid, mais ils m'ont assuré qu'ils ne risquaient rien et Hervé et Guéguen, qui ont passé plusieurs heures ainsi dans la mâture, m'ont affirmé en redescendant qu'il n'y avait rien de meilleur pour ouvrir l'appétit.

Aujourd'hui, le N.E. se remet à souffler et je ne l'accueille pas trop mal, car maintenant que la saison est si avancée, je ne compte plus que sur la baleinière pour effectuer des raids. D'autre part, la banquise solide et épaisse qui encercle le bateau, formée d'une superposition et d'un entassement invraisemblable de floes et de débris d'icebergs, m'inquiète. En 1893, au mois de novembre, Evensen a trouvé la mer libre extrêmement loin dans cette même région ; en 1903, c'est également en novembre que l'*Uruguay*, sans trop de difficultés, a pu parvenir à Snow-Hill, mais je crains bien que cette année, tant sur la côte qu'au large, nous ne puissions compter sur de semblables bonnes conditions.

15 octobre. — Nous avons eu des naissances à bord. Péridota a mis bas cinq petits chiens ; si nous devons hiverner de nouveau, cela nous fera un bon renfort pour l'année prochaine. Le nid de corbeau qui sert à tout, excepté à sa destination première, avait été aménagé pour ses couches à la grande fureur de Toby, qui le considérait depuis quelque temps comme son exclusive propriété, n'y accueillant les chiens de temps à autre que par les très grands froids pour lui tenir personnellement chaud.

C'est la première fois aujourd'hui que nous pouvons terminer notre dîner sans allumer les lampes.

16 octobre. — Il fait froid et beau. Quelques douzaines de pingouins reviennent, maintenant, régulièrement le soir à leur ancienne rockerie.

Un moment, j'aidais Rolland à aller, dans le canot en toile, chercher un oiseau tué que Turquet désirait empailler. Pour arriver là, nous longions un grand iceberg dont on voyait la base, aux reflets verdâtres, se perdre dans l'infini des eaux profondes et transparentes ; Rolland me disait en riant : « En voilà un qui ne risque pas de chavirer avec une quille pareille ! » Mais à peine avions-nous ramené à terre et hissé le berton, que des blocs se détachèrent de l'iceberg ; l'énorme masse oscilla, hésita, puis lentement, majestueusement, elle se retourna ; elle montrait maintenant ce qui tout à l'heure avait été sa base invisible, rongée et déchiquetée, sculptée en clochetons, armée de murailles à créneaux. Une grande vague se souleva et vint se briser à nos pieds, entrechoquant les glaces ; puis des ondes plus molles lui succédèrent, s'assoupirent et tout redevint calme.

Ce phénomène, incident vulgaire dans l'existence de ces monstres de glace, en se réalisant avec cette simplicité brusque, dégageait une impressionnante grandeur.

20 octobre. — Les pingouins sont revenus en abondance, il y en a autant maintenant qu'à notre arrivée dans l'île et ils occupent leurs anciens emplacements, empiétant même sur la rockerie des cormorans et s'installant entre les nids déjà terminés de ceux-ci. Les mégalestris, les grands pétrels, les sternes et les mouettes sont également revenus, et les phoques se montrent plus fréquemment et en plus grande abondance.

Pendant que je grimpais, aujourd'hui, au sommet Jeanne, Pierre qui regardait du bord avec sa jumelle, m'a pris pour un pingouin, enfoui que j'étais dans la neige jusqu'aux hanches et agitant mes bras terminés par les mitaines ; il m'a signalé aux autres qui, pendant plus d'une demi-heure, s'y sont également trompés. Je ne suis pas du tout froissé de cette méprise.

Il arrive assez fréquemment que dans ces petites ascensions nous rencontrions quelques véritables pingouins isolés, sans jamais pouvoir nous rendre compte de ce qu'ils viennent faire à de pareilles hauteurs où, vu les moyens de locomotion dont ils disposent, ils ne parviennent qu'avec la plus grande difficulté. Nous en avons trouvé un fort alerte et bien portant, se promenant à 400 mètres d'altitude ; peut-être après tout, se demanda-t-il aussi ce que de notre côté nous venions faire là.

Pléneau profitant du soleil a photographié les hommes en tenue polaire, c'est la première fois qu'ils mettent leurs fourrures et, la seule probablement, à moins que nous n'hivernions de nouveau. Le cuisinier, pour cette occasion, a chaussé des mocassins ; jamais, depuis que nous sommes dans l'Antarctique, je ne l'avais vu autrement que pieds nus dans ses éternelles savates. Il m'avoue que, depuis longtemps, il a perdu l'habitude de porter bas ou chaussettes, et que même en ville il s'en dispense, coupant simplement le haut d'une paire de chaussettes qu'il fixe à ses bottines afin d'avoir un air comme il faut si son pantalon se relève.

24 octobre. — Je suis parti cet après-midi avec mes skis pour prendre un peu d'exercice et je me suis risqué sur la banquise de la baie Sud. Je marchais plutôt sur de la saumure que sur de la glace, et je ne pouvais me servir de mon piolet qui passait au travers de cette couche molle et peu épaisse sans même que j'y mette la moindre force. Tout en me disant à chaque instant que j'allais revenir, je suis arrivé finalement à Hovgard. La glace était tellement mince que par moments je la voyais onduler sous mon poids et j'étais obligé d'avancer rapidement sur mes skis, car quelques instants d'immobilité auraient suffi pour que je traverse la saumure.

J'ai voulu rentrer dans Hauteville pour faire fondre un peu d'eau et manger un peu, mais il m'a fallu, sans autres outils que mes mains et mon piolet, plus d'une heure pour creuser un trou dans la neige me permettant d'arriver jusqu'à la porte. Je me suis offert un petit festin d'exquise viande de phoque froide arrosée d'un grog chaud, le tout accompagné d'une bonne pipe. Finalement, reprenant avec soin le chemin tracé par mes skis je suis rentré très tard à bord où tous étaient inquiets, ne pouvant s'imaginer que la glace était assez forte pour me porter et se demandant ce que j'avais pu devenir. Heureusement que personne n'était venu au-devant de moi, car certainement la glace aurait cédé sous le poids de deux hommes, même avec des skis, et elle était trop mince pour supporter un seul homme sans skis.

25 octobre. — A peine étais-je rentré hier, que le vent s'est mis à souffler avec fureur de l'E.N.E. et toute la glace a été rapidement chassée de la baie Sud. Quelques instants de plus et j'aurais dû rester à Hovgard seul. Avec les provisions et le matériel d'Hauteville je ne risquais rien et, bien au fond, je crois que je regrette que les circonstances ne m'aient pas obligé à cette petite aventure.

31 octobre. — Profitant d'une amélioration dans le temps nous sommes repartis et nous venons de passer encore quelques jours avec l'équipe habituelle à Hovgard. Nous avons embarqué le 18 et c'est avec un véritable plaisir que nous avons retrouvé notre cuisine et nos lits-sacs. Les pingouins, comme à Wandel, couvrent à peu près tous les rochers qui sortent de la neige ; ce sont presque exclusivement des papous, au bec rouge et au triangle blanc partant de l'œil. Ils commencent leurs nids et nos quelques heures de repos se passent dans leur amusante compagnie.

Tous nos efforts ont tendu vers l'île qui est au Sud de Hovgard, mais nous nous sommes encore trouvés en présence de glaces infranchissables, uniquement formées cette fois d'iceblocs et débris provenant des glaciers et tassés les uns contre les autres. Pendant assez longtemps nous avons dû côtoyer la haute falaise de glace de Hovgard crénelée d'énormes et fantastiques formations qui semblent vouloir à chaque instant se détacher pour nous écraser. Quelques morceaux assez gros tombent avec fracas sans nous atteindre, heureusement, et ne nous gênent que par la grande houle qu'ils produisent et qui nous envoie caramboler dangereusement contre les glaces flottantes.

Nous sommes remontés ensuite au sommet avec Gourdon et nous avons pu constater qu'après l'avant-garde d'iceblocs se trouve une banquise mince qui nous sépare de l'île suivante, mais qui a l'air de devoir céder au premier fort coup de vent.

La banquise du large s'est écartée, laissant un grand cercle d'eau libre qui s'étend depuis Hovgard jusqu'au cap Lancaster, mais elle se perd derrière l'horizon et ce n'est certainement pas cette année-ci que, au mois de novembre, nous pourrons nous échapper vers le Sud.

Nous avons pu examiner de près et photographier un icebloc remarquable complètement coloré en noir par l'énorme quantité de terre incrustée dans ses flancs. Gourdon, bien entendu, en a recueilli des échantillons.

Malheureusement le temps, redevenu mauvais, nous oblige à écourter notre séjour ; c'est même avec assez de mal et en luttant contre le N.E. que nous parvenons à rallier le bord.

1er novembre. — Temps ignoble, tempête de vent et de pluie ! de vraie pluie qui fait pit-pat en tombant sur le pont ! Il y a dix mois que nous n'en avons vu, mais nous nous en serions volontiers passés, car un des charmes de ce pays réside justement dans son absence. Dans le carré il pleut presque autant que dehors.

Ce soir à 10 heures un quart, éclairs et tonnerre. Pour ces régions, c'est, je crois, un phénomène assez extraordinaire et tout à fait inattendu. Le thermomètre est monté à 4°.

3 novembre. — Le mauvais temps dure encore et semble ne pas vouloir cesser. Il tombe tantôt de la pluie, tantôt du grésil, tantôt des flocons de neige mouillée gros comme des pièces de cent sous. Tout le bateau est couvert d'une pâte épaisse et à chaque instant, avec un petit bruit d'avalanche, il se détache des morceaux qui tombent de la mâture sur le pont atteignant souvent ceux de nous qui s'y trouvent. Dans les rochers, il se forme des cascades et nos constructions sont sérieusement menacées.

Ce temps affreusement désagréable aura peut-être l'avantage d'activer le dégel, mais en attendant, le cercle d'eau libre que nous avions constaté il y a quelques jours du côté du large est comblé par le pack-ice, qui s'est rapproché et s'étend à perte de vue.

7 novembre. — Le vent est tombé, il fait calme, mais gris et humide. Nous allons à Hovgard en baleinière et nous trouvons le toit d'Hauteville effondré, mais heureusement rien de ce qui se trouvait au-dessous n'est irrémédiablement abîmé. Nous plantons sur une élévation de cette île un signal hydrographique que nous confions à la garde des pingouins.

9 novembre. — Les hommes s'occupent activement de ramener à bord les conserves qui se trouvaient dans le magasin général, afin que nous puissions commencer à arrimer le bateau pour la campagne d'été. C'est un travail souvent assez délicat car de grandes quantités de boîtes sont prises dans la glace ; pour les dégager il faut l'intervention des ciseaux et des maillets, et on risque à chaque instant d'en défoncer quelques-unes. Parfois, les hommes enlèvent un bloc de glace englobant une vingtaine de boîtes et les ramènent ainsi à bord ; c'est ce qu'il y a de plus simple. J'espère que cette corvée sera terminée ce soir.

Le temps de ces derniers jours a eu une influence déplorable sur nos constructions ; les deux barils qui servaient de pied à l'actinomètre ont été renversés, heureusement sans que l'instrument lui-même se soit cassé, mais nos maisons groenlandaises sont en partie effondrées, et la maison du pendule est lamentable d'aspect.

Rey a commencé ses observations d'électricité atmosphérique qu'il va poursuivre maintenant et il est satisfait des premiers résultats obtenus.

Pour l'étude des courants, j'ai jeté autour de l'île une vingtaine de bouteilles accouplées contenant des documents et munies de petits drapeaux ; seront-elles jamais retrouvées ?

10 novembre. — Pierre Dayné et Gourdon sont partis ce matin à 9 heures par un temps superbe faire l'ascension du massif Sud de Wandel. A midi cinq, nous les avons vu parvenir au sommet, j'ai fait hisser les couleurs pour saluer leur succès. Puis je suis parti au-devant d'eux avec du café et quelques conserves et je les ai rejoints à mi-montagne. Ils étaient enchantés de pouvoir se réconforter, car l'ascension avait été très dure, mais Gourdon rapportait d'intéressantes photographies et observations concernant les crêtes de ces montagnes. Il était 7 heures passées quand nous sommes rentrés à bord. Les ascensionnistes, auxquels cet exploit fait grand honneur, ont laissé au sommet élevé de 900 mètres, où ils sont parvenus, un petit drapeau en fer-blanc que l'on voit très bien du bord quand les rayons du soleil viennent le faire briller.

12 novembre. — Le mauvais temps de ces jours derniers rend les hommes maussades ; je cherche, sans en avoir l'air, à remonter leur moral. Heureusement qu'il se présente une distraction nouvelle en même temps qu'utile et agréable, celle d'aller chercher les œufs des cormorans et des pingouins. Nous avons mangé nos premiers œufs de cormoran en omelette le

7 novembre. Celle-ci était, ma foi, fort bonne, malgré sa coloration rouge un peu déroutante au premier abord. Maintenant, les pingouins pondent à leur tour et nous avons pu ramasser aujourd'hui plus de trois cents œufs, provenant des uns et des autres. Les cormorans en donnent normalement trois à cinq, mais les pingouins se contentent au maximum de deux. Il est certain que les difficultés d'élevage sont beaucoup plus considérables pour ces derniers que pour les autres qui, grâce à leur vol, peuvent franchir rapidement les distances souvent considérables qui les séparent de l'eau libre où ils trouvent la nourriture pour leurs petits. Les cormorans, lorsqu'ils couvent leurs œufs, sont extrêmement jolis, étendant leurs ailes de chaque côté du nid et formant sur celui-ci comme le cimier d'un casque de Walkyrie.

Les œufs de pingouins, gros comme des œufs d'oie, sont très bons au goût, mais ne peuvent être comparés, bien entendu, ni aux œufs de poule, ni même à ceux de cane ; nous sommes cependant très heureux de les trouver et ils constituent, pour le moment, notre nourriture à peu près exclusive. Le blanc, ainsi qu'il arrive je crois à tous les œufs d'oiseaux de mer, ne se coagule pas complètement à la chaleur et prend avec une teinte verdâtre un aspect et une consistance gélatineux. Aussi l'œuf à la coque ne peut-il se faire, mais soit en omelette, soit sur le plat, demi-durs ou brouillés, ils sont très mangeables et les hommes les gobent également tout crus avec plaisir. Il est certain que cette modification dans notre alimentation contribuera au rétablissement de toutes les santés.

Notre cuisinier profite de l'aubaine pour donner libre cours à ses talents de pâtissier et nos menus s'agrémentent maintenant, à la fin de presque tous les repas, de crèmes renversées, de crêpes ou autres friandises dont nous avons été privés pendant si longtemps.

Les pingouins défendent leurs œufs du bec et des ailerons ; mais, ici comme ailleurs, la force prime le droit. Pauvres pingouins, c'est à contrecœur que je leur laisse faire ce chagrin, car non seulement ils sont sympathiques dans leur confiance, nous amusent et nous occupent, mais encore nous avons pu assister, depuis leur retour, au travail colossal auquel ils se sont livrés pour construire les nids qui devaient abriter ces œufs que nous leur volons. Mon remords est augmenté par la résignation de ces pauvres bêtes qui, une fois leur œuf parti, continuent à nous considérer sans méfiance apparente ; mais ma conscience n'est pas tranquille et il me semble lire sur le visage impassible, dans l'œil tout rond, comme une tristesse qui serait un reproche.

Depuis quelques semaines c'est peu à peu que, tous les soirs, les pingouins revenaient en nombre de plus en plus considérable s'établir dans l'ancienne rockerie. Sont-ce les mêmes que l'année dernière ? ou, comme le prétendent certains naturalistes, sont-ce seulement les enfants de ceux-ci ? Pour s'assurer de ce curieux détail, il aurait fallu, l'automne dernier, mettre aux jeunes de petits bracelets, et j'avoue avec regret que nous n'y avons pas pensé.

Les deux espèces habitant notre île sont toujours les adélies et les papous qui se fréquentent les uns les autres, vivant même par endroits assez confondus, mais allant à la pêche et à leurs diverses occupations par groupes de même race.

Un seul pingouin antarctique a été ramené hier par Pierre et, comme ceux que nous avions vus en février à Wiencke, il paraissait être là en voyageur.

A peine arrivé, tout ce petit monde s'est mis au travail sans s'occuper de nous, autrement que pour nous regarder en passant, nous envoyer des émissaires quand nous nous approchions de la ville, et, de temps à autre, venir nous demander secours et protection contre les chiens. La journée se passe entre la pêche indispensable à l'existence et la construction des nids. Le mâle et la femelle se partagent alternativement la besogne, et il en sera de même plus tard pour la couvée des œufs et la surveillance des petits. C'est, d'après l'état des glaces, tantôt d'un côté, tantôt de l'autre, qu'ils vont à la pêche.

Après avoir dégringolé et sauté de roche en roche, ils se mettent, une fois sur la neige ou la glace, lorsque la distance à parcourir est grande, en une seule longue file, ou par files irrégulières lorsque l'eau libre est très proche. Suivant toujours les mêmes routes, ils finissent par tracer de véritables chemins dont la neige est bien tassée et dont les bords portent la marque de leurs ailerons. Généralement debout sur leurs petites pattes, ils se laissent glisser assez souvent néanmoins sur le ventre, soit pour aller plus vite, soit pour passer plus facilement sur la neige molle. Bien qu'il n'y ait sûrement aucun souverain dans la rockerie, il semble que ces bandes séparées ont au moins momentanément un chef, et devant quelque hésitation dans la direction ou la décision à prendre, ils se groupent, bavardent, discutent et, finalement, emboîtant le pas derrière celui-ci, reprennent leur route.

Arrivés sur le bord de l'eau, on s'arrête, on s'aligne et le bavardage devient intense ; de temps en temps, un des pingouins tâte l'eau avec une patte, le bec ou l'aileron, comme une baigneuse frileuse qui hésite, puis au cri du chef, poussé et répété par tous ses compagnons, on se décide enfin, et chacun alors de se bousculer pour piquer sa tête.

La pêche terminée, les pingouins, toujours par bandes, sortent de l'eau en sautant sur la glace ou sur les rochers avec une habileté et une agilité remarquables. Les retardataires sont attendus, puis, lorsque la bande est au complet, elle se remet en marche. Souvent, pour rentrer, il faut se livrer à des ascensions très pénibles, en s'aidant du bec, des ailerons et des pattes. Les chutes, les glissades sont nombreuses ; ces incidents sont amplement commentés, mais on finit par arriver tout de même à la rockerie où la plus grande activité n'a cessé de régner, et chacun regagne son domicile particulier.

Les nids sont disposés sans aucun ordre, leurs propriétaires choisissant comme emplacement les roches, généralement dégarnies de neige, et dont la configuration est favorable à la construction projetée. La plus grande étendue de roches découvertes, se trouve sur la côte Nord de l'île, à côté des cormorans, mais une série de roches isolées traverse toute l'île, en passant par la cabane magnétique, elles sont séparées par de plus ou moins grands espaces de neige et, sur celles-ci, suivant l'étendue de leur surface, une, deux ou plusieurs familles se sont installées. On dirait les faubourgs, les villages, les hameaux dépendants de la grande ville.

Les nids sont fort simples, ils consistent en un petit cercle de cailloux ayant comme diamètre à peu près la longueur du corps du pingouin chargé de le couver, destiné à empêcher l'œuf de rouler et en même temps à caler l'oiseau.

Beaucoup de cailloux ayant servi pour les nids de l'année dernière ont été éparpillés par le vent ou enfoncés sous la neige et, ceux qui restent ayant été utilisés, il faut aller en chercher d'autres fort loin, souvent même au fond de la mer. Les bons pingouins ne peuvent les ramener que un à un ; et avec quels soins, quelles précautions ! que de kilomètres parcourus pour apporter une pierre à l'édifice familial ! et c'est touchant de voir l'onction et la gravité qui président au dépôt de ce caillou sur le nid en construction comme s'il s'agissait d'une pierre fragile et précieuse ! Le pingouin ouvre un bec disproportionné et reste un moment ainsi, immobile, comme s'il venait de lâcher un poids de plusieurs kilos.

Suivant le courage et l'ardeur au travail de chacun, il y a des demeures pauvres et des demeures riches, les paresseux se contentent d'un alignement circulaire tout à fait dérisoire.

Lorsqu'un voisin a le dos tourné, que l'on croit que personne ne regarde, c'est bien tentant de chiper un petit caillou au nid qui est là tout prêt et d'économiser par ce modeste larcin un si rude travail ! Mais l'esprit de justice dans la république pingouine est très développé et, si le voleur est aperçu même par d'autres que le principal intéressé, des cris d'indignation sont poussés et le coupable est houspillé, passé à tabac, bousculé, recevant de droite et de gauche coups de bec et d'aileron. Michelet, dans ses belles pages sur les oiseaux, cite les freux (espèces de corneilles) qui « ne pardonnent pas au jeune couple qui, pour être plus tôt en ménage, vole les matériaux, le mobilier d'un autre nid. Ils se réunissent huit ou dix ensemble pour mettre en pièces le nid coupable, détruisent de fond en comble cette maison de vol ». Les pingouins, eux, ne vont pas aussi loin, momentanément emballés, en bons méridionaux, ils font beaucoup de bruit autour de l'événement, mais le châtiment au fond n'est même pas très méchant. Par contre, ces questions de murs mitoyens défrayent pendant longtemps les conversations et les commérages ; d'ailleurs les plus indignés, il faut le reconnaître, seront tout à l'heure les premiers à agir de même lorsqu'une bonne occasion se présentera.

Bien souvent, nous nous sommes amusés à rendre service à nos voisins en leur apportant de pleines casquettes de cailloux et même en construisant en quelques secondes ces nids qui ne pouvaient être édifiés qu'en plusieurs jours de dur labeur, tandis qu'eux, gravement ahuris, nous regardaient, caquetant leur satisfaction à voix basse.

La journée de travail terminée, les pingouins se reposent, bavardent, vont se rendre des visites parfois à d'assez grandes distances. Souvent deux pingouins se rapprochent l'un de l'autre, se regardent avec l'habituelle gravité, s'inclinent puis se redressent en allongeant le cou, levant haut la tête et le bec, les poitrines bien parallèles et répètent à plusieurs reprises ce mouvement qui semble être un salut. La nuit, sauf quelques sentinelles qui veillent, tout repose et seulement de temps en temps on entend ce braiement particulier dont j'ai déjà parlé, signal ou cri de ralliement, peut-être simplement l'expression de la joie de vivre. Par les ouragans et les chasse-neige, les pingouins se couchent le bec au vent, bien allongés, offrant ainsi le moins de prise possible.

Les œufs une fois pondus sont couvés alternativement par le mâle et la femelle, qui de temps à autre se lève et avec son bec les déplace et les retourne ; son consort suivant cette opération avec la plus grande attention et lui recommandant d'agir avec soin.

Jusqu'alors mégalestris, grands pétrels et mouettes allaient et venaient inoffensifs par la ville, mais maintenant leur présence n'est plus tolérée, car il faut défendre contre eux les œufs, comme il faudra plus tard défendre les petits en bas âge.

Le moyen de défense employé, bien simple et cependant des plus efficaces, est très pittoresque. Dès qu'un oiseau dangereux est signalé planant au-dessus de la rockerie, comme un seul pingouin, tous se dressent et lèvent la tête présentant ainsi un hérissement de becs pointus, redoutable herse qui empêche l'ennemi d'atterrir. Hélas ! pauvres pingouins, vous ne pouvez pas défendre vos trésors contre nous et le printemps 1904 restera dans vos souvenirs comme une triste et singulière époque !

Je me suis souvent demandé ce qui peut se passer dans ces cerveaux d'oiseaux en voyant arriver les choses inouïes que l'imagination des pingouins la plus féconde ne pouvait se figurer puisqu'elles n'avaient jamais été vues même par fragments ! Que peuvent être pour eux notre bateau, ses mâts formant des lignes droites, les agrès, les métaux, le feu, la fumée, les couleurs mêmes, tout en somme ? Que sont ces êtres bizarres faits à l'image de grands pingouins, tantôt bienfaisants, tantôt malfaisants et accomplissant des choses étonnantes ? Et aussi ces monstres, à l'allure diabolique, méchants et cruels, poilus avec de grandes queues, des langues rouges et des dents qui broient et qui tuent ? Leur passage à tous aura été marqué par des phénomènes extraordinaires, des miracles, et ils s'évanouiront, laissant cependant des preuves absolues de leur séjour ! Les années, puis les siècles s'écouleront, les légendes se transmettront de génération en génération de pingouins et peut-être quelque outil oublié, quelque vieille boîte vide, quelque morceau de bois, conservés comme idoles seront montrés aux pingouins esprits forts, qui, haussant les épaules, voudront douter quand même ! Cependant, d'autres pingouins venus des régions éloignées de l'Antarctique où ont hiverné les expéditions de l'an dernier, raconteront à leur tour en hochant la tête que là aussi des miracles prodigieux se sont accomplis, que des légendes presque identiques existent là-bas, s'appuyant sur les mêmes vestiges et nées vers la même époque ! Et qui sait si diverses religions ne se créeront pas ainsi et si on ne se battra pas dans le monde auparavant si paisible des pingouins, pour le triomphe du Gerlachisme, du Scottisme, du Brucisme, du Drygalskisme, du Nordenskjoldisme ou du Charcotisme !

Mais en attendant, il est décidé qu'une plaie terrible s'abattra sur les œufs, qui seront ramassés tous les matins, et que seule une tribu sera épargnée, pour que nous puissions assister à l'éclosion et à l'élevage de ses enfants.

13 novembre. — Il semblait ce matin devoir faire beau et j'ai proposé à quelques hommes comme distraction du dimanche de venir avec Matha et moi en baleinière jusqu'à Hovgard chercher des œufs et excursionner dans les environs. Rallier, Guéguen, Hervé, Robert et Poste nous accompagnent. A Hovgard nous sommes déçus, car nous ne trouvons que cinq œufs qui sont gobés sur place. Mais, par contre, nous poussons des cris d'admiration et de joie devant une belle mousse épaisse et verte qui a dû pousser sous la neige et qui couvre une étendue d'au moins deux mètres carrés !

Moitié à la voile, moitié à l'aviron, nous allons au fond de la grande baie formée par le glacier de la terre de Danco en face de Hovgard et qui aujourd'hui est à peu près libre d'iceblocs et d'icebergs. Il n'y a pas un seul point où un débarquement serait possible, mais par un étroit chenal nous pénétrons dans un petit cirque aux eaux profondes dont les parois verticales de glace font suite presque immédiatement aux murailles rocheuses de la montagne, qui, noires et superbement sinistres, vont se perdre dans la brume élevée. Un navire trouverait ici un bon abri momentané, mais l'impression de silence, d'irréel par cette journée grise est angoissante : nous sommes là au fond d'un énorme puits, dont l'issue supérieure est fermée, et qui paraît éclairé par les eaux glauques, immobiles, mortes, dans lesquelles se reflètent avec des teintes de cadavres les murs de glaces qui, conception d'Edgar Poe, semblent prêts à s'écrouler ou à se rapprocher pour nous écraser.

Dans le chenal de Lemaire que nous prenons pour rentrer, il commence à tomber de la neige et à venter.

Après avoir doublé le cap N. de l'île Wandel, nous sommes en pleine tourmente et la baleinière, avec un ris dans sa voile, vole sur les courtes vagues écumantes. Il faut veiller avec soin, car avec cette vitesse la rencontre d'un petit glaçon nous enverrait au fond. En arrivant à l'extrémité N.W. que nous devons contourner pour gagner la baie de la Salpêtrière, seule accessible actuellement, nous trouvons une mer très grosse, brisant furieusement sur les rochers et les glaces flottantes.

Il y a là un moment d'émotion, car une hésitation, une erreur, peuvent nous faire chavirer ou nous briser sur les dangers que nous frôlons. Cramponné à la barre, les nerfs tendus dans l'effort d'attention, je ne peux m'empêcher de jouir de la forte sensation que j'éprouve. Notre baleinière avec la voile gonflée à éclater, les hommes dans leurs anoraks bruns au capuchon rabattu, les vagues déferlantes, au milieu des nuées grises qui nous enveloppent, de la neige et des glaçons aux formes bizarres, tout a l'air de poser pour un de ces classiques tableaux polaires qui faisait autrefois battre mon cœur d'enfant d'une admiration terrifiée.

Notre journée peut se résumer par trois heures de nage et trois autres heures de coup de vent sous la neige et les embruns glacés ; aussi quand, le soir, je vais à l'avant, j'ai quelques remords, en pensant à la distraction du dimanche que je viens d'offrir aux hommes qui m'ont accompagné, et j'éprouve un réel soulagement en entendant l'un d'eux terminer le récit de sa « promenade » par : « Ça ne fait rien, on a rudement rigolé. »

14 novembre. — Nous venons de manger nos trois derniers petits pains d'Ushuaia ; ils nous avaient été garantis pour trois mois et voici dix mois que nous en vivons, les trouvant aussi bons que le premier jour. Ils seront remplacés par du biscuit, mais nous les regretterons certainement. Pour nous consoler, nous commençons par ouvrir une caisse de très bonnes galettes norvégiennes donnée par le commandant Gulden, quand nous rencontrâmes le *Fridtjof* à Madère.

Nous avons maintenant des photographies des nids de mouettes, de mégalestris et de sternes, et des échantillons de leurs œufs. Les mégalestris construisent assez habilement leurs nids avec des mousses et des lichens sur les rochers dans la montagne ; les mouettes de même, mais sur le bord de l'eau. Quant aux jolis petits sternes, leur installation est la plus simple qu'on puisse imaginer, car ils se contentent de fermer une petite fente de roche aux deux extrémités avec quelques cailloux.

Gourdon a découvert de nouveau sur la côte une belle grotte formée par le glacier qui recouvre un long corridor entre deux rochers. On ne peut y pénétrer qu'au moyen du berton et après avoir brisé quelques-unes des fines stalactites qui obstruent l'entrée comme un rideau en tissu de verre. Puis on débarque, et après avoir franchi à quatre pattes un couloir étroit, on aboutit à une vaste salle discrètement éclairée en teintes bleues délicates, par la transparence même du glacier et ornée de stalactites et de stalagmites qui se rejoignent en formant de fines et diaphanes colonnes.

21 novembre. — Nous venons de passer trois jours à Hovgard, mais en campant cette fois-ci à la pointe N.E. sous la tente de soie. L'habituelle barrière formée d'iceblocs et de débris a été un obstacle infranchissable à notre désir d'aller plus loin.

Mais l'ascension du grand sommet nous a permis de nous rendre compte que si nous profitons d'un moment de détente nous pourrons peut-être réussir à explorer ce ruban de côté qui nous intéresse tant.

Le premier soir, il faisait si beau que nous avons dîné dehors en flânant et nous avons pu assister ainsi à un des petits drames de l'Antarctique.

Un mégalestris s'est abattu sur un nid de mouettes et a pris tranquillement un œuf dans son bec, l'emportant dans les airs. Les pauvres mouettes l'ont poursuivi longtemps, en criant leur chagrin et leur colère, mais le voleur, avec une habileté extraordinaire, est arrivé à les dépister et à gagner une roche où il déposa sa proie. Les mouettes n'osèrent plus alors attaquer leur ennemi, prêt maintenant à se défendre avec son bec redoutable, et revinrent tristement au nid qui ne contenait plus qu'un seul œuf que nous n'avions pas eu le cœur de leur prendre.

Malgré la température de plusieurs degrés au-dessous de 0°, il fait très bon sous la tente et ce n'est qu'à huit heures du matin que je suis réveillé par les rayons d'un chaud soleil qui brille à travers la soie, et par le murmure délicieux de l'eau qui coule.

Je m'étire avec volupté, bien reposé, heureux de vivre, pensant à la belle journée de printemps qui s'annonce, quand il me semble ressentir une fraîcheur humide dans le dos. Je saute hors de mon sac et réveille mes compagnons ; nous sommes dans le lit même d'un petit torrent qui s'est formé subitement et nous trouvons flottant, comme une étrange escadre, notre cuisine, nos gamelles, nos mocassins. Tout est repêché facilement et vite séché au bienfaisant soleil que nous n'avions pas vu depuis si longtemps et qui, pour son retour, vient de nous jouer un tour que nous lui pardonnons volontiers.

Le reste de notre excursion s'est passé sans incident et avant de rentrer à bord, nous avons été prendre des œufs aux pingouins d'Hovgard.

Pendant que mes compagnons font la récolte, je m'amuse à observer un ménage qui, profitant du désarroi causé par notre présence, fait son nid uniquement en volant des cailloux à ses voisins. Le vice cette fois encore sera récompensé ; en quelques secondes j'achève le travail commencé, puis prenant dans notre panier un œuf superbe, je le place au milieu du cercle de cailloux. Alors les deux pingouins se sont regardés étonnés, puis ils ont examiné l'œuf, le remuant, le retournant et enfin l'un d'eux, prenant son parti, avec un joyeux caquetage, s'est décidé à le couver, tandis que l'autre poussait des gloussements de fierté ! Et plus tard les commères du voisinage diront en parlant du petit : « Comme il ressemble à ses parents ! »

22 novembre. — Nous avons bu ce soir une bouteille de champagne à la santé d'Irizar. C'est en effet, il y a un an aujourd'hui, que l'annonce du succès de l'*Uruguay*, parti à la recherche de Nordenskjold, est parvenue à Buenos Aires.

Rey m'a demandé, quand nous partirons pour la navigation d'été, de le laisser avec Rolland à Wandel, dans la maison démontable pour qu'il puisse terminer une année complète d'observations météorologiques et magnétiques. Je n'ai pas cru devoir accéder à son désir. Nous sommes déjà trop peu de monde à bord pour la navigation difficile que nous aurons à entreprendre et je n'ai pas assez de confiance dans la machine du bateau et dans la provision de charbon qui nous reste pour m'astreindre à venir les prendre en février. D'ailleurs, je m'imagine que nous ne pourrons quitter notre station d'hivernage avant la fin de décembre.

Les phoques sont nombreux autour de nous, accompagnés maintenant assez souvent de jeunes dont la viande est très délicate.

24 novembre. — Je suis monté ce matin au sommet Jeanne, le temps est magnifique, clair et froid. La baie de la Salpêtrière est encombrée de floes, amenés par la brise du Sud, mais au-delà d'Hovgard, les glaces semblent maniables et je suis décidé à partir pour notre raid. Dans la baleinière, nous emportons le matériel de campement, vingt jours de vivres, les instruments qui nous sont nécessaires, et un traîneau démontable, ouvrage de mon invention, qui est fabriqué avec des skis, et qui est peu encombrant. Tout cet armement a été assez compliqué à établir, car il nous a fallu compter non seulement avec le poids, mais encore avec l'embarras de la charge ; malgré toutes les précautions prises, notre canot chargé pèse 850 kilos. Nous ne pouvons cependant emporter moins de choses ni nous servir d'une embarcation dont la légèreté serait acquise au détriment de la solidité, car s'il est probable que nous devrons la traîner sur la glace, il est certain que nous serons très souvent obligés de la faire passer de vive force à travers le pack-ice, lui faisant subir ainsi des pressions violentes et des chocs très durs.

Nous ne nous dissimulons pas ce que ce raid peut avoir de risqué, dans les conditions actuelles, mais nous envisageons gaiement toutes les éventualités. Matha, que le devoir retient à bord, prend, comme toujours, le commandement pendant mon absence et se charge de hâter l'armement déjà très avancé.

L'équipe du canot est toujours formée de Pléneau, Gourdon, Rallier du Baty, Besnard et moi.

Pléneau est l'homme rêvé pour ces sortes d'aventures, vigoureux et solide au-dessus de la moyenne, il est d'une inaltérable bonne humeur, spirituel, blagueur et acceptant lui-même admirablement la plaisanterie, il prend avec une merveilleuse philosophie toutes les fatigues, les privations et les douleurs physiques. Jamais il ne recule devant quoi que ce soit et fait ce qu'on lui demande, qu'il s'agisse d'un travail intellectuel minutieux, ou au contraire d'une besogne manuelle rebutante, avec le même plaisir et le même entrain.

Son attitude, le costume qu'il adopte, les petites maladresses soulignées de ses propres boutades font la joie de tous et je ne crois pas qu'avec lui le découragement soit possible. Cœur excellent avec cela, ouvert et franc, c'est un homme auquel on aime à serrer la main et à la garder longtemps dans la sienne.

Gourdon, le plus jeune de l'Etat-Major, est un garçon fin et distingué ; froid, réservé d'allure, se tenant en dehors des inévitables cancanages et discussion du bord, plein de tact et d'un jugement très sûr, il joint volontiers à une gaieté d'enfant l'enthousiasme de l'étudiant. Il a dans son caractère une petite pointe d'idéal et de mysticisme qui me plaît. Adorant les aventures qu'il envisage avec calme, il supplée à l'absence d'une grande vigueur musculaire par une énergie et une résistance surprenantes que l'on est étonné de trouver dans une charpente d'apparence grêle.

Je pars donc avec des camarades sûrs, ayant le même désir du succès que moi, nous sommes liés par une grande affection, une absolue confiance les uns dans les autres ; habitués à vivre, à travailler et à causer ensemble, nous sommes comme d'une même famille et charmante digression à notre vie actuelle, nous nous parlons des nôtres comme si nous les connaissions de longue date.

Les deux matelots qui nous accompagnent ne font que compléter cet ensemble.

Rallier du Baty est un être hybride tenant le milieu entre l'état-major et le matelot. Il a su se faire apprécier, aimer et estimer de tous et c'est peut-être le plus beau compliment que l'on puisse lui faire, car sa situation était particulièrement délicate. Fils d'un capitaine de vaisseau, neveu d'un amiral et ayant reçu une solide instruction dont il a su profiter, il s'est mis par goût dans la marine de commerce passant son examen d'élève officier de la marine marchande. Lorsqu'il s'est présenté pour faire partie de l'équipage du *Français*, je n'ai pu lui offrir qu'une place de simple matelot qu'il a acceptée avec joie. Il a prouvé rapidement à ses camarades qu'il était aussi robuste, hardi et bon matelot que le meilleur d'entre eux et a acquis, à la fois, leur respect et leur affection. A nous autres, il a montré en même temps que son tact, son dévouement, son énergie et son savoir et nous rend de grands services pour nos observations scientifiques. C'est un beau caractère, sympathique à tous les points de vue.

Besnard, ancien pupille de la marine, embarquait à Brest, sur le *Français*, le jour même où il terminait son service à l'Etat. Très robuste et large d'épaules, avec une figure intelligente et ouverte, c'est un beau type de marin, capable et adroit, en même temps que bien élevé et naturellement distingué d'allures et d'esprit. Plein de zèle et d'entrain, il obéit aveuglément et se donne sans compter pour faire réussir nos projets tout en s'amusant comme les autres des plus petites choses et s'intéressant à tout ce qui l'entoure.

A 2 heures, aidés de l'équipage et de Matha, avec de grandes difficultés par suite des glaces serrées le long de la côte, nous portons pour ainsi dire la baleinière à l'eau. Enfin nous sommes à flot et, poussant avec les gaffes, les avirons, les mains et les pieds, nous nous frayons péniblement un chemin, mettant trois heures pour franchir les 500 mètres de débris et de floes qui nous séparent de l'eau plus libre. Rapidement alors, nous gagnons la pointe Est d'Hovgard où nous faisons la soupe et à 8 heures du soir nous repartons. Une banquise mince nous barre la route et après quelques vains efforts pour la forcer, nous campons à 1 h 30 du matin sur un petit récif qui fait suite à l'extrémité Sud d'Hovgard. Quelques mouettes et sternes nous tiennent compagnie et sur la banquise, à la lisière de l'eau, campent plusieurs centaines de pingouins, véritable armée aux uniformes blanc et noir.

25 novembre. — Comme je me suis chargé de faire la cuisine, je me lève une demi-heure avant de réveiller les autres. Mon but en faisant la soupe moi-même est, tout en ayant un contrôle absolu sur nos vivres, de tricher un peu sur les rations journalières sans que mes camarades s'en aperçoivent, de façon à pouvoir prolonger notre raid si cela devient nécessaire. Il me semble en outre que dans des petites expéditions comme celle-ci, qui ne peuvent réussir qu'à la condition que chacun donne son maximum d'énergie physique, le chef doit payer d'exemple et ne pas craindre d'assumer les corvées les plus désagréables. Le lit-sac dans lequel je couche et que j'ai dû faire fabriquer avec de simples couvertures est certainement moins confortable et moins chaud que les sacs en peau de renne, mais je le conserverai jusqu'au bout ainsi que la place que je me suis assignée à la porte de la tente qui me permet de veiller au-dehors, de me lever et de sortir sans réveiller les autres si je ne le juge nécessaire. Il n'y a pas un seul d'ailleurs de ceux qui m'accompagnent qui ne serait désireux de faire de même et c'est uniquement par obéissance qu'ils s'inclinent devant mes décisions.

J'avais en principe organisé nos rations par homme de la façon suivante :

Repas au départ :

Comprimés de soupe allemande	25	grammes
Viande (corned-beef)	250	—
Beurre	20	—
Légumes comprimés	16	—
Sel comprimé	7	—
Sucre comprimé	14	—
Café comprimé	7	—
Biscuit	150	—
Rhum	25	—

Au milieu de la journée :

Biscuit	50	—
Fromage	50	—
Tablette chocolat	20	—
Thé comprimé	6	—
Sucre comprimé	14	—

Repas à l'arrivée :

Comprimés de soupe allemande	25	—
Viande (corned-beef)	250	—
Beurre	20	—
Légumes comprimés	16	—
Sel	7	—
Sucre	14	—
Café	7	—
Tablette chocolat	20	—
Liebig	10	—
Biscuit	200	—
Rhum	25	—
Comprimé de citron	1	—

Mais pendant tout le raid je n'ai distribué par jour que 100 grammes de biscuit à chacun, presque pas de fromage, très rarement du thé et j'économisais toujours quelques grammes sur chaque autre chose. Les deux fois où nous avons mangé du pingouin, sauf le beurre, le sel, le biscuit et le café, rien d'autre n'a été distribué. Enfin, d'un commun accord la collation de midi a presque toujours été supprimée. Le beurre était quelquefois remplacé par de la julienne au gras Rouquet et les légumes par des croquettes de marche.

Notre batterie de cuisine comprenait la classique cuisine Nansen en aluminium avec quelques modifications insignifiantes apportées par moi-même, une casserole de rechange, une louche et une hachette pour casser la glace, toutes deux de la fabrication du bord, et enfin un simple morceau de bois conservé précieusement et qui servait à la fois à remuer la soupe, à gratter le fond de la casserole et à enlever la neige des semelles de nos chaussures. Quant à notre vaisselle elle n'était composée que d'un quart, d'une gamelle en aluminium et d'une cuiller pour chacun de nous ; la fourchette dès le début de nos excursions avait été jugée totalement inutile et avantageusement remplacée par les doigts.

La tente en soie était formée d'un prisme triangulaire de 2,50 m sur 1,85 m, le côté servant de plancher étant renforcé par une forte et imperméable toile à voile. La porte pouvait se lacer de l'intérieur et tout l'édifice était monté en quelques minutes avec deux paires de skis, deux piolets et un bambou comme faîtage.

Le temps est brumeux, triste, mais calme et relativement chaud. Nous partons, décidés coûte que coûte, à parvenir à l'île Lund. La banquise peu épaisse est cassée par deux d'entre nous postés à l'avant avec la pelle et la pioche, les autres poussant sur les côtés ou godillant à l'arrière ; c'est ce que nous appelons le procédé n° 1. Si la glace devient un peu plus résistante, deux hommes y descendent en se tenant à l'étrave de l'embarcation tandis que les autres en se portant à l'arrière lui font lever le nez, l'engageant ainsi aussi loin que possible ; puis nous nous portons tous sur l'avant, cassant la glace par notre poids combiné, et on recommence la manœuvre. C'est le procédé n° 2. Enfin, quand la glace est assez dure, ce qui arrive trop rarement, nous traînons l'embarcation entièrement dessus, ce qui constitue le procédé n° 3. Tout cela est long, éreintant et fastidieux, nous avançons centimètre par centimètre, mais à six heures du soir nous naviguons dans la flaque d'eau qui baigne une petite baie de l'île Lund où nous abordons enfin. Pendant qu'avec Pléneau et Gourdon nous inspectons les environs à la recherche d'un bon emplacement pour notre campement, les hommes montent le traîneau et déchargent la baleinière. A 10 heures du soir elle est hissée à terre, la soupe rapidement préparée et mangée et nous nous enfouissons dans nos sacs.

26 novembre. — Temps superbe. A 6 h 30 du matin nous sommes debout et faisons un long tour en passant par de jolis ravins pour arriver au sommet de l'île. Dans cette partie Nord les mousses et lichens sont en profusion et forment sur les roches noires de beaux tapis de verdure moelleux et doux aux pieds. Avec le chaud soleil dont nous bénéficions, l'eau coule abondamment de toutes parts. Les mégalestris, extrêmement nombreux ici, sont avec quelques phoques au bord de l'eau les seuls animaux que nous voyons sur l'île. Mais sur la banquise les pingouins sont innombrables et sur des récifs à l'Est nous apercevons une importante rockerie.

Du sommet que le baromètre indique comme étant de 140 mètres, je puis prendre de bons relèvements et des vues de côte. Par une vertigineuse glissade sur la pente de neige qui descend au S.W. nous arrivons d'un trait à la banquise. Après avoir déjeuné nous cherchons à remettre la baleinière à l'eau. Nous nous apercevons à temps, heureusement, qu'elle a besoin d'une sérieuse réparation et après l'avoir chavirée sur la glace, nous réparons l'avarie avec un morceau de boîte de conserve et quelques clous. Pendant cette opération, un pingouin est resté près de nous, examinant notre travail avec grand intérêt. Par les mêmes procédés que la veille et en profitant de quelques rares chenaux nous gagnons le pied du grand glacier en face, sur la terre de Danco, espérant trouver là, peut-être, de l'eau libre qui nous conduise vers le Sud. Mais nous sommes déçus et après avoir navigué sans aboutir au milieu d'iceblocs détachés du glacier et qui, je ne sais pourquoi, donnent l'impression d'un vaste cimetière, nous revenons péniblement à l'île Lund pour camper cette fois près de son extrémité Sud. Un vieux phoque tout couturé de blessures nous reçoit avec indifférence, puis un pingouin s'approche et examine notre installation ; il la trouve, paraît-il intéressante, car quelques instants après il revient accompagné de deux de ses camarades.

Le dîner achevé, Rallier et Gourdon vont chercher des œufs à la rockerie avoisinante, habitée par des papous et des adélies, tandis que Pléneau, Besnard et moi partons examiner la glace avec laquelle nous entrerons en lutte après quelques heures de repos. Avant de nous coucher, malgré l'extrême fatigue de cette journée, nous restons à regarder les pingouins sur la banquise. Ce sont presque tous des adélies qui viennent des îlots éloignés et encore englobés dans la banquise. Il leur faut faire des kilomètres sur leurs courtes pattes pour trouver des endroits propices à la pêche ; aussi y séjournent-ils plusieurs jours, campant sur la glace, tandis que l'autre moitié des habitants reste à couver les œufs, attendant leur tour de partir.

Les pêcheurs vont et viennent par files de près d'un cent, dessinant sur la neige blanche un long pointillé qui serpente. Lorsqu'une crevasse barre la route, la bande s'arrête, se groupe sur le bord, attend l'ordre du chef pour se jeter à l'eau et après de courts ébats les pingouins atterrissent de l'autre côté par un bond rapide et brusque qui succède à une plongée et qui les fait retomber comiquement, debout sur leurs pattes comme des petits bonshommes mus par un ressort. Puis la file se reforme et continue son chemin. A la queue se trouvent des traînards, des éclopés qui suivent difficilement en boitant ; mais, à chaque instant, les derniers valides se retournent et s'ils voient ceux-ci à bout de force, ils préviennent les précédents et le mot d'ordre passant de l'un à l'autre, toute la bande s'arrête. On se groupe, les plus fatigués se couchent et on attend pour repartir que les retardataires aient pu rejoindre et que les éclopés aient pu se reposer.

Hier nous avions remarqué un pingouin, probablement blessé grièvement car il tombait à chaque pas. La compagnie dont il faisait partie finit par s'arrêter longuement et après une discussion bruyante le malade a été laissé, mais confié aux soins de cinq pingouins bien portants, qui sont restés auprès de lui. Ce matin tous les six étaient encore à la même place, mais ce soir le malade, allant probablement mieux, se dirige de nouveau vers les îlots du Sud toujours entouré de ses gardiens et faisant de courtes étapes espacées de longs repos.

27 novembre. — Notre repas de ce matin aurait pu être aussi bon que d'habitude si je ne m'étais laissé tenter par Rallier et Gourdon qui, ayant été chercher des œufs, m'ont insinué qu'ils feraient très bien mélangés à la soupe. Hélas ! nous nous sommes aperçus, mais trop tard, qu'ils étaient fort avancés. Nous avons néanmoins vidé nos gamelles.

Je me suis seulement donné la peine, cette fois, de nettoyer la casserole. D'habitude nous la laissions garnie du « fond » qui gelait presque immédiatement et qui ne faisait qu'augmenter au repas suivant la richesse de notre nourriture. Ce résidu, en général, était composé d'un amalgame assez bizarre de comprimés divers, de viande, de sel, de sucre, de café auxquels venaient se joindre quelques poils de renne provenant des lits-sacs et même un peu de tabac et de pétrole. Mais nous nous y étions habitués et l'ensemble devait en être des plus hygiéniques car nous ne nous sommes jamais mieux portés.

Le temps est magnifique, le ciel sans un nuage, le soleil presque chaud et, pleins d'entrain, nous traînons notre lourde embarcation sur la glace. Je suis du côté droit avec Besnard ; Pléneau et Rallier du côté gauche, tandis que Gourdon pousse à l'arrière assurant autant que possible la direction.

La glace est tout d'abord excellente ; nous commençons par faire 50 pas sans souffler puis nous en faisons 150 et nous arrivons rapidement ainsi en une heure à une belle étendue d'eau qui borde les récifs de l'extrémité Sud de Lund. Mais, à partir de ce moment les choses changent complètement ; l'eau libre franchie nous hissons de nouveau la baleinière sur la banquise et nos misères commencent réellement. La glace est formée de trois couches, une première croustillante, mince, inégale et vallonnée, supportant à peine pendant quelques mètres le poids de l'un de nous, puis une seconde couche formée d'une véritable saumure liquide variant de 20 centimètres à 1 mètre d'épaisseur reposant elle-même sur une troisième couche à peu près résistante mais fenestrée et cédant trop fréquemment.

Le travail auquel nous nous livrons est véritablement surhumain et, en recopiant ces lignes, je me demande encore comment nous avons pu y résister, le reprendre le lendemain et continuer les jours suivants sans presque un moment de découragement ni même de mauvaise humeur.

Nous avançons désormais mètre par mètre donnant tout le temps notre maximum d'effort, heureux quand nous pouvons d'un seul coup faire huit à dix pas de suite. Presque continuellement nous sommes dans l'eau qui est à – 1° jusqu'aux genoux ou aux hanches, quelquefois jusqu'à la taille. La baleinière, grâce à sa longueur, enfonce moins que nous, mais son avant s'enfouit subitement dans un trou, ou bien toute la glace s'écroule sous son poids et alors dans l'eau, l'un de nous perdant même quelquefois pied et restant cramponné à la lisse, nous cherchons à la faire avancer et à la hisser de nouveau. Souvent il nous faut porter l'ancre à glace devant, frapper un palan et, après avoir avec pelle et pioche fait une espèce de plan incliné, souquer dur afin d'avancer de quelques centimètres, bien contents quand ce n'est pas l'ancre qui vient, nous obligeant ainsi à recommencer tout le travail. Nous prenons à peine quelques minutes de repos de temps à autre ; si nous nous arrêtions, en nage et trempés comme nous le sommes, une carapace de glace nous recouvrirait rapidement. D'ailleurs camper ici est impossible, il faut à tout prix gagner la ligne de récifs noirs qui coupe la banquise blanche là-bas, bien loin, très loin encore. Et puis il me semble en outre, que si je laissais mon équipe s'arrêter un instant, nous hésiterions à repartir et que le découragement pourrait nous gagner. Il faut marcher, pousser, tirer comme des brutes, sans réfléchir ! « En avant garçons, balancez pour décoller... une, deux, trois, enlevez ! » Souvent, l'effort est vain et il faut reprendre après une exclamation de désespoir. Si nous sommes favorisés nous faisons quelques pas « hardis, ça marche ! » mais la baleinière s'enfouit de nouveau ou l'un de nous passe à travers la glace. « Fusil ! » s'écrie Pléneau ; « N... de D... » répond Rallier et nous rions... peut-être pour ne pas pleurer.

De temps à autre une large fente se présente, hélas toujours perpendiculaire à notre route, ce qui nous empêche d'en profiter et nous la traversons en remettant la baleinière à flot. C'est un moment de joie et nous sommes devenus très habiles à cet exercice. Redoublant nos efforts nous poussons aussi vite que possible, mais dès que nous approchons du bord, la glace se casse, nous sautons pêle-mêle dans le bateau, je donne quelques coups de godille et nous reprenons notre travail sur la glace de l'autre côté. Une fois, le nable s'est trouvé enlevé pendant l'une de ces traversées et tandis que nous nous laissions aller au plaisir de flotter, l'embarcation se remplissait tranquillement ; nous avons heureusement pu le boucher à temps avec un mouchoir, et nous en avons été quittes pour écoper.

Vers le milieu de la journée, j'ai eu l'idée d'attacher le mât, et deux avirons en travers sur les bancs et cette installation, en servant de point d'appui, nous permettait de soulever et de pousser en même temps, donnant ainsi toute notre force effective.

Oh ! nos poitrines et nos bras ! quelle souffrance à les appuyer chaque fois qu'il fallait repartir !

Depuis notre départ, nous avons travaillé de douze à treize heures par jour, mais voici déjà quatorze heures que nous sommes en route aujourd'hui et nos récifs — véritable terre promise — semblent toujours s'éloigner. Nous gagnons un énorme iceberg puis un second et enfin un long chenal d'eau qui semble conduire obliquement vers le Sud. Mais, vain espoir, il ne fait que nous mener près d'un haut iceberg qui se dresse devant nous comme une vaste pierre tombale. Le soleil qui ne se couche plus à cette époque est bas sur l'horizon, il fait froid et pour ajouter à nos souffrances nous sommes tous atteints de l'ophtalmie des neiges. Il semble que nous ayons dans les yeux une poignée de poivre dont nous ne pouvons nous débarrasser, et les larmes coulent en abondance gelant cruellement sur nos figures.

Jamais nous ne nous sommes sentis si misérables. Le silence nous enveloppe, les pingouins, qui par longues files nous croisaient, se reposent à cette heure ; nous sommes seuls, à bout de forces, souffrant atrocement et sachant quelles heures de travail il nous faut encore endurer pour arriver à notre but ! « Allons garçons, pas de blagues, une bonne pipe et en avant ! Balancez ! une, deux, trois, enlevez ! » Le dos courbé, les muscles tendus, les yeux fermés pour ne pas voir la neige, nous marchons. « Du courage, encore un coup ! » Les heures passent et pas à pas nous approchons... Hourra ! un assez grand espace d'eau libre rapidement franchi à l'aviron et nous voici sur nos récifs.

Depuis dix-huit heures nous travaillons !

Quelques pingouins semblent nous attendre sur le bord, ce sont de simples adélies, mais trompés par le mirage nous les avions pris pour des pingouins impériaux.

La baleinière est hissée sur la glace de terre ; misérable baleinière ! nous l'aimons quand même. Pendant que les autres dressent la tente, je prépare la soupe et nous éprouvons enfin la plus belle, la plus grande des jouissances ! changer de bas ! se mettre quelque chose de sec aux pieds ! Je fais un collyre pour nos yeux mais les compresses glacées nous soulagent surtout. Déjà le soleil commence à briller et, pour protéger nos pauvres yeux déjà si douloureux, nous devons nous mettre des bandeaux. Il est plus de 2 heures du matin quand nous nous couchons.

28 novembre. — Je me lève à 10 heures du matin ; le soleil radieux séchera nos bas et nos chaussures et pourra plus tard en faire de même pour les vêtements mouillés que nous avons dû garder sur nous, mais il ne contribuera pas à guérir notre ophtalmie.

Après avoir mis un peu d'ordre dans notre camp, hissé le pavillon, retourné les bas et allumé la lampe à pétrole, je m'étends les pieds nus sur mon sac. Tandis que je rêvais, une tête curieuse apparaît à la porte de la tente suivie d'un pingouin tout entier qui, avec le plus grand calme, s'installe à côté de moi et, après m'avoir dévisagé, inspecte l'intérieur de notre habitation. J'étends la main vers lui, mais à mon contact il proteste bruyamment sans bouger néanmoins et me fait comprendre que l'on peut causer, mais pas toucher. C'est ce que nous faisons et notre conversation bruyante réveille mes camarades.

Nous sommes tous étonnés de ne ressentir aucune courbature après le labeur de la veille, mais, par contre, quelques-uns souffrent tellement des yeux, Pléneau en particulier, que je décide de ne repartir que lorsque le soleil sera tout à fait bas sur l'horizon. En attendant, sans quitter désormais nos lunettes à verres fumés insuffisantes, mais cependant utiles, nous parcourons notre îlot. C'est un récif bas et rocheux, plutôt qu'autre chose, occupé par une vaste rockerie de pingouins ; il n'y a plus ici que des adélies, ce sont eux que nous avons croisés sur la banquise. C'est à grand-peine que nous pouvons marcher sans détériorer les nids, mais les pingouins se chargent de nous rappeler aux convenances par des coups de bec bien appliqués sur nos jambes.

En repartant nous nous dirigeons vers un superbe massif, le cap Tuxen, qui se dresse majestueusement. Le travail auquel nous nous livrons est le même que la veille, aussi dur, aussi fatigant, aussi long. Le pauvre Pléneau est obligé de garder un bandeau sur ses yeux et par moments pour nous soulager un peu nous faisons de même, l'un de nous se chargeant de conduire les autres.

Toutes les flaques d'eau que nous rencontrons sont comme celles de la veille, occasionnées par des bas-fonds ; il serait très dangereux de naviguer avec un navire dans ces parages.

Nous avons pu voir pendant cette journée cinq ou six pingouins qui pêchaient dans un de ces espaces, près d'un récif que surmontait un plateau de glace ; tout d'un coup ces animaux sautèrent hors de l'eau sur le plateau avec une vigueur et une précision extraordinaires et, en nous approchant pour mesurer la hauteur qu'ils venaient de franchir, nous avons trouvé 2,75 m !

Enfin le 29 novembre, nous couchons au pied du cap Tuxen.

30 novembre. — La journée s'annonce brumeuse et froide, je force Pléneau, qui souffre toujours beaucoup des yeux et qui n'est pas très amateur d'ascensions, à rester couché et nous partons pour le sommet du promontoire.

Je crois qu'il est impossible d'imaginer quelque chose de plus grandiose et de plus beau. C'est la réalisation d'un dessin fantastique de Victor Hugo. Sauvage, coupé de crevasses, rempli de chaos et d'abîmes, affectant de loin la forme d'un gigantesque chat assis, ce promontoire est élevé de 900 mètres et présente au Sud une surface lisse, polie, toute de diorite verte qui de cette hauteur descend perpendiculairement dans la banquise. Son sommet est prolongé par des crêtes dentelées, avec des pics de plus de 1 000 mètres.

Passant par des cheminées escarpées, des pentes à pic, sautant de rocher en rocher ou taillant des marches dans la glace, nous parvenons près du sommet et nous pouvons prendre en même temps que des croquis des relèvements de toutes les côtes nouvelles qui s'étendent devant nous.

Une grande île plus au Sud, malheureusement encore très éloignée, nous permettra d'élucider complètement la question de la vaste baie ou détroit soulevée par la *Belgica* et c'est là que nous décidons de parvenir le lendemain. Toute la journée se passe à observer et à faire des ascensions et nous nous couchons après un excellent repas de filets de pingouin sautés à la poêle. Nos yeux vont presque bien, grâce aux compresses glacées — qui ne sont pas difficiles à obtenir par ici —, et l'humeur est excellente malgré la perspective du rude travail, qu'il va falloir reprendre dans quelques heures.

1er décembre. — Après avoir construit un petit cairn où nous laissons un document, nous partons et de suite nous avons à lutter avec la même glace affreuse. Comme les jours précédents nous marchons dans l'eau glacée jusqu'à la taille.

Vers 2 heures du matin, nous arrivons à un chenal au milieu d'iceblocs où nous pouvons mettre la baleinière à flot ; quantité de phoques s'ébattent faisant jaillir l'eau jusque dans le bateau et pendant quelque temps ils nous rendent l'inappréciable service de casser la jeune glace devant nous. Nous sommes maintenant dans un labyrinthe d'icebergs, dont nous finissons par sortir pour retrouver la banquise et nous arrivons, enfin, à une grande nappe d'eau libre qui entoure l'île à laquelle nous voudrions aborder. Fatigués comme nous le sommes, il nous faut pendant près de deux heures chercher en vain un endroit où nous puissions débarquer et camper ; nous commencions à désespérer sérieusement lorsqu'à 5 h 30 du matin, nous avions près d'une rockerie de cormorans une sorte de plateau coupé par des murs de belle pierre grise qui abriteront notre tente des coups de vent de N.E. que nous craignons surtout.

2 décembre. — Notre premier repas est un peu gâté par la neige que nous avons fait fondre et qui est évidemment souillée par des déjections de phoques.

Ce que nous avions pris pour une grande île est à la vérité la réunion d'une série d'îlots élevés, séparés les uns des autres par des coupures étroites formées de hautes falaises de glace d'un côté et de roches de l'autre. Nous abordons à la plus importante et nous parvenons au sommet de 200 mètres en nous aidant des pieds et des mains. Le temps est splendide et clair, pas un nuage, pas une nuée ; toute la côte se déroule devant nous jusqu'aux îles Biscoe. L'arrière-plan est une série de hautes et imposantes montagnes d'où descendent de grands glaciers ; la côte, d'où se détachent quelques îlots, est découpée par des baies étroites et peu profondes, hérissée par places d'énormes et fantastiques formations granitiques. Elle se dirige vers le Sud-Ouest, bordée par une large terrasse de glace comme celle du cap A. de Monaco et est prolongée au large par les grands cônes montagneux vus de Wandel, qui évidemment sont les plus Nord des îles Biscoe. Pas la moindre trace de vaste baie ou de détroit. Il est désormais certain que l'entrée du détroit de Bismarck, vu par le baleinier allemand Dallmann et d'ailleurs très suffisamment porté sur les cartes, n'est autre que l'entrée Sud-Ouest du détroit de Gerlache.

Nous faisons de nombreux croquis et prenons des photographies de ce panorama en même temps que des relèvements au compas, et ce travail par le froid très vif dure plusieurs heures au grand détriment de nos doigts.

Je décide que nous reviendrons en faisant un long tour par l'Ouest afin d'inspecter la longue série d'îlots presque parallèle à la côte et où j'espère, en débarquant, pouvoir continuer à prendre des relèvements de cette intéressante région.

A 9 heures du soir nous sommes de retour à notre campement, nous mangeons un peu et nous repartons à minuit.

Il y a environ – 12° et la jeune glace qui se forme rapidement nous gêne beaucoup pour franchir la distance qui nous sépare de la banquise.

3 décembre. — A 3 heures du matin, nous sommes à 250 mètres à peine d'un petit rocher où nous avons décidé de nous arrêter pour nous reposer. Mais des fragments de glace peu épaisse soudés par de la jeune glace comblent tout cet espace. Nous ne pouvons pas traîner la baleinière, et cassant la glace devant, poussant en même temps avec les avirons derrière nous mettons trois longues heures à franchir cette courte distance.

Sans même nous donner la peine de dresser la tente tant nous sommes fatigués — nous sommes debout depuis dix-huit heures —, nous nous couchons en plein soleil sur nos lits-sacs.

A midi je me lève pour faire la cuisine, mais la lampe Primus ne veut pas fonctionner convenablement, je ne puis la quitter un instant et j'use plus d'une boîte de nos précieuses allumettes. Pour me venger je réveille et j'attrape tout le monde ; ma colère est d'ailleurs supportée si philosophiquement que je finis par en rire moi-même. J'avoue, à ma honte, que cela a été le seul mouvement de mauvaise humeur manifesté pendant tout ce raid. Je finis enfin par découvrir qu'un peu d'eau a pénétré dans la lampe, probablement pendant qu'on y versait le pétrole, et les choses sont bientôt remises en état.

A 2 heures les autres se lèvent pour manger et nous voici de nouveau en route. Une belle fente dans la banquise juste assez large pour la baleinière nous permet de mettre celle-ci à flot et, simplement en poussant sur les avirons qui dépassent, nous marchons rapidement et sans fatigue. Quelques phoques étonnés sortent de l'eau et nous regardent passer. Nous atteignons ainsi un grand iceberg et nous recommençons à traîner notre embarcation sur la glace. Puis c'est dans la jeune glace que nous nous retrouvons cherchant des passages dans un dédale d'écueils et de jolis chenaux entre les îles.

En voulant aider à remonter la baleinière sur la banquise, Gourdon passe deux fois de suite au travers de la glace ; il fait extrêmement froid et le malheureux, grelottant, substitue à son pantalon un tricot dans les manches duquel il passe ses jambes. A 1 heure du matin nous campons dans un îlot. Non loin de nous, deux mouettes perchées sur une pointe de rocher surveillent leurs œufs. Un sterne qui évidemment voudrait les voler passe et repasse auprès d'elles et à chacun de ses va-et-vient les deux mouettes dont le corps reste immobile tournant parallèlement leurs têtes ouvrent un bec menaçant et poussent un petit *couick* avec la régularité d'un jouet remonté ; ce manège durait encore lorsque nous nous sommes endormis.

4 décembre. — Il y avait – 8° ce matin, mais le soleil chauffant notre tente m'a obligé à coucher sur mon sac. Nous nous levons à 5 heures, et malgré mon horreur personnelle pour ce met, je fais la surprise à mes compagnons d'une soupe au lait obtenue avec une boite de lait condensé que j'avais emportée en cachette dans ce but.

Par des petits chenaux pittoresques, nous arrivons à la plus haute des îles de cet archipel d'où nous pouvons prendre des relèvements et des vues de côte. En redescendant, nous marchons de nouveau sur une banquise, la plus mauvaise et la plus pénible que nous ayions encore rencontrée ! L'avant de la baleinière s'enfonce à chaque pas et il faut quelquefois s'y reprendre jusqu'à six fois avant d'arriver à faire bouger l'embarcation. De plus, il gêle fort, et nous sommes obligés à tout instant de râcler la quille avec un couteau pour l'empêcher d'adhérer. Afin d'encourager mes camarades, je leur répète plusieurs fois qu'il y a une boîte de confitures dans le dépôt de Hauteville et que nous la mangerons ce soir si nous y arrivons ; nous rions et nous poussons.

Depuis longtemps, nous voyions devant nous un large chenal se dirigeant vers le Nord et qui était le but de nos efforts actuels. Après sept heures de travail nous y parvenons pour le trouver couvert d'une couche de jeune glace ! C'est maintenant centimètre par centimètre que la glace est cassée par l'un de nous, tandis que les autres tirent de chaque côté avec les piolets et même avec les doigts, faisant avancer à l'allure de 150 mètres à l'heure ! Le froid, déjà vif, est rendu plus pénible par un petit vent du Sud qui nous transperce. Puis c'est de nouveau la banquise, un peu meilleure, à laquelle succède un grand bassin d'eau libre et nous arrivons enfin à un de nos anciens campements de l'île Lund.

Cette fois, je donne de pleines rations, nous dévorons plutôt que nous ne mangeons, tout en regrettant la confiture qui est encore loin et, en nous couchant, nous sommes tous atteints d'indigestion. Il est 4 heures du matin, nous sommes en route depuis vingt-trois heures !

5 décembre. — Il neige et il brouillasse. Même travail que la veille, mais moins long et moins pénible, et nous arrivons dans la baie de la Salpêtrière, encombrée de glaces et d'icebergs. Gênés par la brume et la neige, nous ne savons plus comment en sortir et, à un moment donné, nous avons passé par une forte émotion. Tandis que nous le côtoyions, un des plus gros icebergs se mit à osciller, ce qui, nous le savions bien maintenant, indiquait que le monstre était sur le point de chavirer. Je hurle aux hommes de « scier », afin de tourner l'avant du canot vers l'iceberg pour recevoir, le mieux possible, l'inévitable vague et, par fanfaronnade, je crie à Gourdon de ne pas manquer de faire une photographie ; il arme tranquillement son appareil, mais heureusement, quelques blocs seuls se détachent avec fracas, faisant tanguer la baleinière et s'entrechoquer les glaces. Une heure après, à 7 h 30, nous étions de retour sur le *Français*, et Matha, en me serrant la main, me disait : « Tout va bien ici, et vous ? »

Inutile de dire si nous avons dîné de bon appétit et si nous trouvions tout bon ! A ma honte, j'avoue que je n'ai pensé à me laver que le lendemain, j'en avais facilement perdu l'habitude !

6 décembre. — Je souffre un peu de ma hanche légèrement foulée dans une crevasse, hier, et Gourdon a un point de côté, mais en dehors de ces petites choses, nous nous portons tous bien.

Matha, entièrement rétabli, me résume ce qui s'est passé pendant notre absence. La chaîne de l'avant a été dégagée de la neige et les hommes ont commencé un chenal en profitant des fentes produites par les mouvements de marée le long de la terre, mais il est certain que nous devrons nous servir de la mélinite pour sortir le bateau. Les chaudières ont été essayées à chaud, celle de bâbord a fonctionné convenablement, mais deux tubes ont fui dans celle de tribord, et c'est tout un travail à recommencer. Pierre est monté au sommet le plus élevé du massif Sud de Wandel et, chose vraiment inouïe, il a pu y porter un poteau qu'il a planté et qui se voit facilement du bord. Enfin les travaux et les observations de chacun ont suivi leur cours d'une façon satisfaisante. Dimanche dernier, Matha était allé avec trois hommes dans le you-you jusqu'au Sud d'Hovgard, mais n'avait pu nous voir.

En somme, sauf la glace qui enserre le bateau, tout serait pour le mieux si notre pauvre Toby n'était tombé malade. Malgré les soins que nous lui prodiguons, il ne semble pas devoir se rétablir.

Il n'y a plus d'œufs de pingouins à ramasser ; la récolte tant à Wandel que dans les environs a été de 8 000, sans compter ceux que les hommes ont gobés sur place. Les pingouins qui, d'habitude, ne pondent que deux œufs au plus, en ont pondu avec persistance jusqu'à huit, mais les derniers devenaient de plus en plus petits.

10 décembre. — Depuis notre retour, le temps a été mauvais avec vents de N.E., mais cette nuit, à 3 heures du matin, le vent a subitement changé et vient du Sud, ramenant le beau temps.

La banquise qui remplit la baie Nord ne voulant pas se dégager, il va falloir que nous creusions un chenal. Nous sommes séparés de l'eau libre par environ six cents mètres de glace formée de débris d'icebergs et de floes soudés ensemble. — C'est évidemment de la même façon que la banquise rencontrée l'année dernière dans la baie des Flandres s'était formée, et ceci prouve combien il est difficile, dans ce pays, de dire d'avance que tel ou tel point d'hivernage peut être sûrement utilisé les années suivantes.

Cette banquise, étant donné sa constitution, est d'une épaisseur extrêmement inégale, variant depuis 50 centimètres jusqu'à 7 mètres ; les parties formées de glace de mer sont molles et relativement faciles à entamer, celles qui proviennent de la glace d'eau douce, au contraire, sont extrêmement dures. Des sondages pratiqués dans des trous forés de vingt mètres en vingt mètres, nous ont prouvé qu'un chenal d'une douzaine de mètres de large partant de l'arrière du bateau et suivant la côte serait un passage suffisant. Il s'agit donc de faire, à la mélinite et à la scie, un petit canal allant du *Français* au large, puis d'en faire un autre en profitant des grandes fentes produites par les mouvements de marée le long de la côte et de débiter et d'envoyer au large toute la glace comprise entre ces deux canaux.

Matha, chargé des explosifs, fait deux essais avec trente cartouches de mélinite disposées dans de petites rigoles creusées dans la glace. Un bruit sourd, une colonne de fumée noire et nous nous précipitons pour apprécier le résultat. La neige, qui recouvre la glace sur une vaste étendue, est colorée en jaune et tachetée de noir ; de gros trous ronds se sont formés même aux endroits où la glace est la plus épaisse, mais il ne s'est produit aucune de ces fentes et brisures sur lesquelles nous comptions. Il faudrait, pour arriver à notre but par la mélinite seule, en dépenser une quantité considérable et, comme nous pouvons en avoir besoin par la suite, nous allons essayer d'agir par les procédés ordinaires, scies à glace, pelles et pioches.

Nous nous mettons de suite au travail, en partant du large, pour permettre à la houle de nous aider.

C'est un travail éreintant et fastidieux, mais les hommes, tous désireux de partir, s'y appliquent avec ardeur et gaieté. En général, un seul trait de scie suffit, mais avec quelles difficultés arrivons-nous à le pratiquer dans cette glace épaisse et irrégulière ! Il faut d'abord enlever la neige, puis, tandis que deux hommes font manœuvrer la scie, les autres avec les pelles et les pioches élargissent la fente, évitant ainsi l'obligation de faire un double trait.

Une huitaine de jours au moins de travail continu seront nécessaires pour aboutir.

11 décembre. — Toby est mort et nous sommes navrés, car nous l'aimions sincèrement. Pauvre cochon ! quelle drôle d'existence a été la sienne ! tout jeune, il a été embarqué à l'île des Etats sur l'*Uruguay* partant à la recherche de Nordenskjöld ; il a eu sa part du triomphe et de la curiosité qui ont accueilli le retour de la canonnière argentine et, au moment où nous quittions Buenos Aires, le commandant Irizar l'a jeté sur le *Français* en nous disant : « Il a été notre mascotte, j'espère qu'il sera la vôtre ! » Je ne sais s'il a été notre mascotte, mais nous n'avons pas été la sienne puisqu'il vient de mourir après une longue maladie ; peut être craignait-il la date de Noël fatale pour tant de ses semblables ? Il avait tort, car notre plus grand désir était de le ramener en France où je me serais chargé de lui assurer une vieillesse heureuse. Dans tous les cas, depuis plus d'un an qu'il est à bord, il n'a pas eu trop à se plaindre du sort ; gâté par tout le monde, il avait autant à manger qu'il voulait et, pendant ses vingt jours de maladie, on le nourrissait exclusivement de lait condensé que les hommes lui faisaient prendre à la cuillère. Aujourd'hui, nous l'enterrons tristement à côté de son ancien ami Sögen.

Un des petits chiens de Péridota appelé Patara est mort également aujourd'hui après avoir eu le train de derrière paralysé, je prévois que nous aurons du mal à élever les autres.

Les hommes travaillent toujours au chenal et pour nous reposer de la scie, nous allons, de temps à autre, le long de la côte détacher un bloc de glace et l'envoyer au large. L'outil le plus efficace pour ce travail est un grand levier en fer de plus de deux mètres de long qui a été forgé à bord. Pierre, avec sa force colossale et l'amour-propre qu'il y met, accomplit des prodiges. Rolland, profitant du chenal, a pu prendre avec des lignes quelques poissons qui varient notre régime, volontairement constitué depuis quelque temps presque exclusivement de pingouins.

Les travaux dans la machine continuent : sans nul doute, le condenseur ne marchera jamais bien, mais nous avons fait tout ce qui est possible et nous devrons nous contenter de l'état dans lequel il se trouve.

14 décembre. — Grands vents du N.E. ; le temps est chaud et le thermomètre remonte jusqu'à + 3° et même + 4°. L'eau coule en abondance sous la glace de la colline du Cairn. Nous y creusons quelques trous et, en disposant nos manches à incendie sur un échafaudage de madriers, nous amenons l'eau directement jusque sur le pont, ce qui permet de faire le plein des caisses et de tous les récipients disponibles.

Il a plu un peu, puis il a neigé, et le vent de N.E. s'est mis à souffler pendant quelques heures avec son habituelle violence.

16 décembre. — Calme, brume et neige. Nous sommes retournés à Hovgard chercher ce que nous y avions laissé. Au retour, nous nous sommes amusés à entrer dans de belles grottes d'icebergs ; une stalactite grosse comme le bras et pointue comme une épée, en se détachant, a failli tuer l'un de nous.

Nous travaillons nuit et jour au chenal qui avance assez rapidement ; le canal, le long de terre, est fini, il arrive jusqu'à l'arrière du bateau et l'autre est achevé plus qu'à moitié. Le grand amusement des hommes est de dégager et d'envoyer au large les morceaux de glace ; leur joie est à son comble quand ils peuvent godiller sur l'un d'eux. Nous avons salé et mis en barils aujourd'hui de nombreuses peaux de phoque ; avec les quelques degrés au-dessus de 0°, l'odeur déjà écœurante en temps ordinaire devient abominable, et je comprends très bien que « l'Atréide Menelaos nourrisson de Zeus », obligé de se cacher sous des peaux pour surprendre le Véridique Vieillard Proteus, se soit écrié : « C'était une embuscade très dure, car l'odeur affreuse des phoques nourris dans la mer nous affligeait cruellement ! » et nous n'avions pas auprès de nous la déesse Eidothée pour « mettre dans nos narines de l'ambroisie au doux parfum ».

17 décembre. — Nous étions tous à travailler quand le vent du Sud s'est mis à souffler assez fort. La banquise, qui n'est plus soutenue le long de la terre à cause du chenal, part tout d'un bloc en dérive et va se coincer à 200 mètres du bateau. Si le vent ne continue pas son œuvre si bien commencée, un peu de mélinite suffira certainement. Cela nous paraît tout drôle d'avoir de l'eau libre autour du bateau, et c'est presque à regret que nous voyons s'éloigner les iceblocs et les icebergs qui, depuis de si longs mois, étaient nos voisins. Les morceaux de glace qui avaient séjourné le long du bord, rendus absolument noirs par les escarbilles et les déchets variés, ont l'air de rochers flottants.

Ce qui nous reste à faire ici peut être terminé rapidement, mais il nous faut, en tout cas, attendre deux journées de temps clair pour prendre des observations et faire une série de stations hydrographiques dans quelques îlots au large.

18 décembre. — La banquise a été entièrement enlevée par le vent qui souffle toujours assez fort. Brumeux le matin, il fait très beau dans l'après-midi et Matha part avec Pléneau et quatre hommes faire ses stations hydrographiques, aux îlots du large.

Depuis déjà pas mal de temps, les hommes construisent un cairn avec de grosses pierres, sur le sommet de la colline ; cela promet de devenir un imposant monument commémoratif de notre séjour et qui sera utile aux explorateurs à venir.

La plus grande activité ne cesse de régner à bord, tout est mis en ordre, disposé, arrimé pour le départ. Les bocaux, les oiseaux empaillés, toutes nos précieuses collections sont installées avec le plus grand soin.

A terre, j'ai décidé de laisser, en même temps que la cabane magnétique, la maison démontable renfermant une provision importante de lait condensé, de légumes en boîtes, d'alcool absolu, un poêle et quelques outils. Avec les phoques et les pingouins, qui peuvent servir à la fois pour la nourriture et pour le chauffage, cela constitue un petit poste de secours. De plus, nous laisserons également le canot à vapeur avec ses avirons ; la chaudière est inutilisable, mais l'embarcation elle-même est excellente. Tout cela servira-t-il jamais ? Peut-être serons-nous les premiers à en profiter si nous revenons à Wandel en naufragés.

La mélinite a été de nouveau embarquée.

22 décembre. — Les jours commencent à raccourcir officiellement, mais bien entendu avec nos vingt-quatre heures de clarté nous ne nous en apercevons pas encore.

La machine a été essayée hier et tourne d'une façon suffisante, mais le condenseur nous donnera certes encore des ennuis.

Comme tous les jours je suis monté au sommet voir l'état des glaces. Le large à perte de vue est toujours pris, et ce n'est point par là que nous pouvons compter nous échapper. Mon intention, afin de ne pas perdre de temps, est de reprendre le chenal de Roosen et de nous arrêter quelques jours à Port-Lockroy pour en faire le plan et nous livrer à diverses observations. Nous gagnerons ensuite le chenal de Scholaert dont nous ferons l'hydrographie et, longeant de nouveau la côte N.W., de l'archipel de Palmer nous chercherons à aller au Sud de la Terre de Graham et à la Terre Alexandre Ier, en contournant la grande banquise. Mais pour le moment, il nous faut patienter, car les vents régnant ont poussé les glaces à l'entrée du chenal de Roosen et elles semblent même obstruer le détroit de Gerlache.

Un petit coup de vent de N.E. aura vite fait de dégager tout cela et en partant immédiatement après nous passerons facilement.

23 décembre. — C'est l'anniversaire de notre départ de Buenos Aires. Que de bons souvenirs, que d'excellents amis laissés là-bas et que nous aurons tant de plaisir à retrouver !

Le cairn est terminé ; il est constitué par une pyramide de pierres de 2 m. 50 de hauteur surmontée d'une perche de 3 mètres avec un voyant et maintenue par de solides haubans en acier galvanisé. Nous y fixons une plaque de plomb où nous avons gravé les noms de tous ceux qui ont fait partie de l'Expédition et, dans une bouteille solidement cachetée, je place un document résumant l'emploi de notre temps depuis notre arrivée dans l'Antarctique, ainsi que les indications nécessaires aux explorateurs qui viendraient plus tard observer au même endroit. Si nous nous perdons dans la suite on saura au moins ce que nous avons fait. Je laisse également une note concernant nos projets de navigation. Sur un rocher dans notre anse nous gravons profondément comme *marque de marée* un trait horizontal et la lettre F.

Ce soir à l'école, je me suis amusé à demander aux hommes ce qui leur ferait le plus de plaisir si nous pouvions être subitement transportés à Buenos Aires. Je m'attendais aux réponses les plus diverses et moi-même je pensais combien je serais satisfait de pouvoir manger... du homard. Après avoir baissé le nez, puis s'être tous regardés en souriant, l'un d'eux s'est décidé et m'a répondu : « Ah ! commandant ! il y a longtemps que nous parlons de ça ensemble et ce qui nous ferait le plus de plaisir, pourquoi pas le dire ? c'est une bonne cuite ! ! » Et voilà plus d'un an que je leur fais des conférences contre l'alcool.

24 décembre. — Depuis hier, ouragan du N.E., les glaces reviennent, mais la chaîne que nous n'enlèverons qu'à la dernière minute joue son rôle avec le même succès que d'habitude. Dès que ce coup de vent cessera, profitant du moment où le courant entraînera les glaces vers le Sud nous partirons ; tout est paré pour cette éventualité.

Je vais faire une sorte de visite d'adieu aux cormorans. Ceux dont les œufs ont été respectés ont déjà de nombreux petits qui pour prendre leur nourriture enfoncent leur tête tout entière dans le gosier de leurs parents. Je vais voir aussi les pingouins et je leur donne une audition de phonographe. A plusieurs reprises nous avions fait de même avec succès, mais cette fois l'effet dépasse tout ce que l'on peut imaginer. Je leur fais entendre « *Ouvre tes yeux bleus, ma mignonne* », que mon excellent ami Lassalle avait chanté exprès pour nous avant le départ et il paraît que les pingouins ont su apprécier le talent de ce grand artiste, car l'un d'eux a cherché à pénétrer dans le cornet lui-même, probablement pour mieux entendre. J'ai voulu également enregistrer la voix et les cris des pingouins mais le résultat a été presque nul.

Ce soir les hommes dressent l'arbre de Noël en carton et papier que ma sœur nous avait remis dans une grande caisse en prévision de cette fête et y attachent tous les petits jouets et bibelots. Le poste est décoré avec des pavillons et des lanternes vénitiennes et les plum-puddings sont parés.

25 décembre. — A minuit, nous sommes descendus dans le poste, la cloche a été sonnée, les bougies allumées et les plum-puddings se sont mis à flamber. Le réveillon a été d'une gaieté folle ; jamais, je crois, les hommes ne se sont autant et plus simplement amusés. Le gramophone fonctionnait encore à 4 heures du matin, et Matha, Pléneau, Gourdon et moi nous recommencions à souper au carré. Aucun de nous n'oubliera ce réveillon.

Vers 5 heures le vent tombe, puis en petite brise souffle du Sud.

A 7 heures, je monte au cairn ; le moment est favorable, je donne l'ordre d'allumer les feux, et les hommes qui ne se sont pas couchés commencent à manœuvrer les amarres ; ils travaillent gaiement, encore coiffés des chapeaux et bonnets de papier trouvés dans les « *Surprises* » ! L'arbre de Noël a été triomphalement porté dans la maison, et je puis affirmer que c'est le seul arbre qui existe aujourd'hui dans l'Antarctique. Le pavillon national flotte à l'arrière, et pour être « dans le bon règlement », le pavillon demandant un pilote est hissé en tête du mât de misaine. Aucun pilote ne répondra à notre appel, même pas un pingouin ! Je crois que ces animaux, malgré les séances de phonographe, ne sont pas trop fâchés au fond de nous voir partir.

Dès que nous avons de la pression, la chaîne de l'avant, puis celle de l'arrière, qui nous fut si utile, sont rentrées à bord. Mais le bateau est légèrement échoué et il nous faut attendre la marée, pour pouvoir partir.

Je monte une dernière fois au sommet Jeanne, afin de relever les meilleurs passages au milieu des glaces assez abondantes que nous devons traverser. J'y reste longtemps.

Dois-je dire adieu ou au revoir à cette île où nous sommes depuis neuf mois, à ce coin perdu de la planète, où j'ai espéré, lutté, souffert aussi, mais où j'ai éprouvé les belles, les grandes, les saines émotions, où nous avons pu accomplir notre devoir, où nous avons commencé une œuvre ? Les couleurs de notre pavillon qui flotte à l'arrière se détachent sur la neige ; il me semble qu'il me remercie de l'avoir enfin amené jusque-là et gravement, sans fausse honte, je le salue.

Longtemps, je reste assis sur notre petit cairn : je regarde et je pense ; mais lorsqu'il faut redescendre, j'essuie une larme. Mon émotion, j'en suis sûr, est partagée à bord, presque par tous. « Tous les changements, même les plus souhaités, ont leur mélancolie, c'est une partie de nous-mêmes que nous quittons, il faut dire adieu à une vie pour entrer dans une autre [1]. »

Le sifflet du bateau déchire le silence. On m'appelle. J'embarque dans le you-you, et je saute à bord : « Commandant, la machine est balancée, tout est paré !

— Largue tout ! En route ! »

Lentement nous sortons de la baie, tandis que par trois fois notre pavillon s'incline.

1. Anatole France.

Cinquième partie

Été 1904-1905

Navigation vers le Sud — Echouage — Retour au monde civilisé

DÉPART DE WANDEL — PORT-LOCKROY — PINGOUINS, CORMORANS, MOUETTES ET LEURS PETITS — LE 1ER JANVIER 1905 — CHENAL DE SCHOLAERT — A L'ABRI DANS LA BAIE FOURNIER AU MILIEU DES ICEBERGS — TEMPS AFFREUX — NOUS PASSONS MIRACULEUSEMENT ENTRE DEUX ICEBERGS — DANS LA BANQUISE — LA TERRE ALEXANDRE IER — TERRES NOUVELLES — LA TERRE DU PRÉSIDENT LOUBET — L'ÉCHOUAGE — LES POMPES — MAUVAIS TEMPS ET BRUME — UN BIENHEUREUX COUP DE MER — LES ÎLES BISCOE — LA MACHINE EST À BOUT — RETOUR À PORT-LOCKROY — ASCENSION DE PIERRE ET DE JABET — LA BAIE DE BISCOE — L'ÎLE HOSEASON — CAP AU NORD — AU REVOIR ANTARCTIQUE — ARRIVÉE À PUERTO MADRYN — ARRIVÉE À BUENOS AIRES — LE SALUT DU « DUPLEIX » — RETOUR EN FRANCE.

26 décembre. — Le temps est magnifique et clair, une légère brise de S.W. nous pousse vent arrière.

Il nous faut lutter contre les glaces assez solidement tassées qui nous barrent la route et veiller soigneusement les récifs et les bas-fonds qui prolongent les îlots de l'archipel si touffu que nous devons traverser.

Nous savons par notre navigation de l'été dernier qu'un petit chenal, le Chenal Peltier, mène à Port-Lockroy, entre l'île Wiencke et l'île Doumer ; mais, du large avec les icebergs et les falaises de floes qui chevauchent les uns sur les autres, il est très difficile de le reconnaître. Ce n'est que presque à son entrée même que nous l'apercevons, tout à fait libre de glaces. Cette constatation est d'autant plus agréable que le chenal de Roosen est au contraire très encombré. Ceci ne fait que donner plus de valeur à Port-Lockroy où l'on peut ainsi parvenir presque sûrement, quels que soient les vents régnants, soit par l'entrée S.W. ou l'entrée N.E. du chenal de Roosen, soit par le chenal Peltier. Ce dernier, sauf un îlot rocheux, d'ailleurs bien visible, qui se dresse au milieu, semble parfaitement sain et nous l'enfilons gaillardement en essuyant quelques très fortes rafales qui descendent des hauts sommets de Wiencke.

A 10 h 30 nous entrons à Port-Lockroy, où flottent quelques floes peu gênants, mais où le froid devenu assez vif, depuis que le soleil a disparu derrière les montagnes, a créé de la jeune glace qui nous empêche de voir le fond. J'ai le tort de vouloir mettre le bateau à quai comme à Port-Charcot, et le résultat de cette manœuvre est de nous échouer, très doucement d'ailleurs. Il est urgent néanmoins d'aviser, car la mer baisse rapidement et après quelques efforts l'ancre à jet mouillée par le travers arrière nous permet enfin de nous remettre à flot sans la moindre avarie.

Nous mouillons à peu près au même endroit que l'été dernier et, par précaution, malgré la bonne tenue, nous portons une amarre à terre devant, tout en conservant l'ancre à jet par l'arrière. Nous allons rester ici quelques jours afin de faire l'hydrographie complète de ce port, d'y entreprendre une série d'observations, d'y pêcher et d'y draguer.

30 décembre. — Le vent de S.W. s'est mis à souffler assez violemment depuis que nous sommes ici, aussi de grands floes et des iceblocs sont-ils venus s'accumuler à l'entrée du Port ; il serait probablement difficile de sortir, mais nous sommes en absolue sécurité.

Tout le monde travaille avec ardeur, Matha a mis en place son marégraphe, les hommes ont dressé pour Rey une tente magnétique et les récoltes zoologiques et géologiques sont abondantes.

Trois phoques ont été tués, nous avons donc de la viande en abondance pour nos chiens.

Les pingouins toujours nombreux s'occupent de leurs petits avec une touchante sollicitude. Le père et la mère restent alternativement auprès de leur enfant, ou de leurs enfants, les protégeant contre le vent et le froid. Lorsque les pingouins partis à la pêche rentrent, ce sont de tous côtés de bruyantes et impérieuses demandes de nourriture, et les pauvres parents ont grand mal à se frayer un chemin à travers la horde affamée et à rapporter à leur propre progéniture le repas si péniblement recueilli. Le jeune pingouin enfonce alors gloutonnement sa tête dans le gosier de son pourvoyeur qui, de son côté, facilite l'opération par une sorte de vomissement.

La tendresse des pingouins pour leurs enfants est des plus vives et, tout comme ils les défendent contre les mouettes et les pétrels, ils cherchent à les protéger contre nous. Cependant quand ils s'apercevaient que nous ne voulions que les regarder sans songer à les molester, les bons pingouins prenaient un petit air de satisfaction et rien n'était plus drôle que la physionomie d'une maman pingouine, tandis que nous faisions la photographie des boules de duvet sale, objets de son admiration. J'ai vu, chez des photographes, bien des mères d'Europe qui ressemblaient singulièrement à cette mère de l'Antarctique !

Les petits cormorans sont déjà notablement plus âgés que les pingouins, mais par contre les petites mouettes sont à peine écloses. Leur domaine particulier est un îlot de roches grises qui marque l'entrée de la rade et dont tous les creux sont comblés par l'entassement, commencé probablement depuis des années, de coquilles de bernicles. Les parents les conduisent à l'eau comme de petits poussins, et là ne les quittent pas une seconde, mais le reste du temps, abandonnés à eux-mêmes, ils se cachent dans les fentes des rochers avec lesquels ils se confondent grâce à leur couleur et à leur aspect. De fait, cette protection paraît suffisante car, depuis que nous sommes ici, jamais nous n'en avons vu d'enlevé, soit par les mégalestris soit par les pétrels, cependant très abondants.

Pierre, accompagné de Jabet, qui vient de se révéler alpiniste, sont revenus d'un sommet où ils ont, disent-ils, dressé un cairn de plus de trois mètres ; malheureusement, la brume les a empêchés de nous donner des renseignements sur ce que l'on peut voir de là-haut.

Je suis parti cet après-midi avec Gourdon et Pierre voir ce qui se passe du côté du chenal de Roosen. En taillant des marches nous grimpons le long de la haute falaise de glace qui borde la plus grande partie de Port-Lockroy et nous cheminons sur la grande terrasse plate d'où sortent les montagnes de l'île. Il nous faut marcher entre des crevasses nombreuses et profondes, trop souvent cachées par de fragiles ponts, dans une neige tantôt dure, tantôt molle, et après avoir ainsi traversé un promontoire, nous redescendons la falaise de l'autre côté. Nous arrivons de la sorte à une petite baie en demi-cercle peu profonde, remplie de vase et de gravier qui se continue par une sorte de plage. J'y ai fait connaissance d'un aimable phoque crabier qui dormait paisiblement et qui n'est devenu désagréable et hargneux que lorsque j'ai mis mes lunettes.

Le cairn est toujours en place sur son îlot et le chenal de Roosen est bien dégagé. Le temps qui claircit momentanément permet une vue magnifique sur les splendides montagnes de l'île Anvers, qui s'élèvent de l'autre côté du chenal. Les observations de Matha prouvent maintenant, sans contredit, que le mont dénommé par Biscoe Mont William n'est pas le plus élevé, n'atteignant que 1 836 mètres, tandis que plus loin dans le N.W. le Mont du Français, merveilleux dans son manteau blanc immaculé, s'élève imposant à 2 869 mètres.

Le promontoire que nous avons traversé se termine par une étendue assez vaste de rochers formant gradins où sont éparpillés quelques pingouins papous. L'accumulation de petits cailloux paraît indiquer qu'il y a eu ici autrefois une rockerie importante, mais abandonnée pour des raisons que nous ne pouvons deviner ; on dirait une ville déserte et en ruines.

Nous sommes rentrés à bord par le même chemin sous la neige qui commence à tomber.

31 décembre. — L'année se termine par un jour brumeux et venteux. Quand minuit a sonné, nous nous sommes mis à souper avec Matha, Pléneau et Gourdon. Jabet était de quart et le cuisinier faisait son pain ; nous les avons appelés et nous avons bu avec eux un verre de champagne.

1er janvier 1905. — Ce jour ressemble à tous les autres, pour nous surtout, qui sommes sous la neige et dans la glace, loin des échos de fêtes et de réjouissances. Et pourtant l'habitude, même ici, reprend le dessus ; c'est une espèce de halte dans la vie, la halte où l'on songe à la route parcourue, à toutes les étapes antérieures, et la tristesse des désillusions ou des deuils s'égaie de souvenirs heureux. Comme on pense bien, dans la solitude de l'Antarctique !... Au matin, Ernest Cholet, les larmes aux yeux, est venu, le premier, me serrer la main. Voilà quatorze ans que nous vivons côte à côte ; il a assisté aux plus grandes joies, aux plus grands chagrins de ma vie, de mon côté j'ai suivi ses enfants grandissant, et certes dans cette poignée de main silencieuse s'échangent les souhaits les plus sincères, les plus touchants, tandis que, dans un vertige de pensées, la mémoire tourne à rebours et en quelques secondes nous déroule quatorze ans de la vie.

Cordialement, nous nous sommes tous souhaité la bonne année, et, à chacun de mes camarades, j'ai remis un flacon d'eau de Cologne de la Baleine, que j'avais fabriquée pendant la nuit avec de l'essence soigneusement conservée.

Puis, vinrent les petits paquets offerts au départ de France ou de Buenos Aires par des amis ou des parents, pour être déballés ce jour-là, et ils font un plaisir extrême, comme s'ils supprimaient la distance.

Notre chienne Fia a tenu aussi à nous donner nos étrennes : elle a mis bas cinq jolis petits chiens dont elle est toute fière.

Après le dîner je retire d'une caisse des rouleaux de phonographe, sur lesquels ont parlé quelques-uns des miens : j'avais promis de n'y pas toucher avant le 1er janvier 1905. L'impression est affreuse, dans sa réalité ! Ces voix, si aimées, si connues qui ressuscitent tout à coup, semblent venir de l'autre monde, et cruellement leur vibration brise comme verre cette quiétude que créent l'absence et l'impossibilité de savoir : certes, cette quiétude-là n'était point de l'oubli, mais de l'espérance au contraire, un engourdissement des anxiétés, des craintes, un apaisement doux ; et voilà que la paix, au son de ces voix, est finie ! C'est à moi, seul, que les paroles s'adressent et, seul, je devrais en être émotionné ; mes camarades cependant en sont frappés au point qu'une angoisse se peint sur leurs visages et bien vite j'arrête l'instrument : je ne le ferai plus marcher avant le retour.

2 janvier. — Un grand iceberg au sommet pointu et irrégulier de formes est entré dans le chenal ; mesuré au théodolite nous lui trouvons une hauteur de 95 mètres ; ce qui lui ferait, en admettant qu'il n'ait que cinq fois cette même hauteur sous l'eau, le joli chiffre de 475 mètres de tirant d'eau. Suivant les auteurs il est généralement admis que les icebergs ont cinq, dix ou onze fois, au-dessous de l'eau, la hauteur qu'ils présentent au-dessus. Les écarts entre ces chiffres très théoriques tiennent à la différence de densité des masses en question qui peuvent être creuses par endroits ou constituées de glaces très dissemblables et nous avons pu voir, en arrivant dans notre anse à Port-Charcot, un icebloc de 6 mètres de hauteur flottant à un endroit où il y avait à peine 5 mètres de profondeur.

Gourdon a traversé avec Pierre l'île Wiencke et a pu se rendre compte que le détroit de Gerlache est libre de glaces ; mais l'entrée de notre port est toujours en grande partie bouchée. J'ai hâte de partir, il y aurait encore beaucoup à faire ici, mais nous ne pouvons pas nous y éterniser et notre programme est rempli.

3 janvier. — La nuit a été calme, mais ce matin le vent de N.E. souffle en tempête. Malgré l'abri de la haute falaise de glace le bateau vibre sous la force des rafales et le chasse-neige nous enveloppe de fins cristaux qui crépitent sur le pont. Deux amarres cassent coup sur coup, mais il ne peut y avoir de houle ici et notre ancre tient bon. Bien que je ne pense pas que cela devienne jamais nécessaire, nous pourrions maintenant, grâce aux sondages pratiqués par Matha, conduire facilement le bateau par une petite passe dans une sorte de cuvette dont j'ai déjà parlé précédemment et que nous avons nommée Crique Alice.

4 janvier. — Le vent est tombé vers le matin, il fait calme, mais le temps est gris et sombre et le baromètre baisse d'une façon inquiétante. Je sais que l'on dit et répète que les mouvements du baromètre dans certaines régions ne signifient rien, mais, si je veux bien admettre qu'il en soit ainsi quand il monte, j'appréhende toujours le mauvais temps, par principe, quand il baisse fortement. Cependant, il faut se décider à partir et à 2 h 30 nous appareillons. En passant devant notre cairn, dans le chenal de Roosen nous stoppons quelques minutes pour changer le document.

A 8 heures, pendant mon quart, brume épaisse ; nous pénétrons néanmoins dans le chenal de Scholaert, en passant au milieu d'iceblocs et de récifs et le temps claircissant nous nous en tirons sans accident. Le baromètre baisse toujours, le temps a une apparence menaçante ; nous voyons dans le détroit de Gerlache une nuée noire bordée de tons violets qui s'avance rapide venant du N.E. A notre gauche s'ouvre un grand estuaire dont la direction générale est S.W. qui est encombré de grands floes, d'iceblocs et d'icebergs tabulaires d'une taille remarquable. Je décide, néanmoins, d'aller chercher un abri dans cet endroit, intéressant d'ailleurs à explorer. En outre, naviguer par le coup de vent qui se prépare avec notre faible et mauvaise machine, au milieu des récifs inconnus de ce détroit, serait une folie inutile, puisque nous ne pourrions pas faire d'hydrographie.

L'estuaire dans lequel nous pénétrons, et qui a été indiqué par Dallmann, s'ouvre dans une baie profonde dont les côtes sont formées par les hautes falaises de glace, terminaison habituelle de l'énorme glacier qui recouvre le Mont du Français. Cette baie, que nous appelons la baie de l'Amiral Fournier, présente à son entrée un petit îlot couvert d'une sorte de pyramide de neige et je décide d'attendre la tempête qui se prépare, en restant dans son voisinage. Nous sommes entourés de glaces abondantes et dangereuses qui risqueraient de nous écraser si nous nous laissons dépaler au fond de la baie, mais je compte que sous le vent de l'îlot nous serons non seulement abrités, mais aussi que les glaces chassées par la tempête passeront à droite et à gauche, sans nous toucher.

5 janvier. — La nuit a été calme ; mais, dès le matin, les rafales commencent à se faire sentir du N.E. et, en cherchant à gagner notre îlot, nous sommes abordés par un iceberg qui nous envoie une tonne de neige et de débris de glace à bord, sans occasionner d'autre avarie que d'arracher le piton du galhauban bâbord de grand flèche. La force des rafales est telle que nous nous maintenons difficilement sous l'abri de l'îlot. Les glaces passant de chaque côté de nous ont été se tasser au fond de la baie et je ne puis m'empêcher de songer à ce qui nous arriverait s'il survenait une avarie de machine à ce moment.

Vers midi, pour varier un peu nos plaisirs nous abandonnons l'îlot et longeons la côte Nord qui se dresse en énorme mur vertical crénelé et menaçant. Nous sommes tout à fait à l'abri du vent, mais au milieu d'iceblocs en mouvement, et il nous faut aller à chaque instant de l'avant et de l'arrière pour éviter d'être écrasés. Pendant une de ces manœuvres, une roche à fleur d'eau, que nous apercevons de la hune, se dresse subitement devant nous, et c'est tout juste si nous la parons.

A 3 h 30, énervés de cette attente, nous nous mettons en route vers la baie de Dallmann, mais il n'y a aucune vue et le coup de vent de N.E. très dur nous pousse à la côte. Difficilement, nous rentrons à sept heures dans notre baie et restons au pied même de la falaise. La sonde indique des fonds montant assez rapidement de 40 mètres à 15 mètres, constitués par de la vase molle où nous pourrions certainement mouiller sans l'obligation où nous sommes d'éviter les glaces en perpétuel mouvement.

Au-dessus de nos têtes, les grandes nuées noires, franchissant la muraille, passent comme une chevauchée de Walkyries et vont s'accumuler sur les montagnes en face.

6 janvier. — A 4 heures du matin, il fait calme et clair et nous partons. Nous faisons l'hydrographie de la baie de Dallmann et nous relevons toute une série de récifs et de petites îles en calotte. Il règne une longue houle du N.W. et quelques bancs de brume passent.

Le vent souffle bientôt du W.N.W. et, par conséquent, debout. Il y a de nombreux iceblocs et icebergs. Quantité de pingouins antarctiques, souvent isolés, marsouinent, tandis que les baleinoptères naviguent de conserve, majestueux et placides. Nous avons maintenant le large devant nous et nous gouvernons à l'Ouest, longeant la côte déjà relevée l'été précédent.

A 7 heures, Matha me fait remarquer une longue ligne de récifs isolés qui s'étend à plusieurs milles au large. Il est certain qu'en février nous avons, sans le savoir, miraculeusement passé entre ces récifs par la brume ! A 10 heures, une vaste étendue de pack-ice très dense nous barre la route et nous devons y pénétrer à toute vitesse. Le vent a cessé mais la houle est toujours grosse, et cette traversée est rendue impressionnante par le bruit sourd des glaces s'entrechoquant mêlé aux heurts et aux gémissements du bateau.

7 janvier. — Nous sommes sortis des glaces. A 9 heures, une brise légère du N.E. se lève, nous établissons la fortune carrée et, après avoir éteint les feux, nous vidons et nettoyons les chaudières, qu'il nous faut ménager. La brise fraîchit, nous mettons toute notre voilure et filons à une belle allure vers le Sud par un temps superbe. A 6 heures, nous voyons nettement, dorés par le soleil, le Mont du Français, puis les sommets bien connus de Wandel et du Mont du Matin.

La banquise s'étend, épaisse et compacte, dans le Sud et le S.W., et nous changeons de route, tout en naviguant parmi les morceaux épars de la lisière pour chercher à la doubler.

La brise mollit et, pendant la nuit, nous avons du mal à doubler quelques gros iceblocs. Mais notre provision de charbon est si faible que je suis décidé à n'allumer les feux qu'à la dernière extrémité.

8 janvier. — Calme jusqu'à 6 heures du matin avec grosse houle, puis la brise fraîchit du N.E. et très rapidement s'établit en coup de vent, amenant un temps bouché. Il faut ramasser les voiles hautes ; nous marchons à huit nœuds, cap au W.S.W., puis franchement au Sud. Nous laissons à tribord un iceberg d'une dizaine de mètres de hauteur remarquable par une grande fente médiane colorée au brun avec de la terre et des cailloux. Le vent souffle de plus en plus fort et la mer devient grosse et tourmentée.

De très nombreux baleinoptères viennent jouer autour du bateau, passant à toucher l'étrave, s'arrêtant comme pour attendre le choc, soufflant, plongeant, puis revenant et on ne peut s'imaginer apparitions plus fantastiques dans les eaux écumantes, glauques et tumultueuses au milieu de la brume. La neige, maintenant, voltige inlassable, poussée par l'ouragan comme une horde de moustiques qui nous frappent et nous couvrent de leurs blancs cadavres. Avec notre hunier fixe, notre trinquette et notre petit foc, trois mouchoirs de poche, nous fuyons et nous faisons cependant nos six nœuds.

A 8 heures, subitement, j'aperçois barrant le gris de la brume, au-dessus de nos têtes, à l'avant, une grande ligne blanche que je prends tout d'abord pour une éclaircie imprévue ; mais le bruit sourd et trop connu de la mer qui déferle et une masse bleutée qui teinte la brume, m'indiquent bien vite mon erreur. — Un iceberg ! ce que je vois là devant nous, c'est son plateau couvert de neige : l'iceberg est énorme ! « Droite ! » Je hurle de toutes mes forces, et aussitôt nous venons sur tribord ; mais à ce même instant une autre masse semblable se dresse à tribord, et nous domine tandis que l'écho de la mer, qui s'engouffre dans les cavernes invisibles, résonne comme le ricanement indifférent d'un géant. « Zéro ! » Je crie en levant les bras et, miraculeusement, nous passons entre les deux montagnes flottantes, par un chenal qui est à peine large comme deux fois le bateau ; nous le franchissons sur la crête de trois énormes lames. C'est paré ! Combien de fois en a-t-il été de même sans que nous le sachions !

« Croyez-vous en Dieu, chevalier ! — Oui, non. Quelquefois.

— Dans la tempête ? — Oui, et dans des moments comme celui-ci[1]. »

La course folle continue, terrible mais grisante. Vers huit heures du soir, il y a une courte éclaircie : un peu de ciel bleu se montre au-dessus de nos têtes. Nous souffrons du froid, bien plus cruellement qu'en hiver, et je descends pour quelques minutes dans le poste où les hommes ont pu faire du feu. Le carré est dans un état lamentable, dégouttant d'eau, le poêle démonté et renversé.

9 janvier. — L'éclaircie n'a été que de courte durée et la tempête reprend, affreuse. L'iceblink nous annonce la banquise, et nous voici dans les glaçons détachés de sa lisière. La houle est toujours énorme, mais les glaces empêchent les vagues de déferler et nous mettons à la cape. Le vent fraîchit encore ; nous sommes assaillis par une tempête de neige, dont les gros flocons agissent sur la mer comme de l'huile répandue.

10 janvier. — La tempête continue. Le pont est couvert de glace ; se déplacer devient un problème qui ne se résout qu'au prix de contusions et de blessures. De temps en temps, nous nous mettons en route, puis nous dérivons de nouveau en cape, pour repartir à la plus légère éclaircie.

11 janvier. — A 3 heures du matin, Matha vient me demander de faire allumer les feux ; à grand-peine il a pu s'écarter d'un iceberg, mais il craint de retomber dessus, et il faut à tout moment manœuvrer pour en éviter d'autres qui surgissent de la brume et de la neige.

Vers 4 heures du soir, nous traversons des bancs de petits poissons morts dont nous ramenons quelques-uns à bord avec l'épuisette. Ils sont là par milliers ; d'où vient cette hécatombe ? Peut-être ont-ils été surpris par un froid intense et englobés dans la glace qui nous les rend ? Après que plusieurs eurent été mis en bocaux, les autres furent cuits et trouvés excellents.

A 7 heures du soir, le vent tombe complètement et la brume se dissipe, la banquise est devant nous et sous le ciel bleu, qui se découvre rapidement, le spectacle est merveilleux. Jamais le

1. Victor Hugo, *Quatre-vingt-treize.*

calme après la tempête ne fut plus absolu, plus imposant, plus grand, et cependant plus riant.

Nous entrons dans la lisière où les baleines, les hyperoodons, les phoques, les oiseaux de toutes espèces sont innombrables ; mais, hélas ! nous ne pouvons pénétrer bien loin, car la banquise s'étend très dense et renforcée encore par une barrière d'icebergs. Du haut de ma vergue de hunier, je ne puis distinguer ni la moindre solution de continuité, ni le plus petit chenal !

Comme pour augmenter nos regrets la terre se profile subitement devant nous. C'est d'abord un grand sommet pyramidal, puis trois autres moins élevés, qui, dorés par le soleil, surgissent au-dessus des nuages. Un sondage à la machine nous donne 448 mètres. La terre disparaît dans les brumes éloignées, mais le vent a tourné au S.E. et le soleil de minuit brille dans un ciel serein.

Un joli pétrel des neiges est venu se poser sur la baleinière tout près de moi ; j'ai défendu qu'on y touche et il est reparti tranquillement. Joli petit oiseau, qui vient après la tempête comme la colombe de l'Arche de Noé, serais-tu le présage du succès et du bonheur ?

12 janvier. — Nous naviguons à la voile sur la lisière de la banquise, cherchant un point où nous ayons quelques chances de la pénétrer. Les icebergs sont énormes, les plus grands peut-être de tous ceux rencontrés par nous jusqu'ici, et plusieurs se présentent avec deux étages de grottes et d'arceaux.

Il gèle et tout le gréement est couvert de glace qui, se détachant par morceaux sous les rayons du soleil, vient tomber sur le pont.

A 4 heures du matin, fait inouï, pour la première fois, le bateau a bien voulu virer de bord vent debout à la voile seule !

Nous rentrons dans les glaces, mais nous avançons difficilement.

13 janvier. — Toujours le même et inutile travail. Je passe mon temps sur la vergue du volant à inspecter l'horizon et les glaces, et mes mains cramponnées aux manœuvres deviennent tellement engourdies que je suis obligé d'appeler un homme pour ouvrir mes doigts.

Il est inutile de persister dans l'effort que nous faisons ; à grand-peine, nous dégageons le bateau et nous allons chercher maintenant en remontant vers le N.E. une glace plus maniable qui nous permettra de nous rapprocher de la Terre de Graham, peut-être même de la Terre Alexandre Ier. Le point observé nous indique bien que c'est elle que nous avons vue avant-hier, et ce soir d'ailleurs, elle se dresse de nouveau au-dessus des brumes lointaines. Nous devons en être à soixante milles.

Beaucoup plus à l'Est et plus rapproché, un haut sommet, le pic Gaudry, couvert de neige, se montre sur le ciel et vers le N.E. une grande chaîne de montagnes se détache et se perd dans le lointain. Il rentre dans notre programme de chercher à gagner ces terres et à les relever aussi exactement que possible.

14 janvier. — Très beau temps, nous continuons notre route à la voile, en longeant la banquise qui s'avance vers le large, en grandes dentelures, séparées par de profondes baies que nous traversons de temps à autre pour ne pas faire de trop longs détours. D'innombrables icebergs y sont englobés.

A 6 heures du soir calme plat, nous allumons les feux et marchons à six nœuds.

Vers 8 heures je relève au S.E. un sommet triangulaire, le pic Velain, dégarni de neige. Est-ce là que nous allons pouvoir gagner la côte et qu'est-ce que cette terre non portée sur les cartes ?

15 janvier. — La terre à laquelle appartient le sommet triangulaire paraît s'étendre très loin dans le S.W. et se rattacher au pic élevé que nous avions vu le 13 au N.E. de la Terre Alexandre Ier. Elle est formée par une chaîne de montagnes imposantes d'où se dressent cinq pics remarquables, dont les deux plus élevés atteignent 1 000 et 1 680 mètres et qui sortent d'un grand glacier en terrasse se terminant par une falaise de glace dans la mer.

De bon matin, nous nous engageons dans le pack formé de floes de grande étendue et très épais pressés les uns contre les autres et souvent réunis, soit par de la jeune glace, soit par une sorte de pâte qui les rend très difficiles à déplacer. Après avoir traversé lentement ce pack-ice nous arrivons dans une zone où la glace est moins compacte mais plus dangereuse, constituée en majeure partie par des iceblocs et de gros débris d'icebergs.

Enfin, nous parvenons dans un chenal d'eau libre, d'environ un mille à deux milles de large, qui longe la côte à perte de vue.

Ce chenal est rempli d'icebergs tabulaires de grandes dimensions, il semble donc qu'il doit être profond puisque la plupart d'entre eux auraient de 200 à 300 mètres dans l'eau. Le *Français*, lui, ne tire que 3 m. 50.

La falaise de glace de la côte se dresse perpendiculaire, quelquefois surplombante et Pierre, lui-même, qui ne doute de rien lorsqu'il s'agit de grimper, avoue qu'on aurait bien du mal à la gravir.

En suivant ce bienheureux chenal, nous allons d'abord continuer notre route pendant deux milles vers le N.E. afin de voir ce qui se trouve derrière un cap que forme la falaise ; nous retournerons ensuite au S.W. et peut-être pourrons-nous ainsi suivre la terre extrêmement loin et trouver un point de débarquement.

Je suis dans la joie d'avoir pu enfin traverser la glace, d'avoir reconnu cette terre nouvelle qui peut nous conduire à d'autres découvertes, et les fatigues et les inquiétudes des jours précédents sont déjà loin dans le passé.

Mais, hélas ! « Nous sommes entre les mains des Dieux comme des mouches entre celles de méchants garnements, ils nous tuent pour leur plaisir[1]. »

Nous longeons cette terre à l'aspect sinistre et inhospitalier, rangeant volontairement de près les grands icebergs qui, se succédant et se groupant, séparés par d'étroits couloirs, nous dominent de leur haute taille.

A 8 heures, Matha vient me relever, mais je reste sur la passerelle à flâner et à causer avec lui.

Subitement, au moment où nous passons à une encablure d'un iceberg de près de 50 mètres de haut, nous ressentons un choc terrible, la mâture vibre et plie au point de faire craindre qu'elle ne vienne en bas et le bateau grimpe presque vertical, avec un craquement sinistre, s'engageant jusqu'à la passerelle. La longue houle nous fait talonner violemment deux ou trois fois.

Je saute sur le télégraphe et signale à la machine « arrière toute », mais, avant que celle-ci n'ait pu agir, le bateau par son propre poids retombe à flot avec un sourd gémissement.

Nous venons de donner à six nœuds sur une roche moutonnée

1. Shakespeare.

à fleur d'eau que nous voyons maintenant sous l'avant, moirée de jaune et de vert.

Les hommes couchés en bas montent sur le pont à moitié vêtus, il y a un moment de stupeur, d'émotion intense, mais sans affolement, et je vois tous les yeux qui se tournent vers moi. Ai-je eu peur ? je n'en sais rien, peut-être bien après tout, puisque je me le suis demandé et que très calme, très maître de moi dans tous les cas, j'ai mis ma casquette droit et j'ai boutonné ma veste pour poser et me donner une contenance. L'eau entre à flots par l'avant glissant le long de la râblure jusque par le travers des chaudières et gagnant rapidement dans le poste d'où les cloisons, le chargement et le charbon l'empêchent de venir sur l'arrière ; la première chose à faire est de défoncer les cloisons et de débarrasser les soutes, afin qu'elle trouve une issue jusqu'aux pompes.

La situation est des plus graves ; si nous coulions ici, en admettant que nous puissions grimper avec quelques provisions sur cette terre inhospitalière, déserte, impraticable, où pas un animal ne peut vivre, le sort qui nous est réservé n'est que trop certain. D'autre part, avec nos embarcations nous ne pourrions franchir ce pack-ice où nous avons déjà eu tant de mal à nous frayer un chemin avec le *Français* et sur lequel il est également impossible de marcher. Il faut donc coûte que coûte, aussi vite que possible, traverser de nouveau les glaces ; si nous coulons en mer libre, nous n'avons guère qu'une chance sur mille de pouvoir gagner avec les canots l'île Wandel, mais nous devons la tenter.

Tout le monde travaille avec activité, les hommes dans les soutes à faire un passage pour l'eau, Pierre et Robert derrière, à préparer vêtements et provisions, tandis que nous autres, nous manœuvrons le bateau. De nouveau grimpé sur ma vergue, avec tantôt Rey, tantôt Matha à la barre, lentement, en prenant les plus grandes précautions, évitant le plus possible les chocs, nous cherchons en traversant le pack-ice à regagner le large.

Enfin on vient m'avertir que les pompes arrivent à franchir, mais il va falloir pomper à bras, car la machine est inutilisable ; avec le condenseur qui ne fonctionne plus, notre provision d'eau douce serait vite épuisée et les chaudières ne résisteraient pas vingt-quatre heures, sans compter que le charbon de son côté manquerait rapidement.

Libois, dans l'eau glacée jusqu'à la ceinture pendant plusieurs heures, cherche, mais vainement, à calfater par l'intérieur.

Nous finissons par retrouver la mer libre et à ce moment toute la côte de cette terre, que nous baptisons Terre Loubet, est éclairée par le soleil. Nous stoppons pour que Matha puisse observer et prendre des relèvements tandis que nous photographions et dessinons la côte.

Actuellement, en pompant quarante-cinq minutes par heure nous pouvons maintenir le bateau à flot. Les quarts à la pompe sont organisés, tous les hommes s'y mettent, Goudier, Robert, Pierre et le cuisinier comme les autres. Pléneau et Gourdon demandent à participer à cette éreintante manœuvre.

Hélas ! notre espoir de continuer nos découvertes s'est évanoui, car nous ne savons même pas si la blessure du bateau ne s'ouvrira pas davantage au plus petit mauvais temps, au moindre choc contre les glaces, peut-être même sous l'effort seul de la voilure, et nous étions en si belle voie ! Risquer un second hivernage est maintenant impossible, et seul, enfermé dans ma cabine, j'ai pleuré comme un enfant. Que de pensées depuis l'accident passent dans mon cerveau ! La responsabilité de tant d'existences, nos projets entravés et cependant la tâche à continuer ; le devoir, toujours le devoir à remplir. Nous n'avons toutefois pas le droit de nous plaindre, car la Terre Loubet est bien à nous et si nous revenons, nous avons tous les éléments nécessaires pour la placer nettement et définitivement sur la carte. Il est décidé d'ailleurs que, malgré tout, nous continuerons notre travail en remontant le long de la côte et les hommes auxquels je fais part de cette décision répondent avec enthousiasme qu'ils sont « parés ».

A 6 heures du soir le vent du N.E. commence à souffler ; pour soulager l'avant, nous avons jeté à l'eau tout ce qui s'y trouvait et qui pouvait ne pas être indispensable, aussi le bateau, sorti de ses lignes, gouverne mal. Nous mettons à la voile sans forcer et nous suivons la lisière de la banquise, tant que le vent nous le permet. Pendant la nuit, neige fréquente, sautes de vent brusques, temps désagréable mais maniable.

Notre échouage sera une leçon pour les autres ; trop souvent il a été dit que la présence des grands icebergs assurait une profondeur considérable et nous avons été victimes de cette confiance. Dans les régions comme celles où nous naviguons, les roches se dressent perpendiculaires comme des obélisques ou des murs contre lesquels viennent s'arrêter et quelquefois même s'échouer les icebergs. D'autre part, et nous avons pu le constater maintes fois, sur les roches moutonnées, la mer malgré la houle ne brise souvent pas. Rien ne pourrait donc indiquer leur présence si ce n'est la vue, qui est également trop souvent empêchée par la glace qui recouvre la surface de la mer.

16 janvier. — Tout le monde est éreinté, mais personne ne se plaint. On pompe, on pompe sans cesse et nous marchons courbés, les reins douloureux.

A 4 heures du soir le N.E., c'est-à-dire le vent debout, se met à souffler très fort et la mer grossit. Que va devenir notre voie d'eau ?

17 janvier. — Gros coup de vent de N.E., neige, brume, mer démontée. Nous prenons la cape tribord amures. Le bateau délesté de l'avant ne capeye plus aussi bien. A 8 h 30, nous recevons un coup de mer par le travers qui nous couvre entièrement, brise la table de cartes, enlève des barriques et arrache de ses palans la baleinière qui retombe défoncée sur le pont. Le service des pompes est affreusement pénible, il faut s'arc-bouter pour ne pas tomber et les mains gèlent sur la bringuebale.

A partir de 8 heures du soir le vent mollit peu à peu et à minuit il fait calme, mais le ratingage qui en résulte est peut-être pire que le mauvais temps, nous ne pouvons faire aucune route et même pas porter notre voilure qui, se balançant tribord et bâbord, risquerait de tout démolir.

18 janvier. — Brise de S.W. à peine assez forte pour que nous puissions gouverner.

Je craignais que le coup de mer d'hier n'ait augmenté notre voie d'eau et c'est justement le contraire qui s'est produit ; nous gagnons une dizaine de minutes par heure sur les pompes[1]. C'est peu, mais pour nous c'est énorme et ce repos nous permettra peut-être de tenir jusqu'au bout. Nous sommes à la

---

1. Lorsque le *Français* a été mis en cale sèche à Buenos Aires, nous avons pu nous rendre compte de la gravité de l'avarie. L'armature en bronze de l'étrave avait été mâchée, sept mètres de fausse quille arrachés et plusieurs bordés disjoints. C'est grâce à l'extrême solidité de notre bateau que nous n'avons pas coulé sur place en quelques minutes. Il est probable que le coup de mer en question a dû renfoncer un des bordés.

merci de la plus petite avarie et de la maladie, même d'un seul homme.

19 janvier. — A minuit, temps beau et clair, légère brise de N.E., mer clapoteuse, beaucoup d'icebergs qu'il nous faut éviter.

La terre est en vue ; ce sont d'abord trois grandes îles en calotte appartenant au groupe des îles Biscoe, puis derrière celles-ci des hautes chaînes de montagnes, des caps, des baies et une pointe remarquable que nous reconnaissons avec Matha pour l'avoir déjà vue au mois de février dernier. C'est sur elle que nous gouvernons.

Les icebergs deviennent de plus en plus nombreux et nous arrivons bientôt à la lisière de la banquise à un ou deux milles des îles et à une dizaine de la côte. Malheureusement tous nos efforts pour forcer la glace sont inutiles, d'ailleurs des têtes de roche émergent et dans l'état actuel du bateau nous n'avons pas le droit de risquer un nouvel échouage. Nous resterons ici tout le temps nécessaire pour faire la carte de cette région, et nous nous mettons immédiatement au travail...

A midi le vent commence à souffler fort du N.E., le temps a une vilaine apparence et il neige par moments. Toute la journée et toute la nuit nous tournons sur place au milieu des icebergs. Ce que je trouve de mieux à faire est de remonter contre le vent, puis d'engager le bateau dans les glaces épaisses de la lisière de la banquise et de nous laisser ainsi dériver. En répétant cette manœuvre, nous économisons du charbon, nous nous maintenons dans les mêmes parages et nous évitons la trop grosse mer. Nous risquons évidemment quelques chocs dangereux, de la part des iceblocs secoués par la houle, mais il ne faut pas être trop exigeant.

Quantité de baléinoptères et de mégaptères plongent autour de nous, ceux-ci montrant au-dessus de l'eau une de leurs grandes nageoires qui se dresse comme la voile triangulaire d'une felouque.

20 janvier. — Vers 11 heures, le temps claircit et nous restons pour terminer notre travail. La sonde nous indique 144 mètres. A 4 heures du soir, nous partons en longeant les îles Biscoe et en naviguant au milieu des icebergs. La brise qui s'élève fraîche du N.E. nous oblige à louvoyer.

21 janvier. — Toujours vent debout ; nous faisons à peine de route. Vers minuit un « malamoque » vient s'assommer sur les haubans et tombe sur le pont ; il va immédiatement enrichir nos collections.

22 janvier. — Même temps, mer grosse. Les quarts sont éreintants et mes doigts qui s'asphyxient de plus en plus, passant du blanc d'ivoire au violet foncé, me font beaucoup souffrir. Matha a très mauvaise mine.

23 janvier. — Vent debout fort, mer très agitée, brume.

24 janvier. — De minuit à 3 heures, calme et brume épaisse, mer clapoteuse. Les feux allumés nous allons de l'avant dès que la plus légère éclaircie se produit et nous stoppons pendant le passage des bancs de brume. A 3 heures de l'après-midi, dans un léger et éphémère soulèvement de la brume, nous voyons, à tribord devant, un récif, puis une ligne de brisants et, assez loin derrière, le pied d'une terre qui est probablement l'île Victor-Hugo. A 10 heures du soir une bonne petite brise du S.W. se lève amenant un temps plus clair, et nous faisons bonne route.

25 janvier. — Toute la matinée et toute la journée, brume intense avec grosse houle. Il nous faut rester stoppés sous pression, presque tout le temps, prêts à manœuvrer, veillant avec soin les icebergs que nous aurions à peine le temps d'éviter.

A 8 heures du soir, le N.E. souffle de nouveau et le temps devient affreux.

26 janvier. — Nous sommes à la cape depuis 4 heures du matin. Il fait clair et sec. Le Mont William, que nous relevons au S.E., est à 70 milles environ. Combien de temps cette navigation pénible, éreintante, va-t-elle durer ? Les hommes sont à bout de force, mais pas une plainte ne s'échappe de leurs lèvres.

Il fait nuit maintenant de 11 heures à 1 h 30. Au lever du jour, effet de lumière d'une apparence extraordinaire. Sur le ciel couleur de plomb, un arc de cercle blanc nacré, long et étroit, se détachait au-dessus de la terre, qui subitement devint d'un rouge ardent et les nuées chassées par le vent à leur tour se teignirent en rouge, par transparence.

Nos collections se sont enrichies d'une grande quantité d'oiseaux de mer habilement capturés par Rolland.

27 janvier. — La tempête est dans toute sa force, depuis minuit, et la mer est démontée. Le soir seulement le vent tombe graduellement, mais laisse une mer hachée et fatigante.

28 janvier. — Calme. Lorsque je descends à 4 heures du matin réveiller Matha, je le trouve si pâle que je lui demande s'il n'est pas malade. Il me répond tranquillement qu'il pourra tenir encore vingt-quatre heures, mais qu'il craint de ne pouvoir aller plus loin ! Et c'est Matha, l'énergie même, qui me fait cet aveu ! Depuis le 19 nous faisons tous les quarts si pénibles, à nous deux, avalant nos repas à la hâte pour gagner quelques minutes de sommeil. Voici vingt-quatre jours que je ne me suis déshabillé, et depuis le 15 janvier je ne me suis pas lavé ; je n'ai même pas pu retirer mes bottes, me jetant comme une brute sur ma couchette, paré à sauter sur le pont à la moindre alerte.

Heureusement la terre est devant nous, et nous voyons l'entrée de la baie de Dallmann qui nous permettra de gagner Port-Lockroy. Nous stoppons de temps en temps le long de la côte pour faire des stations hydrographiques et nous approchons lentement.

A 4 heures, tandis que nous sommes à un mille à peine de terre, un bruit anormal se produit du côté de l'hélice et la machine est immédiatement stoppée. Notre première crainte est que l'arbre de couche ne soit cassé, mais on ne trouve rien d'abord. Notre situation est mauvaise, car nous dérivons lentement vers les récifs. Enfin nous constatons qu'il n'y a que la clavette de l'arbre intermédiaire de cassée et une réparation de fortune est faite de suite. Toute notre pauvre machine est en piteux état et à chaque instant elle risque de s'arrêter définitivement. Il faut cependant aller de l'avant, mais ce sont de vilaines heures à passer.

Au-dessous de ma couchette j'entends la machine qui grince, qui gémit, qui halète, et de temps à autre une secousse violente me fait sursauter.

Nous entrons enfin dans le chenal de Scholaert, par une nuit heureusement calme et claire.

29 janvier. — Je fais deux quarts de suite pour laisser Matha se reposer. Ce sont de petites surprises que nous nous faisons de temps à autre et rien ne m'amuse, quand je le réveille, comme son air étonné en regardant l'heure. Pléneau m'a tenu compagnie sur la passerelle, me faisant bavarder pour m'empêcher de dormir et nous avons causé de l'avenir, de la prochaine expédition !

Dans le détroit de Gerlache, au calme succède un vent frais de S.W. ; encore du vent debout qui retarde notre marche. La machine va de mal en pis. Goudier, à chaque instant, met sa tête à la claire-voie : « Commandant, combien de temps encore ? Nous ne pouvons plus continuer ! » et, imperturbable, je lui réponds toujours : « Une petite heure, pas davantage ; *il faut* marcher », et les petites heures succèdent aux petites heures. Mais tout a une fin, notre cairn se détache sur le fond blanc ; nous entrons à Port-Lockroy et la pauvre machine stoppe, comme nous, épuisée ! Oh ! Etre au calme, savoir le bateau en sécurité et pouvoir dormir !

30 janvier. — J'ai fait faire ce matin du chocolat pour tout l'équipage. Quel bonheur d'avoir pu se déshabiller, d'avoir pu se reposer, d'avoir pu se laver !

Il était temps que nous arrivions, car les hommes sont à bout. Ernest et le petit Guéguen crachent le sang, le grand Guéguen ne mange plus, Rolland est vert et a, comme moi, de l'asphyxie des extrémités. Libois ne tient plus debout et tous ont des mines abominables. Mais la bonne humeur persiste, avec le désir de bien faire.

Nous ne nous doutions guère, en nous réjouissant il y a quelques mois d'avoir découvert Port-Lockroy, que nous serions les premiers à profiter de l'abri qu'il offre ! Il va falloir évidemment continuer à pomper, mais il n'y a plus de quart à faire à la mer, nous pourrons nous reposer, remettre la machine en état, équilibrer le bateau et après avoir achevé la carte des environs et relié nos découvertes à celles de nos prédécesseurs reprendre dans les meilleures conditions possibles la route du retour.

Nos chiens aussi sont dans un état déplorable, maigres et ahuris ; Péridota est devenue complètement aliénée. Elle passe son temps à gémir, à se plaindre ; devenue anormalement caressante et tendre avec nous, elle s'écarte des autres chiens et grimpe sur les rochers pour hurler lamentablement. Nous les avons tous débarqués et nous leur donnons à profusion de la viande fraîche de pingouins et de phoques. Mais Péridota n'y touche pas et erre tristement sans se reposer un seul instant.

Pour la première fois, la transparence de l'eau nous permet d'examiner notre avarie qui est plus grave encore que nous ne le pensions ; mais nous n'y pouvons rien.

31 janvier. — Le vent de N.E. souffle de nouveau en tempête, nous craignons à un moment de chasser, mais nous mouillons la seconde ancre et toutes deux tiennent bon. Décidément, ce mouillage est très sûr.

De grandes plaques de glace se détachent de la falaise au pied de laquelle nous nous trouvons, avec un grondement de tonnerre, soulevant des ondes, qui nous font rouler bord sur bord, mais, pas plus ici que dans les autres endroits où nous avons été, nous ne voyons se détacher d'icebergs à proprement parler ou même de très gros blocs.

Grâce à un petit ruisseau occasionné par la température relativement élevée, nous remplissons le grand canot et faisons le plein de nos caisses. La baleinière, très endommagée par le coup de mer du 17, est mise en réparation.

Les petits cormorans, mouettes et pingouins ont grandi pendant notre absence et ces derniers sont déjà confiés aux soins des nourrices sèches. Pléneau veut en tuer quelques-uns et préparer leurs peaux pour voir s'il n'y a pas moyen d'utiliser le duvet épais dont ils sont couverts. Pauvres petits pingouins ! Je souhaite de tout mon cœur qu'il soit déçu, car vous pourriez alors dire bien vite adieu à votre tranquillité.

Trente-huit poissons ont été pris au tramail.

5 février. — Les santés se remettent rapidement et le travail marche grand train. Pendant tous ces derniers jours le temps a été mauvais mais aujourd'hui le ciel est clair, sans un nuage. Nous allons en baleinière de l'autre côté du promontoire, dans le chenal de Roosen où nous trouvons une belle plage de sable et de vastes étendues, bien plates et couvertes de gravier. C'est une délicieuse sensation de marcher sur autre chose que de la neige ou de la glace. Tandis que les autres chassent et pêchent, je m'étends au soleil sur les cailloux et je m'endors profondément pendant plus d'une heure.

6 février. — Avec Gourdon, Matha, Pierre, Besnard et Rallier, nous débarquons pour faire quelques stations hydrographiques, dans la petite île qui est séparée de Wiencke par le chenal Peltier.

En franchissant tant bien que mal de grandes et profondes crevasses je grimpe avec Pierre au sommet de cette île : la vue y est magnifique ; et, avec un petit serrement de cœur, j'aperçois l'île Wandel.

D'où vient donc l'étrange attirance de ces régions polaires, si puissante, si tenace, qu'après en être revenu on oublie les fatigues, morales et physiques pour ne songer qu'à retourner vers elles ? D'où vient le charme inouï de ces contrées pourtant désertes et terrifiantes ? Est-ce le plaisir de l'inconnu, la griserie de la lutte et de l'effort pour y parvenir et y vivre, l'orgueil de tenter et de faire ce que d'autres ne font pas, la douceur d'être loin des petitesses et des mesquineries ? Un peu de tout cela, mais autre chose aussi. J'ai pensé pendant longtemps que j'éprouvais plus vivement, dans cette désolation et cette mort, la volupté de ma propre vie. Mais je sens aujourd'hui que ces régions nous frappent, en quelque sorte, d'une religieuse empreinte. Sous les latitudes tempérées ou équatoriales, la Nature a fourni son effort ; dans un grouillement de vie animale et végétale, intense, inlassable, tout naît, croît et se multiplie, agit et meurt pour s'entraider à la reproduction, pour assurer la perpétuité de la vie. Ici, c'est le sanctuaire des sanctuaires, où la Nature se révèle en sa formidable puissance comme la divinité égyptienne qui s'abrite dans l'ombre et le silence du temple, à l'écart de tout, loin de la vie que cependant elle crée et régit. L'homme qui a pu pénétrer dans ce lieu sent son âme qui s'élève.

7 février. — Jabet qui, décidément, est hanté par le délire des ascensions est parti avec Pierre, à minuit, pour grimper au plus haut pic de la Sierra du Fief qui domine Port-Lockroy et qui est surmonté d'une couronne de glace. A midi on les signale au sommet ; nous hissons notre pavillon et, avec la longue-vue, je les vois fixer au bout d'une perche un de mes pavillons particuliers qu'ils avaient emporté en cachette.

Après le dîner, nous allons avec Matha et Gourdon sur la terrasse du glacier, à 7 ou 8 kilomètres, au-devant d'eux. Nous les rencontrons enfin, exténués de fatigue, car ils sont en marche depuis 22 heures. Pierre, qui est véritablement un guide remarquable, m'affirme que c'est une des ascensions les plus dures et les plus dangereuses qu'il ait faites et je le crois aisément. Quant à Jabet, c'est à peine s'il peut mettre un pied devant l'autre, mais il exulte de joie. Nous les félicitons chaleureusement, comme ils l'ont mérité et je décide de donner à ce sommet de 1 500 mètres le nom du Duc des Abruzzes, pour faire plaisir à Pierre et en même temps pour en faire hommage au royal et grand explorateur.

10 février. — Tout est prêt à bord depuis trois jours ; la machine seule nous retenait, mais elle a pu enfin tourner aujourd'hui d'une façon à peu près satisfaisante. Cependant Goudier me prévient qu'il faudra s'y prendre longtemps d'avance pour pouvoir manœuvrer, et qu'il ne saurait garantir la mise en marche du premier coup, soit en avant, soit en arrière.

Nous avons dessein de faire, en passant, une excursion dans la baie de Biscoe entre le cap A. Lancaster et le cap Roland-Bonaparte.

Nous sommes tous remis de nos fatigues et les chiens, Péridota comprise, sont également rétablis.

11 février. — De 8 heures à 9 heures nous réglons les compas, puis nous partons. Le temps est splendide et à 1 heure de l'après-midi nous stoppons dans la baie de Biscoe. Matha, Pléneau, Turquet, Gourdon et deux hommes vont débarquer avec la baleinière sur un petit plateau rocheux qui peut fort bien être celui où Biscoe débarqua le 21 février 1832 ; pour ma part cependant je serais porté à croire qu'il aborda plutôt au même endroit que Dallmann, dans l'Hamburger Hafen.

Mes camarades y trouvèrent une végétation abondante pour ces régions et rapportèrent même deux phanérogames, inconnus jusqu'alors. Matha y fit une station et pendant ce temps après avoir effectué quelques sondages qui me donnèrent 110 mètres, j'eus la chance, en draguant, de ramener à bord une ample et intéressante moisson zoologique et géologique.

En reprenant notre route, une grande roche à fleur d'eau se montre, toujours à proximité d'un grand iceberg tabulaire, et nous passons auprès de plusieurs semblables à quelques mètres à peine.

A 7 heures nous sommes de retour à notre mouillage.

12 février. — A midi nous partons. Nous irons directement au Nord du détroit de Gerlache pour terminer et compléter notre carte de la côte de Palmer.

Le temps est très beau. Dans le détroit beaucoup d'icebergs et d'iceblocs, mais pas de glace de mer. A 10 h 30 il fait trop nuit pour marcher et nous stoppons en plein détroit.

13 février. — A 2 heures du matin par calme plat j'ai des difficultés avec un gros icebloc qui paraît vouloir nous aborder ; notre machine refuse absolument de partir, mais heureusement l'icebloc manœuvre habilement et ne fait que frôler notre couronnement. Nous finissons par repartir mais le vent de N.E. avec son habituel cortège de brume et de neige se met à souffler et c'est à grand-peine que nous nous maintenons par le travers de l'île des Deux-Hummocks au milieu d'iceblocs qui dérivent autour de nous. A 5 heures du soir le temps redevient beau et nous pénétrons dans la baie où donne le détroit qui sépare l'île Liège de l'île Brabant.

Matha dans le you-you va relever ce petit détroit impraticable d'ailleurs pour un navire et qui aboutit par le Nord à la grande baie Bouquet de la Grye, formée d'un côté par la presqu'île Pasteur et de l'autre par l'île Liège.

Nous passons le reste de la nuit, merveilleusement calme, à tourner sur place.

14 février. — A 2 heures 30, il fait suffisamment clair pour que Matha puisse achever son travail et nous nous dirigeons ensuite vers l'île Hoseason dont nous faisons de nouveau le tour en partant du cap Angot. Le temps extrêmement clair nous permet de voir le magnifique panorama des îles avoisinantes et au loin les terres découvertes par Dumont d'Urville.

A midi, nous sommes devant le cap Possession ; nous voudrions bien retrouver le cairn laissé par Foster en 1829, mais malheureusement les roches découpées rendent toute recherche de ce genre bien difficile. Matha et Rey, qui désirent observer, arrivent à débarquer avec beaucoup de difficulté à cause de la houle et reviennent à bord à 4 heures 30.

Nous nous mettons en route définitivement pour le Nord ! !

Nous longeons l'île Low, le cap sur l'île Smith et nous passons de nouveau comme l'année précédente sur l'emplacement de la roche Williams sans la trouver.

15 février. — Nous doublons l'île Smith.

C'est là que nous avons vu notre premier iceberg tabulaire, c'est là que nous voyons notre dernier, aussi classique et aussi pur de forme.

Et maintenant, au revoir, Antarctique ! nous allons vers les terres civilisées ; beaucoup à bord sont joyeux et anxieux d'y parvenir, mais votre souvenir restera sûrement impérissable dans leurs cœurs, et puissent les tourments de la vie ne pas leur faire trop regretter les mois passés dans votre domaine !

Il fait calme et clair, le dernier iceberg disparaît comme un ami qu'on quitte, puis petit à petit les sommets neigeux des Shetland du Sud s'enfoncent sous l'horizon.

18 février. — Poussés par un fort vent variant du W.S.W. au S.W., nous avons fait bonne route.

Aujourd'hui nous avons dépassé le 60° de latitude, nous rentrons dans les parages fréquentés et pour la première fois nous rallumons nos feux de position. Tout fier, le petit Guéguen, chargé de la lampisterie, apporte ses fanaux astiqués « à hauteur » pour la circonstance.

Nous pourrions arriver maintenant rapidement à la baie Orange, mais le baromètre baisse, annonçant des vents de N.W. et la brise refuse de plus en plus.

Sans repos, nous pompons toujours.

21 février. — Pendant deux jours nous avons lutté contre le vent debout et la tempête pour gagner soit la baie Orange, soit un mouillage qui nous aurait permis d'attendre le retour du beau temps. Les terres Magellaniques nous paraissent toutes étranges, dégarnies de neige et couvertes d'une verdure qui nous semble luxuriante. Il s'en dégage une odeur que nous sentons tous et qui nous étonne. Mais le bateau est trop avarié, nous sommes tous trop fatigués par le service éreintant des pompes pour persister plus longtemps dans cette lutte. Nous allons fuir devant le vent, remonter vers le Nord et nous entrerons dans le premier port de Patagonie qui nous le permettra.

A minuit nous passons par une mer affreuse dans le détroit de Lemaire, mais c'est en vain que nous cherchons à voir le feu d'Año-Nuevo qui eût été pour nous le premier signe du monde civilisé.

4 mars. — Depuis dix jours nous sommes contrariés par les vents debout et le mauvais temps. Nous n'avons vu que de très loin trois grands voiliers et nous n'avons pu communiquer avec eux par signaux. Mais enfin, toutes voiles dessus, vent arrière, nous entrons dans la vaste baie au fond de laquelle se trouve Puerto Madryn. A l'entrée nous apercevons une maison puis un bateau échoué, quelques-uns affirment qu'ils ont vu des hommes et les jumelles passent de mains en mains.

D'ici quelques heures nous serons arrivés et c'est maintenant, avec l'inquiétude de ce que nous apprendra le retour, le moment le plus pénible à passer.

J'ai sorti un des trois faux cols emportés pour cette occasion, j'ai endossé mon seul veston propre, j'ai mis des bottines de ville et tout de suite il me semble que je n'ai jamais quitté ces vêtements, et mes mains calleuses, pour la première fois, me paraissent étranges.

Il fait presque nuit quand nous arrivons. Deux vapeurs sont en rade et nous voyons à terre des maisons, des chevaux, un chemin de fer, d'autres hommes que nous-mêmes, et nous entendons d'autres voix que les nôtres !

« Amenez partout !... Mouille ! » Le bruit de la chaîne résonne, puis le bateau s'arrête et évite au vent. C'est fini, l'Expédition est terminée.

La baleinière est armée et je descends seul à terre. S'il y a de mauvaises nouvelles, je veux pouvoir les ménager à ceux qui m'accompagnent.

Au bout du môle, attirés par ce bateau étrange, battant pavillon français, signalé depuis longtemps, le préfet maritime, M. Leroux, son neveu et un commerçant autrichien, M. Croft, m'attendent.

Je dis qui nous sommes, et les mains se serrent : « L'Expédition Charcot ! Mais on vous croyait perdus ! Quel bonheur de vous voir ! » Les questions et les réponses se croisent. Rien de particulier en France, et l'Argentine est toujours prospère.

J'apprends alors que l'*Uruguay* a été généreusement envoyé à notre recherche, mais qu'arrêté par les glaces, il n'a pu trouver notre cairn, d'où on a déduit, ébranlés en partie par les insinuations malveillantes libéralement et cruellement semées au moment de notre départ, que nous étions perdus [1].

1. Nous avons appris à notre retour que, tant en France qu'en Argentine, la perte supposée de l'Expédition avait créé un grand mouvement de sympa-

Puis on me raconte le seul grand événement qui s'est passé dans le monde pendant notre absence, la guerre russo-japonaise. Avec enthousiasme, l'officier de marine argentin me parle des glorieuses épopées de Port-Arthur, de ces combats où ont succombé 30 000, 40 000 hommes ! J'éprouve une sensation d'angoisse en entendant parler de ces milliers de morts ! Quelques minutes auparavant, en arrivant au port, j'étais si heureux, si fier, de voir sur le pont du bateau, bien fatigués, bien pâles, bien malades même, mais cependant vivants, les dix-neuf hommes qui m'avaient confié leurs existences !

Mais cette angoisse devait s'émousser en rentrant de nouveau plus avant dans la civilisation...

Je suis resté vingt-quatre heures à la porte du télégraphe attendant des nouvelles ; le deuil et les chagrins ne m'ont pas été épargnés, mais j'ai eu le grand bonheur de pouvoir annoncer à tous mes camarades et à tous les hommes d'équipage que pas un de leurs proches parents n'avait disparu pendant notre longue absence.

Je n'oublierai jamais comment, pendant les huit jours que nous sommes restés à Puerto Madryn à nous remettre et à nettoyer le bateau, nous avons été reçus, choyés, soignés par le commandant Leroux et son aimable famille, qui m'a traité comme si j'étais un des leurs.

Tous les habitants de cette petite ville rivalisaient de bons soins et de prévenances et en particulier M. Croft, qui m'avait ouvert largement sa bourse. Nous étions en République Argentine, et c'est tout dire.

Après dix jours d'heureuse traversée, gâtée seulement par l'éternel et éreintant service de la pompe, que nous n'avions pas cessé de manier depuis le 15 janvier, nous arrivions à Buenos Aires.

Une magnifique réception, à la fois officielle et populaire,

---

thie. Je tiens à remercier, en dehors des membres de nos familles, ceux qui, tout en n'admettant pas notre perte comme certaine avant le temps normal écoulé, se sont néanmoins occupés activement à favoriser et à préparer une Expédition de secours éventuelle, et tout particulièrement, en Argentine, MM. M.-F. et L. Pérez, le commandant Nunès, Davis, directeur du service météorologique ; en France, l'amiral Richard d'Abnour, MM. Charles Rabot, E. Lockroy, G. Thomson, Etienne, Glandaz, et enfin en Angleterre, M. Bernacchi, membre de l'Etat-Major de la *Discovery*, Sir Clément Markham et M. A. Casella.

disproportionnée à nos mérites, mais qui récompensait nos efforts, nous y attendait de la part des Argentins et de la collectivité française.

Partout la sympathie la plus grande et la plus généreuse, l'accueil le plus touchant nous furent témoignés, et je retrouvais des excellents amis comme le commandant Nunès, comme Lignières, comme Vieugué, et d'autres surtout, comme les Perez, comme Beascocheia, dont l'infatigable dévouement n'avait cessé de se manifester dès notre arrivée en Argentine, sans se démentir pendant notre absence et qui m'étaient devenus aussi chers que des parents aimés.

Le *Français* fut mis immédiatement en cale sèche par le Gouvernement argentin, qui, avec son habituelle générosité, prenait toutes les réparations à sa charge.

Enfin, quelques jours avant la date fixée pour notre départ, le ministre de la Marine proposa d'acheter mon bateau. C'était un hommage rendu à la construction française et j'acceptai. Le *Français* devint l'*Austral*, destiné au ravitaillement des observatoires météorologiques que la remarquable initiative de la République Argentine crée et entretient dans l'Antarctique.

En de semblables mains sa carrière ne peut être que glorieuse.

Les approvisionnements qui nous restaient furent donnés au nom des souscripteurs de l'Expédition à l'Hôpital français de Buenos Aires.

Le 5 mai, avec tout le personnel du *Français*, sauf deux membres de l'Etat-Major, partis précédemment, nous quittions Buenos Aires sur le paquebot de la Compagnie générale des Transports maritimes *Algérie*, emportant, dans 75 caisses, nos précieuses notes et collections.

Au moment du départ, un honneur inattendu nous fut rendu. Le croiseur le *Dupleix* battant pavillon de l'amiral Boué de Lapeyrère était à quai et lorsque nous passâmes à le ranger, le pavillon national par trois fois s'abaissa tandis que la musique jouait la *Marseillaise* et que l'équipage à la bande poussait trois hourras pour l'Expédition antarctique française. C'était le premier hommage que nous rendait notre pays, le plus touchant, celui peut-être qui fit le plus battre nos cœurs.

En arrivant à Tanger, une dépêche ministérielle nous informait que le Gouvernement français nous faisait le grand honneur de nous rapatrier sur le croiseur le *Linois* où nous fûmes l'objet des plus aimables attentions de la part du commandant Gouts et de tous ses officiers.

Le 9 juin nous arrivions à Toulon où je retrouvais ma famille après 22 mois d'absence. Nous y fûmes splendidement accueillis par la municipalité et par les Sociétés de géographie de Toulon et de Marseille.

Le lendemain matin, les vingt membres de l'Expédition descendaient du rapide à Paris.

Nous n'étions pas en droit de nous attendre à la réception qui nous était ménagée et qui nous fit oublier toutes nos fatigues et tous nos sacrifices.

Une foule d'amis et de maîtres se pressaient autour de nous, et, ayant à leur tête le Ministre de la Marine, M. G. Thomson, des représentants et des délégués de l'Académie des Sciences, du Bureau des Longitudes, des Observatoires, de la Sorbonne, du Muséum, de l'Institut Pasteur, de la Société de Géographie, de la Faculté de Médecine, comprenant ce que la France a de plus illustre comme savants, nous attendaient pour nous féliciter[1].

Après une visite de reconnaissance au journal *Le Matin*, dont la généreuse initiative nous avait permis de partir, nous nous sommes séparés.

Mais, pendant cette campagne, il s'est créé entre la plupart de nous, Etat-Major comme équipage, des sentiments d'amitié et d'affection tels, que les plus grandes distances ne pourront les effacer et que nous saurons nous retrouver quand on nous fournira l'occasion tant désirée de retourner dans l'Antarctique pour l'honneur de notre Pays, pour la Science et pour l'Humanité.

1. Le Ministre de la Marine a remis au docteur Charcot, à son arrivée à Paris, sur le quai de la gare, la croix de Chevalier de la Légion d'honneur. Sur la demande de celui-ci, chef de l'Expédition, tous les membres de l'Etat-Major ont été également nommés Chevaliers de la Légion d'honneur.

Le patron E. Cholet, le chef mécanicien E. Goudier, le maître d'équipage Jabet et Rallier du Baty, élève de la marine marchande, ont reçu les palmes académiques, enfin le Ministre de la Marine a conféré à titre exceptionnel la médaille d'honneur des marins du Commerce à tout l'équipage du *Français*.

Composé par Nord Compo, Villeneuve-d'Ascq, Nord
Imprimé par Normandie Roto Impression s.a.s., 61250 Lonrai, France
en mars 2008 - n° d'impression : 080773
pour Omnibus, 12, avenue d'Italie, 75013 Paris
http://www.omnibus.tm.fr